D1701361

Dagmar Reiß-Fechter [Hrsg.]

# Immobilienmanagement für Sozialwirtschaft und Kirche

Ein Handbuch für die Praxis

3. vollständig überarbeitete und erweiterte Auflage

Nomos

Die Deutsche Nationalbibliothek verzeichnet diese Publikation in
der Deutschen Nationalbibliografie; detaillierte bibliografische
Daten sind im Internet über http://dnb.d-nb.de abrufbar.

ISBN 978-3-8487-2214-3 (Print)
ISBN 978-3-8452-6309-0 (ePDF)

3. vollständig überarbeitete und erweiterte Auflage 2016
© Nomos Verlagsgesellschaft, Baden-Baden 2016. Printed in Germany. Alle Rechte, auch die des Nachdrucks von Auszügen, der fotomechanischen Wiedergabe und der Übersetzung, vorbehalten. Gedruckt auf alterungsbeständigem Papier.

# Zum Geleit

Der Vorstand des ESWiD Evangelischer Bundesverband für Immobilienwesen dankt dem Geschäftsführenden Vorstand, Dagmar Reiß-Fechter, für die Herausgabe der dritten Auflage „Immobilienmanagement in Sozialwirtschaft und Kirche – Handbuch für Praktiker".

Der ESWiD hat in den vergangenen zehn Jahren sowohl das Thema kirchliches Immobilienmanagement als auch das Thema Immobilienmanagement in der Sozialwirtschaft aufgenommen, aufbereitet und in diesem Handbuch – erstmals in Deutschland – zu einem Gesamtwerk zusammengefasst.

Namhafte Wissenschaftler und Wissenschaftlerinnen aus den Disziplinen der Betriebswirtschaft, des Rechts, des Bauens und der Organisationslehre stellen zusammen mit Vertretern und Vertreterinnen der Praxis die aktuelle wissenschaftliche Diskussion zum Immobilienmanagement dar. Sie informieren und geben Hinweise für die Praxis.

Das Handbuch sollte Pflichtlektüre aller Führungskräfte in Sozialwirtschaft und Kirche sein sowie Sachbearbeitern und Sachbearbeiterinnen eine nützliche Hilfe bei konkreten Fragen.

Hannover im März 2016                                                 Hans-Christian Biallas
                                                                                Präsident des ESWiD

# Editorial

Das „Handbuch Immobilienmanagement in Sozialwirtschaft und Kirche" ist die dritte Auflage des Vorgängerwerks „Kirchliches Immobilienmanagement – der Leitfaden". Wie der Titel schon verdeutlicht, ist die dritte Auflage nicht nur eine Aktualisierung ihrer Vorgängerin, sondern eine vollständige Überarbeitung und Erweiterung.

Anlass dieser Neukonzeption sind Entwicklungen und Erfahrungen, die sich aus Fortbildungsveranstaltungen und Beratungsaufträgen ergaben. Die Professionalisierung des Immobilienmanagements schreitet im kirchlichen Bereich fort und hat inzwischen auch die Sozialwirtschaft erreicht. Eine Verknüpfung beider Bereiche in einem Handbuch ist sinnfällig, da die grundsätzlichen Voraussetzungen des Umgangs mit Immobilien vergleichbar sind:
– Die gesellschaftlichen, rechtlichen und finanziellen Rahmenbedingungen verändern sich gravierend.
– Der Unternehmens- bzw. Organisationszweck ist nicht das Halten und Managen von Immobilien.
– Der Immobilienbestand ist extrem heterogen, viele Gebäude stehen unter Denkmalschutz, sind stadtraum- und identifikationsbildend.
– Viele der Immobilien sind nicht marktfähig und erfordern gleichzeitig erhebliche Unterhaltungsleistungen.
– Die Immobilien sind in der Regel die größte Vermögensposition, ohne dass die Organisation vielfach auf das Management des Vermögens ausgerichtet ist und das dafür notwendige Fachpersonal vorhält.
– Nicht zuletzt zeichnen sich die Organisationen durch ein hohes ehrenamtliches Element, auch auf der Führungsebene, aus.

Das Handbuch differenziert nur dort, wo Unterschiede vorhanden sind, wie z. B. bei bilanziellen Besonderheiten in der Sozialwirtschaft, bei Kirchengebäuden oder Bewertungsfragen. Es stellt die aktuellen Forschungsergebnisse zum Immobilien- und Facilitymanagement dar und beleuchtet neue Themen wie Bau- und Projektmanagement, öffentliches und privates Bau- und Architektenrecht sowie Erbbaurecht.

Das Handbuch bietet damit für Führungskräfte und Sachbearbeitende gleichermaßen Orientierung, Wissensvermittlung und Anregung, sich systematisch und professionell mit allen Immobilienfragen zu befassen.

Berlin im Februar 2016                                    Dagmar Reiß-Fechter

# Vorwort aus der 1. Auflage – Kirchliches Immobilienmanagement – Der Leitfaden

Die Kirche und ihre Immobilien – das ist ein spannungsreiches Thema. Muss Kirche nicht von ihrem Auftrag her grundsätzlich mobil, also beweglich sein? Am Ende des Matthäusevangeliums (28,19) heißt es: "Geht hin und macht zu Jüngern alle Völker…" Ist der Christ in dieser Welt nicht nur Gast und Pilger? "Unsere Heimat aber ist im Himmel", schreibt Paulus im Philipperbrief (3,20). „Denn wir haben hier keine bleibende Stadt, sondern die zukünftige suchen wir." (Hebräer 13,14) Schonungslos gefragt: Braucht die Kirche eigentlich Grundstücke?

Nach evangelischer Theologie lautet die klare Antwort: Nein. In Artikel VII der Augsburgischen Konfession von 1530 heißt es: "Es wird auch gelehrt, dass alle Zeit müsse eine heilige christliche Kirche sein und bleiben, welche ist die Versammlung aller Gläubigen, bei welchen das Evangelium gepredigt und die heiligen Sakramente lauts des Evangelii gereicht werden." Deutlicher noch äußert sich Martin Luther in seiner Kirchenpostille von 1522: „Denn keine andere Ursache gibt es Kirchen zu bauen, als ... dass die Christen mögen zusammenkommen, beten, Predigt hören und Sakramente empfangen. Und wo diese Ursache aufhört, sollte man dieselben Kirchen abbrechen, wie man es mit allen anderen Häusern tut, wenn sie nicht mehr nützlich sind." Grundsätzlich also braucht die Kirche zu ihrer Existenz keine Immobilien.

Entgegen dieser theologischen Einsicht aber besitzt sie eine Fülle von Immobilien, und den Kirchgebäuden kommt auch in der evangelischen Kirche ein hoher Symbolwert zu. Sie sind ihr zugefallen in einer Zeit, da nahezu alle Mitglieder der Gesellschaft Christen waren: die Kirchen zum Gottesdienst, die übrigen Immobilien als wirtschaftliche Grundlage ihrer irdischen Existenz.

Heute leben wir in einer offenen Gesellschaft, in der zurzeit nur noch ein abnehmender Teil der Bevölkerung Mitglied einer der beiden großen Kirchen ist. Säkularisierung und die demografische Entwicklung führen zu Mitgliederschwund und Steuermindereinnahmen.

Wie gehen die Kirchen in einer veränderten Situation mit ihren Immobilien um? Sind sie als kräfteverschleißende Vergangenheitslast abzustoßen oder können sie zum renditeträchtigen Zukunftspotential entwickelt werden? Ein Drittel des kirchlichen Immobilienbestandes sind sakrale Gebäude, für die es als mentales geistliches und hochwertig kulturelles Gut keinen „Markt" gibt, und die Kirche sollte alles tun, dass ein „Markt" für Kirchen nicht entsteht. Zwei Drittel aber des kirchlichen Immobilienbesitzes werden meist zersplittert, oft unprofessionell und daher unwirtschaftlich verwaltet, obwohl der Bestand dringend arrondiert und den veränderten Verhältnissen angepasst werden muss und das Immobilienmanagement außerhalb der Kirche in den vergangenen Jahren zunehmend ausdifferenziert und professionalisiert worden ist. Sollte die Kirche nicht selbst bessere Instrumente entwickeln können, um ihr Immobilienpotential fruchtbarer werden zu lassen?

Die komplexen kirchlichen Rahmenbedingungen sowie die Kenntnis der innerkirchlichen Strukturen und Prozessabläufe veranlassten das Evangelische Siedlungswerk in Deutschland und seine Mitgliedsunternehmen im Jahre 2004, das Projekt "Kirchliches Immobilienmanagement" zu starten. An sechzehn in ganz unterschiedlichen Regionen der Bundesrepublik angesiedelten Pilotprojekten wurde untersucht, welche Kerninformationen kirchliche Entscheidungsträger zur Beurteilung ihrer Immobilien brauchen. Diese Pilotprojekte sind abgeschlossen und dokumentiert.

Die Erfahrungen aus den Pilotprojekten und die erkennbare Absicht der Kirchen hin zu effektiverer Immobilienverwaltung haben das Evangelische Siedlungswerk in Deutschland in Zusammenarbeit mit der Evangelischen Kirche in Deutschland und der Grundstückskommission der evangelischen Kirchen veranlasst, ein Kompetenz-Netzwerk rund um die kirchliche Immobilie zu knüpfen und dort vorhandenen Sachverstand zu bündeln. Im vorliegenden Buch sind erstmals alle wesentlichen Aspekte zum Thema des kirchlichen Immobilienmanagements auf aktuellem Niveau zusammengefasst. Ziel dieses Werkes ist es, die Potentiale der der Kirche anvertrauten Grundstücke und Gebäude zu erschließen und fruchtbar werden zu lassen, damit sie bestmöglich dem dienen können, dessentwegen es die Kirche gibt: der Verkündigung des Evangeliums von Jesus Christus.

Steffen Heitmann  Präsident des Evangelischen Siedlungswerkes
2009  in Deutschland

# Inhaltsverzeichnis

## I. Immobilien in Sozialwirtschaft und Kirche

1. Immobiliendimensionen .................................................................. 11
   *Dagmar Reiß-Fechter*

2. Ethos und Haltung im Immobilienmanagement
   von Sozialwirtschaft und Kirche ...................................................... 24
   *Thomas Zeilinger*

## II. Immobilienmanagementlehre

1. Immobilienmanagementlehren: CREM, PREM, EREM, WeREM .......... 39
   *Annette Kämpf-Dern*

2. Implementierung eines professionellen REM ................................... 67
   *Annette Kämpf-Dern*

3. Kommunikation und Changemanagement ...................................... 92
   *Thomas Zeilinger*

## III. Analyse und Bewertung des Immobilienbestandes

1. Portfolioanalyse, Benchmark, Balanced Scorecard ........................... 111
   *Herwig Teufelsdorfer*

2. Bewertung des Immobilienbestandes .............................................. 128
   *Sven Bienert und Peter Geiger*

3. Immobilienwirtschaftliche EDV-Lösungen ...................................... 170
   *Ulrich Bogenstätter*

## IV. Bilanzierung

1. Bilanzierung nach HGB ............................................................. 187
   *Jeannette Raethel*

2. Besonderheiten der Bilanzierung in Sozialunternehmen ...................... 198
   *Falko Schneider und Friedrich Vogelbusch*

3. Bewertung und Bilanzierung kirchlicher Immobilien ......................... 210
   *Silvia Marianek*

## V. Finanzierung und Investition in Immobilien

1. Betriebswirtschaftliche Grundlagen ............................................... 221
   *Jeannette Raethel*

2. Investitionsrechnung: Vorteilhaftigkeit und Risiko kalkulieren .............. 241
   *Fritz Schmoll genannt Eisenwerth*

3. Investition in Erbbaurechte ....................................................... 274
   *Ingo Strugalla*

## VI. Transaktionen von Immobilien, Immobilienmarketing

1. An- und Verkauf, vertragliche Grundlagen, Belastung von Grundstücken .. 283
   *Julia Küster und Detlef Müller*

2. Immobilienmarketing ................................................................ 309
   *Roland Mattmüller, Philipp Hoog und Anna-Katharina Koenen*

## VII. Projektentwicklung und Bauprozessmanagement

1. Projektentwicklung ................................................................... 329
   *Annette Kämpf-Dern*

2. Bauprozessmanagement ............................................................. 378
   *Josef Zimmermann*

## VIII. Nachhaltige Bewirtschaftung des Immobilienvermögens

1. Facility Management, Bestandspflege und Erhaltung ......................... 407
   *Carolin Bahr*

| | | |
|---|---|---|
| 2. | Feststellung des Investitionsbedarfs und Priorisierung ........................<br>*Norbert Raschper* | 432 |
| 3. | Kosten des Betriebs von Immobilien<br>Ermittlung, Umlagefähigkeit, Benchmark ..............................<br>*Dagmar Reiß-Fechter* | 457 |

## IX. Baurecht, Architekten- und Ingenieurvertragsrecht

| | | |
|---|---|---|
| 1. | Baurechtliche (öffentlich-rechtliche) Grundlagen ............................<br>*Esther Brandhorst* | 479 |
| 2. | Der Bauvertrag ................................................................<br>*Hans-Egon Pause und Anna Stretz* | 492 |
| 3. | Architektenrecht ..............................................................<br>*Mathias Preussner* | 513 |

## X. Mietverträge und Nutzungsvereinbarungen

| | | |
|---|---|---|
| 1. | Immobilien: Mietvertrag – Nutzungsvereinbarung – Werkdienstwohnung – Werkmietwohnung (Dienstmietwohnung) ..............................<br>*Wolf-Rüdiger Bub und Nicola Bernhard* | 543 |
| 2. | Miet- und sonstige Nutzungsverhältnisse in Wohn- und Pflegeeinrichtungen ............................................................<br>*Anne Schlosser* | 581 |
| 3. | Überlassung von Flächen für Anlagen zur Gewinnung regenerativer Energien .......................................................................<br>*Julia Küster* | 588 |

## XI. Rechtsverhältnisse unbebauter Grundstücke

| | | |
|---|---|---|
| 1. | Erbbaurecht ....................................................................<br>*Andreas Ott* | 601 |
| 2. | Land- und forstwirtschaftliche Pachtverträge ..............................<br>*Heinrich Karg und Frank Dittrich* | 612 |
| 3. | Jagd- und Fischereipacht ....................................................<br>*Horst Schulz* | 622 |

4. Friedhöfe, Friedhofsrecht .................................................. 630
*Torsten F. Barthel*

## XII. Eigentümeraufgaben und Eigentümerpflichten

1. Energie- und Umweltmanagement ...................................... 645
*Volker Teichert*

2. Klimaschutz in kirchlichen Gebäuden ................................. 663
*Oliver Foltin und Volker Teichert*

3. Wahrnehmung der Eigentümerpflichten
   – Schwerpunkt Verkehrssicherung ..................................... 673
*Jörg Schielein*

4. Übertragung von Eigentümeraufgaben auf „Dienstleister" ....... 687
*Jörg Schielein*

5. Versicherung des Grundstücks und des Eigentümers ............. 694
*Lutz Dettmer und Detlev Hrycej*

Autorenverzeichnis ........................................................... 705

Stichwortverzeichnis ........................................................ 708

# I.
## Immobilien in Sozialwirtschaft und Kirche

# 1. Immobiliendimensionen

*Dagmar Reiß-Fechter*

## 1. Allgemeines

Die Immobilien der Sozialwirtschaft und Kirchen sind im öffentlichen Raum sichtbar. Sie sind oft stadtbild- oder nachbarschaftsprägend, unabhängig davon, ob es sich um ein Kirchengebäude handelt, das Krankenhaus, den Kindergarten oder die Seniorenwohnanlage.

Diese Immobilien sind – soweit Organisationen bilanzieren – als Anlagevermögen in der Regel der größte Posten der Aktivseite der Bilanz. Aber sie werden sowohl in der Immobilienwirtschaft als auch in den jeweilgen Organisationen nicht als wesentlicher Produktionsfaktor wahrgenommen. Das Management der Immobilien wird nicht als Kernaufgabe gesehen, sondern Immobilien sind „sowieso" vorhandene Gebäude, die für die Erfüllung des eigentlichen Auftrages oder des Unternehmenszieles eben notwendig sind. Dabei sind die Immobilienkosten nach den Personalkosten die größte Ausgabenposition und die Immobilien sind das Gesicht vieler Einrichtungen und Organisationen. Ihr Erscheinungsbild, ihr Bauzustand, ihre Anmutung lassen auf den Erfolg und den Charakter der Organisation schließen.

Der erfolgreiche Umgang mit den Immobilien, die benötigt werden um die Kernaufgabe der Organisation und Unternehmung erfüllen zu können, ist ein wesentlicher Baustein für den langfristigen Erfolg. Kirchen und Sozialwirtschaft müssen sich ständig neuen Herausforderungen stellen. Die Kirchen sind mit der Tatsache konfrontiert, dass ihre Mitgliederzahlen durch demografische Effekte, Austritte von Kirchenmitgliedern und allgemeinen Bedeutungsverlust deutlich schwinden. Die Sozialwirtschaft ist veränderten gesellschaftlichen und rechtlichen Rahmenbedingungen ausgesetzt. Die Ressource Immobilie ist daher ein Teil des erfolgreichen Managements und trägt wesentlich zum Erfolg der Organisation und Unternehmung bei.

Dieses Handbuch schließt eine Lücke in der bisherigen immobilienwirtschaftlichen Literatur, da es die besonderen Herausforderungen, der kirchlichen und sozialwirtschaftlichen Organisationen aufnimmt und praktische Informationen für Entscheidungsträger und Anwender bereit hält.

## 2. Die Sozialwirtschaft – der unbekannte Riese

Unter dem Begriff „Sozialwirtschaft" werden im Wesentlichen Dienstleistungen subsumiert, die sich mit der unmittelbaren Produktion individueller sowie gemeinschaftlicher Wohlfahrt befassen. In diesem Segment sind drei Unternehmensgruppen tätig: öffentliche, gewerbliche sowie freigemeinnützige Unternehmen bzw. Organisationen.

## 2.1 Volkswirtschaftliche Einordnung

Die Volkswirtschaftslehre versucht das wirtschaftliche Handeln von Gesellschaften und Organisationen in Sektoren abzubilden. Eine Möglichkeit besteht darin Sektoren durch Zusammenfassung institutioneller Einheiten zu bilden und sie in der volkswirtschaftlichen Gesamtrechnung als „Unternehmen", „Staat" und „Private Haushalte" abzubilden.[1] Eine andere Gliederungsmöglichkeit geht von einer entwicklungstheoretischen Sicht aus und bildet den Primär-, Sekundär-, Tertiärsektor,[2] zwischenzeitlich um den Quartärsektor (Informationssektor) erweitert. Dem Tertiärsektor werden dabei alle Dienstleistungen zugeschrieben, die in eigenständigen Unternehmen oder durch den Staat sowie andere öffentliche Einrichtungen erbracht werden, also auch die Dienstleistungen der Sozialwirtschaft. Das Handbuch richtet sich primär an die Organisationseinheiten, die diesem Dienstleistungssektor zuzuordnen sind.

## 2.2 Wirtschaftliche Bedeutung der Sozialwirtschaft

Die wirtschaftliche Bedeutung der Sozialwirtschaft zu bestimmen und zu anderen Wirtschaftssektoren hinreichend trennscharfe Benchmarks zu finden, ist schwierig. Das ist unter anderem darin begründet, dass es anhaltende Datenlücken gibt sowie hinreichend belastbare wirtschaftliche Kenngrößen vielfach fehlen. Sämtliche Bemühungen, den Sektor „Sozialwirtschaft" zu definieren und die Schnittmengen zu anderen Bereichen zu bestimmen, erweisen sich als wenig tauglich.

Zwar hat das Statistische Bundesamt eine Studie zur wirtschaftlichen Bedeutung des „Dritten Sektors" veröffentlicht,[3] jedoch sind darin die gewerblichen Akteure der Sozialwirtschaft nicht berücksichtigt, weil dem „Dritten Sektor" nur Non-Profit-Organisationen zugeordnet werden. Lediglich Teilsegmente der Sozialwirtschaft, wie Gesundheitsdienste oder Pflege sind statistisch relativ vollständig erfasst.

### 2.2.1 Erfassung des Dritten Sektors

Die Erfassung des Dritten Sektors ist noch relativ jung. In der Untersuchung von Rosenski[4] wird versucht, der wirtschaftlichen Bedeutung dieses Sektors nahe zu kommen. Die Bezeichnung Dritter Sektor bezieht sich dabei auf den Bereich der wirtschaftlich relevanten und organisierten Zivilgesellschaft.

Die der Untersuchung zugrunde gelegte Definition des Dritten Sektors zeichnet sich laut "Handbook on Nonprofit Institutions in the System of National Accounts" der Vereinten Nationen (2003) durch fünf Kriterien aus. Demnach sind Einheiten des Dritten Sektors

---

1 Lehrbuch der Sozialwirtschaft, Arnold, Grundwald, Maelicke, hrsg. Zimmer, Paulsen Hallmann, Baden-Baden, 4. Aufl. 2014, S. 185.
2 Vgl. Fourastié, J., Die große Hoffnung des 20. Jahrhunderts, 3. Aufl., Paris 1952, ins Deutsche übertragen von B. Lutz, Köln-Deutz, 1954.
3 Natalie Rosenski, Die wirtschaftliche Bedeutung des Dritten Sektors, Statistisches Bundesamt, Wirtschaft und Statistik, März 2012.
4 Natalie Rosenski, Die wirtschaftliche Bedeutung des Dritten Sektors, Statistisches Bundesamt, Wirtschaft und Statistik, März 2012.

1. formal organisiert, das heißt gewissermaßen institutionalisiert,
2. privat, das heißt institutionell getrennt vom Staat,
3. nicht gewinnorientiert, das heißt sie existieren in erster Linie nicht zur Gewinnmaximierung und schütten erwirtschaftete Gewinne nicht an Mitglieder oder Eigentümer der Organisation aus, sondern reinvestieren diese in die „Mission" der Organisation,
4. selbstverwaltend, also in der Lage, ihre Aktivitäten selbst zu kontrollieren, und
5. von Freiwilligkeit gekennzeichnet, das heißt die Organisation ist kein Zwangsverband und die Mitgliedschaft ist freiwillig.

Erfüllt eine Organisation alle fünf Kriterien, so wird sie dem Dritten Sektor zugeordnet, wobei der steuerrechtliche Gemeinnützigkeitsstatus in Deutschland einen eindeutigen Hinweis auf eine Organisation des Dritten Sektors ergibt. Darunter fallen beispielsweise Wohlfahrtsverbände, eingetragene Vereine, Gewerkschaften und sonstige Interessenvertretungen, politische Parteien, Kunst- und Kulturorganisationen sowie kirchliche Einrichtungen, aber auch Unternehmen, wie (frei)gemeinnützige Krankenhäuser oder Pflegeheime.[5]

### 2.2.2 Dimension des Dritten Sektors

In der wissenschaftlichen Bestandsaufnahme zum Thema „Transparenz im Dritten Sektor",[6] wurde, auf der Datengrundlage von ZiviZ-Survey 2012 (Zivilgesellschaft in Zahlen) eine umfangreiche Analyse des Dritten Sektors vorgenommen. Dem Dritten Sektor zugeordnet werden danach Vereine, Stiftungen, gemeinnützige GmbHs und Genossenschaften. Die Studie ermittelt insgesamt 616.154 Organisationen, davon 580.294 Vereine, 17.352 Stiftungen, 10.006 gGmbHs und 8.502 gGenossenschaften.[7]

Haupttätigkeitsfelder der Organisationen verteilen sich in % auf folgende Bereiche:[8]

| | |
|---|---|
| Sport | 25% |
| Kultur/Medien | 18% |
| Bildung/Erziehung | 14% |
| Soziale Dienste | 8% |
| Freizeit/Gesellschaft | 8% |
| Sonstiges | 6% |
| Umwelt-/Naturschutz | 3% |
| Gesundheitswesen | 3% |

---

5 Natalie Rosenski, Die wirtschaftliche Bedeutung des Dritten Sektors, in Statistisches Bundesamt, Wirtschaft und Statistik, März 2012, S. 210.
6 Krimmer, Weitemeyer, Kleinpeter, Vogt, von Schönfeld, in Transparenz im Dritten Sektor, Daniela Felser, hrsg. für Bündnis für Gemeinnützigkeit, Bucerius Law School Press, Hamburg 2014.
7 Krimmer, Weitemeyer, Kleinpeter, Vogt, von Schönfeld, in Transparenz im Dritten Sektor, Daniela Felser, hrsg. für Bündnis für Gemeinnützigkeit, Bucerius Law School Press, Hamburg 2014, S. 15.
8 Krimmer, Weitemeyer, Kleinpeter, Vogt, von Schönfeld, in Transparenz im Dritten Sektor, Daniela Felser, hrsg. für Bündnis für Gemeinnützigkeit, Bucerius Law School Press, Hamburg 2014, S. 82.

| | |
|---|---|
| Bevölkerungs-/Katastrophenschutz | 3% |
| Kirchen/Religiöse Vereinigungen | 3% |
| Wissenschaft/Forschung | 2% |
| Wirtschafts-/Berufsverbände | 2% |
| Bürger-/Verbraucherinteressen | 2% |
| Internationale Solidarität | 2% |
| Gemeinschaftliche Versorgungsaufgaben | 1% |

### 2.2.3 Mitarbeiter und ehrenamtlich Engagierte

Im Bereich Gesundheit und Soziales sind 4,81 Mio. Menschen, davon 1.41 Mio. in sozialversicherungspflichtigen Arbeitsverhältnissen beschäftigt, in Kultur, Sport und Unterhaltung 9,95 Mio. Engagierte, davon 31.111 in sozialversicherungspflichtigen Beschäftigungsverhältnissen.

Diese Daten zeigen ein hohes zivilgesellschaftliches Engagement im Dritten Sektor. Sie bestätigen aber auch die Kleinteiligkeit des Sektors. Diese Tatsache wird unterstützt, dass von den über 600.000 Organisationen nur 15% einen Umsatz von über 100.000 € verzeichnen können und davon wiederum 4% über eine Million.[9] Immerhin sind dies aber ca. 3700 Organisationen.

### 2.3 Dienstleistungen der Sozialwirtschaft

Die Sozialwirtschaft (einschließlich Dritter Sektor) erbringt soziale Dienstleistungen in den Bereichen Gesundheits-, Krankenhauswesen, der Jugend-, Familien-, Alten- und Behindertenhilfe, der Einrichtungen für Personen in besonderen sozialen Situationen und der Aus-, Fort- und Weiterbildungsstätten für soziale und pflegerische Berufe. Es wird zwischen stationären, teilstationären und ambulanten Einrichtungen unterschieden.

### 2.4 Sozialstaatsgebot und Wettbewerb

Das Sozialstaatsgebot verpflichtet den Staat für das soziale Wohlergehen seiner Bürger zu sorgen. Bisher haben kommunale und staatliche Stellen die Sicherstellung der sozialen Dienste entweder in eigener Trägerschaft oder als Ausfluss des Subsidiaritätsprinzips in enger Kooperation mit freigemeinnützigen Trägern sichergestellt. Dem Prinzip der Subsidiarität verpflichtet, wurde der freien Wohlfahrtspflege eine privilegierte Stellung als Anbieter sozialer Dienste eingeräumt. Durch den Paradigmenwechsel der Politik und der „Privatisierung" sozialer Dienstleistungen, die sich in der Änderung von Sozialgesetzen und der Einführung der Pflegeversicherung niederschlagen, ist die Vorrangstellung der Wohlfahrtsverbände zugunsten eines Wettbewerbs zwischen allen Anbie-

---

9 Krimmer, Weitemeyer, Kleinpeter, Vogt, von Schönfeld, in Transparenz im Dritten Sektor, Daniela Felser, hrsg. für Bündnis für Gemeinnützigkeit, Bucerius Law School Press, Hamburg 2014, S. 29.

tern modifiziert worden, auch wenn die gemeinnützigen Anbieter heute noch die „Hauptproduzenten" sozialer Dienstleistungen darstellen.[10]

*2.5 Marktnahe und marktferne Bereiche – Stellung der Freien Wohlfahrtsverbände*

Die Sozialwirtschaft lässt sich in zwei Bereiche gliedern, in den marktfernen und in den marktnahen Bereich. Der marktferne Bereich wird größtenteils durch Zuwendungen, öffentliche Förderung und Spenden finanziert. Dem marktnahen Bereich werden die wirtschaftlich insgesamt bedeutenderen Einrichtungen des Gesundheits- und Pflegewesens, sowie Kindertagesstätten zugeordnet. Die Finanzierung besteht in der Regel aus verschiedenen Finanzierungskomponenten, die sich aus öffentlichen Geldern, Leistungen von Kranken- und Pflegekassen sowie Entgelten der Dienstleistungsempfänger zusammensetzen. In diesem marktnahen Bereich stehen die Sozialorganisationen im Wettbewerb zueinander. Die Freie Wohlfahrtspflege und öffentlichen Träger stehen zunehmend in Konkurrenz zu privaten Trägern. Schätzungen zufolge setzte die Freie Wohlfahrtspflege 2008 in marktnahen Bereichen rund EUR 38 Mrd. um. Sie liegt damit vor manchen Branchen des verarbeitenden Gewerbes.[11]

*2.6 Wachstumsmarkt Sozialwirtschaft*

Die Sozialwirtschaft unterliegt einem dynamischen Wachstum, mit einem bedeutenden wirtschaftlichen Gewicht und einem erheblichen Beschäftigungspotenzial. Die dynamische Marktentwicklung wird für die gesamte Sozialwirtschaft prognostiziert. Hauptanteil daran haben die Bereiche Gesundheit und Pflege.

Auch wenn Gesamtzahlen der Sozialwirtschaft fehlen, kann diese Tatsache aus statistisch gut erfassten Teilbereichen, wie der Freien Wohlfahrtspflege oder dem Pflegebereich entnommen werden. Der Bundesverband der Freien Wohlfahrtspflege[12] veröffentlicht seit 1970 regelmäßig Daten zu den Aktivitäten seiner Mitglieder. Zu diesem Verband gehören 105.295 Einrichtungen mit 3.702.245 Betten bzw. Plätzen und 1.673.861 Mitarbeitern.[13] Die Anzahl der Betten und Plätze stieg in der Zeit von 1993 bis 2012 um 41% und die Anzahl der Mitarbeiter um 79%.[14]

Ein deutliches Wachstum ist auch im Pflegebereich – alle Anbieter der Sozialwirtschaft umfassend – festzustellen. Hier wuchs die Anzahl der stationären Pflegeeinrichtungen von 2011 bis 2013 um 5,5%, die der Pflegeplätze um 3,1%, so dass zum Stichtag 15.12.2103 902.882 Pflegeplätze verfügbar waren. Dabei stieg die Anzahl der Pfle-

---

10 Lehrbuch der Sozialwirtschaft, Arnold, Grundwald, Maelicke, hrsg. Zimmer, Paulsen Hallmann, Baden-Baden, 4. Aufl. 2014, S. 186.
11 Deutsche Bank Research, Research Briefing vom 16.11.2010, S. 1.
12 Mitglieder sind: Arbeiter Wohlfahrt, Deutscher Caritas Verband, Der Paritätische Gesamtverband, Deutsches Rotes Kreuz, Diakonie Deutschland und Zentralwohlfahrtsstelle der Juden in Deutschland.
13 Davon ca. 56% in Teilzeit beschäftigt. Vgl. Bundesverband der Freien Wohlfahrtspflege (hrsg.) Einrichtungen und Dienste der Freiwilligen Wohlfahrtspflege, Gesamtstatistik 2012, S. 14.
14 Bundesverband der Freien Wohlfahrtspflege (hrsg.) Einrichtungen und Dienste der Freiwilligen Wohlfahrtspflege, Gesamtstatistik 2012, S. 16. Die Freie Wohlfahrtspflege ist damit der größte Arbeitgeber in Deutschland.

geplätze von privaten Anbietern um das doppelte gegenüber Anbietern der freien Wohlfahrtspflege.[15]

## 2.7 Immobiliendimension der Sozialwirtschaft

Die „Produktion sozialer Dienstleistungen" ist immobilienlastig. Nahezu 90 % der „Produktion" findet in Immobilien, in der Regel Spezialimmobilien statt: Krankenhäuser, Fachkliniken, Medizinische Versorgungszentren, Pflegeeinrichtungen, Behinderteneinrichtungen, Kindergärten u.v.a.m.

### 2.7.1 Investitionsbedarf und Investitionsvolumen

Der Bereich „Health-Care" deckt ca. 75 % der Umsätze der Sozialwirtschaft ab. Innerhalb dieses Segments wiederum stellt der Bereich Pflege einen der Hauptumsatzträger dar, mit einem Umsatzvolumen im vollstationären Bereich in Höhe von ca. 26 Mrd. €. Davon wiederum entfallen ca. 5,2 Mrd. € Aufwendungen für Mieten und / oder Pachten.[16]

Der zukünftige Bedarf an Krankenhausbetten, Pflegeeinrichtungen, Kindergärten wird stark beeinflusst von demografischen Entwicklungen und soziogesellschaftlichen Veränderungen. Für den Pflegebereich wird – neben des Zuwachses an unterschiedlichen ambulanten Angeboten – der Bedarf an neuen Pflegeplätzen auf jährlich 20.000 geschätzt und der Ertüchtigungsbedarf vorhandener Plätze auf jährlich 13.500. Bis 2030 erfordert dies ein Investitionsvolumen von über 40 Mrd. €, davon entfallen auf den Neubau ca. 24 Mrd. € und auf die Anpassung vorhandener Plätze 16 Mrd. €.

Allein dieser begrenzte Bereich aus dem Gesamtangebot der Sozialwirtschaft zeigt die Immobiliendimension, mit der sich die Sozialeinrichtungen befassen müssen. Dabei sind die Märkte regional vollkommen unterschiedlich und die Wachstumspotenziale nicht in allen Aufgabenfeldern gleich. Dazu kommt die „Unkalkulierbarkeit" der Politik, die Rahmenbedingungen, Finanzierungsgrundlagen, räumliche Anforderungen an Einrichtungen usw. – unabhängig von wirtschaftlichen Folgen – „jederzeit" neu oder anders definieren kann.

### 2.7.2 Finanzierung der Immobilienkosten – Lebenszyklusbetrachtung

Die Investitionskosten werden je nach Hilfefeld und Bundesland unterschiedlich finanziert und können von Marktmittelfinanzierung bis zur Finanzierung mit erheblichen Zuschüssen der öffentlichen Hand gehen. Auch die Refinanzierung erfolgt unterschiedlich über Träger der öffentlichen Hand, Krankenkassen oder durch den Nutzer selbst.

Sowohl dort, wo Immobilienkosten letztlich von der öffentlichen Hand getragen werden, als auch dann, wenn der Nutzer sie selbst finanziert, sind die Träger der Einrichtungen gezwungen die Kosten der Unterbringung möglichst gering zu halten, um

---

15 Statistisches Bundesamt, Pflegeheime und verfügbare Plätze in Pflegeheimen, Abruf: www.gbe-bund.de, vom 19.8.2015, 13.08 Uhr.
16 Pflegeimmobilienreport 2012-2013, S. 7, cibre GmbH & immotiss care GmbH.

sich im Wettbewerb mit anderen zu behaupten. Um dies erreichen zu können, ist ein professionelles Immobilienmanagement notwendig.

Dieses muss die Gebäude in ihrem gesamten Lebenszyklus betrachten, unter den Handlungsein- und Beschränkungen, die die Sozialwirtschaft mit sich bringt und unter Nutzung des Marktes mit all seinen Herausforderungen. Damit sind die Anforderungen an das Immobilienmanagement deutlich höher als in Unternehmen, die am Markt frei tätig sein können.

*2.8 Immobilienmanagement in der Sozialwirtschaft*

Insbesondere der marktnahe Bereich wird zunehmend von rein wirtschaftlich, gewinnmaximierenden orientierten Unternehmen entdeckt und besetzt. Die „traditionellen" Organisationen der Sozialwirtschaft, die der öffentlichen Hand und der freien Wohlfahrtspflege, sind ihrem „Unternehmenszweck" folgend nicht gewinnorientiert. Das heißt sie existieren in erster Linie nicht zur Gewinnmaximierung und schütten erwirtschaftete Gewinne nicht an Mitglieder oder Eigentümer der Organisation aus, sondern reinvestieren diese in ihre Mission, in ihren Auftrag. Sie sind von ihren Grundanliegen her Idealvereine, die jedoch zunehmend wie freie Wirtschaftsunternehmen agieren müssen, weil rechtliche und gesellschaftliche Rahmenbedingungen dies vorgeben.

Die Herausforderung besteht darin, den Charakter des Idealvereins zu sichern und unternehmerisch professionell zu handeln. Dieser Paradigmenwechsel hat tief greifende Folgen. Denn, um die Wettbewerbsfähigkeit zu erhalten sind in Führung und Management der Organisation ein Höchstmaß an Effektivität und Effizienz zu erreichen. Dies umfasst nicht nur die Handlungsfelder der Unternehmen sondern auch die Immobiliendimension als existenzielle Grundlage zur Ermöglichung und Verfolgung des Hauptzieles der Unternehmung.

## 3. Immobilien der Kirchen

Auf eine aktuelle, detaillierte und umfassende Erfassung der Immobilien der Kirchen kann nicht zurückgegriffen werden. Die Gründe hierfür sind vielfältig. „Die" Kirche gibt es nicht, auch wenn im allgemeinen Sprachgebrauch hierunter die traditionellen Kirchen, die katholische[17] und evangelische[18] Kirche verstanden werden. Eine – weitere – Differenzierung erfolgt regelmäßig nicht. Staatskirchenrechtliche Regelungen zugrunde gelegt, sind die traditionellen Kirchen (aber auch religiöse und weltanschauliche Gemeinschaften) gem. Art. 140 GG i.V.m. Art 137 Abs. 5 WRV Körperschaften des öffentlichen Rechts. Sie ordnen und verwalten ihre Angelegenheiten selbstständig.

Dies hat zur Folge, dass nicht nur Organisations- und Rechtsunterschiede zwischen der katholischen und evangelischen Kirche bestehen, sondern dass sich auch die evangelischen Kirchen untereinander unterscheiden. Ohne auf diese differenzierten Regelun-

---

17 Die katholische Kirche in Deutschland umfasst 27 Diözesen mit 10.911 Pfarreien und sonstigen Seelsorgeeinheiten, in Katholische Kirche in Zahlen, 2014, S. 30ff.
18 Die evangelische Kirche in Deutschland besteht aus 20 Landeskirchen mit 14.412 Kirchengemeinden, in Evangelische Kirche in Deutschland, Zahlen und Fakten 2015, S. 6ff.

gen an dieser Stelle einzugehen, führte die jahrhundertelange Geschichte der Kirchen zu einem umfangreichen Immobilienbestand, dessen Eigentümerstruktur äußerst kleinteilig ist und sich oft zufällig ergab. Entsprechend den Gliederungsebenen der Kirchen können die Immobilien auf Gemeindeebene (Pfarrgemeinde, Kirchengemeinde), der mittleren Ebene (z.B. Dekanat, Superintendentur) oder der Aufsichtsebene (z.B. Landeskirche, Diözese) angesiedelt sein.

### 3.1 Eigentümerstruktur und Verwendung der Erträgnisse

Der Großteil der Immobilien steht im Eigentum der Kirchengemeinden, die eigenständige Körperschaften des öffentlichen Rechts sind und in der Regel von gewählten Laiengremien verwaltet werden. Sie sind zuständig für die Verwaltung und Steuerung der Immobilien. Beschlüsse der Gremien stehen – entsprechend der Regelungen in Landeskirchen und Bistümern – unter Genehmigungsvorbehalt und/oder es sind bei der Beschlussfassung einschlägige Verwaltungsvorschriften zu beachten.

Von alters her sollte der Grundbesitz den Kirchengemeinden den dauerhaften Erhalt der kirchlichen Aktivitäten sichern. Neben den Abgaben der Gemeindeglieder wurde in erster Linie aus dem Ertrag des Grundbesitzes der Lebensunterhalt der Priester und Pfarrer sichergestellt (Pfarrvermögen), die Unterhaltung der kirchlichen Gebäude gewährleistet (Kirchenvermögen) und aus dem Zweckvermögen z.B. soziale Aufgaben finanziert.[19] Diese Zuordnung wurde regelmäßig grundbücherlich gesichert und hat noch heute Bedeutung dafür, wie Erträge aus dem Grund- und Immobilienvermögen zu verwenden sind.

### 3.2 Umfang der Immobilien der Kirchen

Die Evangelische Kirche in Deutschland weist in Ihrer Ausgabe Zahlen und Fakten zum kirchlichen Leben 2015 etwas unter 75.000 Gebäude aus, die im Eigentum von Kirchengemeinden, Dekanatsbezirken und Landeskirchen stehen. Das Katholische Immobilienvermögen wird laut Deutscher Bischofskonferenz auf ca. 60.000 Liegenschaften geschätzt.[20]

Die Zahlen repräsentieren nur einen Teil der kirchlichen Immobilien, da z.B. Immobilien in selbstständigen Stiftungen, Klöstern, Vereinen, Gesellschaften usw. in diesen Statistiken nicht erfasst sind. Letztendlich ist die Frage der vollständigen statistischen Erfassung der Immobilien für die grundsätzliche Frage zweitrangig, weil die Herausforderungen zum Erhalt der Immobilien und deren zukunftstaugliche Transformation so oder so erheblich sind.

---

19 Adalbert Schmidt, Immobilien der Kirche – eine Übersicht, in Kirchliches Immobilienmanagement, hrsg. Dagmar Reiß-Fechter, 2010, 2. Aufl., S. 24.
20 Sven Bienert, Marcelo Cajias, Jens Hirsch, Bewertung des kirchlichen Immobilienbestandes, hrsg. Dagmar Reiß-Fechter, 2016.

*3.4 Kategorien der Immobilien der Kirchen*

Die Immobilien der Kirchen lassen sich in drei Immobilienkategorien, nämlich Immobilien zur unmittelbaren, zur mittelbaren Auftragserfüllung und in das Finanzanlagevermögen untergliedern. Für die Kirchen der EKD sähe eine solche Zuordnung wie folgt aus:

| Immobiliennutzung | Anzahl gesamt | zur unmittelbaren Auftragserfüllung | zur mittelbaren Auftragserfüllung | Finanzanlagevermögen |
|---|---|---|---|---|
| Kirchen/Kapellen | 20.618 | 20.618 | | |
| Gemeindezentren mit Gottesdienstraum | 3.320 | 3.320 | | |
| Pfarrhäuser | 17.186 | 17.186 | | |
| Friedhofskapellen | 2.536 | 2.536 | | |
| Gemeindehäuser | 9.409 | | 9.409 | |
| Kindertagesstätten | 5.156 | | 5.156 | |
| Schulgebäude – allgemeinbildende Schulen | 143 | | 143 | |
| Verwaltungsgebäude | 808 | | 808 | |
| Sonstige Wohnhäuser | 6.650 | | | 6.650 |
| Eigentumswohnungen | 1.320 | | | 1.320 |
| weitere Gebäude | 7.618 | | | 7.618 |
| | 74.764 | 43.660 | 15.516 | 15.588 |
| | 100% | 58% | 21% | 21% |

Zur unmittelbaren Auftragserfüllung gehören all die Immobilien, die zur Verkündung des Wort Gottes und für die gottesdienstlichen Handlungen erforderlich sind. Gerade diese Immobilien prägen das Gesicht der Kirchen. Von den ca. 21.000 Kirchen und Kapellen der evangelischen Kirchen stehen ca. 17.000 unter Denkmalschutz, bei der katholischen Kirche stehen von über 24.500 Gotteshäuser ca. 23.000 unter Denkmalschutz. Die Baulasten, die sich nicht nur aus den Kirchengebäuden ergeben sind für beide Konfessionen erheblich.

Immobilien, die der mittelbaren Auftragserfüllung dienen, sind zweckmäßigerweise aber nicht notwendigerweise im Eigentum der Kirche. Immobilien, die dem Finanzanlagevermögen zuzuordnen sind, sind wie Finanzanlagen zu betrachten. Immobilien können im Laufe des Lebenszyklus zwischen den Kategorien wechseln. Immobilienstrategisch sind die verschiedenen Immobilienkategorien unterschiedlich zu behandeln und erfordern damit ein differenziertes und unterschiedlich orientiertes Vorgehen.

*3.5 Kirchliches Immobilienmanagement*

Die Probleme des Managements der kirchlichen Immobilien resultieren aus der hochdiversifizierten Eigentümerstruktur, der Art und Weise der Entscheidungsfindung in Laien-Gremien und eines oft mehrstufigen Verwaltungsaufbaus. Im Durchschnitt besitzt eine Kirchengemeinde zwischen vier und fünf Gebäude, davon eine oder zwei Kirchen, in der Regel denkmalgeschützt, ein Pfarrhaus, meist auch denkmalgeschützt und dann noch weitere Gebäude. Diese werden vom Pfarrgemeinderat, Verwaltungsrat, Kirchenvorstand usw. verwaltet, in der Regel ein Laiengremium, das ehrenamtlich besetzt und meist hauptamtlich geführt wird. Immobilienkompetenz ist in der Regel, wenn vorhanden, dann eher zufällig. Genehmigungsvorbehalte und unterstützende Leistungen der Verwaltung sollen die Qualität der Entscheidungsfindung sichern aber auch die Befugnisse und Kompetenzen der örtlichen Vertreter nicht beschneiden. Diese sind von Landeskirche zu Landeskirche und in der katholischen Kirche unterschiedlich ausgeprägt. Letztendlich ist aber die Entscheidungsfindung und Umsetzung ein höchst diffiziles und kompliziertes Vorgehen, das nur mit Hilfe einer guten Prozess- und Kommunikationsstrategie bewältigt werden kann.

*3.6 Herausforderungen der Zukunft*

Die zukünftigen Herausforderungen für die Kirchen sind beträchtlich. Zu der demografischen Veränderung, die zu einem (vorhersehbaren) Rückgang der Gemeindeglieder führt, kommt eine zunehmende Säkularisierung der Gesellschaft und ein allgemeiner Bedeutungsverlust der Kirchen hinzu. Dies zeigt sich auch in der Anzahl der Kirchenaustritte und unterlassenen Taufen von Kindern.[21] Prognosen der EKD gehen von einem kumulierten Effekt eines Mitgliederrückgangs von derzeit über 24 Millionen Mitglieder auf knapp unter 16 Millionen Mitglieder im Jahr 2040 aus.[22] Einher gehen damit die Reduzierung der finanziellen Ausstattung und der Mitarbeiter. Inwieweit die Immobilien dieser Entwicklung folgen sollen und werden, wird eine der Zukunftsherausforderungen der Kirchen sein.

Die Kirchen haben weniger als 25 Jahre Zeit, die Transformation ihrer Immobilienbestände so vorzunehmen, dass sie ihre ursprüngliche Funktion, nämlich zur Finanzierung der gemeindlichen Aufgaben beizutragen, gerecht werden können. Gleichzeitig tragen sie eine erhebliche Verantwortung für die Kirchengebäude als Orte besonderer Prägung. Diese Verantwortung geht weit über die übliche Eigentümerverantwortung eines sonstigen Immobilieneigentümers hinaus.

## 4. Kirchengebäude mehr als eine Immobilie

Der Romancier Pascal Mercier schreibt in seinem Roman „Nachtzug nach Lissabon":"Ich möchte nicht in einer Welt ohne Kathedralen leben. Ich brauche die Schönheit und Erhabenheit. Ich brauche sie gegen die Gewöhnlichkeit der Welt". [23]

---

21 In der katholischen Kirche stiegen die jährlichen Austrittszahlen von etwas über 100.000 seit den 1990er Jahren auf 217.716 im Jahr 2014, im gleichen Zeitraum sanken die Trauungen von 110.000 auf 44.158 und die Taufen von 293.390 auf 164.833, in Katholische Kirche in Zahlen, 2014, S. 35f.
22 Begrich, Berliner Forum 2013, EKD-Präsentation, S. 38.
23 Pascal Mercier, Nachtzug nach Lissabon; Roman, 26. Aufl., München 2006, S. 198.

Mercier beschreibt damit das Gefühl vieler Menschen, die trotz Kirchenferne eine hohe Affinität zu Kirchengebäuden haben. Menschen identifizieren sich mit dem Kirchengebäude, halten es für die Identität in ihrem Dorf, Stadtteil oder Stadt – und nicht zuletzt verbinden sie mit dem Gebäude etwas, das über das Sichtbare hinausgeht und – betriebswirtschaftlich formuliert – von immateriellem Wert ist.

*4.1 Verständnis der Kirchengebäude*

Das theologische Verständnis von Kirchengebäude ist in der katholischen und evangelischen Kirche unterschiedlich. Die katholische Kirche weiht den Kirchenraum. Die Weihe des Gebäudes ist eine In-Dienst-Nahme des Raumes in der Perspektive des christlichen Glaubens und des katholischen sakramentalen Verständnisses des Abendmahls. Es erfolgt keine substanzielle Aufladung des Gebäudes Kirche mit dinglicher Heiligkeit, sondern der geweihte Raum ermöglicht den religiösen Gebrauch nach den Regeln der katholischen Glaubens. Daher kann die katholische Kirche relativ pragmatisch mit den Kirchen umgehen, die sie wieder entweiht hat. Sie sind dann diesem Nutzungszusammenhang entnommen und können profan genutzt werden.[24]

Nach evangelischem Verständnis hat der Raum und der Tisch, an dem sich die Gemeinde versammelt eine Funktion der Kommunikation des religiösen Glaubens, der Verkündigung des Glaubens und der Feier des gemeinsamen Abendmahles.[25] Der Raum der religiösen Kommunikation erschöpft sich aber nicht in der reinen Funktion für diese Kommunikation. Er ist nicht konstitutiv für die religiöse Kommunikation, aber der religiöse Raum symbolisiert, was in ihm geschieht und ist insofern eine Darstellungsweise des christlichen Glaubens in baulicher Gestalt.[26]

*4.2 Flächendeckendes Netz von Kirchen*

Katholische und evangelische Kirchen verfügen über mehr als 47.000 Kirchengebäude. Sie bilden ein dichtes flächendeckendes Netz, sind weithin sichtbare und konkret begehbare Orte des Glaubens, sie sind Räume der Begegnung von Menschen untereinander und zwar nicht nur von Mitgliedern der jeweiligen Religionsgemeinschaft.

Kirchenbauten stehen für ein Fülle an kulturspezifischen und historischen Bedeutungen. So wie sie im Stadtraum stehen oder Stadtsilhouetten sind, sind sie stets mehr als Gebäude: sie sind erlebte Geschichte, Speicher von Emotionen und ein komplexes Bildprogramm.[27]

---

24 Thomas Erne, Neu Wahrnehmung des Kirchenraumes im Protestantismus, in Kirche im öffentlichen Raum – aktuelle Herausforderungen, in Erweiterte Nutzung von Kirchen, hrsg. Manfred Keller, Kerstin Vogel, Berlin 2008, S. 58f.

25 Thomas Erne, Neu Wahrnehmung des Kirchenraumes im Protestantismus, in Kirche im öffentlichen Raum – aktuelle Herausforderungen, in Erweiterte Nutzung von Kirchen, hrsg. Manfred Keller, Kerstin Vogel, Berlin 2008, S. 58.

26 Thomas Erne, Neu Wahrnehmung des Kirchenraumes im Protestantismus, in Kirche im öffentlichen Raum – aktuelle Herausforderungen, in Erweiterte Nutzung von Kirchen, hrsg. Manfred Keller, Kerstin Vogel, Berlin 2008, S. 59.

27 Engelbert Lütke Daldrup, Kirche im öffentlichen Raum – aktuelle Herausforderungen, in Erweiterte Nutzung von Kirchen, hrsg. Manfred Keller, Kerstin Vogel, Berlin 2008, S. 26.

Kirchen sind in vielerlei Hinsicht bedeutsam für die Gemeinden wie für die Öffentlichkeit. Kirchengebäude orientieren einen Stadtteil in der Vertikalen und ziehen eine Beziehung zur Transzendenz im öffentlichen Raum. In der Stadt garantieren Kirchengebäude eine kostbare Qualität der Reizarmut, der Stille und der Selbstzweckhaftigkeit. Kirchen sind Orte der Bildung, sozialer Orientierung und liturgischer Ordnung. Kirchen sind Gegenorte für Träume und Visionen und gesellschaftliche Innovationen und Kirchen sind offene Räume, um den Horizont menschlicher Möglichkeiten offen zu halten.[28]

*4.3 Immobilienwirtschaftliche Anforderungen*

Kirchengebäude sind Immobilien sui generis. Immobilienwirtschaftliche Instrumente sind nicht unbesehen auf Kirchengebäude übertragbar. Gleichwohl können auch bei Kirchengebäuden Erkenntnisse des Immobilienmanagements und der Betriebswirtschaft angewandt werden und damit die Entscheidungsträger in den Kirchen bei ihrem Handeln unterstützen und Transformationsprozesse fördern.

Die Komplexität kirchlicher Strukturen können mit Hilfe von immobilienwirtschaftlichen Methoden aufgebrochen und so strukturiert und analysiert werden, dass Transparenz und Übersichtlichkeit entsteht.

Um dies erreichen zu können, müssen Daten auch von Kirchen erfasst werden, die sowohl Größe, Bewirtschaftungskosten, Nutzungsintensitäten und Bauunterhaltskosten erfassen. Neben diesen „Standardinformationen" sind bei Kirchen vor allem „weiche" Faktoren von großer Bedeutung. Diese können z.B. sein: bauliche Besonderheiten, historische Ausprägungen und Merkmale, Bedeutung für das Stadtbild, die Nachbarschaft, Qualität der Akustik, Denkmalschutz, Aspekte der religiösen Identität usw. Eine solche Analyse ist nicht „schnell" gemacht, sondern erfordert eine intensive Auseinandersetzung mit dem, was Kirchengebäude ausmacht. Um diese Auseinandersetzung kommen die Verantwortlichen der Kirchen in den verschiedenen Strukturebenen nicht herum. Diese verschiedenen Ebenen sind auch miteinander zu verbinden, so dass zumindest auf landeskirchlicher und Bistumsebene ein abgestimmtes Verständnis über Wichtigkeit und Bedeutung einzelner Merkmale erzielt werden.

Damit dies gelingen kann, helfen Methoden des Portfolio- und des Projektmanagements. Dabei ist der Kommunikation besondere Aufmerksamkeit zu widmen. Diese ist kirchenintern zu führen, damit Gemeindeglieder, haupt- und ehrenamtliche Mitarbeiter an Entscheidungen mitwirken und diese auch vertreten können. Anders als bei profanen Immobilien ist aber auch die Öffentlichkeit in das Kommunikationskonzept einzubeziehen. Gerade dies stellt eine besondere Herausforderung dar, da im Vorfeld nicht abgeschätzt werden kann, wie diese auf Veränderungen reagiert.

Gerade weil Kirchen emotional sehr unterschiedlich „besetzt" sind, blockiert diese „Dominanz" oft den Blick auf nüchterne Analyse für die Kirchengebäude und alle an-

---

28 Thomas Erne, Neu Wahrnehmung des Kirchenraumes im Protestantismus, in Kirche im öffentlichen Raum – aktuelle Herausforderungen, in Erweiterte Nutzung von Kirchen, hrsg. Manfred Keller, Kerstin Vogel, Berlin 2008, S. 60.

deren Immobilien der Kirchen. Und erschwert damit die Entscheidungsfindung und den Vollzug von Entscheidungen.

Professionelles Immobilienmanagement, unter Berücksichtigung der kirchlichen Besonderheiten, erleichtert die Bewältigung der heutigen Herausforderungen und rüstet für die zukünftigen.

## 2. Ethos und Haltung im Immobilienmanagement von Sozialwirtschaft und Kirche

*Thomas Zeilinger*

*Neben operativen und strategische Fragen bewegt das Management von Immobilien in Sozialwirtschaft und Kirche auch die normative Frage nach den Zwecken, den Werten und Prinzipien, denen diese Bereiche verpflichtet sind: Um Immobilien in Kirche und Sozialwirtschaft dauerhaft erfolgreich zu bewirtschaften, ist es wichtig, die Prinzipien, Normen und Spielregeln zu kennen, die das Handeln der jeweiligen Organisation orientieren. Hierfür braucht es den Blick auf die spezifische Kultur der Organisation und auf ihr charakteristisches Selbstverständnis, aber auch auf die Bedingungen und Anspruchsgruppen, zwischen denen sich Sozialwirtschaft und Kirche im gesellschaftlichen Raum bewegen.*
*Dabei zeigt sich, dass die Immobilien von Sozialwirtschaft und Kirche ein ganzheitliches Management erfordern und den Einsatz von Kopf, Hand und Bauch verlangen.*

### 1. Die Legitimation für Immobilienmanagement in Sozialwirtschaft und Kirche

Was unterscheidet den Umgang mit Immobilien in Sozialwirtschaft und Kirche vom Immobilienmanagement in anderen Organisationen und Unternehmungen? Mit dem St. Gallener Management-Modell gesprochen geht es mit dieser Frage um das „normative Management".[1] Zur Klärung stehen an dieser Stelle die leitenden Werte und Prinzipien der spezifischen Organisationsform von Sozialwirtschaft und Kirche: Welchem Zweck sind die kirchlichen und sozialwirtschaftlichen Immobilien verpflichtet? Wo findet das Immobilienmanagement von Kirche und Sozialwirtschaft seine Legitimation? Woher bezieht das kirchliche und sozialwirtschaftliche Immobilienmanagement seine „licence to operate"?[2] Welche – expliziten wie impliziten – Spielregeln gelten in den Organisationen, deren Immobilien gemanagt werden (sollen)?

In, mit und unter diesen Fragen stehen ein spezifisches Ethos und eine spezifische Haltung im jeweiligen Immobilienmanagement zur Diskussion. Der Begriff des Ethos verweist dabei auf diejenigen *Gewohnheiten und Gebräuche*, die für die jeweilige Organisation typisch und charakteristisch sind.[3] Um Immobilien in Kirche und Sozialwirtschaft erfolgreich zu managen, ist es wichtig, die Prinzipien, Normen und Spielregeln zu

---

[1] Bleicher, Das Konzept Integriertes Management, 7. Aufl. (2004). Ausführlich dazu im Kap. Kommunikation und Changemanagement.
[2] Zum Begriff: Springer Gabler Verlag (Herausgeber), Gabler Wirtschaftslexikon, Stichwort: Licence to operate, online im Internet: http://wirtschaftslexikon.gabler.de/Archiv/18118/licence-to-operate-v 6.html (Abruf 14.9.2015).
[3] Dies verdeutlichen die griechischen Ursprünge des Wortes Ethos. Zur Begriffsklärung: Dietzfelbinger, Praxisleitfaden Unternehmensethik, 2. Aufl. (2015), S. 61ff.

## 2. Ethos und Haltung im Immobilienmanagement von Sozialwirtschaft und Kirche

kennen, die das Handeln der Organisation orientieren. Und es ist wesentlich, als Manager, als Managerin von Immobilien in Kirche bzw. Sozialwirtschaft eine bewusste und geklärte Haltung zu den für die eigene Organisation typischen und charakteristischen Werten und Zielen zu entwickeln und zu pflegen.

Ist von Werten, impliziten Normen und Spielregeln einer Organisation die Rede, so ist der Begriff der *Unternehmenskultur* nicht weit. Wiederum im St. Gallener Managementmodell betrachtet, ist die *Kultur* des Unternehmens neben *Struktur* und *Strategie* eines von drei grundlegenden Ordnungsmomenten jeder Unternehmung:[4] *Strategisch* gilt es nach dem zu fragen, *was* in der Situation zu tun ist, also „die *richtigen* Dinge zu tun" und darin Ausrichtung und Orientierung zu gewährleisten. *Strukturell* geht es um das *Wie:* also darum „die Dinge *richtig* zu tun".[5] Die Strukturen einer Unternehmung sind so die Koordinationsmechanismen, die dafür sorgen, dass das Richtige auch auf richtige Weise getan werden kann. Die Kultur schließlich liefert Antworten auf die Fragen des Warum und Wozu und stellt damit den gemeinsamen Sinnhorizont bereit, in dem die Organisation agiert. Die damit verbundene Auseinandersetzung mit Vision und Identität der Unternehmung ist deshalb genauso wichtig wie die Fragen der Strategie und der Struktur, weil ohne eine Verständigung zum *Sinn des Ganzen* Motivation und Flexibilität auf der Strecke bleiben.

Um das Zueinander von Strategie, Struktur und Kultur zu veranschaulichen, greife ich das Bild des menschlichen Organismus auf und formuliere: Immobilien wollen mit *Kopf, Hand und Bauch* gemanagt sein:[6] Es bedarf der strategischen Arbeit des Kopfes, der Koordination instrumenteller Fertigkeiten durch die Hand, aber auch der Bearbeitung der kulturellen Dimension durch den Bauch. Die Rede vom „Bauch" legt sich für das Element der Kultur deshalb nahe, weil gerade an dieser Stelle die impliziten und oft unausgesprochenen Hintergrundannahmen ihre Wirkung zeitigen, die zunächst eher in Gefühlslagen und Stimmungen, denn in rationalen Beschreibungen zum Ausdruck kommen.[7]

---

4 Dazu Rüegg-Stürm, Das neue St. Galler Management-Modell, in: Dubs, u. a. (Hrsg.), Einführung in die Managementlehre, 1. Aufl., Bern 2004, S. 80ff.
5 Rüegg-Stürm, Das neue St. Galler Management-Modell, 1. Aufl. (2004), S. 81 greift damit Formulierungen des Management-Pioniers P. Drucker auf.
6 Zum Bild von Kopf, Bauch und Hand von motivationspsychologischer Seite auch: Kehr, Für Veränderungen motivieren mit Kopf, Bauch und Hand, Organisationsentwicklung 2008 (3), S. 23-30.
7 In der Organisationstheorie wird an dieser Stelle gern das Bild des zum wesentlich größeren Teil unter der Oberfläche verborgenen Eisbergs gebraucht, um die unsichtbare und doch höchst wirksame Macht der kulturellen Komponenten einer Organisation zu illustrieren, vgl. z.B. Rüegg-Stürm, Das neue St. Galler Management-Modell, 1. Aufl. (2004) S. 104.

★ Wie und wohin richten wir uns aus?

★ Wie organisieren wir uns?

★ Warum und wozu tun wir was wir tun?

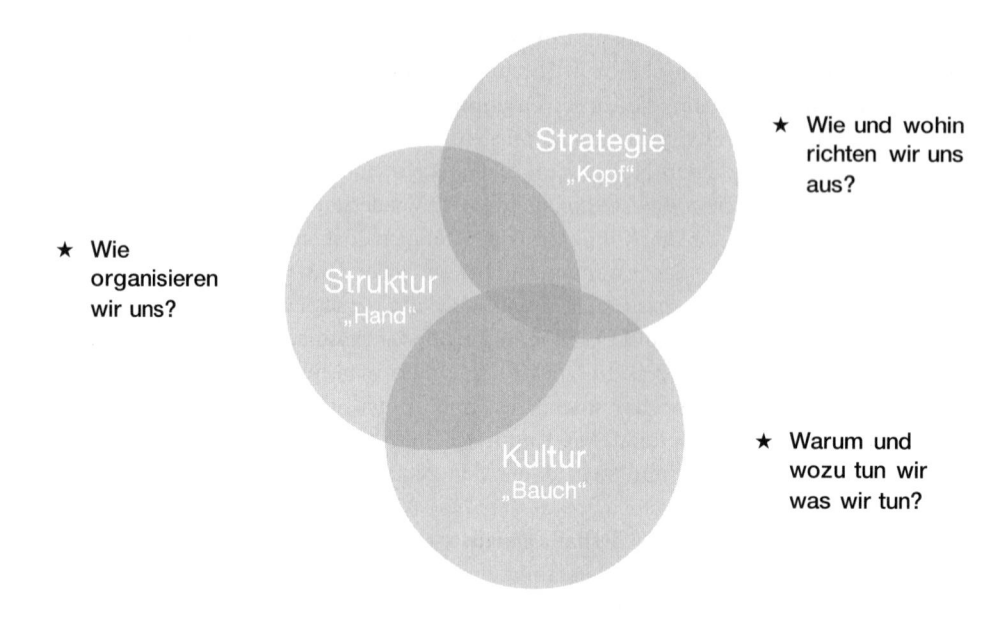

Strategie „Kopf"
Struktur „Hand"
Kultur „Bauch"

Die drei Ordnungsmomente der Organisation
in Anlehnung an das St. Gallener Managementmodell

Im Immobilienmanagement überhaupt, aber besonders im Management der Immobilien von Sozialwirtschaft und Kirche, genügt es nicht, nur die strategische und die strukturelle Dimension mit Aufmerksamkeit zu belegen, hinsichtlich Planung und Ressourcen also Kopf und Hand zu bedenken, sondern neben Kopf und Hand fordert in einem integralen Managementverständnis auch der Bauch sein Recht: Die kulturelle Dimension will eigens und mit eigenen Mitteln als Teil der Managementaufgabe verstanden und bearbeitet sein.

Wird die Managementaufgabe solchermaßen integral verstanden, so ist die bewusste Entwicklung und Pflege des Ethos und der persönlichen Haltung im Management sozialwirtschaftlicher und kirchlicher Immobilien ein wesentlicher Beitrag zum Gelingen des Immobilienmanagements.[8] Dafür geben die folgenden Überlegungen einige Hinweise.[9] Es wird deutlich werden, dass es bei der (selbst-)kritischen Reflexion des eigenen Ethos und der organisationsspezifischen Kultur nicht notwendig um schnelle Antworten oder einfache Entscheidungen geht, sondern das Management von Paradoxien und das Balancieren divergenter Erwartungen mindestens genauso gefragt sind.

Nachfolgend werden die Verpflichtungen in den Blick genommen, die sich aus dem Zweck der Organisation ergeben: Welche Ansprüche an das Immobilienmanagement

---

[8] Dabei gilt es im Bewusstsein zu behalten, dass gerade Ethos und Haltung nur sehr eingeschränkt dem Bewusstsein zugänglich sind: Fragen der Identität sind dem bewussten Zugriff immer auch entzogen, wie schon der Begriff der Gewohnheiten in seiner alltagssprachlichen Bedeutung anzudeuten vermag.

[9] Wertvolle Anregungen für den Beitrag verdanke ich dem Gespräch mit meinen Kollegen im Institut persönlichkeit+ethik, A. Grabenstein und D. Dietzfelbinger.

folgen aus der eigenen Selbstdefinition? Der nächste Punkt beschäftigt sich mit den Erwartungen der verschiedenen Anspruchsgruppen, denen sich insbesondere das Immobilienmanagement von Kirche und Sozialwirtschaft gegenübersieht. Danach werden einige ausgewählte Leitbilder für wirtschaftliches Handeln im sozialen und kirchlichen Bereich beleuchtet. Die anschließenden Punkte fragen nach den Herausforderungen, die spezifische Entscheidungsstrukturen für die Steuerung im Immobilienmanagement von Sozialwirtschaft und Kirche bedeuten sowie abschließend nach den Problemen und den Potenzialen, die aus dem komplexen Erwartungsmanagement resultieren, wie es sich als für das Immobilienmanagement von Kirche und Sozialwirtschaft charakteristisch erweisen wird.

## 2. Selbstbild: Die Definition des Zweckes

In Sozialwirtschaft und Kirche ist die Immobilie in der Regel kein Selbstzweck. Es geht nicht darum, aus der Immobilie an sich einen materiellen Gewinn zu ziehen. Vielmehr sind die Immobilien in diesen Bereichen einem vorgegebenen Zweck verpflichtet.[10] Freilich stellt sich mit der Frage nach dem Zweck sogleich die Frage nach dessen näherer Definition. Das Beispiel des Wörtchens „sozial" verdeutlicht dies: Was bedeutet es für die Bewirtschaftung der Immobilien, dass die eigene Organisation soziale Zwecke verfolgt? Sind – im Vermietungsfall – damit faire Mieten gemeint? Was aber ist eine „faire" Miete: marktüblich oder unter dem Marktdurchschnitt? Ist das aber fair gegenüber den Eigentümern der Immobilie, die mit dem Ertrag der Immobilie möglicherweise andere – wiederum „soziale" Zwecke – erfüllen wollen? Mit solchen und ähnlichen (Hintergrund-)Fragen ist ständig befasst, wer im Bereich von Kirche und Sozialwirtschaft Immobilien bewirtschaftet.

Verschärft wird die Frage nach der Zweckbestimmung der Immobilie in Sozialwirtschaft und Kirche noch durch einen zweiten Aspekt: Die *dienende* Funktion der Immobilie lässt deren Bewirtschaftung (und die darin eingeschlossene zeitliche Dimension) oft unwichtig erscheinen: Die Immobilie ist ja nicht das, worum es *eigentlich* geht: Im Vordergrund steht die soziale oder kirchliche Arbeit, nicht deren bauliche Bedingungen. Wem und wozu soll dann aber das Management der Immobilie dienen: den momentanen, situativen Notwendigkeiten und Bedürfnissen – oder der Verpflichtung, auch in Zukunft und für künftige Generationen soziale oder kirchliche Arbeit leisten zu können?

Im kirchlichen Bereich kommen noch zwei weitere Themen hinzu: Zum einen die präferentielle Option für die Armen. Sie rückt die Benachteiligten in den Fokus der Aufmerksamkeit und Fürsorge. Dies fordert auch das Immobilienmanagement heraus, zumal es immer wieder abzuwägen gilt, wer konkret in der Situation als der bzw. die Benachteiligte zu gelten hat. Zum anderen die Relativierung aller Immobilienwerte

---

10 Hingewiesen sei allerdings auf das damit suggerierte Missverständnis, dass ein Wirtschaftsunternehmen nur und ausschließlich dem formalen Gewinnziel diene. H. Steinmann hat gezeigt, dass auch Wirtschaftsunternehmen sehr wohl ein eigenes inhaltliches und nicht nur formales Interesse haben. Am Beispiel der Immobilienwirtschaft: es geht immer auch um Bereitstellung von Wohnraum o. Ä., nicht nur um das Maximieren finanzieller Gewinne.

durch die eschatologische Perspektive des Reiches Gottes: *„Denn wir haben hier keine bleibende Stadt, sondern die zukünftige suchen wir."* (Hebr. 13,14) Diese Spannung wird insbesondere an den Kirchengebäuden und den für sie notwendigen Investitionen immer wieder diskutiert.[11]

Diese wenigen schlagwortartigen Überlegungen zu den Zwecken, denen das Immobilienmanagement in Sozialwirtschaft und Kirche verpflichtet ist, machen deutlich, dass es in diesen Bereichen beim Immobilienmanagement entscheidend darauf ankommt, die kommunikative (Selbst-) Verständigung als Managementaufgabe an und ernst zu nehmen: Die Frage der Bewirtschaftung der Immobilien ist stets eine Frage, die die kontinuierliche (Selbst-) Verständigung zu den Zwecken einschließt, denen die jeweilgen Immobilien dienen sollen.[12] Insofern die Implikationen der jeweiligen Zweckbestimmung nicht von vornherein feststehen, sondern immer wieder neu kommunikativ auszuhandeln sind, lässt sich als erste Folgerung für die Frage nach einem im Immobilienmanagement von Sozialwirtschaft und Kirche geforderten Ethos formulieren:

*Eine gewisse Passion für die (ggf. auch wiederholte) Diskussion des Zwecks der jeweiligen Immobilienbewirtschaftung hilft zu erfolgreichem Management in diesen Bereichen.*

## 3. Fremdbild: Erwartungen unterschiedlicher Anspruchsgruppen

Um die notwendige und unausweichliche Selbstverständigung in Kirche und Sozialwirtschaft gleichwohl zielgerichtet zu betreiben, ist es von unschätzbarem Vorteil möglichst gut zu wissen, welche Gruppen mit welchen Erwartungen und Interessen ihre Ansprüche – sei es ausgesprochen oder unausgesprochen – mit ins Spiel bringen. Wer im Bereich des Immobilienmanagements von Kirche und Sozialwirtschaft tätig ist, begegnet von verschiedensten Seiten nicht selten überaus hohen Ansprüchen und übertriebenen Erwartungen. In einer soziologischen Perspektive betrachtet, ist dies charakteristisch für den Bereich moralischer Kommunikation, für den Kirche und Sozialwirtschaft stehen. Nirgends mehr als hier werden die Fragen nach dem Guten und dem Gerechten leidenschaftlich (und stellvertretend für die gesamte Gesellschaft) verhandelt.[13]

Es ist deshalb keineswegs zufällig, dass gerade die weitere Öffentlichkeit sich besonders drastisch in ihren Erwartungen und Urteilen äußert, wenn es um kirchliche und soziale (Immobilien-)Themen geht, stehen hier doch mutmaßlich Glaubwürdigkeit und moralischer Kredit besonders auf dem Prüfstand.[14] Für das Immobilienmanagement von Sozialwirtschaft und Kirche kommt es an dieser Stelle darauf an, berechtigte Interessen einzelner Anspruchsgruppen von überzogenen moralischen Ansprüchen zu unterscheiden.

---

11 Deeg, Zelt oder Tempel – Pilgerschaft oder bleibende Stadt? Zum Problem und zur Bedeutung von Immobilien für die Zukunft der evangelischen Kirche im 21. Jahrhundert, S. 6-16 in: Berliner Forum 2011, ES-WiD-Dokumentation.
12 Zum kommunikativen Aspekt der Managementaufgabe unten Kap. 1, Teil III.
13 Dazu die instruktiven Überlegungen von Luhmann: Die Gesellschaft der Gesellschaft, (1997).
14 Ein bekanntes immobilienbezogenes Beispiel ist der Umbau, den Tebartz van Elst als Bischof von Limburg veranlasste.

Hierzu hilft es, die Analyse der in bestimmten Entscheidungssituationen beteiligten bzw. betroffenen Anspruchsgruppen möglichst konkret vorzunehmen (sog. „Stakeholder-Analyse"):
– *Welche Gruppen haben in einer spezifischen Situation (z.B. der Frage um die angemessene Miethöhe) Ansprüche an das eigene Immobilienmanagement?*
– *Wer vertritt welche Interessen? Mit welcher Macht und welchem Einfluss?*
– *Welche ethischen Überzeugungen liegen Haltung und Argumentation jeweils zugrunde?*

Wichtig ist es dabei, die Möglichkeit zu nutzen, sich in die Position und Perspektive der anderen zu versetzen. (Im Falle eines konkreten Konflikts hilft es dabei, die Beteiligten tatsächlich ins Gespräch und zum gegenseitigen Zuhören zu bekommen.)[15]

Gerade weil im kirchlichen und sozialwirtschaftlichen Kontext häufig sehr komplexe und oft unterschiedlich gelagerte Interessen und Erwartungen der Beteiligten aufeinander treffen, ist es für eine geklärte eigene Haltung im Management so wichtig, ein möglichst klares Bild derjenigen Gruppen zu haben, die explizit oder implizit Ansprüche an das eigene Management stellen. Hierzu gehören in jedem Fall die *Eigentümer* und ggf. *Investoren* für immobilienwirtschaftliche Bestände und Projekte. Im kirchlichen, aber auch im sozialwirtschaftlichen Bereich kann allein diese Anspruchsgruppe sich schon höchst vielfältig und divergent darstellen. Ebenso komplex stellt sich mitunter die Gruppe der *Nutzer bzw. Mieter* einer Immobilie in der Sozialwirtschaft dar. (Für eine umfassende Betrachtung der Anspruchsgruppen sind dabei auch die potentiellen Nutzer bzw. Mieter zu berücksichtigen!) Last not least lohnt sich im Immobilienmanagement von Sozialwirtschaft und Kirche wegen der zu Eingang dieses Beitrags beschriebenen charakteristischen „Glaubwürdigkeitsfalle" über die internen Anspruchsgruppen hinaus immer der Blick auf die Interessen der für die eigene Arbeit relevanten Öffentlichkeiten (*Medien, Kommunen, Sozialpartner*). Eine aktive Öffentlichkeitsarbeit leistet hier einen wesentlichen Beitrag für ein gelingendes Stakeholdermanagement, d.h. den langfristigen Aufbau von Vertrauen als einen erfolgversprechenden Umgang mit den komplexen Ansprüchen und Erwartungen im Zusammenhang der eigenen Immobilienbewirtschaftung.

*Die gründliche Wahrnehmung der Perspektiven und Interessen der anderen Beteiligten erhöht die Chancen effektiven Immobilienmanagements in Sozialwirtschaft und Kirche.*

## 4. Leitbild: Kluge Haushalterschaft beim nachhaltigen Wirtschaften

Damit die eigenen Überzeugungen gut ins Gespräch mit den Gruppen kommen, die ihrerseits ihre Ansprüche und Erwartungen an das eigene Immobilienmanagement formulieren, hilft es, wenn ein geklärtes Leitbild für das eigene Handeln zur Verfügung steht: „*Wofür stehen wir?*" – „*Wofür wollen wir stehen?*" – „*Woran lassen wir uns messen?*" So unterschiedlich die Aufgaben sind, denen das Immobilienmanagement in Sozialwirtschaft und Kirche dient, so charakteristisch verschieden fallen auch die Antworten auf

---
15 Ein Beispiel sind hierfür die Erfahrungen mit sog. „runden Tischen" in Mediationsverfahren.

diese Fragen und damit die Leitbilder aus, mit denen in Sozialwirtschaft und Kirche Immobilien im Konkreten gemanagt werden.[16]

Bei aller Unterschiedlichkeit lassen sich auf einer Meta-Ebene gegenüber den einzelnen Leitbildern aber doch gemeinsame Eckpunkte und Leitplanken festhalten, die das Immobilienmanagement in Sozialwirtschaft und Kirche kennzeichnen:

Im Kern dürfte es dabei um die im ersten Abschnitt angesprochene Zwecksetzung gehen. Sie legt ein anderes Modell des zu erwirtschaftenden Gewinnes nahe, als dies die Vorstellung der Profitmaximierung tut. Im kirchlichen Rahmen fungiert als Leitbild für dieses Ethos das des klugen, bzw. treuen Haushalters. Nicht zuletzt durch den Gebrauch des Begriffs „Haushalter" in einigen neutestamentlichen Gleichnissen und Briefstellen wird die Vorstellung der *guten Haushalterschaft* im Bereich der Kirche immer wieder gebraucht, um die Zielrichtung wirtschaftlichen Handelns in der Kirche zu umreißen: es geht darum, die „zeitlichen Güter" klug zu nutzen.[17] Der Gewinn stellt sich ein, wenn die Güter (also hier: die Immobilien) genutzt und gebraucht werden, um den Erdkreis als das Haus Gottes so zu bewirtschaften, dass Menschen heute und in Zukunft Lebensgrundlage finden.

Der (der Rede von der Ökonomie im griechischen Wortsinn verwandte) Begriff der Haushalterschaft bindet das wirtschaftliche Handeln zurück an die Verantwortung gegenüber Gott und dem Mitmenschen. Analog dazu erscheint heute die aus der Forstwirtschaft stammende Vorstellung des *nachhaltigen Wirtschaftens*: Dem Wald wird nicht mehr Holz entnommen, als wieder nachwachsen kann. Gemeint ist damit ein Wirtschaften, das sowohl sozial, als auch ökologisch und ökonomisch verträglich ist: Die ökonomischen, sozialen und ökologischen Aspekte des Wirtschaftens sollen so in Einklang gebracht werden, dass heutiges Handeln das nachfolgender Generationen nicht gefährdet.[18]

In ökonomischer Übersetzung heißt das zugrundeliegende Gewinnmodell dann: Lebe von den Zinsen, nicht vom Kapital! Dabei erinnern das biblische Konzept der klugen Haushalterschaft wie das aktuelle Modekonzept der Nachhaltigkeit an die Aufgabe, einen Rahmen für *das Angemessene* im wirtschaftlichen Handeln (also die Höhe des Zinses) festzulegen. Die bereits von Aristoteles identifizierte Herausforderung, das rechte Maß zu finden, beschreibt auch heute zutreffend die Aufgabe vernünftigen Wirtschaftens. Im Bereich von Sozialwirtschaft und Kirche entscheidet sich beispielsweise die Höhe des (Miet-)Zinses an dem Rahmen, in dem hier das Angemessene definiert wird. Neben den Erfordernissen der Immobiliensicherung für die Zukunft gilt es an die-

---

16 Zum Konzept von Leitbildern vgl. Dietzfelbinger, Praxisleitfaden Unternehmensethik, 2. Aufl. (2015), S. 224ff.
17 Dazu exemplarisch die Kirchengemeinde-Baubekanntmachung der ELKB vom 11.5.2010: „Im Sinne kluger Haushalterschaft und einer gewissenhaften, pfleglichen und wirtschaftlichen Verwaltung des kirchlichen Vermögens (Art. 81 Abs. 1 Kirchenverfassung) muss auf eine transparente und ausgewogene Verteilung der für das kirchliche Bauwesen bestimmten Haushaltsmittel geachtet werden, welche den unterschiedlichen räumlichen Gegebenheiten im Bereich der Landeskirche angemessen Rechnung trägt." (RS der ELKB, Nr. 365).
18 Das Leitbild wurde erstmals entwickelt im sog. Brundlandt-Bericht „Unsere gemeinsame Zukunft" (1987) – vgl. www.nachhaltigkeit.info.

ser Stelle die möglichen Spielräume für soziale Initiativen und ökologische Innovation im Auge zu behalten.[19]

*Immobilienmanagement in Sozialwirtschaft und Kirche wird darin seinem Auftrag gerecht, dass es die Spannung zwischen kurzfristigen Notwendigkeiten und langfristiger Verantwortung nicht auflöst, sondern jeweils das Angemessene konkret aushandelt.*

## 5. Steuerung in komplexen Entscheidungsstrukturen

Eine besondere Herausforderung für verantwortliches Immobilienmanagement in Sozialwirtschaft und Kirche liegt in den oft komplexen Eigentums- und damit auch Entscheidungsstrukturen in diesen Bereichen.

*Ein Beispiel aus der Sozialwirtschaft:* Für die laufende Immobilienbewirtschaftung schlägt die zentrale Immobilienabteilung des Trägers verschiedener sozialer Einrichtungen in der Stadt vor, die bisher autonom durchgeführte Gebäudebewirtschaftung (Facility Management) extern zu vergeben. Vorstand und Mitglieder des stark ehrenamtlich geprägten Trägervereins sind allerdings dem bisherigen Modell auch aufgrund verwandtschaftlicher bzw. freundschaftlicher Beziehungen stark verbunden.

*Ein Beispiel aus der Kirche:* Ein Dekanatsbezirk / eine Superintendentur will ein Zukunftskonzept für seinen Immobilienbestand erarbeiten. Nur ein kleiner Teil der Immobilien gehört dem Dekanat selbst, der größere Teil steht im Eigentum der Gemeinden. Zugleich erfolgt die laufende Bewirtschaftung aller Immobilien über die Verwaltungseinheit des Dekanats (Kirchengemeindeamt, Kirchkreisverwaltung, o. Ä.). Hier werden auch Ressourcen vorgehalten, um längerfristige Perspektiven für den Immobilienbestand im Bereich des Dekanatsbezirks zu entwickeln. Die Mittel für die Bewirtschaftung kommen von den Gemeinden, vom Dekanat und zu einem erheblichen Teil aus landeskirchlichen Zuschüssen.

Diese nur rudimentär umrissenen Beispiele verdeutlichen die Aufgabe: Entscheidungen und deren Vorbereitung sind oft nicht linear in einer durchgängigen hierarchischen Struktur verankert, sondern erfordern, dass mehrere dicke Bretter gleichzeitig gebohrt werden. Dabei sind häufig nicht nur verschiedene Eigentumsformen (oder Abhängigkeiten von Förderbestimmungen und Verteilungsschlüsseln), sondern auch sehr unterschiedliche Interessenlagen im Spiel. Die unterschiedlichen Interessen und Ihr Vorhandensein werden mitunter nicht offen angesprochen. Damit einher gehen nicht selten die Themen wechselseitigen Misstrauens und wechselseitigen Verdachts der Inkompetenz.

---

19 Auch dieser Punkt unterstreicht die große Zumutung, die hier dem Management – und individuell den wirtschaftlich handelnden Akteuren aufgebürdet ist. Nicht umsonst wird die Frage des angemessenen Handelns in oeconomicis in den vergangenen Jahren intensiv diskutiert und ihrerseits mit Leitbildern unterlegt. Für den europäischen Raum ist hier v.a. der „ehrbare Kaufmann" zu nennen. (Vgl. als frühe Erwähnung im 12. Jahrhundert: Pegolotti, Francesco Balducci (1936): La practica della mercatura / Ed. by Allan Evans, Cambridge, Mass.: Acad., 1936, L IV, S. 443.) In Deutschland ist die Vorstellung v.a. über die hanseatische Tradition vermittelt. „Die Industrie- und Handelskammern sollen ,für Wahrung von Anstand und Sitte des ehrbaren Kaufmanns wirken'. Dabei handelt es sich um ein jahrhundertealtes Leitbild des Unternehmers, der soziale Verantwortung übernimmt, zu seinem Wort steht und sich selbst zum moralischen Handeln verpflichtet. (http://www.ihk-nuernberg.de/de/wir-ueber-uns/Gesellschaftliche-Verantwortung/Ehrbarer-Kaufmann/index.html, Abr. am 28.8.15).

All diese Dynamiken muss im Blick haben, wer im kirchlichen oder im sozialwirtschaftlichen Bereich mit dem Management von Immobilien befasst ist.

Vor diesem Hintergrund ist es für die Steuerungsaufgabe im Immobilienmanagement in diesen Bereichen von Vorteil, wenn die für das Immobilienmanagement Verantwortlichen nicht allein die immobilienwirtschaftliche Fachsprache beherrschen, sondern auch mit Sprache und Kultur des sozialen (oder kirchlichen) Bereichs vertraut sind. Zwar mag zu viel Nähe zum jeweiligen Milieu ihrerseits mit der Gefahr der „Betriebsblindheit" einhergehen. Doch hilft die Vertrautheit mit den spezifischen Strukturen und Kommunikationsgewohnheiten dabei, Entscheidungen kommunikativ so vorzubereiten, dass sie auch tatsächlich konzertiert getroffen und nicht durch wechselseitige Winkelzüge der Beteiligten unmöglich werden.

Um Immobilien in den komplexen Entscheidungsstrukturen von Sozialwirtschaft und Kirche erfolgreich zu managen, ist die hermeneutische Kunst des Übersetzens zwischen ökonomischen und technischen Aspekten des Immobilienmanagements auf der einen und kulturellen und inhaltlichen Charakteristika des kirchlichen oder sozialen Bereichs auf der anderen Seite äußerst hilfreich.

Für die Vorbereitung von Entscheidungen kommt es hier auf die folgenden Schritte an:
a) Informieren = einen sachlichen Überblick über die Situation zu verschaffen.
b) Kriterien definieren = Beurteilungen ermöglichen.
c) Szenarien bilden = Modelle und Alternativen entwickeln.
d) Entwicklungen anstoßen = Impulse für Entscheidungen setzen.

Die gute und vernetzte Abstimmung mit den (oft komplexen) Entscheidungsinstanzen und deren frühzeitige Einbeziehung verlangen für das Management der Immobilien in Sozialwirtschaft und Kirche eine hohe kommunikative Kompetenz und Offenheit.[20] Dabei braucht keineswegs eine einzelne Person all diese Fähigkeiten in sich zu vereinen. Gerade weil die Managementaufgabe in der kirchlichen und sozialen Immobilienbewirtschaftung in der Steuerung so komplex ist, empfiehlt es sich, – zumindest von Fall zu Fall bei umfangreicheren Projekten und Prozessen auf externe / komplementäre Kompetenzen zurückzugreifen.

Dies legt sich besonders im Blick auf die Moderation von Meinungsbildungs- und Entscheidungsprozessen nahe. Gemeindeberatungen oder prozessorientierte systemische Beratungsinstitute können für den Prozess kommunikativer Verständigung wichtige Unterstützung leisten, um im komplexen Feld zu nachhaltigen Entscheidungen zu gelangen.

Umgekehrt sorgt gebündelte Kompetenz in immobilienwirtschaftlicher Hinsicht dafür, dass die zuständigen Gremien die für Entscheidungen benötigten Daten zur Verfügung haben und gerade so entscheidungsfähig werden. Hier liegt der Nutzen eigener immobilienwirtschaftlicher Kompetenzzentren im Umfeld von Sozialwirtschaft und Kirche.

---

20  Dazu Zeilinger Kapitel II, Teil 3 „Kommunikation und Changemanagement", S. 92ff.

*Effektives Immobilienmanagement in Sozialwirtschaft und Kirche erfordert Mehrsprachigkeit und die Lust zum Übersetzen zwischen unterschiedlichen Horizonten und Interessen.*

## 6. Integrales Management in Sozialwirtschaft und Kirche ist Management von Paradoxien

Der Blick auf die komplexen Entscheidungsstrukturen in Sozialwirtschaft und Kirche unterstreicht eine Grundeinsicht jeden Managements: Widersprüche und Konflikte gehören zum Leben von Organisationen. Eine systemische Betrachtung der Managementaufgabe begründet diese Einsicht: Organisationen sind nicht wie Maschinen zu steuern, weil alle beteiligten Akteure und Umwelten sich selbst steuern. Führung hat es konstitutiv mit dem Entscheiden von Unentscheidbarem zu tun. „Die Aufgabe von Führung besteht daher im Wesentlichen darin, mit Paradoxien, mit Unentscheidbarkeit und Ambiguität umzugehen."[21] Der zitierte Organisationstheoretiker Fritz B. Simon fordert deshalb von Führungskräften als zentrale Fähigkeit die sog „*Ambiguitätstoleranz*". Er meint damit „die Fähigkeit, Mehrdeutigkeit, Ambivalenz, Antinomie und Unsicherheit zu ertragen und Widersprüche nicht sofort durch eine Schwarz-weiß-Logik zu beseitigen."[22]

Das damit aus systemischer Sicht für das Management allgemein angemahnte Stück Gelassenheit und Respekt gegenüber der Aufgabe steht dem Immobilienmanagement in Sozialwirtschaft und Kirche besonders gut zu Gesicht. Es sind ja nicht nur die eigenen Vorstellungen der handelnden Personen, sondern oft genug auch die Erwartungen der Anderen, die nach einfachen und einlinigen Antworten verlangen. Hier hilft eine nicht überhebliche, wohl aber souveräne Haltung, die darum weiß, dass das Management von Paradoxien nicht die Ausnahme, sondern der Regelfall des Führungshandelns ist.

Eine solche Haltung ermöglicht es, den unterschiedlichen Erwartungen an die Bewirtschaftung von Immobilien in Sozialwirtschaft und Kirche nicht reaktiv, sondern *proaktiv* zu begegnen. Sie weiß um die Spannungen, die unausweichlich sind – und sie weiß um die Möglichkeiten, die entstehen, wenn die Spannungen und Widersprüche nicht verleugnet werden, sondern ausgehalten werden. Im Kern geht es hier um eine Entwicklungsaufgabe, die über das von Aristoteles postulierte Abwägen zwischen zwei Gütern oder Werten hinausführt und stattdessen das Potenzial sieht, das in rational unvereinbaren Gegensätzen besteht.[23]

Was bedeutet das konkret? Ich greife dazu die eingangs geschilderte Trias von Kopf, Hand und Bauch auf: Das Management der Immobilien in Sozialwirtschaft und Kirche benötigt das scheinbar Widersprüchliche in gleichem Maß: das nüchterne Kalkül des

---

21 Simon, Einführung in die systemische Organisationstheorie, (2007), S. 122. Vgl. dort auch zum Überblick.
22 Simon, Einführung in die systemische Organisationstheorie, (2007), S. 122. Vgl. dort auch zum Überblick.
23 Eine Analogie vonseiten der humanistischen Psychologie findet sich hierzu im Konzept des Werte- und Entwicklungsquadrats beim Kommunikationspsychologen Fritz von Schulz-Thun. Er zeigt, wie in der Kommunikationssituation zwei zueinander konträre „Schwestertugenden" (z.B. Sparsamkeit einerseits, Großzügigkeit andererseits) nicht in Konkurrenz auszuarten brauchen, sondern komplementär wirken können, vgl. ders. Miteinander reden, Bd 2, (1995), S. 38ff.

Kopfes, die pragmatische Beweglichkeit der Hand und das empathische Gefühl des Bauches.

a) Der Kopf: Das ökonomische und das immobilienwirtschaftliche Know-How werden in Sozialwirtschaft und Kirche gebraucht, um deren Aufgaben effizient und zukunftsorientiert zu erfüllen. Hierzu bedarf es der Vernunft planerischer wie unternehmerischer Tugenden, um die richtigen Fragen zur strategischen Ausrichtung und Entwicklung der Immobilien zu stellen: *Was haben wir? – Was brauchen wir, um unsere Aufgaben zu erfüllen?*

b) Die Hand: An vielen Stellen sind in Sozialwirtschaft und Kirche die immobilienwirtschaftlichen Instrumente – zurückhaltend formuliert – ausbaufähig. Hier ist vom Immobilienmanagement nicht selten „Entwicklungshilfe" gefordert: Geeignete Strukturen müssen erst entwickelt und bereitgestellt werden, damit Datenerfassung und Perspektivenplanung sinnvoll und zielführend erfolgen. Da die dafür verfügbaren Ressourcen meist knapp gehalten bzw. vorhanden sind, sind hier von den handelnden Personen oft Flexibilität und Improvisationsgeist gefordert um einen Kompromiss zwischen eigenen professionellen Standards und den konkreten Möglichkeiten der Organisation zu erreichen.

c) Der Bauch: Komplexe Organisationen können ihre Leistung nur gemeinsam erbringen. Um in Sozialwirtschaft und Kirche die gemeinsame Verständigung, vor allem die gemeinsame Entscheidung zu erreichen, braucht es Raum und Zeit für die („Bauch-")Arbeit an Visionen und Hoffnungen, aber auch an Ängsten und Befürchtungen. Die damit verbundenen Erwartungen an die kommunikative und soziale Kompetenz des Immobilienmanagements in Sozialwirtschaft und Kirche sind deutlich.[24]

Es genügt also für das Immobilienmanagement in Sozialwirtschaft und Kirche nicht, nur die Klaviatur der Sachebene zu bedienen, sondern das Spiel auf der Beziehungsebene will ebenso gepflegt und gekonnt sein um die oft divergenten Erwartungen nicht nur zu balancieren, sondern auch zu Entscheidungen zu verdichten. Paradoxerweise steigt die Aussicht auf tragfähige Ergebnisse in dem Maß, in dem von vornherein Energie auf die Verständigung zu Sinn und Zielen des jeweiligen Immobilienmanagements verwandt wird und beispielsweise regelmäßige Foren und Reflexionsräume institutionalisiert werden.[25]

*Mehrdeutigkeiten und Ambivalenzen, Widersprüche und Paradoxien nicht nur zu ertragen, sondern gelassen mit ihnen zu leben und souverän mit ihnen umzugehen kennzeichnet ein integrales Immobilienmanagement in Sozialwirtschaft und Kirche: mit Kopf, Hand und Bauch.*

---

24 Siehe dazu ausführlich im Kapitel II, Teil 3 „Kommunikation und Changemanagement", S. 92ff.
25 Ein Beispiel auf Verbandsebene stellt hierfür das Berliner Forum des ESWiD dar, das seit 2007 jährlich gemeinsam vom Evangelischen Bundesverband für Immobilienwesen in Wissenschaft und Praxis e.V. und der Evangelischen Kirche in Deutschland veranstaltet wird, vgl. die zugehörigen Dokumentationen.

## 7. Unternehmerisch im sozialen Bereich: Die Chancen des Anders-Seins

Gerade im Bereich der Sozialwirtschaft und der Kirche bergen die unternehmerischen Aspekte des Immobilienmanagements besondere Chancen. In einem Bereich, der allzu oft von knappen Kassen und kurzfristigen Konzepten („Flickwerk") bestimmt wird, bietet die dem Immobilienmanagement immanente strategisch-langfristige Perspektive ein wichtiges Korrektiv zu mancher bloß den gegenwärtigen Bestand mehr schlecht als recht verwaltenden Haltung. Die Freiheit des unternehmerischen Ansatzes erlaubt es, scheinbare Selbstverständlichkeiten in Frage zu stellen und den einen oder anderen alten Zopf abzuschneiden.

Hierin drückt sich nicht nur die strategische Weitsicht einer marktkundigen unternehmerischen Vision aus. In einer so verstandenen unternehmerischen Haltung finden sich – gerade in der Kirche – auch Elemente dessen wieder, was das eigene Selbstverständnis als Raum der Freiheit ausmacht: Die Bereitschaft, Selbstverständliches in Frage zu stellen und nach Innovationen zu fragen, die sich aus den eigenen Überzeugungen und Verpflichtungen speisen (vgl. 1.) Die unternehmerische Bereitschaft zum (kalkulierten) Risiko findet in christlicher Perspektive eine Analogie im Vertrauen auf die schöpferische, verwandelnde und Neues schaffende Kraft Gottes, „die die Welt niemals so sein lässt, wie sie ist, die aus Liebe heraus diese Welt immer wieder provoziert und ihr das Bild ihrer eigenen Vollendung entgegenhält, die aus Liebe heraus diese Welt richtet und befreit."[26]

Das Zutrauen in die transformierende, verwandelnde Kraft Gottes ist in diesem Bereich der Nährboden, der Erneuerung und Vorwärtsbewegung ermöglicht. Das gibt den Projekten Rückenwind, die neue Möglichkeiten erkunden. Für den Bereich der Sozialwirtschaft ist hier an soziale und bzw. oder ökologisch orientierte Initiativen zu denken, die neue Felder aufspüren.[27] Ein aktuelles Beispiel benennt der Architekt Manuel Herz im Gespräch mit der ZEIT, in dem er danach fragt, welche Chancen Flüchtlingsunterkünfte für die Stadtentwicklung bieten können.[28]

*Ein unternehmerisches und zukunftsorientiertes Immobilienmanagement erinnert Sozialwirtschaft und Kirche an deren eigene Zukunftsoffenheit. Ein langfristig kalkulierendes Management der Immobilien leistet so seinen Beitrag zu einem verantwortlichen Ethos von Sozialwirtschaft und Kirche als Ganzem.*

---

26 Gerhard Wegner, „Change Management" in der Kirche, Berliner Forum 2008, ESWiD-Dokumentation S. 13.
27 Die noch junge Disziplin der Unternehmensethik hat in den letzten Jahrzehnten herausgearbeitet, dass solche „first mover" – Initiativen sich durchaus auch in ökonomischer Perspektive rechnen und Gewinn versprechen, weil und sofern damit neue Marktchancen realisiert werden.
28 Die ZEIT vom 3.8.2015: "Wieso nicht Asylbewerberheime mit Studentenwohnheimen?" (online unter http://www.zeit.de/kultur/2015-08/fluechtlingslager-architektur-gefaengnis-integration, Abr. am 28.8.2015).

# II.
# Immobilienmanagementlehre

# 1. Immobilienmanagementlehren: CREM, PREM, EREM, WeREM

*Annette Kämpf-Dern*

*Immobilienmanagement, englisch „Real Estate Management" (nachfolgend kurz "REM" genannt), ist eine wichtige Querschnittsfunktion zur Führung von Organisationen bzw. Einheiten und Akteuren, die sich mit Immobilien beschäftigen. Der Beitrag erläutert im ersten Teil die Grundlagen des Immobilienmanagements sowie dessen Differenzierungen nach Managementebenen und Institutionen. Im zweiten Teil werden die für ein professionelles Immobilienmanagement wesentlichen Elemente dargestellt.*

## 1. Grundlagen der Führungskonzeption von sozialen Systemen in der Immobilienwirtschaft

Gegenstand der Unternehmensführung (engl. „Management")[1] aus Sicht der Betriebswirtschaftslehre ist die Gestaltung, Lenkung und Entwicklung von zweckorientierten sozialen Systemen, also Organisationen, insbesondere Unternehmen oder Betrieben. Management kennzeichnet

> „einen Komplex von Steuerungsaufgaben, die bei der Leistungserstellung und -sicherung in arbeitsteiligen Systemen zu erbringen sind. Management ist eine komplexe Verknüpfungsaktivität, die den Leistungserstellungsprozess netzartig überlagert und auf alle Sachfunktionsbereiche (d. h. die originären betrieblichen Funktionen wie z. B. die Produktion) lenkend einwirkt."[2]

Management wird somit dann notwendig, wenn die Aktivitäten zur Erbringung einer Leistung auf mehrere Personen, Abteilungen oder Organisationen aufgeteilt werden. Arbeitsteilung erfolgt in der Regel zur mengenmäßigen Aufgabenbewältigung und Effizienzsteigerung. Arbeitsteilung ist aber auch angesichts der in allen Lebensbereichen zunehmenden Komplexität notwendig.

Beim Management

> „... werden durch kontinuierliche Planung, Organisation, Menschenführung und Kontrolle im Sinne einer Querschnittsfunktion der Einsatz der Ressourcen und die Koordination der Sachfunktionen gesteuert."[3]

Es geht bei der Unternehmensführung somit um viererlei: Erstens die Entwicklung von Zielsetzungen im Sinne des Organisationszwecks, zweitens die Entwicklung von Strate-

---

[1] „Management" leitet sich über das englische Wort „to manage" vom italienischen „maneggiare = an der Hand führen" ab (von lat. „manus = die Hand" bzw. „manus agere = führen, handeln), Staehle, H. Wolfgang/Conrad, Peter (Hrsg.) (1999): Management: Eine verhaltenswissenschaftliche Perspektive. 8. Aufl. München: Vahlen.
[2] Steinmann, Horst/Schreyögg, Georg (2002): Management: Grundlagen der Unternehmensführung; Konzepte Funktionen Fallstudien. 5. Aufl. Wiesbaden: Gabler.
[3] Steinmann, Horst/Schreyögg, Georg (2002): Management: Grundlagen der Unternehmensführung; Konzepte Funktionen Fallstudien. 5. Aufl. Wiesbaden: Gabler.

gien, drittens die Organisation zur Erreichung dieser Ziele sowie viertens die Sicherstellung und Kontrolle der Zielerreichung.

Die systematische, wissenschaftliche wie praktische Beschäftigung mit Unternehmensführungsaspekten von Industrie-, Finanz- oder Handelsunternehmen gehört schon lange zu den Kernthemen der Betriebswirtschaftslehre. Trotz der großen Bedeutung für die Volkswirtschaft in Deutschland und weltweit erfolgt eine solche fundierte Beschäftigung für Unternehmen und Betriebe der Immobilienwirtschaft allerdings erst seit weniger als zwei Jahrzehnten und für spezifische Teile – wie die Immobilienaktivitäten gemeinnütziger oder öffentlich-rechtlicher Organisationen – gar noch deutlich kürzer.

Hinzu kommt, dass in Bezug auf Immobilien Themen wie Investition und Finanzierung sehr viel stärker vertieft wurden als Themen wie Personal, Organisation, Kommunikation oder Marketing. Auch die Bearbeitung „strategischer" Fragen, die in Deutschland insgesamt erst mit dem neuen Jahrtausend Einzug gehalten hat, gehört noch nicht zum Alltagswissen der sehr kleinteiligen und eher handwerklich geprägten Immobilienbranche. Hier besteht Nachholbedarf, der erst allmählich geschlossen werden wird. Klarheit über Bedeutung und Wesen des Immobilienmanagements ist hierfür eine wichtige Voraussetzung.

Deshalb werden nachfolgend die für ein professionelles Immobilienmanagement wesentlichen Grundlagen des Managements dargestellt, wobei es zunächst das Management im Umfeld von Immobilien und die „Immobilienwirtschaft" zu charakterisieren gilt.

*1.1 Unternehmensführung bzw. Management im Umfeld von Immobilien*

Zwar handelt es sich bei vielen Abteilungen, Einrichtungen und Organisationen, die sich mit Immobilienangelegenheiten beschäftigen (müssen), so auch bei Wohlfahrtsbetrieben oder der Kirche, nicht um Unternehmen im ursprünglichen Sinne. Allerdings lassen sich die Erkenntnisse der Managementlehre in weiten Teilen auch auf Organisationen übertragen, deren vorrangiges Ziel nicht die Erwirtschaftung von Gewinnen darstellt. Unternehmen, öffentlich-rechtliche Institutionen und gemeinnützige Organisationen eint die begrenzte Verfügbarkeit diverser Ressourcen. Damit ist allen genannten Institutionen gemein, dass sie mit ihren Ressourcen (u.a. finanzielle Mittel, Zeit, Kapazitäten, etc.) wirtschaftlich[4] umgehen müssen.

1.1.1 Vision, Mission, Leitbild, Ziele und Strategien

Bereits Konfuzius[5] wies darauf hin, dass nur derjenige, der das Ziel kennt, (sinnvoll) entscheiden kann. Ziele geben Orientierung und sind Maßstäbe. Sie sind damit die Voraussetzung, Handlungen zu planen, Ressourcen zielgerichtet zu verteilen und bei Pro-

---

4 „Wirtschaftlich umgehen" bedeutet nach dem Minimumprinzip, definierte Ergebnisse mit minimalem Ressourceneinsatz zu erreichen, bzw. nach dem Maximumprinzip, mit festgelegtem/vorhandenem Ressourceneinsatz die Ergebnisse möglichst zu maximieren. Das gilt für alle Arten von Ressourcen (neben finanziellen Mitteln z.B. auch Engagement, Zeit, Energieträger, etc.) und Ergebnissen (z.B. mehr soziale Wärme, Glaube, Liebe, Hoffnung u.a.).
5 Konfuzius, chinesischer Philosoph (551 v. Chr. bis 479 v. Chr.): „Wer das Ziel kennt, kann entscheiden".

blemen nicht vom Weg abzukommen. Ziele sind auch insofern ein zentraler Bestandteil von Unternehmensführung oder generell Management, weil sie die Koordination in den geführten sozialen Systemen ermöglichen und erleichtern. Im Umfeld von Immobilien sind Ziele und Zielbündel höchst vielfältig und damit in hohem Maße unterschiedlich; deshalb, aber auch, weil bei Immobilienakteuren und -organisationen die Funktion und Bedeutung von Zielen häufig noch unterschätzt werden, fehlen nicht selten klar festgelegte und kommunizierte Ziele, was aus vorgenannten Gründen ein effektives Management erschwert bzw. unmöglich macht.

*Abbildung 1: Zusammenhang von Vision, Leitbild und Strategie, Zielen und Maßnahmen*[6]

Ziele stehen in Organisationen nicht für sich, sondern sind Teil eines größeren Ganzen. Im Strategischen Management wird üblicherweise von einer pyramidalen Struktur aus den Elementen Vision, Mission, Leitbild und Unternehmensstrategie ausgegangen (vgl. beispielhaft Abbildung 1). Alle vier Elemente sollten definiert, möglichst vielen Organisationsmitgliedern bekannt und allgemein akzeptiert sein, um tatsächlich „gelebt" und ihren Funktionen als Orientierungsgeber und Entscheidungs- und Handlungsmaßstab gerecht zu werden. Auch Immobilienzuständige oder -abteilungen, erst recht Immobilienunternehmen, sollten für ihren Immobilienbezug entsprechende Aussagen erarbeiten bzw. erhalten, um ihre Führungsaktivitäten entsprechend auszurichten.

---

6 Pfetzing/Rohde (2011): Ganzheitliches Projektmanagement, 4. Aufl., Verlag Dr. Götz Schmidt, Wettenberg, S. 82.

Was verbirgt sich hinter diesen vier, für das Management und die Zielbildung gleichermaßen relevanten, interagierenden Elementen?

Unter einer „Vision" wird eine generelle Leitidee verstanden, die den anzustrebenden Zustand und die Positionierung einer Organisation (eines Bereichs, einer Abteilung) in der ferneren Zukunft (> 10 Jahre) beschreibt. Zustand bzw. Positionierung sollten zwar herausfordernd, aber im Prinzip zu erreichen sein.

Die Vision steht in engem Zusammenhang mit der „Mission", dem Auftrag oder Zweck, den die Organisation bekommen oder sich selbst gesetzt hat und entsprechend dem/der zu handeln ist.[7]

Das „Leitbild" setzt den Rahmen für dieses Handeln. Hier sind die Grundwerte der Organisation, ihre „Leitmaximen, deren Ausprägungen von ethischen und moralischen Werthaltungen bestimmt werden",[8] zusammengefasst.

Vision, Mission und Leitbild zusammen ergeben das übergeordnete Bild einer Organisation. Dieses muss allerdings durch Ziele und Strategien noch konkretisiert werden, um in missionserfüllende Aktionen umgesetzt werden zu können. Als „Ziel", das die o.g. Entscheidungs-, Orientierungs- und Koordinationsfunktionen erfüllen kann, wird ein „in der Zukunft liegender, gegenüber dem Gegenwärtigen im Allgemeinen veränderter, erstrebenswerter und angestrebter Zustand" bzw. ein „definierter und angestrebter Endpunkt eines Prozesses, meist einer menschlichen Handlung"[9] bezeichnet, der folgende fünf Charakteristika aufweisen sollte, die sich mit SMART gut merken lassen: Ziele sollten danach „spezifisch" (eindeutig statt vage), „messbar", „aktiv beeinflussbar" (attraktiv und hinsichtlich der Verantwortung zuordenbar), „realistisch" und „terminiert" sein. „Wir wollen professioneller werden" würde diesen Kriterien nicht genügen, demgegenüber könnte „In 2020 sollen mindestens 30 % unserer mittleren Führungskräfte über einen immobilienspezifischen Hochschulabschluss verfügen" ein korrespondierendes Ziel für die Personalverantwortlichen eines Wohnungsunternehmens sein.

Um Ziele nicht nur zufällig, sondern mit einer möglichst hohen Wahrscheinlichkeit zu erreichen, bedarf es einer diesbezüglich geplanten und festgelegten Vorgehensweise. Diese Vorgehensweise (der „Plan") muss Maßnahmen, Verhaltenserwartungen und Meilensteine enthalten. Je nach Relevanz der Ziele für die Organisation sowie deren zeitlicher Reichweite wird bei hoher Relevanz und längeren Zeiträumen von Strategien, Strategischer Planung oder Strategischem Management gesprochen; diese dienen der Erreichung strategischer Ziele (wie dem im vorgenannten Beispiel). Taktische Ziele haben, jeweils für sich genommen, eine mittlere Relevanz, betreffen mittlere Zeiträume und die Vorgehensweise muss stärker detailliert werden; sie wird als Taktik oder Taktische Planung bezeichnet (hierzu gehören z.B. teileinheitenspezifische Jahrespläne, die bereichsbezogene Budgetplanung oder Projektplanungen). Tages- oder Wochenpläne sind Elemente der Operativen Planung bzw. des Operativen Managements und verfol-

---

[7] Konkrete Beispiele werden in Kapitel II, Teil 2: „Implementierung eines professionellen REM" gegeben.
[8] Ullrich, K.V. (1977): Gesellschaftsbezogene Unternehmungs-Philosophie: Grundlagen, Funktionen u. instrumentaler Einsatz.
[9] Wikipedia, http://de.wikipedia.org/wiki/Ziel#cite_ref-0 (10.4.2012).

gen operative Ziele, z.B. die Fertigstellung einer Planungsunterlage oder die Vermietung einer bestimmten Einheit.

Wesentlicher Inhalt von Management ist es somit erstens, Vision und Mission durch Ziele auf den unterschiedlichen Ebenen zu konkretisieren. Zweitens müssen hierfür aufeinander abgestimmte Strategien, Taktiken und Maßnahmen entwickelt werden, deren Realisierung zu organisieren ist. Und drittens gilt es, die zielentsprechende Umsetzung zu begleiten und zu lenken. Um Abweichungen vom zielführenden Vorgehen rechtzeitig zu erkennen und mittels Anpassungsmaßnahmen eingreifen zu können, sind zudem begleitend Prämissen-, Prozess- und Ergebniskontrollen notwendig, was zusammengenommen als „Controlling" bezeichnet wird.

### 1.1.2 Management und Leadership

Management hat somit vielfältige und komplexe Aufgaben, die für den jeweils zugeordneten Bereich möglichst ganzheitlich und systematisch zu erbringen sind. Reicht das aus, um von einer ganzheitlichen Führung zu sprechen, um Missionserfüllung und Vision zu erreichen?

Gemäß der vorgenannten Management-Definition von Steinmann/Schreyögg gehört auch die „Menschenführung" (englisch: Leadership) zum Management, deshalb werden Managementansätze als „Führungskonzeptionen" bezeichnet. Entsprechend stellt sich auch im Zusammenhang mit Immobilien die Frage, wie Management und Leadership so zu gestalten sind, dass unterschiedliche Akteure und Organisationen ihre jeweiligen übergeordneten Ziele bestmöglich erreichen können. „Managementkonzeptionen" bzw. „Immobilienmanagementlehren" sollen hierbei Unterstützung leisten.

## 1.2 Immobilienwirtschaft

Der Teilbereich einer Volkswirtschaft, der sich mit den Immobilienbeständen und deren Veränderungen sowie mit der Bewirtschaftung und Nutzung von Immobilien beschäftigt, wird als „Immobilienwirtschaft" bezeichnet.[10] Akteure der Immobilienwirtschaft sind somit Staat, Unternehmen/Organisationen (auch gemeinnützige und öffentlich-rechtliche) und Haushalte, die Produkte und Dienstleistungen mit Bezug zu Immobilien entwickeln, herstellen, anbieten und/oder erwerben.

### 1.2.1 Akteure und Bedeutung

Die Bedeutung der Immobilienwirtschaft in Deutschland ist sehr hoch: Sie weist die höchste Anzahl an Unternehmen, die zweitgrößte Bruttowertschöpfung und die viert

---

10 Statistisches Bundesamt (2007): Immobilienwirtschaft in Deutschland 2006: Entwicklungen und Ergebnisse: Projektbericht. Wiesbaden, S 9, zitiert nach Rußig et al. (2005): Die volkswirtschaftliche Bedeutung der Immobilienwirtschaft: Gutachten im Auftrag von gif – Gesellschaft für immobilienwirtschaftliche Forschung e.V. Wiesbaden, gemeinsam mit Bundesarbeitsgemeinschaft der Deutschen Immobilienwirtschaft (BAG).Band 2005, Zeitschrift für Immobilienökonomie, Sonderausgabe, Wiesbaden: Ges. für Immobilienwirtschaftliche Forschung gif, Ifo-Institut für Wirtschaftsforschung.

meisten Beschäftigten auf.[11] Zugleich stellen die rund um die Immobilie tätigen Akteure eine höchst heterogene Gruppe dar. Daher hat der Zentrale Immobilien Ausschuss (kurz ZIA) als deutscher Dachverband der Branche insgesamt sieben Cluster immobilienbezogener Tätigkeitsfelder definiert (vgl. Abbildung 2). Ihre Heterogenität und Kleinteiligkeit – in 97,5% der Unternehmen liegt die durchschnittliche Beschäftigtenzahl bei weniger als 10 Beschäftigten[12] – führt allerdings dazu, dass diese Bedeutung kaum wahrgenommen wird und dass Effizienz steigernde Untersuchungen und Erkenntnisse sowie die Professionalisierung aller Teilbereiche sich gegenüber anderen Branchen schwierig gestaltet und verzögert stattfindet.

| | Tätigkeitsfelder | Beispiele |
|---|---|---|
| Cluster 1: Erstellen | Entwickeln, Planen und Bauen von Immobilien | Bauunternehmen, Projektentwickler, Bauträger, Architekten, Zulieferbetriebe |
| Cluster 2: Betreiben & Vermieten | Verwalten, Vermieten, Bewirtschaften und Betreiben von Immobilien | Bestandshalter, Property und Facility Manager |
| Cluster 3: Investieren | Erwerben, Bewirtschaften und Veräußern von Immobilien | Investmentunternehmen, Immobiliengesellschaften |
| Cluster 4: Finanzieren | Bestands-, Neubau- und Unternehmensfinanzierung | Kreditinstitute, Versicherungen |
| Cluster 5: Nutzen | Nutzer und Mieter von Immobilien | Unternehmen, Mieter (Privatpersonen) |
| Cluster 6: Beraten | Strategische, organisatorische, rechtliche, wirtschaftliche, steuerliche und technische Berater der Immobilienwirtschaft | Unternehmensberater, Steuerberater, Rechtsanwälte, beratende Ingenieure |
| Cluster 7: Forschen & Lehren | Qualifizierung und Professionalisierung der Immobilienwirtschaft | Hochschulen, Forschungseinrichtungen, Branchenverbände |

*Abbildung 2: Cluster immobilienbezogener Tätigkeitsfelder[13]*

### 1.2.2 Nutzungstypen und Geografie

Die genannten Immobilienaktivitäten verteilen sich auf eine große Bandbreite von Nutzungstypen: Wohnungen, Büros, Hotels, Handels- und Logistikimmobilien, Industrieanlagen sowie diverse Spezial- und Sonderimmobilien wie Kirchen oder Pflegeheime. Auch die geografische Heterogenität trägt dazu bei, dass systematische „Best-Practice"-Austausche oder Standardisierungen schwieriger zu realisieren sind als in anderen Industrien.

Hinzu kommt, dass es sich bei jeder Immobilie um ein Unikat handelt, nicht nur durch ihre Gestalt (Form, Materialien, Zustand, etc.), sondern auch durch den Standort. Im Gegensatz zu anderen Branchen gibt es in der Immobilienwirtschaft somit kaum größerzahlige Agglomerationen gleichartiger Objekte im Besitz oder Eigentum einzelner Organisationen, was ein effektives und effizientes Management ebenfalls stark er-

---

11 Voigtländer et al. (2009): Wirtschaftsfaktor Immobilien: Die Immobilienmärkte aus gesamtwirtschaftlicher Perspektive. Band 2009, Zeitschrift für Immobilienökonomie, Sonderausgabe, Wiesbaden: gif.
12 DESTATIS: Immobilienwirtschaft in Deutschland 2006, Entwicklungen und Ergebnisse, S. 19.
13 ZIA (2012): Nachhaltigkeit in der Immobilienwirtschaft – Kodex, Berichte und Compliance.

schwert, für das Erfahrungswerte oder Größeneffekte („Economies of Scope and Scale") eine Rolle spielen.

### 1.2.3 Lebenszyklusphasen

Ein langjähriges, zentrales Ordnungskriterium für Immobilienaktivitäten sind die Lebenszyklusphasen von Immobilien, also Konzeption/Bereitstellung, Nutzung/Bewirtschaftung und Verwertung, die jeweils in weitere, feinere Wertschöpfungsstufen unterteilt werden können (vgl. Abbildung 3). Diese Phasen sind grundsätzlich auf alle Arten von Immobilien anwendbar. Die sequenzielle Darstellung ist allerdings sehr modellhaft, da in der Realität einzelne Phasen interagieren, deutlich verkürzt sind, Rücksprünge haben oder auch gänzlich übersprungen werden. Auch die Längen der Phasen sind extrem unterschiedlich: Während die Phase der Konzeption/Bereitstellung je nach Größenordnung und Komplexität der Immobilie bei ca. 1 bis 10 Jahren liegt, kann die Gesamtdauer der Nutzung 15 bis Hunderte von Jahren betragen – inklusive möglicher „Redevelopments".

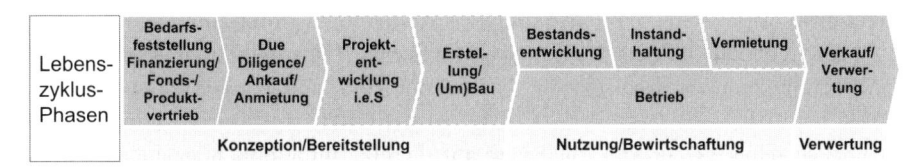

*Abbildung 3: Immobilien-Lebenszyklusphasen[14]*

In jeder Lebenszyklusphase und Wertschöpfungsstufe sind bestimmte Akteure tätig, deren Aktivitäten zielgerichtet zu koordinieren und zu steuern sind. Allerdings sind Immobilien nicht nur im Endprodukt, sondern auch bezüglich der Anforderungen in den einzelnen Lebenszyklusphasen, jede für sich, Unikate, für die es bestenfalls vergleichbare Module, aber kein einheitliches „Schema F" gibt.

### 1.2.4 Perspektiven

Ein neueres Kriterium zur Differenzierung von Herangehensweisen im Umgang mit Immobilien sind die Zwecke und Ziele, die die Akteure der Immobilienwirtschaft mit ihren jeweiligen Immobilienaktivitäten verfolgen. Ganz grundsätzlich gibt es hiervon drei,[15]
1. die „Produktion" von Gebäuden und nutzbaren Flächen als Leistungsergebnis/Output, um hiermit den Lebensunterhalt zu verdienen (Ziel: Maximierung von Umsatz und Ergebnis)
2. die „Nutzung" von Gebäuden und Flächen als Ressource/Input, bei der die Nutzen-Kosten-Relation maximiert werden soll, und

---
14 Kämpf-Dern/Pfnür (2009): Grundkonzept des Immobilienmanagements, S. 15.
15 Kämpf-Dern/Pfnür (2009): Grundkonzept des Immobilienmanagements, S .16.

3. das „Investment" in (bzw. die Finanzierung von) Immobilien, bei dem diese als Vermögensgegenstand/Asset dienen und eine möglichst hohe Gesamtrendite (Summe aus Ausschüttungen und Wertsteigerung) erwirtschaften sollen.

Diese Zweck-Ziel-Kombinationen werden als „Perspektiven" bezeichnet, weil der jeweilige Fokus zwar auf den einzelnen Zielen liegt, diese aber in der Regel nicht – oder nicht so gut – erreicht werden können, wenn die jeweils anderen Zweck-Ziel-Kombinationen bei den eigenen Handlungen nicht wenigstens am Rande mit berücksichtigt und einbezogen werden. Die Perspektiven werden dem Zweck nach als „Produzentenperspektive", „Nutzerperspektive" und „Investorenperspektive" bezeichnet.

Bei den vorgenannten drei Perspektiven geht es vornehmlich um einzelne Akteure und Immobilien; hier erfolgt also eine Mikro-Betrachtung von Zweck und Zielen (z.B. der Bauunternehmer, der durch die Erstellung eines Mehrfamilienhauses Umsatz und Gewinn steigern, oder der Eigentümer, der die Rendite eben derselben Immobilie maximieren möchte). Andere Akteure beschäftigen sich mit Immobilien in deren Rolle als Umgebungsfaktor für die Gemeinschaft (beispielsweise die Kommune oder deren beauftragte Stadt- und Raumplaner, die den zugehörigen Bebauungsplan des vorbenannten Mehrfamilienhauses aufstellten), also mit einer Makro-Betrachtung. Ihr Ziel ist es idealerweise, für einen nachhaltigen Umgang mit Immobilien zu sorgen und so lebenswerte Rahmenbedingungen zu schaffen für unsere mit und durch Immobilien geprägte (Um)Welt.

Ein und derselbe Akteur kann in Bezug auf dieselbe Immobilie aber auch mehrere Ziele gleichzeitig verfolgen. Beispielsweise kann eine gemeinnützige Organisation ein dringend benötigtes Wohnungsangebot für Demenzkranke schaffen (Nutzerperspektive), indem sie ein entsprechendes Projekt entwickelt und betreibt (Produzentenperspektive), das von ihr auch finanziert wird und im Eigentum verbleibt, dabei mindestens eine „schwarze Null" schreiben muss (Investorenperspektive). Die Verfolgung mehrerer Ziele durch einen Akteur erschwert die ohnehin meist komplexen Immobilienaufgaben allerdings weiter.

Die drei genannten Perspektiven stellen ein effektiveres Gliederungskriterium für Führungskonzeptionen im Zusammenhang mit Immobilien dar als beispielsweise Nutzungstypen oder Lebenszyklusphasen. Dies liegt daran, dass die hier zugrunde liegenden Ziele bzw. Zielbündel – wie bereits erwähnt – sowohl eine Leit- bzw. Orientierungsfunktion haben als auch – wenn sie ausreichend operationalisiert sind – Entscheidungsmaßstab und -kriterium sein können, und sich daher hervorragend für die Gestaltung, Lenkung und Entwicklung von sozialen Systemen in der Immobilienwirtschaft eignen.

## 1.3 Immobilienmanagement

Aus den vorgenannten allgemeinen Managementgrundlagen einerseits und den spezifischen Rahmenbedingungen andererseits lässt sich systematisch zweck- und zielorientiert ableiten, was unter "Immobilienmanagement" zu verstehen ist. Es lässt sich ein „Grundkonzept des Immobilienmanagements" entwickeln, das in sich logisch, in Bezug auf die verschiedenen, zu berücksichtigenden Aspekte grundsätzlich vollständig, und zudem nachhaltig ist.[16] Dies wird im Folgenden erläutert.

### 1.3.1 Definition und Verständnis

Die Übertragung der allgemeinen betriebswirtschaftlichen Ausführungen zu Unternehmensführung bzw. Management auf das Thema Immobilien führt zu folgender Definition (vgl. auch 4):[17]

> *„Immobilienmanagement bzw. Real Estate Management ist die branchenspezifische Führungslehre der Immobilienwirtschaft. Das Immobilienmanagement beschäftigt sich mit der Führung, d.h. der Gestaltung, Lenkung und Entwicklung, von sozialen Systemen in der Immobilienwirtschaft. Hauptaufgaben des Immobilienmanagements sind die Planung (Zielvorgabe und Vorgehensentwicklung), Organisation und Durchsetzung (Umsetzung der Planung) und die Kontrolle der auf den Erfahrungsgegenstand Immobilie gerichteten ziel- und zweckabhängigen Transformationsprozesse, d.h. von*
> - *„Produktion" = Planung, Erstellung, Betrieb und Vermarktung von Immobilien (Transformation von Kapital, Material, Arbeit und Information in nutzbare Immobilien(-flächen))*
> - *„Nutzung" von Immobilien(-flächen), zusammen mit anderen Ressourcen, als Input im nutzerspezifischen Transformations- bzw. Konsumtionsprozess*
> - *„Investment" in und Finanzierung von Immobilien(-flächen) als Vermögensgegenstand (Transformation von Kapital zu mehr Kapital)."*

In Bezug auf die einzelnen Managementaufgaben wird unter den Begriffen Planung, Organisation, Durchsetzung und Kontrolle Folgendes verstanden:
1. Planung: Gedankliche Vorwegnahme künftigen, ressourceneffizienten Handelns
2. Organisation und Durchsetzung: Vorbereitung, Entscheidung und Verfolgung des Plans
3. Kontrolle: Informationsgewinnung, Überwachung der Prozesse und Ergebnisse, Entwicklung von Plan- und Prozessanpassungen

Die vorgenannte Immobilienmanagementdefinition und auch die Immobilienmanagementlehren, die damit korrespondieren, weisen allerdings ein eher enges Managementverständnis auf (vgl. Ziffer 1.1.2). Sie gehen nämlich vornehmlich auf Aufgaben und Instrumente der Planung, Steuerung und Kontrolle ein, und weniger oder gar nicht auf die mit „Leadership" skizzierten „soften" Aspekte der Führung der involvierten Einzelpersonen und Gruppen. Auch wenn „Leadership"-Themen derzeit weltweit und branchenübergreifend – somit auch für die Immobilienwirtschaft – ein zentrales Thema sind, wird in den weiteren Ausführungen dieses Beitrags hierauf zunächst nicht weiter eingegangen, um die ohnehin komplexe Thematik nicht zu überfrachten.[18]

---

16 Kämpf-Dern/Pfnür (2009): Grundkonzept des Immobilienmanagements.
17 Angelehnt an Kämpf-Dern/Pfnür (2009), S. 2, und aktualisiert.
18 Kapitel II, Teil 3: „Changemanagement" spricht zumindest Teilaspekte an.

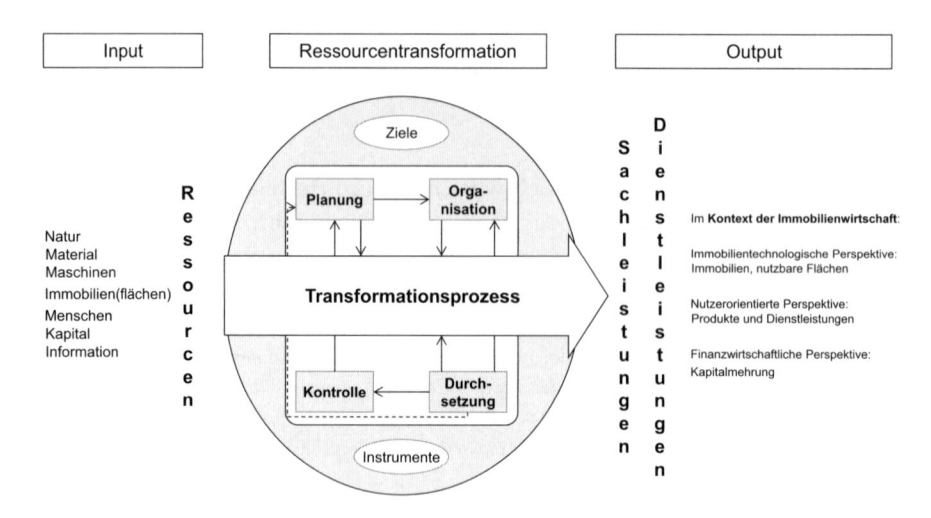

*Abbildung 4: Immobilienmanagement: Transformationsprozesse und Managementaufgaben*[19]

### 1.3.2 Immobilienmanagementebenen

Wie im Punkt Vision, Mission, Leitbild, Ziele und Strategien beschrieben, können Ziele und Vorgehenspläne strategischer, taktischer oder operativer Natur sein. Dies ist abhängig von einzelner Relevanz, zeitlicher Reichweite und Detaillierungsgrad. Entsprechend können auch die Managementprozesse in strategisches, taktisches und operatives Management strukturiert werden. An der Spitze der Managementpyramide werden zudem die normativen Festlegungen getroffen, die für die ganze Organisation grundsätzlich geltenden Vorgaben und Rahmenbedingungen, z.B. Vision, Auftrag/Mission, Leitlinien oder die Festlegung von Geschäfts-/Handlungsfeldern.

Die Übertragung dieser Überlegungen auf das Immobilienmanagement ergibt die Systematik in Abbildung 5, die, unabhängig von den spezifischen Zwecken oder Zielen unterschiedlicher Akteure, auf alle Immobilienmanagementausrichtungen anwendbar ist.

---

19 Kämpf-Dern/Pfnür (2009), S 3, in Anlehnung an Zahn/Schmid (1996): Grundlagen und operatives Produktionsmanagement, Band 1, Grundwissen der Ökonomik, Stuttgart: Lucius & Lucius, S. 7.

## 1. Immobilienmanagementlehren: CREM, PREM, EREM, WeREM

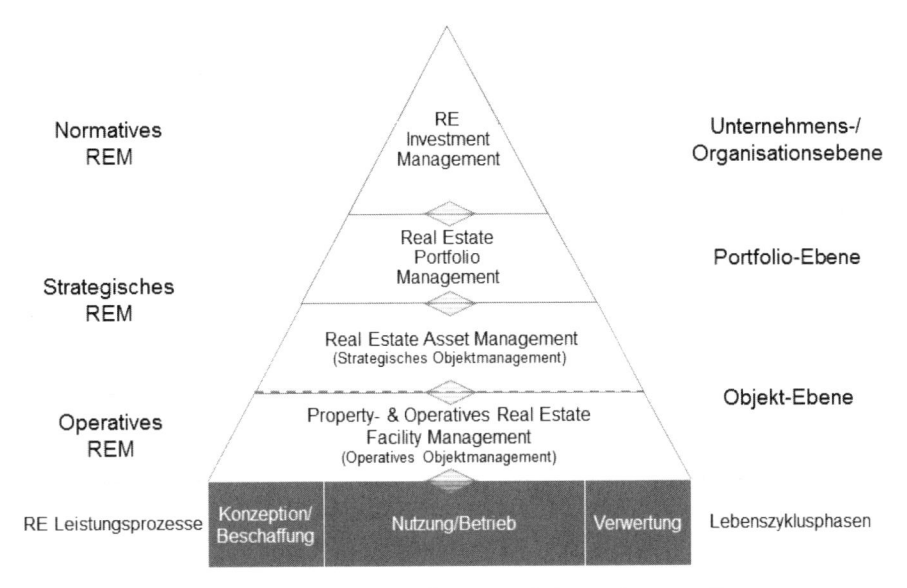

*Abbildung 5: Immobilienmanagementebenen und -bezeichnungen[20]*

Dabei werden auf der normativen Ebene die grundsätzlichen Entscheidungen zu Immobilien getroffen. Dazu gehören insbesondere (Des-)Investment- und Finanzierungsentscheidungen, übergeordnete Mittelverteilung/-verwendung, aber auch Entscheidungen zu Struktur und Umfang der Immobilienaktivitäten wie diesbezüglicher Organisationsaufbau, eigene Leistungstiefe und Auswahl wichtiger Partner und Dienstleister. Inklusive der diesbezüglichen Informationsbeschaffungs-, -analyse, Planungs-, Steuerungs- und Kontrolltätigkeiten werden die Aktivitäten dieser Managementebene als Real Estate Investment Management (REIM) bezeichnet.[21]

Bei der Portfolio-Ebene geht es um die strategischen Fragestellungen, das Immobilien-Portfolio betreffend, also beispielsweise die Verteilung von Ressourcen auf verschiedene Nutzungsarten oder Standorte, die Bewertung und Priorisierung von Handlungsmaßnahmen zwischen unterschiedlichen Immobilien, der Aufbau von immobilienbezogenen Kompetenz- oder Servicecentern, etc. Bezeichnet werden die Aktivitäten auf dieser Ebene mit Real Estate Portfolio Management (REPM).

Auf der Objekt-Ebene werden für die einzelnen Objekte strategische und operative Themen unterschieden: Objekt-strategische Fragestellungen und Themen sind u.a. Prüfung, z. B. gesamtheitliche Due Diligence von An- und Verkaufsmöglichkeiten, die Projektleitung bei Projektentwicklungen inklusive diesbezüglicher Analysen und Konzepte,[22] die Vorbereitung und Begleitung von größeren Umbau- sowie Redevelopmentmaß-

---

20 Eigene Darstellung in Anlehnung an Kämpf-Dern (2010): Organisation des Immobilienmanagements als Professional Service, Immobilien Manager Verlag IMV, S. 20.
21 Für diese und die folgenden Managementebenen, ihre Definitionen, Bezeichnungen und detaillieren Aktivitäten vgl. Kämpf-Dern (2009), S. 6ff.
22 Kapitel VII, Teil I „Projektentwicklung", S. 339ff.

nahmen, Preis- und Nutzungsentgeltfestlegungen und -verhandlungen, objektbezogene Budgetierung und deren Kontrolle. Dieses strategisch geprägte Objektmanagement wird als Real Estate Asset Management (REAM) bezeichnet. Zielvorgaben für das REAM erfolgen durch das REPM und ggf. das REIM, die hierfür auch die übergeordnete Verantwortung tragen.

Das operative Objektmanagement plant, steuert und kontrolliert die Erreichung der jeweils teilbereichsbezogenen operativen Ziele. Es verantwortet beispielsweise die technische Verfügbarkeit von Flächen, die Aufnahme und Bearbeitung von Fragen und Beschwerden oder die Nutzung und Vermarktung verfügbarer Flächen. Zu betonen ist, dass es hier um die *Management*tätigkeiten Planen, Steuern und Kontrollieren von Maßnahmen, nicht um das operative Ausführen der genannten Leistungsprozesse selbst geht. So ist die Erstellung der Nebenkostenabrechnung nicht Aufgabe des operativen Managers, der/die allerdings deren fristgerechte und gesetzeskonforme Abwicklung organisiert und kontrolliert.

Die Bezeichnungen des operativen Immobilienmanagements, die hier verwendet werden, orientieren sich an internationalen Gepflogenheiten und Verbandsdefinitionen. Das „Operative Real Estate Facility Management" (FM) ist insofern für *sämtliche* operativen Immobilienprozesse zuständig, neben den technischen und infrastrukturellen auch für die kaufmännischen (z.B. die Prüfung der Nebenkostenabrechnung der Vermieters). Das gilt gleichermaßen für das „Property Management" (nachfolgend kurz PrM); allerdings orientiert sich das FM als Sekundärprozess an den Nutzerinteressen, während für das PrM die Investorenziele relevant sind, wo der ökonomische Erfolg der Immobilienaktivitäten im Fokus steht. Operatives Immobilien FM und PrM als operative Manager von Immobilien agieren somit mit unterschiedlichen Perspektiven. Sie unterscheiden sich weniger durch ihre grundsätzlichen Aufgabenfelder, sondern insbesondere durch ihre jeweils verfolgten Ziele.

Ein Beispiel für perspektivenabhängige Handlungen sind die regelmäßige Wartung und ggf. die Ersatzbeschaffung und der Einbau eines Aufzugs. Während aus Nutzersicht, d.h. für das FM, hohe Geschwindigkeit und Kapazität des Aufzugs bei möglichst geringen Kosten mögliche Ziele sein könnten, möchte das PrM aus Investorensicht im Rahmen der Nebenkosten möglichst auch kleinere Instandsetzungen umlegen und wird nur dann einen schnelleren, größeren Aufzugsersatz befürworten, wenn dafür auch das Nutzungsentgelt steigt.

Im selben Feld und zur selben Fragestellung führen unterschiedliche Perspektiven und Ziele somit zu unterschiedlichen Entscheidungen und Handlungen. Dies ist eine wesentliche Einsicht für die Entwicklung von Immobilienmanagementlehren.

Anzumerken ist zudem, dass es sich bei den Managementebenen um eine funktionale und nicht um eine institutionelle Strukturierung handelt. Bei einer funktionalen Differenzierung geht es um die Clusterung von Aktivitäten einer Ebene, nicht um die Darstellung von Organisationseinheiten. So können beispielsweise in einem kleinen Familienunternehmen die Aufgaben sämtlicher Ebenen – REPM, REAM, PrM und FM, allein und ausschließlich vom Firmeninhaber wahrgenommen werden, während in einem anderen ein einzelner Mitarbeiter mit den operativen und strategischen Managementaufgaben auf Objektebene betraut ist und die Geschäftsleitung als Gremium die REIM und REPM-Aufgaben wahrnimmt. Bei einem Immobilienfonds wiederum wird es mehrere zentrale und dezentrale Einheiten alleine für das operative Immobilienmanagement geben.

### 1.3.3 Grundkonzept des Immobilienmanagements

Das Immobilienmanagement mit seinen verschiedenen Facetten und Dimensionen kann zusammenfassend mithilfe des "Grundkonzepts des Immobilienmanagements" strukturiert und beschrieben werden.[23] Dieses geht davon aus, dass Immobilienmanagementaktivitäten auf der Basis der folgenden Parameter gebündelt und klassifiziert werden, wobei grundsätzliche unterschiedliche Konfigurationen unterschiedliche Managementkonzepte erfordern. Wesentliche Parameter sind entsprechende der vorangegangenen Ausführungen
1. die Nutzungsart (Wohnen, Büro, etc.)
2. die geografische Region[24]
3. die Perspektive(n), also übergeordneten Zwecke und Ziele
4. die Managementebene(n)
5. die Lebenszyklusphase(n) bzw. Wertschöpfungsstufe(n)

Die ersten beiden Parameter stellen die Bezugspunkte bzw. die Rahmenbedingungen dar, die Punkte 3. bis 5. den Kern der Immobilienmanagementaufgaben, der entsprechend als dreidimensionaler Raum (Würfel) dargestellt wird (vgl. Abbildung 6).

Während der gesamte Würfel für eine spezifische Nutzungsart in einer konkreten Region sämtliche mögliche Managementaufgaben von Immobilien beinhalten würde, erfolgt zunehmend eine „Dekonstruktion" in kleinere Wertschöpfungsteile – im Bild des Würfels also eine Modularisierung der Immobilienmanagement-Elemente in Scheiben oder Teil-Würfel. Dabei sind in jedem (Teil)Würfel alle Management-Hauptaufgaben, Planung, Organisation, Durchsetzung und Kontrolle, enthalten. Beispielsweise wäre ein „Immobilien-Projektmanagement" für ein für die Eigennutzung entwickeltes Gemeindezentrum der Teilbereich des Würfels, an dem die strategische Objektebene (REAM), die Lebenszyklusphase „Konzeption/Bereitstellung" und die Perspektiven „Nutzer" und „Investor" zusammen kommen. Die Entscheidung zum Verkauf eines Kirchengebäudes würde auf der obersten, der REIM-Ebene, in der Lebenszyklusphase „Verwertung" und ebenfalls bei den Perspektiven „Nutzer" und „Investor" angesiedelt sein.

---

23 Kämpf-Dern/Pfnür (2009): Grundkonzept des Immobilienmanagements.
24 Wobei gerade bei Immobilien unterschiedliche geografische Regionen in der Regel mit starken Unterschieden der relevanten Gesetzgebung und der anzuwendenden Verordnungen bedeuten, nicht nur Märkte, Nutzerpräferenzen oder Preise.

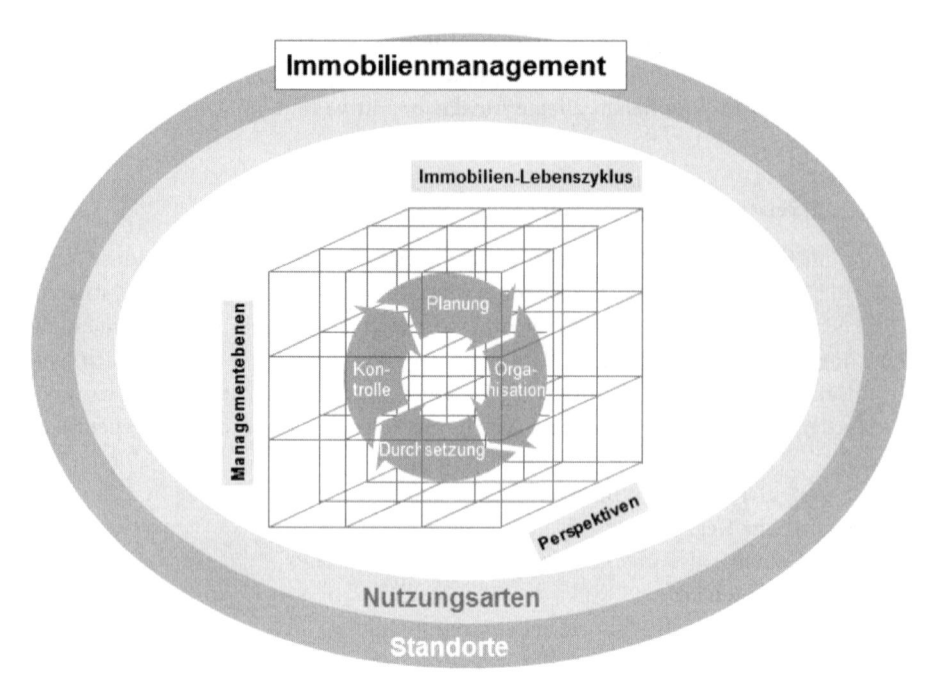

*Abbildung 6: Grundkonzept des Immobilienmanagements*[25]

Zwei wesentliche Fragestellungen der letzten Jahre lassen sich mit einem solchen Modell leichter erfassen: zum Einen, welche Managementaufgaben anfallen, die miteinander verbunden sind und sich so am ehesten in einer organisatorischen Einheit bündeln lassen. Und zum Anderen, dass beim Aufteilen in Teilbereiche Austausch/Kommunikation, Kooperation und Koordination so gestaltet werden müssen, das ein effektives und effizientes Gesamtmanagement einzelner oder mehrerer Immobilien gewährleistet werden kann. Es geht also um die Organisation des Immobilienmanagements in unterschiedlichen Situationen und insbesondere bei unterschiedlichen Zielsetzungen.

1.3.4 Institutionelle Differenzierung von Immobilienmanagementkonzepten

Ein Immobilien-Managementkonzept ist der Rahmenplan für das Management von Immobilien. Ein solcher Rahmenplan besteht aus verschiedenen Elementen oder „Bausteinen", deren Gestaltung und Ausprägungen insbesondere von Zielen/Perspektiven und Kontext (Immobilienart, Marktumfeld, Gesetzgebung, etc.) der Immobilienaktivitäten abhängen. Dabei bestehen natürlich Abhängigkeiten zwischen Kontext und individuell zu verfolgenden Zielen: Beispielsweise sind Risiko- und Renditechancen von Wohnimmobilien einer Kirchengemeinde in München geringer als von deutschen Logistikimmobilien eines ausländischen Hedge Fonds. Das notwendige Wissen unterscheidet sich, genauso wie die Intensität der Betreuung der Immobilien. Zuständige Manager, selbst

---

25  Kämpf-Dern/Pfnür (2009), Grundkonzept des Immobilienmanagements, S. 27.

wenn sie auf denselben Ebenen tätig sind, werden unterschiedliche Qualifikationen haben müssen und unterschiedlich zu vergüten, zu führen und weiter zu entwickeln sein. Solche und viele weitere Managementaspekte sind zueinander passend zu verschiedenen „Managementkonzeptionen" zusammenzustellen.

Nachfolgend soll auf verschiedene Immobilienmanagementkonzepte eingegangen werden, die sich durch ihre differenzierenden Parameterbündel und in diesem Zusammenhang durch die stärkere oder schwächere Ausprägung der „Investorenperspektive" und damit ihrer „Renditeorientierung", aber auch insgesamt ihrer „typischen" Charakteristika unterscheiden. Während die eine Seite des Kontinuums sogenannte institutionelle Immobilieninvestoren aufweist, die als Unternehmenszweck in Immobilien investieren, um für sich und ihre Kunden eine Kapitalmehrung zu erzielen, stehen auf der anderen Seite „Non-Profit-Organisationen", die zwar Immobilien benötigen, diese aber ausschließlich besitzen, um ihrem Non-Profit-Auftrag nachzukommen. Eine ausschließliche Renditeorientierung besteht für letztere weder in Bezug auf Immobilien noch insgesamt.

| Max. Rendite | ← | | | | → | Max. Nutzen |
|---|---|---|---|---|---|---|
| | Institutionelle Investoren | Priv. Investoren/ Stiftungen | Unternehmen („Corporates") | Öffentliche & soziale Betriebe | Non-Profit / Kirche | |

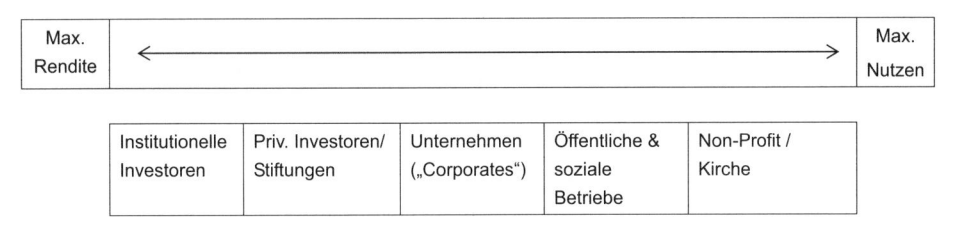

*Tabelle 1: Typisierung von Institutionen in Bezug auf Rendite- versus Nutzenorientierung*[26]

Etwa mittig auf diesem Kontinuum – aber mit großer Variabilität nach rechts und links – würde ein „normales" Unternehmen, ein „Corporate" verortet sein. Die wesentliche Aufgabe eines Unternehmens liegt in der Gewinnerzielung, allerdings primär über das jeweilige Kerngeschäft, nicht über das Bilden von Immobilieneigentum. Bei erheblichem Immobilieneigentum, über das zum Beispiel die Deutsche Telekom verfügt, benötigt das Unternehmen eine Managementkonzeption, die auch die Investorenperspektive ausreichend berücksichtigt. Wenn ein Unternehmen ausschließlich Räume anmietet, sind demgegenüber Nutzeraspekte dominant.

Eine weitere große Gruppe von institutionellen Immobilienakteuren sind Betriebe der öffentlichen Hand bzw. öffentliche Nutzer wie Schulen, öffentliche Verwaltungsstellen, Justizvollzugsanstalten oder Krankenhäuser. Auch sozialwirtschaftliche Betriebe sind häufig hier einzuordnen: Gewinne sollen in der Regel nicht erzielt werden, insbesondere nicht über die Immobilien selbst, allerdings wird insgesamt Kostendeckung angestrebt, so dass ein Managementkonzept für diese Gruppe näher zur Nutzerorientierung hin einzuordnen ist als das der Corporates. Privatanleger, Family Offices, private Vermögensverwaltungen oder Stiftungen haben in der Regel ein starkes, aber nicht aus-

---

26  Eigene Darstellung.

schließliches Renditeinteresse, und liegen damit idealtypisch zwischen Corporates und institutionellen Investoren.

| Art der Organisation | Institutionelle Investoren | Priv. Investoren/ Stiftungen | Unternehmen („Corporates") | Öffentliche & gemeinnützige Betriebe | Non-Profit (z.B. Gemeinde) |
|---|---|---|---|---|---|
| Orientierung | Max. Rendite | ←————————————→ | | | Nutzen Max. |
| Portfoliogröße | Sehr groß | Groß | Unterschiedlich | Unterschiedlich | Meist klein |
| Geographie | Großstädte | (Groß)Städte | Unterschiedlich | Unterschiedlich | Unterschiedlich |
| Zeithorizont | Unterschiedlich | Längerfristig | Unterschiedlich | Langfristig | Sehr langfristig |
| Immobilien-Nutzungsarten | Sehr wenige | Wenige | Mehrere | Spezial- und Sonderimmob. | Tlw. sehr unterschiedliche |
| Professionalität | Hoch | Tlw. hoch | Unterschiedlich | Eher gering | Meist gering |
| Partizipation | Gering | Gering | Eher gering | Hoch | Sehr hoch |
| REM-Lehre | Institutional Investment REM (IIREM)[27] | Private REM[28] | Corporate REM (CREM)[29] | Public REM (PREM)[30]/ Welfare REM (WeREM)[31] | Ecclesiastic REM (EREM)[32] |

*Tabelle 2: Immobilienmanagementlehren*

Tabelle 2 gibt eine Übersicht über die wesentlichen Ziel- und Kontextfaktoren, diesbezügliche „idealtypische" Ausprägungen sowie bereits etablierte Immobilienmanagementlehren.

Wie dargestellt, führen die in Tabelle 2 gezeigten unterschiedlichen Ausprägungen der aufgeführten Parameter dazu, dass die in den Spaltenköpfen aufgeführten Organisationen bzw. ihr Immobilienmanagement angesichts unterschiedlicher Zielbündel unterschiedliche Erfolgsgrößen verwenden und damit auch voneinander abweichende Aufgabenschwerpunkte haben – auch wenn die „Grundaufgaben" sicherlich gleich sind. Bei-

---

27 Zur Abgrenzung des IIREM zum „REIM" Kämpf-Dern, Annette (2008): Bestimmung und Abgrenzung von Managementdisziplinen im Kontext des Immobilien- und Facilities Managements: Eine Entgegnung zum gleichnamigen Beitrag von Sven A. Teichmann in der ZIÖ 2/2007. Zeitschrift für Immobilienökonomie, Nr. 2, S. 59-68.
28 U.a. Tilmes, Rolf/Schaubach, Peter (2005): Private Real Estate Management. In: Schulte, Karl-Werner (Hrsg.): Immobilienökonomie, Betriebswirtschaftliche Grundlagen, Band I, 3., vollst. überarb. u. erw. Aufl., München.
29 U.a. Schulte, K.-W./Schäfers, W. (Hrsg.): Handbuch Corporate Real Estate Management. Rudolf Müller, Köln 1998.
30 U.a. Schulte, K.-W./Schäfers, W./Pöll, E./Amon, Markus (Hrsg.): Handbuch Immobilienmanagement der öffentlichen Hand, Rudolf Müller, Köln 2006.
31 Reiß-Fechter, Dagmar (2009): Immobilienmanagement in der Sozialwirtschaft (Welfare Real Estate Management – WeREM), ESWiD, http://www.esw-deutschland.de/grafik/Immobilienmanagement_in_Sozialwirtschaft.pdf.
32 Von der Lieth, Jörn: Immobilienmanagement in der Kirche (EREM), in: Kirchliches Immobilienmanagement, hrsg. Dagmar Reiß-Fechter, 2. Aufl. (2010), Berlin.

spiel: Auch eine Kirche muss gegebenenfalls im Bestand befindliche Mieteinheiten vermarkten; diese Aufgabe ist allerdings im Vergleich zu anderen Aufgaben (z.B. Minimierung von Nutzerkosten) im Vergleich zu einem institutionellen Anleger untergeordnet.

Das bedeutet in der Konsequenz, dass die verschiedenen Typen sehr unterschiedliche Strategien benötigen und sich damit einhergehend Strukturen, Organisationskultur und Systeme unterscheiden werden. Gleichzeitig müssen die vorgenannten Teilaspekte in sich stimmig sein: Eine für einen internationalen Fonds geeignete Organisationsstruktur und seine EDV- oder Personalentwicklungssysteme müssen zueinander (und zu den übrigen Teilsystemen) passen, und sehen sicher anders aus als die Strukturen und Systeme einer Landeskirche – wobei mit beiden, wenn sie zielorientiert ausgestaltet sind und betrieben werden, die jeweiligen Strategien umgesetzt und Ziele erreicht werden können.

## 2. Bausteine eines professionellen Real Estate Management (REM)

Auch Unternehmen, deren Geschäftszweck nicht die Immobilie ist, erkennen zunehmend deren Bedeutung und Einfluss sowie die Potenziale, die in einem professionellen Immobilienmanagement stecken. Professionelles Immobilienmanagement beinhaltet gemäß der erfolgten Erläuterungen die kompetente, aktive Gestaltung, Lenkung und Entwicklung des sozialen Systems, das Immobilienstrategien entwickelt, Immobilienentscheidungen trifft und für die Umsetzung der Pläne im Sinne der Gesamtausrichtung sorgt. Das steht in vielen Fällen im Gegensatz zur einer eher reaktiven „Liegenschaftsverwaltung", die sich vornehmlich mit operativen Themen der Immobilie beschäftigte. Die Elemente bzw. Bausteine, die für ein professionelles REM relevant sind, werden nachfolgend skizziert.

### 2.1 Kontext

Beim Kontext, den Umfeldbedingungen der Immobilienmanagementaktivitäten, wird zwischen der externen Umwelt und der internen Situation unterschieden.

Die für das REM relevante externe Umwelt hängt insbesondere von der Art der Organisation, deren konkretem Betätigungsfeld und ihrer geografischen Ansiedlung ab. Letztere legt den legalen Rahmen fest, in dem die Organisation insgesamt, und somit auch in Bezug auf ihre Immobilienaktivitäten tätig ist. Abhängig von der Art der Organisation unterscheiden sich nicht nur die Nutzungsarten, sondern sind verschiedene externe Einflussfaktoren für das REM wichtig: Bei Corporates beeinflussen die jeweilige Branche, regionale, nationale oder internationale Wettbewerbsintensität und Branchenregulierungen den grundsätzlichen Umgang mit und die Ausgestaltung von Immobilien und ihrem Management. Im Bereich der institutionellen Anleger sind es – neben anderen Aspekten – die Finanzlage – und bei öffentlichen Verwaltungen die geltenden Verwaltungsvorschriften. Auch Branchenwachstum bzw. generell Veränderungsgeschwindigkeiten und -notwendigkeiten der externen Umwelt, genauso wie sogenannte Megatrends mit ihren unterschiedlichen Auswirkungen auf die Organisation und ihre Immobilien, sind abhängig vom Betätigungsfeld der Organisation bei deren REM zu berücksichtigen.

Die interne Situation des REM wird maßgeblich geprägt durch den Organisationszweck, die Mission, und die aus der Organisationsvision abgeleiteten übergeordneten Ziele und Strategien. Auf diese übergeordneten Ziele und Strategien sind der Immobilienauftrag, die immobilienbezogenen Ziele und die immobilienbezogenen Strategien abzustimmen

Intern prägende Parameter sind zudem Größe und finanzielle Situation der Organisation und folglich Größe, Zusammensetzung und Lage der Immobilienbestände, die zu managen sind. Auch die Historie der Organisation, ihrer Bestände und der bisherige Umgang mit Immobilien sind bei der künftigen Entwicklung und Gestaltung des REM zu berücksichtigen.

Gleichermaßen zum externen wie internen Kontext gehören die „Stakeholder",[33] die Organisationsmitglieder, Kunden, Nutzer und Leistungsträger, Kapitalgeber, Lieferanten, Kommunen und Öffentlichkeit. Wer, wann, in welcher Form informiert und auf Basis welcher Befugnisse eingebunden werden sollte, sind entscheidende Fragen, die bei der Gestaltung und Entwicklung des REM-Konzeptes festzulegen sind. Dabei geht die Entwicklung eindeutig zu stärkerer Einbindung von mehr Stakeholdern. Gründe hierfür sind nicht nur kulturelle Gepflogenheiten oder gesellschaftliche Veränderungen, sondern die hierdurch entstehenden Vorteile für die Organisation. Immobilien und Immobilienprojekte sind komplex, mehr und mehr Aufgaben können nicht mehr von Einzelnen, sondern nur noch im Team gelöst werden. Die Involvierung von Stakeholdern erweitert die Wissens- und Erfahrungsbasis. Allerdings bedingt das effektive Management von mehr Involvierten, dass REM-Verantwortliche immer höhere Kompetenzen in Bezug auf Kommunikation, Koordination und Kooperation, zusammengefasst Leadership-Kompetenzen, aufweisen müssen, um ihren Auftrag erfüllen zu können.

## 2.2 Auftraggeberstruktur und Mission/Auftrag des REM

Die meisten größeren Organisationen verfügen heute über eine klar formulierte Mission. Wesentlich rarer ist deren Ableitung in Bezug auf den Umgang mit Immobilien, also in einen Auftrag bzw. eine Mission für das Immobilienmanagement. Und dies, obwohl Immobilien in vielen Organisationen die größte Vermögensposition darstellen bzw. (nach Personal) die zweithöchsten Kosten verursachen, und ein klarer Auftrag entsprechend Ziffer 1.1.1 wesentliche Voraussetzung für die Formulierung eines Zielsystems und zielführender (Immobilien-)Strategien ist.

Die Formulierung des Auftrags für das REM sollte im Rahmen normativer Festlegungen durch die Organisationsleitung erfolgen. Diese wird von den Immobilienverantwortlichen bei der Ableitung von und Abstimmung mit anderen normativen Festlegungen der Organisation unterstützt; das entspricht dem Vorgehen anderer Bereiche wie Personal oder IT. Durch die enge Einbindung der immobilienwirtschaftlichen Kompetenzträger in normative und strategische Überlegungen, werden von Beginn an bessere

---

33 Anspruchs- oder Interessengruppen, die Einfluss auf das REM haben oder von diesem beeinflusst werden, und deshalb in die Entwicklungen und Entscheidungsprozesse zu integrieren sind.

Lösungsansätze oder mögliche grundsätzliche Konflikte erkannt und können gelöst werden.

Beispiel: Ein Unternehmen möchte seine Wettbewerbsposition stärken und sieht die diesbezüglichen Hebel in höherer Leistungsqualität und Kundenzufriedenheit. Es ist sich bewusst, dass diese Hebel besser qualifizierte Mitarbeiter und deren optimierte Zusammenarbeit erforderlich machten. Dabei wird allerdings oft übersehen, dass eine solche Strategie auch die Einbindung der Immobilienverantwortlichen erfordert. In der Realität erhalten Immobilienabteilungen aber häufig nur wenige Informationen über die strategischen Unternehmensziele, sondern werden über taktische und operative Kosten- und Einsparziele gesteuert. Im Beispiel wäre es demgegenüber sicher förderlicher, wenn die Immobilienverantwortlichen daran gemessen würden, den genannten Mitarbeitern eine strategiegerechte, attraktive und kooperationsfördernde Arbeitsumgebung zur Verfügung zu stellen. Der, das Ganze unterstützende Auftrag, könnte z.B. lauten: „Wir wollen bei gleichbleibenden oder gegebenenfalls sogar reduzierten laufenden Immobilienkosten die Arbeitsumgebung unserer Mitarbeiter im Bereich X auf einen modernen Stand bringen, um Mitarbeitergewinnung, -bindung und -produktivität dieses Bereichs zu erhöhen". Ein solcher Auftrag gibt dem REM die Möglichkeit, dies in SMARTe Ziele[34] und realistische Strategien umzusetzen.

Dazu ist es aber Voraussetzung, dass die Unternehmensführung erstens die übergeordneten Ziele und Strategien jeweils mit den funktionalen und Bereichszwecken, -zielen und -strategien abstimmt, und zweitens dafür sorgt, dass auch die verschiedenen Funktionen, z.B. REM, und Bereiche untereinander abgestimmt sind. Dies ist klar eine Managementaufgabe auf oberstem Niveau, die je nach Art, Größe und Professionalität der Organisation mit unterschiedlicher Kompetenz und Qualität wahrgenommen wird.

## 2.3 REM-Leitlinien

Leitlinien sind auf oberster Ebene verabschiedete, für alle Organisationsmitglieder verpflichtende, allen bekannte, oder sogar mit einer großen Mehrheit abgestimmte, Grundsätze oder Maximen, die unabhängig von aktuellen Ereignissen oder Bedürfnissen gelten.

Diese erleichtern auch in Bezug auf den Umgang mit Immobilien deren Management. Immobilienleitlinien einer Organisation können beispielsweise beinhalten, dass Immobilien grundsätzlich nur gemietet, nicht gekauft werden. In einer anderen Organisation kann gelten, dass vor Entscheidungen einer bestimmten Kategorie, Relevanz oder Größenordnung – z.B. bei einer Anmietung mit mindestens fünf Jahren Laufzeit oder bei Investitionen mit Immobilienbezug ab € 300.000,- – eine bestimmte Abteilung oder benannte Experten einzubeziehen sind. Andere Immobilien-Leitlinien betreffen die Verwendung festgelegter Kalkulationsformen oder -richtwerte, die Anfertigung bestimmter Analysen oder Gutachten, die zwingende Verwendung abgestimmter Vertrags- oder Vorlagenmuster, das Durchlaufen grundsätzlich definierter Prozesse, etc.

---

34 Ziffer 1.1.1 Vision, Mission, Leitbild, Ziele und Strategien.

Mit Leitlinien sind allerdings nicht kleinteilige Vorgaben gemeint, sondern Rahmenbedingungen, deren Einhaltung eine übergeordnete Bedeutung zugemessen wird.

Mittels der Leitlinien können auch Selbstverpflichtungen erfolgen, z.B. durch Bezugnahme auf bestimmte, für eine Vielzahl von Unternehmen anwendbare übergeordnete Richtlinien oder Kodizes, wie dem Nachhaltigkeitskodex des ZIA.[35] Teilweise wird im Rahmen der Leitlinien ferner auf spezifische geltende Gesetze oder Normen hingewiesen, wenn dies zweckdienlich erscheint.

Inhalt, Anzahl und Detaillierungsgrad von Leitlinien können somit höchst unterschiedlich sein. Allgemeingültig ist, dass es so viele Leitlinien wie nötig und so wenige wie möglich geben sollte, denn das alleinige Formulieren und Aufstellen von Leitlinien reicht nicht aus. Stattdessen müssen auch Prozesse und Systeme entwickelt werden, die die Berücksichtigung der Leitlinien ermöglichen und sicherstellen. Dieser ganze Themenkomplex erfolgt neudeutsch unter dem Begriff „Corporate Governance". Mit Bezug auf Immobilien wurde bereits 2002 die „ICG Initiative Corporate Governance" e.V. gegründet, deren Zweck es ist, Immobilien-Akteure in diesen Aspekten zu unterstützen.[36]

## 2.4 Strategische Ausrichtung und Zielformulierung des REM

Die strategische Ausrichtung des REM beinhaltet folgende Punkte/Aspekte:
– die Festlegung von Strukturen und Maßnahmen zur Sicherstellung der Verlinkung von übergeordneten Organisationszielen und -strategien mit den Immobilienzielen und -strategien.
– den zeitlichen Horizont der immobilienbezogenen Gesamtstrategie/Portfoliostrategie[37] und der Objektstrategien,[38] also innerhalb welcher Zeiträume grundsätzlich gedacht und gehandelt werden soll, eher in Monaten und Jahren oder in Jahrzehnten oder gar Jahrhunderten.[39]
– das grundsätzliche Zielsystem: Welche Perspektiven und Dimensionen sind grundsätzlich oder auch fallbezogen von Relevanz und welche Maßgrößen sollen verwendet werden?[40]

---

35 ZIA-Leitfaden "Nachhaltigkeit in der Immobilienwirtschaft – Kodex, Berichte und Compliance", http://www.zia-deutschland.de/ueber-den-zia/nachhaltigkeitsleitfaden/ (25.10.2015).
36 Initiative Corporate Governance (ICG), http://www.immo-initiative.de/initiative/satzung/ (25.10.2015).
37 Solche übergeordneten Strategien können z.B. sein: der Aufbau/Umbau des Portfolios zu einer vorab definierten Struktur; die Anpassung/Modernisierung der Arbeitsplätze; die Entwicklung und Implementierung eines professionellen REM.
38 Angesichts der Lebensdauer von Immobilienobjekten können auch diesbezügliche Strategien sehr unterschiedliche Zeiträume betreffen. Sogenannte „Bestandshalter" planen für ihre Objekte i.d.R. sehr viel längere Haltedauern als „Trader" oder Projektentwickler.
39 Beispielsweise erwartete ein in Immobilien investierender Hedgefonds die Rückzahlung seines Gesamtkapitals innerhalb von fünf Jahren, so dass Objektstrategien im Monats- und Jahresbereich formuliert werden mussten. Andererseits war beispielsweise die Errichtung des Kölner Doms von Anbeginn an auf mehrere Jahrhunderte angelegt.
40 Beispielsweise steht für eine bestimmte Versicherungs-KAG die Immobilienrendite im Vordergrund, insbesondere die Dividendenrendite, die nach festgelegten Regeln berechnet wird. Da ein geringes Risiko, gemessen als Standardabweichung von der erwarteten Rendite, in diesem Fall allerdings sogar noch wichtiger ist und nicht überschritten werden darf, gelten Restriktionen für Investmentstandorte, Immobilientypen sowie Mindest- und Maximal-Anlagegrößen.

– mögliche bzw. zulässige Handlungsalternativen für Beschaffung, Betrieb und Verwertung,[41] die dann im Rahmen der konkreten Strategieentwicklung zu konkretisieren sind.[42]

Im Rahmen und unter Berücksichtigung der strategischen Ausrichtung und übergeordneten Zielen erfolgt auf jeder Managementebene dann nach individuell entwickelten Prozessen innerhalb definierter Abstände die konkrete Zielformulierung und Strategie- bzw. Maßnahmenentwicklung. Dabei gilt: je operativer die Ebene, desto kürzer die Abstände.

## 2.5 Organisation des REM

„Organisationsdesign beschäftigt sich mit der Entwicklung von angemessenen Strategien und Aufgabenverteilungen zu effektiven Unterstützung einer Organisation bei der Überführung von Zielen in gewünschte Ergebnisse."[43] Mit und durch Organisation[44] soll ein System möglichst dauerhafter personenbezogener Verhaltens-Regeln und objektbezogener Funktionsregeln geschaffen werden,[45] die – einfacher gesagt – die Verhaltens- und Leistungserwartungen formulieren, mit denen die Ziele erreicht werden können. Dazu gehören erstens die Festlegung der Organisationsstruktur und der Managementprozesse zur Koordinierung und Kontrolle der Kernprozesse, zweitens die Rationalisierung von Struktur und Prozess, drittens die Entwicklung einer förderlichen Kommunikation und Kultur, viertens die Planung und Bereitstellung notwendiger Informationen und unterstützender Infrastruktur, und fünftens das Schaffen der Voraussetzungen für zukünftige Innovation.[46] Teilbereiche der Organisationsgestaltung sind somit die folgenden:

### 2.5.1 Personal und Organisationsstruktur

„Professionelles" Immobilienmanagement und „Professionalisierung" der Branche werden hier im folgenden Sinne verstanden und verwendet: Ihre immobilienbezogenen Tä-

---

41 Im Kontext von Immobilienstrategien werden häufig verschiedene lebenszyklusphasenbezogene Strategiealternativen genannt, z.B. zur Beschaffung „Projektentwicklung", „Kauf", „Miete", Leasing" oder für die Betriebsphase „Autonomiestrategie", „Beauftragungsstrategie" oder „Kooperationsstrategie". Dies reduziert den Strategiebegriff aber zu stark, beispielsweise machen sich Unternehmen über „Normstrategien" beim Portfoliomanagement Gedanken (zu Beispielen des EREM Lieth (2009), S. 96ff.), zur Strategieentwicklung gehören auch Finanzierungsstrategien, etc. Deshalb wird die Art der Strategie hier nicht weiter detailliert.
42 Beispielsweise hatten sich in den letzten Jahren viele risikoaverse Investoren dazu entschlossen, auf eigene Projektentwicklungen als Beschaffungsalternative zu verzichten. Und erst zwischen 2005-2010 wurde es für institutionelle Investoren möglich und salonfähig, ganze Bündel operativer Leistungsprozesse nicht mehr mit „eigenem" Personal durchzuführen, sondern an spezialisierte Dienstleister zu vergeben.
43 Eigene Übersetzung von „Organizational design is generally concerned with developing the appropriate strategies and task organization that most effectively convert goals into desired performance outcomes." Marcoulides/Heck (1993/05): Organizational Culture and Performance: Proposing and Testing a Model. Organization Science, 4 Nr. 2, S. 209–225.
44 Organisation wird hier als Instrument, nicht als Institution verwendet.
45 Thom/Wenger (2002), Die effiziente Organisation: Bewertung und Auswahl von Organisationsformen. Band 9, Organisationswissen, Glattbrugg: Schweizer. Ges. für Organisation SGO, S. 29.
46 Für eine ausführliche Auseinandersetzung mit der Organisation des Immobilienmanagements; Kämpf-Dern (2010): Organisation des Immobilienmanagements als Professional Service.

tigkeiten üben die Akteure als oder im Verständnis einer „Profession" aus. Eine „Profession" ist üblicherweise damit verbunden, auf Basis einer spezialisierten Berufsausbildung, meist eines Studiums, und mehrjähriger Berufspraxis das Fachwissen zu erlangen, um den höheren Anforderungen an die Zulassung zur Berufsausübung zu genügen. In der Regel gehen mit einer solchen Profession auch berufsethische Normen, berufliche Autonomie und eine Steigerung von Prestige und Einkommen einher. Viele der vorgenannten Voraussetzungen für Immobilienmanagement als Profession entstehen jedoch erst allmählich. Daher ist es eine große Herausforderung, Mitarbeiter oder Dienstleister zu finden, die hinlänglich qualifiziert sind, entsprechend der vorgenannten Beschreibungen Managementtätigkeiten im Immobilienkontext ausüben zu können.[47]

Die Entwicklung und Gestaltung eines konkreten Immobilienmanagementkonzepts sollte deshalb an der Verfügbarkeit und/oder Beschaffbarkeit dieser für die Auftragserfüllung und Zielerreichung fundamental wichtigen „Ressource" Mitarbeiter ansetzen. In den letzten Jahren sind eine ganze Reihe an Studiengängen und Zertifikatslehrgängen aufgesetzt worden.[48] Bis die Branche mit ausreichend vielen „professionellen" Immobilienmanagern versorgt ist, wird es allerdings voraussichtlich noch einige Zeit dauern, auch, weil im Vergleich zur Größe und Bedeutung der Branche, der „Output" noch relativ gering ist.

Größere Unternehmen, insbesondere aus dem Bereich des institutionellen Immobilieninvestments und der Wohnungswirtschaft, haben diese Problematik erkannt und betreiben intern und extern eine entsprechende Personalpolitik und Personalentwicklung.[49] Bei vielen anderen Akteuren der Immobilienwirtschaft besteht hier noch dringender Handlungsbedarf, wenn sie es mit der Aufsetzung eines professionellen Immobilienmanagements ernst meinen.

Die Strukturierung der REM-Organisation sollte eher der Personalanalyse folgen als umgekehrt, denn Eignungen und Neigungen von Menschen lassen sich, wenn überhaupt, nur sehr viel langsamer verändern als die Zuweisung von Aufgaben und Verantwortung.[50] Insofern wird die Organisationsstruktur eher an der Personalverfügbarkeit ausgerichtet werden (müssen), auch wenn eine andere Struktur theoretisch besser geeignet wäre. Dies gilt zumindest kurz- bis mittelfristig und sollte Organisationen natürlich nicht daran hindern, mittel- bis langfristig auf ein anderes Optimum hinzuwirken.

Generell ist bei größeren Organisationen die Tendenz zu „gemischten" Strukturen zu beobachten, bei denen normative und strategische Portfolio-Themen genauso wie eine standardisierte Massenbearbeitung zentralisiert werden, während die strategischen

---

47 Für Managementfunktionen in der Immobilienwirtschaft gibt es bis heute noch nicht einmal im Ansatz Bestrebungen, den Berufszugang zu beschränken, mit der Folge, dass sich jeder beispielsweise als „Property Manager" zur Verfügung stellen kann. Ganz aktuell wird nach jahrelangen Bemühungen zumindest für Makler- und WEG-Verwaltungstätigkeiten ein Fachkundenachweis eingefordert.
48 Gif-Studienführer, https://www.gif-ev.de/studienfuehrer/overview/.
49 Beispiele hierfür sind Wohnungsunternehmen, die sich im EBZ Europäisches Bildungszentrum der Wohnungs- und Immobilienwirtschaft engagieren, oder Unternehmen – bisher insbesondere Banken und Fondsunternehmen – die ihre Mitarbeiter bei entsprechenden Bildungsaktivitäten inhaltlich und finanziell unterstützen bzw. mit Hochschulen und Weiterbildungseinrichtungen Kooperationen eingegangen sind.
50 Beispielsweise ist eine Netzwerkstruktur, in der die Mitarbeiter generalistisch ausgerichtet sein sollten, ungeeignet, wenn die Organisationsmitglieder als Spezialisten ausgebildet sind und agieren.

und operativen Objektmanagementaufgaben funktional gemischten, lokalen oder regionalen Teams zugeordnet werden.

### 2.5.2 REM-Prozesse

Wenn im Zusammenhang mit Immobilien über Prozesse gesprochen wird, sind meistens[51] die Leistungsprozesse, also An- und Verkauf, Vermietung, Instandhaltung oder Rechnungswesen, gemeint, und nicht die Management-Prozesse auf den verschiedenen Ebenen,[52] die die Planung, Steuerung und Kontrolle von Leistungsprozessen zum Gegenstand haben. Am Würfel des Grundkonzepts des Immobilienmanagements wird deutlich, dass das Management von Immobilien eine Vielzahl unterschiedlicher Prozesse umfassen kann, deren Notwendigkeit, Relevanz und Gestaltung von eingenommener Perspektive, verantworteten Lebenszyklusphasen und Managementebene abhängen.

Allgemeingültig für professionelle Immobilienmanagementkonzepte ist allerdings, dass die als besonders relevant identifizierten Prozesse dokumentiert, eingehend in Bezug auf ihren Beitrag zur Zielerreichung analysiert, optimiert und die jeweilige Prozessverantwortung eindeutig einem der verschiedenen Prozessbeteiligten zugeordnet sein sollten.

### 2.5.3 REM-Kultur, Kommunikation und Innovation

Auf allen Ebenen und in allen Lebenszyklusphasen zeichnet sich das REM dadurch aus, dass eine große Zahl von internen und externen Beteiligten, die in unterschiedlichsten Verhältnissen zum jeweiligen Immobilienmanager stehen, zu involvieren und zu steuern ist. Diese sind dem Manager – im Gegensatz zu „klassischen" Führungssituationen – häufig nicht hierarchisch unterstellt. Eine „Führung per Anweisung" ist angesichts der komplexen Fragestellungen, den schlecht strukturierten Managementproblemen und heterogener Stakeholderstrukturen allerdings auch nur noch selten möglich, da sie bedingt, dass die „richtige" Handlungsalternative vorab bekannt ist. Dies ist gerade bei Immobilien, die alle Unikate sind, in der Regel nicht der Fall. Deshalb wird zunehmend in multifunktionalen und multidisziplinären Teams gearbeitet, in denen nicht Einzelne zum Handeln, sondern mehrere zur kooperativen zielgerichteten Problemlösung zu bringen sind. Insofern sollte die Führungskultur stärker transformational denn transaktional sein:[53] Inspiration, Partizipation und Problemlösungsorientierung, Vernetzung und Austausch sind dabei wesentliche zu berücksichtigende Elemente. Ob und dass entsprechend kompetent agiert sowie entsprechende Rahmenbedingungen geschaffen werden, hängt deshalb von den Beteiligten, insbesondere den Immobilienmanagern als professionell führende Personen und Persönlichkeiten ab.

---

51 Insbesondere Heyden, Fabian (2005): Immobilien-Prozessmanagement: Gestaltung und Optimierung von immobilienwirtschaftlichen Prozessen im Rahmen eines ganzheitlichen Prozessmanagements unter Berücksichtigung einer empirischen Untersuchung, Lang.
52 Ziffer 1.1.1 Vision, Mission, Leitbild, Ziele und Strategien.
53 Zingel, Michael (2015): Transformationale Führung in der multidisziplinären Immobilienwirtschaft, Gabler.

Dies gilt auch für die Kommunikation: Schriftliche und mündliche Kommunikationsfähigkeiten gehören zu den Top-Kompetenzen effektiver Immobilienmanager, die im Rahmen des Personalmanagements auch diesbezüglich rekrutiert und entwickelt werden müssen. Erfolgt dies entsprechend, dann erhöht sich die Wahrscheinlichkeit deutlich, dass REM-Kultur und Kommunikation den Anforderungen und Erwartungen der Kunden, aber auch der Organisationsmitglieder und Netzwerkpartner entsprechen, und Ziele erreicht werden.

Eine offene, problemlösungsorientierte und kommunikative Kultur ist zudem eine gute Voraussetzung für Innovationen. Als junge Disziplin ist das REM hierauf auch dringend angewiesen. Dabei besteht beim REM die Herausforderung nicht in der Generierung innovativer Einzelfalllösungen – das liegt der Immobilienwirtschaft im Blut – sondern eher darin, trotz des individuell orientierten Umfeldes Probleme und Prozesse, zumindest in Modulen, zu standardisieren. Dies könnte nicht nur die dringend benötigte Effizienzerhöhung bewirken, sondern auch die Qualität von Produkten und Dienstleistungen im Kontext von Immobilien steigern, an der es ebenfalls extrem mangelt – sichtbar an unzähligen Baumängeln, fast schon üblichen Termin- und Kostenüberschreitungen, oder dokumentierter Nutzerunzufriedenheit. Um systematisch und einzelfallübergreifend zu Innovationen zu kommen, bedarf es allerdings eines höheren Engagements der Branche in Forschung und Entwicklung. Wie in anderen Branchen kann dies durch eigene Erhebungen oder Kooperationen mit Forschungseinrichtungen erfolgen.

### 2.5.4 Information und Infrastruktur (Orte, Räume, IT)

Auch wenn die Menschen und ihre Kompetenzen die zentralen Bausteine eines professionellen Immobilienmanagements sind, ist eine adäquate Infrastruktur unverzichtbar.

Insbesondere die Entwicklungen im Bereich der Digitalisierung haben die Möglichkeiten, das Immobilienmanagement zu professionalisieren, maßgeblich erhöht. Das beginnt mit der zunehmenden Digitalisierung von Informationen, wie Plänen, Verträgen oder Rechnungen. Diese Informationen sind heute nicht mehr nur an einem Ort verfügbar, sondern können von verschiedenen Orten aus und/oder zu unterschiedlichen Zeiten, sogar von mehreren Personen gleichzeitig, die sich an unterschiedlichen Orten befinden, bearbeitet werden. Ferner lassen sich die verschiedenen Datenquellen miteinander verknüpfen; und schließlich eröffnen elektronisch vorliegende Daten im Rahmen eines sogenannten Building Information Management, kurz BIM, über die verschiedenen Lebenszyklusphasen hinweg noch gar nicht fassbare Möglichkeiten und Potenziale.

Im Rahmen eines professionellen REM sind deshalb auch die entsprechenden informationstechnischen Strukturen und Prozesse aufzubauen. Dies ist angesichts der branchentypischen Vielzahl kleiner Akteure – die diese Anforderungen häufig weder finanziell noch auf Grund ihrer Kompetenzen „stemmen" können – allerdings ein Problem, für das noch Lösungen gefunden werden müssen.

Die Entwicklungen, die die Arbeit des Managers zumindest in großen Teilen relativ unabhängig von Zeit und Raum machen, sind zwar in der Etablierung aufwendig, erleichtern über die Zeit aber die örtliche und räumliche Infrastrukturbereitstellung für

REM-Aktivitäten. Zusammen mit mehr und mehr Angeboten für eine flexible, kürzerfristige Büroraumnutzung kommen die jüngsten Entwicklungen dem REM mit seinen häufigen Projektaktivitäten und lokalem, kleinvolumigem Flächenbedarf somit also entgegen.

*2.6 REM-Controlling*

Zu den wesentlichen Aufgaben des Managements gehört die Kontrolle. Dabei handelt es sich aber nicht, wie häufig fälschlich angenommen, allein um die Ergebniskontrolle, also den Abgleich zwischen Soll- und Istzustand am Ende des Managementkreislaufes. Kontrollen sind auch schon bei der Strategieentwicklung notwendig, um festzustellen, ob das geplante Vorgehen überhaupt realistisch umzusetzen ist. Man spricht in diesem Zusammenhang von Prämissenkontrollen. Auch während Organisation und Durchsetzung ist zu kontrollieren. Hier handelt es sich um Prozess- bzw. Durchführungskontrollen, die prüfen, ob die Umsetzung auf dem richtigen Weg ist, prozessual und in Hinblick auf sogenannte „vorlaufende" Kennzahlen.

Um überhaupt kontrollieren zu können, sind im Rahmen der strategischen Ausrichtung in Bezug auf Themen und Zieldimensionen Maßgrößen zu definieren, die als „Performance-Indikatoren" bezeichnet werden, wobei mit „Performance" der Zielerreichungsgrad gemeint ist. Ein Zielerreichungsgrad von 100% bedeutet, dass der intendierte Zielwert genau erreicht wurde. Um den Zielerreichungsgrad messen zu können, sind sowohl die Zielgrößen als auch deren intendierte Werte zu definieren, genauso wie für Indikatoren im Verlauf des Managementprozesses. Auch hier zeigt sich somit, dass zwingende Voraussetzung für ein effektives Immobilienmanagement das Vorhandensein von Zielen ist.

Zu Beginn des Managementprozesses wird durch Informationssammlung und -analyse festgestellt, welche Werte die relevanten Zielgrößen aktuell aufweisen: Entspricht der Istwert mindestens dem Sollwert, besteht kein Handlungsbedarf. Liegt der Ist- dagegen schlechter als der Soll-Wert, sind Strategien zu entwickeln, die zur Schließung der Diskrepanz bzw. zur Erreichung des Zielzustands führen. Wenn derartige Vorgehenspläne organisiert und um-/durchgesetzt sind, wird (wieder) eine Istwert-/Ergebnis-Messung durchgeführt. Diese sollte dann möglichst mindestens dem Sollwert, d.h. dem intendierten Zielwert entsprechen.

Führen die verschiedenen Kontrollen zu Abweichungen gegenüber den Erwartungs- oder Sollwerten, müssen diese Abweichungen analysiert und Anpassungsprozesse initiiert werden. Im Regelfall sollte die Anpassung über veränderte oder ergänze Maßnahmen erfolgen. In Ausnahmefällen werden die Sollwerte der Zielgrößen angepasst.

Die Bereitstellung von Indikatoren, die Informationsbeschaffung und -analyse, Kontrollen, Abweichungsanalysen und die Entwicklung von Anpassungsmaßnahmen sind Teile des Immobilienmanagement-Prozesses, die unter „Controlling" zusammengefasst werden. Die Systeme, die diese Prozesse ermöglichen, werden als Controlling-Systeme bezeichnet.

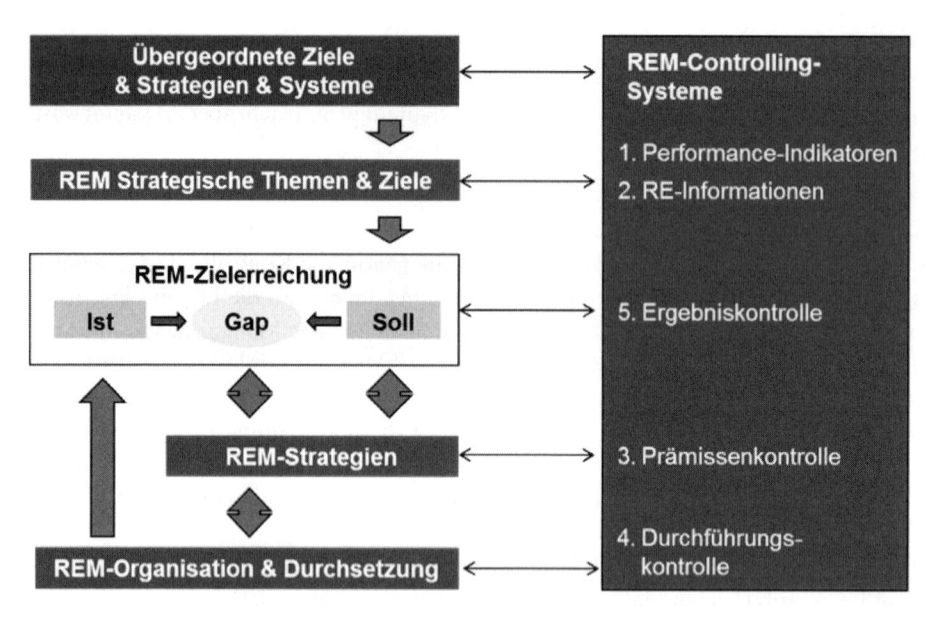

*Abbildung 7: REM-Controlling-Systeme*[54]

In der Theorie mag das vorgeschlagene Vorgehen einfach und überschaubar wirken, in der Realität handelt es sich aber meist nicht um *eine* Zielgröße und *wenige* Indikatoren, sondern um meist mehrere, teilweise widerstreitende Zieldimensionen, und eine Unmenge sehr verschiedener Daten, die geplant, regelmäßig erfasst und analysiert werden müssen. Dazu gehören u.a. die Bestands- und Bewegungsdaten in Bezug auf die Immobilie selbst, also Flächen verschiedener Art sowie Volumina, Daten technischer Geräte und Einbauten, Daten zu Einbau-, Wartungs- oder Reinigungszeitpunkten und -intervallen, Materialdaten und Verbrauchsdaten. Relevante Bestands- und Bewegungsdaten betreffen auch ökonomische Aspekte wie Nutzer-Stammdaten, Mietvertragsdaten und Zahlungsdaten (Ein- und Auszahlungen), Kosten und Erträge, Abrechnungsdaten, Bilanz- und Verkehrswert, ordentliche und außerordentliche Abschreibungen, Mieterhöhungen und -intervalle, etc. Auch Auslastungs-, Markt- und Standortdaten sind in den Systemen zu erfassen bzw. die Systeme mit entsprechenden Datenbanken zu verbinden.

Im Immobilienmanagement auf mehreren Ebenen miteinander verbundene, wirksame Controllingsysteme zu etablieren, ist somit ebenfalls eine große Herausforderung, die für kleinere Marktteilnehmer nur in Teilen und häufig unzureichend bewältigt werden kann. Wie das Zusammenspiel zwischen den verschiedenen Managementprozessen der Abbildung 7 jedoch zeigt, ist ein professionelles Management ohne entsprechende Controllingsysteme aber kaum oder nur in reduzierter Form möglich. Deshalb ist eine immer wieder gehörte Aussage, dass zwingende Voraussetzung für ein effektives Management die „Transparenz" sei, die vor allem anderen zu schaffen ist, getreu Peter Drucker: „Only what can be measured can be managed." Allerdings bringt es schon

---

54 Eigene Darstellung.

sehr viel weiter, wenn man als Organisation die spezifisch relevanten Ziele und Größen, plant, steuert und kontrolliert. Fokus statt Breite ist hier die Devise.

## 3. Zusammenfassung und Schlussfolgerungen

In Deutschland hat das „Immobilienmanagement", englisch „Real Estate Management" (REM), noch keine lange Tradition, auch wenn die Immobilienwirtschaft zu den bedeutendsten Branchen gehört. Das liegt weniger daran, dass Immobilien als unbewegliche und damit lokale Räume, Produkte und Wertgegenstände erst sehr viel später als andere Branchen internationale Beachtung gefunden haben, denn die Sprache allein macht die herkömmliche „Liegenschafts-" oder „Immobilienverwaltung" noch lange nicht zum „Real Estate Management". Eher bedarf es Zeit und Mühe zum Entstehen eines entsprechenden Verständnisses und passender Instrumente und Methoden. Während mit dem deutschen Begriff ein eher reaktiver und operativer Umgang mit Immobilien verbunden wird, ist das REM (pro)aktiv und umfasst neben operativen auch taktische, strategische und normative Funktionen.

Als Basis für diesen und den nächsten Beitrag, wurde deshalb im ersten Teil auf Bedeutung und Grundlagen von „Management" im Zusammenhang mit Immobilien und Immobilienaktivitäten eingegangen. Dabei wurden insbesondere immobilienmanagementrelevante Dimensionen sowie deren Zusammenhänge aufgezeigt: Im „Grundkonzept des Immobilienmanagements" bilden Perspektiven, Lebenszyklus und Managementebenen den Kern des Immobilienmanagements, die zusammen mit zwei Kontextdimensionen – Immobilienart und geografische Lage – unterschiedliche Ausprägungskonstellationen aufweisen. Daraus ergibt sich dann auch die Notwendigkeit mehrerer Typen von „Immobilienmanagementlehren", auch als „Managementkonzeptionen" bezeichnet.

Im zweiten Teil wurden dann die für ein professionelles Immobilienmanagement wesentlichen Bausteine dargestellt. Diese lassen sich aus der allgemeingültigen Managementlehre systematisch ableiten. Interessant sind dabei weniger die von anderen Branchen bekannten Elemente als vielmehr deren (Nicht-)Vorhandensein bzw. ihre Ausgestaltung im Immobilienumfeld. Angesichts der Vielfalt und Heterogenität von Immobilienakteuren mit ihren höchst unterschiedlichen Zielen und Betätigungsfeldern, sorgt auch die Einmaligkeit von Immobilien dafür, dass es schwierig ist, eine „Immobilienmanagementlehre" zu entwickeln, denn dafür bedarf es dem Erkennen von Mustern und Handlungsempfehlungen.

Es ist deshalb unausweichlich, sich statt mit der Gesamtheit aller Immobilienaktivitäten mit Gruppen ähnlicher Ausprägungskonstellationen zu beschäftigen. Dabei eignet sich als Gruppierungsmerkmal die Dimension der Perspektiven, weil sie sich auf die mit Immobilien verbundenen Ziele und Zwecke der Akteure beziehen, die handlungsleitend sind. Verschiedene Institutionengruppen der Investoren- und Nutzerperspektive können dabei idealtypisch auf einem Kontinuum der Renditeorientierung angeordnet werden. Mit stark- und mittelrenditeorientierten Institutionengruppen, institutionellen Investoren und privatwirtschaftlichen Unternehmen, haben sich Forschung und Praxis schon relativ intensiv auseinandergesetzt und hierfür Immobilienmanagementlehren, das IIREM und das CREM, mit entsprechenden Handlungsempfehlungen entwickelt. Für mittel- bis schwachrenditeorientierte Institutionen wie Sozialwirtschaft und Kirchen gibt der nachfolgende Beitrag einen Überblick.

## 2. Implementierung eines professionellen REM

*Annette Kämpf-Dern*

*Um Immobilienmanagement, englisch „Real Estate Management" (nachfolgend kurz "REM" genannt), professionell aufzusetzen und zu implementieren, sind die notwendigen Bestandteile einer Führungskonzeption auf die Bedürfnisse, Ziele und Rahmenbedingungen der Institution anzupassen. Im Beitrag werden zwei Arten von Institutionen und deren Immobilienmanagement betrachtet: sozialwirtschaftliche Betriebe und kirchliche Körperschaften. Diese weisen gegenüber typischen profitorientierten Unternehmen einige Besonderheiten auf, die bei der Organisation eines professionellen Immobilienmanagements zu berücksichtigen sind. Darauf aufbauend wird auf die spezifischen Herausforderungen und Handlungsvorschläge bei der Implementierung des WeREM und des EREM eingegangen.*

### 1. REM bei gemeinnützigen Organisationen und öffentlich-rechtlichen Körperschaften

Die Notwendigkeit von Kirchen und Sozialorganisationen, sich mit dem Management ihrer Immobilien zu beschäftigen und dieses zu professionalisieren, bringt Prof. Dr. Witt im Geleitwort zur ersten diesbezüglichen Dissertation auf den Punkt:

> „Kirchen und Sozialorganisationen stehen vor tiefgreifenden Änderungen: Sinkende Steuereinnahmen, demographischer Wandel, eine abnehmende Bindungskraft und Mitgliederaustritte, politisch herbeigeführter Wettbewerbsdruck, stagnierendes Spendenaufkommen und Kostendruck zwingen dazu, grundlegend die eigenen Führungsmodelle weiterzuentwickeln. Ein wichtiges Feld für die Führung ist das Immobilienvermögen, das viele dieser Organisationen in relativ großem Umfang besitzen. Oft nimmt das Immobilienvermögen mehr als die Hälfte des Gesamtvermögens ein, das außerdem in der Regel sehr langfristig gebunden ist. Ungünstige Entscheidungen können hier nur schwer und langsam korrigiert werden. Die Kosten für Immobilien, ob selbst genutzt oder nicht, belaufen sich auf etwa 15 Prozent der Gesamtkosten. Sie bilden damit einen der größten Kostenblöcke überhaupt."[1]

Ergänzend zu den hier angesprochenen Vermögens- und Kostenaspekten wird zunehmend mehr Immobilienakteuren – insbesondere Nutzern, aber auch Produzenten und Investoren – bewusst, dass Immobilien – als physisches Umfeld – erheblichen Einfluss auf die in ihnen vollzogenen Aktivitäten haben und damit Aufgabenerfüllung und Zielerreichung ihrer Nutzer beeinflussen. Die nicht-monetäre strategische Bedeutung der Immobilien für die sie nutzenden Menschen und ihre Institutionen ist von einem professionellen Immobilienmanagement deshalb genauso zu berücksichtigen und zu behandeln wie die monetäre.

---

[1] Prof. Dr. Dieter Witt im Geleitwort zu Heller, Uwe (2010): Immobilienmanagement in Non-Profit-Organisationen, Gabler, Wiesbaden.

Das gilt für gemeinnützige und kirchliche Organisationen mindestens ebenso wie für Unternehmen, mit deren Immobilienmanagement sich Wirtschaft und Wissenschaft schon länger beschäftigen. Allerdings sind Bedürfnisse und Ziele der erstgenannten sowie ihre Immobilienbestände in vielerlei Hinsicht speziell, so dass bestehende Immobilienmanagementlehren – z.B. das Corporate Real Estate Management (CREM) – vor Übernahme und Anwendung hinsichtlich ihrer Ausgestaltung geprüft und gegebenenfalls zu adaptieren sind.

Einige „Prinzipien" oder „Best Practices" können als weitgehend universell geltend angesehen werden, beispielsweise dass ein klarer Auftrag eine wesentliche Grundlage für effektives Immobilienmanagement ist. Wie diese Prinzipien aber tatsächlich auszugestalten sind, wie also zum Beispiel der konkrete Immobilienauftrag einer Kirchengemeinde lautet, hängt von vielen interagierenden Faktoren der konkreten Organisation ab. Daher gilt es für die Ausgestaltung der vorgenannten Bausteine für genau diese Organisation einen „Best Fit" zu entwickeln. Nachfolgend werden deshalb – ergänzend bzw. konkretisierend zu den allgemein gehaltenen Aussagen des vorigen Beitrags zum Immobilienmanagement[2] – die Besonderheiten, Herausforderungen und erste Handlungsempfehlungen bei der Planung und Implementierung eines REM für Sozialunternehmen und Kirche dargestellt. Diese Darstellungen sind allerdings immer noch eher generalisierend, da sie sich auf die beiden genannten Organisationscluster bzw. deren „typische" Situation beziehen und die Erläuterung und Veranschaulichung zum Zweck haben. Die Übertragung auf den konkreten Einzelfall muss dann in den spezifischen Implementierungsprojekten wiederum die jeweiligen Spezifika berücksichtigen und situations- und bedürfnisgerechte Anpassungen vornehmen.

Nachfolgend werden zunächst die „Bausteine" und organisatorischen Rahmenbedingungen und Möglichkeiten des REM bei gemeinnützigen Organisationen und kirchlichen Körperschaften dargestellt. Daraus ergeben sich die wesentlichen Grundzüge und Herausforderungen des WeREM Welfare Real Estate Management und des EREM Ecclesiastic Real Estate Management. Die Aufgaben und Prozesse des WeREM und des EREM werden im darauf folgenden Punkt konkretisiert. Zu deren Implementierung sind Strukturen und Prozesse organisatorischer Veränderungsprojekte notwendig, auf die zunächst allgemein, dann betreffend das WeREM und das EREM eingegangen wird. Dieser Abschnitt enthält auch diesbezügliche Handlungsempfehlungen.

## 2. Bausteine und Organisation des REM bei gemeinnützigen Organisationen / Welfare Real Estate Management (WeREM)

Gemeinnützige Organisationen bzw. Sozialunternehmen wurden in Bezug auf ihr Immobilienmanagement lange wenig beachtet und betrachtet. Die Notwendigkeit, sich über das Immobilienmanagement dieser Akteursgruppe der Immobilienwirtschaft Gedanken zu machen, sowie die Begriffsbildung „Welfare Real Estate Management (WeREM)" bzw. „Sozialunternehmensimmobilienmanagement", wurde erstmals 2009 von

---

2 Kämpf, Dern, Annette, Kapitel II, Teil 1, Immobilienmanagementlehren, S. 39ff.

Dagmar Reiß-Fechter aufgezeigt.[3] „In Abgrenzung zu den anderen Managementkonzepten liegt der Fokus des Welfare Real Estate Management zum einen auf der Optimierung der Wirtschaftlichkeit des Immobilienbestandes (vgl. PREM[4]) und zum anderen auch auf der Erreichung wettbewerbsstrategischer Zielsetzungen (CREM), unter gleichzeitiger Verfolgung sozialer sowie humanitärer Ziele, flankiert von politischen Zielen, zumindest dann, wenn Sozialunternehmen subsidiär tätig sind."[5]

## 2.1 Kontext

Das Immobilienportfolio von Sozialunternehmen ist häufig durch eine sehr hohe Eigentumsquote geprägt. Dies ist darauf zurück zu führen, dass Investitionsförderungen für Sozialimmobilien nur den jeweiligen Betreibern gewährt wurden.

Mit den Investitionsförderungen wurden nicht nur die hiermit einhergehenden Rechte übertragen, sondern auch höchst umfassende Verpflichtungen, neben der langjährigen und hohen Kapitalbindung u.a. auch die Betreiberverantwortung sowie die komplexe und kostenintensive Instandhaltung. In den Anfangsjahren einer neu errichteten Immobilie sind solche Verpflichtungen von Betreibern, deren Hauptaufgaben und Kernkompetenzen nicht im Immobilienbereich liegen, noch zu bewältigen; mit Alterung der Bestände, Änderung von funktionalen Anforderungen und Verknappung finanzieller Mittel sind diese Verpflichtungen aber ohne systematischen Angang kaum noch effektiv wahrzunehmen.

Zudem sind durch die gesellschaftlichen und rechtlichen Veränderungen für Sozialunternehmen[6] die Anforderungen insgesamt und auch an ihren Umgang mit Immobilien gestiegen; ein möglichst wirtschaftliches, zweck- und zielgerechtes Immobilienmanagement der Sozialunternehmen ist angesichts des umfangreichen Immobilienbesitzes und der hier möglichen Effizienzsteigerungs-Potenziale[7] heute wichtiger denn je.

Dabei ist die besondere Struktur solcher Institutionen zu berücksichtigen: Organisatorisch und aus Sicht des Immobilienmanagements sind Sozialunternehmen eine Kombination aus Unternehmen, öffentlichem Betrieb und typischer Non-Profit-Organisation: Mit Unternehmen haben sie gemeinsam, dass ihre Dienstleistungen auch von Unternehmen ohne Gemeinnützigkeitsstatus angeboten werden, mit denen Sozialunternehmen im Wettbewerb stehen.[8] Angesichts der zunehmenden Knappheit von Mitteln sind

---

3 Reiß-Fechter, Dagmar (2009): Immobilienmanagement in der Sozialwirtschaft (Welfare Real Estate Management - WeREM), ESWiD Evangelisches Siedlungswerk in Deutschland e.V.
4 Ergänzung Kämpf-Dern: PREM = Public Real Estate Management.
5 Reiß-Fechter, Dagmar (2009): Immobilienmanagement in der Sozialwirtschaft (Welfare Real Estate Management - WeREM), ESWiD Evangelisches Siedlungswerk in Deutschland e.V., S. 4.
6 Dazu gehören u.a. Restriktionen der Kassen, steigender Wettbewerb um Leistungsbezieher im Bereich der Betreuung und Pflege, Rückgang öffentlicher Investitions-Fördermittel und damit Konkurrenz um finanzielle Mittel, gehobene Standards für Dienstleistungen und Infrastruktur.
7 Das wird auch aus den in Reiß-Fechter (2009) zusammengestellten Zahlen deutlich, wonach allein Diakonisches Werk Deutschland und Caritasverband Deutschland für die laufende Instandhaltung von Altenpflegeeinrichtungen ca. € 125 Mio. einstellen bzw. aufwenden müssten. Die Hochrechnung kann erweitert werden: Bei 14 Mio. Quadratmetern würden Betriebskosteneinsparungen von nur € 0,5/qmMonat über € 70 Mio. Einsparungen p.a. bedeuten.
8 Allerdings werden immer noch weit über 50% aller sozialen Einrichtungen in Deutschland von Mitgliedern der Freien Wohlfahrtspflege getragen.

Sozialunternehmen gezwungen, sich insgesamt an Managementmethoden, Strukturen und Prozesse „normaler" Unternehmen anzupassen, allerdings unter Berücksichtigung ihrer anderen Zielsetzung. Dies gilt entsprechend für das Management ihrer Immobilien, das es zu professionalisieren gilt. Mit „professionellem Immobilienmanagement" ist hier gemeint, dass strategische, taktische und operative Planung, Steuerung und Kontrolle von Immobilienaktivitäten, die für die Erreichung der jeweiligen Organisationsziele notwendig sind, von Menschen mit einer entsprechenden Qualifikation wahrgenommen werden sowie sowohl die operativen Immobilienaufgaben als auch deren Management systematisch – effektiv und effizient – gestaltet und implementiert sind.[9]

Mit dieser Notwendigkeit, genauso wie mit ihrer Bedeutung als Arbeitgeber, ähneln Sozialunternehmen öffentlichen Betrieben, unterscheiden sich als nicht-öffentliches Unternehmen von diesen jedoch wiederum durch die größere Gestaltungsfreiheit in Bezug auf den rechtlichen Rahmen, Budgetierungs- und Rechnungslegungsmöglichkeiten, geringere Ausschreibungsreglementierungen, Vergütungsmöglichkeiten, etc. Ein weiterer Unterschied zu öffentlichen Unternehmen ist, dass ein großer Teil der Arbeit von Menschen im Ehrenamt, also freiwillig und unentgeltlich geleistet wird.

Im Vergleich zu typischen Non-Profit-Organisationen, die häufig ähnliche soziale Ziele und Zwecke verfolgen und überwiegend mit Ehrenamtlichen arbeiten, sind Sozialunternehmen meist größer und haben aufgrund ihrer Größe, ihres häufig langjährigen Bestehens und der vorgenannten Wettbewerbserfahrung in ihrem „Kerngeschäft" meist auch eine deutlich höhere Professionalität. Das sind wiederum gute Voraussetzungen für die Professionalisierung ihres Immobilienmanagements.

### 2.2 Auftraggeberstruktur und Mission/Auftrag des WeREM

Sozialunternehmen bzw. Unternehmen der „Sozialwirtschaft" zeichnen sich dadurch aus, dass ihre Zweckbestimmung auf der Lösung wichtiger sozialer Probleme wie Altenpflege, Kinder- und Jugendhilfe liegt, und ihre Shareholder auf Gewinnausschüttungen verzichten. Trotzdem handeln sie unternehmerisch „auf einem – wenn auch nur partiell wettbewerblichen – Markt, entwickeln neue Angebote und Produkte, verbessern stetig ihre Leistungserbringung und gehen im Interesse notleidender Menschen unternehmerische Risiken ein".[10]

Organisationsformen sind vor allem gemeinnützige Gesellschaften (gGmbH) oder gemeinnützige Vereine, häufig organisiert in Wohlfahrtsverbänden oder getragen von Stiftungen. Die Finanzierung erfolgt zum ganz überwiegenden Teil aus staatlichen Mitteln und den Sozialversicherungen, meist als Leistungsentgelte, teilweise auch als Zuschüsse, so dass die diesbezüglichen Regularien und deren Änderungen für die Einnahmenseite eine große Rolle spielen. „Preise" bieten nur bei nicht regulierten Angeboten Handlungsspielraum, allerdings kann in allen Bereichen mittels Leistungsqualität die Auslastung, also die Leistungsmenge maximiert werden. Bei definierter Leistungsquali-

---

[9] Kämpf-Dern, Kapitel II, Teil 1, „Immobilienmanagementlehren", S. 39ff.
[10] Leitlinien für die Unternehmen der Caritas, Entwurf, Stand 24.4.2008, http://www.caritas-ac.de/arbeitsbereiche/arbeit/Info-Arb-M-Politik-08-05-A2.pdf (Abruf am 11.9.2015).

tät liegen die größten Hebel in der Optimierung der Ausgabenseite, insbesondere bei den Sach- und Betriebskosten.

Auftrag bzw. Mission des WeREM sollte deshalb sein, das Sozialunternehmen so mit Immobilien bzw. nutzbaren Flächen zu versorgen, dass es seinen sozialen Auftrag erfüllen kann. Durch systematische Planung, Organisation, Steuerung und Kontrolle aller notwendigen Immobilienbeschaffungs-, Betriebs- und Verwertungsaktivitäten sowie Gestaltung, Entwicklung und Lenkung der notwendigen Strukturen und Systeme ist dabei das vorrangige Ziel, das Nutzen-Kosten-Verhältnis von Immobilien für das Sozialunternehmen zu maximieren.

In der Vergangenheit waren Neu-, Instandsetzungs- und Modernisierungsinvestitionen von Sozialunternehmen ganz oder teilweise öffentlich gefördert worden, so dass die Verantwortlichen solcher Unternehmen grundsätzlich mit dem öffentlichen Förderwesen sehr vertraut waren. Das heute notwendige markt- und wettbewerblich orientierte, konzeptionelle und stärker ökonomische Denken und Handeln, müssen sich viele Akteure – wenigstens in Bezug auf Immobilien – aber in weiten Teilen noch aneignen, um ihren veränderten Auftrag (bzw. dem unveränderten Auftrag in veränderten Rahmenbedingungen) auch künftig erfüllen zu können.

## 2.3 WeREM-Leitlinien

Sozialunternehmen[11] orientieren sich in ihrem Handeln in der Regel an religiösen, humanitären oder politischen Überzeugungen und verfolgen keine primär eigenwirtschaftliche Zwecke.

Wie ein übergeordneter, sozialer Zweck und unternehmerisches Handeln zusammengehen, ist in der Regel in Leitlinien festgehalten, die das gemeinsame Unternehmensverständnis beschreiben und Mitarbeitern und Mitgliedern Orientierung für ihre Arbeit geben. So sagen beispielsweise die Leitlinien für Unternehmen der Caritas: „Unternehmen der Caritas handeln verantwortlich auf dem Markt, wenn ihr Handeln den caritativen Auftrag des Unternehmens erfüllen hilft und die Wertorientierung des Unternehmens fördert. ... Die Marktorientierung darf jedoch nicht zu einer Überbetonung und Verselbständigung der ökonomischen Logik und ihrer Instrumente führen."[12]

Während die Leitlinien von Sozialunternehmen üblicherweise den Umgang untereinander, mit Mitarbeitern und den zu unterstützenden Menschen ansprechen, teilweise auch allgemein Transparenz oder das wirtschaftlich-unternehmerische Handeln zum Gegenstand machen, scheinen Ausführungen zum Umgang mit Immobilien, zumindest in öffentlich zugänglichen, übergeordneten Leitlinien noch eher rar zu sein. Dies überrascht angesichts der Bedeutung der physischen Umwelt für das Wohlbefinden und Wohlergehen von betreuten Menschen und Mitarbeitenden einerseits, und den begrenzten Mitteln andererseits, denn ohne Leitlinien kommt es zu Fragen und Entscheidungskonflikten: Wann und wofür sollen und dürfen Investitionen und Ausgaben für Immo-

---

11 Bekannte Beispiele sind Caritas, Diakonie, ZWST Zentralwohlfahrtsstelle der Juden in Deutschland, DRK Deutsches Rotes Kreuz, AWO Arbeiterwohlfahrt.
12 Leitlinien für die Unternehmen der Caritas, Entwurf, Stand 24.4.2008.

bilien getätigt werden, die nicht zwingend (z.B. wegen Bauvorschriften) sind? Wer bzw. welche Gremien sollten diese Entscheidungen treffen, und welche Maßstäbe sind hierfür anzusetzen? Gerade Leitlinien könnten durch diesbezügliche Aussagen wesentliche Grundlagen schaffen und allen Beteiligten Orientierung geben.

### 2.4 Strategische Ausrichtung und Zielformulierung des WeREM

Zwar ist in Sozialunternehmen das Bewusstsein der Bedeutung strategisch-konzeptioneller Ansatzpunkte insgesamt sehr gestiegen, insbesondere bei den Leitungsgremien der Träger auf Landes- und Bundesebene, und es werden auch Maßnahmen ergriffen, um hier zu fördern und zu unterstützen, in Bezug auf Immobilien ist dies aber noch nicht sehr ausgeprägt. Dies zeigt sich wie bereits dargestellt in fehlenden Leitlinien zum Immobilienumgang und entspricht der REM-Situation vieler privater Unternehmen genauso wie häufig der öffentlichen Hand. Noch schwächer ausgeprägt ist die immobilienstrategische Kompetenz – genauso wie bei den vorgenannten Akteursgruppen – auf der Ebene einzelner Einrichtungen und örtlicher Organisationen.

Folglich sind Elemente der strategischen Ausrichtung sowie die Formulierung strategischer Ziele des REM[13] häufig nicht, zumindest nicht explizit, vorhanden: Statt vorab definierter, abgestimmter Immobilienstrategien dominieren immer noch die „funktionserhaltende, technikorientierte Verwaltung der Immobilien" sowie „reaktive, auf einzelne Maßnahmen ausgerichtete ad hoc Entscheidungen" die Realität.[14] Dies kann den jeweils Verantwortlichen der Einrichtungen allerdings kaum angelastet werden, sondern ist – wie bei CREM und PREM – vor allem ein strukturell-organisatorisches Problem, das auf übergeordneten Ebenen anzugehen ist. Hierzu müsste eine Beschäftigung mit der Immobilienthematik, die Aufnahme von Immobilienthemen in die Leitlinien, deren Berücksichtigung bei der Entwicklung, Veränderung oder Ergänzung von Organisationsstrukturen und eine deutliche Verstärkung des Personals mit immobilienwirtschaftlicher Kompetenz erfolgen.

### 2.5 Organisation des WeREM

Sozialunternehmen sind häufig finanziell und inhaltlich weitgehend autonom agierende Einrichtungen, die dem unternehmerischen Ansatz entsprechende Leitungs- und Aufsichtsstrukturen, wie eine in der Regel hauptamtliche besetzte Geschäftsführung, aufweisen müssen, und auch hauptamtliche Mitarbeiter beschäftigen. Unterstützt werden sie in erheblichem Ausmaße von ehrenamtlich und freiwillig tätigen Mitarbeitenden, die als wesentliches Element der Identität von Sozialunternehmen gesehen werden. Durch die in der Regel geringe Unternehmensgröße, das breite Themenspektrum, für das die Leitung verantwortlich ist, und den Umstand, dass die hauptamtlich Beschäftigten entsprechend des Sozialzwecks ausgebildet und angestellt sind, ist es bei den meis-

---

[13] Dazu Kämpf-Dern, Annette, Kapitel II, Teil 1, Ziffer 2.4, Ausrichtung und Zielformulierung des REM, S. 72.
[14] Reiß-Fechter, Dagmar (2009): Immobilienmanagement in der Sozialwirtschaft (Welfare Real Estate Management - WeREM), ESWiD Evangelisches Siedlungswerk in Deutschland e.V.

ten Sozialunternehmen kaum möglich, auf Unternehmensebene ein professionelles Immobilienmanagement aufzubauen. Wie bei kleinen privaten oder öffentlichen Einheiten übernehmen in solchen Fällen die Unternehmensleitung, eine für den operativen Betrieb verantwortliche Bereichsleitung und/oder einzelne Mitarbeiter zusätzlich zu ihren Kernaufgaben die Bearbeitung der vielfältigen technischen, kaufmännischen und infrastrukturellen Immobilienfragen.

Anders als die meisten autonomen privaten Kleinunternehmen arbeiten Sozialunternehmen aber meist bereits bezüglich anderer Funktionen – u.a. Strategie und Kommunikation der Kernbereiche – in größeren bis großen Verbünden bzw. Verbänden zusammen. Dies bietet in Bezug auf das Immobilienmanagement verschiedene Chancen, die denen eines Großunternehmens mit dezentralen Standorten ähneln. So können beispielsweise mehrere Einrichtungen eines Trägers ihr operatives Management lokal oder regional in einer gemeinsamen Immobilien- bzw. Infrastruktur-Servicegesellschaft bündeln.[15] Dazu kann gegebenenfalls auch die Ausführung bestimmter handwerklich-technischer, kaufmännischer und infrastruktureller Services gehören.

Es gibt allerdings auch große und sehr große Sozialunternehmen mit mehreren hundert bis tausend Mitarbeitern, die in Teilen besonders komplexe Immobilien bewirtschaften. Diese haben grundsätzlich die Möglichkeit, die vorgenannte Aufgaben- und Verantwortungsbündelung, die bei den institutionellen Unternehmen der Immobilienwirtschaft in den letzten zehn bis fünfzehn Jahren zum Standard geworden ist, im eigenen Haus zu etablieren. Insofern können sie einerseits eine Vorreiterrolle übernehmen, andererseits aber gegebenenfalls sogar den Kern für unternehmensübergreifende Kooperationen bilden. Notwendig sind solche Bündelungen in jedem Fall, denn sie bringen vielfältige Vorteile in Bezug auf Personalkompetenz und -engagement, Leistungsqualität und Kosten, und sind durch die Digitalisierungsentwicklungen der letzten Jahre deutlich erleichtert.

Auch für eine Kompetenzentwicklung hinsichtlich strategisch-konzeptioneller Fragen auf Objekt- und Portfolioebene können die bereits vorhandenen Netzwerkstrukturen[16] genutzt werden. Darüber hinaus können die Netzwerke dem Austausch zu immobilienwirtschaftlichen Unternehmensführungsfragen oder dem Wissensaustausch und der Verzahnung von Ebenen und Akteuren dienen. Dafür sind grundsätzlich zwei Ansätze vorstellbar:
1. Entsprechend der Struktur der Verbünde und Verbände könnten auf regionaler oder Landesebene Organisationen eingerichtet werden, die strategisch-konzeptionelle Immobilien- und -managementkompetenz durch entsprechend qualifiziertes Personal bündeln. Insofern stehen den einzelnen Trägereinrichtungen bzw. den Verbandsbereichen für Einzelfragen, Projekte oder auch Daueraufgaben „strategische Immobilien-Berater und -Projektmanager", die auf Sozialunternehmen und deren

---

15 Zum möglichen Vorgehen vgl. Schäfers/Trübestein (2009): Immobilienmanagement in der Wirtschaft, in: Kirchliches Immobilienmanagement - Der Leitfaden, hrsg. von Dagmar Reiß-Fechter, Berlin 2009, S. 62.
16 Zu Strukturen, Prozessen und Zukunftsperspektiven der Wohlfahrtspflege in Bezug auf Innovation: Nock, Lukas, Krlev, Gorgi & Mildenberger, Georg: Soziale Innovationen in den Spitzenverbänden der Freien Wohlfahrtspflege – Strukturen, Prozesse und Zukunftsperspektiven, Berlin 2013, in: www.bagfw.de/veröffentlichungen.

Situation spezialisiert sind, zur Verfügung. Von der Idee her entspricht dies anderen spezialisierten „Professional Services", wie auf bestimmte Branchen oder Berufsgruppen fokussierte Steuerberatungsunternehmen oder Anwaltskanzleien. Im vorgeschlagenen Modell wären es allerdings ebenfalls gemeinnützige Unternehmern, die nach Bedarf involviert werden. Allerdings weisen sie im Gegensatz zu freien Beratern, Projekt- oder Interimsmanagern nicht nur eine generische Fachkompetenz auf, sondern sind – was für professionelle Dienstleistungen essenziell ist – mit der jeweils spezifischen Mission und den Zieldimensionen des Sozialunternehmens oder der Verbandseinheit und den verschiedenen Stakeholdergruppen, deren Charakteristika und Strukturen, vertraut.[17] Genau wie andere Einrichtungen oder Verbände, können die „Immobilienberatungs-Einheiten für Sozialunternehmen" darüber hinaus regions- bzw. verbandsübergreifend zusammenarbeiten und ihre spezifischen Fragestellungen gemeinsam im Netzwerk weiter entwickeln, damit zudem systematisch und effektiv Optimierungs- und Innovationsimpulse setzen oder die Prozessoptimierung vorantreiben. Dabei können strategisch-inhaltliche Themen genauso Gegenstand sein wie infrastrukturell-technische, so zum Beispiel die (Weiter-)Entwicklung und Bereitstellung der für ein professionelles Immobilienmanagement benötigten IT- und Kommunikationsstruktur.

2. Alternativ oder ergänzend könnte eine Einrichtung mit deutlich weniger hauptamtlichem Personal das Organisationsmodell der Sozialunternehmen spiegeln, und lediglich die, für die o.g. Aufgaben notwendigen, wesentlichen Rahmenbedingungen bereitstellen. Mittels einer kleinen, hauptamtlich tätigen Organisation könnten ehrenamtlich tätige Profis der Immobilienwirtschaft gewonnen und integriert werden, die sich mit den sozialen Zwecken und Überzeugungen der Sozialunternehmen identifizieren, und für die – entsprechend ihrer jeweiligen Kompetenz und Neigungen – in Projekten und Expertenkreisen ein Betätigungsfeld geschaffen wird.[18] Neben der Erhöhung der Professionalisierung der Sozialunternehmen zu immobilienwirtschaftlichen Themen kann durch eine solche Verknüpfung von freier und Sozialwirtschaft ein weiterer positiver Effekt erwartet werden, eine Art „Haltungsübertragung" von Sozialunternehmen auf freie Unternehmen der Immobilienwirtschaft und deren Leistungsangebote und Prozesse. Menschen und ihre Bedürfnisse als Nutzer von Immobilien besser zu kennen und in den Mittelpunkt zu stellen, davon würden nach heutigen Erkenntnissen alle Akteure der Immobilienwirtschaft profitieren.

Eine bereits vorhandene Voraussetzung für ein professionelles WeREM ist die gelebte – oder zumindest explizit angestrebte – Kultur von Miteinander, Partizipation und Trans-

---

17 Beispiele aus der Wirtschaft sind Genossenschafts- oder Ärzte- und Apothekerbanken, im Bereich der evangelischen Kirche das ESWiD, oder auch die kirchlichen Kreditinstitute wie die „Bank für Kirche und Caritas" oder die „Bank für Kirche und Diakonie eG – KD-Bank".

18 Ein operatives Beispiel für eine solche Plattform ist u.a. die gGmbH „Business@School" der Boston Consulting Group, die mit einer kleinen internen Struktur mehreren Hundert hochqualifizierten BCG- und Kundenmitarbeitern und -führungskräften in Ein-Jahres-Projekten dauerhaft die Möglichkeit geschaffen hat, sich in ihrem Kompetenzfeld, dem strategischen Management, gemeinnützig zu engagieren, und damit jedes Jahr sehr wirkungsvoll fast 2000 SchülerInnen erreicht und qualifiziert.

parenz von Sozialunternehmen[19], die in anderen Kontexten häufig erst eingeführt werden muss.

In der Zusammenschau bestehen in Bezug auf die Organisation eines professionellen REM bei Wohlfahrtsunternehmen zwar erhebliche Herausforderungen, allerdings auch sehr gute Aufsatz- bzw. Ansatzpunkte.

## 2.6 Controlling

Wie beschrieben sind die Aufgaben und Verantwortlichkeiten zu Immobilienfragen in Sozialunternehmen meist stark zersplittert und strategisch-konzeptionelle Prozesse schwach ausgeprägt; entsprechend mangelt es in weiten Teilen an den für ein aktives Controlling und Risikomanagement notwendigen Grundinformationen und Zielfestlegungen, Analysemethoden und Steuerungskompetenzen. Für Immobilien, die auch bei Sozialunternehmen wichtigste Vermögensposition, fehlen somit häufig angemessene Leitungs- und Aufsichtsstrukturen, genauso wie ein adäquates Immobilien-Risikomanagement. Gelöst werden kann dies vermutlich ebenfalls nicht anders als in Kooperation mit vergleichbaren Unternehmen, d.h. durch Bündelung von Immobilienaufgaben in spezialisierten Immobilieneinheiten. Zusätzlich zu den bereits angesprochenen Qualifikations- und Effizienzvorteilen solcher Kooperationen erhöht eine Bündelung auch in jeder Beziehung die Transparenz, außerdem die Steuerungsmöglichkeiten.

Durch die Herauslösung von Immobilienaktivitäten aus den einzelnen Unternehmen, deren Rechnungswesenstrukturen häufig eine sachgerechte Zuordnung von Kosten und Leistungen nicht ermöglichen, werden Ansatzpunkte zur Optimierung erkannt[20], die sonst nicht sichtbar wären. Wenn zudem über sachgerechte Verrechnungspreise den nutzenden Unternehmen die von ihnen verursachten Kosten in Rechnung gestellt werden, gehen diese mit den ihnen zur Verfügung gestellten Ressourcen – hier vor allem „Immobilienfläche", „Energie" und „immobilienbezogene Dienstleistungen" – deutlich sorgsamer um, als wenn es sich um unspezifische „Sowieso-da"-Situationen handelt. Erkannte Potenziale und gemeinsam entwickelte Maßnahmen können zudem mit den Verantwortlichen durch Zielvereinbarungen gezielter und sicherer umgesetzt werden als vage Verbesserungsanstrengungen im Fall nicht verfügbarer, spezifischer Informationen.

Ein gutes Beispiel für einen Bündelungsprozess mit allen Konsequenzen ist die Gründung des Bau- und Liegenschaftsbetriebs BLB NRW, bei dem alle Bau- und Liegenschaftsämter des Landes NRW in einen Betrieb mit regionalen Standorten zusammengefasst, die vermögensrechtlichen Strukturen des Immobilieneigentums aber nicht verändert wurden. Für alle Liegenschaften der Landesgesellschaften und -betriebe – von Verwaltungsbauten über Hochschulen bis zu Strafvollzugsanstalten – liegen operative

---

19 „Unternehmensführung und alle ... Mitarbeitenden handeln aus einem gemeinsamen christlichen und kirchlichen Auftrag. Diese Dienstgemeinschaft wird dann lebendig, wenn sie von gegenseitigem Respekt, Vertrauen, Achtsamkeit und wechselseitiger Solidar- und Lernbereitschaft sowie von Partizipation und Transparenz getragen ist." Aus den Leitlinien für die Unternehmen der Caritas, Entwurf, Stand 24.4.2008, (Link ergänzen), (Abruf am 11.9.2015).
20 Z.B. durch direkte Vergleichsbetrachtungen bzw. branchenspezifische Erfahrungswerte („Benchmarking").

und strategische Planungs-, Bau- und Betriebsverantwortung beim BLB. Ein wesentlicher und gleichzeitig langwieriger Prozess auf dem Weg zu einem professionellen Immobilienmanagement (PREM) war und ist die einheitliche Erfassung aller relevanten Daten, jedoch bietet diese Datenbasis, gerade wegen der spezifischen Art von Immobilien, die hier gebündelt sind, eine einmalige Grundlage für aktuelle und künftige Planungen und die Hebung von Potenzialen. Impulse aus der freien Immobilienwirtschaft werden ganz aktuell dadurch verstärkt eingefangen, dass der bisher eher nutzermäßig besetzte Verwaltungsrat deutlich verschlankt und mit externer Expertise ausgestattet wurde, der auf dem weiteren Weg zur professionellen Organisation vor allem Beratungsfunktion hat und bei strategisch wichtigen Entscheidungen einzubinden ist. So werden neben der aktiven Begleitung der kürzlich verabschiedeten strategischen Neuausrichtung u.a. Planungs- und Kalkulationsgrundlagen, die Berechnung von Nutzungsentgelten sowie Vorhandensein und Verwendung von Risikokennzahlen hinterfragt und weiter entwickelt, klassische Controllingthemen, die auch für ein professionelles WeREM unerlässlich sind.

## 3. Bausteine und Organisation des REM bei kirchlichen öffentlich-rechtlichen Körperschaften / Ecclesiastic Real Estate Management (EREM)

Kirchen, oder genauer, Kirchengemeinden, Kirchenkreise und Landeskirchen, Dekanate, Pfarrverbände, Pfarreien, Erzbistümer und Bistümer gehören seit Jahrhunderten zu den großen Immobilieneigentümern, und Immobilien bilden genauso lange den wesentlichen Kern kirchlichen Vermögens. Kirchliche Immobilien sind allerdings in jeder Dimension – Zweck, Nutzungsart, Lage, Alter und Zustand sowie Eigentumsverhältnis – maximal heterogen. Diese Heterogenität erschwert es, Managementkonzepte für kirchliche Immobilien zu entwickeln, denn das Ziel von Managementkonzepten ist es, für „typische" Situationen – die bei kirchlichen Immobilien kaum gegeben sind – effektive Handlungsempfehlungen bereit zu stellen, oder zumindest strukturiert Handlungsalternativen und Auswahlkriterien sowie -verfahren anbieten zu können. Insofern überrascht es nicht, dass – ähnlich anderer institutioneller Managementansätze wie dem CREM oder PREM – erst seit weniger als zehn Jahren sichtbar derartige Versuche unternommen werden. So stammen erste Veröffentlichungen zu einem „Ecclesiastic Real Estate Management/EREM"[21] bzw. zu einem „Immobilienmanagement in Nonprofit-Organisationen ... mit Schwerpunkt auf kirchlichen und sozialen Organisationen"[22] aus den Jahren 2008-2010.

### 3.1 Kontext und Auftraggeberstruktur

In diesem Beitrag sollen die Kirchengemeinden, Kirchenkreise und Landeskirchen betrachtet werden, die staatskirchenrechtliche Körperschaften des öffentlichen Rechts

---

21 Lieth, Jörn von der (2008): Ecclesiastic Real Estate Management. Ein strategisches Managementkonzept für kirchliche Organisationen mit Immobilienbesitz, in: KVI im Dialog, Heft 5/2008 S. 44-47, Troisdorf.
22 Heller, Uwe (2010): Immobilienmanagement in Non-Profit-Organisationen, Gabler, Wiesbaden.

## 2. Implementierung eines professionellen REM

sind. Die Rechtsform ist wichtig, weil sie mit wesentlichen, sich auf das REM auswirkenden Privilegien verbunden ist,[23] insbesondere werden maßgeblich durch die Kirchensteuer die Einnahmen der verfassten Kirche bestimmt. Allerdings sind Kirchensteuerhöhe und -zuordnung, durch die Ableitung vom konjunkturell schwankenden Steuereinkommen der Mitglieder, von den einzelnen Kirchengemeinden nur mäßig beeinflussbar. Dazu kommen die aus verschiedenen Gründen sinkenden Mitgliederzahlen. Kirchen müssen, um langfristig und planbar ihrem Auftrag nachgehen und ihre damit zusammenhängenden Ausgaben decken zu können, deshalb ihre Grundfinanzierung möglichst um weitere, stabile Einnahmequellen ergänzen. Hierfür eignen sich Immobilien als Kapitalanlagen, allerdings nur dann, wenn sie tatsächlich Überschüsse abwerfen, was zunehmend ein professionelles Management erfordert. Zur Auftragserfüllung benötigen Kirchen weiterhin – genauso wie Unternehmen und Betriebe – geeignete Räumlichkeiten unterschiedlichster Art, deren Kosten zu minimieren sind.

Die sich hieraus ergebende Portfoliostruktur ist extrem heterogen: Der überwiegende Teil besteht, historisch bedingt, aus landwirtschaftlich genutzten Flächen und Wald.[24] Bebaute Flächen weisen angesichts der unterschiedlichen Zwecke, die mit ihnen verbunden werden, eine sehr große Nutzungsvielfalt auf.

Von der Lieth[25] teilt kirchliche Immobilien entsprechend in folgende Klassen ein:
1. Immobilien zur unmittelbaren Auftragserfüllung wie Kirchengebäude, Friedhofskapellen
2. Immobilien zur mittelbaren Auftragserfüllung, u.a.
   a) Pfarrwohnungen, Gemeindezentren, Gemeindehäuser
   b) Schulen, Krankenhäuser, Betreuungseinrichtungen, Freizeit-/Erholungsheime, Hotels
3. Immobilien des Kirchenfinanzvermögens, wie Wohn- und Gewerbeimmobilien, Land- und Forstwirtschaft, Erbbaurechte

Abgesehen von Mittelherkunft und extremer Heterogenität der Immobilien unterscheidet sich Kirche von anderen Institutionen zudem dadurch, dass die Eigentümer-Organisationen (überwiegend Kirchengemeinden) hinsichtlich ihrer Beschäftigtenanzahl im Durchschnitt noch sehr viel kleiner sind als Sozialunternehmen, der relative Anteil von Ehrenamtlichen dabei sehr viel höher. Ebenfalls gibt es, im Gegensatz zu Sozialunternehmen, in Kirchengemeinden keine wirtschaftlich ausgebildete, hauptamtliche Leitung. Wirtschaftliche Kompetenz wird vor allem durch Mitglieder des Kirchenvorstands/Kirchenrats eingebracht, die inhaltliche Leitung erfolgt durch den/die Pfarrer.

---

23 Öffentlich-rechtlich sind üblicherweise Körperschaften, die eine „öffentliche Aufgabe" wahrnehmen. Kirchen sind dabei aber kein Teil der öffentlichen Verwaltung oder der öffentlichen Gewalt und auch ist dem Staat die Rechtsaufsicht verwehrt. Aus Sicht des Immobilienmanagements relevante Privilegien sind die folgenden: Besteuerungsrecht (Kirchensteuererhebung), Dienstherrenfähigkeit (Begründung von Arbeitsverhältnissen, die nicht dem Arbeits- und Sozialversicherungsrecht unterliegen, sowie einschränkbare Anwendung des Antidiskriminierungsgesetzes), Organisationsgewalt (Bildung, Änderung und Aufhebung öffentlich-rechtlicher Untergliederungen), Öffentliches Sachenrecht (Belastung mit öffentlich-rechtlichen Dienstbarkeiten), Insolvenzunfähigkeit.
24 Wegen Quellen für die statistischen Daten, vgl. Heller, S. 111.
25 Lieth, Jörn von der (2009): Immobilienmanagement in der Kirche, in: Reiß-Fechter, Dagmar (2009): Kirchliches Immobilienmanagement – Der Leitfaden, ESWiD, S. 91.

Und die periodischen Wechsel der Genannten bzw. ihrer Zusammensetzung erschweren einen systematischen Wissensaufbau sowie ein kontinuierliches Management, auch und gerade von komplexen und langlebigen Immobilien.

Zu erwähnen sind zudem noch die zwei bis drei Rechtsträgerebenen, nach denen Mitentscheidungs- und Aufsichtsrechte selbst bei Immobilieneigentum auf Kirchengemeindeebene auch bei Mittelinstanzen bzw. Bistümern/Landeskirchen liegen. Zudem sind teilweise auch Stiftungsgeber sowie Verwendungsbindungen durch Stiftungs- und Fondszwecke[26] u.ä. zu berücksichtigen.

Die vorgenannten Besonderheiten von Kontextfaktoren und Auftraggeberstruktur bei Kirchen (verschiedene Zwecke, geographische Streuung und Heterogenität, überwiegendes Management durch Ehrenamtliche sowie Vielzahl von zu berücksichtigenden Stakeholdern) stellen hinsichtlich eines professionellen Immobilienmanagements besondere Herausforderungen dar, die durch eine spezifische Ausgestaltung der Bausteine adressiert werden müssen.

### 3.2 Inhalte und Auftrag des EREM, Leitlinien und strategische Ausrichtung

Angesichts der vorgenannten Zwecke, die Immobilien der Kirche erfüllen,
- zum einen, als *Ressourcen*, die in die direkte oder indirekte Auftragserfüllung eingehen (ähnlich der beschriebenen Situation bei Sozialunternehmen),
- zum anderen, als *Vermögensgegenstände*, die die Finanzmittelausstattung verbessern bzw. sichern sollen,

stellt sich die Frage, ob ein „Ecclesiastic Real Estate Management" sich nur auf die spezifischen Immobilien zur direkten, ggf. auch indirekten, Auftragserfüllung bezieht, oder als konzeptionelle Gesamtsicht noch übergeordneter zu verstehen ist, somit das Management aller Immobilien der Institution Kirche, unabhängig von deren Zweck, umfassen soll. Im Kontext von Corporates, wo sich dieselbe Frage stellt, wird zwischen dem CREM in engeren Sinne = i.e.S. (bezieht sich auf das Management von betriebsnotwendigen Immobilien als Ressource für das Kerngeschäft) und CREM im weiteren Sinne = i.w.S. (alle Immobilien in Besitz und Eigentum des Unternehmens) unterschieden. Entsprechendes wird auch für das EREM vorgeschlagen, wobei nachfolgend vor allem auf die Besonderheiten und Herausforderungen eines EREM i.w.S. eingegangen werden soll, da ein EREM i.e.S. in weiten Teilen mit einem spezifischen WeREM vergleichbar ist.

Hieraus abgeleitet könnte ein EREM i.w.S. wie folgt „beauftragt" werden: Das EREM i.w.S. soll die Kirche, respektive ihre Gemeinden, Mittel- und Landesorganisationen, so mit Immobilien bzw. nutzbaren Flächen versorgen, dass diese ihren kirchlichen Auftrag bestmöglich erfüllen kann. Aufgaben und Ziele eines EREM i.w.S. sind prinzipiell dieselben wie beim WEREM, wobei hier nicht nur das Nutzen-Kosten-Verhältnis von Immobilien für die unmittelbare und mittelbare Auftragserfüllung der Kirche zu maximieren ist; darüber hinaus sollen zur Finanzierung der kirchlichen Auf-

---

26  Z.B. Kapellenfonds, Armenfonds, usw.

tragserfüllung die Kapitalerträge aus Immobilien des Kirchenfinanzvermögens maximiert werden.

Anders als beim WeREM sind bei einem solchen, zweigliedrigen Auftrag Zielkonflikte vorprogrammiert, es sei denn, es ist festgelegt, in welche Kategorie die verschiedenen Immobilien gehören. Dies mag in vielen Fällen klar sein, problematisch sind Mischungen oder Veränderungen. Beispiele sind die Pfarrwohnung in einer dem Immobilienfinanzvermögen zuzuordnenden Wohnanlage oder die Verwertungsentscheidung über ein nicht mehr für den Gottesdienst oder anderweitig für die Auftragserfüllung benötigtes Kirchengebäude.

Kirchliche Organisationen müssen insofern möglichst bereits zur Formulierung der EREM-Mission bzw. als Voraussetzung für ein professionelles EREM, ein klares Bild über ihre künftige Organisationsausrichtung und die hierfür benötigten Flächen und Finanzmittel haben. Zum Start des strategischen EREM-Prozesses sind somit Informationen über die Veränderung von Pfarrstellen, die Entwicklung und Zusammensetzung der Mitglieder und deren Bedürfnisse, daraus abgeleitet erwartete Einnahmen, übergeordnete Handlungsstrategien und damit verbundene Aktivitäten und Flächenbedarfe unabdingbar[27], um für das EREM überhaupt immobilienbezogene Ziele und strategische Optionen ausarbeiten zu können.[28] Gerade, wenn eine EREM-Organisation erst im Aufbau ist, d.h. Personalkapazitäten begrenzt sind, ist eine Prioritätenfestlegung notwendig und fällt, je nach Situation der kirchlichen Einheit sehr unterschiedlich aus. Inhaltlich kann sich z.B. die Frage stellen, ob eine Kostensenkung bei den eigengenutzten Immobilien oder die Identifikation von Ertragssteigerungsmöglichkeiten im Kirchenfinanzvermögen Priorität haben sollte. Die Antworten hängen von situativen Faktoren wie Stadt- oder Landgemeinde, Mitgliederschwund oder -wachstum, aktivitätsmäßige (Neu-)Ausrichtung u.ä. ab.

Stehen diese grundsätzlichen, übergeordneten Festlegungen fest und wurden dabei auch immobilienbezogene Leitlinien formuliert und verabschiedet, können die strategischen Ausrichtungen, Immobilienstrategien und Immobilienziele, aufbauend auf den Konzepten, Erkenntnissen und Erfahrungen spezifizierter Immobilienmanagementlehren abgeleitet werden.

- Für die Immobilien zur Auftragserfüllung ist dies vor allem das WeREM, bzw. eine anzupassende Mischung aus CREM i.e.S. und PREM.
- Für die Immobilien des Kirchenfinanzvermögens kann das EREM auf den Prinzipien des Investment REM aufgesetzt werden,

wobei jeweils die kirchlich-spezifischen Rahmenbedingungen wie Gegenstandsbindungen der Immobilien, zu berücksichtigen sind[29].

Ansonsten gilt hinsichtlich Leitlinien und strategischer Ausrichtung, was bereits im Kontext des WeREM formuliert worden war: Beides ist dringend notwendig, ganz überwiegend aber noch nicht vorhanden und angesichts der organisatorischen Rahmen-

---

27 Kämpf-Dern, Annette, Kapitel II, Teil 1, Ziffer 2.6, Controlling, S. 79.
28 Häufig wird dies in einem iterativen Prozess mit entsprechendem Informationsabgleich von Bedarf und Bestand erfolgen müssen.
29 U.a. aufgrund von Stiftungen oder anderen Widmungen bzw. kirchenrechtlichen Bestimmungen.

bedingungen von sozialen Unternehmen und kirchlichen Körperschaften auch nicht ganz einfach zu erreichen.

### 3.3 Organisation und Controlling des EREM

Die organisatorischen Voraussetzungen zur Etablierung und Entwicklung eines professionellen Immobilienmanagements bei Kirchen sind in etwa vergleichbar mit denen von Sozialunternehmen, in Teilen sogar noch schwieriger, wie bereits unter Ziffer 3.1 Kontext und Auftraggeberstruktur angesprochen. Erleichternd kann sich allerdings auswirken, dass kirchliche Einrichtungen als Teile von Landeskirchen/Bistümern strukturell stärker miteinander verzahnt sind als Sozialunternehmen in ihren Verbändestrukturen. Insofern sind gemeinsame Anstrengungen und Bündelungsstrategien einfacher zu entwickeln und umzusetzen. Ein bekanntes, diesbezügliches Beispiel ist die Erzdiözese Freiburg, in der 1.136 Pfarrpfründestiftungen in eine zentrale Stiftung überführt und auf diese Weise die jeweiligen Ortspfarrer, deren Besoldungen die Pfarrpfründestiftungen sicher stellten, von Verwaltungsaufgaben entlastet wurden; darüber hinaus erfolgt hierdurch eine effizientere Bewirtschaftung des Grundbesitzes.[30]

Mindestens für Immobilien des Kirchenfinanzvermögens kann eine umfassende strategische und operative Bündelung, wie unter Ziffer 2.5 Organisation des WeREM vorgeschlagen, eine Lösung sein, aber auch für den operativen Betrieb der kirchlichen Immobilien zur Auftragserfüllung. In jedem Fall bedarf es der übergeordneten Unterstützung bei der Einrichtung von Immobilien-IT- und Controllingsystemen, die mit den sonstigen kirchlichen Informationssystemen verbunden sind, um die Erfassung und den Austausch der sich gegenseitig bedingenden Informationsarten technisch zu ermöglichen, inhaltlich vergleichbar und aggregierbar zu machen und auch personell-kapazitätsmäßig zu bewältigen.

Hinsichtlich der benötigten strategisch-konzeptionellen Kompetenzen und Ausrichtung in Bezug auf Immobilien kann eine Kompetenzgruppe auf der Ebene von Kirchenkreisen/Landeskirchen oder Diözesen, die die kirchlichen Einheiten, insbesondere Mitglieder von Kirchenvorständen/-räten berät und schult und die Gemeinden dabei unterstützt, entsprechende ehrenamtlich tätige Experten zu gewinnen, ein effektiver Ansatzpunkt sein.

Eine solche Kompetenzgruppe kann auch notwendige Grundlagenarbeit bzw. deren gemeinden- und länderübergreifende Koordination zu Systemen und Inhalten übernehmen. Dies könnte z.B. die Zusammenstellung der für ein professionelles Management allgemein oder spezifisch zu berücksichtigenden kirchlichen, technischen, standort- und nutzungsbezogenen und wirtschaftlichen Informationsarten[31] und Kenngrößen betreffen. Auch die Sammlung von Bewertungskriterien und -verfahren zur Auswahl strategi-

---

30 Von 2002 auf 2005 konnten die Erträge aus der Stiftung sukzessive von 6,1 Millionen auf über 7 Millionen gesteigert werden, vgl. Heller, Uwe (2010), S. 117.
31 Lieth, Jörn von der (2009), S. 90 und 100, wo drei zu erfassende Hauptdimensionen genannt werden: Immobiliendimension, u.a. Gebäudezustand und Eignung der Immobilie für die gedachte Nutzung; Standortdimension, d.h. wirtschaftliche, politische und rechtliche Rahmenbedingungen, demografische und sozialökonomische Faktoren, Immobilienangebot und –nachfrage, Preisniveau, Mikrostandortfaktoren; wirtschaftliche Dimension: u.a. Erträge und Einnahmen Miethöhe, Leerstand.

scher Optionen oder zur Allokation knapper Ressourcen wäre eine wichtige Unterstützung. Diese können dann zur Abstimmung gestellt bzw. stufenweise in Systeme und Prozesse eingebracht werden. Insofern könnte eine solche Einheit gerade die Kirchengemeinden, aber insgesamt die ganze Landesorganisation, beim Aufbau effektiver und dringend benötigter immobilienbezogener Controllingsysteme unterstützen sowie strategische und operative Controllingarbeit abnehmen bzw. maßgeblich erleichtern.

## 4. Implementierung eines professionellen REM – von der Strategie zum gewünschten Ergebnis

In Kapitel II, Teil 1 „Immobilienmanagementlehren", Ziffer 1.3.2 „Immobilienmanagementebenen", wurde die Strukturierung der Immobilienmanagementprozesse auf verschiedenen Ebenen dargestellt. Für die Implementierung eines professionellen REM ist es hierauf aufbauend grundlegend, sich bewusst zu sein,
- welche Aufgaben und Prozesse grundsätzlich und in der individuellen Situation wahrzunehmen sind,

um darauf aufbauend festzulegen,
- wie und institutionell wo Aufgabenpakete gebündelt, verantwortet und durchgeführt,
- welchen Personen(kreisen) mit welchen Qualifikationen und Kompetenzen diese Aufgabenbündel zugeordnet sowie
- wie die Prozesse ausgestaltet, gesteuert und kontrolliert

werden. Diese Festlegungen konkretisieren somit die Organisation, d.h. Aufbau und Ablauf des REM. Dessen professionelle Implementierung bzw. die Professionalisierung einer gegebenenfalls schon bestehenden Organisation bedarf diesbezüglich eines Konzeptes und darüber hinaus einer Umsetzungsplanung.

Beide Aspekte, die grundsätzlich wahrzunehmenden REM-Aufgaben und -Prozesse sowie die Ansatzpunkte, diese in den verschiedenen Organisationen bzw. Organisationseinheiten von Sozialwirtschaft und Kirche aufzubauen bzw. zu professionalisieren, werden nachfolgend für das WeREM und das EREM in ihren Grundzügen dargestellt.

### 4.1 REM-Aufgaben und -Prozesse bei gemeinnützigen Organisationen und öffentlich-rechtlichen Körperschaften

Immobilienmanagement besteht aus Aufgaben des
1. Real Estate Investment Management (REIM) = Normatives Management
2. Real Estate Portfolio Management (REPM) = Strategisches Portfolio Management
3. Real Estate Asset Management (REAM) = Strategisches Objekt Management
4. Property Management (PrM) und Operative Real Estate Facility Management (REFM) = Operatives Objekt Management

Auf allen diesen funktionalen (nicht institutionellen) Ebenen gibt es spezifische Analyse-, Planungs-, Steuerungs- und Kontrollaufgaben[32], die grundsätzlich – explizit oder implizit – sämtlich wahrzunehmen sind. Ob sie formalisiert und institutionalisiert sind oder welchen Umfang und welche Ausgestaltung sie haben, hängt sowohl von den grundsätzlichen Zielen – z.B. eher return- oder eher nutzen-orientiert – als auch von der Aufgabe/Mission der Organisation ab.

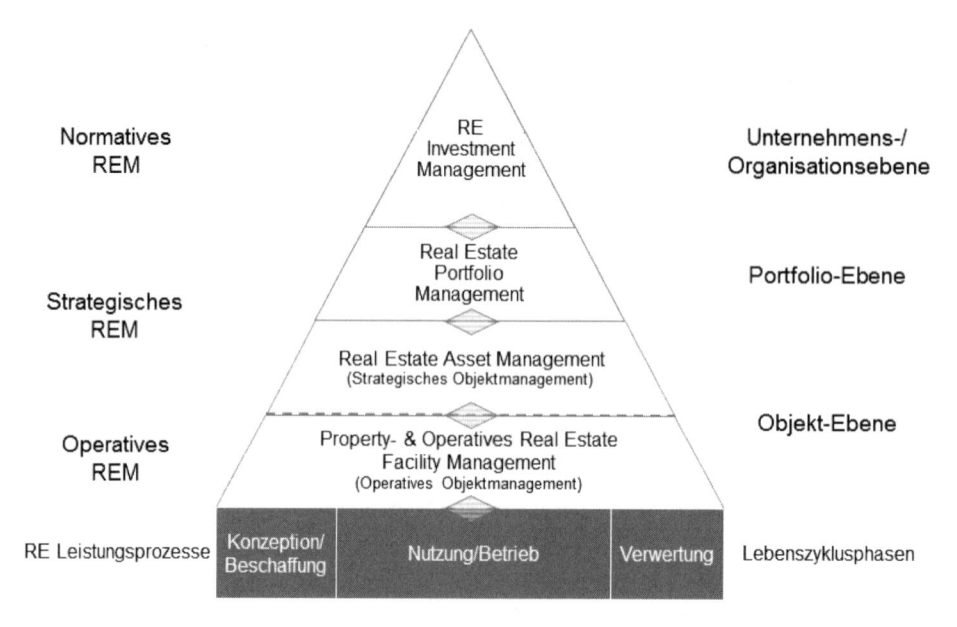

*Abbildung 1: Immobilienmanagementebenen und -bezeichnungen*[33]

### 4.1.1 REIM Real Estate Investment Management

Auf der REIM-Ebene werden für das WeREM und das EREM die übergeordneten immobilienbezogenen Ziele der Organisation definiert:
- Zu welchem Zweck benötigt die Organisation überhaupt Immobilien?
- Was sind wesentliche Kriterien für deren Beschaffung oder Verwertung?
- Welche Leitlinien in Bezug auf (Des-)Investment- und Finanzierungsentscheidungen, übergeordnete Mittelverteilung/-verwendung, Struktur und Umfang der Immobilienaktivitäten (Organisationsaufbau, eigene Leistungstiefe, Auswahl wichtiger Partner und Dienstleister) sind unbedingt zu berücksichtigen?

---

32 Für Details vgl. Kämpf-Dern (2009): Managementebenen und Aufgaben des Immobilienmanagements. Definition und Leistungen des return- und nutzungsorientierten Immobilienmanagements. In: Andreas Pfnür (Hrsg.), Arbeitspapiere zur immobilienwirtschaftlichen Forschung und Praxis, Band Nr. 1, http://www.real-estate.bwl.tu-darmstadt.de/media/bwl9/dateien/arbeitspapiere/arbeitspapier_15.pdf.

33 Eigene Darstellung in Anlehnung an Kämpf-Dern (2010): Organisation des Immobilienmanagements als Professional Service, Immobilien Manager Verlag IMV, S 20. Vgl. hierzu auch die Ausführungen des vorangehenden Teils I.

Diese normativen Fragen werden üblicherweise auf oberster Ebene einer Organisation diskutiert und festgelegt, d.h. bei Organisationen der Sozialwirtschaft auf Betriebs- oder Geschäftsleitungsebene, bei kirchlichen im Kirchenvorstand/Kirchenrat oder auf Kreis- oder Landesebene. Grundlage hierfür ist der Abgleich der strategischen Planungen der Organisation mit ihren vorhandenen Immobilienbeständen einerseits, und mit den jeweiligen aktuellen und zu erwartenden Immobilienmarktentwicklungen.

Für einen solchen Abgleich bedarf es der Existenz der vorgenannten Pläne und Informationen sowie der Kompetenz, diese in ihrer Wechselwirkung zu analysieren und Schlussfolgerungen zu ziehen, sowie die entsprechenden Entscheidungen vorzubereiten und zu treffen. Dabei sind zudem rechtliche und steuerliche Implikationen zu berücksichtigen.

Da in Sozialwirtschaft und Kirche die Leitungsorgane in der Regel nicht über das spezifische Wissen bzw. diese Kompetenzen verfügen, ist eine ihrer wesentlichen Aufgaben, kompetente Berater zu identifizieren und zu steuern, wobei eine Herausforderung ist, dass es gerade für die betrachteten Spezialgebiete, insbesondere aber für die Verknüpfung von Informationen, noch wenig bis kein Marktangebot gibt. Somit muss die Unterstützung häufig zunächst innerhalb der Verbände und Kreise/Länder geschaffen werden. Entsprechende Möglichkeiten wurden unter 2.5 skizziert.

Gemeinsam mit einer internen oder externen fachlichen Unterstützung muss dann im Rahmen der strategischen Gesamtplanung bzw. deren Überprüfung und Aktualisierung geklärt werden, welche Beschaffungsstrategien – eigene Projektentwicklung, Ankauf oder Anmietung – für die Organisation grundsätzlich in Frage kommen. Gerade in Sozialwirtschaft und Kirche ist es angesichts der benötigten Spezialimmobilien häufig unvermeidbar, Flächen selbst zu entwickeln. Dann ist gleichzeitig zu überlegen, welche Möglichkeiten die Organisation nutzen kann und muss, die hierfür notwendigen Projektentwicklungskompetenzen bereit zu stellen, da diese in der Regel ebenfalls nicht vorhanden sind.[34] Für Immobilien des Kirchenfinanzvermögens könnte demgegenüber festgelegt werden, dass solche ausschließlich durch Ankauf beschafft werden, um die Risiken zu minimieren. In diesem Kontext sind auch grundsätzliche Risiko-Rendite-Überlegungen und Festlegungen zu treffen.

Steuerungs- und Controllingaufgaben auf der Ebene des REIM beziehen sich dann sowohl auf die Leistungen der funktional nachfolgenden Ebenen, die intern oder extern erbracht werden können, das immobilienbezogene Liquiditätsmanagement, als auch auf das Monitoring der Immobilienperformance, d.h. dem tatsächlichen Erreichen der Immobilienziele. Auch hierfür ist das Vorhandensein immobilienbezogener Informationen eine zentrale Voraussetzung.[35]

---

[34] Für vertiefende Ausführungen hierzu Kämpf-Dern, Annette, Kapitel VII, Teil 1, Projektentwicklung, S. 329ff.
[35] Siehe vertiefend Kapitel III, Analyse und Bewertung des Immobilienbestandes, S. 109ff.

### 4.1.2 REPM Real Estate Portfolio Management

Das Portfolio Management spielt in Sozialwirtschaft und Kirche überwiegend eine geringere Rolle, insbesondere auf der Ebene der Betriebe und Gemeinden, da hier meist nur eine bis wenige Immobilien vorhanden sind und Immobilienentscheidungen meist von der unmittelbaren und mittelbaren Auftragserfüllung abhängen. So ist beispielsweise die Standortfrage selten disponibel. Etwas anders sieht das aus bei Immobilien des Kirchenfinanzvermögens und bei größeren Immobilienbeständen. In diesen Fällen hat die durch das REPM betrachtete Frage nach dem „Aufbau bzw. Erhalt von Erfolgspotenzialen durch eine systematische Portfoliostrukturierung"[36] eine höhere Bedeutung.

Einige Aufgaben, die funktional der Ebene des REPM zugeordnet werden, sind aber in jedem Fall wahrzunehmen. Dazu gehören alle strategisch ausgerichteten, immobilienzusammenfassenden bzw. immobilienübergreifenden Investitions- und Finanzierungsbetrachtungen, das Cash Flow Modeling und eine organisationsbezogene Szenarienbetrachtung, außerdem die Allokation von Ressourcen auf Immobilien und bei mehr als einer Immobilie auch deren Aufteilung auf Einzelobjekte (Budgetierung und Budgetkontrolle). Zur Steuerung gehört die laufende Analyse und Bewertung des Immobilienbestandes und hierauf basierend die Identifikation, Initiierung, Prüfung und ggf. Steuerung von performanceverbessernden Maßnahmen.[37] Immobilien-Transaktionen werden ebenfalls vom REPM angestoßen und koordiniert.

Wenn – wie meist bei Sozialwirtschaft und Kirche – die REPM-Aufgaben mangels Menge nicht institutionalisiert sind, werden sie wahlweise von den Organen wahrgenommen, die auch für das REIM zuständig sind, oder mit den Aufgaben des REAM zusammen organisiert. Entsprechend ist es auch für diese Aufgaben in der Regel notwendig, externe Berater/Dienstleister und/oder spezialisierte Ehrenamtliche zu betrauen, die in die spezifischen Belange und Bedürfnisse einzuweisen, zu steuern und zu kontrollieren sind.

### 4.1.3 REAM Real Estate Asset Management

Ein wesentliches Ziel des REAM ist die Identifikation von Nutzen- und Wertsteigerungen einzelner Objekte sowie die Sicherstellung bzw. Erzielung der Nutzen- und Wertschöpfungsbeiträge, für die diese Objekte angeschafft und gehalten werden. Insofern ist hier das Aufgabenspektrum besonders vielfältig.[38] Alle Ideen und Ansatzpunkte sind in der Analyse- und Planungsphase so zu konkretisieren, dass geplante Qualitäten und Nutzungen möglichst sicher erreicht werden, es dabei aber nicht zu Kostensteigerungen oder Terminverzögerungen kommt. Besonders relevant sind diese Aspekte bei Projekt-

---

36 Kämpf-Dern, Annette (2009): Managementebenen und Aufgaben des Immobilienmanagements, S. 22.
37 Woran die „Performance" zu messen ist, orientiert sich an den Festlegungen des REIM.
38 Machbarkeitsanalysen und Cash-Flow-Rechnungen auf Objektebene, Aufstellen objektbezogener Businesspläne sowie deren Steuerung und Kontrolle, Auswahl und Steuerung von operativen Immobilienmanagern bzw. -dienstleistern, die u.a. objektbezogene Buchhaltungsaufgaben, Nebenkostenabrechnungen, Wartungsarbeiten durchführen, aber auch der Agenturen und Makler zur Vermietung von Immobilien des Kirchenfinanzvermögens, oder von Bauunternehmen/Handwerkern, die Mieterausbauten oder Renovierungen durchführen. Risikomanagement auf Objektebene.

entwicklungen und Redevelopments, aber auch ein vorausschauendes Instandhaltungsmanagement von älteren Beständen hat in Bezug auf Ressourceneffizienz und Nutzerzufriedenheit eine hohe Bedeutung.

Auch deshalb ist bei der Planung, Implementierung und Kontrolle von Objektstrategien angesichts der vielfältigen Facetten – technischen, wirtschaftlichen, juristischen, nutzerbezogenen – die Komplexität hoch und entsprechende Kompetenz erforderlich. Ein sporadischer Einsatz externer Dienstleister ist auf dieser Ebene nicht ausreichend, so dass sich hier in besonderem Maße die Frage stellt, welche organisatorischen Lösungen bestmöglich hohe Kompetenz und Verfügbarkeit vereinen, obwohl angesichts geringer Bestände die Gefahr der kapazitativen Unterauslastung oder – wenn alles in eine einzelne Stelle gepackt wird – umgekehrt der kompetenzmäßigen Überlastung wegen zu hoher Komplexität für einen Einzelnen besteht.

### 4.1.4 PrM Property Management und REFM Real Estate Facility Management

Beim operativen Management von Immobilien für Nutzer (REFM) und Investoren (PrM) geht es um die Effizienz der Umsetzung von Immobilienstrategien. Im Grunde ist dies das klassische Betätigungsfeld der Haus- oder Liegenschaftsverwaltung, für die derzeit die Tendenz besteht, diese Aufgaben zu bündeln und an spezialisierte externe Unternehmen zu vergeben.

Gerade bei der Nutzung von Spezialimmobilien, die einen wichtigen Beitrag zur Aufgabenerfüllung der Organisation leisten, aber auch bei kleineren bzw. dezentralen Beständen wie in Sozialwirtschaft und Kirche, kann es aber vorteilhaft sein, die zuständigen Manager, aber auch teilweise die operativ tätigen Servicekräfte, in der eigenen Organisation zu haben. Deshalb werden diese Aufgaben häufig als Teilaufgaben anderen operativ Tätigen mit aufgegeben. So übernehmen z.B. in einer Gemeinde die Pfarrer, die Gemeindesekretärin, der Küster oder die Kindergartenleitung bestimmte Immobilienmanagementaufgaben. Entsprechendes gilt auch für Sozialunternehmen. Alternativ können in kleineren Organisationen Aufgaben des operativen und strategischen Objektmanagements zusammengefasst werden, um gleichzeitig Auslastung und Fachkompetenz darstellen zu können.

Je nachdem, wo sich die Immobilien des Kirchenfinanzvermögens befinden und welcher Art diese sind (in der Regel standardisierte, drittverwendungsfähige Immobilien), sollte geprüft werden, ob deren Verwaltung bzw. operatives Management durch ein größeres Unternehmen mit diesem Kerngeschäft durchgeführt wird.

Die vorgenannten Aspekte sind im Rahmen der Strategiefestlegung zur Immobilienbewirtschaftung[39], d.h. auf Ebene des REPM, oder der Leitlinien, d.h. auf Ebene des REIM, festzulegen.

---

[39] Reiß-Fechter unterscheidet in ihrem Beitrag „Immobilienwirtschaft in der Sozialwirtschaft" (2009), S. 6, nach der Eigenerbringung bzw. dem Fremdbezug von Bewirtschaftungsleistungen zwischen „Autonomiestrategie", „Kooperationsstrategie" und „Beauftragungsstrategie".

## 4.2 Planung und Durchführung der REM-Implementierung

Bei der REM-Implementierung – der Einführung bzw. Optimierung der Strukturen und Prozesse eines professionellen Immobilienmanagements – handelt es sich um ein organisatorisches Veränderungsprojekt, das entsprechend seiner Bedeutung systematisch geplant und durchgeführt sowie nach Einführung immer wieder überprüft und angepasst werden muss. Nachfolgend wird deshalb zunächst allgemein auf Möglichkeiten und Grundsätze organisatorischer Veränderungsprojekte eingegangen, bevor zu berücksichtigende Besonderheiten bei der REM-Implementierung in Sozialwirtschaft und Kirche aufgezeigt werden.

### 4.2.1 Planung und Durchführung organisatorischer Veränderungsprojekte

Zur Planung und Durchführung von Projekten steht mittlerweile eine große Bandbreite an Modellen, Methoden und Instrumenten sowie Standards[40] zur Verfügung. Verschiedene Verbände[41] vermitteln diese branchenübergreifend an Unternehmensmitarbeiter und Einzelpersonen und zertifizieren diese auch. In einigen Branchen (u.a. TK/IT) ist es inzwischen vollkommen üblich, Projekte durch entsprechend qualifizierte Personen aufsetzen und leiten zu lassen; dies gilt für das Immobilienmanagement oder immobilienwirtschaftliche Organisationsprojekte noch nicht entsprechend, entwickelt sich aber in diese Richtung.

In jedem Fall empfiehlt es sich, einem Vorgehensmodell zu folgen, das prinzipiell in die Phasen
- Projektinitiierung: Projektorganisation, Istanalyse und Zielsetzung
- Projektplanung: Sollkonzeptentwicklung
- Projektdurchführung: Einführung/Umsetzung und Monitoring
- Projektabschluss: Evaluation/Weiterentwicklung (als Vorbereitung für die Standardisierung[42])

eingeteilt werden kann, die je nach Modell in detailliertere Module aufgeteilt sind.

Ein mittlerweile sehr verbreitetes Vorgehensmodell für das Projektmanagement ist – inklusive Methoden und Instrumenten – im „Guide to the Project Management Body of Knowledge (PMBOK)" des PMI zusammengestellt, der die Prozessgruppen „Initiie-

---

40 In Deutschland zum Beispiel die DIN 69901: „Gesamtheit von Führungsaufgaben, -organisation, -techniken und -mitteln für die Initiierung, Definition, Planung, Steuerung und den Abschluss von Projekten" und die ISO 21500 „Leitfaden zum Projektmanagement", die Begriffe, Grundlagen, Prozesse und Prozessmodelle im Projektmanagement beschreibt.
41 Die drei bekanntesten sind das PMI Project Management Institute, IPMA International Project Management Association und OGC Office of Government Commerce.
42 Die Aufnahme von Projektergebnissen in sich wiederholende Geschäftsprozesse bzw. die etablierte Organisation („Standardisierung") wird üblicherweise nicht mehr dem Projekt zugeordnet, sondern gehört zum Geschäftsalltag und ist deshalb keine Projektphase mehr. Allerdings ist diese Tätigkeit ein Teil des kontinuierlichen Verbesserungsprozesses.

## 2. Implementierung eines professionellen REM

rung", „Planung", „Ausführung"[43], „Überwachung und Steuerung" sowie „Abschluss" umfasst.[44]

Die Nutzung von etablierten Vorgehensmodellen und Methoden ist hinsichtlich mehrerer Aspekte vorteilhaft. Sie erleichtert und verbessert die Kommunikation zwischen den Beteiligten, nicht zuletzt, weil hierdurch die Prozesse transparent und diskutierbar gemacht werden. Sie unterstützt die Erreichung der gewünschten Qualität, weil Vorgehensmodelle alle für ein Projekt relevanten Bestandteile beinhalten, so dass zumindest nichts Wichtiges „vergessen" werden kann. Hierdurch werden auch Projektrisiken minimiert. Durch eine projektgesamtheitliche Betrachtung, die neben den gewünschten Leistungsbestandteilen immer auch Zeit und Kosten plant und überwacht, werden Mängel, Zeit- und Kostenüberschreitungen zumindest eingedämmt. Angesichts des Einmaligkeitscharakters von Projekten ist eine sichere Verhinderung allerdings nicht möglich.

Ein empfehlenswertes Vorgehen bei organisatorischen Veränderungen ist, zunächst Pilotprojekte durchzuführen, die nach deren positiver Evaluation und gegebenenfalls notwendigen Optimierungen dauerhaft in der Organisation verankert werden. Wie in Abbildung 2 dargestellt, wird eine nachhaltige Verbesserung dadurch erreicht, dass disruptive Veränderungen nach der Pilotphase ausgerollt und konsolidiert werden. Nach kontinuierlichen Anpassungsmaßnahmen sollte ein bewährter Zustand in einem Organisationsstandard festgehalten werden, bevor in einem neuen Projekt das nächste, höhere Niveau angestrebt wird.

---

43 Im Rahmen des Projektmanagements ist hier die Organisation der Aktivitäten gemeint, nicht die Ausführung der Aktivitäten selbst, also z.B. die Auswahl von Beratern und Dienstleistern.
44 Die Prozesse der Prozessgruppen beziehen sich auf zehn "Wissensgebiete", zu denen u.a. das „Inhalts- und Umfangsmanagement", das „Kostenmanagement", das „Personalmanagement" oder das „Kommunikationsmanagement" gehören.

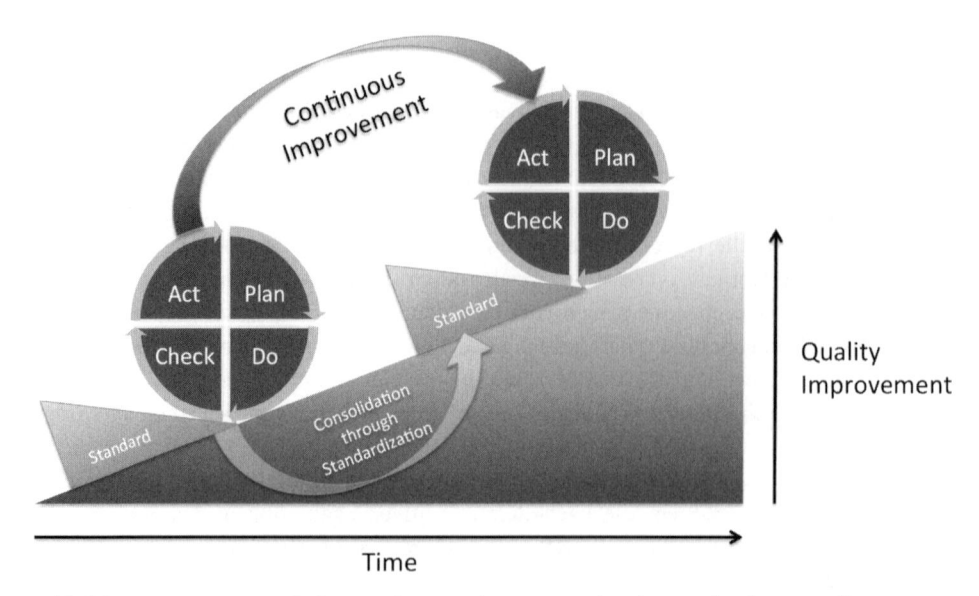

*Abbildung 2: Kontinuierliche Qualitätsverbesserung durch Standardisierung*[45]

In der Abbildung werden Projekte inklusive des „Roll-Outs" durch den sogenannten PDCA-Zyklus[46], dargestellt. Dabei stehen die Buchstaben für „Plan" – „Do" – „Check" – „Act". „Plan" beinhaltet die Phasen Projektinitiierung und Projektplanung, mit „Do" ist das Ausprobieren, Testen und Optimieren des Sollkonzeptes gemeint (Phase Projektdurchführung), beim „Check" werden die Ergebnisse evaluiert und das Konzept so optimiert, dass es im „Act" auf breiter(er) Front eingeführt werden kann. Im Rahmen dieser Einführung und Verstetigung werden kontinuierlich Anpassungen an die individuellen Rahmenbedingungen vorgenommen.

Zu einer erfolgreichen Organisationsveränderung gehört neben der vorstehend dargestellten Analyse und Optimierung von Strukturen und Prozessen die Beteiligung und Motivation der Organisationsmitglieder. Auch diesbezüglich gibt es spezifische Modelle und Prozesse, die unter den Stichworten „Organisationsentwicklung" und „Veränderungsmanagement" bzw. „Change Management" zu finden sind.[47]

### 4.2.2 REM-Implementierung bei Sozialwirtschaft und Kirche

Die Planung und Durchführung von Projekten, seien es organisatorische Veränderungsprojekte oder Projekte zur Entwicklung von Immobilien, gehört aus den an verschie-

---

45 Von Johannes Vietze (Own work) [CC BY-SA 3.0 (http://creativecommons.org/licenses/by-sa/3.0)], via Wikimedia Commons, https://commons.wikimedia.org/wiki/File%3APDCA_Process.png (20.11.2015).
46 Auch genannt „Deming-Kreis". Für Details vgl. u.a. Deming, W.E.: Out of the Crisis. Massachusetts Institute of Technology, Cambridge 1982, S. 88.
47 Hierauf geht Zeilinger im Artikel „Changemanagement", S. 92ff., näher ein. Zunehmend werden diese Aspekte auch in die beschriebenen Vorgehensmodelle und Guidelines des Projektmanagements aufgenommen, im neuesten PMBOK-Guide (5. Aufl., 2013) beispielsweise durch die Neu-Aufnahme des zehnten Wissensgebietes „Stakeholder Management".

nen Stellen dieses Beitrags und dieses Werks angesprochenen, insbesondere strukturellen, Besonderheiten von sozialen oder kirchlichen Organisationen, noch nicht zu deren Kernkompetenzen. Besonders relevant hierfür sind besondere Ausrichtung und vergleichsweise geringe Größe der Einzel-Organisationen sowie fehlende bzw. im Durchschnitt gering ausgeprägte Kompetenzen in den Bereichen Projekt- und Immobilienmanagement.

Demgegenüber positive Voraussetzungen für erfolgreiche Projekte und Veränderungen sind die überwiegend vorhandene partizipative Kultur sowie Fähigkeiten und Erfahrungen bei der Integration und Steuerung von ehrenamtlich tätigen bzw. beauftragten Experten. Vorteilhaft ist zudem, dass Sozialunternehmen und kirchliche Organisationseinheiten Teile größerer Strukturen bzw. Netzwerke sind, da hierdurch der Austausch und die Zusammenarbeit zu bestimmten Themen bereits institutionalisiert sind. So können z.B. Veränderungsprojekte in einzelnen Organisationen als Pilote dienen, die vom größeren Netzwerk unterstützt und nach Optimierung auf weitere, vergleichbare Organisationseinheiten ausgerollt werden. Auch der Zusammenschluss zur Etablierung notwendiger Kompetenz- oder Servicezentren ist hierdurch leichter möglich als bei in der Regel konkurrierenden Einzelunternehmen der freien Wirtschaft. Durch die Verbands- bzw. Netzwerkzugehörigkeit lassen sich somit einige Nachteile der besonderen Ausrichtung oder der geringen Größe ausgleichen.

Sowohl innerhalb der Einzel-Organisationen als auch innerhalb der Netzwerke sind insbesondere die Kompetenzdefizite auf allen Ebenen des Immobilienmanagements genauso wie Fragen des Projektmanagements anzugehen, will man eine „Professionalisierung" bei Projekten und Prozessen im Zusammenhang mit Immobilien erreichen. Dies gilt bezüglich des Immobilienmanagements und der Immobilienservices zwar für die gesamte Branche[48], ist aber für soziale und kirchliche Unternehmen besonders relevant, weil hier insgesamt eine wirtschaftliche Orientierung und Grundausbildung in Managementkompetenzen genauso wie der effiziente Umgang mit Ressourcen geringer entwickelt sind.

Konkret gibt es für die Kompetenzerhöhung verschiedenste Ansatzpunkte: Zum einen müssen deutlich mehr Aus- und Weiterbildungsangebote zu Themen des Immobilien- und Projektmanagements geschaffen werden, angefangen von einzelnen Kursen bis hin zu weiteren Hochschul- und Universitätsstudiengängen, die die vielfältigen Aspekte der unterschiedlichen Immobilienmanagementlehren vermitteln und durch Forschung vertiefen. Da dies eher nicht durch die öffentliche Hand erfolgen wird, ist hier die Initiative der Privatwirtschaft, aber auch von Sozialwirtschaft und Kirche erforderlich. Nur so können ausreichend viele ausreichend qualifizierte Fach- und Führungskräfte für ein professionelles REM generiert werden. Gleichzeitig sind die vorgenannten The-

---

48 Der Branchenreport „Grundstücks- und Wohnungswesen" 2015 des statistischen Bundesamtes konstatiert wörtlich, dass die Angehörigen des Berufsstandes „teilweise mangelhaft qualifiziert oder inkompetent sind". Dabei wird zwar ganz konkret auf Immobilienmakler und Hausverwalter und deren ungeregelte Berufsausbildung Bezug genommen, von einer – ggf. abgeschwächten – Übertragung auf andere, in der Immobilienbranche Tätige kann jedoch ausgegangen werden, wenn man sich Qualitätsmängel, Zeit- und Kostenüberschreitungen bei Projekten und Prozessen im Zusammenhang mit Immobilien ansieht, von Korruptions- und Betrugsfällen ganz abgesehen.

men im Rahmen des innerorganisatorischen Qualitäts- und Organisationsentwicklungsmanagements aufzunehmen. Neben der innerbetrieblichen/innerorganisatorischen Mitarbeiterschulung sollte, gegebenenfalls initiiert und koordiniert durch eine höhere Ebene des Netzwerks, ein Wissensmanagement aufgebaut und gepflegt werden, das deutlich über die reine Informationsbereitstellung von Immobilien- und Organisationsentwicklungsdaten hinausgeht und bei den einzelnen Mitarbeitern bzw. Mitgliedern vorhandenes (Erfahrungs-)Wissen institutionalisiert. Auch die schon angesprochenen Mentoringbeziehungen durch ausgewiesene Fachleute aus der Industrie könnten für Sozialunternehmen und kirchliche Organisationen eine Möglichkeit sein, ihre Kompetenzen auszubauen.

Neben Prozess-/Strukturoptimierungen und inhaltlicher Kompetenzerhöhung bedarf ein professionelles Immobilienmanagement auch hierauf abgestimmter Incentivierungs- und Verantwortungssysteme. Bei einer organisatorischen Auslagerung und Zusammenführung von Immobilienmanagementaufgaben sind (Verrechnungs-)Preise ein starkes Steuerungsinstrument. Allerdings wird sich insbesondere bei Sozialunternehmen und kirchlichen Organisationen die Frage stellen, bis zu welchem Punkt marktwirtschaftliche Strukturen erwünscht und effizient sind; dies ist im Rahmen der Veränderungsprojekte und auf höchster Organisationsebene zu diskutieren und zu entscheiden.

Insgesamt bedarf es in jedem Fall erheblicher und „konzertierter" Anstrengungen, um in Sozialwirtschaft und Kirche ein professionelles Immobilienmanagement aufzubauen und zu betreiben.

## 5. Zusammenfassung

Die Veränderungen, die Sozialwirtschaft und Kirche in den vergangenen Jahren erfahren haben, wirken sich auch auf deren Immobilien und ihr Management aus. Insgesamt steigt die Bedeutung des Immobilienmanagements dieser Organisationen, nicht nur wegen des immobilienbezogenen Einflusses auf Kosten und Erträge, sondern auch wegen der Bedeutung des physischen Umfelds für die jeweilige zielgerechte unmittelbare und mittelbare Aufgabenerfüllung.

Beim Bestreben, eine Optimierung dieser Aspekte zu erzielen, ist ein grundsätzliches Verständnis für die Managementthemen von Immobilien notwendig. Dieses Verständnis kann angesichts der sehr unterschiedlichen Ziele und Rahmenbedingungen, die Institutionen bei ihren Immobilien haben, aber nicht einfach und allgemeingültig übertragen werden. Stattdessen sind die allgemeingültigen Erkenntnisse und Empfehlungen des Immobilienmanagements für bestimmte institutionelle Gruppen zu konkretisieren. Dies erfolgt für gemeinnützige und kirchliche Organisationen im Rahmen spezifischer Immobilienmanagementlehren, als WeREM Welfare Real Estate Management und EREM Ecclesiastic Real Estate Management bezeichnet, deren Bausteine, organisatorische Rahmenbedingungen und Möglichkeiten sowie Aufgabenspezifika dargestellt wurden.

Darauf aufbauend wurde vertieft, dass und wie durch organisatorische Veränderungsprojekte ein professionelles REM erreicht werden kann. Diesbezügliche Handlungsempfehlungen beinhalten neben Struktur- und Prozessoptimierungen eine Erhöhung der Immobilien- und Projektmanagement-Kompetenzen von Mitarbeitern und Mitgliedern sozialer und kirchlicher Unternehmen sowie eine Optimierung der Incentivierungs- und Verantwortlichkeitssysteme.

# 3. Kommunikation und Changemanagement

*Thomas Zeilinger*

Um Immobilien erfolgreich zu managen ist neben dem Blick auf Zahlen, Daten und Fakten Sorgfalt und Energie auf den Umgang mit den weichen Faktoren zu legen. Einsame Entscheidungen sind in Sozialwirtschaft und Kirche nur schwer möglich – und im Blick auf die Erfolgsaussichten auch nicht empfehlenswert. Der Prozess von der ersten Idee bis zu deren endgültiger Umsetzung dauert oft lange. Geduld und Ausdauer für Aushandlungsprozesse mit den Betroffenen sind gefragt. Dabei profitiert die Kommunikation in Veränderungsprozessen von einem strategischen Vorgehen, damit die Verständigung zwischen den Beteiligten zum Ziel kommt.
*„Man kann nicht nicht kommunizieren."*
(Paul Watzlawick, 1921-2007)

## 1. Kommunikation: Eine Managementaufgabe

Im sachbezogenen Kontext Immobilienmanagement mag das Thema der Kommunikation zunächst eher weniger wichtig anmuten: Entscheidend sind doch Erhebung der Daten, die Bewertung der Ressourcen und die strategischen Perspektiven, die sich mit den Immobilien verbinden. Gerade im Blick auf die „harten Faktoren" rund um Gebäude erscheint die kommunikative Aufgabe als „weicher Faktor" zunächst sekundär.

### 1.1 Die Frage nach der Legitimation als kommunikative Aufgabe

Dabei braucht es gar nicht den Blick in den sozialen – und mehr noch den kirchlichen – Bereich und deren Gewohnheiten, um die Bedeutung der kommunikativen Aufgabe für das Management zu erkennen. Denn auch die moderne Managementtheorie lenkt ihrerseits das Augenmerk in diese Richtung, wo sie nach den *kulturellen* und nach den *normativen* Aspekten von Unternehmen und Organisationen fragt. Am deutlichsten wird dies im St. Gallener Managementmodell, wie es in den siebziger Jahren von Hans Ulrich begründet und seitdem von verschiedenen Forschern weiter entwickelt wurde.[1]

Auf der Ebene der *Unternehmensführung* sieht das St. Gallener Modell eine dreifache Aufgabe: Neben dem strategischen und dem operativen Management braucht es als oberste Ebene des Managements das normative Management, das „sich (beschäftigt) mit den generellen Zielen der Unternehmung, mit Prinzipien, Normen und Spielregeln, die darauf ausgerichtet sind, die *Lebens- und Entwicklungsfähigkeit* der Unternehmung zu ermöglichen."[2] Der strategischen Frage der Ausrichtung und der operativen Frage der angemessenen Durchführung steht also dort, wo Management gefordert ist, stets

---
1 Bleicher, Das Konzept Integriertes Management, 7. Aufl. (2004).
2 Bleicher, Das Konzept Integriertes Management, 7. Aufl. (2004), S. 80.

## 3. Kommunikation und Changemanagement

auch die begründende Frage nach der Legitimation zur Seite. Hierin steckt unübersehbar eine kommunikative Aufgabe: Nach außen wie nach innen ist stets darzustellen – und also zu kommunizieren – wo und wie Auftrag und Ziel der eigenen Organisation legitimiert sind.

Dieser gemeinsame, Sinn stiftende Horizont wird seinerseits im St. Gallener Managementmodell als die *Kultur* des Unternehmens bestimmt. Sie wird in diesem Modell neben *Struktur* und *Strategie* als eines von drei Ordnungsmomenten einer jeden Unternehmung bezeichnet:[3] Während die Strategie die inhaltlichen Fragen nach dem *Was* und dem *Wohin* bezeichnet, leistet die Struktur die instrumentelle Koordination im Sinne dessen, *wie* die Dinge richtig zu tun sind. Die Kultur schließlich liefert Antworten auf die Fragen des *Warum* und *Wozu*. Damit stellt sie den gemeinsamen Sinnhorizont bereit, in dem die Organisation agiert.

### 1.2 Die Notwendigkeit kommunikativer Aushandlungsprozesse

Gerade dieser Sinnhorizont ist seinerseits nun nicht allein objektiv zu fassen und sachlich zu beschreiben, sondern stellt eine kommunikative Realität sui generis dar: „Menschen müssen sich somit je von neuem *kommunikativ* auf die *Angemessenheit bestimmter Beschreibungen* einigen, d.h., die Angemessenheit und Gültigkeit einer Beschreibung muss gewissermaßen in Streitgesprächen *ausgehandelt* werden."[4] Die Steuerung dieser sog. „mikropolitischen Aushandlungsprozesse" stellt eine wesentliche Aufgabe jeden Managements dar. Auch im Sinne aktueller Managementtheorien will die kommunikativ-kulturelle Dimension eigens und mit eigenen Mitteln als Teil der Managementaufgabe verstanden und bearbeitet sein.

Der kommunikative Prozess der (Selbst-)Verständigung über den Auftrag, dem die Immobilien in Sozialwirtschaft und Kirche zu dienen haben und über die Ziele, die sie erfüllen sollen, gehört also integral zum Immobilienmanagement hinzu. Die einleitenden Überlegungen zum spezifischen Ethos des Immobilienmanagements in Sozialwirtschaft und Kirche haben bereits das Bild des menschlichen Organismus[5] aufgegriffen: Immobilien wollen mit *Kopf, Hand und Bauch* gemanagt sein. Es bedarf der strategischen Arbeit des Kopfes (vgl. *Was?* Und *Wohin?*), der Koordination instrumenteller Fertigkeiten durch die Hand (vgl. Struktur: *Wie?*), aber auch der kulturbezogenen Bearbeitung der Fragen des *Warum* und *Wozu* durch den Bauch, „Bauch" deshalb, weil gerade an dieser Stelle auch die impliziten und oft unausgesprochenen Hintergrundannah-

---

3 Dazu Rüegg-Stürm, Das neue St. Galler Management-Modell, in: Dubs, *u. a.* (Hrsg.), Einführung in die Managementlehre, 1. Aufl. (2004), S. 80ff.
4 Rüegg-Stürm, Das neue St. Galler Management-Modell, 1. Aufl. (2004), S. 101. Die reflexive Aufgabe des Managements im Sinne der (Selbst-)Verständigung der Organisation unterstreicht die aktuelle Weiterentwicklung des St. Galler Modells in seiner „vierten Generation"; Rüegg-Stürm/Grand, Das St. Galler Management-Modell. 4. Generation – Einführung (2014). (Webseite: http://www.sgmm.ch).
5 Vgl. zum Bild von Kopf, Bauch und Hand von motivationspsychologischer Seite auch: Kehr, Für Veränderungen motivieren mit Kopf, Bauch und Hand, Organisationsentwicklung 2008 (3), S. 23-30.

men ihre Wirkung zeitigen, die zunächst eher in Gefühlslagen und Stimmungen, denn in rationalen Beschreibungen zum Ausdruck kommen.[6]

## 2. Kommunikation: Mehr als Information

Kommunikation funktioniert nicht einfach nach dem Modell der Wissens- oder Informationsvermittlung vom Sender zum Empfänger, als käme es nur darauf an, eine Botschaft von Punkt A nach Punkt B zu befördern. Mag eine solche Vorstellung nach wie vor populär und in Grenzen hilfreich sein, so legt die moderne Kommunikationswissenschaft ihr Augenmerk doch verstärkt auf die Austauschprozesse, die sich in sozialen Zusammenhängen ereignen.[7]

### 2.1 Bedeutungsreichtum in der Kommunikation

Rückkopplungen, Störungen und Beziehungsaspekte erhalten von hier her eine eigene Bedeutung. Anders als im Modell der Informationsübertragung von A zu B gedacht, beschränkt sich Kommunikation nicht auf die intendierte Wirkung, vielmehr geht es in ihr immer auch um die Darstellung von Sachverhalten, die Klärung von sozialen Beziehungen und den Ausdruck dessen, was A und B „im Inneren" bewegt: Hoffnungen, Befürchtungen, Wünsche und Träume.[8]

Das Bild von Kopf, Hand und Bauch verdeutlicht auf seine Weise bereits, dass es beim Management von Immobilien keinesfalls genügt, „objektive" Informationen bereit zu stellen. Allein die Fülle an Information gewährleistet offensichtlich nicht notwendig das Gelingen der Kommunikation. Vielmehr stellt das Aushandeln eine eigene Managementaufgabe dar, bei der es immer um die sinnstiftenden Horizonte geht, in denen das (Immobilien-)management geschieht. Die kommunikative Aufgabe kann sich also nicht darauf beschränken, bloß instrumentell nach optimierten Vermittlungsstrategien für immobilienwirtschaftliches Know-How zu fragen, sondern sie muss von vornherein die Verständigung zu Sinn und Zweck des eigenen Tuns mit im Blick haben.

### 2.2 Die Bedeutung der Beziehungsebene

Dabei verdeutlichen die kommunikationswissenschaftlichen Einsichten ebenso wie die praktische Erfahrung, dass hier neben der Sachverhaltsklärung Raum für die Beziehungsebene und die Arbeit an Visionen und Zielen, aber auch an Ängsten und Befürchtungen sein muss. Was zunächst für Management und Kommunikation im Allgemeinen

---

6 In der Organisationstheorie wird an dieser Stelle gern das Bild des zum wesentlich größeren Teil unter der Oberfläche verborgenen Eisbergs gebraucht, um die unsichtbare und doch höchst wirksame Macht der kulturellen Komponenten einer Organisation zu illustrieren.

7 Dies gilt unbeschadet der erheblichen Unterschiede, die näherhin zwischen *systemtheoretischen* und *handlungstheoretischen* Konzeptionen bestehen. Für die kommunikationspsychologischen Folgerungen aus den systemtheoretischen Einsichten einschlägig ist der eingangs zitierte Paul Watzlawick (am bekanntesten im deutschsprachigen Raum sein populäres Werk „Anleitung zum Unglücklichsein" (1983).

8 Damit beziehe ich mich auf ein handlungstheoretisches Verständnis von Kommunikation, wie es von Jürgen Habermas in seiner Theorie des kommunikativen Handelns (2 Bde. Frankfurt/M. 1981) entwickelt wurde. In theologischer Hinsicht ist in diesem Zusammenhang an das Modell der *Konziliarität* zu erinnern.

gilt, erhält im Management der Immobilien von Sozialwirtschaft und Kirche aus zwei Gründen besondere Brisanz:
a) Zum einem wegen des im einleitenden Kapitel bereits ausführlich beschriebenen oftmals untergeordneten und abgeleiteten Zwecks der Immobilien. Da in Sozialwirtschaft und Kirche oft das Verständnis für Sinn und Zweck eines langfristigen und nachhaltigen Managements von Immobilien fehlt und der Blick der Entscheidungsträger häufig kurzfristig auf den sozialen oder kirchlichen Nutzen schaut, ist es umso wichtiger, die Sinnhorizonte des eigenen Tuns ins Gespräch zu bringen.
b) Zum anderen rückt das Immobilienmanagement als kontinuierlich laufende Aufgabe oft gerade dann in den Fokus der Aufmerksamkeit, wenn strittige Entscheidungen oder Veränderungen anstehen: Die Ressourcen reichen nicht mehr aus, um bestehende Immobilien längerfristig zu bewirtschaften, der demografische Wandel erfordert eine Neujustierung der eigenen gemeinnützigen Tätigkeit, das Ende des Lebenszyklus einer Immobilie rückt näher. Solche und noch viele weitere Situationen mehr, erfordern oft schmerzhafte Entscheidungen. Teilweise lange Bestehendes (Immobilien!) wird infrage gestellt, Wandel tritt an die Stelle von Kontinuität.

## 3. Voraussetzung: Wissen und Erfahrung mit Veränderungsprozessen

Um die kommunikativ-kulturelle Dimension im Immobilienmanagement von Sozialwirtschaft und Kirche kompetent bearbeiten zu können, ist über die immobilienfachwirtschaftlichen Aspekte hinaus *Wissen und Erfahrung in der Begleitung von Veränderungsprozessen* hilfreich. Denn früher oder später bedeutet Immobilienmanagement im Kontext von Sozialwirtschaft und Kirche immer Veränderung des Bestehenden.

### 3.1 Phasen der Veränderung

Dabei sind die theoretischen Beschreibungen der organisationspsychologischen Dynamik die relativ einfach darzustellende Seite: das grundlegende Schema organisationaler Veränderung ist seit den Arbeiten Kurt Lewins weitgehend unverändert geblieben. Auf die Phase des Auftauens (des alten Zustands) folgt eine mitunter chaotisch-turbulente Phase der Bewegung, in der der alte Status Quo verlassen und ein neues Gleichgewicht gesucht wird. In der dritten Phase des Wieder-Einfrierens werden die gefundenen Lösungen implementiert und die Gesamtorganisation stabilisiert und etabliert sich in einem neuen Zustand.[9]

Wesentlich schwieriger gestaltet sich die praktische Arbeit angesichts der wechselnden emotionalen Zustände, die mit diesen drei Phasen der Veränderung einhergehen. In Anlehnung an die von der schweizerisch-amerikanischen Psychiaterin und Autorin Elisabeth Kübler-Ross beschriebenen Phasen des Umgangs mit dem Sterben lässt sich die Logik der Gefühle im Veränderungsprozess als Kurve mit acht Stationen beschreiben.[10]

---

9 So erstmals Lewin, Frontiers in Group Dynamics, S. 5-41 in Human Relations, H. 1, 1947.
10 Nach Turck/Faerber, Coaching als Instrument der Personal- und Organisationsentwicklung, (2007), S. 98ff. (dort auch S. 98 die abgebildete Grafik).

**Die Veränderungskurve: Logik der Gefühle**

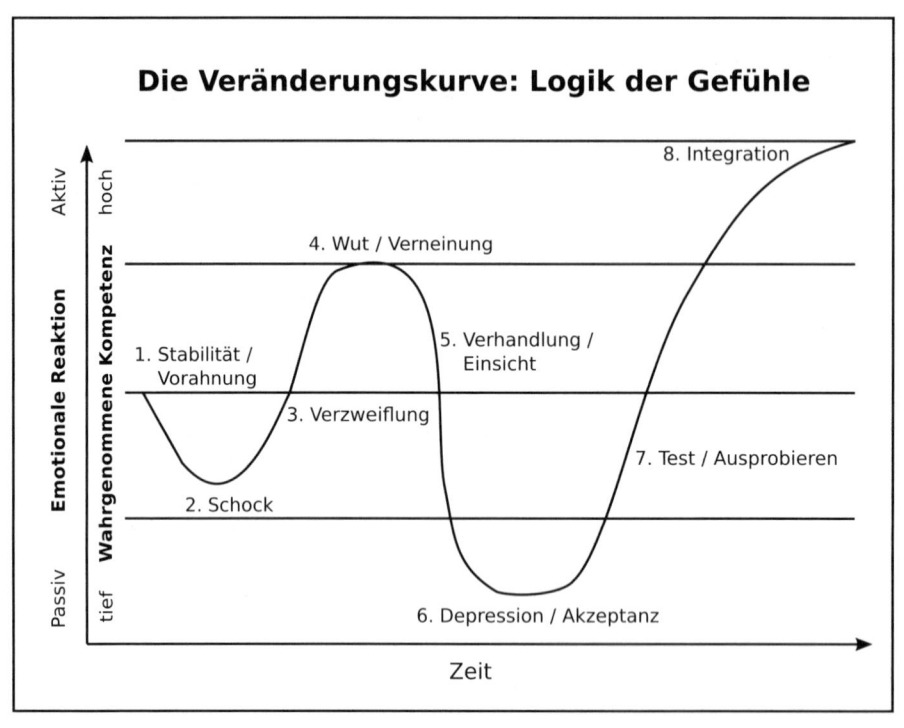

- 1. Stabilität / Vorahnung
- 2. Schock
- 3. Verzweiflung
- 4. Wut / Verneinung
- 5. Verhandlung / Einsicht
- 6. Depression / Akzeptanz
- 7. Test / Ausprobieren
- 8. Integration

Achsen: Emotionale Reaktion (Aktiv / Passiv), Wahrgenommene Kompetenz (hoch / tief), Zeit

**Quelle:** Faerber und Turck (2006)

Die Kurve vermag zu verdeutlichen, dass auch bei Veränderungsprozessen, bei denen nicht gleich die ganze Organisation, sondern lediglich Teile derselben verändert werden, mit erheblichen emotionalen Bewegungen und entsprechenden Widerständen zu rechnen ist, die im Prozess bearbeitet sein wollen.[11] Für die kommunikative Aufgabe ist es wichtig, hier gut im Blick zu behalten, dass die Gefühlskurve sowohl *intern* als auch *extern* greift: Abriss und Neubau eines Krankenhauses beunruhigen nicht nur im regionalen Umfeld, sondern genauso die Mitarbeitenden.

In Veränderungen werden Anlass und Auslöser für die Veränderung oft sehr unterschiedlich erlebt: Was für die einen eine willkommene Möglichkeit für neue Nutzungen darstellt, erscheint anderen als Verlust an Geborgenheit und Vertrautheit.[12] Umso wichtiger ist es, in der Kommunikation darauf zu achten, dass immer wieder der Sinn herausgestellt wird, der sich mit den geplanten Maßnahmen und Projekten verbindet und dass das Ziel in Blick genommen wird, das mit den Veränderungen angestrebt wird. Jeder Veränderungsprozess betrifft die ganze Organisation und hat insofern stets etwas vom Charakter einer Bootsfahrt in stürmischen Gewässern.

---

11 So z.B. Geyer/Kohlhofer, Emotionen in M&A-Projekten, Organisationsentwicklung 2008 (3), S. 31-37.
12 Die Change-Theorie spricht hier von „Zug" und „Druck", vgl. Seliger, Positive Leadership. Die Revolution in der Führung, (2014), S. 214.

*3. Kommunikation und Changemanagement* 97

*3.2 Besonderheiten im Immobilienmanagement von Sozialwirtschaft und Kirche*

Dass sich Sozialwirtschaft und Kirche beim Thema ihrer Immobilien mit Veränderung besonders schwer zu tun scheinen, hat nicht nur mit der tendenziellen Unbeweglichkeit von Immobilien, sondern auch mit einigen Besonderheiten im Umgang mit dem Eigentum in diesen Bereichen zu tun, gibt es hier doch eine komplexe Vielfalt von Zuständigkeiten und von Eigentumsformen. Damit sind nicht nur verschiedene Besitzer und Eigentümer, sondern auch sehr unterschiedliche Interessenlagen im Spiel. Häufig werden die unterschiedlichen Interessen und Ihr Vorhandensein nicht offen angesprochen, da die soziale Aufgabe dahinterliegende Interessen vermeintlich unwichtig macht. In der Praxis von Sozialwirtschaft und Kirche erlebt man freilich zwischen den unterschiedlichen an Entscheidungen in Veränderungsprojekten Beteiligten dann doch mehr als einmal wechselseitiges Misstrauen und gegenseitige Unterstellungen.

Die Arbeit an der kommunikativen Aufgabe ergebnisorientierter Verständigung profitiert davon, wenn diese Themen nicht tabuisiert und unterschiedliche Interessen auch benannt werden. Und sie profitiert davon, wenn die normative Frage nach dem Warum und Wozu der Immobilien nicht nur von technischen Kennzahlen, sondern auch im Horizont inhaltlicher Argumente und gewünschter Zielbilder erörtert wird. Gerade dort, wo mit dem Immobilienmanagement strategische Entscheidungen über Abriss, Verkauf oder Umnutzung von Gebäuden zur Debatte stehen, erfordert der kommunikative Prozess wechselseitiger Verständigung besondere Aufmerksamkeit, um entscheidungsfähig zu werden.

In diesem Zusammenhang zeigt sich für die erfolgreiche Wahrnehmung der kommunikativen Aufgabe im Immobilienmanagement von Sozialwirtschaft und Kirche immer wieder, wie hilfreich eine halbwegs gute Kenntnis der Kultur und Struktur der jeweiligen Organisation ist. Zwar mag zu viel Nähe zum jeweiligen kirchlichen oder sozialen Milieu ihrerseits mit der Gefahr der „Betriebsblindheit" einhergehen. Doch hilft die Vertrautheit mit den spezifischen Strukturen und Kommunikationsgewohnheiten durchaus, in kommunikativer Hinsicht den „passenden Ton" zu treffen, zumal gerade im sozialen und kirchlichen Feld mit entsprechenden Vorbehalten gegenüber betriebswirtschaftlicher Terminologie und managementorientiertem Denken zu rechnen ist.

## 4. Aufgaben und Phasen in der organisationsinternen Kommunikation immobilienwirtschaftlicher Veränderungsprozesse

Für die interne Kommunikation bietet die Einsicht in die Dynamik von Veränderungsprozessen wichtige Hinweise um ein systematisches Vorgehen für die Verständigung zur gemeinsamen Aufgabe zu erreichen. Hierfür werden im Folgenden fünf Phasen unterschieden (vgl. Übersicht unten auf Seite N.N.)

*4.1 Vorklärung: Die Beteiligten ins Boot holen*

Wo das Immobilienmanagement nicht nur Instrumente zur systematischen und strukturierten Beurteilung sozialwirtschaftlicher oder kirchlicher Immobilien bereitstellen, sondern auch strategisch Konzepte zu deren zukünftiger Nutzung und Bewirtschaftung entwickeln will, muss von Beginn an darauf geachtet werden, Verbindlichkeit und Akzeptanz für die Aufgabe herzustellen. Noch vor der Erarbeitung technischer Details steht deshalb aus Sicht des kommunikativen Managements die wechselseitige Verpflichtung der beteiligten Ebenen und Gremien. Hier gilt es, Interesse und Bewusstsein für die Dringlichkeit des Themas zu schaffen. Dies ist Aufgabe des- oder derjenigen, der/die an bestimmter Stelle das Immobilienmanagement zielorientiert ein- oder weiterführen will. Klarheit und Transparenz hinsichtlich der Interessen der treibenden Kraft sind dabei eher hilfreich als hinderlich für den Gesamtprozess.

Es ist an dieser Stelle entscheidend, die Verantwortlichen auf den unterschiedlichen für die Entscheidung relevanten Ebenen für das Thema zu gewinnen und in einem *Projektteam* zusammen zu bringen.[13] Gerade wegen der zwischen den organisationsseitig Verantwortlichen und externen Dienstleistern immer wieder anzutreffenden gegenseitigen Vorbehalte scheint es für einen nachhaltigen Erfolg des Immobilienmanagements entscheidend, dass im Vorfeld konkreter Immobilienmanagementprojekte Verbindlichkeit hergestellt und Vertrauen aufgebaut wird. Die hier im Vorfeld konkreter Planungen investierte Energie befördert am Ende wesentlich die Fähigkeit, aussagekräftige Entscheidungen zu fällen.

– Wichtige Fragen in der Vorklärung sind:
– Ist bei den verschiedenen Beteiligten der Wille vorhanden, dem Thema Immobilienmanagement (für einen bestimmten Zeitraum) Priorität einzuräumen?
– Sind die Ressourcen vorhanden, das Projekt tatsächlich anzugehen? – Wie können oder sollen sie (gegebenenfalls von welcher Ebene) bereitgestellt werden?
– Sind die Voraussetzungen gegeben, damit ein wechselseitiges Commitment eingegangen werden kann? Wer muss sinnvollerweise beteiligt sein, damit dies gewährleistet ist?[14]
– Wer muss aus anderen Ebenen mit an Bord des Veränderungsprozesses genommen werden? (vgl. dazu für den Bereich der Kirche unten Teil 6.)
– Haben wir Verantwortliche im Boot, die ihrerseits Bereitschaft zu Engagement und Veränderung mitbringen?

Je besser Repräsentanten der für das jeweilige Immobilienmanagementprojekt benötigten Entscheidungsträger in die Vorklärung einbezogen werden, desto wahrscheinlicher ist der Erfolg dieses Projektes. Genau prüfen sollte man dabei, dass nicht parallele Prozesse verabredet oder im Laufen sind, die in der Durchführung verhindern, dass zeitliche Ressourcen im nötigen Umfang zur Verfügung stehen.

---

13 Für Bauplanungsprojekt hat Selle darauf hingewiesen, dass viele Boote gebaut werden müssten, um alle ins Boot zu bekommen. Er meint damit, dass zu Beginn eines Projektes Interessen und Meinungen erkundet und kritische Stakeholder identifiziert werden müssen: „auf Ebene der Nutzer, der Entscheidungsträger, der Beteiligten und der Beeinflusser." – Selle, Was? Wer? Wie? Warum? – Voraussetzungen und Möglichkeiten einer nachhaltigen Kommunikation. (2000), S. 59.
14 Das viel strapazierte angelsächsisch formulierte „Commitment" drückt das auf seine Weise aus: Wer bindet sich an das Thema und lässt sich dabei auch behaften?

## 4.2 Vereinbarung: Den Startschuss geben und das Tempo festlegen

Geht es in der Phase der Vorklärungen darum, im kleinen Kreis die Voraussetzungen herzustellen, um strategische Immobilienmanagementprojekte überhaupt ins Laufen zu bringen, so bedarf das erwähnte Commitment der Beteiligten in der Folge in größerer Runde seines eigenen Ausdrucks.

### 4.2.1 Commitment herstellen und Befürchtungen zu Wort kommen lassen

Dies erfolgt am besten im Rahmen einer Veranstaltung mit demjenigen Gremium, das am Ende des Prozesses die nötigen Entscheidungen zu treffen hat. Denn wie schon in der ersten Phase bemerkt, hilft es, die Entscheider so früh und so motivierend als möglich in genügend großer Breite mit ins Boot zu nehmen.

Kommunikativ ist an dieser Stelle von entscheidender Bedeutung, dass die Befürchtungen, die im Raum sind, auch zur Sprache gebracht werden. Wenn die Befürchtungen keinen Raum haben, dann stehen die folgenden Schritte vor großen Hürden. Erwartet werden sollte dabei nicht, dass alle Mitglieder der Entscheidungsgremien selbst aktiv zum Ruder greifen und das entsprechende Projekt freudig begrüßen werden. Allerdings ist darauf zu achten, dass neben der Artikulation der Ängste auch die Hoffnungen benannt werden können, die sich mit dem spezifischen Managementprojekt verbinden.

### 4.2.2 Den Weg zur Veränderung beschreiben

Hilfreich für den weiteren Weg ist es, wenn bereits an dieser Stelle die Notwendigkeit von Änderungen offensichtlich ist, sprich, im Blick auf den Immobilienbestand ein entsprechendes Problembewusstsein vorhanden ist. Der *Kurs*, auf dem das Problem bearbeitet werden soll, ist transparent und nachvollziehbar darzustellen. Die Rollen und Verantwortlichkeiten aller beteiligten Personen sind dabei so klar als möglich zu benennen. Aber auch ein realistischer Zeitplan ist vorzustellen und zu vereinbaren, das heißt, dass im Vorfeld bereits die Möglichkeiten, wie z.B. die Schwierigkeiten der Erhebung und Erkundung vor Ort mit ein kalkuliert werden.

Eine präzise schriftliche Vereinbarung zwischen den Beteiligten kann verhindern, dass zu viele Themen in ein bestimmtes Vorhaben hinein gepackt werden. Sie sollte sowohl „Spielregeln" als auch Zeitplan benennen. Damit wird nicht nur der Umfang abgegrenzt, sondern auch vereinbart, wie bei im Projektverlauf auftretenden Schwierigkeiten vorzugehen ist.

Als kommunikative Faustregel lässt sich für die Startphase von Immobilienmanagementprojekten im Raum von Sozialwirtschaft und Kirche formulieren: Je breiter das Entscheidungsgremium am Anfang mit der Thematik und den zugehörigen Herausforderungen konfrontiert wird, desto besser scheinen am Ende die Aussichten für eine produktive Umsetzung der Ergebnisse.

## 4.3 Erkundung: Die Ruder in die Hand nehmen

Auf der emotionalen Kurve angesichts anstehender Veränderungen spielt auch die rationale Einsicht eine wichtige Rolle. Sollten zu Beginn eines strategischen (Immobilien-) Managementprozesses die Hoffnungen und die Befürchtungen angesichts möglicher Veränderungen ihren Raum haben, so gilt es in der folgenden Phase, auch in kommunikativer Hinsicht auf die „Daten" und ihre Analyse zu fokussieren.

Dabei ist einerseits auf die Datenqualität bei der Analyse des Immobilienbestands zu achten, um so unnötiger Unzufriedenheit vorzubeugen. Sehr hilfreich ist es in diesem Zusammenhang, wenn die Daten durch geeignete Instrumente so aufbereitet sind/ werden, dass sie den Entscheidungsgremien zu einer aussagekräftigen Einschätzung ihrer Immobilien verhelfen. Umgekehrt sind an dieser Stelle auch die inhaltlichen Beiträge der jeweiligen sozialen oder kirchlichen Einrichtung gefordert, in Form etwa von Nutzungszahlen oder Entwicklungsperspektiven.

Andererseits ist bei der in dieser Phase anstehenden Felderkundung ein Bereich wesentlich, der über der Begeisterung für die Erfassung quantitativer, „objektiver" Daten gern übersehen wird: Auch die „weichen" Faktoren (z.B. die im Blick auf die eigenen Immobilien leitenden Bilder und Einstellungen) wollen und sollen neben den „hard facts" zu ihrem Recht kommen. Etwa in Gestalt eines eigenen *Workshops*, der die bereits vorhandenen Überlegungen erhebt, in welche Richtung(en) die Immobilien vor Ort entwickelt werden können und sollen. Die in der nächsten Phase anstehende „Sinngebung" setzt nicht nur den Blick auf die Gebäude- und Nutzungsdaten voraus, sondern auch den Blick auf die in der Organisation vor Ort handlungsleitenden Annahmen und Zielvorstellungen.[15] Sie sollten entweder bereits in einem dem Immobilienmanagementthema vorausgegangenen Strukturentwicklungsprozess erhoben sein, oder im kommunikativen Zusammenhang des Immobilienmanagements erhoben werden. Nicht sinnvoll erscheint an dieser Stelle das Nebeneinander mehrerer paralleler Prozesse zur Immobilien- und Organisations-Entwicklung.

Die Qualität der „Datenaufnahme" im sozialwirtschaftlichen und kirchlichen Immobilienmanagement misst sich auch an der Offenheit für solche Fragestellungen. Dabei liegt die kommunikative Kunst darin, mit „Kopf" und „Hand" die Daten so genau wie nötig und mit dem „Bauch" die Atmosphäre samt der handlungsleitenden Motive und der im Raum schwebenden Zielvorstellungen so gut wie möglich zu erfassen.

## 4.4 Sinngebung: Den Kurs bestimmen – Handlungsalternativen profilieren

Um sich auf neue Gedanken und mitunter schmerzhafte Entscheidungen in Veränderungsprozessen einlassen zu können, braucht es ein geklärtes Bild dessen, wohin der Kurs geht. Deshalb ist in kommunikativer Hinsicht die „Sinngebung" entscheidend, innerhalb derer das Immobilienmanagement seine strategischen Alternativen formuliert. Es braucht dazu die Verknüpfung der strategischen Frage nach dem Wohin (dem Ziel

---

15  Zur Begründung siehe oben in Ziffer 1: Kommunikation als Managementaufgabe.

mit den eigenen Immobilien) mit den normativen Fragen Warum und Wozu (dem spezifischen sozialen oder kirchlichen Auftrag am eigenen Ort zum jetzigen Zeitpunkt).

4.4.1 Räume für Zukunftsvision und Entwicklungsszenarien

An dieser Stelle muss Zeit für die Formulierung einer Zukunftsvision sein. Die gemeinsame Verständigung über die Richtung, in die die Immobilien entwickelt werden sollen, braucht Aufmerksamkeit. Alternativen und Szenarien müssen durchgespielt werden können. Vor dem Hintergrund der allgemeinen Einsichten zu Veränderungsprozessen geht es darum, eine produktive Angst zur Veränderung zu nutzen, aber die andere, unproduktive und lähmende Angst zu überwinden. Die Angst, dass alles so bleibt wie es ist, muss am Ende größer sein als die die Angst, dass sich etwas ändert.[16] Die lähmende Angst stellt sich im Bereich von Sozialwirtschaft und Kirche schnell ein. Dann etwa, wenn zur Diskussion steht, Gebäude aufzugeben. Gemeinhin dokumentiert sich darin ja ein Bedeutungsschwund der eigenen Arbeit in der Öffentlichkeit und es ist verständlicherweise emotional sehr schwierig, die Aufgabe eines Gebäudes als möglichen Schritt in Richtung eines Bedeutungsgewinnes zu sehen. Genau ein solcher Gewinn an Bedeutung im Sinne von Zukunftsfähigkeit aber ist das Ziel, letztlich auch dort, wo der Abschied von Gebäuden zu beschließen ist.

4.4.2 Gewichtungen herstellen – Prioritäten formulieren

Damit dies gelingen kann, müssen unterschiedliche Möglichkeiten vor Augen gestellt werden – und es müssen Prioritäten formuliert werden. Dies ist oft der schwierigste Schritt, weil er mit schmerzhaften Entscheidungen einhergeht.

Für den Prozess kommunikativer Verständigung ist in dieser Phase Folgendes hilfreich:
- Eine Übereinkunft zu den Fragen: Welche Räume und Ressourcen brauchen wir, um unserem Profil entsprechend arbeiten zu können – und umgekehrt: Welche Räume prägen und ermöglichen auch unser Handeln?
- Sehr hilfreich ist eine aussagekräftige Szenario-Bildung, die Alternativen erkennen lässt. Je mehr die Immobilienexperten an dieser Stelle (ggf. im Rahmen einer Arbeitsgruppe) mit der Entscheiderebene im Gespräch sind, desto aussichtsreicher.
- Einüben und Unterstützen einer „Kultur abschiedlichen Lebens" im Blick auf Immobilien als Voraussetzung dafür, Immobilien ggf. auch loslassen zu können.[17] (Im kirchlich-gemeindlichen Bereich setzt dies unter Umständen einen längeren theologisch-pastoralen und psychologischen Bildungsprozess voraus.)

Die kommunikative Herausforderung liegt darin, bei der Diskussion von Entwicklungszielen und der Bildung von Zukunftsszenarien die Organisation einzubeziehen ohne darüber die Ergebnisorientierung aus den Augen zu verlieren. Ein nur extern entwickeltes

---

16 Schein, Angst und Sicherheit. Die Rolle der Führung im Management des kulturellen Wandels und Lernens, Zeitschrift OrganisationsEntwicklung, Heft 3, 2003.
17 Zur Rede von der Abschiedlichkeit als Lebenshaltung vgl. z.B. aus philosophischer Perspektive: Weischedel, Der Gott der Philosophen, Bd. 2 (1975), S. 256.

Konzept ist hier zwar vielleicht in den angebotenen Szenarien präziser, dafür steht es vor der möglicherweise unüberwindbaren Hürde, von den Entscheidungsgremien als „eigenes" Konzept angeeignet und übernommen zu werden. Zudem können die darin vorgeschlagenen Veränderungen die Gremien in Kirche und Sozialwirtschaft leicht überfordern. Kaufmännische, technische, juristische und organisationsspezifische (in der Kirche: theologische) Aspekte müssen bei der Bildung unterschiedlicher Szenarien Berücksichtigung finden. Je schwieriger die zu erwartenden Entscheidungen sind, desto mehr Aufmerksamkeit muss den für die Organisation typischen und charakteristischen Faktoren gewidmet werden. Und umso sorgfältiger ist darauf zu achten, dass die interne Kursbestimmung abgeschlossen ist, ehe die öffentliche Diskussion (unpopulärer) Entscheidungen beginnt (vgl unten Teil 5).

*4.5 Abschluss und Perspektive: Das Ziel erreichen*

Erst die verbindliche Vereinbarung von Zielen für die Entwicklung des eigenen Immobilienbestands ermöglicht es der Organisation, Perspektiven für ihre Immobilien nicht nur theoretisch in Erwägung zu ziehen, sondern diese auch zu beschließen und in konkreten Maßnahmen umzusetzen. War das kommunikative Management als Teil des kirchlichen Immobilienmanagements erfolgreich, dann ist die Entscheidung der zuständigen Gremien sein vornehmstes Ergebnis und – zumal unter den oft komplexen Strukturen im sozialwirtschaftlichen und kirchlichen Bereich – der Ausweis seines Gelingens.

Dennoch seien unter kommunikativem Aspekt auch im Blick auf die Integration der Ergebnisse noch einige Anmerkungen und Hinweise gegeben.

Je besser die Schlüsselfiguren des Entscheidungsgremiums vorher in die Visionsarbeit und die Diskussion der Szenarien einbezogen waren, desto zügiger wird in der Regel die Beschlussfassung von statten gehen.

Gemeinsam mit der Entscheidungsebene ist zu überlegen, was diese an Voraussetzungen für das Treffen einer Entscheidung benötigt und was sie zukünftig benötigt, um im Sinn der erarbeiteten Vision und der vereinbarten Ziele handeln zu können.

Andere Ebenen können durch Zur-Verfügung-Stellen ihrer juristischen, kaufmännischen oder organisationsspezifischen Kompetenz im Vorfeld die Entscheidungen erleichtern.

Es lohnt sich, bei der Vereinbarung von Maßnahmen darauf zu achten, dass kurzfristige Erfolge mit eingeplant und gezielt herbeigeführt werden. Die motivierende Funktion der sogenannten „Early Wins" kann kaum überschätzt werden. So wird erfahrbar, dass Neues tatsächlich auch positive Effekte hat.[18]

---

18 Wenn etwa energetische Verbesserungsvorschläge mit eingebracht werden, motiviert dies vielerorts auch zu anderen Maßnahmen. Auf die Wichtigkeit der *„Early Wins"* weist hin: Kotter, Leading Change: Why Transformation Efforts Fail, in: Harvard Business Review No. 2, 1995. Darin benennt er acht Schritte zum Veränderungserfolg (eigene Übersetzung): *1. Bewusstsein für die Dringlichkeit schaffen; 2. Verantwortliche mit Veränderungsbereitschaft gewinnen und zusammenbringen; 3. Die Zukunftsvision ausformulieren und eine Strategie entwickeln, wie Sie dahin kommen; 4. Die Zukunftsvision bekannt machen; 5. Handeln im Sinne der neuen Vision und der Ziele ermöglichen; 6. Kurzfristige Erfolge planen und gezielt herbeiführen; 7. Erreichte Verbesserungen systematisch weiter ausbauen; 8. Das Neue fest verankern.*

Gerade bei kontroversen Entscheidungen wie Umwidmungen oder Veräußerungen tauchen die Hürden für die Entscheidungsgremien manchmal erst nach der Entscheidung auf, wenn sich etwa in der kirchlichen oder kommunalen Öffentlichkeit Widerstand formiert. Je motivierter die Entscheidungsebene am bisherigen Prozess beteiligt war, desto leichter wird sie sich nicht nur bei ihrer Entscheidung tun, sondern auch damit, diese gegen solche Widerstände durchzusetzen.

Im Sinne der Nachhaltigkeit wird sich Immobilienmanagement im sozialwirtschaftlichen und kirchlichen Bereich nicht nur um energetische Belange kümmern, sondern auch fragen, wie neue Betrachtungsweisen fest etabliert und in der Organisation in neue Routinen überführt werden können.

*Alle fünf Schritte in einem Schaubild zusammengefasst:*

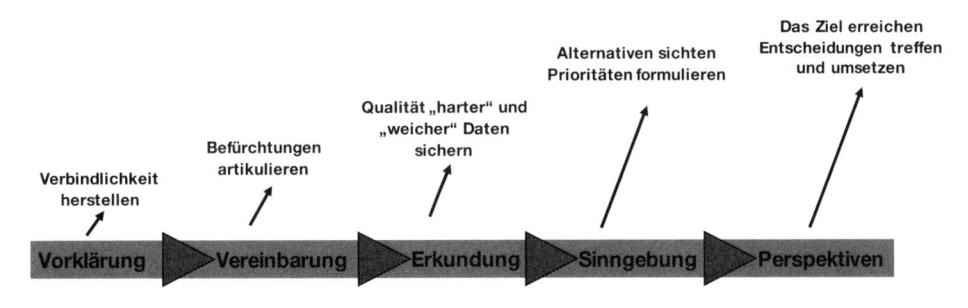

*Abbildung 2: Phasen und Aufgaben im Kommunikationsprozess*

## 5. Hinweise zur Aufgabe externer Kommunikation gegenüber der Öffentlichkeit

Die Umsetzung immobilienwirtschaftlicher Projekte wird gerade im sozialwirtschaftlichen und kirchlichen Bereich von der Öffentlichkeit aufmerksam verfolgt und häufig kritisch beäugt. Entscheidungen in diesen Bereichen betreffen oft den Lebensraum vieler Menschen mit. Auch deren Ängste und Sorgen folgen der oben beschriebenen Logik in Veränderungsprozessen – häufig medial verstärkt. Umso wichtiger ist es, auch die externe Kommunikation von Seiten des Immobilienmanagements professionell zu gestalten: Fakten vermitteln, Sicherheit bieten, Perspektiven zeigen.

### 5.1 Die interne Vorbereitung der öffentlichen Kommunikation

Wie schon unter IV.4. erwähnt, ist für die Umsetzung potentiell unpopulärer Entscheidungen (Verlagerung oder Zusammenlegung von Einrichtungen, Verkauf von kirchlichen Gebäuden usw.) entscheidend, dass die interne Kursbestimmung in den Entscheidungsgremien erfolgt ist, bevor die anstehende Maßnahme der Öffentlichkeit kommuniziert wird. Je mehr öffentlicher Gegenwind zur Maßnahme zu vermuten ist, umso mehr Sorgfalt ist in den Entscheidungsgremien vorab darauf zu verwenden, sich bewusst auf verschiedene Szenarien der öffentlichen und medialen Reaktionen vorzubereiten. In vielen Einrichtungen hält hierfür die eigene Presse- und Öffentlichkeitsarbeit das nötige Know-how vor, andernfalls empfiehlt es sich bei absehbar „öffentlichkeitskritischen" Maßnahmen an dieser Stelle auf externe Unterstützung zurückzugreifen.

Um die Öffentlichkeit zu erreichen ist neben den „offiziellen" Kommunikationskanälen unbedingt auch an die intern Beteiligten zu denken: Ihnen kommt als Multiplikatoren eine wichtige Funktion in der externen Kommunikation zu. Je besser vorab organisationsintern die Loyalität der internen Stakeholder (Eigentümer, Entscheidungsgremien, Mitarbeiter) für die anstehenden Maßnahmen gewonnen werden konnte, desto größer wird deren Beitrag zur Kommunikation auch unpopulärer Entscheidungen in der Öffentlichkeit sein. Da im Zeitalter der Social Media die vernetzte Kommunikation Vieler gegenüber der zentralen Kommunikation von einer Stelle deutlich an Gewicht gewonnen hat, kann die Bedeutung dieser „inoffiziellen" Meinungsbildung in der Öffentlichkeit heutzutage kaum überschätzt werden.[19]

## 5.2 Sinnkommunikation als Führungsaufgabe

Gleichwohl gelten nach wie vor die bewährten Grundregeln der Organisationskommunikation weiter: Sie erfolgt von innen nach außen, und von oben nach unten.[20] Die Aufgaben des kommunikativen Managements sind Führungsaufgabe und sie haben die internen Beteiligten ebenso wie die externe Resonanz im Blick. Extern ist es ebenso wichtig wie intern, den Sinn und die mit der Veränderung im Immobilienbestand verbundene positive Vision zu schildern.

Dafür hilft es, dem Projekt ein attraktives Gesicht zu geben und die Veränderung in eine ansprechende Geschichte zu packen. Dabei ist darauf zu achten, dass die Vorteile des Neuen idealerweise nicht nur beschrieben werden, sondern im Sinne der Idee der „Early Wins" auch möglichst rasch exemplarisch greifbar werden. Sowohl im Bereich der Sozialwirtschaft wie dem der Kirche bietet es sich an, hierfür nicht nur die im engeren Sinne immobilienwirtschaftlichen Aspekte baulicher Details (Bauökologie, energetische Bilanz) zu nutzen, sondern auch die Chancen zu zeigen, die die Immobilien den jeweiligen Nutzerinnen und Nutzern bieten (werden).

Gerade im sozialwirtschaftlichen und kirchlichen Bereich soll am Schluss der kurzen Überlegungen zur externen Kommunikation der Hinweis nicht fehlen, dass auch das Erreichen eines Ziels in Immobilienmanagementprojekten öffentlich kommuniziert werden kann: auch das Gelingen soll und darf gefeiert werden!

---

19 Auch wenn sie natürlich bereits vor der digitalen Kommunikation hoch wirksam war, man vergleiche nur die Bedeutung des Stammtischs für die öffentliche Meinungsbildung in ländlichen Regionen.
20 Zur Unternehmenskommunikation allgemein: Bruhn, Unternehmens- und Marketingkommunikation: Handbuch für ein integriertes Kommunikationsmanagement, 3.Aufl. (2014).

## 6. Special: Unterstützung und Vernetzung im kirchlichen Bereich

Mehr als in anderen Feldern des tertiären Sektors wird im Bereich der verfassten Kirche die komplexe Aufgabe des kommunikativen Managements an der Komplexität unterschiedlicher Zuständigkeiten für die kirchlichen Immobilien sichtbar.

Um Immobilienmanagement erfolgreich in das kirchliche Handeln zu integrieren, braucht es das Wissen um und das Handeln in den beschriebenen Dimensionen von Kopf, Bauch und Hand an drei Orten: *bei der Gemeinde, bei der Mittelbehörde und bei der Landeskirche.*[21] Strategie, Kultur und Struktur erfordern jeweils spezifische Aufmerksamkeit, gerade in der Interaktion zwischen den verschiedenen kirchlichen Ebenen und Akteuren. In kommunikativer Hinsicht stellt dies an die jeweiligen Orte und Ebenen besondere Anforderungen und Erwartungen:

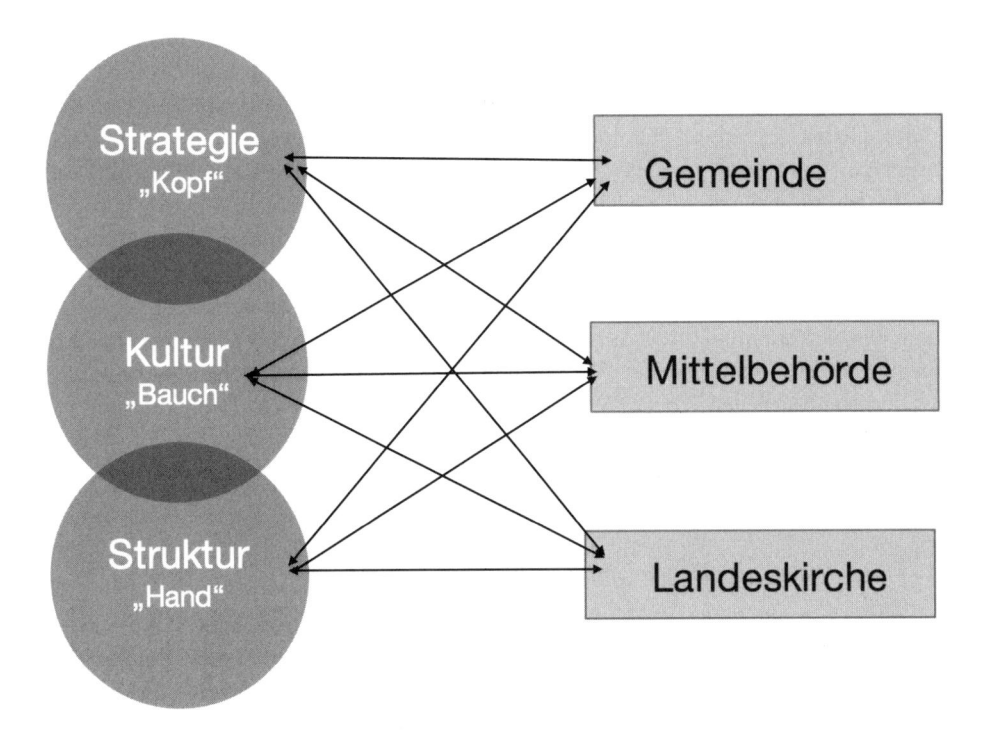

### 6.1 Landeskirchen als Unterstützungssystem

Von *landeskirchlicher Seite* ist gerade auch unter kommunikativen Aspekten zu fordern, dass unterstützende Systeme für die mittlere und die örtliche Ebene bereitgestellt werden. Wenn und wo das Thema Immobilienmanagement als dringlich eingestuft wird, sollte die Dringlichkeit nicht nur verbal formuliert, sondern auch praktisch durch

---

21 Dies gilt sinngemäß ebenso für den Bereich der Katholischen Kirche, auch wenn sich Organisationsdetails unterscheiden.

den Ausweis von Ressourcen realisiert werden. Nur so wird landeskirchliches Immobilienmanagement seine Botschaft glaubwürdig entfalten können. Die Erfahrungen mit kirchlichen Projekten zeigen, wie wichtig dabei klare Zuständigkeiten und mit dem Thema identifizierte Personen sind, die der Sache in der kirchlichen Öffentlichkeit „ein Gesicht geben". Zur Erfüllung der kommunikativen Aufgabe wechselseitiger Verständigung im Immobilienmanagement leisten darüber hinaus auch einheitliche Regelungen, etwa zur Verwendung von Verkaufserlösen, einen wichtigen Beitrag, da sie zu Vergleichbarkeit und Transparenz beitragen.

## 6.2 Zielorientierte Verwaltung

In mancherlei Hinsicht stellen die in diesem Buch beschriebenen Ansätze zum Immobilienmanagement für die kirchlichen Verwaltungen gerade in den *Mittelbehörden* Neuland dar. Gegenüber den dort etablierten Feldern kirchlicher Verwaltung liegt in der strategischen Ausrichtung des Immobilienbestandes an Zielfragen und vergleichenden Kenngrößen eine spezielle Zumutung. Dies betrifft nicht nur die interne Kommunikation des Themas innerhalb der mittleren Verwaltungsebene, wo es gilt, eingefahrene Muster zu überwinden und das Arbeiten in Projekten zu integrieren. Vielmehr sieht sich die traditionell von „Verwaltung" und „Bürokratie" geprägte Mittelbehörde im Rahmen von Immobilienmanagementprojekten mit der für sie bis dato ungewöhnlichen Aufgabe konfrontiert, auch in ihren externen Bezügen ihrerseits an der Zielbestimmung mitzuwirken, bzw. diese selbst zu managen. An dieser Stelle kommen auf Verwaltungskräfte eigene kommunikative Anforderungen zu: Wie können wir Zielfragen im Managementprozess thematisieren? Wie arbeiten wir Zielkonflikte zwischen Beteiligten heraus und wie bearbeiten wir sie? Wo für solche Themen Know-how und Erfahrung fehlen, empfiehlt es sich, für die kommunikative Begleitung größerer Prozesse und Projekt in dieser Hinsicht kompetente Unterstützung durch externe Moderatoren, etwa aus dem Bereich der Gemeindeberatungen in Anspruch zu nehmen.

## 6.3 Vorausschauendes Denken auf gemeindlicher Ebene

Auch die *gemeindliche Ebene*, die im evangelischen Bereich den größten Teil des kirchlichen Immobilienbestands ihr Eigen nennt, steht im Zusammenhang des Immobilienmanagements vor der Herausforderung, Verständigung über den Horizont des eigenen Kirchturms hinaus zu suchen. Denn die mit zielorientiertem Immobilienmanagement einhergehende Transparenz und Vergleichbarkeit erzeugt – im besten Fall – eine Dynamik, in der Region nach Kooperation(en) zu suchen. Damit nicht der entgegengesetzte Fall eintritt, und eine Gemeinde sich noch mehr als zuvor nur noch auf den eigenen Kirchturm konzentriert, braucht es im praktischen Ablauf des kirchlichen Immobilienmanagements Einübung in vorausschauendes Denken und die Entdeckung, dass das Zusammenwirken unterschiedlicher Ebenen und Kompetenzen für die eigene Gemeinde einen Nutzen bringt.

*6.4 Der Beitrag externer Begleitung*

Gerade wegen der Komplexität der Managementaufgabe wird besonders bei umfangreicheren Projekten und Prozessen im kirchlichen Immobilienmanagement zu Recht auf externe Kompetenzen zurückgegriffen. Im Zusammenhang *externer Begleitung* sollte dabei auch auf die kommunikative Aufgabe geachtet werden. Die Herausforderung an die externe Begleitung liegt hier in erster Linie darin, Betroffene zu Beteiligten zu machen und die beschriebenen Phasen kontinuierlich, zielgerichtet und sensibel zu moderieren. Gespür für spezifische Situationen wird daher einhergehen mit dem Ziel, durch den Prozess kommunikativer Verständigung zu nachhaltigen Entscheidungen zu befähigen. Während die Notwendigkeit externer Begleitung für die strategischen und operativen Aspekte, im Bild gesprochen, die Kopf- und Handarbeit, in der Regel rasch gesehen wird, gilt dies nicht immer in gleicher Weise für die Bauch- und Beziehungsarbeit an den kulturell-kommunikativen Aspekten. Allzu oft glaubt man an dieser Stelle in Kirche und Gemeinden irrtümlich, dies mit Bordmitteln selbst bestreiten zu können.

## 7. Zusammenfassung

Die kommunikative Aufgabe im Immobilienmanagement dient dem Ziel, auf dem Weg der Verständigung entscheidungsfähig zu werden. In theoretischer Hinsicht steckt in dieser Bestimmung ein Widerspruch: Das kommunikative Management dient dem strategischen Interesse, zu immobilienwirtschaftlichen Entscheidungen zu kommen. Wo sich Kommunikation auf wechselseitige Verständigung orientiert, sieht sie freilich ihrerseits von strategischen Interessen ab. Paradoxerweise erfüllt in der Praxis das kommunikative Management in den gegebenen Strukturen von Sozialwirtschaft und Kirche diese strategische Aufgabe dann am aussichtsreichsten, wenn es das strategische Interesse (des „Kopfes") nach hinten rückt und das Interesse an gemeinsamer Verständigung ins Spiel bringt und so der („Bauch-")Arbeit an Visionen und Hoffnungen, aber auch an Ängsten und Befürchtungen, Raum und Zeit gibt.

Die moderne Managementtheorie unterstreicht, wie wichtig die Aufmerksamkeit für die kulturellen Faktoren ist, um sich erfolgreich mit der normativen Frage nach dem Warum und dem Wozu zu befassen. Für Immobilienmanagement in Sozialwirtschaft und Kirche steckt darin der Hinweis, dass es dort auf verheißungsvollem Wege ist, wo es als integraler Managementprozess alle drei Momente der Kultur, der Strategie und der Struktur bearbeitet, also mit Kopf, Bauch und Hand betrieben wird. Gerade weil sich in der Praxis rasch charakteristische Schwerpunkte ergeben und blinde Flecken sich stillschweigend einschleichen, ist dieser Zusammenhang außerordentlich wichtig, um problematische Engführungen zu vermeiden, wie sie sich nahe legen, sobald man das Management sozialwirtschaftlicher oder kirchlicher Immobilien nur in einer Perspektive angeht.

# III.
Analyse und Bewertung des Immobilienbestandes

# 1. Portfolioanalyse, Benchmark, Balanced Scorecard

*Herwig Teufelsdorfer*

*Die wertoptimale Bewirtschaftung vorhandener Immobilienbestände gewann in den letzten fünfzehn Jahren sukzessive an Bedeutung, weg von einer „buy-and-hold" Strategie hin zu „buy-and-manage". Unabhängig von den übergeordneten Zielen, wie Ertragsoptimierung oder dauerhafter Werterhalt z.B. im Sinne der Schaffung der Basis für die Absicherung gemeinnütziger Verwendung, ist der professionelle Umgang und die vorausschauende Bewirtschaftung des Bestandes eine unabdingbare Voraussetzung für die Erreichung der definierten Ziele.*

## 1 Portfolioanalyse

Die Kenntnis des eigenen Bestandes, dessen Besonderheiten und Schwierigkeiten – sei es am Objekt oder im jeweiligen örtlichen Umfeld – bilden das Fundament auf dem eine nachhaltige, wertoptimale Bewirtschaftung fußt – „know your assets".

Die laufende, strukturierte Analyse des Bestandes, seines Umfeldes und dessen Entwicklung ermöglichen den Aufbau eines Regelsystems, welches eine vorausschauende Beplanung des eigenen Portfolios ebenso ermöglicht, wie auch das kurzfristige Reagieren auf nicht vorhersehbare Ereignisse.

### 1.1 Einführung in das Portfoliomanagement

Der Begriff des Portfolios setzt sich aus den beiden französischen Wörtern „porter" – tragen und „feuilles" das Blatt, zusammen. Es kann damit die Gesamtheit von Wertanlagen oder Wertpapieren genauso gemeint sein, wie Sammlung von Methoden, Anwendungen, Verfahren in beliebigen Anwendungsbereichen. Im Bereich der Finanz- und Immobilienwirtschaft wird darunter die Gesamtheit der Vermögenswerte einer natürlichen oder juristischen Person umfasst.

Die Portfolioanalyse als erforderliche Voraussetzung für die dauerhafte erfolgreiche Bewirtschaftung eines Portfolios umfasst die gleichzeitige Betrachtung der Wertanlagen/Immobilien und deren Wechselwirkung zueinander. So gilt es die Qualität des Objektes in seiner Gesamtheit (Alter, Zuschnitt, Drittverwendungsfähigkeit, Betriebskosten, Erreichbarkeit, etc.) selbst zu betrachten, wie auch den weiteren (Makro-) und engeren (Mikro-) Standort des Objektes. Es kann nach der ersten Definition und Erfassung der zu betrachtenden Faktoren und deren Ausprägung (konkrete Werte) dem jeweiligen Objekt eine Stellung im Portfolio zugewiesen werden.

Aus dieser Betrachtung kann die Strategie für den weiteren Umgang mit dem konkreten Objekt oder eventuellen Zukauf weiterer entschieden werden. Dies hängt jedoch – über die reine Betrachtung des Einzelobjektes hinaus – auch wesentlich von der Wechselwirkung der Objekte untereinander ab (wenn bereits ein Gemeindezentrum im

Portfolio ist und dieses nicht in der erhofften Frequenz angenommen wird, so macht es keinen Sinn ein zweites in unmittelbarer Umgebung dazu zu kaufen oder zu bauen).

Immobilien-Portfoliomanagement ist somit der methodische, wertoptimale Umgang mit Immobilien, bei Analyse der einzelnen Objektgegebenheiten sowie deren Wechselwirkung untereinander unter Einbezug des sie umgebenden Umfelds.

*1.2 Typologisierung des Portfoliomanagements*

Die Portfoliomanagementmethoden lassen sich grundsätzlich in zwei Gruppen unterteilen:
- Managementorientierte Ansätze
- Finanztheoretische Ansätze

Die Managementorientierten Methoden entstanden in den 70er und 80er Jahren im Rahmen der Optimierung von Produktportfolien. Es sind dies die sogenannte 4-Felder-Matrix der Boston Consulting Group (BCG-Matrix) und die 9-Felder-Matrix von McKinsey (McKinsey-Matrix).

Ziel der Portfolioanalyse anhand von Matrizen ist die Ermittlung der Stellung des einzelnen Objektes in der Matrix und die Ableitung von Strategien für den Umgang mit dem jeweiligen Objekt. Die jeweilige Matrize wird durch zwei Achsen aufgespannt, jede der Achse repräsentiert einen Parameter (z.B Mietwachstum, Marktattraktivität, o.ä.). Dieser Parameter kann als direkt messbare oder abgeleitete Größe (hier werden unterschiedliche Kenngrößen ermittelt) gewichtet und daraus ein Parameter abgeleitet (Multifaktoren-Modell) werden.

### 1.2.1 Die Vier-Felder- oder BCG-Matrix

Die BCG-Matrix zielt auf den Markt und die eigene Stellung (des Objektes) im Markt. Dies spiegelt sich auch in der Definition der Achsen/Parameter wider: Relativer Marktanteil (horizontal) und Marktwachstum (vertikal).

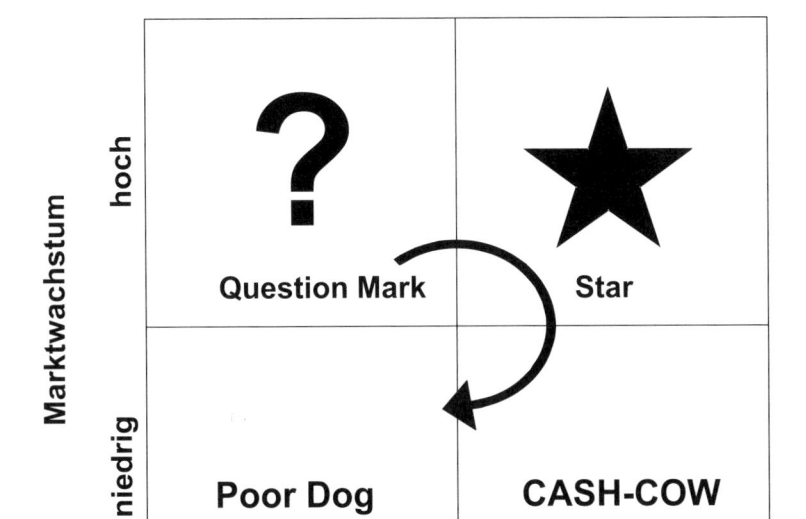

Der der BCG-Matrix zugrunde liegende Lebenszyklus sieht wie folgt aus:

*Abbildung 1: 4-Felder Matrix*

- *Phase 1 – Question Mark:*
  Das Produkt wird im Markt platziert, der Erfolg zeigt sich erst nach Einführung im Markt.
- *Phase 2 – Star:*
  Das eingeführte Produkt ist zum Erfolg geworden und erobert immer höhere Marktanteile, der Investitionsbedarf in die Vermarktung des Produktes ist sehr hoch
- *Phase 3 – Cash Cow:*
  Das Produkt ist fixer Bestandteil des Marktes, der Marktanteil kaum ausbaubar. Die Aufwände zur Erhaltung der Marktposition sind gering die Erträge hoch.
- *Phase 4 – Poor Dog:*
  Das Marktwachstum ist nach wie vor gering, der eigene Marktanteil durch die auf den Markt gekommenen Substitutionsprodukte von Mitbewerbern laufend gesunken.

Bezogen auf die Immobilienwirtschaft bedeutet das, dass die Qualität des Objektes selbst nur mittelbar abgebildet werden kann. Da im Immobilienbereich, vielleicht mit Ausnahme von Sonderimmobilien, der eigene Marktanteil meist verschwindend gering ist und eine Änderung desselben immenser finanzieller Mittel bedarf, ist die Verwendung der Vier-Felder-Matrix im Rahmen der Immobilienwirtschaft eher unüblich.

Obwohl Ihre Anwendung im Bereich der Konsumgüter verankert ist, kann es aber doch auch im Immobilienbereich sinnvoll sein, sie anzuwenden, Voraussetzung dafür ist allerdings, dass das eigene Objekt einen entsprechenden Marktanteil hat bzw. bei Markteintritt einen entsprechenden Anteil haben wird, z.B. Errichtung des ersten 4-Sterne-Hotels in einer Region, Errichtung eines Hallenbades in einem Landkreis, etc.

### 1.2.2 Die 9-Felder- oder McKinsey-Matrix

Die 9-Felder-Matrix bezieht in Ihrer Darstellungsform den Markt in dem sich ein Objekt befindet ebenso ein, wie das Objekt selbst. Auf den Achsen werden entsprechend horizontal der „Relative Wettbewerbsvorteil" als Maß für die Qualität eines Objekts und vertikal die „Marktattraktivität" als Maß für den Markt, abgebildet.

Die Achsen haben eine Skalierung von 0 bis 100, die jeweiligen Werte werden über ein Multifaktorenmodell ermittelt. Es ist so die fallbezogene Anpassung des Modells über unterschiedliche Gewichtungen der einzelnen Faktoren möglich.

Anzumerken ist, dass die Auswahl der zu berücksichtigenden Faktoren ebenso im Team erfahrener Fachleute mit Kenntnis der einzelnen Objekte und Märkte durchgeführt werden sollte, wie auch die Gewichtung der einzelnen Faktoren.

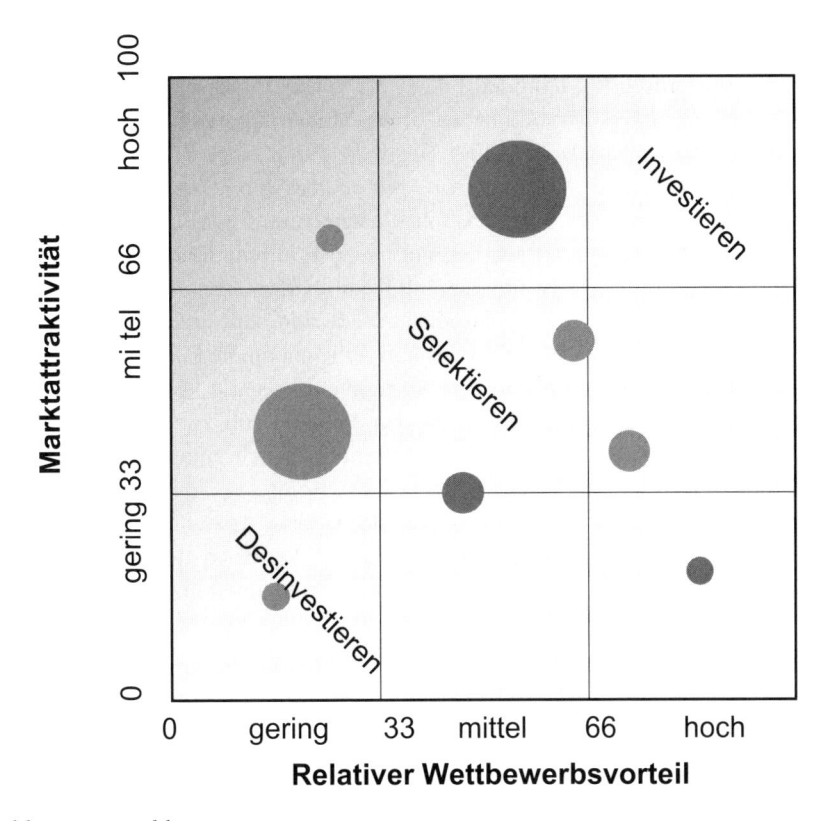

*Abbildung 2: 9-Felder-Matrix*

Ein weiterer Vorteil der Portfolioanalyse über die 9-Felder-Matrix ist die Möglichkeit die einzelnen Objekte oder auch Standorte der Immobilien nicht nur als Punkte sondern als Kreise darzustellen und über den Durchmesser des Kreises eine weitere Messgröße in die Darstellung zu verpacken.

So könnte z.B. die Miete/m², die Betriebskosten/m², der Reinertrag/m² oder aber die Summe der Flächen pro Standort eine darstellbare Analysegröße sein, je nach Anforderung sind der Phantasie keine Grenzen gesetzt.

Aufbauend auf die visuelle Darstellung von Analyseergebnissen können unmittelbar erforderliche Maßnahmen abgeleitet und konkrete Arbeitsanweisungen erstellt werden. So wird man sich im Bedarfsfall eher von Objekten mit höheren Betriebskosten und geringerem Reinertrag trennen als umgekehrt. Je größer der Kreis des Radius ist, der die Betriebskosten definiert, umso eher muss bei dem Objekt gehandelt werden.

Über die Zuordnung der Objekte/ des Portfolios in der Matrix lassen sich sehr rasch Normstrategien erkennen, die es ermöglichen in einem nächsten Schritt konkrete Handlungen abzuleiten. In dieser Darstellungsform ist es durch die Normierung der Achsen möglich auch Objekte unterschiedlicher Nutzungsarten miteinander in Beziehung zu setzen.

## 1.2.3 Moderne Portfoliotheorie nach Markowitz

Die finanzmathematischen Methoden bilden die zweite Gruppe der Portfoliomanagementmethoden. Besonders hervorzuheben ist die Moderne Portfoliotheorie nach Henry M. Markowitz, deren Ansatz auf einer Diversifizierung eines Portfolios nach Risiko und Renditegesichtspunkten basiert: *„Don't put all eggs in one basket"*.

Über die Anwendung der Wahrscheinlichkeitsrechnung wird die Korrelation von Anlageprodukten ermittelt und nach den optimalen Kombinationen gesucht, bei denen die für den Anleger optimale Risiko-Rendite-Kombination erreicht werden kann. Dies kann – für Risiko averse Anleger – das Ziel sein, Rendite mit geringstem Risiko zu erreichen oder – bei definierter Risikobereitschaft – die maximale Rendite zu erzielen.

Erreicht wird das über die Kombination möglichst negativ korrelierender Anlagen (Korrelation -1: Ich spezialisiere mich auf den Verkauf von zwei Produkten: Regenschirme und Sonnencreme, i.d.R. ist es mir immer möglich zumindest mit einem der beiden Produkte Umsatz zu erwirtschaften).

Weitere finanzmathematische Ansätze sind das Capital Asset Pricing Model und die Arbitrage Pricing Theorie, die beide aufgrund der im Vergleich zum Aktienmarkt sehr geringen Anzahl an Transaktionen nur sehr beschränkt im Immobilienbereich eingesetzt werden.

## 1.3 *Analyse als Grundlage erfolgreichen Handelns*

Um Immobilienportfolios dauerhaft erfolgreich bewirtschaften zu können ist es wesentlich laufende Analysen durchzuführen, diese zu interpretieren und gegebenenfalls auch an geänderte Rahmenbedingungen anzupassen.

So sollte vor Beginn klar abgeklärt werden, zu welchem Zweck die Analyse durchgeführt und was mit dem Ergebnis der Analyse bewerkstelligt werden soll. Geht es z.B. darum den Betrieb der Objekte zu optimieren oder soll das Potential einzelner freiwerdender Objekte – z.B. im Rahmen von Flächenzusammenlegungen – ermittelt werden.

Die Fragestellung nach dem Ziel der Analyse ist ebenso wesentlich für den Erfolg geplanter Maßnahmen, wie die Ermittlung der zur Analyse notwendigen Daten.

- Definition des Analyse Zieles – Wozu soll analysiert werden?
- Definition des Analysegegenstandes – Welche Objekte, Aspekte sollen analysiert werden?
- Definition der zielführenden Vorgehensweise – Wie kommen wir zum Ergebnis?
- Definition der zur Analyse erforderlichen Daten – Was brauchen wir zum Durchführen der Analyse?
- Überprüfung des Vorhandenseins der Daten – Wer hat die Daten in welcher Form?
- Überprüfung der Aktualität der Daten – Sind die Daten zeitnah?
- Überprüfung der Richtigkeit der Daten – Sind die Daten belastbar?
- Überprüfung der späteren Reproduzierbarkeit der Daten – Können wir die gleiche Analyse bei gleichem Ergebnis in einem Jahr nochmals machen?

## 1.4 Methoden und Tools zur Analyse

Die systematische, laufende und strukturierte Pflege der Daten zu den Objekten stellt die Basis für die wertoptimale Bewirtschaftung des Portfolios dar. So können die Daten zum Bestand z.B. in folgende Gruppen unterteilt werden:
- Wirtschaftseinheit (Nutzungsart, Gebäudezustand, Grundbuchdaten, Anzahl und Umfang der Mieteinheiten, Mieterdaten)
- Kosten und Erlösdaten (Mieten, Pachten, sonstige Erlöse, Betriebskosten – verrechenbar – nicht verrechenbar, Instandhaltungskosten, Anschaffungskosten, Leerstandskosten)
- Markt- und Standortdaten (Lage, Marktmieten, Entwicklung der Marktmieten, Bodenwertverzinsung, wirtschaftliches Umfeld)
- Unternehmensdaten (Standortprogramm, Bedarfsprogramm, Raum- und Funktionsprogramm)

### 1.4.1 Stamm- und Bewegungsdaten

Ebenso lassen sich alle Daten in Stammdaten und Bewegungsdaten unterteilen. Während erstere von langfristigem Bestand sind, ändern sich die Bewegungsdaten in (regelmäßigen) Abständen, dieser Umstand sollte sich auch auf das Berechtigungskonzept betreffend Datenpflege auswirken und die Frage gestellt werden, wer welche Daten bzw. Datengruppen eigenständig ändern darf („Darf der Objektbuchhalter die vermietbare Fläche eines Objekte selbst ändern oder nur in Zusammenarbeit mit dem Immobilienmanager?").

### 1.4.2 Daten zur Erstbeurteilung

Wesentliche Daten zur Erstbeurteilung eines Objektes/ Portfolios sollten sein:
- Adresse
- Ausmaß der vermiet-/nutzbaren Fläche des Objektes
- Ausmaß der (überbauten) Grundstücksfläche
- Bebaubarkeit/ Ausnutzung der gegebenen rechtlichen Rahmenbedingungen
- Erschließung des Grundstückes
- Makrolage des Objektes (hoch/mittel/gering)
- Mikrolage des Objektes (hoch/mittel/gering)
- Eigentumsverhältnisse (Eigentum, Erbbaurecht, o.ä.)
- Belastungen (Dienstbarkeiten, Besicherungen, etc.)
- Aktuelle Nutzung (welche Nutzung dominiert)
- Art und Ausmaß der vermietbaren/ nutzbaren Flächen
- Zustand im Sinne von Modernisierungskosten oder eines eventuellen Instandhaltungsrückstaus

### 1.4.3 Bildung von Gruppen einheitlicher Eigenschaften – Clusterung

Eine breit angewandte Methode zur Analyse großer Bestände ist die sogenannte Clusterung, bei dieser geht es um die Ermittlung von Gruppen (Cluster) mit gleichen Eigenschaften innerhalb des Clusters, nach unterschiedlichen Parametern.

Diese können u.a. sein:
- Performance Parameter,
- Risiko-Profile,
- Cashflow-Profile,
- Marktbedingungen,
- Objekteigenschaften

Eine wesentliche Aufgabe der Clusterung ist auch das Aufdecken von Quersubventionen innerhalb vorhandener Bestände. Anforderungen denen eine Clusterung standhalten muss sind Strategiekonsistenz, Ausrichtung auf die Kernkompetenzen, Schaffung von mehr Transparenz und Aufzeigen von möglichen Synergien.

Die Clusterung eines Bestandes sollte ein Immobilienbestand im „Ist" abbilden, um so den erhaltenswerten Bestand zu identifizieren und etwaige Verwertungsnotwendigkeiten wie, Verkauf, Entwicklung oder Nachvermietung aufzuzeigen. Darüber hinaus ist die Identifikation von Kosten- und Werttreibern ein sinnvoller Nebeneffekt die auch – in weiterer Folge – die Steuerung und Optimierung des Portfolios ermöglicht.

### 1.4.4 Vorgehensweise zur Clusterung von Beständen

Die Vorgehensweise im Rahmen der Analyse beginnt mit der aus den Unternehmenszielen abgeleiteten Immobilienstrategie und der Merkmale nach denen die Clusterung vorgenommen werden soll. Für die so gebildeten Cluster können danach Empfehlungen zum Umgang mit den darin befindlichen Objekten definiert werden, die so genannten Normstrategien. Nach der Ableitung der Szenarien, die sich aus Zielen für die Cluster ergeben, sollten die so erhaltenen Ergebnisse wieder „bottom up" bis zur Immobilien- und Unternehmensstrategie zurückgespielt werden. Dies ermöglicht eine Überprüfung, ob die abgeleiteten Maßnahmenbündel in ihrer Wirkung der Immobilienstrategie entsprechen.

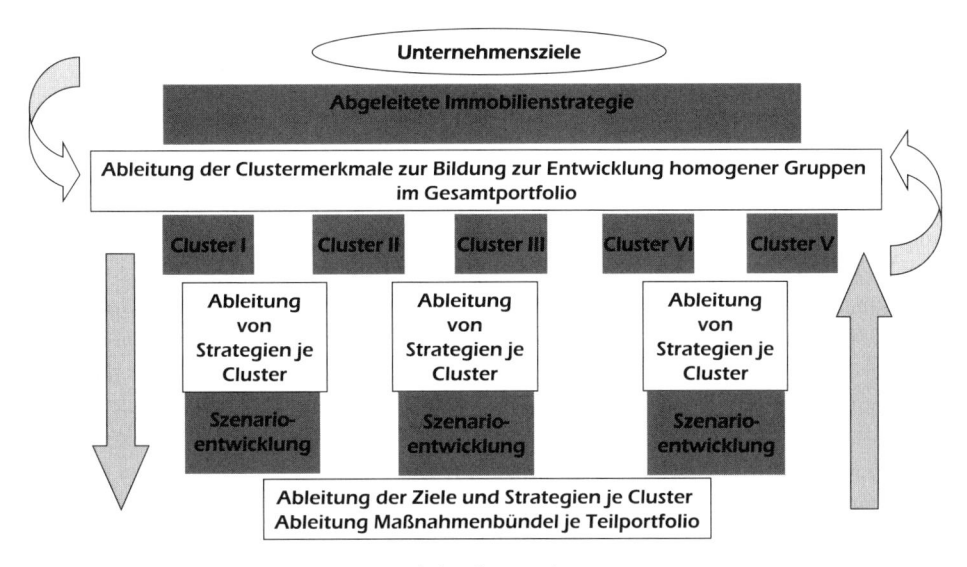

*Abbildung 3: Clusterung eines Immobilienbestandes*

Wie eine Clusterung eines gemeinnützigen Bestandes bespielhaft aussehen könnte sei an folgenden Überlegungen festgemacht:

In einem ersten Schritt wird im gemeinnützigen Bereich die Frage zu stellen sein, ob es bei dem betrachteten Objekt erforderlich ist einen Überschuss zu erwirtschaften oder der Non-Profit Gedanke im Vordergrund steht. In einem weiteren Schritt wird man jene Merkmale herausarbeiten, die eine weitere sinnvolle Unterteilung in Gruppen erlauben. Diese können z.B. sein:
– Eigentum oder Anmietung
– Bebautes oder unbebautes Grundstück
– Drittverwendungsfähigkeit oder Sonderimmobilie
– Eigennutzung oder Vermietung
– Gebäudezustand (gut / mittel / schlecht)
– ...

So können nach der Erfassung des Gesamtbestandes, für weitere Betrachtungen auch Objekte mit bestimmten Eigenschaften von der weiteren Analyse ausgeschlossen werden: Einmietungen bei Fremden, Erhaltene Erbbaurechte, Einmietungen bei verwandten Unternehmen, damit wird in einem ersten Schritt das Portfolio unmittelbaren Eigentums ermittelt. Im nächsten Schritt stellt sich die Frage ob das betrachtete Eigentum aus Grundstücken besteht, diese werden sofort in einem Cluster „Grundstücke" zusammengefasst. Danach werden Wohnimmobilien in einem eigenen Cluster zusammengeführt. Desgleichen kann mit Wohnobjekten, Kindertagesstätten u.ä. verfahren werden, danach werden die entsprechenden Sonderimmobilien definiert, wie z.B. Kirchen, Krankenhäuser, Pflegeeinrichtungen, o.ä.

Quer über alle Cluster können nun Kriterien, wie z.B. Mieteinnahmen oder jährlicher Instandhaltungsaufwand p.m² herangezogen werden. Dabei ist es notwendig das Ziel der Analyse definiert zu haben. Dies deshalb, da es um die Unterscheidung von Cashflow- oder Kosten-Portfolio geht. So wird die Zielrichtung der Betrachtung einer Kirche nicht in der Maximierung der Mieteinnahmen liegen, sondern eindeutig in der kostenoptimalen Verwendung der zur Verfügung stehenden Mittel für die Instandhaltung und den Betrieb.

Für die Clusterung des Cashflow-Portfolios könnten so z.B. weitere Cluster nach Miethöhen gebildet werden, während für das Kostenportfolio weitere Unterteilungen z.B. nach dem Gebäudezustand gebildet werden könnten. Bei der Bildung von Clustern sollte grundsätzlich nach dem Prinzip "So viel wie nötig, aber so wenig wie möglich" vorgegangen werden, da eine zu große Anzahl an Clustern dazu führt, dass sich tendenziell zu wenige Objekte pro Cluster ergeben oder einzelne Cluster nicht befüllt werden können, umgekehrt ist es sehr schwierig treffsichere Handlungsanweisungen aus den Analysen abzuleiten, wenn die Clusterung zu wenig differenziert ausfällt.

1.4.5 Zuordnung der Objekte in Cluster und Überprüfung

Das vorhandene Portfolio wird nun auf die zuvor ermittelten Cluster aufgeteilt. Ist dies geschehen, so werden die einzelnen Cluster auf ihre Konsistenz hin überprüft:
– passen die Objekte in die Cluster?
– wie verhält sich die Anzahl der Objekte eines Clusters zu der anderer?
– wäre es sinnvoll Cluster zusammenzufassen, neue zu bilden?

Sind die Cluster definiert so erfolgt in einem nächsten Schritt die Ableitung der Normstrategie für den Cluster inklusive der Definition möglicher Szenarien.

*1.5 Definition und Ableitung von Normstrategien*

Normstrategien dienen der groben übergeordneten Zuordnung von Handlungsempfehlungen, die sich an der Unternehmensstrategie orientieren und je nach Struktur des Bestandes über mehrere Ebenen bis hin zu den einzelnen Clustern heruntergebrochen werden.

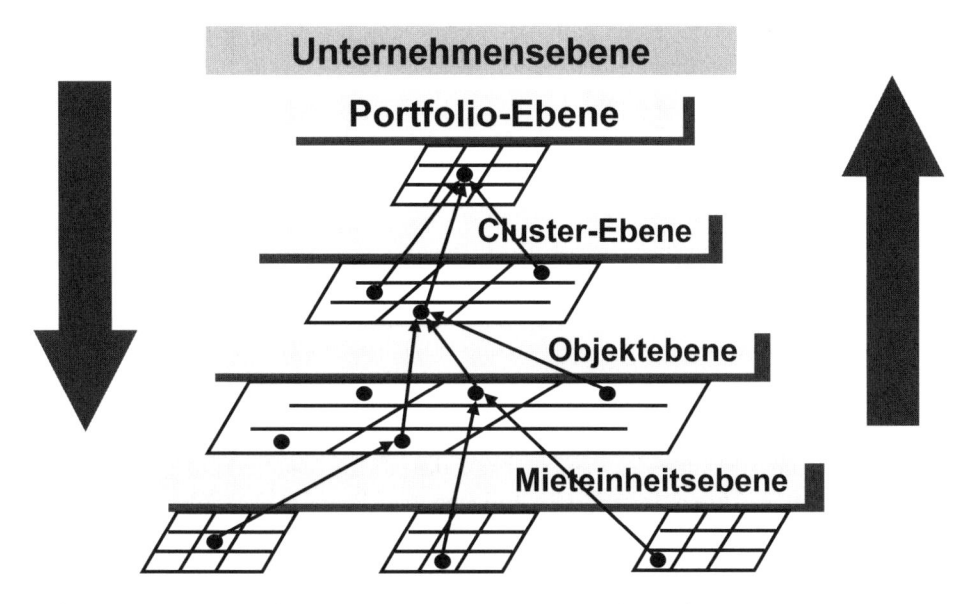

*Abbildung 4: Prinzip Ableitung der Normstrategie top-down, bottom-up*

### 1.5.1 Drei Grundentscheidungen als Basis der Normstrategien

Im Wesentlichen lassen sich diese Normstrategien immer auf drei Grundentscheidungen zurückführen:
- Bestand konstant halten
- Eingriff am Objekt
- Bestand verändern

### 1.5.2 „Bestand konstant halten"

Im Falle der Beibehaltung des Bestandes bietet sich die Einführung eines effizienten Kostenmanagements an, hierbei werden die am Objekt anfallenden Kosten in ihrer Art und Höhe analysiert und danach Maßnahmen zur Verringerung der Kosten definiert. Wenn man sich überlegt, dass der Nutzer/Mieter einen Betrag für die Ausgaben im Zusammenhang mit der Anmietung von Flächen hat, so ist es nahe liegend, dass jede Verbesserung der Relation zwischen Miete und Betriebskosten („Zweite Miete") dem Eigentümer zugute kommt. Sind die Betriebskosten entsprechend gering verbleibt ein mehr an Miete für den Vermieter. Im Falle von eigengenutzten Immobilien trifft dies im gleichen Ausmaß zu, da als einzige auszahlungswirksame Komponente die Betriebskosten überbleiben.

Für den Fall, das es sich bei der betrachteten Immobilie um eine vermietete oder aber durch Dritte genutzte Immobilie handelt, so bieten sich auch Maßnahmen zur Bindung der Mieter bzw. der Nutzer an. Dies ist sinnvoll, weil damit die Nachhaltigkeit der Mieteinnahmen oder aber die Akzeptanz der Einrichtung bei einem weiten Teil der

Bevölkerung abgesichert werden kann. Dies begünstigt die Ausgangsposition in etwaigen Verhandlungen mit öffentlichen Stellen oder anderen Geldgebern.

### 1.5.3 „Eingriff am Objekt"

Lautet die Entscheidung auf „Eingriff am Objekt", so eröffnen sich eine Vielzahl an Ansatzpunkten zur Optimierung des Bestandes. So ist in diesem Handlungsfeld ein optimales Leerstandsmanagement – mit den Fragen an wen, wie lange und zur welchen Konditionen vermietet werden soll – genauso beinhaltet, wie eine mögliche Sanierung des Objektes oder umfangreichere Instandhaltungsmaßnahmen. Wobei Instandsetzungsmaßnahmen strukturiert zu erfassen und zu planen sind[1]

### 1.5.4 „Bestand verändern"

Soll der Bestand verändert werden, so kann dies durch den Verkauf von Objekten ebenso erfolgen wie durch Ankauf oder Projektentwicklung.

### 1.5.5 Mögliche Struktur für erste Normstrategien

Eine erste Tabelle zur Zuordnung von Normstrategien könnte wie folgt aussehen.

|  | Rentabilität | | |
|---|---|---|---|
|  | Hoch-sehr hoch | Mittlere | niedrig -sehr niedrig |
|  | Gebäudezustand | | |
| Gebäudezustand | gut | gut | gut |
|  | mittel | mittel | mittel |
|  | schlecht | schlecht | schlecht |

| Cash cow | Optimieren | Selektieren |
|---|---|---|
| Halten | Halten | reduzieren |

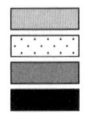

- Halten ohne Modifikation
- Halten und Optimieren
- Selektion mit Optionen (reduzieren / optimieren)
- Bestand und/oder Kosten des Clusters (Verkauf, Aufwertung mit Mietpreisanpassung (Sanierung), Kostensenkung)

*Abbildung 5: Ableitung der Normstrategie auf Basis Rentabilität und Gebäudezustand*

### 1.5.6 Verfeinerung und Konkretisierung der Normstrategien

In einem nächsten Schritt können die möglichen Vorgehensweisen als Handlungsempfehlungen ausformuliert werden. Dies könnte wie folgt aussehen:

---

1 Dazu ausführlich, Raschper, Feststellung des Investitionsbedarfs und seine Priorisierung, Kapitel VIII, Teil 2, S. 432ff.

*1. Portfolioanalyse, Benchmark, Balanced Scorecard*　　　　　　　　　　　　　　123

– Halten / Optimieren: „Verringerung der Leerstandsquote, Risikoanalyse"
– Optimieren / Investieren: „Überprüfung der Objektqualität, Verbesserung der Qualität, aktives Leerstandsmanagement"
– Halten: „Behandlung als „Cash Cow", langfristige Strategie überprüfen"
– …

*1.6 Standards für nachvollziehbare Entscheidungen*

Da in der Regel die aktive Arbeit am Objekt Kosten auslöst und diese von den entsprechenden Gremien entweder als Einzelantrag oder aber im Zuge der jährlichen Budgetierung des Bestandes freigegeben werden müssen, ist es erforderlich die zugehörigen Informationen in eine verständliche Form zu bringen und soweit zu verdichten, dass eine erstmals mit der konkreten Thematik befasste Person schnell, umfänglich und ausreichend informiert wird.

Die Strukturierung – im Vorfeld der Einholung von Gremienbeschlüssen – kann in Form von Entscheidungsvorlagen erfolgen, diese sollten mindestens drei Bereiche enthalten:
– Darstellung der Ausgangssituation
– Erklärung der geplanten Maßnahme
– Darstellung des Situation nach Durchführung der Maßnahme

Je kostenintensiver die zu genehmigende Maßnahme ausfällt, umso umfangreicher sollte die Entscheidungsvorlage sein.

Für den Ankauf oder Verkauf wird folgende Gliederung vorgeschlagen:
– Ist-Situation (Stellung im Portfolio, Standort und Lage, Flächen, Zustand, Instandhaltung, aktuelle Vermietungssituation)
– Marktsituation inkl. deren Einfluss auf die Zukunft des Objektes
– Maßnahmen (Beschreibung und Kostenschätzung der Varianten, Präferierte Variante)
– Mietkalkulation (Ergebnisblatt, Diskussion der Faktoren der Kalkulation)
– Umsetzung (Projektauftrag und –organisation, Projektplan)
– Risiken und Chancen (Stärken/Schwächen, Chancen/Gefahren)
– Empfehlung an das Gremium

Die Beigabe von Bildern und ergänzenden Unterlagen ist hilfreich, der Umfang wird vom Einzelfall abhängen. Eine Information der Entscheidungsträger vor der Gremiensitzung ist in jedem Fall empfehlenswert.

## 2 Benchmarking

Unter dem Begriff Benchmarking versteht man die Gegenüberstellung von Kennwerten unterschiedlicher Objekte zur Feststellung von Unterschieden, deren Ursachen – soweit diese Unterschiede beseitigt werden sollen – im Sinne einer Optimierung ausgeglichen werden können. Um das gesamte Potential im Rahmen einer derartigen Vorgehensweise heben zu können, ist es sinnvoll sich am (kennzahlenweise) „Best in Class" zu orientieren, wobei – zugegebener Maßen – die Identifikation dessen nicht immer einfach ist.

## 2.1 Ziele und Bedingungen für die Anwendung von Benchmarking

Benchmarking dient als Instrument zur standardisierten Betrachtungsweise des Bestandes, mit dem Ziel des Aufzeigens von Verbesserungspotentialen und dem Feststellen der eigenen Position. Der Vergleich kann sowohl mit eigenen Objekten als auch mit Objekten fremder Bestände erfolgen oder aber durch den Vergleich mit branchenüblichen Werten. Dies könnte in Bezug auf Kosten der Bewirtschaftung von Bürogebäuden zum Beispiel der jährlich von JonesLangLasalle[2] herausgegebene Bericht „OSCAR" sein.

Voraussetzungen für ein zielführendes Benchmarking sind:
– Definition der Benchmark-Ziele (in Abstimmung auf Bestandsstrategie)
– Ableiten der zu vergleichende Kennwerte
– Strukturieren des Datenbestands
– Akzeptanz bei Führung und betroffenen Mitarbeitern

## 2.2 Daten und Informationen

Das Benchmarking kann einen wesentlichen Beitrag im Rahmen der Portfolioanalyse darstellen, Voraussetzung dafür ist aber auch hier eine belastbare Datenbasis. Unter zu Hilfenahme des nachstehendem Strukturbaums empfiehlt es sich in einem ersten Schritt zu untersuchen, ob die grundsätzliche Stoßrichtung die Steigerung von Erlösen sein soll, dies wird am ehesten bei drittmarktfähigen Objekten der Fall sein, oder ob die Verbesserungen in Richtung Reduktion der Kosten gehen soll.

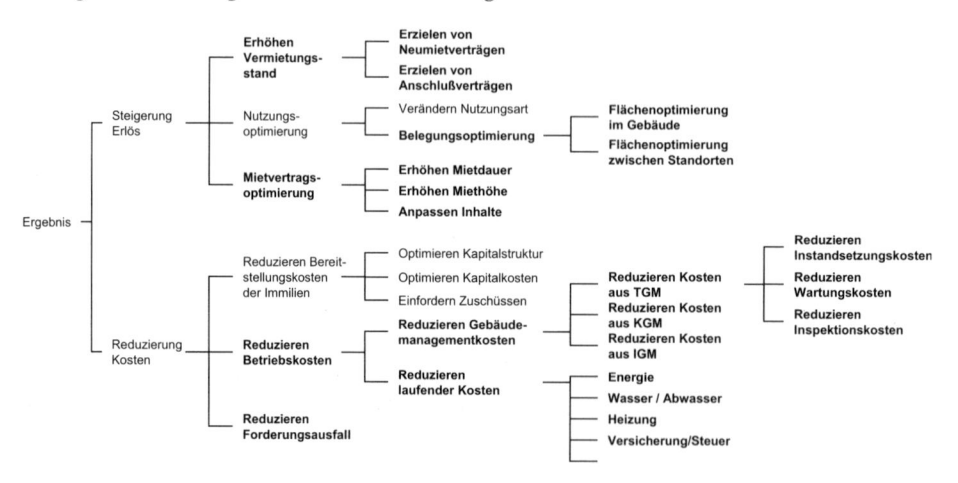

*Abbildung 6: Strukturbaum Benchmarking*

Ist diese erste Entscheidung getroffen, so wird entlang der Struktur versucht für die einzelnen Maßnahmen Kennwerte zu definieren, die in das Benchmarking einfließen können. Folgende Fragestellungen sollen die zielgerichtete Definition der Kennwerte unterstützen:

---

2  www.joneslanglasalle.com.

*1. Portfolioanalyse, Benchmark, Balanced Scorecard* 125

– Welche Daten sind erforderlich um das Ziel zu erreichen?
– Sind die Daten:
  – Vorhanden – wenn ja, wo?
  – Generierbar – mit welchem Aufwand?
  – Aktuell – in welcher Frequenz werden diese Daten generiert?
  – Repräsentativ – spiegeln die Daten die tatsächliche Situation wieder?
  – Ist der Datenumfang für ein portfolioweites Benchmarking geeignet?

*2.3 Kennzahlen im Rahmen des Benchmarking*

Mögliche Kennzahlen für das Objekt-Benchmarking können sein:
– Rendite des Objektes
– Instandhaltungskosten / m²
– Leerstandskosten
– Betriebs-, Heizungs-, Aufzugskosten
– Energiekosten, Reinigungskosten
– Fläche pro Arbeitsplatz bzw. Mitarbeiter, Bett, betreutem Patienten, etc.

Anhand dieser Kennzahlen können nun die einzelnen Objekte miteinander verglichen werden und über eine weitere Analyse ermittelt werden, was die Ursachen für Abweichungen der Kennwerte der Objekte sind. Die so durchgeführte Analyse wird dahingehend fortgeführt, dass mögliche Ansatzpunkte zur Verbesserung identifiziert und Maßnahmen zur operativen Umsetzung definiert werden. Die dabei erarbeiteten Erkenntnisse können in einem weiteren Schritt innerhalb des Unternehmens/ der Gruppe gesammelt, systematisiert und so – im Sinne einer lernenden Organisation – weitergegeben und ständig ausgebaut werden. Diese systematische Aufbereitung hilft auch bei wiederkehrend durchgeführtem Benchmarking, da nicht immer neu begonnen werden muss, sondern auf den Erkenntnissen und Mustern der vorangegangenen Durchgänge aufgebaut werden kann.

Solange es sich bei den zu vergleichenden Objekten um drittmarktfähige Objekte, wie z.B. Bürogebäude handelt, so ist es einfacher möglich sich diesbezügliche Kennwerte am Markt zu besorgen.[3] Für den Bereich der Sonderimmobilien ist der Vergleich mit dem Markt nicht immer möglich. Hier empfiehlt es sich innerhalb der Organisation oder im Verbund mit artverwandten Organisationen Kooperationen in Hinblick auf das Benchmarking einzugehen. In diesen Fällen muss man sich jedenfalls darauf einstellen, dass es geraumer Zeit bedarf bis man sich ein Gespür für die „richtigen" Werte erarbeitet hat.

*2.4 Benchmarking und Gesamtportfolio*

Möchte man das Benchmarking nicht nur auf der Ebene des Einzelobjektes durchführen, so ist es auch möglich dies auf der Ebene der Bestandssteuerung, sprich dem Ge-

---

3 Z.B. die jährlich erscheinende Studie „Oscar".

samtportfolio zu tun. Die Kennzahlen verschieben sich dabei in Richtung Unternehmenskennzahlen und könnten z.B. sein:
- Total-Return
- Eigenkapital (EK) – Rendite
- Cash Flow (CF) – Rendite
- Kapitalwert Lebenszyklus
- Internal Rate of Return (IRR)
- Flächeneffizienz
- Return on Investment (ROI)
- Leerstandsrate des Bestandes
- ...

## 3 Balanced Scorecard (BSC)

Aufgrund ihrer flexiblen und damit umfassenden Gestaltungsmöglichkeit ist die Balanced Scorecard ein Instrument zur Errichtung eines integrierten Managementsystems.

### 3.1 Ziele und Anwendungsmöglichkeiten

Wenn man sich der Strategiepyramide entlang von oben nach unten arbeitet, so beginnt man dies an der Spitze der Pyramide, der Vision eines Unternehmens. Die Vision spiegelt die Werte und Politik eines Unternehmens wieder. In der darunter liegenden Ebene werden die kritischen Erfolgsfaktoren über die so genannte SWOT-Analyse (Strength/Weakness, Opportunities/Threats) ermittelt, um in der dritten Ebene die Kernkompetenzen zu definieren und auszuarbeiten. Auf der vierten Ebene werden sowohl die strategischen als auch die operativen Ziele des Unternehmens erarbeitet, dies unter Anwendung der sog. Balanced Scorecard.

### 3.2 Kernfelder der Balanced Scorecard

Beginnend mit der Definition der Vision und der Strategie des Unternehmens werden vier Perspektiven eingenommen:
- Kundenperspektive – Wie sehen unsere Kunden aus?
- Finanzwirtschaftliche Perspektive – Wie sehen uns unsere Shareholder?
- Prozessperspektive – Wie leistungsfähig sind unsere Prozesse?
- Lern- und Entwicklungsperspektive – Wie innovations-, veränderungs- und verbesserungsfähig sind wir?

Aus der Verknüpfung dieser vier Perspektiven sollen strategische Initiativen abgeleitet werden, deren Auswirkung nach Umsetzung sich in einem aktionsorientierten Reporting messen lassen.

### 3.3 Voraussetzungen für die Entwicklung einer BSC

- Klare Definition der Strategie
- Überzeugung des Managements von der Notwendigkeit der Einführung

- Bewusstsein über die Komplexität des Projekts
- Definition der wirkungsbreite des Projekts (Pilot oder ges. Unternehmen)

Sind die Voraussetzungen gegeben, so kann man mit den fünf Schritten der BSC-Entwicklung beginnen:

### 3.3.1 Festlegung eines Strategiekomitees

Das Strategiekomitee hat die Aufgabe sämtliche strategischen Eckpunkte des Unternehmens zu diskutieren und deren Sinnhaftigkeit zu überprüfen. Wird festgestellt, dass strategische Eckpunkte fehlen, so werden diese neu definiert. Das Strategiekomitee schließt mit der Festlegung der sog. Grundsatzstatements, wie z.B.: „Wir wollen im Bereich der Betriebskosten best in class werden", „Wir wollen unseren Heimbewohnern das angenehmste Umfeld bieten".

### 3.3.2 Ableitung und Verknüpfung der strategischen Ziele

Aus den Grundsatzstatements werden nun Ziele definiert. Diese müssen konkrete Handlungen erfordern. Wichtig ist dabei die Wettbewerbsrelevanz der definierten Ziele. Sind die strategischen Ziele definiert, so können Ursache-Wirkungsketten definiert werden. Diese beginnen immer mit der Lern- und Entwicklungsperspektive und führen über die interne Prozessperspektive und die Kundenperspektive zur finanziellen Perspektive.

### 3.4 Bestimmung der Messgrößen

Wie auch beim Benchmarking ist der Erfolg der BSC von der Auswahl der relevanten Kennzahlen, der Produzier- und Wiederholbarkeit und dem Aufwand der regelmäßigen Ermittlung (z.B. Reinigungskosten/m²) abhängig.

### 3.5 Festlegen der Zielwerte

Nach der Definition der Messgrößen werden nun deren Zielwerte definiert. Diese sollten ambitioniert aber erreichbar sein, Werte aus der Vergangenheit und Benchmarks dienen dabei als Orientierung.

### 3.6 Definition von Strategischen Initiativen

Hierbei werden Maßnahmen und Projekte aufgesetzt, die dazu beitragen die strategischen Ziele umzusetzen. Jeder Maßnahme/jedem Projekt wird eine Person zugeordnet, die für die Umsetzung und den gesamten Umsetzungsprozess verantwortlich ist und die laufende Kontrolle der Zielerreichung sicherstellt.

Die betriebliche Umsetzung einer Balanced Scorecard ist nur unter fachlich versierter Anleitung sinnvoll und erfolgreich, da die Relation zwischen Aufwand und nachhaltigem Ergebnis nur so sichergestellt werden kann.

## 2. Bewertung des Immobilienbestandes

*Sven Bienert und Peter Geiger*

*Sozialimmobilien und insbesondere Sakralbauten sind im Bereich der Immobilienbewertung aufgrund ihrer Spezifika den Spezialimmobilien zuzuordnen. Eine seltene beziehungsweise eingeschränkte Teilnahme am gewöhnlichen Geschäftsverkehr impliziert für die Verkehrswertermittlung eine Reihe an Herausforderungen. Die besondere Nutzung, die geringen Drittverwendungsmöglichkeiten sowie das Erfordernis eines tiefen Branchen Know-How verbunden mit der eingeschränkten Handelbarkeit skizzieren einen Teil der möglichen Schwierigkeiten im Rahmen der Wertermittlung. Bewertungsrelevante Aspekte von Sozialimmobilien und Sakralbauten werden deshalb im folgenden Beitrag näher beleuchtet sowie traditionelle Bewertungsverfahren wie das Ertragswert-, Vergleichswert- und Sachwertverfahren auf ihre Anwendbarkeit überprüft. Im Bereich der Sakralbauten zeigt das Sachwertverfahren sowie bei den Sozialimmobilien das Ertragswertverfahren seine Vorzüge.*

### 1. Überblick zu Bewertungsanlässen und -methoden

Die Bewertung von Immobilien hängt wesentlich von den Bewertungsanlässen ab und den sich daraus folgernden Bewertungsmethoden.

#### 1.1 Bewertungsanlässe

Der breiteren Öffentlichkeit ist der Begriff »Immobilienbewertung« oft nur im Zusammenhang mit der groben Einschätzung des möglichen erzielbaren Preises eines Objektes im Vorfeld einer Veräußerung bekannt. Neben diesem Fall einer sog. *Marktwert-* oder auch *Verkehrswertermittlung* existieren jedoch weitere Bewertungsanlässe, die im Rahmen der Bewirtschaftung von Immobilien zu einer Bewertung von Liegenschaften führen können. Exemplarisch sind allgemein folgende Anlässe zu nennen:

– Informationsbereitstellung zur Entscheidungsfundierung,
– Bewertungen für Zwecke der Rechnungslegung,
– Steuerliche Bewertungen,
– Ermittlung der Werthaltigkeit von Sicherheiten aus Sicht eines Kreditgebers,
– Bemessung von Zahlungs-/Vermögensansprüchen und
– Ankauf- oder Verkaufsvorbereitung.

Die Anlässe könnten weiter ausgeführt werden und lassen sich nach Auslösern für den Informationsbedarf auf Unternehmens- bzw. Gesellschaftsebene oder nach Anlässen auf Objektebene unterscheiden. Die dargelegten Anlässe der Bewertung, z. B. Kreditaufnahme und Beleihung des Objektes, führen zwangsläufig zu einem konkreten Wertbegriff (z.B. dem Beleihungswert). Vor diesem Hintergrund sind die klare Darlegung des Zwecks einer Gutachtensbeauftragung und damit auch die Wahl des passenden Wertbegriffs wesentlich. Der Gutachter muss sich streng an diesen erteilten Auftrag halten und entsprechend des zu ermittelnden Wertes das oder die passenden Bewertungsverfahren auswählen.

Im vorliegenden Beitrag wird ausschließlich auf den Verkehrswert und damit die Verkehrswertermittlung abgestellt (vgl. Abbildung 1).

**Anlässe**
- An- bzw. Verkauf (Einzelobjekt oder Portfolio)
- Beleihung / Finanzierung
- Enteignung
- Versteigerung
- Vermögensauseinandersetzung
- Nachlassregelungen
- Firmenübernahmen
- Performance Messung
- Versicherungsabschluss
- etc.

**Bewertungskonzepte**
- Verkehrswertermittlung
- Beleihungswertermittlung
- Versicherungswertermittlung
- Bilanzielle Bewertung
- Steuerliche Bewertung

**Verfahren**
- Klassische normierte Verfahren (nach ImmoWertV)
- Vergleichswertverfahren
- Sachwertverfahren
- Ertragswertverfahren
- Weitere bekannte Verfahren
- Liquidationswertverfahren
- Residualwertverfahren
- Discounted-cash-flow Verfahren

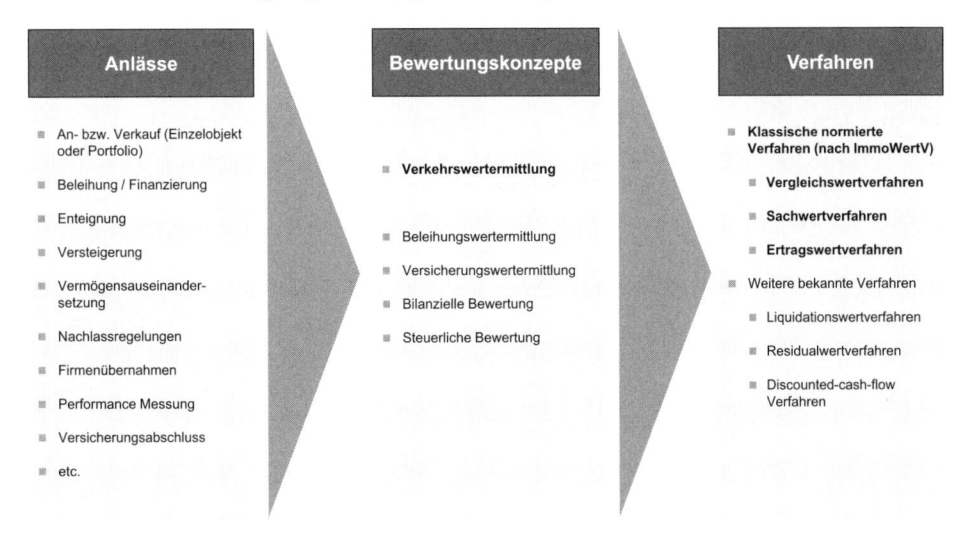

*Abbildung 1: Bewertungsanlässe und -methoden*

## 1.2 Methoden zur Ableitung von Verkehrswerten

Der objektive Wert einer Immobilie ergibt sich allgemein aus dem Zusammentreffen von Angebot und Nachfrage am Grundstücksmarkt. Die Begriffsdefinition des objektiven Marktwerts wird häufig mit dem Verkehrswert gem. § 194 BauGB bzw. dem gemeinen Wert gleichgesetzt. Der Marktwert wird gemäß dem Verständnis der (internationalen) Bewertungslehre[1] regelmäßig als der „höchste erzielbare Preis" bezeichnet. Gemäß den europäischen Bewertungsstandards (Engl.: European Valuation Standards EVS) konzentriert sich der Begriff des Marktwerts einer Immobilie deshalb nicht auf die gegenwärtige oder eine individuell beabsichtige Nutzung der Immobilie, sondern auf die „Höchst- und bestmögliche Nutzung". Diese wird definiert als „die wahrscheinlichste Nutzung einer Immobilie, die physisch möglich, angemessen bzw. gerechtfertigt, rechtlich zulässig sowie finanziell durchführbar ist und die zum höchstmöglichen Wert der zu bewertenden Immobilie führt".[2] Mittlerweile sind sich Experten einig, dass auch das nationale Verkehrswertverständnis auf die „höchste und beste Nutzungsform" und damit die maximal am Markt erzielbare Zahlungsbereitschaft abstellt. Dieser bewer-

---
1 RICS, Red Book, 2014 // TEGoVA, EVS, 2012.
2 TEGoVA, EVS, 2012, S. 24.

tungstheoretische Zusammenhang ist wesentlich, ist es doch oft schwierig, in der praktischen Anwendung konkret einen Wert als „den" Marktwert auszuweisen. Zu groß ist oft die Bandbreite möglicher Ergebnisse in der Praxis.[3] Diese Unsicherheit in Bezug auf das Bewertungsergebnis sollte der Gutachter in seinem Report durchaus darstellen. Wird bewusst auf die gegenwärtige Nutzungsform abgestellt und alternative Nutzungen trotz Machbarkeit ausgeblendet, so ist dies ebenfalls im Rahmen der Bewertung darzulegen (Engl.: Existing use value).[4]

Der nach § 194 BauGB verwendete Verkehrswertbegriff lautet: „Der Verkehrswert (Marktwert) wird durch den Preis bestimmt, der in dem Zeitpunkt, auf den sich die Ermittlung bezieht, im gewöhnlichen Geschäftsverkehr nach den rechtlichen Gegebenheiten und tatsächlichen Eigenschaften, der sonstigen Beschaffenheit und der Lage des Grundstücks oder des sonstigen Gegenstands der Wertermittlung ohne Rücksicht auf ungewöhnliche oder persönliche Verhältnisse zu erzielen wäre."

Die Verordnung über die Grundsätze für die Ermittlung der Verkehrswerte von Grundstücken", Immobilienwertermittlungsverordnung (ImmoWertV) ist das in Deutschland relevante Regelwerk zur Ableitung von Verkehrswerten. § 8 I ImmoWertV bestimmt, dass folgende drei Wertermittlungsverfahren angewendet werden können:

- das Vergleichswertverfahren: Ableitung von Werten aus den Ergebnissen vergleichbarer in der Vergangenheit erfolgter Transaktionen und den dort realisierten Preisen.
- das Ertragswertverfahren: Ableitung von Werten auf Grundlage von in der Zukunft erzielbaren Einnahmen, die entsprechend finanzmathematisch abgezinst werden.
- das Sachwertverfahren: Ableitung von Werten aus ermittelten Herstellkosten unter Berücksichtigung einer entsprechenden Alterswertminderung.

Bei jedem der o.g. Wertermittlungsverfahren ergibt sich zunächst ein sog. vorläufiger Wert (z.B. vorläufiger Ertragswert). Dieser muss gegebenenfalls noch vor dem Hintergrund der allgemeinen Lage auf dem Grundstücksmarkt gem. § 8 II S 1 ImmoWertV angepasst werden (Marktanpassung). In einem zweiten Schritt müssen darüber hinaus auch die besonderen objektspezifischen Grundstücksmerkmale der zu bewertenden Liegenschaft berücksichtigt werden (§ 8 II S 2 sowie III ImmoWertV). Mit dem letzten Aspekt sind Themenkreise wie wirtschaftliche Überalterung, ein besonderer Erhaltungszustand oder Bauschäden bzw. Baumängel angesprochen. Erst aus den eventuell notwendigen Anpassungen gem. § 8 II ImmoWertV werden der („finale") Ertragswert, Vergleichswert oder Sachwert ermittelt.[5]

---

[3] Der Verkehrswert ist keine mathematisch errechnete Größe, sondern spiegelt den möglichen Wert wider und wird daher i.d.R gerundet. Vgl. auch Kleiber, Verkehrswertermittlung von Grundstücken, 6. Aufl. 2010, S. 443.
[4] TEGoVA, EVS, 2012, S. 25.
[5] Kleiber/Fischer/Werling, Verkehrswertermittlung von Grundstücken, 7. Aufl. (2014), S. 911.

Der Verkehrswert ist dann aus dem Ergebnis eines oder mehrerer herangezogener Verfahren zu ermitteln (§ 8 I S 3 ImmoWertV), wobei die Verfahrenswahl stets vom Sachverständigen zu begründen ist (§ 8 I S 2 ImmoWertV).

## 2. Sozialimmobilien und kirchlichen Zwecken dienende Flächen als besondere Immobiliengattungen

### 2.1 Vorbemerkungen zur Marktabgrenzung

Es wurde bereits aufgezeigt, dass Liegenschaften der Sozialwirtschaft und der Kirchen im Ergebnis praktisch alle denkbaren Immobiliengattungen umfassen können.

Mit der Sozialwirtschaft eng verbunden ist der Begriff der Sozialimmobilien. Diese umfassen im Kern insbesondere Gesundheits- und Pflegeimmobilien, siehe Abbildung 2. Da diese Immobilien den wesentlichen Immobilienbestand der Sozialwirtschaft repräsentieren, wird nachfolgend dieser Bereich näher beleuchtet.

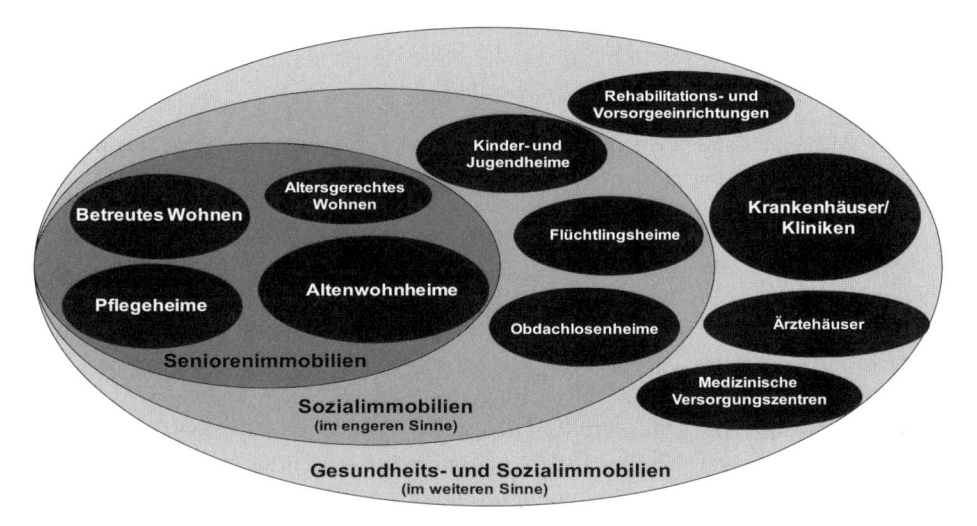

*Abbildung 2: Marktdifferenzierung von Sozial- und Gesundheitsimmobilien*

Kennzeichnend ist, dass weite Bereiche des skizzierten Liegenschaftsvermögens nicht am gewöhnlichen Geschäftsverkehr teilnehmen oder zumindest selten gehandelt werden (limited market properties). Die Handelbarkeit und Teilnahme am Marktgeschehen sind jedoch zentrale Voraussetzungen zur Ableitung Verkehrs- bzw. Marktwerten. Die in der weiteren Folge im Detail ausgeführten Aspekte zur marktnahen und marktfernen Differenzierung der Bestände erscheinen vor diesem Hintergrund wesentlich. Auch ist die aufgrund der oft vorhandenen Gemeinnützigkeit fehlende Gewinnerzielungsabsicht eine besondere Herausforderung im Rahmen der gutachterlichen Tätigkeit, da weitere Teile der Bewertungslehre auf eine „marktgetriebene" Bestimmung einer Zahlungsbereitschaft abstellen.

Die Beurteilung des kirchlichen Immobilienbestandes gestaltet sich ähnlich komplex. Alle oben genannten Sozialimmobilien könnten auch kirchlichen Trägern gehören. Der umfangreiche Immobilienbestand der Glaubensgemeinschaften lässt sich zumindest in drei Kategorien untergliedern:

– Reine Sakralimmobilien (als sakrale Sache, respektive res sacra gewidmete Kirchenflächen im engeren Sinne wie Kirchen, Kapellen, Klöster, Tempel, Friedhöfe, etc.);[6]
– Zum kirchlichen Auftrag erforderliche, selbst genutzte Immobilien wie Pfarrhäuser, Gemeindehäuser, Kindergärten, Immobilien für Diakonie und Caritas, Dienstwohnungen, usw.;
– Immobilien, deren Ertrag die kirchliche Arbeit unterhalten soll, wie z. B. Miethäuser, land- und forstwirtschaftliche Flächen, Büroimmobilien usw. (sog. Finanzvermögen).

Besonders hervorzuheben ist bei kirchlichen Liegenschaften, insbesondere bei Kirchen/Gotteshäusern, dass über drei Viertel dem Denkmalschutz unterliegen.

*2.2 Einordnung im Lichte von Spezialimmobilien*

Bereits in den einleitenden Abschnitten wurden Sozialimmobilien und Sakralbauten mit dem weiter gefassten Begriff der Spezialimmobilien verbunden.

2.2.1 Besonderheiten der Spezialimmobilien

Spezialimmobilien[7] – oft auch als Sonderimmobilien bezeichnet – sind Liegenschaften, die für eine spezifische Art der Nutzung konzipiert wurden und im Regelfall dauerhaft während ihres gesamten Lebenszyklus nur für diese eine Verwendung eingesetzt werden.[8] Derartige Immobilien sind hinsichtlich der Bauweise, ihrer Lage, der Aufteilung der Räumlichkeiten, der genutzten Materialien sowie gegebenenfalls auch des Inventars auf den jeweiligen, bereits in der Errichtungsphase definierten, Gebrauch ausgerichtet. Dieser ist auf die Bevorratung bestimmter Materialien, die Erstellung spezieller Güter, die Freizeitgestaltung von Menschen, die Bereitstellung von Infrastruktur sowie die Erfüllung sozialer oder karitativer Zwecke zugeschnitten.[9]

Tabelle 1 fasst die wesentlichen Charakteristika einer Spezialimmobilie zusammen und diskutiert diese in Bezug auf Sozial- und Sakralimmobilien. Die dargelegten Eigenschaften sind in hohem Maße für die Bewertung relevant, da im Extremfall kein Verkehrs- oder Marktwert ermittelt werden kann.

---

6 Mocker, Grundlagen von Portfolioanalyse und Benchmark, 2009, S. 19 ff.
7 Bienert, Bewertung von Spezialimmobilien. Risiken, Benchmarks und Methoden, 2005, S. 4 ff.
8 Finch/Casavant, The Appraisal Journal, 1996 (4).
9 Steffan/Scholz, Finanzierungsanfragen, Objekte und Partner des Hypothekarkredits, 3. Aufl. 1993, S. 126.

| Sozialimmobilien und Sakralbauten als Spezialimmobilien | |
|---|---|
| *Nutzungsorientierung* | Intensive Ausrichtung auf eine bestimmte Nutzung bereits in der Entwicklungsphase.<br>Sozialimmobilien sind oft monofunktional und, wie z.B. Kliniken oder Seniorenheime, klar auf die jeweilige Zielgruppe ausgerichtet.<br>Sakralbauten sind auf das Zusammenkommen der Christen und die Durchführung religiöser Aktivitäten ausgerichtet und demzufolge in ihrer Nutzung eingeschränkt. |
| *Drittverwendungsfähigkeit* | Änderungen der Nutzungsform sind mit hohen Kosten verbunden oder gar unmöglich. Die wirtschaftliche Tragfähigkeit von Umnutzungen ist oft begrenzt; Nutzungsänderung aus wirtschaftlichen, baulichen/technischen und/oder rechtlichen Gründen bis zum Ende der geplanten wirtschaftlichen Nutzungsdauer der Liegenschaft ökonomisch oft nicht sinnvoll.<br>Die Drittverwendungsfähigkeit von Sakralbauten und auch Sozialimmobilien ist aufgrund der baulichen Substanz (Trakttiefen, Raumaufteilungen, Türme, Deckenhöhen, Dämmung etc.) eingeschränkt. Umnutzungen sind oft mit viel „Kreativität" verbunden und bedingen hohe Kosten. |
| *Unternehmensbezug* | Sozialimmobilien sind oft sog. Management- oder Betreiberimmobilien, deren Märkte überregional zu definieren sind. Spezifisches Branchen-know-how ist erforderlich.[10] |
| *Risiko-Rendite-Profil* | Aufgrund der eingeschränkten Verwertungsmöglichkeiten und Ausrichtung auf bestimmte Zielgruppen sowie des Unternehmensbezuges sind die Objekte oft mit höheren Risiken verbunden.[11]<br>Die Ertragsvolatilität von Sozialimmobilien ist oft erhöht und diese sind regelmäßig auch den Betreiber- sowie Branchenrisiken des Nutzers in besonderem Maße ausgesetzt.<br>Für Sakralbauten trifft diese Aussage aufgrund von fehlenden (direkten) Erträgen nicht in gleichem Maße zu. |
| *Handelbarkeit* | Derartige Immobilien werden ggf. nur selten gehandelt. Die Märkte sind ggf. nur überregional zu definieren und wenig transparent. Aus Sicht der (internationalen) Bewertungslehre sind die Handelbarkeit und ein liquider Markt die wesentliche Voraussetzung zur Ableitung von Marktwerten.[12]<br>Sozialimmobilien wie Kliniken oder Seniorimmobilien werden nicht am lokalen Markt gehandelt. Potenzielle Erwerber sind (inter-) nationale aktive Betreiber oder spezialisierte Kapitalsammelstellen, wenn eine Trennung von Betreiber und Immobilieneigentümer vorliegt.<br>Der „Markt" für Sakralbauten ist sehr eingeschränkt und sehr schwer zugänglich. Es werden nur wenige Objekte an Außenstehende/Dritte veräußert. |

---

10 Verfürth, Sakralbauten, 2. Aufl. 2011, S. 681 ff., in: Immobilienökonomie III: Stadtplanerische Grundlagen, S. 681-698.
11 Basel Comitee on Banking Supervision, 2001: Auch die Kreditwirtschaft führte bereits 2001 aus, dass aus diesem Grund "religiöse Zentren" – dort im Rahmen der Finanzierung – mit höheren Risikoaufschlägen zu belegen sind (sog. "single purpose real estate"). Auch wurden in diesem Rahmen speziell (Privat-) Kliniken und Seniorimmobilien hervorgehoben (sog. „properties that include any licensed operating facilities"). // Busz, Seniorimmobilien als Investitionsobjekte, 2003, S. 224 ff.
12 Jenyon et al., USALI Anwendung zur Hotelbewertung, 1996, S. 20, S. 156 ff // RICS, Red Book, 2014, Part II, S. 4. // IVSC, IVS, 2011, S. 119. // TEGoVA, EVS, 2012, S. 17 ff.

| Aus- und Einbauten | Die in Frage stehenden Liegenschaften haben nicht selten umfangreiche Ein- und Ausbauten, die i.S. von Zubehör fest mit der Immobilie verbunden sind. Die Werthaltigkeit dieser Elemente ist oft nur im Fall der Aufrechterhaltung der gegenwärtigen Nutzung gegeben.<br>Im Fall von Sozialimmobilien kommen bei Kliniken jegliche Ein- und Ausbauten der Operationssäle sowie ergänzende Bereiche wie Bäder, Röntgenräume etc. in Betracht. Vergleichbare Fallkonstellationen sind auch bei vielen anderen Sozialimmobilien denkbar.<br>Der Baustil von Sakralbauten unterscheidet sich sehr nach Bauepochen und bedingt die jeweilige konkrete Ausgestaltung von Aus- und Einbauten. Ein- und Ausbauten sind generell bei Sakralbauten umfangreich vorhanden. |
|---|---|
| Unterhaltungskosten und Renovierungsbedarf[13] | Hohe (historische) Baukosten verursachen bei diesen Objekten oftmals auch hohe laufende Kosten, insbesondere im Zusammenhang mit Instandhaltungen, Revitalisierungen etc. Diese Kosten sind aus Sicht potenzieller Erwerber immer in Betracht zu nehmen und wirken sich bei ertragsorientierten Bewertungen entsprechend dämpfend auf die Werthaltigkeit aus. Oft werden diese Kostenpositionen aufgrund von fehlerhaften Benchmarks (z.B. Übertragung laufender Instandhaltungskosten einer typischen Büroimmobilie auf eine Klinik) unterschätzt.<br>Sozialimmobilien wie Kliniken oder Seniorenimmobilien haben im Regelfall deutlich höhere Errichtungskosten wie gängige Immobiliengattungen und erfordern auch im laufenden Betrieb entsprechend korrespondierende Unterhaltskosten.<br>Die Instandhaltungs- und Revitalisierungskosten von Sakralbauten sind aufgrund ihrer historischen Substanz sowie den damit einhergehenden Denkmalschutzauflagen hoch. Auch sind laufende Betriebskosten (z.B. Heizkosten) aufgrund von unzureichender Dämmung substantiell. |
| Rechte und Lasten | Nicht selten sind bei derartigen Objekten weitere Herausforderungen bei der Bewertung relevant wie bspw. Altlasten[14] oder Denkmalschutzauflagen.<br>Mehr als drei Viertel der Sakralbauten in Deutschland stehen unter Denkmalschutz. |

*Tabelle 1: Merkmale und Charakteristika von Spezialimmobilien in Bezug auf Sozialimmobilien und Sakralbauten[15]*

Sakralbauten sind per Definition den Spezialimmobilien im engeren Sinne[16] zuzuordnen, da ihre Errichtung eine dritte Verwendung nur schwer zulässt, kein breiter aktiver Markt beobachtbar ist, und somit nur in seltenen Fällen Transaktionsdaten für Vergleichszwecke zugänglich sind. (Ist gar keine Drittverwendungsfähigkeit gegeben, spricht man von sog. „Specialised- bzw. Special-Purpose Properties".) Ihr Heterogenitätsgrad hinsichtlich der baulichen Anlage, der Gebäudeform, der Einbauten - wie z.B. Glockentürme - sowie andere künstlerische Besonderheiten schränken ihre Vergleich-

---

13 Große-Winkelsett, Immobilien-Zeitung, 1997, S. 16.
14 Grunewald, Immobilien-Zeitung, 1997, S. 18.
15 Bienert, Bewertung von Spezialimmobilien. Risiken, Benchmarks und Methoden, 2005, S. 8 f.
16 Bienert, Bewertung von Spezialimmobilien, 2005, S. 10 f.

## 2. Bewertung des Immobilienbestandes

barkeit darüber hinaus weiter ein.[17],[18] Ebenso sind Sozialimmobilien im Regelfall den Spezialimmobilien im engeren Sinne zuzuordnen. Aufgrund der Vielzahl der Sozialimmobilien existieren hier teilweise liquidere Märkte mit einer erhöhten Anzahl vergleichbarer Transaktionen, jedoch auch Teilsegmente wie z.B. Kliniken der Maximalversorgung oder Universitätskliniken, die aufgrund ihrer Heterogenität nur schwer vergleichbar sind.

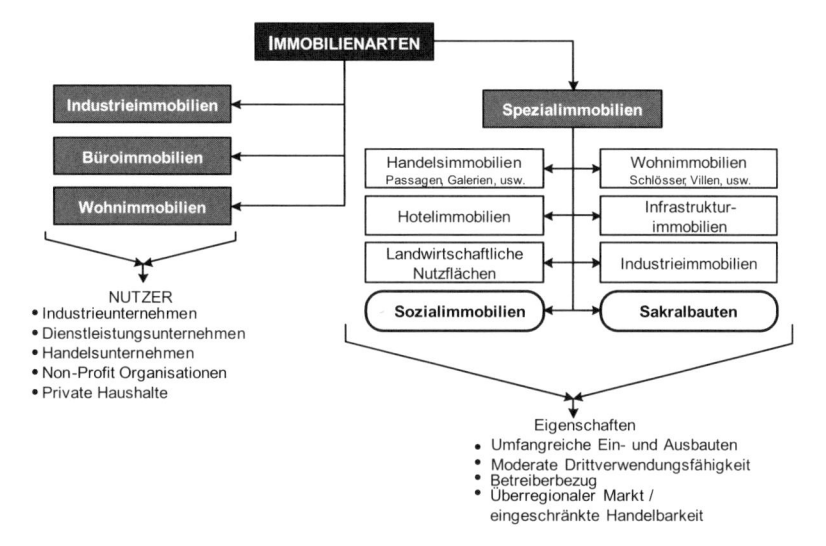

*Abbildung 3: Einordnung von Sakralbauten und Sozialimmobilien*

### 2.2.2 Besondere Herausforderungen der Spezialimmobilien bei der konkreten Bewertung

Hierdurch ergeben sich besondere Herausforderungen bei der konkreten Bewertung:[19]

Umnutzungspotenziale erkennen:

Der Bewerter muss im Einzelfall entscheiden, ob die gegenwärtige Nutzungsform noch die sinnvollste Verwendung darstellt – bzw. aufrechterhalten werden soll. Wenn dies nicht der Fall ist, muss er entscheiden, ob sie dennoch weiterhin unterstellt werden muss bzw. kann (z.B. aufgrund von vorhandenen Verträgen mit einem Betreiber). Im Fall der Aufgabe der gegenwärtigen Nutzung sind oft auch Projektentwicklungsüberlegungen notwendig, da letztlich die sog. höchste und beste Nutzungsform auch ausschlaggebend für die maximale Zahlungsbereitschaft am Markt ist und somit den

---

17 Gerhards/Struck, Umbruch-Abbruch-Aufbruch? Nutzen und Zukunft unserer Kirchengebäude, 2008, S. 37.
18 Kleiber/Fischer/Werling, Verkehrswertermittlung von Grundstücken, 7. Aufl. 2014, S. 2382 f.; weist zu Recht auch auf die Herausforderungen bei Gemeinbedarfsflächen und die Problematik, nur einen Nutzer zu haben, hin.
19 Bienert, Bewertung von Spezialimmobilien, 2005, S. 12 ff.

Marktwert definiert (Existing use value/ value in use vs. Alternative use value, Highest and best use).

Spezielle Methodik anwenden:

Der Bewerter muss ggf. eine Anpassung der gängigen Verfahren vornehmen, um die für den Bewertungsfall adäquate Methodik zu erhalten (z. B. Einbeziehung immaterieller Werte, Residualwertbetrachtungen im Fall von Umnutzungen etc.). Auch muss gegebenenfalls eine Abgrenzung zur Unternehmensbewertung sichergestellt werden, d.h. die Ertragsströme bei einer Betreiberimmobilie müssen korrekt aufgeteilt werden.

Branchenbezogene Datenerhebung und Terminologie:

Marktdaten sind oft nur schwer ermittelbar und die Markttransparenz ist begrenzt. Da oft Betreiberimmobilien bewertet werden sollen, sind neben der guten Kenntnis des Sektors auch die jeweiligen Brancheninformationen zu erheben sowie zu verarbeiten (bspw. erschwert wird dies noch durch ggf. Denkmalschutz etc.). Auch ist die jeweilige Terminologie der betrachteten Branche im Rahmen der Bewertung treffsicher zu verwenden und setzt entsprechende Erfahrung im jeweiligen Bereich voraus.

Spezifische Rechtsgrundlagen:

Weite Teile der hier diskutierten Sozialimmobilien – wie Kliniken oder Seniorenimmobilien – sind durch eine Vielzahl von Gesetzen, Richtlinien und Verordnungen stark reguliert. Zu nennen sind die Bereiche des Sozialrechts (Sozialgesetzbuch), des Heimrechts (Heimgesetz) sowie des Klinikrechts (Fallpauschalengesetz). Für die Bewertung ergeben sich hieraus in Bezug auf realisierbare Ertragsströme Implikationen, die in jedem Fall beachtet werden müssen. In Bezug auf Sakralbauten ist das Kirchenrecht relevant.

Differenzierte Interpretation der soziodemografischen Rahmenbedingungen:

Die demografischen Entwicklungen sind für jegliche Immobiliengattung in Bezug auf deren Werthaltigkeit und die zu erwartende Wertentwicklung von hoher Relevanz. Wichtig ist jedoch vor dem Hintergrund der jeweils in Frage stehenden Nutzungsart, die Datenlage korrekt zu erheben und zu interpretieren. In Bezug auf Sozialimmobilien sind insbesondere der Bereich der Alterung der Bevölkerung, die zunehmend für den Gesundheitssektor begrenzten öffentlichen Mittel sowie allgemeine Entwicklungen, wie der längere Verbleib im eigenen Haus und die damit einhergehende Zunahme der ambulanten Leistungen, wesentlich. Bei Sakralbauten spielt die Entwicklung der Mitglieder der jeweiligen Religionsgemeinschaft im betrachteten Einzugsgebiet eine große Rolle.

Ein- und Ausbauten:

In Sakralbauten sind oft viele kunsthistorische Elemente vorhanden. Diese müssen berücksichtigt und von spezialisierten Sachverständigen beurteilt werden. Der Immobiliengutachter muss gegebenenfalls entscheiden, ob diese dem Immobilienwert im Rahmen von Zubehör und Bestandteilen zuzurechnen oder als Inventar einzustufen sind. Bei Sozialimmobilien – wie Kliniken – sind ebenfalls umfangreiche Ein- und Ausbauten vorhanden. Im laufenden Betrieb sind diese werthaltig, jedoch bei Aufgabe der Nutzung oftmals eine Belastung, da deren Ausbau mit Kosten verbunden sein kann.

Notwendigkeit der Zuordnung der Sozialimmobilien und Sakralbauten zu Spezialimmobilien

Zusammenfassend ist die Zuordnung von Sozialimmobilien und Sakralbauten zu den Spezialimmobilien (im engeren Sinne) keine rein terminologische „Übung". Vielmehr ergibt eine genaue Betrachtung, dass sich hieraus eine Vielzahl von Herausforderungen für die Bewertung ergeben, die vom spezifischen Branchen-know-how, über die Ableitung der Ertragsströme bis hin zu Anpassungen bei der Verfahrensmethodik reichen können. Der Auftraggeber sollte auf die ausführliche Diskussion und Analyse der obigen Aspekte durch den Gutachter in jedem Fall achten.

## 3. Eignung traditioneller Bewertungsverfahren für Sozialimmobilien und Sakralbauten

Die Besonderheit der Sozialimmobilien und der kirchlichen Immobilien stellen besondere Anforderungen an die Anwendung der traditionellen Bewertungsverfahren.

### *3.1 Grundlagen zur Verfahrenswahl*

Neben den gem. § 8 ImmoWertV normierten drei klassischen Verfahren zur Herleitung des Verkehrswertes oder ggf. einer Kombination der Methoden, sind auch abweichende Vorgehensweisen denkbar. Der Gutachter kann auch auf andere sachgerechte Verfahren zurückgreifen, wenn er die Notwendigkeit der Anwendung im Bewertungsfall schlüssig darlegen kann.[20] Faktisch wird es sich hierbei jedoch immer um erprobte Methoden handeln, wie z.B. das Residualwertverfahren oder das Pachtwertverfahren. Diese sind in ihrem Kern immer wieder auf vergleichs-, ertrags- oder sachwertorientierte Ansätze zurückzuführen.

#### 3.1.1 Ertragswertverfahren

Das Ertragswertverfahren (§§ 17 bis 20 ImmoWertV) ist immer dann anzuwenden, wenn ein potenzieller Erwerber, der eine derartige Liegenschaft im gewöhnlichen Geschäftsverkehr nachfragt, sich für die Rentabilität der von ihm investierten Mittel interessiert. Die Generierung von Erlösen aus dem Grundstück steht für die Erwerbsent-

---
20 Kleiber/Fischer/Werling, Verkehrswertermittlung von Grundstücken, 7. Aufl. 2014, S. 912 f.

scheidung im Vordergrund, wobei das Risiko-Rendite-Profil der Investitionsmöglichkeit aus seiner Sicht gegenüber anderen Alternativen dominieren muss:

| Anwendung von ertragsorientierten Bewertungsverfahren – income approach | |
|---|---|
| Uneingeschränkt | Eingeschränkt |
| – Krankenhäuser/Kliniken<br>– Seniorenimmobilien<br>– Ärztehäuser<br>– Vorsorge-/ Rehabilitationseinrichtungen | – Fortbildungseinrichtungen<br>– Karitative genutzte Liegenschaften<br>– Kinder- und Jugendheime<br>– Flüchtlingsheime |

*Tabelle 2: Anwendung ertragsorientierter Bewertungsverfahren*[21]

Regelmäßig bestehen bei derartigen Objekten entsprechend Miet- oder Pachtverträge, auf deren Grundlage Einnahmen erzielt werden. Die entsprechenden Erlöse aus diesen Vertragsbeziehungen werden dann – wenn die Ortsüblichkeit gegeben ist – kapitalisiert und in den Ertragswert überführt.

3.1.2 Vergleichswertverfahren

Einer Anwendung des Vergleichswertverfahrens (§ 15 bis 16 ImmoWertV) steht in Bezug auf Sakralbauten und Sozialimmobilien regelmäßig entgegen, dass die Bedingung einer ausreichenden Anzahl vergleichbarer Transaktionen nicht erfüllt werden kann. Die Heterogenität der Immobilien sowie die oft überregional zu definierenden Märkte sind hierfür der Grund.

Diese Herausforderungen bestehen auch bei der Ableitung von Bodenwerten. Oftmals bestehen besondere Bestimmungen in den Bebauungsplänen für die spezifische Nutzungsart, weshalb Vergleichspreise oder Bodenrichtwerte umliegender Flächen nur bedingt herangezogen werden können. Eine Anwendung des Verfahrens wird auch eingeschränkt, wenn die bestehende Nutzung zwingend in Zukunft dauerhaft angenommen werden soll (existing use value). In diesen Fällen wäre die ansonsten abzulehnende „Theorie der gedämpften Bodenwerte bebauter Grundstücke"[22] ggf. anzuwenden.

---

21 Bienert, Bewertung von Spezialimmobilien, 2005, S. 101 ff.
22 Kleiber/Fischer/Werling, Verkehrswertermittlung von Grundstücken, 7. Aufl. 2014, S. 1531 ff.; Rössler/Langner/Simon/Kleiber, Schätzung und Ermittlung von Grundstücken, 1990, S. 125 ff.

## 2. Bewertung des Immobilienbestandes

| Anwendung von vergleichsorientierten Bewertungsverfahren – comparison approach | |
|---|---|
| Uneingeschränkt | Eingeschränkt |
|  | Unbebaute und bebaute Grundstücke von Sakralbauten und Sozialimmobilien (Bodenwertermittlung) |

*Tabelle 3: Anwendung vergleichswertorientierter Bewertungsverfahren*[23]

### 3.1.3 Sachwertverfahren

Das Sachwertverfahren (§§ 21 bis 23 ImmoWertV) wird angewendet, wenn die Ertragserzielung nicht die Entscheidung für den Ankauf im gewöhnlichen Geschäftsverkehr bestimmt. Den Ausschlag für die Preisfindung im Markt bewirken somit andere Beweggründe wie immaterielle Wertschätzung, subjektive Annehmlichkeiten etc. Bei Sakralbauten besteht primär keine Ertragserzielungsabsicht. Vielmehr sollen Kirchen den Mitgliedern der Glaubensgemeinschaften als Ort der Begegnung zur Verfügung stehen. Damit wird klar, dass sachwertorientierte Verfahren hier eine hohe Bedeutung haben. Bei Sozialimmobilien dominieren mittlerweile ertragsorientierte Verfahren. An Sachwerten ausgerichtete Bewertungen nehmen ab, da auch privatwirtschaftliche Betreibermodelle und die Notwendigkeit, eine ausreichende Rentabilität zu erwirtschaften, in der Sozialwirtschaft stetig zunehmen.

| Anwendung von sachwertorientierten Bewertungsverfahren – cost approach | |
|---|---|
| Uneingeschränkt | Eingeschränkt |
| – Sakralbauten | – Fortbildungseinrichtungen<br>– Kliniken |

*Tabelle 4: Anwendung sachwertorientierter Bewertungsverfahren*[24]

### 3.2 Anwendungsfälle bei Sakralbauten

#### 3.2.1 Vorbemerkungen zur Abgrenzung

Grundsätzlich wird zwischen Sakralbauten, deren kirchliche Nutzung beibehalten wird (existing use), sowie Liegenschaften, bei denen die kirchliche Nutzung in naher Zukunft voraussichtlich aufgegeben wird – und diese Objekte somit einer alternativen Nutzung (alternative use) zugeführt werden – unterschieden.

Der Sachverständige muss bei seinem Gutachten diesen Sachverhalt bezogen auf das konkrete Bewertungsobjekt ausführlich erörtern, da die Feststellung zentral für die Wahl des Bewertungsverfahrens, die relevanten Eingangsparameter und den sich ergebenen Ergebniswert sind. Stehen Flächen dauerhaft der sakralen Nutzung zur Verfü-

---
[23] Bienert, Bewertung von Spezialimmobilien, 2005, S. 23.
[24] Bienert, Bewertung von Spezialimmobilien, 2005, S. 23.

gung ist keine Teilnahme am allgemeinen Grundstücksverkehr gegeben, weshalb im Extremfall auch kein Verkehrswert ermittelt werden kann (es gelten analog die Bewertungsgrundsätze für Gemeinbedarfsflächen).

Abbildung 4 zeigt eine Übersicht der Bewertungsverfahren sowie der wichtigsten dabei zu berücksichtigenden Einflussfaktoren.

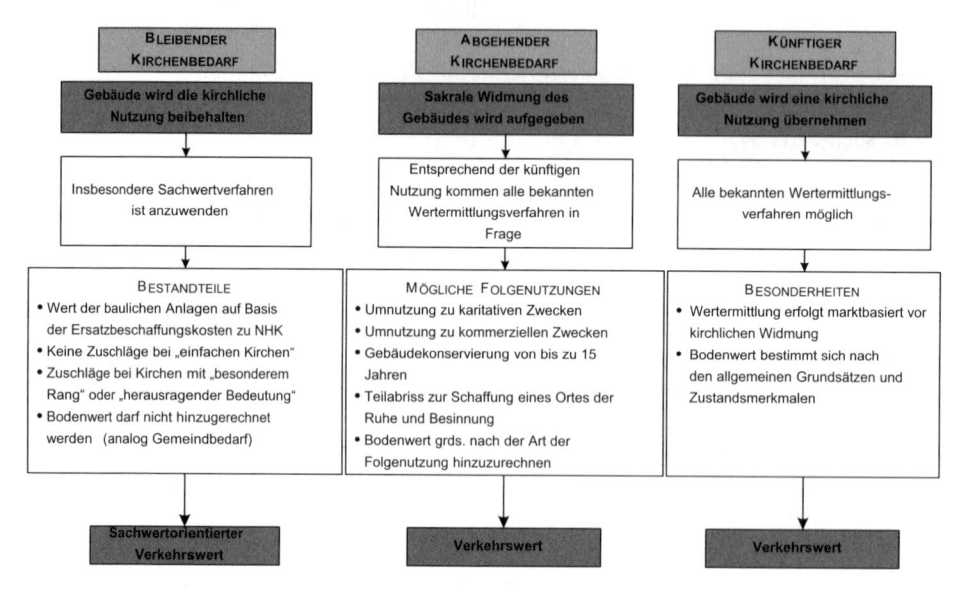

| BLEIBENDER KIRCHENBEDARF | ABGEHENDER KIRCHENBEDARF | KÜNFTIGER KIRCHENBEDARF |
|---|---|---|
| Gebäude wird die kirchliche Nutzung beibehalten | Sakrale Widmung des Gebäudes wird aufgegeben | Gebäude wird eine kirchliche Nutzung übernehmen |
| Insbesondere Sachwertverfahren ist anzuwenden | Entsprechend der künftigen Nutzung kommen alle bekannten Wertermittlungsverfahren in Frage | Alle bekannten Wertermittlungsverfahren möglich |
| **BESTANDTEILE**<br>• Wert der baulichen Anlagen auf Basis der Ersatzbeschaffungskosten zu NHK<br>• Keine Zuschläge bei „einfachen Kirchen"<br>• Zuschläge bei Kirchen mit „besonderem Rang" oder „herausragender Bedeutung"<br>• Bodenwert darf nicht hinzugerechnet werden (analog Gemeindbedarf) | **MÖGLICHE FOLGENUTZUNGEN**<br>• Umnutzung zu karitativen Zwecken<br>• Umnutzung zu kommerziellen Zwecken<br>• Gebäudekonservierung von bis zu 15 Jahren<br>• Teilabriss zur Schaffung eines Ortes der Ruhe und Besinnung<br>• Bodenwert grds. nach der Art der Folgenutzung hinzuzurechnen | **BESONDERHEITEN**<br>• Wertermittlung erfolgt marktbasiert vor kirchlichen Widmung<br>• Bodenwert bestimmt sich nach den allgemeinen Grundsätzen und Zustandsmerkmalen |
| Sachwertorientierter Verkehrswert | Verkehrswert | Verkehrswert |

*Abbildung 4: Normierte Bewertungsverfahren von Sakralbauten*

### 3.2.2 Werte bei beabsichtigter Veräußerung oder Umnutzung („abgehende Nutzung")

Wenn bei dem Bewertungsobjekt z.B. die bestehende kirchliche Nutzung aufgegeben wird, spricht man von einer „Marktwertermittlung auf der Grundlage einer alternativen Nutzung", bzw. etwas spezifischer von „Kirchenflächen im Eigentum der Kirche, deren Sakralbindung aufgegeben wird".[25] Die Bewertung folgt den allgemeinen Anforderungen der ImmoWertV, die sich auch aus den Vorgaben für „abgehende Gemeinbedarfsflächen" (§ 5.1.2. WertR) ableiten.

In diesem Fall kommen für eine alternative Nutzung der Kirche oft öffentlich-kulturelle Zwecke in Frage. Die für diese Folgenutzungen notwendigen Umbaumaßnahmen sind oft erheblich. Auch sind regelmäßig Denkmalschutzauflagen zu beachten. Beide Aspekte begrenzen die Werthaltigkeit.

Ist eine rein privatwirtschaftliche Nachfolgenutzung der Kirche beabsichtigt, bemisst sich der Bodenwert anhand der Bodenrichtwerte der umliegenden (Vergleichs-)Flächen gem. § 5.1.2 WertR (die Nutzung richtet sich dann gem. § 34 BauGB im unbeplanten Innenbereich eines Orts bzw. auf Grundlage eines Bebauungsplanes).[26] Da die bestehen-

---

25 Kleiber/Fischer/Werling, Verkehrswertermittlung von Grundstücken, 7. Aufl. 2014, S. 2465 ff.
26 Kleiber, Grundlagen der Bewertung von Spezial- und Sonderimmobilien, 2009, S. 185 ff., in: Reiß-Fechter, Kirchliches Immobilienmanagement, S. 185 ff.

den baulichen Anlagen regelmäßig vollständig umgebaut werden, kommt oft das Residualwertverfahren in Betracht, da die aufgrund der Umnutzung entstehenden Rückbaukosten, bzw. Baukosten der Folgenutzung, den entsprechenden künftigen Ertragspotenzialen gegenüber zu stellen sind. Warte- und Bauzeiten sind im Rahmen der Bewertung durch entsprechende Auf- und Abzinsungen der Zahlungsströme zu beachten.

Ist die vollständige Freilegung des Grundstücks und somit der Abriss der bestehenden baulichen Anlagen notwendig, wird hingegen das Liquidationswertverfahren angewendet (§ 16 Abs. 3 ImmoWertV). Hierbei werden vom Bodenwert die Freilegungskosten abgezogen. Auch in diesem Fall sind entsprechende Wartezeiten ggf. zu berücksichtigen.

Den seltenen Fall,[27] dass ein Objekt durch den Erwerb einer sakralen Nutzung zugeführt wird, bezeichnet man als „künftigen Kirchenbedarf", dessen Marktwert- und Bodenwertermittlung (vor Widmung) nach den allgemeinen Grundsätzen des § 8 Abs. 1 Satz 2 ImmoWertV ermittelt wird.[28, 29]

### 3.2.3 Werte bei dauerhafter Nutzung („bleibende Nutzung")

Wenn bei einem sakralen Bewertungsobjekt hingegen die bestehende kirchliche Nutzung beibehalten werden soll, spricht man von einer „Marktwertermittlung auf der Grundlage der ausgeübten Nutzung", bzw. etwas spezifischer von „Kirchenflächen im Eigentum der Kirche, die auf absehbare Zeit einer sakralen ZweckbinduGugng vorbehalten bleiben".[30] Da es bei diesen Fallkonstellationen oft einen Mangel an Vergleichspreisen gibt und auch keine Erträge für eine Bewertung vorhanden sind, wird in dieser Situation im Regelfall auf das Sachwertverfahren zurückgegriffen.

### 3.2.4 Berücksichtigung immaterieller Werte bei Sakralbauten

Die Kirchen stehen aufgrund der demografischen Veränderung und der wachsenden Säkularisierung der Gesellschaft vor erheblichen Herausforderungen. Dies führt zu Entscheidungen, die auch den Immobilienbestand inklusive der Kirchengebäude betreffen können. Entscheidungen über die strategische Ausrichtung des Portfolios setzen u. a. eine Bewertung der Immobilien voraus. Dies geschieht im Regelfall durch Anwendung der klassischen Bewertungsverfahren.

Während diese Methoden für das Finanzvermögen der Kirchen oder bei sog. abgehendem Kirchenbedarf zielführend sind, muss ihre unreflektierte Anwendung in allen anderen Fällen kritisch hinterfragt werden. Die traditionelle Immobilienbewertung reduziert Sakralgebäude auf ein reines (Bau-)Objekt, dessen Wert lediglich aus monetären, oft rein kostenorientierten Größen abgeleitet wird. Die bekannten Ansätze der Immobilienbewertung sind somit nicht in der Lage, die intrinsischen, immateriellen Werte

---

27 Selten, da seit 1990 in ganz Deutschland insgesamt höchstens 0,097% - weniger als 20 Objekte - des Kirchenportfolios zugekauft wurden.
28 Kleiber/Fischer/Werling, Verkehrswertermittlung von Grundstücken, 7. Aufl. 2014, S. 2413.
29 Kleiber, Grundlagen der Bewertung von Spezial- und Sonderimmobilien, 2009, S. 185 ff., in: Reiß-Fechter, Kirchliches Immobilienmanagement, S. 185 ff.
30 Kleiber/Fischer/Werling, Verkehrswertermittlung von Grundstücken, 7. Aufl. 2014, S. 2465 ff.

eines Sakralbaus sowie die intergenerationelle und geschichtliche Bedeutung der Kirchengebäude abzubilden.

Eine Studie des ESWiD (Evangelischer Bundesverband für Immobilienwesen in Wissenschaft und Praxis e.V.) und der IRE|BS (International Real Estate Business School, Universität Regensburg) hat anhand von erprobten wissenschaftlichen Methoden die Möglichkeiten immaterielle Werte von Sakralbauten strukturiert hergeleitet und die jeweiligen Voraussetzungen und Möglichkeiten der Anwendung illustriert. Die Anwendung der sog. Reisekostenmethode und der kontingenten Bewertung zeigen jeweils eine hohe (indirekte) Zahlungsbereitschaft der Gläubigen für Kirchenbesuche sowie den Erhalt und Weitergabe an künftige Generationen der historischen Gebäude auf. Darüber hinaus konnten anhand von empirischen Analysen (Regressionsanalysen) auch die positiven Ausstrahlungseffekte von Kirchen auf die umliegenden Bodenwerte nachgewiesen werden (sog. positive externe Effekte).

Die Untersuchung leistet somit einen wesentlichen Beitrag dazu, den ökonomischen Gesamtwert von Sakralbauten strukturiert zu erfassen und seine Elemente zu bewerten sowie diesen dann den Ergebnissen einer klassischen Immobilienbewertung gegenüberzustellen. Die Resultate der Ausarbeitung deuten darauf hin, dass der immaterielle Nutzen sowie positive externe Effekte für Sakralbauten – insbesondere bei bleibendem Kirchenbedarf – die rechnerischen Sachwerte der Bauten regelmäßig übersteigen. Dieser Kontext ist im Zusammenhang mit Entscheidungen für den Erhalt oder die künftige Verwendung von Sakralbauten aus Sicht der Gesellschaft wesentlich.

## 4. Wertbestimmende Elemente von Sozialimmobilien und Sakralbauten

Zur Wertbestimmung von Sozialimmobilien und Sakralbauten gilt es die bewertungsrelevanten Faktoren zu identifizieren und kritisch zu beleuchten.

### 4.1 Bewertungsrelevante Faktoren von Sozialimmobilien (am Beispiel Seniorenimmobilien)

Unabhängig von der gewählten Bewertungsmethode ist zunächst eine Erfassung wertrelevanter Merkmale der in Frage stehenden Immobilien sinnvoll. Exemplarisch werden hier in der weiteren Folge die bewertungsrelevanten Faktoren von Seniorenimmobilien als wesentliche Gruppe der Sozialimmobilien näher diskutiert. Ausführliche Darstellungen finden sich hierzu, differenziert nach den einzelnen Nutzungsarten, bspw. in den Publikationen der Hypzert[31] sowie in Bezug auf bauliche Mindestanforderungen in der Heimmindestbauverordnung.

4.1.1 Lage- und Standortfaktoren:
– Hohe Bedeutung von Geschäften des täglichen Bedarfs sowie Cafés bzw. Restaurants im fußläufigen Umfeld,

---

31 www.hypzert.de.

- Erreichbarkeit des Objektes durch den Individualverkehr sowie ÖPNV für Besucher,
- Beurteilung des Bedarfs anhand der sozio-demografischen Daten. Beurteilung der Wettbewerber sowie regionaler Pflegebedarfspläne. Ermittlung notwendiger Kapazitäten und Ableitung der eigenen Abschöpfung (BKK-Paula –Datenbank, AOK-Navigator, ergänzende Erhebungen). Dabei Beachtung der jeweiligen Ausprägungsformen von Seniorenimmobilien.
- Analyse der lokalen Einkommens- und Vermögenssituation sowie der Pflegebedürftigkeit vor dem Hintergrund des jeweiligen Objektes,
- Freizeitangebot für „jung gebliebene" Senioren,
- Beurteilung der lokalen Personalkosten und generelle Einschätzung der Möglichkeiten qualifiziertes Pflegepersonal im Umfeld zu finden,
- Nähe zu Ärztehäusern und Kliniken (medizinische Versorgung),
- Beachtung der demografischen Entwicklung in Bezug auf Einzelzimmer und Zimmergrößen.

4.1.2 Objektanforderungen:
- Effizienz der Grundrisse (Erreichbarkeit der Gemeinschaftseinrichtungen, ausreichende Gangbreiten, barrierefreie Gestaltung, ausreichende Bewegungsflächen auch zu Balkonen und in Bädern, 70% Wohnflächenanteil an gesamter Nutzfläche etc.),
- Ausreichende und ansprechende Gemeinschaftsräume (Restaurant/Cafeteria, Kapelle, etc.),
- Objektkonfiguration mit Flexibilität in Bezug auf mögliche Betreiberwechsel,
- Ansprechende Außenanlagen mit entsprechend altengerechter Aufbereitung (Wege ohne Kopfsteinpflasterung, ausreichend Parkbänke etc.),
- Spezifische Ausstattungselemente (Rufanlagen, Handläufe in Fluren, rutschfeste Böden, ausreichend Aufzüge, gute Beleuchtung, großzügige Gangbreiten etc.).

4.1.3 Betreibergüte und Verträge:
- Beurteilung der Betreiberstruktur/-trägerschaft: Kommunale/öffentliche Betreiber (Städte, Gemeinden), Freigemeinnützige Betreiber, (Kirchen oder Kirchen nahestehende Verbände wie Caritas, Diakonie etc.), Private Betreiber (bspw. Pro Seniore Unternehmensgruppe, Augustinum GmbH, etc.),
- Beurteilung eines Betreibers bzw. lokalen Managements (Bekanntheit, Marktpräsenz, Professionelles Auftreten, klares/stringentes Nutzungskonzept, Track Record, Netzwerk etc.),
- Erfolgsnachweis des Betreibers bzw. bei bestehenden Verträgen langjähriger Beleg für ausreichende Ertragskraft,
- Betreiberverträge (Restlaufzeiten, Indexierungen, Over- bzw. Underrented-Situationen, Garantieren, Regelungen zu Betriebskosten und Instandhaltung, Regelung bzgl. des Vertragsendes etc.),
- Behandlung und Zustand des Inventars.

4.1.4  Ertragskraft / betriebswirtschaftliches Konzept:
- Historische Rentabilität und Prognosen (Jahresabschlüsse, betriebswirtschaftliche Auswertungen etc.),
- Beurteilung der Kostenstruktur des Betreibers im Vergleich zum Branchenschnitt,
- Beurteilung der Kapitalstruktur und Bonität des Betreibers,
- Einsichtnahme in Verträge des Betreibers mit Kostenträgern,
- Wettbewerbssituation vor Ort und Positionierung des eigenen Objektes,
- Beurteilung der Ortsüblichkeit von vertraglichen Miet- bzw. Pachtzahlungen (Beurteilung von fixen und ggf. variablen Rohertragskomponenten),
- Beurteilung historischer Belegungsquoten (mind. 3 Jahre) und Ableitung nachhaltig erzielbarer Belegungen,
- Analyse der Aufteilung der Belegung auf die Pflegestufen und Beurteilung der Pflegesätze,
- Disaggregierte Herleitung der einzelnen Erlöskomponenten (ausgehend von Pflegetagen und Pflegestufen sowie Belegungsquoten). Herleitung von Gesamtpflegesätzen aus Pflegevergütungen, Hotelkosten (U&V) sowie Investitionskosten. Differenzierte Betrachtung des Heimentgeltes aus Zuzahlungen der Pflegekasse sowie Eigenanteilen der Bewohner.

| Kenngrößen zur Kostenstruktur | |
|---|---|
| Personalkosten | Ca. 50 - 60 Prozent |
| Lebensmittel | Ca. 4 - 6 Prozent |
| Medizinischer- Pflegebedarf | Ca. 0,5 - 1 Prozent |
| Wasser/ Energie/ Brennstoffe | Ca. 1,5 - 2 Prozent |
| Wirtschaftsbedarf | Ca. 1 - 1,3 Prozent |
| Fuhrpark | Ca. 0,4 - 0,5 Prozent |
| Verwaltung | Ca. 3 Prozent |
| Instandsetzung | Ca. 1 - 2 Prozent |
| Ersatzbeschaffung | Ca. 0,4 Prozent |
| Steuern / Versicherung | Ca. 0,4 Prozent |
| Zinsaufwand | Ca. 0,5 - 0,6 Prozent |
| Miete/Pacht | Ca. 15 - 20 Prozent |
| AfA | Ca. 3 Prozent |

*Tabelle 5: Kenngrößen zur Kostenstruktur bei Seniorenimmobilien*

Im Zuge der Föderalismusreform des Jahres 2006 wurde die Gesetzgebungskompetenz des Heimrechtes vom Bund auf die jeweiligen Länder übertragen. In der Folge wurden ab dem Jahr 2008 die ersten Landesheimgesetze in Baden-Württemberg, Nordrhein-

Westfalen und Bayern verabschiedet. Teilweise wurden diese bereits wieder novelliert. Da die Erlösstruktur des Gesundheitssektors in hohem Maße von den individuellen politischen Rahmenbedingungen abhängig ist, müssen diese in jedem Fall landesspezifisch analysiert werden.

### 4.2 Bewertungsrelevante Faktoren von Sakralbauten (am Beispiel Kirchen)

Sakralbauten haben eine ausgeprägte Heterogenität. Dennoch können sog. harte Faktoren beschrieben werden, die sich tendenziell besser messen und damit quantifizieren lassen. Diese finden somit zum Teil auch im Rahmen der klassischen Immobilienbewertung Verwendung. Darüber existiert eine große Anzahl an sog. weichen Faktoren, die primär die immateriellen Werte beeinflussen und sich nur schwer oder nicht im Rahmen der traditionellen Immobilienbewertung quantifizieren lassen.

Wie bei anderen Immobiliengattungen auch, ist das ursprüngliche Baujahr wesentlich, um für Sachverständige entsprechende Aussagen zu Unterhaltskosten, verwendeten Materialien, Nutzungsdauern etc. ableiten zu können.

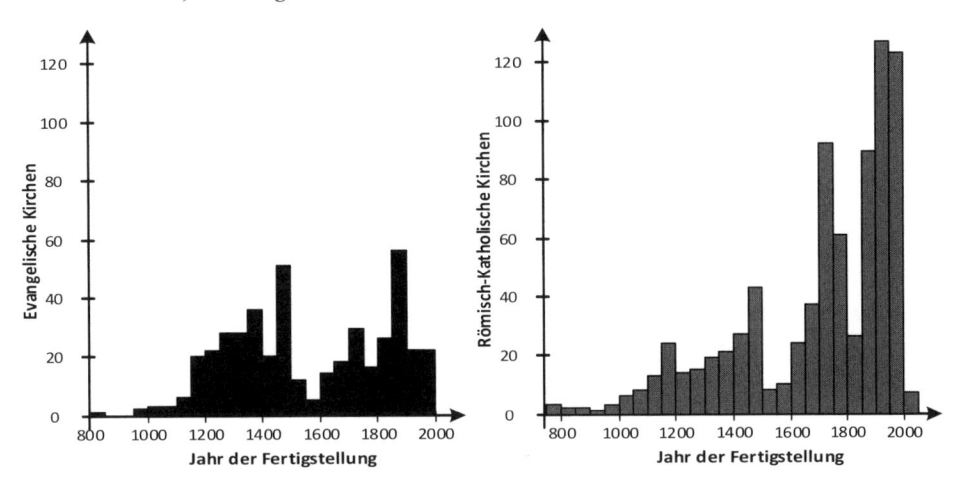

*Abbildung 5: Anzahl der Kirchen nach Jahr der jeweiligen Fertigstellung*[32]

Eine Kategorisierung der einzelnen Kirchengebäude nach ihrem Alter ist aufgrund der zu erwartenden, stark variierenden Instandhaltungskosten sinnvoll. So sind Sakralbauten, welche aufgrund ihres Alters und/oder ihrer historischen Bedeutung unter Denkmalschutz stehen, in der Regel in ihrer Erhaltung weitaus kostenintensiver als vergleichbare Objekte aus der Neuzeit.

---

32 Das älteste Baujahr wurde ausgeblendet, um die Vergleichbarkeit zu gewährleisten; Anzahl der in der Stichprobe vorhandenen Kirchen nach Baujahr und Bundesland.

Tabelle 6 fasst bewertungsrelevante Aspekte zusammen und geht auf deren Berücksichtigung im Rahmen der Bewertung ein:

| Eigenschaften evangelischer Sakralbauten | Beschreibung | Möglicher Einfluss auf die Bewertung |
|---|---|---|
| *Alter und Zustand der baulichen Substanz (Instandhaltungs-aufwendungen)* | Baujahr des Gebäudes, Angabe zum derzeitigen baulichen Zustand, sowie Art und Umfang der letzten Modernisierungs- und Sanierungs-maßnahmen. | Je höher die gegenwärtige Bauqualität, desto tendenziell höher der Wert. Ein schlechter Bauzustand geht oft mit höheren Instandhaltungskosten (oder Sanierungsaufwand bzw. Bauschäden) einher und beeinflusst den Verkehrswert negativ. In Bezug auf das Alter korrespondieren bestimmte Epochen ggf. auch mit einem besonderen (immateriellen) Wertbeitrag. |
| *(Integrierter) (Glocken-) Turm* | Angabe über die Existenz und Höhe eines Glockenturmes. | Ein Glockenturm kann sich positiv, neutral oder negativ auf den Wert auswirken. Der Wiedererkennungseffekt steigt umso mehr, je höher der Turm ist. Die Höhe des Turmes korreliert ebenfalls mit der Bauepoche und symbolisiert den dazugehörigen Baustil. |
| *Allgemeine Größe* | Angaben über die bauliche Substanz des Gebäudes in Bezug auf vorhandene Flächen und das Maß der baulichen Nutzung. | Die Kirchengröße kann sich positiv, neutral oder negativ auf (immaterielle) Werte auswirken. Positiv wirkt tendenziell die Anziehungskraft auf ein weiteres Einzugsgebiet. Als negativ sind Unterhaltskosten hervorzuheben. Die Anzahl der Sitzplätze korrespondiert tendenziell mit dem „Einzugsgebiet" für Gläubige und damit der „immateriellen" Wertschätzung für die Kirche. Bei der Sachwertermittlung bedingt eine steigende Größe ceteris paribus immer auch einen höheren Wert. |
| *Besucherzahl* | Anzahl der Teilnehmer an Gottesdiensten und sonstige Besucher. | Die Anzahl der Besucher steht in direktem Zusammenhang mit der Wertschätzung und damit der gesamten Zahlungsbereitschaft für den Sakralbau. Dieser Aspekt wird bei der Sachwertermittlung nicht berücksichtigt. |

*Tabelle 6: Objektbezogene Eigenschaften von Sakralbauten (harte Faktoren)*

Ebenso können bewertungsrelevante Kriterien im Zusammenhang mit der Lage des Sakralbaus herausgearbeitet werden, die in Tabelle 7 zusammengefasst wurden. Es handelt sich dabei einerseits um Aspekte der Mikrolage eines Sakralbaus, andererseits spielen aber auch Aspekte auf überregionaler Ebene in Form der demographischen Entwicklung und der wirtschaftlichen Situation eine nicht zu vernachlässigende Rolle.

| Eigenschaften evangelischer Sakralbauten | Beschreibung | Möglicher Einfluss auf die Bewertung |
|---|---|---|
| Erreichbarkeit | Angaben über die unmittelbar vorhandene Infrastruktur am Objekt. | Beeinflusst den Wert positiv. Je besser die Kirche mit ÖPNV und per Individualverkehr erreicht werden kann, desto mehr Gläubige werden das Objekt aufsuchen. |
| Lage innerhalb der Gemeinde | Geografische Lage des Gebäudes innerhalb eines Ortes. | Entsprechender Aufschlag im Rahmen von Bodenwerten je näher das Gebäude am Stadtzentrum liegt und je dominanter das Objekt dadurch für das Stadtbild ist. |
| Demographische Entwicklung | Indikatoren bezüglich demographischer Entwicklung der unmittelbaren Region. | Geburtenrate sowie der langfristige Wanderungssaldo können sich positiv, neutral oder negativ auf den Wert auswirken. |
| Wirtschaftliche Situation | Kirchensteueraufkommen in der Gemeinde als Ausdruck des Anteils Gläubiger und der wirtschaftlichen Prosperität der Gemeinde. | Ein hohes Kirchensteueraufkommen ist tendenziell mit einer höheren Zahlungsbereitschaft für den Sakralbau verbunden, da es Ausdruck einer hohen Zahl wirtschaftlich gut situierter Gläubiger ist. |

*Tabelle 7: Standortbezogene Eigenschaften von Sakralbauten*

Weitere gängige Wirtschaftlichkeitskennzahlen sind auf Sakralbauten nur bedingt anwendbar, da diese Liegenschaften keiner renditeorientierten Nutzung folgen.[33]

Im Gegensatz zu den o.g. harten Faktoren handelt es sich bei den weichen Faktoren um Aspekte von primär qualitativer Natur, die nur schwer direkt messbar und damit kaum in exakte Modelle integrierbar sind.

Um die Bedeutung eines Sakralbaus erkennen und erklären zu können, sind diese „weichen" Faktoren heranzuziehen, da sie auch weitergehende, mit der unmittelbaren kirchlichen Nutzung in Verbindung stehende Eigenschaften auszudrücken vermögen.

Für die Beurteilung der Bedeutung eines Sakralbaus ist es erforderlich, zwischen dem Kirchenraum und dem Kirchengebäude zu unterscheiden. Das Gebäude wird allgemein durch seine bauliche Substanz, architektonische Gestaltung und räumliche Lage wahrgenommen (vgl. Abbildung 6). Der Kirchenraum hingegen ist der Ort der Verkündigung von Gottes Wort während der Versammlung der Gemeinschaft. Beide Faktoren, Kirchenraum und –gebäude, haben maßgeblichen Einfluss auf die immaterielle Wertschätzung einer Kirche als Ganzes.[34]

---

33 Heller, Immobilienmanagement in Nonprofit-Organisationen, 2010, S. 172 ff.
34 Bauer, Gotteshäuser zu verkaufen – Gemeindefusionen, Kirchenschließungen und Kirchenumnutzungen, 2011, S. 149 ff.

## BAULICHE IDENTITÄT

- Ort der Begegnung mit Transzendenz
- Kunsthistorisch interessantes Gebäude
- Anziehungspunkt
- Ort mit Geschichte
- Ort mit Tradition
- Menschlichkeit
- Konservatismus
- Christliche Weltanschauung
- Akustik
- Kraftvolle Orte
- Architektur
- Stadtmitte
- Tradition
- Sicherungsanker für die Tradition

## RELIGIÖSE IDENTITÄT

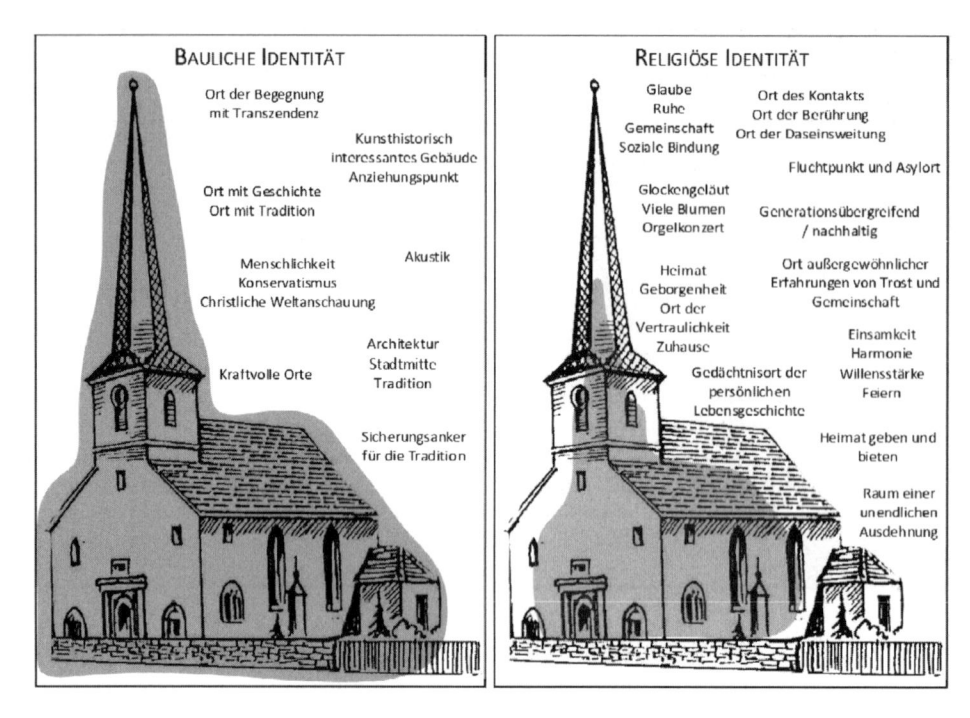

- Glaube
- Ruhe
- Gemeinschaft
- Soziale Bindung
- Ort des Kontakts
- Ort der Berührung
- Ort der Daseinsweitung
- Fluchtpunkt und Asylort
- Glockengeläut
- Viele Blumen
- Orgelkonzert
- Generationsübergreifend / nachhaltig
- Heimat
- Geborgenheit
- Ort der Vertraulichkeit
- Zuhause
- Ort außergewöhnlicher Erfahrungen von Trost und Gemeinschaft
- Einsamkeit
- Harmonie
- Willensstärke
- Feiern
- Gedächtnisort der persönlichen Lebensgeschichte
- Heimat geben und bieten
- Raum einer unendlichen Ausdehnung

*Abbildung 6: Religiöse und bauliche Identitätsmerkmale eines Sakralbaus*

Die bauliche Identität eines Sakralbaus umfasst den (kunst-) historischen Wert des Gebäudes und ist ein Zeichen für den Einfluss und die Tradition der Kirche auf die Gesellschaft. Die unmittelbare Umgebung eines Sakralbaus wird im Regelfall von dessen Erscheinungsbild positiv beeinflusst. Besonders herausragende Sakralbauten sind deshalb ein Anziehungspunkt und bewirken positive externe Effekte.[35] Zudem repräsentieren sie die kulturelle Geschichte und das kollektive Gedächtnis einer Gemeinde oder Stadt und beeinflussen die langfristige (städtebauliche) Entwicklung und Planung einer Stadt.

Tabelle 8 gibt eine Übersicht über weiche Faktoren, die insbesondere für die immaterielle Werthaltigkeit von Sakralbauten von Bedeutung sind, aber nur schwer quantifizierbar sind.

---

35 Von externen Effekten spricht man in der Volkswirtschaftslehre, wenn bestimmte positive oder negative Auswirkungen von Wirtschaftsgütern bzw. deren Nutzung, nicht vollständig im Preis des Gutes widergespiegelt werden.

## 2. Bewertung des Immobilienbestandes

| Eigenschaften der Sakralbauten | Beschreibung | Möglicher Einfluss auf die Bewertung |
|---|---|---|
| Bauliche Besonderheiten | Angabe über individuelle bauliche Besonderheiten und gesonderte An- und Ausbauten am Gebäude. | Bauliche Besonderheiten können sich positiv, neutral oder negativ auf den Wert auswirken. |
| Historische Ausprägungen und Merkmale | Besonderheiten des Gebäudes in Bezug auf Baustil und historische Bedeutung. | Kunstobjekte und ein herausragender Baustil beeinflussen den Wert positiv. |
| Bedeutung für das Stadtbild | Stadtbildprägende Architektur insbesondere bei größeren Kirchen. | Eine Aufwertung des Stadtbilds durch die besondere/ herausragende Architektur wirkt sich positiv auf den Wert des Sakralbaus aus. |
| Qualität der Akustik | Akustische Eigenschaften des Gebäudes vor allem im Hinblick auf künstlerische Drittverwendungsfähigkeit. | Positiv, im Hinblick auf Konzerte und Veranstaltungen. |
| Denkmalschutz | Art, Umfang und Alter eines eventuell vorhandenen Baudenkmal- oder Kulturdenkmalschutzes. | Die Unterschutzstellung kann sich positiv, neutral oder negativ auf den Wert auswirken. |
| Weitere Aspekte der religiösen Identität | Glaube, Ruhe, Harmonie und Geborgenheit als Merkmale von Sakralbauten, die die immaterielle Wertschätzung beeinflussen. | Aspekte wirken sich tendenziell positiv auf die Wertschätzung aus. |

*Tabelle 8: Eigenschaften von Sakralbauten (weiche Faktoren)*

## 5. Detailbetrachtung traditioneller Bewertungsverfahren

Traditionelle Bewertungsverfahren wie das Vergleichswert-, das Ertragswert- und das Sachwertverfahren werden in ihrer Systematik erläutert und auf ihre Anwendbarkeit untersucht.

### 5.1 Vergleichswertverfahren

Das Vergleichswertverfahren basiert auf dem Vorhandensein von Vergleichsobjekten und setzt diese in Relation zum Bewertungsgegenstand. Die Anwendbarkeit auf Sozialimmobilien und Sakralbauten wird überprüft.

#### 5.1.1 Generelle Systematik

Zentrales Element des Vergleichswertverfahrens (§§ 15-16 ImmoWertV) ist die Ermittlung des Wertes anhand eines Preisvergleiches ähnlicher Objekte, die bereits gehandelt wurden. Es setzt somit eine ausreichende Anzahl an Vergleichsobjekten mit hinreichender Übereinstimmung in Bezug auf deren wertbildende Faktoren voraus. Der Vergleich muss anhand von prüfbaren und objektiven Maßstäben durchgeführt werden können.

Dabei müssen wertbildende Abweichungen in Form von Anpassungen durch entsprechende Zu- oder Abschläge ausgeglichen werden. Gem. § 15 I S 2 ImmoWertV „… sind die Kaufpreise solcher Grundstücke heranzuziehen, die mit dem zu bewertenden Grundstück hinreichend übereinstimmende Grundstücksmerkmale aufweisen". Liegt nur eine geringe Anzahl an Vergleichsobjekten in unmittelbarer Nähe des zu bewertenden Objektes vor, so „können auch Vergleichsgrundstücke aus vergleichbaren Gebieten herangezogen werden" (§ 15 I S 3 ImmoWertV). Das Vergleichswertverfahren wird insbesondere zur Bewertung des Bodenwertes unbebauter Grundstücke, aber auch des Bodenwertanteils bebauter Liegenschaften, eingesetzt. Daneben eignet es sich für Eigentumswohnungen, Reihenhäuser und Doppelhaushälften.

Das Vergleichswertverfahren durchläuft mehrere Stufen zur Herleitung von Vergleichswerten, die dann zur Ableitung des Verkehrswertes herangezogen werden können (vgl. Abbildung 7).

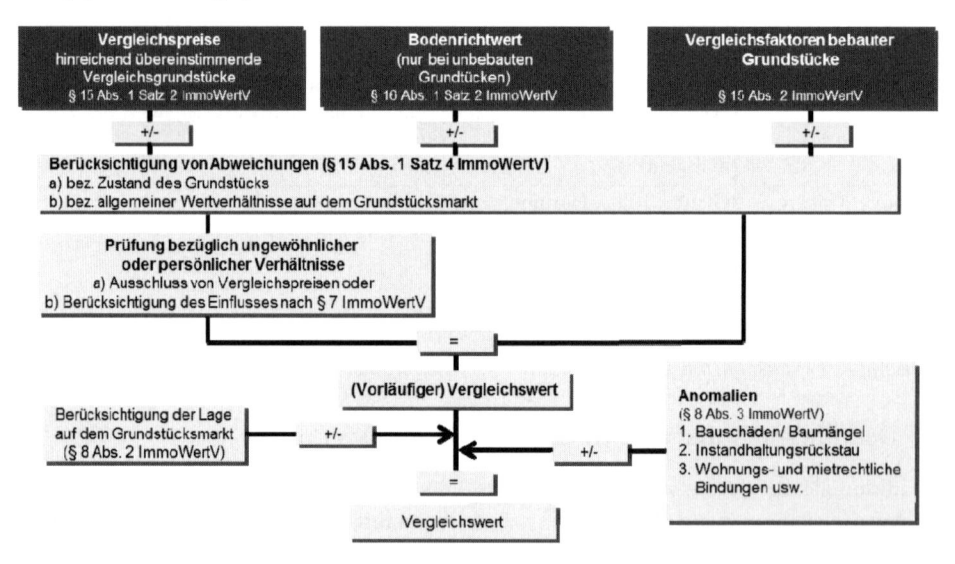

*Abbildung 7: Ablauf des Vergleichswertverfahrens*[36]

Die wesentliche Herausforderung bei der Wertermittlung durch Anwendung eines Preisvergleiches besteht in der adäquaten Anpassung der herangezogenen Vergleichspreise in Bezug auf unterschiedliche Bewertungsstichtage und Merkmalsausprägungen. So muss zunächst allgemein überprüft werden, ob die Preisfindung bei den vorhandenen Vergleichsobjekten einem persönlichen oder anderweitig ungewöhnlichen Einfluss unterlag. Bestehen persönliche Umstände, wie z.B. der Verkauf unter Familienangehörigen, so ist die Transaktion auszuschließen. Da zudem meist Abweichungen zwischen den einzelnen Vergleichsobjekten in Bezug auf wertbeeinflussende Merkmale und eingetretene allgemeine Wertänderungen seit der Veräußerung bestehen, muss anschlie-

---

36 Kleiber/Fischer/Werling, Verkehrswertermittlung von Grundstücken, 7. Aufl. 2014, S. 1278 f.

ßend versucht werden, diese durch Zu- oder Abschläge auf die einzelnen Vergleichspreise auszugleichen. Bezogen auf die allgemeine Wertentwicklung seit dem letzten Bewertungsstichtag wird in § 15 Abs. 1 S. 3 ImmoWertV auf die Verwendung von Indexreihen und Umrechnungskoeffizienten verwiesen. Sehr viel komplexer zeigt sich die entsprechende Berücksichtigung unterschiedlicher Zustandsmerkmale der einzelnen Vergleichsobjekte, z.B. hinsichtlich Grundstücksgröße, -tiefe, oder -schnitt, Lageverhältnissen etc. Die Bemessung geeigneter Zu- und Abschläge wird in der Regel auf Basis von Schätzungen vorgenommen, kann aber auch mit Hilfe geeigneter Umrechnungskoeffizienten erfolgen, sofern diese vorliegen. Sind die vorhandenen Vergleichspreise bezogen auf etwaige unterschiedliche Zustandsmerkmale und Bewertungsstichtage angepasst, sowie auf persönliche und ungewöhnliche Verhältnisse bereinigt, lässt sich nun der (vorläufige) Vergleichswert ermitteln. Die angepassten Vergleichspreise werden hierfür im Regelfall aufsummiert und durch die Anzahl der Beobachtungswerte dividiert.

Um den gesuchten Verkehrswert, ausgehend von dem ermittelten (vorläufigen) Vergleichswert, abschließend ableiten zu können, muss geprüft werden, ob eine Marktanpassung an die gegenwärtigen Wertverhältnisse auf dem Grundstücksmarkt erforderlich ist oder im Fall von Gebäuden objektspezifische Grundstücksmerkmale beachtet werden müssen (§ 8 Abs. 2 ImmoWertV). Das Vergleichswertverfahren ist in Bezug auf Sozialimmobilien und Sakralbauten vor dem Hintergrund der obigen Ausführungen nur in Bezug auf den Bodenwertanteil anwendbar. Die Ermittlung von Bodenwerten ist materieller Bestandteil des in § 15 ImmoWertV geregelten Vergleichswertverfahrens. § 16 ImmoWertV regelt lediglich, wie sich der Bodenwert eines bebauten Grundstücks ermittelt, und fungiert als eine Art „Grundsatzregelung". § 16 ImmoWertV geht auf die Ermittlung des Bodenwertes somit spezifisch ein und verweist auch auf die in Deutschland von den Gutachterausschüssen zur Verfügung gestellten Bodenrichtwerte. Diese Bodenrichtwerte beziehen sich auf durchschnittliche Lagewerte für den Grund und Boden, wobei eine Mehrzahl von Grundstücken mit im Wesentlichen gleichen Nutzungs- und Wertverhältnissen in einem Gebiet zusammengefasst wird (Bodenrichtwertzonen). Die Bodenrichtwerte sind stets auf unbebaute Grundstücke und auf einen Quadratmeter Grundstücksfläche bezogen. Die Ableitung der Richtwerte erfolgt durch Auswertung historischer Transaktionen durch den jeweiligen lokalen Gutachterausschuss.

Im Gegensatz zu Sozialimmobilien ist die Anwendbarkeit von konkreten Vergleichspreisen oder Bodenrichtwerten jedoch bei Sakralbauten mit besonderen Herausforderungen verbunden, weshalb auf diesen Aspekt näher eingegangen werden soll.

5.1.2 Anwendbarkeit des Vergleichswertverfahrens bei Sakralbauten

Während sich die Eignung der klassischen Bewertungsverfahren primär auf Anwendungsfälle konzentriert, die eine Marktteilnahme unterstellen, ist zu vermuten, dass ihre Eignung für Sakralbauten, deren Nutzung auf absehbare Zeit nicht aufgegeben werden soll, zu besonderen Herausforderungen führen kann. Dies ist insbesondere beim Vergleichswertverfahren zutreffend.

Die Anwendbarkeit des Vergleichswertverfahrens in Bezug Sakralbauten ist aufgrund der geringen Verfügbarkeit an Vergleichsobjekten äußerst eingeschränkt. Dies wird insbesondere deutlich, wenn man sich die oben beschriebene hohe Heterogenität der Objekte vor Augen führt. Sakralbauten sind im Regelfall nicht in unmittelbarer räumlicher Nähe und auch regionale Vergleiche scheiden aufgrund unterschiedlicher Bauphasen sowie Baustile aus. Selbst wenn sich außerdem zwei Objekte finden lassen, die aufgrund ihrer baulichen Eigenschaften vergleichbar wären, steht aufgrund der Seltenheit entsprechender Transaktion noch lange kein Vergleichswert zur Verfügung.

Im Falle von Sakralbauten sind Objekte mit „hinreichender Übereinstimmung" selten. Ausschlaggebende Faktoren für das Scheitern des Bewertungsverfahrens sind:
- Lage, Alter und Bauzustand
  - Da Sakralbauten sowohl in innerstädtischen als auch ländlichen Regionen vertreten sind, sind ihre Eigenschaften und baulichen Zustände sehr unterschiedlich.
  - Die baustilistische Heterogenität erschwert einen Vergleich anhand einheitlicher Merkmale zusätzlich.
- Größe und Grundstücksgestalt
  - Die Größe eines Sakralbaus deutet auf seine Repräsentativität und die bauliche Identität innerhalb einer Gemeinde hin, die je nach Lage und Kirchenstatus (Kathedrale oder Dorfkirche) eine unmittelbare Vergleichbarkeit ausschließen.
  - Ferner stehen die der Kirche angeschlossenen Liegenschaften, Friedhöfe, Pfarrhäuser oder Kindergärten oft in direkter Verbindung mit dem zu bewertenden Objekt, weshalb Werte nicht objektiv vergleichbar sind.

Im Regelfall der bleibenden Nutzung sind gar keine Vergleichsobjekte verfügbar. Lediglich 202 Objekte wurden ausgehend von einem Gesamtbestand von über 20.000 Liegenschaften der Kirchen innerhalb eines Vergleichszeitraumes von 5 Jahren veräußert. Eine ausreichende Basis für eine Wertermittlung mit Hilfe des Vergleichswertverfahrens gestaltet sich demgemäß schwierig. Eine so geringe Anzahl von Transaktionen ist im Fall von Sakralbauten besonders hinderlich, da die große Heterogenität einen sinnvollen Vergleich zusätzlich erschwert und prinzipiell sogar eine höhere Zahl von Vergleichsobjekten verlangen würde als bei anderen Immobilientypen.

Die Herleitung von Bodenwerten ist der Hauptanwendungsbereich der Vergleichswertmethode. Hierbei muss beachtet werden, dass insbesondere das tatsächliche Maß der Bebauung den Bodenwert beeinflussen kann. In diesem Fall müssen Anpassungen der erhobenen Vergleichswerte erfolgen.

Bei kirchlichen Bewertungsobjekten, die die kirchliche Nutzung beibehalten (bleibender Kirchenbedarf), sind die Grundsätze zur Bodenwertermittlung für sog. bleibende Gemeinbedarfsflächen[37] entsprechend anzuwenden (§ 5.1.1. WertR). Einziger Unterschied ist hier die ausschließliche sakrale Nutzung im Fall der Kirche. Die resultierenden Bodenwerte sind in diesen Fällen im Regelfall deutlich geringer als bei privatwirtschaftlich genutzten Flächen, die im Rahmen von Bodenrichtwerten der Umgebung erhoben werden können. Dies ist der Fall, da Kirchengrundstücke wie Gemeinbedarfsflä-

---

37 Definition: Gemeinbedarfsflächen dienen der Errichtung öffentlich genutzter Einrichtungen (§ 5 und § 9 BauGB.). Richtlinien für die Ermittlung der Verkehrswerte (Marktwerte) von Grundstücken (Wertermittlungsrichtlinien – WertR 2006), Teil 2, Kap. 5, S. 54.

chen dem allgemeinen Grundstücksverkehr entzogen sind und keine Alternativnutzung möglich ist.[38] Der Bodenwert darf daher im Regelfall nicht unreflektiert aus den Vergleichspreisen der angrenzenden Grundstücke abgeleitet werden, weil sakrale Flächen keiner anderweitigen Nutzung zugeführt werden können und deshalb „keinen mit den Nachbargrundstücken vergleichbaren Ertrag erwirtschaften können".[39], [40] Bei diesen Flächen wird eine hypothetische Situation unterstellt, bei der ein „Wegfall der bisherigen sakralen Zweckbindung" unterstellt wird. Bei kleineren Flächen im Innenbereich sind dann wieder vergleichende Überlegungen mit der umliegenden Bebauung und dem dortigen Preisgefüge angebracht.

Der Bodenwert von Kirchen, die die kirchliche Zweckbindung aufgeben (abgehender Kirchenbedarf), orientiert sich an der beabsichtigten Folgenutzung (§ 5.1.2 WertR). Ist dabei eine kulturelle Folgenutzung geplant, hat dies oft keine oder keine wesentliche Bodenwertsteigerung im Vergleich zur gleichen Fläche bei bleibendem Kirchenbedarf zur Folge. Eine unreflektierte Übertragung von Bodenrichtwerten der umliegenden privatwirtschaftlich genutzten Flächen ist hier – wie auch im Fall anderer für öffentlich-kulturell genutzter Flächen – abzulehnen.[41] Ist eine rein privatwirtschaftliche Folgenutzung (Aufgabe der kirchlichen Nutzung) gegeben, bemisst sich der Bodenwert nach den wertbestimmenden Eigenschaften, insbesondere in Bezug auf Art und Maß der künftigen baulichen Nutzbarkeit. Bei abgehendem Kirchenbedarf ist unabhängig davon bei jeder der zwei vorgenannten Fallkonstellationen zu berücksichtigen, dass Rückbaukosten, Wartezeiten etc. den potenziellen Bodenwert der Folgenutzung beeinflussen. Insofern sind die methodischen Schritte des Liquidationswertverfahrens (Bodenwert abzgl. Freilegungskosten gem. § 16 Abs. 3 ImmoWertV) je nach Situation entsprechend zu beachten. Kleiber stellt zutreffend fest, dass sich auch Unwerte (also negative Verkehrswerte) als Konsequenz von kulturellen Folgenutzungen (bei geringen oder keinen Erträgen und hohen Unterhaltungskosten) einstellen können.[42]

## 5.2 Ertragswertverfahren

Das Ertragswertverfahren setzt in seiner Systematik auf eine Ertragsorientierung und ergibt sich für eine Liegenschaft aus dem Bodenwert und dem Ertragswert der baulichen Anlagen. Die Anwendbarkeit bei Sozialimmobilien und Sakralbauten wird kritisch beleuchtet.

---

38 Kleiber/Fischer/Werling, Verkehrswertermittlung von Grundstücken, 7. Aufl. 2014, S. 2467.
39 Kleiber, Grundlagen der Bewertung von Spezial- und Sonderimmobilien, 2009, S. 189 ff., in: Kirchliches Immobilienmanagement, hrsg. Dagmar Reiß-Fechter, 2. Aufl. (2010), Berlin, S. 185 ff.
40 Diese Pflicht ergibt sich nach der sog. Kirchenautonomie im Grundgesetz, siehe: Kleiber/Fischer/Werling, Verkehrswertermittlung von Grundstücken, 7. Aufl. 2014, S. 2462.
41 Kleiber, Grundlagen der Bewertung von Spezial- und Sonderimmobilien, 2009, S. 185 ff., in: Kirchliches Immobilienmanagement, hrsg. Dagmar Reiß-Fechter, 2. Aufl. (2010), Berlin, S. 185 ff.
42 Kleiber, Grundlagen der Bewertung von Spezial- und Sonderimmobilien, 2009, S. 185, in: Kirchliches Immobilienmanagement, hrsg. Dagmar Reiß-Fechter, 2. Aufl. (2010), Berlin, S. 185 ff.

### 5.2.1 Generelle Systematik

Das Ertragswertverfahren ist geregelt in §§ 17 bis 20 der ImmoWertV und kommt bei bebauten Grundstücken zur Anwendung, die zur Vermietung oder Verpachtung geeignet sind. Anwendung findet das Verfahren insbesondere bei Mietwohnungs-, Geschäftsgrundstücken, gewerblichen Objekten fast jeder Art (Büro-, Handels- oder Logistikobjekten), Parkierungsanlagen und Spezialimmobilien, die eine Ertragsorientierung aufweisen.

Der Ertragswert der Liegenschaft setzt sich aus dem Bodenwert und dem Ertragswert der baulichen Anlagen zusammen und wird deshalb auch als gespaltenes Wertermittlungsverfahren bezeichnet. Die Werte werden zunächst getrennt ermittelt und am Ende der Berechnungen zum Ertragswert der Liegenschaft zusammengefasst.

Dabei wird der Bodenwert nach den bereits beschriebenen Grundsätzen der Vergleichswertberechnung hergeleitet. Der Wert der baulichen Anlagen wird hingegen als Rentenbarwert der nachhaltig erzielbaren jährlichen Reinerträge unter Berücksichtigung diverser Abzüge – insbesondere der Bodenwertverzinsung als ewige Rente des ermittelten Bodenwertes – ermittelt.

Bei der Ermittlung des Ertragswertes (vgl. Abbildung 8) ist von den nachhaltig erzielbaren jährlichen Erträgen (dem sog. Rohertrag) auszugehen. Nachhaltig sind diese, wenn sie über einen langen Zeitraum als wahrscheinlich anzunehmen sind und sich hinreichend sicher prognostizieren bzw. begründen lassen. Dies sind insbesondere Erträge aus den bestehenden Miet- oder Pachtverträgen. Diese sind stets auf Ortsüblichkeit hin zu überprüfen. Für leerstehende oder selbstgenutzte Bereiche des Bewertungsobjektes sowie für solche, die aus persönlichen oder wirtschaftlichen Gründen billiger vermietet werden, ist ebenfalls das ortsüblich nachhaltig erzielbare Niveau, abgeleitet aus Vergleichsmieten, zu veranschlagen. Voraussetzung für die Herleitung von Vergleichsmieten ist, dass in der Umgebung des zu bewertenden Objektes Immobilien mit ähnlich ausgestatteten Nutzungseinheiten in Bezug auf Größe, Lage, Ausstattung, usw. vorhanden sind. Ausgehend von den so ermittelten Roherträgen werden die beim Eigentümer verbleibenden Bewirtschaftungskosten abgezogen, um den sog. Reinertrag der Liegenschaft zu ermitteln.

Bewirtschaftungskosten sind regelmäßig und nachhaltig anfallende Ausgaben, die bei gewöhnlicher Nutzung entstehen und nicht auf den Mieter umgelegt werden können, also vom Vermieter zu tragen sind. Sie umfassen die (nicht umlagefähigen) Betriebskosten, die Instandhaltungskosten, die Verwaltungskosten sowie das Mietausfallwagnis. Der gesamte Reinertrag teilt sich auf in einen Ertragsanteil, der dem Boden zuzuordnen ist (sog. Bodenwertverzinsung), und einen Anteil, der den baulichen Anlagen zuzuordnen ist. Der Reinertrag der baulichen Anlage wird schließlich als nachschüssiger Rentenbarwert unter Anwendung einer geeigneten Restnutzungsdauer sowie eines Liegenschaftszinssatzes kapitalisiert. In Deutschland wird dieser Zinssatz regelmäßig im Wege einer retrograden Berechnung vergleichbarer Transaktionen aus dem Markt abgeleitet und drückt die Verzinsung aus, die ein Investor für das vom ihm in die jeweilige Liegenschaft eingebrachte Kapital erwarten kann. Es gilt die Regel, je risikobehafteter die Immobilie, desto höher ist der zur Anwendung kommende Liegenschaftszinssatz.

## 2. Bewertung des Immobilienbestandes

Als wirtschaftliche Restnutzungsdauer (RND) ist bei der Berechnung des Rentenbarwertfaktors die Anzahl der Jahre anzusetzen, in denen die baulichen Anlagen bei ordnungsgemäßer Unterhaltung und Bewirtschaftung voraussichtlich noch wirtschaftlich genutzt werden können.

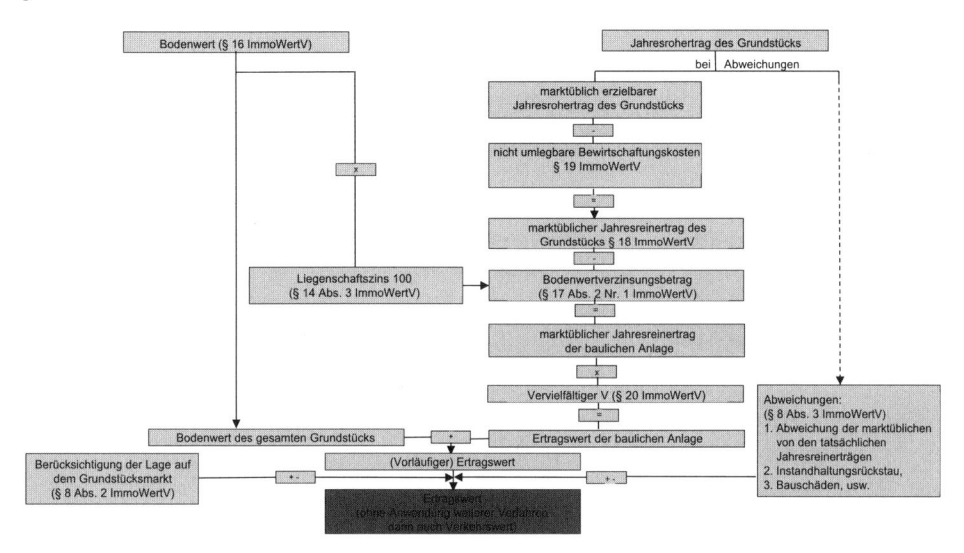

*Abbildung 8: Ablauf des Ertragswertverfahrens*[43]

Gem. § 8 Abs. 3 ImmoWertV werden objektspezifische Grundstücksmerkmale erst in einem weiteren Rechenschritt berücksichtigt. Hierzu zählen insbesondere Abweichungen der tatsächlichen Pachten oder Mieten vom nachhaltigen Niveau am Markt. Die Differenz wird in barwerter Form berücksichtigt. Ebenso fließen hier eventuelle Bauschäden oder Mängel ein. Bei korrekter Berücksichtigung der Eingangsparameter ist im Regelfall eine weitere Marktanpassung nach § 8 Abs. 2 ImmoWertV nicht mehr notwendig.

Das oben beschriebene Verfahren ist das klassische, zweigleisige Ertragswertverfahren. Unterscheiden wird hiervon noch das vereinfachte/eingleisige und das mehrperiodische Verfahren. Das vereinfachte Verfahren kann angewendet werden, wenn aufgrund der langen Nutzungsdauer auf eine Trennung in (ewige) Bodenwertverzinsung und (endliche) Gebäudeerträge bei der Kapitalisierung verzichtet werden kann. Das mehrperiodische Verfahren wird angewendet, wenn deutlich fluktuierende jährliche Erlöse erwartet werden. In diesem Fällen werden die jeweiligen Zahlungsströme der einzelnen Jahre separat abgezinst und auf eine pauschale Kapitalisierung verzichtet (vgl. Abbildung 9).

---

43 Kleiber/Fischer/Werling, Verkehrswertermittlung von Grundstücken, 7. Aufl. 2014, S. 1603 ff.

**Eingleisiges (vereinfachtes) Ertragswertverfahren (Restnutzungsdauer des Gebäudes > 50 Jahre)**

$$EW = RE \times V + \frac{BW}{(1 + z/100)^n} \quad \xrightarrow{\text{Bei langer Restnutzungsdauer des Gebäudes geht } \frac{BW}{1 + z/100} \text{ gegen Null}} \quad EW = RE \times V$$

**Zweigleisiges Ertragswertverfahren (Am häufigsten verwendetes Verfahren)**

$$EW = \underbrace{(RE - BW \times z) \times V}_{\text{Gebäudewertanteil}} + \underbrace{BW}_{\text{Bodenwertanteil}}$$

**Mehrperiodisches Ertragswertverfahren**

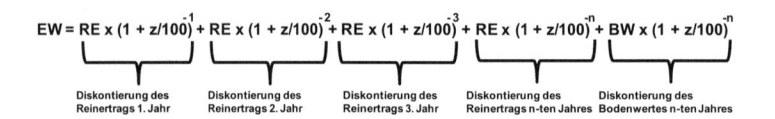

$$EW = \underbrace{RE \times (1 + z/100)^{-1}}_{\substack{\text{Diskontierung des}\\\text{Reinertrags 1. Jahr}}} + \underbrace{RE \times (1 + z/100)^{-2}}_{\substack{\text{Diskontierung des}\\\text{Reinertrags 2. Jahr}}} + \underbrace{RE \times (1 + z/100)^{-3}}_{\substack{\text{Diskontierung des}\\\text{Reinertrags 3. Jahr}}} + \underbrace{RE \times (1 + z/100)^{-n}}_{\substack{\text{Diskontierung des}\\\text{Reinertrags n-ten Jahres}}} + \underbrace{BW \times (1 + z/100)^{-n}}_{\substack{\text{Diskontierung des}\\\text{Bodenwertes n-ten Jahres}}}$$

EW = Ertragswert, RE = Rohertrag, V = Vervielfältiger (Barwertfaktor), z = dynamischer Liegenschaftszins, n = Restnutzungsdauer der baulichen Anlage

*Abbildung 9: Mathematischer Vergleich des ein-/ zweigleisigen, mehrperiodischen Ertragswertverfahrens[44]*

### 5.2.2 Anwendbarkeit des Ertragswertverfahrens bei Sozialimmobilien (am Beispiel Seniorenimmobilien)

Bei Seniorenimmobilien kommt das Ertragswertverfahren im Regelfall in der Abwandlung des sog. Pachtwertverfahrens zum Einsatz. Hier werden die Roherträge aus dem entsprechenden Pachtverträgen abgeleitet. Im Fall von Managementverträgen treffen den Eigentümer aufgrund der rechtlichen Konstruktion mehr Geschäftsrisiken des Betriebes selbst. Auch sind die Erlöse in diesem Fall regelmäßig mit höheren variablen Komponenten (gekoppelt an den Gewinn oder Umsatz des Betreibers) ausgestattet. Auch im Fall von klassischen Pachtverträgen können neben der Fixpacht auch variable Komponenten zum Tragen kommen.

Selbst wenn im Konzernverbund die Objekte durch den Investor selbst bewirtschaftet werden, bestehen hierfür oft eigene Zweckgesellschaften, die das Eigentum am Grundstück übernehmen (Trennung zwischen Besitz- und Betriebsgesellschaft). Es ist naheliegend, dass insbesondere in derartigen Fällen die vertraglichen Konditionen auf Fremdüblichkeit hin überprüft werden müssen.

---

44 Kleiber/Fischer/Werling, Verkehrswertermittlung von Grundstücken, 7. Aufl. 2014, S. 1616 ff.

## 2. Bewertung des Immobilienbestandes

Die Ertragserzielung kann dabei auch nur fiktiver Natur sein, d.h. die Liegenschaft – z.B. eine Seniorenimmobilie – wird selbst betrieben und es besteht keine eigene Besitzgesellschaft. Da am Markt die theoretische Möglichkeit besteht, die Flächen an einen anderen Betreiber zu verpachten,[45] können in derartigen Fällen fiktive Erlöse auf marktüblichem Niveau zur Herleitung von Erträgen angesetzt werden.

Bei den Betreiberimmobilien, wie Kliniken oder Seniorenimmobilien, ist es stets eine besondere Herausforderung, die gesamten erwirtschafteten betrieblichen Einnahmen sinnvoll in die einzelnen Erlösbestandteile aufzugliedern. Nur durch die korrekte Differenzierung ist es möglich, die für die Liegenschaft nachhaltig erzielbare Miete bzw. Pacht abzuleiten.[46] Wird der nachhaltig mögliche Mietanteil an den Gesamteinnahmen überschätzt, droht langfristig die Zahlungsunfähigkeit des Betreibers.[47] Spätestens zu diesem Zeitpunkt wird dann deutlich, dass auch der Immobilienwert überhöht war. Die Ableitung des tragfähigen Rohertrages erfolgt somit primär aus dem Umsatz oder dem Gewinn des Unternehmens und erst in zweiter Linie auf Basis von Vergleichsmieten auf Quadratmeter-Basis. Bei der Verwendung des Gewinns als Ausgangsgröße spricht man von der sog. Gewinnmethode (Profit Method), die insbesondere bei jeder Art von Betreiberimmobilien eingesetzt werden kann.[48]

Die Fähigkeiten des Managements einer Betreiberimmobilie sind somit zentral, da jeder durchschnittliche Betreiber die vereinbarte Miete bzw. Pacht erwirtschaften muss. Der Gutachter muss deshalb auch in der Lage sein, eine grobe betriebswirtschaftliche Beurteilung des Betreiberkonzeptes vorzunehmen. Bei den vereinbarten Miet- oder Pachtansätzen ist darauf zu achten, dass in den unterschiedlichen Teilmärkten teilweise vollkommen voneinander abweichende nachhaltig realisierbare Einnahmen erwirtschaftet werden können. Beispielsweise sind bei Seniorenimmobilien in Form eines Seniorenwohnstifts die – aus Sicht des Betreibers – leistbaren Pachten im Verhältnis zum Gesamtumsatz regelmäßig höher als bei anderen Objekten.

Seniorenimmobilien mit gutem Management haben oft Belegungsquoten von über 90 Prozent. Der Wert von 95 Prozent im Jahresmittel entspricht weitgehend einer Vollbelegung und sollte daher auch in der Bewertung nicht überschritten werden. Aufgrund von Fixkostenpositionen des Betreibers ist ein wirtschaftlicher Betrieb oft erst bei mind. 100 Betten gegeben. Bei einem typischen Betreibergewinn zwischen fünf und maximal zehn Prozent und einer Umsatzrendite (vor Pachtzahlungen) von maximal 30 Prozent resultieren daraus wirtschaftlich tragfähige Pachten von ca. 20 Prozent vom Umsatz. Oft notieren die nachhaltig erzielbaren Pachten lediglich zwischen 15 und 20 Prozent, in seltenen Fällen betragen diese bis zu 25 Prozent. Nicht selten sind bei der erstmaligen Verpachtung die vereinbarten Beträge bei einer dauerhaften Betrachtung des Betriebes nicht tragbar. Der Gutachter muss insofern die Nachhaltigkeit und Marktüblichkeit der Vereinbarungen intensiv prüfen.

---

45 Anmerkung: bzw. im Rahmen von Managementverträgen zur Verfügung zu stellen.
46 Clark/Knight, The Appraisal Journal, 2002, 1.
47 Anmerkung: Vorausgesetzt, es bestehen keine weiteren werthaltigen Garantien im Konzernverbund des Betreibers.
48 Jenyon et.al., Internationale Bewertungsverfahren, 2007, S. 135 ff. // Leopoldsberger, Kontinuierliche Wertermittlung, 1999, S. 119 ff.

Die Pachtverträge sind üblicherweise langfristig (bis zu 15 Jahre) geschlossen und haben nicht selten weitere Optionen für Verlängerungen. Die Anpassung an eingetretene Preissteigerungen durch Indexklauseln ist insbesondere bei langen Laufzeiten wichtig. Sind z.B. nur 60 Prozent Indexanpassung vorgesehen, so kann dies langfristig dazu führen, dass ein ehemals auf Marktniveau geschlossener Vertrag im Laufe der Zeit im Vergleich zum Marktniveau zu geringe Einnahmen erzielt (sog. „Underrented").

Der Berechnung für die Wertermittlung solcher Objekte richtet sich nach der allgemein üblichen Vorgehensweise des Ertragswertverfahrens. Die Bewirtschaftungskosten aus Sicht des Eigentümers sind wieder anhand der konkreten Vertragskonstruktion mit dem Betreiber zu ermitteln, umfassen jedoch andere Bandbreiten als bei gängigen Immobiliennutzungen.

| Bewertungsrelevante Eingangsdaten | |
|---|---|
| Verwaltungskosten | Ca. 1 bis 1,5 % vom Jahresrohertrag |
| Mietausfallwagnis | Ca. 3 bis max. 5 % vom Jahresrohertrag |
| Instandhaltungsrücklage | Ca. 9,50 bis 12,50 Euro/m² Nutzfläche und Jahr |
| Modernisierungsrisiko | Neubauherstellung ca. 0,75 bis 3,5 % der auf das Bauwerk entfallenen Kosten Modernisierungsrisiko bis zu 900 Euro je Bett und Jahr |
| Pacht je belegtem Bett und Tag | Ca. 15 bis 25 Euro je Tag / Bett |
| Gesamtnutzfläche je Bett | Ca. 30 – 50 m² |
| Zimmergröße | Mind. 16 m² bei EZ und 26 m² bei DZ |
| Zimmeranteil für Rollschuhfahrer | Mind. 10 % |
| Pachtanteil vom Umsatz | 15 – 20 % (maximal 25 % bei effizienten Neubauten, wobei diese Werte auf Nachhaltigkeit hinterfragt werden müssen). |
| (Wirtschaftliche) Gesamtnutzungsdauer | 40 – 50 Jahre |

*Tabelle 9: Eingangsparameter bei der Bewertung von Seniorenimmobilien[49]*

Es wurde bereits mehrfach darauf hingewiesen, dass die Vielfalt möglicher Ausprägungsformen von Seniorenimmobilien umfangreich ist. Insofern können die genannten

---

49 Insb. auch Publikationen der HypZert (www.hypzert.de).

Parameter auch nur eine erste grobe Orientierung geben. Sie müssen vor dem Hintergrund der heterogenen Objektmerkmale und differenziert zu beurteilender Marktstrukturen individuell hergeleitet und hinterfragt werden. Es bietet sich an, die (Zwischen-) Ergebnisse immer durch mehrere alternative Plausibilitätsberechnungen zu überprüfen. So notiert die hergeleitete Pacht der Liegenschaften bei einer Umrechnung auf den Quadratmeter Nutzfläche üblicherweise in Bandbreiten zwischen 9 und 13 €/m²/pm.

Was für die allgemeinen Eingangsparameter gilt, ist in Bezug auf den zu wählenden Liegenschaftszinssatz von besonderer Bedeutung. Die wohl wichtigste Rechengröße der Ertragswertberechnung muss individuell aus dem Markt abgeleitet werden. Oft existieren nur überregionale Richtgrößen für den Liegenschaftszinssatz. Aufgrund der Niedrigzinsphase und dem Anlagedruck der vergangenen Jahre sind diese kontinuierlich gesunken. Typische Bandbreiten betragen 6,0 – 7,5 Prozent.

Folgendes (stark vereinfachtes) Anwendungsbeispiel illustriert die grundlegende Vorgehensweise anhand des zweigleisigen Verfahrens:
– Objekt ist ein frei finanziertes Pflegeheim mit einer Kapazität von 70 Pflegeplätzen/ Betten (ca. 2.800 m² Gesamtnutzfläche).
– Pachtvertrag besteht mit einer unkündbaren (Rest-) Laufzeit von 15 Jahren.
– Inventar steht im Eigentum des Pächters und soll auftragsgemäß nicht bewertet werden.
– Bodenrichtwert wurde mit 300 €/m² ermittelt. Das Grundstück ist 3.000 m² groß.
– Neubauwert des Pflegeheims (inkl. Baunebenkosten) wurde mit 4.100.000 € a(netto) geschätzt (ohne Außenanlagen und Grundstück).
– Im Jahr 2000 wurde das Objekt errichtet.
– Umsatzherleitung ergab:
  – Einnahmen aus Pflege: ca. 1,3 Mio. € p.a.
  – Einnahmen aus Unterkunft / Verpflegung: Ca. 500.000 € p.a.
  – Einnahmen aus der Investitionspauschale: Ca. 450.000 € p.a.
  – Sonstige Einnahmen: 50.000 € p.a.
  – Gesamteinnahmen: 2,3 € Mio. p.a. (wurde auf Nachhaltigkeit überprüft)
– Pachtsatz: 17,5 % vom Umsatz.

Sozialimmobilien sind komplexe Liegenschaften, was sich oft auch in der Schwankungsbreite der jährlich erwirtschafteten Zahlungsströme ausdrücken kann. Je deutlicher diese Erlöse schwanken, desto schwieriger ist die Anwendung des klassischen Ertragswertverfahrens, welches im Kern von nachhaltigen und gleichförmigen Erträgen ausgeht. Hierfür hat ImmoWertV nunmehr das mehrperiodische Ertragswertverfahren (§ 17 I S ImmoWertV) aufgenommen, welches schwankende jährliche Erträge durch einzelne Diskontierung modelliert.

|   | Gebäudeart und –daten | | |
|---|---|---|---|
| 1 | Anzahl der Betten | | 70 Stk. |
| 2 | Baujahr | | 2.000 |
| 3 | Gesamtnutzfläche | | 2.800 m² |
| 4 | Grundstücksfläche | | 3.000 m² |
| 5 | Neubauwert | | 4.100.000 € |
| 6 | Umsatz | | 2.300.000 € |
| 7 | Pachtvertragslaufzeit | | 15 Jahre |
|   | **Bewertungsparameter** | | |
| 8 | Pachtsatz (auf Marktüblichkeit plausibilisiert) | | 17,5 % |
| 9 | Bewirtschaftungskosten (gesondert hergeleitet) | | 15,0 % |
| 10 | Liegenschaftszinssatz (eigene Erhebung, GAA etc.) | | 6,5 % |
| 11 | Wirtschaftliche Gesamtnutzungsdauer (eigene Herleitung) | | 40 Jahre |
|   | **Reinertrag** | | |
| 12 | Rohertrag (Umsatz mal Pachtsatz) p.a. | [6*8] | 402.500 € |
| 13 | Bewirtschaftungskosten p.a. | [12*9] | 60.375 € |
| 14 | Reinertrag des Grundstücks p.a. | [12-13] | 342.125 € |
|   | **Bodenwertverzinsung** | | |
| 15 | Bodenwert (Bodenwert je m² mal Fläche) | | 900.000 € |
| 16 | Liegenschaftszinssatz | | 6,5 % |
| 17 | Bodenwertverzinsung p.a. | [15*16] | 58.500 € |
| 18 | **Reinertrag der baulichen Anlagen** | | 283.625 € |
| - | **Ertragswert der baulichen Anlagen** | | |
| 19 | Vervielfältiger.(Rentenbarwertfaktor aus RND und LSZ) | | 12,20 Faktor |
| 20 | Ertragswert der baulichen Anlage | [18*19] | 3.460.225 € |
| 21 | (vorläufiger) Ertragswert | [20+15] | 4.360.225 € |
| 22 | **Gerundeter Ertragswert**[50] | | 4.360.000 € |

*Tabelle 10: (stark vereinfachtes) Anwendungsbeispiel Bewertung Seniorenimmobilie*

Damit nähert sich die Vorgehensweise gem. ImmoWertV dem sog. Discounted-Cash-Flow-Verfahren (kurz DCF) nach angelsächsischem Vorbild an. Das DCF-Verfahren bildet den Wert einer Immobilie auf Basis der Kriterien Zeitpunkt, Sicherheit und Höhe von in der Zukunft erwarteten Zahlungsströmen transparent und nachvollziehbar ab. Hierbei werden im Regelfall zwei Phasen unterschieden, die sich hinsichtlich einer Detailprognose auf Jahresbasis und einer „pauschalen" Kapitalisierung eines Restwertes

---

50 Anmerkung: Hier keine Marktanpassung oder objektbezogenen Besonderheiten gem. § 8 Abs 2 ImmoWertV.

am Ende dieser detaillierten Planungsphase unterscheiden. Die Summe der diskontierten Zahlungsströme und der abgezinste Restwert ergeben wiederum den Ertragswert.

5.2.2 Anwendbarkeit des Ertragswertverfahrens bei Sakralbauten

Wird eine Anwendung des Ertragswertverfahrens in Erwägung gezogen, muss insbesondere zwischen Sakralbauten unterschieden werden, die ihre kirchliche Nutzung voraussichtlich auch in Zukunft beibehalten, und Bauten, die voraussichtlich einer anderen Nutzung zugeführt werden, bzw. solchen Sakralbauten, die erst durch den Erwerb eine kirchliche Nutzung übernehmen werden. Im Fall der Teilnahme am Grundstücksmarkt – also den beiden letzten Fallkonstellationen - bestimmt sich der Ertragswert und dessen Eingangsparameter aus den Einnahmen, die unmittelbar aus der geplanten (künftigen) Nutzung erzielt werden können. Voraussetzung ist also in jedem Fall eine kommerzielle Nutzung, um sinnvolle Ergebnisse durch Anwendung dieses Verfahrens zu erhalten.

Im Zuge der Profanierung und Umnutzung (abgehender Kirchenbedarf) von Sakralbauten kommt dem Ertragswertverfahren bei der Wertermittlung kommerzieller, aber auch kultureller Folgenutzungen eine wichtige Rolle zu. Insgesamt muss der Entscheidungsträger Folgenutzungsmöglichkeiten im Sinne der höchsten und besten Nutzungsform (also des sog. „Highest and Best Use") definieren, bei denen oft eine Ertragserzielung im Vordergrund steht. Bei einer Umnutzung in Restaurants, Büros, Werkstätten oder Wohnungen ist die Gewinnerzielung folgerichtig ein wesentlicher Teil der Entscheidungsfindung. Hingegen muss bei kulturellen Aktivitäten im Sinne von Museen, Bibliotheken oder weiteren kirchlichen Verwaltungsaufgaben nicht gezwungenermaßen die Ertragserzielung im Vordergrund stehen, deshalb ist hier auch die Anwendung des Ertragswertverfahrens kritisch zu hinterfragen.

Die Anwendung des Ertragswertverfahrens bei Immobilien mit unmittelbarer kirchlicher Nutzung (bleibender Kirchenbedarf) ist dagegen eingeschränkter, da meistens keine direkte ertragsgenerierende Nutzung zustande kommt. Das Verfahren findet insbesondere bei der Vermietung einer baulichen Anlage innerhalb des Kirchengrundstücks oder der Nutzung des Kirchengebäudes für weitere kirchliche Zwecke, aus denen nachhaltige Erträge generiert werden, Anwendung. Ziel des Ertragswertverfahrens ist die Ermittlung des Ertragswertes – und daraus abgeleitet des Verkehrswertes - eines Sakralbaus aus zukünftigen Einnahmen, welche durch die Nutzung des Gebäudes entstehen. Sakralbauten werden jedoch im Kern praktisch nie zur Erzielung von direkten Erträgen errichtet, weshalb das Verfahren insbesondere beim bleibenden Kirchenbedarf kaum Anwendung finden kann.

*5.3 Sachwertverfahren*

Das Sachwertverfahren widmet sich der Identifizierung des Sachwerts der baulichen Anlagen und wird um den Bodenwert ergänzt. Die Systematik und die Anwendbarkeit werden nachfolgend dargestellt und mittels einer Beispielrechnung veranschaulicht.

### 5.3.1 Generelle Systematik

Das Sachwertverfahren ist geregelt in §§ 21 bis 23 der ImmoWertV sowie ergänzend gem. „Richtlinie zur Ermittlung des Sachwerts (Sachwertrichtlinie – SW-RL) v. 5.9.2012" und sollte prinzipiell bei Objekten angewendet werden, bei denen sich ein potenzieller Erwerber in seiner Entscheidungsfindung die Frage der Errichtungskosten einer derartigen Immobilie stellt. In diesem Fall werden Sachwerte und somit die Gestehungskosten, respektive der Reproduktionswert, wichtig. Dieses Verfahren kommt somit insbesondere zur Verwendung, wenn eine nicht primär auf die Ertragserzielung gerichtete Nutzung der Immobilie das Marktgeschehen bestimmt. Klassischer Anwendungsfall sind insbesondere Einfamilienhäuser. Das Sachwertverfahren wird im Rahmen der Herleitung von Verkehrswerten angewendet, wenn die Generierung einer angemessenen Rendite auf das eingesetzte Kapital nicht die Entscheidung für den Erwerb im gewöhnlichen Geschäftsverkehr bestimmt. Die Wertschätzung, welche ein Käufer im gewöhnlichen Geschäftsverkehr diesen Objekten entgegenbringt, ist damit vor allem in subjektiven Annehmlichkeiten und z.B. dem Image oder dem breiter gefassten immateriellen Nutzen auszudrücken. Somit eignet sich das Sachwertverfahren neben Einfamilienhäusern auch für einige Sozialimmobilien und vor allem für Sakralbauten.

Das Vorgehen zur Wertfindung, bei dem es im Wesentlichen auf technische Merkmale der Objekte ankommt, besteht aus verschiedenen Komponenten, die getrennt voneinander ermittelt werden und erst am Ende der Berechnungen zusammengeführt werden. Die Komponenten umfassen den Bodenwert, den Wert der baulichen Anlagen und den Wert sonstiger Anlagen - wie bspw. (bauliche) Außenanlagen oder aufwändige Ein- und Ausbauten, soweit diese nicht im Sinne von Inventar separat handelbar sind.

Dieser sog. Herstellungswert der baulichen Anlagen wird aufgrund der erfolgten Alterung der Immobilie reduziert (Alterswertminderung), und der Sachwert der baulichen Anlage wird ermittelt (§ 21 der ImmoWertV). Dieser wird um den Bodenwert sowie ggf. einen weiteren Sachwert baulicher Außenanlagen ergänzt und schließlich der vorläufige Sachwert der Liegenschaft insgesamt hieraus ermittelt. Im Gegensatz zum früheren Vorgehen werden nun Marktanpassungsfaktoren (hier sog. Sachwertfaktoren gem. § 14 Absatz 2 Nummer 1) auf den vorläufigen Sachwert angewendet. Des Weiteren werden vorhandene Bauschäden und –mängel sowie sonstige wertbeeinflussende Umstände berücksichtigt und hieraus der Sachwert insgesamt abgeleitet.

Das Ergebnis der einzelnen Bestandteile stellt den Sachwert dar (sog. „Marktangepasster Sachwert unter Berücksichtigung besonderer objektspezifischer Grundstücksmerkmale" gem. § 7 SW-RL), wie Abbildung 10 zeigt.

## 2. Bewertung des Immobilienbestandes

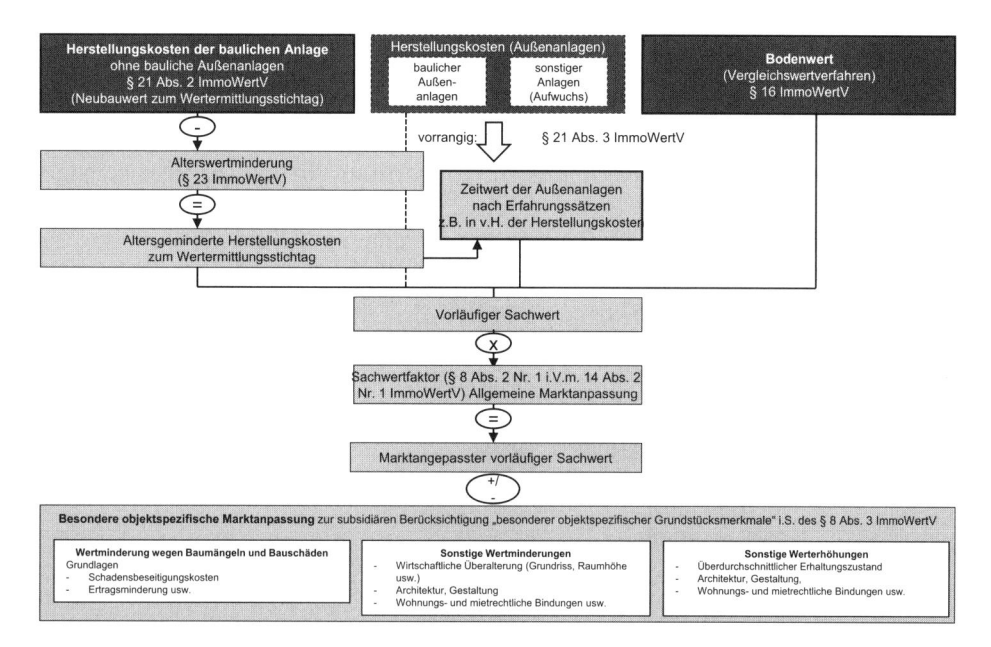

*Abbildung 10: Ablauf des Sachwertverfahrens*[51]

Hinsichtlich der Bestimmung des Bodenwerts sei an dieser Stelle auf den Punkt zur Vergleichswertmethode und die dort beschriebenen Besonderheiten verwiesen. Für die Ermittlung der Herstellungskosten der baulichen Anlagen bieten sich grundsätzlich drei Wege an:

1. Ermittlung nach Normalherstellungskosten, kurz: NHK (Erfahrungssätze, sog. Multiplikationsverfahren gem. § 22 Abs. 1 ImmoWertV),
2. Kosten nach einer in Gewerken gegliederten Kostenschätzung (Ermittlung nach Einzelkosten, unit-in-place method, § 22 Abs. 2 Satz 4 ImmoWertV),
3. Ermittlung nach tatsächlich entstandenen Herstellungskosten (Reproduktionskosten, § 22 Abs. 5 WertV, gem. ImmoWertV nun nicht mehr zulässig).

Das Sachwertverfahren unterstellt, dass verschiedene Gebäude zu bestimmten typischen Nutzungsgruppen zusammengefasst werden und für diese Gruppen typische Herstellungskosten ermittelt werden können. Auch für Sozialimmobilien und Sakralbauten existieren vergleichbare gewöhnliche Herstellungskosten. Nach ImmoWertV ist das sog. Multiplikationsverfahren vorzuziehen. Diese in Fachkreisen auch als Kubikmeterverfahren bzw. Quadratmeterverfahren bezeichnete Methode hat sich seit langem bewährt. Es werden hier der umbaute Raum bzw. die Fläche des Gebäudes ermittelt und mit normalisierten durchschnittlichen Preisen je Bewertungsgrößeneinheit multipliziert – gem. NHK 2010 kommt die Brutto-Grundfläche (BGF) zur Anwendung. Die jeweils aktuellen gewöhnlichen Herstellungskosten werden dabei aus einschlägigen Tabellen-

---

[51] Kleiber/Fischer/Werling, Verkehrswertermittlung von Grundstücken, 7. Aufl. 2014, S. 1871 ff.

werken und Veröffentlichungen entnommen, die als Richtgröße dienen. Die aktuellen Vorgaben der NHK 2010 gem. SW-RL[52] werden im Wesentlichen durch
- die Nutzungsart,
- den Gebäudestandard sowie
- der Anwendung von Korrekturfaktoren (Grundrissart, Wohnungsgröße, konjunkturelle Lage etc.)

differenziert und umfassen auch die Umsatzsteuer und die üblichen Baunebenkosten. Das Ergebnis wird dann ggf. noch über den Baupreisindex (Preisindex für die Bauwirtschaft des Statistischen Bundesamtes), ausgehend vom Feststellungszeitpunkt der Tabellenwerke (hier also NHK 2010), bis zum Bewertungsstichtag (bspw. Q1.2015) fortgeschrieben.

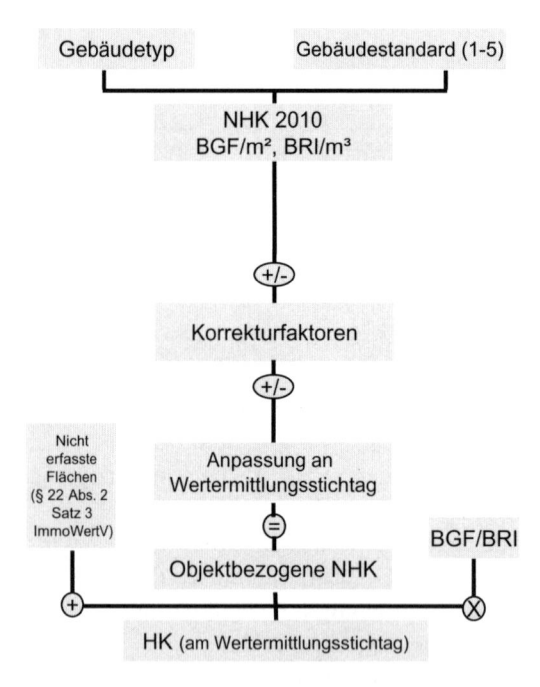

*Abbildung 11: Anwendung der NHK 2010*

Der so ermittelte Neubauwert der gewöhnlichen Herstellungskosten zum Bewertungsstichtag stellt die Bezugsgröße für die Alterswertminderung dar. Gemäß § 23 S 2 ImmoWertV ist als Regelabschreibung nunmehr eine „gleichmäßige" Wertminderung vorgesehen. Damit ist eine lineare Abschreibung gemeint, weshalb im Umkehrschluss andere ehemals auch teilweise angewendete Methoden (wie z.B. progressive Wertminderung) mit Inkrafttreten der ImmoWertV nicht mehr zulässig sind.

Die NHK sind Bundesmittelwerte und bedürfen aus diesem Grund der Anpassung an örtliche Verhältnisse. Diese werden nunmehr durch den Sachwertfaktor – wird vom

---
52  Bundesministerium für Verkehr, Bau und Stadtentwicklung, 2012.

## 2. Bewertung des Immobilienbestandes

örtlichen Gutachterausschuss zur Verfügung gestellt – (§ 8 II Nr. 1 i.V.m. 14 II Nr. 1 ImmoWertV) ermöglicht und nicht wie in der Vergangenheit durch Korrekturfaktoren für Ortsgröße und Bundesland.

In Bezug auf Sozialimmobilien werden in den NHK eine Vielzahl von Kostenkennwerten für unterschiedliche Nutzungsarten angeführt. Hierzu zählen neben den in der weiteren Folge näher diskutierten Sakralbauten auch Gemeindezentren, Schulen, Kindergärten, Alten- und Pflegeheime, Kliniken, Wohnheime und Ärztehäuser. Aufgrund der spezifischen Nutzungsarten liegen kaum empirische Erhebungen zu Marktanpassungsfaktoren vor.

### 5.3.2 Anwendbarkeit des Sachwertverfahrens bei Sakralbauten

Auch für die Ableitung der Herstellkosten der baulichen Anlage von Kirchen gem. § 21 Abs. 2 und § 22 ImmoWertV existieren Tabellenwerte als Vorgaben für die NHK. Im Falle von Sakralbauten konnten die NHK bereits vor Inkrafttreten der NHK 2010 anhand nachfolgender Baukostentabelle der NHK 2005 abgeleitet werden.[53]

| Sakralgebäude | | | | | | | | | | | | |
|---|---|---|---|---|---|---|---|---|---|---|---|---|
| Nummer: 95.234: Kirchen | €/m² BGF inkl. USt. | | | | | | | | | | | |
| Baujahre | ...1925 | 1925-1945 | | 1946-1959 | | 1960-1969 | | 1970-1984 | | 1985-2004 | | 2005 |
| 300 Bauwerk – Baukonstruktion | / | 1.260 | 1.330 | 1.335 | 1.405 | 1.410 | 1.475 | 1.480 | 1.605 | 1.615 | 1.750 | 1.765 |
| 400 Bauwerk - Technische Anlagen | / | 180 | 190 | 195 | 205 | 205 | 215 | 215 | 230 | 235 | 250 | 255 |
| 300 + 400 Bauwerk | / | 1.440 | 1.520 | 1.530 | 1.610 | 1.615 | 1.690 | 1.695 | 1.835 | 1.850 | 2.000 | 2.020 |

| Merkmale der Stichprobe | | Nebenkosten (in % am Bauwerk) | | |
|---|---|---|---|---|
| Mittlere Geschosshöhe | 5,34m | Von | Ø | bis |
| Geschosszahl | - | 20 | 23 | 25 |
| Wohnfläche/BGF | - | Gesamtnutzungsdauer: 60-80 Jahre | | |
| BGF/Nutzeinheit | - | | | |

*Tabelle 11: Normalherstellungskosten von Sakralgebäuden nach NHK 2005 (Stichtag: NHK Q1.2005)[54]*

Hierbei waren bis zum Jahr 2012 für einen jeweiligen historischen Zeitraum Ober- bzw. Untergrenzen für die ansetzbaren Herstellungskosten pro Quadratmeter BGF, eines in einem der aufgeführten Zeiträume errichteten kirchlichen Gebäudes aufgeführt. Zu beachten ist, dass die NHK nur die Kostengruppen 300, also Baukonstruktion,

---

53 Sprengnetter Immobilienbewertung, o. J.
54 Kleiber, Grundlagen der Bewertung von Spezial- und Sonderimmobilien, 2009, S. 194, in: Reiß-Fechter, Kirchliches Immobilienmanagement, S. 185 ff.

und 400, technische Anlagen, umfassen. Eine Berücksichtigung der Gebäudeausstattung (Kunstgegenstände etc.) ist somit nicht vorgesehen und muss gegebenenfalls gesondert erfolgen.

Die Ermittlung von Herstellungskosten anhand dieser „historischen" Baukostentabelle war nur bis in das Jahr 1925 „rückwirkend" möglich. Da Kirchen oft vor diesen Baujahren errichtet wurden, sind unter Umständen Anpassungen bzw. Approximationen notwendig. Mit Einführung der Standardklassen im Rahmen der NHK 2010 und dem Verzicht auf Baujahresaltersklassen hat sich das Verfahren grundlegend verändert, da der entscheidende Bewertungsschritt nun die Bestimmung der Standardstufe darstellt. Im Fall von Sakralbauten werden drei Standardstufen unterschieden, die entsprechend der Qualität der verwendeten Materialien und der Bauausführung zugewiesen werden müssen. Tabelle 12 zeigt diese gemäß NHK 2010:

|  | Standardstufe | | |
|---|---|---|---|
|  | 3 | 4 | 5 |
| Normalherstellungskosten in €/m² BGF inkl. Umsatzsteuer (einschließlich Baunebenkosten in Höhe von 16 %) | 1.510 | 2.060 | 2.335 |

*Tabelle 12: Normalherstellungskosten von Sakralgebäuden nach NHK 2010[55]*

In Bezug auf Bewertungsobjekte, bei denen die kirchliche Nutzung beibehalten werden soll, würden die tatsächlich entstandenen Herstellungskosten (also die Reproduktionskosten) der baulichen Anlage eines Sakralbaus „bei älteren künstlerischen und geschichtlichen bedeutsamen Kirchengebäuden zu außerordentlichen hohen nicht realisierbaren Sachwerten führen" weshalb regelmäßig neuzeitliche Ersatzbeschaffungskosten (also Normalherstellungskosten) (§ 4 Abs. 1 S. 2 SW-RL) anzusetzen sind, die „unter Beachtung wirtschaftlicher Gesichtspunkte für die Neuerrichtung des Wertermittlungsobjektes am Wertermittlungstag aufzuwenden wären". Dieser Aspekt muss bei Sakralbauten, die einen besonderen historischen, künstlerischen oder sonstigen Rang genießen, kritisch hinterfragt werden. Hierbei ist zu differenzieren in:[56]
1. Gewöhnliche Kirchen, die keine besonderen (wertrelevanten) Elemente aufweisen,
2. Kirchen mit einem besonderen Rang in Bezug auf architektonische, kunsthistorische, kirchengeschichtliche oder sonstige Aspekte,
3. Kirchen mit einer einzigartigen (sakralen) Bedeutung.

Für Objekte der ersten Kategorie wird im Regelfall eine Sachwertermittlung auf Basis von Ersatzbeschaffungskosten für ein Objekt mit gleichem Nutzerwert, respektive eine Bewertung auf Basis der NHK 2010 ausreichen.

Kleiber spricht hingegen im Zusammenhang mit den besonderen Objekten auch von einem „Symbolwert", „Geschichtswert" und „intangiblem Wert", der über den reinen Sachwert hinausgehen kann. Zu Recht stellt er die mögliche Aufwertung umliegender

---

55 www.bundesanzeiger-verlag.de.
56 Kleiber/Fischer/Werling, Verkehrswertermittlung von Grundstücken, 7. Aufl. 2014, S. 2467.

## 2. Bewertung des Immobilienbestandes

Grundstücke fest, die in der klassischen Bewertung keinen Niederschlag im Immobilienwert des Bewertungsobjektes findet. Auch kann es zu Werterhöhungen (aber auch Wertminderungen) durch besonderes Prestige ("Prädikatszuschlag") kommen - diese wären wiederum bei den „sonstigen wertbeeinflussenden Umständen" (oder neu: „besondere objektspezifische Grundstücksmerkmale") gem. § 8 Abs. 2 und 3 ImmoWertV bzw. § 6 SW-RL zu berücksichtigen.[57] In Bezug auf die Eingruppierung in Standardstufen ist eine Abwägung anhand der oben dargelegten weichen und harten bewertungsrelevanten Faktoren strukturiert vorzunehmen.

In Bezug auf die Gesamt- und Restnutzungsdauer von Kirchen ist zunächst festzustellen, dass sich die Anforderungen an Sakralbauten über die Jahrhunderte wesentlich weniger intensiv gewandelt haben als dies bei anderen Nutzungsarten der Fall ist. Somit ist die Restnutzungsdauer i. S. von § 6 ImmoWertV, während der die Liegenschaft noch voraussichtlich sinnvoll genutzt werden kann, tendenziell bei Objekten mit bleibendem Kirchenbedarf großzügig zu bemessen. Kleiber ist Recht zu geben, wenn er eine nur 80-jährige Gesamtnutzungsdauer als zu kurz kritisiert.[58] Im Regelfall sollten mindestens 100 Jahre veranschlagt werden. Die Alterswertminderung ist gem. § 23 ImmoWertV linear auf die hergeleiteten Herstellkosten anzuwenden, um daraus die alterswertgeminderten Herstellkosten zum Stichtag zu bestimmen.

Vorläufige Sachwerte sind in Bezug auf Marktanpassungsfaktoren / Sachwertfaktoren gem. § 8 II ImmoWertV anzupassen. Es existieren jedoch keine empirisch abgeleiteten Sachwertfaktoren für Kirchen seitens der Gutachterausschüsse. Da bei derartigen Bewertungen der Begriff „Marktwert" ohnehin fraglich ist, sollte auf derartige Anpassungen auch im Regelfall verzichtet werden.

Neben dem Prädikatszuschlag sind im Rahmen der objektspezifischen Anpassungen gemäß § 8 III ImmoWertV noch die Bereiche der Bauschäden und Baumängel und – gegebenenfalls vorhandene Auflagen des Denkmalschutzes – zu berücksichtigen. Auch könnten besonders hohe Unterhaltskosten, wegen einer wirtschaftlichen oder funktionalen Überalterung, wertmäßig einbezogen werden.

Der Bodenwertanteil ist entsprechend den Ausführungen in Punkt 5.1 im Rahmen des Vergleichswertverfahrens für Flächen des bleibenden Gemeinbedarfs zu ermitteln und hinzuzurechnen.

Der ermittelte Sachwert spiegelt nicht zwingend den Marktwert wider, sondern vielmehr gibt er zunächst Auskunft über die tatsächlichen Kosten für die neuzeitliche Ersatzbeschaffung des Gebäudes, also die Herstellung eines Gebäudes mit vergleichbarem Nutzwert. Entsprechend ist weder ein Markt mit vergleichbaren Objekten, noch die Herleitung erzielbarer Erträge für Ermittlung des Gebäudewertes notwendig.

---

57 Kleiber, Grundlagen der Bewertung von Spezial- und Sonderimmobilien, 2009, S. 197 ff., in: Reiß-Fechter, Kirchliches Immobilienmanagement, S. 185 ff.
58 Kleiber, Grundlagen der Bewertung von Spezial- und Sonderimmobilien, 2009, S. 185 ff., in: Reiß-Fechter, Kirchliches Immobilienmanagement, S. 185 ff.

Im Folgenden wird der Ablauf einer Sachwertberechnung exemplarisch auf Basis der NHK 2010 illustriert:
- Es handelt sich um einen fiktiven Sakralbau in Norddeutschland
- Das Objekt verfügt über eine BGF von 1.200 m² und steht auf einem Grundstück von 2.000 m² Größe.
- Im Bau befinden sich Kunstgegenstände mit einem bereits ermittelten Wert von 150.000 € welche nicht zum Inventar gehören.
- Die NHK 2010 dienen als Basis mit der Standardstufe 4.
- Die Normalherstellungskosten des Sakralbaus mit diesen Baueigenschaften betragen somit 2.060 €/m² BGF.
- Die Umsatzsteuer und die üblichen Baunebenkosten sind bereits in den NHK 2010 enthalten.
- Es wird eine lineare Alterswertminderung angewendet und als Gesamtnutzungsdauer werden, wie in den Richtlinien der EKD zur Erfassung, Bewertung und Bilanzierung des kirchlichen Vermögens vorgeschlagen, 140 Jahre angesetzt.[59]
- Das fiktive Baujahr ist 1945.
- Bewertungsstichtag ist der 30.03.2015 (Q1.2015)

|   | Gebäudeart und –daten | | |
|---|---|---|---|
| 1 | Standardstufe | | 4 |
| 2 | Baujahr | | 1945 |
| 3 | Bruttogrundfläche BGF | | 1.200 m² |
| 4 | Grundstücksfläche | | 2.000 m² |
| 5 | Kunstgegenstand und-zubehör (Kein Inventar) | | 150.000 € |
| 6 | Gebäudehöhe | | 40 m |
| 7 | Turmhöhe | | 66 m |
| 8 | **Normalherstellungskosten** Bewertungsstichtag (Jahr) 2015 Datenquelle | | NHK 2010 |
| 9 | Baupreisindex zum Wertermittlungsstichtag (Q1.2015) | | 110,6 |
| 10 | Durchschnittlicher Baupreisindex 2010 | | 100 |
| 11 | Durchschnittliche NHK 2010 (inkl. Ust. und Baunebenkosten) | | 2.060 €/m² |
|   | **Anpassungen** | | |
| 12 | Baupreissteigerung, Faktor | [9/10] | 1,106 |
| 13 | NHK pro m² BGF | [11*12] | 2.278 €/m² |
| 14 | Herstellungskosten der baulichen Anlagen | [13*3] | 2.733.600 € |
|   | **Herstellungskosten** | | |
| 15 | Anteil Außenanlagen (3-5%) | | 3% |
| 16 | Wert der Außenanlagen | | 65.304 € |
| 17 | Herstellungskosten (gesamt) | [14+16] | 2.798.904 € |

---

59 Evangelische Kirche in Deutschland, o. J. c, S. 1.

| 18 | Gesamtnutzungsdauer, BewertungsRL EKD 2012 | | 140 Jahre |
|---|---|---|---|
| 19 | Restnutzungsdauer | [2+18-(2015)] | 70 Jahre |
| 20 | Lineare Alterswertminderung p. a. | [17/18] | 19.992 € |
| 21 | Alterswertminderung (absolut) | [(18-19)*20] | 1.399.440 € |
| | **Sonstige wertbeeinflussende Umstände** | | |
| 22 | Bodenrichtwert, Gutachterausschuss | | 170 €/m² |
| 23 | Bodenwert | [22*4] | 340.000 € |
| 24 | (vorläufiger) Sachwert | [17-21+23] | 1.739.464 € |
| | **Gerundeter Sachwert**[60] | | 1.739.000 € |

*Tabelle 13: Berechnung des Sachwertes eines fiktiven Sakralbaus*

Kleiber weist zu Recht auf das Problem hin, dass Sakralbauten oft mit dem Sachwert beurteilt werden und dieser dann – mit mehr oder weniger fundierten Annahmen – in einen Verkehrswert überführt wird. Hierbei stellt sich immer die berechtigte Frage, ob dieser „sachwertorientierte Verkehrswert" die tatsächlich am Markt realisierbaren Werte widerspiegelt. Dies ist insbesondere dann zu negieren, wenn es faktisch keinen Markt gibt.[61]

Im Fall von Grenzbereichen oder sich bereits abzeichnenden, abgehenden Kirchenbedarf ist die Restnutzungsdauer entsprechend kurz/minimal, wie es bei Objekten in Umnutzung („property in transition") üblich und sachlogisch korrekt ist. Bei diesen Fallkonstellationen ist der kostenorientierte Wert des bestehenden Gebäudes belanglos, vielmehr ist vom üblichen Herstellungskosten der in Frage stehenden Nachfolgenutzung auszugehen wenn die Zahlungsbereitschaft am Markt sich auf Grundlage von Kosten bildet (andernfalls kommen Ertragswerte etc. in Betracht). Der daraus resultierende Sachwert ist dementsprechend um die Aufwendungskosten der Umstrukturierung zu vermindern, d. h. es sind entsprechende Überlegungen analog einer Projektkalkulation/Residualwertmethode anzustellen. Ist der Abriss in Ausnahmefällen anzunehmen, so wird das sog. Liquidationswertverfahren (Bodenwert abzgl. Abrisskosten) angewendet. Werden seitens des Verkäufers entsprechende Auflagen in Bezug auf die Nutzung und Bebauung per Vertrag (und ggf. Eintragung entsprechender Belastungen ins Grundbuch) definiert, so sind diese auch entsprechend im Zusammenhang mit der Bewertung von Rechten und Lasten bei der Liegenschaft zu berücksichtigen.

---

60 Anmerkung: Hier keine Marktanpassung oder objektbezogenen Besonderheiten gem. § 8 Abs 2 ImmoWertV.
61 Kleiber, Grundlagen der Bewertung von Spezial- und Sonderimmobilien, 2009, S. 185 ff., in: Reiß-Fechter, Kirchliches Immobilienmanagement, S. 185 ff.

# 3. Immobilienwirtschaftliche EDV-Lösungen

*Ulrich Bogenstätter*

*Um den individuellen Bedarf an immobilienwirtschaftlichen EDV-Komplett-Lösungen (ERP) festzustellen, wird empfohlen, die Art der tatsächlich notwendigen Informationen einzugrenzen, Verantwortungsfelder und Aufgaben zu definieren, den Informationsbedarf in den Managementebenen (Hierarchieebenen) festzulegen, den Ort der Datenhaltung, Schnittstellen und Datenfluss bis zu externen Unternehmen zu bestimmen, um bei dem Anpassungs- oder Auswahlprozess der EDV-Lösung nachhaltig, die für das Unternehmen passende und effizienteste (beste) Lösung zu finden.*

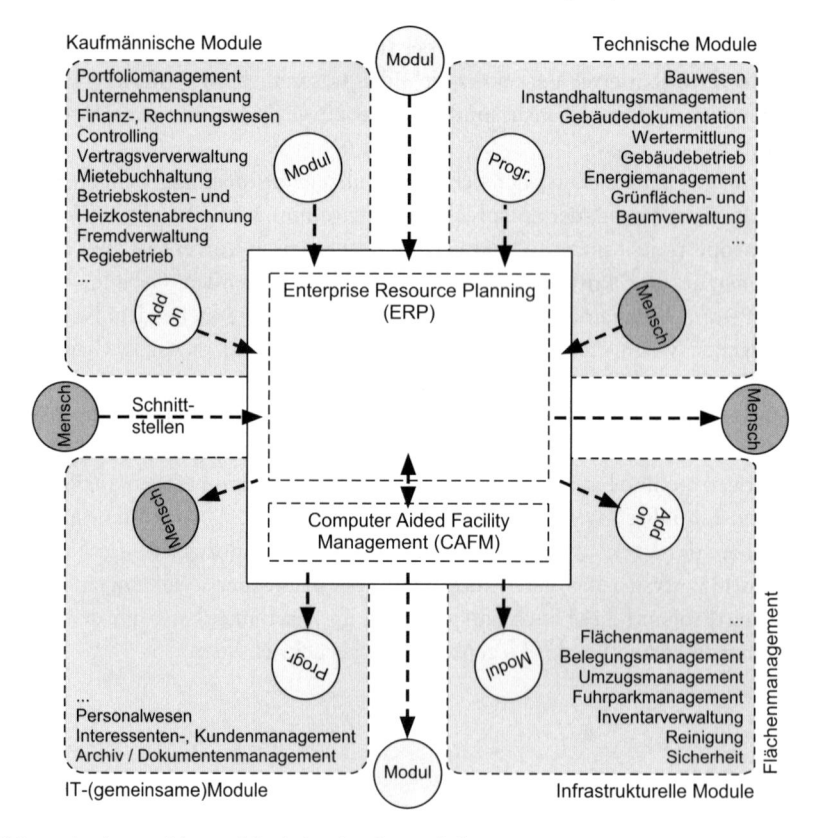

*Abbildung 1: Auswahl von Modulen im Immobilienmanagement*

# 1. Immobilieninformationssysteme

Die Auswahl an immobilienwirtschaftlichen EDV-Komplett-Lösungen (ERP), zusätzlichen Programmen und Modulen sowie Add-Ons (Modulerweiterungen) ist vielfältig und unübersichtlich (s. Abbildung 1). Diese Informationssysteme für Immobilien werden bei Unternehmen, Organisationen, den Nutzungsarten von Gebäuden in unterschiedlichster Ausprägung angewendet. Das vielfältige Angebot macht den Auswahlprozess zu einer schwierigen Aufgabe.

## 1.1 Defizite beim Informationsbedarf und der -bereitstellung

Der Informationsbedarf und die -bereitstellung sind abhängig von Organisationsstruktur, Unternehmensziel sowie Art und Größe des Immobilienportfolios.

Bei der *Organisationsstruktur* ist zwischen einer dezentralen oder zentralen Aufbauorganisation sowie in einem verstreuten oder lokalen Immobilienportfolio zu unterscheiden. Daraus ergeben sich besondere Anforderungen an die Sonderheiten des Informationsbedarfs und die Informationsbereitstellung.

Die *Unternehmensziele* des Eigentümers, Betreibers, Mieters, Verwalters für Dritte oder Bestandshalters unterscheiden sich wesentlich: Dabei können sich Wohnhäuser, Krankenhäuser, Jugendheime oder Kindergärten im Eigentum eines börsennotierten Investors, eines gemeinnützigen Trägers oder der Kommune oder sonstigen Eigentümern befinden. Je nachdem variiert der Stellenwert und die Notwendigkeit der Information z.B. bezüglich Rentabilität oder Heizenergieverbrauch.

Auch nach *Art* der Gebäudenutzung variiert die Breite des Informationsbedarfs auf der Fachebene: Wesentliche strategische Kenngrößen bei Krankenhäusern oder Kindergärten sind z.B. der Bedarf je Platz/je Bett und die Auslastung, bei Wohngebäuden die Leerstandsquote. Operativ unterscheidet sich der Informationsbedarf durch die gesetzlichen Anforderungen z.B. an Hygieneinformationen in Krankenhäusern oder an Verfügbarkeiten der technischen Einrichtungen in Rechenzentren. Mehr Technik erfordert einen höheren Informationsbedarf, um auf Störungen adäquat reagieren und den Betrieb sicherstellen zu können. Die Relevanz der Technik ist bei Wohngebäuden weitaus weniger risikobehaftet. Bei der Anmietung von Büroflächen sind z.B. der Mietpreis, die Nebenkosten und die Vergleichsmieten interessant. Betriebskostenabrechnungen bei Wohnimmobilien müssen gesetzliche Anforderungen erfüllen, die wiederum besondere Informationen voraussetzen. Die Liegenschaftsverwaltung ist u.a. geprägt durch einen Informationsbedarf zu Grundstücken und ihrer Verwendung, sei es zu land- und forstwirtschaftlichen Flächen oder bebauten bzw. zukünftig bebaubaren Grundstücken. Erbbaurechte sind geprägt von Erbbaurechtsverträgen mit den unterschiedlichsten Konditionen. Je heterogener die Art des Immobilienportfolios, umso breiter ist der grundlegende Informationsbedarf und um so differenzierter ist die EDV-Lösung, je homogener die Art der Gebäudenutzungen, umso mehr bieten sich Branchenlösungen an.

Die *Größe* des Immobilienportfolios ist entscheidend für die EDV-Durchdringung der Geschäftsprozesse und Anwendungsmöglichkeiten. Eine kleine Sozialeinrichtung oder eine kleine „Landgemeinde" besitzen wenige Gebäude. Große Sozialeinrichtungen oder Gesamtgemeinden können einen erheblichen Gebäudeumfang selbst besitzen oder verwalten, mit unterschiedlichsten Nutzungsarten, von der Kirche, Pfarrhaus, Gemeindezentrum mit Mehrfachnutzung, Kindergarten, evtl. Mietwohngebäude, Verwaltungsgebäuden, Alten- und Pflegeheim, Freizeitheim, Jugendhaus, kirchlicher Friedhof, Sozialberatungsstelle, Diakonie- / Sozialstation, Tafel- / Möbelladen usw. Die Informationsanforderungen auf der Fachebene sind breiter, die EDV-Durchdringung geringer und Branchenlösungen weniger stark verbreitet und verfügbar.[1]

Eine differenzierte Bedarfsanalyse ist daher notwendig. Dabei ist hilfreich, Defizite im Informationsbedarf und in der –bereitstellung auf jeder Managementebene, in jedem Verantwortungsfeld und auf jeder Fachebene genau zu bestimmen.

## 1.2 Aufgaben und Verantwortungsfelder

Die Aufgaben im Zusammenhang mit Immobilien lassen sich grundsätzlich nach unternehmerischen Strategien und Verantwortungsfeldern unterscheiden. Zu den Strategien gehören Investment-Strategien (Portfolio-Strategie), Immobilientransaktionen (Asset-Management) und Immobilienmanagement (Property-Management). Diesen Strategien lassen sich unterschiedliche Verantwortungsfelder zuordnen (s. Abbildung 2).

Maßnahmen in den verschiedenen Verantwortungsfeldern können sein:
*Immobilienfonds:* Kauf und Verkauf von Immobilienfondsanteile; *Eigentümer:* Verpachtung von forstwirtschaftlichen Flächen, Vergabe von Erbbaurechten; *Projektentwickler:* Umsetzen einer Projektidee Altersgerechtes Wohnen, Gewerbeprojekte; *Bauträger:* Erstellung von Reihenhäusern für kinderreiche Familien auf Erbbaugrundstücken; *Sanierer:* Ankauf oder die Stilllegung von sanierungsbedürftigen Gebäuden und Nebengebäuden zur Sanierung zum Verkauf; *Privatisierer:* der Verkauf von Wohngebäuden in Teilen als abgeschlossene Wohnungen; *Betreiber, Mieter:* Betreiben von Kindergärten, Krankenhäuser, Pflegeheime, Werkstätten für Behinderte; *Verwalter für Dritte:* Übernahme von gebäudebezogenen Verwaltungsaufgaben im Wohnungseigentum oder für kleinere Kirchengemeinden durch kirchliche Verwaltungsstellen; *Bestandshalter:* Belegungsmanagement; *Projektdienstleister und Lieferanten:* Dienst- und Bauleistungen für Dritte oder als Eigenleistung; *Private-Public-Partnership (PPP):* Bau einer Schule durch eine Stiftung; *Bauherrenvertretung: durch* Dienstleister oder Bauabteilungen.

Besondere Verantwortungsfelder ergeben sich je nach Branche. Dazu gehören: *Servicefunktion*, z.B. das Herbeiführen strategischer Investitionsentscheidungen im Immobilienbestand einer Kirchengemeinde;[2] die *Aufsichtsfunktion*, z.B. die Wahrnehmung der hoheitlicher Aufgaben nach Kirchenrecht, kommunale Bauaufsicht; Leistungen der *Ehrenämter*, die kostenfrei erbracht werden.

---

[1] Im Gegensatz hierzu: Das derzeit größte börsennotierte Wohnungsunternehmen in Deutschland besitzt etwa 340.000 Mieteinheiten und verwaltet zusätzlich ca. 30.000 Mieteinheiten. Für Wohnungsunternehmen sind Branchenlösungen auf der Fachebene und Geschäftsprozessen (horizontale Integration) skalierbar und auch für kleinere Wohnungsunternehmen verfügbar.
[2] Bogenstätter/Zeilinger/Reiß-Fechter, Ergebnisbericht Kirchliches Immobilienmanagement KIM, 2007.

## 3. Immobilienwirtschaftliche EDV-Lösungen

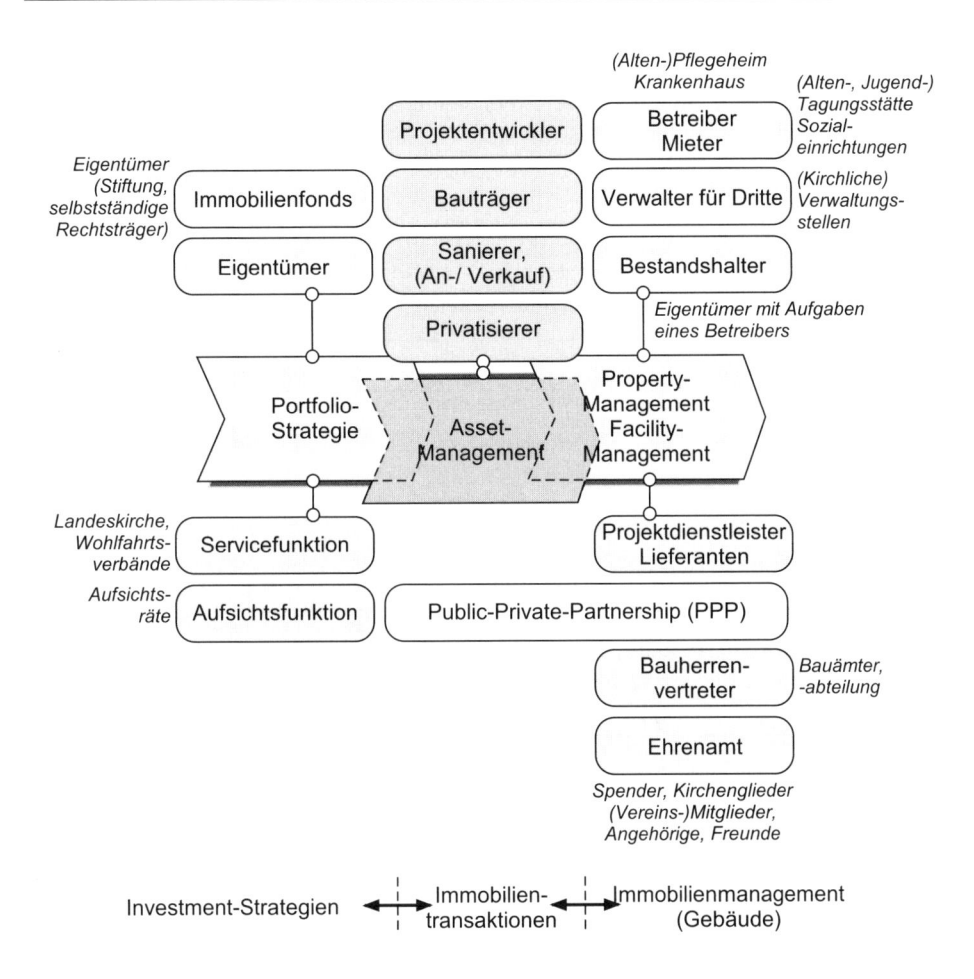

*Abbildung 2: Verantwortungsfelder in der Immobilienwirtschaft[3]*

Die unterschiedlichen Verantwortungsfelder erfordern je nach „Branche" auf der Fachebene einen unterschiedlichen Detaillierungsgrad an Informationen. So lassen sich Bezüge zu auf dem Markt angebotenen EDV-Lösung herstellen, z.B. für den *Bestandshalter* zu Liegenschaftsverwaltungsprogrammen. Die Organisation bildet die notwendigen Bezüge für zu verteilende Informationen ab, wie z.B. die Tageseinrichtungen ihre Information an den Träger weiter geben. Um den Aufgaben und Verantwortungsfeldern gerecht zu werden, benötigen EDV-Lösungen ein Rechte- und Rollenkonzept, das diese Verteilung abbildet und unterstützt.

---

3 Für die Immobilienwirtschaft generell auch Bogenstätter, Property Management und Facility Management, 2008, S. 30.

## 2. Informationsbedarfs in den Managementebenen

Verantwortungsfelder, organisatorische Festlegungen sowie Aufgaben bestimmen den Informationsbedarf. Grundlage hierfür sind Daten, die auf die Managementebenen (Hierarchieebenen) der betroffenen und beteiligten Organisationseinheiten abgestimmt werden müssen.

Zunächst muss die EDV-Soll-Struktur festgelegt werden und vorhanden sein. Damit können Arbeits- und Buchungsvorgänge EDV-gestützt erfasst werden. Meist geschieht dies auf der operativen Ebene der Sachbearbeiter.

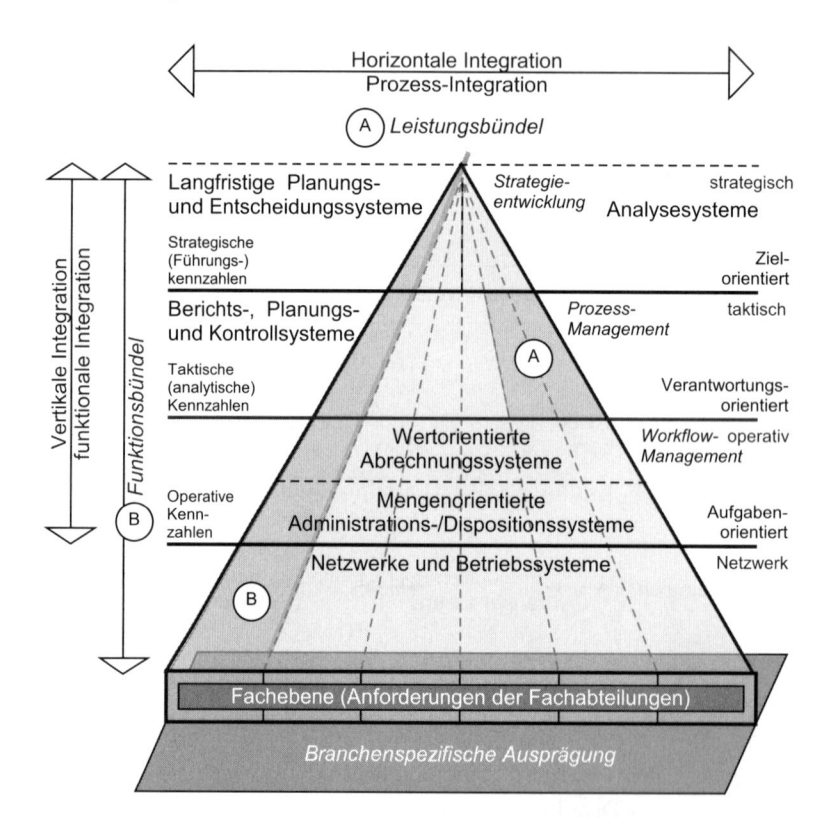

*Abbildung 3: Integrierte Informationssysteme*

Werkzeuge der mittleren Führungsebene sind Berichts-, Planungs- und Kontrollsysteme, um mittelfristig den Mittelfluss im Immobilienbestand steuern zu können. Notwendig sind dabei die Analyse der operativen Daten, die aggregiert aus den Daten der Vergangenheit als Kennzahlen (z.B. Belegungsquote, Betriebskosten-Kennzahlen, Instandhaltungsaufwand-Kennzahlen) zur Verfügung gestellt werden, um die mittelfristigen Entscheidungsprozesse zu unterstützen.

Auf der Führungsebene von Management und Gremien sind Planungs- und Entscheidungssysteme notwendig, die die Simulation der Entscheidungen für die Zukunft

## 3. Immobilienwirtschaftliche EDV-Lösungen

und eine belastbare Planung ermöglichen sollen. Sinnvoll ist daher eine Integration der Informationen in einer Gesamtlösung nach Abbildung 3.

Die am Markt befindlichen Informationssysteme bieten unterschiedliche Formen der horizontalen (Integration der Fachebenen) oder vertikalen Integration (Integration der operativen und Managementebenen) der Informationsflüsse an. Nicht jede EDV-(Branchen-)Lösung kann alle Formen als Leistungs- oder Funktionsbündel abdecken. Unabhängig von den einzelnen EDV-Lösungen muss die Informationskette im Zusammenspiel der EDV-Lösungen zwischen den Ebenen ohne Unterbrechung durch Schnittstellen geschlossen sein, um einen Controlling-Prozess zu ermöglichen.

### 2.1 Informationsbedarf, der sich aus den Aufgaben ergibt

Methodisch ist das Vorgehen zur Feststellung des Informationsbedarfs aus der Aufgabenerfüllung gleich – unabhängig, ob es sich um ein Krankenhaus, Pflegeheim oder ein Pfarrhaus handelt. In Abbildung 4 werden wesentliche Aufgaben von der Strategieentwicklung bis zur operativen Aufgabenerfüllung allgemein dargestellt und am Beispiel einer Kirchengemeinde beschrieben.

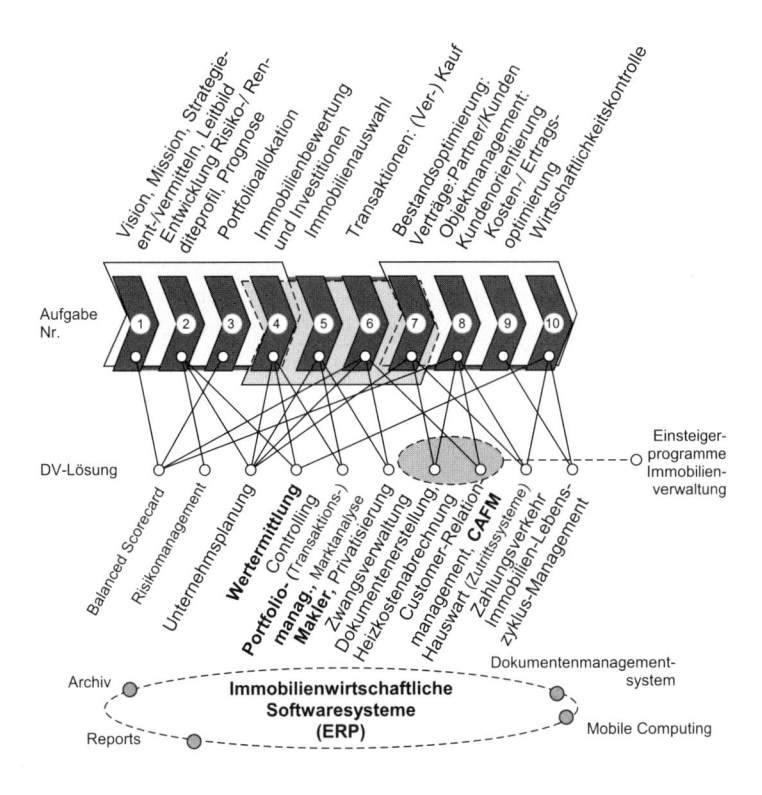

*Abbildung 4: Von den Aufgaben zu den EDV-Lösungen*

Die Aufgaben umfassen auch die Strategieentwicklung. Der Wirtschaftsplan, gemeindliche Haushalt ist in einem mehrjährigen Wirtschafts-, bzw. in einem Haushalts- und Gemeindeentwicklungsplan aufzustellen. Unverzichtbar ist dabei eine Immobilienbewertung, hinsichtlich von Instandhaltungsmaßnahmen (Gebäudezustand) oder Bewertungsrichtlinien (z.B. Verkehrswert), um den Wirtschaftsplan, den Haushalt und seine Investitionen planen sowie Grundlagen für Investitionsentscheidungen schaffen zu können (Investment-Strategien). Es sind wesentliche Voraussetzungen für eine Auswahl von Objekten getroffen, die im Bestand gehalten, verkauft, angekauft oder angemietet werden sollen (Immobilientransaktionen). Immobilienmanagement beinhaltet neben der Vertragsverwaltung von Mietern oder Nutzern z.B. bei Gemeindesälen, auch den Einkauf von Bauleistungen (z.B. Abwicklung von kleinen und größeren Baumaßnahmen), das Belegungsmanagement (z.B. für den Gemeindesaal oder für die Gruppenräume zur Jugendarbeit) und die Prüfung der Wirtschaftlichkeit. Die Reihenfolge ist dabei nicht beliebig, sondern orientiert sich von der Strategieentwicklung zur Wirtschaftlichkeitskontrolle.

Aus den Aufgaben lassen sich ableiten, welche Arbeitsabläufe (Prozesse) sinnvoll bei ausreichenden Fallzahlen durch EDV unterstützt werden können. Durch detaillierte Prozessbeschreibung können die Anforderungen für ein EDV-System aufgenommen werden, die nicht nur wünschenswert (Lastenheft), sondern notwendig (Pflichtenheft) sind. Eine Verzweigung von den Aufgaben zu den EDV-Lösungen zeigt Abbildung 4. So unterstützen z.B. Portfoliomanagement-Systeme eine Auswahl und Bewertung von Immobilien nach Selektionskriterien.

### 2.2 Daten zur Deckung des Informationsbedarfs

Wesentlich dabei ist, Ziele aus einer Strategie abzuleiten und den Beteiligten, z.B. Aufsichtsrat oder Bauausschuss, zu kommunizieren, z.B. der Immobilienbestand, der dauerhaft im Eigentum gehalten werden soll, ist im Haushalt abzusichern (Strategie), eine angemessene Instandhaltungsrücklage (Ziel) ist anzulegen.

Berichts- und Kontrollsysteme der EDV-Lösung führen zur Transparenz und ermöglichen in regelmäßigen Zeitreihen die Darstellung des Status quo (z.B.: tatsächliche und geplante Ausgaben für Instandsetzung und Modernisierung). Professionelle Auswertungs- und Vergleichsmöglichkeiten durch ein EDV-System unterstützen auch die Ehrenamtlichen, um Entscheidungen sachgerecht treffen zu können.

Berichts- und Kontrollsysteme werden gespeist von *täglichen* Dateneingaben und angewandten Verfahren. Vielfach ergeben sich hier in der Praxis Schwierigkeiten, da die operative Dateneingabe, die zu einer objektbezogenen Kostenleistungsrechnung führt, häufig nicht eingerichtet ist.

Kaufmännische Daten stehen teilweise in den buchhalterischen Systemen zur Verfügung, z.B. Wirtschafts- und Haushaltspläne. Die Beurteilung, ob 120.000 EUR pro Jahr für Instandhaltungskosten, und 80.000 EUR pro Jahr für die laufenden Gebäude-Betriebskosten ausreichend sind, ist jedoch alleine aus diesen Daten nicht möglich. Dazu Bedarf es plausibler Vergleichsgrößen, z.B. in Instandhaltungskosten in Euro pro Quadratmeter Brutto-Grundfläche im Jahr.[45]

## 3. Informationsaustausch zwischen den Organisationseinheiten

Sinnvolle Informationen für Planungs- und Entscheidungssysteme lassen sich vielfach nur durch Anreicherung mit Informationen anderer Organisationseinheiten oder externer Datenlieferanten herstellen. Unerlässlich ist daher die Analyse und Bewertung des Informationsflusses.

### 3.1 Zentrale oder dezentrale Datenhaltung

Neben dem Branchenbezug ist bei einer EDV-Lösung auch die Art zu unterscheiden, ob eine Anbindung an eine zentrale Datenverarbeitung (ERP: Enterprise Ressource Planning – System, z.B. Navision, SAP oder andere) sinnvoll ist oder eine Insellösung. Bei zentraler Datenverarbeitung z.B. über *(Web-)Services* können Haushaltspläne nach geordneten Dienststellen eingebunden werden. Programm- oder Modulerweiterungen (*Add-Ons*) und mobile Services können individuelle Funktionalitäten bieten, ohne die Vorteile einer Integration in das ERP-System zu verlieren, z.B. wohnungswirtschaftliche Betriebskostenabrechnungen.

Insellösungen oder eigenständige ERP-Systeme unterscheiden sich dadurch, dass sie nicht zwingend eine Anbindung an die zentrale Datenverarbeitung benötigen, z.B. Belegungsmanagement bei Bildungsstätten mit Unterkunft. Die Darstellung von Belegungsraten ist für einen Bildungsstätte mit Unterkunft notwendig, auf der Ebene der Sozialeinrichtung/Landeskirche im Vergleich zu kaufmännischen Kennzahlen nur von geringerem Wert. Bei einer größeren Anzahl von dezentralen Einrichtungen sind jedoch Insellösungen i.d.R. nicht anzustreben, da Fragestellungen der Außenstellen ähnlich gelagert sind, z.B. zum Wirtschaftsplan, Haushaltplanung, Einkauf usw. Das Vorhalten von EDV-Lösungen in jeder Außenstelle als Insellösung ist deshalb unrentabel und zu teuer. *(Web-)Services* können hier Mehrwerte für die Immobilienverantwortlichen, insbesondere auch für ehrenamtliche Verantwortungsträger bieten.

In der Praxis befinden sich in Unternehmen oder auch kirchlichen Organisationen die unterschiedlichsten EDV-Systeme im Einsatz. Bei Einführung einer immobilienspezifischen Software bietet sich eine gute Gelegenheit der Bestandsaufnahme und Standardisierung der EDV-Systeme, denn dies ist auch aus Kostengründen sinnvoll.

---

4 Im Ergebnisbericht Kirchliches Immobilienmanagement KIM des ESWiD werden die für Kirchengemeinden hilfreichen Daten dargestellt. Weitere Hinweise finden sich auch im Handbuch der Konferenz der Bauamtsleiter der Gliedkirchen der EKD. Besonderes Augenmerk sollte auf die Belegungsplanung nicht nur beim Neubau gelegt werden.
5 Konferenz der Bauamtsleiter der Gliedkirchen der EKD (Hrsg.), Kirchliches Bauhandbuch, 2007, Kap. 3.1/ Anhang.

## 3.2 „Störfeuer" im Informationsfluss

Selten sind die gewünschten Daten in direktem Zugriff verfügbar, oder sie sind verfügbar, liegen dann aber nicht digital und an verschiedenen Stellen (Verteilte Informationen) vor. Theoretisch ist der Datenfluss einfach zu beschreiben. Für die EDV-Lösung ist es dabei gleichgültig, wie diese verteilten Informationssysteme „organisiert" werden.

Die innerbetrieblichen Datenflüsse verteilter Informationssysteme sind zu definieren und so anzulegen, dass die Verteilung von Informationen in jede Richtung möglich ist

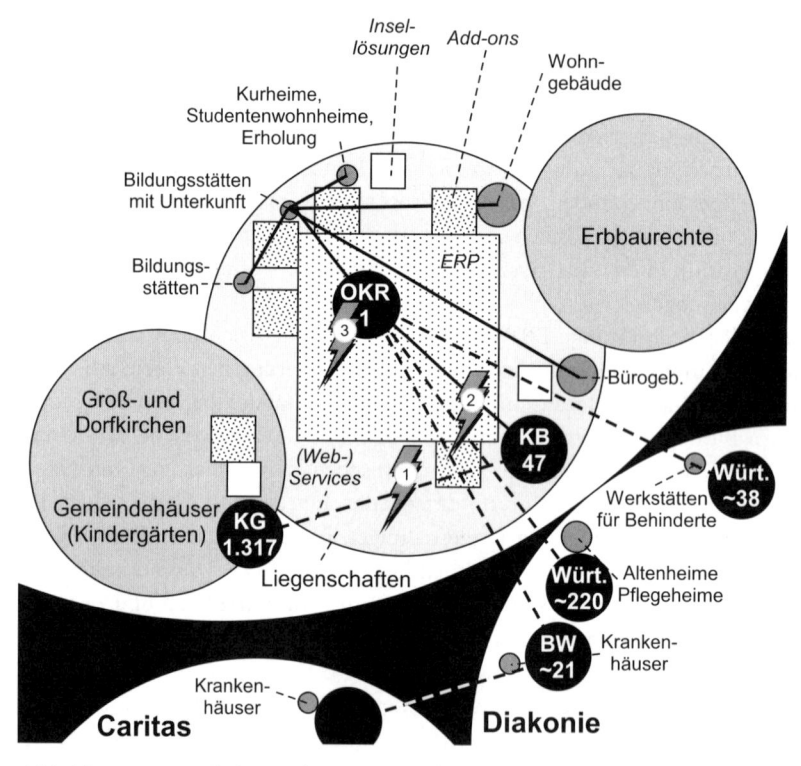

*Abbildung 5: Möglicher Informationsfluss zwischen Ev. Landeskirche, Caritas und Diakonie*

In der Praxis unterliegt der Datenfluss einem regelmäßigen „Störfeuer". Abbildung 5 stellt grafisch das „Problembündel" dar. Bei Störfeuer (1) und (2) in Abbildung 5 werden Daten nicht weitergeleitet, da der Mehrwert der Informationslieferung von den übergeordneten Organisationseinheiten nicht vermittelt werden kann. Vielmehr kann die Sorge ungewollter Transparenz oder Vergleichsmöglichkeiten bei den nachgeordneten Organisationseinheiten zu einer Abwehrhaltung führen. Ebenso kann die Transparenz bei der Mittelvergabe oder Priorisierung der Mittel bei nachgeordneten Organisationseinheiten unerwünscht sein, da es den eigenen Handlungsspielraum einengt. Daneben erschwert Störfeuer (3) den Zugriff, z.B. die Datenverteilung in unterschiedlichen Organisationseinheiten, fehlende Schnittstellen zwischen den Datenbanken, unzureichende Konsolidierung der Daten, Einschränkungen der Verwendung durch das Datenschutzgesetz.

Selbst bei *gutem* Willen der Beteiligten sind die Daten vielfach unvollständig, um die gewünschten Auswertungs- und Vergleichsmöglichkeiten einfach, zeitnah und verständlich bereitzustellen.

*3.3 Schnittstellen und Datenfluss zu externen Unternehmen*

Der digitale Datenmangel betrifft auch den Datenaustausch zu externen Unternehmen, obwohl die Informationstechnologie – „5. Lange Welle" der Basisinnovationen *Information und Kommunikation* – seit einigen Jahren zur Verfügung steht.[6] Tatsächlich werden Daten (aufbereitete Rohdaten) und Informationen vielfach bereits heute EDV-gestützt erzeugt, z.B. als Bescheide, Aufträge, Rechnungen. Der EDV-gestützte Datenfluss wird aber häufig durch Medienbrüche (z.B. Postweg, fehlender Schnittstellen oder mangelhafter Kompatibilität) unterbrochen und gestört. In Abbildung 6 sind mögliche EDV-Schnittstellen zu externen Unternehmen dargestellt. Die Nutzung externer Daten ist über Schnittstellen möglich und wird zunehmend an Bedeutung gewinnen, wenn entsprechende Fallzahlen Effizienzgewinne bei Prozessabläufen auf beiden Seiten erwarten lassen. Beispielhaft werden hier die Rechnungen oder Messergebnisse der Energieversorger angeführt, die als Massenprozess sowohl kaufmännische Daten (Rechnungswert) als auch technische Daten (Verbrauch) beinhalten, die für ein Energie-Controlling sinnvoll sein können. Idealerweise führt der automatisierte Datenaustausch zu einer Veredelung der Informationensdaten.

---

[6] Nefiodow, Leo A.: Der sechste Kondratieff: Wege zur Produktivität und Vollbeschäftigung im Zeitalter der Information, 5. Aufl., Sankt Augustin, Rhein-Sieg-Verlag 2001 S. 3, 133.

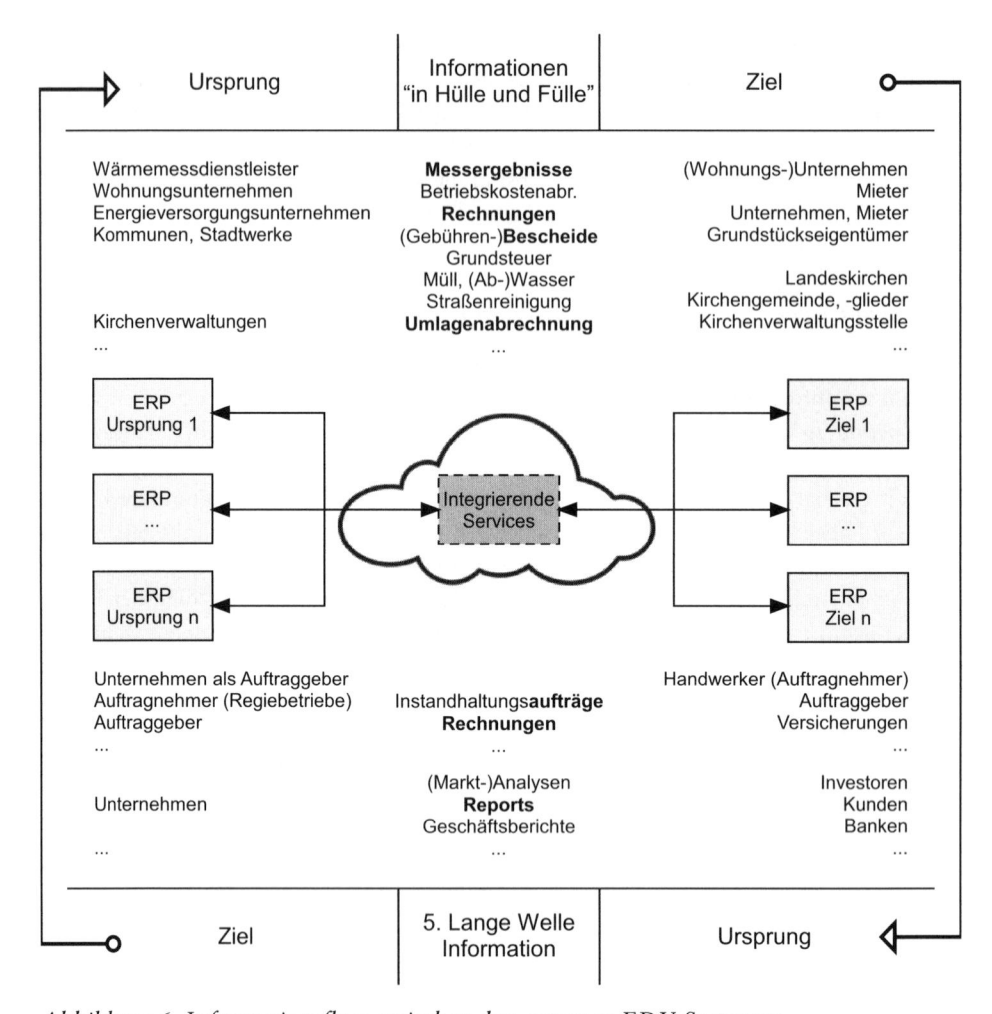

*Abbildung 6: Informationsfluss zwischen den externen EDV-Systemen*

## 4. Anpassung- und Auswahl von Datenverarbeitungssysteme

Wenn der tatsächliche Informationsbedarf festgestellt ist, kann auf die „Suche" nach einer passenden EDV-Lösung, der EDV-Anbietermarkt geprüft und ein Angebotsverfahren eingeleitet werden.

### 4.1 Informationsbedarf geklärt und beschrieben?

Um abschätzen zu können, ob die Analyse und die sich daraus ergebenden Anforderungen umfassend geklärt wurden, können nachfolgende Testfragen als Leitfaden dienen.
– Werden die Prioritäten bei den Verantwortungsfeldern und Aufgaben richtig gesetzt und adäquat durch EDV-Lösungen wirtschaftlich unterstützt (z.B. als Betreiber)?

- Kann das Berichtswesen auf verlässliche, transparente und digitale Zahlen (z.B. gebäudebezogen Kostenleistungsrechnung) aufgebaut werden? Liegen die Bewirtschaftungskosten vor?
- Können Optimierungspotenziale erkannt und als Ziele nachvollziehbar kommuniziert werden (z.B. Senkung des Energieverbrauchs und -kosten, Bündelung von Projekten für bessere Einkaufspreise)?
- Kann der Haushalt/Wirtschaftsplan in einer 5-, 10- oder 15 Jahresplanung sicher(er) geplant werden (z.B. Entwicklung der Anzahl der Kirchenglieder, des Kirchensteueraufkommens und der anstehenden Instandhaltungsmaßnahmen)?
- Wird über Risiken einfach und zeitnah informiert (z.B. *schiefe* Haushaltslage bei unvorhergesehenen Baumaßnahmen)?
- Werden Entscheidungen und Strategien (z.B. durch Darstellung von Auswertungen, Alternativen, Vergleichsmöglichkeiten, Normstrategien in der Instandhaltung) unterstützt? Sind der Instandsetzungsbedarf und Alternativen bekannt?
- Können Trends im laufenden Jahr erkannt (z.B. Haushaltsentwicklung, Heizkostenentwicklung) werden?

### 4.2 Der Markt der Anbieter

Der EDV-Anbietermarkt lässt sich hinsichtlich Branche oder Fachebene segmentieren
- Branchensegmentierung: z.B. nach Bauträger, Bauwirtschaft, Gewerbe, Fonds, Industrie, Kirchen, Makler, Öffentliche Hand, Sozialwirtschaft, Wohnungswirtschaft.
- Fachebenesegmentierung: z.B. nach Energiemanagement, FM-Dienstleister, Gebäudeautomation, Geoinformation, Portfoliomanagement, Liegenschaftsmanagement, Mittelstandslösungen, Wertermittlung. Überschneidungen deuten die Integrationsfähigkeit unterschiedlicher und vielfältiger Verantwortungsfelder an.

Eine nicht abschließende Darstellung der EDV-Anbieter ist in Abbildung 7 als Hintergrund angelegt. Dabei wird der Branchenbezug andeutungsweise berücksichtigt. Die Schriftgröße entspricht – soweit ermittelbar – der Unternehmensgröße nach Anzahl der Mitarbeiter. Denn wesentlich bei einer Auswahl eines EDV-Dienstleisters ist auch die Unternehmensgröße, da hier der längerfristige Bestand des Anbieterunternehmens eher wahrscheinlich ist. Der direkte Vergleich der Branchenlösungen ist nur sehr schwer möglich und wird von den Anbietern vielfach nicht gewünscht. Durch Innovationen ist der Markt in ständiger Bewegung.

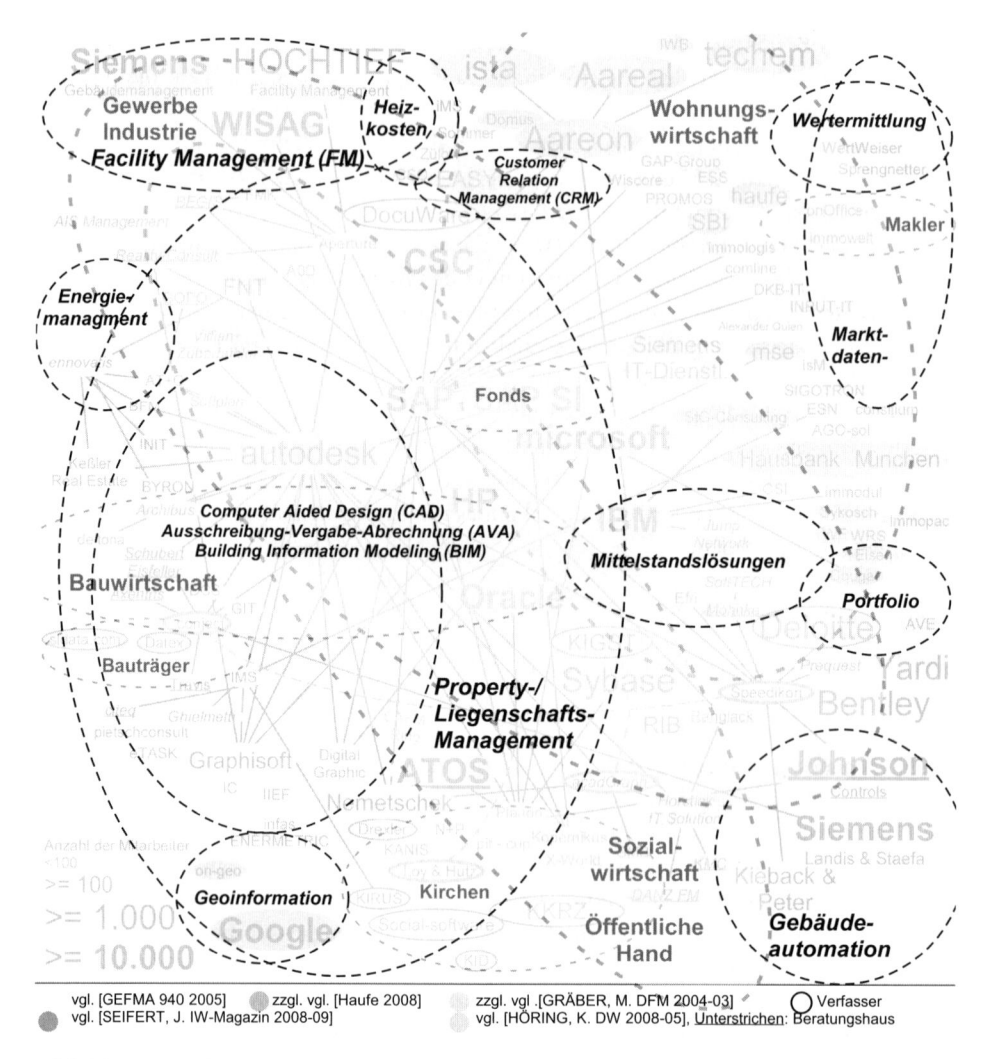

*Abbildung 7: Schwerpunkte der EDV-Lösungen nach Branche und Fachebene*

## 5. Implementierung und Praxisbetrieb

Sobald geklärt ist, wozu eine EDV-Lösung eingeführt werden muss und was bereits vorhanden ist, ist der erste Baustein für eine erfolgreiche Einführung eines Informationssystems gelegt.

Gleichwohl werden typische Fehler bei der Implementierung nicht immer vermieden: z.B. werden vorhandene, neue Module oder Programme nicht genutzt, aber bezahlt, zusätzliche Anforderungen der Fachabteilungen werden nach der Einführung bekannt, Datenmigration und Datenschnittstellen wurden unterschätzt und müssen als Nachträge teuer bezahlt werden, Erwartungen werden nicht erfüllt, Fehlerquoten oder ineffekti-

## 3. Immobilienwirtschaftliche EDV-Lösungen

ve Abläufe steigen nach der Einführung. All dies führt zu Fehlzeiten und Unzufriedenheit bei den Mitarbeitern.

Daher ist, um den Einführungsprozess zu sichern, der zweite Baustein, ein strukturierter Evaluierungsprozess notwendig. Der Evaluierungsprozess einer EDV-Lösung ist in Abbildung 8 dargestellt.[7] Die Prozessschritte sind einzeln benannt, sie reichen von der Zieldefinition, der Systemauswahl, der (Neu-) Beschaffung, der Einführung, der Begleitung bis zur Erfolgskontrolle. Der mögliche Anbieterkreis wird im Laufe der Evaluierung durch einen Auswahltrichter von anfänglich vielen Anbietern auf einen Auftragnehmer eingegrenzt. Innerhalb des Evaluierungsprozesses werden die Betroffenen zu Beteiligten gemacht. Von einer Projektgruppe begleitet, werden die Betroffenen regelmäßig informiert und einbezogen.

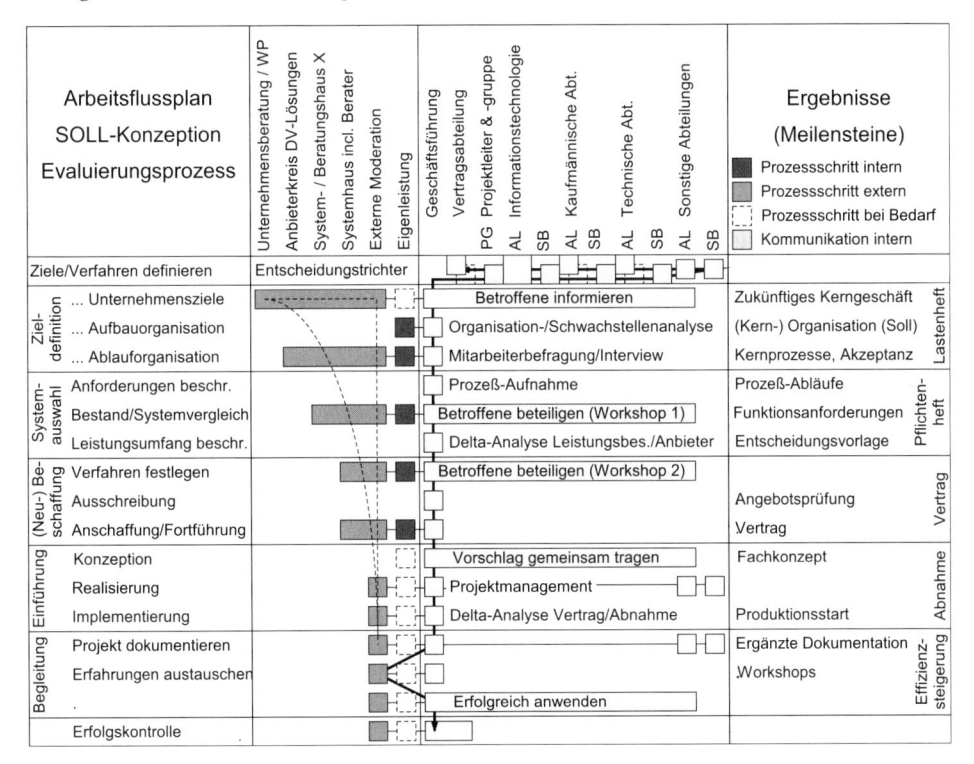

*Abbildung 8: Evaluierungsprozess einer (DV-)Lösung[8]*

Der ideale Prozessablauf ist ebenfalls in Abbildung 8 dargestellt und enthält wesentliche Elemente, die Wunschliste (Lastenheft), ein Organisationsmodell (Soll-Modell), Beschreibung der (zukünftigen) Kernprozesse, Darstellung der Prozessabläufe und Funktionsanforderungen an eine EDV-Lösung, eine Entscheidungsvorlage der Projektgruppe,

---
7 Das Verfahren wurde z.B. bei der Evangelische Landeskirche Württemberg (Pfarrgutsverwaltung) angewendet.
8 Bogenstätter, Property Management und Facility Management, 2008, S. 313.

Angebote und Angebotsprüfung sowie der Vertrag. Danach ist das abschließende Fachkonzept zu erstellen und dem Produktivstart steht nichts im Wege. Eine begleitende Nachbetreuung/Evaluierung ist unerlässlich, um den dauerhaften Erfolg zu sichern.

## 6. Neun goldene Regeln

Zum Schluss neun goldene Regeln, die helfen, um erfolgreich ein EDV-Immobiliensystem einzuführen:

1. Aus Betroffenen Beteiligte machen (alle fachlich Betroffenen von an Anfang beteiligen und begleiten).
2. Nur soviel wie nötig, so wenig wie möglich ((Soll-) Kernfunktionen umfassend bestimmen).
3. Die wichtigen Aufgaben richtig machen (Die wichtigen Aufgaben auswählen und Mengengerüste bestimmen).
4. Nur wer weiß, was er braucht, kann formulieren was er will ((Soll-) Kernprozesse beschreiben).
5. Nur keine Äpfel mit Birnen vergleichen (Definierte (Kern-)Prozesse von Anbietern zeigen lassen).
6. Eigene Organisation(-sform) im Vorfeld klären.
7. Auswahlprozess zügig durchziehen (z.B. an einem Tag vier Anbieter, Prozesse vergleichbar vorführen lassen).
8. Vor Vertragsschluss alle Leistungen klären.
9. Nicht die Software ist das Problem, „es menschelt" im Unternehmen. Strukturiertes Vorgehen mit Beteiligung der Anwender reduziert das Risiko und erhöht die Erfolgschancen.

# IV.
## Bilanzierung

# 1. Bilanzierung nach HGB

*Jeannette Raethel*

*1. Adressaten der Rechnungslegung*

Wird ein Unternehmen als Koalition von Personen verstanden,[1] die mit dem Unternehmen in unterschiedlicher Weise in Beziehung stehen, so lassen sich drei Gruppen unterscheiden:[2] finanzwirtschaftlich orientierte Gruppierungen (Anteilseigner, Gläubiger – vor allem Banken und die Finanzbehörden), leistungswirtschaftlich orientierte Gruppierungen (Kunden, Lieferanten, Belegschaft und konkurrierende Unternehmen) sowie Meinungsbildner (Finanzanalysten, Presse und Öffentlichkeit).

Jeder dieser Koalitionäre, auch Stakeholder genannt, verfolgt zwar individuelle finanzielle Ziele (z. B. Erhalt bzw. Steigerung von Vermögen und Ertrag) und/oder nichtfinanzielle Ziele (z. B. Erhalt des Arbeitsplatzes oder einer Lieferbeziehung, Erzielen eines bestimmten Images, Erreichen und Festigen von Macht); gemeinsam ist ihnen jedoch das Interesse, Informationen über das Erreichen der gesetzten monetären Unternehmensziele zu erhalten.

In managergeleiteten Unternehmen besteht ein Zustand der asymmetrischen Informationsverteilung, da die mit der Geschäftsleitung Beauftragten (Agents) qualitativ und quantitativ bessere Informationen über die wirtschaftliche Lage des Unternehmens haben als die externen Eigen- und Fremdkapitalgeber (Principals). Zudem besteht die Gefahr, dass die Manager nach der Kapitalüberlassung nicht mehr im Interesse der Kapitalgeber handeln.[3]

Die Werte von Immobilien interessieren den externen Bilanzleser vor allem zu folgenden drei Anlässen: Kreditwürdigkeitsprüfungen, Unternehmensverkäufe, Aktienbewertungen.

Bei grundpfandrechtlich gesicherten Krediten stellen Immobilien eine Sicherheit für den Darlehensgeber dar.[4] Im Falle der Zahlungsunfähigkeit oder -unwilligkeit des Kreditnehmers fallen die Rechte an den Immobilien dem Darlehensgeber zu. Im Rahmen der Kreditvergabe und bei jeder Prolongation ist daher eine Immobilienbewertung bzw. Bewertungsüberprüfung unerlässlich.

Dagegen wird der Unternehmensverkäufer dann ein besonderes Interesse an der gesonderten Bewertung der Immobilien seines Unternehmens haben, wenn die Liegenschaften nur suboptimal genutzt werden; eine solche Situation liegt z. B. vor, wenn Produktions-, Handels- und Dienstleistungsunternehmen ihre Verwaltungseinheiten in zen-

---

1 Erstmals vgl. Cyert/March, Eine verhaltenswissenschaftliche Theorie der Unternehmung, 2. Aufl. (1995), S. 26f.
2 Küting, Erhebliche Gestaltungsspielräume: Das Spannungsverhältnis zwischen Bilanzpolitik und Bilanzanalyse, in BddW, 22. Juli 1996, S. 11.
3 Vgl. Franke/Hax, Finanzwirtschaft des Unternehmers und Kapitalmarkt, 6.Aufl. (2009), S. 411f.
4 Siehe auch Kapitel V, Teil 1, Ziffer 3.2.3 Kreditfinanzierung, S. 235.

tralen Innenstadtlagen unterbringen, ohne dass dies – mangels Kundenverkehr – geschäftsnotwendig wäre.

## 2. Bestandteile der Rechnungslegung und deren Funktionen

Die Immobilien-Rechnungslegung bildet – sowohl bei Immobilienunternehmen, sog. Property-Companies, als auch bei Unternehmen, deren Kerngeschäft keinen immobilienspezifischen Fokus hat, sog. Non-Property-Companies – einen Teilbereich der handelsrechtlichen Rechnungslegung; letztere beruht auf der Finanzbuchführung eines Unternehmens.

Ihre Rechnungsgrößen sind:
– die Aufwendungen (periodisierte Ausgaben) und die Erträge (periodisierte Einnahmen) als Stromgrößen, die in der Gewinn- und Verlustrechnung vom vorherigen bis zum aktuellen Stichtag kumuliert werden und deren Saldo den Jahresüberschuss (Gewinn) oder Jahresfehlbetrag (Verlust) ergeben,
– das Vermögen und die Schulden als Bestandsgrößen, die sich stichtagsbezogen in der Bilanz niederschlagen und deren Saldo das Eigenkapital eines Unternehmens bildet.

Bei Einzelkaufleuten und Personenhandelsgesellschaften (OHG, KG, GmbH & Co. KG) bilden die Bilanz und die Gewinn- und Verlustrechnung (GuV) den handelsrechtlichen *Jahresabschluss*,[5] während Kapitalgesellschaften (AG, KGaA, GmbH) und bestimmte offene Handelsgesellschaften und Kommanditgesellschaften den handelsrechtlichen Jahresabschluss um einen Anhang erweitern müssen und zusätzlich die Pflicht zur Aufstellung eines Lageberichts haben.[6] Der Anhang ist ein Berichtsinstrument innerhalb des Jahresabschlusses. Hier wird die Bilanz und GuV sowohl erläutert als auch ergänzt, es erfolgen zusätzliche Angaben zur Vermeidung von Fehlinterpretationen und über die Inanspruchnahme von Ausweiswahlrechten.[7] Der *Lagebericht* dagegen stellt ein eigenständiges Berichtsinstrument außerhalb des Jahresabschlusses dar. Hier sind der Geschäftsverlauf, dessen Ergebnis und die Lage der Kapitalgesellschaft nach deren tatsächlichen Verhältnissen abzubilden.[8] Die Adressaten der Rechnungslegung sollen insbesondere durch Informationen über die Situation des Unternehmens innerhalb der Branche (z. B. Immobilieninvestmentmärkte, Vermietungsmärkte in den entsprechenden Regionen), über das unternehmensspezifische Risikomanagement einschließlich der bestehenden Chancen und Risiken sowie durch Angaben über den zukünftigen Geschäftsverlauf in die Lage versetzt werden, die voraussichtliche Entwicklung des Unternehmens in der Zukunft einschätzen zu können.[9]

Kapitalmarktorientierte Kapitalgesellschaften gemäß § 264d HGB, die nicht zur Aufstellung eines Konzernabschlusses verpflichtet sind, müssen des Weiteren den Jahresabschluss um eine Kapitalflussrechnung und einen Eigenkapitalspiegel erweitern; ein

---

5 § 242 III HGB.
6 § 264 I HGB i.V.m. § 264a I HGB.
7 Vgl. Coenenberg/ Haller/ Schultze, Jahresabschluss und Jahresabschlussanalyse, 23. Aufl. (2014), S. 851ff.
8 § 289 I Satz 1 HGB.
9 Vgl. Coenenberg/ Haller/ Schultze, Jahresabschluss und Jahresabschlussanalyse, 23. Aufl. (2014), S. 921ff.

Wahlrecht dagegen besteht für die Segmentberichterstattung.[10] Die *Kapitalflussrechnung* wurde als ein Instrument zur Bilanzanalyse entwickelt, um zusätzliche Informationen über die Finanzlage eines Unternehmens bereitzustellen. Mit der Kapitalflussrechnung werden Zahlungsströme transparent gemacht: Sie zeigen die Fähigkeit eines Unternehmens auf, aus der operativen Geschäftätigkeit Geld zu erwirtschaften, das für Investitionen, für Auszahlungen an Eigen- und Fremdkapitalgeber und zur Erhöhung des Finanzmittelfonds bereit steht.[11] Der *Eigenkapitalspiegel* dagegen, auch Eigenkapitalveränderungsrechnung genannt, dient der Darstellung aller Eigenkapitalveränderungen inklusive Unternehmenserfolg innerhalb einer Rechnungsperiode.[12] Die Segmentberichterstattung hat zum Ziel, finanzielle Informationen zu einzelnen Teilbereichen des Unternehmens zu geben. Sie soll dem Rechnungslegungsadressaten ermöglichen, diversifizierte und globalisierte Unternehmen, deren heterogene Geschäftsbereiche erheblichen Risiko- und Erfolgsunterschieden ausgesetzt sind, differenziert beurteilen zu können.[13] Bei Immobilienunternehmen ist eine Unterteilung nach operativen Geschäftsbereichen wie z. B. Investment (Bestand, Projektentwicklung) und Fonds (z. B. Spezialfonds, geschlossene Fonds),[14] nach Nutzungsarten (z. B. Einzelhandel, Büro, Logistik, Wohnen) und/ oder eine Abgrenzung nach geografischen Segmenten (z. B. Länder, Kontinente) üblich. Mit dem handelsrechtlichen Jahresabschluss insgesamt soll die wirtschaftliche Lage des rechnungslegenden Unternehmens gegenüber unternehmensexternen und -internen Adressaten abgebildet werden.

Darüber hinaus ist eine Kapitalgesellschaft, unter deren einheitlicher Leitung weitere Unternehmen stehen und an denen die Kapitalgesellschaft in bestimmter Form beteiligt ist, verpflichtet, einen *Konzernabschluss* sowie einen Konzernlagebericht aufzustellen.[15] Der Konzernabschluss stellt die Zusammenfassung der Einzelabschlüsse der rechtlich selbständigen, wirtschaftlich jedoch von der übergeordneten Kapitalgesellschaft (Mutterunternehmen) beeinflussten Unternehmen (Tochtergesellschaften) dar. Seine Aufgabe besteht in einer reinen Informationsfunktion und zwar, ein den tatsächlichen Verhältnissen entsprechendes Bild der Vermögens-, Finanz- und Ertragslage der wirtschaftlich als geschlossene Einheit zu betrachtenden Gruppe zu vermitteln.[16]

Grundsätzlich ist der Jahresabschluss nach den Grundsätzen ordnungsmäßiger Buchführung aufzustellen.[17] Für Kapitalgesellschaften regelt § 264 II HGB explizit, dass der Jahresabschluss unter Beachtung der Grundsätze ordnungsmäßiger Buchführung „ein den tatsächlichen Verhältnissen entsprechendes Bild der Vermögens-, Finanz- und Ertragslage" zu vermitteln hat.

Die Generalnormen gewinnen vor allem dann an praktischer Bedeutung, wenn rechnungslegerische Ermessensspielräume bestimmte Entscheidungsbandbreiten zulassen

---

10 § 264 I Satz 2 HGB.
11 Vgl. Coenenberg/Haller/Schultze, Jahresabschluss und Jahresabschlussanalyse, 23. Aufl. (2014), S. 811ff.
12 Coenenberg/Haller/Schultze, Jahresabschluss und Jahresabschlussanalyse, 23. Aufl. (2014), S. 594ff.
13 Coenenberg/Haller/Schultze, Jahresabschluss und Jahresabschlussanalyse, 23. Aufl. (2014), S. 894ff.
14 Siehe Kapitel V, Teil 1, Ziffer 2.1 Besonderheiten, Anlageformen und Bedeutung, S. 222ff.
15 § 290 I HGB.
16 Vgl. Coenenberg/Haller/Schultze, Jahresabschluss und Jahresabschlussanalyse, 23. Aufl. (2014), S. 609ff.
17 § 243 I HGB.

(z. B. bei Rückstellungen), und wenn für die bilanzielle Abbildung besonderer Sachverhalte oder rechtlicher Konstruktionen keine speziellen Rechnungslegungsvorschriften zur Verfügung stehen (z. B. beim Leasing).

*3. Bilanzierungs- und Bewertungsgrundsätze*

Die rechtlichen Grundlagen für Bilanzausweis und -bewertung von Immobilien finden sich im Dritten Buch des HGB. Diese grundsätzlich auf alle Vermögensgegenstände anzuwendenden Vorschriften werden nachfolgend in Bezug auf Immobilien erläutert, wobei schwerpunktmäßig auf die Zuordnung von Immobilien zum Anlage- oder Umlaufvermögen, die Anschaffungs- oder Herstellungskosten als Immobilienbewertungsmaßstab sowie die Abschreibungen und Zuschreibungen als Ausdruck von Wertveränderungen eingegangen wird.

3.1 Zuordnung zum Anlage- oder Umlaufvermögen

Nach dem Vollständigkeitsgebot des § 246 I HGB hat der Jahresabschluss „sämtliche Vermögensgegenstände" zu enthalten, dazu zählen auch Immobilien. Sie können sowohl dem Anlagevermögen als auch dem Umlaufvermögen zugeordnet werden.

Immobilien, die zur Eigennutzung oder Vermietung und damit „bestimmt sind, dauernd dem Geschäftsbetrieb zu dienen", gehören zum *Anlagevermögen*.[18] Hier werden sie unter den „Sachanlagen" in der Position „Grundstücke, grundstücksgleiche Rechte und Bauten einschließlich der Bauten auf fremden Grundstücken"[19] ausgewiesen; für zukünftig eigengenutzte Immobilien, die sich noch in der Planungs- und Bauphase befinden, ist die Sachanlagen-Position „geleistete Anzahlungen und Anlagen im Bau" vorgesehen.

Grundstücke, die zu Zwecken der Entwicklung oder des Verkaufs gehalten werden, sind dem *Umlaufvermögen* zuzuordnen. Vorgesehen ist der Ausweis unter den „Vorräten"; für den Gliederungspunkt selbst existiert keine gesetzliche Definition, üblich ist „nicht abgerechnete Bauarbeiten/Bauleistungen" bzw. „Vorratsgrundstücke" (oder ähnliches).

Lediglich für Wohnungsunternehmen sieht der Gesetzgeber über § 330 HGB konkrete Gliederungsvorschriften im Rahmen der Verordnung über Formblätter für die Gliederung des Jahresabschlusses von Wohnungsunternehmen (FormblattVO) vor. Als Wohnungsunternehmen gelten Gesellschaften in Rechtsform der AG, KGaA, GmbH oder der eingetragenen Genossenschaft, deren Unternehmensgegenstand den Bau von Wohnungen, die Betreuung von Wohnungsbauten oder die Errichtung und Veräußerung von Eigenheimen, Kleinsiedlungen und Eigentumswohnungen umfasst.[20] Deren Aktiva bestehen zu einem überwiegenden Teil aus Immobilien und befinden sich zudem in den unterschiedlichen Phasen ihres Lebenszyklus (Planung, Bauvorbereitung, Bau,

---

18 § 247 II HGB.
19 § 266 II HGB.
20 § 1 IV FormblattVO.

Nutzung, Verkauf). Die Tabelle 1 zeigt die wesentlichen Gliederungspunkte des Anlage- und Umlaufvermögens nach der FormblattVO.

| A. Anlagevermögen | B. Umlaufvermögen |
|---|---|
| I. Immaterielle Vermögensgegenstände<br>  1. Sachanlagen<br>  2. Grundstücke und grundstücksgleiche Rechte mit Wohnbauten<br>  3. Grundstücke und grundstücksgleiche Rechte mit Geschäfts- und anderen Bauten<br>  4. Grundstücke und grundstücksgleiche Rechte ohne Bauten<br>  5. Grundstücke mit Erbbaurechten Dritter<br>  6. Bauten auf fremden Grundstücken<br>  7. Technische Anlagen und Maschinen<br>  8. Andere Anlagen, Betriebs- und Geschäftsausstattung<br>  9. Anlagen im Bau<br>  10. Bauvorbereitungskosten<br>  11. Geleistete Anzahlungen<br>II. Finanzanlagen | I. Zum Verkauf bestimmte Grundstücke und andere Vorräte<br>  1. Grundstücke und grundstücksgleiche Rechte ohne Bauten<br>  2. Bauvorbereitungskosten<br>  3. Grundstücke und grundstücksgleiche Rechte mit unfertigen Bauten<br>  4. Grundstücke und grundstücksgleiche Rechte mit fertigen Bauten<br>  5. Unfertige Leistungen<br>  6. Andere Vorräte<br>  7. Geleistete Anzahlungen<br>II. Forderungen und sonstige Vermögensgegenstände<br>  1. Forderungen aus Vermietung<br>  2. Forderungen aus Grundstücksverkäufen<br>  3. Forderungen aus Betreuungstätigkeit<br>  4. Forderungen aus anderen Lieferungen und Leistungen<br>  5. Forderungen gegen verbundene Unternehmen<br>  6. Forderungen gegen Unternehmen, mit denen ein Beteiligungsverhältnis besteht<br>  7. Sonstige Vermögensgegenstände<br>III. Wertpapiere<br>IV. Flüssige Mittel und Bauspareguthaben |

*Tab. 1: Ausschnitt Bilanz-Gliederung von Wohnungsunternehmen nach der FormblattVO*

Ein Vergleich der Gliederungen nach FormblattVO und HGB zeigt einen erheblichen Differenzierungsgrad sowohl in Bezug auf das Anlagevermögen, bei den Sachanlagen[21] als auch in Bezug auf das Umlaufvermögen, bei den zum Verkauf bestimmten Grundstücken und anderen Vorräten[22] und bei den Forderungen und sonstigen Vermögensgegenständen.[23]

Die Zuordnung einer Immobilie zum Anlage- oder Umlaufvermögen ist besonders deshalb von Bedeutung, da hiervon der Umfang der notwendigen bzw. möglichen planmäßigen und außerplanmäßigen Abschreibungen abhängt.

---

21 II, Positionen 1 bis 5 und 9, FormblattVO.
22 I, Positionen 1 bis 4, FormblattVO.
23 II, Positionen 1 bis 3, FormblattVO.

## 3.2 Anschaffungs- oder Herstellungskosten

Auch für Immobilien gilt der Grundsatz der Bewertung zu Anschaffungs- oder Herstellungskosten; insofern gibt es keinen Unterschied zu anderen Vermögensgegenständen. Dazu heißt es in § 253 I 1 HGB: „Vermögensgegenstände sind höchstens mit den Anschaffungs- oder Herstellungskosten, vermindert um Abschreibungen nach den Absätzen 3 bis 5 anzusetzen...".

*Anschaffungskosten* sind die Aufwendungen, die geleistet werden, um einen Vermögensgegenstand zu erwerben und ihn in einen betriebsbereiten Zustand zu versetzen, soweit sie diesem einzeln zugeordnet werden können.[24]

Anschaffungskosten setzen sich demgemäß zusammen aus:
– Anschaffungspreis vermindert um
– Anschaffungspreisminderungen (z. B. Rabatte, Skonti) und zuzüglich
– Anschaffungsnebenkosten (z. B. Gutachter-, Vermessungs-, Notariats- und Gerichtskosten, Grunderwerbsteuer, Maklergebühr) und
– nachträglichen Anschaffungskosten (z. B. Erschließungsbeiträge, Abbruchkosten).

*Herstellungskosten* sind die Aufwendungen, die durch den Verbrauch von Gütern und die Inanspruchnahme von Diensten für die Herstellung eines Vermögensgegenstands, seine Erweiterung oder für eine über seinen ursprünglichen Zustand hinausgehende wesentliche Verbesserung entstehen.[25] Pflichtbestandteile der Herstellungskosten nach HGB sind:
– Materialeinzelkosten (z. B. Bauteile, Baustoffe, technische Anlagen des Bauwerks),
– Fertigungseinzelkosten (z. B. Löhne, Architekten- und Ingenieurleistungen für Planung/Ausführung, Kosten der Baugenehmigung),
– Sondereinzelkosten der Fertigung (z. B. Gutachten von Sonderfachleuten, Kosten zur Beseitigung von Baumängeln) sowie
– angemessene Teile der Materialgemeinkosten (z. B. Kosten für Beschaffung und Lagerung der Bauteile, -stoffe),
– angemessene Teile der Fertigungsgemeinkosten (z. B. Baustellenkosten wie Transport-, Bewachungskosten, Sachversicherungen, Miete für Baumaschinen) und
– angemessene Teile des Werteverzehrs des Anlagevermögens, soweit dieser durch die Fertigung (Herstellung eines Bauwerks) veranlasst ist.

Neben den Baukosten sind auch Anschlusskosten von den öffentlichen Zuleitungsanlagen für Strom, Gas und Wasser bis zu den Bauten oder technischen Anlagen auf dem Grundstück (sog. Hausanschlusskosten) den Herstellungskosten eines Gebäudes zuzuordnen. Ebenso zählen Kosten für Anlagen zur Ableitung von Abwässern zu den Gebäudeherstellungskosten.

---

24 § 255 I HGB.
25 § 255 II HGB.

Wahlbestandteile der Herstellungskosten nach HGB sind insbesondere:
- angemessene Teile der allgemeinen Verwaltungskosten,
- angemessene Aufwendungen für soziale Einrichtungen des Betriebs, für freiwillige soziale Leistungen und für die betriebliche Altersversorgung, soweit diese auf den Zeitraum der Herstellung entfallen,
- Zinsen für Fremdkapital, das zur Finanzierung der Herstellung eines Vermögensgegenstandes verwendet wird, soweit sie auf den Zeitraum der Herstellung entfallen.[26]

Forschungs- und Vertriebskosten dürfen nicht aktiviert werden.[27]

Nach der Fertigstellung eines Gebäudes sind die im Zuge einer Baumaßnahme anfallenen Aufwendungen als (nachträgliche) Herstellungskosten zu aktivieren, wenn durch diese Maßnahmen, wie bereits im vorletzten Absatz erwähnt, das Gebäude erweitert oder über seinen ursprünglichen Zustand wesentlich verbessert wird. Die Erweiterung eines Gebäudes hat insbesondere eine Vergrößerung der Nutzfläche zur Folge. Beispiele sind hier der Dachgeschossausbau und der Anbau eines Balkons. Eine wesentliche Verbesserung tritt dagegen ein, wenn durch die Baumaßnahme eine erhebliche Qualitätssteigerung erfolgt, wie beispielsweise durch den erstmaligen Einbau von Bädern. Auch die im Rahmen von Modernisierungsmaßnahmen erreichte deutliche Erhöhung des Gebrauchswertes des Gebäudes stellt eine wesentliche Verbesserung über dessen ursprünglichen Zustand hinaus dar. Dies ist nach Rechtsprechung der Fall, wenn der Gebrauchswert des Gebäudes von einem sehr einfachen auf einen mittleren oder von einem mittleren auf einen sehr anspruchsvollen Standard angehoben wird. Bei der Prüfung, ob eine Standarderhöhung vorliegt, wird auf vier zentrale Austattungsmerkmale eines Gebäudes zurückgegriffen: die Art und Qualität der Sanitär-, Heizungs- und Elektroinstallation sowie der Fenster. Durch die Baumaßnahme wird zum Beispiel die Sanitärinstallation erneuert und ihr Komfort erheblich gesteigert, Kohleöfen werden durch eine dem Stand der Technik entsprechende Heizungsanlage ersetzt, die Elektroinstallation wird modernisiert mit dem Ergebnis höherer Leistungskapazität sowie einer größeren Anschlusszahl und anstelle der einfach verglasten Fenster werden Isolierglasfenster eingebaut. Bei einer Bündelung von mindestens drei der obigen vier Merkmale wird von einer Standarderhöhung ausgegangen mit der Folge, dass die Aufwendungen als Herstellungskosten aktiviert werden und sich damit die Abschreibungsbasis erhöht.

Ob es sich nun bei Instandhaltungs-, Instandsetzungs- oder Modernisierungsmaßnahmen um (nachträgliche) Herstellungskosten des Gebäudes handelt, muss anhand der oben genannten Merkmale geprüft werden. Liegen nach den genannten Merkmalen keine (nachträglichen) Herstellungskosten vor, handelt es sich um sog. Erhaltungsaufwand. Erhaltungsaufwand wird in der Regel durch die gewöhnliche Nutzung des Gebäudes verursacht, beispielsweise Reparaturarbeiten am Dach oder auch eine Dacherneuerung, ein Fassadenanstrich, eine Erneuerung einer nicht mehr zeitgemäßen Heizungsanlage oder ein Fensteraustausch. Im Gegensatz zu den (nachträglichen) Herstellungskosten ist Erhaltungsaufwand im Rahmen der Gewinn- und Verlustrechnung sofort abziehbar.

---

26 § 255 III HGB.
27 § 255 II HGB.

## 3.3 Abschreibungen und Zuschreibungen

*Planmäßige Abschreibungen* werden nur auf das Anlagevermögen vorgenommen. Sie orientieren sich an der voraussichtlichen Nutzungsdauer des Vermögensgegenstandes.[28] Ist die Nutzungsdauer unbegrenzt, wie dies z. B. bei Grund und Boden und bei Wertpapieren der Fall ist, erfolgt keine planmäßige Abschreibung. Grundsätzlich zulässig sind zum einen zeitbedingte und zum anderen leistungsbedingte Abschreibungsmethoden. Zu den zeitbedingten Abschreibungsverfahren zählen die lineare Abschreibung, die degressive Abschreibung und die progressive Abschreibung (unter bestimmten Voraussetzungen).

Da das Handelsrecht keine Anhaltspunkte über die betriebsgewöhnliche Nutzungsdauer von Vermögensgegenständen mit begrenzter Nutzungsdauer, wie z. B. von Gebäuden, bietet, erfolgt eine Orientierung an den relevanten steuerlichen Vorschriften. Das Einkommensteuergesetz schreibt hier – in Abhängigkeit von Nutzungsart, Betriebszugehörigkeit und Zeitpunkt des Bauantrags bzw. der Fertigstellung – Zeiträume von 33 bis 50 Jahre vor. Die Tabelle 2 gibt einen Überblick.

| G E B Ä U D E | | | |
|---|---|---|---|
| | Im Betriebsvermögen, nicht Wohnzwecken dienend und Bauantrag nach dem 31.3.1985 | 33 Jahre (3 % p.a.) § 7 IV 1 Nr. 1 EStG | |
| | Alle übrigen | Fertigstellung: vor dem 1.1.1925 | 40 Jahre (2,5 % p.a.) § 7 IV 1 Nr. 2b EStG |
| | | Fertigstellung: nach dem 31.12.1924 | 50 Jahre (2 % p.a.) § 7 IV 1 Nr. 2a EStG |

*Tab. 2: Nutzungsdauer und planmäßige Abschreibung von Gebäuden nach § 7 IV EStG*

Ist die tatsächliche Nutzungsdauer eines Gebäudes unter Betrachtung der technischen und wirtschaftlichen Umstände[29] geringer, so dient diese zur Ermittlung der Abschreibungsbeträge.[30]

Neben den Gebäuden zählen auch die Außenanlagen zum handelsrechtlichen Begriff der Bauten. Zu den Außenanlagen zählen beispielsweise Umzäunungen, Parkplätze, Straßen, Einfriedungen, Grünanlagen und Außenbeleuchtung. Auch hier kann in Bezug auf die Nutzungsdauer der einzelnen Vermögensgegenstände eine Orientierung an den relevanten Steuervorschriften erfolgen, zum Beispiel der sog. AfA-Tabelle für die allgemein verwendbaren Anlagegüter.[31]

---

28 § 253 III 1 HGB.
29 R 7.4 EStR.
30 § 7 IV 2 EStG.
31 Die in der AfA-Tabelle (AfA: Absetzung für Abnutzung), vom Bundesministerium für Finanzen herausgegeben, genannte Nutzungsdauer dient als Anhaltspunkt für die Beurteilung der Angemessenheit der steuerlichen AfA; beispielsweise werden für Umzäunungen aus Holz 5 Jahre, für Parkplätze, Straßen, Einfriedungen aus Kies, Schotter oder Schlacken 9 Jahre, für Grünanlagen 15 Jahre und für Außenbeleuchtung 19 Jahre jeweils als Nutzungsdauer angegeben.

*Außerplanmäßige Abschreibungen*[32] sind zwingend vorzunehmen, wenn bei einem Vermögensgegenstand des Anlagevermögens eine voraussichtlich dauernde Wertminderung eintritt, die sonst nicht erfasst würde. Eine dauernde Wertminderung bedeutet, dass der Wert des Vermögensgegenstandes voraussichtlich während eines erheblichen Teils der weiteren Nutzungsdauer (länger als 50 % der Restnutzungsdauer) unter dem planmäßigen Restbuchwert liegt.[33] Der Buchwert des Vermögensgegenstandes muss dann auf den niedrigeren Wert am Abschlussstichtag reduziert werden (gemildertes Niederstwertprinzip); dies ist z. B. bei einer nachhaltigen Bodenkontamination der Fall, wenn eine Sanierung nicht zur Wiederherstellung des ursprünglichen Buchwertes führt. Das Institut der Wirtschaftsprüfer hat in einer in 2002 veröffentlichten Stellungnahme des Wohnungswirtschaftlichen Fachausschusses zur Rechnungslegung[34] u.a. für die Frage, wann eine Wertminderung von Wohnimmobilien infolge strukturellen Leerstands voraussichtlich dauerhaft sei, den Prognosezeitraum mit größer fünf Jahren angegeben.

Nur steuerrechtlich zulässig sind die folgenden Abschreibungsarten:
– Sonderabschreibungen, die zusätzlich zur Normal-AfA (Absetzung für Abnutzung, Gebäudeabschreibung, siehe Tabelle 2) vom Steuergesetzgeber gewährt werden (z. B. § 7g EStG zur Förderung kleiner und mittlerer Betriebe) und
– erhöhte Absetzungen, die anstelle der Normal-AfA gewährt werden (z. B. § 7h EStG bei Gebäuden in Sanierungsgebieten und städtebaulichen Entwicklungsbereichen, § 7i EStG bei Baudenkmalen: Hier gewährt der Steuergesetzgeber im Jahr der Herstellung und in den folgenden sieben Jahren jeweils bis zu 9 % und in den folgenden vier Jahren jeweils bis zu 7 % der Herstellungskosten für Modernisierungs- und Instandsetzungsmaßnahmen, sodass im frühesten Fall nach zwölf Jahren diese Kosten vollständig steuerlich abgeschrieben sind).

Des Weiteren können in der Steuerbilanz Bewertungsabzüge von den Anschaffungs- oder Herstellungskosten vorgenommen werden, beispielsweise im Rahmen der sog. 6b-Rücklage, die das Übertragen stiller Reserven von veräußerten auf neu angeschaffte oder hergestellte Immobilien mit dem Ergebnis eines Steuerstundungseffekts erlauben.[35]

Bei Vermögensgegenständen des Umlaufvermögens, wie z. B. zum Verkauf bestimmte fertige und unfertige Gebäude, wird davon ausgegangen, dass diese nur für kurze Zeit im Unternehmen verbleiben und eine planmäßige Abschreibung von daher nicht nötig ist. Der Gesetzgeber fordert jedoch die Abschreibung auf einen niedrigeren Marktpreis am Abschlussstichtag und zwar unabhängig davon, ob die zugrunde liegende Wertminderung dauerhaft ist oder nicht (strenges Niederstwertprinzip).[36]

Bei Wegfall des Grundes für außerplanmäßige Abschreibungen des Anlagevermögens und Abschreibungen des Umlaufvermögens müssen *Zuschreibungen* vorgenom-

---
32 § 253 III 3 HGB.
33 Coenenberg/Haller/Schultze, Jahresabschluss und Jahresabschlussanalyse, 23. Aufl. (2014), S. 162ff.
34 IDW RS WFA 1.
35 § 6b EStG.
36 § 253 IV 1 HGB.

men werden, maximal bis zu den fortgeführten Anschaffungs- oder Herstellungskosten.[37]

Zusammenfassend ist davon auszugehen, dass die Bewertungswahlrechte und faktischen Ermessensspielräume hinsichtlich der Bemessung der Anschaffungs- oder Herstellungskosten, der Wahl der Abschreibungsmethoden, des Ansatzes von Nutzungsdauern sowie der Vornahme und Bemessung von außerplanmäßigen Abschreibungen der Bilanzpolitik unterliegen und die ausgewiesenen Buchwerte von Immobilien damit nach oben bzw. unten verzerrt sein können.[38]

Kapitalgesellschaften müssen nach § 284 HGB über die angewandten Bilanzierungs- und Bewertungsmethoden sowie Stetigkeitsdurchbrechungen im Anhang berichten, ebenso über die Aktivierung von Fremdkapitalzinsen bei den Herstellungskosten und über außerplanmäßige Abschreibungen,[39] sofern sie nicht in der GuV gesondert ausgewiesen werden.

### 3.4 Aussagefähigkeit der Wertansätze

Die veröffentlichten Jahresabschlussdaten lassen sich aus mehreren Gründen nicht zur Analyse des Immobilienbestandes verwenden. Zum einen sind Grund und Boden sowie aufstehende Gebäude in einer Bilanzposition auszuweisen[40] – je nach Zweckbestimmung im Anlage- oder Umlaufvermögen. Die Aufteilung in die beiden Komponenten ist für den Bilanzleser jedoch nicht erkennbar. Zum anderen wird bei Immobilien des Anlagevermögens aufgrund der planmäßigen Abschreibungen auf Gebäude stets ein abnehmender Wert in der Bilanz ausgewiesen, bis das Gebäude am Ende der Abschreibungsdauer einen Wert von Null erreicht bzw. als Merkposten in der Finanzbuchführung mit einer Geldeinheit erfasst wird. Grund und Boden werden dagegen im Zeitablauf immer mit dem gleichen, konstanten Wert erfasst, abgesehen von dauernden Wertminderungen.

Die tatsächliche Wertentwicklung einer Immobilie im Unternehmen dürfte dagegen in vielen Fällen einen anderen Verlauf nehmen. Die Wertentwicklung einer Immobilie wird durch zwei, sich überlagernde Effekte geprägt: Grund und Boden unterliegen in der Regel einem kontinuierlichen Aufwertungsprozess; bedingt durch das handelsrechtliche Anschaffungs-/Herstellungskostenprinzip entstehen damit stille Reserven. Auch Gebäude können bei einem konsequenten Instandhaltungsmanagement und gelegentlichen Renovierungen an Wert gewinnen. Aufgrund der Kurzfristigkeit der geplanten Verwendung von im Umlaufvermögen erfassten Immobilien können stille Reserven dort nur vorübergehend bestehen. Nicht nur viele große Aktiengesellschaften (z. B. Deutsche Telekom, Siemens, Thyssen-Krupp), sondern auch sozialwirtschaftliche Einrichtungen sowie die evangelische und die katholische Kirche in Deutschland verfügen nach wie vor im Anlagevermögen über einen erheblichen Bestand von Grundstücken und Gebäuden, die sie für ihr spezielles Kerngeschäft nicht mehr benötigen. Hier sind

---

37 § 253 V 1 HGB.
38 Vgl. Schulte, Bilanzpolitik und Publizitätsverhalten deutscher Aktiengesellschaften, 1986, S. 128, 405ff.
39 § 277 III HGB.
40 § 266 II HGB.

beträchtliche stille Reserven zu vermuten, die durch aktives Corporate, Welfare bzw. Ecclesiastic Real Estate Management gehoben werden können.[41]

---

41  Siehe Kapitel II, Teil I, Immobilienmanagementlehren, S. 37ff.

## 2. Besonderheiten der Bilanzierung in Sozialunternehmen

*Falko Schneider / Friedrich Vogelbusch*

*Die Immobilien der Sozialwirtschaft sind ein wesentlicher Bestandteil des Vermögens der Sozialunternehmen. Sie unterscheiden sich je nach Nutzungsart erheblich und reichen von der Beratungsstelle bis hin zu Komplexeinrichtungen im Gesundheitswesen und Pflegeeinrichtungen. Wesentliche Teile der Immobilieninvestitionen werden durch Zuschüsse, Zins- und Tilgungszahlungen von dritter Seite finanziert. Soweit die Sozialunternehmen gemeinnützig sind, sind – im Gegensatz zu Wirtschaftsunternehmen – steuerliche Fragestellungen von nachgeordneter Bedeutung. Daher sind speziell auf die Branche der Sozialunternehmen bezogene Bilanzierungsmöglichkeiten, die innovativ die Bedürfnisse der Unternehmen abbilden, zu nutzen, auch wenn diese in der Praxis noch nicht weit verbreitet sind.*

### 1. Eigentum oder Nutzung

Der handelsrechtlichen Bilanzierung liegt der Grundsatz des wirtschaftlichen Eigentums zugrunde. Danach sind Grundstücke im Eigentum zu bilanzieren, aber auch Nutzungsrechte (aus einem Mietvertrag, Pachtvertrag oder Erbbaurecht), wenn der Inhaber eines Nutzungsrechts den rechtlichen Eigentümer von der Nutzung des Grundstücks während einer längeren Nutzungsdauer (diese wird verglichen mit der Nutzungsdauer der Mietereinbauten) ausschließen kann. In diesem Fall kann er die Vermögensgegenstände (das Recht zur Nutzung) als Anlagevermögen ausweisen.

### 2. Mietereinbauten

Werden Immobilien im Rahmen von Mietverträgen oder sonstigen Nutzungsverhältnissen zur Verfügung gestellt und sind in dieser Umbauten erforderlich, um die spezifische soziale Nutzung zu ermöglichen, kann der Mieter, der Nutzungsberechtigte, den Mietereinbau in seiner Bilanz aktivieren und über die Nutzungsdauer / Laufzeit des Mietvertrages abschreiben.[1] Grundlage dafür ist, dass er während einer längeren Nutzungsdauer den Grundstückseigentümer von der Nutzung des von ihm auf eigene Rechnung errichteten Gebäudebestandteils ausschließen kann.[2]

---

[1] Zur Behandlung von Mietereinbauten und Mieterumbauten ist das BMF-Schreiben vom 15.1.1976 (BStBl I 1976, 66) zu beachten. Obwohl dieses Schreiben schon einige Jahrzehnte alt ist, gelten die Grundsätze auch heute noch. Aufgrund zwischenzeitlich ergangener Rechtsprechung ergeben sich lediglich in bestimmten Fällen Abweichungen bei der Berechnung der Abschreibungen.

[2] Besondere Bedeutung kommt der Regelung im Mietvertrag zu. Zu regeln ist, welche Pflichten der Mieter hat: Entschädigungslose oder -pflichtige Übergabe an den Vermieter usw. Ggfs. sind Rückstellungen hierfür zu bilden.

Verweisen wird auch auf weitere aktivierungsfähige Baumaßnahmen eines Mieters: Scheinbestandteile i.S.d. § 95 BGB und Betriebsvorrichtungen (nach § 68 Abs. 2 Nr. 2 BewG).[3]

## 3. Erbbaurecht

Mit der Bestellung eines Erbbaurechts gibt der Grundstückseigentümer einem Dritten das Recht, das Grundstück für seine Zwecke über eine definierte Zeitdauer zu bebauen oder bebaute Grundstücke zu nutzen, inkl. der Durchführung eventueller Baumaßnahmen. In Deutschland wird das Erbbaurecht meist von Eigentümern verwendet, um Grundstücke ohne eigene Investitionen wirtschaftlich auszunutzen und dennoch das Grundvermögen dauerhaft im rechtlichen Eigentum zu erhalten. Erbbaurechte werden vor allem von Kommunen, Kirchen und Stiftungen vergeben.[4]

Die Errichtung eines Erbbaurechtes ist einerseits Vermögensverwaltung, andererseits kann das Erbbaurecht ein bewusst gewähltes Anlageinstrument sein. Insoweit wird auf den Beitrag von Strugalla in Kapitel V, Teil 3 verwiesen, der das Erbbaurecht unter diesem Gesichtspunkt besonders würdigt.

Wenn Immobilien im Wege eines Erbbaurechtes zur Nutzung erworben werden, gelten Besonderheiten in der Bilanzierung.[5]

Die Bilanzierung des unbebauten im Erbbaurecht weitergegebenen Grundstücks ist einfach, da nur der Erbbaurechtsverpflichtete das Grundstück im Aktivvermögen der Bilanz auszuweisen hat. Das Gebäude, das der Erbbauberechtigte auf dem Grundstück errichtet, hat dieser – wenn er buchführungspflichtig ist – zu bilanzieren und nicht der Grundstückseigentümer.

Ist jedoch ein bereits bebautes Grundstück vom Erbpachtvertrag betroffen, ist ein komplexes Bilanzierungsverfahren anzuwenden.[6] Für bebaute Grundstücke ist eine differenzierte Vorgehensweise beim Erbbauberechtigten und beim Erbbauverpflichteten vorzusehen.

Folgende Tabelle zeigt zusammenfassend den Ausweis in der Bilanz und Gewinn- und Verlustrechnung (GuV):

---

3 Etwa die Kommentierung der Finanzverwaltung in H 4.2 (3) [Mietereinbauten] EStH oder R 7.1 Abs. 3 EStR.
 Auch das Nießbrauchrecht und die Erbschaft (Buchung einer Gegenposition zweckgebundenes Kapital") können hier nicht weiter thematisiert werden.
4 In der Literatur wird darauf hingewiesen, dass die Einführung des Erbbaurechts das Allgemeinwohl fördern sollte. Zum einen wird sozial schwächeren Bevölkerungsschichten die Möglichkeit zum Bauen gegeben, zum anderen wird mit dem Erbbaurecht ein Instrument zur Bekämpfung von Bodenspekulationen geschaffen (von Oefele, Winkler: Handbuch des Erbbaurechts, 4. Aufl. 2008, Verlag C.H.Beck, München).
5 Grundsätzlich zum Erbbaurecht, Ott in Kapitel XI, Teil 1, S. 601ff.
6 Die Darstellung dieses Verfahrens, das in der Bilanzrechtskommentierung nur selten besprochen ist, ist Gegenstand eines Beitrags von Vogelbusch (2012) Bilanzierung von Erbbaurechten, in: kvi im dialog H. 2 2012. S. 6ff.

| Bilanzierung des Erbbaurechts | beim Erbbauberechtigten | beim Erbbauverpflichteten |
|---|---|---|
| Unbebaute Grundstücke | Es handelt sich um ein Nutzungsrecht (schwebendes Geschäft), das in seinen Rechten und Pflichten grundsätzlich ausgeglichen ist. Daher: kein Ansatz des Erbbaurechts in der Bilanz. Zu aktivieren sind die Anschaffungsnebenkosten (Grunderwerbsteuer, Notar- und Grundbuchkosten). Diese sind über die Laufzeit des Vertrages abzuschreiben. In der GuV sind die Erbbauzinsen als laufende Aufwendungen auszuweisen. | Der Eigentümer weist weiterhin das Grundstück in seiner Bilanz aus. In der GuV sind die Erbbauzinsen als laufende Erträge auszuweisen. |
| Bebaute Grundstücke - Altbau und Grund und Boden | Das bestehende Gebäude geht in das Eigentum des Erbbauberechtigten über. Die Erbbauzinsen sind aufzuteilen (Altbau und Grund und Boden). Der Teilbetrag, der auf den Altbau fällt, ist zu kapitalisieren und in der Bilanz zu aktivieren). Dieser Wert ist über die Laufzeit des Vertrages abzuschreiben. Spiegelbildlich ist die Verbindlichkeit in gleicher Höhe zu passivieren. Zu jedem Bilanzstichtag ist die Verbindlichkeit neu zu berechnen (Zins- und Tilgungsanteil). Der Zinsbetrag ist in der GuV Aufwand. | Der Erbbauverpflichtet bilanziert spiegelbildlich zum Erbbauberechtigten. Das Grundstück bleibt in seinem Vermögen. Das Gebäude gilt als übertragen, dies führt zu einer Veräußerung des Gebäudes. Der auf das Gebäude entfallende kapitalisierte Erbbauzins stellt das Veräußerungsentgelt dar. Der Veräußerer hat in der Höhe der kapitalisierten Erbbauzinsen, die anteilig das Gebäude betreffen, eine Forderung zu aktivieren, die über die Laufzeit des Erbbaurechtes spiegelbildlich zur Kaufpreisverbindlichkeit des Erbbauberechtigten aufgelöst wird. Die Tilgungsbeträge der Forderung sind mit den erhaltenen Erbbauzinsen zu verrechnen. |
| Bebaute Grundstücke - Neubau | Hinsichtlich des Grund und Bodens kann auf die obigen Ausführungen verwiesen werden. Der Neubau wird Eigentum des Erbbauberechtigten. Es ist nach den allg. Regeln abzuschreiben. In dieser Tabelle wird davon ausgegangen, dass das Erbbaurecht eine Laufzeit hat, die mindestens so lange ist wie die Nutzungsdauer des Gebäudes (bei Wohnbauten 2%, bei Betriebsbauten 4%). | Der Erbbauverpflichtet weist gemäß den obigen Ausführungen nur das Grundstück in seinem Aktivvermögen aus. Wenn Zahlungen im Falle des Heimfalls vereinbart sind, die der Grundstückseigentümer an den Bauherrn des Neubaus bei Ablauf des Erbbaurechts leisten muss, sind diese sofort betriebliche Aufwendungen. |

Tab. 1: Übersicht: Bilanzierung beim Erbbaurecht

Beispiel zum Erbbaurecht für ein Grundstück mit aufstehendem Gebäude

Das Sozialunternehmen in der Rechtsform eines Vereins "Sonnenschein e.V." hat von der örtlichen Kirchgemeinde einen bereits bestehenden Kindergarten im Wege des Erbbaurechts zur Nutzung für 55 Jahren erhalten. Die Jahrespacht beträgt 5.000 €. Das Erbbaurecht beginnt am 31.12.2015.

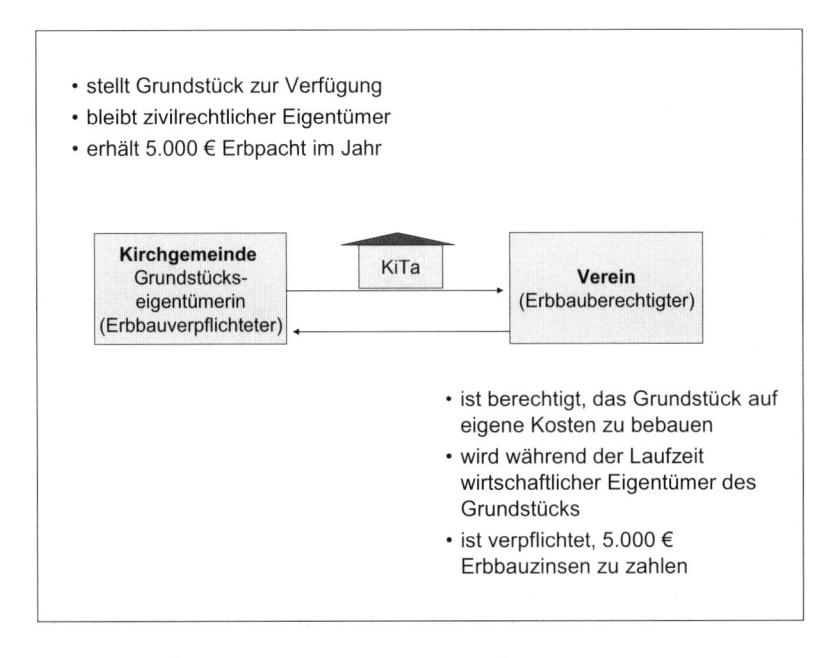

## 2. Besonderheiten der Bilanzierung in Sozialunternehmen

- stellt Grundstück zur Verfügung
- bleibt zivilrechtlicher Eigentümer
- erhält 5.000 € Erbpacht im Jahr

**Kirchgemeinde** Grundstückseigentümerin (Erbbauverpflichteter) — KiTa — **Verein** (Erbbauberechtigter)

- ist berechtigt, das Grundstück auf eigene Kosten zu bebauen
- wird während der Laufzeit wirtschaftlicher Eigentümer des Grundstücks
- ist verpflichtet, 5.000 € Erbbauzinsen zu zahlen

Lösung Bilanzierung beim Sozialunternehmen (Erbbauberechtigter)

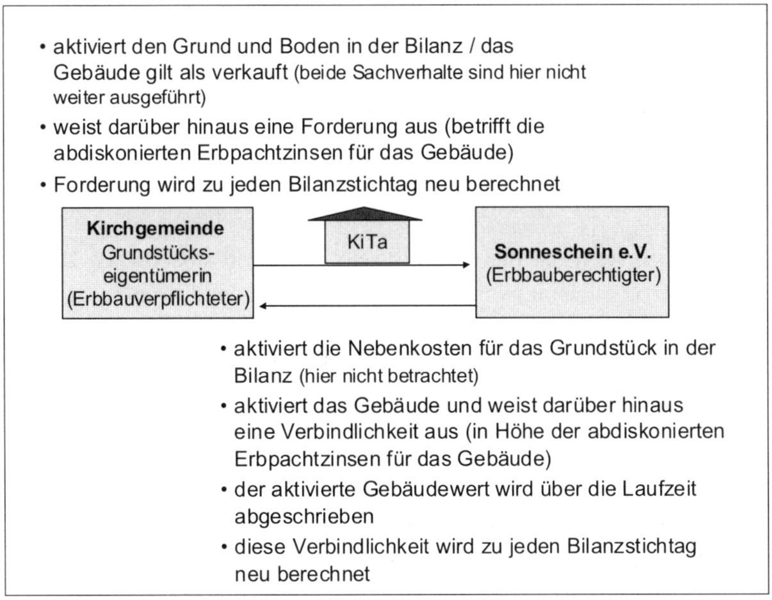

- aktiviert den Grund und Boden in der Bilanz / das Gebäude gilt als verkauft (beide Sachverhalte sind hier nicht weiter ausgeführt)
- weist darüber hinaus eine Forderung aus (betrifft die abdiskontierten Erbpachtzinsen für das Gebäude)
- Forderung wird zu jeden Bilanzstichtag neu berechnet

**Kirchgemeinde** Grundstückseigentümerin (Erbbauverpflichteter) — KiTa — **Sonneschein e.V.** (Erbbauberechtigter)

- aktiviert die Nebenkosten für das Grundstück in der Bilanz (hier nicht betrachtet)
- aktiviert das Gebäude und weist darüber hinaus eine Verbindlichkeit aus (in Höhe der abdiskontierten Erbpachtzinsen für das Gebäude)
- der aktivierte Gebäudewert wird über die Laufzeit abgeschrieben
- diese Verbindlichkeit wird zu jeden Bilanzstichtag neu berechnet

## 4. Erhaltung der Immobilien

Für Erhaltungsmaßnahmen an Gebäuden ist zu unterscheiden zwischen dem Instandhaltungsaufwand, der mit der laufenden Reparatur des Gebäudes im Zusammenhang steht und dem Ausbau/ der Erweiterung bzw. Generalsanierung neu geschaffener Vermögensgegenstände.

Anders als bei den Herstellungskosten (§ 255 II HGB) fehlt im HGB eine Definition des Erhaltungsaufwandes. Unter Erhaltungsaufwand sind die laufenden Aufwendungen zu verstehen, die eingesetzt werden, um die Substanz oder die Verwendungs- oder Nutzungsmöglichkeit eines Vermögensgegenstands bzw. Wirtschaftsguts zu erhalten oder wiederherzustellen.

*4.1 Erhaltungsaufwand*

Erhaltungsaufwand kann unterschieden werden in die Aufwendungen, die zur
– Erhaltung (Instandhaltungsaufwand) oder
– Wiederherstellung (Instandsetzungsaufwand)
der Substanz oder der Verwendungs- oder Nutzungsmöglichkeit eines Vermögensgegenstandes/Wirtschaftsguts dienen.

Die Aufwendungen sind als betriebliche Aufwendungen sofort handels- und steuerrechtlich abzusetzen.

In der Regel kehrt Erhaltungsaufwand regelmäßig in ungefähr gleicher Höhe wieder (Beispiel: Reparatur des Daches eines Gebäudes, Austauschmotor eines Aufzuges). Es gibt aber auch unregelmäßig wiederkehrende, selten oder auch nur einmalig anfallende Erhaltungsaufwendungen.

Werden bereits vorhandene Teile, Einrichtungen oder Anlagen eines Vermögensgegenstandes erneuert, handelt es sich regelmäßig um Erhaltungsaufwand (R 21.1 Abs. 1 Satz 1 EStR). Daran ändert sich nichts, wenn vorhandene Teile durch moderne ersetzt werden, auch wenn diese höherwertig oder die bisherigen verbraucht sind.

*4.2 Steuerliche Betrachtung von Erhaltungsaufwand und anschaffungsnahe Aufwendungen*

In Wirtschaftsunternehmen wird die Bilanzpolitik sehr stark von steuerlichen Überlegungen (i.d.R. vorverlagerter Steueraufwand) geprägt. Schrifttum und Kommentare, die sich mit der Abgrenzung von Erhaltungsaufwand und Herstellungsaufwand befassen, stellen daher auch im Wesentlichen auf dieses steuerliche Motiv ab. Der Gesetzgeber und die Finanzverwaltung sind dagegen an einer gleichmäßigen Besteuerung der Unternehmen interessiert. Deshalb ist es das Interesse der Finanzverwaltung, steuerlich geltend zu machenden Betriebsaufwand durch Aktivierung der Aufwendungen in die Zukunft zu verschieben. Die Rechtsprechung der Steuergerichte (Finanzgerichte und der Bundesfinanzhof) steht zwischen diesen beiden Interessen.[7]

Entsprechendes gilt für die sog. anschaffungsnahen Aufwendungen. Wenn binnen 3 Jahren nach dem Kauf mehr als 15 % der Anschaffungsausgaben für die Sanierung des

---

[7] Zur Meinung der Finanzverwaltung und zur Darstellung der Rechtsprechung des BFH im Details das BMF-Schreiben vom 18. Juli 2003 (BMF IV C 3 – S 2211 – 94/03) – abgedruckt in den Beck'schen Steuererlassen § 21/8.

Gebäudes ausgegeben wird, sind die gesamten Aufwendungen als anschaffungsnahe Aufwendungen zu aktivieren (Vgl. § 6 Abs. 1 Nr. 1 a EStG).

*4.3 Betriebswirtschaftliche Aspekte der Bilanzierung*

Für Sozialimmobilien wird empfohlen, eher betriebswirtschaftliche Überlegungen, die auch Finanzierungsfragen einschließen, in den Mittelpunkt der Bilanzpolitik zu stellen. Für die Bilanzierung von Sozialunternehmen kann die steuerlich motivierte Rechtsprechung und Kommentierung im Schrifttum nur eingeschränkt herangezogen werden. Problematisch ist, dass die Besonderheiten von Sozialunternehmen nicht berücksichtigt werden, wenn nur in den Schwarz/Weiß-Kategorien gedacht wird, der an Steuervorteilen interessierten Steuerpflichtigen und der Finanzverwaltung, die Steuersparmodelle verhindern will. Häufig erkennen die Verantwortlichen in Sozialimmobilen diese einseitige Prägung der Fachliteratur bzw. der Finanzverwaltungsanweisungen (Richtlinien und Hinweise in der Einkommensteuer) nicht und nutzen gegebene Spielräume nicht.

Daraus folgt:
– Wenn umfassender Aufwand zur Ertüchtigung bzw. Sanierung eines Gebäudes vorliegt (Generalsanierung), ist der mit dieser Baumaßnahme im Zusammenhang stehende bauliche Aufwand einschließlich der Planungs-, Genehmigungs- und Steuerungsaufwendungen des Bauherrn zu aktivieren. Betriebswirtschaftlich besteht u.E. im Fall der Generalsanierung kein Unterschied zur Erstellung eines Neubaus.
– Wenn im Zusammenhang mit der Anschaffung eines bereits bestehenden Gebäudes nicht unwesentliche anschaffungsnahe Aufwendungen anfallen, sind diese im Regelfall zu aktivieren die Grenze – 3 Jahre und 15 % der Anschaffungskosten – ist unter diesem Blickwinkel unbeachtlich.

## 5. Bemessung der Abschreibungsdauer

Im Regelfall werden Abschreibungssätze den steuerlichen AfA-Tabellen entnommen. Dies geschieht vereinfachend, um ein Auseinanderfallen der Bilanzen für handels- und steuerrechtliche Zwecke zu vermeiden.

Bezogen auf die Gebäude können folgende häufig zur Anwendung kommende Abschreibungssätze genannt werden:

| Vermögensgegenstand | Steuerliche Nutzungsdauer | AfA-Satz |
|---|---|---|
| Gebäude (Altbauten vor 1925) | 40 Jahre | 2,5% |
| Gebäude (Betriebsbauten, nach dem 31.3.1985 Bauantrag gestellt) | *25 Jahre* | 4,0% |
| Gebäude (Wohnbauten, neu errichtet bzw. angeschafft) | *50 Jahre* | 2,0% |
| Hofbefestigung (mit Unterbau) | 19 Jahre | 5,3% |
| Hofbefestigung (in Kies, z.B. gepflastert) | 9 Jahre | 11,1% |
| Außeneinfriedung (Holzzaun) | 5 Jahre | 20,0% |

| Vermögensgegenstand | Steuerliche Nutzungsdauer | AfA-Satz |
|---|---|---|
| Außeneinfriedung (Mauern, Eisen) | 17 Jahre | 5,9% |

*Tab. 2: Übersicht AfA-Sätze für Gebäude und Außenanlagen (§ 7 Abs. 4 EStG)*

Für Sozialimmobilien ergibt sich ein Problem in den Fällen, in denen das betrieblich genutzte Wohn- und Verwaltungs- oder Werkstattgebäude bestimmte Bestandteile aufweist, die sich schneller verbrauchen als das übrige Gebäude. Solche Bestandteile werden als „Komponenten" bezeichnet.

## 6. Differenzierte Abschreibungssätze durch Verwendung der Komponentenmethode

Aus betriebswirtschaftlicher Sicht führt die schematische Anwendung eines einheitlichen Abschreibungssatzes für eine gesamte Immobilie nicht in allen Fällen zu einem zutreffenden Ergebnis. Beispielsweise nutzen sich bestimmte Gebäudeteile schneller ab und daher ist eine schnellere Abschreibung aus betriebswirtschaftlicher Sicht sinnvoll. Da sich soziale Träger häufig über Entgelte refinanzieren, die sich an den tatsächlichen Aufwendungen orientieren, und diese direkt aus der Gewinn- und Verlustrechnung abgelesen werden, führt eine zu geringe Abschreibung zu Unterfinanzierung des Trägers.

### 6.1 Unterschiedliche Nutzungsdauern von Gebäudeteilen

Nach der gegenwärtig verbreiteten Bilanzierung wird ein Gebäude als einheitlicher Vermögensgegenstand betrachtet, für den eine einheitliche Nutzungsdauer und damit ein einheitlicher Abschreibungssatz festzulegen ist.

In der Praxis müssen jedoch z.B. Holzfenster, Heizkessel bzw. Heizungsanlagen und Sanitärzellen in stationären Einrichtungen (Heimen und Krankenhäusern) oft schon nach 10 – 15 Jahren ausgetauscht werden. In diesen Fällen empfiehlt es sich, von den einheitlichen Gebäudeabschreibungsdauern (und den steuerlichen AfA-Tabellen) abzuweichen und betriebswirtschaftlich zutreffende Nutzungsdauern zumindest für die Gebäudeteile, die einem stärkeren Verschleiß unterliegen, zu unterstellen.

### 6.2 Komponenten eines Gebäudes

Für die betriebswirtschaftlich zutreffende Bilanzierung einer Sozialimmobilie müssten die wesentlichen Gebäudeteile, für die ein tatsächlich schnellerer Verschleiß erkennbar ist, aus dem Vermögensgegenstand „Gebäude" herausgelöst und in eine Bewertungseinheit[8] „Heizkessel" oder „Sanitärräume" überführt werden. Dabei ist die Unterteilung eines einheitlichen Gebäudes für die Berechnung der Abschreibung gedanklich eine Zer-

---

8 Der Vorschlag der Bildung von Bewertungseinheiten stützt sich auf die Überarbeitung des HGB durch das Bilanzrechtsmodernisierungsgesetz (BilMoG). Früher war die Bildung von Bewertungseinheiten strittig. Nach dem neuen § 254 HGB ist die Bildung von Bewertungseinheiten für sog. Finanzinstrumente möglich, sofern in den Dokumentations- und Effektivitätsanforderungen dies sinnvoll erscheint. Allerdings beziehen sich die-

legung in verschiedene Komponenten. Diese Unterteilung ist zu unterscheiden vom gesonderten Ausweis unterschiedlicher Gebäudebestandteile. So sind Heizungsanlagen, Personenfahrstühle-, Be- und Entlüftungsanlagen regelmäßig ein Gebäudebestandteil. Selbständigen Gebäudebestandteile sind Betriebsvorrichtungen, Scheinbestandteile, Ladeneinbauten, Mietereinbauten und sonstige selbständige Gebäudebestandteile.

### 6.3 Komponentenansatz – Auseinanderfallen von Handels- und Steuerbilanz

Der empfohlene Komponentenansatz kann sich auf internationale Rechnungslegungsprinzipien stützen.[9] Da das BilMoG im Jahre 2009 diese internationalen Prinzipien in das deutsche Handelsrecht eingetragen hat, hat der Hauptfachausschuss des Instituts der Wirtschaftsprüfer (HFA des IDW) in einem Rechnungslegungshinweis IDW RH HFA 1.016 vom 29. Mai 2009 den Komponentenansatz für die Handelsbilanz für möglich gehalten.[10]

In dem Hinweis hat das IDW im Zusammenhang mit der im BilMoG verbotenen Aufwandsrückstellung Stellung genommen. Denn vor allem steuerbegünstigte Einrichtungen haben bislang Aufwandsrückstellungen für Großreparaturen im Gebäudebereich gebildet, da bei ihnen die steuerliche Nichtanerkennung dieser Rückstellungen keine Rolle spielte.

Auch wenn der Komponentenansatz von der deutschen Steuerverwaltung nicht anerkannt wird, ist er vor allem für steuerbegünstigte Organisationen zur Gestaltung der Handelsbilanz interessant. Es bietet sich hierüber eine Möglichkeit, die nicht mehr zulässigen Aufwandsrückstellungen zu ersetzen. Und ein weiterer positiver Effekt ergibt sich im Hinblick auf Pflegesatzverhandlungen. Dort waren Aufwendungen aus der Zuführung zu Instandhaltungsrückstellungen bei der Bemessung des Investitionskostensatzes bislang nur in Ausnahmefällen zu berücksichtigen. Bei Anwendung des Komponentenansatzes entstehen höhere Abschreibungen, die im Rahmen der Verhandlungen eingebracht werden können.

### 6.4 Voraussetzungen für die Anwendung des Komponentenansatzes

Für den Komponentenansatz gibt es nach den internationalen Bilanzierungsgrundsätzen enge Voraussetzungen (z.B. nach den IFRS):
- Ein Vermögenswert des Sachanlagevermögens besteht aus Komponenten mit unterschiedlichen Nutzungsdauern, die im Rahmen einer Gesamtnutzungsdauer ein- oder mehrmals ersetzt bzw. generalüberholt werden.
- Eine Komponente kann gesondert bilanziert werden, wenn sie einen signifikanten oder wesentlichen Teil der Gesamtherstellungs- oder Anschaffungskosten ausmacht.

---

se Sachverhalte auf die Absicherung von Finanzanlagen (eine gehedgte Position soll einheitlich gezeigt werden). Man spricht in diesem Zusammenhang von einem Absicherungszusammenhang.
9 Als alternative Bilanzierungsmöglichkeit wird der sog. Komponentenansatz vorgeschlagen: in den International Accounting Standards (IAS) ist der Komponentenansatz im IAS 16 geregelt.
10 IDW RH HFA 1.016 Handelsrechtliche Zulässigkeit einer komponentenweisen planmäßigen Abschreibung von Sachanlagen (Quelle: WPg Supplement 3/2009, S. 39f. oder FN-IDW 7/2009, S. 362f.).

– Wird eine Komponente später ersetzt oder generalüberholt, so ist ein ggf. noch vorhandener Restbuchwert erfolgswirksam auszubuchen und die Ausgaben für die Ersatzkomponente als Zugang zu aktivieren.
– Nicht nach dieser Methode zu bilanzieren sind kleinere Wartungs- und Reparaturarbeiten an einem Vermögensgegenstand.

Die Verwendung des Komponentenansatzes wird nach der Empfehlung des IDW unter den im folgenden Punkt genannten Voraussetzungen für möglich gehalten.

### 6.4.1. Separierbare Komponenten

Grundsätzlich nimmt der RH 1.016 inhaltlich Bezug auf die Regelungen des IAS 16. Dies gilt sowohl für die Zugangs- und Folgebilanzierung als auch für die bilanziellen Konsequenzen im Zeitpunkt der Großreparatur bzw. des Abgangs der Komponente

– Die Anwendung ist also nur in den Fällen zulässig, „in denen physisch separierbare Komponenten" ausgetauscht werden. Als Beispiel lässt sich im Falle eines Gebäudes die separate Abschreibung des Daches (Nutzungsdauer 20 Jahre) bzw. eines Heizkessels oder einer Kraft-Wärme-Anlage (10 Jahre) und des restlichen Gebäudes (Nutzungsdauer 50 Jahre) anführen.
– Nach Tz. 7 des RH 1.016 kommt für Vermögensgegenstände, für die lediglich Großreparaturen bzw. Inspektionen (Generalüberholungen) vorgesehen sind, eine Komponentenbilanzierung nicht in Betracht.

Viele dieser handelsrechtlichen Komponenten im Bereich der Gebäude decken sich mit den steuerlichen Aufteilungskategorien (selbstständigen Gebäudebestandteile wie Betriebsvorrichtungen, Scheinbestandteile, Ladeneinbauten, Mietereinbauten und sonstige selbständige Gebäudebestandteile). Für diese Gebäudekomponenten können die o.g. Voraussetzungen des RH 1.016 als erfüllt angesehen werden. In aller Regel werden diese selbständigen Bestandteile auch einen wesentlichen Teil der Herstellungs- oder Anschaffungskosten ausmachen.

### 6.4.2 Unselbstständige Gebäudeteile

Zu den unselbstständigen Gebäudebestandteilen gehören Seite die sanitären Einrichtungen, Heizungsanlagen, Elektroinstallationen, Fenster, Dächer, Personenaufzüge, Rolltreppen usw. Für diese unselbstständigen Bestandteile bestand bisher keine Möglichkeit, kürzere Nutzungsdauern anzusetzen. Deshalb ist hier der Komponentenansatz hilfreich. Diese Bestandteile eines Gebäudes können eine deutlich geringere Nutzungsdauer als 50 Jahre (Wohngebäude) haben und müssen i.d.R. viel früher ersetzt werden. Die Anwendung der Komponentenbilanzierung ist in diesen Fällen zu empfehlen.

### 6.5 Fazit zur Komponentenmethode

Als Fazit ist festzuhalten, dass für steuerbegünstigte Organisationen, die vor dem BilMoG häufig mit Aufwandsrückstellungen zur Abdeckung von Instandhaltungsaufwendungen im Bereich ihres Immobilienvermögens gearbeitet haben, der Komponentenansatz eine Alternative der aktiven Bilanzpolitik bietet und die Möglichkeit eröffnet, höhere (betriebswirtschaftlich notwendige) Abschreibungen im Rahmen von Entgeltverhandlungen und der Beantragung von Zuschüssen geltend zu machen.

## 7. Investitionszuschüsse

In den Nebenbestimmungen der Zuwendungsbescheide wird hinsichtlich der Investitionszuschüsse regelmäßig vereinbart, dass während der betriebsgewöhnlichen Nutzungsdauer eine Verpflichtung besteht, die erhaltenen Zuschüsse anteilig zurückzuzahlen, wenn das geförderte Gebäude nicht bestimmungsgemäß verwendet wird.

### 7.1 Bilanzierung der Zuschüsse

- Bilanzierung zum Zeitpunkt der Fertigstellung des Gebäudes: Spiegelbildlich zur Aktivierung des geförderten Vermögensgegenstandes wird der Zuschuss zur Investition passiviert. Von der sog. Steuerberatermethode (die Zuschüsse werden von den Herstellungskosten des Gebäudes abgesetzt) wird in Übereinstimmung mit dem Institut der Wirtschaftsprüfer abgeraten.[11]
- Bilanzierung während der Nutzung des geförderten Vermögensgegenstandes: spiegelbildlich zur Abschreibung" auf der Aufwandseite der Gewinn- und Verlustrechnung wird ein „Ertrag aus der Auflösung des Sonderpostens" auf der Ertragsseite ausgewiesen.
- Wenn die Immobile zu 100% durch einen Zuschuss finanziert wurde, ergibt sich in der Bilanz auf Aktiv- und Passivseite ein gleich hoher Posten. Dieses Bilanzbild ist typisch für Krankenhäuser, die traditionell einen Anspruch auf vollständige Förderung ihrer Gebäudeinvestitionen hatten. Wenn nur eine anteilige Förderung gegeben ist, wird auch nur ein anteiliger Posten im Verhältnis zur geförderten Immobilie passiviert.

### 7.2 Investitionszuschüsse und Rückzahlungsverpflichtung

Auf diese Art und Weise gelingt es, die latente Rückzahlungsverpflichtung in der handelsrechtlichen Bilanz auszuweisen.

Der Sonderposten für Investitionszuschüsse wird als besonderer Posten zwischen dem Eigenkapital und dem Fremdkapital ausgewiesen. Bei der Bilanzanalyse kann der Sonderposten dem Eigenkapital zugerechnet werden, wenn am Bilanzstichtag keine Informationen bekannt sind, die eine Rückzahlung des Zuschusses auslösen könnten (z.B. Fehlverwendung der geförderten Immobilie).

Durch die (teilweise) Neutralisierung der Abschreibung verbessert sich die Ertragslage des Sozialunternehmens: Es ist nur (der nicht geförderte Teil) der Immobilieninvestition durch Erträge zu „verdienen". Diese Bilanzierung wiegt das Sozialunternehmen jedoch während der Nutzungszeit in einer „trügerischen Sicherheit", denn am Ende der

---

11 Das IDW hat, in den Stellungnahmen HFA 1/1984 „Bilanzierungsfragen bei Zuwendungen", dargestellt am Beispiel finanzieller Zuwendungen der öffentlichen Hand" und HFA 2/1996 „Zur Bilanzierung privater Zuschüsse" seine Auffassung zur Bilanzierung von Zuwendungen dargelegt.

Nutzungsdauer stellt sich die Frage, wer die Ersatzinvestition finanziert. Wenn hierfür wieder der Zuschussgeber bereit steht, ist die Bilanzierung zutreffend gewesen. Wenn jedoch keine – oder keine in der gleichen Höhe – Anschlussfinanzierung eingeworben werden kann, stellt das Sozialunternehmen fest, dass es während der Nutzungsdauer nicht ausreichend Finanzmittel thesauriert hat, um zum Zeitpunkt des Verschleißes eine Ersatzinvestition finanzieren zu können.

Damit ist es den Sozialunternehmen, die eine Förderung für die Investition in eine Sozialimmobile erhalten, zu raten, vorsorglich (zumindest) einen Teil der späteren Ersatzinvestition anzusparen, um Vorsorge für die langfristige Marktfähigkeit des eigenen Angebots zu treffen.

## 8. Bilanzierung ertragsschwacher Grundstücke

Wenn eine Sozialimmobilie in einem Arbeitsfeld genutzt wird, in dem nicht genügend laufende Finanzierungsmittel zur Verfügung stehen, stellt sich die Frage, ob der Vermögensgegenstand außerplanmäßig abzuschreiben ist. Bei gewerblichen Unternehmen sind Grundstücke, die dauerhaft nicht den erwarteten Reingewinn erwirtschaften, auf den niedrigeren beizulegenden Wert abzuschreiben (§ 253 Abs. 2 und 3 HGB). Bei gewerblichen Vermietern kann ein struktureller Leerstand oder ein erheblicher Instandhaltungsstau dazu führen, dass der beizulegende Wert einer Immobilie dauerhaft sinkt.[12]

Fraglich ist, ob dies bei Sozialunternehmen anders zu handhaben ist. Im Regelfall deckt der Kostenträger einer sozialen Dienstleistung (z.B. die Bundesagentur für Arbeit bei Werkstätten für behinderte Menschen) die mit der Errichtung des Gebäudes verbundenen Aufwendungen durch Entgelte ab. Im Bereich der Pflege kann das Sozialunternehmen dem Pflegebedürftigen ein Entgelt für Investitionen berechnen. Kann der Pflegebedürftige dies nicht aus eigenen Einkünften begleichen, springt der Sozialhilfeträger (die örtliche Kommune) ein. Bei Krankenhäusern ist nach dem Grundsatz der „Dualen Finanzierung" geregelt, dass das Land die Kosten für die Errichtung eines Klinikgebäudes zu 100% finanziert (erforderlich ist eine Aufnahme im Investitionsprogramm des jeweiligen Bundeslandes).

Wenn eine Sozialimmobilie in einem Hilfefeld eingesetzt wird, für das keine vollständige Refinanzierung der Immobilie vorgesehen ist, sind u.E. außerplanmäßige Abschreibungen vorzusehen, wenn die Immobilie dauerhaft (d.h. länger als 5 Jahre) auf diesen Verwendungszweck gebunden ist.

In diesem Zusammenhang ist darauf hinzuweisen, dass nach der Novelle des HGB durch das sog. BilMoG im Jahre 2009 ein verpflichtendes Wertaufholungsgebot für alle Bilanzierenden gilt:[13] In Bilanzen dürfen niedrigere Wertansätze nach § 253 Abs. 3 Satz 3 oder 4 und Absatz 4 HGB nicht beibehalten werden, wenn die Gründe dafür nicht mehr bestehen (§ 253 Abs. 5 Satz 1 HGB). Wenn also für eine Sozialimmobilie eine neue Verwendung beabsichtigt ist, für die eine Refinanzierung durch den Kosten-

---

12 Standard IDW RS WFA 1, „Berücksichtigung von strukturellem Leerstand bei zur Vermietung vorgesehenen Wohngebäuden". Dieser Standard ist nach Meinung des IDW auch anwendbar auf sonstige Immobilien des Anlagevermögens.
13 Bisher galt dieses Wertaufholungsgebot nur für Kapitalgesellschaften.

träger gesichert ist, ist die außerplanmäßige Abschreibung (durch eine Zuschreibung) wieder rückgängig zu machen.

## 9. Zusammenfassung

Traditionell ist die Kommentierung zur Bilanzierung von Immobilien durch Steuersparmotive der steuerpflichtigen Immobilieneigentümer geprägt. Dies ist z.B. im Bereich der Abgrenzung zwischen Erhaltungs- und Herstellungsaufwand deutlich zu erkennen. Die Verfasser empfehlen daher eine eigenständige betriebswirtschaftlich orientierte Bilanzpolitik für folgende Sachverhalte:

- Eine Generalsanierung eines Gebäudes ist i.d.R. zu aktivieren und über die Nutzungsdauer abzuschreiben.
- Für schnell verschleißende Gebäudeteile (z.B. Sanitärzellen in stationären Einrichtungen, Heizkessel) ist eine sog. Bewertungseinheit zu bilden. Die Abschreibungsdauer ist an die tatsächliche Nutzungsdauer anzupassen.

Darüber hinaus sind die Sozialimmobilen auf die Notwendigkeit von außerplanmäßigen Abschreibung zu überprüfen, für die keine auskömmliche Finanzierung der Gebäudeaufwendungen durch einen Kostenträger vorgesehen ist.

# 3. Bewertung und Bilanzierung kirchlicher Immobilien

*Silvia Marianek*

Die Bewertung und Bilanzierung kirchlicher Immobilien hängt von den Zielen des kirchlichen Finanzwesens und der bilanzierenden Körperschaft ab. Für alle langfristig genutzten Vermögensgegenstände soll der Ressourcenverbrauch deutlich werden und entsprechende Liquidität für Sanierungen oder Ersatzbeschaffung reserviert werden, um künftige Generationen nicht zu belasten.

Für das rollierende System der Substanzerhaltung ist eine realistische und den Zielen angemessene Bewertung und Bilanzierung notwendig. In bestimmten Punkten wird von Steuerrecht und HGB abgewichen, um die dauerhafte Erhaltung für Gremien und Öffentlichkeit nachvollziehbar auszuweisen.

## 1. Ausgangspunkt: Klärung der Ziele der Bilanzierung

Ziele der Bilanzierung kirchlicher Körperschaften können von den Zielen des HBG und des Steuerrechts abweichen.

### 1.1 Kirchliche Spezifika

Ebenso wie bei Bund, Ländern und Kommunen gelten die Vorschriften des Handels- oder Steuerrechts für das kirchliche Finanzwesen nicht unmittelbar. Die 20 Gliedkirchen der Evangelischen Kirche in Deutschland sind ebenfalls Körperschaften öffentlichen Rechts und haben einen Haushalt zu führen; das Etatrecht liegt bei den Gremien. In Artikel 140 Grundgesetz in Verbindung mit Artikel 137 Absatz 3 der Weimarer Reichsverfassung ist festgelegt, dass die Kirchen ihre Verwaltungsangelegenheiten nach ihrem Bedarf gestalten, so auch ihr Haushalts- und Rechnungswesen.

Daher wird von allen Gliedkirchen der EKD seit einigen Jahren ein Prozess durchgeführt, der die Standards für das kirchliche Finanzwesen bestimmt und an Änderungsbedarfe der gliedkirchlichen Praxis sowie geänderte staatliche Vorgaben anpasst. Betriebswirtschaftliche Standards werden dabei übernommen, sofern die spezifischen Anforderungen der Kirche dem nicht entgegenstehen. Auch die Standards der staatlichen Doppik sowie die von der Innenministerkonferenz für den kommunalen Bereich empfohlenen Konzepte werden regelmäßig auf Übernahmemöglichkeit geprüft.

Der Rat der EKD erlässt im Zuge dieses Prozesses die Ordnungen für das kirchliche Finanzwesen auf der Basis der kirchlichen Doppik und auf der Basis der erweiterten Kameralistik [1] als Richtlinien für die Gliedkirchen nach Artikel 9 d) der Grundordnung

---

[1] Die Konzepte und Richtlinien zum kirchlichen Finanzwesen können unter www.kirchenfinanzen.de heruntergeladen werden.

*3. Bewertung und Bilanzierung kirchlicher Immobilien*

der EKD. Die Gliedkirchen der EKD beachten diese Richtlinien bei der Ausgestaltung der für ihre Kirce geltenden Regelungen und Vorschriften.

*1.2 Ziele der Bilanzierung im kirchlichen Finanzwesen*

Die grundlegenden Ziele des so festgelegten kirchlichen Finanzwesens sind
– *Transparenz:*
   Das kirchliche Finanzwesen soll den Kirchenmitgliedern und der Öffentlichkeit darlegen, welche Mittel den evangelischen Kirchen für ihre Arbeit zur Verfügung gestellt wurden und werden und was mit diesen Gaben geschieht.
– *Verantwortung:*
   Die evangelischen Kirchen wollen nicht künftigen Generationen Lasten aus der kirchlichen Arbeit überlassen (Generationengerechtigkeit). Jede Generation soll die Ressourcen aufbringen, die für die kirchliche Arbeit nötig sind, z.B. den Vorsorgebedarf für die Abnutzung der Sachanlagen oder die Versorgung der Mitarbeitenden.
– *Steuerbarkeit:*
   Das kirchliche Finanzwesen soll die Steuerung der kirchlichen Arbeit durch die dafür notwendigen Informationen unterstützen.

In der Praxis werden weitere Ziele angestrebt, wobei zwei oftmals konkurrieren:
– Bilanzwahrheit
– Vergleichbarkeit zu anderen Gliedkirchen

Einerseits muss in der Bilanz gemäß den Vorgabe der Ordnungen für das kirchliche Finanzwesen (im Weiteren: HHO) die tatsächliche Situation der Gliedkirchen abgebildet sein, andererseits ist eine Standardisierung der Bewertung und Bilanzierung über alle Gliedkirchen hinweg notwendig, um eine Vergleichbarkeit zu erreichen, die insbesondere notwendige Voraussetzung ist für den erweiterten Solidarpakt der Gliedkirchen der EKD. Wenn die Standards zu große Freiräume zulassen, wird dies auch in der Öffentlichkeit kritisch wahrgenommen.

*1.3 Ziele der Bewertung und Bilanzierung von Immobilien im kirchlichen Finanzwesen*

Aus diesen Zielen des neuen kirchlichen Finanzwesens resultieren auch die Ziele der Bewertung und Bilanzierung von Immobilien. Ein vollständiger Ausweis ist gefordert und eine angemessene Bewertung, die die kirchlichen Ziele und Bedingungen berücksichtigt.

*Abbildung 1: Ziele der Bewertung und Bilanzierung kirchlicher Immobilien*

## 2. Grundprinzip: Wiedererwirtschaftung des Ressourcenverbrauchs

Die Forderung nach dem jährlichen Erwirtschaften allen Ressourcenverbrauchs ist eines der Grundprinzipien des kirchlichen Finanzwesens. Es gilt auch für die Versorgungsverpflichtungen sowie für alle Arten des abnutzbaren Vermögens.

*2.1 Rollierendes System der Substanzerhaltung*

Beim abnutzbaren Sachanlagevermögen sehen die Standards für das kirchliche Finanzwesen einen rollierenden Substanzerhalt vor, um dieser Forderung nachzukommen:
1. Aktivierung eines Substanzwertes (sofern bekannt, die Anschaffungs- oder Herstellungskosten) in der kirchlichen Bilanz. Erhaltene Investitionszuschüsse werden nicht vom Wert des Anlagegutes abgezogen, soweit sie zweckgebunden sind, werden sie unter den Sonderposten passiviert.
2. Abschreibung über die Nutzungsdauer in Haushalt (Planung) und Jahresergebnis. So werden entsprechende Finanzmittel nicht anderweitig ausgegeben. Zweckgebundene Investitionszuschüsse werden im Laufe der Nutzungsdauer ergebniswirksam aufgelöst und mindern so die Wirkung der Abschreibungen.
3. Reservierung dieser Finanzmittel in der Substanzerhaltungsrücklage (finanzgedeckte Rücklage gemäß HHO) für Sanierungen oder Ersatzbeschaffungen. Dies ist *nicht* ergebnisrelevant, sondern es handelt sich um eine Umbuchung im Reinvermögen. Die Auflösung von erhaltenen Investitionszuschüssen kann dabei abgezogen werden.

Das heißt für die Bilanz, die Gegenwerte der Abschreibung der Sachanlagen sind bei den Aktiva in der Summe der Liquiden Mittel und Finanzanlagen – je nach gliedkirchlicher Vorgabe zuzüglich weiterer Vermögenswerte, z.B. bestimmte Forderungen – vorhanden und bei den Passiva stehen sie nicht mehr im Vermögensgrundbestand, sondern in der Substanzerhaltungsrücklage, zur Zweckbindung und zum Ausweis, dass sie durch Finanzmittel gedeckt sind. Die Bilanzsumme bleibt gleich, die Werterhaltung ist gelungen.

Eine Sanierung wird nun durch die Finanzmittel zur Deckung der Substanzerhaltungsrücklage ermöglicht, zukünftige Haushalte werden nicht belastet.

4. Sanierung oder Ersatzbeschaffung mit entsprechender Nachaktivierung. Die Finanzmittel dafür werden der Substanzerhaltungsrücklage entnommen. Dies ist *nicht* ergebnisrelevant, es wird den Gremien zur Genehmigung im Investitions- und Finanzierungshaushalt vorgelegt.

In der kirchlichen Bilanz zeigt sich die gelungene Werterhaltung dann dadurch, dass auf der Aktivseite die Summe der Sachanlagen steigt und im Gegenzug die Finanzmittel sinken und auf der Passivseite die Summe im Vermögensgrundbestand steigt und in der Substanzerhaltungsrücklage sinkt. Die Bilanzsumme bleibt gleich.

Langfristig führen dabei beide Methoden zum Ziel, ob auf demselben Anlagegut nachaktiviert wird oder ob ein „Unteranlagegut" dafür geschaffen wird (gemäß dem Komponentenansatz, z.B. Heizung). Der Vorteil eines Unteranlagegutes ist, dass es eine andere Nutzungsdauer aufweisen kann, je nach Verschleißanfälligkeit.

5. Der Kreislauf rollt – auch für Gremien und Öffentlichkeit nachvollziehbar – weiter: Abschreibung, Wiedererwirtschaftung...

## 2.2 Notwendige Abweichung von Steuerrecht und HGB

Damit dieses System der Substanzerhaltung mit Aufzeigen in der Bilanz langfristig funktionieren kann, ist es notwendig, dass in Bezug auf Aktivierbarkeit von Sanierungen die kirchlichen Standards von den zu engen Vorgaben des Steuerrechts und des HGB abweichen. Für einen Kaufmann ist eine Aktivierung nur zulässig, wenn materiell Neues oder qualitativ Neues geschaffen wird. Substanzerhaltung führt steuerrechtlich nicht zur Aktivierung. Dagegen macht es im kirchlichen Finanzwesen Sinn, z.B. Großreparaturen zu aktivieren. Hier zeigt sich, dass die kirchliche Bilanzierung einem anderen Ziel folgt als das Steuerrecht, nämlich die langfristige Substanzerhaltung und deren Transparenz für die kirchlichen Gremien und die Öffentlichkeit.

## 2.3 Wiedererwirtschaftung auch bei nicht realisierbarem Sachanlagevermögen

In der kirchlichen Bilanz ist die Trennung in realisierbares Vermögen und nicht realisierbares Vermögen vorgesehen. Kirchen und Kapellen, sakrale Gegenstände sowie überwiegend für Gottesdienste genutzte Gemeindehäuser sind nach kirchlichem Selbstverständnis nicht veräußerbar und werden in den kirchlichen Bilanzen daher getrennt von den übrigen Anlagegütern als nicht realisierbares Vermögen dargestellt. Die Zuordnung zum nicht realisierbaren Vermögen ist durch die Widmung eindeutig bestimmt. Erst wenn ein Beschluss kirchlicher Gremien erfolgt ist, dass eine Kirche oder Kapelle umgewidmet wird, wird sie dem realisierbaren Sachanlagevermögen zugeordnet.

Diese Differenzierung bedingt nicht notwendigerweise eine unterschiedliche Bewertung für realisierbare und nicht realisierbare Anlagegüter. Die HHO gewährt den

Gliedkirchen jedoch die Möglichkeit, Kirchen, Kapellen und sakrale Gegenstände als nicht realisierbares Vermögen mit einem Wert von einem Euro in die Bilanz aufzunehmen. Manche sehen bei der Aktivierung eines Substanzwertes für Kirchen die Gefahr, dass ein falsches Bild entstehen könnte, denn Kirchen haben keinen Markt.

Bei der Wahl der 1-Euro-Bewertung ist zu berücksichtigen, dass das Ressourcenverbrauchskonzept in jedem Fall bedient werden muss. Das heißt, dass auch bei einer Bewertung mit einem Euro der einer kalkulatorischen Abschreibung entsprechende Betrag der Substanzerhaltungsrücklage zugeführt werden soll. Bei einer Bilanzierung zum Wert von 1 € wird allerdings das rollierende Substanzerhaltungssystem in der kirchlichen Bilanz nicht deutlich: Da keine Abschreibung erfolgt, steigt bei Zuführungen zur Substanzerhaltungsrücklage die Bilanzsumme über die Nutzungsdauer, während sie bei Sanierungen abrupt abfällt, da keine entsprechende Aktivierung erfolgt. Zudem ist die Gefahr der Überschuldung der Bilanz gegeben, wenn z.B. Verbindlichkeiten zur Sanierung von Kirchen aufgenommen oder Sonderposten für erhaltene Investitionszuschüsse passiviert werden müssen. Die Grundaussage der kirchlichen Bilanz spricht für eine Bilanzierung zum Substanzwert, da nicht die Marktgängigkeit im Vordergrund steht.

## 3. Weitere Aspekte für die Bewertung kirchlicher Immobilien

Die Erfassung allen Vermögens und der Schulden für die Eröffnungsbilanz erfolgt durch eine Inventur. Hierzu gibt es Richtlinien und Vereinfachungsregeln, um den Erfassungsaufwand in den nötigen Grenzen zu halten. Bei der Bewertung des Sachanlagevermögens gilt es folgende Aspekte zu berücksichtigen:
– Umfang des ausgewiesenen Vermögensgrundbestandes / Vermeidung einer bilanziellen Überschuldung
– Höhe der zu erwirtschaftenden Abschreibungen in Bezug auf den Haushalt einerseits und in Bezug auf die notwendigen Finanzmittel für die laufende Instandhaltung bzw. für eine zukünftige Reinvestition andererseits
– Kenngrößen für eine Bilanzanalyse beispielsweise für Bankkonditionen

Nicht alle diese Faktoren sind durch die gemeinsamen Richtlinien und die landeskirchlichen Regelungen vorgegeben, teilweise hängen sie von den konkreten Zielen der jeweiligen kirchlichen Körperschaft ab.

### 3.1 Bewertungsaspekt: Eigennutzung oder Renditeobjekt

Bei nicht realisierbarem Vermögen ist die langfristige Nutzung grundsätzlich durch die Widmung vorgegeben. Bei realisierbaren bebauten Grundstücken kann es sich um eigengenutzte Gebäude oder um Objekte handeln, die zur Erzielung von Rendite für die kirchliche Arbeit gehalten werden. Vor der erstmaligen Bewertung soll die Eigennutzung geprüft werden, ob sie langfristig infrage kommt oder nicht. Für Renditeobjekte oder Objekte zum Verkauf können Verfahren zur Ermittlung des Verkehrswertes angewandt werden – z.B. das Ertragswertverfahren.[2]

---

2 Hierzu Bienert, Kapitel III, Teil 2, Grundlagen der Bewertung, S. 128.

## 3. Bewertung und Bilanzierung kirchlicher Immobilien

Für die kirchlich langfristig selbst genutzten Immobilien steht die notwendige Substanzerhaltung im Vordergrund der Bewertung. Das Ertragswertverfahren wird diesen Zielen nicht dienlich sein, da es unter bestimmten Umständen zu niedrige Werte ergibt, so dass für einen Substanzerhalt nicht ausreichend Liquidität durch die Abschreibungswerte erreicht wird.

### 3.2 Empfohlenes Bewertungskonzept

Für die Erfassung und Bewertung sind für neu zugehende Vermögensgegenstände grundsätzlich die Anschaffungs- und Herstellungskosten zu Grunde zu legen, sie bilden die wertmäßige Obergrenze für die Bewertung in der Bilanz (siehe HHO). Ein Wertansatz höherer Wiederbeschaffungswerte zum Ausgleich von Inflation und technischem Fortschritt wird grundsätzlich ausgeschlossen. Es soll keine regelmäßige Neubewertung erfolgen.

Für die Abschreibung müssen nicht zwingend die steuerlichen Sätze vorgegeben werden, denn diese vergleichsweise kurzen Nutzungsdauern würden die zu erwirtschaftenden Abschreibungen deutlich höher ausfallen lassen und damit der kirchlichen Arbeit zu viel Liquidität entziehen. Für die Nutzungsdauern von kirchlichen Sachanlagen werden Anhaltswerte vorgeschlagen (Anlage IV HHO). Steuerliche Regelungen können dann sinnvoll sein, wenn in Teilbereichen Steuerrecht anzuwenden ist.

#### 3.2.1 Bewertung von Grund und Boden

Wenn zeitnahe Anschaffungskosten nicht vorliegen, können für die Ermittlung eines Grundstückswertes die örtlichen Bodenrichtwerte des Katasteramtes herangezogen werden. Weichen die den Wert beeinflussenden Merkmale der Grundstücke, aus denen die Bodenrichtwerte abgeleitet worden sind, vom Zustand des zu bewertenden Grundstücks ab, so ist dies durch Zu- oder Abschläge zu berücksichtigen (§ 16 Immobilienwertverordnung (ImmoWertV)). Nach Abzug der Abschläge muss ein angemessener Abstand vom ermittelten Grundstückswert zu Ackerwerten übrig bleiben, ebenso sollen eingeflossene Ressourcen, wie z.B. Erschließungskosten, noch im Wert abgebildet werden.

Insbesondere bei Grundstücken, die dem nicht realisierbaren Vermögen zugeordnet werden, kann der Wert an Gemeinbedarfsflächen gemäß der städteplanerischen Widmung ausgerichtet werden. Sie können mit 10 % des Bodenrichtwertes, mind. jedoch mit 1 €/m² bewertet werden. Bei Grundstücken, auf denen Gebäude stehen, die nicht mehr genutzt werden sollen, sind eventuelle Rückbaukosten zu berücksichtigen.

#### 3.2.2 Bewertung von Gebäuden

Für Gebäude, die langfristig für die kirchliche Arbeit genutzt werden, ist die Ermittlung des Gebäudewerts für die Eröffnungsbilanz auf der Grundlage vorsichtig geschätzter Zeitwerte mit zweckmäßigen Vereinfachungsregeln vorzunehmen (siehe HHO i.V.m. den Bewertungs- und Bilanzierungsrichtlinien). Dabei sind folgende 3 Abstufungen sinnvoll:

Soweit Unterlagen darüber vorliegen, sollen jüngere Gebäude (z.B. nach 1974 angeschaffte / fertig gestellte Gebäude) mit den fortgeschriebenen Anschaffungs-/ Herstellungskosten aktiviert werden, d.h. Abschreibungen und Ausgaben für Sanierungen der vergangenen Jahre sollen dabei berücksichtigt werden.

Bei älteren Gebäuden kommt die Ermittlung des Sachwertes nach §§ 21 – 23 ImmoWertV, indiziert auf den Bewertungsstichtag, in Betracht. Diese ist in der Regel durch Architekten vorzunehmen und kann bei vielen Gebäuden sehr aufwändig sein.[3]

Hilfsweise kann der auf den Bilanzstichtag indizierte Gebäudeversicherungswert 1914 herangezogen werden. Die Gebäudeversicherungssumme 1914 für eine Kirche wird für das Jahr 2014 beispielsweise wie folgt ermittelt: Der vom Statistischen Bundesamt herausgegebenen Euro-Baupreisindex des Jahres 2014 beträgt 13,12425.[4] Er wird mit dem Mark Wert 1917 multipliziert. Für 800 000 Mark Wert 1914 bedeutet dies einen Gebäudeversicherungswert von 10 499 400 €. Eine jährliche Anpassung des Index für die Bewertung in der Bilanz findet nicht statt.

Es ist zu prüfen, ob eine Pauschalwertberichtigung von 20 – 30% vom Gebäudeversicherungswert abgezogen wird. Ein Grund für eine Pauschalwertberichtigung liegt beispielsweise vor, wenn kirchliche Sammelverträge für die Feuerversicherung nicht auf einzelnen Wertgutachten oder auf Kostenberechnungen nach der DIN-Norm 276 beruhen, sondern wenn über die zu versichernden Gebäude eine Pauschalbewertung vorgenommen wurde, die geschätzte Kubikmeterwerte verwendet. Diese geschätzten Kubikmeterwerte sind eine sehr grobe Näherung, die ursprünglich für Wohngebäude vorgesehen ist. Die für Kirchen zu versichernden Gebäude entsprechen jedoch diesen Stereotypen nicht, da häufig keine Geschosse enthalten sind und die Innenausstattung einfacher ist.

Für sehr alte Gebäude oder Gebäude mit einem besonderen Kunstwert kann in Verbindung mit der kirchlichen Bauverwaltung eine Wertermittlung auf Basis von indizierten und nach Gebäudegattungen differenzierten Raummeter- bzw. Kubaturpreisen erfolgen. Vergleichbare Indizes werden auch vom Bundesministerium für Raumordnung, Bauwesen und Städtebau für eine Vielzahl unterschiedlicher Gebäudearten veröffentlicht.

Für alle vereinfachten Verfahren gilt: Bei nicht optimalem Instandhaltungsgrad sollen Abschläge um 10%, 20% oder mehr Prozent vorgenommen werden.

Maßgeblicher Hintergrund für die genannten Vereinfachungsregelungen zur Wertermittlung ist die im kirchlichen Finanzwesen vorgesehene Realisierung des Ressourcenverbrauchskonzeptes. Deshalb kommt es bei der Wertermittlung nach diesen Methoden nicht darauf an, möglichst präzise einen „echten" Wert zu ermitteln. Im Vordergrund für selbst genutzte Immobilien steht vielmehr die langfristige Substanzerhaltung durch das rollierende System, also über die Wiedererwirtschaftung der Abschreibungen. Da-

---

3 Einige Landeskirchen haben dafür ein vereinfachtes Verfahren entwickelt, das durch geschulte Verwaltungsfachkräfte durchgeführt werden kann, z.B. die Ev. Kirche Berlin-Brandenburg-schlesische Oberlausitz.
4 Quelle: eigene Durchschnittsberechnung 2014 aus: Statistisches Bundesamt, Fachserie 17, Reihe 4, 2/2015, S. 35, von: https://www.destatis.de/DE/Publikationen/Thematisch/Preise/Baupreise/BauwirtschaftPreise2170400153214.pdf?__blob=publicationFile, heruntergeladen am 30.6.2015.

bei soll nur das notwendige Maß an Liquidität gebunden werden, um die Finanzierung der kirchlichen Arbeit nicht über das Notwendige hinaus zu belasten.

### 3.2.3 Finanzierungslast: Instandhaltungsstau und nicht erwirtschaftete Abschreibungen

Ist bei der Erfassung kirchlicher Immobilien ein Instandhaltungsstau zu verzeichnen, ist dieser bei der Bewertung abzuziehen, wie bei der Substanzwertermittlung üblich. Stehen für die Zwecke der Substanzerhaltung nicht genug reservierte Mittel zur Verfügung, weil die Abschreibung und Wiedererwirtschaftung zum Bilanzierungszeitpunkt erst beginnt, sind im Anhang zur kirchlichen Bilanz diese Finanzierungslasten als „Deckungslücke Substanzerhaltungsrücklagen" auszuweisen.

Können Abschreibungen nicht wieder erwirtschaftet werden, sollen diese die „Deckungslücke Substanzerhaltungsrücklagen" erhöhen. Dadurch soll der ursprüngliche Substanzwert nicht verloren gehen, um so der Forderung aus den kirchlichen Verfassungen nachzukommen, dass das kirchliche Vermögen zu erhalten ist.

# V.
Finanzierung und Investition in Immobilien

# 1. Betriebswirtschaftliche Grundlagen

*Jeannette Raethel*

Finanzierung und Investition stehen zueinander wie die beiden spiegelbildlichen Seiten einer Medaille: Finanzierung steht für die Beschaffung von Kapital (Mittelbeschaffungsseite), Investition dagegen für dessen Verwendung (Mittelverwendungsseite). Bestimmende Merkmale von Immobilieninvestitionen sind hoher Kapitaleinsatz, langfristige Kapitalbindung, Standortgebundenheit, langer Entwicklungsprozess von der Projektidee bis zur Nutzung einschließlich dessen Unumkehrbarkeit, Langlebigkeit und eine geringe absolute Liquidität mit hohen Transaktionskosten. All dies führt zu besonderen Anforderungen bei Investitionsüberlegungen und deren Finanzierbarkeit.

## 1. Begriffsbestimmungen und Zusammenhänge

Die Begriffe Finanzierung und Investition stehen zueinander wie die beiden spiegelbildlichen Seiten einer Medaille: Finanzierung steht für die Beschaffung von Kapital (Mittelbeschaffungsseite), Investition dagegen für dessen Verwendung (Mittelverwendungsseite).

Finanzierung und Investition werden in der Betriebswirtschaftslehre unter dem Begriff Finanzwirtschaft zusammengefasst, da zwischen beiden Bereichen infolge der ausgelösten Kapitalbewegungen unmittelbare Zusammenhänge bestehen: Existieren zum Beispiel keine Finanzierungsmöglichkeiten, so ist eine Investition ausgeschlossen oder: Ohne Investitionsmöglichkeiten entstehen keine Finanzierungsprobleme.[1] Finanzierung und Investition werden im modernen – entscheidungsorientierten – Ansatz der Finanzwirtschaft als „Optimierungsvorgang gesehen, in dem Mittelbeschaffung und Mittelverwendung im Hinblick auf die Unternehmensziele aufeinander abgestimmt werden."[2]

Auch in der Bilanz, die ihrer Form nach eine Gegenüberstellung von Vermögen (Aktiva) und Kapital (Passiva) eines Unternehmens ist, spiegeln sich diese Interdependenzen folglich wider: Auf der Aktivseite der Bilanz sind durch Investition geschaffene Sach-, Finanz- und immaterielle Vermögen ausgewiesen, also die konkrete Verwendung der eingesetzten finanziellen Mittel; die Passivseite zeigt hingegen das Kapital, also die Ansprüche der Gläubiger (Fremdkapital) und der Unternehmer (Eigenkapital als Saldo zwischen Vermögen und Fremdkapital), das mittels Finanzierung beschafft wurde (Mittelherkunft). Wie bei der Bilanzgleichung (Aktiva = Passiva) müssen Investitions- und Finanzierungsvolumen denselben Wert darstellen.

Übertragen auf den Vermögensgegenstand Immobilie sind die Begriffe Immobilienfinanzierung und Immobilieninvestition im Verhältnis zu ihren jeweiligen Oberbegriffen wie folgt einzugrenzen: Immobilieninvestition als die Umwandlung von Kapital in Im-

---
1 Bieg/ Kußmaul, Investitions- und Finanzierungsmanagement, Bd. I: Investition, 2000, S. 8.
2 Bieg/ Kußmaul, Investitions- und Finanzierungsmanagement, Bd. I: Investition, 2000, S. 8.

mobilienvermögen, Immobilienfinanzierung als Beschaffung von Kapital speziell für die Verwendung in Immobilienvermögen.

## 2. Grundlagen der Immobilieninvestition

Bestimmendes Merkmal von Immobilieninvestitionen ist der hohe Kapitaleinsatz und die langfristige Kapitalbindung. Daneben wirken sich weitere Charakteristika des Wirtschaftsgutes Immobilie auf die besondere Stellung von Immobilieninvestitionen aus. Hierzu gehören insbesondere die Standortgebundenheit, ein langer Entwicklungsprozess von der Projektidee bis zur Nutzung einschließlich dessen Unumkehrbarkeit -außer mit weiterem hohen Kapitaleinsatz-, Langlebigkeit und eine geringe absolute Liquidität[3] mit hohen Transaktionskosten.

Die Dauer des Entwicklungsprozesses und die Länge des Immobilienlebenszyklus sind zusätzliche Determinanten für die Zukunftsausrichtung von Immobilienanlagen. Aufgrund zu prognostizierender zukünftiger Entwicklungen, wie zum Beispiel Marktveränderungen und demografischer Wandel, birgt diese Zukunftsausrichtung folglich auch ein entsprechendes Risikopotenzial für Investitionen in Immobilien.[4]

### 2.1 Anlageformen: direkte und indirekte Immobilienanlagen

Die Höhe des Investitionsvolumens einer Immobilie lässt sich beeinflussen durch die Wahl der Anlageform: Es besteht die Möglichkeit der direkten und der indirekten Immobilienanlage:

Bei der *direkten Immobilienanlage* erfolgt der Erwerb des Objektes unmittelbar, d.h. der Investor wird grundbuchlicher Eigentümer und erlangt die damit verbundenen Rechte und Pflichten. Kennzeichen einer Direktinvestition sind das hohe Investitionsvolumen einschließlich hoher Such-, Bewertungs-, Beratungs-, Makler- und sonstiger Transaktionskosten zum Erwerbszeitpunkt sowie laufende Kosten während der Bewirtschaftungsphase. Da die Immobilie der direkten Kontrolle des Anlegers untersteht, hat dieser die Möglichkeit der aktiven Wertentwicklung und deren Realisierung. Jedoch ist dafür auch ein hohes Maß an immobilienwirtschaftlichem Spezialwissen und Erfahrung in der Objektbewirtschaftung erforderlich.

Demgegenüber beinhaltet die *indirekte Immobilienanlage* den Erwerb von Anteilen an Grundstücksgesellschaften oder Grundstücks-Sondervermögen. Die Höhe des Kapitaleinsatzes wird im Vergleich zur direkten Immobilieninvestition teils erheblich verringert, ebenso die Erwerbsnebenkosten und letztlich das Investitionsrisiko. Gleichzeitig sind indirekte Immobilieninvestitionen leichter liquidierbar und damit am Markt fungibler, womit eine höhere Anlageflexibilität für den Investor verbunden ist. Dagegen re-

---

[3] Unter Liquidität ist in diesem Zusammenhang die Liquidierbarkeit zu verstehen, d.h. die Umwandlung einer Immobilie durch Verkauf in Zahlungsmittel.
[4] Z.B. Bone-Winkel/ Schulte/Focke, in: Schulte, Immobilienökonomie Band I, Betriebswirtschaftliche Grundlagen, 4. Aufl. (2008), S. 16ff.; Rottke, in: Rottke/ Thomas, Immobilienwirtschaftslehre Band I, Management, 2010, S. 143ff. und S. 837.

*1. Betriebswirtschaftliche Grundlagen* 223

duziert sich die Kontrollmöglichkeit des Anlegers auf die Wertschöpfung seiner Investition.[5]

```
                    ┌─────────────────────┐
                    │   Immobilienanlage  │
                    └─────────────────────┘
                       ↓              ↓
        ┌──────────────────────┐  ┌──────────────────────┐
        │ Direkte Immobilien-  │  │ Indirekte Immobilien-│
        │       anlage         │  │       anlage         │
        └──────────────────────┘  └──────────────────────┘
```

- Geschlossene Immobilienfonds
- Offene Immobilienfonds
  • Publikumsfonds
  • Spezialfonds
- Immobilien-Aktiengesellschaft
  • Sonderform: G-REIT
    (German Real Estate Investment Trust)

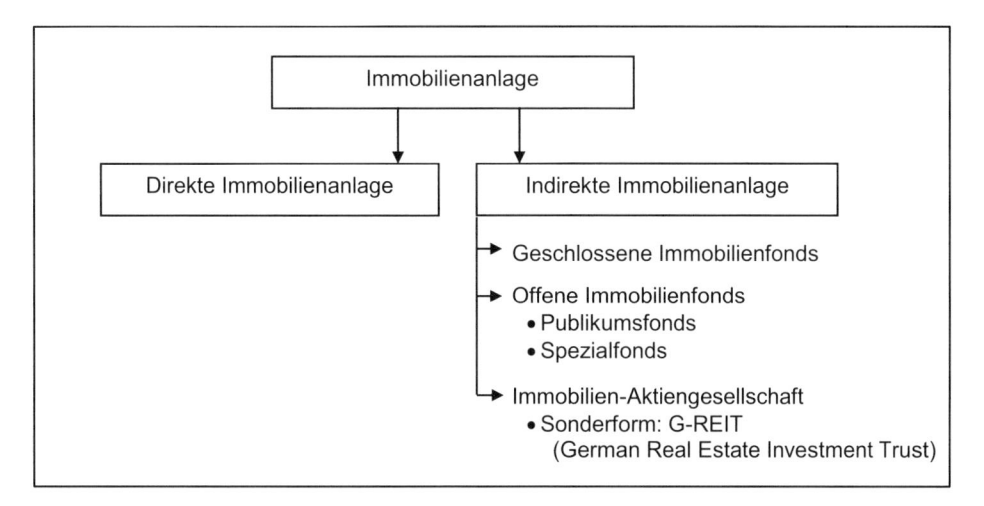

*Abbildung 1: Immobilie als Anlageprodukt*[6]

Die einzelnen Formen der indirekten Immobilienanlage, wie sie in der obigen Abbildung dargestellt sind, unterscheiden sich hinsichtlich ihrer gesellschaftsrechtlichen Gestaltung und ihren gesetzlichen Rahmenbedingungen:

*Geschlossene Immobilienfonds* treten in der Rechtsform einer Kommanditgesellschaft auf. Sie unterliegen seit Inkrafttreten des Kapitalanlagegesetzbuches vom 22.7.2013 dessen Regelungen und firmieren als „Geschlossene Investmentkommanditgesellschaft".[7] Die Anlegerzahl, das Fondsvolumen als auch die Laufzeit eines geschlossenen Immobilienfonds sind begrenzt (daher die Bezeichnung „geschlossen"). Der Investor beteiligt sich als Kommanditist an der Gesellschaft, sein Risiko ist damit auf die geleistete Einlage beschränkt. Vor der Einführung des Kapitalanlagegesetzbuches existierten für die geschlossenen Immobilienfonds keine speziellen gesetzlichen Regelungen, sodass deren Anlegerschutz niedrig einzustufen war. Insbesondere mit den Vorgaben zur Risikomischung, d.h. grundsätzlich mindestens drei Immobilien im Gesellschaftsbestand,[8] und zur Begrenzung der Fremdfinanzierung auf maximal 60 %[9] wurde der Anlegerschutz deutlich erhöht. Des Weiteren wurden die Anforderungen an den Initiator eines geschlossenen Immobilienfonds erheblich ausgeweitet. Dieser muss als sog. Kapi-

---

5 Rottke, in: Rottke/ Thomas, Immobilienwirtschaftslehre Band I, Management, 2010, S. 839ff.; Schulte/ Holzmann, in: Schulte/ Bone-Winkel/ Thomas, Handbuch Immobilieninvestition, 2. Aufl. (2005), S. 37ff.
6 Eigene Darstellung.
7 § 157 KAGB.
8 § 262 KAGB.
9 § 263 KAGB.

talverwaltungsgesellschaft[10] von der Bundesanstalt für Finanzdienstleistungsaufsicht zugelassen werden und untersteht deren Überwachung.

Bei *offenen Immobilienfonds* handelt es sich um rechtlich unselbständige sog. Immobilien-Sondervermögen nach dem Kapitalanlagegesetzbuch,[11] die durch eine Kapitalverwaltungsgesellschaft, in der Rechtsform einer GmbH oder einer AG, vertreten werden. Weder die Anzahl der Anleger, noch die Höhe des Fondsvolumens, noch die Laufzeit der Investition sind begrenzt (daher die Bezeichnung „offen"). Der Investor erwirbt Anteile am Sondervermögen, seine Haftung ist auf die Anlage beschränkt; er hat einen Anspruch auf Rücknahme der Anteile durch die Kapitalverwaltungsgesellschaft zu Marktpreisen.[12] Publikumsfonds sind auf Privatanleger zugeschnitten; bei Spezialfonds ist der Anlegerkreis auf sog. professionelle und semiprofessionelle Anleger, wie Stiftungen, kirchliche Einrichtungen und Verbände, beschränkt.[13] Sowohl das Immobilien-Sondervermögen als auch die Kapitalverwaltungsgesellschaft unterliegen einer staatlichen Überwachung und Kontrolle durch die Bundesanstalt für Finanzdienstleistungsaufsicht. Die Anlageregeln, denen der offene Immobilienfonds unterliegt, sind geprägt von der Zielsetzung eines hohen Anlegerschutzes. Zu nennen sind hier insbesondere die Vorschriften zur Risikomischung, zur Beteiligung an Immobiliengesellschaften, zur Liquidität und zur Fremdfinanzierung. So sind beispielsweise Neuinvestitionen in Immobilien zum Erwerbszeitpunkt beschränkt auf maximal 15 % des Werts des Sondervermögens.[14] Darüber hinaus darf der Gesamtwert aller Immobilien, deren einzelner Wert mehr als 10 % des Werts des Sondervermögens ausmacht, 50 % des Werts des Sondervermögens nicht überschreiten.[15] Eine täglich verfügbare Liquiditätsreserve von mindestens 5 % des Werts des Sondervermögens ist sicherzustellen.[16] Des Weiteren ist die Kreditaufnahme auf maximal 30 % des Verkehrswertes der im Sondervermögen befindlichen Immobilien beschränkt.[17] Infolge des gesetzlich vorgeschriebenen niedrigen Fremdkapitalanteils verringert sich allerdings auch die Chance zur Risikostreuung innerhalb des Immobilienportfolios, denn die Fondsvolumina sind entsprechend kleiner. Der offene Immobilienfonds ist von allen indirekten Anlagemöglichkeiten am stärksten reguliert.

Als *Immobilien-Aktiengesellschaften* lassen sich Aktiengesellschaften begrifflich fassen, deren Unternehmenszweck und Haupteinkommensquelle sich aus dem Erwerb, der Entwicklung, der Bewirtschaftung und/ oder der Veräußerung von Immobilien ergibt.[18] Sofern die Immobilien-Aktiengesellschaft börsennotiert ist, erfolgt der Anteilserwerb (und die -veräußerung) über die Börse mit der Folge, dass die Anteile leicht liquidierbar

---

10 Bei einer Kapitalverwaltungsgesellschaft handelt es sich um ein sog. Spezialkreditinstitut, das den Bestimmungen des Kreditwesengesetzes unterliegt.
11 Mit Inkrafttreten des Kapitalanlagegesetzbuches (KAGB) vom 22.7.2013 wird das bis dahin geltende Investmentgesetz (InvG) abgelöst; für bestehende Immobilien-Sondervermögen galt bis 31.12.2014 das InvG.
12 § 255 i.V.m. § 98 I KAGB.
13 § 1 KAGB.
14 § 243 I KAGB.
15 § 243 II KAGB.
16 § 253 KAGB.
17 § 254 KAGB.
18 Rehkugler, in: Rehkugler, Die Immobilien-AG, 2003, S. 5f.

# 1. Betriebswirtschaftliche Grundlagen

sind und sehr fungibel. Die Abhängigkeit des Börsenkurses von den allgemeinen Entwicklungen an den Aktienmärkten führt allerdings zu einer starken Volatilität der Immobilienaktie und verursacht in der Folge Abschläge (bzw. Zuschläge) auf den Nettosubstanzwert[19] des Unternehmens. Im Vergleich zu den geschlossenen und offenen Immobilienfonds unterliegt die Immobilienaktiengesellschaft keinen Immobilieninvestment-Spezialvorschriften. Der Anlegerschutz ist eher als niedrig, der Risikograd eher als hoch zu beurteilen.

Der *German Real Estate Investment Trust (G-REIT)* ist seiner Rechtsform nach eine Aktiengesellschaft, die börsennotiert ist. Der G-REIT unterliegt neben den aktienrechtlichen Vorschriften dem Gesetz über deutsche Immobilien-Aktiengesellschaften mit börsennotierten Anteilen (REITG), das zum 1.1.2007 in Kraft trat. Er ist damit die jüngste indirekte Immobilienanlageform in Deutschland. Der G-REIT kann als ein steuerlich bevorzugter Sonderstatus beschrieben werden, der von einer Aktiengesellschaft eingenommen werden kann. Voraussetzungen für die (Körperschaft- und Gewerbe-) Steuerbefreiung auf Gesellschaftsebene sind insbesondere spezielle Anforderungen an den Anlegerkreis,[20] die Begrenzung der Fremdfinanzierung auf maximal 55 % bezogen auf den Verkehrswert der Immobilien,[21] die Einschränkung des Immobilienhandels[22] und den Ausschluss von sog. Bestandsmietwohnimmobilien, d.h. vor dem 1.1.2007 errichtete Wohngebäude, als Anlageobjekte.[23] Bezogen auf den Risikograd ist der G-REIT vergleichbar mit der Immobilienaktie; aus Anlegerschutzsicht ist er tendenziell als besser zu beurteilen.

## 2.2 Volkswirtschaftliche Bedeutung des Investitionsgutes Immobilie

Das Immobilienvermögen in Deutschland wird aktuell vom Bundesministerium für Umwelt, Naturschutz, Bau und Reaktorsicherheit auf etwa 10 Billionen Euro geschätzt. Mit etwa 90 % stellen Immobilien den mit deutlichem Abstand größten Posten im deutschen Anlagevermögen dar. Rund die Hälfte des Vermögens privater Haushalte ist in Gebäude und Grundstücke investiert, davon entfallen ca. 50 % auf Wohnimmobilien.[24] Nach der letzten Erhebung in 2012 betrug das Immobilienvermögen der deutschen Privathaushalte etwa 6,3 Mrd. €.[25]

Das Immobilienvermögen in Sozialwirtschaft und Kirche in Deutschland ist wertmäßig nicht in konkreten Zahlen darstellbar.[26] Jedoch lässt sich die Anzahl der gehaltenen Immobilien, deren Lage und deren Nutzung benennen, sodass eine qualitative Aussage

---

19 Der Nettosubstanzwert spiegelt das wirtschaftliche Eigenkapital eines Unternehmens wieder, er ergibt sich aus den Marktwerten des Unternehmensvermögens abzüglich des Fremdkapitals.
20 § 11 REITG.
21 § 15 i.V.m. § 12 REITG, wobei der Verkehrswert gleichzusetzen ist mit dem beizulegenden Zeitwert nach den International Financial Reporting Standards (IFRS).
22 § 14 REITG.
23 § 1 I 1.a) i.V.m. § 3 IX REITG.
24 HTTP://WWW.BMUB.BUND.DE/THEMEN/STADT-WOHNEN/WOHNUNGSWIRTSCHAFT/WOHNUNGS-UND-IMMOBILIENMARKT/, abgerufen am 3.7.2015.
25 HTTP://DE.STATISTA.COM/STATISTIK/DATEN/STUDIE/310037/UMFRAGE/IMMOBILIENVERMOEGEN-DER-PRIVATEN-HAUSHALTE-IN-DEUTSCHLAND/, abgerufen am 2.7.2015, S. 39ff.
26 Siehe hierzu ausführlich Kapitel II und Kapitel III, Teil 1, S. 111.

über die Bedeutung als Immobilieninvestoren möglich ist. Bezogen auf ihren inventarmäßigen Bestand[27] gehören beide Gruppen neben der öffentlichen Hand und institutionellen Investoren, wie Versicherungsunternehmen, Pensionskassen sowie geschlossenen und offenen Immobilienfonds, zu den großen deutschen Immobilieninvestoren.

Neben diesem direkt gehaltenen Immobilienvermögen gibt es auch indirekte Investments, also Beteiligungen z. B. der evangelischen Kirche an Immobiliengesellschaften, wie beispielsweise an dem ESW Evangelisches Siedlungswerk in Bayern Gemeinnützige Bau- und Siedlungsgesellschaft mbH als größtes evangelisches Wohnungsunternehmen in Deutschland mit 13 000 zu verwaltenden Wohn- und Gewerbeeinheiten und an der HWS Hilfswerk-Siedlung GmbH, einem evangelischen Wohnungsunternehmen in Berlin, das rund 10 000 Einheiten aus eigenem und fremdem Bestand verwaltet.

Die katholische Kirche in Deutschland ist daneben beispielsweise auch als institutioneller Immobilieninvestor und Anbieter von offenen Immobilienfonds aktiv: So ist sie zu 100 % mittelbar an der „Aachener" Grundvermögen Kapitalverwaltungsgesellschaft mbH beteiligt, die als Treuhänderin vierzehn Immobilien-Sondervermögen, davon zwei Publikumsfonds und zwölf Spezialfonds, mit einem Fondsvermögen zum 31.12.2014 von insgesamt rund 4,5 Mrd. € verwaltet.[28]

*2.3 Investorenziele und Investitionsstrategien*

2.3.1 Ziele und Zielsystem

Erst mit der Formulierung und Vorgabe von Zielen als Ausdruck eines angestrebten Soll-Zustands ist ein Investor in der Lage, alternative Investitionsobjekte zu bewerten und sich für die zweckmäßigste Handlungsalternative zu entscheiden. Investoren verfolgen in der Regel mehrere Ziele gleichzeitig. Diese können nebeneinander existieren oder in Form von Primär- und Sekundärzielen hierarchisch zu einander in Beziehung stehen; sie bilden ein sog. Zielsystem. Nahezu jedes unternehmerische Handeln ist von finanzwirtschaftlichen Zielen geleitet. Diese werden anhand folgender vier Zielkriterien konkretisiert: Kapitalrentabilität, Liquidität, Sicherheit und Unabhängigkeit.

Maximierung der *Kapitalrentabilität* beschreibt das Streben nach wirtschaftlichem Erfolg und damit nach einem möglichst hohen Gewinn aus der Investition. Die Kapitalrentabilität ist jedoch eine relative Erfolgsgröße: Der Gewinn (als absolute Erfolgsgröße) wird in Relation zum eingesetzten Kapital gebracht. Diese Kennzahl gibt folglich an, in welcher Höhe sich das investierte Kapital in der betrachteten Periode verzinst hat. Je nachdem welche Bezugsgröße (Eigenkapital, Fremdkapital oder Gesamtkapital) gewählt wird, lassen sich die Kennzahlen Eigenkapital-, Fremdkapital bzw. Gesamtkapitalrentabilität ableiten. Die Eigenkapitalrentabilität wird im Regelfall als Entscheidungskriterium vom Investor/ Eigenkapitalgeber herangezogen.

---

27 Zahlen zum Immobilienbestand der Evangelischen Kirche Deutschland siehe Kapitel I, Teil I, **Ziffer 3.2**, S. 18.
28 "Aachener" Grundvermögen- Kapitalanlagegesellschaft mbH, Köln, Jahresabschluss zum Geschäftsjahr vom 1.1.2014 bis zum 31.12.2014, Lagebericht, veröffentlicht im Bundesanzeiger vom 25.6.2015.

## 1. Betriebswirtschaftliche Grundlagen

*Liquidität* dagegen beschreibt die Fähigkeit eines Investors, zu jedem Zeitpunkt und in vollem Umfang seine Zahlungsverpflichtungen zu erfüllen (sog. Zahlungsfähigkeit). Liquidität wird hier als eine Eigenschaft von Wirtschaftssubjekten verstanden (relative Liquidität) und nicht als Eigenschaft von Vermögensgegenständen im Sinne von Liquidierbarkeit (absolute Liquidität). Allerdings hat diese Umwandelbarkeit von Aktiva in Zahlungsmittel großen Einfluss auf die Zahlungsfähigkeit eines Investors.

Das Streben nach *Sicherheit* dient dem Ziel der Kapitalerhaltung. Jedes unternehmerische Handeln birgt allerdings die Gefahr eines möglichen Verlustes des eingesetzten Kapitals, sodass das Sicherheitsziel sich nicht auf absolute Risikovermeidung bezieht, sondern finanzielle Risiken zu begrenzen sind.

Unter dem Streben nach *Unabhängigkeit* ist das Ziel des Investors zu verstehen, die eigene Entscheidungsfreiheit zu bewahren und damit nicht dem Einfluss Dritter, beispielsweise von Fremdkapitalgebern, im Rahmen von Mitspracherechten zu unterliegen.

Innerhalb dieses Zielsystems bestehen verschiedene Abhängigkeiten, sodass Ziele sich gegenseitig fördern, sich bedingen oder teilweise sogar miteinander konkurrieren. Eine hohe Rentabilität stärkt beispielsweise die Finanzierung aus einbehaltenen Gewinnen und wirkt damit positiv auf die Liquidität. Zahlungsfähigkeit ist zwingende Voraussetzung für das Rentabilitätsstreben und darüber hinaus Bedingung für die Existenz eines jeden Unternehmens, da bei Zahlungsunfähigkeit ein Insolvenzgrund[29] vorliegt. Zwischen Rentabilität und Liquidität besteht aber auch ein Zielkonflikt: Hohe Liquiditätsreserven z. B. auf einem Girokonto gehen zu Lasten der Kapitalrentabilität, da das Kapital nicht investiv verwendet wurde.

Die oben dargestellten Zielkriterien bei einer Investitionsentscheidung werden oftmals auch durch gesetzliche Vorschriften beeinflusst, beispielsweise bei den offenen Immobilienfonds durch das Kapitalanlagegesetzbuch (KAGB) in Bezug auf deren Liquidität. Zu nennen sind des Weiteren die KAGB-Anforderungen an die Anlagepolitik von geschlossenen und offenen Immobilienfonds, die auf die Begrenzung des Risikogrades von Immobilieninvestitionen und damit auf Kapitalerhaltung abzielen. Auch die Deckelung der Fremdfinanzierung, sowohl bei den beiden Fondsvarianten als auch beim G-REIT, in jeweils unterschiedlicher Höhe von 30 % bis 60 %,[30] bestimmt in nicht unerheblicher Weise die Kapitalrentabilität jeder einzelnen Anlageform.[31]

Auch gesellschaftliche Institutionen können über Vorgaben/Empfehlungen Zielkriterien im Rahmen der Investitionsentscheidung bestimmen. So hat im Auftrag der Evangelischen Kirche in Deutschland (EKD) die Arbeitsgruppe Kirchliche Investments einen Leitfaden für eine ethisch nachhaltige Geldanlage in der evangelischen Kirche entwickelt. Dieser umfasst Anlagestandards insbesondere für kirchlich-institutionelle Investoren, aber auch ausdrücklich für Privatpersonen. Der Leitfaden ergänzt das beste-

---

29 § 17 Insolvenzordnung (InsO).
30 Siehe hierzu ausführlich in Ziffer 2.2.
31 Durch den Einsatz von Fremdkapital kann die Eigenkapitalrentabilität einer Investition gesteigert werden (Leverageeffekt). Durch die gesetzliche Begrenzung der Fremdkapitalaufnahme wird diese Hebelwirkung geringer.

hende Spannungsfeld aus Rentabilität, Liquidität und Sicherheit um das Zielkriterium der Ethik/ Nachhaltigkeit. Investitionsentscheidungen sind damit auf der Grundlage der traditionellen finanzwirtschaftlichen Ziele zu treffen, „zugleich ist die Auseinandersetzung mit den Wirkungen der Geldanlage auf Umwelt, Mitwelt und Nachwelt unverzichtbar".[32] Damit wird Ethik/ Nachhaltigkeit als zwingende Nebenbedingung im Zielsystem formuliert. Es werden Instrumente beschrieben, z. B. auf der Basis von Ausschlusskriterien in Bezug sowohl auf Unternehmen als auch auf Staaten und Positivkriterien wie Sozialverträglichkeit, ökologische Werthaltigkeit und Generationengerechtigkeit, die zur Implementierung ethisch nachhaltiger Aspekte in den Investitionsentscheidungsprozess dienen.[33]

2.3.2 Ableitung von Investitionsstrategien

Je nach Ausprägung der einzelnen Ziele innerhalb des Zielsystems ergeben sich unterschiedlich ausgerichtete Zielsetzungen von Anlegern, die sich in verschiedenen *Investitionsstrategien* niederschlagen. Bei einer Immobilieninvestition können Investitionsstrategien am jeweiligen Risiko-Rendite-Profil veranschaulicht werden. Dem europäischen Immobilienfondsverband INREV[34] folgend lassen sich drei Basisstrategien unterscheiden: die Core-, die Value-added- und die opportunistische Strategie. Die Zuordnung zu den einzelnen Anlagestilen erfolgt anhand einer Risikoklassifizierung.

Die *Core-Strategie* ist geprägt von einem langfristigen, risikoarmen Immobilienengagement bei einer angestrebten stabilen, relativ niedrigen Rendite aus den laufenden Mieteinnahmen und einem relativ geringen Fremdkapitalanteil bis ca. 40 %.

Bei der *Value-added-Strategie* ist eine mittlere Risiko-Rendite-Relation gegeben: Um eine höhere Rendite zu erzielen, wird ein höheres Risiko eingegangen. Neben laufenden Mieteinnahmen werden Wertsteigerungspotenziale gehoben, beispielsweise durch Aufstockung, Modernisierung und aktives Bestandsmanagement. Auch die Chance, durch Veräußerung der Immobilien Wertzuwächse zu realisieren, wird gezielt genutzt. Die Fremdfinanzierungsquote liegt zwischen 40 % und 60 %.

Bei der *opportunistischen Strategie* verschiebt sich die Risiko-Rendite-Relation weiter: Sie weist das höchste Risiko auf, aber damit verbunden auch die höchste Renditeerwartung. Diese Rendite wird nahezu ausschließlich über die Veräußerung von Immobilien generiert, die zuvor bei einer Leerstandsquote von mehr als 40 % im Rahmen von Redevelopments komplett saniert und dem Vermietungsmarkt so wieder zugeführt werden können. Laut INREV liegt der Fremdfinanzierungsanteil bei einer opportunistischer Anlagestrategie über 60 %.[35],[36]

---

32 Kirchenamt der Evangelischen Kirche in Deutschland (EKD) (Hrsg.), Leitfaden für ethisch nachhaltige Geldanlage in der evangelischen Kirche, EKD-Texte 113, 2011, S. 8.
33 Kirchenamt der Evangelischen Kirche in Deutschland (EKD) (Hrsg.), Leitfaden für ethisch nachhaltige Geldanlage in der evangelischen Kirche, EKD-Texte 113, Teil III, S. 11 ff. und Teil IV, S. 26ff.
34 INREV (Investors in Non-Listed Real Estate Vehicles) ist eine europäische Vereinigung für nicht gelistete Immobilienfonds.
35 HTTPS://WWW.INREV.ORG/LIBRARY/PUBLICATIONS/223-INREV-FUND-STYLE-CLASSIFICATION, abgerufen am 30.6.2015.
36 Auch Rottke, in: Rottke/ Thomas, Immobilienwirtschaftslehre Band I, Management, 2010, S. 842ff.

## 2.4 Investitionsentscheidungsprozess

Hohe Ertragspotenziale einerseits, hohe Risikopotenziale andererseits, fordern insbesondere bei Immobilieninvestitionen eine fundierte Investitionsentscheidung. Der Investitionsentscheidungsprozess umfasst folglich mehrere Phasen, die in der nachfolgenden Abbildung dargestellt sind.

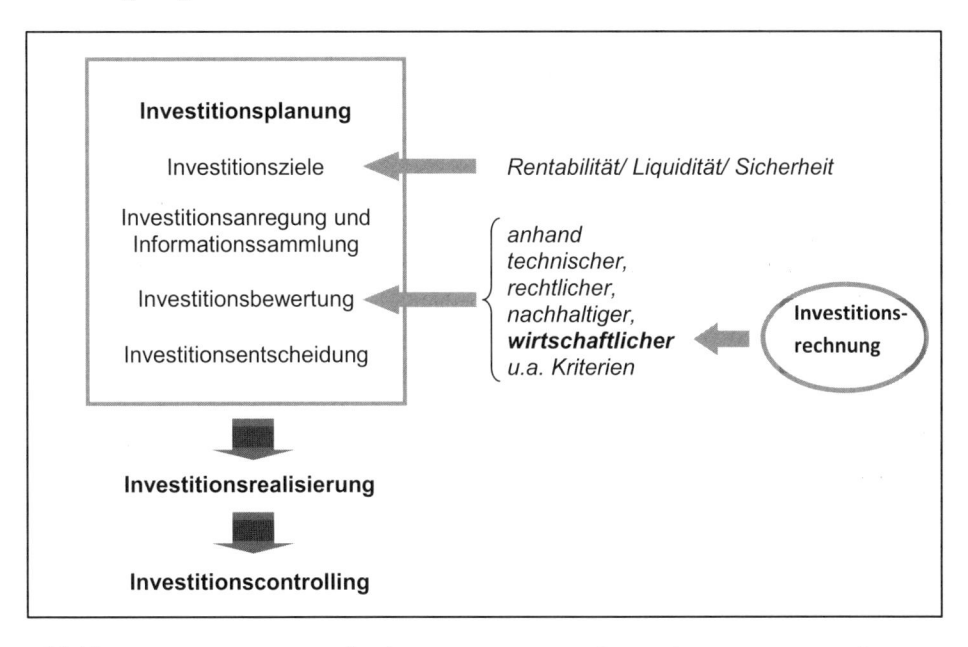

*Abbildung 2: Investitionsentscheidungsprozess: Einordnung der Investitionsrechnung im Rahmen der Investitionsplanung*[37]

Hauptaugenmerk liegt auf der Planungsphase. Die *Investitionsplanung* ist grundsätzlich langfristig auszurichten, da durch die Realisierung von Investitionen das Unternehmensgeschehen für eine längere Zeitspanne vorbestimmt wird: Investitionen haben damit eine hohe strategische Bedeutung. Vor allem Immobilieninvestitionen charakterisieren sich – wie bereits ausgeführt – durch ihre lange bis endlose Nutzungsdauer, durch Unsicherheit in deren Folge, ihre hohe Kapitalbindung, ihren geringen Umkehrungsgrad unter Inkaufnahme erheblicher finanzieller Verluste.

Basis für die Investitionsplanung sind die Ziele des Investors, die als Maßstab für die Eignung mehrerer Investitionsalternativen und damit als Entscheidungskriterien dienen. Erster Schritt ist das Identifizieren und Formulieren eines Problems, also einer Anregung zu einer möglichen Immobilieninvestition, verbunden mit einer systematischen Analyse des vorhandenen Bestands und der Suche nach Handlungsalternativen (Informationssammlung). Um die optimale Handlungsalternative auswählen zu können, sind

---

[37] Eigene Darstellung in Anlehnung an Kruschwitz, Investitionsrechnung, 14. Aufl. (2014), S. 8 und Becker, Investition und Finanzierung, 6. Aufl. (2013), S. 29.

die einzelnen Investitionsmöglichkeiten zu bewerten. Hierbei kommen sowohl monetäre als auch nicht-monetäre Kriterien zur Anwendung. Die wirtschaftliche Vorteilhaftigkeit einer Handlungsalternative wird mit Hilfe der *Investitionsrechnung* bestimmt. Die Investitionsrechnung umfasst verschiedene Investitionsrechenverfahren, bei welchen es sich um quantitative Berechnungen zur Beurteilung alternativer Investitionsobjekte im Hinblick auf die monetären Zielvorgaben des Investors handelt.[38] Daneben erfolgt eine Bewertung der Alternativen hinsichtlich der nicht-monetären, wie beispielsweise von technischen, rechtlichen und nachhaltigen Entscheidungskriterien. Diese können teils mit Hilfe einer Nutzwertanalyse berücksichtigt werden. Bei Immobilieninvestitionen kommen weitere Kriterien zur Anwendung wie beispielsweise die Anlageform (direkte oder indirekte Investition) mit Auswirkungen auf die Liquidierbarkeit und auf den Grad der Kontrolle, der zeitliche Anlagehorizont, das Investitionsvolumen, der Standort, die Nutzungsart (z. B. Büro, Wohnen oder Einzelhandel) oder auch die Kapitalstruktur (die Höhe des Fremdkapitalanteils). Auf dieser belastbaren Grundlage erfolgt im Anschluss die Investitionsentscheidung für die aus Sicht des Investors zweckmäßigste Handlungsalternative.

Nach der Realisationsphase, in der die Investition durchgeführt wird, bildet die Kontroll- und Überwachungsphase die letzte Stufe des Investitionsprozesses. Sie beinhaltet den Vergleich von Ist- und Soll-Zustand, d. h. es wird geklärt, ob bzw. zu welchem Grad die Ziele des Investors erreicht wurden oder nicht. Zeigen sich größere Abweichungen, so sind diese zu analysieren und geeignete Korrekturmaßnahmen zu initiieren, sodass eine neue Problemstellung vorliegt und damit ein Investitionsentscheidungsprozess von neuem beginnt.[39]

## 3. Grundlagen der Immobilienfinanzierung

### 3.1 Kapitalbedarf und Finanzmärkte

Auch die *Immobilienfinanzierung* ist geprägt von den Besonderheiten des Wirtschaftsgutes Immobilie. Deren hoher Kapitalbedarf bedingt oftmals gleichzeitig einen hohen Fremdkapitalanteil, da das Eigenkapital des Investors zur Realisierung einer Investitionsentscheidung i.d.R. nicht ausreicht. Ebenso richten sich Finanzierungsentscheidungen wie Investitionsentscheidungen grundsätzlich nach den gleichen Zielen des Investors: Kapitalrentabilität, Liquidität, Sicherheit und Unabhängigkeit.

2008 wurden in Deutschland rund 55 % aller, an inländische Unternehmen und Privatpersonen vergebenen Kredite zur Finanzierung von Immobilien verwendet.[40] Welche Bedeutung die Immobilienmärkte für die Kapitalmärkte (und umgekehrt) haben, hat

---

38  Hierzu ausführlich siehe Kapitel V, Teil 2, S. 241f.
39  Becker, Investition und Finanzierung, 6. Aufl. (2013), S. 30; Bieg/ Kußmaul, Investitions- und Finanzierungsmanagement, Bd. I: Investition, 2000, S. 36ff.; Schulte/ Holzmann, in: Schulte/ Bone-Winkel/ Thomas, Handbuch Immobilieninvestition, 2. Aufl. (2005), S. 28ff.
40  Voigtländer, Der Immobilienmarkt in Deutschland, 2009, S. 50 (basierend auf einer Sonderauswertung der Deutschen Bundesbank für den Verband deutscher Pfandbriefbanken im Juni 2008).

die Finanzkrise im Jahr 2008 gezeigt, die ihren Ursprung bekanntlich in einer lokalen Immobilienkrise hatte und im Jahr 2009 in eine Weltwirtschaftskrise mündete.

Als Folge dieser Finanzkrise wurde eine Vielzahl von Regulierungsmaßnahmen umgesetzt, die die Sicherheit des internationalen Bankensektors gewährleisten soll. So sind Kreditinstitute unter dem neuen, der internationalen Bankenaufsicht dienenden Regelungswerk Basel III[41] verpflichtet, die Qualität, Konsistenz und Transparenz ihrer Eigenkapitalbasis zu erhöhen, die Risikodeckung zu verbessern und ihre Geschäfte nicht durch übermäßige Kreditvergabe unkontrolliert auszuweiten. Es gibt strengere Liquiditätsvorgaben und die Darlehensvergabe ist durch eine Verschuldungsgrenze nach oben beschränkt. Diese erhöhten Anforderungen an die Kreditinstitute haben erhebliche Auswirkungen auf Immobilienfinanzierungen, insbesondere auf die Höhe des Kreditzinssatzes und die Höhe des gewährten Kreditvolumens.

Zur Kapitalbeschaffung bietet sich eine Vielzahl von Finanzierungsalternativen: Finanzielle Mittel können von externen Kreditgebern genauso zur Verfügung gestellt werden wie intern durch den Investor bzw. das Unternehmen selbst.

### 3.2 Finanzierungsarten

#### 3.2.1 Überblick

Die vielfältigen Finanzierungsmöglichkeiten lassen sich insbesondere nach zwei Basiskriterien gliedern. Zum einen wird nach der Herkunft des Kapitals in Außen- und Innenfinanzierung unterschieden.

*Außenfinanzierung* bedeutet, dass finanzielle Mittel von außen zur Verfügung gestellt werden. Dies kann einerseits im Rahmen der *Kreditfinanzierung* geschehen, beispielsweise durch Banken als externe Kapitalgeber. Andererseits kann mit Hilfe der *Beteiligungsfinanzierung* Eigenkapital von außen, durch den Investor selbst, zugeführt werden.

*Innenfinanzierung* nach allgemeinem finanzwirtschaftlichem Sprachgebrauch heißt, dass das Kapital aus dem internen, betrieblichen Umsatzprozess generiert wird. Werden die vier Unterformen der Innenfinanzierung betrachtet, wird deutlich, in welch unterschiedlicher Weise eine solche Kapitalbeschaffung erfolgen kann. Die *Selbstfinanzierung* stellt die Finanzierung durch in der Vergangenheit erzielte und im Unternehmen zurückbehaltene Gewinne dar. Die *Finanzierung aus Abschreibungen* dagegen bewirkt eine Kapitalfreisetzung durch den Ansatz von aufwandswirksamen Abschreibungen.[42] Die Abschreibungsfinanzierung ist vor der Kreditfinanzierung die wichtigste Finanzierungsform deutscher Unternehmen. Nach den zuletzt im Dezember 2014 veröffentlichten Zahlen der Deutschen Bundesbank betrug der Anteil der Abschreibungsfinanzierung in 2013 59,3 %, nach Werten von 60,9 % in 2012 und 54,2 % in 2011.[43] Die Ab-

---

41 HTTP://WWW.BUNDESBANK.DE/NAVIGATION/DE/AUFGABEN/BANKENAUFSICHT/BASEL3/BASEL3.HTML, abgerufen am 9.7.2015.
42 Zu den Abschreibungsmodalitäten bei Immobilienunternehmen siehe Kapitel IV, Teil 1, Bilanzierung nach HGB, **S. 187ff.**
43 Deutsche Bundesbank, Monatsbericht Dezember 2014, S. 44.

schreibungsfinanzierung stellt damit mehr als die Hälfte des Finanzierungsvolumens dar, mit stabiler Tendenz. Auch zur Innenfinanzierung zählend werden bei der *Umschichtungsfinanzierung* materielle oder immaterielle Vermögensgegenstände, die möglichst einen hohen Liquiditätswert aufweisen und nicht (mehr) betriebsnotwendig sind, i.d.R. durch Verkäufe in liquide Mittel umgewandelt. Bei der *Rückstellungsfinanzierung* erfolgt eine zeitlich befristete Kapitalbeschaffung durch den Ansatz von aufwandswirksamen Rückstellungsbeträgen für Verpflichtungen gegenüber Dritten, die der Höhe und dem zeitlichen Anfall nach noch unbestimmt sind, beispielsweise Pensionsrückstellungen.

Zum anderen lassen sich Finanzierungen nach der Rechtsstellung der Kapitalgeber in Eigen- und Fremdfinanzierung systematisieren:

Zur *Eigenfinanzierung* gehören die *Beteiligungsfinanzierung*, als von außen zugeführtes Eigenkapital, und die *Selbstfinanzierung* als von innen zugeführtes Eigenkapital. Sie ist die drittstärkste Finanzierungsart deutscher Unternehmen, allerdings mit abnehmender Tendenz: Betrug der Anteil in 2008 noch 18,2 %,[44] sank er in 2013 auf 7,7 %, nach 2012 mit 11,0 % und 2011 mit 13,4 %.[45]

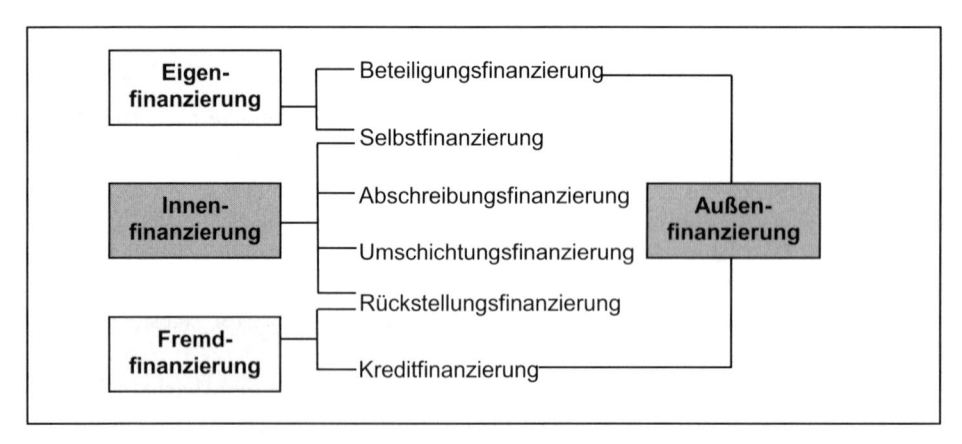

*Abbildung 3: Finanzierungsarten*[46]

Zur *Fremdfinanzierung* zählt die *Kreditfinanzierung* als von außen zur Verfügung gestellte finanzielle Mittel von externen Kapitalgebern und die *Finanzierung aus Rückstellungen* als von innen beschafftes Fremdkapital. Mit einem Anteil von 19,2 % am Finanzierungsvolumen der deutschen Wirtschaft in 2013 belegt die Kreditfinanzierung Platz 2 nach der Abschreibungsfinanzierung. Lag der Anteil der Kreditfinanzierung in 2008 mit einem Wert von 19,8 % auf einem vergleichbaren Niveau wie in 2013, so stieg er in den Jahren 2011 (24,8 %) und 2012 (25,1 %) kurzzeitig an.[47]

---

44 Deutsche Bundesbank, Monatsbericht Januar 2010, S. 46.
45 Deutsche Bundesbank, Monatsbericht Dezember 2014, S. 44.
46 Eigene Darstellung.
47 Deutsche Bundesbank, Monatsberichte Dezember 2014, S. 44 und Januar 2010, S. 46.

Da sich die beiden alternativen Kapitalarten Eigenkapital und Fremdkapital in grundsätzlicher Weise voneinander unterscheiden, wird im folgenden Beitrag eine vergleichende Detailbetrachtung vorgenommen.

Die oben stehende Abbildung 3 visualisiert abschließend die möglichen Finanzierungsformen in Kombination nach der Mittelherkunft und nach der Rechtsstellung des Kapitalgebers. Da die Abschreibungs- und die Umschichtungsfinanzierung jeweils keine Auswirkungen auf die Kapitalstruktur haben, können diese beiden Formen nicht eindeutig der Eigen- oder Fremdfinanzierung zugewiesen werden.

Insgesamt ist das Mittelaufkommen deutscher Unternehmen in den letzten Jahren von 293,2 Mrd. € in 2011 auf 265,5 Mrd. € in 2013 gesunken.[48]

### 3.2.2 Kapitalbedarf: Eigenkapital und Fremdkapital im Vergleich

Ein Investor hat grundsätzlich das Recht, unter Beachtung der vom Gesetzgeber gezogenen Grenzen,[49] die aus seiner Sicht günstigste Finanzierungsform zu wählen. Damit kann er frei darüber entscheiden, ob er sein Unternehmen mit Eigenkapital oder Fremdkapital ausstattet. Um diese Entscheidung treffen zu können, ist es notwendig, die bestehenden, gravierenden Unterschiede zwischen beiden Kapitalarten zu betrachten.

Bezüglich des Rechtsverhältnisses wird durch das Einbringen von *Eigenkapital* ein Beteiligungsverhältnis begründet. Je nach Rechtsform des Unternehmens haftet der Eigenkapitalgeber in Höhe seiner Einlage[50] oder ggf. mit seinem gesamten Privatvermögen. Gleichzeitig ist er am Unternehmenserfolg beteiligt, sowohl im Gewinn- als auch im Verlustfall. Die Eigenkapitalvergütung erfolgt dann aus dem versteuerten Unternehmensgewinn, d.h. nach Abzug der Ertragsteuern.[51] Aus dem Rechtsverhältnis heraus leiten sich auch Mitbestimmungsrechte des Eigenkapitalgebers ab, die je nach Rechtsform von Kontroll- und Widerspruchsrechten bis zur Leitungsbefugnis des Unternehmens reichen. Eigenkapital steht grundsätzlich unbefristet zur Verfügung. Im Falle der Liquidation besteht ein Vermögensanspruch in Form eines Anteils am Liquidationserlös, sofern dieser größer ist als ggf. bestehende Schulden. Im Insolvenzfall trägt der Eigenkapitalgeber ein hohes Risiko, er wird nachrangig bedient.

Durch das Bereitstellen von *Fremdkapital* wird ein Schuldverhältnis begründet. Als Gläubiger des Unternehmens haftet der Fremdkapitalgeber nicht. Die Vergütung basiert i.d.R. auf einem festen Zinsanspruch, unabhängig vom Unternehmenserfolg. Fremdkapitalzinsen werden grundsätzlich als Aufwand erfasst[52] und mindern damit den Unternehmensgewinn sowie in der Folge die steuerliche Belastung des Unternehmens. Weiterhin sind Fremdkapitalgeber im Gegensatz zu Eigenkapitalgebern grundsätzlich von der Unternehmensleitung ausgeschlossen. Auch die Kapitalbindung ist zeitlich nur befristet.

---

48 Deutsche Bundesbank, Monatsbericht Dezember 2014, S. 44.
49 Zu nennen ist hier z.B. die Begrenzung der Fremdkapitalquoten bei den geschlossenen und offenen Immobilienfonds durch das KAGB und bei den REIT-AG´s durch das REITG (siehe Ziffer 2.1, **S. 222**).
50 Siehe hierzu Ziffer 2.1 zu den indirekten Immobilienanlageformen, **S. 222**.
51 Je nach Rechtsform und steuerlicher Einkunftsart fallen Einkommensteuer, Körperschaftsteuer und Gewerbesteuer an.
52 Zu beachten ist die sog. Zinsschranke gem. § 4h EStG bzw. § 8a KStG, die den Betriebsausgabenabzug für Zinsaufwendungen begrenzt.

Es besteht ein Vermögensanspruch auf nominale Rückzahlung, d.h. in Höhe der Gläubigerforderung. Bei Insolvenz besteht für den Fremdkapitalgeber ein beschränktes Risiko, er wird gegenüber dem Eigenkapitalgeber vorrangig bedient.

Aus Unternehmenssicht stellt Eigenkapital die komfortablere, aber auch teurere Finanzierungsalternative dar: Einerseits fordert Eigenkapital keine Sicherheiten, es fallen keine Zinszahlungen an, es muss nicht getilgt werden, es erhöht die Kreditwürdigkeit im Rahmen der Bonitätsprüfung; andererseits ist Eigenkapital nach wie vor steuerlich benachteiligt und der Eigenkapitalgeber trägt des Weiteren höhere Risiken, die entsprechend höher zu vergüten sind. Das verfügbare Volumen dieser Finanzierungsalternative ist allerdings im Vergleich zum Fremdkapital begrenzt: Spricht man beim Fremdkapital von unbeschränkter Finanzierungskapazität, in Abhängigkeit von der Bonität des Unternehmens und der vorhandenen Sicherheiten, so ist dem Eigenkapital nur eine beschränkte Finanzierungskapazität zuzuschreiben, die bedingt wird durch die private Vermögenslage des Eigenkapitalgebers und die Gewinnsituation des Unternehmens.

Gemäß der Datenerhebung der Deutschen Bundesbank waren die Unternehmen in Deutschland in den letzten Jahren bestrebt, ihre Eigenkapitalbasis zu stärken. In 2013 betrug die Quote im Durchschnitt rund 30 %. Um die herrschende Bandbreite aufzuzeigen, seien beispielhaft im Folgenden die Eigenkapitalquoten von verschiedenen Immobilienunternehmen[53] vergleichend gegenübergestellt: Die Deutsche Annington, eine börsennotierte Immobilien-AG mit dem umfangreichsten Wohnimmobilienbestand in Deutschland, weist eine Quote von 40,4 % zum 31.12.2014 aus.[54] Das größte kommunale Wohnungsunternehmen Berlins, die degewo AG, verzeichnet zum selben Stichtag einen Wert von 21,8 %.[55] Als größtes evangelisches Wohnungsunternehmen in Deutschland weist das ESW Evangelisches Siedlungswerk in Bayern Gemeinnützige Bau- und Siedlungsgesellschaft mbH zum Vergleichszeitpunkt eine Eigenkapitalquote von 38,2 % aus;[56] dagegen beträgt der Eigenkapitalanteil der HWS Hilfswerk-Siedlung GmbH, einem evangelischen Wohnungsunternehmen in Berlin, 8,5 % zum Jahresende 2013.[57] Die „Aachener" Grundvermögen Kapitalverwaltungsgesellschaft mbH, Anbieter von offenen Immobilienfonds und zum Eigentum der katholischen Kirche in Deutschland zählend, verzeichnet eine Eigenkapitalquote von 52,3 % zum 31.12.2014.[58]

Im Rahmen der Immobilienfinanzierung nimmt die Kreditfinanzierung eine besondere Stellung ein und wird nachfolgend näher betrachtet.

---

53 Siehe auch Ziffer 2.1.
54 Deutsche Annington, Geschäftsbericht 2014.
55 Degewo AG, Konzernabschluss 2014.
56 ESW Evangelisches Siedlungswerk in Bayern Gemeinnützige Bau- und Siedlungsgesellschaft mbH, Geschäftsbericht 2014.
57 HWS Hilfswerk-Siedlung GmbH, Newsletter Sonderausgabe zum Geschäftsbericht 2013 (Newsletter Sonderausgabe zum Geschäftsbericht 2014: keine Information zur Eigenkapitalquote).
58 "Aachener" Grundvermögen- Kapitalanlagegesellschaft mbH, Köln, Jahresabschluss zum Geschäftsjahr vom 1.1.2014 bis zum 31.12.2014, Lagebericht, veröffentlicht im Bundesanzeiger vom 25.6.2015.

## 3.2.3 Kreditfinanzierung

Kreditfinanzierung ist entsprechend der oben erläuterten Systematik Beschaffung von Fremdkapital von außen. Finanzielle Mittel werden von externen Kapitalgebern, wie Kreditinstituten, Versicherungen, anderen Unternehmen, Kunden oder Privatpersonen, für eine bestimmte Zeitspanne (kurz-, mittel- oder langfristig) zur Verfügung gestellt, wobei vertraglich die Zinskonditionen und der Rückzahlungstermin bestimmt werden. Entsprechend dem Grundsatz der Fristenkongruenz sollte die Kreditlaufzeit der voraussichtlichen Nutzungsdauer des Investitionsgutes angepasst werden, sodass unnötige Zinszahlungen oder sog. Vorfälligkeitsentschädigungen, d.h. Gebühren, die bei vorzeitiger Rückzahlung des Kredits anfallen, möglichst ausgeschlossen werden.

### 3.2.3.1 Laufzeit und Tilgungsstruktur

Zu den kurzfristigen Krediten, die eine Laufzeit bis zu einem Jahr umfassen, zählen die Handelskredite, wie der Lieferantenkredit und die Kundenanzahlung, kurzfristige Bankkredite, wie der Kontokorrentkredit, der Lombard- und der Wechseldiskontkredit sowie die Kreditleihe, und das sog. Commercial Paper, bei dem es sich um eine verbriefte Schuldverschreibung handelt.[59]

Zu den mittelfristigen (mit einer Laufzeit von einem bis fünf Jahren) bis langfristigen Krediten (mit einer Laufzeit länger als fünf Jahre) gehören insbesondere Bankkredite wie Investitionsdarlehen und Kredite aus öffentlichen Förderprogrammen, z. B. von der KfW Bankengruppe, sowie Schuldverschreibungen.[60] In der Immobilienwirtschaft sind infolge des langfristigen Anlagehorizonts Darlehen mit Laufzeiten von mindestens fünf Jahren vorherrschend.

Neben der Fristigkeit können mittel- und langfristige Kredite auch nach deren Tilgungsstruktur systematisiert werden in Annuitäten-, Raten- und Festdarlehen:

Beim *Annuitätendarlehen* zahlt der Schuldner während der Kreditlaufzeit pro Jahr (je nach Vereinbarung auch pro Quartal oder pro Monat) einen konstanten Betrag. Dieser gleichbleibende Kapitaldienst setzt sich aus einem Zins- und einem Tilgungsanteil zusammen. Im Zeitablauf steigt der Tilgungsanteil, während der Zinsanteil entsprechend sinkt, da die Zinsen immer nur auf den ausstehenden Restdarlehensbetrag gezahlt werden. Je höher die Tilgung vereinbart wird, umso kürzer ist die Laufzeit des Darlehens, da die Summe der ersparten Zinsen eine überproportionale Zunahme des Tilgungsanteils zur Folge hat. Das Annuitätendarlehen ist die am häufigsten gewählte Kreditform im Rahmen von Immobilienfinanzierungen, insbesondere auf Grund der konstanten Belastung über die Darlehenslaufzeit.

Eine zweite, weniger häufig vereinbarte Tilgungsform bei Immobilienfinanzierungen ist das *Ratendarlehen*. Die Tilgung erfolgt in periodisch gleichbleibenden Beträgen bis zum Laufzeitende. Die Zinszahlungen sinken mit jeder geleisteten Tilgungsrate, da sich diese auf die verbleibende Restschuld beziehen. Der Kapitaldienst verringert sich im Zeitablauf im Umfang des reduzierten Zinsanteils. Wegen der hohen Belastung am An-

---

59 Zu den einzelnen Formen im Detail Becker, Investition und Finanzierung, 6. Aufl. (2013), S. 197ff.
60 Zu den einzelnen Formen im Detail Becker, Investition und Finanzierung, 6. Aufl. (2013), S. 207ff.

fang der Laufzeit bzw. in der Anfangsphase der Immobilieninvestition und der bei Inflation zukünftig leichter aufzubringenden Kapitaldienste[61] geben Darlehensnehmer gegenüber den fallenden Belastungen beim Ratendarlehen steigende oder konstante periodische Belastungen wie beim Annuitäten- oder Festdarlehen den Vorrang.

Merkmal des *Festdarlehens* oder auch endfälligen Darlehens ist die Tilgung des Kredits in einer Summe am Ende der Laufzeit. Festdarlehen werden im Rahmen der Immobilienfinanzierung in Kombination mit Bauspar- oder Lebensversicherungsverträgen angewandt. Im Vergleich zu Annuitäten- und Ratendarlehen ist die Gesamtbelastung bei endfälligen Darlehen höher.

Neben diesen Standardvarianten gibt es auch flexible Tilgungselemente wie beispielsweise Sondertilgungen, Tilgungsaussetzungen oder späterer Tilgungsbeginn, die im Darlehensvertrag gesondert vereinbart werden können.

Der Kreditzinssatz kann als fest fixierter Zins (Festzins) oder als variabler Zins über die Laufzeit vertraglich bestimmt werden. Kennzeichen der variablen Zinsvereinbarung ist, dass die Zinshöhe im Zeitverlauf schwanken kann infolge von Marktzinsanpassungen durch das Kreditinstitut.

### 3.2.3.2 Kreditentscheidungsprozess und Kreditvergabe

Während des Kreditentscheidungsprozesses prüft die Bank Kreditfähigkeit und Kreditwürdigkeit des Kreditnehmers. Diese Einschätzungen richten sich auf die Zukunft und sind folglich von Unsicherheit geprägt. Um ein mögliches Risiko zu reduzieren, verlangt der Kreditgeber meist Sicherheiten in Form von Personal- oder Realsicherheiten. Zu den schuldrechtlichen Personalsicherheiten zählen Bürgschaften, Garantien, Patronatserklärungen, Negativ- und Positiverklärungen.[62] Die sachenrechtlichen Realsicherheiten umfassen den Eigentumsvorbehalt, die Sicherungsabtretung, die Verpfändung, die Sicherungsübereignung und das Grundpfandrecht.[63] Im Rahmen des Grundpfandrechts wird eine Forderung über ein Grundstück oder ein grundstücksgleiches Recht wie das Erbbaurecht und das Wohnungseigentum abgesichert. Zu unterscheiden sind Hypotheken, Grundschulden und Rentenschulden. Das *Grundschulddarlehen* ist infolge seiner Charakteristika und der daraus resultierenden Flexibilität weiter verbreitet als das Hypothekendarlehen.[64] In 2008 waren mehr als die Hälfte aller in Deutschland vergebenen Kredite mit Immobilien besichert, wobei ca. 80 % davon als Grundschulden bestellt wurden.[65]

Ein wesentliches Charakteristikum im Rahmen der Vergabepraxis deutscher Kreditinstitute bei immobilienbesicherten Darlehen ist der sog. *Beleihungswert*, d.h. der Im-

---

61 Bieg/Kußmaul, Investitions- und Finanzierungsmanagement, Bd. I: Investition, 2000, S. 203.
62 Ausführlich zu den einzelnen Formen der Personalsicherheiten vgl. z.B. Becker, Investition und Finanzierung, 6. Aufl. (2013), S. 191ff.
63 Ausführlich zu den einzelnen Formen der Personalsicherheiten vgl. z.B. Becker, Investition und Finanzierung, 6. Aufl. (2013), S. 194ff.
64 Hierzu im Detail Hellerforth, Immobilieninvestition und -finanzierung kompakt, 2008, S. 66ff.; Rottke, in: Rottke/ Thomas, Immobilienwirtschaftslehre Band I, Management, 2010, S. 905ff.
65 Voigtländer, Der Immobilienmarkt in Deutschland, 2009, S. 48 und Hellerforth, Immobilieninvestition und -finanzierung kompakt, 2008, S. 66.

mobilienwert, der bei der Beleihung einer Immobilie vom Kreditinstitut zugrunde gelegt wird. Da der Beleihungswert meist Basis für langfristige Finanzierungen ist, soll er im Gegensatz zu einem zeitpunktbezogenen Marktwert langfristig gültig sein. Gemäß der deutschen Beleihungswertermittlungsverordnung wird unter dem Beleihungswert einer Immobilie der Wert verstanden, „der erfahrungsgemäß unabhängig von vorübergehenden, etwa konjunkturell bedingten Wertschwankungen am maßgeblichen Grundstücksmarkt und unter Ausschaltung von spekulativen Elementen während der gesamten Dauer der Beleihung bei einer Veräußerung voraussichtlich erzielt werden kann."[66] Daraus abgeleitet soll der Beleihungswert so ermittelt werden, dass er vom Marktwert der Immobilie unter normal zu erwartenden zyklischen Schwankungen nicht unterschritten wird. Er stellt damit eine langfristige Wertuntergrenze dar. Hieraus ergibt sich ein wesentlicher Unterschied zu vielen anderen Ländern, die bei der Immobilienfinanzierung an den Marktwert anknüpfen.[67] Dieser Ansatz ist ein wichtiges Instrument innerhalb des Risikomanagements deutscher Banken bei der Einhaltung der Kapitalanforderungen und Ausdruck einer konservativen und auf Sicherheit ausgelegten Kreditvergabe in Deutschland.[68]

Um das Ausfallrisiko des Kreditgebers weiter zu begrenzen, haben sich sog. *Covenants* als feste Vertragsbestandteile bei Kreditvergaben auch in Deutschland etabliert. Covenants bezeichnen vertragliche Zusicherungen des Kreditnehmers in Bezug auf bestimmte Verhaltenspflichten während der Laufzeit des Kreditvertrages. Ein Abweichen von diesen vorgegebenen Verhaltenspflichten kann ein außerordentliches Kündigungsrecht des Kreditgebers begründen. Covenants lassen sich in Financial Covenants, Non-Financial Covenants und Corporate Covenants unterscheiden.

Zu den *Financial Covenants* (Finanzkennzahlen) zählen sowohl bilanzbezogene Klauseln wie beispielsweise ein Mindesteigenkapital, ein Mindestsubstanzwert des Unternehmens oder die Begrenzung der Fremdmittel, als auch immobilienbezogene Covenants, von denen nachfolgend einige kurz vorgestellt werden:

Die *Loan-to-Value Ratio*, abgekürzt LTV, stellt das Verhältnis von Kredithöhe (Loan) und Verkehrswert der Immobilie (Value) dar. Mit dem Fixieren der Loan-to-Value Ratio auf eine bestimmte Höhe wird gleichzeitig festgelegt, wie hoch der Eigenkapitalanteil bei dieser Finanzierung liegt.

Die *Loan-to-Cost Ratio*, abgekürzt LTC, kommt im Rahmen von Baufinanzierungen zum Tragen. Sie drückt die Kredithöhe in Prozent zum geschätzten Gesamtinvestitionsvolumen (Cost) aus. Mit dem festgelegten Wert der Loan-to-Cost Ratio bestimmt das Kreditinstitut damit auch, inwieweit es bereit ist, Projekt- und unternehmerische Risiken mitzutragen.

---

66 § 3 I BelWertV.
67 Voigtländer, Der Immobilienmarkt in Deutschland, 2009, S. 57.
68 Im Rahmen der europäischen Harmonisierung in Folge von Basel III soll aktuell die kreditwirtschaftliche Wertermittlung vereinheitlicht werden. Hierfür ist insbesondere der noch nicht veröffentlichte technische Regulierungsstandard zur Beleihungswertermittlung von Bedeutung (§ 124 IV Capital Requirement Regulation (CRR)). In Abhängigkeit davon, ob er als Mindest- oder als Höchstmaß an Harmonisierung formuliert ist, könnte die Beleihungswertermittlungsverordnung ihre Gültigkeit verlieren.

Die *Interest Cover Ratio* (ICR), auch Zinsdeckungsgrad, ist eine Kennzahl, die die Jahresnettomieterträge abzüglich der nichtumlagefähigen Bewirtschaftungskosten (Net Operating Income) mit dem Zinsaufwand (Interest) ins Verhältnis setzt. Sie gibt an, inwieweit das Net Operating Income ausreicht, um den Zinsaufwand zu decken.

Wird bei der Interest Cover Ratio der Zinsaufwand erhöht um den Tilgungsaufwand, ergibt sich eine weitere Kennziffer, die *Debt Service Coverage Ratio* (DSCR), auch Schuldendeckungsgrad. Diese Prozentgröße gibt Auskunft, ob der Kapitaldienst, als Summe aus Zins- und Tilgungszahlungen, zur Deckung des Net Operating Income genügt.[69]

*Non-Financial Covenants* umfassen Klauseln, in denen der Kreditnehmer beispielsweise zusagt, keine weiteren Darlehensverpflichtungen zu übernehmen oder wie die Gleichbehandlungserklärung, welche die Gewährung von Sicherheiten an andere Gläubiger verbietet, ohne das der Kreditgeber gleichgestellt wird.

*Corporate Covenants* beinhalten dagegen z.B. Verbote, wie die Geschäftstätigkeit zu erweitern oder zu ändern, konzernintern umzustrukturieren oder über betriebsnotwendiges Vermögen zu verfügen. Außerdem können sie Informationspflichten im Rahmen von regelmäßigen Reports umfassen, in denen über immobilienspezifische Kennwerte wie die durchschnittliche Restlaufzeit der Mietverträge, Rückstände bei Mieten und umlegbaren Bewirtschaftungskosten, Instandhaltungskosten, geplante Investitionen und Veräußerungen berichtet wird.[70]

### 3.2.4 Innovative Finanzierungsinstrumente und Kreditsubstitute

Neben den traditionellen Fremdfinanzierungskonzepten, wie sie oben vorgestellt wurden, haben sich zunehmend infolge der restriktiven Kreditvergabe der Banken z.B. durch Basel III, sog. *innovative Finanzierungsinstrumente* etabliert. Sie dienen vorzugsweise der Abdeckung einer möglichen Finanzierungslücke zwischen Eigen- und (traditionellem) Fremdkapital auf der einen und geplantem Investitionsvolumen auf der anderen Seite. Hierzu gehören u.a. die Mezzanine-Finanzierung und die Securitization.

Bei einer *Mezzanine-Finanzierung* wird durch einen Drittinvestor Kapital zur Verfügung gestellt, das seiner Position nach zwischen Fremdkapital und Eigenkaptal steht[71] und deshalb als nachrangiges Fremdkapital bzw. vorrangiges Eigenkapital bezeichnet werden kann. Der Mezzanine-Kapitalgeber steht in Bezug auf seine wirtschaftliche und rechtliche Stellung zwischen Eigenkapitalgeber und Fremdkapitalgeber. Mezzanine-Kapital weist sowohl typische Fremdkapitaleigenschaften, wie beispielsweise Rückzahlungsverpflichtung, laufende und erfolgsunabhängige Zinszahlungen sowie befristete Kapitalüberlassung, als auch typische Eigenkapitaleigenschaften, wie keine Forderung

---

69 Aktuell arbeitet die Bundesregierung daran, der Bundesanstalt für Finanzdienstleistungsaufsicht (BaFin) Instrumente für die Regulierung von Wohnungskrediten an die Hand zu geben. Die BaFin soll u.a. zukünftig einen Maximalbetrag für die Loan-to-Value Ratio und eine Obergrenze für die Debt Service Coverage Ratio festlegen können.
70 Ausführlich zum Thema Covenants bei Immobilienfinanzierungen vgl. Rottke, in: Rottke/Thomas, Immobilienwirtschaftslehre Band I, Management, 2010, S. 915ff.
71 Der Begriff Mezzanine steht im Italienischen für den in der Architektur verwendeten Begriff des Zwischengeschosses.

von Sicherheiten, Nachrangigkeit im Insolvenzfall und Gewinnbeteiligung. In Abhängigkeit davon, welcher Charakter überwiegt, lassen sich eigenkapitalnahe Formen, sog. Equity Mezzanine, wie stille Beteiligungen, Genussrechte und Vorzugsaktien mit festem Dividendenanspruch, hybrides Mezzanine-Kapital, wie z.B. Wandel- und Optionsanleihen und fremdkapitalnahe Formen, sog. Debt Mezzanine, wie z.B. nachrangige Kredite und das partiarische Darlehen, unterscheiden.[72] Die Vergütung des Mezzanine-Kapitalgebers setzt sich meist aus drei Elementen zusammen: einer erfolgsunabhängigen Basisverzinsung, einer Einmalzahlung zum Laufzeitende, sog. Roll-up, und einer Beteiligung an der Unternehmenswertsteigerung, sog. Equity-Kicker. Sie variiert der Höhe nach in Abhängigkeit von der jeweiligen Mezzanine-Form.[73]

*Securitization* steht für die Verbriefung von Forderungen, im immobilienwirtschaftlichen Kontext, die Verbriefung von Immobilien mit den entsprechenden Zahlungsströmen aus Mieteinnahmen und Verkaufserlösen. Deren konzeptionelle Struktur basiert auf den Asset Backed Securities.

Die Asset Backed Securities (ABS), das Factoring und das Leasing werden unter dem Begriff *Kreditsubstitute* zusammengefasst:

*Factoring* ist eine Form der kurzfristigen Fremdfinanzierung und bezeichnet den laufenden Verkauf von Forderungen aus Lieferungen und Leistungen, übertragen auf die Immobilienwirtschaft, aus Mietforderungen oder durch die Übertragung des Mahn- und Inkassomanagements, an eine sog. Factoring-Gesellschaft. Aus Sicht des Immobilieninvestors dient das Factoring damit in erster Linie der Beschaffung liquider Mittel aus Forderungen, die erst in der Zukunft zahlungswirksam werden.

*Asset Backed Securities* sind durch Forderungen gesicherte Wertpapiere. Ähnlich wie beim Factoring werden nicht handelbare Forderungspositionen übertragen, die jedoch im Rahmen einer Verbriefung, sog. Securitization, in Wertpapiere umgewandelt und am Kapitalmarkt emittiert werden. Verbriefungen sind für Kreditinstitute ein wichtiges Instrument zur Refinanzierung über den Kapitalmarkt. Verbrieft werden können beispielsweise Leasingforderungen oder auch Hypothekendarlehen, sog. Mortgage Backed Securities.

*Leasing* ist ein miet- oder pachtähnliches Verhältnis, das über einen bestimmten Zeitraum abgeschlossen wird. Auf die Immobilienwirtschaft angewendet bezeichnet es die langfristige Nutzungsüberlassung einer Immobilie durch einen Leasinggeber an einen Leasingnehmer gegen laufendes Entgelt, sog. Leasingraten. Je nach Ausgestaltung des Leasingvertrages kann die Grundmietzeit, in der der Vertrag nicht gekündigt werden kann, bis zu 75 % der wirtschaftlichen Nutzungsdauer betragen; der Leasingnehmer trägt das wirtschaftliche Risiko. Relativ hoch sind die Kapitalkosten beim Leasing: Während der Grundmietzeit zahlt der Leasingnehmer über die zu entrichtenden Leasingraten sowohl die Anschaffungs- bzw. Herstellungskosten der geleasten Immobilie

---

72 Ausführlich hierzu z.B. Becker, Investition und Finanzierung, 6. Aufl. (2013), S. 221ff.
73 Auch Rottke, in: Rottke/ Thomas, Immobilienwirtschaftslehre Band I, Management, 2010, S. 928ff.

als auch die Gewinnmarge des Leasinggebers. Andererseits kann er seine Liquidität entlasten und langfristig zu 100% fremdfinanzieren.[74]

---

[74] Ausführlich zu den Kreditsubstituten z.B. Becker, Investition und Finanzierung, 6. Aufl. (2013), S. 240ff., S. 255ff., S. 217ff. und S. 261ff., Rottke, in: Rottke/ Thomas, Immobilienwirtschaftslehre Band I, Management, 2010, S. 934ff. und S. 946ff. und Hellerforth, Immobilieninvestition und -finanzierung kompakt, 2008, S. 116ff.

## 2. Investitionsrechnung: Vorteilhaftigkeit und Risiko kalkulieren

*Fritz Schmoll genannt Eisenwerth*

*Investitionen werden in Sozialwirtschaft und Kirche aus unterschiedlichen Gründen getätigt. Sie sollen wirtschaftlich sein und entweder Erträge erwirtschaften oder Opportunitätskosten (z. B. ersparte Miete für die Nutzung fremder Räume) reduzieren. Um die Investition beurteilen zu können, stehen verschieden Methoden der statischen und dynamischen Investitionsrechnung zur Verfügung. Auf Grundlage dieser Investitionsrechnungen können Risiken kalkuliert und in monetären Größen quantifiziert werden. Diese Berechnungen helfen Investitionsentscheidungen, mit den sich daraus ergebenden finanziellen Konsequenzen, besser zu beurteilen.*

Investitionen werden getätigt mit dem Ziel, Erträge zu erwirtschaften. Sie sind stets risikobehaftet. Betriebliche Investitionen lassen sich anhand der damit verbundenen Geldströme (anfängliche Investitionsausgabe, spätere geldwerte Nutzungen) modellieren. Um die Vorteilhaftigkeit von Investitionen vorab beurteilen zu können, haben sich verschiedene Methoden der Investitionsrechnung etabliert, die im Folgenden dargestellt werden.[1] Auf Investitionsrechnungen aufbauend können darüber hinaus die Risiken kalkuliert werden, soweit sich diese ebenfalls in monetären Größen quantifizieren lassen. Diese Methoden sind dann auf kirchliche oder sozialwirtschaftliche Immobilien anwendbar,[2] wenn der erwartete Nutzen einer Investition – zumindest modellhaft – quantifiziert werden kann, etwa als Opportunitätskosten (z. B. ersparte Miete für die Nutzung fremder Räume).

### 1. Ziele und allgemeine Grundlagen einer Investitionsrechnung

Investition ist die Verwendung von finanziellen Mitteln zur Beschaffung von Vermögensgegenständen, oder – nach anderer Definition – Umwandlung von Kapital in Vermögen. Üblicherweise wird in der Betriebswirtschaftslehre für die Vermögensverwendung das Formalziel Gewinnmaximierung unterstellt, aber Vermögen kann auch anderen Nutzen stiften, der monetär schwer messbar ist. Investitionsrechnungen sind Instrumente zur Beurteilung der Vorteilhaftigkeit einer Investition. Das Ergebnis einer Investitionsrechnung besteht in einer Kennzahl – häufig Rentabilität oder Rendite. Darüber

---

1 Weiterführend zum Thema betriebliche Investition und Finanzierung vgl.: Perridon, Louis / Steiner, Manfred / Rathgeber, Andreas W.: Finanzwirtschaft der Unternehmung, München (Vahlen), nunmehr bereits in der 16. Aufl. (2012).
2 Weiterführend zur Anwendung der Investitionsrechnung auf immobilienwirtschaftliche Fragestellungen und Entscheidungssituationen vgl.: Schmoll genannt Eisenwerth, Immobilieninvestition und Immobilienfinanzierung; in ders. (Hrsg.) Basiswissen Immobilienwirtschaft, Berlin (Grundeigentum) / München 2015, S. 691–845; und: Schäfer, Jürgen und Conzen, Georg (Hrsg.): Praxishandbuch der Immobilien-Investition, München 2005.

hinaus kann auf der Grundlage einer Investitionsrechnung versucht werden, das Risiko der Investition einzuschätzen.

Weniger anschaulich als obige Definitionen, aber zur Darstellung der finanzwirtschaftlichen Zusammenhänge besonders gut geeignet, ist eine mehr abstrakte Definition: Eine Investition ist eine Zahlungsreihe, die mit Auszahlungen beginnt, auf die Einzahlungen folgen, und eine Finanzierung (gewissermaßen spiegelbildlich) eine Zahlungsreihe, die mit Einzahlungen beginnt, auf die Auszahlungen folgen. Dieser Zusammenhang ist in der nachfolgenden Abbildung visualisiert.

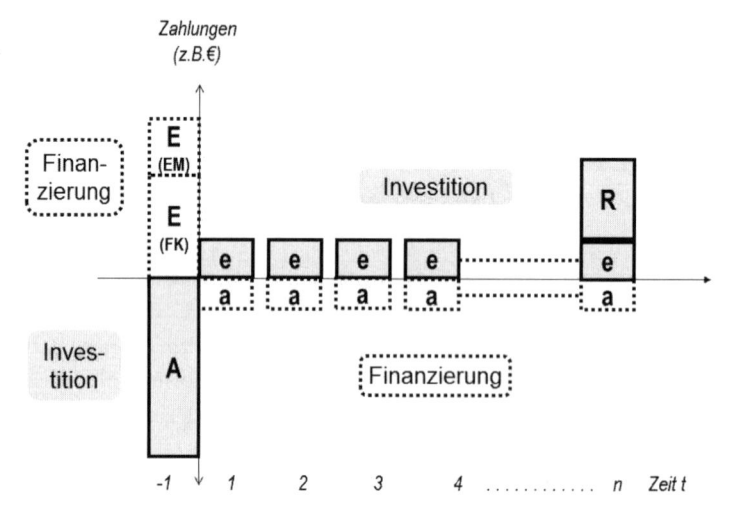

*Abbildung 1 Investition und Finanzierung als Zahlungsreihen*

Quelle: eigene Darstellung

## 1.1 Planungszeitraum und Zahlungsströme

In Abbildung 1 ist ein Zeitraum von n Perioden (vorstellbar als Wirtschaftsjahre 1 bis n) dargestellt und die Mittelzu- und -abflüsse aus Sicht des Investors bzw. der Investition – man geht also von einem bestimmten Zeithorizont aus, der beabsichtigten Nutzungsdauer der Investition. Dabei muss klar getrennt werden zwischen der Investitionsphase (Periode -1) und der Nutzungsphase, den Perioden 1 bis n. Auszahlungen sind negativ, Einzahlungen positiv dargestellt.

### 1.1.1 Aus- und Einzahlungen der Investitionsphase

Die Anfangs-Auszahlung (A) veranschaulicht die Investitionsausgabe, z. B. die Bezahlung von Grundstück, Planung, Bau usw., mit negativem Vorzeichen, denn aus Sicht des Investors handelt es sich um Mittelabfluss. Die positiven Einzahlungen (e) kommen über den gesamten Nutzungszeitraum der Investition herein. Außerdem ist am Ende der Nutzungsdauer meistens mit einem Restwert (R) zu rechnen, der beim Wiederverkauf der Immobilie erzielt werden kann. Die Finanzierung stellt aus Sicht des Investors eine

Einzahlung (E) dar, er bekommt als Fremdkapital (FK) z. B. einen Darlehensbetrag von der Bank und setzt Eigenmittel (EM) ein. Auch die Eigenmittel werden als Einzahlung behandelt, dahinter steht die Vorstellung, der Investor könnte die Eigenmittel auch anderweitig verwenden, nun aber zahlt er sie für diese Investition ein.

### 1.1.2 Aus- und Einzahlungen der Bewirtschaftungsphase

Die auf die Finanzierungs-Einzahlung folgenden Auszahlungen (a) sind der Kapitaldienst, in der Abbildung als Annuität (gleichbleibende Zahlung bestehend aus Zins- und Tilgungsanteil) dargestellt. Weitere Auszahlungskomponenten sind die laufenden Kosten für die Verwaltung, den Betrieb und die Unterhaltung des Gebäudes und der Außenanlagen. In unserem Beispiel soll das Fremdkapital genau im letzten Nutzungsjahr vollständig zurückgeführt sein; wenn eine Restschuld noch bestünde, wäre sie spiegelbildlich zum Restwert darzustellen, wenn schon vor Ende der Nutzungsdauer vollständig getilgt wäre, würden sich die Auszahlungen (a) schon vor dem Jahr n um die Annuität verringern. Die Differenz zwischen den laufenden Einzahlungen (e) und den laufenden Auszahlungen (a) über den Nutzungszeitraum n sind die Überschüsse, die der Investor erzielt.

Die laufenden Einzahlungen der Bewirtschaftungsphase bestehen aus den Zahlungen der Mieter. Bei Eigennutzung oder bei einer kostenlosen bzw. verbilligten Überlassung an Dritte können statt Mieteinnahmen die *Opportunitätskosten* der Nutzung angesetzt werden, d.h. das, was an einen Vermieter zu zahlen wäre, wenn die Räume auf dem freien Markt angemietet werden müssten.

### 1.1.3 Steuern: sekundäre Aus- und Einzahlungen

Will man steuerliche Aspekte berücksichtigen, so sind diese als sekundäre Zahlungen darzustellen, sofern sie dem Investitionsvorhaben direkt zugeordnet werden können. Zu zahlende Steuern sind als Auszahlungen (in der Bauphase als Teil der Investitionsauszahlung, in der Bewirtschaftungsphase als Teil der laufenden Auszahlungen) anzusetzen und Steuerersparnisse (Steuererstattungen oder Steuerminderausgaben) als laufende Einzahlungen.

### 1.1.4 Zahlungen der letzten Periode

Als Auszahlung in der letzten Nutzungsperiode sind zusätzlich zu den sonstigen laufenden Zahlungen die Nebenkosten des Verkaufs (Vertriebskosten, Maklergebühren etc.) anzusetzen und – falls das Objekt nicht schuldenfrei ist – die Rückzahlung des Darlehens (einschließlich eventueller Nebenkosten wie Vorfälligkeitsgebühren für vorzeitige Rückzahlung eines Darlehens oder Kosten der Löschung von Grundpfandrechten).

## 1.2 Direkte und indirekte Immobilien-Investitionen

Eine Investition in Immobilien kann direkt erfolgen, indem ein Investor ein bebautes Grundstück kauft oder ein Baugrundstück erwirbt und dieses bebauen lässt, um danach kurzfristig Erträge aus der Veräußerung oder langfristig aus der Vermietung oder Eigennutzung zu ziehen. Außerdem kommen im Lebenszyklus von Immobilien Erneuerungsinvestitionen vor, beispielsweise in der Form der Modernisierung oder des Um- und Ausbaus eines bestehenden Gebäudes. Von indirekten Immobilieninvestitionen ist die Rede, wenn der Investor nicht Eigentümer im rechtlichen Sinne ist, sondern sich wirtschaftlich an der Investition beteiligt, beispielsweise indem er Anteile an einem Vermögen (einer Gesellschaft, einer Genossenschaft, einer Stiftung) erwirbt, das seinerseits Eigentümer von Immobilien ist.

*1.3 Vorteilhaftigkeit und Risiko einer Investition beurteilen*

Investitionen sind in die Zukunft gerichtet: jetzt werden Mittel verwendet, die künftig einen Nutzen(strom) abgeben sollen. Anhand der Kategorie *Vorteilhaftigkeit* soll beurteilt werden, ob die Verwendung der Mittel in der Gegenwart durch den erwarteten zukünftigen Nutzenstrom wirtschaftlich gerechtfertigt ist. Der Begriff Vorteilhaftigkeit schließt den Aspekt des Vergleichs ein: Es wird stets zwischen unterschiedlichen Investitionsmöglichkeiten verglichen. Wenn nur eine einzelne Investitionsmöglichkeit beurteilt werden soll, wird diese an einer *Referenzinvestition* gemessen (z. B. an einer Anlage der verfügbaren Mittel auf dem Kapitalmarkt) oder auch an der *Unterlassungsalternative*, also daran, ob und welche Überschüsse mit den nicht ausgegebenen Mitteln erzielt würden, wenn die Investition unterbliebe. Wenn der Nutzenstrom in Geld gemessen werden kann, lässt sich die *Vorteilhaftigkeit berechnen*: dies ist der Grundgedanke der Investitionsrechnung. Investitionsrechnungen sind sinnlos, wenn es nicht gelingt, Investitionssumme und Nutzenstrom in gleichen (am besten: in Geld-) Einheiten zu quantifizieren.

Für Investitionsrechnungen hat die Finanzwissenschaft verschiedene Methoden entwickelt; zunächst wird zwischen *Methoden bei Sicherheit* und solchen *bei Risiko* unterschieden. Die Methoden bei Sicherheit sind wiederum differenziert in *statische*, bei denen nur eine Periode (z. B. ein Wirtschaftsjahr) betrachtet wird und *dynamische*, bei denen mehrere Perioden (z. B. die geplante Halte- oder Nutzungsdauer) betrachtet werden. Die Verfahren bei Risiko basieren ihrerseits meistens auf dynamischen Investitionsrechnungen. Von all diesen Methoden werden im Folgenden zwei statische und zwei dynamische vorgestellt. Es handelt sich um diejenigen, die in der Immobilienwirtschaft die größte Verbreitung gefunden haben.

Investitionsentscheidungen sind stets Entscheidungen unter Unsicherheit. Soweit die Unsicherheit in einer (nachteiligen) Abweichung vom erwarteten Ergebnis besteht, deren Wahrscheinlichkeit angegeben werden kann, sprechen wir von *kalkulierbarem Risiko*. Bezüglich der Investitionssumme besteht das Risiko, dass sie falsch eingeschätzt wird (der Bau wird teurer als geplant), noch mehr Risiken bestehen hinsichtlich der künftigen Nutzenströme (die kalkulierten Mieten werden nicht erzielt, die laufenden Kosten steigen schneller als erwartet usw.). Obgleich es uns nicht gegeben ist, in die Zukunft zu schauen, können wir doch versuchen, diese Risiken zu kalkulieren, indem wir die zunächst als sicher angenommenen künftigen Rahmenbedingungen variieren und so quantitative Anhaltspunkte zur Beurteilung des Risikos gewinnen.

## 2. Investitionsausgabe und Kostenvergleichsrechnung

Die Investitionssumme besteht bei Bauinvestitionen (also wenn die Immobilie nicht fertig gekauft wird) typischerweise aus Ausgaben für den Erwerb des Grundstücks, für dessen Erschließung, für die Errichtung eines Gebäudes sowie der Außenanlagen und für Nebenkosten, die mit dem Grundstückserwerb und dem Bau zusammenhängen. Es kommt darauf an, die Investitionsausgabe vollständig und realistisch zu erfassen.[3] Eine zu niedrig kalkulierte Investitionsausgabe stellt ein hohes Risiko dar.

### 2.1 Kostengruppen nach DIN 276-1

Zur Ermittlung der Höhe der erforderlichen Investitionsausgabe hat sich allgemein die Gliederung der DIN 276-1 „Kosten im Bauwesen – Teil 1: Hochbau" (in der Wohnungswirtschaft auch die ähnlich aufgebaute II. BV §§ 5 ff.) durchgesetzt. Die DIN 276-1 ist zunächst lediglich eine Verständigungsgrundlage, damit die am Bau Beteiligten bei der Ermittlung von Baukosten die gleiche Sprache sprechen. Die Gliederung in Kostengruppen (KGr) und Untergruppen in der DIN 276-1 ist nicht verbindlich, Vertragsparteien von Bau- und Architektenverträgen können andere Gliederungsprinzipien und Methoden der Kostenplanung und -ermittlung vereinbaren. Aber wenn die Gliederung der DIN 276-1 zugrunde gelegt wird, hat man damit eine ziemlich vollständige Checkliste für alle Ausgaben, die bei einer Immobilieninvestition anfallen können, vom Grundstückserwerb bis zur Fertigstellung.

#### 2.1.1 Grunderwerb und Grundstücksnebenkosten

Die Grundstückskosten werden in den KGr 100 und 200 erfasst. Einen sehr großen Einzelposten der gesamten Investitionsauszahlung stellt regelmäßig der *Kaufpreis* bzw. der *Wert des Baugrundstücks* dar. Neben dem reinen Kaufpreis müssen auch alle anderen Kosten, die im Zusammenhang mit dem Eigentumswechsel anfallen, wie Grunderwerbsteuer, Notariatsgebühr, Gebühren des Grundbuchamts, Maklerprovision und andere Erwerbsnebenkosten erfasst werden. Einige dieser Kosten sind abhängig vom Grundstückspreis: je höher dieser, desto höher die Nebenkosten des Grunderwerbs. Allerdings ist die Abhängigkeit nicht in jedem Fall linear: die Gebührenordnungen des Grundbuchamts und der Notare sind degressiv gestaffelt, je höher der Kaufpreis, umso geringer der Prozentsatz dieser Gebühren. Die Abhängigkeit der Grunderwerbsteuer vom Kaufpreis ist mit 3,5 % bis 6,5 % – je nach Bundesland – allerdings linear. Als grober Anhaltspunkt für kleinere bis mittlere Bauvorhaben kann ein Satz von ca. 1,5 % der Grundstückskosten für Notar und Grundbuch gelten. Maklerprovisionen bewegen sich derzeit häufig zwischen 3 % und 6 %, sie unterliegen der Umsatzsteuer, so dass der jeweilige Mehrwertsteuersatz hinzukommt. Die DIN 276-1 erfasst diese Kosten zusammen mit dem Grundstückswert in der KGr 100.

---

3 Weiterführend zu Fragen der Baukostenplanung und des wirtschaftlichen Baumanagements vgl.: Möller, Dietrich-Alexander und Kalusche, Wolfdietrich: Planungs- und Bauökonomie, München, 6. Aufl. (2013).

Alle Kosten, die erforderlich sind, um das *Grundstück selber baureif* zu machen (die aber noch keine Kosten für Leistungen am Gebäude darstellen) werden in der KGr 200 erfasst. Für öffentliche Erschließung entstehen Erschließungsgebühren, die i. d. R. an die Gemeinde zu zahlen sind (und die bei neu erschlossenen Grundstücken oft erst Jahre nach der Fertigstellung der Straßen etc. abgerechnet werden), Gebühren für die Anschlüsse an Wasser, Abwasser, Energieversorgung (die oft von privaten Unternehmen und damit streng genommen nicht von der öffentlichen Hand erhoben werden). Zur privaten Erschließung gehören Zufahrtswege zum und auf dem Grundstück sowie die Leitungen für Wasser, Abwasser und Energie zwischen Grundstücksgrenze und Hausanschluss auf dem Grundstück. Unter Herrichten des Grundstücks versteht man die physische und rechtliche Vorbereitung der Bautätigkeit, also etwa Abstandszahlungen an Mieter oder Pächter zur vorzeitigen Aufhebung bestehender Verträge bzw. zur Ablösung sonstiger Rechte, der Abbruch vorhandener Gebäude, die nicht mehr genutzt werden sollen, und das Entfernen von Bewuchs, der nicht erhalten werden kann und muss. Die Sanierung von Bodenverunreinigungen ist ein Kostenfaktor, der zunehmend an Bedeutung gewinnt. Die Vorschriften zur Altlastensanierung wurden in den letzten Jahren mehrfach verschärft. Da immer häufiger auf Grundstücken gebaut wird, die in der Vergangenheit bereits genutzt waren, müssen frühere gewerbliche Nutzungen ermittelt werden, die Altlasten im Boden hinterlassen haben könnten. Je nach geplanter Nutzung kann der Eigentümer verpflichtet sein, aufwendige Bodensanierungen durchführen zu lassen.

2.1.2 Herstellung des Gebäudes und der Außenanlagen

Die eigentlichen Herstellungskosten des Gebäudes und der Außenanlagen sind in den KGr 300 – 600 erfasst. Die KGr 300 erfasst die *Baukonstruktion*, also die Kosten für die Gründung und für tragende und umhüllende Gebäudeteile (Fundamente, Wände, Stützen, Decken, Treppen, Fassaden und Dächer, Türen und Fenster), die KGr 400 die *technischen Einrichtungen* wie Installationen für Wasser, Abwasser, Heizung, Lüftung, Klima, Elektrizität, Datennetze, Aufzüge, Rolltreppen. In der KGr 500 werden die Kosten der *Außenanlagen* erfasst, also Geländemodellierung, Anpflanzungen, Wege, Kfz-Stellplätze und andere Befestigungen auf dem Grundstück, aber auch technische Einrichtungen außerhalb des Gebäudes wie Schranken- und Toranlagen oder Außenbeleuchtungsanlagen. In der Kostengruppe 600 werden *Einrichtungen und Kunstwerke* erfasst, also die Teile der Gebäudeausstattung, die weder zur Baukonstruktion noch zu den technischen Einrichtungen gehören, neben den Kunstwerken selber also z. B. Bestuhlung, Wandschränke, Einbauküchen und andere Möblierung.

2.1.3 Geeignete Vergleichsgröße: Bauwerkskosten

Angaben über Baukosten, vor allem auch als Kenngrößen wie Baukosten pro m$^2$ Nutzfläche oder pro m$^3$ Rauminhalt („umbauter Raum") werden meist auf die KGr 300 – 400 bezogen: das reine Gebäude eignet sich am ehesten als Vergleichsgrundlage für die Kalkulation von Bauvorhaben. Wenn Baukosten verglichen werden, ist unbedingt darauf zu achten, dass die Kostenermittlung für alle Vergleichsobjekte auch auf derselben Grundlage erfolgt und nicht etwa Gesamtkosten (KGr 100 – 700) des einen Projekts mit Gebäudekosten (KGr 300 – 400) des anderen verglichen werden.

### 2.1.4 Baunebenkosten

Im Zusammenhang mit der Errichtung des Gebäudes gibt es Kosten, die nicht direkt für die Herstellung des Gebäudes, seiner Anlagen und Einrichtungen aufgebracht werden müssen, sondern indirekt dem Bau zuzuordnen sind. Die DIN 276-1 fasst sie in der Kostengruppe 700 *Baunebenkosten* zusammen. Hier fallen Honorare für die planenden Architekten, Statiker und Fachingenieure an, für Gutachter (z. B. Baugrund, Denkmalschutz, Altlasten) sowie Gebühren der öffentlichen Hand für die Baugenehmigung und andere Genehmigungen. Ferner sind die Grundsteuer und Versicherungen während der Bauzeit hier erfasst. Fast alle dieser Kosten sind abhängig von der Höhe der Bauwerkskosten: je teurer gebaut wird, desto höher auch die Nebenkosten.

Eine besonders beachtenswerte Position unter den Baunebenkosten sind die *Finanzierungskosten der Entwicklungs- und Bauzeit*. Hier ist aller Aufwand zu erfassen, der *vor* dem Nutzungs- oder Vermietungsbeginn anfällt, nicht aber Kosten (z. B. Zinsen) der Endfinanzierung, die erst in der Nutzungsphase fällig werden. Sowohl Kosten, Gebühren und Honorare für die Vermittlung, Beschaffung und Besicherung von Finanzierungsmitteln gehören dazu, also etwa Schätzgebühren für die Beleihungswertermittlung, Notariats- und Grundbuchgebühren für Grundschuldbestellung, Vermittlungsgebühren an Kreditmakler. Aber auch alle Zinsen und zinsähnlichen Aufwendungen während der Bauzeit sind Baunebenkosten: Bauzeitzinsen bei Darlehen, die ab Abruf verzinst werden, Bereitstellungszinsen, Damna (als vorweggenommene Zinsen), Cap-Prämien als Entgelt für eingeräumte Zinsobergrenzen bei variabel verzinslichen Krediten. Die Finanzierungskosten hängen vom Zinssatz ab, von der Höhe des zu finanzierenden Betrags (und damit von der Höhe der Gesamtkosten) und von der Länge der Entwicklungs-, Planungs- und Bauzeit: je länger Mittel bis zur Erstvermietung in Anspruch genommen werden, umso höher ist der Zinsaufwand in der Investitionsphase. Daher ist die Entwicklungs- und Bauzeit ein bedeutender Faktor der Gesamtkosten. Je nach Aufwand und Schwierigkeitsgrad der Planung muss mit Baunebenkosten *ohne Finanzierungskosten* (Planung, Gebühren) in Höhe von ca. 17 – 33 % der Kosten des Bauwerks gerechnet werden.

Auch für das eingesetzte Eigenkapital – sei es als Grundstück, sei es als Geldmittel, sei es als eigene Sach- oder Arbeitsleistung – sollte eine *Eigenkapitalverzinsung* angesetzt werden: die im Bauvorhaben gebundenen Mittel können nicht mehr anderweitig verwendet werden, der dadurch verursachte Zinsausfall gibt eine realistische Größenordnung für den Ansatz der Eigenkapitalverzinsung während der Bauzeit. Nur wenn mit den Mitteln auch bei anderer Verwendung keine Erträge erzielt werden könnten, wäre eine Eigenkapitalverzinsung von 0 angemessen. Die DIN 276-1 sieht zwar eine Position Eigenkapitalverzinsung nicht explizit vor, sie schließt den Ansatz aber auch nicht aus, daher ist darauf zu achten, dass dieser Punkt nicht übersehen wird.

*2.2 Kosten die nicht durch die DIN 276 erfasst werden*

Die DIN 276-1 liefert eine Art Checkliste, die gewährleisten soll, dass bei der Kostenplanung und der Abrechnung von Bauvorhaben nichts vergessen wird. Das Regelwerk der DIN 276-1 ist zwar in den letzten Jahren überarbeitet worden, geht aber immer noch von dem eher konservativen Grundgedanken aus, dass ein Bauherr ein Grundstück erwirbt und für den eigenen Bedarf ein Gebäude errichten lässt. Bei dieser Sichtweise sind bestimmte Kosten nicht in das Blickfeld geraten, die im Zusammenhang mit größeren Investitionsvorhaben anfallen können, beispielsweise Kosten für Untersuchungen über die Eignung eines Standorts bzw. Abwägung zwischen verschiedenen Standorten (Markt- und Standortanalysen), Wertermittlungen vor dem Ankauf von Grundstücken, Studien über die Wirtschaftlichkeit und Finanzierbarkeit von Vorhaben (Machbarkeitsstudien). Im Zusammenhang mit steuerlichen und gesellschaftsrechtlichen Fragen geht es ferner in der Konzeptionsphase oft um Vertragswerke, für deren Entwurf Steuer- und Rechtsberatungskosten anfallen. Ferner können Kosten für Eigenkapitalbeschaffung entstehen, das kann von Vertriebskosten für Fondsanteile bis zu Kosten der Einwerbung von Spendenmitteln gehen. Es sind also die in der Branche so genannten „*soft costs*" die in der DIN 276-1 nicht vollständig berücksichtigt sind. Umso wichtiger ist es, darauf hinzuweisen, dass auch diese in die Kalkulation einbezogen werden.

*2.3 Kostenvergleichsrechnung*

Im einfachsten Fall kann die Beurteilung verschiedener Investitionsvorhaben durch eine schlichte *Kostenvergleichsrechnung* erfolgen: wenn mit verschiedenen Investitionsmöglichkeiten über denselben Zeitraum ein identischer Nutzen bzw. identische Einzahlungsüberschüsse erzielt werden können, so ist diejenige Möglichkeit zu bevorzugen, die die geringste Investitionsausgabe verursacht. So einfach werden die Dinge aber selten liegen, daher sind meist differenziertere Methoden erforderlich.

## 3. Statische Investitionsrechnungen

Statische Investitionsrechnungen bilden die Rentabilität nur als Momentaufnahme ab. Vorteil dieser Methoden ist aber ihre Einfachheit.

Abgesehen von der erwähnten Kostenvergleichsrechnung, ebenfalls eine statische Methode, die aber nur die Investitionsphase berücksichtigt, setzen die anderen statischen Investitionsrechnungen die Investitionsausgabe ins Verhältnis zur Nutzungsphase, und zwar zu einer einzelnen, abgegrenzten Periode dieser; man nennt statische Verfahren daher auch *Einperiodenmodelle*. Als Variablen werden daher abgegrenzte Größen verwendet: *Erträge* und *Aufwendungen* (Vermögensebene). Im Gegensatz dazu wird bei dynamischen Investitionsrechnungen mit (Ein- und Aus-)*Zahlungen* (Liquiditätsebene) gerechnet. Bei Immobilieninvestitionen bestehen die wichtigsten Unterschiede zwischen Vermögens- und Liquiditätsebene in der Behandlung der *Gebäudeabschreibung* und der *Tilgung*. Mit der Gebäudeabschreibung wird der Wertverzehr erfasst, den ein Gebäude durch seine Nutzung in einer Abrechnungsperiode erleidet.

Wertverzehr vermindert das Vermögen, *Abschreibung* ist daher *Aufwand* aber keine Zahlung (das Gebäude ist ja bereits bezahlt, wenn es genutzt wird). Vom Bodenwert wird nicht abgeschrieben, da Boden durch Nutzung normalerweise nicht an Wert verliert. Tilgung ist die Rückzahlung von Schulden (einmalig oder in Raten). Durch *Tilgung* wird *kein* Wert verzehrt, vielmehr werden nur Mittel umgeschichtet: weniger in der Kasse aber dafür weniger Schulden, das Vermögen vermindert sich durch Tilgung nicht. *Tilgung ist* somit *Auszahlung*, aber kein Aufwand.

## 3.1 Rentabilitätsrechnung

Mit der Rentabilitätsrechnung wird der *Gewinn* einer Abrechnungsperiode (z. B. eines Jahres) als Prozentsatz des gebundenen Kapitals dargestellt. Das zeigt, ob mit dem investierten Kapital überhaupt ein Vermögenszuwachs erzielt wird und wenn ja, ob dieser höher ausfällt, als bei einer anderweitigen Verwendung derselben Mittel.

Die *Gesamtkapitalrentabilität (GKR)* bezieht Eigen- und Fremdkapital mit ein. Der Fremdkapitalgeber „verdient" die Zinsen, der Eigenkapitalgeber den Gewinn. Daher erscheint bei der Berechnung der GKR im Zähler Gewinn plus Zinsaufwand, die in Relation zum Gesamtkapital gesetzt werden. Das Gesamtkapital ist gleich der Investitionssumme. Die ermittelte Kennzahl ist eine Prozentzahl:

$$GKR = \frac{(Gewinn + Zinsaufwand)*100}{Gesamtkapital}\%$$

wobei Gesamtkapital = Eigenkapital + Fremdkapital.

Die *Eigenkapitalrentabilität (EKR)* stellt nur den Gewinn dem gebundenen Eigenkapital gegenüber:

$$EKR = \frac{Gewinn*100}{Eigenkapital}$$

In der Regel werden Rentabilitätsberechnungen für das erste Bewirtschaftungsjahr aufgestellt, so dass das gebundene Kapital der Investitionsausgabe entspricht. (Die Ermittlung einer durchschnittlichen Rentabilität über mehrere Perioden ist zwar möglich aber nicht zu empfehlen – stattdessen sollte eine dynamische Investitionsrechnung durchgeführt werden.) Die ermittelte Kennzahl Rentabilität ist also der Gewinn einer Periode als Prozentsatz des eingesetzten Kapitals.

### 3.1.1 Eingangsgrößen: Erträge und Aufwendungen

Da die Rentabilität periodenbezogen ermittelt wird, sind die Eingangsgrößen auch periodenbezogen abzugrenzen, das heißt, es werden Aufwendungen einschließlich Abschreibung (und bei GKR einschließlich Zinsaufwand) und Erträge ermittelt. Tilgungszahlungen, da kein Aufwand, bleiben unberücksichtigt. Gewinn kann im Sinne einer Gewinn- und Verlustrechnung als Überschuss der Erträge über die Aufwendungen definiert werden. Das Kriterium der Investitionsentscheidung ist bei dieser Methode die Höhe der Rentabilität. Wir sprechen von *absoluter Vorteilhaftigkeit*, wenn die Rentabilität *nicht negativ* ist. In diesem Fall ist am Ende der betrachteten Periode das Vermögen nicht geringer, als zu Beginn. Wir sprechen von *relativer Vorteilhaftigkeit*, wenn die Rentabilität *höher* ist als die der Referenzinvestition bzw. der Unterlassungsalternative.

### 3.1.2 Beispiel: Berechnung der EKR und GRK

Tabelle 1 zeigt beispielhaft die Rentabilitätsrechnung zu folgendem Vorhaben: Mit einer Investitionsauszahlung (Gesamtkosten) in Höhe von 1 250 000 € soll ein bebautes Grundstück mit 500 m² Nutzfläche erworben werden. Mieterträge werden pro Jahr in Höhe von 72 000 € erzielt (das entspricht 12,00 €/m² monatlich). Aufgrund der dargestellten Aufwendungen und Finanzierungskonditionen ergeben sich die in der Tabelle dargestellten Rentabilitätskennzahlen von GKR = 3,6% und EKR = 5,2%.

| | |
|---:|:---|
| 1.250.000,00 | **Gesamtkosten** |
| 250.000,00 | Boden |
| 1.000.000,00 | Gebäude |
| 500 | m² Nutzfläche |
| 50 | Jahre Nutzungsdauer |
| **Finanzierung** | |
| 750.000,00 | Fremdkapital (FK) |
| 2,5% | FK-Zinssatz |
| 500.000,00 | Eigenkapital |
| **Aufwendungen** | |
| Instandhaltung | 5.500,00 |
| Verwaltung | 2.000,00 |
| Gebäudeabschreibung | 20.000,00 |
| Zinsaufwand | 18.750,00 |
| **Aufwendungen** | **46.250,00** |
| **Erträge** | |
| pro m² monatlich | 12,00 |
| Jahres-Mietertrag | 72.000,00 |
| **Gewinn** | **25.750,00** |
| **Gesamtkapitalrentabilität (GKR)** | |
| Gewinn + Zinsaufwand | 44.500,00 |
| Gesamtkapital | 1.250.000,00 |
| **GKR** | **3,6%** |
| **Eigenkapitalrentabilität (EKR)** | |
| Gewinn | 25.750,00 |
| Eigenkapital | 500.000,00 |
| **EKR** | **5,2%** |

*Tabelle 1 Rentabilitätsrechnung*
Quelle: eigene Darstellung

### 3.1.3 Eingangsgrößen: Erlöse und Kosten

Der Gewinn kann (statt als Überschuss der Erträge über die Aufwendungen) auch als Überschuss der Erlöse über die *Kosten* ermittelt werden. In der Immobilienbewirtschaftung werden die Erlöse regelmäßig gleich den Erträgen sein. Unterschiede ergeben sich bei den Kosten. Darunter verstehen wir alle Aufwendungen *plus kalkulatorische Kos-*

*tenpositionen.* Hier ist insbesondere die kalkulatorische (Mindest-) Eigenkapitalverzinsung zu berücksichtigen. Die Eigenkapitalverzinsung wird angesetzt, um zu verdeutlichen, dass mit dem gebundenen Kapital nicht anderweitig Erträge erzielt werden können; diese entgangenen Erträge werden als Kosten (Opportunitätskosten) betrachtet. Ferner können weitere kalkulatorische Positionen (z. B. Wagnisse) in der Berechnung berücksichtigt werden. Als Wagnis bezeichnen wir die Kosten der Absicherung gegen eine Gefahr. Wenn man sich gegen die jeweilige Gefahr versichern könnte, entstünde eine Aufwandsposition in Höhe des Versicherungsbeitrags. Wenn man das Risiko selber trägt, kann man sich vorstellen, man entrichte an sich selber einen Versicherungsbeitrag, um im Schadensfall Geld zu haben, den Schaden zu begleichen; diesen „Versicherungsbeitrag an sich selber" bezeichnet man als *Wagnis*. Werden statt Aufwendungen alle Kosten, also auch Eigenkapitalverzinsung und Wagnisse angesetzt, so ist der Gewinn dann als der Betrag definiert, der die (bereits einkalkulierte) Mindestverzinsung übersteigt.

### 3.2 Wirtschaftlichkeitsberechnung

Während die Rentabilitätsrechnung die Frage beantwortet, wie hoch die Rentabilität ist, wenn Kapitaleinsatz, Erträge und Aufwendungen oder Kosten bekannt sind, wird die umgekehrte Frage von der Wirtschaftlichkeitsberechnung (WB) gestellt: wie hoch müssen Erträge / Erlöse sein, so dass mit dem Kapitaleinsatz eine bestimmte Rentabilität erzielt wird. Auf diese Weise werden die laufenden Nutzungskosten einer Investition ermittelt.

### 3.2.1. Wirtschaftlichkeitsberechnung im Sinne der Zweiten Berechnungsverordnung

In der Wohnungswirtschaft ist die Wirtschaftlichkeitsberechnung (WB) im Sinne der Zweiten Verordnung über Wohnungswirtschaftliche Berechnungen, kurz: II. BV, verbreitet. Das stammt aus der Tradition des Sozialen Wohnungsbaus: für öffentlich geförderte Vorhaben musste eine WB aufgestellt werden, um die Kostenmiete zu ermitteln und Förderungsmittel zu beantragen. Die II. BV enthält sehr genaue Vorschriften, wie eine solche WB auszusehen hat. Danach können neben den Aufwendungen auch kalkulatorische Kosten für die Eigenkapitalverzinsung und für das Wagnis des Mietausfalls angesetzt werden. Für viele Positionen einer WB sind in der II. BV Pauschalen, Höchst- bzw. Mindestbeträge oder Prozentsätze vorgeschrieben, so auch für die anzusetzende Eigenkapitalverzinsung. Wenn die Vorschriften der II. BV nicht eingehalten werden müssen, sollten die Kostenansätze realistisch gewählt werden, beispielsweise entsprechend den eigenen betrieblichen Durchschnittswerten. Ergebnis der WB sind die *laufenden Kosten* (nicht die einmalige Investitionsausgabe) der Bewirtschaftung einer Immobilie. Sind diese durch Mieterlöse gedeckt, so wird die *Kostenmiete* erzielt. Sind die Mieterlöse höher, so ist die Eigenkapitalrentabilität größer als die kalkulatorisch angesetzte Eigenkapitalverzinsung.

Eine Wirtschaftlichkeitsberechnung ist ein geeignetes Instrument, um darzustellen, wie hoch die laufenden Kosten der Nutzung einer Investition sind. Auch dann, wenn mit der Nutzung keine Erträge erzielt werden (z. B. bei Eigennutzung oder kostenloser Nutzungsüberlassung), können mithilfe einer WB die Nutzungskosten angegeben werden.

### 3.2.2 Beispiel: Berechnung der Kostenmiete

In Tabelle 2 wird anhand der obigen Zahlen (aus Tabelle 1) ermittelt, welche Miete erzielt werden müsste, wenn sich das eingesetzte Eigenkapital (500 000 €) mit 3 % verzinsen soll. Ferner ist ein kalkulatorischer Posten für das Wagnis des Mietausfalls einkalkuliert, es wird mit 2 % der gesamten laufenden Aufwendungen angesetzt. Das Ergebnis ist nach der Berechnung in der folgenden Tabelle 10,53 €/m² monatlich; dies sind die laufenden Nutzungskosten. Wird eine solche Miete erzielt, so sind alle Kosten gedeckt, übersteigt die Miete diesen Betrag, so entsteht über die kalkulierte Eigenkapitalverzinsung von 3 % hinaus ein Gewinn.

| | |
|---:|:---|
| 1.250.000,00 | Gesamtkosten |
| 250.000,00 | Boden |
| 1.000.000,00 | Gebäude |
| 500 | m² Nutzfläche |
| 50 | Jahre Nutzungsdauer |
| **Finanzierung** | |
| 750.000,00 | Fremdkapital (FK) |
| 2,5% | FK-Zinssatz |
| 500.000,00 | Eigenkapital |
| **Kosten** | |
| Instandhaltung | 5.500,00 |
| Verwaltung | 2.000,00 |
| Gebäudeabschreibung | 20.000,00 |
| Zinsaufwand | 18.750,00 |
| Eigenkapitalverzinsung 3% | 15.000,00 |
| Kosten ohne Mietausfallwagnis | 61.250,00 |
| Mietausfallwagnis 2% | 1.914,06 |
| Laufende Kosten gesamt | 63.164,06 |
| **pro m² monatlich** | 10,53 |

*Tabelle 2 Wirtschaftlichkeitsberechnung*
Quelle: eigene Darstellung

## 4. Dynamische Investitionsrechnungen

Mit den statischen Methoden können Veränderungen der Parameter im Laufe des Lebenszyklus einer Immobilie nicht erfasst werden; dazu dienen dynamische Investitionsrechnungen. Sie sind aussagekräftiger, aber auch komplizierter, als statische Modelle. Die beiden hier dargestellten Methoden liefern als Ergebnis die Kennzahl *Rendite*. Diese stellt die durchschnittliche Verzinsung des gebundenen Kapitals über den Betrachtungszeitraum dar, unter Berücksichtigung von Zinseffekten.

Während der Nutzung von Immobilien können sich zahlreiche Parameter verändern infolge von Kostensteigerungen oder Ertragssteigerungen (z. B. Mietanstieg), es können Folgeinvestitionen (Umbau, Modernisierung) notwendig werden, und am Ende ergibt sich meistens ein Restwert (z. B. das wiederverwertbare Grundstück). *Mehrperiodenmodelle (dynamische Investitionsrechnungen)* erfassen diese im Zeitverlauf unterschiedlichen Zahlungsströme. Daher sind sie gerade zur Beurteilung von Immobilieninvestitionen unerlässlich.

*4.1 Grundlagen: Zahlungsströme und Zinseffekte*

Allen dynamischen Verfahren ist gemeinsam, dass ein Betrachtungs*zeitraum* gewählt werden muss. Bei Immobilieninvestitionen ist es sinnvoll, die beabsichtigte Nutzungs- oder Haltedauer anzusetzen. Es ist dann zu ermitteln, welcher durchschnittlichen Verzinsung des eingesetzten Kapitals die Einzahlungsüberschüsse während der betrachteten Nutzungsdauer entsprechen. Üblich ist es, das *Eigenkapital* als Bezugsgröße zu wählen, prinzipiell kann jedoch auch das Gesamtkapital Bezugsgröße sein. Da nicht periodenbezogen abgegrenzt werden muss, werden bei dynamischen Verfahren nicht Aufwendungen oder Kosten den Erträgen gegenübergestellt, sondern stets *Zahlungsströme* (Ein- und Auszahlungen, Liquiditätsebene).

Da man mehrere Perioden betrachtet, muss berücksichtigt werden, dass die Einzahlungsüberschüsse zu unterschiedlichen Zeitpunkten anfallen, eine Berechnung des arithmetischen Mittels der Überschüsse wäre daher keine wirtschaftlich aussagefähige Größe, denn Zahlungen heute sind mehr wert, als spätere Zahlungen. Einzahlungen, die zu frühen Zeitpunkten fließen, können ihrerseits zinsbringend angelegt werden und führen daher am Ende zu einem höheren Vermögen. Gleiches gilt für Auszahlungen: Auszahlungen heute sind höher zu bewerten (belasten den Investor wirtschaftlich stärker), als Auszahlungen zu einem späteren Zeitpunkt. Die Zahlungen sind also in einer Weise zu bewerten, die diese Zinseffekte berücksichtigt. Grundsätzlich kann dabei auf den Investitionszeitpunkt (in der Abbildung 1: t = 0) abgestellt werden, in diesem Fall wird der sogenannte *Barwert* $K_0$ ermittelt, oder auf das Ende des Betrachtungszeitraums (t = n), dann wird der *Endwert* $K_n$ ermittelt.

4.1.1 Investitionsauszahlung

Da Zahlungsströme betrachtet werden (Liquiditätsebene), sind als Auszahlung in der Investitionsphase die Eigenmittel (Investitionsausgabe minus Krediteinzahlung) anzusetzen, jedenfalls dann, wenn die Eigenkapitalrendite ermittelt werden soll. Ein etwa bei der Darlehensauszahlung einbehaltenes Damnum (Disagio) o. ä. sind bei der Krediteinzahlung zu berücksichtigen, nur der Betrag, der aus Sicht der Bank Auszahlungsbetrag ist und dem Investor tatsächlich zufließt, kann von der gesamten Investitionssumme als Krediteinzahlung abgezogen werden. (Soll die Gesamtkapitalrendite ermittelt werden, so bleiben die Krediteinzahlung und die Auszahlungen für den Kapitaldienst unberücksichtigt, im Zeitpunkt t=0 ist dann die gesamte Investitionsausgabe anzusetzen.)

*4.1.2 Laufende Einzahlungsüberschüsse*

Bei den laufenden Einzahlungen sind die Überschüsse zu ermitteln, auch hier auf der Liquiditätsebene: Es werden nur die Mieteinnahmen angesetzt, von denen zu erwarten ist, dass sie gezahlt werden; ein Nutzen, der nicht in Geldeinnahmen besteht, muss quantifiziert werden – nur wenn der monetäre Gegenwert des Nutzens (z. B. ersparte Mietzahlung an Dritte) in die Rechnung eingestellt wird, führt diese zu sinnvollen Ergebnissen. Bei den Auszahlungen sind außer den (zahlungswirksamen) Verwaltungs-, Instandhaltungs- und Bewirtschaftungskosten auch Tilgungsleistungen zu berücksichtigen (Tilgung ist kein Aufwand aber Zahlung!). *Nicht* angesetzt wird dagegen die Abschreibung (Aufwand aber keine Zahlung!).

4.1.3 Berücksichtigung der Wertentwicklung

Der Wertverlust des Gebäudes muss nicht periodenbezogen abgegrenzt werden – Abschreibungsbeträge, da diese keine Zahlungen sind, werden nicht berücksichtigt. Der Wertverlust wird in der Rechnung vielmehr als Differenz zwischen Investitionsausgabe und Restwert dargestellt. Daher ist am Ende des Betrachtungszeitraums der Restwert der Immobilie zuzüglich zum Mietüberschuss der letzten Periode bei den Einzahlungen anzusetzen. Den Restwert kann man sich als Verkaufserlös für das bebaute oder abgeräumte Grundstück vorstellen. Auch hierbei ist auf sorgfältige Ermittlung der zu erwartenden Einzahlung zu achten: ggf. noch bestehende Verbindlichkeiten (Darlehensvaluta), Kosten der Veräußerung (Makler et c.), der Ablösung von Rechten und ggf. des Abbruchs des Gebäudes (falls nur ein Bodenwert angesetzt werden soll) sind abzuziehen.

*4.2 Kapitalwert und Methode des internen Zinsfußes*

Eine in der Immobilienwirtschaft verbreitete dynamische Investitionsrechen-Methode ist die des *internen Zinsfußes (IRR – internal rate of return)* – es handelt sich um eine Barwertmethode. Dazu wird der Wert der Einzahlungsüberschüsse unter Berücksichtigung von Zinseszins auf den Investitionszeitpunkt t = 0 bezogen.

4.2.1 Barwert

Der *Barwert* $e_{bar}$ ist derjenige Betrag, den man im Zeitpunkt 0 zinsbringend und mit Wiederanlage der Zinserträge anlegen müsste, um am Ende von n Perioden den Betrag $e_n$ zur Verfügung zu haben. Die Einzahlungsüberschüsse der einzelnen Perioden 1 bis n werden „abgezinst" oder „diskontiert": eine Zahlung in Höhe ($e_n$), die am Ende von (n) Perioden anfällt, hat den Barwert

$$e_{bar} = \frac{e_n}{q^n}$$

wobei q = 1 + i und i ein Zinssatz ist, der willkürlich, sinnvoller Weise aber in Höhe eines üblichen Zinssatzes gewählt wird. Wird bei der Barwertberechnung unterstellt, dass der Betrag e investiert wird, so ist für i ein Haben-Zinssatz zu wählen in einer Höhe, wie er üblicherweise für die Anlage derartiger Beträge bei vergleichbarem Risiko erzielt wird. Wenn unterstellt wird, dass der Betrag e finanziert wird, so ist i in Höhe eines angemessenen Soll-Zinssatzes zu wählen. Soll-Zinsen sind – ceteris paribus – höher als Haben-Zinssätze.

### 4.2.2 Summe der Barwerte (Discounted cash flow) und Kapitalwert

Die Summe der Barwerte aller Einzahlungsüberschüsse ist der Barwert $K_0$ der gesamten Zahlungsreihe *(DCF, discounted cash flow)*, mithin:

$$DCF = K_0 = \sum_{t=0}^{n} \frac{e_t}{q^t}$$

Als *Kapitalwert* $C_0$ *(net present value)* bezeichnet man die Differenz zwischen dem Barwert $K_0$ der Einzahlungsreihe und der Anfangsauszahlung $A_0$, mithin

$$C_0 = K_0 - A_0 = -A_0 + \sum_{t=0}^{n} \frac{e_t}{q^t}$$

Ein positiver Kapitalwert sagt, dass die durchschnittliche Verzinsung des eingesetzten Kapitals über dem willkürlich (aber sinnvoll) gewählten Kalkulationszinssatz i liegt. Wenn der Kalkulationszinssatz die aus Sicht des Investors notwendige Mindestverzinsung (oder den Zinssatz der Referenzinvestition) darstellt, dann besagt ein positiver Kapitalwert, dass die Investition – relativ zur Mindestverzinsung – vorteilhaft ist.

### 4.2.3 Beispiel: Berechnung des Kapitalwertes ohne Fremdmittel

In Tabelle 3 wird das obige Beispiel aus Tabelle 1 erweitert: Die Mieteinnahmen sollen jährlich um 2 000 € steigen. Die Kosten für Verwaltung und Instandhaltung sollen jährlich um 2 % steigen.

Das Beispiel zeigt, dass bei dieser Berechnung Zahlungsströme, also die Auszahlung im Jahr 0 (Investitionsausgabe mit negativem Vorzeichen), die Mietüberschüsse (Mieteinnahmen minus Instandhaltungs- und Verwaltungsausgaben) und die Einzahlung im letzten Jahr (Mietüberschüsse plus Restwert) Grundlage der Berechnung sind. Bei der Ermittlung des Restwerts wurde davon ausgegangen, dass ein positiver Verkaufserlös erzielt wird. Im Beispiel wurde angenommen, dass dieser netto (also nach Abzug von Vermarktungskosten etc.) das Zwölffache der Bruttomiete des letzten Jahres beträgt. Die Annahme eines Restwerts als Vielfaches der letzten Mieteinnahmen erscheint realistischer als der Ansatz eines Buchwerts. Neben den Nominalbeträgen der Zahlungsreihe sind die Barwerte der Zahlungen, mit 4,0 % abgezinst auf den Zeitpunkt t = 0, dargestellt. Der Kapitalwert $C_0$, also die Summe aller Barwerte, ist positiv.

| Investitionsausgabe | 1.250.000,00 | | |
|---|---|---|---|
| Instandhaltung | 5.500,00 | 2,0% Anstieg jährlich | |
| Verwaltung | 2.000,00 | 2,0% Anstieg jährlich | |
| Mieteinnahmen | 72.000,00 | 2.000,00 Anstieg jährlich | |
| Haltedauer | 10 Jahre | | |
| Endwert | 12 -faches der Jahresbruttomiete | | |
| **Diskontierungszinssatz** | **4,0%** | | |
| Fälligkeit der Zahlungen jährlich nachschüssig (=am Jahresende) | | | |
| Jahr | Mieteinnahmen | Instandhaltung Verwaltung | Zahlungsreihe nominal | Zahlungsreihe Barwerte |
| 0 | | | -1.250.000,00 | -1.250.000,00 |
| 1 | 72.000,00 | 7.500,00 | 64.500,00 | 62.019,23 |
| 2 | 74.000,00 | 7.650,00 | 66.350,00 | 61.344,30 |
| 3 | 76.000,00 | 7.803,00 | 68.197,00 | 60.626,88 |
| 4 | 78.000,00 | 7.959,06 | 70.040,94 | 59.871,29 |
| 5 | 80.000,00 | 8.118,24 | 71.881,76 | 59.081,57 |
| 6 | 82.000,00 | 8.280,61 | 73.719,39 | 58.261,51 |
| 7 | 84.000,00 | 8.446,22 | 75.553,78 | 57.414,66 |
| 8 | 86.000,00 | 8.615,14 | 77.384,86 | 56.544,36 |
| 9 | 88.000,00 | 8.787,45 | 79.212,55 | 55.653,69 |
| 10 | 90.000,00 | 8.963,19 | 1.161.036,81 | 784.354,86 |
| | | | **Kapitalwert** | **65.172,36** |

*Tabelle 3 Kapitalwertberechnung*
Quelle: eigene Darstellung

Zur Vereinfachung wird in der Beispielrechnung der Kapitalwert der Investition über einen Anlagehorizont von 10 Jahren ermittelt. Für Immobilieninvestitionen kann es sinnvoll sein, längere Anlagehorizonte zu betrachten, 15 bis 30 Jahre sind durchaus übliche Zeiträume. Aus der Beispielrechnung ergibt sich bei einem Kalkulationszinssatz von 4,0 % ein positiver Kapitalwert von 65 172,36. Beim Kapitalwert kommt es lediglich auf das Vorzeichen an, da es im Beispiel positiv ist, besagt dies lediglich, dass sich das eingesetzte Kapital mit mehr als 4,0% verzinst. Auf den Betrag kommt es nicht an.

4.2.4 Beispiel: Berechnung des Kapitalwertes mit Kreditfinanzierung

Für Tabelle 4 wird das Beispiel erweitert: Das Vorhaben soll mit einem Kredit in Höhe von 750 000,00 finanziert werden. Als Auszahlung im Zeitpunkt t = 0 ist daher nur noch das Eigenkapital (Investitionsausgabe minus Fremdmitteleinzahlung) anzusetzen. Zur Ermittlung des Kapitalwerts ist die Zahlungsreihe um den Tilgungsplan für den Kredit zu erweitern. Das Darlehen soll mit 2,5 % verzinst und mit 1,5% vom Ursprungsbetrag annuitätisch getilgt werden. Der Tilgungsplan besteht aus den Spalten Darlehensvaluta am Jahresanfang, Zins, Tilgung, Annuität und Darlehensvaluta am Jahresende. Lediglich die Reihe Annuität beeinflusst die Einzahlungsüberschüsse der Jahre 1 bis 9. Die Annuität muss aus den Mieteinnahmen bedient werden, die nominalen Überschüsse verringern sich entsprechend. Für den Restwert wird zudem die Darlehensvaluta am Ende des Jahres 10 benötigt. Denn das restliche Darlehen muss aus dem

## 2. Investitionsrechnung: Vorteilhaftigkeit und Risiko kalkulieren

Verkaufserlös zurückgeführt werden. Die Zahlung des Jahres 10 ergibt sich nun aus den Mietüberschüssen des Jahres 10 plus Verkaufserlös abzüglich Darlehensvaluta am Ende des Jahres 10. In der Variante mit Darlehensfinanzierung ergibt sich ein höherer Kapitalwert, nämlich 150 319,15. Die Variante mit Kreditfinanzierung ist also vorteilhafter als die ohne Fremdmittel.

| Investitionsausgabe | 1.250.000,00 | | | | | | | |
|---|---|---|---|---|---|---|---|---|
| Darlehen | 750.000,00 | | | | | | | |
| Darlehenzinssatz | 2,5% | | | | | | | |
| Annuität | 4,0% | | | | | | | |
| Instandhaltung | 5.500,00 | 2,0% Anstieg jährlich | | | | | | |
| Verwaltung | 2.000,00 | 2,0% Anstieg jährlich | | | | | | |
| Mieteinnahmen | 72.000,00 | 2.000,00 Anstieg jährlich | | | | | | |
| Haltedauer | 10 Jahre | | | | | | | |
| Endwert | 12 -faches der Jahresbruttomiete | | | | | | | |
| Diskontierungszinssatz | 4,0% | | | | | | | |
| Fälligkeit der Zahlungen jährlich nachschüssig (=am Jahresende) | | | | | | | | |
| | | | Tilgungsplan | | | | | |
| Jahr | Mietein-nahmen | Instandhaltung Verwaltung | Darlehensvaluta (Jahresanfang) | Zins | Tilgung | Annuität | Darlehensvaluta (Jahresende) | Zahlungsreihe nominal | Zahlungsreihe Barwerte |
| 0 | | | | | | | 750.000,00 | -500.000,00 | -500.000,00 |
| 1 | 72.000,00 | 7.500,00 | 750.000,00 | 18.750,00 | 11.250,00 | 30.000,00 | 738.750,00 | 34.500,00 | 33.173,08 |
| 2 | 74.000,00 | 7.650,00 | 738.750,00 | 18.468,75 | 11.531,25 | 30.000,00 | 727.218,75 | 36.350,00 | 33.607,62 |
| 3 | 76.000,00 | 7.803,00 | 727.218,75 | 18.180,47 | 11.819,53 | 30.000,00 | 715.399,22 | 38.197,00 | 33.956,99 |
| 4 | 78.000,00 | 7.959,06 | 715.399,22 | 17.884,98 | 12.115,02 | 30.000,00 | 703.284,20 | 40.040,94 | 34.227,16 |
| 5 | 80.000,00 | 8.118,24 | 703.284,20 | 17.582,10 | 12.417,90 | 30.000,00 | 690.866,30 | 41.881,76 | 34.423,75 |
| 6 | 82.000,00 | 8.280,61 | 690.866,30 | 17.271,66 | 12.728,34 | 30.000,00 | 678.137,96 | 43.719,39 | 34.552,07 |
| 7 | 84.000,00 | 8.446,22 | 678.137,96 | 16.953,45 | 13.046,55 | 30.000,00 | 665.091,41 | 45.553,78 | 34.617,13 |
| 8 | 86.000,00 | 8.615,14 | 665.091,41 | 16.627,29 | 13.372,71 | 30.000,00 | 651.718,70 | 47.384,86 | 34.623,65 |
| 9 | 88.000,00 | 8.787,45 | 651.718,70 | 16.292,97 | 13.707,03 | 30.000,00 | 638.011,66 | 49.212,55 | 34.576,09 |
| 10 | 90.000,00 | 8.963,19 | 638.011,66 | 15.950,29 | 14.049,71 | 30.000,00 | 623.961,96 | 507.074,85 | 342.561,60 |
| | | | | | | | | Kapitalwert | 150.319,15 |

*Tabelle 4 Kapitalwertberechnung mit Tilgungsplan / Fremdfinanzierung*
Quelle: eigene Darstellung

### 4.2.5 Exkurs: Leverage-Effekt des Verschuldungsgrades

Die beiden Beispiele veranschaulichen zugleich den *Leverage-Effekt* (Hebeleffekt der Verschuldung): der Kapitalwert der fremdfinanzierten Variante ist höher, als der Variante, die zu 100% aus Eigenmitteln finanziert wird. Allgemein: solange die Gesamtkapitalrentabilität einer Investition höher ist als der Fremdkapital-Zinssatz, erhöht die Fremdmittelaufnahme die Eigenkapitalrentabilität – bildlich: der investierte Euro bringt mehr, als der gepumpte Euro kostet. Von jedem kreditfinanzierten Euro bleibt ein bisschen Gewinn in der eigenen Tasche, die Bank kriegt nicht den ganzen Gewinn. Zugleich erhöht sich allerdings auch das Risiko. Die beiden wichtigsten Risikopuffer, nämlich die jährlichen Überschüsse und das Eigenkapital verringern sich.

### 4.3 Interner Zinsfuß

Der Kapitalwert sagt allerdings nichts über die Höhe der Verzinsung des eingesetzten Kapitals aus, er liefert lediglich einen Hinweis, ob diese über oder unter dem gewählten Zinssatz i liegt. Man kann diesen Gedanken aber umkehren: wenn man den Zinssatz i =? sucht, bei dem der Kapitalwert genau $C_0 = 0$ ist, dann stellt dieser *interne Zinssatz* die durchschnittliche Verzinsung des eingesetzten Kapitals über den gesamten Betrachtungszeitraum unter Berücksichtigung von Zins und Zinseszins dar. Wir sprechen von der *Rendite nach der Methode des internen Zinsfußes*. Es gibt viele verschiedene Begriffe von Rendite, in diesem Zusammenhang sprechen wir nur dann von Rendite, wenn die durchschnittliche Verzinsung eines Kapitals über mehrere Perioden unter Berücksichtigung von Zinseffekten gemeint ist. Die Umstellung der Formel für den Kapitalwert nach i führt allerdings zu einer Gleichung n-ten Grades, für die es rein mathematisch n richtige Lösungen gibt. Bei einer größeren Zahl von Perioden (womit wir es in der Immobilienwirtschaft meist zu tun haben werden) sind nur Näherungsverfahren zur Lösung möglich. Dies war vor Entwicklung von PC und Tabellenkalkulationsprogrammen ein Problem, ist es seither aber nicht mehr.

4.3.1  Berechnung des internen Zinsfußes mit MSExcel

Beispielsweise lässt sich mit MSExcel der interne Zinsfuß leicht berechnen. Dazu wird eine Tabelle aufgebaut wie im obigen Beispiel Tabelle 3, mit der zunächst der Kapitalwert für einen willkürlich gewählten Kalkulationszinsfuß (hier: i = 4,0 %) ermittelt wird. Abbildung 2 zeigt die Bildschirmansicht zu der Tabelle des obigen Beispiels (Berechnung des Kapitalwerts). Der Einfachheit halber wird wiederum auf den Fall ohne Darlehensaufnahme zurückgegriffen. Es ergibt sich wieder der Kapitalwert von 65.172,36. Der Zinssatz muss nun so lange variiert werden, bis sich der Kapitalwert 0 ergibt. Man kann das durch Probieren „von Hand" erledigen. Beispielsweise ergibt sich bei i = 5,0 % der Kapitalwert -30.615,47. Der interne Zinsfuß muss also zwischen 4,0 % und 5,0 % liegen und zwar näher bei 5 %.

Einfacher wird das Probierverfahren mit der Funktion „Zielwertsuche", die Excel bereithält. Dabei wird iterativ (d. h. immer wieder) der Kapitalwert errechnet, bis das gewünschte Ziel (hier $C_0 = 0$) erreicht ist. Dazu wird unter dem Karteireiter „Daten" der Bereich „Was-wäre-wennAnalyse" und dort der Befehl „Zielwertsuche" aufgerufen (vgl. Abbildung 2).

Als Zielzelle wird die Adresse der Zelle mit dem Kapitalwert (Summe der Barwerte der Zahlungsreihe), als Zielwert wird 0 eingegeben, denn wir suchen den Kalkulationszinsfuß, bei dem der Kapitalwert genau = 0 ist. Als veränderbare Zelle wird die Adresse der Zelle eingegeben, in der der zunächst willkürlich gewählte Kalkulationszinsfuß (hier i = 4,0 %) steht. Mit anklicken der Schaltfläche „OK" berechnet das Programm so lange Werte für i, bis das Ergebnis hinreichend genau dem Zielwert 0 entspricht (vgl. Abbildung 3).

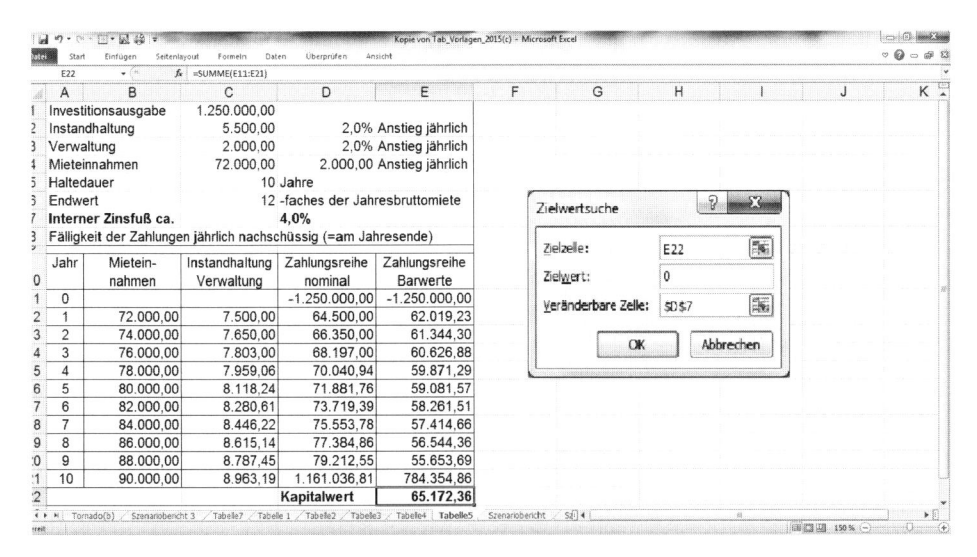

*2. Investitionsrechnung: Vorteilhaftigkeit und Risiko kalkulieren* 259

*Abbildung 2 Berechnung des internen Zinsfußes mit MSExcel – Schritt 1*
Quelle: Screenshot aus MSExcel (eigene Darstellung)

Die folgende Abbildung 3 zeigt das so ermittelte Ergebnis:

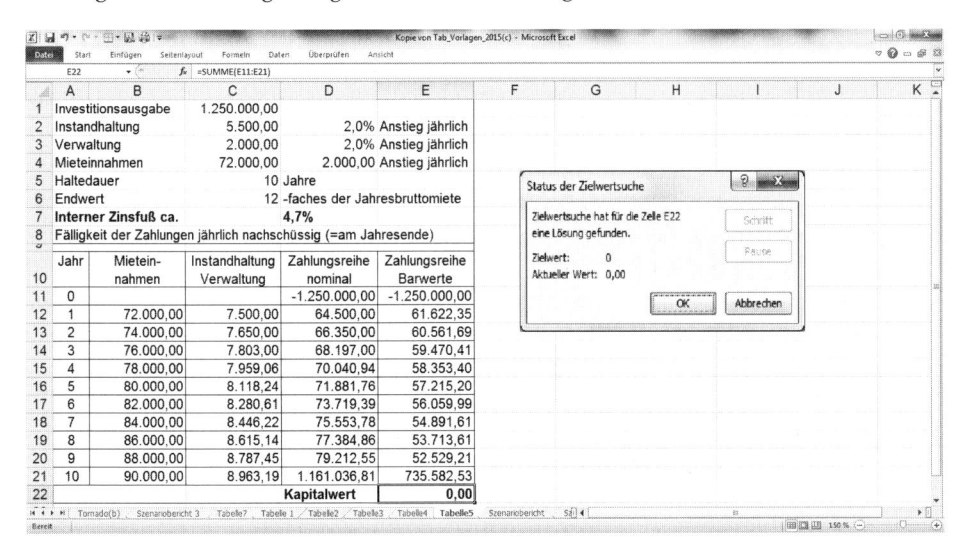

*Abbildung 3 Berechnung des internen Zinsfußes mit MSExcel – Schritt 2*
Quelle: Screenshot aus MSExcel (eigene Darstellung)

### 4.3.2 Scheingenauigkeit vermeiden!

Der vom Programm automatisch ermittelte interne Zinsfuß, also die Rendite, beträgt 4,7 %. Im zweiten Fall, bei Fremdmittelfinanzierung mit einem Darlehensbetrag von

750 000 zu 2,5 % Zins und 1,5 % Tilgung, ergibt sich nach der gleichen Methode eine Eigenkapital-Rendite von 7,7 %. Zu beachten ist, dass eine Renditeermittlung mit einer Genauigkeit von mehr als einer Nachkommastelle bei einer Prognoserechnung nicht sinnvoll ist: die Annahmen, auf denen die Rechnung basiert, sind ja alle risikobehaftet, die rechnerische Genauigkeit ist nur scheinbar. Selbst eine Nachkommastelle zu errechnen, kann schon als kühn gelten. Jedenfalls wird aber deutlich, dass sich unter diesen Annahmen eine Kennzahl ergibt, die über den oben ermittelten statischen Rentabilitäten (GKR = 3,6% bzw. EKR = 5,2%) im ersten Jahr liegt, denn Mietsteigerungen, Wertsteigerungen (die sich im Verkaufswert nach 10 Jahren ausdrücken) und Kostensteigerungen sind bei dieser Betrachtungsweise berücksichtigt.

### 4.3.3 Grundsätzliche methodenimmanente Probleme

Die Methode des internen Zinsfußes zur Ermittlung von Investitionsrenditen birgt einige Probleme:
- Wenn der Fall nicht so einfach gelagert ist, wie im Beispiel, sondern auch in der Bewirtschaftungsphase negative Zahlungen vorkommen, kann es *mehrere* mathematisch *richtige Lösungen* für i geben, bei denen $C_0 = 0$ ist. In der Immobilienwirtschaft ist z. B. dann mit negativen Zahlungen in der Bewirtschaftungsphase zu rechnen, wenn größere Instandsetzungen oder Modernisierungen fällig sind.
- Die Methode unterstellt, dass Überschüsse stets zum ermittelten internen Zinssatz angelegt werden können *(Wiederanlagehypothese)*. Diese Annahme ist problematisch, weil Haben-Zinssätze auch von Höhe und Laufzeit der beabsichtigten Geldanlage abhängen. Die Annahme wird noch problematischer, wenn der ermittelte interne Zinssatz sehr viel höher ist als übliche Renditen für Geldanlagen; dann wird es faktisch nicht möglich sein, Summen, die deutlich geringer sind, als für eine vergleichbare Investition erforderlich, zum ermittelten Zinssatz anzulegen. So ist – bezogen auf das obige Beispiel – eine Wiederanlage des jährlichen Überschusses in Höhe von ca. 35 000 € – 50 000 € zu 7,7% Zins kaum möglich.
- Die Methode rechnet mit einem *einheitlichen Zinssatz* für Soll- und Haben-Zinsen, was realitätsfern ist. Wenn in der Bewirtschaftungsphase negative Zahlungen anfallen, müssen diese finanziert werden, was realitätsnah nur mit einem Soll-Zinssatz dargestellt werden kann, der über dem Haben-Zinssatz liegt.

Trotz dieser Probleme hat sich die Rendite nach der Methode des internen Zinsfußes als Kennzahl für die Vorteilhaftigkeit von Immobilieninvestitionen weithin durchgesetzt.

### 4.4 Endwert und Methode des Vollständigen Finanzplans (VoFi-Methode)

Die Probleme der Methode des internen Zinsfußes werden mit der *Methode des vollständigen Finanzplans (VoFi-Methode)* vermieden. Es handelt sich um eine Endwert-Methode.

### 4.4.1 Rendite nach der Endwert-Methode berechnen

Auch die VoFi-Methode liefert als Kennzahl die Rendite. Auch hierbei werden die Zahlungsströme im Zusammenhang mit einer Immobilieninvestition möglichst realitätsnah erfasst. Alle Zahlungen werden in Nominalbeträgen dargestellt zum jeweiligen Zeitpunkt, zu dem sie zu erwarten sind. Sodann werden Überschüsse verzinslich akkumuliert, wobei von geldmarktüblichen Haben-Zinssätzen ausgegangen wird. Die Zinssätze können auch nach Anlagezeitraum und Höhe des anzulegenden Betrags differenziert sein. So wächst aus den Überschüssen und deren Verzinsung ein Guthaben an. Auszahlungsüberschüsse werden, soweit sie durch dieses Guthaben gedeckt sind, durch dessen Auflösung finanziert, soweit das Guthaben nicht ausreicht, wird von einer Kreditaufnahme zu einem realistischen Soll-Zinssatz ausgegangen. Aus der Darstellung dieser Zahlungsvorgänge ergibt sich am Ende des Betrachtungszeitraums ein Guthaben und ein Restwert der Immobilie, die zusammen als *Endwert* $K_n$ im Zeitpunkt $t = n$ betrachtet werden können. Die Investitionsauszahlung $A = K_0$ (hier als absoluter Betrag, *nicht* mit negativem Vorzeichen!) im Zeitpunkt $t = 0$ und der Endwert $K_n$ können als Zwei-Zahlungs-Fall („Zero-Bond") aufgefasst werden, dessen durchschnittliche Verzinsung sich nach der Formel

$$i = -1 + \sqrt[n]{\frac{K_n}{K_0}}$$

ermitteln lässt.

### 4.4.2 Beispiel: Berechnung der VoFi-Rendite

Das obige Beispiel aus Tabelle 4 wird erweitert, um die Ermittlung der VoFi-Rendite zu verdeutlichen (vgl. Tabelle 5). Wiederum wird eine Tabelle angelegt, in der die Zahlungsströme erfasst sind. Das Jahr 0 muss in diesem Fall nicht mit dargestellt werden. Die Überschüsse werden zum Haben-Zinssatz von 0,75 % angelegt – man kann sich das wie ein Sparbuch vorstellen. Sofern das Guthaben auf dem Sparbuch nicht ausreicht (beispielsweise für eine geplante größere Instandsetzung, Modernisierung o. ä.) wird ein kurzfristiges Darlehen zu einem realitätsnahen Soll-Zinssatz aufgenommen. Man kann sich das wie einen Überziehungs-Kredit vorstellen.

| Investitionsausgabe | 1.250.000,00 | |
|---|---|---|
| Darlehen | 750.000,00 | |
| **Eigenkapital $K_0$** | **500.000,00** | |
| Darlehenzinssatz | 2,5% | |
| Annuität | 4,0% | |
| Instandhaltung | 5.500,00 | 2,0% Anstieg jährlich |
| Verwaltung | 2.000,00 | 2,0% Anstieg jährlich |
| Mieteinnahmen | 72.000,00 | 2.000,00 Anstieg jährlich |
| Haltedauer | 10 Jahre | |
| Endwert | 12 -faches der Jahresbruttomiete | |
| Haben-Zinssatz | 0,75% | |
| Fälligkeit der Zahlungen jährlich nachschüssig (=am Jahresende) | | |

| Jahr | Mietein-nahmen | Instandhaltung Verwaltung | Tilgungsplan | | | | | Überschüsse nominal | Überschüsse aufgezinst und kumuliert |
|---|---|---|---|---|---|---|---|---|---|
| | | | Darlehensvaluta (Jahresanfang) | Zins | Tilgung | Annuität | Darlehensvaluta (Jahresende) | | |
| 1 | 72.000,00 | 7.500,00 | 750.000,00 | 18.750,00 | 11.250,00 | 30.000,00 | 738.750,00 | 34.500,00 | 34.500,00 |
| 2 | 74.000,00 | 7.650,00 | 738.750,00 | 18.468,75 | 11.531,25 | 30.000,00 | 727.218,75 | 36.350,00 | 71.108,75 |
| 3 | 76.000,00 | 7.803,00 | 727.218,75 | 18.180,47 | 11.819,53 | 30.000,00 | 715.399,22 | 38.197,00 | 109.839,07 |
| 4 | 78.000,00 | 7.959,06 | 715.399,22 | 17.884,98 | 12.115,02 | 30.000,00 | 703.284,20 | 40.040,94 | 150.703,80 |
| 5 | 80.000,00 | 8.118,24 | 703.284,20 | 17.582,10 | 12.417,90 | 30.000,00 | 690.866,30 | 41.881,76 | 193.715,84 |
| 6 | 82.000,00 | 8.280,61 | 690.866,30 | 17.271,66 | 12.728,34 | 30.000,00 | 678.137,96 | 43.719,39 | 238.888,10 |
| 7 | 84.000,00 | 8.446,22 | 678.137,96 | 16.953,45 | 13.046,55 | 30.000,00 | 665.091,41 | 45.553,78 | 286.233,54 |
| 8 | 86.000,00 | 8.615,14 | 665.091,41 | 16.627,29 | 13.372,71 | 30.000,00 | 651.718,70 | 47.384,86 | 335.765,15 |
| 9 | 88.000,00 | 8.787,45 | 651.718,70 | 16.292,97 | 13.707,03 | 30.000,00 | 638.011,66 | 49.212,55 | 387.495,94 |
| 10 | 90.000,00 | 8.963,19 | 638.011,66 | 15.950,29 | 14.049,71 | 30.000,00 | 623.961,96 | 507.074,85 $K_n$ | **897.477,01** |
| | | | | | | | | **VoFi-Rendite i** | **6,0%** |

*Tabelle 5 Berechnung der VoFi-Eigenkapital-Rendite*
Quelle: Eigene Darstellung

Die letzte Spalte „Überschüsse aufgezinst und kumuliert", bildlich: der Kontostand des „Sparbuchs" am Jahresende, zeigt die liquiden Überschüsse (oder ggf. Unterdeckungen) aus der Bewirtschaftung des Objekts. Der Endwert der gesamten Investition ergibt sich aus dem Restwert des bebauten Grundstücks und dem Endwert der Zahlungsüberschüsse. Als Restwert des Objekts ist wiederum das Zwölffache der Jahresrohmiete im Jahr 10 angesetzt. Wenn noch eine Restschuld eines Darlehens besteht, ist diese vom Endwert abzuziehen, im Beispielfall 623.961,96 €. So ergibt sich der Endwert $K_n$. Der Anfangswert $K_0$ entspricht der Investitionsauszahlung, also Investitionsausgabe, ggf. abzüglich Kreditaufnahme. Die ermittelte VoFi-Rendite beträgt in diesem Beispiel 6,0 %.

### 4.4.3 Unterschiede zwischen internem Zinsfuß und VoFi-Rendite

Die nach der VoFi-Methode ermittelten Renditen sind realitätsnäher. Unterschiede zwischen VoFi-Rendite und Rendite nach der Methode des internen Zinsfußes (IRR) ergeben sich
– wenn Phasen der Unterdeckung entstehen
  oder
– wenn die Rendite der Immobilie deutlich von den für die Anlage der Überschüsse (Geldanlage) erzielbaren Zinsen abweicht.

Übersteigt die Rendite der Immobilie den Geldanlagezins, so ergibt sich eine VoFi-Rendite, die unter der nach der Methode des internen Zinsfußes ermittelten liegt. Entsprechendes gilt im umgekehrten Fall. *Die VoFi-Rendite ist realistischer*, da sie nicht von der Wiederanlage der Überschüsse in die Immobilie (sondern eben von einer Geldanlage) ausgeht.

## 5. Vergleich der verschiedenen Methoden

Anhand der Daten ein und desselben Beispielfalles wurden statisch die Gesamtkapitalrentabilität mit ca. 3,6% und die Eigenkapitalrentabilität mit ca. 5,2% berechnet. Die dynamischen Eigenkapitalrenditen wurden einmal nach der Methode des internen Zinsfußes (IRR) mit ca. 7,7% und sodann nach der VoFi-Methode mit 6,0% ermittelt. Woher kommen die Unterschiede?

Die statisch ermittelten Rentabilitäts-Kennzahlen sind niedriger, als die dynamisch ermittelten Renditen. Dies wird bei der langfristigen Betrachtung von Immobilieninvestitionen meistens der Fall sein, denn die statische Berechnung lässt Mieten- und Kostensteigerungen und den längerfristigen Wertanstieg der Immobilie außer Acht. Im Ausnahmefall können die Verhältnisse aber auch umgekehrt sein, nämlich dann, wenn die Kosten schneller steigen als die Mieten und / oder wenn keine Wertsteigerungen oder gar ein Wertverlust zu erwarten sind. Letzteres kann dann eintreten, wenn die künftige Marktlage am Ende des Betrachtungszeitraums aus Verkäufersicht voraussichtlich ungünstiger ist, als zum Investitionszeitpunkt.

Die VoFi-Rendite ist niedriger als die IRR, denn letztere geht von der Wiederanlageprämisse aus, unterstellt also, dass jeder Geldüberschuss zum errechneten internen Zinsfuß auch angelegt werden kann. Das wird in unserem Beispielfall nicht möglich sein – die Anlage von Geldbeträgen mit ca. 7,7% Zinsen ist (unter heutigen Bedingungen) realitätsfern. Die VoFi-Rendite wird ohne diese Prämisse ermittelt, hier wurde mit einem realistischen Haben-Zinssatz (in unserem Beispiel mit 0,75%) gerechnet. Nur in dem Sonderfall, da die IRR in der Nähe marktüblicher Haben-Zinssätze liegt, werden beide Kennzahlen nahezu gleich sein.

Zur Beurteilung von Immobilieninvestitionen ist die VoFi-Methode zu empfehlen. Die Methode des internen Zinsfußes hat sich aber in der Praxis, vor allem auch international, so weit durchgesetzt, dass man sie kennen sollte. Außerdem sollte man sich klar machen, dass sehr hohe IRR-Renditen systematisch überzeichnet, also zu hoch sind.

## 6. Beurteilung von Risiken

Investitionsrechnungen arbeiten mit der Annahme, dass wir künftige Zustände bzw. Entwicklungen sicher kennen. Investitionsentscheidungen werden aber unter Unsicherheit getroffen. Man kann versuchen, die Risiken zu quantifizieren und einzugrenzen.

Baupreise und Architektenhonorare, Darlehenszinssätze und Zwischenfinanzierungskosten, Bauzeiten, erzielbare Mieten und mögliche Mietsteigerungen, Vollvermietung oder Leerstand (und dessen Höhe), Verwaltungskosten, Instandhaltungs- und Instandsetzungskosten, Restwert (Verkaufserlös) am Ende des Betrachtungszeitraums, all dies sind Variable, die die Rendite und damit die Vorteilhaftigkeit (oder Unvorteilhaftigkeit) einer Investition bestimmen. Die künftige Entwicklung dieser Variablen ist aber nicht mit Sicherheit vorhersagbar. Investitionsentscheidungen werden immer unter *Unsicherheit* getroffen.

*6.1 Begriffe: Ungewissheit, Unsicherheit, Risiko*

Soweit die künftigen Zustände oder Entwicklungen völlig vom Zufall abhängen, spricht man von *Ungewissheit*. Hinsichtlich der Möglichkeit eines Kriegs in dem Gebiet, in dem wir eine Investition planen, handeln wir unter Ungewissheit. Soweit die Bandbreite möglicher Entwicklungen und die Wahrscheinlichkeit, mit der sie eintreffen, abgeschätzt und quantifiziert (in Größen dargestellt) werden können, sprechen wir von *Risiko*. Risiken sind prinzipiell kalkulierbar. Wir wissen, dass sich in den letzten dreißig Jahren die Zinssätze für langfristige Baudarlehen zwischen 1,6 % und 9,9 % bewegt haben und dass der Durchschnitt bei 6,1 % gelegen hat.[4] Wenn wir annehmen, dass sich dies auch künftig so verhalten wird, dann bewegt sich das Zinsänderungsrisiko in diesem Bereich. Dies stellt allerdings einen kühnen Schluss dar: wir gehen davon aus, dass sich Erfahrungen aus der Vergangenheit in der Zukunft bestätigen, Entwicklungsbrüche, durch die Unwahrscheinliches eintritt, sind damit jedoch ausgeblendet.[5]

6.1.1 Investitionsrechnung als Grundlage einer Risikokalkulation

Investitionsrechnungen können als Grundlage für die Kalkulation von Risiken dienen. Zunächst kommt es darauf an, für alle Eingangs-Variablen einer Investitionsrechnung möglichst realistische und fundierte Annahmen zu treffen. Dies ist umso leichter möglich, je mehr Erfahrungen aus bereits realisierten, eigenen oder fremden Investitionsvorhaben vorliegen und ausgewertet werden können. Weitere Quellen sind für die Investitionsausgabe Preisübersichten für Bauland und Kostenschätzungen erfahrener Planungsbüros. Für laufende Kosten bieten sich folgende Quellen an: Zinskonditionen für Baukredite können den Wirtschaftsteilen der Tageszeitungen, der Fachpresse oder dem Internet entnommen werden. Erfahrungssätze für Verwaltung und Instandhaltung ergeben sich aus der Kosten- und Leistungsrechnung von Immobilienunternehmen, sie lassen sich auch aus den Pauschalen herleiten, die im öffentlich geförderten Wohnungsbau zulässig sind, bzw. bei gewerblicher Nutzung aus dem Vergleich mit entsprechenden Kosten bestehender Gewerbegebäude.

6.1.2 Notwendige Sorgfalt bei der Projektion der Eingangsgrößen

Aber die Projektion vergangener Entwicklungen in die Zukunft kann auch leicht in die Irre führen. So sind im langfristigen Vergleich die Wohnungsmieten um jahresdurchschnittlich ca. 3% gestiegen, während sie im zurückliegenden Jahrzehnt nur um etwa 1% gestiegen und in einigen Regionen sogar gesunken sind.[6] Es kommt also auch auf

---

4 Eigene Berechnung aufgrund der Daten der: Deutsche Bundesbank, Zinsstatistik: Effektivzinssätze Banken DE / Neugeschäft / besicherte Wohnungsbaukredite an private Haushalte, anfängliche Zinsbindung über 5 bis 10 Jahre, http://www.bundesbank.de/.
5 Weiterführend zu Risikokalkulation und zum Risikomanagement vgl.: Maier, Kurt M.: Risikomanagement im Immobilienwesen, Frankfurt a. M. (Fritz Knapp) 3. Aufl. (2007).
6 Eigene Berechnung aufgrund der Daten des Statistischen Bundesamtes, Verbraucherpreisindex bis einschließlich Dezember 2013, http://www.destatis.de/ – n. b.: der aktuelle überdurchschnittliche Mietanstieg in bestimmten deutschen Groß- und Universitätsstädten wird durch diese Daten nicht abgebildet, er verschwindet im bundesweiten Durchschnitt.

den Zeitraum und das Umfeld an, aus dem die Erfahrungswerte gewonnen werden. Ferner ist die Abhängigkeit unterschiedlicher Variablen voneinander zu berücksichtigen: Beispielsweise hängt die Entwicklung der Wohnungs- und Gewerbemieten von der Inflationsrate ab, die Mietsteigerungsraten lagen langfristig meist um 1 bis 2 Prozentpunkte über den Inflationsraten, das heißt: hohe Inflation geht mit hoher Mietsteigerung zusammen und umgekehrt. Die Inflationsraten schwanken ihrerseits und sind sowohl von globalen Entwicklungen als auch von der nationalen Wirtschafts- und Finanzpolitik abhängig sowie vor allem von der Geldpolitik der Zentralbank.

*6.2 Sensitivitätsanalyse („Tornado-Diagramm")*

Mit der Sensitivitätsanalyse wird der Einfluss der Veränderung einzelner Variablen auf die Rendite der Investition dargestellt. Diejenigen Variablen, auf die die Rendite besonders empfindlich (sensitiv) reagiert, können so identifiziert werden. Grundlage ist dabei eine Investitionsrechnung, beispielsweise eine VoFi-Berechnung.

6.2.1 Gesonderte Analyse jeder einzelnen Variablen

In der VoFi-Berechnung werden die Ausprägungen einzelner Variablen variiert, z. B. indem man außer einem erwarteten *mittleren* Wert jeweils noch einen Wert für den günstigsten denkbaren Fall (*best case*) und für den ungünstigsten (*worst case*) eingibt und jeweils die dazugehörige Rendite ermittelt. Diese Variation erfolgt *gesondert für jede Variable*, die als riskant eingeschätzt wird. Ordnet man diese Variablen in einem Balkendiagramm nach dem Ausmaß ihres Einflusses auf die Rendite, so ergibt sich die anschauliche Darstellung des „Tornado-Diagramms" (so genannt wegen seiner Ähnlichkeit mit dem Anblick eines herannahenden Wirbelsturms): der oberste Balken zeigt diejenige Variable, auf deren Variation die Rendite am empfindlichsten (sensitivsten) reagiert, nach unten hin nimmt die Empfindlichkeit der Rendite auf Variation der Variablen ab. In der Entwicklung und Steuerung des Investitionsprojektes ist auf diejenigen Größen besondere Aufmerksamkeit zu richten, auf die die Rendite mit höchster Sensitivität reagiert.

## 6.2.2 Beispiel: Tornado-Diagramm

|  | best | worst |
|---|---|---|
| Investitsionsausgabe | 1.000.000,00 | 1.500.000,00 |
| Darlehenszinssatz | 2,0% | 5,0% |
| Kostenanstieg | 1,0% | 3,0% |
| Mietanstieg | 3.000,00 | 500,00 |
| Anfangsmiete | 80.000,00 | 60.000,00 |
| Endwert | 16,00 | 8,00 |

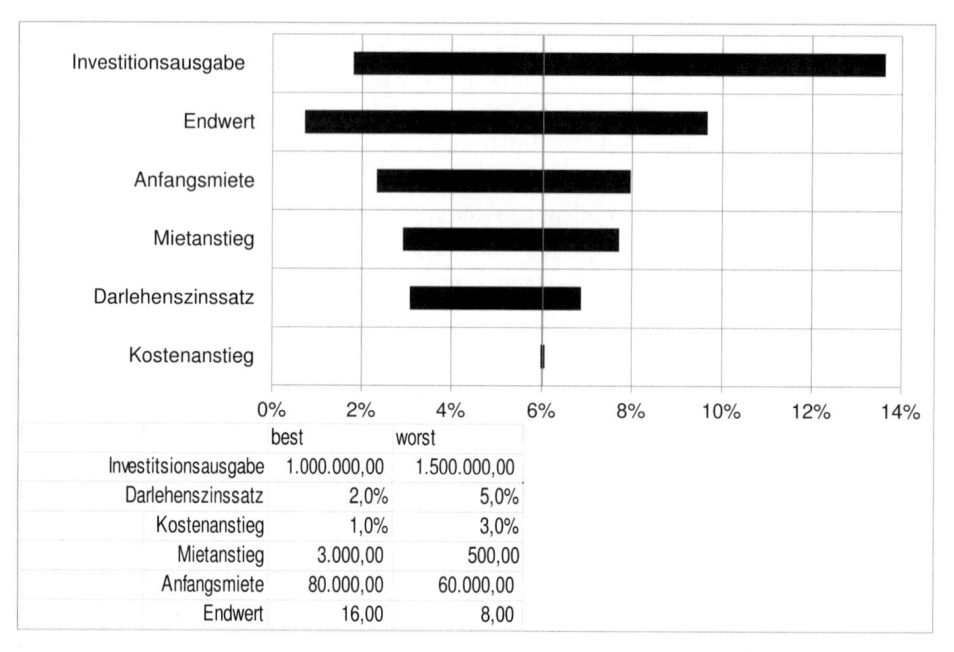

*Abbildung 4 Tornado-Diagramm*
Quelle: Eigene Darstellung unter Verwendung von MSExcel

Wenn im obigen Beispiel die Investitionssumme variiert wird, nämlich außer dem wahrscheinlichen Wert 1 250 000 auch noch mit 1 000 000 und 1 500 000 gerechnet wird, so ergeben sich Renditen von 13,6% – 6,0% – 1,8%. Man kann sich vorstellen, dass z. B. die Baukosten um 250 000 höher oder geringer ausfallen als geplant. Variiert man dagegen die Kostensteigerungsrate der laufenden Instandhaltung und Verwaltung um ± 50 % zwischen + 3 % und +1 %, so wirkt sich dies auf die Rendite kaum aus. Die jeweiligen Ausprägungen der Variablen, mit denen in diesem Beispiel gerechnet wurde, sind in der kleinen Tabelle in Abbildung 4 wiedergegeben. Das Diagramm zeigt zunächst, dass die größte Chance bei diesem Investitionsvorhaben in der Senkung der anfänglichen Investitionsausgabe (z. B. Grundstücks- und Baukosten) liegt und dass das größte Risiko von einem geringen Endwert ausgeht. Letzterer wird von der Marktlage am Ende des Betrachtungszeitraums bestimmt, lässt sich also im Zuge der Investitionssteuerung nicht beeinflussen. Von den übrigen untersuchten Variablen sind die Anfangsmiete, die Mieterhöhung und der Darlehenszinssatz von größerem Einfluss, während die Entwicklung der laufenden Bewirtschaftungskosten (Instandhaltung, Verwaltung) nur geringen Einfluss hat.

## 2. Investitionsrechnung: Vorteilhaftigkeit und Risiko kalkulieren

### 6.2.3 Nutzen der Sensitivitätsanalyse

Im obigen Beispiel wurden nur sechs Variable variiert, die willkürlich herausgegriffen wurden. Der Rechenaufwand für die Sensitivitätsanalyse ist recht gering, man kann eine größere Zahl von Variablen variieren – im Prinzip alle, die als Eingangsgrößen für die Investitionsrechnung (hier: VoFi-Berechnung) verwendet wurden. Die Darstellung im Tornado-Diagramm zeigt, auf welche von ihnen die Rendite besonders empfindlich reagiert. Diese stellen dann die *relevanten Variablen* dar, die genauer untersucht werden können. Es sind auch diejenigen, auf deren Entwicklung in der Steuerung des Investitionsprojektes besondere Aufmerksamkeit gelegt werden sollte.

### 6.2.4 Unterschiedliche Varianten der Festlegung des best und worst case

Schließlich zeigt das Beispiel, dass es verschiedene Möglichkeiten gibt, Werte für den best und worst case festzulegen: man kann den erwarteten mittleren Wert um einen festen Prozentsatz variieren, z. B. um ± 20 %. Dann zeigt das Tornado-Diagramm die Stärke des Zusammenhangs zwischen der jeweiligen unabhängigen Variablen und der abhängigen Variablen Rendite. Diese Vorgehensweise ist geeignet, um verschiedene Investitionsvorhaben im Hinblick auf die Rangfolge des Einflusses der einzelnen Variablen zu *vergleichen*. Beispielsweise könnten wir Investitionsvorhaben bevorzugen, bei denen der Einfluss des Restwertes (Marktlage am Planungshorizont) gering ist, weil wir darauf keinen Einfluss nehmen können.

Man kann aber auch für jede unabhängige Variable gesondert plausible Ober- und Untergrenzen wählen: in einer Niedrigzinsphase kann der Sollzinssatz vielleicht noch um einen Prozentpunkt fallen, von 2,5 % auf 1,5 %. Das wäre eine Variation um – 40%, er kann aber auch auf das Doppelte steigen. Für den Sollzinssatz wäre in diesem Fall also eine Variation um – 40 % und + 100 % angebracht. Bei einem solchen Vorgehen zeigt das Tornado-Diagramm, welche Variablen bei einer bestimmten Erwartung künftiger Entwicklungen den größten Einfluss auf die Rendite des einzelnen untersuchten Investitionsvorhabens haben. Die zweite Vorgehensweise wird für eine einzelne anstehende Investitionsentscheidung die geeignete sein.

### 6.3 Szenario-Technik

Mit der Szenario-Analyse wird dargestellt, wie sich die Rendite einer Investition verändert, wenn mehrere Variable gemeinsam eine ungünstige oder günstige Wertausprägung annehmen. Ergebnis ist die schlechteste denkbare oder die günstigste zu erwartende Rendite.

### 6.3.1 Ziel der Szenario-Technik

Szenarien machen also deutlich, was schlimmstenfalls passieren könnte.

Mehrere Variable können vom erwarteten Mittelwert in die gleiche (günstige oder ungünstige) Richtung abweichen: beispielsweise können hohe Baukosten mit hohen Fremdkapitalzinsen zusammentreffen und wegen der hohen Baukosten kann ein hoher

Fremdfinanzierungsanteil erforderlich werden. Die Situation könnte einen worst case für unser Vorhaben darstellen. Natürlich können wir auch Glück haben, und alle Entwicklungen laufen parallel in die günstige Richtung. Die Szenario-Methode erlaubt es, die Entwicklung von Variablen in unterschiedlicher Kombination darzustellen. Häufig werden die Szenarien in drei Fälle typisiert: *Standardvariante, worst case und best case*.

### 6.3.2 Welche Kombination von Variablen-Ausprägungen ist zielführend?

Bei Immobilieninvestitionen ist es jedoch nicht immer klar, welche Kombination von Variablen-Ausprägungen einen worst oder best case darstellt, denn es bestehen ökonomische Zusammenhänge zwischen möglichen Entwicklungspfaden bestimmter Variablen. So werden hohe Mietsteigerungen, die die Rendite positiv beeinflussen, in der Regel mit hohen Sollzinssätzen (die die Rendite negativ beeinflussen) einhergehen: ein typischerweise eher inflationäres Umfeld. Demgegenüber werden niedrige Mietsteigerungen zu niedrigen Zinssätzen passen. Andere Variablen-Ausprägungen sind von diesen Umfeldbedingungen weitestgehend unabhängig, etwa die Investitionssumme (Erwerbspreis bzw. Grundstücks- und Baukosten) oder die Anfangsmiete. Es bietet sich also an, neben dem standard case vier weitere Fälle, je zwei mit inflationärem Umfeld und mit einem Umfeld der Preisstabilität zu berechnen.

Ein worst case, bei dem hohe Investitionsausgaben, eine niedrige Anfangsmiete und ein niedriger Restwert mit hohen Zinssätzen und Kostensteigerungen bei niedrigem Mietanstieg zusammentreffen, ist ökonomisch wenig plausibel und würde zu einem Ergebnis führen, das uns „ärmer rechnet", als vernünftigerweise zu erwarten ist. Es kommt also bei der Berechnung von Szenarien darauf an, Variable und deren Werte so auszuwählen, dass sie ökonomisch plausibel sind. Sofern Daten in ausreichender Zahl aus durchgeführten Projekten vorliegen, kann mit Hilfe statistischer Methoden auch ermittelt werden, welche Variablen eng miteinander zusammenhängen (z. B. durch Berechnung des Korrelationskoeffizienten).

### 6.3.3 Beispiel: Szenarien mit MSExcel berechnen

MSExcel bietet eine komfortable Möglichkeit, Szenarien zu erstellen. Wir nehmen weiter das obige Beispiel aus Tabelle 5. Wir variieren dieselben Variablen wie in der Sensitivitätsanalyse (vgl. kleine Tabelle in Abbildung 4) und kombinieren die Ausprägungen zu zwei günstigen Fällen (niedrige Investitionssumme, hohe Anfangsmiete, hoher Restwert) einmal im inflationären Umfeld, zum anderen im Umfeld mit Preisstabilität. Vice versa zwei ungünstige Fälle.

Die Szenarien werden auf der Grundlage einer VoFi-Tabelle berechnet. Diese muss also zunächst erstellt werden. In unserem Beispielfall greifen wir auf die obige Tabelle (vgl. Tab. 5) zurück, die bereits vorhanden ist. Sie muss geöffnet werden. In MSExcel findet sich im Register „Daten" unter dem Menu-Punkt „Was-wäre-wenn-Analyse" der „Szenario-Manager", der dem Anwender dialoggeführt die Erstellung von Szenarien erleichtert. Zunächst öffnet sich ein Fenster, in welchem für das zu erstellende Szenario ein Name einzugeben ist – hier wurde der Name „Negative Entwicklung bei Inflation" gewählt.

Die Schaltfläche „Hinzufügen" (bzw. für spätere Überarbeitung: „Ändern") wird angeklickt. Danach können die Zellen definiert werden, die verändert werden sollen. Es müssen also alle Zellen angeklickt werden, in denen in der ursprünglichen VoFi-Berechnung Variable stehen, die wir nun verändern wollen. Wir haben die Zellen angeklickt, in denen die Werte für die schon in der Sensitivitätsanalyse variierten sechs Variablen stehen. Nach Anklicken von „OK" erscheint ein weiteres Fenster, in dem diese Variablen aufgelistet sind mit ihrem „aktuellen" (d. h. ursprünglich von uns eingegebenen) Wert. Diese Werte ersetzen wir durch die Werte, die dieses Szenario definieren sollen.

Danach kann man mit „Hinzufügen" weitere Szenarien definieren, z. B. „Negative Entwicklung bei Preisstabilität". Es können beliebig viele Szenarien definiert werden. Für dieses Beispiel haben wir uns für die genannten vier Szenarien entschieden. Excel liefert ferner automatisch noch das Ausgangsszenario „Aktuelle Werte", so dass insgesamt fünf Szenarien dargestellt werden.

Mit der Schaltfläche „Zusammenfassung" wird der Szenario-Bericht auf einem gesonderten Excel-Tabellenblatt erstellt (vgl. Abbildung 5)

| Szenariobericht | Aktuelle Werte | Negative Entwicklung bei Inflation | Negative Entwicklung bei Preisstabilität | Positive Entwicklung bei Inflation | Positive Entwicklung bei Preisstabilität |
|---|---|---|---|---|---|
| **Veränderbare Zellen:** | | | | | |
| Investitionsausgabe | 1.250.000,00 | 1.500.000,00 | 1.500.000,00 | 1.000.000,00 | 1.000.000,00 |
| Darlehenszinssatz | 2,5% | 5,0% | 1,5% | 5,0% | 1,5% |
| Kostensteigerung | 2,0% | 3,0% | 1,0% | 3,0% | 1,0% |
| Mietanstieg | 2.000,00 | 3.000,00 | 500,00 | 3.000,00 | 500,00 |
| Anfangsmiete | 72.000,00 | 60.000,00 | 60.000,00 | 80.000,00 | 80.000,00 |
| Endwert (Vielfaches) | 12 | 8 | 8 | 16 | 16 |
| **Ergebniszellen:** | | | | | |
| VoFi-EK-Rendite | 6,0% | -11,9% | -11,6% | 19,1% | 17,6% |

*Abbildung 5 Szenariobericht mit fünf Szenarien*

Quelle: Eigene Darstellung unter Verwendung von MSExcel

Die grafische und textliche Nachbearbeitung erfolgt im Szenario-Bericht selber. Sollen Eingabewerte bearbeitet werden, so muss man den Szenario-Manager wieder aufrufen und unter dem jeweiligen Szenario-Namen mit „OK" und „Bearbeiten" erneut das Fenster „Szenariowerte" öffnen.

### 6.3.4 Interpretation der Beispiel-Szenarien

In unserem Beispiel zeigt der Szenario-Bericht, dass wir im Standard-Fall mit 6,0 % Rendite rechnen können (das wussten wir bereits aus der ursprünglichen VoFi-Berechnung), ferner dass der schlechteste denkbare Fall in einer Kombination aus hohen Kosten, geringer Miete und inflationärem Umfeld (hohe Zinssätze, hohe Mietsteigerung) besteht. In diesem Fall müssen wir mit einer negativen Rendite (einem Verlust) in Höhe von -11,9% rechnen. Auch ein Umfeld mit Preisstabilität würde daran kaum etwas ändern (- 11,6%) – die geringeren Darlehenszinsen kompensieren zwar die geringere Mietsteigerung, aber verbessern das Ergebnis nicht wesentlich. Im günstigen Fall kann demgegenüber eine Rendite von gerundet 18 % bis 19 % erzielt werden. Angesichts der

Prognoseunsicherheit sollten *Nachkommastellen nicht berücksichtigt* werden. Als Aussage bleibt also, dass wir für das Vorhaben mit einer Rendite von 6 % rechnen, dass wir schlimmstenfalls aber einen Verlust von 12 % akzeptieren müssen und im günstigsten Fall 19 % erzielen können. Die Entscheidungsfrage lautet also, ob bei dieser Rendite-Risiko-Struktur die Investition getätigt werden soll.

### 6.4 Ausblick auf weiterführende Methoden

Für börsennotierte Wertpapiere und ähnliche Assets, die auf liquiden Märkten gehandelt werden, haben sich Methoden zur Kalkulation und zum Management von Risiken etabliert, die bisweilen auch auf Immobilien angewendet werden. Zwei dieser Methoden werden im Folgenden kurz skizziert, obgleich ihre Eignung für Immobilieninvestments kritisch zu sehen ist. Da sie in der immobilienwirtschaftlichen Fachliteratur dargestellt werden, sollen sie hier nicht unerwähnt bleiben. Es handelt sich um die Erstellung von Risikoprofilen mit Hilfe einer *Simulationsrechnung* (auch als „Monte-Carlo-Methode" bekannt) und um die Risikosteuerung mithilfe der *Portfolio-Technik*.

### 6.4.1 Risikoprofil aufgrund einer Simulationsrechnung

Bisweilen wird in der Literatur empfohlen, Risikoprofile für Immobilieninvestitionen mit Hilfe einer Simulationsrechnung zu erstellen.[7] Ausgangspunkt ist eine Investitionsrechnung (z. B. eine VoFi-Rendite-Berechnung). Allerdings wird nun nicht mehr mit jeweils nur einer Ausprägung der unabhängigen Variablen (Eingangsgrößen) gerechnet (oder mit wenigen – etwa der erwarteten, der schlechtesten und der besten). Vielmehr geht man davon aus, dass auch jeder beliebige Zwischenwert auftreten kann. Die Wahrscheinlichkeit, mit der verschiedene Werte jeweils eintreten können, wird statistisch geschätzt. Dazu muss für jede relevante Variable ein *Verteilungsmodell* für die Eintrittswahrscheinlichkeit ihrer Ausprägungen gewählt werden. Darin drückt sich aus, mit welcher Wahrscheinlichkeit die Werte der Variablen in der Zukunft auftreten werden. Häufig wird dafür die *Normalverteilung* (deren Dichtefunktion die Gestalt der Gauß'schen Glockenkurve hat) als Verteilungsmodell angenommen, aber es gibt zahlreiche andere Verteilungsmodelle (weitere häufig anwendbare Modelle sind bspw. die Gleichverteilung zwischen bestimmten Grenzen, die Dreiecksverteilung oder die Lognormalverteilung).

Man kann sich „aus dem Bauch heraus" für ein bestimmtes Verteilungsmodell entscheiden. Wenn Daten aus durchgeführten Projekten vorliegen (z. B. über die Abweichung der tatsächlichen, abgerechneten Baukosten von den ursprünglich geschätzten), aus Marktanalysen (z. B. über Verteilung von Mietsteigerungsraten bei Büromieten) oder aus Zeitreihen (z. B. über Darlehenszinssätze), so kann man unterstellen, dass diese Daten repräsentativ für die Verteilung der Werte in der Vergangenheit sind und daraus schließen, dass es in Zukunft ähnlich sein wird. Bei diesem Schluss ist allerdings

---

[7] Z. B. Schulte, K.-W. und Ropeter, E.: Quantitative Analyse von Immobilieninvestitionen – moderne Methoden der Investitionsanalyse, S 153 ff, in: K.-W. Schulte et al. (Hrsg.) Handbuch Immobilien-Investition, Köln 1998.

## 2. Investitionsrechnung: Vorteilhaftigkeit und Risiko kalkulieren

Vorsicht geboten: zunächst sollte mit Sachkunde und Vernunft überprüft werden, ob der Schluss von der Vergangenheit in die Zukunft *plausibel* ist.

Danach kann mit *statistischen Testmethoden* geprüft werden, ob die Annahme eines bestimmten *Verteilungsmodells* angemessen ist. Allerdings vermögen solche Tests nur zu belegen, dass die Verteilung der zugrundeliegenden Daten dem getesteten Modell nicht widerspricht. Damit ist jedoch keineswegs seine Richtigkeit bestätigt. Hier kann nämlich ein *Fehler zweiter Art* vorliegen, der darin besteht, dass in Wirklichkeit eine Verteilung der Daten vorliegt, die keinem der getesteten Modelle entspricht. Die Aussage des Tests eines Verteilungsmodells könnte beispielsweise lediglich lauten: „Mit einer Fehlerquote von nicht mehr als 5% kann angenommen werden, dass die analysierten Daten einer normalverteilten Stichprobe entsprechen".

Wenn nun in einer Investitionsrechnung statt mit bestimmten Werten für die relevanten Variablen mit einer großen Zahl von Werten gerechnet wird, deren Verteilung dem zuvor ermittelten Modell entspricht, wird eine ebenso große Zahl von Ergebnissen der Renditeberechnung, also der abhängigen Variablen (z. B. VoFi-Renditen) berechnet. Diese vielen Renditekennzahlen genügen ihrerseits mit einer bestimmten Verteilung. Diese kann wiederum als *Verteilungsfunktion* (Summenkurve) grafisch dargestellt werden. Die Verteilungsfunktion der Renditekennzahl zeigt an, welche VoFi-Rendite mit einer bestimmten Wahrscheinlichkeit nicht unterschritten wird. Beispielsweise lässt sich an einer solchen Verteilungsfunktion ablesen, welche Rendite mit neunzigprozentiger Wahrscheinlichkeit mindestens erreicht wird.

Da mit einer solchen Vielzahl von Rechenläufen unterschiedliche Umweltzustände (z. B. höhere oder geringere Mietsteigerungsmöglichkeiten) simuliert werden, nennt man das Verfahren *Simulationsrechnung*. Es gibt verschiedene Methoden, die dazu notwendigen Zufallszahlen zu generieren, eine davon ist die sogenannte Monte-Carlo-Methode. Daher wird bisweilen die Simulationsrechnung auch unter dem Begriff „Monte-Carlo-Methode" aufgeführt, obgleich dies eigentlich nur die Art kennzeichnet, wie die Zufallszahlen erzeugt werden. Eine Simulationsrechnung ist vor allem dann aufschlussreich, wenn nicht nur eine Variable variiert wird, sondern alle relevanten; welche dies sind, lässt sich mit einer Sensitivitätsanalyse herausfiltern.

Die Kapazität der normalen Anwendungssoftware MSExcel reicht für eine Simulationsrechnung mit mehr als zwei Variablen nicht aus. Zur Risikoanalyse von Immobilien-Investitionsvorhaben ist es aber regelmäßig hilfreich, mehr als nur zwei Variablen zu variieren (Miethöhe, Mietsteigerung, Baukosten, Fremdmittelzinssatz, Fremdmittelkonditionen et c.). Hier helfen Ergänzungsprogramme weiter: vom US-amerikanischen Software-Entwickler Palisade wird eines unter dem Markennamen „@RISK" vertrieben, ORACLE bietet ein Konkurrenzprodukt unter dem Markennamen „Crystal Ball" an. Diese Programme führen sehr viele Simulationsrechenläufe automatisiert durch.

Ein Ergebnis dieser Simulationsrechnung ist unter anderem eine grafische Darstellung des jeweiligen *Risikoprofils* der berechneten Investition. Daraus kann z. B. abgelesen werden, welche Rendite am wahrscheinlichsten erwartet werden kann, welche Rendite mit 90% oder 95% Wahrscheinlichkeit nicht unterschritten wird und ob ungünstige Ergebnisse mit größerer oder geringerer Wahrscheinlichkeit hingenommen werden müssen. Als weiteres Ergebnis kann der Verlust berechnet werden, der mit einer bestimmten Wahrscheinlichkeit (z. B. mit 5%) nicht überschritten wird (Kennzahl *value att risk*). Damit kann die Vorteilhaftigkeit einer Investition nicht nur danach beurteilt werden, welche Rendite voraussichtlich erreicht wird, sondern auch, welches Risiko damit eingegangen wird.

Dank der erwähnten Programme ist die rechentechnische Anwendung nicht sehr schwierig. Umso größer ist die Versuchung, diese Methoden einzusetzen und auf ihre Ergebnisse zu vertrauen, ohne deren Grenzen zu verstehen. Folgende Probleme werden leicht übersehen:
– Für die relevanten Variablen gibt es oft keine oder zu wenige Ausgangsdaten, um eine wohlbegründete Wahl eines Verteilungsmodells zu treffen.
– Die Wahl des Verteilungsmodells selber ist problematisch, da statistische Tests nur angeben, ob ein Modell falsch ist, nicht aber dessen Richtigkeit bestätigen können.
– Der Schluss von aus der Vergangenheit gewonnenen Daten auf zukünftige Entwicklungen ist problematisch: Strukturbrüche können dazu führen, dass sich bisherige Entwicklungen nicht in die Zukunft fortsetzen.

Für die Kalkulation von Risiken einer Investition in eine einzelne Immobilie ist diese Methode wenig geeignet.

### 6.4.2 Portfolio-Technik

Das Risiko, das mit der Investition in eine einzelne Immobilie verbunden ist, kann dadurch verringert werden, dass mehrere Immobilien zu einem *Portfolio* zusammengestellt werden, deren Risiken sich zum Teil gegenseitig aufheben: *Risikosteuerung durch Diversifikation*. Beispielsweise wird es für Wohnimmobilien an bevorzugten Standorten ein geringes Vermietungsrisiko geben, sie werden aber im Verhältnis zur erzielbaren Miete einen hohen Kaufpreis, also hohe Investitionsbeträge erfordern und daher eine geringe Rendite abwerfen. Umgekehrt wird mit Wohnungen an weniger bevorzugten Standorten eine höhere Rendite erzielbar sein, aber es muss ein höheres Risiko hinsichtlich Vermietung, Instandhaltungskosten etc. in Kauf genommen werden. Durch eine Mischung im Portfolio kann das Risiko des Gesamtportfolios verringert werden.

*Quantitative Ansätze* der Portfolio-Technik erfordern allerdings Datenreihen, aus denen sich Renditen und Risiken (letztere definiert als statistische Abweichung vom erwarteten Renditeverlauf) ermitteln lassen – solche Daten liegen für Immobilien (im Gegensatz zu Börsenkursen für Wertpapiere) nicht vor. Daher sind diese Ansätze für die Steuerung des Risikos von direkten Immobilieninvestments nicht geeignet (anders sieht es aus, wenn indirekte Immobilienanlagen, wie Anteile an Immobilienfonds betrachtet werden).

Aus den quantitativen Modellen wurden allerdings seit den 1960er Jahren mehrere *qualitative Ansätze* entwickelt. Bekannt sind
– der von der Unternehmensberatung Boston Consulting Group Anfang der 1960er Jahre entwickelte Ansatz, der auf objektiven Kennzahlen basiert und meist als Vier-Felder-Matrix visualisiert wird, und

## 2. Investitionsrechnung: Vorteilhaftigkeit und Risiko kalkulieren

– der um wenige Jahre jüngere des Konkurrenzunternehmens McKinsey, der stärker auch qualitative Aspekte einbezieht und in einer neunfeldrigen Matrix seine gängige Darstellungsform gefunden hat.

Beide Ansätze haben zum Ziel, Maßstäbe zu entwickeln, nach denen Produktionsunternehmen ihre begrenzten Investitionsmittel so auf die verschiedenen strategischen Geschäftseinheiten verteilen, dass eine nachhaltige und gewinnmaximale Entwicklung gesichert wird.

Bezogen auf Wohnungsunternehmen, deren Wohnanlagen als strategische Geschäftseinheiten aufgefasst werden, ist der von Kook und Sydow entwickelte Portfolio-Würfel[8] hervorzuheben. In den Dimensionen Objektstandard, Standortqualität und Vermietungserfolg werden die einzelnen Wohnanlagen eingeordnet. Danach lässt sich ein „Zielbestand", in den investiert werden soll, ein „übriger Kernbestand" und ein „Desinvestitionsbestand" herausarbeiten. Es geht also nach diesem Ansatz in erster Linie um Investitionen zur weiteren Entwicklung eines schon vorhandenen Wohnungsbestands.

Die erwähnten Portfolio-Management-Ansätze gehen über die Frage der Kalkulation des Risikos einer einzelnen Immobilien-Investition hinaus und zielen auf das Management von Immobilienbeständen unter dem Gesichtspunkt der Rendite-Risiko-Optimierung.

---

8 Kook, Henner und Sydow, Manfred: Strategisches Portfoliomanagement in der Immobilienwirtschaft, Hamburg 2003.

# 3. Investition in Erbbaurechte

*Ingo Strugalla*

*Erbbaurechte sind ein ausgesprochen interessantes Instrument, um unterschiedliche Ziele zu verfolgen. Sie können eingesetzt werden um Bauwerber zu unterstützen, da diese das Grundstück nicht erwerben müssen und um die Entwicklung von Grundstückspreisen zu beeinflussen, da die Grundstücke nicht verkauft werden. Es kann aber auch bewusst wie ein Finanzanlageinstrument genutzt werden, wenn sich Eigentümer von Grund und Boden nicht für den Verkauf entscheiden, sondern die langfristige Sicherung des Vermögens im Blick haben. Die Wirtschaftlichkeit des Erbbaurechts ist dann wie andere Finanzanlage zu berechnen und zu vergleichen. Die Erfahrungen zeigen, dass das Erbbaurecht eine interessante Alternative zu anderen Anlageformen ist.*

## 1. Grundstücke – Werthalter der Immobilien

Zweistellige Preissteigerungsraten von Immobilien, wie sie Bundesbank oder Statistisches Bundesamt in den vergangenen sechs bis acht Jahren für Ein- und Zweifamilienhäuser ausweisen, suggerieren eine erhebliche Wertzunahme der Immobilien. Meist wird damit das Gebäude assoziiert. Tatsächlich aber ist das Grundstück der Teil der Gesamtimmobilie, der den Wert der Immobilie hält. Für das Grundstück sind keine Instandhaltungen oder Modernisierungen erforderlich und es unterliegt keinen Alterungsprozessen, die bei Gebäuden bis zum Abriss führen können.

**Wertentwicklung der Bodenpreise**

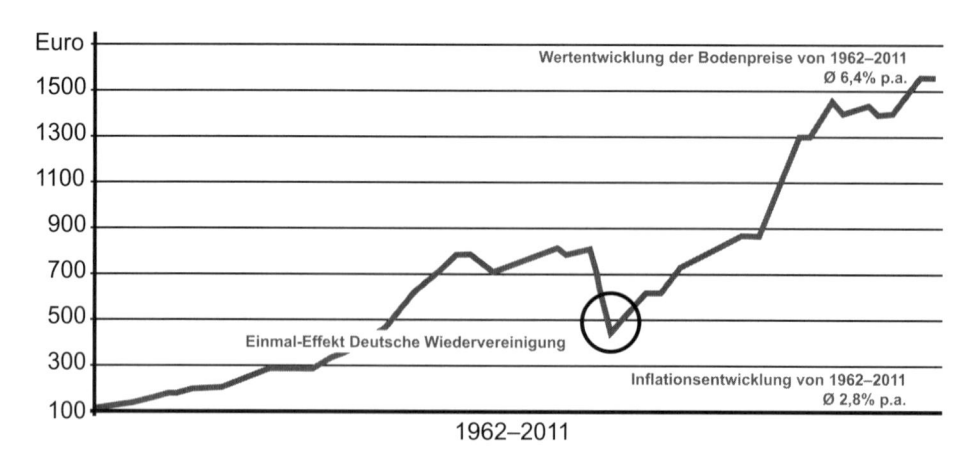

*Abbildung 1/ Grafik: Hedgework*

Ein Blick auf die Wertentwicklung der Bodenpreise seit 1962 zeigt, dass der durchschnittliche Zuwachs – mit Ausnahme eines Einmal-Effektes durch die deutsche Wiedervereinigung – bei gut 6,4 Prozent lag. Für den gleichen Zeitraum stand dem eine Inflation von durchschnittlich knapp drei Prozent gegenüber (siehe Abbildung 1).

Grund und Boden sind nicht vermehrbar und daher knappe Güter. Wer also als Eigentümer von Grundstücken den Werterhalt und darüber hinaus Potenziale zur Wertsteigerung im Blick hat, sollte daher prüfen, ob anstatt des Verkaufs eines Grundstücks, die Errichtung eines Erbbaurechtes umsetzbar ist.

Unter Einbeziehung der üblichen Rahmenbedingungen eines Erbbaurechtsvertrages,[1] wie etwa der Wertsicherungsklausel, sind Erbbaurechte damit alles andere als „Langeweiler" unter den Anlageinstrumenten. Es ist daher eine wesentliche, zukunftsorientierte Managementaufgabe, anstelle des Verkaufs von Grundstücken, um kurzfristige Liquiditätszuwächse zu generieren, diese vielmehr, soweit sie nicht für eigene Zwecke gebraucht werden, wie langfristige „Finanzanlagen" zu behandeln. Dazu bietet der Kapitalmarkt mit seinen verschiedenen Anlageoptionen ausreichend Referenz – und Benchmarks, die es gilt, im Auge zu behalten. So bietet sich etwa als Bewertungs- und Vergleichsbasis ein gewichteter Mix aus 10-Jährigen Bundesanleihen, Staatsanleihen der Schwellenländer wie auch Unternehmensanleihen mit hoher Bonität an. Werden dabei die eigenen strategischen Ziele – sowie zukünftige – Einschätzungen und Erwartungen einbezogen, lassen sich ausreichend aussagekräftige Bewertungsszenarien des eigenen Erbbaurechtsportfolios ableiten.

Erbbaurechte ermöglichen der eigenen Organisation, nicht zu unterschätzende Wertentwicklungspotenziale zu heben und zu nutzen, insbesondere dann, wenn entsprechende vertragliche Regelungen des Erbbaurechtsvertrages dies vorsehen.

*1.1 Finanzanlage Erbbaurecht – Charakteristika von Erbbaurechten*

Das Erbbaurecht ist ein grundstücksgleiches Recht, das sowohl rechtlich wie bilanziell wie ein Grundstück behandelt wird. Es kann getrennt vom Grundstück veräußert, vererbt und beliehen werden. Die Laufzeiten betragen typischerweise zwischen 60 bis 99 Jahren, was eine fixe, langfristige Kapitalbindung bedeutet.

Zum Zeitpunkt des Vertragsabschlusses errechnet sich der zu zahlende Erbbauzins aus dem prozentualen Wert des zeitpunktbezogenem Bodenwertes. Je nach Nutzung des Erbbaurechts – privat bzw. gewerblich – liegt der Erbbauzins in der Regel in einer Spanne von vier bis sechs Prozent.

Für die Gebrauchsüberlassung am Grundstück erhält der Erbbaurechtsgeber während der Laufzeit vom Erbbaurechtsnehmer den Erbbauzins. Aufgrund der langen Laufzeiten von Erbbaurechten ist es üblich, dass im Erbbaurechtsvertrag Klauseln vereinbart werden, die unter bestimmten Voraussetzungen eine Anpassung des jährlichen Erbbauzinses vorsehen. Referenzgrößen zur Anpassung sind die Entwicklung der Bodenpreise bei gewerblichen Erbbaurechten oder ein Mischindex aus Verbraucherpreisen

---

1 Dazu Ott, Kapitel XI, Teil 1, S. 601ff.

und Einkommensentwicklung bei privat genutzten Erbbaurechten. Weitere Kombinationen sind möglich.[2]

Nach Auslaufen des Erbbaurechtsvertrags fällt das Grundstück zurück in die Verfügungsgewalt des Erbbaurechtsgebers. Wenn nicht zuvor Anpassungen erfolgten, können erst ab diesem Zeitpunkt die über die Vertragslaufzeit aufgrund der Bodenwertentwicklung aufgelaufenen Wertreserven durch Verkauf bzw. Erbbauzinsanpassung gehoben werden. Eine Quantifizierung dieser Reserven ist nur schwer möglich. Gleichwohl ist aufgrund des sehr langen Zeitraums der Verträge deren Einfluss auf die Bewertung von einer vernachlässigbaren Größenordnung. Dasselbe trifft für die aufstehenden Gebäudeteile zu. Obgleich hier im Einzelfall deutliche Entschädigungsleistungen entstehen können, zeigen Berechnungen, dass diese aufgrund des zeitlichen Horizonts nach etwa 65 Jahren eher vernachlässigbar sind. Einzelheiten zur individuellen Ausgleichsregelung werden im Erbbaurechtsvertrag geregelt.

## 2. Vergleich von Erbbaurechten zu anderen Investments

Um die Werthaltigkeit von Erbbaurechten einordnen zu können, liegt es nahe, sie mit anderen, alternativen Vermögenswerten und Investments zu vergleichen. Dabei bieten sich als Vergleichsmaßstab Aktien, Renten oder Terminkontrakte ebenso an, wie etwa Rohstoffinvestments.

Mit Blick auf den Cash-Flow Verlauf von Erbbaurechten zeigen sich Besonderheiten, die sich wie folgt charakterisieren lassen:
– Jährliche vorschüssige Zahlungsweise;
– Über Wertsicherungsklauseln Anpassung des (Erbbau-)Zinses;
– Unbekannter Vermögenswert zum Ende der Erbbauvertragsbindung;
– Eingeschränkte Fungibilität/Liquidität während der Laufzeit, da kein transparenter Markt vorhanden ist;
– Unbekanntes Ausfallrisiko bzw. unbekannte Störung des zukünftigen Zahlungsstroms.

### 2.1 Erbbaurechte als Analogon zu Renten

Der Zahlungsstrom eines Erbbaurechtsportfolios weist damit vergleichbare Eigenschaften wie die eines festverzinslichen Wertpapiers auf. Er kann daher analog zu diesen auf Basis einer Diskontierung des zukünftigen Cash-Flows sowie unter Berücksichtigung der produktspezifischen Besonderheiten errechnet werden. Der Verkehrswert des Erbbaurechtsportfolios ist daher die Summe der Barwerte der Erbbauzinszahlungen, auf Grundlage der vertraglichen Vereinbarungen sowie sonstiger wertbeeinflussender Umstände.

Solche wertbeeinflussenden Faktoren können sein
– die Höhe des vertraglich und gesetzlich erzielbaren Erbbaurechtszinses;
– die vertraglichen bzw. gesetzlichen Anpassungsmöglichkeiten (Indexierung);

---

[2] Zu den rechtlichen Regelungen siehe Ott, Kapitel XI, Teil 1, S. 601ff.

– der Grundstückswert, der nach Ablauf des vertraglich vereinbarten Erbbaurechts unter Berücksichtigung etwaiger Ausgleichszahlungen vorhanden sein wird, der jedoch eher vernachlässigbar ist;
– der Diskontierungszins.

*2.2 Verfahren der Renditeberechnung*

2.2.1 Einfaches Diskontierungsverfahren

Der Erbbauzins und die mögliche Indexierung sind vertraglich geregelt und liegen daher fest. Anders ist es beim Diskontierungssatz. Die richtige Festlegung des Diskontierungszinssatzes ist wertbestimmend. Legt man dabei, wie bereits erwähnt, die Renditeberechnungen für ein festverzinsliches Wertpapier zugrunde, erfolgt die Herleitung nach der Formel

$$PV = \frac{c}{(1+z)} + \frac{c}{(1+z)^2} + \ldots + \frac{c}{(1+z)^T} + \frac{N}{(1+z)^T}$$

(PV: Present-Value, Barwert; z: Zinssatz, T: Zeit, N: Endwert, c: jährlicher Zufluss/Dividende)

In einer ersten Überlegung bietet sich an, europäische Pfandbriefindizes (Covered Bond Indices, z.B. DWS Covered Bond Fund oder der von der Allianz-Tochter PIMCO börsengehandelte Fonds) zugrunde zu legen. Dies auch, weil der deutsche Pfandbriefindex PEX 2012 eingestellt wurde. Der Vorteil einer Diskontierung auf dieser Basis liegt zum einen darin, dass der Zahlungsstrom eines hochdiversifizierten Erbbaurechtsportfolios in seiner Struktur einem Pfandbriefportfolio vergleichbar ist. Zum anderen betont der Ansatz durch die i.d.R. guten bis sehr guten Ratings der Emittenten die Sicherheitsaspekte des Portfolios. Abbildung 2 zeigt schematisch die Wertbestimmung eines Erbbaurechts durch Diskontierung.

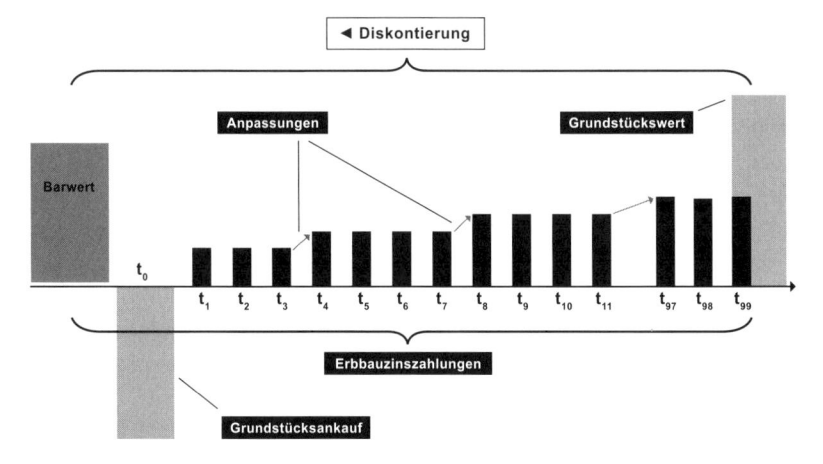

*Abbildung 2 Schematische Bewertung eines Erbbaurechts*

## 2.2.2 Einbeziehung von Risikoaufschlägen

Dieses Vorgehen, das allein auf den Diskontierungszins abstellt, lässt wenig Spielraum für den Ausgleich unternehmerischer Risiken, die sich etwa durch Zahlungsausfälle und andere Störungen des Zahlungsstroms ergeben können. Solche Störungen spiegeln sich für den Erbbaurechtsgeber einerseits in entgangenen Erträgen und/oder Aufwendungen auf der Kostenseite. Es bietet sich daher an, unter Definition eines risikolosen Zinssatzes, die Renditeuntergrenze des Erbbauportfolios zu definieren. Dieser Zinssatz lässt sich auf der Basis der langfristigen 30-Jährigen Zinsstrukturkurve ableiten. Daneben wird ein portfoliospezifischer Risikoaufschlag berücksichtigt, der sich aus der Bonitätsbeurteilung des jeweiligen Anlageportfolios ergibt (Abbildung 3).

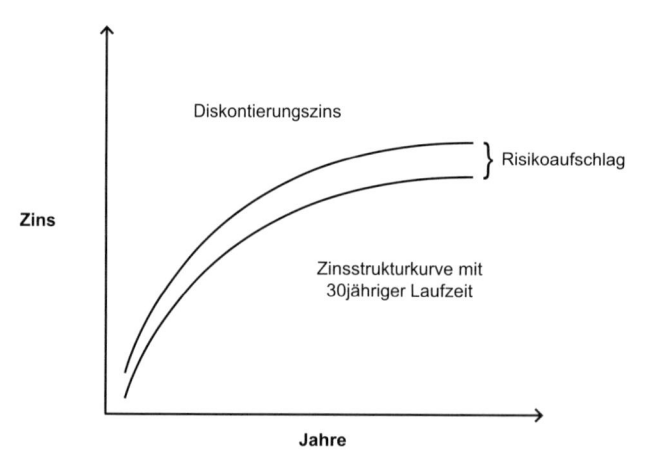

*Abbildung 3 Diskontierung und Risikoaufschlag*

Diese Prämie, die zur Deckung möglicher Ertragsausfälle angesetzt wird – auch als Credit-Spread bezeichnet – wird aus einer Kombination von „Störungsrate" und effektiver „Ausfallrate" ermittelt. Diese Größen unterliegen individuellen Annahmen seitens des Erbbaurechtsgebers und bestimmen damit das Bonitätsrating des jeweiligen Erbbauportfolios.

Um das Portfolio gegen Wettbewerb und Alternativen im Markt bewerten und vergleichen zu können, wird der vom Markt gehandelte Risikoaufschlag (Spread) für das unterstellte Rating des Portfolios gesucht. Als Basis hierfür bietet sich etwa ein Index aus dem Umfeld von Unternehmensanleihen europäischer Unternehmen (Corporate Bonds) an, z.B. der EMU Corporate Bond Index von Merrill Lynch. Er spiegelt die Spreads für am Markt gehandelte Unternehmensanleihen wider. Da der Markt i.d.R. unabhängig vom Schuldner die Bonität (Ratingklasse) über die Spreads handelt, kann über diese Information auf die Marktspreads für das Erbbaurechtsportfolio geschlossen werden.

Die Summe aus risikolosem Zins – gemäß der Zinsstrukturkurve und dem portfoliospezifischen Spread – ergibt dann den anzusetzenden Diskontierungszins. Dieser Zins lässt sich auf Basis der Zinsstrukturkurve und den gewählten Spreads für die ersten dreißig Jahre sehr exakt ableiten. Ab dem dreißigsten Jahr wird empfohlen den Zins der letzten Jahresscheibe bis zur Vertragslaufzeit mangels anderer Daten konstant zusetzen.

2.2.3 Bilanzpolitik und Marktwert

Die (Erst-)Bilanzierung von Erbbaurechten ist typischerweise eine einmalige Maßnahme, die aber erhebliche Auswirkungen auf künftige (bilanzielle) Ergebnisse hat.

Je nach Zielsystem der Unternehmung und den formalen Rahmenbedingungen wird man eher eine marktnahe Bewertung durchführen oder eine Bewertung, bei der Bewertungsspielräume genutzt wurden.

An der Grundtektonik der Bewertung wird sich jedoch nichts ändern. Die bestimmende Größe zur Wertermittlung bleibt immer die Ableitung des Diskontierungszinses unter Einbeziehung relevanter Risikoaufschläge. Diese lassen sich aus den langfristigen Zinsstrukturkurven der verschiedenen Kapitalmarktsegmente individuell gestalten. Folgende Optionen können unterschieden werden:
- Marktnah: Diskontierung auf Basis der Zinsstrukturkurve oder des Pfandbriefindexes, zzgl. eines aus dem aktuellen Markt entnommenen Spread für das Ausfallrisiko
- Progressive Bilanzpolitik: Ein möglichst geringer Zins, evtl. über niedrige Speads, um darüber hohe Barwerte darzustellen.
- Konservative Bilanzpolitik: Ein möglichst hoher Zins mit höheren Spreads, um den ausgewiesenen Barwert zu drücken. Ein weiteres anheben der Spreads kann beispielsweise geboten sein, wenn nicht quantifizierbare Risiken in der Bewertung reflektiert werden sollen.

Auf eine nachvollziehbare Dokumentation und Begründung der gewählte Parameter sollte geachtet werden.

Je nach Unternehmensziel, das mit der Bilanzierung von Erbbaurechten verfolgt wird, ergibt sich in der jeweils aktuellen Kapitalmarktsituation Modifizierungsbedarf. Erfolgt etwa eine marktnahe Bewertung auf Basis des Kapitalmarktumfeldes, wie in den Jahres 2014 / 2015 mit einem wirtschaftspolitisch induzierten niedrigen Zins, besteht die Gefahr einer Überbewertung. In solchen Fällen scheint es sinnvoll, weitere Risikozuschläge festzulegen, um so die Höhe des resultierenden Barwertes zu beeinflussen. Zuschläge sind dann etwa denkbar als Laufzeitprämie, als Prämie für die fehlende Fungibilität, für spezifische Vertragstypen oder für Branchenrisiken.

Je nach Segmentierung des Erbbaurechtsportfolios lassen sich überdies unterschiedlich hohe Risikozuschläge für spezifische Erbbaurechtscluster festlegen (kirchliche Einrichtungen, Wohnanlagen, Gewerbe, etc.). Die effektiven Diskontierungszinsen können daher je nach Erbbaurechtscluster in der Höhe differieren.

Eine eher konservative Bilanzpolitik ermöglicht zukünftig größere Handlungsspielräume, insbesondere bei der Realisierung von Buchgewinnen bei Transaktionen.

## 3. Zusammenfassung

Große immobiliare Vermögensmassen, wie sie i.d.R. bei Erbbaurechtsgebern vorhanden sind, verlangen eine intensive Auseinandersetzung mit ihrer gegenwärtigen und künftigen Werthaltigkeit. Ohne deren genaue Kenntnis können bewusste, strategische Entscheidungen zu Portfolio und Weiterentwicklung der Organisation nicht getroffen werden. Die Beschäftigung mit den Varianten einer Bewertung ist unabdingbar, pauschale Ansätze reichen heute nicht mehr. Eine professionelle operative Steuerung des Portfolios setzt strategische Bewertungen voraus. Das erfordert vom Manager eines Erbbaurechtsportfolios sowohl die Beobachtung aktueller Entwicklungen alternativer Assetklassen als auch die Definition eines Zielsystems aus Risikoeinschätzungen, künftigen Ertragserwartungen und bilanziellen Bewertungswahlrechten.

Für Unternehmen und Organisationen, die sich erstmals mit dem Thema Erbbaurecht beschäftigen, sollte die Beratung nicht auf Rechtsfragen beschränkt, sondern auf kaufmännische Frage ausgeweitet werden.[3]

---

3 Kooperationspartner können über den ESWiD Evangelischer Bundesverband für Immobilienwesen in Wissenschaft und Praxis e.V. vermittelt werden.

# VI.
Transaktionen von Immobilien, Immobilienmarketing

# 1. An- und Verkauf, vertragliche Grundlagen, Belastung von Grundstücken

*Julia Küster / Detlef Müller*

Was ist beim Abschluss eines Grundstückskaufvertrags zu beachten? Welche Fragen sind im Vorfeld zwischen Verkäufer, Käufer und Notar zu besprechen und was verbirgt sich hinter den manchmal schwer verständlichen Formulierungen im Vertrag?

## 1. Einleitung

§ 311 b I BGB schreibt für Verträge, durch die sich eine Vertragspartei verpflichtet, das Eigentum an einem Grundstück zu übertragen oder zu erwerben, die notarielle Beurkundung vor. Nach § 17 I Beurkundungsgesetz (BeurkG) hat der Notar die Erklärungen der Beteiligten „klar und unzweideutig" wiederzugeben. Bei Beteiligung eines Verbrauchers muss die Urkunde darüber hinaus transparent, also „klar und verständlich" sein. Gleichwohl gelten notarielle Verträge oft als schwer verständlich.

Die notarielle Beurkundung soll nicht nur gewährleisten, dass die Parteien ihre Entscheidung im vollen Wissen um die rechtlichen Folgen des Vertrages treffen (Belehrungs- und Beratungsfunktion), sondern zusätzlich in einem künftigen Streitfall eine eindeutige Feststellung des Inhalts des Vertrages oder sonstigen Rechtsgeschäfts ermöglichen (Beweisfunktion).[1]

Ohne Bezugnahmen auf Gesetze und Rechtsprechung sowie feststehende Rechtsbegriffe ist es äußerst schwierig, einen Vertrag so präzise zu formulieren, dass er im Streitfall den Richter bindet. Das Gebot der Verständlichkeit, auch für juristische Laien, kollidiert also mit dem Gebot juristischer Präzision.[2] Was für den Richter „klar und unzweideutig" ist, ist für die Vertragsbeteiligten bei Beurkundung nicht immer auch „klar und verständlich". Zum besseren Verständnis des Grundstückskaufvertrages sollen hier deshalb dessen wesentliche Regelungsgegenstände erläutert werden.

## 2. Urkundsbeteiligte und Vertragsparteien

### 2.1 Urkundsbeteiligte

Nach § 10 BeurkG soll der Notar zunächst die Identität der Beteiligten feststellen. Bei den „Beteiligten" im Sinne dieser Norm handelt es sich nicht zwangsläufig um die Vertragsparteien, also Käufer und Verkäufer, sondern um diejenigen Personen, die im Be-

---

[1] Reiboldt/Seebach/Dahlkamp, Praxis des Notariats 11. Aufl. (2014), S. 50 f.
[2] Krafka/Seeger, ZNotP 2011, 445-453 (451).

urkundungstermin anwesend sind und deren Erklärungen beurkundet werden sollen.[3] In der Praxis geschieht dies durch Vorlage der Personalausweise oder die Feststellung, dass die Beteiligten dem Notar persönlich bekannt sind.

*2.2 Die Vertragsparteien und ihre Vertretung*

Von den Urkundsbeteiligten sind die Vertragsbeteiligten, also Käufer und Verkäufer, zu unterscheiden. Käufer und Verkäufer können im Beurkundungstermin entweder selbst auftreten oder sich durch andere Personen vertreten lassen. In diesem Fall soll sich der Notar gemäß § 12 BeurkG Nachweise über die Vertretungsberechtigung vorlegen lassen und diese der Urkunde beifügen. Die Vertragsparteien müssen den Beurkundungstermin also vorbereiten und geeignete Vertretungsnachweise beschaffen.

Bei der Stellvertretung ist zu unterscheiden zwischen der Vertretung durch einen Bevollmächtigten (rechtsgeschäftliche Vertretung) und der Vertretung durch den gesetzlichen Vertreter.

2.2.1 Gesetzliche Vertreter

Der gesetzliche Vertreter ist ein Stellvertreter, dessen Vertretungsmacht sich unmittelbar aus gesetzlichen Bestimmungen ergibt. Gesetzliche Vertreter sind beispielsweise die Eltern für ihr minderjähriges Kind aber auch Organe juristischer Personen für diese.

2.2.1.1 Nicht wirtschaftliche eingetragene Vereine (e.V.)

Gemäß § 26 I Satz 1 BGB wird der Verein durch seinen Vorstand vertreten. Besteht der Vorstand aus mehreren Personen, so ist für eine wirksame Vertretung gemäß § 26 I S 1 BGB die Mitwirkung der Mehrheit der Vorstandsmitglieder erforderlich, wenn die Satzung nicht eine andere Regelung, zum Beispiel Einzel- oder Gesamtvertretungsbefugnis, vorsieht.[4] Der Umfang der Vertretungsmacht des Vorstandes kann durch die Satzung des Vereins beschränkt werden. Die Beschränkung wirkt Dritten gegenüber aber nur, wenn sie im Vereinsregister eingetragen oder dem Dritten bekannt ist.[5] Neben dem Vorstand kann gemäß § 30 BGB für bestimmte Rechtsgeschäfte ein besonderer Vertreter bestellt werden, wenn die Satzung des Vereins dies vorsieht. Der Nachweis der Vertretungsbefugnis des Vorstandes und des besonderen Vertreters erfolgt durch Vorlage eines beglaubigten Vereinsregisterauszuges oder Einsicht des Notars in das Vereinsregister und Fertigung einer notariellen Vertretungsbescheinigung.

2.2.1.2 Stiftungen

Für die *Stiftung nach BGB* gelten gemäß § 86 BGB dieselben Vertretungsregelungen wie für den eingetragenen Verein. Allerdings können landesrechtliche Stiftungsgesetze

---

3 Renner, in: Armbrüster/Preuß/ Renner, Beurkundungsgesetz und Dienstordnung für Notare, 5. Aufl. (2009), § 10 BeurkG Rn. 5.
4 Palandt/Ellenberger, BGB, 74. Aufl. (2015), § 26 Rn. 7.
5 Palandt/Ellenberger, BGB, 74. Aufl. (2015), § 26 Rn. 6.

für bestimmte Rechtsgeschäfte einen Genehmigungsvorbehalt der Aufsichtsbehörde vorsehen.[6] Da es kein „Stiftungsregister" gibt, ist der Nachweis der Vertretungsbefugnis schwieriger zu erbringen: Sind die Vertretungsberechtigten in der in öffentlicher Urkunde niedergelegten Stiftungssatzung namentlich genannt, so genügt die Vorlage dieser Urkunde in beglaubigter Abschrift.[7] Ist dies nicht der Fall, so ist die Vorlage einer Vertretungsbescheinigung der Aufsichtsbehörde erforderlich. Auch wenn die Stiftung in einem Stiftungsverzeichnis aufgeführt ist, ist die Vorlage eines Auszugs aus diesem Verzeichnis hinreichender Nachweis,[8] denn für die Eintragung im Stiftungsverzeichnis besteht, anders als für die Eintragung im Handels- oder Vereinsregister (§ 15 HGB bzw. § 68 BGB), kein Gutglaubensschutz.[9] Aus diesem Grund kann der Notar auf der Grundlage einer Einsicht in das Stiftungsverzeichnis auch keine über die Vertretungsberechtigung nach § 21 BNotO ausstellen.

Die *Treuhandstiftung* (auch unselbständige oder fiduziarische Stiftung genannt) hat mit der oben dargestellten Stiftung nach §§ 80 ff. BGB wenig gemeinsam: Unter einer unselbständigen Stiftung versteht man die Übertragung von Vermögenswerten auf eine natürliche oder juristische Person mit der Maßgabe, diese von ihrem übrigen Vermögen getrennt zu verwalten und dauerhaft zu den vom Stifter gesetzten Zwecken einzusetzen.[10] Die unselbständige Stiftung ist demnach kein Rechtsträger und kann deshalb auch nicht Vertragsbeteiligter eines Grundstückskaufvertrages sein.

Die Vertretung *kirchlicher Stiftungen* richtet sich nach kirchlichem Verwaltungsrecht.[11]

### 2.2.1.3 Kapitalgesellschaften

Die *GmbH* wird nach § 35 I GmbHG durch den oder die Geschäftsführer vertreten. Sind mehrere Geschäftsführer bestellt, sind sie nach § 35 II grundsätzlich nur gemeinschaftlich zur Vertretung der Gesellschaft befugt, es sei denn, dass der Gesellschaftsvertrag etwas anderes bestimmt. Eine Ausnahme macht § 35 II S 2 GmbHG für den Zugang fremder Willenserklärungen. Bei diesen reicht es, wenn die Erklärung einem von mehreren Geschäftsführern gegenüber abgegeben wird.

Die *Unternehmergesellschaft (haftungsbeschränkt)* ist eine Sonderform der GmbH. Wesentliches Charakteristikum der UG (haftungsbeschränkt) ist, dass das Mindeststammkapital der Gesellschaft nicht 25 000,00 Euro (wie bei der GmbH) sondern 1,00 Euro beträgt. Für die Vertretung gilt das gleiche wie für die „normale" GmbH.

Die *Aktiengesellschaft* wird nach § 78 AktG durch den Vorstand vertreten. Für den Fall, dass der Vorstand aus mehreren Personen besteht, gilt nach § 78 II AktG – wie bei der GmbH – Gesamtvertretungsbefugnis, es sei denn, die Satzung trifft eine abweichen-

---

6 Schöner/Stöber, Grundbuchrecht, 15. Aufl. (2012), Rn. 3655.
7 Schöner/Stöber, Grundbuchrecht, 15. Aufl. (2012), Rn. 3655.
8 Schöner/Stöber, Grundbuchrecht, 15. Aufl. (2012), Rn. 3655.
9 Schöner/Stöber, Grundbuchrecht, 15. Aufl. (2012), Rn. 3655 m.w. N.
10 BGHZ 180, 144 = NJW 2009, 1738.
11 BayObLGZ 2001, 132 = NJW-RR 2001, 1237.

de Regelung. Für den Zugang fremder Willenserklärungen trifft § 78 II S 2 eine ähnliche Regelung wie § 35 II S 2 GmbHG für die GmbH.

Die *Kommanditgesellschaft auf Aktien (KGaA)* ist ein Mischwesen aus Personen- und Kapitalgesellschaft. Nach § 278 I AktG handelt es sich hierbei um eine Gesellschaft mit eigener Rechtspersönlichkeit, bei der mindestens ein Gesellschafter den Gesellschaftsgläubigern unbeschränkt haftet (persönlich haftender Gesellschafter) und die übrigen Gesellschafter an dem in Aktien zerlegten Grundkapital beteiligt sind, ohne persönlich für die Verbindlichkeiten der Gesellschaft zu haften (Kommanditaktionäre). Im Unterschied zur Aktiengesellschaft hat die KGaA keinen Vorstand. Sie wird gemäß § 278 II AktG i.V. m. §§ 161 II, 170, 125 HGB wie eine Kommanditgesellschaft durch den persönlich haftenden Gesellschafter vertreten.

Der Nachweis der Vertretungsbefugnis kann bei allen genannten Kapitalgesellschaften durch beglaubigten Handelsregisterauszug oder notarielle Vertretungsbescheinigung gemäß § 21 BNotO erbracht werden.

### 2.2.1.4 Personengesellschaften

Die *Gesellschaft bürgerlichen Rechts (GbR)* ist als Gesamthandsgemeinschaft ihrer Gesellschafter rechtsfähig[12] und insbesondere auch grundbuchfähig.[13] Ist nichts anderes vereinbart, so wird die GbR gemäß § 714 BGB durch den oder die geschäftsführenden Gesellschafter vertreten. Geschäftsführungsbefugt ist nach § 709 I BGB – vorbehaltlich abweichender Regelungen im Gesellschaftsvertrag – jeder Gesellschafter. Bei mehreren geschäftsführungsbefugten Gesellschaftern müssen diese gemeinschaftlich handeln soweit der Gesellschaftsvertrag keine abweichende Bestimmung enthält.

Da es kein öffentliches „GbR-Register" gibt und GbR-Gesellschaftsverträge nur selten beurkundet oder unterschriftsbeglaubigt werden, ist es oft schwierig, den Nachweis der Vertretungsbefugnis in der Form des § 29 GBO zu führen. Ist die GbR Verkäufer und sind im Grundbuch auch die Gesellschafter eingetragen, so erstreckt sich gemäß § 899a BGB der öffentliche Glaube des Grundbuchs auch auf die Tatsache, dass die eingetragenen Personen die Gesellschafter der GbR sind. In diesen Fällen ist es also das einfachste, wenn alle eingetragenen Gesellschafter gemeinsam an der Beurkundung teilnehmen oder gemeinsam einem Dritten Vollmacht zum Abschluss des Grundstückskaufvertrags erteilen.

Problematischer ist der Nachweis der Vertretungsmacht in der Form des § 29 GBO, wenn die GbR als Käufer auftreten soll. Verlangte man auch in dieser Situation einen Vertretungsnachweis in der Form des § 29 GBO, so würde hieran oft der Grundstückserwerb scheitern. Die Rechtsprechung geht deshalb davon aus, dass § 29 GBO insoweit keine Anwendung findet. Die in die notarielle Urkunde aufzunehmende Erklärung der beteiligten Personen, dass sie die alleinigen Gesellschafter der GbR seien und für die Gesellschaft handeln wollen, ist in diesem Fall ausreichend.[14]

---

12 BGHZ 146, 341-361= NJW 2001, 1056.
13 BGHZ 179, 102-114= NJW 2009, 594.
14 BGHZ 189, 274 = NJW 2011, 1958.

Auch die *offene Handelsgesellschaft (oHG)* wird durch ihre Gesellschafter vertreten (§ 125 I HGB). Das gesetzliche Leitbild sieht vor, dass jeder Gesellschafter grundsätzlich berechtigt ist, die Gesellschaft allein zu vertreten. Die Vertretungsbefugnis kann allerdings beschränkt werden; eine solche Beschränkung ist im Handelsregister einzutragen.

Die *Kommanditgesellschaft (KG)* wird nach §§ 161 II, 125, 170 HGB durch den persönlich haftenden Gesellschafter vertreten. Hat die Gesellschaft mehrere Komplementäre, so gilt wie bei der oHG, dass diese vorbehaltlich einer anderen Bestimmung im Gesellschaftsvertrag jeweils einzelvertretungsbefugt sind.

Für oHG und KG kann der Vertretungsnachweis durch beglaubigten Handelsregisterauszug oder Bescheinigung des Notars nach § 21 BNotO erbracht werden.

### 2.2.1.5 Genossenschaften

Genossenschaften werden gemäß § 24 Genossenschaftsgesetz (GenG) durch den Vorstand vertreten. Besteht der Vorstand aus mehreren Personen, so sind diese, wenn die Satzung nichts anderes bestimmt nur gemeinschaftlich vertretungsbefugt (§ 25 I GenG). Der Nachweis der Vertretungsbefugnis kann durch Vorlage eines beglaubigten Auszugs aus dem Genossenschaftsregister erbracht werden. Auch eine Bescheinigung des Notars nach § 21 BNotO ist möglich.

### 2.2.1.6 Vertretung kirchlicher Rechtsträger

*Katholische Kirche*

Die römisch-katholische Kirche unterliegt im Vergleich zur evangelischen Kirche einer weitgehend einheitlichen organisatorischen und normativen Struktur. Ihr Kirchenrecht ist im Codex Iuris Canonici (CIC, lat. für „Kodex des kanonischen Rechtes") kodifiziert, welcher auch Vertretungsregelungen enthält. Allerdings hat der Heilige Stuhl den deutschen Diözösen im Jahr 1984 eine ausdrückliche Sondergenehmigung (päpstliches Indult) erteilt, nachdem diese die Vertretungsregelungen des Can. 532 CIC nicht anwenden müssen.[15] Dementsprechend existieren in Deutschland zahlreiche regionale Spezialregelungen, die von den Vertretungsregelungen des CIC abweichen.[16] Dieser Beitrag beschränkt sich der Übersicht halber auf die Darstellung der wichtigsten Vertretungsregelungen des CIC.

Nach Can. 393 CIC werden Diözesen und Bischöfliche Stühle durch den jeweiligen Bischof vertreten. Im Rahmen der Verwaltung einer Diözese kann sich der Bischof seinerseits durch den Generalvikar vertreten lassen, ohne dass es hierzu einer rechtsge-

---

15 Bauschke, Der Kirchenvorstand im Erzbistum Paderborn, 2000, S 181.
16 Teilweise handelt es sich hierbei um originäres Kirchenrecht, z.B. Diözesangesetze, teilweise aber auch um staatlich gesetztes Recht, das als sogenannte „lex canonizata" zugleich Kirchengewohnheitsrecht darstellt. Eine wichtige lex canonizata, die in einigen Bundesländern auf ehemals preußischem Staatsgebiet Anwendung findet, ist das Gesetz über die Verwaltung des katholischen Kirchenvermögens vom 24. Juli 1924, welches in einigen Bundesländern als Landesrecht fortgilt.

schäftlichen Vollmacht bedarf (Can. 134 § 3, 475 § 1, 479 § 1 CIC). Die Gemeinde[17] wird nach Can. 532 CIC durch den Pfarrer vertreten.[18] Darüber hinaus gibt es verschiedene Sondervermögen mit Rechtsträgereigenschaft, die als Kaufvertragspartei in Betracht kommen (z.B. Pfründevermögen, Pfründenstiftung, Pfarrfonds, Vikariefonds, Küstereifonds). Im Kaufvertrag muss in diesen Fällen auf die genaue Bezeichnung des Rechtsträgers im Urkundsrubrum und eine genaue Prüfung der jeweils einschlägigen Vertretungsregelungen geachtet werden.

*Evangelische Kirche*

Die Evangelische Kirche in Deutschland (EKD) wird gemäß Art. 29 I S 3 Grundordnung der Evangelischen Kirche in Deutschland vom Rat der EKD vertreten.

Die Vertretung der Landeskirchen, Kirchengemeinden, Gesamtkirchengemeinden sowie der kirchlichen Stiftungen richtet sich nach den jeweilgen landeskirchlichen Gesetzen. Aufgrund der Vielzahl der verschiedenen Rechtsträger und der unterschiedlichen Regelungen ist eine erschöpfende Darstellung in diesem Handbuch nicht möglich.[19] Die Vertretungsregelungen sollen deshalb hier nur am Beispiel der Evangelischen Kirche von Westfalen erläutert werden.

Die Vertretung der *Landeskirche* im Rechtsverkehr erfolgt gemäß Art. 142 II lit. o Kirchenordnung der Evangelischen Kirche von Westfalen (KiOWestf) durch die Kirchenleitung. Nach Art. 145 KiOWestf ist zur wirksamen Vertretung der Landeskirche die Mitwirkung zweier Mitglieder der Kirchenleitung erforderlich.

Die *Kirchenkreise* werden durch den Kreissynodalvorstand vertreten (Art. 106 II lit. h KiOWestf). Im Namen des Kirchenkreises abgegebene Erklärungen sind gemäß Art. 111 KiOWestf durch den Superintendenten und ein Mitglied des Kreissynodalvorstandes zu unterzeichnen. Die Kirchengemeinde wird gemäß Art. 57 lit. r KiOWestf vom Presbyterium vertreten. Dieses besteht aus den Pfarrern und Pfarrerinnen der Gemeinde und den Presbytern. Urkunden, in denen für die Kirchengemeinde rechtsverbindliche Erklärungen abgegeben werden sollen, sowie Vollmachten sind gemäß Art. 70 KiOWestf von dem Vorsitzenden und zwei gewählten Mitgliedern des Presbyteriums zu unterzeichnen.[20]

---

17 Zur synonymen Verwendung der Worte „Gemeinde" und „Pfarrei" s. Eckert/Heckel: MittBayNot 2006, 471, 472, Fn. 9.
18 Abweichend hiervon sehen zahlreiche regionale Spezialgesetze die Vertretung durch den Kirchenvorstand vor, s. hierzu: Schöner/Stöber: Grundbuchrecht, 15. Aufl. (2012), Rn. 3672 mit einigen Beispielen.
19 Näher hierzu: Riggers, jurBüro1967, 698; zur Vertretung kirchlicher Rechtsträger in Nordrhein-Westfalen: Bamberger, RNotZ 2014, 1-22; zur Vertretung evangelischer Rechtsträger in Bayern: Seeger, MittBayNot 2003, 361-365.
20 Ausgenommen hiervon sind gemäß Art. 70 II S 3 KiOWestf Geschäfte der laufenden Verwaltung.

*Rechtsträgerübergreifende Fragestellungen: Nachweis der Vertretungsmacht und Genehmigungspflicht*

Nachweis der Vertretungsmacht

Die maßgeblichen kirchenrechtlichen Vorschriften sehen in der Regel vor, dass die Erklärung schriftlich und mit Siegelabdruck abzugeben ist. Nach § 67 BeurkG, der auch für die Kirche und ihre Gliederungen gilt,[21] wird das Beidrücken des Dienstsiegels durch die notarielle Beurkundung ersetzt. Da das Beifügen des Stempels oder Siegels nach – soweit ersichtlich – einhelliger Auffassung die Vermutung der Ordnungsmäßigkeit der Erklärung, einschließlich der Vertretungsbefugnis des Unterzeichnenden begründet,[22] ist es angesichts der Vielzahl regional und je nach Rechtsträger unterschiedlicher kirchenrechtlicher Vertretungsregelungen durchaus sinnvoll, auch notariell beurkundete Erklärungen des gesetzlichen Vertreters des kirchlichen Rechtsträgers mit dem jeweiligen kirchlichen Siegel zu versehen.[23] Dies ist bereits deshalb sinnvoll, weil sich die Zugehörigkeit der handelnden Personen zum maßgeblichen Vertretungsgremium in der Praxis oft nur schwer nachweisen lassen wird.

Eine weitere Möglichkeit der Nachweiserleichterung besteht darin, eine Vertretungsbescheinigung der Aufsichtsbehörde einzuholen[24] oder durch Eigenurkunde der vertretenen Körperschaft die Vertretungsbefugnis zu bestätigen.[25] Der einfachste Weg wird allerdings in der Regel darin bestehen, einen Bevollmächtigten für den kirchlichen Rechtsträger handeln zu lassen.

Kirchenaufsichtsrechtliche Genehmigung

Für die Veräußerung, den Erwerb und die Belastung von Grundstücken oder grundstücksgleichen Rechten ist in der Regel die Genehmigung der kirchlichen Aufsichtsbehörde erforderlich,[26] zum Teil gilt dies bereits für die Erteilung einer Veräußerungsvollmacht.[27] Bis zur Erteilung einer erforderlichen kirchenaufsichtsbehördlichen Genehmi-

---

21 Arnbrüster in: Armbrüster/Preuß/ Renner: Beurkundungsgesetz und Dienstordnung für Notare, 5. Aufl. (2009), § 67 BeurkG Rn. 4; Neumayer, RNotZ 2001, 249, 268; Frank/Heckel, MittBayNot 2006, 471, 474; Seeger, MittBayNot 2003, 361, 362.
22 BayObLGZ 1978, 20 = RPfleger 1978, 141; BayObLGZ 1986, 86-89 = RPfleger 1986, 370; OLG Zweibrücken, RPfleger 2001, 71; OLG Düsseldorf, MittBayNot 2004, 261, Hertel, in: Meikel, GBO 11. Aufl. (2015), § 29 Rn. 501; Demharter, GBO, 25. Aufl. (2005), § 29 GBO Rn. 45; Neumayer, RNotZ 2001, 249, 261, 268.
23 Neumayer, RNotZ 2001, 249, 268; zustimmend: Bamberger, RNotZ 2014, 1, 20.
24 BayObLGZ 2001, 132-137 = NJW-RR 2001, 1237; Eckert/Heckel, MittBayNot 2006, 471, 474; Grziwotz in: Meikel, GBO, 11.Aufl. (2015); Einl. F Rn. 193; Bamberger, RNotZ 2014, 1, 21.
25 Grziwotz, in: Meikel, GBO, 11.Aufl. (2015) Einl. F Rn. 193; Bamberger, RNotZ 2014, 1, 21.
26 Vgl zB. Can. 1290 ff. CIC; § 31 VO Westf., § 31 VO Lipp; § 31 VO Rheinland, § 104 KGO Bayern, § 50 Nr. 5 Kirchengemeindeordnung Württemberg; (Veräußerung oder dinglichen Belastung von Grundeigentum und Erbbaurechten), Art 15 II lit d) Verfassung der Nordelbischen Evangelisch-Lutherischen Kirche.
27 § 31 I S 1 VO Lipp.

gung ist das beurkundete Rechtsgeschäft schwebend unwirksam.[28] Das Grundbuchamt hat daher das Vorliegen der kirchenaufsichtsrechtlichen Genehmigung zu prüfen.[29]

2.2.2 Bevollmächtigte

Gemäß § 167 II BGB bedarf die Vollmacht nicht der Form, die für das Rechtsgeschäft vorgeschrieben ist, auf das sich die Vollmacht bezieht. So ist es zum Beispiel ohne weiteres möglich, aufgrund einer einfachen privatschriftlichen Vollmacht an der Beurkundung eines Gesellschaftsvertrages für eine Aktiengesellschaft oder GmbH teilzunehmen. Bei Grundstücksgeschäften ist von diesem Grundsatz allerdings eine Ausnahme zu machen: Zum grundbuchlichen Vollzug solcher Geschäfte ist dem Grundbuchamt die Erteilung der Vollmacht in der Form des § 29 Grundbuchordnung (GBO) nachzuweisen. Die Vollmacht muss also grundsätzlich entweder beurkundet oder unterschriftsbeglaubigt sein. Bei Behörden und siegelführenden Körperschaften (hierzu gehören auch Kirchen) genügt indes die Unterzeichnung der Vollmacht unter Siegelabdruck. Darüber hinaus ist ein Nachweis über den Fortbestand der Vollmacht, also über die Tatsache, dass die Vollmacht nicht widerrufen wurde, zu erbringen. Der Nachweis über den Fortbestand der Vollmacht wird in der Regel dadurch erbracht, dass der Notar in der Kaufvertragsurkunde feststellt, dass der Vertreter das Original der Vollmachtsurkunde oder die ihm erteilte Ausfertigung im Beurkundungstermin vorgelegt hat. Legt der Vertreter eine privatschriftliche Vollmacht vor oder ist er mündlich bevollmächtigt, wird der Vertrag trotz Nichteinhaltung der notariellen Form wirksam. Er kann aber nicht grundbuchlich vollzogen werden, solange der Vertretene keine Vollmachtsbestätigung in der Form des § 29 GBO erteilt hat. Der Vertragspartner hat in diesem Fall einen Anspruch auf Erteilung der Vollmachtsbestätigung.[30] War der Vertreter nicht wirksam bevollmächtigt, so kann die andere Vertragspartei gemäß § 179 I BGB vom vollmachtlosen Vertreter entweder Schadenersatz oder Erfüllung des Vertrages verlangen.

2.2.3 Vertreter ohne Vertretungsmacht

Tritt ein Urkundsbeteiligter hingegen offen als Vertreter ohne Vertretungsmacht auf, so haftet er gemäß § 179 III S 1 BGB nicht, da die andere Vertragspartei den Mangel der Vertretungsmacht kannte. Eine vertragliche Bindung entsteht in diesem Fall erst, wenn die andere Vertragspartei die Erklärung des vollmachtlosen Vertreters genehmigt. Mit Erteilung der Genehmigung wird der Vertrag aber rückwirkend auf den Tag der Beurkundung wirksam.

---

28  OLG Hamm OLGZ 1981, 129-132 =RPfleger 1981, 60, 61 BayObLGZ 1989, 387-394 =NJW-RR 1990, 476, 477; Neumayer, RNotZ 2001, 249, 268; Bamberger, RNotZ 2014, 1, 10; Schöner/Stöber: Grundbuchrecht, 15. Aufl. (2012) Rn 4086.
29  BayObLGZ 2001, 132- (136) =NJW-RR 2001, 1237; Schöner/Stöber: Grundbuchrecht, 15. Aufl. (2012) Rn. 4086.
30  Schöner/Stöber: Grundbuchrecht, 15. Aufl. (2012) Rn. 3536.

## 3 Das Grundstück und seine Beschreibung im Grundbuch

Das Grundbuch hat die Aufgabe, die privatrechtlichen dinglichen Rechte am Grundstück widerzuspiegeln. Obwohl das Grundbuch eine der wichtigsten Informationsquellen über ein Grundstück ist, enthält es nicht alle Informationen, die einen potenziellen Erwerber interessieren. Nicht Aufgabe des Grundbuchs ist es, Daten über die tatsächlichen Verhältnisse des Grundstücks, seine Beschaffenheit, Bebauung sowie zuverlässige Angaben über die Größe oder Zweckbestimmung des Grundstücks zur Verfügung zu stellen. Solche Angaben sind vielmehr dem Liegenschaftskataster zu entnehmen bzw. bei der zuständigen Bauaufsichtsbehörde etc. zu erfragen. Auch öffentlich-rechtliche Bindungen des Grundstücks, wie sie zum Beispiel durch Baulasten, entstehen werden im Grundbuch nicht verlautbart. Aufschluss hierüber bietet das Baulastenverzeichnis.

### 3.1 Das Grundbuchblatt lesen

Jedes Grundbuchblatt besteht nach § 4 der Verordnung zur Durchführung der Grundbuchordnung (GBV) aus der Aufschrift, dem Bestandsverzeichnis und drei Abteilungen. Im Bestandsverzeichnis werden die aktuelle sowie die frühere laufende Nummer (alle unter einer laufenden Nummer genannten Flurstücke bilden zusammen ein Grundstück im Rechtssinne), die Gemarkung, Flur und Flurstücksnummern angegeben. Darüber hinaus finden sich dort in der Regel Angaben zur Nutzungsart, zur Größe und zur Lage des Grundstücks. Diese weiteren Angaben sind jedoch unverbindlich und oft nicht mehr zutreffend.

In Abteilung I des Grundbuchs ist der Grundstückseigentümer einzutragen. In Abteilung II werden Belastungen des Grundstücks (z.B. Dienstbarkeiten, Erbbaurechte oder Reallasten) sowie Beschränkungen (z.B. Testamentsvollstrecker-Vermerk, Zwangsversteigerungs- oder Insolvenzvermerk sowie Vermerke über Bausondergebiete) eingetragen. Darüber hinaus wird auch die Eigentumsvormerkung in Abteilung II des Grundbuchs eingetragen. In Abteilung III werden die an dem Grundstück bestehenden Grundpfandrechte, also Hypotheken, Grundschulden und Rentenschulden, aufgeführt.

Sind in Abteilung II und III des Grundbuchs mehrere Rechte eingetragen, so entsteht zwischen diesen eine Rangordnung, die bei einer Zwangsversteigerung des Grundstücks zu berücksichtigen ist. Für die Rangfolge ist grundsätzlich die zeitliche Reihenfolge der Eintragungen entscheidend, es sei denn ein Recht wurde unter Rangvorbehalt für ein späteres Recht eingetragen oder der Berechtigte des zeitlich zuerst eingetragenen Rechts hat einen Rangrücktritt erklärt. Bei mehren gleichzeitig gestellten Eintragungsanträgen muss der Notar das Grundbuchamt anweisen, in welcher Reihenfolge die Eintragungen vorzunehmen sind. Die Rangfolge mehrerer Rechte in derselben Abteilung eines Grundbuchblattes ist einfach zu erkennen: das weiter oben unter der niedrigeren laufenden Nummer eingetragene Recht hat Rang vor dem weiter unten unter einer höheren laufenden Nummer eingetragene Recht. Sollen zwei in derselben Abteilung eingetragene Rechte Gleichrang haben, so ist dies gesondert zu vermerken. Um die Rangverhältnisse von in verschiedenen Abteilungen eingetragenen Rechten zu ermitteln, müssen hingegen die Eintragungsdaten verglichen werden.

Die Abteilungen enthalten zudem jeweils eine Spalte, in der Veränderungen und Löschungen eingetragen werden. Bei dem jeweiligen Veränderungs- und Löschungsvermerk wird Bezug genommen auf die jeweilige laufende Nummer der Eintragung, auf die sich die Veränderung oder Löschung bezieht. Das gelöschte oder geänderte Recht bleibt aber weiterhin im Grundbuch sichtbar. Zur Erleichterung der Lesbarkeit wird das Recht „gerötet", also rot unterstrichen oder durchgestrichen.

### 3.2 Öffentlicher Glaube des Grundbuchs

§ 892 I BGB schützt den sogenannten „guten Glauben" an die Richtigkeit des Grundbuchinhalts. Nach dieser Norm gilt zu Gunsten desjenigen, der ein Recht an einem Grundstück durch Rechtsgeschäft erwirbt, der Grundbuchinhalt als richtig, außer der Erwerber kannte die Unrichtigkeit des Grundbuchs oder es war bereits ein Widerspruch gegen die Richtigkeit im Grundbuch eingetragen.

### 3.3 Die Markentabelle

Nicht aus dem Grundbuch ersichtlich ist, ob Eintragungsanträge gestellt und noch nicht bearbeitet sind. Dies ist der Markentabelle zu entnehmen. Die Markentabelle genießt allerdings nicht den öffentlichen Glauben des Grundbuchs. Absolute Sicherheit hierüber lässt sich nur durch Einsichtnahme in die Grundakte beim Grundbuchamt gewinnen.

### 3.4 Die wichtigsten Belastungen im Einzelnen

Ein Grundstück kann mit Nutzungsrechten, Erwerbsrechten sowie Verwertungsrechten belastet werden.

### 3.4.1 Nutzungsrechte

Neben dem Erbbaurecht, dem in diesem Buch ein eigenes Kapitel gewidmet ist, stellen Dienstbarkeiten die wichtigsten im Grundbuch einzutragenden Nutzungsrechte dar. Man unterscheidet zwischen drei Arten von Dienstbarkeiten: Grunddienstbarkeiten (§§ 1018-1029 BGB), beschränkte persönliche Dienstbarkeiten (§§ 1090-1093 BGB) und Nießbrauch (§§ 1030-1089 BGB).

#### 3.4.1.1 Grunddienstbarkeiten und beschränkte persönliche Dienstbarkeiten

§ 1018 BGB bestimmt den gesetzlichen Inhalt der Grunddienstbarkeiten. Hiernach kann Inhalt der Grunddienstbarkeit ein auf bestimmte Nutzungen beschränktes Benutzungsrecht sein. Außerdem kann das Verbot, bestimmte Handlungen auf dem Grundstück vorzunehmen oder der Verzicht auf die Geltendmachung bestimmter Rechte aus dem Grundstückseigentum, Gegenstand einer Grunddienstbarkeit sein. Eine Kombination der verschiedenen Dienstbarkeitstypen ist möglich. Keinesfalls kann die Dienstbarkeit aber den Grundstückseigentümer zur Vornahme aktiver Handlungen verpflichten. Grunddienstbarkeiten werden stets abstrakt zu Gunsten des jeweiligen Eigentümers eines anderen Grundstücks (herrschendes Grundstück) bestellt. Charakteristikum der Grunddienstbarkeit ist, dass das aus ihr folgende Recht mit dem Eigentum an dem sogenannten „herrschenden Grundstück" verbunden ist. Bei Veräußerung des herrschenden Grundstücks steht das Recht aus der Grunddienstbarkeit auch dem neuen Eigentümer zu. Die Grunddienstbarkeit wird in Abteilung II des belasteten (dienenden) Grundstücks eingetragen. Nach § 9 I S 1 GBO kann im Bestandsverzeichnis des Grundbuchs des herrschenden Grundstücks ein sogenannter Herrschvermerk oder Aktivvermerk eingetragen werden. Dieser Herrschvermerk nimmt jedoch am öffentlichen Glauben des Grundbuchs nicht teil.

Die beschränkte persönliche Dienstbarkeit kann dieselben Inhalte haben, wie eine Grunddienstbarkeit. Sie ist allerdings im Unterschied zur Grunddienstbarkeit persönlich und nicht an das Eigentum an einem bestimmten anderen Grundstück gekoppelt. Sie ist gemäß § 1092 I S 1 BGB grundsätzlich nicht übertragbar. Verschiedene Ausnahmen für juristische Personen und rechtsfähige Personengesellschaften regelt § 1092 II und III BGB. Durch Vereinbarung mit dem Grundstückseigentümer kann aber vereinbart werden, dass der aus der beschränkten persönlichen Dienstbarkeit Berechtigte die Ausübung einem Dritten überlassen darf.

Dienstbarkeiten werden grundsätzlich nur schlagwortartig in das Grundbuch eingetragen. Beim Grundstücksankauf ist es deshalb empfehlenswert, sich genaue Kenntnis vom Inhalt und Ausübungsbereich der Dienstbarkeit sowie die ihr zugrundeliegende schuldrechtliche Vereinbarung durch Einsichtnahme in die Dienstbarkeitsbestellungsurkunde zu verschaffen.

### 3.4.1.2 Nießbrauch

Der Nießbrauch räumt dem Berechtigten die Befugnis ein, sämtliche Nutzungen an dem belasteten Grundstück zu ziehen (§ 1030 I BGB). Auch der Nießbrauch ist grundsätzlich nicht übertragbar (§ 1059 S 1 BGB). Ausnahmen für juristische Personen und rechtsfähige Personengesellschaften sind in § 1059 a BGB geregelt. Außerdem kann der Nießbraucher die Ausübung des Nießbrauchs gemäß § 1059 S 2 einem Dritten übertragen. Im Gegenzug für sein umfassendes Nutzungsrecht ist der Nießbraucher verpflichtet, die auf der Sache ruhenden öffentlichen Lasten (mit Ausnahme der außerordentlichen Lasten, die als auf den Stammwert der Sache gelegt anzusehen sind) sowie diejenigen privatrechtlichen Lasten zu tragen, die schon bei Bestellung des Nießbrauchs auf der Sache ruhten. Eine Befreiung des Nießbrauchers von der Lastentragung oder eine andere Ausgestaltung seiner Pflicht zur Lastentragung ist aber möglich.

### 3.4.2 Erwerbsrechte

Das Recht zum Erwerb eines Grundstücks kann entweder durch Eintragung einer Eigentumsverschaffungsvormerkung oder durch Bestellung eines dinglichen Vorkaufsrechts besichert werden.

### 3.4.2.1 Eigentumsverschaffungsvormerkung

Die Vormerkung selbst ist im Unterschied zum Vorkaufsrecht kein Erwerbsrecht im eigentlichen Sinne, sondern lediglich ein Mittel zur Sicherung eines Anspruchs. Die Vormerkung kann nicht nur zur Sicherung eines Anspruchs auf Verschaffung des Eigentums bestellt werden, sondern auch zur Sicherung aller sonstigen Ansprüche auf Einräumung oder Aufhebung eines Rechts an einem Grundstück oder an einem das Grundstück belastenden Rechts oder Änderung des Inhalts oder des Ranges eines solchen Rechts. Der bei weitem häufigste Anwendungsfall ist aber die Sicherung eines Anspruchs auf Eigentumsverschaffung durch Eintragung einer Eigentumsvormerkung (auch Eigentumsverschaffungs- oder Auflassungsvormerkung genannt).

Die Eintragung der Vormerkung führt nach § 883 II BGB zur „relativen Unwirksamkeit" späterer Verfügungen über das Grundstück, soweit die spätere Verfügung den gesicherten Anspruch auf Eigentumsverschaffung vereiteln oder beeinträchtigen würde. Eine Grundbuchsperre ist hiermit nicht verbunden: Der Eigentümer kann weiterhin über sein Grundstück verfügen und Eintragungen vornehmen lassen. Die späteren Verfügungen sind auch grundsätzlich wirksam. Dies gilt allerdings nicht gegenüber dem Vormerkungsberechtigten: Dieser kann von den später Eingetragenen die Löschung der zu ihren Gunsten bestellten Rechte verlangen.

In der Kaufvertragsurkunde wird regelmäßig die Eintragung einer Eigentumsvormerkung für den Käufer bewilligt und beantragt und die Kaufpreiszahlung von der Eintragung der Vormerkung abhängig gemacht. Die den Käufer schützende Vormerkung stellt aber gleichzeitig ein Risiko für den Verkäufer dar: Gelangt der Kaufvertrag nicht zur Durchführung weil der Käufer den Kaufpreis nicht zahlt, stellt sich ein Weiterverkauf für ihn schwierig dar, solange die Vormerkung nicht gelöscht ist. Auch wenn die Vormerkung keine Grundbuchsperre bewirkt, wird es für den Verkäufer regelmäßig nicht einfach sein, einen Käufer zu finden, der das Grundstück trotz Eintragung der Vormerkung erwerben möchte.

Um den Verkäufer vor einer solchen Situation zu schützen, muss die notarielle Urkunde eine Löschungsmöglichkeit vorsehen. Hierzu kommen verschiedene Gestaltungen in Betracht: Der Käufer kann entweder die Mitarbeiter des Notars bevollmächtigen oder er gibt bei Beurkundung des Kaufvertrages schon eine vorsorgliche Löschungsbewilligung ab, von der der Verkäufer aber erst bei Scheitern des Vertrages eine beglaubigte Abschrift oder Ausfertigung erhalten darf und die der Notar vorher auch dem Grundbuchamt nicht vorlegen darf. Eine dritte Möglichkeit besteht darin, die Vormerkung unter eine auflösende Bedingung zu stellen und den Notar den Bedingungseintritt durch Eigenurkunde feststellen zu lassen. Unabhängig davon, für welche Gestaltung man sich entscheidet, ist wichtig, dass die Voraussetzungen, unter denen die Löschung der Vormerkung erfolgen darf, klar im Vertrag geregelt sind. Diese sollten möglichst transparent und für den Notar einfach nachzuprüfen sein. Aus diesem Grund wird der Kaufvertrag in der Regel die erleichterte Löschung der Vormerkung nur für den Fall des Rücktritts wegen Zahlungsverzuges vorsehen und nicht für alle sonstigen möglichen Fälle der Rückabwicklung.

### 3.4.2.2 Vorkaufsrecht

Ein dingliches Vorkaufsrecht kann für den ersten oder für alle Verkaufsfälle bestellt werden. Es räumt dem Berechtigten die Befugnis ein, im Fall des Verkaufs des Grundstücks an einen Dritten das Grundstück zu den gleichen Konditionen wie der Dritte anzukaufen. Dritten gegenüber hat das dingliche Vorkaufsrecht gemäß § 1098 II die Wirkung einer Vormerkung. Der Vorkaufsberechtigte kann also, auch wenn eine Eigentumsumschreibung auf den Dritten bereits erfolgt ist, vom eingetragenen Eigentümer daher Zustimmung zur Grundbuchberichtigung verlangen und vom Verkäufer die Auflassung.

### 3.4.3 Verwertungsrechte

Die *Reallast* wird ebenso wie Dienstbarkeiten in Abteilung II des Grundbuchs eingetragen. Sie berechtigt den Begünstigten, aus dem Grundstück wiederkehrende Leistungen zu verlangen (§ 1105 BGB). Ist nicht anderes bestimmt, haftet der jeweilige Eigentümer des Grundstücks auch persönlich für die während seiner Eigentümerschaft fällig werdenden Leistungen. Wesentlich häufiger als mit Reallasten werden Grundstücke mit *Grundpfandrechten* belastet, die in Abteilung III des Grundbuchs eingetragen werden. Die wichtigsten Grundpfandrechte sind die Hypothek und die Grundschuld.

### 3.4.3.1 Hypothek

§ 1113 I BGB definiert die Hypothek als Belastung eines Grundstücks in der Weise, dass an denjenigen, zu dessen Gunsten die Belastung erfolgt, eine bestimmte Geldsumme zur Befriedigung wegen einer ihm zustehenden Forderung aus dem Grundstück zu zahlen ist.

Gerät der Schuldner mit der Zahlung auf die besicherte Forderung in Verzug, kann der Gläubiger zu dessen Gunsten die Hypothek bestellt wurde, die Zwangsvollstreckung in das Grundstück betreiben. Von dem Versteigerungserlös steht ihm allerdings nur der Betrag zu für den die Hypothek bestellt wurde. Die Hypothek ist eine akzessorische Kreditsicherheit und damit untrennbar mit der besicherten Forderung verknüpft. Die Forderung kann nicht ohne die Hypothek übertragen werden und umgekehrt die Hypothek nicht ohne die Forderung (§ 1153 II BGB).

Die Hypothek kann als Buch- oder Briefhypothek bestellt werden. Die Briefhypothek ist die gesetzliche Regelform (§ 1116 I und II BGB). Dass es sich um eine Briefhypothek handelt wird dementsprechend im Grundbuch auch nicht explizit erwähnt. Nur wenn die Brieferteilung ausgeschlossen wurde, wird dies im Grundbuch durch den Zusatz „ohne Brief" verlautbart. Bei der Briefhypothek wird über die im Grundbuch eingetragene Hypothek ein Hypothekenbrief erteilt und dem Gläubiger ausgehändigt. Der Gläubiger kann die Briefhypothek an einen Dritten abtreten oder verpfänden, ohne dass hierzu eine Grundbucheintragung erforderlich ist. Aus diesem Grund ist zur Löschung einer Briefhypothek auch die Vorlage des Briefes erforderlich (§ 41 I S 1 GBO). Hypothekenbriefe sind deshalb höchst sorgsam zu verwahren.

### 3.4.3.2 Grundschuld

§ 1191 BGB definiert die Grundschuld als Belastung eines Grundstücks in der Weise, dass an denjenigen, zu dessen Gunsten die Belastung erfolgt, eine bestimmte Geldsumme aus dem Grundstück zu zahlen ist. Die Definition ist fast gleichlautend mit der Definition der Hypothek in § 1113 I BGB. Der einzige Unterschied besteht darin, dass in der Definition der Grundschuld der Zusatz "wegen einer ihm zustehenden Forderung" fehlt. Anders als bei der Hypothek muss bei der Bestellung und Eintragung der Grundschuld nicht angegeben werden, welche Forderung mit der Grundschuld besichert werden soll. Die Grundschuld setzt eine solche Forderung überhaupt nicht voraus. Dementsprechend kann die Grundschuld auch ohne eine zu besichernde Forderung abgetreten oder verpfändet werden.

In der Praxis werden allerdings die meisten Grundschulden als Kreditsicherheit für Darlehensverbindlichkeiten bestellt. Bei diesen Grundschulden besteht durchaus eine Verknüpfung zwischen Forderung und Grundschuld. Diese wird durch die Sicherungszweckabrede vermittelt. Die Sicherungszweckabrede ist eine Vereinbarung zwischen dem Gläubiger des Grundpfandrechts und dem Besteller der Grundschuld, dass die Grundschuld als Sicherheit für eine bestimmte Darlehensverbindlichkeit dient und nur verwertet werden darf, wenn wegen dieser Forderung ein Sicherungsfall eintritt. Eine Vollstreckung in das Grundstück aus der Grundschuld ist unzulässig, solange ein solcher Sicherungsfall nicht eingetreten ist und kann vom Grundstückseigentümer durch Erhebung einer Vollstreckungsabwehrklage verhindert werden.

Das Grundschuldkapital ist gemäß § 1193 I S 1 BGB außerdem erst nach vorheriger Kündigung der Grundschuld fällig. Die Kündigungsfrist beträgt sechs Monate. Eine abweichende Vereinbarung ist gemäß § 1193 II S 2 BGB bei Grundschulden, die der Besicherung einer Geldforderung dienen – was in der Praxis der Regelfall ist – nicht zulässig.

## 4 Die Kaufpreiszahlung und ihre Sicherung

Eine der wichtigsten Regelungen im Grundstückskaufvertrag ist die Regelung über die Kaufpreiszahlung. Oft wünschen die Parteien eine Abwicklung der Kaufpreiszahlung über ein Anderkonto des Notars. Dies ist gemäß § 54 a II BeurkG nur unter engen Voraussetzungen zulässig. Insbesondere muss der Notar eine Kaufpreiszahlung über Notaranderkonto ablehnen, wenn kein berechtigtes Sicherungsinteresse der Parteien hieran besteht. Dies kann der Fall sein, wenn der Käufer den Kaufpreis erst zahlen möchte, wenn das Kaufobjekt geräumt ist, der Verkäufer aber nicht räumen möchte, bevor der Kaufpreis gezahlt ist. Die Kaufpreiszahlung über ein Anderkonto des Notars darf nicht der Standardfall sein, da sich eine angemessene Besicherung der Kaufpreiszahlung oft auch auf anderem Wege durch eine entsprechende Regelung zur Kaufpreisfälligkeit gewährleisten lässt.

Üblicherweise wird bei der Direktzahlung die Kaufpreisfälligkeit von der Eintragung der Eigentumsvormerkung, der Sicherstellung der Lastenfreistellung und vom Vorliegen

## 1. An- und Verkauf, vertragliche Grundlagen, Belastung von Grundstücken

aller erforderlichen Genehmigungen und Vorkaufsrechtsverzichtserklärungen abhängig gemacht. Eine entsprechende Fälligkeitsregelung könnte folgendermaßen lauten:

> „Der Kaufpreis ist fällig innerhalb von 14 Tagen nach Zugang einer schriftlichen Mitteilung des Notars an den Käufer, dass folgende Voraussetzungen eingetreten sind:
> a) die Eigentumsvormerkung ist für den Käufer im Grundbuch eingetragen; Belastungen, denen der Käufer durch Mitwirkung bei der Bestellung oder durch Übernahme in diesem Vertrag zugestimmt hat bzw. für die Löschungsunterlagen gem. lit. c) vorliegen, dürfen der Vormerkung vorgehen;
> b) die Löschung etwaiger vom Käufer nicht übernommener Rechte in Abteilung II und III des Grundbuches ist gewährleistet;
> c) alle etwa erforderlichen Genehmigungen liegen vor;
> d) Vorkaufsrechtsverzichtserklärungen bzw. Negativzeugnisse wegen gesetzlicher Vorkaufsrechte liegen vor.
>
> Der Notar teilt dem Käufer das Vorliegen der vorstehend aufgeführten Fälligkeitsvoraussetzungen per Einwurfeinschreiben mit und informiert den Verkäufer über den Zeitpunkt des Zugangs des Fälligkeitsschreibens beim Käufer. Die Vertragsparteien vereinbaren, dass die Fälligkeitsmitteilung des Notars der Zahlungsaufforderung des Verkäufers gleichsteht. Die Fälligkeitsmitteilung des Notars wird als Ereignis im Sinne des § 286 II Nr. 2 BGB vereinbart."

Die Eintragung der *Eigentumsvormerkung* bewirkt gemäß § 883 II BGB die „relative Unwirksamkeit" späterer Verfügungen des Eigentümers über das Grundstück.[31] Der Käufer kann die Löschung späterer Eintragungen, denen er nicht zugestimmt hat, verlangen. Insofern wirkt die Vormerkung ähnlich wie eine Reservierung des Grundstücks.

Die Eigentumsvormerkung schützt den Käufer allerdings nur hinreichend, wenn sie im Grundbuch die richtige Rangstelle hat. Deshalb wird bei dieser Fälligkeitsvoraussetzung in der Regel vermerkt, dass der Vormerkung nur diejenigen Rechte vorgehen dürfen, mit deren Übernahme sich der Käufer einverstanden erklärt hat, sowie diejenigen bestehenden Belastungen, deren Löschung durch den Notar gewährleistet werden kann.

Die *Lastenfreistellung* ist gewährleistet, wenn dem Notar für die zu löschenden Rechte Löschungsunterlagen vorliegen und er über diese auflagenfrei verfügen darf oder unter Treuhandauflagen, die aus dem Kaufpreis zu erfüllen sind. In diesem Fall wird der Notar dem Käufer mitteilen, dass ein bestimmter Kaufpreisteil nicht an den Verkäufer, sondern unmittelbar an den Gläubiger zu überweisen ist.

Welche *Genehmigungen* erforderlich sind, ist im Einzelfall vom Notar zu prüfen. In Betracht kommt zum Beispiel die Genehmigung einer vollmachtlos vertretenen Partei, die kirchenaufsichtsrechtliche Genehmigung bei Beteiligung kirchlicher Rechtsträger sowie bei Grundstücken, die in den neuen Bundesländern belegen sind, die Genehmigung nach der Grundstücksverkehrsordnung.

Nach § 22 Grunderwerbssteuergesetz (GrEStG) dürfen die Grundbuchämter eine Eigentumsumschreibung nicht ohne Vorlage der Unbedenklichkeitsbescheinigung vornehmen. In dieser bescheinigt das Finanzamt, dass die Grunderwerbsteuer gezahlt wurde oder dass der Vorgang steuerfrei ist. Obwohl die Unbedenklichkeitsbescheinigung Voraussetzung des Eigentumserwerbs ist, darf die Kaufpreisfälligkeit hiervon nicht ab-

---
31 Hierzu Ziffer 3.4.2.1.

hängig gemacht werden. Ansonsten hätte es der Käufer selbst in der Hand, durch Nichtzahlung der Grunderwerbsteuer die Kaufpreisfälligkeit zu verzögern.

Der Verkäufer hat regelmäßig ein Interesse daran, dass die Zahlungsverpflichtung des Käufers besichert wird. Das gebräuchlichste Sicherungsmittel hierfür ist die *Zwangsvollstreckungsunterwerfung* des Käufers wegen der Kaufpreisschuld gemäß § 794 I Nr. 5 ZPO.[32] Die notarielle Urkunde wird auf diese Weise zum Vollstreckungstitel. Der Verkäufer kann den Kaufpreis also im Wege der Zwangsvollstreckung beitreiben, ohne zuvor ein entsprechendes Urteil zu erwirken. Eine unberechtigte Zwangsvollstreckung kann der Käufer durch Erhebung einer Vollstreckungsabwehrklage nach § 767 ZPO abwenden.

## 5 Gewährleistung – Sach- und Rechtsmängel

Der Kaufvertrag enthält üblicherweise auch Regelungen darüber, welche Rechte dem Käufer im Fall der Mangelhaftigkeit des Kaufobjekts zustehen. Hinsichtlich der Mängel wird zwischen Sachmängeln und Rechtsmängeln unterschieden: Ein Sachmangel liegt gemäß § 434 I BGB vor, wenn im Zeitpunkt des Gefahrübergangs die Ist-Beschaffenheit der Kaufsache zuungunsten des Käufers von ihrer Soll-Beschaffenheit abweicht. Ein Rechtsmangel liegt vor, wenn Dritte in Bezug auf die Sache Rechte gegen den Käufer geltend machen können, ohne dass der Käufer diese Rechte im Kaufvertrag übernommen hat. Einem Rechtsmangel steht es nach § 435 S 2 BGB gleich, wenn im Grundbuch ein Recht eingetragen ist, das nicht besteht. Die gesetzlichen Mängelrechte des Käufers sind in § 437 BGB geregelt: Hiernach kann der Käufer Nacherfüllung nach § 439 BGB (bei Grundstücken: Mangelbeseitigung) verlangen, vom Vertrag zurücktreten, den Kaufpreis mindern oder Schadens- bzw. Aufwendungsersatz verlangen.

Zur Vermeidung einer Sachmängelhaftung wird im Kaufvertrag typischerweise ein Gewährleistungsausschluss vereinbart. Auf diesen Gewährleistungsausschluss darf sich der Verkäufer aber nicht berufen, wenn er eine Beschaffenheitsgarantie übernommen hat oder einen Mangel arglistig verschwiegen hat. Es liegt also auch im Interesse des Verkäufers, bekannte verdeckte Mängel offen zu legen.

Für den Käufer ist es deshalb wichtig, sich vor Abschluss des Kaufvertrages möglichst umfassend über das Grundstück durch Besichtigung und das Einholen von Informationen beim Verkäufer und Dritten zu informieren. Darüber hinaus sollten – je nach wirtschaftlicher Bedeutung des Kaufvertrags und beabsichtigter Nutzung – weitere Unterlagen eingesehen und geprüft werden.

Möchte man sich genaue Kenntnis über die zu übernehmenden Belastungen (insbesondere Dienstbarkeiten) verschaffen, sollten die entsprechenden Bewilligungen enthaltenden Urkunden geprüft werden. Soweit der Verkäufer diese Unterlagen nicht vorlegen kann, kann der Käufer sich vom Verkäufer bevollmächtigen lassen, die Grundakte

---

32 Ob es zu den Amtspflichten des Notars gehört, stets auf eine Zwangsvollstreckungsunterwerfung hinzuwirken oder zumindest stets hierüber zu belehren ist streitig: Dagegen: Armbrüster, in: Armbrüster/Preuß/ Renner: Beurkundungsgesetz und Dienstordnung für Notare, 5. Aufl. (2009), § 17 BeurkG Rn. 86 m.w.N.; dafür: Wolfsteiner DNotZ 1999, 306, 325; auch die Berliner Notaraufsicht hält dies für eine Amtspflicht des Notars.

beim Grundbuchamt einzusehen. Diese sollten in der Grundbucheinsichtenstelle des zuständigen Grundbuchamts unter Angabe des Grundbuchbezirkes und der Grundbuchblattnummer vorbestellt werden. Ist das Grundstück mit einem Erbbaurecht belastet oder soll ein Erbbaurechtskaufvertrag abgeschlossen werden, ist eine Einsichtnahme in den Erbbaurechtsvertrag und etwa vorhandene Nachträge hierzu unbedingt zu empfehlen. Das gleiche gilt für die Teilungserklärung und Gemeinschaftsordnung beim Kauf von Wohnungseigentum. Auch diese Urkunden können, sollte der Verkäufer sie nicht selbst zur Verfügung stellen können, unter Vorlage einer Vollmacht des Verkäufers in der Grundakte eingesehen werden.

Soweit eine Neubebauung des Grundstücks oder ein Umbau geplant ist, sollte eine Bestandsaufnahme zur Bebaubarkeit erfolgen. Es ist empfehlenswert, hierzu das Baulastenverzeichnis sowie etwa vorhandene Bebauungspläne einzusehen. Bei einem mit einem Mehrfamilienhaus bebauten Grundstück ist es außerdem sinnvoll, durch Anfrage bei der Gemeinde in Erfahrung zu bringen, ob sich das Grundstück im Geltungsbereich einer Milieuschutzsatzung befindet. Außerdem sollte bei bebauten Grundstücken stets geklärt werden, ob das Gebäude dem Denkmalschutz unterliegt. Dies kann entweder durch Erklärung des Verkäufers im Kaufvertrag oder durch Einsichtnahme in die Denkmalliste erfolgen. Informationen über Boden- oder Grundwasserkontaminationen sind einer Auskunft aus dem Altlastenkataster zu entnehmen.

Ferner ist es sinnvoll, sich einen Überblick über den Zustand vorhandener technischer Anlagen zu verschaffen. Insbesondere sollte der Energieausweis eingesehen werden.[33]

Außerdem sollte erfasst werden, welche Versorgungsverträge und sonstige Dauerschuldverhältnisse bestehen (z.B. Wartungs- und Hausmeisterverträge). Besonderes Augenmerk verdienen Versicherungsverträge. Sogenannte Sachversicherungsverträge (hierzu gehört insbesondere die Gebäudeversicherung) gehen nach § 95 Versicherungsvertragsgesetz (VVG) mit Eigentumsumschreibung auf den Käufer über. Nach § 96 VVG steht sowohl der Versicherung als auch dem Erwerber ein Sonderkündigungsrecht zu. Der Käufer hat dieses Kündigungsrecht innerhalb eines Monats ab der Veräußerung auszuüben. Die Versicherung kann ihr Kündigungsrecht innerhalb eines Monats ab Kenntnisnahme von der Veräußerung ausüben. Veräußerer und Erwerber sind außerdem nach § 97 VVG verpflichtet, der Versicherung die Veräußerung anzuzeigen. Unterbleibt die Anzeige, kann die Versicherung unter den Voraussetzungen des § 97 VVG die Leistung im Schadensfall verweigern.

Bei vermieteten Objekten sollte unbedingt eine Bestandsaufnahme zu den Mietverhältnissen erfolgen (Mieterliste, Mietsicherheiten, Prüfung der Mietverträge, Streitigkeiten aus den Mietverhältnissen...).

## 6 Besitzübergang

Umgangssprachlich werden die Begriffe „Besitz" und „Eigentum" oft synonym verwendet. Das Gesetz unterscheidet aber zwischen diesen beiden Begriffen. Besitz ist die vom

---

33  Siehe Ziffer 8.

Rechtsverkehr anerkannte tatsächliche Herrschaft einer Person über eine Sache. Der Besitzer einer Sache ist also nicht notwendigerweise zugleich deren Eigentümer.

Die Besitzübergabe gehört zu den Hauptpflichten des Verkäufers im Kaufvertragsrecht (§ 433 I S 1 BGB). Der Verkäufer schuldet die Übergabe Zug-um-Zug gegen Zahlung des Kaufpreises. Um den Verkäufer vor einer ungesicherten Vorleistung zu schützen, wird der Vertragsentwurf des Notars in der Regel vorsehen, dass der Besitzübergang nach Kaufpreiszahlung erfolgt (z.B. am Tag nach Kaufpreiszahlung oder am nächsten Monatsersten).

Wünschen die Kaufvertragsparteien einen Besitzwechsel innerhalb weniger Tage oder Wochen nach Beurkundung oder soll dieser unbedingt zu einem bestimmten Termin erfolgen, ist es zur Vermeidung einer ungesicherten Vorleistung des Verkäufers ratsam, die Kaufpreiszahlung über ein Anderkonto des Notars abzuwickeln.

Gleichzeitig mit der Übergabe geht nach § 446 S 1 BGB die Gefahr des zufälligen Untergangs oder der zufälligen Verschlechterung auf den Käufer über. Ab diesem Zeitpunkt steht ihm nach § 446 S 2 BGB die Nutzung zu und er hat die Lasten des Kaufgegenstandes zu tragen.

## 7 Übertragung des Eigentums

Zur Übertragung des Eigentums an einem Grundstück sind nach § 873 I BGB zwei Schritte erforderlich: Erstens die Einigung zwischen Eigentümer und Erwerber (Auflassung) und zweitens die Eintragung der Rechtsänderung in das Grundbuch (Eigentumsumschreibung).

### 7.1 Auflassung

Die von § 873 BGB geforderte Einigung zwischen Eigentümer und Erwerber liegt nicht schon im schuldrechtlichen Kaufvertrag. Das deutsche Recht trennt zwischen der Verpflichtung zur Übertragung des Eigentums (Verkauf) und der Übertragung des Eigentums selbst (Auflassung). Meistens wird die Auflassung allerdings gleichzeitig mit dem Kaufvertrag beurkundet. In diesem Fall entstehen nach § 109 II S 1 GNotKG für die Auflassung keine zusätzlichen Notarkosten.

Die Auflassung ist nach § 925 BGB bei gleichzeitiger Anwesenheit der Parteien vor dem Notar oder einer sonstigen zuständigen Stelle zu erklären. Das Erfordernis der „gleichzeitigen Anwesenheit" führt allerdings nicht dazu, dass die Parteien persönlich anwesend sein müssen. Eine Stellvertretung ist zulässig.

Wird die Auflassung unter einer Bedingung oder Zeitbestimmung erklärt, führt dies zu ihrer Unwirksamkeit. Es ist also nicht möglich, die Auflassung „unter der Bedingung der pünktlichen Kaufpreiszahlung" zu erklären.

Der Verkäufer ist also auf andere Weise vor einem vorzeitigen Verlust seines Eigentums zu schützen. Dies kann auf verschiedenen Wegen erreicht werden: Die Parteien können auf eine Beurkundung der Auflassung vorerst verzichten und stattdessen die Mitarbeiter des Notars zur Erklärung und Entgegennahme der Auflassung bevollmächtigen. Zusätzlich weisen die Parteien den Notar an, die Auflassung erst dann zu beurkunden, wenn ihm die vollständige Kaufpreiszahlung in geeigneter Weise nachgewiesen wurde. Gegen diese Gestaltung spricht allerdings, dass die Vollmacht stets widerrufen werden kann. Außerdem werden die Mitarbeiter des Notars bei dieser Gestaltung unangemessenen Haftungsrisiken ausgesetzt.[34]

Einen anderen Weg, den Verkäufer vor dem vorzeitigen Verlust seines Eigentums zu schützen, stellt die sogenannte „Ausfertigungssperre" dar. Bei dieser Gestaltung erklären die Beteiligten die Auflassung bereits bei Beurkundung des Kaufvertrages. Der Notar erhält allerdings den Auftrag, dafür zu sorgen, dass weder der Käufer noch das Grundbuchamt eine Ausfertigung oder beglaubigte Abschrift der Auflassungserklärung erhalten, bevor dem Notar die vollständige Kaufpreiszahlung nachgewiesen wurde. In der Praxis erfolgt dies durch Streichung oder Abdeckung der entsprechenden Textpassage.

Eine dritte Möglichkeit, den Verlust des Eigentums vor Kaufpreiszahlung zu verhindern besteht darin, dass die Parteien bei Beurkundung des Kaufvertrages zwar die Auflassung erklären, der Verkäufer aber ausdrücklich noch keine Eintragungsbewilligung abgibt.[35] Stattdessen wird der Notar unwiderruflich bevollmächtigt, die Bewilligung durch Eigenurkunde nachzuholen, wenn ihm die Kaufpreiszahlung nachgewiesen wurde.[36]

*7.2 Eigentumsumschreibung*

Die Eintragung des neuen Eigentümers im Grundbuch ist nicht lediglich ein deklaratorischer Vorgang. Sie ist vielmehr Voraussetzung des Eigentumswechsels (konstitutive Wirkung).

Voraussetzungen der Grundbucheintragung sind ein an das Grundbuchamt gerichteter Eintragungsantrag nach § 13 GBO und die Abgabe der Eintragungsbewilligung durch den Berechtigten, also den Eigentümer nach § 19 GBO.

## 8 Energieausweis

Am 16. Oktober 2013 beschloss die Bundesregierung die Novellierung der Energieeinsparverordnung (EnEV). Diese trat am 1.5.2014 in Kraft. Seitdem muss bereits die Immobilienanzeige die Pflichtangaben nach § 16a EnEV zum Energieausweis enthalten. Unabhängig davon, ob der Käufer dies verlangt, muss der Energieausweis dem Käufer gemäß § 16 II EnEV bei der Besichtigung im Original oder in Kopie vorgelegt und unverzüglich nach Abschluss des Kaufvertrages übergeben werden. Der vorsätzliche oder leichtfertige Verstoß gegen die Vorlage- und Übergabepflicht stellt gemäß § 27 EnEV eine Ordnungswidrigkeit dar. Ausgenommen von der Pflicht zur Vorlage und Übergabe

---

34 Zu den Arbeits- und Haftungsrechtlichen Bedenken gegen diese Gestaltung: s. Krauß: Immobilienkaufverträge in der Praxis, 6. Aufl. (2012) Rn. 985.
35 Da die Eintragungsbewilligung nach § 19 GBO Voraussetzung der Grundbucheintragung ist, kann die Eigentumsumschreibung solange nicht erfolgen, wie diese nicht abgegeben wurde.
36 Ertl, MittBayNot 1992, 102.

des Energieausweises sind kleine Gebäude mit weniger als 50 m² Wohn- oder Nutzfläche und Baudenkmäler. Weitere Ausnahmen enthält § 1 III EnEV.

Die bloße Vorlage des Energieausweises führt nicht zu einer stillschweigenden Beschaffenheitsvereinbarung. Da der Verkäufer den Ausweis nicht selbst ausstellt und als Laie in der Regel auch nicht die Möglichkeit hat, die Richtigkeit des vom Aussteller ermittelten Energiebedarfs bzw. -verbrauchs zu überprüfen, wird man die obligatorische Vorlage des Ausweises nicht als Aussage des Verkäufers werten dürfen. Der Verkäufer muss also nicht für die Richtigkeit des Energieausweises einstehen. Werden allerdings die Werte aus dem Energieausweis in der Immobilienanzeige falsch wiedergegeben und später nicht in gleichwertiger Weise berichtigt, so kann dies eine Beschaffenheitsvereinbarung nach § 434 I S 3 BGB darstellen und eine Sachmängelhaftung des Verkäufers begründen. Zur Vermeidung von Haftungsrisiken ist es daher empfehlenswert, im Kaufvertrag klarzustellen, dass die Angaben im Energieausweis keine Beschaffenheitsvereinbarung darstellen und der Verkäufer für die richtige Berechnung des Energiebedarfs bzw. –verbrauchs nicht einsteht. Sollte es zu einer falschen Angabe in der Immobilienanzeige gekommen sein, sollte diese im Kaufvertrag ausdrücklich korrigiert werden.

## 9 Mietverhältnisse

Da das Mietverhältnis mit einem Dritten einen Rechtsmangel im Sinne des § 435 BGB darstellt, sollte der Kaufvertrag über ein vermietetes Kaufobjekt immer auch Regelungen hierzu enthalten. Eine erste Weichenstellung ergibt sich daraus, ob der Käufer beabsichtigt, das Mietverhältnis zu übernehmen oder ob er es zur Eigennutzung erwirbt.

Unabhängig davon, ob die Kaufvertragsparteien es wünschen oder nicht, geht das Mietverhältnis nach § 566 BGB auf den Käufer über. Treffend auf den Punkt gebracht wird dies durch die Überschrift des § 566 BGB, diese lautet „Kauf bricht nicht Miete".

Sind sich Käufer und Verkäufer einig, dass das Kaufobjekt mietfrei übergeben werden soll, muss der Verkäufer das Risiko der Beendigung des Mietverhältnisses tragen. Hierzu sollte er sich nur bereit erklären, wenn die Beendigung des Mietverhältnisses bereits bei Beurkundung des Kaufvertrages sichergestellt ist (zum Beispiel durch Aufhebungsvertrag oder wirksame Kündigung). Die Kaufpreisfälligkeit sollte in diesem Fall von der Räumung des Kaufobjekts abhängig gemacht werden. Die Überwachung dieser Fälligkeitsvoraussetzung wird der Notar allerdings in der Regel nicht übernehmen. Dies obliegt den Parteien selbst. Dem Verkäufer sollte allerdings bewusst sein, dass er nicht nur das Risiko der wirksamen Beendigung des Mietverhältnisses trägt, sondern auch das Risiko der Räumung durch den Mieter.

Soll das bestehende Mietverhältnis durch den Käufer fortgesetzt werden, sollte der Kaufvertrag Regelungen zum Übergang der Mietsicherheiten (z.B. Kaution) und zum Zeitpunkt, ab dem der Käufer in die Rechte und Pflichten aus dem Mietverhältnis eintritt, enthalten. Außerdem ist es sinnvoll, die Kenntnis des Käufers vom Inhalt der Mietverträge und die Übergabe der Mietvertragsunterlagen zu dokumentieren.

Der gesetzliche Übergang des Mietverhältnisses nach § 566 BGB erfolgt mit Eigentumsumschreibung. Meistens wünschen die Parteien aber, dass der Zeitpunkt, ab dem der Käufer die Vermieterstellung wahrnimmt, auf den Besitzübergang vorverlegt wird. Hierzu können die Parteien im Innenverhältnis eine Regelung treffen. Im Verhältnis zum Mieter wirkt eine solche Vereinbarung aber nur, wenn die Parteien mit diesem eine rechtsgeschäftliche Vertragsübernahme vereinbaren. Alternativ kann der Verkäufer dem Käufer seine Ansprüche aus dem Mietverhältnis (aufschiebend bedingt auf den Tag des Besitzwechsels) abtreten und den Käufer ab diesem Zeitpunkt bevollmächtigen, neue Mietverträge abzuschließen. Außerdem kann der Verkäufer den Käufer zur Ausübung ihm zustehender Gestaltungsrechte (insbesondere des Kündigungsrechts) im eigenen Namen ab Besitzübergang ermächtigen. Ist dies gewünscht, so sollte eine solche Ermächtigung stets ausdrücklich erfolgen.

Nach § 566 II BGB haftet der Verkäufer dem Mieter gegenüber auch nach Eigentumsumschreibung für die Erfüllung der mietrechtlichen Pflichten durch den Käufer. Der Verkäufer kann sich allerdings nach § 566 II S 2 von der Haftung befreien, indem er dem Mieter den Eigentumswechsel anzeigt. Die Haftungsbefreiung tritt ein, wenn der Mieter nach Erhalt der Mitteilung über den Eigentumswechsel das Mietverhältnis nicht zum ersten Termin kündigt, zu dem eine Kündigung zulässig ist. Kündigt der Mieter zum nächstmöglichen Termin, so haftet der Verkäufer ihm gegenüber bis zum Zeitpunkt der Beendigung des Mietverhältnisses.

Für die Rückgabe der Mietsicherheit trifft den Verkäufer nach § 566 a S 2 BGB aber auch noch nach diesem Zeitpunkt eine Ausfallhaftung. Der Mieter kann den Verkäufer zwar individualvertraglich von dieser Haftung befreien, doch reicht es hierfür nicht aus, dass der Mieter auf Aufforderung des Vermieters seine Zustimmung zur Übertragung der Mietsicherheit auf den Erwerber erklärt. Dies gilt insbesondere für den Fall, dass der Aufforderung des Verkäufers eine vorformulierte Zustimmungserklärung beigefügt ist, die an mehrere Mieter versandt wird. Auch die ausdrückliche Erklärung des Mieters, der Verkäufer werde aus der Haftung nach § 566a S 2 BGB entlassen, ist unwirksam, wenn sie vom Verkäufer vorformuliert wird und dieser beabsichtigt, sich den vorformulierten Text von mehreren Mietern unterschreiben zu lassen. Auf derartige vorformulierte Erklärungen ist das Recht der Allgemeinen Geschäftsbedingungen anwendbar. Der Verzicht stellt eine Abweichung von einem wesentlichen Grundgedanken des Gesetzes und damit im Zweifel eine unangemessene Benachteiligung des Mieters dar. Der Verkäufer kann die Haftung vermeiden, indem er mit Einverständnis des Käufers dem Mieter die Mietsicherheit zurückgibt. Der Käufer trägt dann allerdings das Risiko, dass der Mieter die Zahlung einer neuen Kaution verweigert.

## 10 Kaufpreisfinanzierung und Belastungsvollmacht

Die meisten Käufer finanzieren den Kaufpreis durch Aufnahme eines Bankdarlehens. Die Banken sind zur Darlehensgewährung aber regelmäßig nur gegen Gewährung einer angemessenen Kreditsicherheit bereit. Aus diesem Grund soll oft das Kaufobjekt selbst mit Grundpfandrechten belastet werden. Die Eintragung einer solchen Belastung kann der Käufer aber ohne Mitwirkung des Verkäufers erst bewilligen, wenn er Eigentümer des Grundstücks geworden ist. Der Kaufvertrag sieht deshalb regelmäßig eine Mitwirkungspflicht des Verkäufers bei der Bestellung von Grundpfandrechten vor. Oft kommt er dieser nach, indem er dem Käufer bereits im Kaufvertrag eine Vollmacht zur Belastung seines Grundstücks erteilt. Um den Verkäufer vor der Inanspruchnahme aus dem Grundpfandrecht vor Erhalt des Kaufpreises zu schützen, sind allerdings Sicherungsvorkehrungen zu treffen.

## 10.1 Einschränkung der Sicherungsabrede

Die Sicherungsabrede ist eine Vereinbarung zwischen Sicherungsgeber und Sicherungsnehmer darüber, für welche Forderung eine bestimmte Kreditsicherheit gewährt wird. Im Fall der Sicherungsgrundschuld ist die Sicherungsabrede das Bindeglied zwischen Grundschuld und Darlehensvertrag. Der Sicherungsnehmer darf die Grundschuld nicht entgegen der Sicherungsabrede verwerten. Leitet er dennoch die Vollstreckung aus der Grundschuld ein, obwohl der Sicherungsfall nicht eingetreten ist, kann der Sicherungsgeber dies mit einer Vollstreckungsabwehrklage nach § 767, 795, 797 IV ZPO abwehren.

Bestellt der Verkäufer eine Grundschuld, um dem Käufer die Kaufpreisfinanzierung durch Darlehen zu ermöglichen, ist die Sicherungsabrede für die Zeit bis zur Eigentumsumschreibung einzuschränken. Für diesen Zeitraum können Gläubiger und Sicherungsgeber vereinbaren, dass der Sicherungsnehmer die Grundschuld nur dann verwerten oder behalten darf, wenn der Gläubiger tatsächlich Zahlungen auf die Kaufpreisschuld des Käufers geleistet hat und nur in der Höhe, in der solche Zahlungen erfolgt sind. Eine Vollstreckung darf in diesem Fall also nur erfolgen, wenn und soweit der Verkäufer den Kaufpreis bereits erhalten hat.

Enthält die Grundschuldbestellungsurkunde eine entsprechende Regelung zur Einschränkung der Sicherungszweckabrede, liegt hierin ein Angebot des Sicherungsgebers auf Abschluss eines Sicherungsvertrages dieses Inhalts.[37] Dieses Angebot muss der Bank zuverlässig zur Kenntnis gebracht werden. Oft wird der Notar deswegen die Eintragung des Grundpfandrechts erst veranlassen, wenn die Bank bestätigt hat, dass sie die Sicherungszweckerklärung anerkennt. Die Abgabe einer entsprechenden Erklärung durch die Bank ist aber nicht erforderlich, wenn ihr Schweigen nach § 362 HGB als Annahme des Angebots auf Abschluss des Sicherungszweckvertrags gilt.

Wird der Kaufvertrag rückabgewickelt (zum Beispiel weil der Käufer den aus Eigenmitteln zu erbringenden Kaufpreisteil nicht gezahlt hat), ist die Bank verpflichtet, die Sicherheit Zug-um-Zug gegen Rückzahlung der von ihr an den Verkäufer geleisteten Zahlungen zurück zu gewähren.[38] Der Verkäufer hat in diesem Fall die Wahl, ob die Rückgabe der Grundschuld durch Löschung, Abtretung an einen vom Verkäufer be-

---

37 Krauß: Immobilienkaufverträge in der Praxis, 6. Aufl. (2012) Rn. 1343.
38 Krauß, Immobilienkaufverträge in der Praxis, 6. Aufl. (2012) Rn. 1344; Basty in: Kersten Bühling, Formularbuch und Praxis der freiwilligen Gerichtsbarkeit 24. Aufl. (2014) § 32 Rn. 307.

nannten Dritten oder Verzicht der Bank und Umwandlung der Grundschuld in eine Eigentümergrundschuld erfolgen soll.

Zahlt bei Kaufpreisfälligkeit der Käufer den aus Eigenmitteln zu erbringenden Kaufpreisteil nicht, besteht das Risiko, dass die Bank aus der Grundschuld vollstreckt und der Verkäufer sein Grundstück verliert, ohne den restlichen Kaufpreis zu erhalten. Da die Bank nur vollstrecken darf „soweit" sie Zahlungen auf die Kaufpreisschuld geleistet hat, stünde dem Verkäufer zwar ein Versteigerungserlös, der über den gezahlten Betrag hinausgeht zu, dieser ist aber möglicherweise geringer als der Kaufpreisrestbetrag. Will der Verkäufer den Verlust des Grundstücks vermeiden, kann er entweder selbst bei der Versteigerung mitbieten oder wegen Zahlungsverzugs des Käufers vom Kaufvertrag zurücktreten und die Löschung der Grundschuld gegen Rückzahlung des von der Bank gezahlten Kaufpreisteils verlangen.

Erteilt der Verkäufer dem Käufer eine Belastungsvollmacht, so kann er diese dahin gehend einschränken, dass die Vollmacht nur dann zur Bestellung von Grundpfandrechten berechtigt, wenn in der Grundpfandrechtsbestellungsurkunde eine Regelung zur Einschränkung der Sicherungszweckabrede enthalten ist. Der Wortlaut kann in der Vollmacht vorgegeben werden.

*10.2 Beschränkung der zugelassenen Gläubiger*

Da bei der Bestellung von Grundschulden zu Gunsten privater Gläubiger ein höheres Risiko besteht, dass es zu unzulässigen Vollstreckungshandlungen kommt, weil dem Gläubiger die Rechtsfolgen der Einschränkung der Sicherungsabrede nicht bekannt sind, kann zusätzlich die Mitwirkungsverpflichtung des Verkäufers bei der Bestellung von Grundpfandrechten auf einen bestimmten Gläubigerkreis (z.B. auf inländische Kreditinstitute) beschränkt werden. Erteilt der Verkäufer dem Käufer eine Belastungsvollmacht, wäre es für den Schutz des Verkäufers am effektivsten, den Umfang der Vertretungsmacht im Außenverhältnis insoweit einzuschränken. Dies ist allerdings wenig praktikabel, da dem Grundbuchamt gemäß § 29 I GBO dem Grundbuchamt die Eintragungsgrundlagen durch öffentliche oder öffentlich beglaubigte Urkunde nachzuweisen sind. Ein Nachweis in dieser Form über die Tatsache, dass der Gläubiger, zu dessen Gunsten das Grundpfandrecht bestellt werden soll, zu dem vom Verkäufer gebilligten Personenkreis gehört, wird oft nur schwer beizubringen sein. Deshalb empfiehlt es sich, die Vollmacht diesbezüglich nur im Innenverhältnis zu beschränken und den Notar mit der Überwachung dieser Beschränkung zu beauftragen.

*10.3 Zahlungsanweisung*

Zusätzlich zur Einschränkung der Sicherungszweckabrede enthält die im Namen des Verkäufers bestellte Grundschuld oft eine Zahlungsanweisung an die Bank, nach der diese das Darlehen nur an den Verkäufer (und falls aus dem Kaufpreis Grundpfandrechte des Verkäufers abzulösen sind: an dessen Gläubiger) zu leisten sind. Die Anweisung dient in erster Linie dem Schutz der Bank selbst, da andere Zahlungen nicht durch das Grundpfandrecht abgesichert sind.[39]

*10.4 Abtretung des Auszahlungsanspruchs?*

Nicht empfehlenswert ist es, den Käufer den Auszahlungsanspruch gegen seine Bank an den Verkäufer abtreten zu lassen. Die Zahlung der Bank an den Verkäufer erfolgt im Fall einer solchen Abtretung nicht zur Erfüllung der Verbindlichkeit des Käufers wegen der Kaufpreiszahlung, sondern zur Erfüllung des abgetretenen Anspruchs aus dem Darlehensvertrag.[40] Ist der Darlehensvertrag unwirksam, so kann die Bank die geleistete Zahlung vom Verkäufer zurückverlangen. Ohne vorherige Abtretung des Auszahlungsanspruchs wegen des Darlehens stellt die Zahlung der Bank eine Zahlung auf die Kaufpreisschuld des Käufers dar. Ist der Darlehensvertrag unwirksam, muss sie den Darlehensnehmer selbst in Anspruch nehmen. Durch die Abtretung des Auszahlungsanspruches erlangt der Verkäufer also keine zusätzliche Sicherheit, sondern er bürdet sich das Risiko einer möglichen Unwirksamkeit des Darlehensvertrages auf.

*10.5 Formulierungsbeispiel Belastungsvollmacht mit Wortlautvorgabe*

1. Der Käufer beabsichtigt, zur Finanzierung des Kaufpreises Darlehen aufzunehmen, welche durch Eintragung von Belastungen des Kaufobjektes zu sichern sind. Der Verkäufer ist damit einverstanden und verpflichtet sich, Sicherheiten nach Maßgabe der nachfolgenden Bestimmungen für Rechnung des Käufers an dem Kaufobjekt zu bestellen.
2. Für die Grundpfandrechte ist folgende Sicherungszweckerklärung zu treffen:
a) Sicherungsabrede
Die Grundschuldgläubigerin darf die Grundschuld nur insoweit als Sicherheit verwerten oder behalten, als sie tatsächlich Zahlungen mit Tilgungswirkung auf die Kaufpreisschuld des Käufers geleistet hat. Alle weiteren Zweckbestimmungserklärungen, Sicherungs- und Verwertungsvereinbarungen innerhalb oder außerhalb dieser Urkunde gelten erst, nachdem der Kaufpreis vollständig bezahlt ist, in jedem Fall ab Eigentumsumschreibung. Ab diesem Zeitpunkt gelten sie für und gegen den Käufer als neuen Sicherungsgeber.
a) Zahlungsanweisung
Zahlungen auf die Kaufpreisschuld gemäß a) sind ausschließlich gemäß den Regelungen in Abschnitt ..... des Kaufvertrages zu leisten.
a) Persönliche Zahlungspflichten, Kosten
Der Verkäufer übernimmt im Zusammenhang mit der Grundschuldbestellung keinerlei persönliche Zahlungspflichten. Der Käufer verpflichtet sich, den Verkäufer von allen Kosten und sonstigen Folgen der Grundschuldbestellung freizustellen.

---

39 Krauß, Immobilienkaufverträge in der Praxis, 6. Aufl. (2012), Rn. 1347.
40 BGH, DNotZ 2008, 923.

a) Fortbestand der Grundschuld

Die bestellte Grundschuld darf auch nach der Eigentumsumschreibung auf den Käufer bestehen bleiben. Alle Eigentümerrechte und Rückgewähransprüche, die mit ihr zu tun haben, werden hiermit mit Wirkung ab Bezahlung des Kaufpreises, in jedem Fall ab Eigentumsumschreibung, auf den Käufer übertragen. Entsprechende Grundbucheintragung wird bewilligt.

3. Der Verkäufer bevollmächtigt den Käufer – unter Befreiung von den Beschränkungen des § 181 BGB – das Kaufobjekt mit sofort vollstreckbaren Grundpfandrechten bis in Höhe des Kaufpreises \*\*\*bis in Höhe von \*\*\*\*€\_\_\_ nebst bis zu 20 % Zinsen jährlich und einer einmaligen Nebenleistung von bis zu 10 % zu belasten, den jeweiligen Eigentümer wegen der dinglichen Haftung der sofortigen Zwangsvollstreckung gemäß § 800 ZPO zu unterwerfen sowie Rangänderungen und Löschungen in Abteilung II und III zuzustimmen.

Die Vollmacht berechtigt zur Belastung des Kaufobjektes <u>nur dann</u>, wenn die in Ziffer 2 genannten Vereinbarungen als Inhalt der zwischen dem Verkäufer als Sicherungsgeber und dem Finanzierungsgläubiger abzuschließende Zweckerklärung in der Grundpfandrechtsbestellungsurkunde wiedergegeben sind. Die Vollmacht kann ausgeübt werden, bevor behördliche Genehmigungen erteilt sind.

Von dieser Vollmacht darf <u>nur vor</u> dem amtierenden Notar oder seinem amtlichen Vertreter oder Nachfolger Gebrauch gemacht werden.

4. Der Notar wird angewiesen sicherstellen, dass mit dieser Vollmacht Grundpfandrechte nur zugunsten solcher Finanzierungsgläubiger, die die Erlaubnis gemäß dem Gesetz über das Kreditwesen (KWG) in der jeweils gültigen Fassung besitzen, bestellt werden. Ferner hat er den Grundpfandrechtsgläubiger vom Inhalt der Sicherungszweckerklärung in Kenntnis zu setzen und das Grundpfandrecht <u>erst dann</u> zur Eintragung einzureichen, wenn dieser ihm schriftlich bestätigt hat, dass er die Zweckerklärung anerkennt. Das Vorliegen einer derartigen Einverständniserklärung und der Erlaubnis des Finanzierungsgläubigers nach dem KWG muss dem Grundbuchamt nicht nachgewiesen werden.[41]

## 11 Kosten und Steuern

§ 448 III BGB enthält die Regelung, dass der Käufer eines Grundstücks die Kosten der Beurkundung des Kaufvertrags und der Auflassung, der Eintragung ins Grundbuch und der zur Grundbucheintragung erforderlichen Erklärungen trägt.

Die Kosten der Löschung nicht übernommener Belastungen hat nach der gesetzlichen Regelung der Verkäufer zu tragen (§§ 448 I, 433 I S 2, 435, 442 II BGB). Das gleiche gilt für die zur Vermessung einer Teilfläche anfallenden Kosten. Diese sind Kosten der Übergabe nach § 448 I BGB.

Die gesetzlichen Vorgaben sind jedoch dispositiv: Käufer und Verkäufer können die Kostenverteilung untereinander abweichend hiervon regeln.

---

[41] Abwandlung des Formulierungsvorschlags von Krauß, Immobilienkaufverträge in der Praxis, 6. Aufl. (2012), Rn. 1402.

Gegenüber dem Notar haften gemäß § 30 Gerichts- und Notarkostengesetz (GNotKG) alle Beteiligten gesamtschuldnerisch.[42]

Eine gesamtschuldnerische Kostenhaftung aller Beteiligten besteht nach § 13 Nr. 1 Grunderwerbsteuergesetz (GrEStG) auch für die Grunderwerbsteuer. Bis 2006 betrug der Steuersatz für das gesamte Bundesgebiet einheitlich 3,5 % der Bemessungsgrundlage. Seit der Föderalismusreform haben die Länder gemäß Art. 105 II a S 2 die Befugnis zur Bestimmung des Steuersatzes. Die Steuersätze liegen derzeit zwischen 3,5 und 6,5 %.

Bemessungsgrundlage ist der Wert der Gegenleistung (§ 8 I GrEStG), beim Kaufvertrag ist dies der Kaufpreis zuzüglich ggf. übernommener weiterer Gegenleistungen und dem Verkäufer vorbehaltener Nutzungen (§ 9 I Nr. 1 GrEStG).

Bestehen erhebliche Zweifel an der Solvenz des Käufers kann der Verkäufer sich gegen das Risiko der gesamtschuldnerischen Kostenhaftung schützen, indem er mit dem Käufer die Anzahlung eines Kaufpreisteilbetrags in Höhe der voraussichtlichen Kosten und Steuern vereinbart, der vor Beurkundung auf ein Anderkonto des Notars zu zahlen ist und im Fall der Rückabwicklung wegen Nichtzahlung des restlichen Kaufpreises dem Verkäufer als Vertragsstrafe zusteht.

---

42 Die gesamtschuldnerische Kostenhaftung trifft den Verkäufer auch dann, wenn der Käufer aufgrund ihm vom Verkäufer erteilter Belastungsvollmacht Grundpfandrechte bestellt.

## 2. Immobilienmarketing

*Roland Mattmüller / Philipp Hoog / Anna-Katharina Koenen*

*Institutionen in Sozialwirtschaft und Kirche erstellen bzw. erbringen Dienstleistungen der unterschiedlichsten Art und in verschiedensten Branchen als ihre eigentliche Kernleistung. Dabei sind in vielen Fällen Immobilien als räumliche Träger dieser Dienstleistungen (also etwa der Pflegedienstleistung etc.) notwendig. Veränderungen des Leistungsangebotes bis hin zur Aufgabe/Einstellung der eigentlichen Kernleistung stellt diese Institutionen dann zum einen vor die Frage, inwieweit die zukünftig nicht mehr selbst genutzten Immobilien auf den entsprechenden Märkten verwertbar und im Sinne einer direkten Vermarktung verkaufsfähig oder vermiet- und verpachtbar sind. Zum anderen zeigen sich Immobilien im Rahmen der erbrachten Dienstleistungen häufig als wesentliche Qualitätsindikatoren, um dem Nachfrager oder Nutzer der jeweiligen Dienstleistung deren Qualitätsbewertung im Rahmen seiner „Kaufentscheidung" zu erleichtern, woraus sich ebenfalls eine marketingrelevante Bedeutung der Immobilie ergibt.*
*Der Ansatz der direkten Vermarktung von Immobilien und die Vermarktung von Immobilien als Teil eines Leistungsbündels unterscheiden sich dabei in wesentlichen Punkten, wie der vorliegende Beitrag darstellen wird.*

### 1. Problemstellung

Die immobilienspezifische Perspektive stellt auch und gerade Institutionen der Sozialwirtschaft und Kirche in den kommenden Jahren vor interessante Herausforderungen. Bedingt durch gesellschaftliche Entwicklungen, wie den demographischen Wandel, Urbanisierung und sinkende Geburtenraten oder durch volkswirtschaftliche Veränderungen und Digitalisierung hat sich der Immobilienmarkt im Allgemeinen und damit speziell auch im Bereich der Sozialwirtschaft und Kirche stark verändert.

Wie einleitend bereits skizziert, zeigen sich dabei grundsätzlich zwei differenzierbare Aufgabenstellungen: die erste kann als direkte Vermarktung von Immobilien bezeichnet werden. Die Marketingrelevanz entsteht hierbei durch den geplanten Verkauf bzw. durch die beabsichtigte Vermietung/Verpachtung der Immobilie als Folge einer veränderten Kern-Dienstleistung. Dies kann bis hin zu einer Vermarktung in weit entfernten Nutzungsbereichen – im Vergleich mit der bisherigen eigentlichen Kernleistung – gehen. So können beispielsweise durchaus in ungenutzten Immobilien, in welchen bisher Pflegeheime oder Krankenhäuser betrieben wurden, in Zukunft Hotels, Tagungsstätten oder etwa Asylunterkünfte, Ladengeschäfte sowie gastronomische Betriebe eröffnet werden. Aus Sicht der Institutionen der Sozialwirtschaft und Kirche geht es dabei aber immer um die Abgabe der Immobilie an andere Nutzer (eben durch Verkauf oder zumindest Vermietung bzw. Verpachtung). Konkrete Aufgabe ist es also, eine bereits vorhandene Immobilie einer anderen Verwertung durch einen hieran interessierten Nutzer/ Käufer zuzuführen.

Dies unterscheidet die hier zu betrachtende Marketingrelevanz etwa von der Tätigkeit eines Unternehmens bzw. Anbieters, das/der mit der Vermarktung der Immobilie seine eigentliche unternehmerische Hauptleistung definiert. So hat beispielsweise ein Bauträger die Möglichkeit, sich bereits in der Planungsphase einer Immobilie mit den Anforderungen späterer möglicher Käufer/Nutzer auseinanderzusetzen und auf diese bei Entwurf und Bau der Immobilie einzugehen. Diese Art der baulichen Leistung und deren Vermarktung entspricht aber eben nicht dem Zweck und der Aufgabenstellung von Institutionen der Sozialwirtschaft und Kirche, deren direkte Immobilienvermarktung daher auf den ersten Blick eher reaktiv wirkt (für vorhandene Immobilien sind eine andere Nutzung und Verwertbarkeit zu eruieren).

Im vorliegenden Beitrag sollen hierzu zunächst und einleitend einige grundlegende Begrifflichkeiten umrissen sowie die Besonderheiten des Immobilienmarketing vorgestellt werden. Danach werden die elementaren Schritte der direkten Vermarktung von Immobilien aufgeführt – beginnend mit der strategischen Marketingplanung, welche die Erstellung von möglichen Nutzungskonzepten, die daraus resultierende Zielgruppenanalyse und Marktforschung beinhaltet. Es folgen zentrale immobilienspezifische Bestandteile der Vermarktung. Abgerundet wird dieser Punkt mit anwendungsbezogenen Leitfragen, welche die praktische Umsetzung der beschriebenen Schritte erleichtern sollen.

Der zweite Teil des Beitrags beschäftigt sich mit der Immobilie als Teil des dienstleistungsspezifischen Leistungsbündels. Neben den Mitarbeitern des Dienstleisters und weiteren Sachmitteln steht hier die Immobilie als weiterer komplementärer Teil des Leistungsbündels. Die Marketingrelevanz entsteht dabei durch die kundenseitige Nutzung der Immobilie als Ersatzindikator, um die Qualität der immateriellen Dienstleistung möglichst bereits vor dem Kauf einschätzen oder bestenfalls sogar bewerten zu können. Hierbei wird zunächst auf die Besonderheiten von Dienstleistungen, gerade in Abgrenzung zu traditionellen Sachgütern, eingegangen. Im Anschluss daran werden die wichtigsten Erkenntnisse zusammengefasst.

Die folgende Abbildung zeigt einleitend diese beiden immobilienspezifischen Aspekte und deren Marketingrelevanz für Institutionen der Sozialwirtschaft und Kirche, die ihre Leistungserstellung überwiegend durch Dienstleistungen generieren.

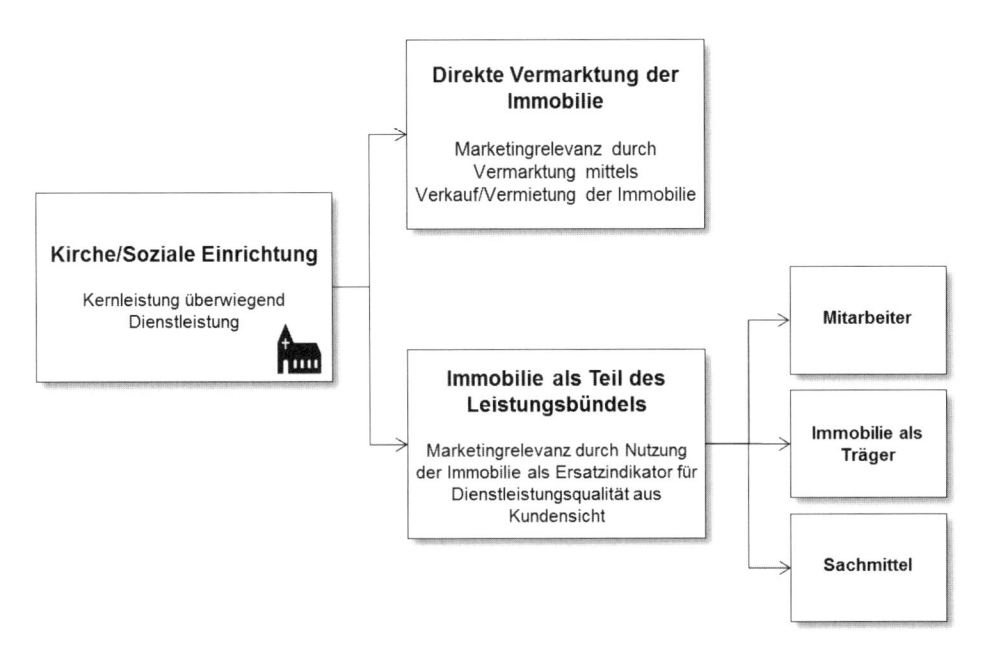

*Abbildung 1: Strukturelle Darstellung der immobilienspezifischen Vermarktung*

## 2. Immobilienmarketing

Immobilienmarketing ist Teil des Management-Bereichs Marketing, worunter vereinfacht die „Gestaltung eines Tauschprozesses" zu verstehen ist.[1] Immobilienmarketing kann in spezifischer Auslegung dann wie folgt definiert werden: „Immobilien-Marketing stellt eine Denkhaltung dar, die zur Erreichung der Unternehmensziele, basierend auf systematischen Analyse- und Planungstätigkeiten, eine konsequente kundenorientierte Konzipierung und Vermarktung immobilienspezifischer Leistungen zur Aufgabe hat".[2]

Trotz der starken Verbundenheit des Immobilienmarketing mit dem generellen Produkt-Marketing weist das Immobilienmarketing einige Besonderheiten auf, welche auf den speziellen Charakteristika des Immobilienmarktes beruhen und für die folgenden Vermarktungsschritte zu berücksichtigen sind. Die bedeutsamsten Charakteristika des Immobilienmarktes sind hierbei: (1) die Intransparenz des Marktes; (2) das sehr hohe Risiko, bedingt durch hohe Investitionsvolumina und die Dauerhaftigkeit dieser Investitionen; (3) die hohen Transaktionskosten, die auch bedingt durch das eben genannte Risiko bei der Vermietung oder dem Verkauf von Immobilien entstehen; und abschließend (4) die hohe Abhängigkeit von anderen Märkten und politisch-rechtlichen Faktoren.[3]

---
1 Mattmüller, Integrativ-Prozessuales Marketing, 4. Aufl. (2012), S. 20.
2 Schulte/Brade, Handbuch Immobilien-Marketing, 2001, S. 41.
3 Schulte/Brade, Handbuch Immobilien-Marketing, 2001, S. 40; Gartner, Unternehmensführung und Marketing in der Immobilienwirtschaft, 1997, S. 292.

Die Intransparenz des Marktes stellt nicht nur Nutzer/Kunden, sondern auch teilnehmende anbietende Institutionen vermehrt vor große Herausforderungen. So werden nicht nur der Preis, sondern auch die Verfügbarkeit von Immobilien oft „unter der Hand" verhandelt oder entschieden. Oftmals gelangen Immobilien in guten bis sehr guten Lagen gar nicht in ein öffentliches Angebot. Dies erschwert natürlich die Suche nach einer geeigneten Immobilie, wenn man nicht über ein dafür notwendiges Netzwerk verfügt. Auf der anderen Seite ist der Immobilienmarkt auch für den Anbieter der Immobilie oftmals ein sehr anonymer Markt. So sind die Marktstruktur und das Wettbewerbergeflecht oftmals schwer zu durchdringen, was die Marktforschung erschwert.

Das sehr hohe Risiko, welches mit dem Immobiliengeschäft assoziiert wird, ist ebenfalls charakteristisch für diesen Markt. Während der größte Anteil der alltäglich eingekauften Produkte normalerweise eine recht überschaubare Investition mit sich bringt, stellt der Kauf oder die Anmietung einer Immobilie ein weitaus höheres Risiko für den Kunden dar. Doch nicht nur der finanzielle Aspekt erhöht dessen Risiko, sondern auch die Dauerhaftigkeit der Investition macht das Immobiliengewerbe für viele Beteiligte risikoreich. Immobilien lassen sich oftmals nicht kurzfristig wieder veräußern bzw. dies ist zumindest mit einigen Schwierigkeiten verbunden, falls beispielsweise der Käufer im Nachhinein in eine finanziell schwierige Situation gerät oder etwa das einstige Szene-Viertel auf einmal an Attraktivität verliert. Bedingt durch diese beiden Faktoren kann der Immobilienmarkt auch als Markt mit hoher emotionaler Kunden-Involvierung beschrieben werden. Kunden können meist erst nach dem Immobilienerwerb diese vollständig bewerten, was stets eine gewisse Unsicherheit hinterlässt. Zusätzlich sind Kundenbedürfnisse oftmals konträr – so zum Beispiel eine langfristige Sicherheit in Form einer wertstabilen Immobilie, welche aber zu einem günstigen Preis erworben werden soll. Demnach werden Immobilienentscheidungen auch oft erst nach einem langwierigen Abwägen der Vor- und Nachteile getroffen, welches dann auch das Risiko für den Verkäufer oder Vermieter steigert.

Zusätzlich sind Vermietungen und Verkäufe oft mit hohen Transaktionskosten verbunden, da mehrere Besichtigungen, Vertragsverhandlungen und Anwalts- bzw. Notartermine notwendig sind, um dann letztendlich den Verkauf/Kauf oder die Vermietung/Anmietung der Immobilie abzuschließen. Doch nicht nur die Ungewissheit der finalen Absicht der Käufer oder Mieter trägt zu dem erhöhten Risiko und den hohen Transaktionskosten für Verkäufer und Vermieter bei. Auch nach einem abgeschlossenen Vertrag können stets noch Probleme auftreten, so zum Beispiel bei Zahlungsausfällen oder sonstigen Störungen, welche vorher nicht antizipiert wurden. Des Weiteren sind auch Verkäufer und Vermieter von der Langlebigkeit der „Produkte" betroffen. Immobilien können schlagartig an Wert gewinnen, bedingt durch beispielsweise ein trendgesteuertes Aufleben eines Viertels, oder aber im Gegenzug schnell an Wert verlieren, sobald beispielsweise umweltbezogene Probleme auftreten. Durch die Immobilität sind Eigentümer oder Vermieter von Immobilien stets an diese externen Entwicklungen oder Veränderungen gebunden, welche sie allerdings nicht selbst beeinflussen können.

Wie bereits weiter oben erwähnt, sind Immobilien auch externen Entscheidungen unterworfen. So engen politisch-rechtliche Entscheidungen etwa hinsichtlich gewerblicher Nutzungen den Handlungsspielraum von Immobilienvorhaben oftmals erheblich ein.

Diese charakteristischen Besonderheiten des Marktes zeigen auf, wie komplex die Vermarktung von Immobilien letztendlich ist und wie viele verschiedene Faktoren eine Rolle in Vermarktung und Verkauf spielen.

## 3. Direkte Vermarktung von Immobilien

Wie bereits aufgezeigt, beschreibt die direkte Vermarktung von Immobilien all jene Situationen, in denen eine Immobilie bereits vorhanden ist – die eigentlich angebotene Kernleistung der Einrichtung allerdings nicht mehr fortgeführt wird und keine andere Nutzung durch die Institution selbst angedacht ist oder sinnvoll wäre (bspw. eine geschlossene und dadurch leer stehende Kindertagesstätte oder ein verlassenes Kloster). Durch diese Entscheidung, die Kernleistung, die bisher in der Immobilie erbracht wurde, nicht mehr fortzuführen, geraten Institutionen der Sozialwirtschaft und Kirche in die Situation, ein neues Nutzungskonzept für die vorhandene Immobilie finden zu müssen. Mit der direkten Vermarktung soll die somit frei gewordene Immobilie einer neuen Nutzung zugeführt oder dadurch (ggf. gewinnbringend) veräußert werden.

Grundsätzlich bedarf die Vermarktung eines jeden Produktes, so auch die von Immobilien, eines systematisch integrierten Ansatzes wichtiger Teilaspekte, um ein abgerundetes und erfolgversprechendes Angebot zu ermöglichen. Basierend auf Erkenntnissen der strategischen Marketingplanung sind die hierfür relevanten Bereiche so miteinander zu verknüpfen, dass ein stimmiges und integriertes Konzept entsteht. Die folgenden Unterpunkte behandeln daher die strategische Marketingplanung, die Preisbildung und die Kommunikation.

### 3.1 Strategische Marketingplanung

Die aufgezeigte Komplexität begründet die Bedeutung einer ganzheitlichen und integrierten Marketingplanung für das weitere Vorgehen der Vermarktung. Besonders die strategische Planung bildet zusammen mit einer zielorientierten Marktforschung und konkreten Zielgruppenanalysen den Kern eines systematischen Marketingkonzeptes. Hierbei sollten zunächst Nutzungskonzepte und geeignete Zielgruppen definiert werden, um diese Aspekte mittels geeigneter Marktforschung abzusichern bzw. sowohl den Markt als auch die Zielgruppe im Allgemeinen besser zu verstehen.

#### 3.1.1 Strategisches Nutzungskonzept

Um die Anforderungen sowohl für die Zielgruppenanalyse als auch die Marktforschung genauer definieren zu können, sollten im ersten Schritt Nutzungskonzepte erstellt werden, wie die – neue – Immobilie gewinnbringend vermietet oder verkauft werden kann. Dies sollte schrittweise erfolgen. Ausgehend von der ursprünglich erbrachten Dienstleistung kann zunächst eine Träger-ähnliche Dienstleistung oder eine Träger-verwandte Dienstleistung angedacht werden. Falls diese Nutzungskonzepte keine erfolgreiche Vermarktung ermöglichen, ist ein grundsätzlicher Systemwechsel beispielsweise in den Handels- oder Gastronomiebereich zu prüfen.

Die folgende Darstellung stellt diese stufenweise Überprüfung der Neuausrichtung der Immobilie bzw. deren Nutzung graphisch und anhand eines Beispiels dar.

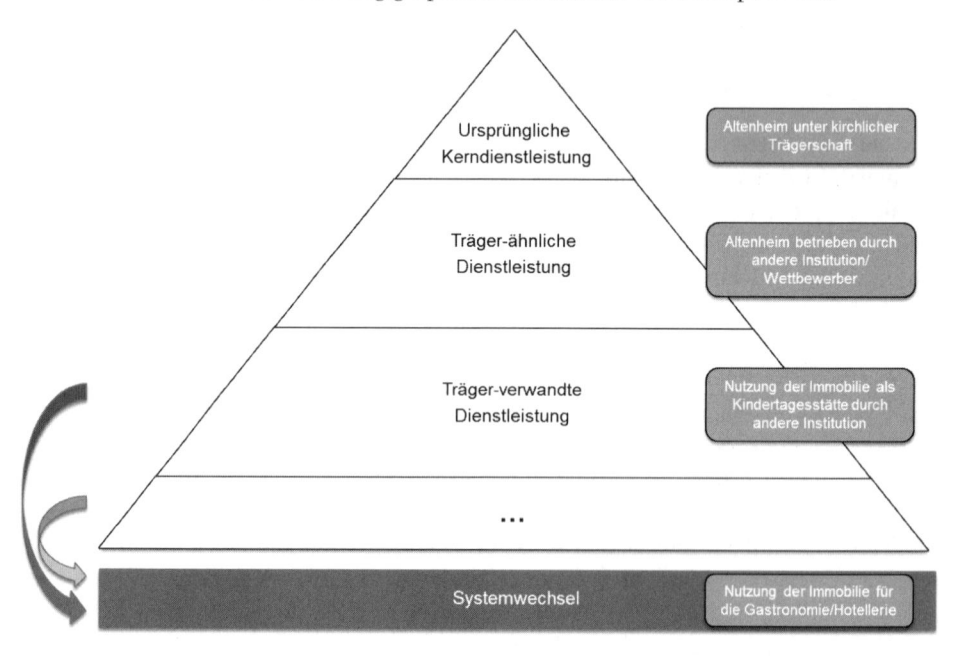

*Abbildung 2: Neuausrichtungspyramide für Immobilien-Nutzungskonzepte*

Im ersten Schritt dieses Stufenkonzeptes sollte also die aktuelle Nutzung hinterfragt und innerinstitutionell über eine Neunutzung nachgedacht werden. Mit der Entscheidung, dass die Immobilie nicht mehr selbst genutzt werden wird, sollten zunächst trägerähnliche Dienstleistungsanbieter wie andere Institutionen der Sozialwirtschaft oder private Wettbewerber berücksichtigt werden. So könnte etwa ein früherer Wettbewerber Interesse an der Immobilie haben, welche dann – im obigen Beispiel – als Altenheim weiterhin unter neuer Trägerschaft fortgeführt werden könnte. Diese strategische Ausrichtung der Nutzung der Immobilie gibt somit bereits Aufschluss über die relevante Zielgruppe. So werden im obigen Beispiel direkte Konkurrenten der Privatwirtschaft oder ähnliche Institutionen der Sozialwirtschaft angesprochen. Durch diese konkrete Zielgruppendefinition im ersten Schritt der Neuausrichtung des Immobilienkonzeptes werden wichtige Grundsteine für die weitere Vermarktung gelegt. Die folgenden Zielgruppenanalysen und die Marktforschung können so deutlich bewusster auf diese Institutionen und Einrichtungen eingehen, um ein bestmögliches Angebot zu erstellen.

Falls durch diese erste Ansprache der trägerähnlichen Zielgruppe kein passendes Nutzungskonzept erstellt werden kann, ist die mögliche Zielgruppe zu erweitern. Trägerverwandte Dienstleistungsangebote bilden dabei eine weitere logische Ausweitung der angesprochenen Zielgruppe. In diesem Schritt werden nicht nur Anbieter einer sehr ähnlichen Leistung einbezogen, sondern auch Anbieter und Institutionen, welche zwar keine inhaltlich vollständig übereinstimmende Leistung anbieten, aber dennoch in verwandten Dienstleistungen tätig sind. Im gegebenen Beispiel wären dies etwa zusätzlich Träger von Kindertagesstätten oder ähnlichen Einrichtungen, womit wiederum die Zielgruppe verbreitert und dadurch auch die Ansprache potenzieller Nutzer verändert wird.

Für den Fall, dass auch durch eine erneute Verbreiterung oder Vertiefung der Zielgruppe kein Erfolg erzielt werden kann, sollte im nächsten Schritt über einen grundsätzlichen Wechsel des Branchensystems nachgedacht werden. Hiermit könnten beispielsweise auch (Einzel-)Handelsgeschäfte oder etwa Hotellerie und Gastronomie angesprochen werden. Durch diesen Systemwechsel wird auch die Zielgruppe automatisch völlig neu interpretiert und für die sich anschließende Marktforschung sowie die Zielgruppenanalysen eine konkrete Richtung vorgegeben.

Als Zwischenfazit zeigt sich also, dass zunächst ein grundsätzliches Nutzungskonzept zu erstellen ist, um die Zielgruppe der Neuausrichtung der Immobilie zu ermitteln, welche wiederum in der Zielgruppenanalyse und Marktforschung im Detail evaluiert werden sollte.

### 3.1.2 Zielgruppenanalyse

Nachdem – bedingt durch das definierte Nutzungskonzept – die möglichen Zielgruppen der direkten Vermarktung festgelegt wurden, sind im nächsten Schritt diese Zielgruppen zu präzisieren, um eine erfolgreiche Vermarktung zu ermöglichen.

Grundsätzlich lassen sich bei der Vermarktung von Immobilien zunächst zwei generelle Zielgruppen unterscheiden; private Käufer/Mieter einerseits und gewerbliche Käufer/Mieter einer Immobilie andererseits. Beide unterscheiden sich in wesentlichen Aspekten voneinander. Zum einen sind die Anforderungen beider Zielgruppen sowohl an die Immobilie selbst, als auch an die kommunizierten Informationen divergierend. Ein privater Käufer ist sicherlich primär an der Immobilie selbst, sprich an den Kerndaten (also etwa Größe, Ausstattung, Lage etc.) sowie am Preis interessiert. Für gewerbliche Kunden sind zusätzlich oftmals das Nutzungskonzept und dessen Veränderungsmöglichkeiten entscheidend („kann die Immobilie von einem Pflegeheim zu einem Gastronomiebetrieb und später evt. zu einem großflächigen Einzelhandelsbetrieb umgewandelt werden?"), was durch die baulichen Gegebenheiten und durch rechtliche Regelungen bestimmt wird (z.B. BauNutzungsverordnung und deren kommunale Auslegung). Auch die infrastrukturelle Anbindung bzw. wiederum deren zukünftige Gestaltungsmöglichkeiten können hierbei von grundlegender Bedeutung sein.

Neben den Inhalten unterscheiden sich zum anderen auch die Kommunikationsmethoden, mit welchen beide Zielgruppen kontaktiert werden sollten. So sind Privatpersonen eher Streuwerbung ausgesetzt, während bei der Kommunikation zwischen Institutionen eher Direktwerbung eingesetzt werden sollte (siehe 3.2.3).

Beide grundsätzlichen Zielgruppen sind im weiteren Verlauf dann beispielsweise auf der Grundlage des Nutzungszweckes der Immobilie tiefergehend zu strukturieren – also bei den gewerblichen Zielgruppen etwa nach Branchen, Unternehmensstruktur etc.

Unabhängig von der Differenzierung der Zielgruppen ist es ein wesentliches Ziel der Zielgruppenanalyse, eine langfristige Kundenzufriedenheit und Kundenloyalität durch die genaue Kenntnis der Bedürfnisse der Zielgruppe zu ermöglichen.

Grundsätzlich entsteht Kundenzufriedenheit durch den Vergleich der Erwartungen des Nachfragers/Kunden mit den tatsächlich von ihm subjektiv wahrgenommenen Erfahrungen. Um die Erwartungen der Kunden bestmöglich zu erfüllen, sollten daher die Kundenanforderungen ex ante verstanden werden. Dies kann beispielsweise durch primäre Marktforschungsmethoden, wie systematische qualitative Erhebungen erfolgen. Hierdurch können dann interessante Zielgruppen oder potenzielle Kunden herausgearbeitet werden, wie beispielsweise der Betreiber einer Hotelkette. Für den Fall, dass dieser bereits zuvor etwa ein nicht mehr genutztes Kloster erfolgreich zu einem Hotel oder zu einer Tagungsstätte umfunktioniert hat, könnte der Hotelbetreiber auch an weiteren Immobilien dieser Art interessiert sein, um wiederum selbst einen Wettbewerbsvorteil gegenüber anderen Hotelketten zu haben.

Alternativ kann auch eine eher quantitative Analyse der Kundendaten nach soziodemographischen Merkmalen hilfreich sein, um beispielsweise einen neuen Vermarktungsbereich auszumachen. Falls beispielsweise in der Vergangenheit die Vermarktung leer stehender Immobilien bei Wettbewerbern der Privatwirtschaft besonders gewinnbringend war, kann mit der soziodemographischen Analyse eine genaue Branche ausgemacht werden, welche besonders interessiert an ehemaligen Gebäuden aus kirchlicher Trägerschaft ist.

Zielgruppenanalysen bieten so zum einen die Möglichkeit, Kundenbedürfnisse deutlich greifbarer zu machen, was wiederum die Akquise von Neukunden oder das Halten von aktuellen Kunden vereinfacht und im besten Fall sogar zu loyalen Kunden führt. Zum anderen kann die Zielgruppenanalyse helfen, die Besonderheiten des Produktangebotes der eigenen Institution für die Zielgruppe herauszuarbeiten und sich so klar vom Wettbewerb abzusetzen, wobei ein „USP (Unique Selling Proposition)" zu definieren ist.[4] Dieser sogenannte USP macht das Angebot einer Einrichtung besonders „einzigartig" und stellt dadurch einen Hauptgrund für oder gegen die Entscheidung für eine Institution dar. Dementsprechend ermöglichen Zielgruppenanalysen nicht nur eine Positionierung im Vergleich zu Wettbewerbern, sondern auch eine gezieltere Kundenansprache.

### 3.1.3 Marktforschung

Sobald sowohl ein mögliches Nutzungskonzept gefunden als auch die Zielgruppen genauer analysiert wurden, sollte zusätzliche Marktforschung betrieben werden, um auch Informationen über den Markt an sich und die Wettbewerberaktivitäten in die Formulierung eines passenden Leistungsangebotes und USPs mit einzubeziehen. „Marktforschung beinhaltet somit systemübergreifend und funktional betrachtet die zielgerichtete und systematische Beschaffung, Auswertung und Interpretation von Daten und Informationen, um auf dieser Grundlage abgesicherte unternehmerische Entscheidungen

---

4 Schulte/Brade, Handbuch Immobilien-Marketing, 2001, S. 130 ff., 355.

treffen zu können."⁵ Marktforschung in der Immobilienwirtschaft bedeutet also konkret eine „mit Hilfe wissenschaftliche Erhebungsmethoden erarbeitete, systematische und zielbewusste Erfassung und Untersuchung des Immobilienmarktes, also des Marktes bzw. der Teilmärkte für Grundstücke und Gebäude hinsichtlich Größe, Konturen und Struktur".⁶ Zusammenfassend übernimmt die Marktforschung einige wichtige Aufgaben im Zusammenhang mit der strategischen Marketingplanung: so werden Unsicherheiten durch die Vervollständigung von Informationen reduziert, Informationen können strukturiert und selektiert werden und durch die gewonnenen Erkenntnisse können wiederum frühzeitig Chancen und Risiken eingeschätzt werden.

Generell gibt es zwei Stränge der Marktforschung: Primärmarktforschung und Sekundärmarktforschung. Der grundlegende Unterschied dieser beiden Ausprägungen besteht in den Informationen und in den Methoden zu deren Sammlung oder Erhebung. In der sekundären Marktforschung werden bereits vorhandene Daten und Trends zusammengetragen. Diese können beispielsweise als erhobene Studien, Fachpublikationen oder Statistiken vorliegen und sind oft nicht direkt für den unmittelbaren Untersuchungszweck bestimmt. Dennoch bilden diese Daten meist eine solide Basis, auf der dann die Primärforschung aufbaut. Bei der primären Marktforschung werden die Daten für konkrete Fragestellungen der forschenden Institution neu erfasst. Diese Daten werden oft direkt von den Kunden erhoben und sind dadurch deutlich spezifischer als allgemeine Marktdaten.

Zu den Verfahren der Primärforschung zählen zum Beispiel persönliche oder internetbasierte Kundenbefragungen sowie Experteninterviews, in welchen die Zielgruppe konkretisiert und deren Anforderungen bzw. deren Bedarf nach bestimmten Immobilien erhoben werden können. So könnten etwa Telefoninterviews mit bestehenden Mietern oder ehemaligen bzw. potenziellen Käufern durchgeführt werden, um so herauszufinden, inwieweit das bestehende Angebot bereits den Anforderungen dieser Zielgruppe entspricht. Gerade im Bereich gewerblicher Nutzer (bzw. Käufer oder Mieter/Pächter) von Immobilien sind persönliche Interviews in Form von Expertengesprächen zur Einschätzung allgemeiner immobilienbezogener Entwicklungen eine gute Basis, um zu relevanten Informationen über Nutzungsverhalten und entsprechende Anforderungen/Erwartungen der Zielgruppen zu gelangen.

In der Praxis ist eine gezielte Kombination der beiden Forschungsstränge, also von sekundärer- und primärer Marktforschung, sinnvoll, um die Vollständigkeit und Güte der Daten zu gewährleisten. Zusätzlich sollten jedoch auch folgende grundsätzliche Kriterien beachtet werden: (1) die Aktualität, sprich ob die Grundlage der Informationen für die Entscheidungen zeitgemäß sind, (2) der zeitliche Bezug, da für längerfristige/strategische Entscheidungen nicht kurzfristig orientierte Untersuchungen genutzt werden können, (3) die Validität, besonders die Überprüfung, ob entsprechende Sachverhalte analysiert wurden, die schlussendlich für die Entscheidungsfindung auch wirklich wichtig und aussagekräftig sind, (4) die Reliabilität der durchgeführten Messungen und Überprüfung der Ergebnisse durch wiederholte Verwendung gleicher Verfahren (5) die

---

5 Mattmüller, Integrativ-Prozessuales Marketing, 4. Aufl. (2012), S. 90.
6 Falk/Haber/Spitzkopf/Winden/de Witt, Fachlexikon Immobilienwirtschaft, (1996), S. 433.

Objektivität, welche sich auf die Neutralität der Marktforschung durch alle Phasen hindurch bezieht.[7]

Inhaltlich und thematisch sollte der Fokus der Marktforschung neben den grundsätzlichen Erwartungen der Nutzer dabei auch auf den Markt und die Wettbewerber gelegt werden. Wesentliche Daten, die hilfreich für ein Grundverständnis der Konkurrenz und des Marktes sind und oft über Sekundärquellen abgebildet werden können, wären beispielsweise folgende Parameter: demographische Daten der Region (Einwohner, Kaufkraft, Altersdurchschnitt, Arbeitsmarkt, etc.), ein Miet- oder Kaufpreisspiegel, die aktuelle Leerstands- und Bebauungssituation, geplante Neubauten und Projekte oder auch die Entwicklung eines (Wirtschafts-)Standortes über mehrere Jahre. Hierfür können der Besuch von Fachmessen, die Auswertung von Fachzeitschriften, die Analyse von Branchendaten aus Datenbanken (bspw. die Datenbanken des ZIA, die IDN Immobiliendatenbank oder immopool.de), aber auch Stellungnahmen von Interessensverbänden oder relevanten Bezugsgruppen von Bedeutung sein.

Aus diesen gewonnenen Daten können dann Handlungsmaßnahmen für die eigene Institution skizziert werden, welche die bereits erfassten primären Marktdaten aus der Zielgruppenanalyse und die strategischen Nutzungskonzepte vereinen.

### 3.2 Bestandteile der direkten Vermarktung

Nach der sorgfältigen Marketingplanung müssen die gewonnen Erkenntnisse umgesetzt werden. Im ersten Schritt sind die möglichen Nutzungskonzepte in ein passendes Produktangebot zu transferieren. Dieses muss dann in der Preisbildung adäquat abgebildet und anschließend kommuniziert werden.

### 3.2.1 Erstellung eines Leistungsangebotes

Materielle Produkte, immaterielle Dienstleistungen bzw. Kombinationen aus beiden stellen das wesentliche Leistungsangebot von Institutionen und Unternehmen dar. Im vorliegenden Fall bieten Institutionen der Sozialwirtschaft und Kirche primär Dienstleistungen an, welche in Immobilien durchgeführt werden (bspw. Kindergärten oder Altenheime). Wie weiter oben bereits ausgeführt wurde, heißt das konkret, dass die Immobilie nicht das Kernprodukt der Leistungserstellung bzw. deren Verwertung/Vermarktung darstellt, sondern eher als Nebenzweck für die Erbringung der Hauptleistung anzusehen ist. Dennoch kann die Immobilie zu einem Angebot der hier betrachteten Institutionen auf entsprechenden Märkten werden, sobald die Entscheidung, die eigentliche Kerndienstleistung nicht mehr anzubieten, getroffen wurde.

Allerdings handelt es sich dabei eher um eine reaktive „Angebotspolitik", denn die Immobilie wurde in ihrer baulichen Form, Gestaltung, Lage etc. entsprechend ihrer Eignung für die ursprüngliche Kernleistung entweder damals neu erstellt oder zumindest später danach ausgewählt und ggf. verändert. Daher kann im klassischen Sinne eher weniger über die Angebotsgestaltung an sich agiert werden – sieht man von möglichen

---
[7] Mattmüller, Integrativ-Prozessuales Marketing, 4. Aufl. (2012), S. 91 ff.

Umbau- oder Erweiterungsmaßnahmen einmal ab, die aber gerade bei älteren Immobilien aus den verschiedensten Gründen jedoch oft stark eingeschränkt sind (z.B. über Denkmal- oder Ensembleschutz). Die aktive Komponente der Angebotserstellung beschränkt sich bei der direkten Vermarktung also auf die bauliche Prüfung und Umsetzung der im Rahmen der strategischen Marketingplanung festgelegten Nutzungskonzepte. Dies kann aber beispielsweise durch das Angebot von entsprechenden Planungs- und Architektenleistungen, von der Übernahme behördlicher Genehmigungen und von Finanzierungsleistungen ergänzt werden.

Wie bereits oben ausgeführt, besteht ein wesentliches Ziel der Erstellung eines Leistungsangebotes in der Schaffung eines Wettbewerbsvorteils durch ein gezieltes, auf die Kundenanforderungen angepasstes Produktangebot. Hierbei kann sich die gegebene Substanz oder Besonderheit einer vorhandenen Immobilie (so einschränkend diese ja gerade bei der Angebotserstellung eben ist) aber auch einmal als Basis für einen USP herausstellen – etwa durch eine einzigartige oder historisch interessante Nutzung (etwa ein bisheriges Kirchen- oder Klostergebäude in unverbaubarer Lage) oder durch den Charakter als nicht-imitierbare Solitär-Immobile.

In solchen Fällen lassen sich dann Geschichte und Einzigartigkeit dieser Immobilien bei der späteren Kommunikation mit potentiellen Interessenten im Sinne eines „Story-Telling" hervorragend nutzen und können somit sogar Vorteile gegenüber möglichen Wettbewerbsangeboten in Form anderer gebrauchter Immobilien oder gar im Vergleich zu Neubauten begründen.

### 3.2.2 Preisbildung

Ähnlich wie die Produktpolitik sollten preispolitische Entscheidungen auf den Erkenntnissen der Marktforschung basieren, um die Kunden besser anzusprechen oder sich vom Wettbewerb zu differenzieren. Hierfür gibt es verschiedene Preisbildungsstrategien, welche sowohl mit der Produkt- als auch der Kommunikationsstrategie des Unternehmens abzustimmen sind, um größtmöglichen Erfolg zu erzielen. Die folgenden Ansätze sind dabei in der Immobilienwirtschaft anzutreffen: (1) das Zuschlagsverfahren, bei welchem zu den Kosten, unabhängig von Wettbewerbs- oder Marktsituationen, ein Zuschlag addiert wird; (2) das Kapitalrenditeverfahren, welches primär im sozialen Wohnungsbau verwendet wird, ist ebenfalls kostenorientiert und stellt so sicher, dass die Kosten des Anbieters gedeckt sind; (3) das sogenannte „Perceived Value Pricing" orientiert sich eher am subjektiven Empfinden des Kunden und versucht den empfundenen Wert der Immobilie, welcher oft deutlich höher sein kann das der tatsächliche Wert, bestmöglich abzuschöpfen; (4) eine eher kurzfristige Preisstrategie ist die Preisvorteilsstrategie, bei der der Preis der Konkurrenz unterboten wird, daher allerdings langfristig zu Renditeproblemen führen kann; (5) besonders in oligopolistischen Marktsituationen orientieren sich die Preise für Immobilien an der Marktsituation und an Leitpreisen der Konkurrenz; (6) abschließend sind pauschalisierte Preise eine Möglichkeit, Unsicherheiten der Preisgestaltung zu umgehen – dies birgt jedoch das Risiko, dass kurzfristige und ungeplante Kosten nicht mehr an den Kunden weitergegeben werden können.[8] Die verschiedenen Preisbildungsstrategien sollten jeweils an die Strategie und das Image des Unternehmens angepasst werden, um ein durchgehendes Leitbild aufrecht zu erhalten und eine klare Assoziation mit dem Unternehmen zu ermöglichen.

### 3.2.3 Kommunikation des Leistungsangebotes

Nach der Spezifizierung von Leistungsangebot und Preisgestaltung folgt in einem Marketingprozess die Kommunikation an die bzw. mit der relevante(n) Zielgruppe.

Um mit dieser eine kommunikative Beziehung wirklich aufbauen zu können, sollten vier Unterfunktionen der Kommunikation schrittweise beachtet und inhaltlich ausgefüllt werden. Diese sind (1) die Bekanntmachung, (2) zusätzliche Informationen, (3) die Imagebildung und (4) die Handlungsauslösung.

Die Bekanntmachung des Verkaufs- bzw. Vermietungsangebotes ist der erste logische Schritt des Kommunikationsprozesses und zudem für die nachfolgenden Unterfunktionen im Sinne eines Stufenkonzeptes zwingend notwendig.

Sobald also einem Interessenten generell bekannt ist, dass ein Verkauf oder die Vermietung einer attraktiven Immobilie möglich ist, müssen weiterführende Informationen die Bekanntmachung unterstützen. Hierbei ist zunächst der Grundnutzen für den Interessenten aussagekräftig darzustellen. Für die Immobilienvermarktung sollten daher die wichtigsten Kerndaten der Immobilie aufbereitet werden: Lage und Größe der Immobilie, Miet- oder Kaufpreis, Finanzierungsmodelle, mögliche Nutzungskonzepte, Nutzungszeiträume bei befristeten Vermietungen, zu welchem Zeitpunkt die Immobilie übernommen werden könnte oder ein direkter Ansprechpartner.

Des Weiteren sollte die kommunizierende Institution ein positives Image bei den Nachfragern hinterlassen bzw. ein solches in der Kommunikation im Sinne von Glaubwürdigkeit und Vertrauenswürdigkeit/Seriosität aktiv einsetzen. Institutionen der Sozialwirtschaft und der Kirche genießen hierbei in der allgemeinen Öffentlichkeit häufig einen Vertrauensvorschuss, so dass dies bei Angabe des Verkäufers/Vermieters als Absender der Kommunikation bewusst eingesetzt werden könnte. Insbesondere bei der Zielgruppe privater Käufer/Mieter kann dies eine entscheidende und wettbewerbsrelevante Differenzierung zu anderen Anbietern auf dem Immobiliensektor mit sich bringen. Im Bereich der interinstitutionellen Transaktionen an gewerbliche Interessenten mag hingegen das Image einer Institution wie der Kirche oder der Sozialwirtschaft tendenziell eine weniger wichtige Rolle spielen.

Abschließend sollte diesen Unterfunktionen der Kommunikation die Handlungsauslösung folgen. In dieser Phase gibt es mehrere Handlungsmöglichkeiten des Interessenten. Entweder der Interessent schließt den Miet- oder Kaufvertrag sofort ab oder fordert als nächsten Schritt weitergehende Informationen an. Für die Immobilientransaktion sind sofortige (oder gar spontane) Kaufentscheidungen jedoch eher untypisch, was sich durch das Investitionsvolumen und die Komplexität des Kaufs begründet. Das nachhaltige Interesse des Kunden zu wecken, damit dieser dann zusätzliche Informatio-

---

8 Hellerforth, BWL für die Immobilienwirtschaft, 2007, S. 163 ff.

nen anfordert, sollte daher ein weitaus realistischeres Ziel darstellen, welches durch die Kommunikation eines Immobilienangebotes primär anzustreben ist.[9]

Abgesehen von diesen generellen Vermarktungserkenntnissen ist außerdem die Entscheidung zu treffen, welche Kommunikationsform letztendlich genutzt werden soll. Dies ist abhängig von der gewählten Zielgruppe und der Komplexität des Leistungsangebotes. Grundsätzlich kann dabei zwischen Streu- und Direktwerbung unterschieden werden. Streuwerbung wird eingesetzt, um eine homogene, aber namentlich unbekannte Zielgruppe anzusprechen. Typische Werbemittel der Streuwerbung sind Anzeigen, Plakatwerbung oder Werbung in Film, Funk und Fernsehen. Doch auch die in den letzten Jahren immer mehr an Bedeutung gewinnenden Werbeformen der Online-Werbung oder des Social Media Marketing werden als Streuwerbung bezeichnet. Bedingt durch die besonderen Produkteigenschaften von Immobilien ist die analoge Anwendung all dieser Kanäle nicht zielführend. Wie weiter oben bereits beschrieben, wurde die Zielgruppe für eine Kommunikation bereits mit dem angedachten Nutzungskonzept der Immobilie im Rahmen der strategischen Planung zumindest in Bandbreiten vorab festgelegt. Dementsprechend sollte passend zu dieser Zielgruppe und dem Wissen über letztere eine Entscheidung bezüglich der Kommunikationskanäle getroffen werden. Für den (häufigen) Fall, dass sich die direkte Vermarktung zwischen zwei oder mehr Institutionen abspielt, sind Kommunikationskanäle, die primär von einem Endverbraucher verwendet werden – beispielsweise Funk oder Fernseh- oder Social Media Marketing – tendenziell ungeeignet. Viel mehr eignen sich Anzeigen in Fachzeitschriften oder Online Marketing. Die Listung einer Immobilie auf fachspezifischen Websites kann so kostengünstig eine Vielzahl von potenziellen Abnehmern erreichen. So sind nicht nur gängige Immobilienwebsites wie Immobilienscout oder Immonet von Relevanz für die Zielgruppe, sondern auch Dienstleistungs-Vergleichs-Websites oder Dienstleistungs-Bewertungs-Websites. Da diese Websites regelmäßig von Entscheidern möglicher Kunden frequentiert werden, bilden sie eine ideale Basis, um ein Immobilienangebot zu kommunizieren.

Alternativ dazu wird Direktwerbung verwendet, um namentlich bekannte Interessenten unmittelbar anzusprechen. Zu diesen Kommunikationsmitteln zählen personifizierte Werbebriefe oder Emails, Kundenzeitschriften oder Telefongespräche. Die Direktwerbung erscheint im Zusammenhang mit dem Verkauf oder der Vermietung von Immobilien die deutlich passendere Kommunikationsform darzustellen. Wie im vorherigen Absatz beschrieben, werden Immobilienentscheidungen nicht leichtfertig getroffen. In direkten Kontakt mit potenziellen Nachfragern zu treten, stellt sofort eine persönlichere Bindung zwischen dem Nachfrager und Verkäufer/Vermieter her. Dies erlaubt eine deutlich schnellere Kommunikation bei Fragen oder Anregungen seitens der Kunden. Zusätzlich sind die Erfolgschancen bei direkten Kommunikationskanälen deutlich höher, weil die Kunden nicht von selbst suchen müssen, sondern gefunden werden.

Durch die gezielte Nutzung von passenden Kommunikationskanälen kann also der Erfolg einer Vermarktung deutlich erhöht werden.

---

9 Mattmüller, Integrativ-Prozessuales Marketing, 4. Aufl. (2012), S. 255 f.

*3.3 Erkenntnisse und Leitfragen für die praktische Umsetzung*

Um den Erfolg einer direkten Vermarktung von Immobilien sicherzustellen, sollten Entscheidungsträger, wie aufgezeigt, zunächst eine sorgfältige und intensive strategische Marketingplanung ausarbeiten. Diese beinhaltet die Erstellung eines konkreten Nutzungskonzeptes, die Definition einer Zielgruppe für dieses Nutzungskonzept sowie allgemein unterstützende Marktforschung. Anschließend sollten diese Festlegungen dann in den Elementen der Vermarktung umgesetzt werden. In der Vermarktung selbst ist dann im ersten Schritt das Leistungsangebot genau festzulegen, im zweiten Schritt sollte die Preisbildung für das Leistungsangebot stattfinden, und letztendlich muss, basierend auf den Erkenntnissen der Zielgruppenanalyse, eine passende Kommunikationsform gewählt werden.

Diese Herangehensweise ermöglicht es Institutionen, eine auf der einen Seite wirtschaftliche und auf der anderen Seite auch kundenorientierte Vermarktung zu betreiben, welche langfristig zu Kundenzufriedenheit und Kundenloyalität führt.

Um die grundlegenden Kenntnisse der direkten Vermarktung von Immobilien noch einmal praxisnah zu behandeln, sollten die betroffenen Entscheidungsträger über Antworten auf die folgenden Fragen nachdenken:

- In welchem Markt befinden Sie sich?
- In welche Segmente kann der Markt unterteilt werden?
- Was sind die aktuellen Trends im Markt?
- Wie können diese Trends erfolgreich aufgegriffen werden?
- Welche Marktteilnehmer sind Ihre direkten Konkurrenten?
- Welche externen Faktoren beeinflussen diesen Markt? (Politisch-rechtlich, Umweltvorgaben, etc.)
- Was ist Ihre Zielgruppe?
- Welche Erfahrungen hat diese Zielgruppe bisher mit Ihrem Unternehmen?
- Wie kann diese Zielgruppe am effizientesten angesprochen werden?
- Welche besonderen Bedürfnisse hat diese Zielgruppe?
- Was ist Ihr konkretes Leistungsangebot?
- Was ist Ihr Alleinstellungsmerkmal (USP) gegenüber Ihren Wettbewerbern?
- Wie kommunizieren Sie dieses Leistungsangebot sowie den Wettbewerbsvorteil?
- Welche Kommunikationswege sind besonders passend für Ihr Leistungsangebot?
- Welche Preisbildungsstrategie verfolgen Sie?
- Ist diese Preisbildungsstrategie für den Markt angemessen?
- Welchen Preis haben Sie für die Immobilie festgelegt?

Basierend auf diesen Leitfragen sollte die direkte Vermarktung von Kauf- oder Mietobjekten als systematischer und zusammenhängender Prozess angegangen werden.

## 4. Die Immobilie als Bestandteil eines Leistungsbündels für Sozialwirtschaft und Kirche

Neben der bisher betrachteten Aufgabenstellung einer direkten Vermarktung von Immobilien an geeignete Zielgruppen im Sinne des Verkaufes bzw. der Vermietung/

Verpachtung, soll nun im zweiten Teil dieses Beitrags die Immobilie als Bestandteil eines Leistungsbündels mit besonderem Augenmerk auf Sozialwirtschaft und Kirche dargestellt werden. Diese zweite Perspektive zielt dabei auf den Abnehmer (bzw. den „Kaufentscheider") von Dienstleistungen ab und gilt daher für Institutionen der Sozialwirtschaft und Kirche, deren konkretes Leistungsangebot im Kern eben aus Dienstleistungen besteht (Kindergärten, Pflegeheime, Seniorenheime, etc.).

Hierbei wird die Immobilie neben dem Faktor Mensch und weiteren Sachmitteln – aus interner Sicht – als Teil des Angebots bzw. als dessen räumlicher Träger genutzt. Aus externer Sicht nutzen Kunden die beschriebenen Teile des Leistungsbündels – und damit im Besonderen eben auch die Immobilie bzw. deren wahrnehmbaren Zustand – als Ersatzindikatoren für die Beurteilung der eigentlichen Qualität der Kernleistung/ Kerndienstleistung. Aus diesem Grund werden im Folgenden zunächst kurz die Besonderheiten von Dienstleistungen charakterisiert, um den grundsätzlichen Unterschied zwischen Sachgütern und Dienstleistungen zu verdeutlichen. Abschließend wird hiervon dann auf die Bedeutung der Immobilie als Qualitätsindikator bei der Vermarktung von Dienstleistungen durch Institutionen in Sozialwirtschaft und Kirche eingegangen und dies anhand von Beispielen greifbar gemacht.

*4.1 Besonderheiten von Dienstleistungen*

Dienstleistungen stellen immaterielle Leistungsfähigkeiten dar, die an sogenannten externen Faktoren erbracht werden. [10]

Grundsätzlich differenzieren sich Dienstleistungen von Sachgütern insbesondere durch die konstitutiven Merkmale der Immaterialität, der Verderblichkeit, der Integration eines externen Faktors und durch das daraus resultierende höhere, wahrgenommene oder empfundene Kaufrisiko des Nachfragers.[11]

Die Immaterialität, in der Literatur vermehrt ebenfalls auch als Intangibilität bezeichnet, besagt, dass Dienstleistungen weitestgehend immaterielle Leistungen darstellen und somit als solche nicht greifbar sind. Dies ist zumindest vordergründig eines der signifikantesten Unterscheidungsmerkmale einer Dienstleistung zu einem Sachgut.

Die Verderblichkeit einer Dienstleistung wird durch die Immaterialität bedingt. Sie zeigt, dass die Dienstleistung durch deren Konsumenten nur zu dem Zeitpunkt in Anspruch genommen werden kann, in dem die Dienstleistung auch erstellt wird. Somit können Dienstleistungen weder gelagert noch transportiert werden und ihre Reversibilität ist erheblich oder gar vollständig eingeschränkt. Letzteres bedeutet, dass mangelhaft erbrachte Dienstleistungen im Nachhinein nicht umgetauscht werden können – die Leistung als solche ist erbracht. Im besten Fall könnte eine Nachbesserung versucht oder gar ein materieller Ausgleich für etwaige Schäden bezahlt werden. Gleichwohl: die negative Erfahrung beispielsweise eines Kindes mit dem Fehlverhalten einer unzureichend qualifizierten und überforderten Kindergärtnerin lässt sich eben nie mehr „zurückgeben" oder „umtauschen".

---

10 Meyer/Mattmüller, in Costen/Reiß, Betriebswirtschaftslehre, 4. Aufl. (2008), S. 607.
11 Meyer, Dienstleistungsmarketing: Erkenntnisse und praktische Beispiele, 7. Aufl. (1996).

Mit der Integration eines externen Faktors weisen Dienstleistungen ein weiteres signifikantes Unterscheidungsmerkmal zu Sachgütern auf, denn jede Dienstleistung – als immaterielle Leistungsfähigkeit – benötigt zu ihrer Erstellung eben einen Menschen (ein Produkt), an dem die Leistung erbracht wird (also die Betreuung, der Unterricht, die Pflegeleistung etc.). In der Qualitätserstellung sind Dienstleister daher im Vergleich zu Sachgüterproduzenten im Prinzip also nicht autonom – die Qualität wird vielmehr von der Mitwirkung des Externen Faktors mit beeinflusst, wie etwa am Beispiel einer Unterrichtsleistung deutlich wird.

Für den Nachfrager einer Dienstleistung resultiert aus diesen – hier bewusst nur kurz skizzierten – Besonderheiten ein im Vergleich zur Kaufentscheidung von Sachgütern erheblich höheres wahrgenommenes oder empfundenes Kaufrisiko. Der Kunde kann zumeist erst in der Leistungsphase endgültig bzw. somit erst nach Abschluss (also nachgelagert) die Qualität der Leistung beurteilen. In bestimmten Fällen – z.B. bei der Bewertung des Nutzens eines didaktischen Konzeptes, einer Erziehungsmaßnahme etc. – ist die Qualität sogar auch nach der Inanspruchnahme zumindest nicht unmittelbar bzw. häufig erst nach einer langen Zeit nachprüfbar.

Als ein zentrales Ergebnis zeigt sich, dass die Nachfrager von Dienstleistungen während des Kaufprozesses sogenannte qualitätsdemonstrierende Ersatzindikatoren suchen und direkt in die Kaufentscheidung miteinbeziehen.[12] Als ein häufiger Ersatzindikator gilt in vielen Angebotsbereichen im Dienstleistungssektor neben dem Faktor Mensch (als Übermittler von Sympathie und Vertrauen) dann eben die Immobilie bzw. deren äußerer und tangibler, wahrnehmbarer Zustand. Gerade beispielsweise im steigenden Wettbewerb der Pflege- und Krankeneinrichtungen in den nächsten Jahren können mit dem optimalen Einsatz des „Ersatzindikators Immobilie" somit die Grundlagen für Wettbewerbsvorteile generiert werden. Eine weitere Herausforderung der kommenden Jahre ist etwa auch die Betreuung von Kindern und Jugendlichen. Für die Auswahl des richtigen Kindergartens oder der richtigen Kindertagesstätte ist beispielsweise eine Vielzahl von Kriterien zu nennen, welche sich letztendlich oft wieder auf die Qualität der Immobilie oder der Einrichtung beziehen. So legen Eltern im Auswahlprozess verstärkt großen Wert auf ausreichend Freiraum in Gruppenräumen, eine gute Infrastruktur, ein attraktives Außengelände oder auch helle und gut zu lüftende Räume.[13] Diese Punkte zeigen deutlich, dass die Immobilie in der Entscheidungsfindung schlussendlich eine nicht zu unterschätzende Rolle spielt.

Zusammenfassend bleibt zunächst festzuhalten, dass auch für Institutionen der Sozialwirtschaft und Kirche, deren konkretes Leistungsangebot im Kern aus Dienstleistungen besteht, die attraktive Präsentation der Immobilien als Ersatzindikatoren von nachvollziehbarer Bedeutung ist. Aus immobilienspezifischer Sicht bedeutet dies, dass die Pflege, Instandhaltung und Modernisierung von Gebäuden und Grundstücken von oberster Wichtigkeit ist.

---

12 Meyer/Mattmüller, in Costen/Reiß, Betriebswirtschaftslehre, 4. Aufl (2008), S. 608 ff.
13 http://www.eltern.de/kleinkind/kinderbetreuung/checkliste-kindergarten.html.

## 4.2 Konsequenzen für die Praxis

Die aufgezeigte Bedeutung der Immobilie als Teil des Leistungsbündels gilt es nun mit Hilfe von konkreten Handlungshinweisen in der Praxis umzusetzen und abzusichern. Grundsätzlich muss jede immobilienspezifische Modernisierungsmaßnahme zum einen immer zielgruppenadäquat erfolgen und zum anderen direkt auf den USP der jeweiligen Einrichtung angepasst werden.

In diesem Sinne hat eine zielgruppenadäquate Modernisierung und Instandhaltung zunächst natürlich auch die Funktionalität der Immobilie zu unterstreichen. Baulich sollten diese Gebäude demnach auf die zur Dienstleistungserstellung notwendigen Anforderungen ausgerichtet sein/werden. Beispielsweise müssen in einem Seniorenheim der fehlerfreie Betrieb und somit die Funktion eines oder mehrerer Fahrstühle garantiert werden können. In diesem Beispiel sind zudem alle Aspekte der Barrierefreiheit (breite Laufwege, Handläufe, „Parkplätze" für Rollatoren und Rollstühle, sanitäre Anlagen, großzügige Wohn- und Gruppenräume, Notrufknöpfe, etc.) immer mit zu bedenken.

Des Weiteren soll die zielgruppenorientierte Modernisierung und Instandhaltung – wie bereits erwähnt – auch den eigentlichen USP der Einrichtung noch einmal deutlich unterstreichen. Auch in der strategischen Positionierung spielt somit die zielgruppenpassende Modernisierung und Instandhaltung eine wichtige Rolle. Wie weiter oben bereits aufgezeigt, spielt die gezielte Darstellung des eigenen USP gerade in der Abgrenzung zum Wettbewerb eine entscheidende Rolle. Beispielsweise sollte der ländliche Kindergarten, dessen Alleinstellungsmerkmal die persönliche und qualitativ hochwertige Betreuung der Kinder darstellt, sich nicht in hypermodernen Immobilienkomplexen aus Stahl, Beton und Aluminium befinden, sondern etwa in Gebäuden aus Holz in warmen Farben, mit freundlicher Innenarchitektur und gut gepflegten Grünanlagen betrieben werden. Somit wird der USP der Einrichtung noch deutlicher unterstrichen und die Abgrenzung zu Wettbewerbsangeboten gefördert. Alle baulichen Maßnahmen müssen daher nicht nur auf ihre funktionalen Notwendigkeiten und Konsequenzen hin überprüft werden, sondern sind vielmehr auch auf ihre Bedeutung für den definierten/angestrebten USP hin kritisch zu hinterfragen. Dies gilt im Besonderen auch bei entsprechenden Abstimmungen mit Architekten, durchführenden Handwerkern und anderen Baubeteiligten vor Ort. Oftmals werden hier in der Praxis bauliche Maßnahmen vorgeschlagen und ergriffen, die auf diesen Zusammenhang offensichtlich keine Rücksicht nehmen (dürfen). Und dort, wo etwa aus Kostengründen Instandhaltungen oder Modernisierungen durchgeführt werden, die keine Passung mit dem USP aufweisen, haben sich die Entscheidungsträger zumindest der daraus resultierenden Risiken für die Wahrnehmung im Wettbewerbsumfeld bewusst zu sein.

In diesem Zusammenhang zeigt es sich aber ebenso als eine wesentliche Aufgabe gerade für Institutionen der Sozialwirtschaft und Kirche, die Bedeutung der Immobile bzw. deren Zustand im Bewusstsein der handelnden Mitarbeiter zu verankern. Dies umfasst diejenigen Mitarbeiter, die unmittelbar in der Immobilie die jeweilige Dienstleistung als Kernangebot erstellen. Die frühzeitige Sensibilisierung für eintretende Verschlechterungen oder Gefährdungen des Zustands der Immobilie und die Möglichkeit, solche Beobachtungen an dafür zuständige Personen weitermelden zu können, stellt hier eine wichtige operative Voraussetzung dar. Gleichzeitig setzt dies natürlich einen entsprechend pfleglichen Umgang mit der anvertrauten Immobilie voraus. Die regelmäßige Integration dieses Themas und der Konsequenzen beispielsweise in Mitarbeiter-Besprechungen kann hier zur Implementierung eines Verantwortungsgefühls beitragen.

Andererseits ist das Bewusstsein für die oben skizzierten Zusammenhänge bei den jeweiligen Entscheidungsträgern in den Institutionen natürlich eine Grundvoraussetzung für eine strategisch angelegte Positionierung und Nutzung der Immobilie bei der Vermarktung der eigentlichen Kern-Dienstleistung.

Es zeigt sich also abschließend, dass ein effektives, auf die Bedürfnisse des Kunden ausgerichtetes und die Bedeutung der Immobilie berücksichtigendes Dienstleistungsmarketing somit eben auch für Institutionen der Sozialwirtschaft und Kirche den ökonomischen Erfolg sichern kann.

### 4.3 Schlussfolgerung

Institutionen der Sozialwirtschaft und Kirche, deren konkretes Leistungsangebot im Kern aus Dienstleistungen besteht, stehen – bedingt durch die expliziten Eigenschaften von Dienstleistungen – vor der Herausforderung, ihr Leistungsangebot dem Kunden attraktiv zu präsentieren. Hierbei haben qualitätsdemonstrierende Ersatzindikatoren, zu denen u. a. die Immobilie zählt, eine enorme Relevanz. Um langfristig den ökonomischen Erfolg der Institution zu garantieren, ist daher der perfekte Zustand der Immobilie ein absolutes Erfolgskriterium und stellt einen echten Wettbewerbsvorteil dar.

# VII.
Projektentwicklung und Bauprozessmanagement

# 1. Projektentwicklung

*Annette Kämpf-Dern*

*Die Immobilien-Projektentwicklung, die sowohl Neubauentwicklungen als auch Transformationen (Renovierungen, Sanierungen, Umentwicklungen) umfasst, berührt und beinhaltet eine große Bandbreite an Themen, die im Beitrag zunächst überblicksartig und dann bezüglich der strategischen Auftraggeberaspekte detaillierter erörtert werden. Als besonders wichtig werden die systematische Erfassung der mit einem Projekt verbundenen Wünsche und Anliegen, die entsprechende strategische Konzeption und Ausrichtung der Projektinhalte, sowie die Führung und Leitung der Projektbeteiligten und der Prozesse zur Erreichung der Projektziele angesehen. Entsprechend werden diese allgemein sowie in Bezug auf Sozialwirtschaft und Kirche dargestellt und an einem konkreten Beispiel veranschaulicht.*[1]

## 1. Grundverständnis Immobilien-Projektentwicklung

Für Immobilienprojekte und deren Entwicklung haben sich in den letzten circa 20 Jahren Definitionen, Methoden und Instrumente entwickelt, die auf Sozialwirtschaft und Kirche übertragen werden, angesichts ihrer spezifischen Rahmenbedingungen von diesen aber nicht immer problemlos umgesetzt werden können.

### 1.1 Immobilienprojekte

Gemäß DIN 69901 ist ein Projekt „ein Vorhaben, das im Wesentlichen durch die Einmaligkeit der Bedingungen in ihrer Gesamtheit gekennzeichnet ist",[2] wie z.B. Einmaligkeit
- gegenüber anderen Routineaufgabenstellungen,
- der Zielvorgaben,
- der zeitlichen, finanziellen, personellen und anderen Begrenzungen,
- der eigenen projektspezifischen Organisation,
- der Interdisziplinarität der Aufgabenstellung.

Weitere Eigenschaften von Projekten sind
- ein definierter Anfang und ein definiertes Ende,
- die, durch die Einmaligkeit von Bedingungen – z.B. Grundstück, Lage, Nutzungen, etc. – entstehende Neuartigkeit,

---

[1] Das Beispiel wurde verfasst und zur Verfügung gestellt durch Fabian Storch, MRICS, Geschäftsführender Gesellschafter Mizico GmbH, dem die Autorin hierfür herzlich dankt.
[2] DIN 69901-1:2009-01: Projektmanagement – Projektmanagementsysteme – Teil 1: Grundlagen.

- funktions-, abteilungs- und organisationsübergreifende Fragestellungen und Aufgaben, und damit einhergehend
- Komplexität, Aufgabenteilung und Interdisziplinarität.

Durch diese Eigenschaften sind Strukturen und (Management-)Prozesse, die für „Routineaufgaben" etabliert wurden, für die Projektbearbeitung vielfach nicht geeignet. Insgesamt führen die Projekteigenschaften zu einer Fülle von projektspezifischen Anforderungen an die Führung einer Organisation,[3] deren Management und an die Projektleitung, die wesentlicher Inhalt der nachfolgenden Ausführungen sind.

Neuentwicklungen und Transformationen (Anpassung an aktuelle Standards und Normen, Revitalisierung, Umnutzung) von Immobilien weisen die vorgenannten Eigenschaften von Projekten auf, so dass die Immobilien-Projektentwicklung neben den eigenen auch auf Erfahrungen und Erkenntnissen des Projektmanagements und der Projektentwicklung anderer Industrien zurückgreifen kann.

Bezüglich Immobilien werden einzelne Bereiche der Projektentwicklung, so die Bauüberwachung, in der HOAI (Honorarordnung für Architekten und Ingenieure) geregelt, welche aber weniger die Leistungen beschreibt als vielmehr Preisrecht ist. Vom Deutschen Verband der Projektmanager in der Bau- und Immobilienwirtschaft (DVP) und dem AHO (Ausschuss der Verbände und Kammern der Ingenieure und Architekten für die Honorarordnung) wurde deshalb seit 1996 das Leistungsbild der „Projektsteuerung" entwickelt. Dieses beschreibt die Leistungen von Auftragnehmern, die bei der Steuerung von Projekten Funktionen des Auftraggebers übernehmen. Allerdings sind dort wesentliche Aufgaben des Auftraggebers, die im Rahmen einer Immobilien-Projektentwicklung notwendig, aber nicht delegierbar sind, nicht erfasst. Auf diese wird hier besonders eingegangen.

## 1.2 Immobilien-Projektentwicklung im Allgemeinen

Nach Diederichs[4] wird unter „Immobilien-Projektentwicklung" folgendes verstanden: „Durch Projektentwicklung sind die Faktoren Standort, Projektidee und Kapital so miteinander zu kombinieren, dass einzelwirtschaftlich wettbewerbsfähige, arbeitsplatzschaffende und -sichernde sowie gesamtwirtschaftlich sozial- und umweltverträgliche Immobilienobjekte geschaffen und dauerhaft rentabel genutzt werden können."

### 1.2.1 Gesamtidee und Erfolgsfaktoren

Je nach Situation und Interessenlage der Projektinitiatoren sind Projektidee, Standort und Kapital zu Projektbeginn bekannt bzw. vorhanden oder müssen beschafft bzw. entwickelt werden. Im ersten Fall ist ausgehend vom Bedarf eine *Projekt- oder Nutzungsidee* vorhanden, für die ein Ort / eine Immobilie und/oder Kapital gesucht werden. In anderen Fällen gibt es ein *Grundstück mit oder ohne Gebäude*, dessen künftige Nutzung überdacht und die finanzwirtschaftlichen Auswirkungen der Alternativen betrach-

---

3 „Organisation" hier im institutionellen Sinn; also u.a. Kirchengemeinden, sozialwirtschaftliche Betriebe oder Unternehmen.
4 Diederichs, C.J.: Grundlagen der Projektentwicklung/Teil 1, in: Bauwirtschaft, 48. Jg. (1994), H. 11, S. 43.

tet werden sollen. Überwiegend ist Ausgangspunkt allerdings *Kapital*, das – ergänzend zu Anlagen in beispielsweise Rentenpapiere oder Aktien – rentierlich und risikodiversifizierend in die Assetklasse Immobilien investiert werden soll, wofür passende Immobilien mit aussichtsreichem (Nutzungs-)Potenzial zu finden sind.

Unabhängig von der Ausgangssituation geht es bei der Projektentwicklung darum, durch zielführende Projektleitung und strategisches wie operatives „Projektmanagement" (bestehend aus Planung, Organisation, Steuerung und Kontrolle des Projektes) die von den Initiatoren und Beteiligten mit dem Projekt verbundenen Wünsche und Bedürfnisse bestmöglich zu erfüllen. Dabei sind gemäß Empfehlungspapier der Reformkommission Großprojekte[5] folgende Aspekte, die sich auf kleinere und private Projekte übertragen lassen und die im Weiteren vertieft werden, besonders wichtig:

– Erst planen, dann bauen
– Kooperatives Planen im Team
– Partnerschaftliche Projektzusammenarbeit
– Klare Prozesse und Zuständigkeiten/Kompetenzzentren
– Verbindliche Wirtschaftlichkeitsuntersuchung
– Vergabe an den Wirtschaftlichsten, nicht den Billigsten
– Erfassung von Risiken und Risikomanagement
– Stärkere Transparenz und Kontrolle
– Nutzung digitaler Methoden – Building Information Modeling (BIM)
– Außergerichtliche Streitbeilegung

1.2.2 Phasen der Immobilien-Projektentwicklung

Angesichts von Bedeutung, Aufgabenumfang und Komplexität von Immobilienprojekten, selbst bei kleineren Vorhaben, ist eine Aufteilung in Teilbereiche notwendig, um systematisch bearbeitet zu werden. Das primäre Gliederungskriterium ist häufig ein prozessuales: danach wird das Projekt in chronologisch sukzessive „Phasen" aufgeteilt. Gegenüber der Realität ist das zwar idealtypisch, weil sich Phasen in Bestandteilen teilweise überlappen oder Iterationen aufweisen, ein Phasendenken unterstützt aber die für den Projekterfolg wichtige Transparenz sowie Planung und Kontrolle.

Für die nachfolgenden Darstellungen wird ein Phasenmodell verwendet, das auf Bone-Winkel[6] sowie die IG Lebenszyklus Hochbau[7] Bezug nimmt, und auf die wesentlichen Entscheidungsschritte eines Immobilienprojektes fokussiert. Die Zuordnung/Zusammenfassung und Detaillierung von Bestandteilen, Methoden und Instrumenten orientieren sich am Modell von Schäfer/Conzen.[8]

---

[5] BMVI: Reformkommission Bau von Großprojekten – Endbericht, 29.6.2015; in leicht abgewandelter Reihenfolge.
[6] Schulte/Bone-Winkel/Rottke: Grundlagen der Projektentwicklung aus immobilienwirtschaftlicher Sicht, S. 40, in: Schulte, K.-W./Bone-Winkel, S. (Hrsg.): Handbuch Immobilien-Projektentwicklung, 2., akt. und erw. Aufl., Köln (2002).
[7] IG Lebenszyklus Hochbau: Leitfaden "Der Weg zum lebenszyklusorientierten Hochbau", http://www.ig-lebenszyklus.at/.
[8] Schäfer/Conzen: Praxishandbuch Immobilien-Projektentwicklung, 3. Auflage, Köln (2013).

| Strategie | Projekt-initiierung | Projektkonkretisierung und -konzeption | Projekt-umsetzung | Nutzung |
|---|---|---|---|---|
| • Analyse der Probleme im Kerngeschäft<br>• Ableitung von Leit-/Oberzielen für Immobilien-Entwicklungs-Projekte<br>• Formulierung von Problem-lösungs-/Projektideen<br>• Beurteilung der Auswirkungen der Projekt-ideen auf das Kerngeschäft<br>• Auswahl der zu verfolgenden Projektidee(n) | • Stakeholderanalyse und Kriterien-festlegung<br>• Standortanalyse<br>• Markt- und Wett-bewerberanalyse<br>• Finanzmittelbedarf<br>• Nutzwertanalyse | **Vermarktung**<br>• Projektträger und Projektorganisation<br>• Nutzungskonzept<br>• Betriebs-/Betreiber-konzept<br>• Marketingkonzept/ Öffentlichkeitsarbeit<br>• Gestaltungskonzept<br>• (Bau)Rechtliche Themen<br>• Grundstückssicherung<br>• Finanzierungskonzept<br>• Managementkonzept inkl. Zeit-/Ablauf-/ Ressourcenplan<br>• Risikoanalyse<br>• Machbarkeitsanalyse | • Durchführungs-vorbereitung<br>• Umsetzungs-planung<br>• Projekt-realisierung<br>• Inbetriebnahme | |
| | ⬇ Konzeptions-entscheidung | ⬇ Umsetzungs-entscheidung | ⬇ Projektende | |

―― Beitragsschwerpunkte ▓ Projektentwicklung

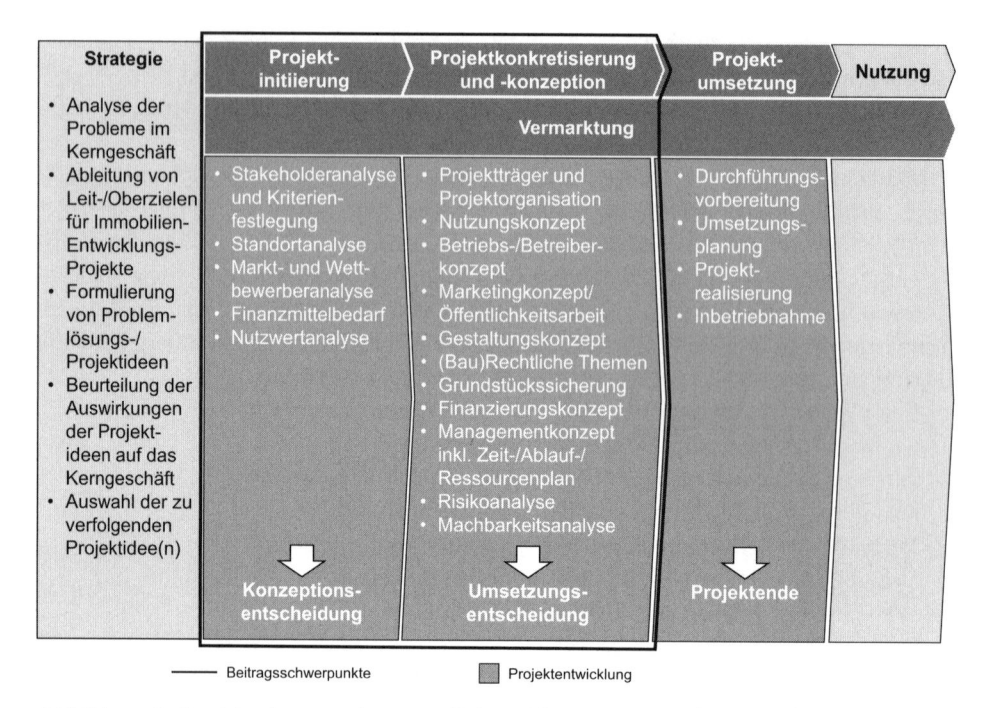

*Abbildung 1: Projektphasen mit wesentlichen Aktivitäten, Analysen und Instrumenten*[9]

Der Projektentwicklungsprozess startet aufsetzend auf eine Strategiephase, in der festgelegt wird, inwieweit das zu betrachtende Immobilienprojekt einen Beitrag zur übergeordneten Strategie einer Organisation leisten kann. Die eigentliche Projektentwicklung umfasst dann die Phasen Projektinitiierung, Projektkonkretisierung und –konzeption, Projektumsetzung (Vorbereitung/Umsetzungsplanung und Ausführung) sowie Projektvermarktung (teilweise). Das Projektende ist erreicht, wenn das Projekt in die Nutzungsphase eingetreten ist (inklusive Mängelerledigung und Nutzungsbewertung).[10]

Diese Projektphasen werden nachstehend zunächst kurz skizziert. Beitragsschwerpunkte sind dann Projektinitiierung und Projektkonzeption (vgl. Abb. 2). weil in diesen durch die Auftraggeberseite die grundlegenden Entscheidungen getroffen werden.

### 1.2.2.1 Projektinitiierung (Projektidee, Bedarfs- und Umfeldanalyse)

Immobilienprojekte werden in der Regel nicht ohne Kontext initiiert, sondern sollten Bestandteil einer vorangestellten Strategie zur Erreichung übergeordneter Organisationsziele bzw. zur Realisierung von Vision und Mission einer Organisation sein. Angesichts der erheblichen Ressourcen eines Immobilienprojektes (Zeit, Geld, Management-/Personalkapazitäten, Infrastruktur, Energie, etc.) sowie der hiermit einhergehen-

---

9 Eigene Darstellung.
10 Besser bekannt als „Post-Occupancy Audit" oder „Post-Completion Audit".

den Risiken sind darüber hinaus die Abhängigkeiten von anderen Organisations- und Immobilienprojekten zu berücksichtigen.[11]

Daraus ergeben sich – meist in einem iterativen Abstimmungsprozess mit der Projektinitiierung – die Rahmen setzenden Bedingungen für die Zusammensetzung und Ausgestaltung der vorgenannten drei Immobilien-Projekt-Faktoren „Projekt-/Nutzungsidee", „Standort/Immobilie" und „Kapital". Diese sind als Auftakt der Projektinitiierung jeweils grob so zu ermitteln und zu beschreiben, dass mithilfe erster Analysen und deren Zusammenbringen die Durchführbarkeit des Projektes und seiner Zielerreichung realistisch geprüft und eine fundierte Entscheidung zur Weiterverfolgung und zum Eintritt in die Konzeptionsphase oder zur Aufgabe des Projektes getroffen werden können.

Wesentliche Teilthemen in dieser Phase sind eine Stakeholderanalyse und darauf basierend die Kriterienfestlegung für die Projektentscheidung, sowie Standortanalyse, Markt- und Wettbewerberanalyse der Nutzungsidee, eine zusammenfassende erste Ermittlung des Finanzmittelbedarfs inklusive grundsätzlicher Finanzierbarkeitsbetrachtung sowie – auf Basis der festgelegten Kriterien – eine erste Analyse der Rentierlichkeit und Vorteilhaftigkeit des Projektes bzw. – allgemeiner – eine erste Nutzwertanalyse.

### 1.2.2.2 Projektkonzeption

Ist die grundsätzliche Entscheidung getroffen, das Projekt weiter zu verfolgen und entsprechend die Überlegungen zu konkretisieren, sind Projektträger und Projektorganisation festzulegen sowie ein Gesamtkonzept, bestehend aus folgenden Teilkonzepten, zu entwickeln: Nutzungs-, Betriebs-/Betreiberkonzept und Marketingkonzept (inkl. Öffentlichkeitsarbeit), Gestaltungs-/Bebauungs- bzw. Transformationskonzept (Konzept zur physischen Umsetzung) inklusive der grundsätzlichen (bau-)rechtlichen Machbarkeit und einem Konzept zur Grundstückssicherung, und schließlich ein Finanzierungskonzept.

Bei der Projektkonkretisierung geht es auch darum zu überprüfen, ob bzw. wie ein inhaltlich überzeugendes Projekt unter Berücksichtigung der vorhandenen bzw. beschaffbaren Ressourcen und Kompetenzen des Projektträgers realistisch zu bewältigen ist. Vor Realisierungsentscheidung ist somit die Umsetzung in allen wesentlichen Punkten gedanklich „durchzuspielen". Aus Sicht der Projektverantwortlichen sind hierfür wesentliche Teilbereiche ein Managementkonzept, d.h. die Aufstellung von grundsätzlichen Planungs-, Organisations-, Entscheidungs-, Steuerungs- und Kontrollprozessen für die Umsetzungsphase, die Erstellung bzw. Konkretisierung eines übergeordneten Zeit- und Ablaufplans mit wesentlichen Meilensteinen sowie ein übergeordneter Ressourcenplan, in dem der Einsatz von eigenem oder fremdem Personal sowie der benötigten Infrastruktur geregelt werden. Diese Konkretisierungen beziehen sich somit weniger auf inhaltliche als auf prozessuale Aspekte, sodass hier auf Empfehlungen und Methoden/ Instrumente des Projektmanagements im Allgemeinen zurückgegriffen werden kann.

---

11 Zum Thema „Portfoliomanagement" vgl. Kapitel II, Teil 1: „Immobilienmanagementlehren", S. 38; sowie Kapitel III, Teil 1: „Portfolio-Analyse", S. 111ff.

Auf Basis der inhaltlichen sowie der prozessualen Konzepte kann die noch grobe Nutzwertbetrachtung der Phase 1 detailliert und überprüft werden und bildet zusammen mit einer Risikoanalyse (der Analyse möglicher Abweichungen von den Annahmen, und deren Konsequenzen auf die Erreichung der Projektziele) die Entscheidungsgrundlage für die Umsetzungsentscheidung und damit den Eintritt in die nächste Phase.

In der Phase der Projektkonkretisierung zeigt sich das Idealtypische der Phasengliederung. Beispielsweise müssen für die bauliche Konzeption der Phase 2 bereits Planer ausgewählt und beauftragt werden, obwohl eine Umsetzungsentscheidung noch nicht getroffen ist. Solche phasenübergreifenden Abhängigkeiten sind in allen Phasen zu berücksichtigen und zu antizipieren, was entsprechender Erfahrung der Projektleitung bedarf.

Zusammenfassend ist die Phase der Projektkonkretisierung und -konzeption nach der Projektinitiierung die für den Projektträger entscheidende, da in dieser die grundlegenden (Rahmen-)Parameter des Projektes entwickelt, aufeinander abstimmt und verabschiedet werden; nachfolgend ist dann „nur noch" dafür zu sorgen, dass die Vorgaben entsprechend realisiert werden.

### 1.2.2.3 Projektumsetzung (Vorbereitung/Umsetzungsplanung und Ausführung)

Hier werden unter „Projektumsetzung" die Aktivitäten verstanden, die nach der Entscheidung für die Umsetzung des Projektes angestoßen und realisiert werden. Insofern wird zwischen „Umsetzungsvorbereitung" und „Realisierung" unterschieden.

Wesentliche Parts der Umsetzungsvorbereitung sind die Suche nach Vertrags- und Kooperationspartnern, die Auftragsvergabe, der Abschluss von Verträgen und Vereinbarungen (u.a. mit Architekten, Ingenieuren und sonstigen Dienstleistern, Immobilieneigentümern, Nutzern, Finanzmittelgebern, der öffentlichen Hand, etc.), außerdem die Stellung von Anträgen (z.B. Bau- oder Umnutzungsanträge).

Die Herausforderung der Umsetzungsvorbereitung besteht darin, dass die nun abzuschließenden Vereinbarungen und Verträge jede für sich höchst maßgebliche zukünftige Verpflichtungen konstituieren, aber nicht unabhängig voneinander abgeschlossen werden können. Beispielsweise müsste vor Abschluss von Kauf- und Bauverträgen die Finanzierung gesichert sein, andererseits bedingt die Finanzierung ggf. wieder Nutzungsvereinbarungen, die jedoch aus Risikogründen ausverhandelte Kauf- und Bauverträge voraussetzen. Bis die wesentlichen Parameter feststehen, müssen somit fast alle Verträge in der Schwebe gehalten werden, z.B. durch Vereinbarung von Optionen oder bedingten Rücktrittsrechten.

Hauptaufgabe der Projektauftraggeber bzw. ihrer Projektleitung während der Realisierung ist dann, dafür zu sorgen, für den Projekterfolg negative Abweichungen von den vorgenannten Konzepten und strategischen Plänen rechtzeitig zu erkennen und möglichst zu verhindern.

Dies erfolgt zum Einen dadurch, dass die operativ Umsetzungsverantwortlichen – seien dies Externe oder Interne des Auftraggebers und Projektträgers – entsprechend ausgewählt, informiert, incentiviert und kontrolliert, also geführt werden. Die diesbezüglichen Kriterien und Verfahren sollten bereits in der Projektkonkretisierung (im

Rahmen der Projektorganisation sowie des Managementkonzeptes) definiert und die Verantwortlichen festgelegt worden sein.

Zum anderen ist – schon in der Phase der Projektkonkretisierung – das Steuerungscontrolling aufzusetzen, das dann in der Umsetzungsphase „gelebt" wird. Konkret umfasst dies die regelmäßige Erfassung von Ist-Parametern (Termine, Kosten, Qualitäten) der Projektrealisierung, deren Vergleich mit den korrespondierenden Plan- und Soll-Werten, und darauf aufsetzend die Prognose der Projektentwicklung und der Erreichung der Projektziele als Grundlage für gegebenenfalls notwendige Anpassungsentscheidungen.

Die „tatsächliche" Umsetzung bzw. Realisierung des Projektes, d.h. die Planung, der (Um)Bau und die Inbetriebnahme (u.a. Übergabe und In-Verwaltung-Nehmen) erfolgt durch beauftragte Unternehmen oder interne Abteilungen, die dies als Kerngeschäft betreiben. Insofern geht es aus Sicht der projektentwickelnden Auftraggeber bei der „Projektumsetzung" nicht um das operative Management der einzelnen Umsetzungsaktivitäten (dies erfolgt durch die beauftragten Unternehmen/Abteilungen), sondern um das Management zum Zwecke des Erreichens der Projektziele der Auftraggeber. Das „Umsetzungsmanagement" dieser Phase ist somit nur ein Teil des gesamtumfassenden „Projektmanagements", unter dem hier sämtliche, mit dem Projekt in Zusammenhang stehenden Managementaktivitäten über alle Phasen hinweg, verstanden werden.[12]

### 1.2.2.4 Projektvermarktung (Vermietung/Nutzungsvereinbarung, Verkauf, Postcompletion-audit)

Während die vorgenannten Phasen, zumindest idealtypisch, sukzessive erfolgen, laufen die Aktivitäten der „Projektvermarktung" parallel zu den Phasen 1 bis 3 sowie darüber hinaus.

Die Projektvermarktung beginnt mit der „marktfähigen" Nutzungsidee, d.h. einer Nutzung, für die aktuell und für einen längeren Zeitraum ein Bedarf besteht. Durch die Projektentwicklung soll dieser bestehende und künftige Bedarf gedeckt werden.

Im Rahmen der Konkretisierungsphase werden „Produkt"-Bestandteile und Kosten sowie Nutzungspreise detailliert definiert, ermittelt und „verifiziert", genauso wie die Nutzungs-Zielgruppe, wobei diese Aspekte zumindest im Groben bereits während der Projektinitiierung anzusprechen sind. Ohne ausreichende Konkretisierung vorgenannter Parameter, u.a. im Rahmen von mindestens teilweise vorhandenen Nutzungsvereinbarungen bzw. Mietverträgen, gehen heutzutage die meisten Immobilienprojekte nicht in die Umsetzungsphase, weil die Risiken zu hoch sind und entsprechend nicht ausreichend Finanzmittel zur Verfügung stehen.

In der Umsetzungsphase sind dann zum einen durch eine Ausweitung entsprechender Promotionsmaßnahmen weitere Nutzer und gegebenenfalls finale Eigentümer/Investoren zu gewinnen; zum anderen und insbesondere während der Umsetzung ist dafür zu sorgen, dass die Nutzungs- bzw. „Markt"fähigkeit erhalten bleibt bzw. weiter

---

12 Zur Bedeutung und Abgrenzung von Managementbegriffen vgl. Kapitel II, Teil 1: „Immobilienmanagementlehren", S. 38.

optimiert wird. Da eine physische Veränderung zur Optimierung dann nur noch sehr eingeschränkt möglich ist, kommt der Marktfähigkeitsanalyse während der Projektinitiierung und den darauf basierenden Festlegungen während Konzeptions- und Konkretisierungsphase besondere Bedeutung zu.

Insofern ist ein wesentlicher Faktor für erfolgreiche Projektentwicklungen die umfassende Einbindung potenzieller/künftiger Nutzer in frühen Phasen und die gemeinschaftliche Festschreibung der relevanten Produktausprägungen in der Phase der Konkretisierung. Jede spätere Ergänzung und Veränderung führt nahezu unweigerlich zu negativen Auswirkungen in Bezug auf Termine und Kosten des Projektes, die es gilt, durch frühzeitige und aktive, dafür abschließende Einbindung zu vermeiden.

Die Projektvermarktung endet – im Gegensatz zur Projektentwicklung – nicht mit der Übergabe (inklusive Mängelbeseitigung) an den Nutzer und/oder künftigen Eigentümer des Projektes; ein aktives operatives und strategisches Management der Immobilie und seiner Nutzer („Bestandsmanagement") startet demgegenüber nach Fertigstellung mit einer Analyse der Kongruenz von Gebäudemerkmalen mit dem aktuellen, sich gegebenenfalls geänderten oder ändernden Nutzer- und Marktbedürfnissen („Post-Completion-Audit") und setzt sich während der Nutzungsphase mit einer ständigen Überprüfung der Marktattraktivität und Kosten-Nutzen-Analysen im Sinne auf sich gegebenenfalls ebenfalls wandelnde Zielparameter der Eigentümer und Nutzer fort. Insofern geht die Phase der „Projektvermarktung" nach Fertigstellung und Übergabe in die „Objektvermarktung" über.

### 1.3 Immobilien-Projektentwicklung in der Sozialwirtschaft und bei Kirchen

Vorgenannte Aspekte der Immobilien-Projektentwicklung im Allgemeinen gelten auch für Immobilienprojekte von Sozialwirtschaft und Kirchen. Bisherige Veröffentlichungen zur Organisation und Ausgestaltung der Immobilien-Projektentwicklung beziehen sich allerdings ganz überwiegend auf Projektentwicklungen, die aus der Perspektive von institutionellen Immobilien-Investoren („Investment Real Estate Management") initiiert werden, deren Zielbündel vornehmlich aus „Rendite, Risiko, Liquidität" besteht. Andere Zielbündel sowie andere organisatorische Rahmenbedingungen, somit Konstellationen, die von denen institutioneller Investoren abweichen, führen gegebenenfalls dazu, dass Ansätze, Methoden und Instrumente der Projektentwicklung nicht grundsätzlich, aber in der konkreten Ausgestaltung, überdacht und gegebenenfalls angepasst werden müssen. Diese veränderten Rahmenbedingungen werden nachfolgend beschrieben und anschließend entsprechend des Phasenmodells in Bezug auf Sozialwirtschaft und Kirche konkretisiert.

Während institutionelle Immobilien-Investoren drittverwendungsfähige „Core"-Immobilien, insbesondere drittverwendungsfähige Bürogebäude in den A-Lagen der sieben Zentren Deutschlands präferieren, über größere Immobilienportfolien verfügen, die überwiegend zentralisiert von Profis und regionalen Dienstleistern gemanagt werden, und Projektentwicklung (als Auftraggeber) nur eingeschränkt als „renditesteigernde Beimischung" betreiben, nach dem Motto „Kapital sucht Standort und Nutzungsidee", sieht die Ausgangslage bei Sozialwirtschaft und Kirche gänzlich anders aus:

## 1. Projektentwicklung

- Nur ein Teil des Portfolios dient vornehmlich Investmentzwecken und wird durch „Profis" akquiriert und verwaltet,[13] der große/überwiegende Teil wurde bzw. wird mit anderen Zielen angeschafft.
- Drittverwendungsfähige Büroimmobilien sind eher die Ausnahme; insbesondere „Spezialimmobilien" beherrschen die Portfolien, gegebenenfalls ergänzt um Wohnimmobilien.
- Die Eigentümer und ihre Immobilien verteilen sich über ganz Deutschland, von Großstädten bis zu Dörfern, so dass die „Marktsituation", genauso wie die Bedarfe höchst heterogen und mangels verfügbarer Daten schwierig zu analysieren und zu prognostizieren sind.
- Die einzelnen Eigentümer besitzen häufig nur eine oder wenige Immobilien, entsprechend wenig Erfahrung haben sie mit der Entwicklung und deren Management; auch Skalierung und Verhandlungsmacht beim Abschluss von Vereinbarungen und Verträgen fehlen.
- „Projektentwicklung" im vorbeschriebenen Sinne ist hier keine „Beimischung", sondern häufig die einzige Möglichkeit, um den konkreten Bedarf der Initiatoren zu decken bzw. vorhandenen Bestand „marktfähig" zu machen. Zusammen mit den vorgenannten Parametern impliziert dies jedoch eine extreme Risikosituation für die Initiatoren.
- Diese Risikosituation wird dadurch verschärft, dass „Bestandsentwicklungen"/ Transformationen bei Sozialwirtschaft und Kirche mittlerweile einen deutlich höheren Anteil erreicht haben als bei Investoren, solche Entwicklungen aber insgesamt weniger planbar sind bzw. vorher nicht erkennbare/erkannte oder veränderbare Aspekte aufweisen.
- Die jeweilige Organisation und Entscheidungsfindung von Initiatoren aus Sozialwirtschaft und Kirche ist – auch durch die Zielvielfalt und -bandbreite – häufig deutlich komplexer und weniger effizient sowie weniger flexibel gestaltbar als bei institutionellen oder auch privaten Investoren, die eine Projektentwicklung initiieren.

Die vorgenannten Rahmenbedingungen führen dazu, dass Projektentwicklungen von Sozialwirtschaft und Kirche für diese eine besondere Herausforderung darstellen.

### 1.4 Themenschwerpunkte und Aufbau des Beitrags

Zur Projektentwicklung im Allgemeinen, meist mit Bezug auf die vergleichsweise einfache Situation von Immobilien-Investoren, existiert mittlerweile umfangreiche Literatur. Es ist deshalb nicht Ziel dieses Beitrags, Entsprechendes für Sozialwirtschaft und Kirche darzustellen. Stattdessen sollen insbesondere die strategischen Ansatzpunkte, die von entsprechenden Projektinitiatoren und Auftraggebern unbedingt zu berücksichtigen sind und wahrgenommen werden müssen, angesprochen werden. Es geht somit vor al-

---

13 Bsp.: „Aachener Grundvermögen" als Kapitalanlagegesellschaft der kath. Kirche, die bevorzugt in Wohn- und Geschäftshäuser in 1a High-Street Lagen sowie Einzelhandelsimmobilien und andere Asset-Klassen investiert.

lem um die Leitungsaufgaben („Bauherrenaufgaben") der Projektentwicklung, deren Wahrnehmung bzw. Organisation sowie deren Besonderheiten in Bezug auf die Zielgruppe. Weiterhin sollen hierfür typische Hürden und mögliche Stolpersteine aufgezeigt werden. Dies erfolgt nicht nur theoretisch, sondern am Beispiel eines vereinfachten kirchlichen Entwicklungsprojektes und mit einer Schwerpunktsetzung auf Projektinitiierung und Projektkonkretisierung; zur Projektumsetzung werden zumindest einige Hinweise gegeben. Nach einer kurzen Skizzierung des Projektbeispiels unter Ziffer 2 werden in den nachfolgenden Unterpunkten dann sowohl allgemein als auch für das Projektbeispiel diese Phasen mit ihren Ansatzpunkten, Methoden und Instrumenten dargestellt.

## 2. Projektbeispiel: Ausgangssituation und Rahmendaten

Beim Projektbeispiel handelt es sich um das reale Projekt einer Gemeinde, anhand dessen institutionelle Einbettung, Initiierungsprozesse und Vorgehensweise sowie relevante Entscheidungskriterien beispielhaft erläutert werden sollen, und das recht typisch ist.

Projektinitiator ist die große und nicht von Schrumpfungsphänomenen gekennzeichnete Evangelische Innenstadtgemeinde einer deutschen Großstadt. Sie ist Eigentümerin eines rund 3.300 m² großen Grundstückes, welches unmittelbar an die frequenzstärkste Einzelhandelslage der Stadt angrenzt. Besonders charakterisiert ist das Grundstück durch die Kirche, Baudenkmal und Herzstück des Projektes, und seine vor Ort angesiedelte Citykirchenarbeit. Darüber hinaus befinden sich auf dem Grundstück ein Gemeindezentrum, ein 7-geschossiger Wohnturm, ein ehemaliges Kita-Gebäude sowie untergenutzte Freiflächen, Garagen und Restflächen. Die bauliche Substanz ist größtenteils sanierungsbedürftig, Funktionalität und Ausstattung entsprechen nicht mehr heutigen Ansprüchen. Daraus resultieren u.a. Einschränkungen für die Gemeindeaktivitäten, ein unattraktives architektonisches Erscheinungsbild sowie steigende Neben- und Instandhaltungskosten.

Schon seit über 25 Jahren besteht in der Gemeinde und seinen Gremien ein Verständnis für die ungenutzten Potenziale der hier beschriebenen Liegenschaft und somit gibt es auch mehr oder weniger konkrete Überlegungen und Aktivitäten, diese zu heben. Insbesondere durch verschiedene Wechsel der handelnden Personen sowohl in der örtlichen Pfarrstelle als auch bei den allesamt ehrenamtlich tätigen, gemeindlichen Ausschussmitgliedern blieb es in Bezug auf die Flächenentwicklung jedoch bei einer „kleinen Lösung", einem kleineren Neubau im Pavillon-Stil, mit ersten Erfahrungen zu Synergieeffekten von Kirchen- und Gemeindearbeit mit kommerziell-gastronomischen Nutzungen. Um die Lage- und Ertragspotenziale des Grundstückes entsprechend seiner hervorragenden Lage endlich besser nutzen zu können, hat das Presbyterium der Gemeinde nun kürzlich beschlossen, ein umfassendes Neubauprojekt zu entwickeln. Es geht darum, das Gesamtprojekt „Grundstücksentwicklung XYZ-Kirche" voranzubringen und – sofern sinnvoll – zu realisieren. Initialzündung für den neuen Vorstoß waren neue, tatkräftige und teilweise fachkompetente Ausschussmitglieder, ein ca. 2-jähriger Findungs- und Diskussionsprozess im Fachbauausschuss und mehrheitlich positive Projektentwicklungserfahrungen derselben Gemeinde (im kleineren Maße und an anderer Stelle). Hierdurch waren das Verständnis und der Mut gewachsen, für die langfristige Sicherung des kirchlichen Gesellschaftsauftrages auch in eigene Grundstücksentwicklungen investieren zu wollen, zu können und auch zu müssen.

Eine grundsätzliche Entscheidung der Gemeinde war und ist, die Fläche trotz ihres potenziell hohen Wertes nicht nur kommerziell zu verwenden (um dann mit den Erlösen die Gemeindearbeit zu finanzieren), sondern weiterhin (auch) für den eigenen kirchlichen Auftrag einzusetzen. Dies ist grundstückstechnisch möglich, da umliegende Bebauung und Bebauungsplan eine entsprechende Mischnutzung zulassen. Wie das konkret aussehen könnte, ist sowohl hinsichtlich der genauen Bedarfe als auch der baulichen und finanziellen Machbarkeit zu erarbeiten.

Angesichts der Komplexität und Bedeutung des Projektes für die Gemeinde und ihre Arbeit wurde beschlossen, bereits zur Erarbeitung grundsätzlicher Entwicklungsparamater einen erfahrenen externen Berater/Projektentwickler hinzuzuziehen, der das Projekt und seine zahlreichen Anforderungen sachlich und fachlich zusammenführt, moderiert und umfassend koordiniert.

## 3. Projektinitiierung: Projektidee, Bedarfsanalyse und Projektziele

Wie unter 1.2.1 dargelegt, können „Standort", „Nutzungsidee" oder „Kapital" Ausgangspunkte für eine Projektentwicklung sein.[14] Die jeweils fehlenden Faktoren sind zu finden und zu beschaffen. Welche Ausgestaltung von Faktoren gewählt wird, hängt von der Strategie und den individuellen Möglichkeiten der Projektinitiatoren, den mit dem Projekt verfolgten Zielen, und der Verfügbarkeit bzw. Beschaffbarkeit der fehlenden Faktoren ab, wobei die Ziele ausschlaggebend und für alle nachfolgenden Entscheidungen maßgeblich sind.[15] Der Festlegung und Operationalisierung der Projektziele geht insofern eine Bedarfsanalyse voraus. Ziele müssen allerdings SMART (spezifisch, messbar, anspruchsvoll, realistisch und terminlich festgelegt) sein, so dass neben der Bedarfsanalyse auch eine Situationsanalyse notwendig ist, um entsprechende Ziele formulieren zu können.

### 3.1 Nutzungsidee/Bedarf, Grundstück, Kapital

Bei Kapitalanlegern (Investoren) ist das anzulegende Kapital meist vorhanden und der Bedarf besteht hinsichtlich eines Grundstücks/einer Immobilie und einer den Zielen entsprechenden Nutzung. Fragen, die beantwortet werden müssen, sind somit, a) wo (geografisch, lokal) und b) in welchem Segment (Büro, Hotel, Wohnen, ...) das Investment erfolgen soll?

Bei Sozialwirtschaft und Kirche ist das üblicherweise anders: Wenn nicht die unmittelbare oder mittelbare Auftragserfüllung und damit die Nutzungsidee den Impuls für die Projektentwicklung gibt, was insbesondere in der Vergangenheit überwiegend der

---

14 Im Beispiel ist es, wie bei vielen kirchlichen Projekten, ein vorhandener Standort.
15 Kapitel II, Teil 1: „Immobilienmanagementlehren", S. 38.

Fall war, dann besaß oder erhielt die Organisation die Immobilie – ein Grundstück ohne oder mit Gebäude – die als Teil des Vermögens zu entwickeln war. Hier sind insofern Überlegungen zur nachhaltigen Nutzungsidee anzustellen und das erforderliche Kapital für die Projektentwicklung zu beschaffen.

*3.2 Projektziele bei sozialen und kirchlichen Projekten*

Vision und Mission einer Organisation bilden die Ausgangspunkte für die Entwicklung ihrer langfristigen Zielvorstellungen. Diese langfristige Zielvorstellung ist im Rahmen der Gesamtstrategieentwicklung auf einzelne Teilbereiche, Teilstrategien und Teilprojekte herunter zu brechen, wofür auch die übergeordneten Ziele konkretisiert und operationalisiert werden müssen, damit sie – hier im Projektzusammenhang – als Richtschnur für Kommunikation, Planung, Steuerung und Kontrolle des Projektmanagements einer Immobilienentwicklung dienen können.

Angesichts der eher qualitativen, werte- und dienstleistungsorientierten Ausrichtung von Sozialwirtschaft und Kirche, gestaltet sich die Identifikation und Operationalisierung von mit Immobilienaktivitäten verfolgten Zielen generell als schwieriger als beispielsweise bei finanzwirtschaftlich orientierten Immobilien-Investoren. Dazu kommt die partizipativ-demokratische Organisation von kirchlichen Organisationen, die nicht nur die Anzahl und Vielfalt von möglichen Zielen erhöht, sondern auch den Zielerfassungsprozess erschwert. Durch die Verteilung von sozialwirtschaftlichen und kirchlichen Projekten über sämtliche räumliche Gegebenheiten – von Nord bis Süd und der Stadt bis zum Dorf – kann zudem bei der Situationsanalyse häufig nur auf wenige Erfahrungswerte zurückgegriffen werden. Wie also kann vorgegangen werden, um die Voraussetzungen für die „Projektprogrammstellung",[16] die Festlegung von Zielen, Konzepten, Organisation, und Zeit-/Ressourceneinsatz zu schaffen?

*3.3 Methoden und Instrumente zur Zielerfassung und Situationsanalyse*

Wesentliche Methoden und Instrumente zur Zielerfassung und Situationsanalyse sowie deren Eignung angesichts der vorgenannten Voraussetzungen werden nachfolgend erläutert.

3.3.1 Stakeholderanalyse und Kriterienfestlegung

In den letzten Jahren stehen nicht nur Sozialwirtschaft und Kirche vor der Herausforderung, eine größere Vielfalt an „Stakeholdern" – Individuen oder Gruppen, die von geplanten Veränderungen betroffen sind und/oder diese beeinflussen können[17] – frühzeitig einzubinden und mit teilweise divergierenden Erwartungen, Wünschen und Zielen umgehen zu müssen. Mehr und mehr entwickelt sich ein diesbezügliches Bewusstsein, und wo vor noch nicht allzu langer Zeit eher ein Vakuum an Methoden und Instru-

---

16 Kyrein, Rolf: Immobilien – Projektmanagement, Projektentwicklung und –steuerung, Rudolf Müller, 2002, S. 87.
17 Freeman, Edward: Strategic Management – A Stakeholder Approach, 1984.

menten bestand, beschäftigen sich Theorie und Praxis zunehmend mit Ansätzen für ein systematisches „Stakeholdermanagement",[18] d.h. der Analyse von Stakeholdern und ihren Bedürfnissen sowie der Planung, Steuerung und Kontrolle des Umgangs mit denselben.

In Bezug auf Immobilienprojekte in Deutschland ist diese Bewegung noch eher jung – in das Bewusstsein der Allgemeinheit trat sie vor allem mit „Stuttgart 21". Seitdem werden jedoch Verfahren zur Beteiligung der Öffentlichkeit, von verschiedenen Informationsmöglichkeiten zu einem Immobilien-Vorhaben über die Analyse von Bedürfnissen, Sammlung von Umsetzungsideen bis zum Umgang mit Widerständen, entwickelt und getestet.[19]

Eine fundierte Stakeholderanalyse
- identifiziert zunächst die relevanten Stakeholder, wobei eine weitere Fassung und eine damit verbundene höhere Anzahl empfehlenswerter ist als das Risiko einzugehen, eine ggf. wichtige Gruppe zu übersehen
- führt eine empirische Erhebung der jeweils relevanten Werte, Wünsche und Bedürfnisse durch
- analysiert und plausibilisiert die gewonnenen Informationen und
- spiegelt die daraus gezogenen Schlussfolgerungen, insbesondere die festzulegenden Projektziele, wieder zurück, bevor sie dem weiteren Verfahren zugrunde gelegt werden.

Ob für die Stakeholderanalyse Fragebögen, Onlineplattformen, freie Interviews, ein Websurvey oder eine Kombination vorgenannter Methoden zu verwenden ist, hängt – wie bei allen Erhebungsverfahren von Informationen – von verschiedenen Faktoren ab,[20] genauso wie die Art der Analyse und der hierfür verwendeten Instrumente. An dieser Stelle wichtig zu erwähnen ist, dass der Prozess frühzeitig, vorausschauend und möglichst systematisch erfolgt. Grund ist, dass zu Projektbeginn der Handlungs- und Entscheidungsraum noch groß ist, dieser sich jedoch schnell reduziert, so dass Erkenntnisse und hiermit verbundene Änderungsnotwendigkeiten – je später sie erfolgen – gerade bei Immobilienprojekten mit ihren spezifischen Eigenschaften (Immobilität, Lebensdauer, Kapitaleinsatz) zu enormen Kosten und Zeitverlusten führen (vgl. Abbildung 2).

---

18 U.a. www.stakeholdermap.com (4.10.2015).
19 Für ein Beispiel Heitel/Kämpf-Dern/Pfnür,
   http://www.real-estate.bwl.tu-darmstadt.de/media/bwl9/dateien/arbeitspapiere/Arbeitspapier_27.pdf.
20 Z.B. Atteslander, Peter: Methoden der empirischen Sozialforschung, 2010.

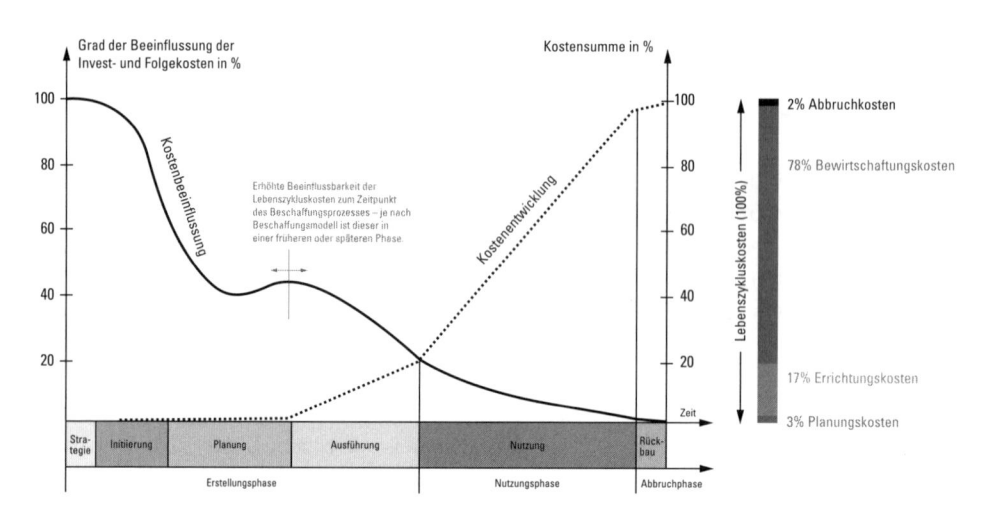

*Abbildung 2: Beeinflussbarkeit von Invest- und Folgekosten bei Immobilien-Projekten*[21]

Insofern muss die Stakeholderanalyse unbedingt erfolgen, bevor die wesentlichen Realisierungen gestartet werden, d.h. in den ersten beiden Projektphasen. Dazu werden in der Initiierungsphase die Stakeholder identifiziert und zunächst der enge Kreis der wichtigsten Stakeholder befragt; mit zunehmender Konkretisierung sollte dies dann ausgeweitet werden.

Neben einem überhaupt vorhandenen Bewusstsein für die Bedeutung der frühzeitigen Stakeholderanalyse und der Bearbeitung der vorgenannten Punkte ist es wichtig, die Analyse – wie auch alle nachfolgend aufgeführten – systematisch und mit aktuellen Verfahren durchzuführen. Gerade Organisationen, die (bisher) weniger an Effizienz und Wirtschaftlichkeit gemessen wurden (wie gemeinnützige, kirchliche oder auch politische), haben häufiger einen Mangel an entsprechend orientierten, analytisch ausgebildeten Akteuren. Ohne solche Akteure, Ansätze und Erfahrungen laufen allerdings viele Projekte aus dem Ruder, mit teilweise fatalen Folgen für die Projektinitiatoren. Insofern ist ein zentraler Faktor der erfolgreichen Projektentwicklung die Projektorganisation und die Ausstattung des Projektes mit internen und/oder externen „Profis".[22]

Ergebnis der Stakeholderanalyse ist ein fundiertes Bild der Stakeholderbedürfnisse, auf dessen Basis Projektziele und Entscheidungskriterien für die nachfolgenden Aktivitäten definiert werden können. Ergebnis muss auch eine erste grobe Vorstellung der Projektnutzung(en) und möglicher Nutzerzielgruppen, der Projektpositionierung inklusive Qualitäts- und Kosten-/Preislevel, sowie der Umstände, die das Projekt befördern oder behindern könnten, sein, also der wesentlichen Grundlagen für die Projektentwicklung, die in der Konzeptionsphase detailliert und konkretisiert werden.

---

21 Abbildung von IG Lebenszyklus Hochbau, http://www.ig-lebenszyklus.at/vorgehen/phasen.html (4.10.2015).
22 Ziffer 4.1.

### 3.3.2 Standortanalyse

Da nicht alles, was wünschenswert ist bzw. gebraucht wird, umsetzbar ist, Ziele aber inhaltlich und zeitlich realistisch sein sollen, gilt es, sich möglichst frühzeitig (und im Verlauf vertiefend) einen Eindruck zu den örtlichen Rahmenbedingungen zu verschaffen. Dies erfolgt im Rahmen der „Standortanalyse", bei der Hard- und Softfacts eines oder mehrerer möglicher Standorte für das Projekt ermittelt werden.

Bezüglich der hierfür zu betrachtenden Faktoren stehen in den Handbüchern zur Immobilienprojektentwicklung vielfältige Checklisten zur Verfügung, so dass vermutet werden könnte, dass es sich bei der Standortanalyse um reine Fleißarbeit handelt. Dies ist jedoch nicht der Fall; vielmehr müssen Initiatoren sozialwirtschaftlicher und kirchlicher Projekte (bzw. deren Berater) sich zunächst entsprechend der Projektziele und der Art des Projektes Gedanken darüber machen, welche Standortfaktoren für ihre Projekte – die häufig nicht oder nur zu Teilen den „üblichen" Nutzungen (Büro, Wohnen, Handel, Hotel, etc.) entsprechen, sondern Sonder- und Spezialimmobilien sind – relevant sind oder sein könnten. Während beispielsweise für Hotelprojekte die Attraktivität des Standortes für Touristen oder Geschäftsleute und für Büronutzungen die Anzahl der Bürobeschäftigten und deren Veränderungstendenzen als zentrale Parameter genannt werden, würden Kirchenprojekte eine Betrachtung der (künftigen) Anzahl von Gemeindemitgliedern erfordern, oder für Pflegeheime die Entwicklung der älteren Bevölkerung am Standort bzw. das ausreichende Vorhandensein von Fachpersonal und Ärzten zu ermitteln sein. Auch und gerade für Spezial- und Sonderimmobilien sind zudem bau- und nachbarrechtliche Aspekte zu berücksichtigen. Insgesamt sind, entsprechend der Heterogenität der Immobilienprojekte, auch die Standortfaktoren vielfältig sowie projektbezogen von unterschiedlicher Relevanz, wobei bisher nur beschränkt auf dokumentiertes Wissen zurückgegriffen werden kann.[23]

Erschwert wird die Standortanalyse dadurch, dass – im Gegensatz zu Großstädten – für kleinere Städte und das „platte Land" notwendige statistisch-empirische Analysen und Auswertungen nur eingeschränkt zur Verfügung stehen, so dass hier vielfach aufwendig Informationen verschiedener Quellen zusammen zu tragen sind,[24] vor Ort Primärerhebungen durchgeführt werden oder sich die Initiatoren auf Annahmen verlassen müssen. Vorteilhaft ist jedoch, dass die hier angesprochenen Akteure häufig bereits seit langer Zeit an ihrem Standort sind und insofern – zumindest bei Entwicklungen zur unmittelbaren und mittelbaren Auftragserfüllung – ein entsprechendes eigenes Erfahrungswissen haben bzw. sich Informationen einfacher besorgen können als ein „Zugereister".

Ähnlich der Stakeholderanalyse ist die Standortanalyse ein sukzessiver Prozess mit den nachfolgenden Schritten, die tunlichst von diesbezüglich kompetenten Personen ausgeführt werden:

---

23 Für spezifischere Darstellungen, z.B. für Pflegeheime, vgl. Blecken, Bögelsack, Geirsson (2014), S. 157ff. und Ernst, K. (2008): Erfolgsfaktoren bei der Entwicklung von Pflegeheimen, Igel Verlag.
24 Für ein diesbezügliches Beispiel vgl. Blecken, Bögelsack, Geirsson (2014), S 150ff.

- Identifikation der nutzungs- und projektrelevanten Standortfaktoren
- Beschaffung bzw. Erhebung der entsprechenden Informationen
- Systematische Zusammenstellung, Analyse und Wertung in Bezug auf die Projektziele.

Und genauso wie bei der Stakeholderanalyse kann auch die Standortanalyse mit zunächst wenigen zentralen Faktoren starten, die mit zunehmender Projektkonkretisierung zu ergänzen, verfeinern und fundieren sind.

### 3.3.3 Markt- und Wettbewerbsanalyse

Die Markt- und Wettbewerbsanalyse beschäftigt sich mit Angebot und Nachfrage von Immobilien sowie mit dem preislichen Gleichgewicht, das herrscht bzw. sich voraussichtlich während deren (Rest-)Nutzungsdauer ergeben wird. Dies bezieht sich sowohl auf mengenmäßige wie auch auf qualitative Aspekte von Angebot und Nachfrage. Wobei „Markt" bei Immobilien nicht nur das Produkt und seine Ausgestaltung betrifft, sondern angesichts der Immobilität von Grundstücken und Gebäuden auch die geografische Lage. „Den" Wohnungsmarkt in Deutschland gibt es nicht: So stellen sich beispielsweise Angebot, Nachfrage und Quadratmeter-Mietpreis für Zweizimmer-Wohnungen im Frankfurter Westend vollkommen anders dar als für 4-Zimmer-Wohnungen im 20 km südlich gelegenen Langen, obwohl eine Quadratmeter-Erstellungskostenbetrachtung für beide zu nur geringfügig unterschiedlichen Ergebnissen kommen würde. Jedes neue Immobilienprojekt bedingt somit seine ganz individuelle, auf den Mikro-Standort bezogene Markt- und Wettbewerbsanalyse.

Dies gilt auch für Sozialwirtschaft und Kirche, und zwar nicht nur für Immobilien des Finanzvermögens mit den entsprechenden Vermarktungs- und Ertragszielen. Selbst wenn beispielsweise für ein Gemeindezentrum im Eigentum keine Marktmiete oder kein Marktpreis existieren, so müssen doch bei einer Projektentwicklung – ob Neu- oder Bestandsentwicklung – der Bedarf an der Nutzung, alternative Nutzungsmöglichkeiten sowie die hiermit zusammenhängenden Kosten für eine lange Zeit prognostiziert werden, um insgesamt effizient mit knappen Ressourcen umzugehen.

Konkret ist zu ermitteln, wie groß der Bedarf für die Nutzungsidee ist und wie dieser sich quantitativ und qualitativ mindestens für die Jahre der technischen Nutzbarkeit der Immobilie (abhängig von der Immobilie sind dies mit Teilrenovierungen Zeiträume zwischen 15 – 100 Jahren) voraussichtlich entwickeln wird.

Weiterhin ist herauszufinden,[25] ob bzw. in welchem Maße dieser Bedarf von Wettbewerbern (Anbietern, die dasselbe Marktsegment adressieren) aktuell und in der näheren Zukunft gedeckt werden wird (Stichwort: laufende bzw. bereits geplante Projektentwicklungen). So könnte es zum Beispiel sein, dass heute so viele Projektentwicklungen von hochpreisigem Studentenwohnen – für welches aktuell ein Bedarfsüberhang besteht

---

25 Am Beispiel Pflegeheim beispielsweise für die Erfassung des Bestandes an Pflegeplätzen im relevanten Umfeld des angedachten Standortes z.B. über Datenerhebungen der statistischen Landesämter oder über Internetzusammenstellungen wie dem AOK-Pflegeheimnavigator oder dem BKK Pflege Finder.

– initiiert werden, dass bereits relativ bald wegen zu vieler Aktivitäten, aber auch schwindenden Bedarfs ein Überangebot entstehen könnte.

Auch in Segmenten mit geringer Gefahr eines Überangebotes sollten Markt- und Wettbewerbsanalysen durchgeführt werden, um beispielsweise Investment- und Nutzungsbudgets für dringend benötigte Segmente (Beispiel: Flüchtlingsunterkünfte, bezahlbare Pflegeheimplätze) für den „eigenen" lokalen Markt rechtzeitig fundiert abschätzen zu können.

Neben den mengenmäßigen Markt- und Wettbewerbsanalysen[26] sind auch entsprechende qualitative Analysen durchzuführen, also Untersuchungen der aktuellen und künftigen Deckung der qualitativen Anforderungen des mit der Nutzungsidee anzusprechenden Marktsegments durch Angebote anderer Anbieter.

Wie bei den Analysen der vorhergehenden Abschnitte sind die relevanten quantitativen und qualitativen Parameter in Bezug auf die Markt- und Wettbewerbssituation zu identifizieren sowie die Informationen zu beschaffen und zusammen zu stellen, was gerade in Bezug auf eine fundierte Wettbewerberanalyse mit vergleichsweise hohem Rechercheaufwand verbunden sein kann. Dies ist allerdings notwendig, um eine weitere wichtige Grundlage für die Entscheidungsfindung zu schaffen.

3.3.4 Finanzmittelbedarf und Finanzierbarkeitsbetrachtung

Mithilfe der vorgenannten Betrachtungen und Analysen kann eine, in den Phasen zunehmend detaillierte Abschätzung der benötigten finanziellen Mittel erfolgen. Dabei reicht es nicht aus, sich allein die erwartbaren Erschließungs-, Bau- und Baunebenkosten zu vergegenwärtigen. Weitere Kostenpositionen, die schon in einer ersten überschlägigen Kostenschätzung enthalten sein sollten, sind Grundstücks- und Grunderwerbsnebenkosten, (Zwischen-)Finanzierungskosten, Ausstattungs-, Vermietungs- und Vermarktungskosten, Leerstands- und andere Risikokosten. Gerade bei Projektinitiatoren, deren Kerngeschäft nicht die Projektentwicklung ist, sollten auch Kosten für die fachkundige Beratung, Projektleitung und -steuerung berücksichtigt werden. Wenn Immobilien zum Zwecke der Erzielung eines regelmäßigen Ertrages entwickelt werden (Finanzanlagen/Finanzvermögen), dann ist zudem ein Gewinn anzusetzen.[27]

Gerade bei sozialwirtschaftlichen und kirchlichen Immobilienprojekten, die in der Regel lange im Bestand gehalten werden sollen, reicht eine „statische" Berechnung des Finanzmittelbedarfs und der Finanzierbarkeit, wie sie in den verschiedenen Formen in der Projektentwicklung gängig ist („Frontdoor-Approach"; „Backdoor-Approach"; etc.), jedoch nicht aus. Stattdessen bedarf es einer dynamischen Betrachtung, die sich auch nicht nur auf den Projektzeitraum beschränkt, sondern eine längere Halte- und Bewirtschaftungsperiode beinhaltet, am besten in Form eines „vollständigen Finanz-

---

[26] Tlw. wird statt „Wettbewerbsanalyse" auch der Begriff „Konkurrenzanalyse" verwendet, so z.B. bei Blecken, Bögelsack, Geirsson, 2014, S. 164.
[27] Zu den Bestandteilen einer Finanzierungs- und Investitionsberechnung u.a. Kapitel V, Teil 2: „Investitionsrechnung", 241ff.

plans" (VoFi).[28] Ein solcher vollständiger Finanzplan ist eine ausführliche Planung aller Einzahlungen und Auszahlungen („Cash-Flows") des Projektes. Dazu gehören die o.g. Positionen genauso wie der Zufluss von Finanzmitteln (Eigen- und Fremdkapital, Nutzungsentgelte, etc.), der Abfluss von Mitteln für Betriebskosten, Steuerzahlungen usw. Statt mit vereinfachenden Annahmen wird – während der Projektphasen in zunehmender Detaillierung – mit den konkreten Projektannahmen und -vereinbarungen gerechnet. Sehr frühzeitig können so Engpässe bzw. drohende Unterdeckungen erkannt, aber auch sehr transparent Risikopolster gebildet werden.

Ein weiterer Vorteil des vollständigen Finanzplans, in dem Annahmen und Ergebnisse dynamisch verknüpft sind, ist, dass er die wesentliche Grundlage für die Risikoanalyse bildet bzw. über den Risiken mit ihren finanzwirtschaftlichen Auswirkungen erfasst und simuliert werden können.[29]

### 3.3.5 Nutzwertanalyse

Während bei Projektentwicklungen, die vorrangig zum Zwecke der Kapitalanlage initiiert werden, bisher vor allem die Wirtschaftlichkeit das wesentliche Entscheidungskriterium ist, d.h. das Verhältnis zwischen Output und Input – in der Regel über den Kapitaleinsatz und die Kapitalflüsse einer Investitions- und Finanzierungsrechnung gemessen – ist für Projektentwicklungen von Sozialwirtschaft und Kirche ein deutlich größeres Bündel an Entscheidungskriterien relevant. Diese orientieren sich an den gemäß Ziffer 3.2, „Projektziele bei sozialen und kirchlichen Projekten", zu identifizierenden Zielen und umfassen neben monetären/wirtschaftlichen und mengenmäßigen meist eine Reihe weiterer Kriterien (soziale, gestalterische, städtebauliche, funktionale, organisatorische, konstruktive, technische, rechtliche, u.a.), die sich weniger leicht messen und beurteilen lassen. Dabei sind immer mindestens zwei Handlungsalternativen zu bewerten, nämlich die Entscheidung zwischen der (Weiter)Verfolgung eines Projektes und der Unterlassung (Status Quo). Meist gibt es allerdings mehr Alternativen, weil zwischen unterschiedlichen Ausgestaltungsmöglichkeiten zu entscheiden ist (z.B. unterschiedliche Standorte, Nutzungsmischungen, Marktsegmente, Organisationsalternativen/Betreiber, etc.).

Für solche Entscheidungssituationen, in denen „eine Menge komplexer Handlungsalternativen mit dem Zweck, die Elemente dieser Menge entsprechend den Präferenzen des Entscheidungsträgers bezüglich eines multidimensionalen Zielsystems zu ordnen"[30] vorliegen, eignet sich als Methode die Nutzwertanalyse bzw. sogenannte Scoring-Modelle, die anhand von gewichteten Kriterien Nutzwerte bzw. Gesamtwerte berechnen, die ausdrücken, in welchem Maße die Alternativen die Entscheidungskriterien erfüllen. Dabei können sowohl „harte" (objektivierbare) als auch „weiche" (subjektive) Kriteri-

---

28  Zu den Bestandteilen einer Finanzierungs- und Investitionsberechnung u.a. Kapitel V, Teil 2: „Investitionsrechnung", S. 241ff.
29  Ziffer 4.6 Risikoanalyse.
30  Zangemeister, Nutzwertanalyse in der Systemtechnik – Eine Methodik zur multidimensionalen Bewertung und Auswahl von Projektalternativen. Dissertation Technische Universität Berlin 1970, 4. Aufl., München 1976, Wittemann – zitiert nach Blecken, S. 474.

## 1. Projektentwicklung

en Eingang finden. Allgemein bekannt ist die Methode der Nutzwertanalyse durch Tests wie z.B. der „Stiftung Warentest"[31] oder des ADAC. Hieran zeigt sich anschaulich, dass die Nutzwertanalyse sich für die Bewertung höchst heterogener Bewertungsthemen eignet, von Produkttests bis zu Finanzanlagenbewertungen, von Dienstleisterevaluationen bis zu Vorsorgeempfehlungen.

Der Vorteil der Methode liegt darin, dass die Komplexität der zu berücksichtigenden und berücksichtigten Entscheidungskriterien sowie deren zugemessene Bedeutung transparent und damit kommunizier- und diskutierbar gemacht werden. Was gemeinhin als individuelles, schlecht erklärbares „Bauchgefühl" bezeichnet wird, wird ersetzt durch eine gemeinschaftlich entwickelte und getragene Struktur, die von einer größeren Anzahl von Personen/Institutionen zum allseits akzeptierten Bewertungsmaßstab erklärt werden kann. Insofern bietet sich die Nutzwertanalyse gerade für die Beurteilung und Entscheidungen über Projekte von Sozialwirtschaft und Kirche an.

Das grundsätzliche Verfahren ist wie folgt:
- Auswahl und Festlegung von Anforderungs-/Beurteilungskriterien und des jeweils geeigneten Maßstabes (überprüfbare Indikatoren bzw. quantifizierbare Zielgrößen)
- Ggf. Gruppierung von Detailkriterien in Kriterienkategorien bzw. umgekehrt, Detaillierung von Oberkriterien in konkretere, transparenter zu bewertende Unterkriterien
- Festlegung der subjektiven Wichtungen der Kriterien bzw. der Kategorien, d.h. des maximalen Anteils des Kriteriums / der Kategorie am Gesamtwert, die in Summe 100% ergeben sollten
- Definition, welche Ausprägungen der Kriterien welche Punktzahl (z.B. 1-5 oder 0-100), (Schul)Noten, o.ä. erhalten, ggf. auch Festlegung von Mindeststandards (Handlungsalternativen, die Mindestanforderungen nicht erfüllen, entfallen für die Entscheidungsfindung)
- Entsprechende Messungen und Untersuchungen der verschiedenen Alternativen
- Ermittlung des Gesamtwertes des Zielerfüllungsgrades der einzelnen Handlungsalternativen und darauf basierendes „Ranking" derselben.

In der Regel ist die Entwicklung und Anwendung einer Nutzwertanalyse ein iterativer Prozess, da nach der Aufstellung der Struktur und der ersten Anwendung derselben auf die zu bewertenden Alternativen ein Abgleichprozess mit Erfahrung und „Bauchgefühl" der Involvierten erfolgt, woraufhin Ergänzungen oder auch Streichungen von Kriterien als auch Adaptionen von Wichtungen vorgenommen werden. Im Gegensatz zu Scoring-Modellen, die beispielsweise standardisiert massenweise für die Bonitätsanalyse von Finanzierungskunden angewendet werden, sind Nutzwertanalysen für Projektentwicklungen individualisiert. Sie tragen damit auch immer subjektive Züge bzw. spiegeln individuelle Einschätzungen und Präferenzen der Beteiligten wieder. Dies ist insofern unkritisch, weil diese durch die Methode offen gelegt und diskutiert werden können. [32]

---

31 Hasselmann, Willi 2014: Der wirtschaftliche Entwurf; in: Blecken/Meinen (Hrsg.): Praxishandbuch Projektentwicklung 2014, S. 471ff.
32 Das Vorgehen einer solchen Nutzwertanalyse wird im Ziffer 3.4.5, S. 353, am Projektbeispiel gezeigt.

*3.4 Projektinitiierung im Projektbeispiel*

Die Projektinitiierung muss aufsetzen auf die übergeordnete Strategie der Organisation. Häufig zeigt sich während der Projektinitiierung allerdings, dass die übergeordnete Strategie selbst, zumindest in Bezug auf die Projektthemen und -entscheidungen, zu konkretisieren bzw. gegebenenfalls auch zu aktualisieren ist. Auch im Projektbeispiel löste die spezifische Ausrichtung und der Charakter des Projektes einen intensiven Abstimmungsprozess über die Identität des Bauherren, die XYZ-Gemeinde, aus, der in eine dezidierte Leitbildformulierung mit folgenden, für das Projekt richtungsweisenden, Aussagen mündete:

- Die XYZ-Gemeinde wird in der Stadt und darüber hinaus durch ihre Citykirchenarbeit positiv wahrgenommen und trägt entscheidend zur Bekanntheit der Evangelischen Kirche bei. Eine künftige Projektentwicklung soll das Citykirchenprofil unterstützen und stärken.
- Kirche ist ein spiritueller Ort. Neben den Gottesdiensten tragen die Ruhe im Kirchengebäude und die Abgeschirmtheit vom geschäftigen Leben dazu bei, diese Spiritualität am Standort erlebbar zu machen.
- Die XYZ-Kirche bietet an diesem äußerst urbanen Standort als Leuchtturm evangelischen Glaubens Orientierung. Hierzu tragen die vorgenannten Aspekte, ergänzt um eine zeitgemäße und angemessene Repräsentanz Evangelischer Kirche, als Bausteine entscheidend bei.

Daraus abgeleitete Ziele waren, dass das Gesamtprojekt Folgendes erfüllen soll:

- einen attraktiven und funktionalen Raum für die vielfältigen Anforderungen der Gemeindearbeit bieten;
- ein Nutzungskonzept aufweisen, das sowohl der urbanen Lage als auch der besonderen Identität der Kirche und des Ortes gerecht wird;
- städtebauliche Integration und Aufwertung des Quartiers schaffen;
- nachhaltige Wirtschaftlichkeit gewährleisten;
- durch die Projekterträge den Neubau eines Citykirchenzentrums ermöglichen sowie einen kontinuierlichen, finanziellen Beitrag zur Gemeindearbeit leisten.

### 3.4.1 Stakeholderanalyse und Kriterienfestlegung

Da von Beginn an Konsens bestand, dass das Projekt auf das eigene Anforderungsprofil auszurichten sei, wurden die wesentlichen internen Stakeholder in einem gemeindlichen Forum aus Presbyterium und Bauausschuss zusammengebracht, das sowohl die vorgenannte Grundlagenarbeit als auch – moderiert durch einen externen Dienstleister – konkrete Projektziele und deren Gewichtung erarbeitete (vgl. Ziffer 3.4.5). Externe Stakeholder, z.B. Nachbarn, potenzielle externe Nutzer, Behörden, externe Kapitalgeber, etc. wurden erst in der Phase der Konkretisierung einbezogen. Allerdings ist davon auszugehen, dass ein externer Dienstleister aus seiner Erfahrung heraus zumindest grob die typischen Anforderungen der relevanten externen Stakeholder in die Diskussion einbringt, so dass diese bereits während der Projektinitiierung berücksichtigt werden.

Auch deshalb ist es wichtig, von Anbeginn an „Profis" zu involvieren, zumindest, wenn diese in den eigenen Reihen nicht oder nicht ausreichend vertreten sind.

### 3.4.2 Standortanalyse

Der Standort ist sowohl makro- als auch mikroökonomisch für verschiedene Nutzungen hochattraktiv, da direkt angrenzend an die frequenzstärkste Einkaufsstraße einer wachsenden Großstadt und unweit zahlreicher öffentlicher Verkehrsmittel gelegen. Die Aussagen des geltenden, einfachen Bebauungsplans (Kerngebiet „MK", Ausschluss von Vergnügungsstätten, geschlossene Bauweise) sind sehr allgemeingültig und in Bezug auf die angestrebten Wohnnutzungen kritisch zu interpretieren. Darüber hinaus war der Grundstückszuschnitt städtebaulich schlecht zu fassen und auch weitere Rahmenbedingungen (Bestandsnutzungen, heterogene Nachbarschaftsbebauung, öffentliche Wege, Lärm, Denkmalschutz, Architekturikone, mögliche Bodenfunde etc.) erschwerten eine voraussehbare Bebaubarkeit des Areals und führten damit zu einer hohen Unsicherheit (Risiko) für die Realisierung. Entsprechend waren diese Aspekte im weiteren Verlauf durch Involvierung entsprechender Sachverständiger vertieft zu untersuchen und zu bewerten, bevor eine Realisierungsentscheidung getroffen werden konnte.

### 3.4.3 Markt- und Wettbewerbsanalyse

Auf der Grundlage von ersten Untersuchungen ergab sich eine zu erzielende Mindestfläche von 6.500 qm oberirdischer Bruttogrundfläche (BGF), wobei eine Erhöhung der BGF in der Konkretisierung denkbar und in Maßen gewünscht war, falls dies zu einer Verbesserung der geplanten städtebaulichen Situation beitragen würde. Angesichts der gemeindlichen Nutzungs- und Ertragsgenerierungsbedürfnisse sowie angesichts des Projektstandortes und der voraussichtlich langfristig positiven ökonomischen Entwicklung der Stadt wurde ein Nutzungsmix aus Citykirchenzentrum, Gastronomie, Büro, Handel und Wohnen/Beherbergung angestrebt. Hierfür wurden aus Sicht mehrerer, durch den externen Dienstleister befragter Makler für die bisher vorliegenden Planungsideen folgende Mietansätze für realistisch erachtet (Durchschnittswerte der Einschätzungen):
- Einzelhandel: ca. 35,00€/qm
- Gastronomie: ca. 27,50€/qm
- Büro/Dienstleistung: ca. 15,00€/qm
- Wohnen/Beherbergung: ca. 13,00€/qm (Mittelwert verschiedener Wohnformen)
- TG-Plätze: ca. 120,-/Platz

Das Gemeindezentrum (Citykirchenzentrum) soll durch die vorgenannten Nutzungen querfinanziert werden. Als ureigene Gemeindefunktion kann es keine eigene Miete erwirtschaften, für die Wirtschaftlichkeitsberechnung sollte hierfür aber dennoch ein kalkulatorischer Wert angesetzt werden, der hinsichtlich der Höhe auf einer Drittverwendungsfähigkeit der Räume basieren könnte. Der Ansatz ist nicht zuletzt für die finanzierenden Kapitalgeber von Relevanz, genauso wie ein der künftigen Nutzung entsprechender kalkulatorischer Grundstückswert, der mit € 1.800,-/qm berücksichtigt wurde.

### 3.4.4 Finanzmittelbedarf und Finanzierbarkeitsbetrachtung

Wie in den meisten Fällen, wurden auch im Beispielprojekt nach dem Setzen von Rahmenbedingungen, wie u.a.

- Finanzierbarkeit des Projektes auch ohne Mietzahlung der Citykirchennutzung („schwarze Null") dadurch, dass größere Teile der Flächen kommerziell vermietet werden
- Städtebaulich angemessene, aber möglichst hohe Ausnutzung der Bebaubarkeit
- Schonung der Eigenmittel durch maximal hohe Fremdfinanzierung

zunächst sehr grobe, dann zunehmend verfeinerte statische Ertrags-, Kosten- und Finanzierungsberechnungen vorgenommen. Zunächst wurde von folgenden Rahmendaten ausgegangen:

| Rahmendaten zum Projekt | Nutzfläche | Verhältnis Nutzfl./BGF | Bruttogrundfläche |
|---|---|---|---|
| Grundstücksfläche | | | 3.320 qm |
| Fläche oberirdisch | 5.550 qm | 75% | 7.400 qm |
| Fläche unterirdisch | 1.000 qm | 70% | 1.429 qm |
| Stellplätze in TG | | | 20 Plätze |

Anhand erster Analysen und auf Basis „typischer" Kenndaten wurden die Investitionskosten hochgerechnet (vgl. Tabelle 1).

| | Menge | Kosten | Gesamt (netto) | in % GK |
|---|---|---|---|---|
| **INVESTITIONSBERECHNUNG** | | | | |
| **A. KOSTEN DES BAUGRUNDSTÜCKS** | | | 7.720.000 €[33] | 30% |
| Baugrundstück (inkl. Kirche) rd. | 3.300 qm | 1.800 €/qm | 5.940.000 € | |
| Summe Freimachen, Nebenkosten, etc. | | 30% | 1.780.000 € | |
| | | | | |
| **B. BAUKOSTEN (GU-Preis), inkl. Unvorhergesehens** | | | 12.920.000 € | 51% |
| Oberirdisch (pro qm BGF) | 7.400 qm | 1.200 €/qm BGF | 8.880.000 € | |
| Unterirdisch (pro qm BGF) | 1.400 qm | 900 €/qm BGF | 1.260.000 € | |
| Baugrube/Bodenrisiko | pauschale | Schätzung | 1.500.000 € | |
| Außenanlagen / Grünflächen | 2.000 qm | 140 €/qm | 280.000 € | |
| | | | | |
| Unvorhergesehenes (in % Baukost. + Freimach.) | | ca. 7,5% | 1.000.000 € | |
| | | | | |
| **C. BAUNEBENKOSTEN inkl. Projektentwicklungs-/-managementkosten** | pauschal in % der Baukosten | 21% | 2.670.000 €[34] | 11% |

---

33 Entspricht ca. € 1.200,-/qm Nutzfläche (oberirdisch, inkl. ca. 1.000 qm Nutzfläche Kirche = Bestand).
34 Entspricht ca. € 470,-/qm Nutzfläche (oberirdisch), inkl. Projekt(entwicklungs)managementdienstleistungen.

# 1. Projektentwicklung

| | Menge | Kosten | Gesamt (netto) | in % GK |
|---|---|---|---|---|
| **D. MARKETING / VERMIETUNG** | | | 480.000 € | 2% |
| Marketing, Baukostenzuschuss | in % der Kosten A. – C. | ca. 1% | 230.000 € | |
| Vermietungsprovision | 2,5 Monatsm. | 100.000,- €/Monat | 250.000 € | |
| | | | | |
| **E. ZWISCHENFINANZIERUNGSKOSTEN** | Laufzeit Monate | Zins | 690.000 € | 3% |
| Zwischenfinanzierung Grundstücksfreimachung | 60 | 2,5% auf € 1,8 Mio. | 220.000 € | |
| Zwischenfinanzierung Baunebenkosten (50% Inanspruchnahme) | 48 | 2,5% auf € 2,7 Mio. | 130.000 € | |
| Zwischenfinanzierung Gebäude + Unvorhergesehenes + Vertrieb (50% Inanspr.) | 24 | 2,5% auf € 13,4 Mio. | 340.000 € | |
| | | | | |
| **Nicht abzugsfähige Vorsteuer** (aus Grundstück, Bau-/Baunebenkosten, Marketing/Vertrieb) | ca. 24% von 18 Mio. | 19% | 830.000 € | 3% |
| | | | | |
| **GESAMTKOSTEN inkl. Grundstückswert** | | | 25.310.000 € | 100% |

*Tabelle 1: Aufstellung der Gesamt-Investitionskosten im Projektbeispiel*

Dem stehen überschlägig folgende Erträge und Aufwendungen gegenüber (Tabelle 2), die die unter Tabelle 3 aufgeführten (statisch berechneten) Anfangsrentabilitäten ergeben:

| | Grundlage | Ansatz | Gesamt (p.a.) |
|---|---|---|---|
| **A. ERTRÄGE (Grundmieten) p.a.** | | | 1.200.000 € |
| | | | |
| Mieterträge oberirdisch (im Mittel)[35] | 5.200 qm | ca. 17,50 €/qm Monat | 1.100.000 €[36] |
| Mieterträge unterirdisch (im Mittel) | 870 qm | ca. 7,0 €/qm Monat | 70.000 € |
| Tiefgaragenstellplätze | 20 Plätze | 120 €/Platz Monat | 30.000 € |
| | | | |
| **B. AUFWENDUNGEN p.a.** | | | - 970.000 € |
| Fremdkapitalkosten | in % des Fremdkapitals | 2,5% | -480.000 € |
| Verwaltungskosten | in % der Mieteinnahmen | ca. 3,0% | -40.000 € |

---

35 Inklusive kalkulatorischer Miete (9,-/qm Monat x 900 qm) Citykirchenarbeit in Höhe von ca. € 100.000,- p.a.
36 Davon ca. 24% für kirchliche bzw. umsatzsteuerfreie Nutzung.

|  | Grundlage | Ansatz | Gesamt (p.a.) |
|---|---|---|---|
| Instandhaltungskosten | in €/qm BGF | 12,0 €/qm | -110.000 € |
| Mietausfallrisiko | in % der Fremd-Mieteinn. | ca. 3,0% | -30.000 € |
| Abschreibung | in % der Bau-/Bau-NK | 2,0% | -310.000 € |
|  |  |  |  |
| ÜBERSCHUSS („Gewinn" vor Steuern) |  |  | 230.000 € |
|  |  |  |  |

*Tabelle 2: Angenommene Erträge und Aufwendungen pro Jahr*

|  | Grundlage | Ansatz | Gesamt |
|---|---|---|---|
| **C. ANFANGSRENTABILITÄT** |  |  |  |
| Gesamtkapitalrentabilität | Überschuss + FK-Kosten zu Gesamtkosten | € 710.000 / € 25.290.000 | 2,8 % |
| Eigenkapitalrentabilität | Überschuss zu EK | € 230.000/ € 5.940.000 | 3,9 % |
| **D. HERSTELLFAKTOR** |  |  |  |
| Auf Basis Jahresmiete | Inkl. Grundstück | € 25.290.000 / € 1.200.000 | 21,2 |
|  | Ohne Grundstück | € 19.370.000 / € 1.200.000 | 16,1 |

*Tabelle 3: Anfangsrentabilitäten und Herstellfaktoren*

Zudem bedarf es mindestens noch einer statischen Liquiditätsbetrachtung (Tabelle 4):

|  | Grundlage | Ansatz | Gesamt |
|---|---|---|---|
| **E. LIQUIDITÄTSRECHNUNG** |  |  | + 50.000 € |
| Mittelzuflüsse (Einzahlungen) | Mieteinnahmen (ohne kalkulatorische Miete) | € 1.200.000 ./. € 100.000 | 1.100.000 € |
| Mittelabflüsse (Auszahlungen) | Aufwendungen./. Abschreibungen + Tilgung (2% p.a.) | - € 970.000 + € 310.000 - € 390.000 | - 1.050.000 € |

*Tabelle 4: Liquiditätsberechnung*

Sowohl der Überschuss (€ 230.000,- inklusive € 100.000,- kalkulatorischer Miete für die Citykirchenarbeit) als auch die Anfangsrentabilitäten (Gesamtkapitalrentabilität 2,8% bei 2,5% Fremdkapitalkosten) genauso wie der geringe jährliche Liquiditätsüberschuss (€ 50.000,-) zeigen, dass unter den getroffenen Annahmen tatsächlich nicht mehr als eine „schwarze Null" verbleibt. Auch die Herstellfaktoren liegen am oberen Ende, was im Ergebnis bedeutet, dass über die Reserve für Unvorhergesehenes hinaus keine zusätzlichen Kosten entstehen dürfen und die angesetzten Mieten auch erzielt werden müssen, ansonsten werden die wirtschaftlichen Ziele nicht erreicht.

Allerdings können die vorgenannten statischen Betrachtungen nur eine erste Orientierung geben. Bevor eine endgültige Realisierungsentscheidung getroffen wird, sollte auf Basis vertiefender Analysen und Planungen ein vollständiger Finanzplan (VoFI) erstellt werden, der für die Realisierungszeit auf monatlicher und für die Nutzungsphase auf jährlicher Basis die Cash Flows abbildet, dabei auch Steuern berücksichtigt und erst dann eine konkretere Liquiditäts- und Risikobetrachtung und -berechnung ermöglicht.[37]

### 3.4.5 Nutzwertanalyse/Scoring

Wie bereits unter Ziffer 3.3.1 erläutert, wurden vom gemeindlichen Forum aus Presbyterium und Bauausschuss auf Basis der Leitziele konkrete Projektziele und deren Kriterien und Gewichtungen ausgearbeitet, die dann auch als Bewertungsmaßstab einem Architektenwettbewerb zugrunde gelegt wurden (vgl. Tabelle 5). Sofern, wie hier, keine vorab festgelegte Punkteliste verwendet wird (z.B. in Bezug auf die „Einbindung in die Umgebung": 100 Punkte für „perfekte Einbindung", 75 Punkte für „gute Einbindung", 50 Punkte für „durchschnittliche Einbindung", 25 Punkte für „unterdurchschnittliche Einbindung"), sollten die „relativen Bewertungen" (hier 20, 80 und 90 Punkte für den Status Quo und die beiden Alternativen) zumindest in einem Diskussionsprotokoll nachvollziehbar dokumentiert werden.

| | Punkte | Wichtung | Status Quo | Altern. 1 | Altern. 2 |
|---|---|---|---|---|---|
| **Kategorien und Kriterien – Gesamt** | | 100% | 45% | 78% | 73% |
| **Nutzungen und Gestaltung** | bis zu | 35% | 15% | 29% | 26% |
| | 350 | | 150 | 290 | 255 |
| Orientierung am Selbstverständnis der XYZ-Kirche (Teilgemeinde) | 150 | | 50 | 130 | 110 |
| Orientierung am Selbstverständnis der Gesamt-Gemeinde | 100 | | 50 | 75 | 80 |
| Unterstützung/Ermöglichung von Funktionalität und Abläufen des Gemeindelebens | 100 | | 50 | 85 | 65 |
| **Architektur und Gestaltung** | bis zu | 25% | 7% | 17% | 17% |
| | 250 | | 70 | 165 | 170 |
| Einbindung in die Umgebung | 100 | | 20 | 80 | 90 |
| Gebäudearchitektur | 50 | | 0 | 40 | 45 |
| Innenarchitektur | 50 | | 0 | 45 | 35 |
| Erhaltung Bestand | 50 | | 50 | 0 | 0 |

---

37 Ziffern 4.4 und 4.6.

| | Punkte | Wich-tung | Status Quo | Altern. 1 | Altern. 2 |
|---|---|---|---|---|---|
| Kategorien und Kriterien – Gesamt | | 100% | 45% | 78% | 73% |
| Wirtschaftlichkeit | bis zu | 25% | 15% | 21% | 20% |
| | 250 | | 145 | 210 | 195 |
| Investitions- und Betriebskosten ("schwarze Null" nach Abzug kalkulatorischer Miete für Citykirchenarbeit) | 100 | | 100 | 95 | 85 |
| Rendite für Gemeindearbeit | 100 | | 0 | 90 | 90 |
| Risiko (geringe Abweichungswahrscheinlichkeit) | 50 | | 45 | 25 | 20 |
| Prozessqualität | bis zu | 15% | 8% | 11% | 11% |
| | 150 | | 80 | 110 | 110 |
| Zeit und Schnelligkeit | 70 | | 70 | 50 | 40 |
| Transparenz und Öffentlichkeitswirkung | 80 | | 10 | 60 | 70 |

*Tabelle 5: Nutzwertanalyse*

Die Nutzwertbetrachtung macht transparent, was ansonsten nur qualitativ und textbasiert und somit schlecht greifbar und diskutierbar wäre: Die strategischen und operativen Bedürfnisse der Gemeinde sind dieser mit 35% am wichtigsten, werden durch den Status Quo aber nur unzureichend erfüllt (150 von maximal möglichen 350 Punkten); demgegenüber gehen Alternativen 1 und 2 hierauf gut ein, wobei insbesondere Alternative 1 in diesem Block punkten kann (290 Punkte). In den übrigen Kategorien unterscheiden sich die beiden Alternativen in den Summen nur wenig. Über die Einzelkriterien wird jedoch deutlich, dass Alternative 2 „spektakulärer" ist und damit eine höhere Außenwirkung, aber auch höhere Kosten und Risiken mit sich bringt. Alternative 1 ist etwas zurückhaltender und stärker an der „Innenwirkung", d.h. an den Nutzern und der Nutzbarkeit für die Gemeinde orientiert. Letztlich ergibt sich aus der Kategorien- und Kriterienfestlegung, der Gewichtung der Kriterien und der diesbezüglichen Bewertung der Alternativen, dass insbesondere eine Weiterverfolgung von Alternative 1 für die Erreichung der Ziele der Kirchengemeinde attraktiv ist, denn sie erfüllt zu 78% die Bedürfnisse der Gemeinde. In der Konkretisierungsphase kann dieser Wert gegebenenfalls noch hochgeschraubt werden, in der Umsetzungsphase ist auf die entsprechende Realisierung zu achten, insbesondere bei den Kriterien mit den hohen Werten.

## 4. Projektkonkretisierung und -konzeption

Während es bei der Projektinitiierung auf Basis der Gesamtstrategie um die Herausarbeitung der Projektziele und Entscheidungskriterien sowie die Identifikation und erste grobe Bewertung verschiedener Handlungsalternativen geht, werden in der Phase der Projektkonzeption für eine oder wenige Alternativen die Analysen vertieft sowie iterativ die Nutzungsidee konkretisiert, was sich zusammen in Konzepten[38] zu verschiedenen Teilbereichen ausdrückt. Dabei werden hier unter „Konzepten" erste (Vorgehens)Entwürfe verstanden, die die eher kennzahlengetriebenen Aspekte der Phase 1 unter Berücksichtigung der Gesamtziele aufeinander abgestimmt konkretisieren.

Wesentliche Konzepte sind Nutzungs-, Betriebs- und Vermarktungskonzept als Konkretisierung der Nutzungsidee, das Gestaltungs-/Bebauungs-/Transformationskonzept inklusive bau- und genehmigungsrechtlicher Vorprüfung und die Grundstückssicherung als Konkretisierungsvorbereitung der physischen Umsetzung, das Finanzierungskonzept, die finanzorientierte Ausgestaltung des Projektes, sowie prozessuale Konzepte, zu denen Managementkonzepte, Ressourceneinsatz-, Ablauf- und Terminpläne gehören. Mit Vorliegen dieser Konzepte lässt sich eine grundsätzliche Aussage zur Machbarkeit („Feasibility") und zum Risiko einer Projektumsetzung tätigen, beides Voraussetzungen für die Umsetzungsentscheidung und den Eintritt in Phase 3.

Da die Konzepte alle relevanten Entscheidungsparameter enthalten, werden spätestens zur Erarbeitung der Teilbereichskonzepte externe Beauftragungen erfolgen müssen, so dass finanzielle Mittel bereitzustellen sowie – wenn dies nicht bereits in Phase 1 erfolgte – der Projektträger und die Projektorganisation festzulegen sind, die u.a. über die für die Phase notwendige Mittelbeschaffung und -verwendung entscheiden.

## 4.1 Projektträger und Projektorganisation

Nicht immer ist der Projektinitiator auch der Auftraggeber oder Projektträger, d.h. der kurz-, mittel- und/oder langfristig Verantwortliche für Projektinhalte und -finanzierung. Insofern stellt sich recht früh die Frage, wer dies sein wird – spätestens jedoch dann, wenn vom ursprünglichen Impulsgeber die notwendigen Aktivitäten nicht mehr mit „Bordmitteln" bewältigt werden können. In diesem Zusammenhang ist ganz generell die Projektorganisation zu klären, d.h. die formellen und informellen Strukturen und Regelungen, die notwendig sind, damit die Projektaktivitäten zielorientiert, aufeinander abgestimmt und effizient erfolgen.

Bei Projekten von Kirche und Sozialwirtschaft war es bisher üblich, dass sie gleichzeitig Immobilieneigentümer und -nutzer und somit „automatisch" auch Projektträger waren. Dieser Automatismus schwächt sich allerorten ab, zumindest dort, wo es um drittverwendungsfähige Nutzungen an für Investoren attraktiven Standorten geht. Eine Büro- oder Kindergartennutzung durch eine Kirchengemeinde oder der Pflegeheimbetrieb durch eine sozialwirtschaftliche Organisation könnten beispielsweise statt in eigenen, in anderen Investoren gehörenden Immobilien erfolgen. Umgekehrt könnten solche Immobilien als Teil des Finanzvermögens auf eigenen Grundstücken für Dritte entwickelt und an diese vermietet oder verpachtet werden. Eine Art Zwischenlösung wäre die Gründung einer gemeinsamen Projektgesellschaft, die Eigentümer der Immobilie und gegebenenfalls auch ihr Betreiber ist, was den Vorteil hat, dass die verschiedenen Partner ihre unterschiedlichen Ressourcen und Kompetenzen einbringen können und je-

---

38 „Konzept" hier gemäß http://www.duden.de/rechtschreibung/Konzept (Abruf am 4.9.2015): „Plan bzw. Programm für ein Vorhaben".

weils stärker als in reiner Nutzer- oder Dienstleisterrolle am Projekterfolg interessiert sind.[39]

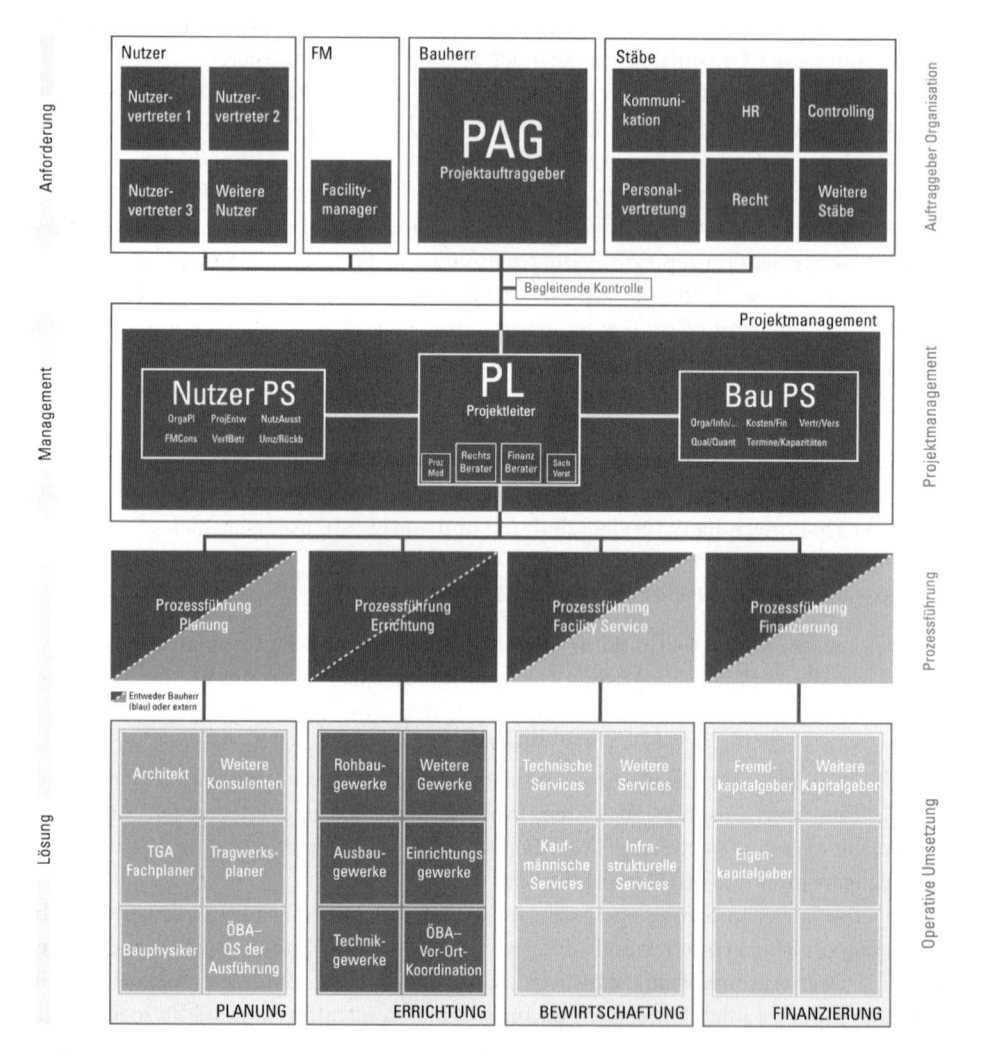

*Abbildung 3: Organisationsmodell Projektentwicklung*[40]

Insofern ist zunächst – wiederum an Hand der strategischen und der Projektziele – zu klären, welche Personen bzw. Institutionen mit welchen Rollen/Aufgaben zwingend oder fakultativ am Projekt zu beteiligen sind. Diese sind in eine organisatorische Struk-

---

39 Es handelt sich dann um eine Projektentwicklungspartnerschaft, vgl. Fritz/Kalesch, S 137, in: Schäfer/Conzen, 2013. Eine spezifische Form von Partnerschaften ist die PPP, vgl. Napp, Hans-Georg, Public Private Partnership, S. 116ff., in: Schäfer/Conzen, 2013 bzw. allgemeiner „Wertschöpfungspartnerschaft", eine Form, die gerade für sozialwirtschaftliche und kirchliche Projekte interessant sein könnte.
40 Abbildung von IG Lebenszyklus Hochbau, http://www.ig-lebenszyklus.at/vorgehen/organisationsmodell.html (4.10.2015).

tur des Projektes zu bringen, bei der zwischen der Aufbauorganisation, dem hierarchischen Gerüst (Verantwortlichkeiten und Weisungsbefugnissen, meist als Organigramm dargestellt), und der Ablauforganisation, den Arbeits- und Informationsprozessen, unterschieden wird, die angesichts ihrer Interdependenz gemeinsam zu entwickeln sind.

Eine typische Projektorganisation und die hier wahrzunehmenden Rollen stellt Abbildung 3 dar, wobei es sich bei den Kästchen um Funktionen, nicht um Personen, Stellen oder Abteilungen handelt.

Zentrale Rollen nehmen der Projektauftraggeber (PAG) und die Projektleitung (PL) ein. „Der PAG
- verantwortet die Bestellqualität für zukunftsfähige Objektqualitäten und Services
- lotet Projektrisiken und Möglichkeiten aus, organisiert sein Projekt und sorgt für zukunftsfähige Verträge
- verantwortet den Abgleich der Nutzerinteressen aus seinem Unternehmen und der Lösungsvorschläge aus der Sphäre der Umsetzung."[41]

Fakultativ und bedarfsorientiert werden PAG und PL ergänzt durch Nutzervertreter, Facility Manager und andere Stäbe der Auftraggeberorganisation, Nutzer- und Bauprojektsteuerer, sowie interne und externe Experten, Berater, Planer, Ingenieure, weitere zuarbeitende Dienstleister usw.

Abhängig von der Projektgröße können mehrere Rollen in Personalunion wahrgenommen werden (kleine Projekte) oder auch mehrere Personen bzw. ein Gremium für eine einzelne Rolle zuständig sein (große und/oder heterogene, Institutionen übergreifende Projekte). Je Rolle sind – am besten im Rahmen der Projektbeschreibung schriftlich – Aufgabenträger/Organisationseinheiten, Tätigkeiten und Zuständigkeiten, inhaltliche Kompetenzen und Entscheidungskompetenz festzulegen. Dabei ist es für ein Projekt angesichts der sich phasenabhängig ändernden Aufgabenschwerpunkte und Beteiligten nicht unüblich, dass sich entsprechend im Projektverlauf auch die Strukturen ändern. Diese Veränderungen können und sollten beim Aufstellen der Projektorganisation und bei der Vergabe von Aufträgen antizipiert werden.

Insbesondere für die Projektleitung und die Projektmitarbeiter stellt sich die Frage, ob bzw. in welchem Maße diese besser intern oder extern besetzt werden sollten, sowie welche Auswahlkriterien und welches Auswahlverfahren anzuwenden sind, um die Projektziele zu erreichen. Es handelt sich also um eine „Make-or-Buy"-Frage mit den grundsätzlichen diesbezüglichen Vor- und Nachteilen. Während die strategische Bedeutung der Projektteambesetzung für eine interne Besetzung spricht, ist die Wahrscheinlichkeit des internen Vorhandenseins der benötigten fachlichen und zeitlichen Ressourcen bei den meisten Projektentwicklungen in Kirche und Sozialwirtschaft eher gering. Entsprechend strategischen Unternehmensberatungsprojekten kann dieses Dilemma in Bezug auf die Projektleitung durch eine intern wie extern besetzte Doppelspitze gelöst werden, und auch das Projektteam kann je nach Situation und Anforderung „gemischt" zusammengestellt werden.

---

41 IG Lebenszyklus Hochbau, http://www.ig-lebenszyklus.at/vorgehen/organisationsmodell.html (4.10.2015).

Was Auswahlkriterien und -verfahren angeht, so sollte wie beim unter 3.3.5 beschriebenen Verfahren der Nutzwertanalyse vorgegangen werden. Nicht empfehlenswert ist es, ohne Berücksichtigung der konkreten Projektanforderungen lediglich auf „langjährig bewährte" oder allgemein „besonders renommierte" Personen oder Organisationen zurück zu greifen, dafür sind die Anforderungen mittlerweile zu spezifisch.[42]

Ablauforganisatorisch sind die wesentlichen Informations- und Entscheidungsprozesse für das Projekt zu definieren.[43] Dies beinhaltet sowohl eine Abfolgefestlegung (Vorgänger / Nachfolger) wesentlicher Aufgaben und inhaltlicher und terminlicher Meilensteine als auch die Zuordnung von personellen Zuständigkeiten zu Aktivitäten. Dabei sind zudem voranlaufende, begleitende und nachlaufende Informationsflüsse zu berücksichtigen und zu strukturieren, wobei sich zunehmend digitale Kommunikationsplattformen durchsetzen, die u.a. die gemeinsame Erstellung, Nutzung und Archivierung von Dokumenten sowie insgesamt die vernetzte Kommunikation der Teamteilnehmer unterstützen. Zu den Inhalten der Ablauforganisation gehört auch die Antizipation von Störungen/ Behinderungen der geplanten Prozesse, für deren wahrscheinlichste Ausprägungen Regelungen notwendig sind.

Ziele einer guten Projektorganisation sind die Maximierung der Projektqualität (u.a. Nutzungsqualität, Termin- und Budgettreue, etc.) und die Minimierung von Ressourceneinsatz und Fehlern; beides wird unterstützt durch die Nutzung von Erfahrungen und Standards bei gleichzeitig ausreichendem Eingehen auf projektindividuelle Situation und Anforderungen. Technisch ermöglicht wird die Projektorganisation durch entsprechende Projektmanagementprogramme.[44]

Immer wieder unterschätzt wird, dass der Erfolg einer Immobilien-Projektentwicklung erheblich von Qualifikation, Zusammensetzung und Struktur des Projektteams, d.h. der Projektorganisation abhängt. Diese sollte deshalb genauso systematisch und kompetent aufgebaut, analysiert und angepasst werden wie die strategischen und operativen Aspekte der zu entwickelnden Immobilie. Teil des Projektteams sollten deshalb nicht nur Fachleute („Profis") mit Erfahrung in den Bereichen Architektur und Bauingenieurwesen, Finanzen, Recht und Steuern sein, sondern auch solche, die strategisch und operativ mit Projektleitung und Projektmanagement (und zwar mit Methoden und Instrumenten genauso wie mit den „Soft Skills" des Projektmanagements) vertraut sind. Insgesamt profitiert eine Immobilien-Projektentwicklung von ausgeprägten Sozialkompetenzen der Beteiligten, die maßgeblich die „Projektkultur" dieser Projekte, die in der Regel über einen mehrjährigen Zeitraum dauern, beeinflussen.

---

42 Eine Kirchenrenovierung, der Neubau von Sozialwohnungen, die Vergrößerung eines bestehenden Gemeindezentrums oder die Quartiersentwicklung innerhalb einer innerstädtischen Lage sind so grundlegend unterschiedlich, dass insbesondere bei den Fachpartnern eine entsprechende Spezialisierung vorhanden sein muss.
43 U.a. Bohn, Thomas: Projektorganisation und -koordination, S. 367ff., in: Schäfer/Conzen (2013).
44 Wie z.B. MS Project.

## 4.2 Konkretisierung der Nutzungsidee

Kern eines erfolgreichen Projektes ist eine Nutzungsidee, für die heute und möglichst langfristig ein Bedarf besteht, so dass Gesamtnutzen und Gesamtkosten über die (Rest-)Nutzungszeit der Immobilie in einem positiven Verhältnis stehen. Dies ist nicht nur von Investoren und Nutzern so einzuschätzen, sondern zunehmend auch von anderen Stakeholdern. Die Nutzungsidee ist somit in einem Nutzungskonzept, das iterativ mit dem Marketingkonzept (inklusive Öffentlichkeitsarbeit) zu entwickeln ist, zu konkretisieren.

### 4.2.1 Nutzungskonzept

Aufbauend auf die in Phase 1 festgelegten Grundlagen der Projektentwicklung und die grundsätzlichen Handlungsalternativen, wird das Nutzungskonzept entwickelt. Dabei ist in Abgleich mit der Standortanalyse (Ziffer 3.3.2) und der Markt- und Wettbewerberanalyse (Ziffer 3.3.3) (weiter) zu prüfen, ob bzw. wie die angedachte Nutzung oder Nutzungsmischung sich funktionsmäßig wie gestalterisch in das räumliche, wie in das Markt- und Wettbewerberumfeld einfügt bzw. entsprechend angepasst werden kann/muss. Eine nachhaltige Nutzungsidee sollte nicht nur einen aktuellen Bedarf befriedigen, sondern auch kurz-, wie mittel- und langfristig Synergien mit ihrem Umfeld erzeugen, um so während der Lebensdauer der Immobilie möglichst jederzeit benötigt und akzeptiert zu sein. Entsprechend ist wesentlicher Teil des Nutzungskonzeptes, die vorgesehenen Nutzerzielgruppen und deren unterschiedliche Bedürfnisse in Bezug auf Funktion, Gestaltung, Services, Nutzungsentgelt, etc. heraus zu arbeiten, was Leitlinie für die weitere Projektausrichtung sein wird. Solche Zielgruppenprofile sind zudem eine wichtige Grundlage für Kommunikation und Vermarktung (vgl. Ziffer 4.2.2). Die fundierte Erhebung, Erstellung und Auswertung von Nutzertypisierungen sowie deren Quantifizierung bedarf spezifischer Erfahrungen und Informationen, für die zunehmend qualifizierte (Markt-)Forschungsinstitute zur Verfügung stehen, die Projektentwickler, Investoren und Nutzer unterstützen und beraten können.

Bei der so entstehenden „Programmfestlegung" (Nutzungsmix, Raum- und Funktionsprogramm, zentrale Ausgestaltungsmerkmale wie Raumgrößen, technische Ausstattung, grundsätzliche Qualitäten, etc.) für das Planungskonzept, sind neben aktuellen auch sich abzeichnende Trends zu berücksichtigen, um die Immobilie diesbezüglich möglichst widerstandsfähig („resilient") zu machen. Dies führt allerdings nicht selten zu einem Konflikt, denn der Einbau künftiger Möglichkeiten bei gleichzeitiger Bedienung des aktuell Üblichen und Erwarteten erhöht zwar die Flexibilität und damit Resilienz, führt in der Regel aber auch zu Mehrkosten, die meist weder die heutigen Nutzer noch die Investoren bereit sind zu bezahlen. Dennoch ist es eine zentrale Aufgabe des Projektträgers, sich im Rahmen der Konzeptionsphase über sich anbahnende Veränderungen zu informieren bzw. informieren zu lassen[45] und die sich hieraus ergebenden

---

45 Der Arbeitskreis „Real Estate Investment Management" der gif Gesellschaft für immobilienwirtschaftliche Forschung befasst sich derzeit mit den Auswirkungen von Megatrends auf verschiedene Nutzungssegmente und plant, diesbezügliche „Checklisten" für Investoren bereit zu stellen.

Anforderungen in die Aufgabenstellung für das Planungskonzept aufzunehmen, denn nur so kann er letztlich nachhaltige Entscheidungen treffen.

### 4.2.2 Betriebs-/Betreiberkonzept

Da die hier betrachteten Immobilien sehr häufig sogenannte „Betreiberimmobilien" sind, Immobilien, die ihre vorgesehene Funktion und Nutzen nur bei professionellem Betrieb erfüllen, sind Betriebs- und Betreiberkonzepte ebenfalls in Phase 2 zu entwickeln.

Beim Betriebs- bzw. Betreiberkonzept geht es um die Konkretisierung der Nutzungs- und damit Gestaltungs- und Kostenaspekte einer Immobilie, die zum Zwecke eines während der Nutzungsphase managementintensiven, eng mit der Immobilie verknüpften Betriebs (z.B. Gemeindezentrum, Seniorenwohnheim, Krankenhaus) entwickelt wird. Grund für die frühzeitige Konzeption ist, dass innerhalb desselben Nutzensegmentes und gegebenenfalls sogar derselben Nutzerzielgruppe die Ausgestaltung der Immobilie und ihre Finanzströme je nach Betreiber und dessen Betriebskonzept so unterschiedlich sein können, dass die Verwendungsmöglichkeit durch einen anderen Betreiber oft, wenn denn überhaupt, nur durch aufwendige Veränderungen erfolgen kann.[46]

Demzufolge sollte bei Betreiberimmobilien der Betreiber so früh wie möglich fest stehen und in Programmplanung und Projektkonzeption eingebunden werden. Dies ist verhältnismäßig unproblematisch, wenn der Projektträger selbst Betreiber ist, bereits über entsprechende langjährige Erfahrungen verfügt und Standort-, Markt- und Wettbewerbssituation des neuen Projektes kennt bzw. entsprechende Analysen veranlasst und bewertet hat. Diffiziler ist es, wenn für Grundstück und Nutzungsidee ein externer Betreiber gesucht wird, d.h. Investment und Betrieb institutionell auseinander fallen und/oder die anderen genannten Voraussetzungen nicht bestehen. In diesem Fall ist zunächst ein grundsätzlich für das Grundstück und die Nutzungsidee passender Betreiber zu finden. Dieser sollte folgende zentrale Anforderungen erfüllen:

- Nachgewiesene Erfahrung, insbesondere kompetentes (Management-)Personal und bewährte Prozesse
- Erfolg versprechendes Betriebskonzept
- Bereitschaft (und voraussichtliche finanzielle Stabilität), sich für lange Zeit (15-20 Jahre und mehr) zu binden

Das von einem solchen Betreiber vorgesehene übergeordnete Betriebskonzept ist dann in Bezug auf das spezifische Projekt (Standort, Größe, bauliche Rahmenbedingungen, etc.) in Abstimmung mit planungs- und finanzwirtschaftlichen Fragen zu konkretisieren.

Um die Abhängigkeit von einem bestimmten Betreiber zu minimieren, empfiehlt es sich, entweder alternative Betreiber zur Erstellung eines Konzeptes bzw. Formulierung ihrer Anforderungen und Erwartungen zu motivieren, oder einen in Bezug auf die spe-

---

[46] Anschaulichstes Beispiel hierfür sind Hotels, bei denen ein Betreiberwechsel häufig die aufgeführten Konsequenzen hat.

zifische Nutzung erfahrenen Berater einzuschalten mit dem Ziel, insgesamt oder wenigstens so lange wie möglich, verschiedene Ausgestaltungsoptionen offen zu halten.

Das Betriebskonzept bezieht sich nicht nur auf die Art der betrieblichen Nutzung und die damit verbundenen Anforderungen an die Immobilie, sondern beinhaltet auch die vertragliche Gestaltung zwischen Investor und Betreiber, d.h. unter anderem die Art und Laufzeit der Nutzungsvereinbarung, Berechnung, Höhe und Veränderung des Nutzungsentgeltes und der Betriebskosten, Entscheidungsrechte bei Gestaltung und Materialien, Übernahme von Instandhaltung und Instandsetzung, Rechte in Bezug auf Modernisierung oder Umbau, Optionsrechte, etc., da diese Angaben wesentlichen Einfluss auf die nachfolgend dargestellten Konzepte haben.

### 4.2.3 Marketingkonzept/Öffentlichkeitsarbeit

Nur bei einem Teil der Projektentwicklungen von Sozialwirtschaft und Kirche wird die „klassische" Vermarktung zum Zwecke der Ertragserzielung eine Rolle spielen. Trotzdem sind Marketingüberlegungen und eine damit verbundene Öffentlichkeitsarbeit auch für eigene und gemeinnützige Nutzungen relevant, und dies nicht nur in Bezug auf eine mögliche spätere Drittverwendungsfähigkeit. Wenn als Ziel von „Marketing" allgemein die „Befriedigung von (Kunden-)Bedürfnissen" verstanden wird, dann unterstützt ein auf die Projektziele und das Umfeld abgestimmtes Marketing- und Kommunikationskonzept neben der privatwirtschaftlichen auch die öffentliche Akzeptanz, was immer wichtiger wird, und ist zudem für gegebenenfalls benötigte Fundraising-Aktivitäten für gemeinnützige Projekte erforderlich.

Im Rahmen eines Vermarktungs- bzw. Marketingkonzeptes gilt es, „die 4 P" des Projektes herauszuarbeiten. Dies sind
- Produkt: Charakteristika, Stärken und Schwächen der Immobilie und ihrer Nutzungsidee
- Placement: Zielgruppe, Positionierung, Vertriebswege des Immobilienangebots
- Preis: für die Immobilie bzw. ihre Nutzung
- Promotion: Art und Ort der Bekanntmachung des Projektes bzw. der internen und externen Kommunikation seiner wesentlichen Parameter.

Dabei müssen die vier P nicht nur untereinander konsistent sein und in Bezug auf Investoren und/oder Nutzer abgestimmt werden, sondern auf alle für das Projekt relevanten und gemäß Ziffer 3.3.1 identifizierten Stakeholder. Aus dem strategischen Marketing- und Kommunikationskonzept können im Rahmen der Umsetzungsvorbereitung dann die operativen Teilmaßnahmen abgeleitet werden.

Je früher in Bezug auf die Zielgruppen und die 4P's des Projektes Klarheit besteht, desto gezielter können Marketing und Kommunikation erfolgen, wodurch wiederum in einem frühen Stadium – in dem in Bezug auf die Konkretisierung der physischen Umsetzung (vgl. Abbildung 2 und Ziffer 4.3) noch Veränderungsmöglichkeiten bestehen – Einfluss genommen werden kann. Frühe Akzeptanzschaffung und Begeisterung bei Öffentlichkeit, Investoren und Nutzern ermöglichen eine frühzeitige Bindung und damit eine erhebliche Risikoreduktion des Projektes.

Die frühzeitige und professionelle Entwicklung eines solchen Marketing- und Kommunikationskonzeptes,[47] insbesondere sein strategischer und nicht nur operativer Ansatz, etabliert sich in der Praxis allerdings erst allmählich, so dass im Dienstleistermarkt entsprechend nur langsam diesbezügliche Kompetenzen aufgebaut werden. Für Organisationen, deren Kerngeschäft nicht die Projektentwicklung ist und die insofern über keine oder nur geringe diesbezügliche Inhouse-Kompetenz verfügen, ist dies eine schwierige Situation, die sich erst im Laufe der Zeit mit zunehmendem Angebot und Professionalisierung dieses Dienstleistungssegmentes entschärfen lässt.

## 4.3 Konkretisierung der physischen Umsetzung

Grundlage der physischen Umsetzung ist das Planungskonzept, bei dessen Erstellung Architekten die zentrale Rolle spielen. Neben der Entwicklung einer physischen Gestalt, die dem vorgesehenen Programm und den vielen vorgenannten Kriterien für das Projekt entsprechen sollen, sind in der Konzeptionsphase auch die grundsätzlichen (bau-)genehmigungsrechtlichen Voraussetzungen zu klären. Diese sind häufig als Voraussetzung Bestandteil der Konzeption zur Grundstückssicherung.

### 4.3.1 Gestaltungs-/Bebauungs-/Transformationskonzept

Das Konzept für die Gestaltung des Projektes („Planungskonzept"), sei es eine Neu- oder eine Bestandsentwicklung, wird auf Basis der Nutzungsidee und der Standort- sowie der Markt- und Wettbewerberanalyse entwickelt und ist jederzeit mit Nutzungskonzept sowie Marketing- und Kommunikationskonzept abzustimmen. Die Qualität des Planungskonzeptes bemisst sich am hiermit abgedeckten Erfüllungsgrad des Projektprogramms und den Projektentscheidungskriterien, die grundlegende Richtschnur für den Architekten sind und deshalb zu Beginn der Konzeptionsphase vorhanden und mit deren Abschluss nicht mehr verändert werden sollten.

Nach entsprechender Klärung der Grundlagen und Festlegung der Aufgabenstellung wird dann durch das Architekturbüro ein erster Grundentwurf mit diesbezüglichen skizzenhaften Visualisierungen, Flächenangaben, Raumprogramm, Baukostenschätzung, Planungs-, Genehmigungs- und Realisierungszeitbedarf erstellt, auf dem die Vorplanung gem. § 15 HOAI aufsetzt, die eigentliche Planungskonzeption. Diese muss am Ende auch die relevanten Angaben anderer Leistungsbereiche als der architektonischen beinhalten (Boden- und Bauwerksuntersuchungen, Tragwerksplanung, Gebäude- und Fassadentechnik, Außenanlagen, etc.); diesbezüglich übernimmt das Architekturbüro die Koordinations- und Integrationsfunktion der anderen Planungsbeteiligten, bezüglich deren Leistungsumfang und Auswahl es den Projektträger auch häufig unterstützt. Zudem ist es für die Identifikation und Klärung möglicher Probleme (Baurecht, Altlasten, etc.) zuständig, die sich aus den Gegebenheiten versus den Planungsanforderungen und Zielvorstellungen des Projektträgers ergeben könnten. Insofern sind neben der

---

47 Für diesbezügliche Details siehe den Kapitel VI, Teil 2, „Immobilienmarketing", S. 309.

Vorplanung für eine Handlungsoption nach den gleichen Anforderungen auch alternative Lösungsmöglichkeiten zu entwickeln, zeichnerisch darzustellen und zu erläutern.

Die resultierenden Planungen und Mengen-/Kosten-/Zeitschätzungen (u.a. die Kostenschätzung nach DIN 276) sind, da sie sich nun auf den konkreten Vorentwurf (bzw. diesbezügliche Alternativen) beziehen und wesentliche mögliche Probleme berücksichtigen sollten, deutlich zuverlässiger als die auf wenigen, groben Kennzahlen basierenden Überlegungen der Phase 1. Mit diesen Angaben können Investitionsrechnung und erste grobe Nutzwertanalyse der Phase 1 konkretisiert und die Entscheidungsfindung für die Umsetzung maßgeblich fundiert werden.

Angesichts der Bedeutung des Planungskonzeptes für den Projekterfolg, sowie den vielfältigen Dimensionen, die bei dessen Entwicklung und gestalterischer wie baulicher Umsetzung zu berücksichtigen sind, ist die Kompetenz des zuständigen Architekturbüros für das Projekt und damit dessen Auswahl für den Projekterfolg entscheidend wichtig. Folglich ist eine wesentliche strategische Aufgabe des Projektinitiators, Projektträgers und/oder des Projektteams die Herausarbeitung der für das Projekt relevanten Kompetenzen des Architekturbüros und ein dem Projekt (Größe, Komplexität, etc.) entsprechendes Auswahlverfahren.

Grundsätzlich gilt hierfür dasselbe wie für die Auswahl der Projektleitung,[48] d.h. die Auswahl sollte systematisch, Ziele orientiert und Kriterien basiert erfolgen. Dies kann bei Projekten von Kirche und Sozialwirtschaft die eine oder andere Form des Architektenwettbewerbs,[49] eine privatwirtschaftliche Ausschreibung oder auch eine freihändige Vergabe sein, solange der Projektträger kein öffentliches Unternehmen ist. Vor- und Nachteile der verschiedenen Verfahren[50] sowie deren Eignung für das konkrete Projekt sind individuell zu beurteilen. Neben den objektbezogenen Inhalten für einen Wettbewerb sollte dieser möglichst auch Kriterien in Bezug auf die Qualifikation der Teilnehmer hinsichtlich seiner Koordinations- und Integrationsaufgaben sowie im Hinblick auf Erfahrungen im konkreten Immobiliensegment enthalten, insbesondere dann, wenn die Preisträger nicht nur die Konkretisierung der Planungen, sondern auch die künftige Projektrealisierung übertragen bekommen sollen. Andernfalls geht der Projektträger bezüglich der Projektzielerreichung ein hohes Risiko ein.

### 4.3.2 Grundsätzliche baurechtliche und Genehmigungsthemen

Ein kritischer Teil der Konkretisierung der physischen Umsetzung ist die Klärung von bau- und sonstigen genehmigungsrechtlichen Fragen. Dazu gehören das Vorhandensein bzw. die Aussicht auf einen Bebauungsplan oder einen Vorhaben- und Erschließungsplan, die Beschaffung oder plausible Annahme von Ausnutzungskennziffern, und die Erfassung und Analyse weiterer Rahmenbedingungen wie das Vorhandensein von Schutzzonen, möglichen örtlichen Baubegrenzungen oder zu berücksichtigenden Sat-

---

48 Ziffer 4.1.
49 Offen, begrenzt offen, eingeladen, einstufig oder mehrstufig, oder als Gutachterverfahren, vgl. Becker, Eike: Die Rolle der Architektur in der Projektentwicklung, S. 735, in: Schulte/Bone-Winkel (2002): Handbuch Immobilien-Projektentwicklung, 2. Aufl., Rudolf Müller, Köln.
50 Kapitel IX, Baurecht, Architekten- und Ingenieurvertragsrecht, S. 477ff.

zungen, Anordnungen zu Denkmalschutz und Abriss, möglichen Altlastenvorkommen, Erschließungs- und Anschlussmöglichkeiten oder auch die Kenntnis zu öffentlich- oder privatrechtlichen Rechten Dritter wie Leitungs- oder Überfahrtsrechten, Baulasten, Abstandsvereinbarungen und Grunddienstbarkeiten.

Diese Klärung liegt im Wesentlichen ebenfalls im Auftrag des für die Planungskonzeption zuständigen Architekturbüros und erfolgt durch Dokumentenrecherche, Gespräche und Vorverhandlungen mit Behörden genauso wie durch Abklärung der Genehmigungsfähigkeit mit den anderen an der Planung fachlich Beteiligten, deren Rückmeldungen zu berücksichtigen und in die Planungen zu integrieren sind. Abschließend können zur verbindlichen Klärung öffentlich-rechtlicher Fragen eine Anfrage zur Nutzungsänderung und/oder eine Bauvoranfrage hilfreich sein.

Auch angesichts der vorgenannten Aspekte wird deutlich und kann nicht genügend betont werden, dass das beauftragte Architekturbüro und der hier verantwortliche Mitarbeiter über ausreichende Erfahrung mit Planung, Errichtung und Betrieb des/der Nutzungstypen des Projektes sowie dem Projektstandort verfügen muss, da die jeweils anzuwendenden Gesetze und Vorschriften, Normen und Richtlinien vielfältig und in hohem Maße unterschiedlich sind. Eine Versammlungsstätte beispielsweise unterscheidet sich im Hinblick auf Brandschutzvorschriften maßgeblich von einer Büronutzung, ein Pflegeheim hat andere räumliche und technische Anforderungen in Bezug auf Barrierefreiheit und Behindertengerechtigkeit als eine normale Wohnnutzung, und Materialanforderungen oder Zuschuss-/Erstattungsmöglichkeiten sind je nach Nutzungsart und Bundesland höchst unterschiedlich geregelt.

### 4.3.3 Grundstückssicherung

Da sich das Planungskonzept auf ein konkretes Grundstück bezieht und mit der Planung nicht unerhebliche Kosten verbunden sind, bedarf es möglichst früh, spätestens zu Beginn der Konzeptionsphase eines Konzeptes zur Grundstückssicherung. In diesem ist auszuarbeiten und vorzubereiten, welche Möglichkeiten der Projektträger zur Sicherung des für die Planung ins Auge gefassten Grundstückes hat, ohne dass diesbezügliche final verpflichtende Vereinbarungen getroffen werden.

Im Fall von Sozialwirtschaft und Kirche kann das Thema Grundstückssicherung sowohl unter Akquisitions- als auch unter Desinvestitionsgesichtspunkten relevant sein, da eine finale Entscheidung für oder gegen eine Projektentwicklungen häufig von einer positiven Genehmigungsfähigkeit des Projektes auf dem Grundstück oder sogar dem Vorliegen der Genehmigung abhängig gemacht werden soll.

Auch wenn ein klassischer An- und Verkauf[51] zunächst (noch) nicht erfolgen sollen, stehen einem Investor zur frühen Sicherung diverse andere Möglichkeiten zur Verfügung,[52] die im Rahmen des Grundstückssicherungskonzeptes geprüft und detaillierter auszuarbeiten sind. Dazu gehören die Einräumung von Vorkaufsrechten, die Vereinba-

---

51 Herzu Kapitel VI, Teil 1, S. 283ff.: An- und Verkauf, Vertragliche Grundlagen, Belastung von Grundstücken.
52 vgl. Schäfer/Conzen, 2013, S. 107ff.

rung eines aufschiebend bedingten Vertrages (Optionsvertrag im engeren Sinne), der Kaufvertrag mit Rücktrittsvorbehalt, die Einräumung eines befristeten Kaufangebotes, der Abschluss eines Kaufvertrags mit aufschiebender oder auflösender Bedingung, der Abschluss eines Vorvertrags oder die Einräumung einer Vorhand.

Diese Aufzählung allein zeigt anschaulich, dass es bereits in den frühen Projektentwicklungsphasen ratsam ist, Juristen mit immobilienspezifischer Expertise einzuschalten, wobei – genauso wie bei Architekten und Ingenieuren – angesichts der Fülle und Heterogenität von Themen[53] und ständigen rechtlichen Weiterentwicklungen auch hier eine starke Spezialisierung eingesetzt hat. Insofern ist die Identifikation und Auswahl der für das Projekt und die spezifische Fragestellung passenden Kanzlei nicht ganz einfach. Vergleichende Übersichten[54] und Empfehlungen können den Einstieg erleichtern, letztlich sind jedoch Netzwerk und persönliche positive Erfahrungen der Projektleitung oder anderer Projektbeteiligter besonders wertvoll.

## 4.4 Konkretisierung der finanzwirtschaftlichen Aspekte

Die vorgenannten Konzepte zu Nutzung und physischer Realisierung sowie zu grundsätzlichen vertrags- und genehmigungsrechtlichen Fragen beeinflussen die finanzwirtschaftlichen Aspekte und umgekehrt. Auswirkungen und Zusammenspiel der verschiedenen Konzepte führen dann zu sich über die Zeit verändernden Finanzmittelbedarfen, deren jederzeitige Deckung durch ein Finanzierungskonzept sicher zu stellen ist. Konkret stellt sich die Frage, wie sich der Finanzierungsbedarf im Projektverlauf und während der Nutzungszeit entwickeln wird, und wie und durch wen dieser gedeckt werden soll.

Die Frage nach dem Umfang und der zeitlichen Entwicklung des Finanzierungsbedarfs ergibt sich durch die Verknüpfung der wesentlichen Parameter der verschiedenen Konzepte und der hiermit verbundenen Finanzströme („Cash Flows") im Vollständigen Finanzplan,[55] der insofern während der Konzeptionsphase entsprechend zu ergänzen und zu aktualisieren ist.

Danach ergibt sich, abhängig von der Art und Nutzung der Immobilie sowie den hiermit verbundenen Zielen temporär (z.B. während der Entwicklungszeit) oder dauerhaft (z.B. bei Kirchengebäuden), dass die Ausgaben des Projektes die Einnahmen übersteigen und deshalb durch eigene oder fremde Mittel des Eigentümers zu decken sein werden.

Bei einer temporären Überschreitung, nach der sich die prognostizierten Finanzströme innerhalb eines definierten Zeitraums mit hoher Wahrscheinlichkeit so entwickeln, dass die Summe der Einnahmen die Summe der Ausgaben inkl. Zinsen übersteigt (klassisches „Investment"), stehen zur Finanzierung von sozialwirtschaftlichen und kirchlichen Projekten sämtliche Instrumente einer Fremdfinanzierung zur Verfügung, die auch

---

53 Architekten- und Ingenieurverträge, Bauverträge, Mietverträge, Finanzierungsverträge, Verträge mit der öffentlichen Hand, etc.
54 Z.B. die Veröffentlichung der Immobilien Zeitung: „Immobilienanwälte – wer sie sind, was sie leisten, wie viel sie kosten".
55 Ziffer 3.3.4.

privatwirtschaftliche Unternehmen haben.[56] Ist dies nicht der Fall und/oder die Immobilie hat nur einen geringen oder keinen Marktwert, der einer Fremdfinanzierung als Sicherheit dienen könnte, müssen entweder andere Sicherheiten gestellt oder Eigenmittel eingesetzt werden. Diese sind bei kirchlichen und gemeinnützigen Organisationen dann entweder durch Überschüsse anderer Investments der Eigentümerorganisation oder über Spenden bzw. Stiftungsmittel abzudecken.[57] Das Finanzierungskonzept summiert diese Informationen und Überlegungen und ist damit ebenfalls wesentlicher Teil der Machbarkeitsstudie.

### 4.5 Konkretisierung der prozessualen Umsetzung

Die inhaltlichen Konzepte werden ergänzt durch Konzepte, die die prozessuale Umsetzung betreffen und die im Wesentlichen klären, wie und wann das Projekt umgesetzt werden soll sowie welche personellen und infrastrukturellen Ressourcen hierfür benötigt werden.

#### 4.5.1 Managementkonzept (Planung, Organisation, Entscheidung, Steuerung, Kontrolle)

Neben den strategisch-konzeptionellen (Führungs-)Aufgaben, die vor allem von den Projekt-Auftraggebern, der Projektleitung sowie ggf. einzelnen Projektexperten übernommen werden, obliegen dem engeren Projektteam auch die Projektmanagementaufgaben, d.h. die Planung, Organisation, Entscheidung(-svorbereitung), Steuerung und Kontrolle des Projektes über den gesamten Projektzeitraum. Was in Ziffer 4.1 als „Ablauforganisation" des Projektes angedeutet wurde, ist im Rahmen des Managementkonzeptes zu konkretisieren. Dabei geht es vor allem darum, welche Planungen seitens des Projektteams wann und durch wen durchzuführen sind, welche Vergaben und Entscheidungen vorbereitet werden müssen, wann diese stattfinden und wie sie ablaufen, das Sicherstellen der Umsetzung von Entscheidungen („Durchsetzung"), die Etablierung von Instrumenten und Maßnahmen zum Erkennen von Abweichungen im Prozessablauf inklusive der zugehörigen Kontrollzeitpunkte, das Aufstellen von Regelungen im Fall von Abweichungen sowie die Planung und Etablierung von Kontrollgrößen sowie Zeitpunkten zu deren Erfassung. Insofern sind die Managementprozesse, d.h. die Maßnahmen, die aus Auftraggebersicht und durch Auftraggeberaktivität den Projekterfolg positiv beeinflussen können, Gegenstand des Managementkonzeptes, nicht die Leistungsprozesse, die die Planung und Durchführung der Gebäudekonzeption, -planung und -realisierung als solches umfassen; diese Leistungsprozesse liegen bei den Planern, Ingenieuren, Dienstleistern und Ausführungsfirmen, den „Prozessführern" der Abbildung 3.

---

56 Reutter/Jordan/Wulff: Finanzierung von Immobilien-Projektentwicklungen, S. 147ff., in: Schäfer/Conzen (2013).
57 Für weitere Ausführung hierzu vgl. Kapitel V: „Finanzierung der Immobilien und erforderlicher Investitionen", S. 219ff.

### 4.5.2 Übergeordneter Zeit- und Ablaufplan sowie Ressourcenplan (Personal und Infrastruktur)

Zu den Projektmanagementaufgaben gehört insofern auch die Erstellung eines projektübergreifenden Zeit- und Ablaufplans, der die Projektphasen mit ihren wesentlichen Aktivitäten/Prozessen, deren Dauer und Abhängigkeiten sowie wichtige Meilensteine enthält. Moderne Projektmanagement-Software erlaubt die Verknüpfung des Zeit- und Ablaufplans mit den hierfür benötigten Ressourcen, insbesondere Personalkapazitäten, aber auch Räumen oder anderer benötigter Infrastruktur. Aktivitäten und Ressourcen können mit Kosten unterlegt werden, so dass als Output einer solchermaßen integrierten Planung u.a. eine umfassende, zeitlich detaillierte Budgetplanung generiert werden kann, die wiederum den Vollständigen Finanzplan speist. Insgesamt können durch eine solche Projektplanung zeitliche oder kapazitative Engpässe und kritische Punkte erkannt und durch verschiedene Umplanungen optimiert werden, zu Projektbeginn genauso wie während des Projektes.

Auch die Kontrollen können als Aktivitäten oder Meilensteine im Plan aufgeführt werden, genauso wie hierdurch erkannte und veranlasste eventuelle Nacharbeiten/Nachbesserungen, die sich auf andere Prozesse und damit auf Zeiten und Kosten auswirken. Im Verlauf des Projekts werden dann den Planwerten die Istwerte gegenübergestellt, und zwar für Zeiten und Kosten genauso wie für Ausführungsstände, so dass über Projektverlaufsprognosen und Abweichungsanalysen sehr frühzeitig Anpassungsmaßnahmen vorgeschlagen und umgesetzt, also aktiv gesteuert werden können. Die finale Ergebniskontrolle sollte dann keine Überraschungen mehr beinhalten, weder terminlich noch in Bezug auf die verbrauchten Finanzmittel oder die Qualität der Leistung. Eine umfassende Zeit-, Ablauf- und Ressourcenplanung ist somit die zentrale Grundlage für ein aktives und effektives Projekt-Controlling.[58]

### 4.6 Risikoanalyse

Die in den vollständigen Finanzplan (VoFi) und in die Nutzwertanalyse (NWA) eingehenden Parameter basieren auf Annahmen, die die mit höchster Wahrscheinlichkeit zu erwartenden Ausprägungen der Parameter darstellen, bzw. den analytisch respektive intuitiv ermittelten „Erwartungswert". Die Möglichkeit, dass in der sich realisierenden Zukunft die Parameter andere Ausprägungen annehmen werden als erwartet, wird als „Risiko" bezeichnet. Dabei kann es sich sowohl um negative (nicht erwünschte, nicht förderliche) als auch um positive (erwünschte, für die Ziele förderliche) Abweichungen vom Erwartungswert handeln („Risiko im weiteren Sinne"). In einem engeren Verständnis wird als „Risiko" die negative, als „Chance" die positive Abweichung verstanden.

Gemessen wird Risiko durch Varianz und Standardabweichung der jeweiligen Parameterausprägungen vom Erwartungswert. Insofern ist es im Rahmen der verschiedenen Analysen jeweils auch notwendig, sich über deren Verteilungen Gedanken zu machen,

---

58 Wild brachte dies bereits 1981 auf den Punkt: „Planung ohne Kontrolle ist [...] sinnlos, Kontrolle ohne Planung unmöglich." Wild: Grundlagen der Unternehmungsplanung (1981), S. 44.

wobei dies vor allem für solche Parameter und Annahmen relevant ist, die wesentlichen Einfluss auf den erwarteten Projekterfolg und damit die Entscheidung für die eine oder andere Alternative bzw. Ausprägung haben. Solche Parameter können – sowohl im VoFi als auch in der NWA – durch Sensitivitätsanalysen, mit deren Hilfe die Empfindlichkeit des Ergebnisses bei Veränderungen der einzelnen Parameter/Faktoren zu ermitteln ist, identifiziert werden.

Um Risiken bei der Entscheidungsfindung zu berücksichtigen, sollte zumindest eine Szenarienanalyse durchgeführt werden, zunehmenden Praxiseinsatz erlebt aber auch die sogenannte „Monte-Carlo-Simulation".[59]

Szenarien sind alternative Berechnungen (z.B. eines VoFi), die sich durch vorab festgelegte Variationen der relevantesten Parameter unterscheiden. Dabei sollten nur solche „Konfigurationen" (d.h. Ausprägungsbündel der Parameter) betrachtet werden, für die es plausibel erscheint bzw. argumentiert werden kann, dass sie tatsächlich so und in der vorgesehenen Konstellation zusammen auftreten könnten. Dabei wird in der Regel mehr als ein Inputparameter und dessen Variation betrachtet. Die durch die Szenarienanalyse zu beantwortende Frage ist, wie sich die Variationen der Inputparameter konkret auf eine oder mehrere Ergebnisvariablen (z.B. Kosten, Auslastung, Zeit, Rendite, …) auswirken. Die so berechneten Szenarienergebnisse können wiederum mit ihren vermuteten Wahrscheinlichkeiten gewichtet und insofern Erwartungswerte für die verschiedenen Ergebnisvariablen einer Handlungsalternative berechnet werden, die dann wieder Grundlage des Vergleichs der betrachteten Handlungsalternativen sind. Üblicherweise werden mindestens drei Szenarien untersucht: Ein „Real Case", in dem die Parameterausprägungen den Erwartungswerten entsprechen, ein „Best Case", in dem die sich optimalerweise einstellende Parameterkonfiguration dargestellt wird, sowie ein „Worst Case", der die schlechteste Konfiguration enthält. Sowohl der „Best Case" als auch der „Worst Case" sollten mit einer gewissen (nennenswerten) Wahrscheinlichkeit so auftreten können; es geht nicht um grundsätzlich mögliche, aber extreme und hochgradig unwahrscheinliche Ausnahmezustände.

Bei Simulationsberechnungen wird im Prinzip eine Vielzahl von Szenarien durchgerechnet, was zu deutlich fundierteren Ergebnissen führt als bei der Szenarioanalyse. Durch sehr bedienerfreundliche Programme,[60] die auf die gängigsten Tabellen-Kalkulationsprogramme aufsetzen, sowie die stark erhöhten Rechnerleistungen von Computern, sind Simulationsberechnungen heute für nahezu jeden durchführbar. Voraussetzung für eine Simulationsberechnung von beispielsweise VoFi oder Nutzwertanalyse ist eine Grundberechnung in einem Kalkulationsprogramm, die Input- und Ergebnisvariablen verknüpft, sowie die Festlegung von Verteilungsfunktionen der relevantesten Parameter. Dabei wird häufig – insbesondere wenn keine bessere Information vorliegt – eine Beta-Verteilung unterstellt, für die hinsichtlich des Parameters nur drei Informationen bekannt sein müssen (bzw. von Experten einzuschätzen sind): der mit der höchsten Einzelwahrscheinlichkeit eintretende Wert, der minimal und der maximal eintretende

---

59 Zum genaueren Vorgehen bei Sensitivitäts- und Szenarienanalysen sowie der Monte-Carlo-Simulation vgl. u.a. Kapitel V, Teil 2: „Investitionsrechnung", S. 248ff.
60 Z.B. "Crystal Ball" von ORACLE oder "@risk" von Palisade.

Wert. Nach Schaffung dieser Voraussetzungen wird dem Programm noch „mitgeteilt", welche Ergebnisvariablen ausgewertet und wie viele Simulationen gerechnet werden sollen. Auf dieser Basis errechnet das Programm dann für die Ergebnisvariablen nicht nur die Erwartungswerte, sondern die gesamte Verteilungsfunktion dieser Erwartungswerte. Dadurch sind dann auch Aussagen möglich wie „das Ergebnis X wird mit einer Wahrscheinlichkeit von Y% genau erreicht, unter- oder überschritten". Wenn diese Aussagen nicht den Zielwerten entsprechen, wird dies durch die Simulationsrechnung bereits im Vorfeld der Entscheidung erkannt und könnte beispielsweise durch die Einplanung (und entsprechende Kalkulation und Simulation) zusätzlicher Maßnahmen und ihrer Verknüpfung mit den anderen Variablen berechnet, entschieden und umgesetzt werden. Auch wenn einer solchen Simulationsberechnung in der Regel diverse Annahmen und Vermutungen, z.B. bezüglich der Ausprägungsverteilungen, zugrunde liegen, sollte ihr Einsatz erfolgen, da sie – ähnlich wie Nutzwertanalysen – die ansonsten impliziten Annahmen transparent machen. Zudem kann der menschliche Verstand schon bei wenigen verknüpften Parametern die Auswirkungen auf die Zielgrößen nicht mehr ermitteln.

Die genannten Aspekte – Risikoidentifikation, Risikoanalyse und Maßnahmenvorschlag – sind die ersten Schritte eines Risikomanagementsystems, denen dann Entscheidungen zu risikobeeinflussenden Maßnahmen sowie deren Realisierung, Steuerung und Kontrolle folgen, wobei sich die Systematik an der des allgemeinen Projektmanagements orientiert.[61]

*4.7 Machbarkeitsanalyse*

Alle vorgenannten Konzepte werden am Ende der Phase 2 im Rahmen einer sogenannten Machbarkeitsanalyse[62] zusammengeführt. Die Verzahnung der einzelnen Konzepte und die sich hieraus ergebende Notwendigkeit, die einzelnen Arbeiten iterativ aufeinander abzustimmen, wurden im Rahmen der Beschreibungen schon mehrfach angesprochen. „Machbar" ist das Projekt, wenn Projektinhalte, -zeit und -kosten mindestens einer Handlungsalternative, die nicht „Unterlassen" (Status Quo) heißt, mit hoher Wahrscheinlichkeit die Projektziele erreichen oder übertreffen werden. In der Nutzwertanalyse ist dies gut erkennbar. Sollte dies nicht der Fall sein, so kann der Nutzwertanalyse ebenfalls entnommen werden, zu welchen Aspekten Nachbesserungsbedarf bzw. Nachbesserungspotenzial besteht. In diesen Punkten sind die betroffenen Konzepte zu überprüfen und zu überarbeiten, mit den entsprechenden Auswirkungen auf andere Konzepte.

Solange die vorab festgelegten Mindeststandards des Projektes nicht erreicht sind, sollte die Umsetzungsentscheidung nicht getroffen und das Projekt nicht fortgeführt werden, denn gerade bei Immobilienprojekten würden hierdurch erhebliche Kosten ausgelöst, die bei späterer Unterlassungsentscheidung abzuschreiben wären.

---

61 PMBOK Project Management Book of Knowledge, Chapter 11 – Project Risk Management, PMI (Hrsg.), 2013.
62 Auch: „Feasibility Study".

In der Praxis gibt es allerdings genügend Beispiele, dass Projekte – insbesondere wegen der schon verursachten Kosten, selbst wenn diese erst einen Bruchteil der noch kommenden bzw. zu erwartenden Verluste bei Fortführung ausmachten – in Widerspruch zu den ursprünglichen Entscheidungskriterien und somit wider besseres Wissen fortgeführt wurden, ohne aktiv und transparent über die Konsequenzen aufzuklären und dann – wenn es gute Gründe dafür gibt – gegebenenfalls Kriterien und/oder Rahmenbedingungen zu verändern. Dies kann durch ein systematisches, rationales und transparentes Vorgehen wie für die Projektphasen 1 und 2 vorgeschlagen, vermieden werden.

### 4.8 Konzeptionsphase im Projektbeispiel

#### 4.8.1 Projektträger und Projektorganisation

Das Presbyterium der Beispielgemeinde als vergleichsweise großer Gemeinde hat 33 Mitglieder, die, zusammengesetzt aus 7 Pfarrstelleninhabern und ansonsten ehrenamtlich tätigen, Gemeindemitgliedern, das zentrale Leitungsorgan der Gemeinde bilden, welches aufgrund der basisdemokratischen Organisation der Landeskirche ein hohes Maß an Autarkie in Bezug auf Finanzen, Personal, Liturgie, etc. besitzt. Daneben wird operativ in Bezirks- sowie Sach- und Fachausschüssen gearbeitet, u.a. im „Bauausschuss XYZ-Entwicklungsprojekt", der die Rolle des Projektauftraggebers des Beispielprojektes wahrnimmt und auch die interne Projektleitung stellt. Durch ein vorauslaufendes Immobilienentwicklungsprojekt, das knapp 40% des Investitionsvolumens des XYZ-Projektes umfasste, waren in den 2-3 Jahren vor Beispielprojektstart bereits nennenswerte Erfahrungen gesammelt worden, auf die nun aufgesetzt werden konnte. Dabei war aber auch deutlich geworden, dass es höchst ratsam ist, einen professionellen Dienstleister hinzuzuziehen, der als externer Projektleiter alle Fäden in der Hand hält, nicht zuletzt, da die Ausschussmitglieder meist fachfremd sowie ehrenamtlich tätig sind, und damit der anspruchsvollen Leitungsaufgabe nicht gerecht werden können. Dieser externe Dienstleister ist für alle unter 4.1 und 4.5 dargestellten Aspekte verantwortlich und befindet sich in engster Abstimmung mit dem XYZ-Bauausschuss.

#### 4.8.2 Konkretisierung der Nutzungsidee

Wie beschrieben, wurde in einem mehrjährigen und mehrstufigen, interaktiven Entwicklungsprozess die Projektidee, zuletzt mit dem externen Dienstleister, erarbeitet, entwickelt und formuliert. Auf Basis des dezidierten Anforderungsprofils (vgl. 3.4.5) wurde dann ein Wettbewerbsverfahren initiiert und die Projektidee mit einem Architektenwettbewerb städtebaulich und architektonisch konkretisiert. Dieses Verfahren fand unter großer Zustimmung von Bezirkspolitik und Verwaltung (Stadtplanung, u.a.) statt und brachte ein attraktives und realisierungsfähiges Ergebnis hervor, das derzeit mit externer Fach- und Expertenunterstützung weiter ausgearbeitet wird, insbesondere im Hinblick auf die konkrete Programmfestlegung.

### 4.8.3 Betriebs-/Betreiberkonzept

Da neben der Citykirchenarbeit auf den neuen Flächen auch kommerzielle Betreiber-Nutzungen (Gastronomie sowie Beherbergung) vorgesehen sind, die die bauplanerische Umsetzung beeinflussen, laufen diesbezüglich aktuell Gespräche mit potenziellen Betreibern, die teilweise schon vorher in den Bestandsflächen tätig waren bzw. mit denen neue und synergetische, inhaltliche wie finanzielle Modelle entwickelt werden. Dies ist noch nicht der Fall in Bezug auf die Retailflächen, sollte jedoch zumindest explorativ ebenfalls vor finaler Realisierungsentscheidung erfolgen.

### 4.8.4 Marketingkonzept/Öffentlichkeitsarbeit

Durch die prominente Lage des Projektes, den Architektenwettbewerb sowie die erfolgte, aktive Einbindung von Stadt und Öffentlichkeit, ist das Projekt bereits öffentlich positiv positioniert worden. Mit der Konkretisierung des Nutzungsmixes kann dies nun zielgruppenspezifisch vertieft werden. Insbesondere sind in diesem Zusammenhang Kerncharakteristika der verschiedenen Nutzungen, deren Zielgruppen und Positionierung sowie die hieraus resultierenden, für die Wirtschaftlichkeit essenziellen Ertragspotenziale zu spezifizieren und zu validieren.

### 4.8.5 Gestaltungs-/Bebauungs-/Transformationskonzept

Mit der Entscheidung im Architektenwettbewerb sind wesentliche Konkretisierungsaspekte erfolgt, die jedoch entsprechend der vorgenannten Punkte auf ihre Praxistauglichkeit und Umsetzbarkeit zu prüfen sind. Insofern bleibt es in dieser Phase wichtig, darauf zu achten, dass auch die Planer flexibel auf weitere Erkenntnisse eingehen und diese bestmöglich in die bestehende Gebäudeplanung aufnehmen, sofern notwendig auch bereit sind, den ersten Entwurf zugunsten der Gesamtzielerreichung vielleicht sogar nicht unerheblich anzupassen. Beispielsweise könnte durch weitere Bodensondierungen, bei denen bereits mittelalterliche Funde zutage tragen, eine Umplanung der Untergeschossflächen notwendig werden.

### 4.8.6 Grundsätzliche baurechtliche und Genehmigungsthemen

Die ersten Investitions- und Rentabilitätsberechnungen (vgl. 3.4.4) zeigten bereits, dass unter den bisherigen Annahmen kaum weiterer finanzieller Spielraum besteht. Die Situation könnte u.a. durch eine größere Mietfläche verbessert werden, was in Bezug auf Ausnutzungskennziffern, Baubegrenzungen, etc. zu prüfen wäre. Gespräche mit den Behörden sowie eine Bauvoranfrage können hier für höhere Transparenz und Sicherheit sorgen. Das gilt auch in Bezug auf den Umgang mit den Bodenfunden.

### 4.8.7 Grundstückssicherung/juristische Fragestellungen

Da im Beispielprojekt das Grundstück im Besitz der Gemeinde ist und bleibt, muss zur Grundstückssicherung kaum etwas unternommen werden. Allerdings war die Errichtung des Pavillon-Neubaus gemeindefinanziert gewesen, so dass die diesbezüglichen

Ansprüche sowohl inhaltlich als auch finanziell zu prüfen und zu berücksichtigen sind. Zur klaren Abgrenzung der Neubaulösung vom Kirchengebäude ist das Grundstück zudem zu teilen und entsprechende Überfahrtsrechte etc. einzuplanen. Durch die Mischnutzung sind außerdem steuerliche und mietrechtliche Fragen zu klären, die nicht unerheblichen Einfluss auf die Wirtschaftlichkeitsberechnung haben, so z.B. die Bestimmung des nicht vorsteuerabzugsberechtigten Anteils.

4.8.8 Konkretisierung der finanzwirtschaftlichen Aspekte

In diesem Stadium kann bereits der VoFi angelegt und teils mit Erkenntnissen, teils noch mit Annahmen gefüllt werden, um so möglichst rasch zu erkennen, wo noch Handlungsbedarf besteht.

4.8.9 Managementkonzept, Zeit-, Ablauf- und Ressourcenplan

Angesichts der zunehmenden Fülle und höheren Detailliertheit der Konzepte und Aktivitäten kann und muss nicht nur die finanzielle Planung konkretisiert werden, parallel, da interagierend, sind auch Ressourcen- und Zeitplanung mit Meilensteinen und Planwerten festzulegen und der Kontrollprozess aufzusetzen. Dabei sind zudem Zuständigkeiten und Verantwortlichkeiten für die verschiedenen Tätigkeiten festzulegen. Aus Auftraggebersicht ist es jetzt auch wichtig, bisher erst grob definierte Qualitäten und Leistungsansprüche zu formulieren und festzulegen bzw. sich Alternativen zu überlegen, wenn diese nicht mit Zeit- oder Kostenbudgets zu vereinbaren sein sollten. Mit Abschluss der Phase sollten diesbezügliche Änderungswünsche dann eingefroren werden.

4.8.10 Risikoanalyse/Machbarkeitsanalyse

Abschließend können Szenarien und Simulationen gerechnet und vor der Entscheidung für die Realisierung derart fundiert die Machbarkeit beurteilt werden.

4.8.11 Übergreifend

Eine zentrale und verallgemeinerbare Erfahrung aus dem Beispielprojekt ist somit, dass Institutionen die weitestgehend durch ehrenamtliches Engagement und Fachfremde (Pfarrer/Priester) getragen sind, keine Scheu haben sollten, sich frühzeitig geeignete Partner für die Steuerung nicht nur des Planungs- und Bauprozesses, sondern insbesondere für die Erarbeitung der Projektidee und der Nutzerbedarfsanalyse und Raumprogrammaufstellung ins Boot zu holen. Diesen richtigen Partner zu finden, ist nicht so einfach, denn zumindest bis zu den Leistungsphasen 2 bis 3 (HOAI) ist es nicht der „klassische Projektsteuerer", der benötigt wird, eher der Stadt- bzw. Raumplaner mit Projektentwickler-Knowhow. Auch wenn noch rar, gibt es im Markt einige dienstleistende Projektentwickler /Stadtplaner, die einer solchen Aufgabe gewachsen sind.

## 5. Projektumsetzung

Wenn alle wesentlichen Konzepte zufriedenstellend erstellt und die Umsetzungsentscheidung getroffen ist, kann die tatsächliche Realisierung vorbereitet und durchgeführt werden.

### 5.1 Durchführungsvorbereitung

Wichtigste Voraussetzungen für die Realisierung ist in vielen Fällen, auch bei Projekten von Sozialwirtschaft und Kirche, eine möglichst hohe Sicherheit in Bezug auf die Nutzung zu haben, und, besser noch, den spezifischen Nutzer zu kennen; deshalb sollte der Abschluss der Nutzungsvereinbarung (bei Single-Tenant-Nutzungen) bzw. einer Mindestanzahl von Nutzungsvereinbarungen/Mietverträgen (bei Multi-Tenant-Nutzungen) möglichst frühzeitig erfolgen. Dies ist nicht nur für die Sicherung der Finanzierung relevant, sondern auch im Hinblick auf die Passgenauigkeit der Ausführungsplanung.

Andererseits wäre es angesichts der sehr langen Laufzeiten bei Spezial- und Sonderimmobilien für ein fundiertes Nutzungsangebot vorteilhaft, gute Kenntnis über die Kosten zu haben. Während die Kostenschätzung im Rahmen der Vorplanung noch Abweichungen bis zu 20% aufweisen darf, liegt dieser Wert bei der Kostenplanung nur noch bei maximal 10% – allerdings nur, wenn keine maßgeblichen inhaltlichen Veränderungen erfolgten. Eine weit gediehene Ausführungsplanung ist jedoch Voraussetzung für die genauere Kostenplanung, zudem sollte das Kosten planende Büro die aktuelle Marktsituation und damit mögliche Vergabeergebnisse der Bauarbeiten einschätzen können. Sind diese Voraussetzungen nicht gegeben, dann ist das Risiko hoch, dass die tatsächlichen Kosten im Verhältnis zu den Nutzungserträgen, die für lange Zeit nicht mehr zu ändern sein werden, in einem nicht zu rechtfertigenden Verhältnis stehen werden. Häufig sind Planung und Ausschreibung zum Zeitpunkt der gewünscht frühzeitigen Nutzervereinbarung allerdings noch nicht entsprechend weit gediehen – hier beißt sich sozusagen die Katze in den Schwanz, so dass entsprechende Risikopositionen einzukalkulieren sind.

Insgesamt gehören die Nutzungs- bzw. Mietvertragsgestaltungen und die diesbezüglichen Abschlüsse in der Phase der Projektumsetzung zu den wichtigsten Projektträgerthemen und sollten deshalb auch von entsprechenden Fachleuten unterstützt werden.[63]

Entsprechendes gilt für die nun abzuschließenden Finanzierungsvereinbarungen, denn schon eine Zinsdifferenz von wenigen Zehnteln Prozent addiert sich angesichts hoher Summen und langer Laufzeiten zu beeindruckenden Beträgen[64] und kann bei entsprechender Erfahrung und Verhandlungsgeschick ohne sonstige Zugeständnisse eingespart werden. Darüber hinaus bestehen bei Finanzierungsverträgen vielfältige weitere Gestaltungsmöglichkeiten, die der Projektträger zu klären hat.[65]

---

[63] Für weitere Details Kapitel X, Teil 1: „Mietvertrag, Nutzungsvereinbarung, Dienstwohnung", S. 543ff.
[64] Beispiel: Bei einem Finanzierungsvolumen von € 5 Mio., einer 30-jährigen Amortisations- und 15-jährigen Zinsbindungszeit (Annahme 2%) summiert sich in diesen 15 Jahren eine Zinsdifferenz von nur 0,3% auf mehr als € 190.000,-.
[65] Weiter Kapitel V, Teil 1, S. 230: „Grundlagen der Immobilienfinanzierung".

Besteht bezüglich Nutzung und Finanzierung Sicherheit, ist seitens der Auftraggeber zudem die Ausformulierung der Konzeptionen in effiziente Entwurfs- und Ausführungsplanungen zu begleiten und hier darauf zu achten, dass diese auch tatsächlich die Erreichung der vorgegebenen Ziele – Qualität, Kosten und Zeit – ermöglichen. Insbesondere sind die Anforderungen der tatsächlichen oder fiktiven Nutzer, welche möglichst bereits in der Konkretisierungsphase auf Basis von Zielgruppenanalysen oder Nutzerbeteiligung in einem ausreichend detaillierten Pflichtenheft zusammengestellt worden sind, zu berücksichtigen. Augenmerk ist seitens des Bauherrn in zweierlei Richtungen notwendig: Zum einen dürfen die Nutzeranforderungen nicht z.B. aus Kostengründen oder zu geringer Erfahrung der Planer verwässert oder in Teilen aufgegeben werden; andererseits sollte darauf geachtet werden, dass zum Zeitpunkt der Ausführungsplanungen (oder gar später) möglichst keine zeit- und kostenintensiven Anpassungen mehr erfolgen (müssen), die von den Nutzenvereinbarungen monetär nicht abgedeckt sind und zu Lasten des Bauherren oder – bei Verzicht auf eine Anpassung – des Nutzers und seiner Zufriedenheit gehen würden. Insgesamt sind bei Entwurfs- und Ausführungsplanung, der Materialauswahl und vergleichbaren diesbezüglichen Entscheidungen ständig die hiermit möglicherweise verbundene Veränderungen der Kosten- und Nutzensituation zu berücksichtigen und eine Vielzahl von Kosten-Nutzen-Abwägungen zu treffen; dies nicht nur bezüglich des Investitionsaufwands, sondern auch und insbesondere bezüglich der über die Jahrzehnte sehr viel höheren Betriebskosten (vgl. Abbildung 2). Insofern ist bereits für die Durchführungsvorbereitung und dann weiter während der Projektrealisierung ein im Nutzungssegment erfahrener Bau- bzw. Projektsteuerer unverzichtbar.

Insgesamt besteht eine wesentliche Aufgabe des Projektauftraggebers bzw. dessen Projektleitung darin, im Rahmen der Durchführungsvorbereitung auf Basis der Ziele und Vorbereitungsarbeiten möglichst frühzeitig die insgesamt passenden Partner und Dienstleister auszuwählen und mit diesen Verträge abzuschließen, die bestmöglich zur Projektzielerreichung beitragen. Dies gilt neben Nutzern/Betreibern, Finanzierungsgebern, Planern, Beratern und Projektsteuerern genauso in Bezug auf Ausführungsunternehmen oder Verwalter.

### 5.2 Projektrealisierung

Während der Bau- oder Umbauarbeiten, der tatsächlichen Projektrealisierung, sollte seitens des Bauherrn eine kontinuierliche Begleitung und Überwachung der Bauqualität, Termine und Kosten erfolgen, die dieser meist an einen hauptberuflichen Projektsteuerer delegiert. Dabei sollte der Bauherr darauf achten, dass eine zeitnahe Erfassung der Istwerte, Gegenüberstellung zu Planwerten und bei Abweichungen entsprechende Analysen erfolgen, die dem Bauherrn regelmäßig in kurzen Abständen vorzulegen und zu erläutern sind (vgl. die Ausführungen in Ziffer 4.5.2). Ein aktives und vorausschauendes Projektcontrolling gehört nicht zu den Lieblingsbeschäftigungen der Branche, ist aber unumgänglich, um Qualitäts-, Termin- und Kostenziele einzuhalten, auch wenn bezüglich dieses Themas aufgrund prominenter Beispiele in der öffentlichen Wahrnehmung eine Abstumpfung zu beobachten ist: Kostenüberschreitungen, die zig Prozent bis zum Vielfachen des ursprünglichen Investitionsvolumens betragen, werden fast schon als üblich angesehen. Was für Großinvestoren oder die öffentliche Hand aber vielleicht noch tragbar ist, würde für Private, Kirchengemeinden oder Sozialwirtschaft zum Ruin, zumindest jedoch zum Projektabbruch und hohen Verlusten führen, und ist deshalb mit allen Mitteln zu vermeiden.

Entsprechende Aufmerksamkeit und Formalverfahren erfordern Änderungsanfragen gegenüber vereinbarten Konzepten und Plänen, unabhängig davon, ob sich diese auf Material, Konstruktion, finanzielle oder terminliche Aspekte beziehen. Der Urheber der Änderung bzw. derjenige, der vom Erfordernis Kenntnis erlangt, sollte die Erstellung einer entsprechenden Entscheidungsvorlage veranlassen, die mit allen Betroffenen abgestimmt und – je nach Entscheidungskompetenz – dem Projektsteuerer oder Bauherrn zu Genehmigung vorzulegen ist, vor der keine Aktion erfolgt. Ein solches Vorgehen ist frühzeitig im Rahmen der Projektorganisation zu definieren und wird sicher nicht von allen begrüßt. Es ist allerdings ebenfalls äußerst wirksam, weil es Transparenz, Disziplin und Effizienz stärkt und Missverständnissen und Fehlern, die im Nachhinein nur höchst aufwendig zu klären und zu korrigieren sind, vorbeugt.

Ein wirksames Projektcontrolling ist auch notwendig, damit der Bauherr seiner Verpflichtung, geprüfte und berechtigte Rechnungen zeitnah zu begleichen, nachkommen kann. Im Rahmen seines Liquiditätsmanagements erfolgt entsprechend der Projektbudgetplanung bzw. deren prognostizierter Anpassung die Mittelbereitstellung. Kommt es unerwartet zu höheren Kosten und Mittelabrufen, so entstehen Liquiditätsprobleme, die gravierend sein können. Nicht ganz so dramatisch, aber ineffizient ist es, wenn Mittel bereitstehen, die entgegen der Planung durch Projektverzögerungen über längere Zeit nicht abgerufen werden.

Ebenfalls in den Händen des Bauherrn bzw. der Projektleitung liegt das Risikomanagement,[66] das ebenfalls nicht delegierbar ist. Die mit der Risikoanalyse identifizierten und bewerteten Risiken müssen aktiv angegangen werden, beispielsweise durch den rechtzeitigen Abschluss entsprechender Versicherungen oder die Entscheidung für das nicht so günstige, dafür weniger insolvenzgefährdete Bauunternehmen – Stichwort „Vergabe an den Wirtschaftlichsten, nicht den Billigsten".[67] Zum Risikomanagement gehört auch, dass Risikoanalyse und -bewertung in regelmäßigen, angemessenen Abständen wiederholt und Maßnahmen ergriffen werden, um die Informationen zu relevanten Chancen oder Risiken möglichst frühzeitig zu erhalten.

## 5.3 Inbetriebnahme

Die Immobilien-Projektentwicklung wird abgeschlossen durch die Übergabe der Immobilie an die Nutzer sowie an die während der Nutzungsphase zuständige Verwaltungseinheit. Diesen Übergaben laufen die Abnahmen mit dem oder den Ausführungsunternehmen voraus. In jedem Fall sollte der Projektträger darauf achten, dass diese Vorgän-

---

66  PMBOK Project Management Book of Knowledge, Chapter 11 – Project Risk Management, PMI (Hrsg.), 2013.
67  Ziffer 1.2.1, Gesamtidee und Erfolgsfaktoren.

ge, aber auch die bereits abgeschlossenen Planungs- und Bauphasen, schriftlich und visuell ausreichend dokumentiert wurden und werden, um für Eventualitäten, die kurzfristig oder auch erst in Jahrzehnten auftreten können, gewappnet zu sein.

Auch wenn Abnahme und Mängelbeseitigung vertraglich geregelt sind und maßgeblich durch das Architekturbüro oder den Projektsteuer vorangetrieben und verantwortet werden, ist es für den Eigentümer, der derjenige ist, der in der Verpflichtung gegenüber dem Nutzer steht, wichtig zu wissen – und möglichst schon im Vorfeld der Vertragsgestaltung entsprechende Vorsorge zu treffen –, dass die Mängelbeseitigung je nach Gewerk, Qualität der Ausführungsfirma und Zahlungsvereinbarungen meist äußerst mühsam ist und sich lange hinziehen kann. Insofern sollte schon frühzeitig während der jeweiligen Realisierung auf vertragsgemäße Ausführung und eine gegebenenfalls notwendige, ausführungsnahe Mängelbeseitigung hingewirkt werden, beispielsweise durch sukzessive Vorabnahmen. Andernfalls wird schon zu Beginn der Nutzungszeit das Verhältnis zwischen Eigentümer und Nutzer stark belastet, von der zeitlich-operativen Beanspruchung aller Beteiligten ganz abgesehen.

Wirksam können auch frühzeitige Begehungen mit der übernehmenden Verwaltungs-/Betriebseinheit und/oder Nutzervertretern sein, weil diesen aus ihren jeweiligen Perspektiven Aspekte auffallen, die ansonsten erst sehr viel später aufkommen würden, wenn die betreffenden Ausführungsunternehmen bereits anderswo tätig und somit sehr viel schlechter greifbar sind.

Die frühe Festlegung und Einbindung der Verwaltungs-/Betriebseinheit hat auch den Vorteil, dass ein besserer Übergang zwischen Bau- und Betriebsphase erfolgen kann, beispielsweise durch die Einweisung in die technischen Einrichtungen, die Übergabe von Pflegeanleitungen für bestimmte Materialien oder die Erläuterung von möglichen grundriss- oder technisch-bedingten Abrechnungsspezifika. Überhaupt empfiehlt es sich, entsprechend Betriebserfahrene schon in die Planungsphasen einzubeziehen, am besten natürlich die, die später auch den Betrieb verantworten. Voraussetzung ist natürlich, dass diese entsprechend früh bekannt und verpflichtet sind.

Dass eine frühzeitige Einbindung der Nutzer vorteilhaft ist, wurde bereits ausführlich ausgeführt und erleichtert auch die Inbetriebnahme. Unabhängig hiervon, jedoch für den Nutzer ganz besonders kritisch, sind allerdings das Datum der Übergabe und die Einhaltung diesbezüglicher Vereinbarungen. Deshalb ist der Terminplanung und -prognose ganz besondere Aufmerksamkeit zu widmen. Sollte sich abzeichnen, dass vereinbarte Termine auch nicht mit (vertretbarem) Mehraufwand zu halten sind, so ist der Nutzer unverzüglich zu informieren und proaktiv Lösungsvorschläge zu unterbreiten. Auch hierfür steht der Bauherr in der Pflicht, der – siehe oben – seinerseits dafür zu sorgen hat, dass er rechtzeitig Kenntnis solcher terminlicher wie auch inhaltlicher Veränderungen hat, um den Gesamtschaden zu minimieren.

## 6. Zusammenfassung und Schlussfolgerungen

Die Entwicklung sozialwirtschaftlicher und kirchlicher Immobilienprojekte unterscheidet sich vom Prinzip her nicht grundsätzlich von der anderer Immobilienprojekte. Allerdings haben solche Projekte sowohl in Bezug auf die mit den Projekten verfolgten Ziele als auch in Bezug auf die Nutzungsarten und die Beteiligten besondere Rahmenbedingungen, welche Komplexität und Risiko, die generell Herausforderungen von Immobilien-Projektentwicklung sind, noch deutlich erhöhen.

Erfolgreiche Projektentwicklungen sind vor allem ein Ergebnis des Zusammenkommens von Kreativität, Analyse- und Problemlösungs-, Kommunikations- und Managementfähigkeiten, weshalb die Projektentwicklung als „Königsdisziplin" der Immobilienaktivitäten gilt. Die besonderen Herausforderungen bei Sozialwirtschaft und Kirche, gekoppelt mit dem Umstand, dass Immobilien nicht Kerngeschäft sind und Projektentwicklungen bei den einzelnen Organisationseinheiten nur unregelmäßig vorkommen, führt dazu, dass die genannten Organisationen in besonderem Maße auf Unterstützung durch externe Berater und Fachleute der unterschiedlichen Bereiche angewiesen sind. Wo dies insbesondere der Fall ist und wie damit umgegangen werden kann, wurde an mehreren Stellen des Beitrags aufgezeigt.

Allerdings lässt sich eine Vielzahl von strategisch wichtigen Aufgaben im Rahmen der Projektentwicklung nur in Maßen bzw. bei nochmals erhöhtem Risiko delegieren. Insofern müssen die für Immobilienprojekte Verantwortlichen in Sozialwirtschaft und Kirche gut über den Ablauf von Immobilienprojekten und die entscheidenden, „heiklen" Stellen informiert sein, um entsprechend proaktiv agieren zu können.

Die wesentlichen Schlussfolgerungen sind, dass

- eine zentrale Voraussetzung für ein „erfolgreiches" Projekt die systematische Erarbeitung von Zielen ist, die vom Projekt erfüllt werden sollen, weil diese Maßstab von Entscheidungen und Grundlage für Kontrollen und gegebenenfalls notwendige Anpassungsmaßnahmen sind;
- die Auswahl, Incentivierung, Führung und Steuerung von in Bezug auf die Nutzungsidee kompetenten Fachleuten (Projektleitung, Marktforschern, Planern und Ingenieuren, Juristen, Projektsteuerern, Betreibern, Verwaltern usw.) eine, wenn nicht „die" entscheidende und nicht delegierbare Aufgabe ist;
- angesichts der ganz überwiegend Fachfremden und/oder Ehrenamtlichen auf sozialwirtschaftlicher und kirchlicher Auftraggeberseite diese sich für die Erarbeitung der Projektidee, der Nutzerbedarfs- und Marktanalyse oder der Raumprogrammaufstellung genauso wie für die Aufstellung eines wirksamen Controlling-Systems frühzeitig geeignete Partner dazu holen sollten;
- nicht genügend Aufwand betrieben werden kann, um Klarheit über eine nachhaltige Nutzung zu erlangen;
- im Projekt fortlaufend die Umsetzung von Entscheidungen und die so festgelegten Qualitäten und Prozesse zu kontrollieren sowie die Ergebnisse zu analysieren sind – zumindest für strategische Themen durch die Projektauftraggeber, für alle anderen durch Projektleitung und Prozesssteuerung;
- die Entscheidung für oder gegen ein spezifisches Projekt durch eine systematische Nutzwertanalyse, die auch die Ergebnisse einer fundierten dynamischen Investitionsrechnung und einer Risikoanalyse enthalten sollte, vorzubereiten und zu unterstützten ist.

# 2. Bauprozessmanagement

*Josef Zimmermann*

*Entwicklung und Realisierung von Immobilienprojekten erfordern jeweils eine individuelle Planung und eine darauf basierende Bauausführung. Der Bauherr/Investor bedient sich dazu externer Planer und Bauunternehmen, die er durch entsprechende Verträge bindet. Eine derartige arbeitsteilige Differenzierung kann nur dann erfolgreich sein, wenn die Ergebnisse der Teilaufgaben und Teilprozesse nach deren Erfüllung eine Einheit bilden. Es ist somit notwendig, Teilaufgaben exakt zu definieren, Schnittstellen zwischen Organisationseinheiten zu identifizieren und zielgerichtet so zu koordinieren, dass ein mangelfreies Werk entstehen kann. Die Erfahrung zeigt jedoch, dass dies nicht immer gelingt. Ein professionelles Bauprozessmanagement hilft, die Herausforderungen von Baumaßnahmen zu bewältigen.*

## 1. Prozessorientierte Planung und Bauausführung

Entwicklung und Realisierung von Immobilienprojekten unterscheiden sich prinzipiell von den Produktionsstrukturen der stationären Herstellung von Sachgütern. Sachgüter werden vom Hersteller selbst zum Verkauf entwickelt und gefertigt. Immobilienprojekte erfordern jeweils eine individuelle Planung und Bauausführung. Sowohl für die Planung als auch für die Bauausführung ist ein Bauherr/Investor im Regelfall nicht ausgerüstet und nicht kompetent. Er muss sich daher externer Planer und Bauunternehmen bedienen, die er durch Werkverträge bindet. Eine derartige arbeitsteilige Differenzierung der Gesamtaufgabe kann nur dann erfolgreich sein, wenn die Ergebnisse der Teilaufgaben und Teilprozesse nach Erfüllung der Aufgabenteile eine Einheit bilden. Es ist somit notwendig, die Teilaufgaben und Schnittstellen derartig zu koordinieren, dass alle Teilaufgaben zusammen die dem Auftraggeber vertraglich geschuldete Leistung darstellen. Dementsprechend wird zunächst das Prinzip der Prozessorientierung für Planung und Bauausführung dargestellt.

### 1.1 Prozesse

Ein Prozess wird nach DIN EN ISO 9000 grundsätzlich als Satz von in Wechselbeziehung oder Wechselwirkung stehenden Tätigkeiten, der Eingaben in Ergebnisse umwandelt, definiert.[1] Jeder Prozess benötigt einen Input, um die Objekte bearbeiten zu können. Input können Personal, Technische Ressourcen, Stoffe, Werkzeuge, Geräte, Regelwerke oder auch Informationen sein. Weiterhin können die Ergebnisse vorgelagerter Prozesse Input für nachgelagerte Prozesse sein. Zum Beispiel stellt die Objektplanung den Input für die Tragwerksplanung dar, die Planung der Technischen Ausrüstung ist

---

1 DIN EN ISO 9000.

erforderlich zur Erfassung der Durchbrüche in den Schalplänen etc. In der Bauausführung kann eine Leistung erst dann erbracht werden, wenn die Vorleistung fertiggestellt worden ist.

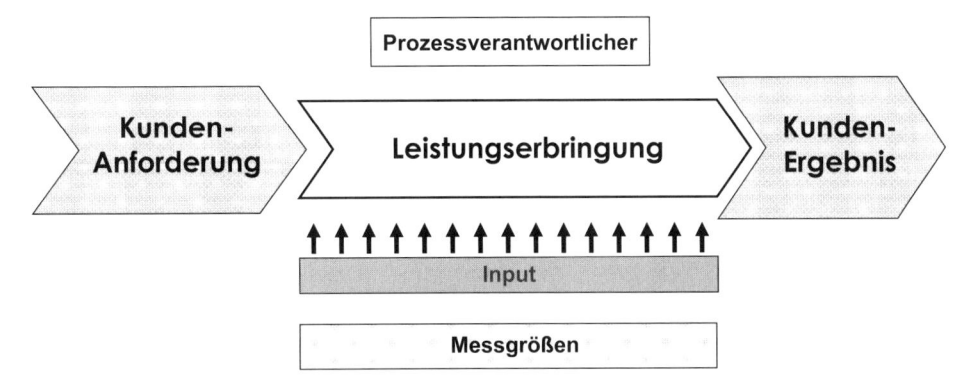

*Abbildung 1: Prozesse im Bauprozessmanagement*

Prozessorientierte Planung und Ausführung konzentriert sich demzufolge auf Prozesse und Teilprozesse als Objekte. Die Beziehungen beschränken sich entsprechend auf Wechselwirkungen mit anderen Prozessen. Dies sind insbesondere:
– Zeitliche und kausale Initiierung des Prozesses,
– Zeitliche und kausale Beendigung des Prozesses,
– Ausgabe von Performanceindikatoren, die eine Überprüfung der Ausführung erlauben,
– Einwirkung von Steuerungsinformationen, die die Ausführung verändern,
– Übernahme von Informationen, Temporären Ressourcen und Konsumressourcen,
– Übergabe von Informationen, Temporären Ressourcen ,
– Übergabe der Produktion.

Grundsätzlich können Prozesse in "Leistungsprozesse" und "Steuerungsprozesse" unterschieden werden. Ein Leistungsprozess ist ein Prozess, der zur Erfüllung einer Zielanforderung unbedingt benötigt wird. Leistungsprozesse dienen dabei der Vorbereitung (z. B. Gestaltungsplanung)[2] und Durchführung der physischen Herstellung (Bauausführung) der vertraglichen Bauleistung. Steuerungsprozesse dienen der effizienten und optimierten Leistungserbringung hinsichtlich Kosten, Terminen und Qualität.

## 1.2 Leistungsprozesse

Die Zielanforderung bestimmt sich durch den Kundenwunsch, also dem Wunsch zur Erstellung eines Bauwerks. Die Erstellung des Bauwerks ist unmittelbar von den Leistungsprozessen abhängig, während die Güte der Bauausführung und Einhaltung der Vertragsfristen von den Steuerungsprozessen beeinflusst wird.

---

[2] *Zimmermann, J.*: Die Immobilie als Gegenstand der Ingenieurwissenschaften in Praxis, Forschung und Lehre. *In:* Bauingenieur März 2015.

Zu den Leistungsprozessen zählen Vergabe-, Logistik- und Ausführungsprozesse der unterschiedlichen Gewerke, die von der Baufeldfreimachung bzw. Baugrubenerstellung bis hin zum schlüsselfertigen Ausbau anfallen. Planungsprozesse gehören ebenfalls zu den Leistungsprozessen. Dabei handelt es sich beispielsweise um die Entwurfs- und Ausführungsplanung, in deren Rahmen das Bausoll zeichnerisch dargestellt wird. In diesen Planungsprozessen werden u.a. Grundrisse, Schnitte, Ansichten, Elektro- und Sanitärpläne, sowie Schal- und Bewehrungspläne erstellt.

Die Leistungsprozesse lassen sich je nach Gewerk und Tätigkeiten in Vorgänge unterteilen, deren zeitliche Abfolge durch technische und kapazitive Anordnungsbeziehungen mit etwaigen Vorlaufzeiten bestimmt ist. Die Vorlaufzeiten sind insbesondere bei den Planungs- und Vergabeprozessen von Bedeutung, da Fristen zur Planprüfung, sowie für Bestellung und Lieferzeiten von Geräten und Material zu berücksichtigen sind. Je nach kapazitiven und logistischen Rahmenbedingungen können diese Vorgänge nochmals in Teilvorgänge unterteilt werden, die sich aber in ihren Tätigkeiten nicht weiter unterscheiden.

Die Leistungsprozesskette zur Herstellung einer Stahlbetondecke setzt sich z.B. aus den Planungsprozessen „Schal- und Bewehrungsplanung", der Vergabe an eine Montagekolonne und dem Einkauf der erforderlichen Bewehrung, der Schalsätze und des Betons, den Versorgungslogistikprozessen zum Transport von Bewehrung, Schalung und Beton zur Baustelle sowie dem Ausführungsprozess selbst zusammen, in dem die Decke durch die Vorgänge Schalen – Bewehren – Betonieren erzeugt wird. Parallel dazu laufen auch Baustellenlogistikprozesse ab, um Schalung, Bewehrung, Beton und das notwendige Zubehör zum jeweiligen Einbauort zu befördern.

*1.3 Steuerungsprozesse*

Zu den Steuerungsprozessen werden die Tätigkeiten gezählt, die der Koordinierung, der Initiierung, der Überwachung, der Analyse von Szenarien, der Entscheidung von Maßnahmen, damit der Gegensteuerung, schließlich der Terminierung, sowie der Dokumentation der Leistungen zur Realisierung des Bauwerks, respektive der Leistungsprozesse, dienen, indem sie diese baubegleitend unterstützen. Steuerungsprozesse beinhalten im Wesentlichen Aufgaben der Informationsbeschaffung, Informationsverarbeitung und deren Weitergabe. Sie umfassen auch Tätigkeiten der Projekt- und Bauleitung oder auch der Arbeitsvorbereitung.

Die Einrichtung und Organisation der Steuerungsprozesse im Vorfeld der Projektrealisierung sowie das Betreiben derselben stellen die Organisationsplanung und der dazu gehörige Organisationsbetrieb dar. Der Anteil der Steuerungsprozesse einer Projektrealisierung ist als physisches Element im Nachhinein an dem fertigen Bauwerk nicht mehr erkennbar, nichtsdestoweniger notwendig und wie jeder Prozess mit Ressourcen zu versehen. Steuerungsprozesse verursachen damit nicht unerhebliche Kosten.

Da Steuerungsprozesse in allen Bereichen eines Projektes notwendig sind, also insbesondere in der Sphäre der Bauherren/Investoren und in der Sphäre der Auftragnehmer bis hin zu Subunternehmern, ist die Zuordnung von Steuerungsprozessen zu einer bestimmten Sphäre ein Kennzeichen für eine Projektorganisationsform wie etwa Einzel-

## 2. Bauprozessmanagement

leistungsträger oder Generalunternehmer. Die Projektorganisationsform weist dadurch bestimmte Charakteristika auf, die zu wesentlichen Entscheidungskriterien werden.

Die Steuerungsprozesse wirken schwerpunktmäßig auf die Leistungsprozesse ein und sind diesen insbesondere zugeordnet:

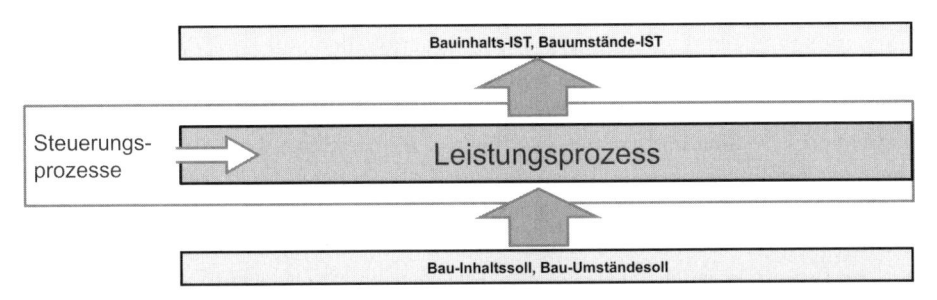

*Abbildung 2: Der Steuerungsprozess in seiner Wirkung auf den zugeordneten Leistungsprozess*

Da über den Steuerungsprozess sämtliche Informationen zur Ausführung der Leistungsprozesse zur Verfügung stehen, können alle Informationen auch über diese Steuerungsprozesse dokumentiert werden. Auf der Grundlage dieser Dokumentation für jede Ausführung des jeweils einschlägigen Prozesses wird eine Standardisierung der Leistungsprozesse möglich.
– Die erhobenen Informationen fließen in die weitere Bearbeitung ein
– Die Verarbeitung umfasst sämtliche Kriterien und Hintergründe
– Das Ergebnis eines Leistungsprozesses geht in die folgenden Prozessketten ein.

Die elementaren Steuerungsprozesse sind in Abbildung 3 zusammengefasst:

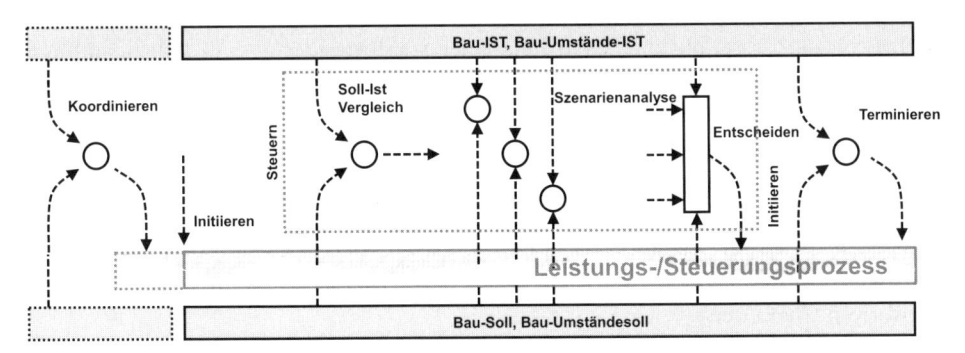

*Abbildung 3: Übersicht und Informationsfluss der Steuerungsprozesse*

„Initiieren" startet den Leistungsprozess, ggf. auch einen neuen Teilprozesses des gesamten Leistungsprozesses. Der Steuerungsprozess „Koordinieren" erfolgt zu Beginn eines jeden Leistungsprozesses. Soll- und Ist-Zustand werden verglichen und alle notwendigen, noch fehlenden Informationen erarbeitet, etwaige Widersprüche der Informationen werden aufgelöst. Dies gilt auch für Steuerungsprozesse auf betroffenen oder tiefer liegenden Ebenen. Damit wird an dieser Stelle spätestens die lokale Organisationsplanung etabliert. Ohne diesen Steuerungsprozess würde ein Leistungsprozess nur unkoordiniert, ohne Vorliegen der notwendigen Voraussetzungen, zufällig oder gar nicht starten.

„Steuern" umfasst mehrere Einzelprozesse. Zunächst wird aus der Vermessung der IST-Situation und der Evaluierung der Soll-Situation der SOLL/IST-Vergleich vorgenommen. Damit werden in der Szenarien-Analyse mögliche Maßnahmen zur sinnvollen Weiterführung des Leistungsprozesses erarbeitet. Schließlich steht die Entscheidung der zu ergreifenden Maßnahme an, die abschließend initiiert wird. Ein solcher Steuerungszyklus muss regelmäßig installiert werden, um die Erreichung der Zielsetzung im vorgegebenen Rahmen sicherzustellen.

Zum geplanten Ende des Leistungsprozesses muss das Ergebnis überprüft werden bevor der Prozess beendet ("Terminieren") werden kann. Dazu wird zunächst wieder über Soll-/Ist-Vergleich und Szenarien-Analyse das Ergebnis untersucht und der Prozess terminiert, sobald sich ein plangerechtes Resultat nachweisen lässt.

*1.4 Standardisierung*

Der Unikatscharakter von Immobilienprojekten bedeutet nicht, dass die zur Realisierung erforderlichen Leistungsprozesse nicht standardisierbar sind. Jede Immobilie wird physisch definiert durch ihre geometrischen Abmessungen und ihre Materialität, d. h. durch ihre stoffliche Substanz, die im Regelfall für unterschiedliche Objekte nicht identisch sind. Tatsächlich bestehen Bauwerke allerdings aus vielen einzelnen Bauteilen, die in nahezu allen Bauwerken eines Immobilientyps an unterschiedlichen Standorten häufig vorkommen, und die an sich keine Unikate sind oder sein müssen wie etwa Stützen, Wände oder Decken, die immer denselben Herstellungsprozessen folgen, selbst wenn die Abmessungen oder etwa die Betonfestigkeit unterschiedlich sind. Beispielsweise sind die Leistungsprozesse, die zur Herstellung einer Stahlbetondecke erforderlich sind, unabhängig davon, ob das Objekt in Berlin oder München errichtet wird, fünf oder fünfundzwanzig Geschosse hat etc. Das Gleiche gilt auch für alle anderen Bauteile.

Eingebaute vorgefertigte Sachgüter wie Lampen, Fenster, Bodenbeläge oder Heizungsanlagen sind üblicherweise Standardprodukte, die am Markt beschafft werden können – also auch keine Einzelanfertigungen. Planung und Realisierung von Bauprojekten stellen sich im Wesentlichen in der Gestaltung der Beziehungen von standardisierbaren Leistungsprozessen dar. Nur sehr wenige einzelne Leistungsprozesse haben innovativen Charakter.

Die Summe der Leistungsprozessketten aller einzelnen Teilleistungen ergibt zusammen den Bauablauf.

## 2. Phasen der Immobilienentwicklung

Das vom Bauherrn entwickelte und der Bautätigkeit vorgegebene Produkt „Immobilie", d. h. alle für die spätere Nutzung erforderlichen Leistungsbereiche bzw. Gewerke, damit das technische Produkt „Bauwerk", wird von Architekten und Ingenieuren insbesondere mit dem Ziel entwickelt, die Anforderungen der Nutzung und der Investoren über die komplette Gesamtnutzungsdauer zu erfüllen. Diese Anforderungen der Nutzung werden bei Hochbauprojekten quantifiziert durch Erträge des Funktionsbetriebes,[3] die der Bauherr aus Mietflächen und dem Mietpreis je Quadratmeter generiert. Bei Infrastrukturprojekten werden die Anforderungen quantifiziert etwa über Verkehrsmengen bei Straßen, Tunneln oder Brücken, Wassermengen etwa bei Kläranlagen, Talsperren oder Leistung bei Kraftwerken wie bspw. Windkraft- oder Solaranlagen. Zugleich sind die Kosten der Erstinvestition sowie des Objektbetriebes im Verhältnis zur jeweiligen Nutzung zu optimieren.

Der Bauherr ist in seiner eigenen Organisation in der Regel nicht auf die Realisierung von Bauprojekten mit Planung und Produktion, d. h. Bauausführung, eingestellt. Daher bedient er sich zur Realisierung seines Objektes des Angebotes am Markt hinsichtlich von Planung und Produktion. Bauprojekte entstehen demzufolge in Arbeitsteilung, die sich aus den Marktanforderungen zur Steigerung von Effizienz und Produktivität auch in allen anderen Wirtschaftsbereichen unserer Volkswirtschaft entwickelt hat.

Es muss im Allgemeinen davon ausgegangen werden, dass der Bauherr über keine tiefgreifenden technischen Kenntnisse im Bereich von Planung und Bauausführung verfügt. Er muss daher durch Einschaltung von geeigneten Entwurfsverfassern wie Architekten, Tragwerksplanern, Planern der Technischen Ausrüstung etc. das „Objektsoll" definieren. Im Rahmen der Planung optimiert der Bauherr als Investor gemeinsam mit seinen Planern die Immobilie hinsichtlich der angestrebten Nutzung und definiert im Rahmen der Planung seine Vorstellungen hinsichtlich Kosten und Standards sowie des von der Nutzung geforderten Fertigstellungstermins. Die fertige Planung stellt das „Objektsoll" dar.

Der Prozess der Immobilienentwicklung ist in drei aufeinander aufbauende Phasen unterteilt, die durch Meilensteine voneinander getrennt werden. Ein potenzielles Bauprojekt beginnt mit der „Projektentwicklung", der überregionale und kommunale Planungen („Flächenentwicklung") vorausgehen. Der Phase der Projektentwicklung folgen die Phasen der „Projektrealisierung" und des „Objekt- bzw. Funktionsbetriebs". Die einzelnen Phasen werden durch Meilensteine, wie z.B. dem Projektanstoß, der Realisierungsentscheidung, der Baugenehmigung oder der Abnahme voneinander getrennt (siehe Abbildung 4).

---

[3] *Zimmermann, J.*: Die Immobilie als Gegenstand der Ingenieurwissenschaften in Praxis, Forschung und Lehre. *In*: Bauingenieur März 2015.

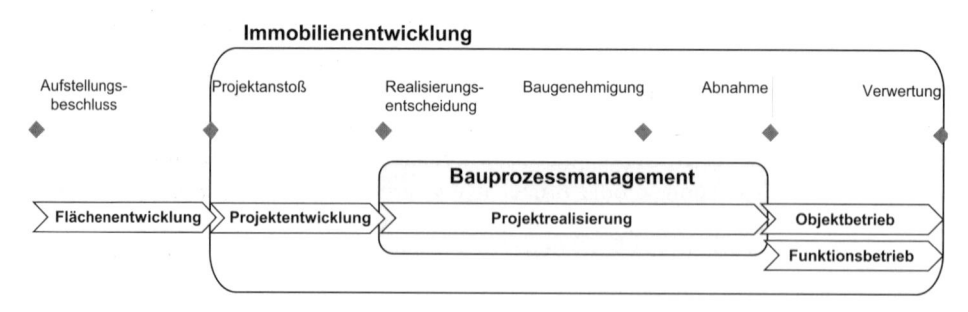

*Abbildung 4: Projektphasen und Meilensteine*[4]

Die Projektentwicklung stellt den Beginn des Lebenszyklus einer Immobilie dar. Zu den Aufgaben der Projektentwicklung zählen insbesondere die Standort- und Marktanalyse sowie der Möglichkeiten der Baurechtschaffung, die Entwicklung von Nutzerbedarfsprogrammen, die Festlegung der wesentlichen Gebäudestruktur und Ausstattung, d. h. der Objektkonzeption, für eine frühzeitige Ermittlung der Planungs- und Baukosten sowie der Kosten des Objektbetriebes.

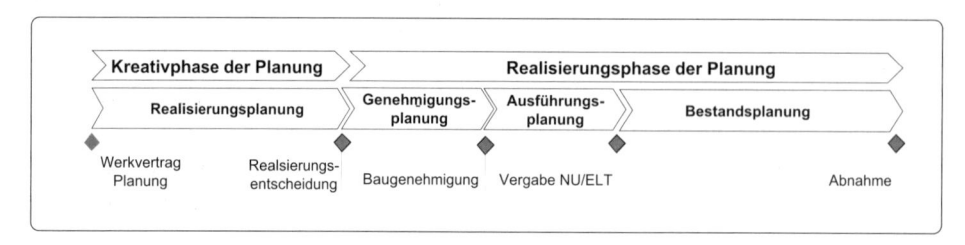

*Abbildung 5: Phasen der Gestaltungsplanung*[5]

Bei der Phase der Realisierungsplanung handelt es sich demzufolge um eine „Kreativphase", in der das später detailliert zu planende Objekt auf Grundlage der Ziele des Bauherrn hinsichtlich Rendite und Nutzung entwickelt wird. Hierbei werden stets unterschiedliche Varianten und Lösungen zu untersuchen sein. Dies führt zwangsläufig dazu, dass Planungen solange wiederholt bzw. weiter detailliert werden müssen, bis sie den Anforderungen der Projektbeteiligten genügen. Die Phase der Realisierungsplanung dient folglich der Zieldefinition, auf deren Grundlage in der Phase der Projektrealisierung die darauf folgenden Planungen detailliert und umgesetzt werden. Der Werkerfolg dieser Kreativphase "Realisierungsplanung" wird erreicht, wenn die vorgelegte Planung die Vorgaben des Bauherrn (Kundenwunsch) erfüllt und damit den Bauherrn in die

---

4 Zimmermann, J.: Die Immobilie als Gegenstand der Ingenieurwissenschaften in Praxis, Forschung und Lehre. In: Bauingenieur März 2015.
5 Zimmermann, J., Nohe, B.: Mittelbarer Einfluss der HOAI auf die Leistungspflichten. In:. Evangelischer Bundesverband für Immobilienwesen in Wissenschaft und Praxis e.V.: Planerverträge, Haftung der Planer und Mitverantwortung der Besteller. 14. Weimarer Baurechtstage. Partner im Gespräch. Band 98. München. 2015.

## 2. Bauprozessmanagement

Lage versetzt, die Realisierungsentscheidung zu treffen. Damit werden Zielgrößen für die Projektrealisierung als Objektsoll[6] vorgegeben.

Mit der Gestaltungsplanung, (im Wesentlichen Leistungsphasen 1 bis 5 der HOAI)[7] als Teil der gesamten Planungsleistungen, werden die Anforderungen (Wünsche) des Bauherrn an das Objekt bezüglich Funktion, Maß der baulichen Nutzung, Ästhetik, Konstruktion und Standard konkretisiert und kommuniziert. Sie bestimmt die Leistungsprozesse.

Die Organisationsplanung fasst alle Aktivitäten zusammen, in denen die zeitliche und räumliche Anordnung und Aufeinanderfolge von Prozessen (Ablauforganisation) sowie die Zuweisung und gegenseitige Abgrenzung von zugehörigen Verantwortlichkeiten (Aufbauorganisation) geplant wird. Insbesondere umfasst sie auch die Kostenplanung. Die Organisationsplanung stellt die Grundlage für die Steuerung des Projektes dar (Steuerungsprozesse).

## 3. Projektrealisierung

Mit der Realisierungsentscheidung hat der Bauherr detaillierte Vorstellungen vom zukünftigen Objektsoll hinsichtlich Gestaltung, d. h. Geometrie und Standards, sowie Kosten und Terminen. Die Leistungspflicht eines Objekt- bzw. Fachplaners im Rahmen der Realisierungsplanung ist folglich die Bereitstellung der planerischen Informationen, die der Bauherr benötigt, um eine Realisierungsentscheidung zu treffen. Hierzu sind für jedes Gewerk folgende Informationen bereitzustellen:
– die planerische Definition des umzusetzenden Objektsolls
– Kostenberechnungen, die die erforderliche Genauigkeit aufweisen
– Berechnungen der Ausführungsfristen für Gestaltungsplanung und Bauausführung

### 3.1 Das Objektsoll

Das Objektsoll stellt das Projektziel bzw. die Anforderungen an die Projektrealisierung dar, das durch Bauprozessmanagement erreicht werden soll. In der Projektrealisierung gilt es, Planungen zu detaillieren bzw. zu überarbeiten, um die im Projekt benötigten Informationen für Vergabe und Bauausführung bereitzustellen. Die Gestaltungsplanung des Bauherrn wird durch „Bauen" in physische Realität transformiert. Damit ergeben sich das Bauprojekt und die Bauausführung.

Das Objektsoll wird für die Vergabe infolge der berufsdifferenzierenden Arbeitsteilung (Gewerke) in hinreichend viele Vergabeeinheiten (Bausolls) strukturiert. Für jede Vergabeeinheit ist die Leistung von den Planern des Bauherrn zu beschreiben. Risiken ergeben sich durch unter Umständen vorliegende Unvollständigkeiten der Leistungsbeschreibung sowie nicht ausreichend definierte Schnittstellen. Leistungen, die zum Zeitpunkt der Vergabe nicht komplett beschrieben sind oder deren Schnittstellen zu ande-

---

[6] *Zimmermann, J.:* Die Immobilie als Gegenstand der Ingenieurwissenschaften in Praxis, Forschung und Lehre. *In:* Bauingenieur März 2015.
[7] *Verordnung über die Honorare für Architekten und Ingenieurleistungen (Honorarordnung für Architekten und Ingenieure – HOAI). Ausgabedatum 10.7.2013.*

ren Leistungen nicht eindeutig definiert sind, haben im Rahmen der Realisierung zusätzliche bzw. geänderte Leistungen zur Folge (vgl. VOB/B, § 2.5, 2.6) zur Folge (vgl. Abbildung 9).[8]

```
┌─────────────────────────────────────────────────────────────────────────────┐
│  Prozessziel     Projektrealisierung                      Prozessergebnis   │
│  Objektsoll      Leistungsprozesse: Gestaltungsplanung + Bauausführung      │
│                                                           Fertig gestelltes Objekt │
│                  Bauprozessmanagement:                                      │
│                  Informieren + Dokumentieren + Koordinieren + Initiieren + Steuern + Terminieren │
└─────────────────────────────────────────────────────────────────────────────┘
```

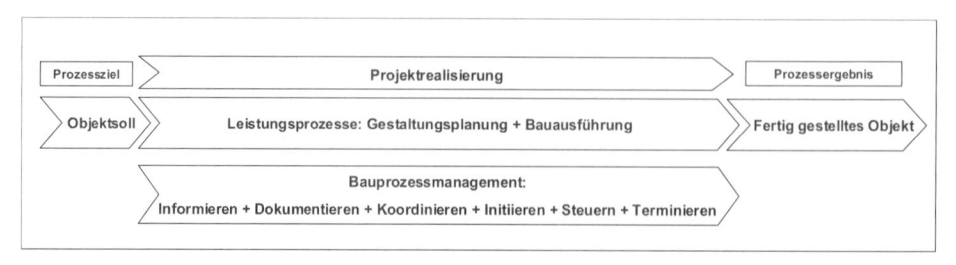

*Abbildung 6: Einordnung des Bauprozessmanagements in die Phasen der Immobilienentwicklung*

Die „Bauausführung" als die eigentliche Produktion von Bauprojekten, d. h. deren physische Realisierung, erfolgt im Regelfall nicht für einen anonymen Markt wie etwa bei Konsumgütern oder allgemein bei der Sachgüterproduktion, sondern auf Initiative des Bauherrn (Investors) nach dessen Vorgaben durch Bauunternehmen. Der Bauherr – nicht das ausführende Bauunternehmen – entwickelt das Produkt (Projekt), das durch das Objektsoll definiert wird. Zur Realisierung seines Produktes beauftragt der Bauherr Bauunternehmen, die die Leistung „Bauen" als Dienstleistung übernehmen.

### 3.2 Bauen als Dienstleistung

Der Bauherr/Investor und die bauausführenden Unternehmen kommen durch die Prozesse der Ausschreibung und Vergabe zusammen. Unter Bauausführung sind alle Leistungs- und Steuerungsprozesse zu verstehen, die im direkten Zusammenhang mit der physischen Leistungserstellung stehen. Die Ausführung von Bauprojekten erfolgt in unterschiedlichen Vertragsformen wie z. B. mit Generalunternehmern oder mit Einzelleistungsträgern (Einzelgewerken). Die Leistungsprozesse, d. h. die auszuführenden Gewerke, sind in beiden Vertragsformen gleich. Der Unterschied liegt in der Zuordnung der Steuerungsprozesse. Bei der Realisierung mit Einzelleistungsträgern führen die Gewerkeunternehmer ihre Arbeiten unter eigener Leitung und eigener Planung ihrer Produktion aus. Die Abfolge der Gewerke erfolgt auf der Grundlage auftraggeberseitiger Ausführungs- und Terminplanung für das Gesamtprojekt. Für die Ablaufplanung seines Gewerkes ist der Unternehmer im Rahmen seiner Dispositionsfreiheit im Rahmen seiner Vertragsfristen verantwortlich.

Das vollständige „Objektsoll" muss zur Realisierung vom Bauherrn dazu in Vergabeeinheiten (VE) – etwa Gewerke – aufgeteilt werden. Ziel ist dabei, das gesamte Ob-

---

8 J. Zimmermann, C. Gottanka und B. Nohe: Entwicklung von Vergabeeinheiten im Hinblick auf das Angebot an Bauleistungen zur Generierung von Wettbewerb. In: DVP Deutscher Verband der Projektmanager in der Bau- und Immobilienwirtschaft e.V. (Hrsg.): Projektmanagement – Herbsttagung. Organisation und Auswahl der Projektbeteiligten als Schlüsselfaktor des Projekterfolges. Mindeststandards und Entwicklungstendenzen, 2014, S. 3 ff.

## 2. Bauprozessmanagement

jektsoll in einem oder mehreren Werkverträgen „n" als „Bausoll(i)" vollständig zu vergeben. Das hiermit verbundene Risiko des Bauherrn liegt in einer möglicherweise unvollständigen Beschreibung und Vergabe des jeweiligen $Bausoll_{VE}$ (i) und einer möglicherweise unvollständigen Erfassung der Schnittstellen j zwischen den einzelnen Werkverträgen (i) (Abbildung 7). In diesen Fällen hätte der Bauherr das Objektsoll, das zur Erfüllung der Anforderungen der Nutzer sowie der Investoren (Finanzwirtschaft) erforderlich ist, an die ausführenden Unternehmen nicht weitergegeben.

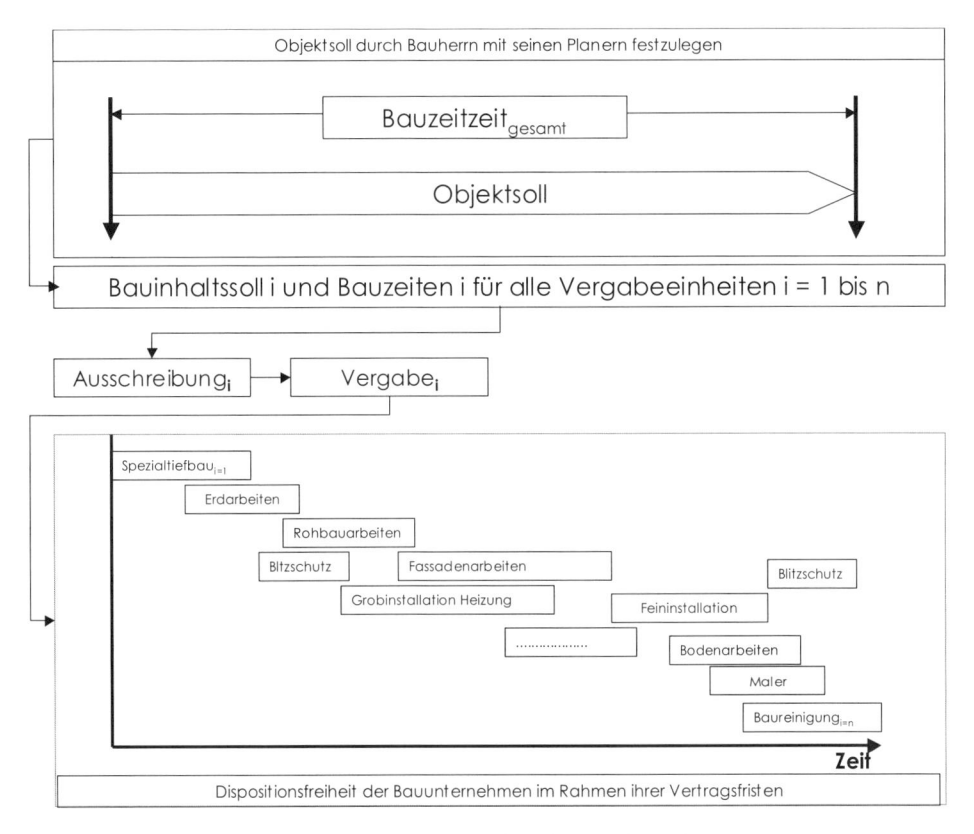

*Abbildung 7: Zusammenhang von Objektsoll und Vergabeeinheit*

Vor Baubeginn kann die zukünftige Bauleistung vom Bauherrn weder in Augenschein genommen noch geprüft werden. Die Bauunternehmen bieten dem Bauherrn ihre Leistungsbereitschaft an. Der Bauherr muss darauf vertrauen, dass das Bauunternehmen die ihm beauftragte Leistung vertragsgemäß ausführt.

Demzufolge kann das erst später durch die Bauausführung erstellte Bauwerk vor Baubeginn nicht geprüft bzw. „gemessen" werden. Im Zuge der Bauausführung kann der Bauherr durch Soll-Ist-Vergleiche feststellen, ob die Bauausführung bis dahin die vertraglichen Anforderungen erfüllt oder ob Maßnahmen zur Gegensteuerung einzuleiten sind. Die „Qualität" der Bauausführung ist objektiv an den fertig gestellten Teilleistungen zu „messen". Dies gilt auch für die Bauzeit.

$$\text{Objektsoll} = \text{Objektsoll}_{RE} + \text{Objektsoll}_{post\,RE}$$

*Abbildung 8: Objektsoll zur Realisierungsentscheidung RE und ex post RE*

Das Objektsoll muss mit der Realisierungsentscheidung (RE) in Abhängigkeit von den Anforderungen an die Genauigkeit der Kostenermittlung und Terminvorgaben definiert sein, da ansonsten keine Aussage zur Kosten- und Terminsicherheit erfolgen kann. Tatsächlich ergeben sich in der Phase der Projektrealisierung noch Änderungen und Vervollständigungen der Gestaltungsplanung und damit des Objektsolls „ex post RE". Das Risiko des Bauherrn (Investors) folgt damit aus dem Umstand, dass zum Zeitpunkt der Realisierungsentscheidung nicht alle Anforderungen der Nutzung, der Technik sowie der Finanzwirtschaft (Investoren) erfasst sind.

$$\text{Objektsoll} = \sum_{i=1}^{i=n} \text{Bausoll}_{VE\,(i)} + \sum_{i=1}^{i=n} \text{Risiko}_{Komplettheit\,VE(i)} + \sum_{j=1}^{j=n(n-1)} \text{Risiko}_{Schnittstelle\,(j)}$$

(Bauherr | Vergabe | Bauunternehmen)

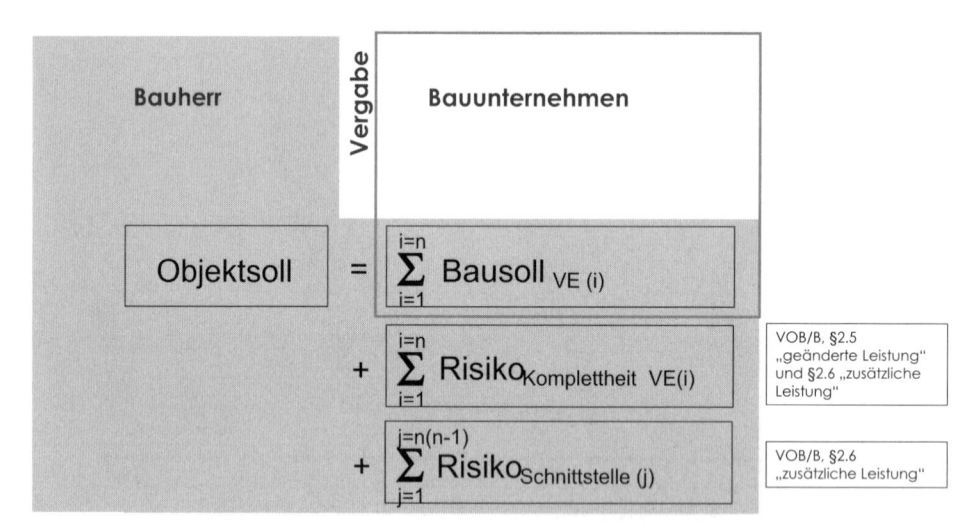

VOB/B, §2.5 „geänderte Leistung" und §2.6 „zusätzliche Leistung"

VOB/B, §2.6 „zusätzliche Leistung"

*Abbildung 9: Zusammenhang Objektsoll – Bausoll – Vergabeeinheit VE[9]*

Infolge der zwingenden Voraussetzung, dass die Bauausführung nach Vertragsabschluss ausschließlich auf dem Grundstück des Bauherrn erbracht werden kann, fallen Produktion und Übertragung der Leistung zeitlichen und räumlich zusammen. Die Bauleistung ist mit dem Grundstück des Bauherrn fest verbunden. Damit ist sie nicht transportierbar und nicht lagerfähig. Sämtliche einzubauenden Sachgüter werden vorgefertigt wie etwa (Frisch-)Beton, Stahl, Betonfertigteile, haustechnische Anlagen wie Heizkessel, Klimageräte oder Lampen und auf der Baustelle entsprechend des geplanten Bauablau-

---

9 Zimmermann, J.: Die Immobilie als Gegenstand der Ingenieurwissenschaften in Praxis, Forschung und Lehre. In: Bauingenieur, Band 90, März 2015.

## 2. Bauprozessmanagement

fes und der Ausführungsplanung bzw. der Werk- und Montageplanung montiert. Sie werden zu „Bauleistung", wenn sie im Bauwerk auf dem Grundstück des Bauherrn eingebaut worden sind (vgl. Abbildung 20).

Die einzubauenden Sachgüter können vor dem Verkauf/Kauf bemustert, d. h. vorgestellt und besichtigt, bzw. sogar ausprobiert werden. Dagegen kann die Bauleistung vor Vertragsabschluss weder vorgeführt noch besichtigt werden. Es besteht ausschließlich die Möglichkeit, andere von dem jeweiligen Bauunternehmen hergestellte Leistungen (Bauwerke oder Teile von Bauwerken) als Referenzobjekte zu besichtigen oder sogar zur Definition des vom Bauherrn erwarteten Standards vertraglich zu vereinbaren.

Die Dienstleistung „Bauen" weist damit grundsätzlich folgende Eigenschaften auf:
- Zum Zeitpunkt der Geschäftsanbahnung kann der Dienstleister nur seine Bereitschaft und Fähigkeit (Leistungspotential) zur Erbringung der Leistung anbieten
- Bei der Erstellung findet immer eine Integration von externen Faktoren in den Leistungserstellungsprozess statt. Leistung wird an vom Kunden zur Verfügung gestellten Produktionsfaktoren erbracht (Bsp.: Leistungssoll, Grundstück)
- Die Ergebnisse der Dienstleistung stellen materielle oder immaterielle Wirkungen an den externen Faktoren dar.[10]

Aus der Charakterisierung der Bauleistung als "Dienstleistung" ergeben sich Erklärungen für den Mechanismus des Wettbewerbes um Bauaufträge, für die Preisbildung (Transaktionskosten), hinsichtlich der Mitwirkungspflichten sowie der Einflussnahme des Bauherrn (Property-Rights) sowie der Abhängigkeit des Bauherrn vom Bauunternehmen nach Vertragsschluss (Principal-Agent).

| **Sachgüterproduktion** | **Bauwirtschaft** |
|---|---|
| Unternehmen entwickelt Produkt ↓ Produzieren ↓ Produkt ←Vermarktung→ Käufer | Bauen ↑ Unternehmen ↑ Ausschreibung→ Leistungssoll Bauherr ↑ Bauherr entwickelt Produkt |

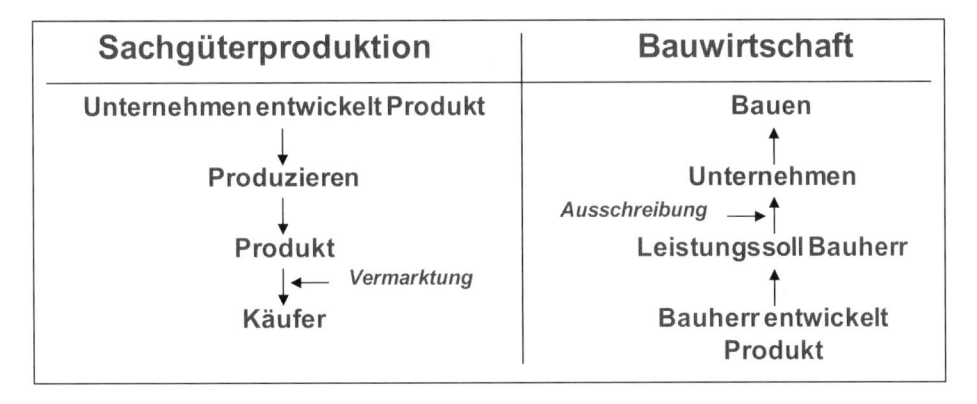

*Abbildung 10: Prinzip des Marktverhaltens*

Alle Wettbewerber müssen dasselbe Produkt – die Realisierung des Objektsolls – erstellen. Eine Differenzierung ihrer Angebote hinsichtlich des Produktes ist ausgeschlossen,

---
10 Meffert, Heribert; Bruhn, Manfred: Dienstleistungsmarketing. Grundlagen – Konzepte – Methoden. 5. Aufl.. Wiesbaden 2006.

falls der Bauherr keine Nebenangebote zulässt.[11] Die Bauunternehmen bieten damit ausschließlich ihre Leistungsbereitschaft an. Im Auftragsfall muss der Auftragnehmer auch exakt das ausgeschriebene Produkt mit den vorgegebenen Standards im vorgegebenen Zeitraum fertigen. Weicht er davon ab, erzeugt er Mängel.[12]

Bei der Projektrealisierung von Immobilien werden entsprechend Abbildung 11 die Produktparameter durch Kenngrößen des Objekts, wie beispielsweise Art des Gebäudes, Geometrie und Materialität, Lage, Baugrundeigenschaften definiert. Weitere Bestimmungsparameter ergeben sich aus unterschiedlichen Projektorganisationsformen, wie Einzelvergabe oder Generalunternehmervergabe, aus unterschiedlichem Verhalten von Bauherren, Behörden, Nachbarn, Mitarbeitern, Nachunternehmern sowie aus verschiedenen Vertrags- und Vergütungsformen. Sie sind den Organisationsparametern zuzuordnen.

| Bauprojekt | |
|---|---|
| **Objektparameter** | |
| **Grundstück** | **Bauwerk** |
| Lage, Geometrie, Baugrundbeschaffenheit, etc. | Geometrie, Materialität, Standard, Art und Anzahl der Bauelemente, etc. |
| **Organisationsparameter** | |
| **Bauherr** | **Unternehmen** |
| Art des Auftraggebers: öffentlich/sektoren/privat, Projektrealisierungskompetenz, Persönlichkeit der Verantwortlichen, etc. | Rechtsform, Fertigungstiefe, Unternehmensgröße, Organisationsform, Projektrealisierungskompetenz, Arten der Tätigkeit, etc. |
| **Gestaltungsplanung** | **Organisationsplanung** |
| Objektplanung, Tragwerksplanung, Technische Ausrüstung, etc. | Projektsteuerer, Objektüberwacher, Aufbau-, Ablauforganisation, Produktionsplanung, Ablauf-, Terminplanung, etc. |
| **Projektorganisationsform** | **Vertrags- und Vergütungsform** |
| Vergabe an Einzelleistungsträger, Generalunternehmervergabe, Generalplaner, etc. | Einheitspreisvertrag, Pauschalvertrag, GMP, etc. |
| **Stakeholder (extern)** | **Ausführungsfristen** |
| Nachbarn, Behörden, Bürgerinitiativen, Öffentlichkeit, etc. | Vertragsfristen, Jahreszeit, etc. |

*Abbildung 11: Parameter zur Beschreibung eines Bauprojektes[13]*

---

11 Zimmermann, Josef; Vocke, Benno & Trautwein, Iris: Theoretische Kooperationsmodelle und deren Implikation auf die Bauausführung. Tagungsband ICC International Consulting and Construction, Innsbruck 2011, S. 15.
12 Zimmermann, J.: Auswirkungen auf die Vergütung von Allgemeinen Geschäftskosten (AGK) bei Verlängerung der Bauzeit. In NZBau, Ausgabe 01/2012, S. 2.
13 Zimmermann, J., Eber, W., Tilke, C.: Unsicherheiten bei der Realisierung von Bauprojekten – Grenzen einer wahrscheinlichkeitsbasierten Risikoanalyse, Bauingenieur Juni 2014.

## 4. Koordination

Für die Sphäre des Bauherrn ergeben sich die zwei Steuerungskreise "Gestaltungsplanung" und "Bauausführung" entsprechend Abbildung 12.

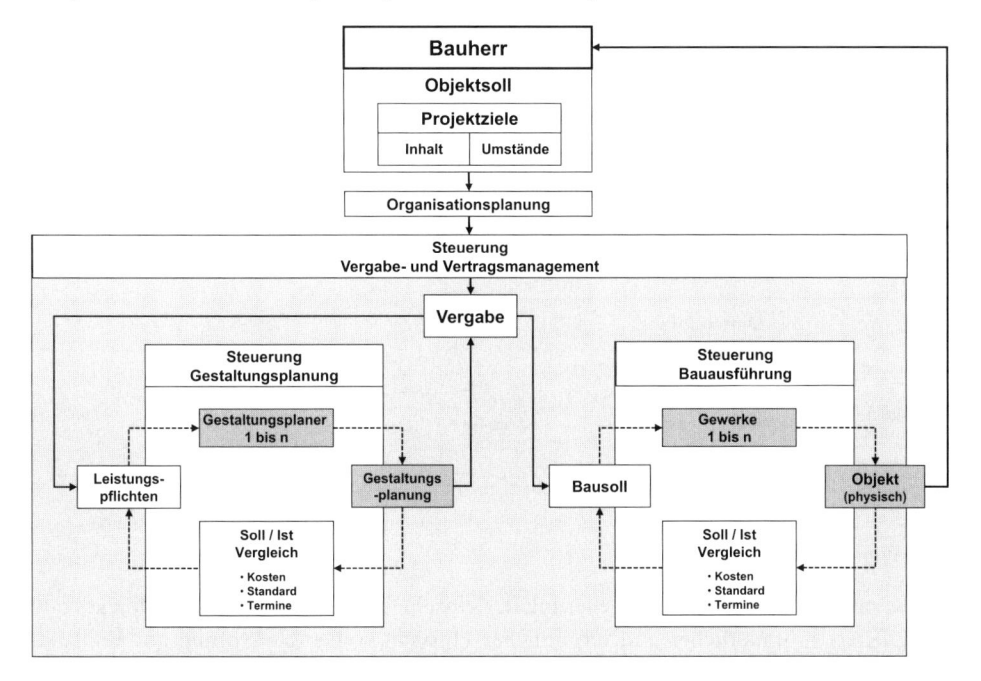

*Abbildung 12: Bauprozessmanagement*

Ohne Organisationsplanung kann es keine koordinierte und keine optimierte Bauausführung geben. Die Integration der unterschiedlichen Fachplanungen in die jeweils eigene Gestaltungsplanung ist ein Leistungssoll des Objektplaners sowie einschlägiger Fachplaner. Hierbei haben die Planer die zu integrierenden Fachplanungen auf inhaltliche Übereinstimmung mit den von ihnen erarbeiteten Vorgaben zu prüfen.[14] Die Integrationsleistung der Planer stellt folglich eine Leistung der Gestaltungsplanung dar. Die Differenzierung der Planungsdisziplinen ist grundsätzlich unabhängig von der Organisationsform der Planungsleistungen, wie etwa Einzelplaner oder Generalplaner (vgl. Abbildung 13, Abbildung 14).

---

14  P. Löffelmann (Hrsg.), Architektenrecht, Werner Verlag, 5. Aufl., S. 83.

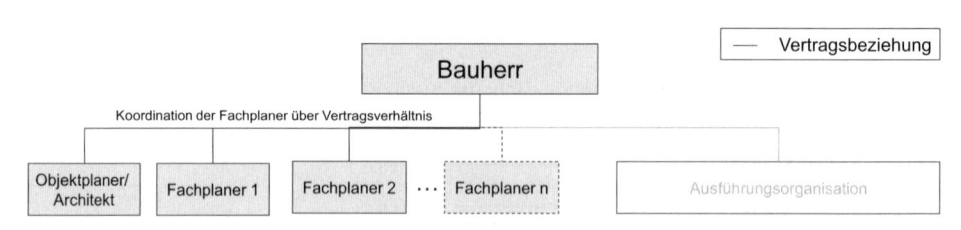

*Abbildung 13: Organisationsform Einzelplaner*

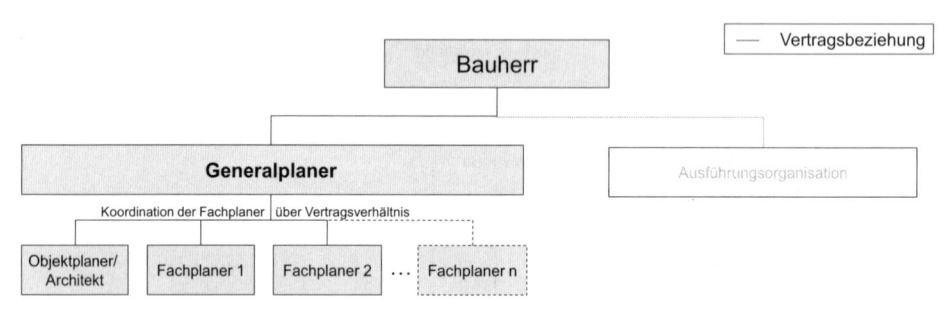

*Abbildung 14: Organisationsform Generalplaner*

## 4.1 Weisungsrechte

Die Koordination umfasst die Steuerung der einzelnen Leistungserbringer (Objekt- und Fachplaner) in inhaltlicher und terminlicher Hinsicht sowie die Prüfung auf Vollständigkeit und Richtigkeit der Teilplanungen, was einer Abnahme der Planungsleistungen entspricht. Auch eine Abnahme ist Bestandteil der Koordination. Es handelt sich folglich um eine Leistung der Steuerung und Leitung der gesamten Gestaltungsplanung. Voraussetzung für die Durchführung der Koordination ist, dass der Koordinierende über entsprechende Entscheidungs- und Weisungsrechte gegenüber den zu koordinierenden Leistungserbringern verfügt. Die Planerorganisationsform in Bauprojekten entspricht der organisationstheoretischen Organisationsform des Einliniensystems, welches dadurch gekennzeichnet ist, dass die Koordination einer Organisationseinheit nur durch die hierarchisch darüber liegende Organisationsebene erfolgt. Nur diese besitzt die dafür notwendigen Entscheidungs- und Weisungsrechte.,[15][16] Für die Organisation und Koordination von Planungsleistungen bedeutet dies, dass per se der Bauherr die für die Koordination notwendigen Entscheidungs- und Weisungsrechte über die geschlossen Werkverträge besitzt. Dieser Auffassung ist auch der Bundesgerichtshof, der in seinem Beschluss vom 31.7.2013 (VII ZR 59/12) anführt, dass der Auftraggeber für die Koordinierung der verschiedenen Planer Sorge zu tragen hat, da nur er als deren Vertragspartner die rechtliche Möglichkeit der Einwirkung auf sie hat.

---

15 Picot et al.(2012): Organisation, Schäffer Poeschel, 6. Aufl., S. 315 f.
16 Hill, W.; Fehlbaum, R.; Ulrich, P.: Organisationslehre 1, 1974, S. 191 ff.

## 2. Bauprozessmanagement

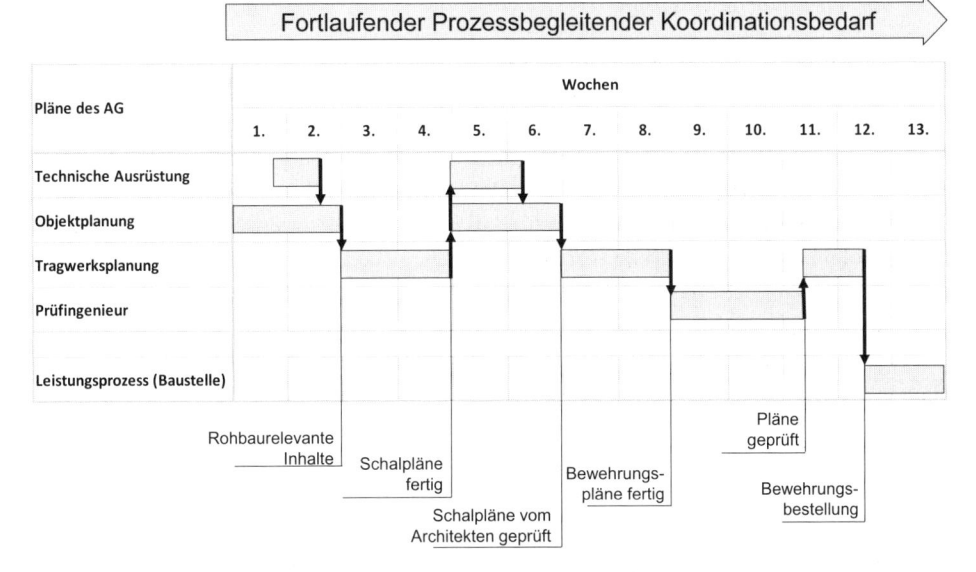

*Abbildung 15: Beispiel Koordination der Planungsdisziplinen*

Die in der HOAI aufgeführte Leistung der Koordination ist somit durch den beauftragten Planer aufgrund fehlender Weisungs- und Entscheidungsrechte grundsätzlich nicht möglich. Eine Übertragung (Delegation) von Weisungsrechten vom Bauherrn auf einen einzelnen Planer würde diesem die Koordination ermöglichen. Dies hätte jedoch zur Folge, dass dieser Planer, dem entsprechende Rechte übertragen wurden, anderen Fachplanern – hinsichtlich deren zu erfüllenden Leistungssoll – Anweisungen erteilen kann, die durch den Bauherrn aufgrund seiner vertraglichen Verpflichtungen abgenommen und vergütet werden müssen. Dies führt für den Bauherrn letztlich zu einer Reduzierung der Möglichkeit der Einflussnahme gegenüber den beauftragten Fachplanern. Gleichzeitig hat er Leistungen, die nicht durch ihn angewiesen wurden, zu vergüten. Dies kann grundsätzlich nicht im Interesse des Bauherrn sein. Falls der Bauherr die Planer nicht selbst koordinieren möchte, könnte er einen Generalplaner (vgl. Abbildung 14) beauftragen, der dann als hierarchische Zwischenebene fungiert und somit eine Trennung der Weisungs- und Entscheidungsrechte über unterschiedliche Hierarchieebenen hinweg verhindert. Der Generalplaner besitzt sämtliche notwendigen Rechte und Pflichten, die sich aus der Koordinationsleistung der Fachplaner ergeben. Mit der Einschaltung eines Generalplaners vermindern sich die Möglichkeiten der Einflussnahme des Bauherrn auf die einzelnen Fachplaner.[17]

---

17 Vgl. Zimmermann, J.: Generalplaner oder Einzelbeauftragung?. Vortrag beim Praxisforum „ARGE, Generalplaner, Konsortien" des Verbandes Beratender Ingenieure (VBI), 23.10.2014, München, S. 44.

## 4.2 Werkvertragliche Situation

Objekt- und Fachplanerverträge sind Werkverträge. Durch den Werkvertrag wird gem. § 631 BGB der Unternehmer zur Herstellung des versprochenen Werkes, der Besteller zur Entrichtung der vereinbarten Vergütung verpflichtet.[18]

Die Leistungspflicht der Planer ist folglich nicht durch die HOAI definiert, sondern durch das BGB Werkvertragsrecht.[19] Die HOAI stellt kein Vertragsrecht und kein normatives Leitbild für den Inhalt von Architekten- und Ingenieurverträgen dar. Die HOAI besitzt folglich keine generelle vertragsrechtliche „Leitbildfunktion". Es ist jedoch grundsätzlich möglich, dass die Vertragsparteien zur Beschreibung der werkvertraglich geschuldeten Leistung die Leistungsbilder der HOAI vereinbaren. In diesem Fall stellen die in der HOAI beschriebenen Leistungen die Leistungspflicht des Objekt- bzw. Fachplaners dar.[20]

Die Leistungspflicht jedes Planers ist die Herbeiführung des vertraglich vereinbarten Werkerfolgs. Der Planer hat somit mit seinen Leistungen dafür zu sorgen, dass das Bauwerk plangerecht und frei von Mängeln entsteht und zur Vollendung kommt. Die in der HOAI definierten Leistungen je Leistungsphase erfüllen die Anforderungen an den Informationsbedarf der Projektbeteiligten sowie der auf der Planung aufbauenden Prozesse (z.B. Ausführung der Bauleistungen) zu den einschlägigen Meilensteinen des Entwicklungsprozesses der Immobilie nicht.[21]

Die Planer (Objekt- und Fachplaner) haben als Werkunternehmer für den Leistungserfolg einzustehen, sie schulden ein funktionstaugliches und zweckentsprechendes Werk, andernfalls ist ihre Leistung mangelhaft.

Da alle Planer im Rahmen der Realisierungsplanung an der Zielbestimmung mitwirken, sind sie auch für deren Einhaltung mitverantwortlich. Durch den Beitrag von Kostenberechnung und Ausführungsterminen sind sie im Rahmen ihrer Möglichkeiten auch für deren Einhaltung verantwortlich. Eine Planung, die unrealistische Kosten- und Terminziele enthält, ist somit ebenso mangelhaft wie beispielsweise eine Planung der technischen Ausrüstung, deren Anlagen die erforderliche Leistung -wie etwa die Luftwechselrate- nicht erreichen.

Die Projektorganisationsform definiert die formale Organisationsstruktur (Aufbau- und Ablauforganisation) der Projektrealisierung als institutionelles Regelsystem. Das Regelsystem spiegelt sich in den Verträgen zwischen dem Bauherrn und seinen Auftragnehmern wider. Mögliche Projektorganisationsformen sind Einzelleistungsträger (z. B. Einzelunternehmer, Bietergemeinschaften), Kumulativleistungsträger (z. B. Generalplaner und Generalunternehmer), Gesamtleistungsträger der Projektrealisierung (z. B. Totalunternehmer) und Gesamtleistungsträger der Immobilienentwicklung (z. B. Betrei-

---

18 Hrsg. P. Löffelmann, Architektenrecht, 5. Aufl., S. 25ff.
19 Dies hat der BGH in mehreren Urteilen betätigt: vgl. BGH, Urt.v. 24.10.1996; BGH, Urt.v. 22.10.1998; BGH, Urt.v. 24.6.2004.
20 Hrsg. P. Löffelmann, Architektenrecht, 5.Aufl.
21 Zimmermann, J., Nohe, B.: Mittelbarer Einfluss der HOAI auf die Leistungspflichten. In:. Evangelischer Bundesverband für Immobilienwesen in Wissenschaft und Praxis e.V.: Planerverträge, Haftung der Planer und Mitverantwortung der Besteller. 14. Weimarer Baurechtstage. Partner im Gespräch. Band 98. München. 2015.

bermodelle / PPP). Je nach der durch den Bauherrn gewählten Projektorganisationsform verbleiben die zugehörigen Schnittstellenkosten (Transaktionskosten) und -risiken in unterschiedlichen Anteilen beim Bauherrn oder den Einzel- bzw. Kumulativ-Leistungsträgern.[22]

| | Gestaltungsplanung HOAI | | | | Organisation | | | | Bauausführung | | Betrieb | | |
|---|---|---|---|---|---|---|---|---|---|---|---|---|---|
| | Lph. 1-2 | Lph. 3-4 | Lph. 5 | Lph. 6 (LV) | Lph. 7 (Einkauf) | Organisationsplanung | Steuerung | Leitung | Baustelleneinrichtung | Bauleistung | Gewährleistungsmanagement | Objektbetrieb | Funktionsbetrieb |
| Einzelunternehmer | | | | | | | | | | X | | | |
| Generalunternehmer | | | X | X | X | X | X | | X | X | X | | |
| Totalunternehmer | | X | X | X | X | X | X | X | X | X | X | | |
| Betreibermodelle (PPP) | X | X | X | X | X | X | X | X | X | X | X | X | X |

*Abbildung 16: Zuweisung der Verantwortung je nach gewählter Projektorganisationsform*

Die Terminplanung stellt die auftraggeberseitige Planung und vertragliche Festschreibung der Termine und Meilensteine in einem Projekt zur Zielerreichung des für die jeweilige Nutzung geforderten Fertigstellungstermins zur Erfüllung des Objektsolls dar. Die Ablaufplanung umfasst die jeweilige Umsetzung der Terminplanung (Vertragsfristen) durch die Auftragnehmer im Rahmen ihrer Dispositionsfreiheit unter Zugrundelegung der vertraglichen Vorgaben an die Strukturierung durch den Auftraggeber.

Die Auftragnehmer planen ihre Abläufe entsprechend ihrer Produktionsplanung. Dies erfolgt im Rahmen ihrer Dispositionsfreiheit. Die Freiheit der Bieter, Verfahren und Abläufe auf der Grundlage ihrer eigenen Kompetenzen und Ressourcen im Rahmen der Angebotsbearbeitung planen zu können, ermöglicht den Wettbewerbern erst, sich im Wettbewerb von den Mitbewerbern differenzieren zu können, nachdem alle Bieter der jeweiligen Vergabeeinheit (Gewerk) dasselbe ausgeschriebene Bausoll anbieten und bei Zuschlag später bauen müssen.[23]

Daraus ergibt sich allerdings, dass der Auftraggeber die Ablaufpläne der Unternehmen erst zum Zeitpunkt der Vergabe kennt. Diese zum Zeitpunkt der Vergabe vorliegenden Ablaufpläne werden als "Vertragsablaufpläne" definiert. Erst nach der Vergabe aller Vergabeeinheiten kann der Auftraggeber feststellen, ob es zu Kollisionen zwischen den einzelnen Vertragsablaufplänen der verschiedenen Auftragnehmer kommt.

---

22 *Picot, A.; Dietl, H.; Franck, E.*: Organisation – Eine ökonomische Perspektive. 5. Aufl. Stuttgart. 2008.
23 *Zimmermann, J.*: Bauen – Advanced Producer Services. In: Zimmermann, J. (Hrsg.): Dienstleister Bauwirtschaft – Leistungsfähigkeit oder Produkte im Wettbewerb. 8. Kolloquium Investor – Hochschule – Bauindustrie. München, 2012.

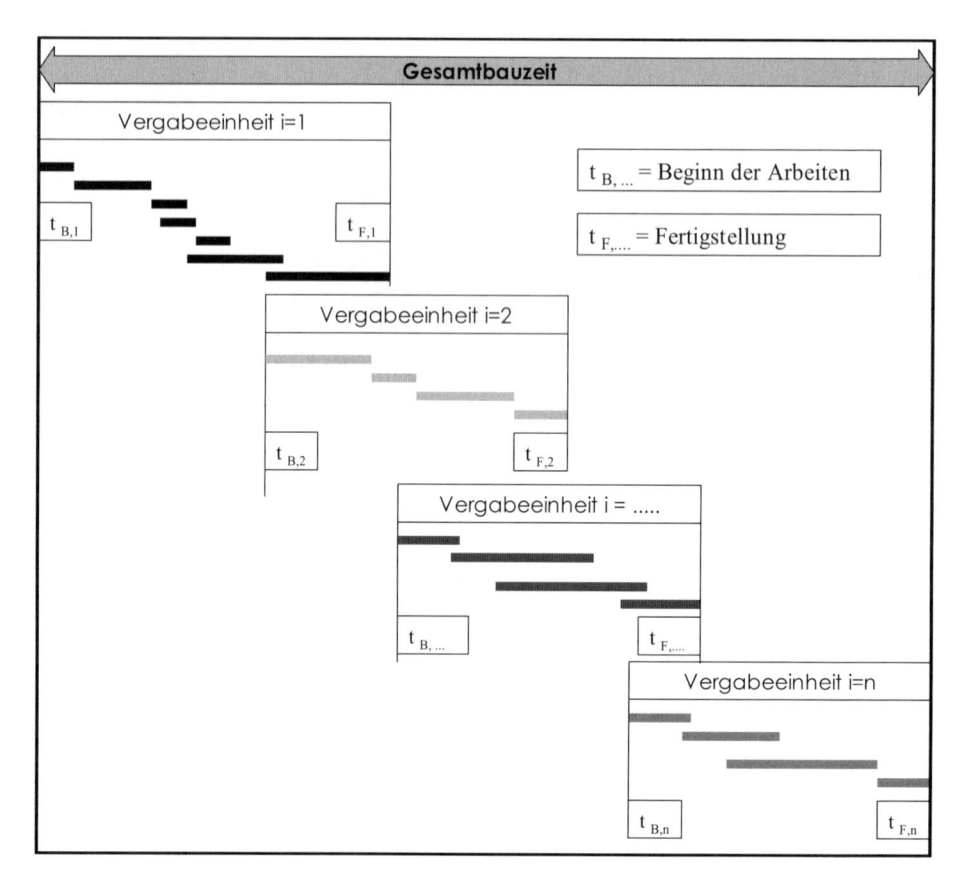

*Abbildung 17: Zusammenhang zwischen Vertragsterminplan und Vertragsablaufplänen*

Um dem Auftraggeber überhaupt die Möglichkeit zu verschaffen, im Rahmen der Leistungserbringung die einzelnen Vergabeeinheiten zu koordinieren, muss er mit der Ausschreibung den Unternehmen (potenziellen Auftragnehmern) ex ante die erforderliche Detaillierung deren Ablaufplanung auf der Basis der geometrischen Struktur des Projektes vorgeben. Er muss weiterhin fordern, dass die Bieter mit Abgabe des Angebotes diese Ablaufpläne (potenzielle Vertragsablaufpläne) einreichen. Damit ergibt sich für den Auftraggeber zusätzlich zu dem Angebotspreis ein wesentliches Kriterium für die Vergabe, das auch prüfbar ist. Der Auftraggeber kann feststellen, ob und welche Bieter der unterschiedlichen Gewerke (Vergabeeinheiten) ihre Abläufe derart geplant haben, dass die Arbeiten während der Leistungserbringung möglichst wenig Kollisionen mit anderen werkvertraglich gebundenen Unternehmen entsprechend Abbildung 17 ergeben.

## 5. Der Baumarkt

Durch die Vergabe der Bauleistungen treffen die Sphären des Bauherrn und der Bauunternehmen entsprechend Abbildung 18 zusammen.

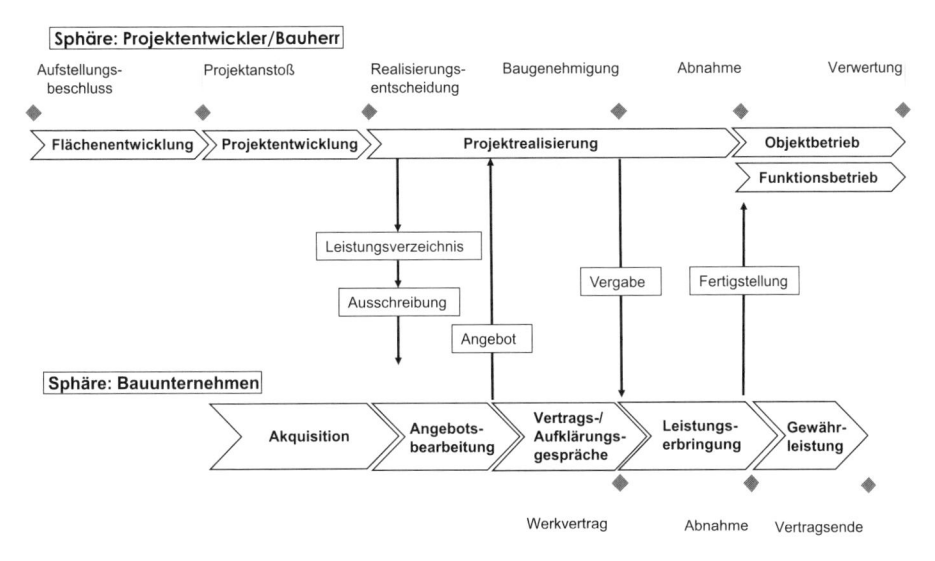

*Abbildung 18: Phasen Immobilienentwicklung und Unternehmensprozesse*

Der Baumarkt ist durch seinen spezifischen „Vollkommenheitsgrad" gekennzeichnet, der von vier wesentlichen Faktoren abhängt.
- Zunächst ist ein vollkommener Markt dadurch gekennzeichnet, dass die gehandelten Güter bzw. Dienstleistungen homogen sind.
- Zweitens bestehen zwischen den Anbietern und Nachfragern keine sachlichen, räumlichen oder persönlichen Präferenzen. Durch die Regelungen der VOB/A und der Sektorenrichtlinie ist die Vergabe von öffentlichen Aufträgen transparent. Alle sachlichen, räumlichen, zeitlichen und persönlichen Präferenzen sind verboten. Im Gegensatz zum öffentlichen Nachfrager i.S.d. § 98 GWB ist der Private nicht verpflichtet, sich an die Regeln der VOB[24] zu halten. Er kann aufgrund der Vertragsfreiheit Leistungen nach seinen Präferenzen vergeben, was eine Marktintransparenz zur Folge hat.
- Drittens ist eine vollständige Markttransparenz, d.h. dass sämtliche Marktteilnehmer vollständige und gleichartige Informationen über das Marktgeschehen besitzen, ein Zeichen des vollkommenen Marktes.
- Ein viertes Kriterium ist die Offenheit des Marktes, die den Marktzugang für potentielle Konkurrenten beschreibt. Die geringere Markttransparenz im privaten Bereich, vor allem auf lokalen Märkten, erhöht die Marktmacht der Bauunternehmen, da die Kosten der Bauherren für eine umfassende Informationsbeschaffung hoch

---
24 Abschnitt 2 – Vergabe- und Vertragsordnung für Bauleistungen – Teil A – § 1 EG II.

sind. Der Baumarkt ist zudem ein offener Markt und leicht für neue potentielle Konkurrenten zugänglich. Die Markteintrittsbarrieren sind niedrig.

Die Merkmale der Marktvollkommenheit sind für die Preisbildung von entscheidender Bedeutung. Ein erschwerter Marktzugang könnte, abhängig von der Nachfrageentwicklung, die Durchsetzung höherer Preise erlauben. Tendenziell kann man sagen, dass die Marktpreise umso niedriger sind, je offener der Markt ist. Je mehr Anbieter auf dem Markt miteinander um die Aufträge konkurrieren, desto niedriger ist der Preis.

Die Angebotsseite ist von einer starken Heterogenität und Fragmentierung gekennzeichnet. Unternehmen unterschiedlicher Größe bieten oftmals identische Leistungen an. Kleine und mittlere oder mittlere und große Unternehmen stehen sich trotz ihrer unterschiedlichen Rahmenbedingungen bei der Vergabe von Bauaufträgen als direkte Konkurrenten gegenüber.

Der „Aktionsradius" eines Anbieters hängt von verschiedenen Faktoren ab. Er ist hauptsächlich von dessen Kapazitäten, Spezialisierungsgrad, Leistungsumfang und der Nachfragestruktur abhängig. Die Standortbindung begrenzt die Reichweite vor allem für kleinere Bauunternehmen, so dass sie vorwiegend auf dem lokalen Baumarkt tätig sind. Auf dem regionalen Baumarkt spielen mittlere und große Unternehmen eine wichtige Rolle, die über ihre Niederlassungen präsent sind. Kleine und mittelgroße lokale Betriebe sind vor allem als Sub- bzw. Nachunternehmen präsent.

## 6. Geschäftsprozesse

Die Bauunternehmen, die das vom Bauherrn vorgegebene Bausoll umsetzen müssen, können sich nicht durch Produktinnovationen einen Vorteil verschaffen, wie dies im Wettbewerb bei Sachgütern der Fall ist. Um im Wettbewerb zu bestehen, müssen Bauunternehmen in einen Kostenwettbewerb eintreten. Dazu sind Innovationen in den unternehmensinternen Prozessen erforderlich, die allein von den Bauunternehmen beeinflusst werden können.

Primäre Geschäftsprozesse (vgl. Abbildung 18) stellen die originäre Wertschöpfung in Bauunternehmen dar. Sie betreffen die unmittelbare Erfüllung der Anforderungen für den externen Kunden und werden als „Unternehmensprozesse" bezeichnet. Die Unterteilung der Prozesse eines Bauunternehmens in Unternehmensprozesse und in weitere Teilprozesse ist Voraussetzung für eine Standardisierung aller Prozesse. Die Unternehmensprozesse von Bauunternehmen sind Akquisition, Angebotsbearbeitung, Vertragsgespräche/Aufklärungsgespräche (im Wesentlichen bei privaten Auftraggebern), Leistungserbringung und Gewährleistung (nach VOB/B "Vertragsfrist für Mängelhaftung").

Der Unternehmensprozess „Akquisition" dient den Bauunternehmen dazu, sich den potenziellen Bauherren, die mit ihrer Projektentwicklung befasst sind, als möglicher Auftragnehmer vorzustellen. Auf der Grundlage der Ausschreibung des Bauherrn müssen alle Wettbewerber für dasselbe Produkt im Rahmen der „Angebotsbearbeitung" ein spezifisches Angebot erarbeiten und anbieten. Eine Differenzierung ihrer Angebote hinsichtlich des Produktes ist bei Öffentlichen Auftraggebern ausgeschlossen, falls der Bauherr keine Nebenangebote zulässt.²⁵ Bei Ausschreibungen privater Auftraggeber sind Nebenangebote, innovative Vorschläge zur Kostensenkung oder bei gleichen Kosten zur Erhöhung des Standards oder zur Verkürzung der Bauzeit oder zur Verbesserung der Zahlungsbedingungen willkommen. Hierbei ist jedoch zu beachten, dass ein Bauunternehmen seine Kompetenz nur im jeweils beauftragten Gewerk besitzt. Dies bedeutet, dass das Bauunternehmen auch nur Einsparungen in diesem Gewerk bewirken kann. Die Auswirkungen auf andere Gewerke oder gar auf die Auswirkungen auf die Nutzungsanforderungen kann ein Bauunternehmen nicht beurteilen und hat dazu auch nicht die Kompetenz. So kann ein Rohbauunternehmer beispielsweise vorschlagen, das Verfahren zur Erstellung der Stahlbetondecken aus Kostengründen von einem Verfahren mit Rahmenschalung auf ein Verfahren mit Elementfertigteilplatten zu ändern. In diesem Fall ist die Leistung des Rohbauunternehmens günstiger, derartige Änderung können jedoch auch Auswirkungen auf andere Gewerke haben. So müssen u.a. die zwischen den Elementdeckenplatten entstehenden Fugen geschlossen werden, zusätzlich kann die Änderung Auswirkungen auf die Planung der Technischen Ausrüstung und die Tragwerksplanung haben. Es entstehen somit Kosten in anderen Gewerken, die für den Rohbauunternehmer, welcher die Änderung vorschlägt, nicht absehbar sind und die er möglichst auf den Bauherrn übertragen möchte.²⁶

Grundlage für die Erstellung eines Angebotes und der Leistungserbringung stellt die Produktionsplanung dar. Sie ist Voraussetzung für einen wirtschaftlichen Bauablauf. Sie umfasst die Planung der einzelnen Abläufe, die zur Erstellung jedes einzelnen Bauteiles oder Bauelementes eines Bauwerks erforderlich sind sowie deren Abstimmung aufeinander für das Produkt insgesamt. Ziel ist es, einen möglichst wirtschaftlichen und effektiven Bauablauf unter Berücksichtigung des vertraglich festgelegten Terminrahmens zu gewährleisten. Die Produktionsplanung beinhaltet:
- Festlegung des Produktionsverfahrens
- Personaleinsatzplanung
- Geräteeinsatzplanung (Krane, Bagger, usw.)
- Materialbedarfsplanung (Stoffe)
- Auswahl und Dimensionierung von Schalung und Rüstung.

Eine wesentliche Voraussetzung für die Produktionsplanung ist eine detaillierte Mengenermittlung, die auf Grundlage der einzelnen festzulegenden Produktionsschritte erfolgt. Das Ergebnis der Produktionsplanung ist ein Produktionsplan, der Vorgabe für die Ausführung auf der Baustelle wird. Sie ist eine wesentliche Voraussetzung für Ablaufplanung und Produktionsprozessplanung sowie für die Produktivitätsansätze in der Kalkulation.

Der Produktionsplan enthält alle Aktivitäten sowie deren Verknüpfungen untereinander. Schalungssysteme, Geräte und Materialien werden unter Berücksichtigung einer

---

25 *Zimmermann, Josef; Vocke, Benno; Trautwein, Iris:* Theoretische Kooperationsmodelle und deren Implikation auf die Bauausführung. Tagungsband ICC International Consulting and Construction, Innsbruck 2011, S. 15.
26 *Zimmermann, J., Nohe, B.:* Ziele von Bauherren und Bauunternehmen sind im Grundsatz unterschiedlich. Tagungsband ICC International Consulting and Construction, Innsbruck 2013.

möglichst kontinuierlichen Beschäftigung des Personals ausgelegt und optimiert. Die Anzahl der Mitarbeiter und deren Einsatz werden festgelegt.

## 6.1 Angebotsbearbeitung

Zur Ermittlung des Angebotspreises verwenden Bauunternehmen überwiegend die sogenannte „Zuschlagskalkulation". Die Zuschlagskalkulation bedeutet, dass Gemeinkosten nicht verursachungsgemäß, sondern indirekt als Zuschläge auf die Einzelkosten verrechnet werden. Es hängt von der gewählten Zuschlagsbasis oder einer möglichen Differenzierung der Gemeinkosten ab, ob kausale Beziehungen zwischen Einzelkosten und Entwicklung der Gemeinkosten hergestellt werden können.[27] Die Gemeinkosten bei Bauprojekten werden differenziert in Projektgemeinkosten (primäre Gemeinkosten)[28] und Allgemeine Geschäftskosten (sekundäre Gemeinkosten).[29]

Eine Angebotskalkulation ist die möglichst genaue Ermittlung der Herstellungskosten eines Bauprojektes in Erfüllung der Vertragsleistung unter Ansatz der gewählten Bauverfahren, des Bauablaufes und der Ressourcen. Kosten, die den Leistungspositionen direkt zugeordnet werden können, werden „Einzelkosten der Teilleistungen" [EKT] genannt. Die Einzelkosten der Teilleistungen erfassen den Aufwand der Leistungsprozesse nach Kostenarten wie etwa Lohn, Stoffe, Geräte, Nachunternehmer. Die Kosten der Projektorganisation, also Kosten, die für das Betreiben des Projektes an sich notwendig sind, werden als „Projektgemeinkosten" [PGK] bezeichnet. Die Projektgemeinkosten beinhalten den Aufwand für Organisation, Steuerung und Leitung des Projektes wie Personal des Projektteams, übergeordnete Geräte wie Turmdrehkrane und Baubüros, falls keine Baustelleneinrichtungspositionen ausgeschrieben sind, Kosten für Versicherungen und Bürgschaften sowie je nach Unternehmen auch die angefallenen Angebotskosten für das Projekt selbst. Projektgemeinkosten sind damit primäre Gemeinkosten des Projektes, die nicht direkt einer Leistung bzw. einem Leistungsprozess im Projekt zugeordnet werden können.

Die Herstellungskosten ergeben sich aus der Summe der Einzelkosten der Teilleistungen EKT und der Projektgemeinkosten PGK. Sie geben die Kosten an, die für das Herstellen des Bauwerkes insgesamt im Projekt selbst anfallen. Sie bilden die Grundlage für die Preisermittlung. „Herstellungskosten" ist ein Begriff der Kostenrechnung für die Herstellung eines Gutes.

Zur Preisbildung sind unternehmensspezifische Ansätze für die „Allgemeinen Geschäftskosten" [AGK] sowie Wagnis [W] und Gewinn [G] zu berücksichtigen. Die jeweiligen Ansätze werden von der Unternehmensleitung unter strategischen Gesichtspunkten vorgegeben.

---

27 Bayerischer Bauindustrieverband (Hrsg.): Baumarkt: Theorie für die Praxis, 2. Aufl. 2002, S. 8 ff.
28 Thommen, J.-P.; Achleitner, A.-K.: Allgemeine Betriebswirtschaftslehre, 2009, S. 542.
29 Thommen, J.-P.; Achleitner, A.-K.: Allgemeine Betriebswirtschaftslehre, 2009, S. 542.

## 2. Bauprozessmanagement

| | |
|---|---|
| $\sum EKT_i$ | Einzelkosten der Teilleistungen (Summe über alle Positionen i) |
| $+ \sum PGK_j$ | Projektgemeinkosten (Summe über alle Positionen j) |
| $= HK$ | **Herstellungskosten (Summe über alle Positionen i+j)** |
| $+ \sum AGK_{Zuschlag}$ | Allgemeine Geschäftskosten |
| $+ W$ | Wagnis |
| $+ G$ | Gewinn |
| $= An$ | Angebotssumme netto |

*Abbildung 19: Ermittlung der Angebotssumme netto*

Die kalkulatorische Berücksichtigung von Risiken wird unter dem Titel „Wagnis" im Kalkulationsendblatt eingestellt. Dazu ist eine projektspezifische Risikoanalyse durchzuführen. Die Zwänge des Marktes mit Angebot und Nachfrage lassen es jedoch nicht zu, sämtliche erkennbaren Risiken mit entsprechenden Kosten zu berücksichtigen. Es geht vielmehr darum, durch die Kompetenz im „Risikomanagement" mögliche Risikofolgen zu vermeiden oder die in den Risiken liegenden Chancen zu realisieren. Dennoch wird ein Betrag zur Abdeckung von Risikofolgen im Kalkulationsendblatt einzustellen sein.

Die Zuschläge zur Berücksichtigung der sekundären Gemeinkosten ergeben sich aus der Unternehmensplanung entnommen. Sie werden nach dem „Durchschnittsprinzip"[30] auf den Planumsatz verteilt. Mit dem Durchschnittsprinzip wird grundsätzlich weder eine realitätsgetreue Abbildung der Kostensituation noch eine wirtschaftlichkeitsbezogene Darstellung der Leistungssituation des Unternehmens sowie auch des Projektes erreicht.[31]

In jedem Fall werden die Zuschläge $AGK_{Zuschlag}$ von der Geschäftsleitung, d. h. vom Vorstand bzw. Geschäftsführung, den in der Angebotsbearbeitung handelnden Akteuren als Teil des zu erzielendes Rohergebnis des Projektes vorgegeben. Damit will die Geschäftsleitung sicherstellen, dass neben einem zu erzielenden Gewinn in jedem Fall die Allgemeinen Geschäftskosten erwirtschaftet werden.

Die $AGK_{gesamt}$ stellen Gemeinkosten nach Wöhe[32] dar. Für sie ist das Verursacherprinzip als Verteilungskriterium prinzipiell nicht möglich, sie können nur durch Zuschläge verteilt werden. In der Bauwirtschaft mit der Produktionsstätte (Kostenträger) „Projekt" können bei einschlägigen Leistungen von Funktionen des Unternehmens für das Projekt jedoch Anteile der $AGK_{gesamt}$, d.h. den insgesamt im Unternehmen entstehenden Gemeinkosten, Projekten zugeordnet und deren Kosten auf diese „verrechnet" werden. Diese Verrechnungspreise sind ein Controlling-Instrument. Insofern das Unternehmen eigene Geräte besitzt, die in einer Kostenstelle des Gesamtunternehmens geführt werden, können beispielsweise Bagger oder LKW in die EKT unter der Kostenart Geräte verrechnet werden; Turmdrehkrane entsprechend in die Projektgemeinkosten oder in die Position Baustelleneinrichtung. Projektleiter, Bauleiter sowie Einkäufer oder

---
30 Thommen, J.-P.; Achleitner, A.-K.: Allgemeine Betriebswirtschaftslehre, 2009, S. 541.
31 Thommen, J.-P.; Achleitner, A.-K.: Allgemeine Betriebswirtschaftslehre, 2009, S. 541.
32 *Wöhe, Günter*: Einführung in die Allgemeine Betriebswirtschaftslehre, 21. Aufl., München 2002.

eigene Rechtsanwälte, die ebenfalls alle im Gesamtunternehmen als Personal in unterschiedlichen Funktionen geführt werden und einen Teil der $AGK_{gesamt}$ darstellen, werden, soweit sie für das Projekt tätig werden, ebenfalls auf den Kostenträger Projekt als PGK erfasst.

Durch diese Zuordnung von Teilen der $AGK_{gesamt}$ auf Projekte reduziert sich der Anteil der (sekundären) Gemeinkosten, der durch allgemeine Zuschläge auf die Projekte zu erbringen ist. Der Anteil der $AGK_{gesamt}$, der auf Projekte in direkter Zuordnung über Verrechnungspreise „verrechnet" werden kann, wird als $AGK_{Verrechnung}$ bezeichnet. Die verbleibenden nicht direkt verrechenbaren Gemeinkosten müssen durch allgemeine Zuschläge von den Projekten erwirtschaftet werden und ergeben sich als Differenz zu:

$AGK_{Zuschlag} = AGK_{gesamt}$ abzüglich $AGK_{Verrechnung}$.[33]

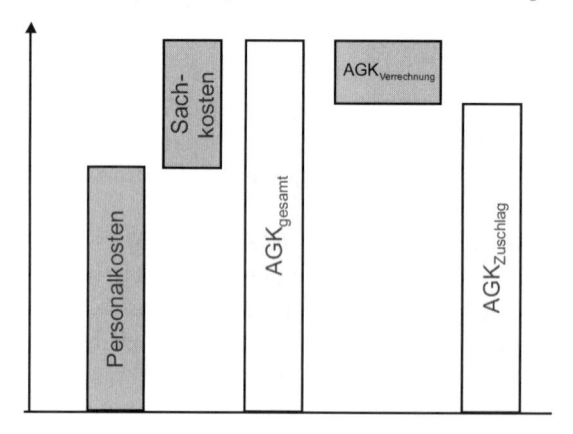

*Abbildung 20: Ermittlung AGKZuschlag*

Die im Rahmen der Angebotskalkulation als prozentualer Zuschlag angesetzten Allgemeinen Geschäftskosten $AGK_{Zuschlag}$ können jedoch auch von den Werten der Unternehmensplanung abweichen, wenn die Geschäftsleitung den entsprechenden Sätzen für ein spezielles Angebot zustimmt. Zuschläge für ein bestimmtes Projekt können durchaus aus spekulativen oder abwicklungsstrategischen Gesichtspunkten größer oder kleiner sein als in der Unternehmensplanung ermittelt, sofern eine Unternehmensplanung überhaupt vorliegt. Im Rahmen der Preispolitik können Zuschläge etwa entsprechend des „Tragfähigkeitsprinzips"[34] oder auch willkürlich angegeben werden, falls es der Wettbewerb zulässt. Will man einen neuen Markt oder einen neuen Bauherrn für das Unternehmen gewinnen, können die Zuschläge durchaus niedriger sein. In dem Fall, dass der Wettbewerb erfahrungsgemäß höhere Margen zulässt, können die Zuschläge auch höher vorgegeben werden (Tragfähigkeitsprinzip). Letzten Endes handelt es sich um unternehmensstrategische Vorgaben der Geschäftsleitung, die im Rahmen der Angebotsbearbeitung eines Unternehmens immer zwingend einzuhalten sind.

---

33 Zimmermann, J.: Auswirkungen auf die Vergütung von Allgemeinen Geschäftskosten (AGK) bei Verlängerung der Bauzeit. In NZBau, Ausgabe 01/2012.
34 Thommen, J.-P.; Achleitner, A.-K.: Allgemeine Betriebswirtschaftslehre, 2009, S. 541.

## 6.2 Vergabe

Sind alle Bieter zur Erstellung des speziellen Projektes geeignet, wird der private Bauherr nach Eingang der Angebote zunächst mit den preisgünstigsten Bietern in „Vertragsgespräche" eintreten. Der Bauherr erzeugt einen Preiswettbewerb mit dem damit verbundenen Druck auf die Gewinnmargen (Rohergebnisse) der Bauunternehmen. Das Ziel der Vertragsgespräche ist es, zwischen Bauherrn und Bauunternehmen einen Werkvertrag zu schließen. Der Werkvertrag zwischen Bauherr und Auftragnehmer umfasst das Leistungssoll, d. h. Standards der auszuführenden Leistung, Mengen und Fertigstellungstermin sowie die Vergütung, die mit Einheitspreisen oder als Pauschalpreis bzw. – GMP(Guaranteed Maximum Price) vereinbart werden kann. Der Auftragnehmer kann daher seine Gewinnmarge nur dadurch erzielen, dass er die kalkulierten Herstellungskosten einhält.

Die Gewinnmarge bezogen auf ein spezielles Projekt ergibt sich als „Rohergebnis". Es berechnet sich aus der Differenz zwischen Ertrag (Umsatz bzw. „Leistung" bei nicht schlussgerechneten Projekten und Bilanzierung nach HGB) und Herstellungskosten. Ob der Auftragnehmer am Projektende das erwartete Rohergebnis erzielt, ist abhängig von der Qualität der Ermittlung seiner Herstellungskosten in der Angebotsphase sowie seiner Fähigkeit, das Projekt im Rahmen der kalkulierten Kosten sowie der vorgegebenen Bauzeit zu realisieren. Gelingt ihm dies nicht, wird er das kalkulierte Rohergebnis nicht erzielen und damit weder seinen kalkulierten Gewinn noch seine kalkulierten AGK einspielen.

Erst wenn das Projekt alle ihm zuzuordnenden Kosten „eingespielt" hat, entsteht ein Gewinn als Differenz von Erlös und Kosten. Der Gewinn kann für das Projekt am Projektende endgültig festgestellt werden. Im Zuge der Angebotsbearbeitung wird eine Gewinnerwartung – ein kalkulatorischer Gewinn – bei der Ermittlung der Angebotssumme, d. h. bei der Preisbildung berücksichtigt. Der erwartete Gewinn wird von der Geschäftsleitung im Rahmen ihrer Preispolitik festgelegt und ist im Kalkulationsendblatt einzustellen. Der festgelegte Satz sollte eine angemessene Vergütung für die Leistung des Unternehmens sein.

# VIII.
## Nachhaltige Bewirtschaftung des Immobilienvermögens

# 1. Facility Management, Bestandspflege und Erhaltung

*Carolin Bahr*

*Zur Sicherung der Zukunftsfähigkeit müssen sich Sozialwirtschaft und Kirche auch im Management und in der Bewirtschaftung ihrer Immobilien kontinuierlich weiterentwickeln und optimieren. Das Facility Management bietet enorme Einsparpotentiale, die es gilt zu nutzen. Jedoch erfordert die ganzheitliche Bewirtschaftung von Immobilien und die Berücksichtigung der gesamten Lebenszykluskosten bei der Entscheidungsfindung von den Verantwortlichen ein hohes Maß an Kompetenz.*

*Der Werterhalt von Gebäuden und ihren baulichen Anlagen nimmt aufgrund der hohen Vermögenswerte und der enormen Summen die Jahr für Jahr für den Erhalt der Werte ausgegeben werden eine wichtige Rolle ein. Instandhaltungsmaßnahmen müssen strategisch geplant werden und die dafür notwendigen Mittel müssen zum richtigen Zeitpunkt bereitstehen. Hierfür ist es erforderlich effektive Methoden zu kennen und diese anzuwenden.*

## 1. Einführung

Schon vor der Erstellung eines neuen Gebäudes bzw. vor der Erweiterung oder dem Umbau eines bestehenden Gebäudes sind die späteren Nutzungskosten zu berücksichtigen. Um ein Wirtschaften auf Kosten zukünftiger Haushalte zu verhindern, sind insbesondere die für die Instandhaltung der Immobilie notwendigen Mittel bereits von Beginn an einzuplanen.

Entscheidend ist daher nicht nur die Frage, ob ein Neubau oder eine Erweiterung im Moment finanziell realisierbar ist, sondern darüber hinaus auch die Frage, ob die in den nächsten 70 bis 100 Jahren notwendigen Mittel für die Gebäudebewirtschaftung und die Instandhaltung zur Verfügung stehen.

## 2. Facility Management (FM)

Das Facility Management (FM) umfasst die ganzheitlich orientierte Verwaltung und optimale Bewirtschaftung von Bausubstanz, technischen Anlagen und Einrichtungen (engl. Facilities).

Das FM stellt sicher, dass durch die Bereitstellung einer guten Infrastruktur sowie von Facility Services das in einer baulichen Einrichtung oder Anlage ausgeübte Kerngeschäft jederzeit optimal unterstütz wird. In einer Organisation werden zwei Arten von Prozessen unterschieden:
– Kernprozess (auch Primär-oder Hauptprozess genannt), der einen direkten Bezug zum eigentlichen Ziel der Institution hat.

– Unterstützungsprozess (auch Sekundärprozess genannt), der notwendig ist, um den Kernprozess überhaupt ausführen zu können.

Zur Verdeutlichung sind in Tabelle 1 Beispiele für Kern- und Unterstützungsprozesse aus dem Bereich sozialer und kirchlicher Organisationen aufgeführt.

| Institution | Kernprozess | Unterstützungsprozess |
|---|---|---|
| Krankenhaus | Heilen und Pflegen von Patienten Erbringen von medizinischen Leistungen | Reinigung Wäscheversorgung Speiseversorgung Sterilgutversorgung Flächenmanagement Betrieb und Instandhaltung von Gebäuden und technischen Anlagen Logistik etc. |
| Schule | Wissensvermittlung und Lernen | Flächenplanung und Flächenmanagement Reinigung Betrieb und Instandhaltung von Gebäuden und technischen Anlagen etc. |
| Kirche | Seelsorge | Reinigung Betrieb und Instandhaltung von Gebäuden und technischen Anlagen etc. |
| Pflegeheime | Versorgung und Pflege von Bewohnern | Reinigung Wäscheversorgung Speiseversorgung Betrieb und Instandhaltung von Gebäuden und technischen Anlagen etc. |
| Verwaltung | Erbringung von Verwaltungsdienstleistungen | Betrieb von EDV Anlagen Umzugsmanagement Reinigung Flächenverwaltung Arbeitsschutz etc. |

*Tabelle 1: Beispiele für Kern- und Unterstützungsprozesse verschiedener Institutionen*

Das Facility Management umfasst die Planung, Steuerung und Durchführung dieser Unterstützungsprozesse. Es hat zum Ziel die jeweiligen Kernprozesse, die in den verschiedenen Institutionen ausgeführt werden, möglichst gut zu unterstützen und deren Leistungsfähigkeit dadurch zu erhöhen. Eine weitere zentrale Aufgabe des Facility Managements ist der Erhalt oder die Erhöhung von baulichen und anlagentechnischen Werten sowie die Reduktion der Nutzungs- und Betriebskosten.

Ebenso wie bei vielen privatwirtschaftlichen Unternehmen herrscht auch im Sozial- und Kirchenbereich ein zunehmender Kostendruck, der mit rückläufigen Mitgliederzahlen und dem demografischen Wandel einhergeht. Darüber hinaus stehen kirchliche und gemeinnützige Organisationen teilweise auch in direkter Konkurrenz zu privat-gewerblichen Unternehmen, die professionell aufgestellt sind. Dies betrifft zum Beispiel den Betrieb von Tagungsstätten oder Krankenhäusern.

Vor diesem Hintergrund ist es unerlässlich nicht nur im Kerngeschäft, sondern auch im Sekundärbereich Kostensenkungspotenziale zu nutzen. Bauliche Anlagen nehmen einen der größten Teile von Vermögenswerten ein und der Aufwand diese zu betreiben, zu bewirtschaften und zu erhalten ist nach den Personalkosten einer der größten Kostenblöcke. Laut Experten lassen sich mit Hilfe eines professionellen Facility Managements die immobilienbezogenen Kosten um 30 – 50 % reduzieren. Es liegt somit ein enormes Einsparpotenzial vor – und das, ohne den Komfort der Immobilien-Nutzer einzuschränken.

*2.1 Der Lebenszyklus-Ansatz im Facility Management*

Das FM überspannt den gesamten Lebenszyklus von Immobilien und ihren Anlagen, der sich im Wesentlichen aus fünf Lebenszyklusphasen zusammensetzt. Dies sind:
– Konzeption und Planung
– Erstellung
– Nutzung
– Umnutzung- / Umbau- / Sanierung
– Rückbau bzw. Verwertung

Obwohl die Herstellungskosten gefühlt zunächst sehr hoch sind, machen Sie über die gesamte Lebenszeit eines Gebäudes nur 20% aus. Aufgrund der sehr langen Nutzung entsteht der Hauptteil der Kosten mit durchschnittlich ca. 75% erst in der Nutzungsphase eines Gebäudes.

In Abbildung 1 ist für verschiedene Nutzungsarten die prozentuale Kostenverteilung der Herstellungs- und Nutzungsphase dargestellt, die auf Basis von jährlichen Nutzungskosten aus dem fm.benchmarking Bericht 2012/2013 von Rotermund (www.fm-benchmarking.de) sowie aus den mittleren Herstellkosten des Baukosteninformationszentrums (BKI)[1] (www.bki.de) abgeleitet wurden.[2]

Unabhängig von der Nutzungsart, übersteigen die Gebäudebetriebskosten während der Lebensdauer einer Immobilie deren Herstellungskosten um ein Mehrfaches, so dass letztere schon nach wenigen Jahren durch die Kosten der Nutzung und des Betriebes überschritten werden.

---

[1] BKI (2013): Baukosteninformationszentrum Deutscher Architektenkammern: BKI Baukosten Teil 1: statistische Kostenkennwerte für Gebäude.
[2] Uponor (2013): Praxishandbuch der technischen Gebäudeausrüstung (TGA).

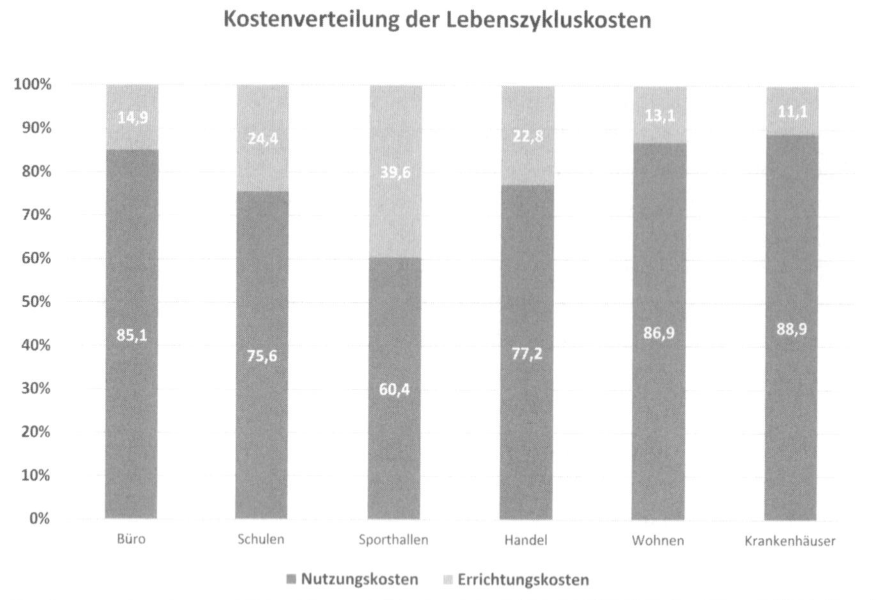

**Kostenverteilung der Lebenszykluskosten**

| Nutzungsart | Nutzungskosten | Errichtungskosten |
|---|---|---|
| Büro | 85,1 | 14,9 |
| Schulen | 75,6 | 24,4 |
| Sporthallen | 60,4 | 39,6 |
| Handel | 77,2 | 22,8 |
| Wohnen | 86,9 | 13,1 |
| Krankenhäuser | 88,9 | 11,1 |

*Abbildung 1: Prozentuale Verteilung der Herstellungs- und Nutzungskosten nach Nutzungsart*[3]

Bei Überlegungen, ob ein neues Gebäude finanzierbar ist, muss somit auch sorgfältig überprüft werden, ob auch die Haushaltsmittel für den Gebäudebetrieb in den kommenden Jahren aufgebracht werden können.

Beim Neu- oder Umbau eines Gebäudes ist außerdem entscheidend, dass über die Höhe der späteren Nutzungskosten eines Gebäudes maßgeblich in der Planungsphase entschieden wird. Das Facility Management erkennt die Zusammenhänge zwischen den unterschiedlichen Lebenszyklusphasen.

Beim so genannten „FM gerechten Planen und Realisieren" ist der Facility Manager von Anfang an einbezogen und setzt sich bereits in den frühen Entscheidungsphasen dafür ein, dass auch die späteren Nutzungsphasen bei Konzeption und Planung entsprechend beachtet werden. Er bewertet verschiedene Planungsvarianten dahingehend, ob damit auch die vorgegebenen Budgets für die späteren Nutzungskosten eingehalten werden können. Dies ist von großer Bedeutung, da viele Entscheidungen, die in der Planungsphase getroffen werden, in der Nutzungsphase nicht mehr oder nur mit sehr hohem Aufwand geändert werden können.

Wie in *Abbildung 2* dargestellt, besteht in der Konzeptions- und Planungsphase die beste Möglichkeit neben den Herstellungskosten auch die Nutzungskosten zu beeinflussen.

---

[3] Uponor (2013): Praxishandbuch der technischen Gebäudeausrüstung (TGA).

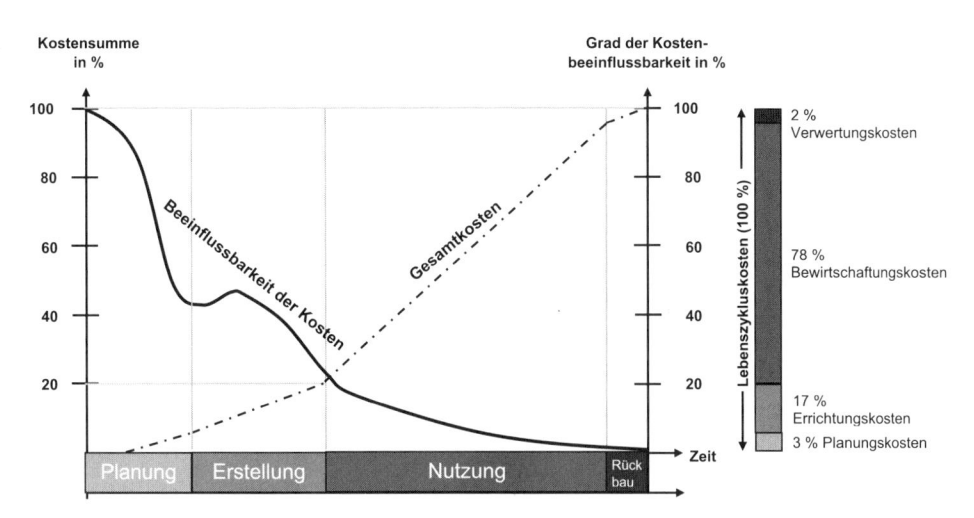

*1. Facility Management, Bestandspflege und Erhaltung* 411

*Abbildung 2: Verlauf der Lebenszykluskosten und deren Beeinflussbarkeit*

## 2.2 Technisierung von Gebäuden

An Gebäude werden immer höhere Anforderungen hinsichtlich Funktionalität und Nachhaltigkeit gestellt. Bei der Sanierung von bestehenden Gebäuden und bei Neubauten wird kontinuierlich ein zunehmendes Maß an Energieeffizienz gefordert.

Um diesen gestiegenen Anforderungen gerecht zu werden, werden Gebäude verstärkt mit haustechnischen Anlagen, die mit Hilfe von Automatisierung gesteuert und überwacht werden, ausgestattet. Bei richtigem Betreiben und Bedienen der Anlagen kann damit der Energieverbrauch deutlich reduziert werden.

Durch diese zunehmende Technisierung von Gebäuden sind in den letzten Jahren neue Aufgabenbereiche für Architekten und Fachplaner aber auch für Nutzer und Betreiber der entsprechend ausgestatteten Immobilien hinzugekommen, die eine intensive Auseinandersetzung mit den neuen Technologien erfordern.

Studien[4] haben gezeigt, dass die Nutzung von komplexen technischen Anlagen für Nichtfachleute häufig schwer verständlich ist und entsprechende Funktionen entweder „falsch genutzt" oder sogar abgeschaltet werden. Dies hat zur Folge, dass bei komplexen Gebäuden, die in der Planungsphase gesetzten Zielvorgaben und die berechneten Energieeinsparungen im tatsächlichen Gebäudebetrieb häufig nicht realisiert werden.

Um eine langfristig und effizient funktionierende Technik zu gewährleisten sind eine systematische Inbetriebnahme der gebäudetechnischen Anlagen sowie die Einweisung der Gebäudenutzer unverzichtbar. Bei der Inbetriebnahme wird die technische Anlage nach der Abnahme über einen Zeitraum von 1-2 Jahren einreguliert und die einzelnen Komponenten der Anlage aufeinander abgestimmt und an die spezifischen Bedürfnisse vor Ort angepasst.

---

4 LUKRTIA Projekt, Zürich, 2009.

Im Rahmen der ganzheitlichen und Lebenszyklus orientierten Betrachtung von Immobilien und deren Kosten ist darüber hinaus zu beachten, dass bei zunehmendem Technisierungsgrad auch der Instandhaltungsbedarf für Maßnahmen der Wartung, der Inspektion und der kleinen Instandsetzung ansteigt. Begründet wird dieser Zusammenhang mit einer im Vergleich zu anderen Bauteilen höheren Störanfälligkeit und erforderlichen hohen Instandhaltungsintensität sowie mit der kurzen Lebensdauer von technischen Anlagen.

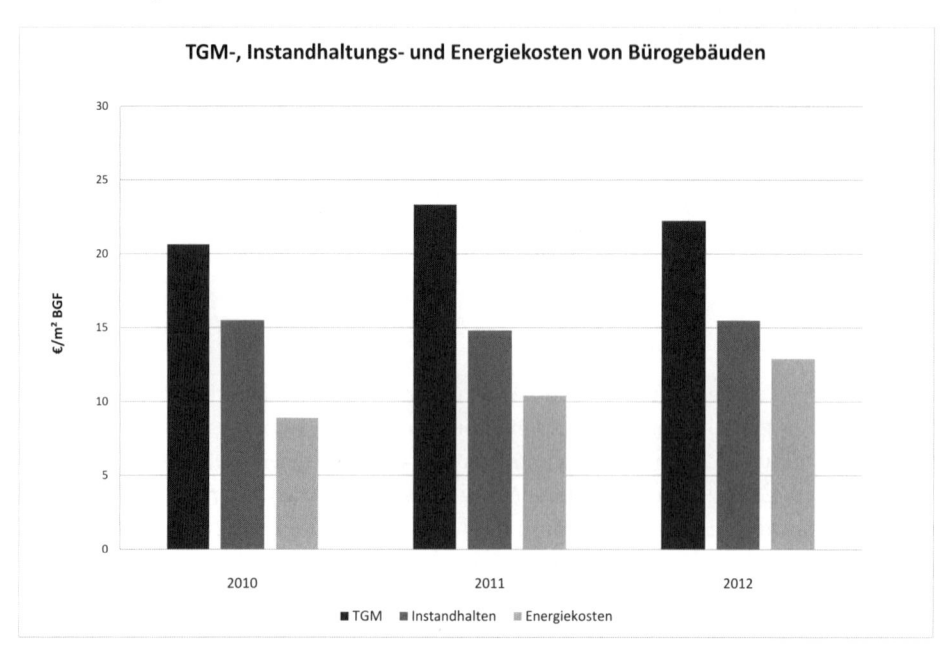

*Abbildung 3: Gegenüberstellung von Energie- und Instandhaltungs- und TGM-Kosten*[5]

Welchen Stellenwert die Gebäudetechnik und die damit verbundenen Instandhaltungskosten bei der Lebenszykluskostenbetrachtung spielen, zeigt eine Untersuchung der Energie- und Instandhaltungskosten, die auf Grundlage von 1.453 Bürogebäuden des fm.benchmarkingberichtes 2012/2013 durchgeführt wurde:[6] Bei Bürogebäuden liegen die Kosten des technischen Gebäudemanagements (TGM), wie in Abbildung 3 dargestellt, deutlich höher als die häufig stark im Vordergrund stehenden Energiekosten.

Während das technische Gebäudemanagement (TGM) neben der Instandhaltung auch die Maßnahmen der Modernisierung/Verbesserung, das Betreiben, der Dokumentation und das Energie- sowie Informationsmanagement umfasst, beinhalten die Energiekosten nur Heizungs- und Elektroenergie. Abbildung 3 zeigt, dass die Energiekosten niedriger sind als die reinen Instandhaltungskosten.

---

5 Uponor (2013): Praxishandbuch der technischen Gebäudeausrüstung (TGA).
6 Uponor (2013):Praxishandbuch der technischen Gebäudeausrüstung (TGA).

## 1. Facility Management, Bestandspflege und Erhaltung

Dass der Anteil von technischen Anlagen in einem Gebäude hinsichtlich der Höhe der Instandhaltungskosten eine wichtige Rolle spielt, hat sich auch bei Lebenszyklusuntersuchungen von 18 Schul- und Bürogebäuden gezeigt.[7] Die untersuchten Gebäude wurden in zwei Gruppen eingeteilt. Während Gruppe 1 alle Gebäude mit einem Technikanteil (TA) von kleiner als 25 % umfasst, enthält Gruppe 2 Gebäude mit einem Technikanteil zwischen 25% und 40%.

Aus den jährlichen Instandhaltungskosten der einzelnen Gebäude wurde innerhalb jeder Gruppe der Mittelwert gebildet, welcher in *Abbildung 4* kumuliert dargestellt ist.

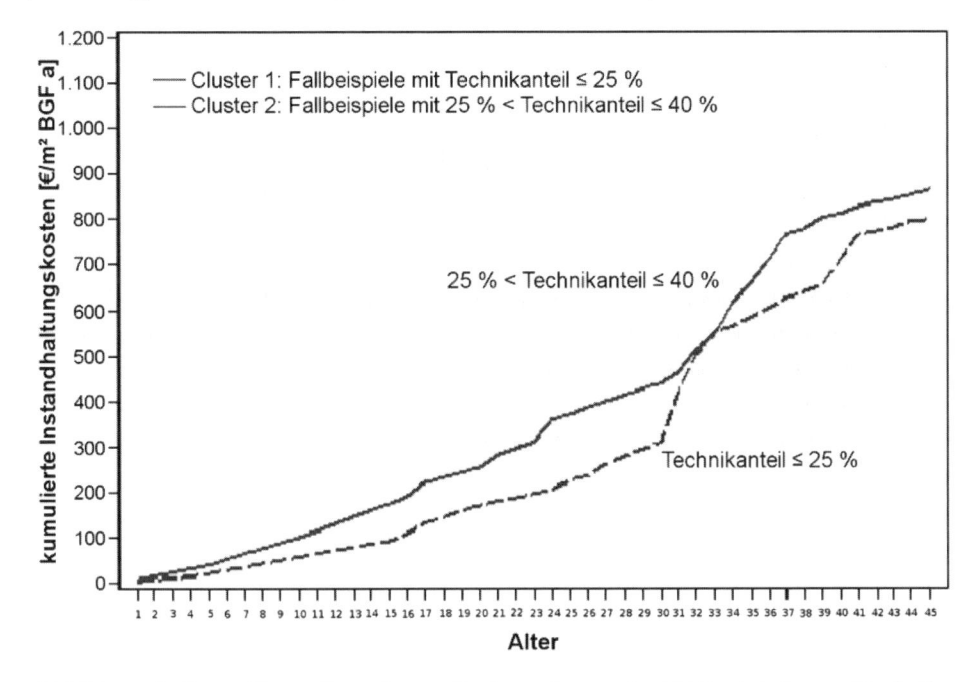

*Abbildung 4: Gegenüberstellung Instandhaltungskosten in Abhängigkeit vom Technikanteil*[8]

Die Auswertung zeigt, dass die Gruppe der Gebäude mit niedrigerem Anteil an gebäudetechnischen Anlagen in den ersten 30 Jahren auch niedrigere Instandhaltungskosten aufweist.

---

7 Bahr, C. (2008): Realdatenanalyse zum Instandhaltungsaufwand öffentlicher Hochbauten, Dissertation Universitätsverlag Karlsruhe.
8 Bahr, C. (2008): Realdatenanalyse zum Instandhaltungsaufwand öffentlicher Hochbauten, kostenloser Download: www.carolin-bahr.com/forschung/.

## 2.3 Zusammenhang Herstellungskosten und Instandhaltungskosten

Die Instandhaltungskosten nehmen ca. 20 – 30 % der Gesamtnutzungskosten während des Lebenszyklus ein und sind neben den infrastrukturellen Dienstleistungen, wie z.B. Reinigungs- oder Sicherheitsdienste einer der größten Kostenblöcke.

Deshalb ist der späteren Gebäudeinstandhaltung und den dadurch entstehenden Kosten schon in der Planungs- und Errichtungsphase ausreichend Aufmerksamkeit zu schenken.

Untersuchungen[9] zum Zusammenhang zwischen der Höhe der Herstellungskosten und den daraus resultierenden Instandhaltungskosten haben folgendes gezeigt:

- Niedrige Investitionskosten aufgrund ungenügender Planung, minderwertiger Bauteilqualität sowie fehlerhafter Materialverarbeitung.
  Folge = hohe Instandhaltungskosten
- Hohe Investitionskosten aufgrund einer soliden Planung und Erstellung mit bewährten und qualitativ hochwertigen Bauteilen und Materialien und guter Materialverarbeitung.
  Folge = niedrige Instandhaltungskosten
- Hohe Investitionskosten aufgrund eines ausgefallenen Immobiliendesigns, der Verwendung von Sonderbauteilen und neuartigen Materialien sowie eine ausgefallene bzw. aufwändige technische Ausstattung.
  Folge = hohe Instandhaltungskosten

Dieser Zusammenhang ist in Abbildung 5 beispielhaft für untersuchte Bürogebäude der öffentlichen Hand dargestellt.

---

9 Bahr, C. (2008): Realdatenanalyse zum Instandhaltungsaufwand öffentlicher Hochbauten, Dissertation, Universitätsverlag Karlsruhe.

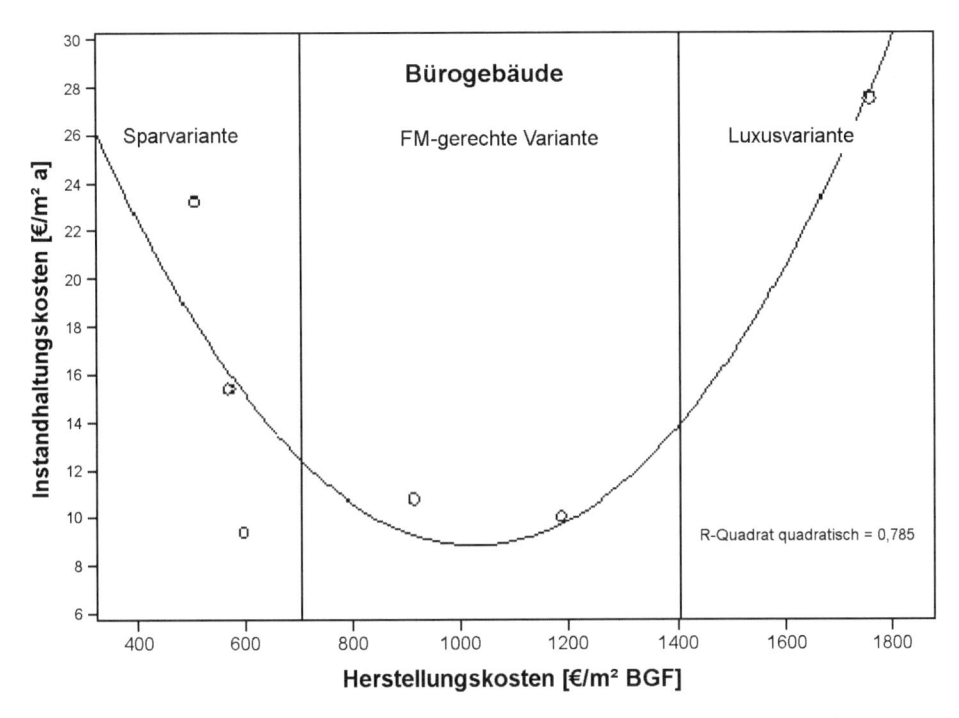

1. Facility Management, Bestandspflege und Erhaltung 415

*Abbildung 5: Zusammenhang zwischen Herstellkosten und Instandhaltungskosten*

Die Immobilien können hierbei den drei nachfolgenden Ausführungsvarianten zugeordnet werden:
- *Sparvariante*
  Hierunter fallen Gebäude mit einer einfachen Bauweise und geringer Materialqualität, wie sie z.B. in den 60er Jahren häufig erstellt wurden. Auch Gebäude, bei denen aufgrund von Kosten- und Zeitdruck auf eine solide Planung verzichtet oder Ausführungsfehler bei der Gebäudeerstellung gemacht wurden.
- *FM-gerechte Variante*
  Hierunter fallen Gebäude mit qualitativ hochwertigen Materialien, die eine längere Lebensdauer haben. Auch Gebäude bei denen Standardbauteile verwendet wurden, für die langjährige Erfahrungen bezüglich Umgang und Einbau vorliegen und die über die Jahre immer weiter verbessert wurden.
  Häufig zeichnen sich Gebäude dieser Variante auch durch eine durchdachte Planung der Konstruktion und der Dimensionierung von Bauteilen aus. Zum Beispiel schützt ein überstehendes Dach die Fassade vor Regen und sonstigen Witterungseinflüssen, wodurch sich deren Lebensdauer verlängert.
- *Luxusvariante*
  Hierunter fallen Gebäude deren Bauteile oder technische Anlagen überdimensioniert sind und bei denen zwar teure aber häufig noch neuartige Materialien oder Techniken zum Einsatz kommen. Häufig zeichnen sich diese Gebäude auch durch

Sonderbauteile aus, die evtl. schadensanfällig sind und bei denen es aufgrund der mangelnden Erfahrung beim Einbau zu Ausführungsfehler kommen kann.
Die Eigenschaften der verschiedenen Ausführungsvarianten sind in Tabelle 2 noch einmal zusammengefasst dargestellt:

| Sparvariante | FM-gerechte-Variante | Luxusvariante |
| --- | --- | --- |
| qualitativ minderwertige Materialien | bewährte und qualitativ hochwertige Materialien | teure, qualitativ hochwertige, häufig jedoch neuartige Materialien |
| unzureichende Dimensionierung von Bauteilen | lebenszyklusorientierte Dimensionierung von Bauteilen | Bauteile zum Teil überdimen-sioniert |
| schadensanfällige Bauteile | bewährte Bauteile | Sonderbauteile |
| einfache Konstruktionen | einfache Konstruktionen | komplizierte Konstruktionen |
| schlechte Detailplanung | gut durchdachte Detailplanung | gut durchdachte Detailplanung |
| Mängel bei der Bauausführung | einwandfreie Herstellung | Ausführungsfehler aufgrund komplizierter Konstruktionen und aufgrund von Sonderbauteilen |

*Tabelle 2: Eigenschaften verschiedener Ausführungsvarianten[10]*

*2.4 Instandhaltungsfreundliche Gebäudeplanung*

Bei der Lebenszyklusbetrachtung hat sich gezeigt, dass die Kosten für die Instandhaltung eines Gebäudes und dessen technischen Anlagen einen maßgeblichen Anteil an den Nutzungskosten einnimmt.

Die Grundlagen für die Höhe der späteren Instandhaltungskosten werden schon in der Konzeptions- und Planungsphase gelegt und Untersuchungen legen nahe, dass in diesem Bereich ein großes Einsparpotential vorhanden ist. Vor diesem Hintergrund ist es zielführend der Gebäudeinstandhaltung einen entsprechenden Stellenwert bereits am Anfang des Lebenszyklus einzuräumen. Nachfolgende Punkte können bei der Entscheidungsfindung zur Orientierung herangezogen werden.

– Mit Hilfe von moderner und innovativer Gebäudetechnik kann der Energieverbrauch reduziert werden. Jedoch ist zu beachten, dass Gebäudetechnische Anlagen neben den Investitionskosten auch höhere Betriebs- und Instandhaltungskosten verursachen. Hinzu kommen Kosten für den Ersatz von technischen Anlagen, da diese im Vergleich zum Rohbau kürzere Lebensdauern aufweisen. Der Einsatz von Technischer Gebäudeausrüstung ist somit hinsichtlich der Nutzeranforderungen und der gesamten Lebenszykluskosten zu optimieren.

---

10 Bahr, C. (2008): Realdatenanalyse zum Instandhaltungsaufwand öffentlicher Hochbauten, Kostenloser Download: www.carolin-bahr.com/forschung/.

*1. Facility Management, Bestandspflege und Erhaltung*  417

– Da sich die Nutzer mit der Anwendung von komplexer Gebäudetechnik schnell überfordert fühlen, sollten hierfür möglichst einfache und bedienungsfreundliche Systeme eingesetzt werden.
– Die „Inbetriebnahme" eines Gebäudes sollte bei Neubauten und umfassenden Sanierungen intensiv begleitet werden. Die Inbetriebnahme ist der Übergang von der Fertigstellung eines Gebäudes zur Nutzungsphase. Hier sollten die Vorgaben aus der Planungsphase mit den im Gebäudebetrieb erreichten Werten verglichen werden und der Anlagenbetrieb entsprechend einreguliert und optimiert werden.
– Die Basis für niedrige Instandhaltungskosten kann zum Beispiel durch eine gut durchdachte Gebäudeplanung, durch den Verbau qualitativ hochwertiger und damit langlebiger Bauteile und eine solide Materialverarbeitung gelegt werden. Hierdurch können höhere Investitionskosten bei der Planung und Erstellung eines Gebäudes entstehen. Solange diese Mehrkosten durch die reduzierten Folgekosten über den Lebenszyklus wieder aufgehoben werden, sind diese positiv zu bewerten.
– Resultieren die höheren Investitionskosten jedoch aus architektonischen Merkmalen und werden instandhaltungsproblematische Bauteile und Materialien gewählt, so zieht dies meist aufwändige Instandhaltungsmaßnahmen mit entsprechenden Mehrkosten in der Nutzungsphase nach sich.

## 3. Bestandspflege und Erhaltung

*3.1 Ausgangslage*

Die Sozialwirtschaft und die Kirchen verfügen zur Erfüllung ihrer mittelbaren und unmittelbaren Aufgaben über einen erheblichen Gebäudebestand, der nicht nur äußerst heterogen ist, sondern auch über viele Jahrzehnte gewachsen. Zahlreiche Immobilien stammen aus dem 18ten oder 19ten Jahrhundert, stehen unter Denkmalschutz und wurden alles andere als unter FM-Gesichtspunkten erstellt.[11] Gleichwohl gilt es, diese Vermögenswerte zu erhalten!

*3.2 Anforderungen an den Gebäudeerhalt*

Für einen nachhaltigen Substanzerhalt müssen die Gebäude ordnungsgemäß bewirtschaftet und laufend sachgerecht instand gehalten werden.
Aus technischer Sicht ist sicherzustellen:
– Maximierung der Verfügbarkeit
– Gewährleistung der Betriebssicherheit
– Sicherstellung der Funktionalität
– Minimierung von Störungen
Aus ökonomischer Sicht ist sicherzustellen:
– Optimierung der Instandhaltungskosten
– Vermeidung von Schadensfolgekosten

---

11  Hierzu Kapitel I, Teil 1, S. 11.

- Werterhalt und Verlängerung der Nutzungsdauer der Anlagen
- Vermeidung von außerordentlichen Abschreibungen

*3.3 Abgrenzung von Instandhaltungsmaßnahmen*

Erfahrungen aus Projekten zeigen, dass die Instandhaltungsbegriffe in der Praxis sehr unterschiedlich verwendet werden und es notwendig ist, zu Beginn ein einheitliches Verständnis zu schaffen.

Instandhaltung ist gemäß DIN 31051 der Überbegriff der vier Grundmaßnahmen:
- Inspektion als *„Maßnahmen zur Feststellung und Beurteilung des Istzustandes einer Einheit einschließlich der Bestimmung der Ursachen der Abnutzung und dem Ableiten der notwendigen Konsequenzen für eine künftige Nutzung"* (DIN 31051).
- Wartung als *„Maßnahmen zur Verzögerung des Abbaus des vorhandenen Abnutzungsvorrates"* (DIN 31051).
- Instandsetzung als *„physische Maßnahme, die ausgeführt wird, um die Funktion einer fehlerhaften Einheit wiederherzustellen* (DIN 31051).
- Verbesserung als *„Kombination aller technischen und administrativen Maßnahmen sowie Maßnahmen des Managements zur Steigerung der Zuverlässigkeit und/oder Instandhaltbarkeit und/oder Sicherheit einer Einheit, ohne ihre ursprüngliche Funktion zu ändern"* (DIN 31051).

In der Praxis sind häufig Begriffe wie kleiner und großer Bauunterhalt, oder auch Erhaltungsaufwand und Investitionshaushalt sowie regelmäßige und außerordentliche Instandhaltungsmaßnahmen zu finden.

Mit dem kleinen Bauunterhalt, dem Erhaltungsaufwand oder den regelmäßigen Instandhaltungsmaßnahmen sind Maßnahmen gemeint, die für den laufenden Unterhalt der Gebäude notwendig sind, um diese gemäß Ihrer Bestimmung nutzen zu können. Ausgaben hierfür werden im laufenden Jahr als Aufwand verbucht.

Mit dem großen Bauunterhalt, dem Investitionshaushalt oder den außerordentlichen Instandhaltungsmaßnahmen werden meist abschreibungsfähige „Investitionen" in Verbindung gebracht.

Betrachtet man nun die vier Grundmaßnahmen gemäß DIN 31051, so wird deutlich, dass eine eindeutige Zuordnung der Instandsetzungsmaßnahmen zu den aufgeführten Kategorien „Erhaltung" oder „Investition" nicht möglich ist. In der Praxis kann daher eine Unterteilung der Instandsetzung in kleine und große Instandsetzungsmaßnahmen hilfreich sein:
- **Kleine Instandsetzung** als Maßnahmen, die mit geringem Arbeitsaufwand und Materialeinsatz durchgeführt werden. In der Praxis wird häufig eine Kostengrenze, z.B. bei 500,0 EUR / Maßnahme, festgelegt.
- **Große Instandsetzung/Erneuerung** als Maßnahmen zur Wiederherstellung der Funktion durch die Erneuerung von einzelnen Teilen (Einbau von Ersatzteilen) oder kompletten Anlagen. Diese Maßnahmen zeichnen sich durch einen Projektcharakter aus und bedürfen einer gründlichen Vorplanung.

# 1. Facility Management, Bestandspflege und Erhaltung

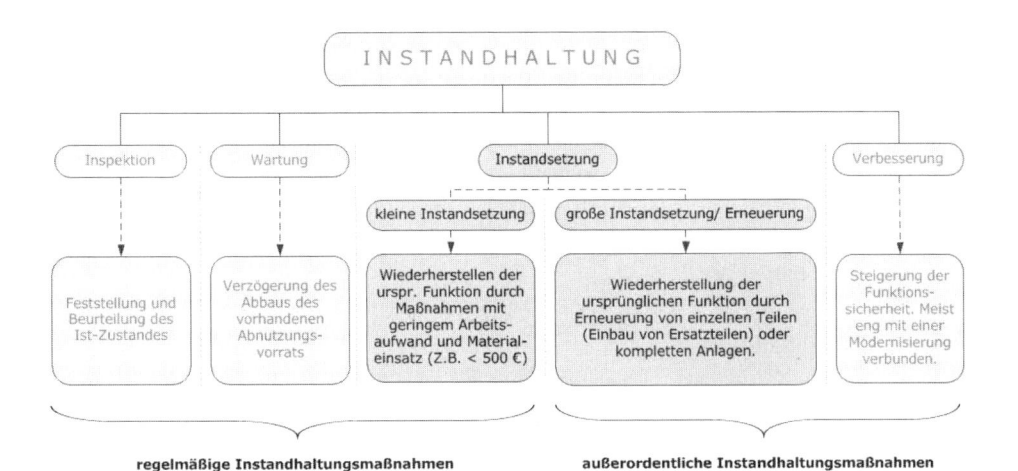

*Abbildung 6: Übersicht Instandhaltungsmaßnahmen*

## 3.4 Instandhaltungsstrategie

Es werden die nachfolgenden drei Instandhaltungsstrategien unterschieden:
- Korrektivstrategie (auch Ausfall- oder Feuerwehrstrategie genannt)
- Inspektionsstrategie
- Präventivstrategie

Letztere kommt aufgrund der knappen finanziellen Mittel in der Praxis nur sehr selten zum Einsatz. Zur Erzielung eines optimalen an die Immobilie angepassten Ergebnisses erfolgt meist eine Mischung der beiden erstgenannten Strategien.

Organisatorisch sollte die Festlegung der Instandhaltungsstrategie in enger Abstimmung mit dem Portfolio Management erfolgen, so dass die gewählte Strategie mit der langfristig geplanten Verwertung des Gebäudes zusammen passt. Wird ein Gebäude zum Beispiel in absehbarer Zeit nicht mehr benötigt und soll dieses in den nächsten Jahren abgerissen werden, so ist die Korrektivstrategie zielführend, so dass nur noch die notwendigsten Maßnahmen ausgeführt werden.

Der Informationsfluss sollte demnach von Mitarbeitern im Portfolio Management zum Facility Management (FM) erfolgen. Umgekehrt sollten Mitarbeiter der FM Abteilung aber auch an das Portfoliomanagement Rückmeldung bezüglich der Immobilienzustände geben, da dies ein entscheidendes Kriterium bei der Entscheidungsfindung zur Immobilienverwertung sein kann.

### 3.4.1 Korrektivstrategie, Ausfall- oder Feuerwehrstrategie

Die Korrektivstrategie ist eine reaktive Instandhaltungsstrategie, d.h. es werden alle technischen und baulichen Anlagen bis zum Ende ihrer Lebensdauern (Ausfall) oder bis zum Eintritt einer Funktionsstörung betrieben und es wird erst nach Schadenseintritt gehandelt. Primäres Ziel ist die Schadensbeseitigung. Es wird der kleinste mögliche Aufwand verfolgt, so dass auf vorbeugende Instandhaltungsmaßnahmen wie z.B. Wartungs- und Instandsetzungsmaßnahmen, soweit gesetzlich zulässig, verzichtet wird. Die Kosten der Korrektivstrategie sind zunächst niedriger als die der Inspektions- und der Präventivstrategie, jedoch kann die Korrektivstrategie im Schadensfall die Verfügbarkeit einschränken und hohe Ausfall- und Folgekosten verursachen.

Die Korrektivstrategie kann für folgende Bauwerke geeignet sein:
- Bauwerke ohne Sicherheits-, Verfügbarkeits- oder Zuverlässigkeitsrelevanz,
- Bauwerke ohne größere Folgekostenrelevanz,
- unkritische Bauwerke

3.4.2 Inspektionsstrategie

Die Inspektionsstrategie ist eine aktive Instandhaltungsstrategie. Sie gibt festgelegte Intervalle vor, an denen die jeweiligen Bauteile auf Schadensfälle und Auffälligkeiten hin überprüft werden. Hierdurch können Ausfallschäden minimiert und die technische Lebensdauer voll ausgenutzt werden. Primäres Ziel ist die Schadensvermeidung. Die Wartungs- und Inspektionsintervalle sind höher als bei der Korrektivstrategie. Es ist eine sehr wirtschaftliche und effektive Instandhaltungsstrategie, bei der mit vertretbarem Aufwand eine optimierte Gebäude- und Anlagenverfügbarkeit erreicht wird und Folgeschäden bzw. -kosten vermieden werden können.

3.4.3 Präventivstrategie

In Abgrenzung der Korrektiv- und Inspektionsstrategie werden bei der Präventivstrategie auch schon vor dem wahrscheinlichsten Schadenseintritt Instandhaltungsmaßnahmen (Wartung und Inspektion) ergriffen. Diese Tätigkeiten werden mit einer hohen Intensität betrieben, was ein erhöhtes Maß an Instandhaltungskosten mit sich führt.

*3.5 Budgetplanung für Instandhaltungsmaßnahmen*

Aufgrund des enormen Umfangs des Instandhaltungsbudgets und der Tatsache, dass Einsparungen erst zeitverzögert sichtbar werden, kommt es häufig zu Budgetkürzungen. Bei der Kürzung von Instandhaltungsausgaben ist jedoch Vorsicht geboten, denn unterlassene Instandhaltungsmaßnahmen können kostspielige Folgeschäden oder Ausfälle nach sich ziehen.

Entscheidungsträger der Sozialwirtschaft und der Kirche benötigen daher verlässliche Verfahren um die Instandhaltungsmittel vorausschauend planen und zum richtigen Zeitpunkt bereitstellen zu können. Dies gilt sowohl für die Planung der für den nächsten Haushalt notwendigen Budgets als auch für Bestimmung der mittel- bis langfristig notwendigen Finanzmittel.

In der Praxis und in der Literatur finden sich unterschiedliche Ansätze zur Ermittlung des für die Instandhaltung notwendigen Budgets. Im Wesentlichen sind dies:
- Kennzahlen- bzw. Historienbasierte Budgetierung (z.B. 9,50€/m²a)
- Wertorientierte Budgetierung (z.B. 1,5 % der Herstellkosten)
- Analytische Berechnung des Instandhaltungsbudgets
- Budgetierung durch individuelle Zustandsbeschreibung (durch Begehungen).

Während die ersten beiden Methoden das Instandhaltungsbudget nur sehr grob über allgemeine Pauschalen und Kennwerte ermitteln, sind bei der Budgetierung durch individuelle Zustandsbeschreibung sehr genaue Kenntnisse über den Zustand der Bauteile notwendig. Die analytische Berechnung des Instandhaltungsbudgets berücksichtigt die wesentlichen gebäudespezifischen Eigenschaften und liegt damit in der Mitte was Genauigkeit und Aufwand angeht.

### 3.5.1 Vor- und Nachteile der kennzahlenbasierten Budgetierung

Der Vorteil liegt zunächst in der einfachen Anwendung und der praktikablen Bestimmung des Instandhaltungsbudgets. Es sind keine aufwendigen Berechnungen notwendig und das Budget lässt sich direkt aus einer Kennzahl ableiten.

Der Nachteil liegt in der hohen Ungenauigkeit. Es ist zu beachten, dass Kennzahlen lediglich durchschnittliche Ausgaben widerspiegeln und somit nicht den zyklischen Verlauf des Instandhaltungsbedarfes der jeweiligen Immobilien berücksichtigen. Aus diesem Grund können die tatsächlichen Kosten in bestimmten Lebenszyklus-Phasen eines Gebäudes erheblich von den jeweiligen Budgetangaben abweichen. Unklar ist häufig auch, welche Immobilien tatsächlich hinter den Kennzahlen stecken und ob ein Vergleich überhaupt möglich ist. Erschwerend kommt hinzu, dass für kirchenspezifische Gebäude und Sozialimmobilien, wie z.B. Pflegeeinrichtungen kaum aussagekräftige Kennzahlen verfügbar sind.

### 3.5.2 Vor- und Nachteile der wertorientierten Budgetplanung

Auch bei diesem Verfahren liegt der Vorteil in der Einfachheit und dem geringen Aufwand. Das Instandhaltungsbudget wird durch eine einfache Multiplikation eines Prozentsatzes mit dem Gebäudewert berechnet.

Der Nachteil dieser Vorgehensweise liegt jedoch darin, dass hohe Herstellungskosten eines Gebäudes automatisch auch hohe Instandhaltungskosten zur Folge haben und gebäudespezifische Eigenschaften, wie z.B. eine qualitativ hochwertige Bauweise nicht beachtet werden. Darüber hinaus wurde beobachtet, dass in der Praxis häufig die ursprünglichen Herstellungskosten anstatt des aktuellen Wiederbeschaffungswertes verwendet werden und damit die jährliche Baupreissteigerung nicht berücksichtigt wird. Auch dieses Verfahren berücksichtigt nicht, dass sich der Instandhaltungsbedarf über das Alter einer Immobilie verändert. Unabhängig, ob das Gebäude jung oder alt ist, wird mit dem Selben Mittelbedarf kalkuliert.

### 3.5.3 Vor- und Nachteile der analytischen Berechnung des Instandhaltungsbudgets

Der Vorteil liegt in der höheren Genauigkeit, die durch die Berücksichtigung von gebäudespezifischen Eigenschaften wie zum Beispiel dessen Alter oder Technikanteil erreicht wird. Hierdurch kann der tatsächliche Instandhaltungsbedarf, der sich über das Alter eines Gebäudes z.B. erheblich ändert und zyklisch verläuft deutlich realitätsnaher abgebildet werden als bei der kennzahlenbasierten oder wertorientierten Budgetierung.

Ein kleiner Nachteil liegt im geringfügig höheren Aufwand. Es sind Informationen zu den Gebäudeeigenschaften erforderlich, die dann durch Zu- und Abschläge durch eine Einfache Multiplikation bei der Budgetplanung berücksichtigt werden.

### 3.5.4 Vor- und Nachteile der zustandsbedingten Budgetierung

Der Vorteil liegt in der sehr hohen Genauigkeit. Durch regelmäßige Gebäudebegehungen werden die Zustände der einzelnen Bauteile detailliert beschrieben und der Instandhaltungsbedarf rechtzeitig erkannt.

Der Nachteil im Vergleich zu den anderen Ansätzen ist der sehr viel höhere Zeitaufwand, der für die Vor-Ort-Begehungen der einzelnen Gebäude erforderlich ist.

Eine Untersuchung der verschiedenen Budgetierungsansätze an der Universität Karlsruhe[12] hat ergeben, dass mit Hilfe der analytischen Verfahren zwar die besten Ergebnisse erreicht werden können, jedoch alle bis dahin verfügbaren Verfahren den realen Anforderungen der Immobilien hinsichtlich der Genauigkeit des berechneten Budget oder der Anwendbarkeit des Verfahrens in der Praxis nicht gerecht werden. Die Überprüfung der Verfahren wurden mit Hilfe von 17 Immobilien durchgeführt, für die über die gesamte Lebenszeit von bis zu 50 Jahren alle an ihnen durchgeführten Instandhaltungsmaßnahmen maßnahmen- und bauteilgenau erfasst wurden.

Hierdurch konnte das mit Hilfe der Budgetierungsverfahren theoretisch berechnete Budget den tatsächlichen Instandhaltungsanforderungen der Immobilien gegenüber gestellt werden.

In Abbildung 7 sind beispielhaft die durchschnittlichen Instandhaltungskosten der 17 Gebäude (Fallbeispiele) zusammen mit den Instandhaltungskostenangaben von verschiedenen Benchmarking-Studien grafisch dargestellt.

---

12 Bahr, C. (2008): Realdatenanalyse zum Instandhaltungsaufwand öffentlicher Hochbauten. Kostenloser Download: www.carolin-bahr.com/forschung/.

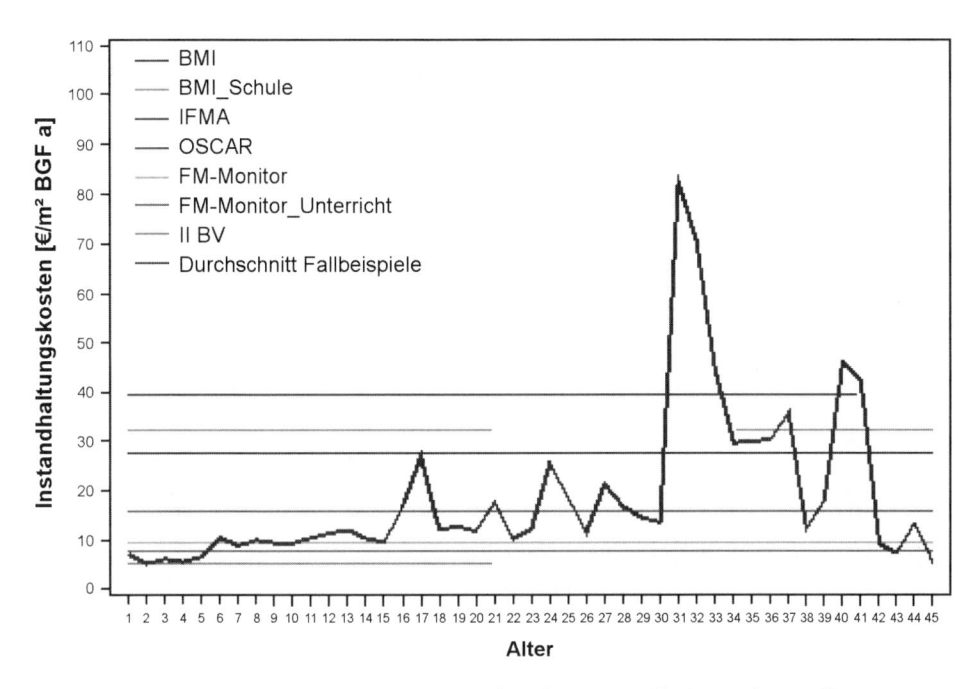

*1. Facility Management, Bestandspflege und Erhaltung* 423

*Abbildung 7: Vergleich von Kennzahlen und realen Instandhaltungskosten*[13]

Es wird deutlich, dass die Kennzahlen große Abweichungen aufweisen. Die Schwankungsbreite liegt zwischen 5,0 €/m²a und 39 €/m²a. Diese Unterschiede sind zum einen auf unterschiedliche Abgrenzungen der Instandhaltungskosten, also welche Instandhaltungsmaßnahmen (Wartung, Inspektion, Instandsetzung, Verbesserung) in den Kosten enthalten sind und zum anderen auf die Vernachlässigung von gebäudespezifischen Eigenschaften, die sich auf die Höhe der Instandhaltungskosten auswirken, zurückzuführen.

### 3.6 Das analytische Budgetierungsverfahren PABI

Aufgrund der oben aufgeführten Erkenntnisse und auf Basis von weiteren Untersuchungen der realen Instandhaltungsdaten wurde ein neues analytisches Budgetierungsverfahren entwickelt: Das so genannte PABI –Verfahren.

PABI steht als Abkürzung für praxisorientierte, adaptive Budgetierung von Instandhaltungsmaßnahmen. Ziel des Verfahrens ist eine transparente und belastbare Ermittlung des Instandhaltungsbudgets. Instandhaltungsverantwortlichen wird es damit ermöglicht, die Instandhaltungskosten vorausschauend zu planen und die notwendigen finanziellen Mittel rechtzeitig bereitzustellen. Darüber hinaus hat sich gezeigt, dass das

---
13 Bahr, C. (2008): Realdatenanalyse zum Instandhaltungsaufwand öffentlicher Hochbauten. Kostenloser Download: www.carolin-bahr.com/forschung/.

Verfahren auch als Argumentationshilfe bei Verhandlungen über die Höhe des notwendigen Instandhaltungsbudgets sowie als Frühwarnsystem, mit welchem bereits mehrere Jahre vor der Durchführung von umfassenden Instandhaltungsmaßnahmen auf entsprechende Arbeiten und deren finanziellen Umfang aufmerksam gemacht werden kann, hilfreiche Dienste leistet.

Das Verfahren wurde in Zusammenarbeit mit der Evangelischen Landeskirche in Baden an kirchenspezifische Anforderungen angepasst. Anwendung findet es derzeit bei Gebäuden, die sich im Besitz der Landeskirche befinden.

Der Aufbau und die Arbeitsschritte zur Berechnung des Instandhaltungsbudgets mit dem PABI-Verfahren werden in den folgenden Unterpunkten erläutert.

### 3.6.1 Aufbau des PABI-Verfahrens

Wie zur Abgrenzung der Instandhaltungsmaßnahmen bereist beschrieben, ist es in der Praxis meist nicht leicht zwischen den einzelnen Instandhaltungsmaßnahmen zu unterscheiden, da sich die Maßnahmen häufig bedingen oder Maßnahmen ineinander übergehen.

Um Probleme bei der Abgrenzung von vornherein zu vermeiden, wird im PABI – Berechnungsverfahren daher auf eine begriffliche Unterscheidung der einzelnen Instandhaltungsmaßnahmen verzichtet. Stattdessen werden die Grundmaßnahmen wie in *Abbildung 6* dargestellt unter den zwei nachfolgenden Oberbegriffen zusammengefasst:
- „**Regelmäßige Instandhaltungsmaßnahmen**" subsumieren alle Maßnahmen der Wartung und Inspektion sowie kleine Instandsetzungen.
- „**Außerordentliche Instandhaltungsmaßnahmen**" umfassen große Instandsetzungsmaßnahmen und Maßnahmen der Verbesserung.

Die Berechnung der Instandhaltungskosten erfolgt mit Hilfe der nachfolgenden drei Grundbausteine:
- Bemessungsparameter als prozentualer Richtwert.
- Wiederbeschaffungswert des Gebäudes als Berechnungsgrundlage.
- Korrekturfaktor zur Berücksichtigung von gebäudespezifischen Eigenschaften.

Der Budgetplanung liegt somit folgendes Rechenprinzip zugrunde:

$$B_{IH} = \sum_{i=1}^{n} \underbrace{1{,}2\,\% \cdot WBW_i \cdot KF_r}_{\text{regelmäßige Maßnahmen}} + \sum_{i=1}^{n} \underbrace{4{,}4\,\% \cdot WBW_i \cdot KF_a}_{\text{außerordentliche Maßnahmen}}$$

| | | | |
|---|---|---|---|
| $B_{IH}$ | *Instandhaltungsbudget* | *WBW* | *Wiederbeschaffungswert* |
| $i$ | *Laufindex über Immobilien* | $n$ | *Anzahl der Immobilien* |

| | |
|---|---|
| *KF* | *Korrekturfaktor zur Berücksichtigung von Einflussfaktoren* |
| r | *Regelmäßige IH-Maßnahmen wie z.B. Inspektion, Wartung und kleine Instandsetzung* |
| a | *Ausserordentliche IH-Maßnahmen mit Projektcharakter wie z.B. große Instandhaltungsmaßnahmen sowie Maßnahmen der Verbesserung nach DIN 31051* |

### 3.6.2 Praktische Anwendung des Verfahrens

Der Bemessungsparameter setzt einen prozentualen Anteil am Wiederbeschaffungswert fest. Resultierend aus den Realdatenanalysen im Rahmen der Forschungsarbeiten der Universität Karlsruhe beträgt dieser bei regelmäßigen Instandhaltungsmaßnahmen 1,2% und 4,4% des Wiederbeschaffungswertes bei den außerordentlichen Maßnahmen.

Die Bestimmung der Instandhaltungskosten von Gebäuden erfolgt auf der Grundlage des Gebäude-Wiederbeschaffungswertes. Der Vorteil dabei ist, dass dieser automatisch die Preissteigerung mit berücksichtigt und darüber hinaus den meisten Immobilienbesitzern bekannt ist. Ist dies nicht der Fall, so gibt es zwei Möglichkeiten, um den Wiederbeschaffungswert nachträglich zu bestimmen:
- Möglichkeit 1: Ableitung aus den Herstellungskosten mit Hilfe des Baupreisindexes
- Möglichkeit 2: Ableitung aus Kostenrichtwerten und Flächenangaben eines Gebäudes

Möglichkeit 1 sollte immer dann angewandt werden, wenn die ursprünglichen Herstellungskosten eines Gebäudes bekannt sind. Unter Verwendung des Baupreisindexes kann der Wiederbeschaffungswert wie folgt berechnet werden:

$$WBW = \frac{HK_{BJ} * BI_{aktuell}}{BI_{BJ}}$$

(1.2)

| | |
|---|---|
| WBW | Wiederbeschaffungswert [€] |
| HK | Herstellungskosten [€] |
| $BI_{aktuell}$ | Baupreisindex des aktuellen Betrachtungsjahres |
| $BI_{BJ}$ | Baupreisindex aus dem Jahr der Gebäudeherstellung |

Die Baupreisindizes können auf der Webseite des statistischen Bundesamtes (www.destatis.de)[14] oder auch auf den Seiten der statistischen Landesämter abgerufen werden.

Möglichkeit 2 sollte nur dann angewandt werden, wenn weder der Wiederbeschaffungswert eines Gebäudes noch dessen ursprünglichen Herstellungskosten bekannt sind. In diesem Fall werden die Herstellungskosten über die Gebäudefläche und der Gebäudenutzung mit Hilfe von Kostenrichtwerten, die zum Beispiel das Baukosteninformationszentrum (BKI)[15] (www.bki.de) zur Verfügung stellt, abgeschätzt.

Die Forschungsarbeiten[16] haben gezeigt, dass die Höhe der Instandhaltungskosten von verschiedenen Gebäudeeigenschaften, wie zum Beispiel dem Gebäudealter, dem Technisierungsgrad oder der Nutzungsart abhängt. Die genannten Bemessungsparameter von 1,2% bzw. 4,4% des Wiederbeschaffungswertes sind statistische Durchschnitts-

---

14 Statistisches Bundesamt, Fachserie 17, Reihe 4.
15 BKI (2013): Baukosteninformationszentrum Deutscher Architektenkammern: BKI Baukosten Teil 1: statistische Kostenkennwerte für Gebäude.
16 Bahr, C. (2008): Realdatenanalyse zum Instandhaltungsaufwand öffentlicher Hochbauten. Kostenloser Download: www.carolin-bahr.com/forschung/.

werte, die abhängig von den gebäudespezifischen Eigenschaften deutlich variieren können. Im Rahmen der Forschungsarbeiten konnten die in Abbildung 8 aufgeführten Einflussparameter identifiziert werden. Eine wichtige Erkenntnis hierbei ist, dass die relevanten Einflussfaktoren und deren Auswirkung auf die Höhe der Instandhaltungskosten von Maßnahmenart, also regelmäßige oder außerordentliche Instandhaltungsmaßnahmen, abhängen.

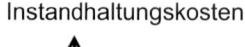

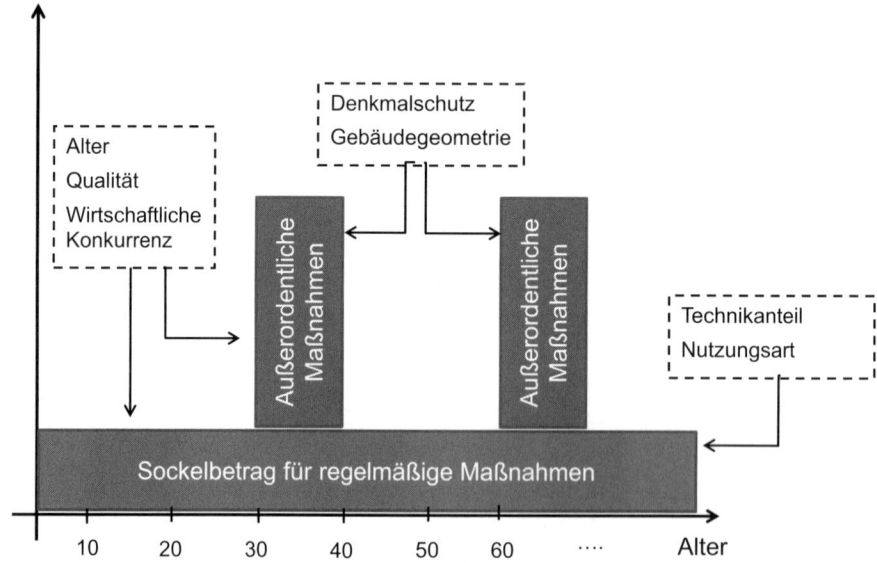

*Abbildung 8: zu berücksichtigende Einflussparameter in Abhängigkeit von der Maßnahmenart.*

Die Berücksichtigung der gebäudespezifischen Eigenschaften erfolgt mit Hilfe von Gewichtungsfaktoren, die sich budgeterhöhend oder -reduzierend auf das Rechenergebnis auswirken können.

Das Vorgehen wird am Beispiel des Gebäudealters verdeutlicht. Die Untersuchung der Immobilien im Rahmen der Forschungsarbeiten hat gezeigt, dass der Instandhaltungsbedarf der untersuchten Immobilien über das Alter steigt (Vgl. Abbildung 9). Da der Bemessungsparameter des Budgetierungsverfahrens jedoch auf 1,2 % bzw. 4,4 % des Wiederbeschaffungswertes festgelegt wurde, die realen Instandhaltungskosten diese konstanten Prozentsätze innerhalb des ersten Jahrzehntes jedoch deutlich unter-, mit zunehmendem Alter hingegen sichtlich überschreiten, ist eine „Alterskorrektur" der Berechnung notwendig. Dies erfolgt im Rahmen des Budgetierungsverfahrens mit Hilfe von Gewichtungsfaktoren für verschiedene Altersabschnitte.

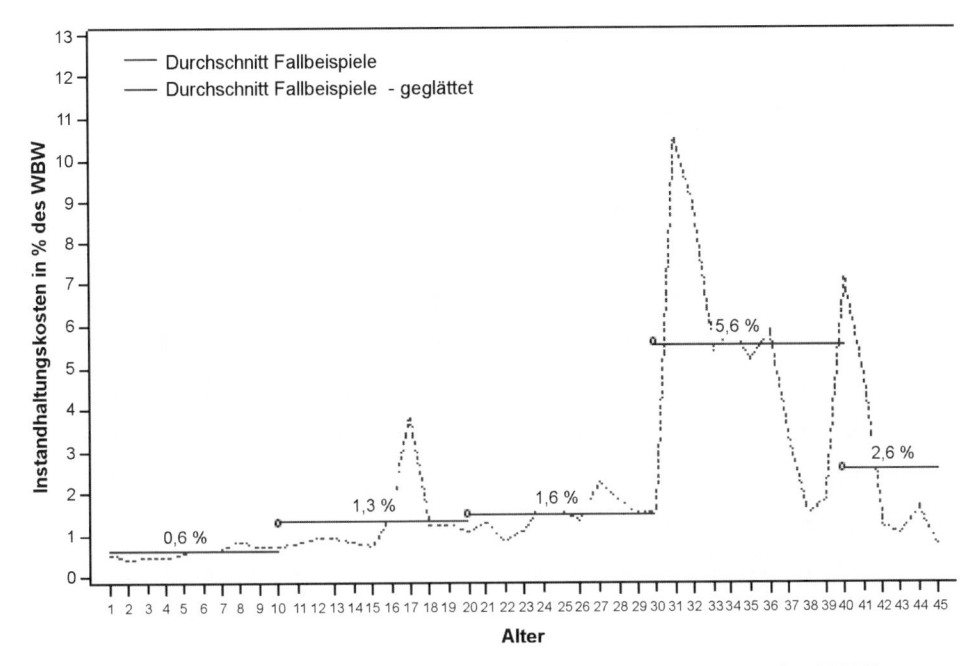

1. Facility Management, Bestandspflege und Erhaltung   427

*Abbildung 9: Instandhaltungskostenverlauf über das Alter in Prozent des WBW*

Das Alter der jungen Gebäude ist im Rahmen der Budgetierung folglich weniger stark zu gewichten, als das der älteren.

Die Gewichtungsfaktoren zur Berücksichtigung des dynamischen Instandhaltungsbedarfes über das Gebäudealter für die regelmäßigen Instandhaltungsmaßnahmen (Wartung, Inspektion und kleine Instandsetzungen) sind in Tabelle 3 dargestellt.

| Gebäudealter [Jahre] | 1 bis 10 | 11 bis 20 | 21 bis 30 | 31 bis 40 |
|---|---|---|---|---|
| Gewichtungsfaktor $G_{ar}$ | 0,5 | 1,1 | 1,3 | 1,0 |

*Tabelle 3: Eigenschaften verschiedener Ausführungsvarianten*

Solche Gewichtungsfaktoren wurden für die in Abbildung 8 aufgeführten Einflussparameter entwickelt. Um das Verfahren möglichst einfach und in der Praxis auch praktikabel zu halten, wurden nur die wichtigsten Faktoren berücksichtigt, für die ein maßgeblicher Einfluss auf die Höhe der Instandhaltungskosten nachgewiesen werden konnte.

Die Korrekturfaktoren $K_r$ und $K_a$ in Formel (1.1) berechnen sich durch die Multiplikation der Gewichtungsfaktoren.

### 3.6.3 Aufwand für einmalige Erfassung und jährliche Fortschreibung

Bei der Entwicklung des Verfahrens wurde bewusst darauf geachtet, dass alle zur Budgetplanung notwendigen Daten in der Praxis ohne größeren Aufwand auch verfügbar sind.

Sind die Gebäudegrunddaten einmal erfasst, so kann die Budgetplanung mit minimalem Zeitaufwand jährlich fortgeschrieben werden.

Außerdem ergeben sich auch Synergien aus der Einführung des neuen kirchlichen Finanzmanagements, bei dem zum Beispiel die Wiederbeschaffungswerte bereits ermittelt worden sind.

Für die erstmalige Erfassung der Gebäude sind nachfolgende Daten erforderlich:
– Wiederbeschaffungswert oder Herstellkosten
– Gebäuderahmendaten, wie z.B. die Bruttogrundfläche und das Baujahr
– Wichtige Gebäudeeigenschaften, wie z.B. Technikanteil oder Denkmalstatus

Für die jährliche Fortschreibung der Budgets ist es lediglich erforderlich die beiden nachfolgenden Werte anzupassen:
– Baupreisindex
– Alter des Gebäudes

### 3.6.4 Das PABI-Excel-Tool

Aufgrund der großen Nachfrage wurde ein Excel-Tool zur Berechnung der Instandhaltungskosten mit dem PABI-Verfahren für Anwender entwickelt.

Das Tool ist so aufbereitet, dass die Instandhaltungsverantwortlichen die Gebäuderahmendaten eingeben können und das Tool dann automatisiert alle notwendigen Rechenschritte durchführt, abhängig davon, welche Daten vorhanden sind.

1. Facility Management, Bestandspflege und Erhaltung

| Allgemeine Grunddaten | | Einfluss I | Einfluss II | Einfluss III | | | | Einfluss V | Einfluss VI | | Einfluss VII | |
| --- | --- | --- | --- | --- | --- | --- | --- | --- | --- | --- | --- | --- |
| Aktuelles Jahr | 2015 | Alter | Technikanteil | Nutzung | | | | Qualität Planung & Erstellung | Denkmalstatus | | Wirtschaftliche Konkurrenz | |
| Gebäude-ID | Bezeichnung | Baujahr | Technikanteil | Nutzungsart 1 | Anteil | Nutzungsart 2 | Anteil | FM-Faktor | Denkmalstatus | Anteil | Wirtschaftliche Konkurrenz | Anteil |
| 49 | Gebäude D | 1975 | < 25% | Schule / Jugendeinrichtung | 100 % | | | Spar | Nein | | Nein | |
| 50 | Gebäude E | 1975 | > 40% | Labor | 100 % | | | FM-gerecht | Nein | | Nein | |
| 51 | Gebäude F | 1977 | < 25% | Wohnen | 100 % | | | FM-gerecht | Nein | | Nein | |
| 52 | Gebäude G | 1975 | 25% - 40% | Sporthalle | 100 % | | | FM-gerecht | Nein | | Nein | |
| 53 | Gebäude H | 1982 | 25% - 40% | Büro / Verwaltung | 100 % | | | FM-gerecht | Ja | | Nein | |
| 54 | Gebäude I | 1984 | < 25% | Büro / Verwaltung | 100 % | | | FM-gerecht | Nein | | Nein | |
| 55 | Gebäude J | 1985 | < 25% | Schule / Jugendeinrichtung | 100 % | | | Luxus | Nein | | Nein | |
| 56 | Gebäude K | 1985 | 25% - 40% | Schule / Jugendeinrichtung | 100 % | | | FM-gerecht | Nein | | Nein | |
| 57 | Gebäude L | 1986 | < 25% | Wohnen | 100 % | | | FM-gerecht | Nein | | Nein | |
| 58 | Gebäude M | 1975 | < 25% | Werkstätte | 100 % | | | FM-gerecht | Nein | | Nein | |
| 59 | Gebäude N | 1992 | < 25% | Sporthalle | 100 % | | | FM-gerecht | Nein | | Nein | |
| 60 | Gebäude O | 2007 | > 40% | Labor | 95 % | Sonstige Nutzung 1 | 5 % | Luxus | Nein | | Ja | |
| 61 | Gebäude P | 1993 | 25% - 40% | Büro / Verwaltung | 100 % | | | FM-gerecht | Nein | | Nein | |
| 62 | Gebäude Q | 1993 | < 25% | Sonstige Nutzung 1 | 100 % | | | FM-gerecht | Nein | | Nein | |
| 63 | Gebäude R | 1994 | > 40% | Labor | 90 % | Sonstige Nutzung 1 | 10 % | FM-gerecht | Nein | | Nein | |
| 64 | Gebäude S | 1995 | < 25% | Werkstätte | 100 % | | | FM-gerecht | Ja | | Nein | |
| 65 | Gebäude T | 1996 | 25% - 40% | Büro / Verwaltung | 100 % | | | FM-gerecht | Nein | | Nein | |
| 66 | Gebäude U | 1999 | < 25% | Sporthalle | 85 % | Sonstige Nutzung 1 | 15 % | FM-gerecht | Nein | | Nein | |
| 67 | Gebäude V | 2000 | 25% - 40% | Sonstige Nutzung 2 | 100 % | | | Luxus | Nein | | Nein | |
| 68 | Gebäude W | 2003 | < 25% | Wohnen | 100 % | | | FM-gerecht | Nein | | Nein | |
| 69 | Gebäude X | 1998 | < 25% | Werkstätte | 100 % | | | FM-gerecht | Nein | | Nein | |
| 70 | Gebäude Y | 2001 | < 25% | Wohnen | 100 % | | | FM-gerecht | Nein | | Nein | |
| 71 | Gebäude Z | 1994 | > 40% | Sonstige Nutzung 1 | 90 % | Sonstige Nutzung 1 | 10 % | FM-gerecht | Nein | | Nein | |
| 72 | Gebäude AB | 2005 | 25% - 40% | Schule / Jugendeinrichtung | 100 % | | | FM-gerecht | Nein | | Nein | |
| 73 | Gebäude AC | 2010 | < 25% | Sporthalle | 100 % | | | FM-gerecht | Nein | | Nein | |

*Abbildung 10: Dateneingabe durch Anwender*

Das Tool stellt die zur Instandhaltung notwendigen Budgets für das aktuelle Jahr tabellarisch und in Form von Grafiken dar. Zur langfristigen Planung können vorausschauend auch Hochrechnungen durchgeführt werden.

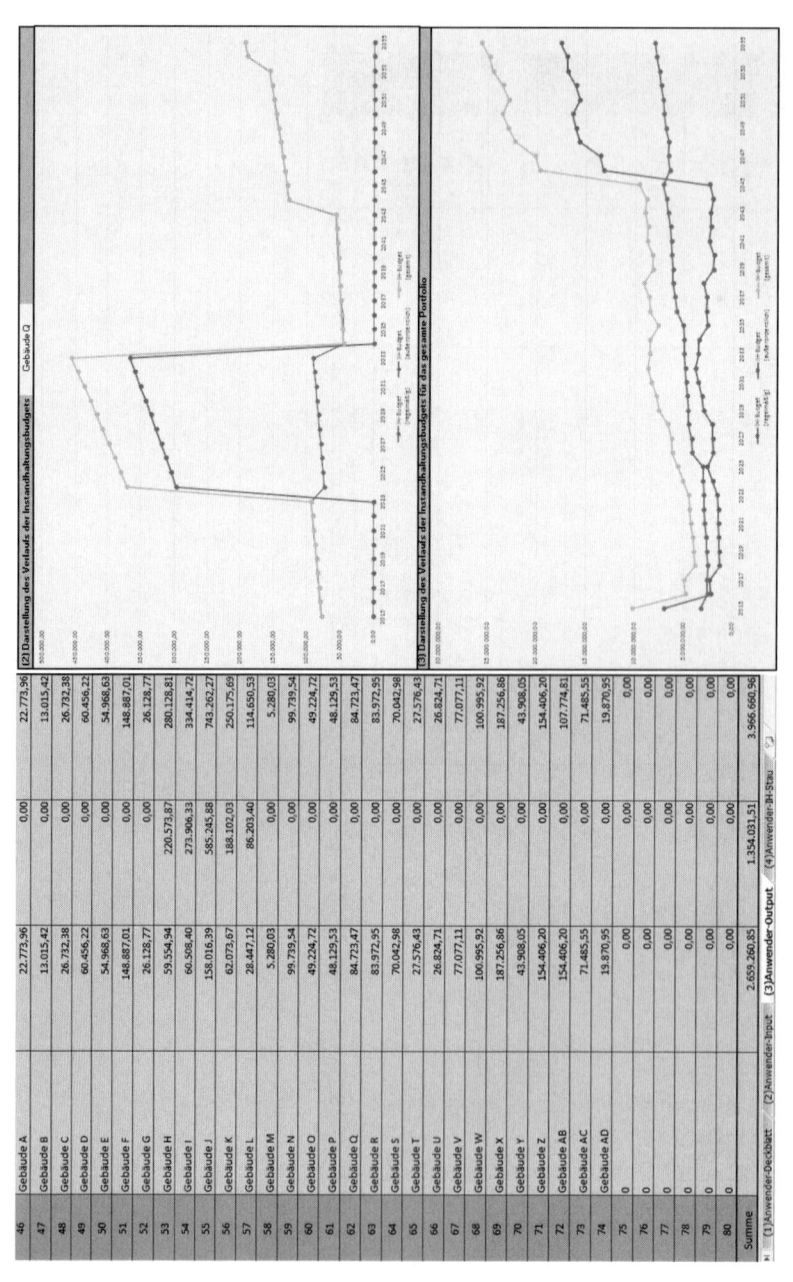

*Abbildung 11: Datenausgabe durch PABI-Excel-Tool*

Darüber hinaus wurde auch ein Anwender- und Administratoren Handbuch erstellt,
so dass neben der Budgetplanung auch die jährliche Baupreisanpassung und weitere laufende Fortschreibungen eigenständig im Tool vorgenommen werden können.

### 3.6.5 Anmerkungen zur praktischen Anwendung

Der Anwendungsbereich PABI-Budgetierungsverfahrens konzentriert sich ausschließlich auf die Baukonstruktion sowie die technischen Anlagen eines Gebäudes. Gemäß DIN 276 „Kosten im Hochbau" entspricht dies den Baukostengruppen 300 und 400. Instandhaltungskosten von anderen Kostengruppen wie zum Beispiel Grünflächen und Außenanlagen müssen gesondert berücksichtigt werden.

Das gleiche gilt für Erweiterungen und Anbauten an einem Gebäude oder Umbaumaßnahmen, die die Nutzung des Gebäudes verändern, da diese Kosten nicht zur Instandhaltung gemäß DIN 31051 zählen.

Das Budgetierungsverfahren gilt für größere Liegenschaften bzw. Immobilienportfolios, bei welchen sich Abweichungen im Mittel ausgleichen. Bei Einzelgebäuden können größere Streuungen auftreten, da das Verfahren auf Durchschnittswerten beruht. Es werden für die Instandhaltungsbudgetierung wesentliche Einflussfaktoren berücksichtigt, die auf bestimmten Portfolien basieren, für die sie speziell ermittelt wurden.

Das Verfahren geht von einem durchschnittlichen, gebrauchstauglichen Erhaltungszustand der Immobilien aus. Ein evtl. vorliegender Instandhaltungsstau, der zu erhöhten Instandhaltungsmaßnahmen führt, ist nicht berücksichtigt. Notwendige Maßnahmen zur Beseitigung des Instandhaltungsstaus müssen somit separat eingeplant werden.

## 2. Feststellung des Investitionsbedarfs und Priorisierung

*Norbert Raschper*

*Viele Immobilien müssen instandgesetzt bzw. an neue Nutzungskonzepte angepasst werden, evtl. ist der Bestand sogar an einzelnen Standorten zu reduzieren. Dieser gesamtheitliche Blick auf das Immobilienportfolio erfordert eine systematische Bewertung zukünftiger Investitionsrisiken aller Gebäude. Damit das knappe Geld bestmöglich im Sinne der Gesamtorganisation eingesetzt wird.*
*Auf Basis flächendeckender Bestandsinformationen können nach einheitlichen Standards Investitionsrisiken einfach erkannt und finanziell objektiv bewertet werden. Und das Bilden von internen und externen Benchmarks ermöglicht das Priorisieren der Geldverwendung: Was muss bald gemacht werden? Was kann geschoben werden? Wo ist eine Investition in eine Bestandsimmobilie wegen Standortveränderung nicht mehr sinnvoll? Damit wir auch morgen noch geeignete Immobilien für unsere Arbeit haben.*

## 1. Einleitung

Die Immobilien sind in der Regel sowohl in der Sozialwirtschaft als auch in kirchlichen Organisationen die größte Position des Vermögens. Die Erhaltung des Vermögens ist somit für jeden Eigentümer eine sehr wichtige Aufgabe. Gleichzeitig führen jedoch der Alterungsprozess der Immobilien und auch die sich stetig wandelnden Anforderungen an Nutzung und Nutzbarkeit der Immobilien zu erheblichen Investitionserfordernissen. Diese Investitionserfordernisse können durch die vorhandenen Baubudgets häufig nur eingeschränkt befriedigt werden. Es bilden sich möglicherweise Instandsetzungsstaus, die wiederum zu erhöhten Folgekosten durch Teilmaßnahmen oder ad hoc-Aktivitäten führen.

Die knappen Finanzen erfordern deshalb eine strikte Konzentration der verfügbaren Gelder auf die für den Gesellschaftszweck und das Tagesgeschäft wichtigen Immobilien. Und zur Versachlichung der Diskussion sollten für die Investitionsermittlung und -steuerung objektive und über einen Planungszeitraum von ca. 10-15 Jahren belastbare Grundlagen geschaffen werden.

Denn nur wenn der zukünftige Investitionsbedarf einer Immobilie frühzeitig erkannt wird, können die vorhandenen Finanzen zielgerichtet und strategisch verplant werden. Insbesondere in der stark dezentralen Verantwortungsstruktur der Kirchengemeinden unterliegen die Immobilien zumeist noch einer sehr starken Emotionalität. Damit ist eine neutrale objektive Bewertung von Investitionen häufig kaum vereinbar.

Auch in der Sozialwirtschaft ist die Immobilie in sehr vielen Fällen den Einrichtungsleitern zugeordnet. So sind auch dort Investitionen in die jeweilige Immobilie zumeist mit hoher Subjektivität verbunden.

Im Weiteren wird daher der Weg aufgezeigt, wie zukünftige Investitionsbedarfe objektiv auch unter Einbindung unterschiedlicher dezentraler Instanzen ermittelt werden können. Und wie die Priorisierung der Investitionen am Nutzen für den Sozialträger oder die kirchliche Organisation und somit an den Menschen in den Gebäuden ausgerichtet werden kann.

## 2. Definition zukünftiger Zielqualitäten für Gebäude

Investitionen in Gebäude sollen vorhandene Defizite beseitigen und/oder neue Nutzungsmöglichkeiten schaffen. Um den zukünftigen Investitionsbedarf zu ermitteln, muss man sich also sehr früh mit den angestrebten Zielqualitäten der Gebäude auseinandersetzen. Welche Gebäudequalitäten und welche Ausstattung der Räume muss ich für die erforderliche Nutzung bereitstellen? Kann ich auch mit einer Reduzierung von Standards meine seelsorgerischen oder sozialen Aufgaben erfüllen?

So erscheint z. B. die energetische Optimierung einer Immobilien im Sinne des Klimaschutzes und der Entlastung der Bestandsbewirtschaftung bei den Heizkosten wichtig. Mit oberster Priorität sind jedoch die Gewährleistung der Verkehrssicherheit und der Substanzerhalt im gesamten dauerhaft genutzten Immobilienbestand abzusichern.

Insbesondere bei stark dezentralen und sehr heterogenen Immobilienbeständen mit einer Vielzahl von Entscheidungsträgern auf unterschiedlichen Entscheidungsebenen ist die Verständigung auf Zielqualitäten eine Grundvoraussetzung für die Objektivierung von Investitionsentscheidungen.

Mit Blick auf die zukünftigen Zielqualitäten für Gebäude sind also die unterschiedlichen Anlässe für Investitionen klar zu trennen.

### 2.1 Verkehrssicherung

Unter der Verkehrssicherung bei Gebäuden ist die Verpflichtung des Eigentümers zu verstehen, mögliche vom Gebäude ausgehende Schadensrisiken für Sachen oder Personen auf ein vertretbares Minimum zu reduzieren. Die Verantwortung für die Verkehrssicherheit trägt der Eigentümer. Dieser kann die Verantwortung bei operativen Maßnahmen in Teilbereichen (z. B. der Schneeräumung im Winter) auf die Nutzer verlagern, die Kontrollpflicht bleibt aber immer beim Eigentümer bestehen.

Entstehen infolge von Gebäudemängeln Gefährdungspotenziale, die nur mit Investitionen beseitigt werden können, steht der Eigentümer in der Pflicht. Können die zur Gefahrenabwehr erforderlichen Maßnahmen mit hoher finanzieller Auswirkung nicht umgehend veranlasst werden, sind zumindest sinnvolle Sicherungsmaßnahmen (Absperrungen, Außerbetriebnahme von Anlagen oder kleinere Instandsetzungen) auszuführen.

Die kurzfristig anzustrebenden Baumaßnahmen im Rahmen der Verkehrssicherung werden zumeist gering investiv sein. Die anzustrebende Zielqualität ist also die Reduzierung möglicher Schädigungsrisiken und bildet somit die geringstmögliche Zielqualität ab. Die Beseitigung eines vorliegenden Mangels wird mit Blick auf Art und Umfang von notwendigen Investitionen somit von Fachkundigen sehr ähnlich bewertet werden. Differenzen in der Bewertung des Investitionsbedarfs werden kaum entstehen.

*2.2 Instandsetzung*

Unter Instandsetzung versteht man nach DIN 31051:2006 die Beseitigung von baulichen Mängeln oder Funktionseinschränkungen von technischen Bauteilen, d. h. die Wiederherstellung des funktionsfähigen und bestimmungsgemäßen Zustandes. Ein undichtes Flachdach oder eine nicht funktionierende Heizung werden instandgesetzt, so dass die Funktion „Dichtheit" oder „Wärmeerzeugung" wieder hergestellt wird.

Maßnahmen der Verkehrssicherung sind somit ebenfalls Instandsetzungen, sofern sie einen Mangel beseitigen. Da aber nicht jeder Funktionsmangel auch ein Verkehrssicherheitsrisiko darstellt (z. B. die nicht funktionierende Heizung), sind Instandsetzungen an Gebäuden viel zahlreicher und zumeist auch deutlich kostenträchtiger als Verkehrssicherungsmaßnahmen.

Der Verschleiß von Bauteilen oder technischen Anlagen an oder in Gebäuden ist kontinuierlich und kann aus Erfahrungswerten (z. B. über Lebensdauerkennwerte) oder durch Inspektionen bautechnisch versierter Personen beurteilt werden.

Die bei auftretenden Mängeln erforderlichen Investitionen sind in Art und Umfang auf die für das Gebäude anzustrebende Zielqualität abzustimmen. Wird die Zielqualität beibehalten, der Mangel also lediglich beseitigt, liegt eine Instandsetzung vor. Wird mit der Erneuerung des Flachdaches wegen Undichtigkeit auch eine fehlende Wärmedämmung nachgerüstet, wird die Zielqualität erhöht und es liegt eine Modernisierung vor.

Die Instandsetzung eines Mangels wird von Fachkundigen in der Art zumeist sehr ähnlich, im Umfang und der Dringlichkeit jedoch teilweise sehr unterschiedlich bewertet. So tendiert der eine Objektbetreuer möglicherweise zu häufigeren Kleinreparaturen eines undichten Steildaches und der andere evtl. zu einer schnellen umfangreichen Neueindeckung. Eine Objektivierung der Maßnahmenableitung bei vorhandenen Baumängeln ist somit häufig notwendig und sehr sinnvoll.

*2.3 Modernisierungen*

Unter Modernisierungen versteht man, wenn man die gesetzliche Regelung von § 555b BGB zugrunde legt, die Erneuerung von Bauteilen oder technischen Anlagen mit einer deutlichen Erhöhung der Zielqualität bzw. des Nutzens eines Bauteiles oder Gebäudes. Die Erhöhung der Zielqualität kann durch vielfältige Einflüsse veranlasst werden.

So kann der Austausch eines Fensters mit Einscheibenverglasung durch ein Fenster mit 2- oder 3-facher Verglasung erfolgen, weil Einscheibenverglasungen energetisch nicht mehr zulässig sind und am Markt außerhalb des Denkmalschutzes auch nicht mehr angeboten werden.

Die Nachrüstung einer fehlenden Wärmedämmung im Zuge einer großflächigen Putzsanierung wiederum ist gesetzlich in der Energieeinsparverordnung (EnEV) gefordert. Bei Überschreitung der Bagatellgrenze (10 % der Gesamtfläche des betroffenen Bauteiles, § 9 III EnEV 2014) sind die aktuellen energetischen Anforderungen an das Bauteil Fassade einzuhalten. Andere Nachrüstpflichten entstehen häufig durch sich ändernde Rechtsvorschriften, wie z. B. der Umbau von Sanitäreinrichtungen oder Raumaufteilungen in Wohnheimen zur Einhaltung der jeweiligen Nutzungsvorschriften.

Der Ersteinbau eines Fahrstuhles oder die Wohnungsmodernisierung bei Mietwohnungen dient dagegen der Wohnwertsteigerung der Immobilie, um diese am Markt besser platzieren zu können. Auch die Modernisierung von Tagungsräumen zur besseren Nutzung der Räumlichkeiten liegt in der ausschließlichen Einschätzung des Eigentümers über die zukünftige Nutzungsqualität.

Modernisierungen verändern somit die zukünftige Zielqualität in erheblichem Maße und unterliegen in Art, Umfang und damit den Kosten einer Vielzahl von objektiven wie auch subjektiven Einflüssen. Um zukünftige Modernisierungskosten abschätzen zu können, ist eine strategische Definition der Zielqualitäten unabhängig vom Einzelfall zwingend erforderlich.

## 3. Bestandsdokumentation und -bewertung

Häufig wird der Investitionsbedarf für den anstehenden Planungszeitraum über subjektive, stark personenbezogene Zustandsbewertungen der vorhandenen Immobilien definiert. Die zuständigen Objektbetreuer kalkulieren ihren Finanzbedarf zumeist nach eigenem Ermessen und melden diesen an die Finanzplanung. Da die vorhandenen Finanzen meist deutlich niedriger als die angefragten Investitionsbedarfe sind, erfolgt eine Budgetfreigabe erst nach zeitraubenden und nicht immer transparenten Abstimmungsrunden.

Bei der Vielzahl von beteiligten Personen in der Sozialwirtschaft bzw. den kirchlichen Ebenen ist eine objektive, strategische und am Nutzen der Investition für das Gesamtunternehmen Sozialträger/die Gesamtorganisation Kirche ausgerichtete Finanzdisposition nur eingeschränkt realisierbar.

Aus eigener Projekterfahrung mit kirchlichen Einrichtungen und Sozialträgern ist eine zielgerichtete Investitionssteuerung zur Effizienzsteigerung der baulichen Investitionen angeraten. Zur Objektivierung des Investitionsplanungsprozesses ist eine belastbare Bestandsdokumentation der vorhandenen Immobilien erforderlich.

Erst mit Bestands- und Zustandsinformationen für die kostenrelevanten Bauteile eines Gebäudes kann ein standardisierter Bedarfsplanungsprozess angestoßen werden. Durch die Konzentration auf die kostenrelevanten Bauteile (für Investitionskostenprognosen bedeutsame Bauteile) wird die Datentiefe für die Bestandsdaten auf das notwendige, gleichwohl noch pflegbare Maß reduziert.

### 3.1 Gliederung des Immobilienbestandes in Investitionseinheiten

Der gesamte Immobilienbestand ist üblicherweise im Finanzsystem abgebildet. Zu den Immobilien werden u. a. Miet- oder Nutzungsverträge, Nutzflächen, monatliche Mieteinnahmen sowie Betriebskostenausgaben abgelegt und alle bezahlten Rechnungen kontiert.

Die Gliederung des Immobilienbestandes im Finanzsystem erfolgt zumeist in Abrechnungs- oder Buchungskreisen. Häufig werden alle Gebäude eines Standortes zusammengefasst (z. B. in einer Kirchengemeinde das Gemeindezentrum mit allen umliegenden Gebäuden oder bei Sozialträgern die Hilfeeinrichtung mit den unterschiedlichen Immobilien).

Mit Blick auf die objektive Ermittlung des Investitionsbedarfs bzw. den Vergleich der Kostenstrukturen zur Priorisierung von Investitionen ist diese Gebäudegruppierung viel zu grob. Vielmehr sollte jedes Gebäude als eigenständige Betrachtungseinheit dienen. Unter einem Gebäude ist ein Bauwerk zu verstehen, das sich vom Baualter, der Baukonstruktion und dem Abnutzungsgrad von anderen Bauwerken abgrenzt. Häufig ist ein Gebäude ein alleinstehendes Bauwerk.

Mehrere baugleiche postalische Anschriften, die miteinander verbunden sind (z. B. Reihen- oder Winkelbebauung), gelten nach dieser Definition ebenfalls als ein Gebäude. Wurde dagegen an ein Gebäude aus den 50er-Jahren ein neuer Anbau z. B. in den 70er-Jahren hinzugefügt, unterscheiden sich beide Baukörper durch Baujahr, Baukonstruktion und Bauzustand und bilden somit zwei Gebäude.

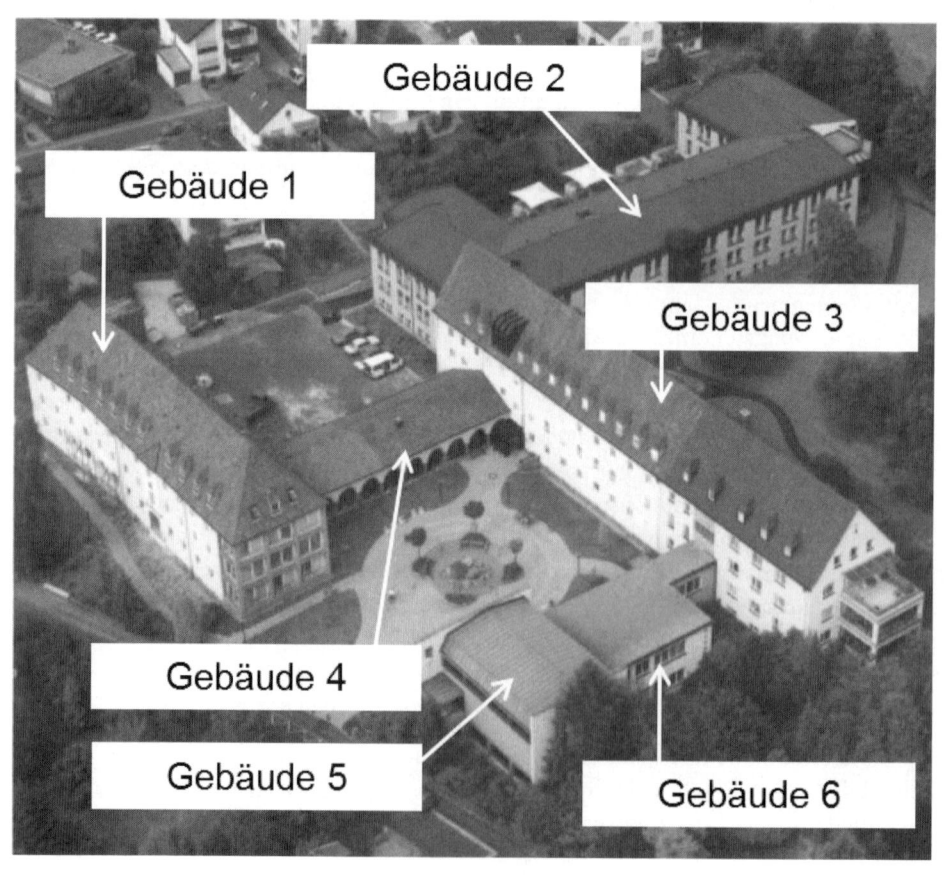

*Abbildung 1: Beispiel für die Definition von Gebäuden an einem Standort*

## 3.2 Definition Datentiefe

Die Definition der Datentiefe für die Bestandsdokumentation ist ausschlaggebend für die Genauigkeit der Investitionsbedarfsprognose wie auch für den Aufwand bei Datenerfassung und Datenpflege. Für eine grobe Erstanalyse von Immobilien ist eine Datentiefe von ca. 16 Inventarpositionen (IP) ausreichend. Als eine Inventarposition wird je ein technisches Merkmal eines Gebäudes bezeichnet. In der Grobanalyse würde nur z. B. nach Flachdach oder Steildach unterschieden (dies wären 2 Inventarpositionen). Die Genauigkeit dieser Grobanalyse beträgt ca. 20-30 % der späteren Investitionen.

Für eine belastbare, detaillierte Investitionskostenprognose mit einer ausreichenden Genauigkeit von ca. 10-15 % sind rund 100 Inventarpositionen sinnvoll. Das Flachdach würde nach kostenrelevanten Merkmalen, wie z. B. nach Abdichtung (Bitumen oder Folie), oder das Steildach nach Dachdeckung (Ziegel, Betonstein, Schiefer etc.) unterschieden. Jede dieser Dachausprägung wäre wiederum eine Inventarposition.

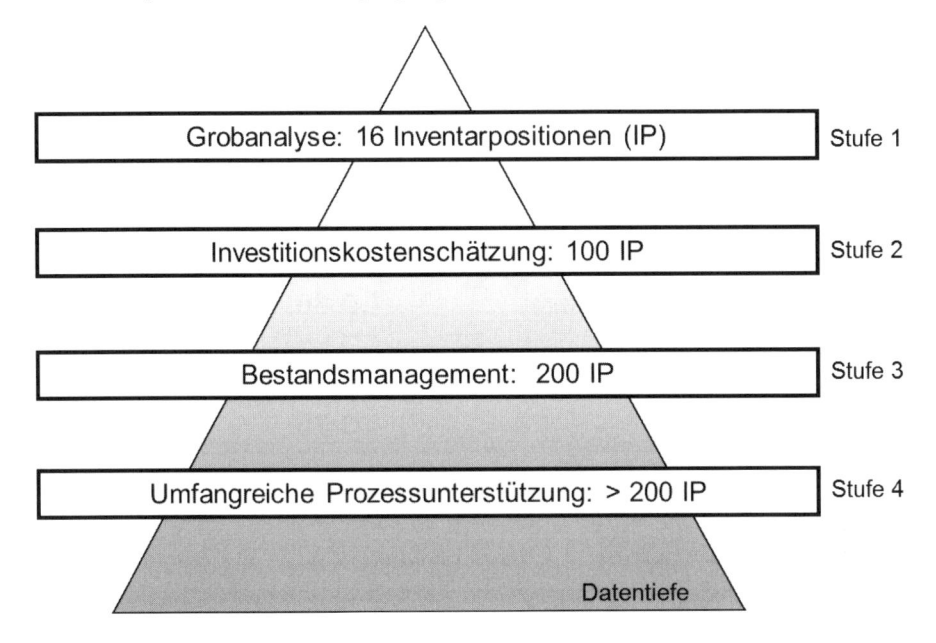

*Abbildung 2: Datentiefe für unterschiedliche Aufgabenstellungen des technischen Gebäudemanagements*

Die noch detaillierteren Stufen 3 und 4 werden für die Unterstützung der operativen Prozesse (z. B. in der Bestandsbewirtschaftung) benötigt, sind aber für die Investitionsbedarfsermittlung zu feinteilig. Z. B. werden für das Wartungsmanagement Typ, Baujahr, Pumpenleistungen und weitere Informationen der Heizung benötigt. Oder für das Betriebskostenmanagement sind Zählernummern und -standorte sowie die versorgten Gebäudeteile zu dokumentieren.

Abbildung 3 zeigt eine sinnvolle Detailtiefe der Inventarpositionen für die Investitionsplanung am Beispiel der Fassade. Für die spätere Investitionsbedarfsberechnung wurden zu den jeweiligen Inventarpositionen schon die Lebensdauer (z. B. „LD 25" = 25 Jahre Lebensdauer), der Schadensgrad SG sowie die Bauzustandsstufe BZS zugeordnet.

Zur späteren Kostenprognose ist für jedes Bauteil die zughörige Ausführungsmenge (Stück Fenster, m² Fassadenfläche, Leistungsangabe der Heizung etc.) zu erfassen. Die Mengen sind – um den Erfassungsaufwand zu reduzieren – zu schätzen oder grob vor Ort aufzumessen. Detaillierte Planauswertungen oder örtliche Aufmaße mit höherer Genauigkeit sind nur bei genutzten oder bebauten Flächen erforderlich (z. B. Wohnfläche nach der Wohnflächenverordnung oder Brutto-Grundfläche BGF nach DIN 277).

| | | Fläche [m²] | SG | BZS |
|---|---|---|---|---|
| Putz | **LD 25** | | | |
| Sicht-Mauerwerk vermutl. ungedämmt | **LD 40** | | | |
| Sicht-Mauerwerk vermutl. gedämmt | **LD 40** | | | |
| Naturstein (Sandstein) | **LD 60** | | | |
| Sichtbeton/Beton | **LD 30** | | | |
| WDVS | **LD 30** | | | |
| Holzschalung | **LD 40** | | | |
| Schieferbehang | **LD 60** | | | |
| Trapezblech vermutl. ungedämmt | **LD 40** | | | |
| Trapezblech vermutl. gedämmt | **LD 30** | | | |
| Faserzementplatten | **LD 35** | | | |
| Asbestzementplatten (vor 1980) | **LD 35** | | | |
| sonstige Art: | **LD 25** | | | |

*Abbildung 3: Beispiel für Inventarpositionen zum Bauteil Fassade*

Die Kenngröße „Schadensgrad SG" gibt an, ob zum Zeitpunkt der Bestandsbegehung vor Ort Investitionskosten für beispielsweise eine kleinere Instandsetzung oder eine intensivere Wartung (z. B. ein Neuanstrich beim Fenster) erforderlich werden. Die Prozentangabe bezieht sich auf die Kosten einer Kompletterneuerung. Die Angabe eines Schadensgrades von 20 % bedeutet entsprechend die Erneuerung des Bauteiles am Ende der Lebensdauer sowie eine kurzfristige Maßnahme mit 20 % der späteren Erneuerungskosten.

Die Kompletterneuerung eines Bauteiles wird über die Bauzustandsstufe BZS erfasst. Die Bauzustandsstufe definiert üblicherweise in einem 4-stufigen Verfahren analog zum Schulnotensystem den aktuellen Verschleiß des Bauteiles. Selbst fachkundige Erfasser bewerten gleiche Sachverhalte teilweise unterschiedlich. Zur Vereinheitlichung der Bauzustandsbewertung ist die Vorgabe eines Bewertungskataloges für die kostenrelevanten Bauteile mit Bildern und Zusatzinformationen zwingend. Abbildung 4 zeigt einen Auszug aus einem derartigen Bewertungskatalog.

## 2.3 Fassade Sichtmauerwerk (Naturstein, Ziegel) ohne WD

Beurteilung des Sichtmauerwerks auf Funktionalität

| BZS | Bauzustandsbeschreibung | Bild |
|---|---|---|
| 1 | Das Sichtmauerwerk ist neu und fachgerecht ausgeführt. |  |
| 2 | Das Sichtmauerwerk ist nicht mehr neu aber fachgerecht ausgeführt und ohne nennenswerte Beschädigungen. |  |
| 3 | Das Sichtmauerwerk weist Verschleißerscheinungen auf. Es sind leichte Aussandungen an den Fugen oder an den Steinen erkennbar. Diese beeinträchtigen jedoch weder Statik noch Schlagregendichtigkeit. |  |
| 4 | Fugen oder Steine weisen starke Aussandungen auf. Die Schlagregendichtigkeit ist nicht mehr gegeben und die Fassade bietet ein optisch unattraktives Erscheinungsbild. |  |

*Abbildung 4: Auszug aus einem Bewertungskatalog für Bauteile[1]*

*3.3 Dokumentation Bausubstanz inkl. Bauzustandsbewertung*

Für die Erfassung der kostenrelevanten Bauteile zur Bausubstanz können die vorhandenen Datenbestände aus gut gepflegten Bauarchiven genutzt werden. In den Bau- oder Modernisierungsakten befinden sich Grundrisspläne oder Schnitte, aus denen die grundsätzlichen Gebäudeabmessungen, die Bauteilmengen (z. B. Fensteranzahl oder

---

[1] Projektspezifische Unterlage der iwb Entwicklungsgesellschaft mbH, www.iwb-e.de.

Dach- bzw. Fassadenfläche) und auch die Raumaufteilungen entnommen werden können. Zusätzlich findet man wichtige Angaben zu technischen Anlagen wie Heizungs-, Lüftungs-, Brandschutz- oder Aufzugsanlagen. Ebenso sind Informationen zum Baujahr, der Konstruktionsart sowie die Mengenangaben zu den einzelnen Bauteilen in den Bauakten enthalten.

Für die spätere Investitionskostenprognose ist es jedoch auch von wesentlicher Bedeutung, den aktuellen Bauzustand (den Verschleißgrad) eines Bauteiles zu erfassen. Sofern das Bau- oder Modernisierungsalter weniger als 1/3 der Bauteil-Lebensdauer beträgt, kann der Bauzustand der jeweiligen Bauteile als „BZS 1 = neuwertig" angenommen werden. Bei älteren Bauteilen/Gebäuden ist eine Bauzustandsbewertung vor Ort im Gebäude durch fachkompetente Mitarbeiter vorzunehmen, da die ausschließliche Interpretation der Bauaktenlage zu ungenaue Informationen liefert.

Bestehen Zweifel an der Aktualität der Bauarchive oder sind diese lückenhaft, sollte auf eine langwierige Sichtung und Aktualisierung der Bauakten verzichtet werden. In diesem Fall ist es deutlich schneller, qualitativ hochwertiger und auch günstiger, eine Bestandserfassung und Zustandsbewertung durch eine Gebäudebegehung vorzunehmen.

### 3.4 Dokumentation Gebäudetechnik und technische Anlagen

Wesentliche zukünftige Investitionskosten entstehen durch die Instandsetzung oder Modernisierung der Gebäudetechnik. Die Kenntnisse über die Art, die Leistung und das Baujahr der einzelnen Anlagen sind dabei von besonderer Bedeutung für die Kostenprognose. Ohne umfangreiche und meist aufwendige Messtechnik ist der Bauzustand von technischen Anlagen kaum bewertbar.

Es hat sich bewährt, zukünftige Investitionen auf Basis des Baualters und erwarteter durchschnittlicher Nutzungsdauern technischer Anlagen abzuschätzen.

### 3.5 Energetische Gebäudequalität

Durch die Verschärfung der energetischen Standards für Neu- und Bestandsgebäude mit der Energieeinsparverordnung (EnEV) und die in den letzten Jahren stark gestiegenen Energiekosten ist es für die Planung zukünftiger Baumaßnahmen zwingend erforderlich, auch den energetischen Zustand der Gebäude zu analysieren.

Bei Errichtung, Änderung oder Erweiterung eines Gebäudes ist nach der EnEV ein Energieausweis zu erstellen. Der Energieausweis ist bei einem Verkaufs- oder Vermietungsprozess bei Vertragsabschluss unaufgefordert dem Geschäftspartner zu übergeben (§ 16 II EnEV 2014). Lediglich bei Denkmälern oder Gebäuden innerhalb von Ensemble- oder denkmalgeschützten Bereichen sind keine Energieausweise erforderlich (§ 16 V EnEV 2014). Auch für Gebäude mit einer Nutzfläche <50 m² oder für nicht dauerhaft beheizte, gekühlte oder genutzte Immobilien entfällt die Ausweispflicht.

## 2. Feststellung des Investitionsbedarfs und Priorisierung

**ENERGIEAUSWEIS** für Nichtwohngebäude

gemäß den §§ 16 ff. der Energieeinsparverordnung (EnEV) vom [1]

**Berechneter Energiebedarf des Gebäudes**  Registriernummer [2]
(oder: „Registriernummer wurde beantragt am...")  [2]

**Primärenergiebedarf**

$CO_2$-Emissionen [3]  kg/(m²·a)

Primärenergiebedarf dieses Gebäudes
kWh/(m²·a)

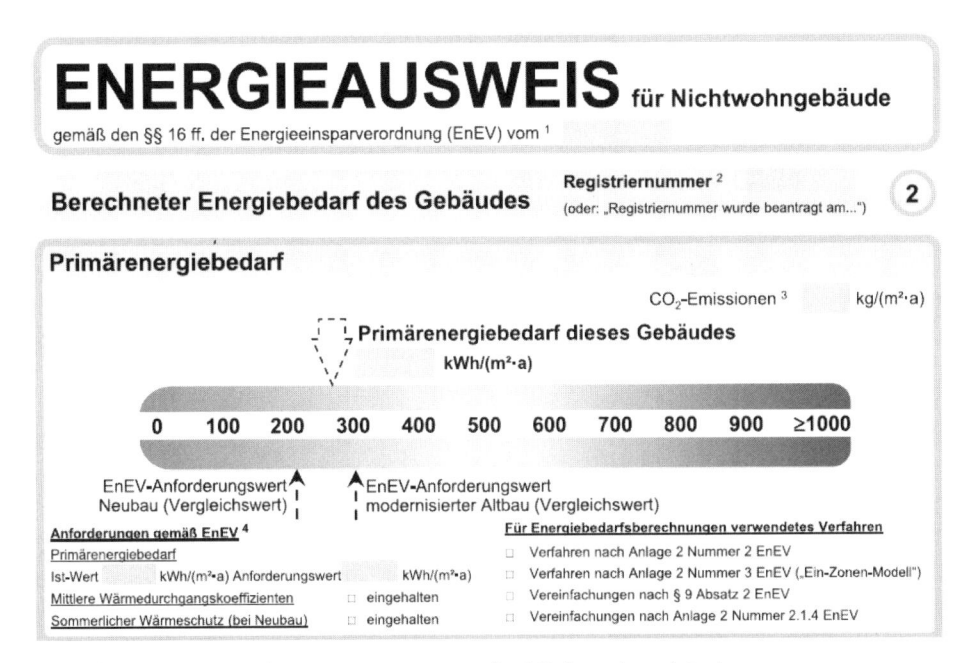

0   100   200   300   400   500   600   700   800   900   ≥1000

EnEV-Anforderungswert Neubau (Vergleichswert)
EnEV-Anforderungswert modernisierter Altbau (Vergleichswert)

Anforderungen gemäß EnEV [4]

| Primärenergiebedarf | | | Für Energiebedarfsberechnungen verwendetes Verfahren |
|---|---|---|---|
| Ist-Wert  kWh/(m²·a) Anforderungswert | kWh/(m²·a) | ☐ | Verfahren nach Anlage 2 Nummer 2 EnEV |
| | | ☐ | Verfahren nach Anlage 2 Nummer 3 EnEV („Ein-Zonen-Modell") |
| Mittlere Wärmedurchgangskoeffizienten | ☐ eingehalten | ☐ | Vereinfachungen nach § 9 Absatz 2 EnEV |
| Sommerlicher Wärmeschutz (bei Neubau) | ☐ eingehalten | ☐ | Vereinfachungen nach Anlage 2 Nummer 2.1.4 EnEV |

*Abbildung 5: Auszug des Energieausweises für Nichtwohngebäude*

Der im Energieausweis ermittelte Energiekennwert des Gebäudes (Primärenergiebedarf) ermöglicht eine erste schnelle Bewertung der energetischen Gebäudequalität. Auf der in Abbildung 5 dargestellten Skala wird er mit den Referenzwerten für einen Neubau und einen modernisierten Altbau in Verbindung gebracht. Die Differenz zwischen dem gebäudespezifischen Energiekennwert und dem Referenzwert für einen modernisierten Altbau bezeichnet man als Energieeinsparpotenzial. Je geringer dieses Potenzial ist, desto weniger wirtschaftlich ist eine kostenaufwendige energetische Modernisierung.

Im Zuge der Bestandsdokumentation sollte für die Gebäude auch erfasst werden, welche Flächen der Außenhülle (Dach, Fassade, Kellerdecke) schon gedämmt wurden. Hier ist insbesondere die Dicke der Wärmedämmung von Bedeutung.

Die Energieeffizenz der Heizungsanlage kann als erste Orientierung aus den Schornsteinfeger-Messprotokollen abgelesen werden. Auf Basis der 1. Bundesimmissionsschutzverordnung und der Kehr- und Überprüfungsordnung misst der Schornsteinfeger jährlich oder 2-jährlich die Abgasverluste der Heizungsanlagen. Diese Abgasverluste geben Hinweise auf die Anlageneffizienz und sollten bei Öl- oder Gasfeuerungsanlagen ohne Brennwerttechnik im Idealfall zwischen 3-5 % liegen.

Ebenfalls mit geringem Aufwand verbunden können auf Basis der Nutzenergiemenge des Gebäudes, der eingekauften Endenergiemenge und der Kesselleistung der Heizungsanlage der Jahresnutzungsgrad und die Anlagendimensionierung berechnet werden. Der Jahresnutzungsgrad kennzeichnet die Gesamtanlageneffizienz inkl. der Wärmeverteilungs- und der Bereitschaftsverluste im Gebäude. Die Anlagendimensionierung beschreibt die Nutzungsdauer der Heizung innerhalb eines Jahres und die Häufigkeit der Brennerstarts. Mit diesen Kennwerten sind jene Heizungsanlagen identifizierbar, die besonders dringend mit gering- oder auch hochinvestiven Maßnahmen optimiert werden sollten.

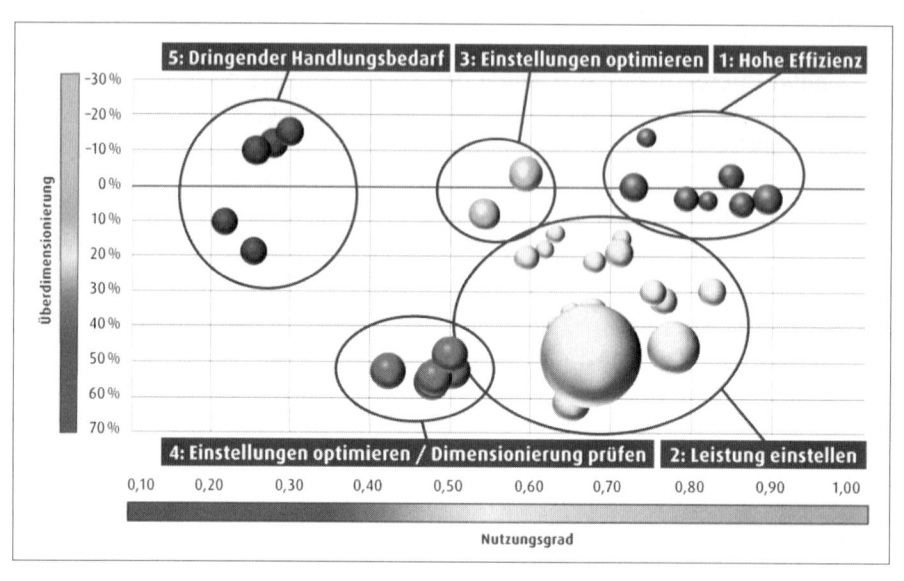

*Abbildung 6: Optimierungspotenziale von Heizungsanlagen²*

### 3.6 Auslastung vorhandener Räumlichkeiten

Im Zuge von Modernisierungen spielt die Erhöhung der Nutzbarkeiten und konkreten Nutzung von Räumen zur Wahrnehmung der kirchlichen oder sozialen Aufgaben eine wesentliche Rolle.

Dennoch muss im Umfeld knapper Finanzen sowohl bei der Bedarfsermittlung als auch der Priorisierung darauf geachtet werden, dass die Immobilien eine befriedigende Auslastung und lediglich einen erforderlichen Ausstattungsstandard erreichen. Ein moderner Gruppenraum, der nur wenige Stunden in der Woche belegt ist oder zu groß dimensionierte selbstgenutzte Büroflächen binden Gelder, die an anderen Stellen möglicherweise dringender benötigt werden.

Im Zuge der Bestandsdokumentation ist daher auch auf die Erfassung der Belegungszeiten von Gemeinschaftsräumen bzw. die Auslastung von Arbeitsräumen (z. B. Büros) zu achten. In enger Abstimmung mit den Nutzern bzw. Immobilienbetreibern sind pro Raum repräsentative Belegungszeiten mit Anzahl der nutzenden Personen zu erfassen und auszuwerten. Ein derartiges Beispiel zeigt Abbildung 7.

---

2 Raschper, Norbert: Energiesparen – mit wenig Einsatz effizient sparen, 2015, iwb aktuell Ausgabe 45, www.iwb-e.de.

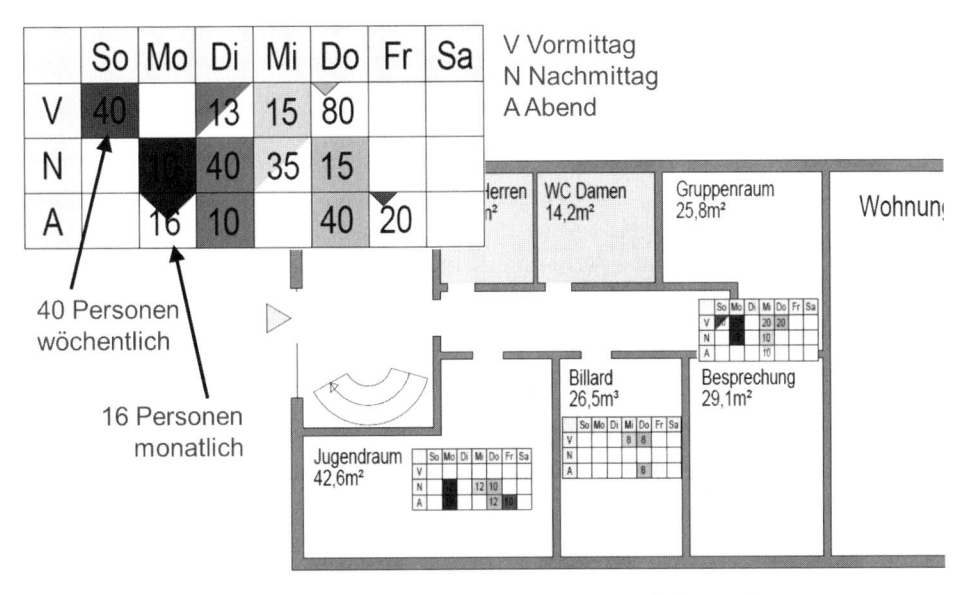

*Abbildung 7: Visualisierung der Raumbelegungen am Projektbeispiel*

## 4. Ermittlung Investitionsbedarf

Die in Ziffer 3 dieses Beitrages skizzierte Bestandsdokumentation führt zu einer hochvaliden Datenbasis. Sie kann in vielfältiger Weise zur Ermittlung des Investitionsbedarfs wie auch der Priorisierung von Investitionen genutzt werden. Der folgendeUnterpunkt erläutert, wie aus der Bestandsdokumentation der Investitionsbedarf abgeleitet werden kann.

Den Gegensatz zur subjektiven, stark Personen getriebenen Definition zukünftiger Investitionsbedarfe bildet die lebenszyklusbasierte Investitionsprognose. Sie schafft eine gleichartige, automatisierte Abschätzung zukünftiger Investitionsbedarfe, ohne eine Wertung der Wichtigkeit einzelner Investitionen schon vorzunehmen.

Die Priorisierung der Investitionen erfolgt später natürlich durch den Menschen. Aber erst wenn alle Prognosen für alle Gebäude vorliegen und damit der gesamte Finanzbedarf für eine Planungsperiode bekannt ist. Erst dann können Entscheidungsträger nach den kirchlichen bzw. sozialwirtschaftlichen Strategien Gelder disponieren und deren Einsatz im bestmöglichen Sinnen für die Verfolgung der strategischen und unternehmerischen Ziele verwenden.

### 4.1 Grundprinzip der lebenszyklusbasierten Investitionsprognose

Das Grundprinzip der lebenszyklusbasierten Investitionsprognose basiert auf der Annahme, dass die Lebensdauer eines Bauteiles in unterschiedlichen Gebäuden nur mit geringer Breite schwankt. Kennt man das Alter eines Bauteiles, kann man auf Basis eines Lebensdauerkataloges für jedes Bauteil einen statistischen Ausfall prognostizieren. Zur

Vereinfachung nimmt man den Verschleißverlauf des Bauteiles in linearer Abhängigkeit zum Alter an.

So wurde in Abbildung 8 beispielhaft ein Fenster mit einer angenommenen Lebensdauer von 30 Jahren in 1989 eingebaut. Statistisch würden diese Fenster 2019 ausfallen (Prognose 1). Eine Überprüfung durch Fachpersonal in 1999 ergab die erwartete Bauzustandsbewertung BZS = 2, d. h. das Fenster zeigte leichte altersbedingte Verschleißerscheinungen. Damit besitzt das Fenster noch 2/3 seiner Lebensdauer (mit BZS 4 fällt das Bauteil aus), es würde also weiterhin 2019 ausfallen. In 2014 wurde eine weitere Inspektion durchgeführt und das Fenster wurde besser als erwartet mit BZS 3 und einer Restlebensdauer von immer noch ca. 10 Jahren bewertet. Damit würde das Bauteil 2024 ausfallen (Prognose 2). Sinnvollerweise sollte die nächste Inspektion auf ca. 2022 gelegt und dann wiederum die Restlebensdauer abgeschätzt werden.

Durch die Inspektionen passt man den statistischen Ausfallzeitpunkt immer genauer an die reale Verschleißsituation des Bauteiles an, ohne einen zu starren und damit zu kostenintensiven Inspektionsrhythmus aufzubauen.

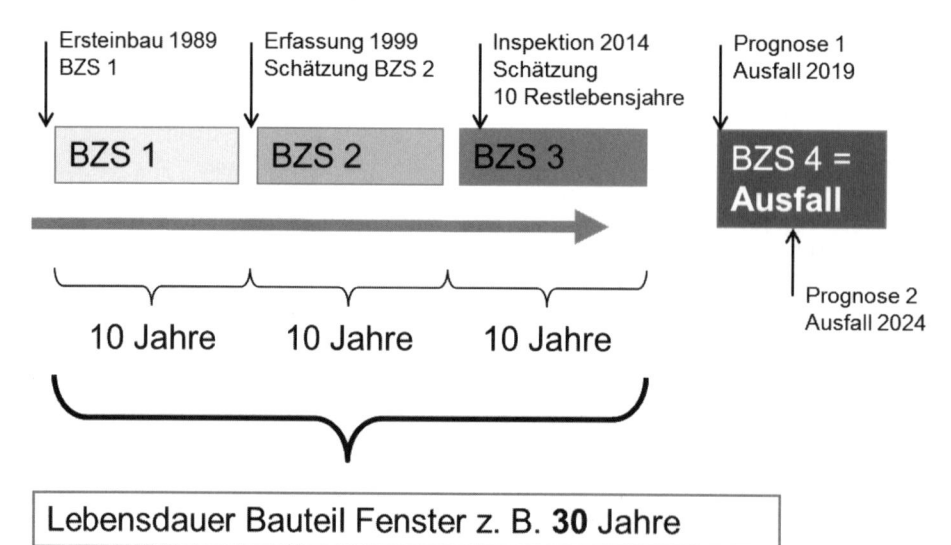

*Abbildung 8: Prognose des Bauteilausfalles auf Basis von Lebensdauer und Inspektionen*

Zum Ausfallzeitpunkt des Bauteiles kann jetzt gemäß den strategisch definierten Zielqualitäten aus Ziffer 2 dieses Beitrages eine Baumaßnahme mit der Inventarposition verbunden werden. So kann der Ausfall eines Fassadenanstriches mit der Maßnahme „Neuanstrich" und/oder auch mit der Maßnahme „Wärmedämmung der Fassade" verbunden werden. Damit sind unterschiedliche Investitionsvarianten von der reinen Verkehrssicherung über umfangreiche Instandsetzungen bis hin zur Modernisierung durchspielbar.

## 2. Feststellung des Investitionsbedarfs und Priorisierung

Die Summe der statistischen Ausfälle für alle kostenrelevanten Bauteile ergibt für jedes betrachtete Gebäude ein Risikoprofil zukünftiger Investitionen analog Abbildung 9. Besonders aussagekräftig ist die zeitliche Verteilung der prognostizierten Investitionen in Jahresscheiben über z. B. 15 Jahre. Neben der Gesamthöhe der Investitionen können insbesondere Kostenklumpungen (in der Abbildung in 2012 und 2016) erkannt werden. Mit den unterlegten tabellarischen Detailinformationen können jetzt auch übergeordnete, nicht mit dem Objekt vertraute Entscheidungsgremien die vorgeschlagenen Investitionen plausibilisieren und bewerten.

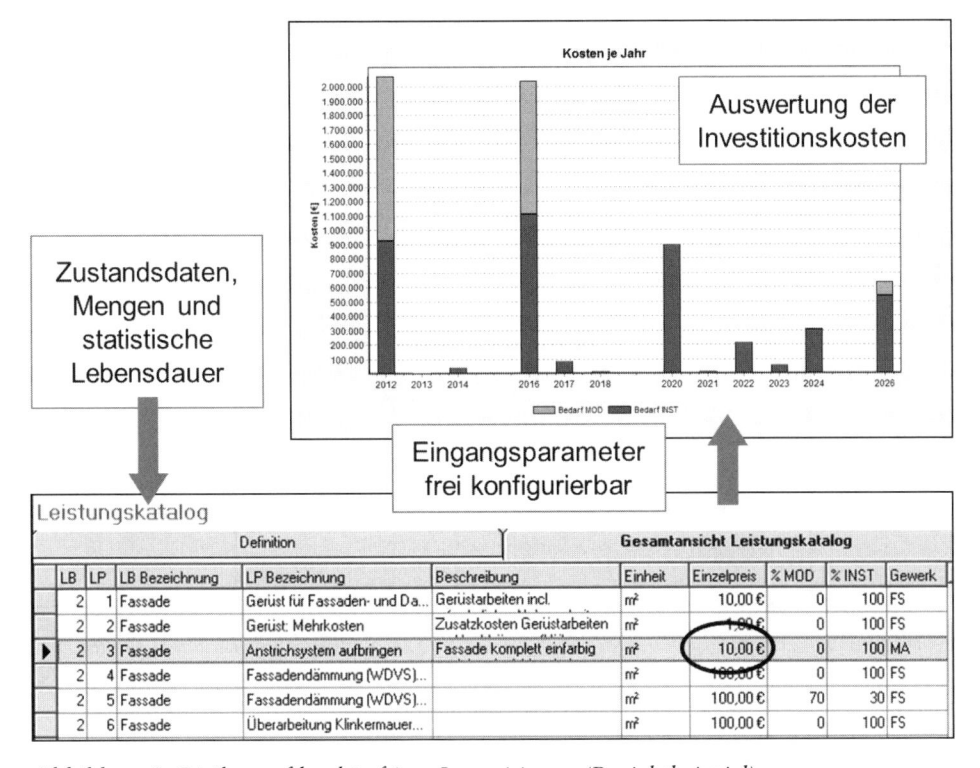

*Abbildung 9: Risikoprofil zukünftiger Investitionen (Projektbeispiel)*

### 4.2 Aufbau von Lebensdauerkatalogen

Aus den Erfahrungen der Bauabteilungen bei den Kirchen bzw. Sozialträgern können die Lebensdauerkataloge für die kostenrelevanten Bauteile relativ einfach selbst zusammengestellt werden. Darüber hinaus gibt es in der Literatur immer wieder Veröffentlichungen zu Lebensdauern für einzelne Gewerke oder Bauteilgruppen.

Umfassendere Kataloge für Gebäude ohne Spezifizierung von Sonderbauteilen des Denkmalschutzes oder Sakralbauten liegen mit dem Leitfaden Nachhaltiges Bauen[3] bzw. dem Buch von Pfeiffer/Bethe[4] vor.

| | | Bauteil / Bauteilschicht | Lebenserwartung von - bis [a] | mittlere Lebenserwartung [a] |
|---|---|---|---|---|
| | | Mess- / Steuer- / Regelanlagen | 12 - 15 | 10 |
| | 36. | Heizungsanlagen | | |
| | | Brennstoffbehälter | 15 - 30 | 20 |
| | | Brenner mit Gebläse | 10 - 20 | 12 |
| | | Zentrale Wassererwärmer, Heizkessel | 15 - 25 | 20 |
| | | Erdwärmetauscher | 50 - 80 | 60 |
| | | Pumpen, Motoren, Wärmepumpen | 10 - 15 | 12 |
| | | Heizleitungen | 30 - 50 | 40 |
| | | Heizflächen und Armaturen | 20 - 30 | 25 |
| | | Mess-, Steuer-, Regelanlagen | 10 - 15 | 12 |
| | 37. | Raumlufttechnische Anlagen | | |
| | | Raumlufttechnische Geräte | 10 - 20 | 15 |
| | | Raumlufttechnische Kälteanlagen | 10 - 25 | 15 |
| | | Wärmerückgewinnungsanlagen | 15 - 25 | 20 |
| | | Filteranlagen, allgemein | 12 - 20 | 15 |
| | | Mess-, Steuer-, Regelanlagen | 10 - 20 | 15 |
| | | Luftleitungen | 30 - 40 | 35 |

*Abbildung 10: Auszug Lebensdauerkatalog Leitfaden Nachhaltiges Bauen (Quelle: BMVBW, 2001)*

### 4.3 Aufbau von Kostenkatalogen

Die Kostenkataloge für Baumaßnahmen sollten einheitlich für den gesamten Immobilienbestand aufgebaut und zentral gepflegt werden. Damit wird sichergestellt, dass strategische Vorgaben von Zielqualitäten über die Kostenkataloge abgebildet werden. Regionale oder gebäudespezifische Anpassungen dieser Kostenkennwerte können über Korrekturfaktoren der Einheitspreise erfolgen, die dann bei Auswertungen schnell erkennbar und auch von dritter Seite plausibilisierbar sind. Die anzusetzenden Kosten können aus eigenen Erfahrungen oder aus der Literatur stammen. Besonders praxisge-

---

3 Bundesministerium für Verkehr, Bau- und Wohnungswesen, Leitfaden Nachhaltiges Bauen, 2001.
4 Pfeiffer/Bethe/Fanslau-Görlitz, Nutzungsdauertabellen für Wohngebäude, 1. Aufl. (2010).

recht sind die externen Kostentabellen auf Bauteilebene des Baukostenzentrums Deutscher Architektenkammern GmbH[5] oder die Baukostentabellen von Schmitz/Krings[6].

Die Einholung von konkreten Angeboten ist nur in Ausnahmefällen sinnvoll, da sie einerseits zu zeitaufwendig und andererseits mit Blick auf die noch nicht gesicherte Maßnahmendurchführung in der Zukunft zu ungenau sind.

| Wärmeversorgungsanlagen - Betriebseinrichtungen | | | | | Preise € | |
|---|---|---|---|---|---|---|
| Nr. | Kurztext / Stichworte | | | brutto ø | | |
| | Einheit / Kostengruppe ▶ | | ▷ | netto ø | ◁ | ◀ |
| 1 | Heizkessel ausbauen, Stahl, bis 50kW | | | | | |
| | Heizkessel ausbauen; Stahl; bis 50kW; Bauschutt entsorgen | | | | | |
| | St | € brutto | – | 185 | 241 | 278 | – |
| | KG 394 | € netto | – | 155 | 203 | 233 | – |
| 2 | Gas-Brennwerttherme, Wand, bis 15kW | | | | | |
| | Gas-Brennwerttherme; Edelstahl/Aluminium; 9-15KW; Wandmontage | | | | | |
| | St | € brutto | 2.797 | 3.142 | 3.304 | 3.446 | 3.784 |
| | KG 421 | € netto | 2.351 | 2.640 | 2.776 | 2.896 | 3.180 |
| 3 | Gas-Brennwerttherme, Wand, bis 25kW | | | | | |
| | Gasbrennwerttherme; Edelstahl/Aluminium; 16-25kW; Wandmontage | | | | | |
| | St | € brutto | 3.193 | 3.581 | 3.814 | 4.164 | 4.775 |
| | KG 421 | € netto | 2.683 | 3.009 | 3.205 | 3.500 | 4.012 |
| 4 | Gas-Brennwerttherme, Wand, bis 50kW | | | | | |
| | Gas-Brennwerttherme; Edelstahl/Aluminium; 26-50kW; Wandmontage | | | | | |
| | St | € brutto | 3.617 | 4.191 | 4.291 | 4.450 | 4.896 |
| | KG 421 | € netto | 3.040 | 3.522 | 3.606 | 3.739 | 4.114 |
| 5 | Gas-Niedertemperaturkessel, bis 25kW | | | | | |
| | Gas-Niedertemperaturkessel; Stahl/Guss; 15-25kW; stehende Montage | | | | | |
| | St | € brutto | 3.900 | 4.528 | 4.769 | 5.083 | 6.279 |
| | KG 421 | € netto | 3.277 | 3.805 | 4.008 | 4.272 | 5.276 |
| 6 | Gas-Niedertemperaturkessel, bis 50kW | | | | | |
| | Gas-Niedertemperaturkessel; Stahl/Guss; 26-50kW; stehende Montage | | | | | |
| | St | € brutto | 4.192 | 4.901 | 5.070 | 5.684 | 7.930 |
| | KG 421 | € netto | 3.523 | 4.118 | 4.260 | 4.777 | 6.664 |
| 7 | Gas-Niedertemperaturkessel, bis 70kW | | | | | |
| | Gas-Niedertemperaturkessel; Stahl/Guss; 51-70kW; stehende Montage | | | | | |
| | St | € brutto | 5.149 | 5.969 | 6.176 | 7.739 | 9.778 |
| | KG 421 | € netto | 4.327 | 5.016 | 5.190 | 6.504 | 8.217 |
| 8 | Gas-Brennwertkessel, bis 150kW | | | | | |
| | Gas-Brennwertkessel; 71-150kW; Kessel wärmegedämmt | | | | | |
| | St | € brutto | 7.805 | 9.502 | 10.475 | 12.892 | 15.877 |
| | KG 421 | € netto | 6.559 | 7.985 | 8.803 | 10.834 | 13.342 |

*Abbildung 11: Baupreisspannen niedrig - mittel - hoch am Beispiel Heizungsanlage (Quelle: BKI Altbau Baupreise kompakt, Kostenstand 3. Quartal 2014)*

---

5 www.bki.de.
6 Schmitz/Krings/Dahlhaus/Neisel: Baukosten 2014/15, 22. Aufl. (2015).

## 4.4 *Differenzierung des prognostizierten Investitionsbedarfs*

In Abhängigkeit der Datentiefe für die zu betrachtenden Bauteile können sehr aussagekräftige Prognosen der Investitionskosten erstellt werden. Der zeitliche Verlauf des Investitionsbedarfs wurde schon in Abbildung 9 dargestellt. Verbindet man die jeweilige Leistungsposition mit weiteren Informationen, ermöglicht dies für die spätere Priorisierung zusätzliche umfangreiche und wertvolle Auswertungsmöglichkeiten.

So können Leistungspositionen bautechnisch oder nutzerspezifisch zu Maßnahmenpaketen gebündelt werden, z. B. zu „Verkehrssicherung“, „Energetische Hüllenmodernisierung“ oder „Aufwertung Innenraumbereich“. Maßnahmenpakete verdeutlichen die bautechnische bzw. nutzungsspezifische Reihenfolge von Investitionen. So sollten zur Vermeidung von Fehlinvestitionen z. B. Modernisierungen im Inneren nicht vor der substanzerhaltenden Instandsetzung der Hülle gemacht werden.

Die Investitionskosten können zudem in einen mietwirksamen Anteil, der auf die Mieter umlegbare Modernisierungsanteil, und einen Instandsetzungsanteil, der beim Gebäudeeigentümer bleibt, gesplittet werden. Dies unterstützt die Wirtschaftlichkeitsberechnungen für renditeorientierte Vermietungsimmobilien. In gleicher Weise können die einzelnen Baukosten bei Kirchen auch auf unterschiedliche Kostenträger (Kirchengemeinde, Landeskirche, kommunale Gemeinde etc.) verteilt werden, um unterschiedliche Belastungen von Budgetpositionen abzubilden.

Und mit der Verknüpfung zu einem Gewerk können maßnahmenbezogene Auswertungen zu einer Optimierung des Leistungseinkaufes über Rahmenverträge mit Handwerkern oder Bündelung von Baumaßnahmen mit Kostenvorteilen von bis zu 10 % genutzt werden.

Beispielhaft kann das Ergebnis einer lebenszyklusbasierten Investitionsprognose für ein Wohngebäude aus der Abbildung 12 entnommen werden.

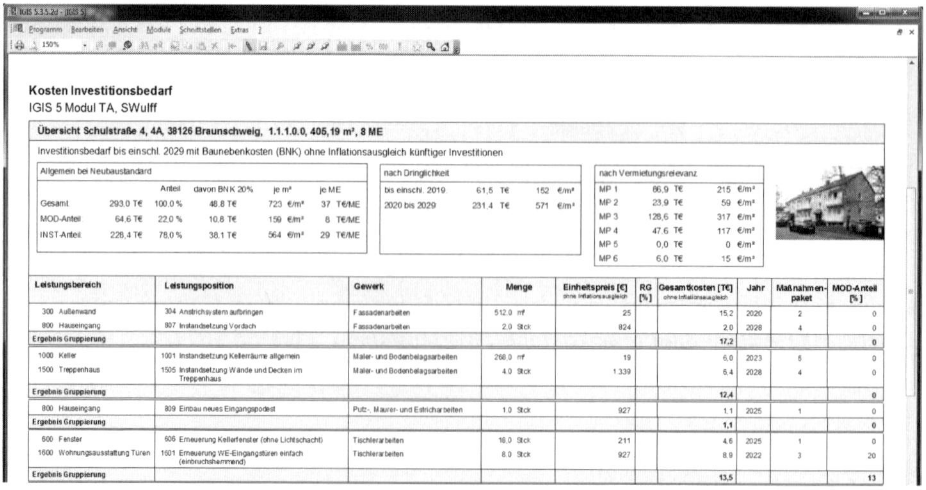
IGIS 5.3.5.2d - [IGIS 5]

Programm Bearbeiten Ansicht Module Schnittstellen Extras ?

**Kosten Investitionsbedarf**
IGIS 5 Modul TA, SWulff

**Übersicht Schulstraße 4, 4A, 38126 Braunschweig, 1.1.1.0.0, 405,19 m², 8 ME**

Investitionsbedarf bis einschl. 2029 mit Baunebenkosten (BNK) ohne Inflationsausgleich künftiger Investitionen

Allgemein bei Neubaustandard

| | | Anteil | davon BNK 20% | je m² | je ME |
|---|---|---|---|---|---|
| Gesamt | 293,0 T€ | 100,0 % | 48,8 T€ | 723 €/m² | 37 T€/ME |
| MOD-Anteil | 64,6 T€ | 22,0 % | 10,8 T€ | 159 €/m² | 8 T€/ME |
| INST-Anteil | 228,4 T€ | 78,0 % | 38,1 T€ | 564 €/m² | 29 T€/ME |

nach Dringlichkeit

| | | |
|---|---|---|
| bis einschl. 2019 | 61,5 T€ | 152 €/m² |
| 2020 bis 2029 | 231,4 T€ | 571 €/m² |

nach Vermietungsrelevanz

| | | |
|---|---|---|
| MP 1 | 86,9 T€ | 215 €/m² |
| MP 2 | 23,9 T€ | 59 €/m² |
| MP 3 | 128,6 T€ | 317 €/m² |
| MP 4 | 47,6 T€ | 117 €/m² |
| MP 5 | 0,0 T€ | 0 €/m² |
| MP 6 | 6,0 T€ | 15 €/m² |

| Leistungsbereich | Leistungsposition | Gewerk | Menge | Einheitspreis [€] ohne Inflationsausgleich | RG [%] | Gesamtkosten [T€] ohne Inflationsausgleich | Jahr | Maßnahmen-paket | MOD-Anteil [%] |
|---|---|---|---|---|---|---|---|---|---|
| 300 Außenwand | 304 Anstrichsystem aufbringen | Fassadenarbeiten | 512,0 m² | 25 | | 15,2 | 2020 | 2 | 0 |
| 800 Hauseingang | 807 Instandsetzung Vordach | Fassadenarbeiten | 2,0 Stck | 824 | | 2,0 | 2028 | 4 | 0 |
| **Ergebnis Gruppierung** | | | | | | **17,2** | | | **0** |
| 1000 Keller | 1001 Instandsetzung Kellerräume allgemein | Maler- und Bodenbelagsarbeiten | 268,0 m² | 19 | | 6,0 | 2023 | 5 | 0 |
| 1500 Treppenhaus | 1505 Instandsetzung Wände und Decken im Treppenhaus | Maler- und Bodenbelagsarbeiten | 4,0 Stck | 1.339 | | 6,4 | 2028 | 4 | 0 |
| **Ergebnis Gruppierung** | | | | | | **12,4** | | | **0** |
| 800 Hauseingang | 809 Einbau neues Eingangspodest | Putz-, Maurer- und Estricharbeiten | 1,0 Stck | 927 | | 1,1 | 2025 | 1 | 0 |
| **Ergebnis Gruppierung** | | | | | | **1,1** | | | **0** |
| 600 Fenster | 606 Erneuerung Kellerfenster (ohne Lichtschacht) | Tischlerarbeiten | 16,0 Stck | 211 | | 4,6 | 2025 | 1 | 0 |
| 1600 Wohnungsausstattung Türen | 1601 Erneuerung WE-Eingangstüren einfach (einbruchshemmend) | Tischlerarbeiten | 8,0 Stck | 927 | | 8,9 | 2022 | 3 | 20 |
| **Ergebnis Gruppierung** | | | | | | **13,5** | | | **13** |

*Abbildung 12: Ergebnis einer lebenszyklusbasierten Investitionsprognose*

## 5. Priorisierung des Investitionsbedarfs

Bei der Feststellung des Investitionsbedarfs ist davon auszugehen, dass die Realisierung aller wünschenswerten Investitionen im Betrachtungszeitraum von 10-15 Jahren nicht möglich ist. Vielmehr liegt mit den so gewonnenen Ergebnissen eine schonungslose, objektive Prognose zukünftiger Investitionsrisiken auf Basis des vorhandenen Immobilienbestandes und -zustandes vor. Es ist nun die Aufgabe der Entscheider, dieses Ergebnis zu interpretieren und damit eine zukunftsfähige Bestandsentwicklungsstrategie zu definieren. Eine vorschnelle Bewertung des Zahlenwerkes nach „nicht realisierbar" und damit „nicht wissenswert" verkennt, dass möglicherweise der Immobilienbestand erhebliche Risiken birgt. Nur ein vorausschauender Kapitän kann den Sturm erkennen und die richtigen Ausweichmanöver einleiten. Andernfalls würde er das Heft aus der Hand geben und nur auf äußere Einflüsse reagieren.

Schon seit geraumer Zeit wird eine teils schmerzliche Diskussion über die Auswirkungen des demografischen Wandels auf Kirche und Sozialträger geführt. Das Nachdenken über
– die Umwidmung von Kirchen,
– das Schrumpfen der kirchengemeindlichen Immobilienbestände,
– das Verkaufen von nicht mehr benötigten Immobilien oder auch
– die Konzentration von Aktivitäten mit dem Aufbau neuer Immobilienbestände bei gleichzeitigem Rückzug aus anderen Standorten

ist spannungsgeladen, aber im Sinne der Leistungsfähigkeit des Ganzen unausweichlich.

Will man die vorhandenen, häufig knappen Investitionsmittel bestmöglich im Sinne der Unternehmensziele einsetzen, ist eine Priorisierung des Investitionsbedarfs zwingend. Diese Priorisierung kann nach unterschiedlichen Investitionsstrategien und auf Basis zahlreicher Benchmarks für Investitionsbewertungen erfolgen.

### 5.1 Instandsetzungsstrategien

Nicht jeder Mangel oder jedes Defizit eines Gebäudes muss automatisch beseitigt werden. Die Auswirkungen dieses Mangels/Defizits auf das Gebäude, seine Nutzer oder seine Nutzbarkeit bestimmt die Dringlichkeit der Maßnahmenrealisierung. Im technischen Gebäudemanagement unterscheidet man daher die 4 unterschiedlichen Instandsetzungsstrategien gemäß Abbildung 13.

Betriebsnotwendige Immobilien sollten in der zustandsorientierten Instandsetzung gehalten werden. Sofern einzelne Bauteile als für die Nutzung weniger wichtig angesehen werden, kann auf die schadensorientierte Strategie ausgewichen werden. Die fristenorientierte Strategie ist nur für sicherheitsrelevante Bauteile (Brandschutz, Blitzschutz) oder Anlagen mit hoher Verfügbarkeitsanforderung (Aufzüge) sinnvoll.

Nicht betriebsnotwendige, aber für die Vermietung als Renditeobjekte vorgesehene Gebäude sollten mit der zustandsorientierten oder risikoorientierten Strategie bewirtschaftet werden.

Dispositionsobjekte (Verkauf, Abriss oder zeitnah für eine umfassende Modernisierung vorgesehen) sollten im Wesentlichen mit der schadensorientierten Instandsetzung betrieben werden.

| Schadensorientierte Instandsetzung | Zustandsorientierte Instandsetzung |
|---|---|
| - Nutzungsdauer der Bauteile wird maximal ausgenutzt<br>- Instandsetzung erfolgt ausschließlich nach Ausfall des Bauteiles oder zur Einhaltung der Verkehrssicherungspflicht<br>**Beispiele:**<br>- Die Regenrinne wird erst repariert, wenn sie undicht ist.<br>- Der Gehweg wird erst dann überarbeitet, wenn die Nutzbarkeit durch Stolperstellen nicht mehr gegeben ist.<br>**Vorteile:**<br>- Maximale Ausnutzung der Lebensdauer<br>- Minimierung der Investitionskosten (sofern keine höheren Folgekosten)<br>**Nachteile:**<br>- Stark reaktive Strategie mit ungeplantem hohem Handlungsdruck, Verfügbarkeit von Handwerkern oder Hausmeistern mit schneller Reaktionszeit sehr wichtig<br>- Verschleiß der Bauteile/Immobilien<br>- Gefährdung der Nutzbarkeit von Immobilien, Verfügbarkeit technischer Anlagen nicht gesichert<br>- Kundenzufriedenheit stark gefährdet<br>**Bewertung:**<br>**Nur für nachrangige Bauteile oder Desinvestitionsobjekte geeignet** | - Maximierung der Nutzungszeit bei Minimierung der Ausfallkosten<br>- Bauteilbewertung durch zyklische Inspektion durch Baufachleute<br>**Beispiele:**<br>- Das Flachdach wird regelmäßig kontrolliert, Maßnahmen nach Bauzustandsbewertung vorgenommen.<br>- Die Heizungsanlage wird regelmäßig gewartet, defekte Bauteile ausgetauscht.<br>- Der Fahrstuhl wird jährlich auf Funktionssicherheit überprüft.<br>**Vorteile:**<br>- möglichst lange Ausnutzung der Bauteil-Lebensdauer<br>- hohes Verfügbarkeitsniveau der Bauteile, Ausfall stark vermeidbar<br>**Nachteile:**<br>- Inspektionskosten<br>- Fachlich qualifizierte Personenkapazitäten erforderlich<br>**Bewertung:**<br>**Sehr gute Eignung für Immobilien bei gleichmäßigem Anspruch an Nutzerzufriedenheit** |
| **Fristenorientierte (vorbeugende) Instandsetzung** | **Risikoorientierte Instandsetzung** |
| - Austausch von Bauteilen nach festen Erneuerungszyklen<br>- Festsetzung strikter Handlungsvorgaben für Investitionen<br>**Beispiele:**<br>- Der Austausch der Förderseile in Aufzügen erfolgt alle 5 Jahre.<br>- Der Austausch von Filtern in Trinkwasseranlagen oder Klimaanlagen erfolgt jährlich.<br>- Die Fenster werden außen alle 4 Jahre gestrichen.<br>**Vorteile:**<br>- Klare Planung der Investitionskosten<br>- sehr hohes Verfügbarkeitsniveau der Bauteile, Ausfall vollständig vermeidbar<br>**Nachteile:**<br>- Verschenken von Restnutzungsdauern<br>- Hohe Gesamtinvestitionskosten bei hoher Verfügbarkeit der Bauteile<br>- Gefährdung der Nutzbarkeit von Immobilien<br>**Bewertung:**<br>**Nur für Bauteile mit sehr hoher Verfügbarkeit bzw. Sicherheitsrelevanz geeignet** | - Bewusstes Akzeptieren nicht kritischer Bauteilausfälle<br>- Vermeiden kritischer Bauteilausfälle<br>**Beispiele:**<br>- Die Verfügbarkeit von Aufzügen ist zu maximieren, Heizungen können auch einmal für 2 Stunden im Winter ausfallen.<br>- Undichtigkeiten an Fenstern sind akzeptabel, Undichtigkeiten des Daches mit Wasserschäden im Nutzbereich nicht.<br>- Die Stolperfreiheit von Hauptzuwegen ist immer zu gewährleisten, Nebenwege im Grünbereich können uneben sein.<br>**Vorteile:**<br>- Reduzierung der Investitionskosten bei Maximierung der Nutzerzufriedenheit.<br>- Optimierung des Investitionszeitpunktes unter Nutzergesichtspunkten<br>**Nachteile:**<br>- Inspektionskosten<br>- Fachlich qualifizierte Personenkapazitäten erforderlich<br>**Bewertung:**<br>**Sehr gute Strategie sofern auch Unzufriedenheit der Nutzer riskiert werden kann** |

*Abbildung 13: Unterschiedliche Arten der Instandsetzungsstrategien*

## 5.2 Bestandsentwicklungsstrategie

Die in Ziffer 5.1 dieses Beitrages dargestellten Instandsetzungsstrategien können gut auf die unterschiedlichen Objektklassen „Betriebsnotwendig", „Renditeobjekt" oder „Dispositionsbestand" angewendet werden. Diese Klassifizierung setzt allerdings eine Portfolio-Analyse mit den Dimensionen „Bedarfsanalyse", „Objektbewertung" und „Wirtschaftlichkeit/Finanzierbarkeit" voraus. Es wird auf Kapitel III, Teil 1, S. 111ff. dieses Handbuches verwiesen.

## 5.2.1 Optimierung der Flächenangebote zur Investitionskostenvermeidung

Die Bedarfsanalyse aus der Portfolio-Analyse kann im übergeordneten Sinne aus der Unternehmensstrategie abgeleitet werden. Fragen wie „Welche Dienstleistungen wollen wir anbieten?" oder „Wo wollen wir wie präsent sein?" definieren auch das erforderliche Immobilienangebot für die beschlossenen Dienstleistungen.

Die Analyse der vorhandenen Flächen eines Sozialträgers, z. B. für unterschiedliche Hilfefelder, ermöglicht den internen oder externen Vergleich mit Benchmark-Größen. Abbildung 14 zeigt, dass in dem Projektbeispiel die Altenhilfe mit 73 m² BGF/Platz ausgestattet ist. Im Bundesdurchschnitt werden aber häufig als Benchmark 54 m² BGF/Platz bei Neubauten genannt, so dass hier Optimierungspotenzial erkennbar wird.

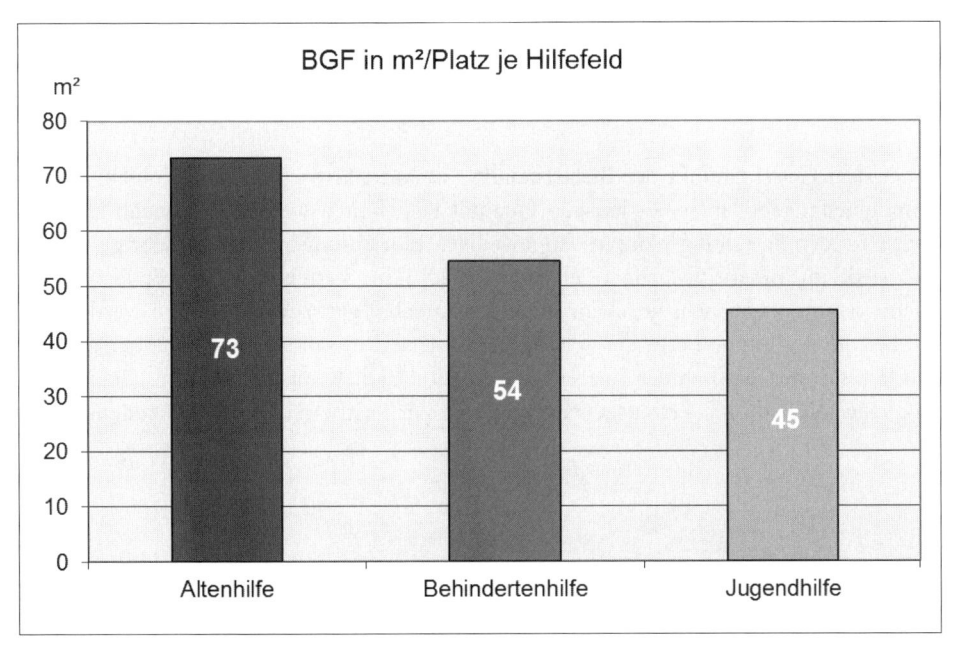

*Abb. 14: Flächenbenchmarks für unterschiedliche Immobiliennutzungsarten (Projektbeispiel)*

Differenziert man beispielsweise den Flächenverbrauch auf die einzelnen Seniorenzentren, zeigt Abbildung 15 ein typisches, sehr unterschiedliches Flächenangebot. Die Reduzierung des Flächenangebotes bei gleichzeitiger Absicherung eines qualitativ hochwertigen Dienstleistungsangebotes ist die wirkungsvollste Maßnahme zur Reduzierung zukünftiger Investitionsbedarfe. Denn nicht benötigte Räumlichkeiten müssen nicht instandgesetzt und insbesondere nicht modernisiert werden.

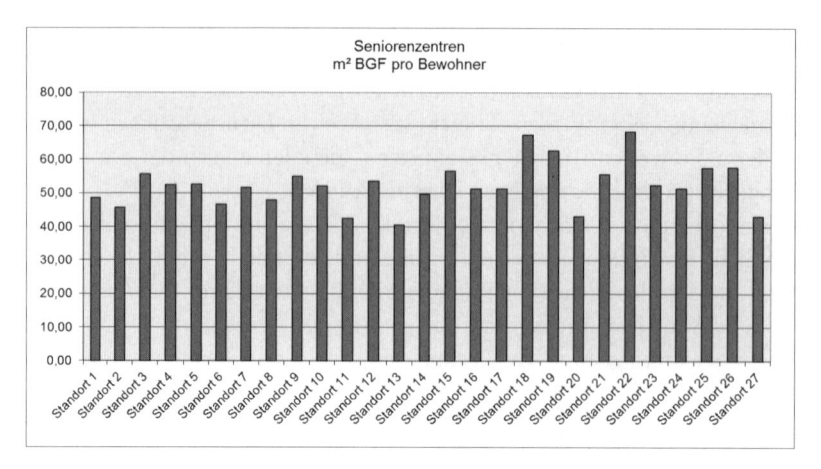

*Abbildung 15: Flächenangebot pro Bewohner von Seniorenzentren (Projektbeispiel)*

Unter dem Gesichtspunkt der Bedarfsanalyse ist auch kritisch zu hinterfragen, ob das Immobilienangebot in seiner jetzigen Qualität beibehalten werden soll, wenn z. B. bezogen auf den Betreuungsplatz in den jeweiligen Einrichtungen teilweise sehr große Unterschiede im Investitionsbedarf der nächsten 15 Jahre bestehen. Ist der Bedarf für die Dienstleistung nicht mehr gegeben, sollte das Angebot ggf. zurückgefahren werden und die betroffene Immobilie in der schadensorientierten Instandsetzung gehalten werden. Modernisierungsmaßnahmen wären dann grundsätzlich ausgeschlossen. Über einen möglichen Verkauf zur Ertragsgenerierung oder zur Lastbefreiung ist nachzudenken.

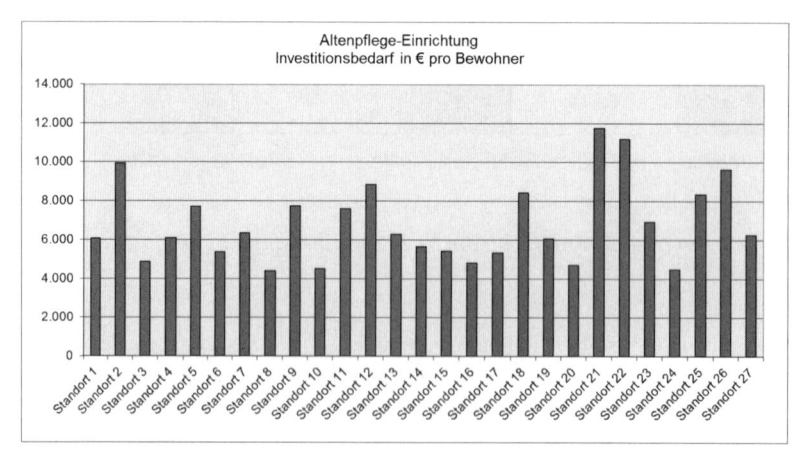

*Abbildung 16: Investitionsbedarf pro Betreuungsplatz unterschiedlicher Einrichtungen (Projektbeispiel)*

### 5.2.2 Strategisch vermeidbare Investitionen in Gebäude des dauerhaften Bestandes

Die Dimension „Objektbewertung" in der Portfolio-Analyse kann aus dem prognostizierten Investitionsbedarf der nächsten z. B. 10-15 Jahre abgeleitet werden. Neben der

## 2. Feststellung des Investitionsbedarfs und Priorisierung

schon dargestellten Verteilung der Investitionen über die nächsten Jahre können die einzelnen Gebäude auch in Risikoklassen gruppiert werden (Abbildung 17). Je höher das Investitionsrisiko der nächsten 15 Jahre ist, desto fraglicher ist das Kosten-Nutzen-Verhältnis für diese Gebäude. Besonders teure Gebäude sollten nach der Bedarfsanalyse verkauft, abgerissen oder durch einen Ersatzneubau ausgetauscht werden.

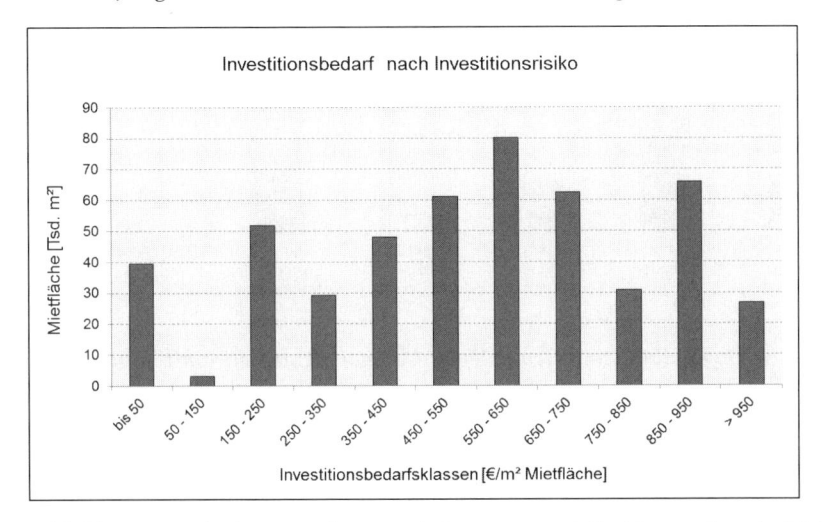

*Abbildung 17: Flächenverteilung nach Investitionsrisikoklassen für ein Wohnungsportfolio*

Mit der Analyse der prognostizierten Kosten in den unterschiedlichen Maßnahmenpaketen (Bündelung bautechnischer Maßnahmen) können sich die Entscheider einen Überblick über die inhaltliche Dringlichkeit der Investitionskosten machen. So wäre in Abbildung 18 der Investitionsbedarf von 53,9 Mio. € im Maßnahmenpaket 1 „Substanzsicherung" nicht wesentlich verschiebbar. Der größte Kostenblock im Maßnahmenpaket 2 „Wohnwertsteigerung" ist die Aufwertung des Vermietungsbereiches und somit stark abhängig von der regionalen Markteinschätzung. Zumeist sind derartige Kosten zur Berücksichtigung von Marktanforderungen ebenfalls nur bedingt zeitlich verschiebbar. Die nachfolgenden Maßnahmenpakete sind dagegen in Abhängigkeit der strategischen Ziele der Bestandsentwicklung disponibel.

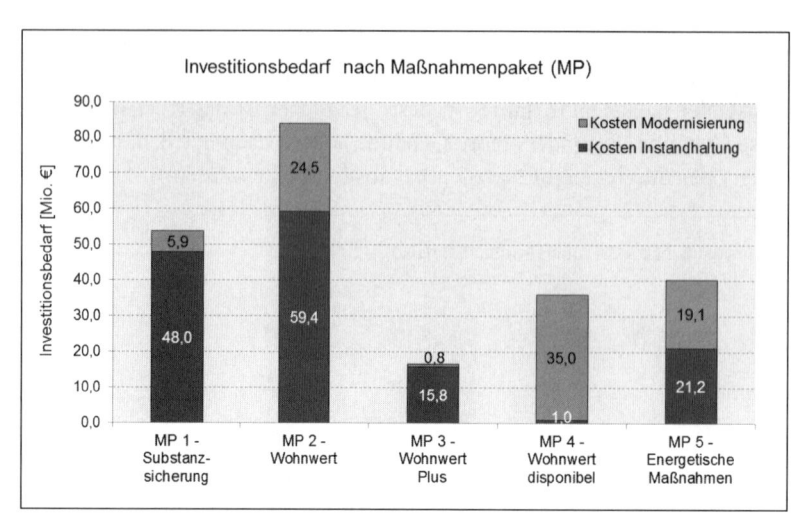

*Abbildung 18: Kostenverteilung unterschiedlicher Maßnahmenpakete am Beispiel Wohngebäude*

Werden die auf Gebäudeebene vorhandenen Investitionskosten auf einzelne Standorte verdichtet, zeigt sich die typische Ungleichheit von Investitionserfordernissen. Auch wenn es schmerzhafte Diskussion erzeugt, sollten besonders teure Standorte nur bestandssichernd instandgesetzt werden, bis eine strategische Entscheidung über den weiteren Verbleib der Gebäude im Immobilienportfolio getroffen wurde.

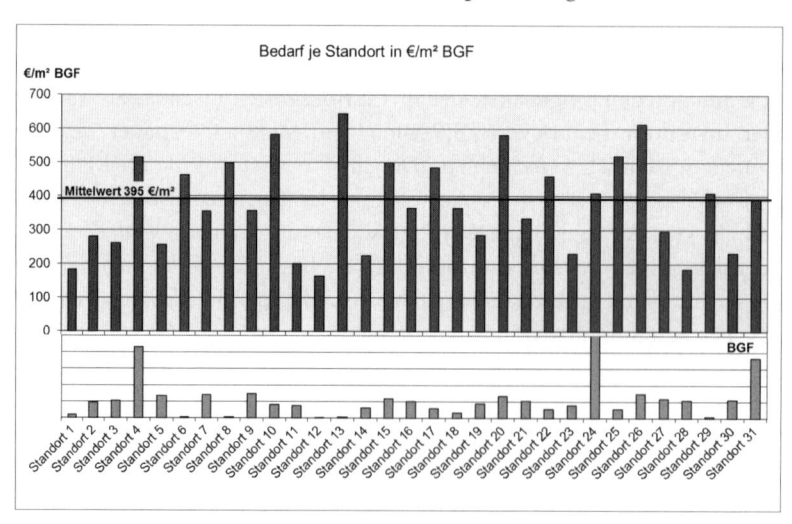

*Abbildung 19: Analyse der kostenintensivsten Immobilien*

## 2. Feststellung des Investitionsbedarfs und Priorisierung

### 5.3 Entscheidungsprozess für Investitionsfreigabe

Die Entscheidung über eine Investitionsfreigabe sollte auf Basis der lebenszyklusbasierten Investitionsprognose erfolgen. Die komplette Prognose über den Betrachtungszeitraum von 10-15 Jahre ist dem Investitionsantrag beizufügen, auch wenn nur die Realisierung von Teilmaßnahmen geplant wird. Damit wäre das Entscheidungsgremium in der Lage, den ganzheitlichen Bauzustand des Gebäudes klar einschätzen zu können.

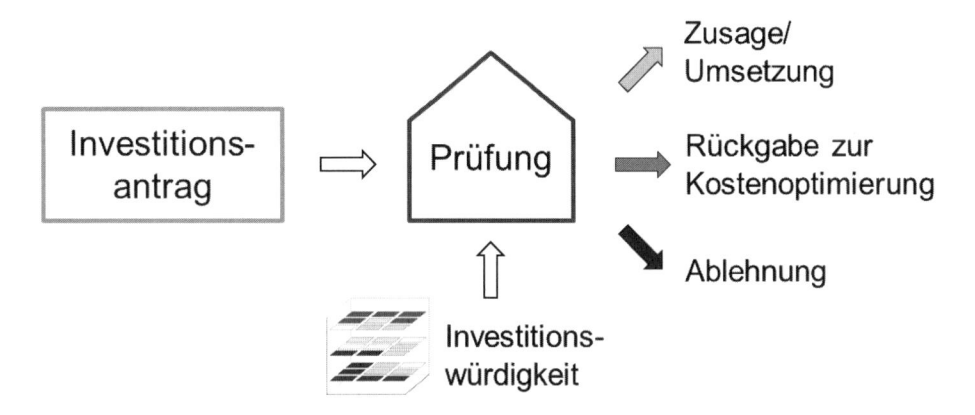

*Abbildung 20: Entscheidungsprozess für die Bewertung eines Investitionsantrages*

Nach einem Abgleich des ganzheitlichen Bauzustandes des Gebäudes mit der grundsätzlichen Bestandsentwicklungsstrategie des Gesamtportfolios wird die Investitionswürdigkeit des Gebäudes durch seine Eingruppierung in der Portfolio-Analyse geprüft. Je nach Prüfungsergebnis stehen jetzt drei für alle leicht nachvollziehbare und allseits transparente Entscheidungen an:

Investitionsfreigabe:
- Das Gebäude befindet sich im dauerhaft zum Kernbestand gehörenden Segment.
- Die beantragte Investition hat eine positive Kosten-Nutzen-Relation (Wirtschaftlichkeit bei Ertragsobjekten oder Kosteneinsparung bei Eigennutzungen).
- Im Ranking mit anderen Objekten ist die Dringlichkeit hoch.

Rückgabe zur Kostenoptimierung:
- Das Gebäude befindet sich im dauerhaft zum Kernbestand gehörenden Segment.
- Die beantragte Investition hat eine unzureichende Kosten-Nutzen-Relation.
- Der Investitionsantrag wird zur Kostenoptimierung mit den zu erreichenden Grenzkosten an die örtlichen Betreuer zurückgegeben.
- Bei hoher Dringlichkeit kann die zeitnahe Wiedervorlage eines überarbeiteten Investitionsantrages erfolgen.
- Bei niedriger Dringlichkeit erfolgt die Wiedervorlage des überarbeiteten Antrages nach strategischer Vorgabe eines späteren Zeitpunktes.

Ablehnung des Investitionsantrages:
- Das Gebäude gehört aktuell nicht zum Kernbestand.
- Die beantragte Investition hat eine unzureichende Kosten-Nutzen-Relation und die Dringlichkeit ist im Objektvergleich zu gering.
- Das Gebäude wird in die schadensorientierte Instandsetzung eingeordnet.

## 6. Fazit

Der demografische Wandel sowie knappe Finanzen verändern Leistungsinhalte und Angebot in den Kirchen und bei den Sozialträgern. Mit einer Veränderung des Leistungsangebotes sind unmittelbar auch Fragestellungen an die zur Leistungserbringung notwendigen Immobilien verbunden. Viele Immobilien entsprechen nicht mehr oder bald nicht mehr den Bedürfnissen und müssen modernisiert, erweitert oder auch verkleinert werden. Der Alterungsprozess der Immobilien fordert zudem steigende Mittel für die Beseitigung von Verschleißerscheinungen – bei stagnierenden oder knapper werdenden Baubudgets.

Der bisherige Umgang der Kirchen bzw. Sozialträger mit ihrem größten Wertebestand, den Immobilien, ist häufig noch geprägt durch eine stark dezentrale Verantwortungsstruktur in den kirchlichen Gemeinden bzw. bei den Einrichtungsleitern. Durch die enge Bindung der Beteiligten an „ihre" Immobilien werden Investitionserfordernisse damit subjektiv definiert und in den unterschiedlichen Entscheidungsebenen der Finanzmittelzuteilungen nicht immer transparent bewertet.

Eine objektive und damit strategisch am Nutzen einer Investition für die Gesamtorganisation ausgerichtete Finanzdisposition ist so nur mit erheblichem Abstimmungsaufwand möglich.

Durch die hier vorgestellte lebenszyklusbasierte Investitionsprognose für alle Gebäude eines Immobilienportfolios entsteht eine dringend gebotene Transparenz über den Zustand der Gebäude. Die strategische Bewertung von Investitionserfordernissen auf Basis der Eingruppierung jedes einzelnen Gebäudes in eine Portfolio-Strategie kennzeichnet einen neuen Umgang mit den Immobilien. Nur so kann die Verwendung der knappen Finanzen zum bestmöglichen Erreichen der ganzheitlich gesteckten Unternehmensziele ermöglicht werden.

Auch wenn in der Einführungsphase Irritationen über die „zu starke zahlenorientierte Behandlung von Immobilien" unvermeidlich auftreten werden, entsteht mehr Transparenz und letztendlich auch mehr Akzeptanz für schwierige Entscheidungen. Damit wir auch morgen noch geeignete Immobilien für unsere Arbeit haben.

## 3. Kosten des Betriebs von Immobilien
## Ermittlung, Umlagefähigkeit, Benchmark

*Dagmar Reiß-Fechter*

*Immobilieninvestitionen sind über den gesamten Lebenszyklus zu betrachten. Dabei übertreffen die laufenden Kosten der Immobilie die Erstinvestitionskosten erheblich. Gleichwohl werden diese Kosten häufig nicht ausreichend kritisch geprüft und Optimierungspotenziale genutzt. Dazu ist es erforderlich, die laufenden Kosten zu kennen und zu bewerten, auch dann, wenn wie in Sozialwirtschaft und Kirche üblich, der überwiegende Teil der Immobilien für eigene Zwecke genutzt wird. Nur so können Einsparungspotenziale genutzt werden. Für die Weiterberechnung der Betriebskosten bei Mietverhältnissen ist die genaue Kenntnis und Wirtschaftlichkeit gesetzliche Voraussetzung für die Umlagemöglichkeit.*

## 1 Kosten des Betriebs

Betriebskosten sind die Kosten, die dem Eigentümer (oder Erbbauberechtigten) durch das Eigentum des Grundstücks (Erbbaurecht) oder durch den bestimmungsmäßigen Gebrauch des Gebäudes entstehen.[1] Zum Gebäude gehören auch Nebengebäude (z. B. Garagen), Anlagen (z. B. Glocken), Einrichtungen (z. B. Orgeln) und das Grundstück. Betriebskosten sind nur solche Kosten, die durch die Immobilie verursacht sind und laufend entstehen. Damit erfolgt eine Abgrenzung zu einmaligen Kosten. Allgemein lässt sich sagen, dass Betriebskosten dann entstehen, wenn es objektbezogene wiederkehrende Kosten sind und wenn es Kosten der ordentlichen Bewirtschaftung sind.

## 2 Management der Kosten

Die laufenden Kosten der Immobilien betragen während der Nutzungsdauer oft das Vierfache der Erstellungskosten. Gleichwohl wird diesen Kosten oft wenig Aufmerksamkeit geschenkt. Zumal sich auch die Frage stellt, inwieweit es sinnfällig ist, bei selbstgenutzten Gebäuden eine Untergliederung der Bewirtschaftungs- und der Betriebskosten in Betriebskostenarten vorzunehmen, da letztlich alle Kosten vom Eigentümer zu tragen sind. Die Unterteilung und Zuordnung der verschiedenen Bewirtschaftungskosten und Betriebskostenarten ist notwendig, weil nur so die verschiedenen Kosten ausreichend analysierbar sind und Kostenoptimierungspotenziale erkennbar werden. Im Übrigen schafft die grundsätzliche Anwendung der immobilienwirtschaftlichen Systematik der Erfassung der Betriebskosten die Voraussetzung, Kennzahlenvergleiche vorzunehmen.

---

1 § 1 Abs. 1 S. 1 BetrKV; § 19 Abs. 2 WoFG; § 27 Abs. 1 S. 1 II. BV.

Daraus ist zu folgern, dass auch Kirche und Sozialwirtschaft daran interessiert sein müssen, die Betriebskosten systematisch zu erfassen und zu optimieren. Dies setzt in vielen Fällen eine Neuorientierung des Umgangs mit Betriebskosten voraus. Häufig werden Betriebskosten noch als „So-wie-so-Kosten" betrachtet, die entstehen und wenig beeinflussbar sind. Dazu kommt, dass die Refinanzierung der Betriebskosten in Kirche und Sozialwirtschaft häufig nicht immobilienbezogen, sondern über Pflegegeld, Tagespauschalen, Steuerzuweisungen usw. erfolgt . Damit fehlt eine von außen kommende Verpflichtung, die zur Vernachlässigung des Betriebskostenmanagements führen kann.

## 3 Einzelne Betriebskostenarten

### 3.1 Finanzierungskosten, Abschreibung, Substanzerhaltungsrücklage

Zu den Betriebskosten gehören Finanzierungskosten. Nicht nur Schuldzinsen für Darlehen, sondern auch Geldbeschaffungskosten, Zinsinstrumente sowie Erbbauzinsen gehören dazu ebenso wie Renten, z. B. Leibrenten, die häufig mit einer Schenkung von Immobilien an kirchliche Rechtsträger oder soziale Einrichtungen verbunden sind.[2]

Abschreibungen erfassen den Werteverzehr für materielle und immaterielle Gegenstände des Sachanlagevermögens, d. h. des Vermögens, das dauerhaft der Aufgabenerfüllung dienen soll.[3] Die Substanzerhaltungsrücklage des kirchlichen Haushaltswesens wäre auch den Kosten zuzurechnen.[4]

### 3.2 Instandhaltungskosten

Zu den Kosten gehören die Instandhaltungskosten, soweit sie keine Anschaffungs- und Herstellungskosten sind. Letztere werden über den Zeitraum des Lebenszyklus abgeschrieben, Erstere sind im Jahr der Entstehung sofort als Aufwand zu buchen und belasten damit das Jahresergebnis.[5]

### 3.3 Verwaltungskosten

Zu den Verwaltungskosten gehören Gebühren bei Fremdverwaltung, aber auch die eigenen Verwaltungskosten, die zur Verwaltung der Immobilien erforderlich sind. Dies sind u. a. Kosten bei Mieter-/Nutzerwechsel, Objektüberwachung, Kontoführungsgebühren für Mieter und Nutzer, Büroraumkosten, Inkassokosten und Kosten des eigenen Personals.

Während sich Fremdkosten i. d. R. einfach je Objekt zuordnen lassen, sind die Erfassung der Kosten der eigenen Mitarbeiter und die Ermittlung der sonstigen eigenen Verwaltungskosten auf das einzelne Objekt bezogen weder in Kirche noch in der Sozi-

---

2 Dazu Raethel, Kapitel V, Teil 1, S. 221ff.
3 § 84 Nr. 5 EKD-HH-Richtlinien.
4 § 69 EKD-HH-Richtlinien vom 5.9.2008, Abl. EKD S. 476. Ausführlich Marianek Kapitel IV, Teil 3, S. 201ff.
5 Dazu Raethel, Kapitel IV, Teil 1, S. 221; Vogelbusch, Kapitel IV, Teil 2, S. 198.

alwirtschaft verbreitet. Damit ist es den Einrichtungen und der Kirche kaum möglich, die Wirtschaftlichkeit der eigenen Organisation zu überprüfen und Verbesserungspotenziale zu bestimmen. Eine Veränderung lässt sich hier nur erreichen, wenn der gesamte Immobilienbereich als Profitcenter wahrgenommen wird und eine Kosten- und Leistungsrechnung erfolgt oder eine innerbetriebliche Kostenverrechnung, die auf tatsächlichen Kostenermittlungen beruht. Das Ziel muss es dann sein, diese Kosten so zu gestalten, dass sie mit Marktpreisen konkurrieren können.

## 4 Einzelne Betriebskostenarten nach der Betriebskostenverordnung

Die Betriebskostenverordnung vom 25. November 2003[6] gilt für preisgebundene und preisfreie Wohnraummietverhältnisse, § 556 I BGB, § 19 II WoFG. Sie regelt, welche Kostenarten wie auf den Wohnungsmieter bei entsprechender Vereinbarung umlegbar sind. Sie ist für andere Nutzungs- und Mietverhältnisse nur anwendbar, soweit dies vertraglich vereinbart ist. Dann ist sie auch verbindlich. Darüber hinausgehende Kosten wären in diesem Fall nicht umlegbar, obwohl im Gewerberaummietrecht bei entsprechender Vereinbarung nahezu alle Kostenarten umgelegt werden können. So ist es möglich, den gewerblichen Mieter an Verwaltungskosten, Managementkosten und auch anteiligen Instandhaltungskosten des Gebäudes zu beteiligen. Dies ist dann entsprechend zu vereinbaren.

Bei Betrachtung der Betriebskosten ist es sinnvoll, die grundsätzliche Systematik der Zuordnung der Kosten zu den Betriebskostenarten nach der Betriebskostenverordnung anzuwenden. Dies hat vor allem praktische Gründe. Die Zuordnung ist in der Immobilienwirtschaft gängige Praxis. Benchmarks der Immobilienwirtschaft können herangezogen und mit eigenen verglichen werden. Wird die Immobilie vermietet, kann auf der Grundlage der bisherigen Betriebskostenverrechnung aufgebaut werden.

Die nachfolgende Darstellung der einzelnen Betriebskostenarten beschränkt sich auf wesentliche Grundaussagen. Im Einzelfall wird empfohlen, insbesondere wenn es um die Abgrenzung zu umlegbaren und nicht umlegbaren Betriebskosten geht, auf entsprechende Fachliteratur[7] zurückzugreifen, denn gerade in diesem Bereich existiert eine umfangreiche Rechtsprechung, die an dieser Stelle nicht dargestellt werden kann.

### 4.1 Laufende öffentliche Lasten, § 2 Nr. 1 BetrKV

Maßgeblich ist, dass es sich um öffentliche Lasten handelt. Hierzu zählt namentlich die Grundsteuer. Es können aber auch andere Lasten, die auf dem Grundstück ruhen, umlegbar sein, wie z. B. Beitragspflichten von Mitgliedern der Wasser- und Bodenverbände.[8] Soweit weitere öffentliche Lasten in § 2 BetrKV geregelt sind, werden diese dann nach der jeweils spezielleren Regelung zugeordnet und gegebenenfalls umgelegt.

---

6 Betriebskostenverordnung BetrKV, BGBl. I S. 2346.
7 Zum Beispiel Langenberg, „Betriebskosten und Heizkostenrecht", 7. Aufl. (2014).
8 LG Hamburg, Urteil vom 20.4.2000 – 307 S 14/00.

## 4.2 Kosten der Wasserversorgung, § 2 Nr. 2 BetrKV

Bei dieser Kostenart handelt es sich um Kosten, die durch den Verbrauch des Nutzers verursacht sind. Daher sind Mehrkosten die z. B. durch Baumaßnahmen oder Schäden im Leitungssystem entstehen, keine Kosten im Sinne des § 2 Nr. 2 BetrKV. Zu den Kosten gehören jedoch Zählerkosten und Kosten der Eichung der Zähler. Soweit hauseigene Wasserversorgungsanlagen bestehen, sind die Kosten der Wassergewinnung und -verteilung Betriebskosten der Wasserversorgung. Dazu zählen auch Kosten zur Aufbereitung des Wassers, um Rückstände im Wasser oder Kalk auszufiltern.

Die Überprüfung der Wasserqualität fällt dagegen regelmäßig nicht unter die Betriebskosten, da diese nur in Sonderfällen, z. B. einem konkreten Schadensfall, veranlasst ist. Die Legionellenprüfung betrifft nicht die Versorgung mit Frischwasser und ist daher nicht unter diese Kostenposition zu rechnen.

## 4.3 Kosten der Entwässerung, § 2 Nr. 3 BetrKV

Zu den Kosten der Entwässerung zählen die Gebühren für die Haus- und Grundstücksentwässerung durch eine öffentliche Entwässerungseinrichtung, sog. Kanal- und Sielgebühren. Die Aufteilung der Abwassergebühr kann in Schmutz- und Niederschlagswasser erfolgen. Die Kosten der hauseigenen Abwasseranlagen, z. B. Sickergruben, sowie Kosten für Hebeanlagen zur Entwässerung ins öffentliche Kanalnetz gehören zu den Entwässerungskosten.

## 4.4 Kosten des Betriebs des Personen- und Lastenaufzugs, § 2 Nr. 7 BetrKV

Grundlage für den Betrieb von Aufzügen, die Personen befördern, ist Abschnitt 3 der Betriebssicherheitsverordnung.[9] Neben den Kosten des Betriebsstroms für das Betreiben der Aufzugsanlage sind danach nachfolgende Kosten den Betriebskosten zurechenbar:
- Kosten der Beaufsichtigung, der Bedienung, Überwachung und Pflege der Anlage,
- Kosten der regelmäßigen Prüfung der Betriebsbereitschaft und Betriebssicherheit,
- Kosten der Reinigung und
- Kosten der Notrufbereitschaft.

Vollwartungsverträge, die Instandhaltungsleistungen beinhalten können, sind auf Mieter nur in der Höhe der Wartungskosten umlegbar. Soweit die Rechnung getrennte Kostenteile für Wartung und Instandhaltung ausweist, ist die Umlegungshöhe ermittelbar. Wird ein Gesamtbetrag ausgewiesen, ist nach herrschender Auffassung der Kostenanteil für Instandhaltung zu schätzen. Entsprechende Urteile bestimmen diesen zwischen 20 % und 50 %.[10] Die Umlegung der Kosten ist damit mit Risiken verbunden. Es empfiehlt sich daher grundsätzlich, getrennte Wartungs- und Reparaturverträge abzuschließen. Meist können dadurch auch deutliche Kostenreduzierungen erreicht werden. Kosten zur Behebung von Betriebsstörungen sind in der Regel nicht umlagefähig.

---

9 BGBl. I 2002 S 3777, Abschnitt 3, in Kraft seit 1.1.2003, mit Übergangsfristen, die zwischenzeitlich alle abgelaufen sind.
10 Langenberg, „Betriebskosten- und Heizkostenrecht", 7. Aufl. (2014), A III RdNr. 101.

## 3. Kosten des Betriebs von Immobilien

### 4.5 Kosten der Straßenreinigung und Müllbeseitigung, § 2 Nr. 8 BetrKV

Zu den Kosten der Straßenreinigung gehören die von der Gemeinde erhobenen Gebühren sowie Kosten des Eigentümers oder eines beauftragten Unternehmers. Übernimmt der Hausmeister die Reinigung, dann erfolgt die Erfassung nicht bei Nr. 14 der BetrKV.

Übernimmt der Mieter die Reinigung aufgrund vertraglicher Vereinbarung oder örtlicher Gepflogenheiten, können keine Kosten umgelegt werden. Reinigungsmaterial muss er selbst stellen. Bekommt er für die Reinigung ein Entgelt oder einen Mietnachlass, dann sind diese Kosten umlegbar. Die Übertragung von Reinigungsarbeiten vom Mieter auf einen Unternehmer ist nur dann möglich, wenn dafür im Mietvertrag ein Vorbehalt eingeräumt wurde. Ansonsten können solche Unternehmerkosten nicht auf den Mieter umgelegt werden.

Ist der Mieter auf Dauer verhindert, seine Reinigungspflichten zu erfüllen, und ist dieser Fall im Mietvertrag nicht geregelt, ist umstritten, inwieweit der Mieter von seiner Verpflichtung befreit wird und eventuell entstehende Fremdkosten von ihm zu tragen sind bzw. von den Mietern des gesamten Hauses.[11]

Zu den Straßenreinigungskosten gehören auch Kosten des Winterdienstes.

Zur Müllbeseitigung gehören die Gebühren, die die Gemeinde erhebt, sowie regelmäßige Entsorgung weiteren Mülls, der von den Gemeindegebühren nicht umfasst ist. Dazu gehören auch regelmäßige Kosten für Beseitigung von Sperrmüll und Kosten der fehlerhaften Trennung von Müll. Seit Einführung der Betriebskostenverordnung können auch Kosten für Müllkompressoren, Müllschluckern und Müllabsauganlagen sowie Müllmengenerfassungsanlagen umgelegt werden.

### 4.6 Kosten der Gebäudereinigung und Ungezieferbekämpfung, § 2 Nr. 9 BetrKV

Die Kosten der Hausreinigung beziehen sich auf die Teile, die in Nr. 9 beschrieben sind. Sie umfassen typische Reinigungsmaßnahmen wie Putzen und Kehren des Bodens, Kehren der Wände und Decken, Säubern der Geländer und Fenster mit Fensterbrettern. Zu den Kosten zählen Personalkosten, Reinigungsmittel- sowie Reinigungs- und Wartungskosten für Geräte. Bei Beauftragung von Firmen sind die entstehenden Kosten grundsätzlich umlegbar. Auf das Wirtschaftlichkeitsgebot ist besonders zu achten, d. h. Kosten, die über den üblichen Kosten des Marktes liegen, sind nicht umlagefähig. Es empfiehlt sich daher, den Auftrag unter mehreren Firmen auszuschreiben, um die Marktüblichkeit im Bedarfsfalle nachweisen zu können. Kosten für die Beseitigung von Graffiti sind keine Betriebskosten.

Kosten zur Ungezieferbekämpfung sind dann umlagefähige Betriebskosten, wenn sie zumindest turnusmäßig entstehen.[12]

---

11 Dazu Langenberg, „Betriebskosten- und Heizkostenrecht", 7. Aufl. (2014), A III RdNr. 116ff.
12 KG Berlin, Urteil vom 8.4.2002, 8 U/01.

*4.7 Kosten der Gartenpflege, § 2 Nr. 10 BetrKV*

Umlagefähig sind die Pflege- und Unterhaltungskosten von Gartenflächen. Zur Pflege gehören Mähen, Beseitigung von Unkraut, regelmäßige Pflegeschnitte, Abfuhr von Gartenabfällen usw. Die Kosten für die Überprüfung der Bäume auf Stand- und Bruchsicherheit sind ebenfalls Kosten nach Nr. 10. Inwieweit Kosten zur Beseitigung schadhafter Bäume umlagefähig sind, ist umstritten. Da in Nr. 10 geregelt, gehören zur Gartenpflege auch Kosten der Neubepflanzung, soweit Pflanzen abgängig wurden. Gartenpflegekosten können nur umgelegt werden, soweit nicht der Eigentümer oder Dritte (auch Mitmieter) ein ausschließliches alleiniges Nutzungsrecht haben.

Die Pflegekosten der Spielplatzflächen inklusive Austausch des Sandes sind umlagefähig. Dies gilt auch für die Pflege von Zugängen und Zufahrten, auch wenn der Mieter diese nicht nutzen kann.[13]

*4.8 Kosten der Beleuchtung, § 2 Nr. 11 BetrKV*

Dies sind ausschließlich die Kosten des Stroms für Außenbeleuchtung und Beleuchtung von Gemeinschaftsflächen. Andere Kosten des Allgemeinstroms, wie z. B. für die Heizung, sind der jeweiligen Kostenart zuzurechnen.

*4.9 Kosten der Schornsteinreinigung, § 2 Nr. 12 BetrKV*

Diese Kostenart hat an Bedeutung verloren, da sie nur bei Einzelofenversorgung relevant ist. Ansonsten werden diese Kosten im Rahmen der Abrechnung nach der Heizkostenverordnung berücksichtigt.

*4.10 Kosten der Sach- und Haftpflichtversicherung, § 2 Nr. 13 BetrKV*

Dazu zählen die Kosten für Feuer-, Sturm- und Wasser- sowie sonstige Elementarschäden, aber auch Spezialversicherungen wie z. B. für Brandverhütungs- und -meldeanlagen, Vandalismusschäden, Beseitigung von Graffiti und bei entsprechendem Anlass Terrorschadensversicherung. Neben den Sachversicherungen gehören Haftpflichtversicherungen zu den Betriebskosten, z. B. die Gebäudehaftpflichtversicherung. Für Eigentümer von Öltanks ist der Abschluss einer Gewässerschädenhaftpflichtversicherung überlegenswert.[14]

*4.11 Kosten des Hauswarts, § 2 Nr. 14 BetrKV*

Die Leistungen des Hausmeisters, die unter Nr. 14 fallen, lassen sich in zwei große Aufgabenbereiche unterteilen, nämlich Aufgaben, die der Sicherheit des Gebäudes dienen, und Aufgaben zur Einhaltung der Ordnung, insbesondere der Hausordnung.

Häufig führt der Hausmeister weitergehende Aufgaben aus, z. B. Wartungs- und Reparaturmaßnahmen und Verwaltungsleistungen. Um die Arbeiten voneinander zu tren-

---

13 BGH, Urteil vom 26.5.2004, VIII ZR 135/03.
14 Zum Thema Versicherung Dettmer in Kapitel XII, Teil 5, S. 694.

nen, sollten Stundenzettel geführt werden, die auch entsprechend zu kontrollieren sind. Komfortable EDV-Systeme unterstützen diese Dokumentationsarbeiten. Ansonsten bleibt in einem gerichtlichen Verfahren nur das Sachverständigengutachten oder eine Schätzung des tatsächlichen Hausmeisteraufwandes im Sinne von § 2 Nr. 14 BetrKV. Beides ist mit Risiken verbunden, die z. B. auch durch getrennte Verträge bei Beauftragung von Unternehmen für Hausmeisterleistungen reduziert werden können.

Ansatzfähig sind Personalkosten, geldwerte Sachleistungen und „Springerkosten", wenn diese vorgehalten werden, um bei Abwesenheit des Hausmeisters dessen Hausmeistertätigkeit wahrzunehmen. Fremdkosten einer beauftragten Firma sind voll umlagefähig, auch wenn diese Firma im Firmenverbund des Vermieters steht. Das Wirtschaftlichkeitsgebot ist jeweils zu beachten.

*4.12 Kosten für Gemeinschaftsantennenanlage bzw. Breitbandkabel, § 2 Nr. 15 a–b BetrK*

Hierzu gehören die Kosten des Betriebsstroms, der regelmäßigen Prüfung der Betriebsbereitschaft, das Nutzungsentgelt für eine nicht zu dem Gebäude gehörende Antennenanlage, auch geleaste Anlagen, sowie Gebühren nach dem Urheberrechtsgesetz, deren Einzug durch die VG Media GmbH erfolgt; beim Breitbandkabel die laufenden monatlichen Grundgebühren für den Anschluss.

*4.13 Kosten des Betriebs der Einrichtungen für Wäschepflege, § 2 Nr. 16 BetrKV*

Hierzu gehören die Kosten für den Betrieb der Geräte, die für die Wäschepflege eingesetzt werden. Das sind nicht nur die Waschmaschine, sondern auch Trockengeräte, Schleuder usw. Die Kosten beinhalten Betriebsstrom, Überwachung, Pflege und Reinigung, Prüfung der Betriebsbereitschaft und -sicherheit sowie Kosten der Wasserversorgung, wenn diese Kosten nicht schon bei der Kostenart des § 2 Nr. 2 berücksichtigt sind.

Werden für die Nutzung Münzautomaten verwendet, muss das Entgelt so berechnet sein, dass nur die laufenden Kosten ohne Amortisation abgedeckt sind, es sei denn, im Mietvertrag ist etwas anderes vereinbart.

Im preisgebundenen Wohnraum können auch Pauschalbeträge für die Kosten der Instandhaltung angesetzt werden und im Münzgeld berücksichtigt werden.

*4.14 Sonstige Betriebskosten, § 2 Nr. 17 BetrKV*

Bei Nr. 17 „Sonstige Betriebskosten" handelt es sich um einen Auffangtatbestand,[15] der es z. B. ermöglicht, Kosten auf Grund zukünftiger technischer Entwicklungen umzulegen.[16] Es sind nur solche Kosten umlegbar, die mit den in § 2 Nr. 1 bis 16 BetrKV aufgeführten Betriebskosten vergleichbar sind. Daher sind Anschaffungs-, Instandhaltungs- und Verwaltungskosten ausgeschlossen. Umstritten sind Wartungskosten, da der Be-

---

15 OLG Celle, Urteil vom 16.12.1998, NZM 1999.
16 Langenberg, „Betriebskostenrecht und Heizkostenrecht", 7. Aufl. (2014), A III RdNr. 247 ff.

griff schwierig zu definieren ist. Nach Auffassung des BGH sind wiederkehrende Kosten aufgrund vorbeugender Maßnahmen, welche der Überprüfung der Funktionsfähigkeit oder Betriebssicherheit einer technischen Anlage dienen (Wartungskosten), sonstige Betriebskosten.[17] Um Einzelfälle zu klären, wird auf Rechtsprechung und Literatur verwiesen.[18]

Auf den Mieter umlegbar sind sie dann, wenn die Tragung der Betriebskosten vereinbart ist und im Mietvertrag die sonstige Betriebskostenart spezifiziert wurde. Dazu reicht auch eine stillschweigende Vereinbarung aufgrund jahrelanger Zahlung entsprechender Betriebskosten aus.

## 5 Umlage und Abrechnung der Betriebskosten

Entscheidend für die Umlagemöglichkeit von Betriebskosten ist eine inhaltlich eindeutige und bestimmte Vereinbarung im Mietvertrag, da das gesetzliche Leitbild des Mietvertrages von einer Inklusivmiete ausgeht (§ 556 I BGB), d. h. ohne ausdrückliche Vereinbarung kann keine Umlage erfolgen. Die Betriebskosten können auf den Mieter in Form von Vorauszahlungen oder als Pauschale (§ 556 II GBG) abgewälzt werden. Auch dies ist ausdrücklich zu vereinbaren. Vorauszahlungen dürfen nur in angemessener Höhe vereinbart werden.

Nach der Rechtsprechung des Bundesgerichtshofes ist es für die wirksame Einbeziehung der Betriebskosten in den Mietvertrag ausreichend, wenn auf § 2 BetrKV verwiesen wird.[19] In den gängigen Wohnungsmietvertragsformularen ist dies regelmäßig der Fall. Dort wird auf § 2 BetrKV verwiesen und der dazugehörende Betriebskostenkatalog abgedruckt. Der Rückgriff auf solche Formulare wird ausdrücklich empfohlen. Individuelle Formulierungen zu einzelnen Betriebskostenpositionen bergen die Risiken in sich, wesentliche Punkte zu vergessen oder wegen unklarer oder überraschender Formulierungen gegen § 305 c BGB zu verstoßen, sodass eine Einbeziehung scheitert.

In besonderen Fällen hat der Bundesgerichtshof entschieden, dass die Vereinbarung von Betriebskosten auch durch langjährige Zahlung bzw. Übung möglich ist.[20]

Bei Gewerberaummietverträgen empfiehlt es sich dagegen, im Vertrag die einzelnen Kostenarten und Verteilungsschlüssel (wobei dies, wie oben schon dargestellt, weiter gehen kann als beim Wohnungsmietvertrag) aufzunehmen.

### 5.1 Abrechnungseinheit, Abrechnungszeitraum, Kostenerfassung, Ausschlussfrist, Verjährung, Kontrollrechte, Einwendungsschluss

Nur wenn mit dem Mieter Vorauszahlungen vereinbart wurden, erfolgt auch eine Abrechnung.

---

17 Diese Auffassung ist umstritten, dazu Langenberg, „Betriebskostenrecht und Heizkostenrecht", 7. Aufl. (2014), A III RdNr. 253 ff.
18 Langenberg, „Betriebskostenrecht und Heizkostenrecht", 7. Aufl. (2014), A III RdNr. 260 ff.
19 BGH, Urteil vom 7.4.2004, VIII ZR 167/03.
20 BGH, Urteil vom 7.4.2004, VIII ZR 146/03, 14 Jahre unbeanstandete Zahlung einer Betriebskostenart.

### 5.1.1 Abrechnungseinheit

Normalerweise ist das Gebäude auch die Abrechnungseinheit. Bei Gebäuden mit gemischter Nutzung (Wohnen und Gewerbe) ist bei der Entstehung der Betriebskosten zwischen Wohnraum und Nichtwohnraum zu trennen. Die Zusammenfassung mehrerer Gebäude zu einer Abrechnungseinheit ist nur dann möglich, wenn der Größenumfang der entstandenen Abrechnungseinheit dem Mieter die sachgerechte Ausübung der Kontrolle ermöglicht.

### 5.1.2 Abrechnungsfrist und Abrechnungszeitraum

Über die Vorauszahlungen ist jährlich abzurechnen (§ 556 III S. 1 BGB, § 20 III NMV). Jährlich bedeutet nur, dass der Abrechnungszeitraum weder überschritten noch unterschritten werden darf. Es bedeutet nicht, dass der Abrechnungszeitraum einem Kalenderjahr gleichgesetzt sein muss. Die Parteien können aber aus sachlichen Gründen eine kürzere Abrechnungsfrist vereinbaren, z. B. bei Erstbezug oder Mieterwechsel während der Abrechnungsperiode. Außerdem muss der vereinbarte Abrechnungszeitraum mit dem tatsächlichen Abrechnungszeitraum übereinstimmen.

### 5.1.3 Kostenerfassung – ansatzfähige Kosten

§§ 556 ff BGB legen den Vermieter bei der Abrechnung von Betriebskosten nicht auf eine Abrechnung nach dem sogenannten Leistungsprinzip fest; auch eine Abrechnung nach dem Abflussprinzip ist grundsätzlich zulässig.[21] Das Abflussprinzip bedeutet, dass zum Beispiel bei Lieferung von Heizöl im Dezember 2014 und Bezahlung der Rechnung im gleichen Monat der gesamte Rechnungsbetrag im Abrechnungszeitraum 2014 berücksichtigt wird, obwohl das Heizöl erst zum Großteil im Jahr 2015 verbraucht wird. Wird nach dem Leistungsprinzip (betriebswirtschaftliche Betrachtung) abgerechnet, heißt das für den Beispielsfall, dass zum Jahresende 2014 der Restbestand des Öls erfasst wird und nur die anteiligen Kosten des tatsächlichen Verbrauchs abgerechnet werden. Im Jahr 2015 werden dann die anteiligen Kosten des Jahres 2015 berücksichtigt. In der Betriebskostenabrechnung muss erläutert werden, warum und in welcher Höhe ein Bruchteil dieser Kosten aus den Vorjahren eingestellt wird.[22] Ohne eine entsprechende Erläuterung kann die Betriebskostenposition nicht berücksichtigt werden. Im Übrigen wird auch hier auf weiterführende Literatur verwiesen, da eine Reihe von Einzelfragen an dieser Stelle nicht vertiefend behandelt werden kann.

### 5.1.4 Ausschlussfrist

Soweit keine andere wirksame Vereinbarung vorliegt, ist gem. § 556 III S. 2 BGB spätestens bis zum Ablauf des zwölften Monats nach Ende des Abrechnungszeitraums abzurechnen. Nach Ablauf dieser Abrechnungsfrist kann der Vermieter von Wohnraum keine Nachforderung geltend machen, die sich aus dieser verspäteten Abrechnung er-

---

21 BGH, Urteil vom 20.2.2008 – VIII ZR 49/07.
22 Kinne, „Miet- und Mietprozessrecht", in: Kinne, Schach, Bieber, 2005, § 556 BGB RdNr. 78a.

gibt. Etwas anderes kann nur gelten, wenn er den Ablauf der Abrechnungsfrist nicht zu vertreten hat. Der Mieter wiederum kann Einwendungen gegen die Abrechnung bis zum Ablauf des zwölften Monats nach Zugang der Abrechnung vorbringen.

### 5.1.5 Abrechnungsmaßstab

Grundsätzlich sind die Betriebskosten nach dem Anteil der Wohnflächen umzulegen. Soweit bei Betriebskosten der unterschiedliche Verbrauch bzw. die unterschiedliche Verursachung gemessen wird, ist nach einem Maßstab abzurechnen, der den erfassten Ergebnissen entspricht. Der Vermieter kann durch Erklärung gegenüber dem Mieter – bisher nicht verbrauchs- oder verursachungserfasste Kosten – zukünftig nach Verbrauch bzw. Verursachung abrechnen.

Bei Eigentümergemeinschaften ist eine Abrechnung nach Mit-/Teileigentum zulässig.[23] Dieser Abrechnungsmaßstab kann aber nur zugrunde gelegt werden, wenn er auch vereinbart ist. Ist im Mietvertrag die Abrechnung nach Wohn-/Teilflächen vorgesehen und wird nach Miteigentumsanteilen abgerechnet, ist diese Abrechnung formell wirksam, aber materiell fehlerhaft, sodass der Mieter Anspruch darauf hat, dass die Abrechnung korrigiert wird. Dies kann für den Vermieter schwierig werden, weil ihm dazu die Daten fehlen. Daher ist bei Abschluss eines Mietvertrages in einer Eigentümergemeinschaft darauf zu achten, dass der Abrechnungsmaßstab im Mietvertrag so vereinbart wird, dass aus der Verwaltungsabrechnung die Betriebskostenabrechnung entwickelt werden kann. Dabei kann dann der Miteigentumsanteil als Abrechnungsgrundlage nicht herangezogen werden, wenn dieser vollkommen unabhängig von der tatsächlichen Wohn-/Nutzfläche gebildet wurde und eine Umlage nicht mehr billigem Ermessen entspräche.[24]

Sind bei preisgebundenem Wohnraum in einem Objekt Wohn- und Gewerberäume, so ist der Vermieter verpflichtet, die entstandenen Kosten auf Wohn- und Gewerberäume zu verteilen und dazu die notwendigen Messeinrichtungen zu schaffen (§ 20 II S. 2 NMV). Bei freifinanziertem Wohnraum ist nach der Rechtsprechung – vorbehaltlich einer anderen vertraglichen Regelung – ein Vorwegabzug der auf das Gewerbe entfallenden Kosten nur dann erforderlich, wenn diese Kosten „nicht zu einer ins Gewicht fallenden Mehrbelastung des Wohnraummieters" führen.[25] Wann dies der Fall ist, ist bisher noch nicht entschieden.

Bei Leerstand und einzelnen Betriebskostenarten kann der Abrechnungsmaßstab von den allgemeinen Grundsätzen abweichen. Insoweit wird auf die einschlägige Literatur und Judikatur verwiesen.

### 5.1.6 Einwendungsfrist, Verjährung

Einwendungen gegen eine zumindest formal den Mindestanforderungen genügende Abrechnung kann der Mieter bis zum Ablauf eines Jahres nach Zugang der Abrechnung

---

23 BGH, Urteil vom 17.11.2004 – VIII ZR 115/04.
24 Langenberg, „Betriebskosten- und Heizkostenrecht", 7. Aufl. (2014), F Rdnr. 147.
25 BGH, Urteil vom 8.3.2006 – VIII ZR 78/05.

vorbringen. Nach Ablauf dieser Frist kann er keine Einwendungen mehr geltend machen, es sei denn, er hat die verspätete Geltendmachung nicht zu vertreten (§ 556 Abs. 3 S. 5 und 6 BGB).

Ansprüche aus dem Abrechnungssaldo verjähren bei preisgebundenem Wohnraum nach vier Jahren (§ 8 II S. 1 WoBindG). Es handelt sich hier um eine Sonderregelung.

Im preisfreien Mietverhältnis verjähren Forderungen grundsätzlich in drei Jahren ab Schluss des Jahres, in dem der Anspruch fällig geworden ist (§ 199 I a BGB). Dies gilt grundsätzlich auch für Mietnebenkosten, insbesondere Nachforderungen aus Betriebskostenabrechnungen.

Leitet der Mieter von Wohnraum seinen Anspruch daraus ab, dass die Abrechnung den formalen Mindestanforderungen nicht entspricht, ohne diese innerhalb der Ausschlussfrist geltend gemacht zu haben, ist die Verjährungsfrist ohne Belang.

In diesem Zusammenhang ist darauf hinzuweisen, dass unter bestimmten Voraussetzungen vor Ablauf der Verjährungsfrist der Nachzahlungsanspruch des Vermieters verwirkt sein kann. Dies ist dann möglich, wenn seit Fälligkeit der Forderung längere Zeit verstrichen ist (sog. Zeitmoment) und Umstände vorliegen, nach denen der Mieter davon ausgehen durfte, dass der Vermieter die Forderung nicht mehr geltend macht (sog. Umstandsprinzip).

5.1.7 Einsicht in Abrechnungsunterlagen

Der Mieter hat Anspruch auf Einsicht in die Abrechnungsunterlagen, und zwar der Originalunterlagen. Das Einsichtsrecht umfasst auch Verträge, soweit diese zur sachgerechten Prüfung notwendig sind. Ob die Vorlage gescannter Belege ausreichend ist, ist umstritten. Zulässig dürfte dies aber dann sein, wenn die gescannten Unterlagen auch von Finanzbehörden akzeptiert werden.[26] Die Einsichtnahme ist grundsätzlich am Sitz des Vermieters oder der Verwaltung vorzunehmen. Befindet sich der Sitz des Vermieters/der Verwaltung nicht am Ort des Wohnobjektes, kann der Mieter verlangen, dass ihm die Unterlagen am Ort des Mietobjektes vorgelegt werden. Ein Anspruch auf Überlassung von Kopien besteht grundsätzlich nicht.[27]

# 6 Anforderungen an die Betriebskostenabrechnung

Gem. § 556 III S. 2 BGB ist die Abrechnung dem Mieter mitzuteilen. Schriftlichkeit ist gesetzlich nicht normiert. Gleichwohl bedeutet diese Mitteilungspflicht, dass eine übersichtliche, in sich verständliche Zusammenstellung der Einnahmen und Ausgaben zu erstellen (§ 259 I BGB) ist. Damit die Abrechnung formellen Anforderungen genügt, muss sie folgende Elemente enthalten:
– Zusammenstellung der Gesamtkosten,
– Angabe und Erläuterung der zugrunde gelegten Umlageschlüssel,
– Berechnung des Anteils des Mieters,

---

26 Dazu Langenberg, „Betriebskosten- und Heizkostenrecht", 7. Aufl. (2014), H RdNr. 285.
27 BGH, Urteil vom 8.3.2006 – VIII ZR 78/05.

– Abzug der Vorauszahlungen des Mieters und
– die gedankliche und rechnerische Vollständigkeit.

Die Abrechnung hat dem durchschnittlichen Verständnisvermögen eines juristisch und betriebswirtschaftlich nicht geschulten Mieters zu entsprechen.[28]

Bei der Angabe der Kosten ist es ausreichend den Betrag anzugeben, der der Abrechnung zugrunde gelegt wird. Nicht erforderlich ist es, die einzelnen Rechenschritte aufzunehmen, wie dieser Betrag ermittelt wurde.[29]

Genügt die Abrechnung nicht den formellen Erfordernissen, ist zu differenzieren. Bezieht sich der Fehler auf alle Positionen, ist die Abrechnung formell unzureichend. Sind nur einzelne Kostenpositionen betroffen, kommt es darauf an, ob diese Kostenpositionen unschwer herausgerechnet werden können und die verbleibenden eine nachvollziehbare Abrechnung ermöglichen. Insoweit wäre dann die Abrechnung wirksam.

## 7 Kosten der zentralen Heizungsanlage, § 2 Nr. 4 a–d BetrKV

Diese Kosten sind Betriebskosten im Sinne von § 535 I S. 3 BGB. § 2 Verordnung über Heizkostenabrechnung (HeizKV) regelt, dass Heizkosten nach dieser Verordnung abzurechnen sind.[30] Anderslautende vertragliche Bestimmungen sind nicht anwendbar. Die HeizKV modifiziert somit § 535 I S. 3 BGB. Dies hat zur Konsequenz, dass auch vereinbarte Bruttowarmmieten unwirksam sind und als „vereinbarte" Bruttokaltmieten gelten. Soweit für Heizkosten Pauschalen vereinbart sind, werden diese als Vorauszahlungen behandelt. Notwendige vertragliche Änderungen können durch einseitige Mitteilung des Vermieters vorgenommen werden.[31]

### 7.1 Abrechnungsfähige Kosten

§ 7 II HeizKV bestimmt abschließend, welche Kosten im Rahmen der Heizkostenabrechnung angesetzt werden dürfen. Sollen weitergehende Kosten auf den Mieter umgelegt werden, z. B. eine Öltankversicherung, dann können diese Kosten nur als Betriebskosten im Rahmen der Betriebskostenabrechung umgelegt werden, wenn dies vertraglich vereinbart ist.

Um alle Kosten, die gem. HeizKV umlegbar sind, auch umlegen zu können, ist im Mietvertrag auf § 7 II HeizKV zu verweisen.

Gem. § 7 II HeizKV sind umlagefähig:
– Kosten der verbrauchten Brennstoffe und ihre Lieferung,
– Kosten des Betriebsstroms,
– Kosten der Bedienung, Überwachung und Pflege der Anlage,
– Kosten der regelmäßigen Prüfung der Betriebsbereitschaft und Betriebssicherheit,

---

28 Dazu Langenberg, „Betriebskosten- und Heizkostenrecht", 7. Aufl. (2014), H RdNr. 125ff.
29 BGH, Urteil vom 20.01.2016 – VIII ZR 93/15; damit wurde die bisherige Rechtsprechung aufgegeben, wonach die Gesamtkosten je Betriebskostenart darzulegen waren, auch wenn nur ein Teil umlagefähig war. Der umzulegende Teil wurde dann in einem zweiten Schritt dargestellt.
30 Davon ausgenommen sind Gebäude mit nicht mehr als zwei Wohneinheiten, wovon eine vom Vermieter selbst bewohnt wird (§ 2 HeizKV), und Fälle des § 11 HeizKV wie z. B. Pflegeheime.
31 Zur Berechnungsmethode Langenberg, „Betriebskosten- und Heizkostenrecht", 7. Aufl. (2014), Nr. I 9 ff.

## 3. Kosten des Betriebs von Immobilien

- Kosten der Reinigung der Anlage und des Betriebsraumes,
- Kosten der Messungen nach dem Bundes-Immissionsschutzgesetz sowie
- Kosten der Verbrauchserfassung, der Ausstattung zur Verbrauchserfassung, Eichung und Abrechnung.

Für Einzelfragen wird auf weiterführende Literatur verwiesen.

### 7.2 Umstellung im laufenden Mietverhältnis von Versorgung mit Heizung und/oder Warmwasser auf Wärmelieferung (Contracting)

Durch das Mietrechtsänderungsgesetz 2013 wurden die Voraussetzungen, unter denen der Vermieter die Umstellung von der eigenen Heizungsversorgung auf Wärmelieferung (Contracting) vornehmen kann, in § 556c BGB geregelt.[32] Durch die Neuregelung ist es dem Vermieter seit 1.7.2013 möglich, laufende Mietverträge, bei denen die Heizungs- und Warmwasserversorgung durch ihn erfolgte, auf Wärmelieferung umzustellen. Ein Zustimmungserfordernis des Mieters besteht nicht.

Der Vermieter hat dem Mieter die Umstellung gem. § 556c I BGB spätestens drei Monate vorher in Textform (§ 126b BGB) anzukündigen. Der Inhalt der Ankündigung ergibt sich aus § 11 II Wärmelieferungsverordnung (WärmeLV). Ein Verstoß gegen die Ankündigungspflicht steht der Umstellung selbst nicht entgegen, führt jedoch dazu, dass die Einwendungsfrist des § 556 III S. 5 BGB gegen die Abrechnung frühestens mit Erhalt einer ordnungsgemäßen Ankündigung zu laufen beginnt.

Um die Umstellung vornehmen und die dadurch entstehenden Kosten umlegen zu können, ist erforderlich, dass mit der Umstellung eine Effizienzsteigerung verbunden ist und Kostenneutralität gewahrt bleibt (§§ 556c I S. 1 Nr. 1, 2 und 556c I S. 1 Nr. 2 BGB). Eine Effizienzsteigerung liegt nicht lediglich bei der Einsparung von Primärenergie vor, sondern es muss sich um die Einsparung von Endenergie handeln. Der Gesetzgeber hat keine Regelungen getroffen, wie dies zu messen sei, sodass angenommen wird, dass die Verbesserung zu einer Mindesteffizienz im Umfang eines Jahresnutzungsgrades von 80 % zu führen hat.

Die Kostenneutralität ist dann gewahrt, wenn die Umstellung nicht zu höheren Kosten für den Mieter führt. Problematisch ist hierbei, dass die tatsächlichen Kosten i. d. R. erst nach einem längeren Zeitraum beurteilt werden können. Daher erfolgt die Abrechnung gem. §§ 8 ff. WärmeLV auf der Basis der bisherigen Verbrauchswerte (§ 9 WärmeLV) und deren Nachberechnung bei Inanspruchnahme von Wärmelieferung (§ 10 WärmeLV). Stellt der Vermieter um, obwohl das Prinzip der Kostenneutralität nicht gewahrt ist, muss er weiter (fiktiv) über § 7 II HeizKV abrechnen und kann auch nur insoweit umlagefähige Kosten abrechnen.[33]

---

32 Umstellungen vor dem 1.7.2013 richten sich nach altem Recht, insbesondere nach der hierzu ergangenen Rechtsprechung des BGH.
33 Vertiefende Hinweise auch zum Thema Mieterhöhung siehe Langenberg, „Betriebskosten- und Heizkostenrecht", 7. Aufl. (2014), K II RdNr. 112ff.

## 7.3 Kosten der zentralen Warmwasserversorgung, § 2 Nr. 5 a–c BetrKV

§ 8 HeizKV regelt die umlagefähigen Kosten und den Umlageschlüssel sowie die Verteilung der Kosten der Warmwasserlieferung und die umlagefähigen Kosten bei Warmwasserlieferung. Bei getrennten Warmwasseranlagen ist zwingend – mindestens – der Einbau von Kaltwasserzählern erforderlich. Es können aber auch echte Warmwasserkostenverteiler eingebaut werden, die Wassermenge und Temperatur messen. Die Verteilung der Kosten deckt sich mit der für Heizkosten (§ 7 HeizKV), wobei die Grundkosten nach der Wohn- oder Nutzfläche zu verteilen sind.

## 7.4 Kosten der verbundenen Heizungs- und Warmwasserversorgungsanlage, § 2 Nr. 6 a–c BetrKV

Bei einer einheitlichen Anlage sowohl für die Heizung als auch für die Warmwasserbereitung richten sich die umlagefähigen Kosten und der Umlageschlüssel nach § 9 HeizKV. Die einheitlich entstandenen Kosten sind zu trennen. Nach § 9 I S. 3 HeizKV sind dabei die Warmwasserkosten vorab zu ermitteln und vom Gesamtverbrauch abzuziehen. Die Abrechnung ist zu differenzieren, je nach technischen Gegebenheiten und Voraussetzungen.[34]

## 7.5 Umlageschlüssel für Heizkosten

§ 7 I S. 1 HeizKV gibt dem Vermieter die Möglichkeit, zwischen einem Anteil von 50 % bis 70 % der Gesamtkosten verbrauchsabhängig abzurechnen. Der restliche Teil ist verbrauchsunabhängig nach Wohn-/Nutzfläche oder umbautem Raum umzulegen. Soweit alle Mieter zustimmen, können die Gesamtkosten auch nur verbrauchsabhängig umgelegt werden (§ 10 HeizKV).

Bei Gebäuden, die das Anforderungsniveau der Wärmeschutzverordnung vom 16.8.1994 nicht erfüllen, die mit einer Öl- oder Gasheizung versorgt werden und in Gebäuden, in denen die freiliegenden Leitungen der Wärmeverteilung überwiegend gedämmt sind, ist der Verbrauchsanteil zwingend mit 70 % zugrunde zu legen (§ 7 I S. 2 HeizKV). Fällt eine der Alternativen im Laufe der Jahre weg, dann lebt das Wahlrecht des Vermieters in den Schranken des § 7 I S. 1 HeizKV auf.

### 7.5.1 Austausch der Heizkostenverteiler

Auch wenn die Umrüstung der Heizkostenverteiler von Verdunstungsgeräten zu elektronischen Erfassungsgeräten nicht zwingend geboten ist, ist doch anerkannt, dass dies zulässig ist und eventuelle höhere Kosten vom Mieter zu tragen sind. Auch die Umrüstung von den im Eigentum befindlichen Erfassungsgeräten zu gemieteten ist vom Mieter hinzunehmen.[35]

---

34 § 9 I - IV HeizKV regelt die unterschiedlichen Sachverhalte.
35 BGH, Urteil vom 28.9.2011 – VIII ZR 326/10.

### 7.5.2 Einzelaspekte der Umlegung von Kosten

Bei Gebäuden mit Aufputzheizungsleitungen erfolgt die Umlegung nach anerkannten Regeln der Technik (§ 7 I S. 3 HeizKV), damit Wärmeverluste des Rohrsystems mitberücksichtigt werden.

Bei Leerstand sind die unvermieteten Flächen bei der Gesamtfläche anzusetzen, bei Verdunstungsgeräten auch der gemessene Wärmeverbrauch, da diese auch ohne Erwärmung der Räume einen Kaltverdunstungsverbrauch aufweisen.

Problematisch ist, ob bei erheblichem Leerstand noch verbrauchsabhängig abgerechnet werden kann, weil bei unbeheizten Nachbarwohnungen der Verbrauch erheblich steigen kann. Hier kann eine Umlegung allein nach der Wohn-/Nutzfläche angemessen sein.[36]

## 8 Wirtschaftlichkeitsgebot

In § 556 Abs. 3 BGB ist für Wohnraummietverhältnisse das Wirtschaftlichkeitsgebot ausdrücklich geregelt. Das Wirtschaftlichkeitsgebot bezieht sich sowohl auf die Umlage von Betriebskosten dem Grunde nach als auch der Höhe nach. Ausgangspunkt ist die Definition gem. § 20 Abs. 1 Neubaumietenverordnung. Danach sind nur solche Kosten umlegbar, die bei „gewissenhafter Abwägung aller Umstände und bei ordentlicher Geschäftsführung gerechtfertigt sind". Die Grundsätze, die für das Wohnraummietrecht gelten, sind auch für die Gewerberaummiete Grundlage.

### 8.1 Betriebskostenmanagement

Im Einzelfall kann streitig sein, ob Positionen überhaupt notwendig und ob sie der Höhe nach angemessen sind. Die umfangreiche Einzeljudikatur ist zu beachten. Grundsätzlich gilt, dass bei Vergabe von Arbeiten an Dritte Vergleichsangebote einzuholen sind, damit im Streitfall nachweisbar ist, dass die Kosten in einem angemessenen Kosten-Nutzen-Verhältnis stehen. Auch während des Mietverhältnisses sind Kostenkontrollen vorzunehmen und Kostensenkungsmöglichkeiten zu nutzen. Ein aktives Betriebskostenmanagement ist nicht nur aus rechtlichen Gründen erforderlich, sondern auch betriebswirtschaftlich geboten. Der Anstieg der laufenden Kosten einer Immobilie belastet (bei umlegungsfähigen Kosten) nicht nur den Mieter, sondern auch den selbstnutzenden Eigentümer.

### 8.2 Contracting

Contracting ist die Übertragung von eigenen Aufgaben des Immobilieneigentümers auf ein Dienstleistungsunternehmen. Die Hauptanwendungsform bezieht sich auf die Bereitstellung von Anlagen und Lieferung von Betriebsstoffen, z. B. Wärme. Die Aufgaben des Contractors (des ausführenden Unternehmers) bestehen in Beratung, Planung, Fi-

---

36 Langenberg, „Betriebskosten- und Heizkostenrecht", 7. Aufl. (2014), K III RdNr. 188f.

nanzierung und Betrieb der Anlagen innerhalb des vertraglich festgelegten Zeitraums. Der Contracting-Nehmer (Auftraggeber) ist der Empfänger der Contracting-Leistung.

Es haben sich unterschiedliche Vertragsvarianten entwickelt, die für den energetischen Bereich in DIN 8930 Teil 5 definiert werden. Danach werden unterschieden:
– Energieeinspar-Contracting oder Performance-Contracting,
– Energielieferungscontracting, Anlagen-Contracting oder Nutzenergie-Contracting,
– Finanzierungscontracting, Third-Party-Finanzierung oder Anlagenbau-Leasing und
– Betriebsführungscontracting oder technisches Gebäudemanagement.
Das Ziel aller Vertragsvarianten ist, laufende Bewirtschaftungskosten zu reduzieren.

Während beim Performance-Contracting oder Einspar-Contracting das Einsparpotenzial im Vordergrund steht und der Contractor an den eingesparten Kosten unmittelbar beteiligt ist, steht beim Anlagen-Contracting die Optimierung und Investition in die Anlage im Vordergrund. Der Einspareffekt besteht in der Optimierung der Anlage und Finanzierung der Investition durch den Contractor, dessen Finanzierung wiederum z. B. über den Wärmelieferpreis erfolgt.

In der Praxis hat sich eine Reihe von Mischformen entwickelt. Allen ist gleich, dass die Vertragsgestaltung großer Sorgfalt bedarf, da die Vertragslaufzeiten i. d. R. zwischen 5 und 20 Jahren liegen. Typischerweise wird daher die Vorbereitung und Umsetzung stufenweise vorgenommen. Nach der Grobanalyse erfolgt der Projektierungsvertrag, dem sich die Feinanalyse anschließt und die vertragliche Festlegung des Kosteneinsparpotenzials, und erst dann erfolgt der Contracting-Vertrag mit seiner Umsetzung. Bei vermieteten Objekten ist außerdem zu prüfen, inwieweit im konkreten Fall Contracting-Verträge mietvertraglich möglich sind.[37]

## 9 Objektbezogener Betriebskostenansatz im Benchmarking

Der aus der Geodäsie stammende Begriff ‚Benchmark' dient als Bezugspunkt, als Standard, an dem etwas gemessen oder beurteilt werden kann (*benchmark* = Maßstab festlegen). Benchmarking ist vereinfacht die Suche nach den besten Lösungen – *best practices* –, die zu Spitzenleistungen führen. Es bezeichnet einen kontinuierlichen Prozess, Produkte, Dienstleistungen und Abläufe mit denen anderer Institutionen zu vergleichen. Ziel ist, dadurch Anregungen zur Verbesserung von Effektivität und Effizienz zu erhalten. Internes Benchmarking bezeichnet dabei im Allgemeinen einen Vergleich innerhalb einer Organisationseinheit, des Sozialunternehmens oder einer Landeskirche oder der Region einer Landeskirche. Externes Benchmarking ist der Vergleich zwischen vergleichbaren Unternehmen oder anderen Landeskirchen und/oder Privatwirtschaft. Um im externen Benchmarking zu Ergebnissen zu kommen, die allgemein akzeptiert werden, ist eine große Homogenität der zu vergleichenden Institutionen und/oder Kostenpositionen erforderlich.

---

[37] Siehe dazu Ziffer 7.2 „Umstellung im laufenden Mietverhältnis von Versorgung mit Heizung und/oder Warmwasser auf Wärmelieferung (Contracting)". Contracting-Verträge werden in der Wohnungswirtschaft vor allem im Bereich der Wärmelieferung, des Müllmanagements, der Gemeinschaftswaschmaschinen und des Betriebes von Aufzügen eingesetzt.

## 9.1 Einführung eines Betriebskosten-Benchmarking

Voraussetzung für ein Betriebskosten-Benchmarking ist ein Kontenplan, der sämtliche Betriebskosten mit ihren Unterarten auflistet und in eine generelle Reihenfolge bringt. Weiter sind Strukturdaten des Gebäudes erforderlich, die für die Betriebskosten relevant sind. Dies sind Wohn- und Nutzflächen, Heizflächen, Anzahl der Wohn- und Nutzeinheiten, Objektart, Lage, Ausstattung, Energieträger, Baualtersklassen usw. Alle diese Strukturmerkmale können bei internen und externen Vergleichen und Bewertungen verwendet werden, um einheitliche Vergleiche verschiedener Bereiche und Teilnehmer zu gewährleisten.

Weiter ist festzulegen, wie die Berechnung von Auswertungen, Formeln, statistischen Funktionen, Maßstäben etc. für alle Anwender nachvollziehbar vorgenommen werden. Es werden daher der grundsätzliche Rechenvorgang beschrieben und Auswertungsregeln definiert. Diese reichen von Vorgaben, welche Kosten zu verwenden sind, über den Detaillierungsgrad der Quelldaten bis zu weiteren qualitativen Anforderungen.

Die Einführung eines nachhaltigen Betriebskostenmanagements erfordert ein professionelle Erfassung der Gebäude, eine stringente „Buchungskultur" und ein Berechnungs- und Auswertungssystem, das nachvollziehbar angelegt ist. Ohne eine entsprechende Unterstützung durch eine leistungsfähige IT-Ausstattung ist dies nicht möglich.[38]

## 9.2 Betriebskosten-Benchmarking in Sozialwirtschaft

Die bisher entwickelten Benchmark-Systeme des Immobilienmarktes können nicht eins zu eins auf die Sozialwirtschaft und Kirche übertragen werden. Gleichwohl sind die methodischen Ansätze für alle Immobilien gleich. Es wäre daher wünschenswert, wenn – vergleichbar der Wohnwirtschaft – ein Zusammenschluss von Sozialunternehmen erfolgte, die gegebenenfalls unter wissenschaftlicher Begleitung ein Benchmark-System entwickeln, das ähnlich der Geislinger Konvention als Qualitäts- und Marketinginstrument genutzt werden kann.

## 9.3 Betriebskosten-Benchmarking in Kirche

Auch für kirchliche Liegenschaften und Gebäude ist ein Betriebskosten-Benchmarking sinnvoll. Die Landeskirchen und/oder Diözesen könnten sich zu einem einheitlichen Verfahren verpflichten und damit Kostensenkungspotenziale transparent machen und nutzen. In einem Pilotprojekt konnte die Notwendigkeit eines Betriebskosten-Benchmarking verdeutlicht werden.[39]

---

38 Um ein externes Betriebskostenmanagement in der Wohnungswirtschaft zu etablieren, wurde an der Hochschule für Wirtschaft und Umwelt Nürtingen-Geislingen die Geislinger Konvention entwickelt. 3,5 Millionen Wohneinheiten werden heute auf einheitlicher Basis miteinander verglichen; vgl. hfwu.de/de/geislinger-konvention. Weiterführende Informationen auch unter www.immobench.de, www.wohncom.de und www.bekobench.de.

39 Ergebnis aus dem Untersuchungsgebiet Dekanat Hof; Ergebnisbericht „Kirchliches Immobilienmanagement" des Evangelischen Siedlungswerks in Deutschland e. V. (2007).

### 9.3.1 Pilotprojekt zur Beurteilung von Betriebskosten

In den Jahren 2005 und 2006 wurden die Betriebskosten aller kirchlichen Gebäude eines Dekanatsbezirks in Bayern untersucht und einem Vergleich unterzogen. Nachfolgende Tabelle zeigt das Beispiel der Gemeindehäuser der Gemeinden A und B.

|  | Anzahl der Gemeindeglieder | Anzahl der Veranstaltungen | Anzahl der Besucher | Betriebskosten | | | | |
|---|---|---|---|---|---|---|---|---|
|  |  |  |  | nom. €/per anno | je qm/anno | je qm/Monat | je Veranstaltung | je Besucher |
| Gemeinde A | 2547 | 558 | 11480 | 2.192 € | 5,56 € | 0,46 € | 3,93 € | 0,19 € |
| Gemeinde B | 5098 | 1404 | 18121 | 13.516 € | 68,57 € | 5,71 € | 9,63 € | 0,75 € |

Unter Berücksichtigung der Gemeindegröße, der Anzahl der Veranstaltungen und Besucher liegt die Kostenbelastung durch das Gemeindehaus bei der Gemeinde B deutlich über der der Gemeinde A. Die Gemeinde B erhält bei Vergleich der Betriebskostenarten konkrete Hinweise für Handlungsansätze und kann damit Handlungsoptionen entwickeln. Die Gemeinde A weiß hingegen, dass in ihrem Gemeindehaus kein weiteres Einsparpotenzial liegt.

### 9.3.2 Maßstäbe zur Beurteilung von Betriebskosten

Die nachfolgende Matrix zeigt, welche Kennzahlen regelmäßig ermittelt werden sollten:

| Auswertungsmatrix für Bewirtschaftungskosten/Cashflow/Instandhaltungs- und Modernisierungskosten | | | | | |
|---|---|---|---|---|---|
|  | Kirche | Gemeindehaus | Pfarrhaus | Kindergarten | sonstige Gebäude* |
| € absolut | x | x | x | x | x |
| je Gemeindeglied | x | x | x | x | x |
| je Veranstaltung | x | x |  |  |  |
| je Besucher | x | x |  |  |  |
| je cbm oder Sitzplatz | x |  |  |  |  |
| je qm |  | x | x | x | x |
| je Kindergartenplatz |  |  |  | x |  |

* Weitere Kennzahlen können bei Sonderimmobilien sinnvoll sein.

Die Kostenbelastung je Gemeindeglied zeigt, insbesondere in den Landeskirchen, in denen die Kirchensteuerzuweisung von der Anzahl der Gemeindeglieder abhängt, wie hoch die Belastungsquote durch laufende Immobilienkosten liegt. Es könnten für Kirchengemeinden Richtwerte für eine solche Belastungsquote entwickelt werden.

Das Wissen um die Bewirtschaftungskosten je Veranstaltung erleichtert die Kalkulation von Nutzungs- und Mietgebühren bei Überlassung der Räume an Dritte. Die Kostenbetrachtung je Kubikmeter/Sitzplatz oder Quadratmeter erlauben Aussagen zur Wirtschaftlichkeit der Betriebskosten der Immobilie. Die Umrechnung auf den Kindergartenplatz schafft Grundlagen, um bei Bedarf mit der politischen Gemeinde in Verhandlungen treten zu können.

Häufig wird im kirchlichen Bereich das Ermitteln von Kennzahlen kritisch gesehen, weil damit die Qualität der Arbeit in einer Gemeinde nicht gemessen werden kann. Es ist richtig: Die Qualität der gemeindlichen Arbeit ist damit nicht messbar, aber es kann gemessen werden, was die Arbeit kostet und ob sie wirtschaftlich erbracht wird. Letzteres ist Grundaufgabe haushalterischen Handelns. Kennzahlen geben dazu Hinweise.

# IX.
## Baurecht, Architekten- und Ingenieurvertragsrecht

# 1. Baurechtliche (öffentlich-rechtliche) Grundlagen

*Esther Brandhorst*

*Die Sozialwirtschaft und Kirchen stehen vor der Herausforderung Gebäude, die dauerhaft im Bestand der jeweiligen Organisation verbleiben sollen, zu erhalten und an heutige Standards anzugleichen. Neben den erheblichen finanziellen Mitteln, die hierfür erforderlich sind, sind auch eine Reihe von öffentlich-rechtlichen Bauvorschriften zu beachten, die sich auf die Entwicklung und Durchführung von Sanierungs- und Modernisierungsmaßnahmen direkt auswirken. Dies sind vor allem Themen zur Barrierefreiheit, Energieeffizienz und Denkmalschutz. Von einem grundsätzlichen Überblick über öffentlich-rechtliche Bauvorschriften ausgehend, werden diese Bereiche vertieft dargestellt.*

## 1. Einleitung

Entschließt sich der Eigentümer eines Bestandsgebäudes, das einen bestimmten Modernisierungs- oder Sanierungsbedarf aufweist, statt eines Neubaus in das bestehende Gebäude zu investieren, sieht er sich mit einer Reihe von baurechtlichen Fragestellungen konfrontiert. Angesichts der Vielzahl an auch bei einer Sanierung, Modernisierung oder Erweiterung zu beachtenden baurechtlichen Bestimmungen wird im vorliegenden Rahmen ein grober Überblick dargestellt, wobei jedoch ein besonderes Augenmerk auf die aktuellen Vorschriften betreffend die energetische Verbesserung von Bestandsgebäuden gelegt wird.

## 2. Genehmigungspflichtigkeit baulicher Maßnahmen

Bei der Sanierung, Modernisierung oder Erweiterung von Bestandsgebäuden stellt sich zunächst regelmäßig die Frage nach dem Erfordernis einer Baugenehmigung.

### 2.1 Allgemeines

Zwar unterfällt die Beantwortung dieser Frage dem Regime des Bauordnungsrechts und ist folglich nach der jeweils einschlägigen Landesbauordnung zu beantworten. Es kann jedoch festgehalten werden, dass nach sämtlichen Bauordnungen die Errichtung, Änderung und die Nutzungsänderung von (baulichen) Anlagen genehmigungspflichtig sind, § 59 Musterbauordnung [MBO].[1] Dabei umfasst der in den Landesbauordnungen legaldefinierte Begriff der baulichen Anlage nicht nur Bauwerke im engeren Sinne, also aus Bauprodukten hergestellte Anlagen, sondern darüber hinaus etwa auch Aufschüt-

---

[1] Aus Gründen der Übersichtlichkeit wird auf die jeweiligen Vorschriften der MBO verwiesen, die im Wesentlichen von den Landesbauordnungen übernommen worden sind.

tungen, Lager- und Abstellplätze, Sport- und Spielflächen sowie Stellplätze für Kraftfahrzeuge. Während die Errichtung baulicher Anlagen deren erstmalige Herstellung betrifft, umfasst der Begriff der Änderung Vorgänge im Zusammenhang mit der Umgestaltung eines vorhandenen Bauwerks. Eine Nutzungsänderung liegt hingegen dann vor, wenn die ursprüngliche (rechtmäßige) Zweckbestimmung der baulichen Anlage geändert wird; sie muss daher nicht zwingend mit einer äußerlich feststellbaren Veränderung der baulichen Anlage einhergehen. Demgegenüber ist die bloße Instandhaltung einer baulichen Anlage grundsätzlich nicht genehmigungspflichtig. Instandhaltung meint insoweit die Erhaltung der baulichen Substanz zum Schutz vor Verfall, also in erster Linie präventive Maßnahmen, bei denen die äußere Gestaltung der baulichen Anlage gewahrt bleibt. Allerdings gilt auch für Instandhaltungsmaßnahmen der allgemeine Grundsatz der Gefahrenabwehr, § 3 I MBO.[2]

*2.2 Ausnahmen von der Genehmigungspflichtigkeit*

Soweit die Landesbauordnungen von der grundsätzlichen Genehmigungspflichtigkeit eine Vielzahl von Ausnahmen vorsehen, sind in diesem Zusammenhang zunächst die verfahrensfreien bzw. genehmigungsfreien Vorhaben zu nennen, bei denen vollständig auf eine Genehmigungserteilung verzichtet wird, § 61 MBO. Hierzu zählen neben den kleineren Gebäuden, Versorgungsanlagen, Einfriedungen und Werbeanlagen vor allem auch Anlagen zur Nutzung erneuerbarer Energien sowie Wärmeisolierungsmaßnahmen. Gemäß § 61 I Nr. 3 a MBO sind Solaranlagen in, an und auf Dach- und Außenwandflächen sowie die damit verbundene Änderung der äußeren Gestalt des Gebäudes (ausgenommen bei Hochhäusern) genehmigungsfrei. Gleiches gilt gemäß § 61 I Nr. 11 d und e MBO für Außenwandverkleidungen und für Bedachungen jeweils einschließlich Maßnahmen der Wärmedämmung. Des Weiteren kommt bei der Errichtung sowie Änderung oder Nutzungsänderung von Vorhaben in beplanten Gebieten[3] das sogenannte Freistellungsverfahren in Betracht. Danach ist ein Bauvorhaben genehmigungsfrei gestellt, wenn es den Festsetzungen des maßgeblichen Bebauungsplans entspricht, seine Erschließung gesichert ist und die Gemeinde als Plangeberin nicht innerhalb einer bestimmten Frist erklärt, dass ein Baugenehmigungsverfahren durchgeführt werden soll, § 62 MBO. In allen anderen Fällen ist ein Baugenehmigungsverfahren durchzuführen; allerdings sehen die Landesbauordnungen insbesondere für Wohngebäude einschließlich ihrer Nebengebäude und Nebenanlagen das vereinfachte Genehmigungsverfahren vor, dessen Besonderheit in einer Beschränkung der Prüfungspflicht der Bauaufsichtsbehörden besteht. Das bedeutet, das Vorhaben muss zwar allen maßgeblichen bauplanungs- und bauordnungsrechtlichen Anforderungen genügen, die Verantwortung für deren Einhaltung wird jedoch in verstärktem Umfang auf den Bauherrn verlagert.

---

2 Dazu noch unter Ziffer 3.2.
3 Dazu noch unter Ziffer 3.3.1.

*2.3 Nachtrags-/Tekturgenehmigung und Änderungsgenehmigung*

Ist für die in Rede stehende Baumaßnahme nach dem Vorgesagten eine Genehmigungspflichtigkeit zu bejahen, stellt sich des Weiteren die Frage, ob die Maßnahme eine bloße Nachtrags- bzw. Tekturgenehmigung oder eine Änderungs(bau)genehmigung erfordert. Unter Nachtrags- oder Tekturgenehmigungen sind Baugenehmigungen zu verstehen, die das ursprünglich genehmigte Vorhaben nur in Details ändern, ohne dass die Identität des Vorhabens berührt wird. Während eine Tekturgenehmigung eine geringfügige Änderung des Vorhabens noch vor seiner endgültigen Fertigstellung betrifft, meint eine Nachtragsgenehmigung geringfügige Änderungen der ursprünglich genehmigten Planung nach Fertigstellung des Vorhabens. Eine Nachtrags- bzw. Tekturgenehmigung ist regelmäßig ausreichend, wenn die Identität des Vorhabens nicht berührt wird. Daran fehlt es hingegen, wenn die in Rede stehenden Änderungen die Genehmigungsfrage neu aufwerfen, also eine neue Beurteilung des Gesamtvorhabens gebieten.[4] In diesem Fall muss eine Änderungsgenehmigung beantragt und erteilt werden, hinsichtlich derer keine rechtlichen Bindungen an die Ursprungsgenehmigung mehr bestehen. Aber auch bei einer Nachtrags- oder Tekturgenehmigung muss sich das von der Bauaufsichtsbehörde zu absolvierende Prüfprogramm nicht zwingend auf die Änderung beschränken; je nach dem konkreten Genehmigungsgegenstand, kann bei der Prüfung auch die Gesamtanlage in Blick zu nehmen sein. Die Frage, ob lediglich die mit dem Nachtrag oder der Tektur beantragte Änderung oder die Gesamtanlage zu betrachten ist, hängt davon ab, ob die Änderung einer isolierten baurechtlichen Beurteilung zugänglich ist; dies kann zum Beispiel bei einer Änderung der ursprünglich genehmigten Dach- oder Fassadengestaltung zu verneinen sein.[5]

## 3. Genehmigungsfähigkeit baulicher Maßnahmen

Ist nach den vorgenannten Bestimmungen die Genehmigungspflichtigkeit der geplanten Baumaßnahme zu bejahen, hat die zuständige Bauaufsichtsbehörde gemäß § 72 I 1 MBO bzw. entsprechend der jeweils einschlägigen landesrechtlichen Vorschrift die Baugenehmigung zu erteilen,[6] wenn dem Vorhaben keine baurechtlichen oder sonstigen öffentlich-rechtlichen Vorschriften entgegenstehen. Der Vollständigkeit halber ist allerdings darauf hinzuweisen, dass auch ein genehmigungsfreies oder genehmigungsfrei gestelltes Vorhaben[7] sowohl den materiellen baurechtlichen Vorschriften als auch eventuell maßgeblichen sonstigen Vorschriften entsprechen muss; die Genehmigungsfreiheit entbindet den Bauherrn also nicht von der Einhaltung des materiellen (Bau-)Rechts.

---

4 OVG NRW, Beschl. v. 4.5.2004 – 10 A 1476/04, BauR 2004, 1771.
5 BVerwG, Beschl. v. 4.2.2000 – 4 B 106.99, BRS 63 Nr. 172.
6 Bei der Baugenehmigung handelt es sich um einen gebundenen Verwaltungsakt, auf deren Erteilung der Bauherr bei Vorliegen der Genehmigungsvoraussetzungen einen Rechtsanspruch hat.
7 Dazu oben unter Ziffer 2.2.

*3.1 Allgemeines*

Zu den baurechtlichen Vorschriften zählt das gesamte Bauplanungsrecht nach dem Baugesetzbuch (BauGB) und der Baunutzungsverordnung (BauNVO) einerseits, das formelle und materielle Bauordnungsrecht nach den Landesbauordnungen andererseits sowie alle weiteren öffentlich-rechtlichen Vorschriften, die besondere Anforderungen an Gebäude, deren Errichtung oder Nutzung stellen. Sonstige öffentlich-rechtliche Vorschriften sind hingegen Rechtsnormen außerhalb des Baurechts, sofern diese ebenfalls materielle Anforderungen an bauliche Anlagen sowie Baugrundstücke stellen. Spielen solche sonstigen öffentlich-rechtlichen Vorschriften – wie etwa das Denkmalschutzrecht[8] – eine Rolle, ist zu beachten, ob diese Vorschriften von den Baugenehmigungsbehörden lediglich zu prüfen und zu berücksichtigen sind oder ob neben der Baugenehmigung noch die Erteilung anderer, nichtbaurechtlicher Genehmigungen, Zulassungen oder Erlaubnisse erforderlich ist. Dabei wird wie folgt unterschieden: Solange baurechtsfremde Aspekte nicht der Entscheidung anderer Behörden ausdrücklich vorbehalten sind, kann und muss die Baugenehmigungsbehörde auch diese rechtlichen Fragen mitprüfen und in der Baugenehmigung mitentscheiden. Denn die Sachbescheidungsbefugnis der Bauaufsichtsbehörde ist grundsätzlich umfassend und bezieht sich – wie soeben festgestellt – auf die Vereinbarkeit des Vorhabens sowohl mit baurechtlichen als auch mit sonstigen öffentlich-rechtlichen Vorschriften. Obliegt die Entscheidung über die Vereinbarkeit des Vorhabens mit sonstigen öffentlich-rechtlichen Vorschriften hingegen einer anderen Behörde, ist die Prüfung durch die Bauaufsichtsbehörde und dementsprechend auch deren Sachbescheidungsbefugnis beschränkt.

Für letztgenannte Fälle gilt in einigen Bundesländern[9] die sogenannte Schlusspunkttheorie, nach der die Baugenehmigung als umfassende und abschließende Entscheidung über das beantragte Vorhaben anzusehen ist. Die Baugenehmigung darf folglich erst erteilt werden, wenn die zusätzlich erforderliche fachrechtliche Genehmigung vorliegt.[10] Versagt die Fachbehörde ihre Zustimmung zu dem Vorhaben, muss auch die Baugenehmigung versagt werden, weil dann die Übereinstimmung mit öffentlich-rechtlichen Vorschriften nicht gegeben ist. Erst wenn die Baugenehmigungsbehörde festgestellt hat, dass alle öffentlich-rechtlichen Anforderungen erfüllt sind, also auch fachfremde Genehmigungen vorliegen, ist die Baugenehmigung als sogenannter Schlusspunkt zu erteilen. Demgegenüber gilt in anderen Bundesländern[11] das sogenannte Separationsmodell, wonach die Baugenehmigung ohne Rücksicht auf andere behördliche Entscheidungen zu erteilen ist, da ihr keine Konzentrationswirkung zukommt.

---

8   Dazu noch unter Ziffer 3.4.
9   OVG RP, Beschl. v. 25.7.2007 – 8 A 10587/07.OVG; BauR 2007, 1857; OVG NRW, Urt. v. 11.9.2003 – 10 A 4694/01; BRS 66 Nr. 159 (ausdrücklich gegen Rspr. des 7. Senats).
10  BVerwG, Urt. v. 15.3.1967 – 4 C 205.65; BVerwGE 26, 287.
11  Bay. VGH, Beschl. v. 18.3.1993 – Gr.S. 1/1992 – 1 B 90.3063; BRS 55 Nr. 146.

## 3.2 Bauordnungsrechtliche Anforderungen

Gemäß § 3 I MBO sind Anlagen so anzuordnen, zu errichten, zu ändern und instand zu halten, dass die öffentliche Sicherheit und Ordnung, insbesondere Leben, Gesundheit und die natürlichen Lebensgrundlagen nicht gefährdet werden. Die Vorschrift enthält somit die zentrale Bestimmung des Bauordnungsrechts und benennt in Form einer Generalklausel die Anforderungen, die an sämtliche bauliche Anlagen zu stellen sind, und ist gleichzeitig gesetzliche Grundlage für bauaufsichtliche Maßnahmen wie die Erteilung von Baugenehmigungen und der Erlass von Ordnungsverfügungen. Zur Konkretisierung dieser Generalklausel enthalten die Landesbauordnungen sowie die von den obersten Bauaufsichtsbehörden als „Technische Bestimmungen" eingeführten technischen Regeln, § 3 III MBO, eine Vielzahl von in baurechtlicher und bautechnischer Hinsicht zu beachtender Anforderungen. Die nachfolgenden Ausführungen beschränken sich jedoch auf aktuelle Neuregelungen, insbesondere betreffend die Maßnahmen zur Energieeinsparung und Nutzung erneuerbarer Energien, die bei Investitionen in Bestandsbauten eine wesentliche Rolle spielen.

### 3.2.1 Überbau und Abstandsflächen

Bei Modernisierungsmaßnahmen stellt sich oftmals die Frage, welche Rechtsfolgen es nach sich zieht, wenn durch Maßnahmen zum Zwecke der Energieeinsparung ein ursprünglich grenzständig errichtetes Gebäude die Grundstücksgrenze überschreitet. Grundsätzlich darf ein Gebäude nämlich nur dann auf mehreren Grundstücken errichtet werden, wenn durch Baulast gesichert ist, dass dadurch keine Verhältnisse eintreten können, die bauordnungsrechtlichen Vorschriften widersprechen, § 4 II MBO. Dies erfordert regelmäßig die Eintragung einer sogenannten Vereinigungsbaulast. Hiervon kann nunmehr jedoch abgesehen werden, wenn eine Außenwand oder das Dach eines Gebäudes durch Maßnahmen zur Wärmedämmung geändert wird und dadurch eine geringfügige Überschreitung der Grundstücksgrenze erfolgt. Teilweise gilt der Verzicht auf eine Vereinigungsbaulast darüber hinaus auch für die Anbringung von Anlagen zur Nutzung solarer Strahlungsenergie.[12] Allerdings lassen solche bauordnungsrechtliche Regelungen zivilrechtliche Fragen grundsätzlich unberührt. Es ist daher nicht auszuschließen, dass sich der Eigentümer des zu sanierenden Gebäudes zwar im Rahmen des bauordnungsrechtlich Zulässigen bewegt, sich aber zivilrechtlichen Ansprüchen des Nachbareigentümers ausgesetzt sieht. Soweit in diesem Zusammenhang vor allem Beseitigungsansprüche des Nachbarn nach §§ 1004, 912 BGB in Betracht kommen, sind in den meisten Landesnachbarrechtsgesetzen jedoch wiederum – parallel zu den bauordnungsrechtlichen Erleichterungen – entsprechende Duldungspflichten normiert,[13] die einen zivilrechtlichen Beseitigungsanspruch ausschließen. Was das Erfordernis der Geringfügigkeit des durch die Wärmedämmung hervorgerufenen Überbaus anbelangt, wird in der Regel von einer Obergrenze von 0,25 m ausgegangen. Dieses Maß ergibt sich entweder unmittelbar aus den Landesnachbarrechtsgesetzen oder aus den Ab-

---
12 Etwa § 6 III 3 LBauO RLP.
13 § 21a I NNachbG; § 23a NachbG NRW.

standsflächenvorschriften in den Landesbauordnungen, die – wie nachfolgend dargestellt wird – ebenfalls eine Ergänzung erfahren haben.

Bei der nachträglichen Wärmedämmung eines Bestandsgebäudes ist nicht nur eine Überschreitung der Grundstücksgrenze, sondern auch eine nachträgliche Unterschreitung der erforderlichen Abstandsflächen denkbar, die sich im Wesentlichen nach der jeweiligen Wandhöhe der baulichen Anlage bemessen. Auch dieses Erfordernis ist nunmehr eingeschränkt worden: Bei baulichen Maßnahmen zum Zwecke der Energieeinsparung sowie für die Anbringung von Anlagen zur Nutzung solarer Strahlungsenergie ist eine Unterschreitung des Mindestabstandes zulässig, soweit die Dämmung eine Stärke von nicht mehr als 0,25 m aufweist und – jedenfalls nach einigen Landesbauordnungen[14] – ein bestimmter Mindestabstand zur Nachbargrenze verbleibt, § 6 VII MBO.

### 3.2.2 Barrierefreiheit

Nicht nur bei Neubauten, sondern auch bei einem Umbau oder der Erweiterung von Bestandsbauten sind des Weiteren die bauordnungsrechtlichen Vorschriften über die Barrierefreiheit von Gebäuden zu berücksichtigen. Gemäß § 2 MBO sind bauliche Anlagen barrierefrei, soweit sie für Menschen mit Behinderung in der allgemein üblichen Weise ohne besondere Erschwernis und grundsätzlich ohne fremde Hilfe zugänglich und nutzbar sind. Diese Legaldefinition ist von den Landesbauordnungen übernommen und teilweise dahingehend ergänzt worden, dass das Erfordernis der Barrierefreiheit auch für ältere Menschen und Personen mit Kleinkindern gelten soll.[15]

Die MBO bzw. die Landesbauordnungen enthalten darüber hinaus konkrete Anforderungen an die Barrierefreiheit von Wohnungen sowie von öffentlich zugänglichen Anlagen,[16] zu denen unter anderem Einrichtungen des Kultur- und Bildungswesens, Verkaufs-, Gast- und Beherbergungsstätten, für den Gottesdienst bestimmte Anlagen, Einrichtungen des Gesundheitswesens und Einrichtungen für Kinder und Jugendliche zählen. Die baulichen Anforderungen gelten sowohl für Neubauten als auch für bestehende Gebäude, sofern wesentliche bauliche Änderungen oder Nutzungsänderungen vorgenommen werden. Hervorzuheben ist des Weiteren, dass sich die Barrierefreiheit nicht – wie ursprünglich – nur auf die dem allgemeinen Besucherverkehr dienende Teile bezieht, sondern auch auf die übrigen Räume und Anlagen, die entsprechend ihrer konkreten Nutzung in dem jeweils erforderlichen Umfang ebenfalls barrierefrei sein müssen. Soweit § 50 III MBO bzw. die entsprechenden landesrechtlichen Vorschriften eine Ausnahme- bzw. Abweichungsmöglichkeit vorsehen, kann sich diese Ausnahme- bzw. Abweichungsentscheidung in der Regel nur auf einzelne Anforderungen an die Barrierefreiheit und nicht auf die vollständige Freistellung der baulichen Anlagen beziehen; maßgebend ist insoweit, ob die Einhaltung der Bestimmungen über die Barrierefreiheit im konkreten Einzelfall zu einem unverhältnismäßigem Mehraufwand führen würde.

---

14   § 8 V LBauO RLP; § 6 XIV BauO NRW.
15   Etwa § 55 I BauO NRW; § 2 IX LBauO RLP.
16   § 50 II MBO.

## 3.2.3 Sonderbauten

Im Zusammenhang mit kirchlichen Bauten oder Bauten der Sozialwirtschaft sind oftmals auch die Regelungen über sogenannte Sonderbauten einschlägig. Danach können für Sonderbauten im Einzelfall zur Abwehr von Gefahren für die öffentliche Sicherheit und Ordnung besondere Anforderungen gestellt werden. Ebenso können für diese Bauten aber auch Erleichterungen zugelassen werden, soweit es im Einzelfall der Einhaltung der bauordnungsrechtlichen Vorschriften wegen der besonderen Art oder Nutzung dieser Anlagen nicht bedarf. Zu der Frage, was Sonderbauten im vorgenannten Sinne sind, enthalten die Landesbauordnungen nur beispielhafte Aufzählungen; regelmäßig zählen hierzu Versammlungsstätten, Hochhäuser,[17] Krankenhäuser, Gebäude zur Pflege oder Betreuung von behinderten oder alten Menschen, Kinder- und Jugendheime sowie Kindertagesstätten. Dabei fallen unter den Begriff der Versammlungsstätten bauliche Anlagen, die für die gleichzeitige Anwesenheit vieler Menschen bei Veranstaltungen erzieherischer, geselliger, kultureller, künstlerischer, politischer, sportlicher oder unterhaltener Art bestimmt sind. Soweit für diese Bauten besondere Anforderungen – oder Erleichterungen – maßgeblich sein können, gilt dies insbesondere für die Bauart und Anordnung aller für die Standsicherheit, die Verkehrssicherheit, den Brand- Wärme-, Schall- oder Gesundheitsschutz wesentlichen Bauteile, für die Brandschutzeinrichtungen und Brandschutzvorkehrungen, die Anordnung und Herstellung der Aufzüge, Treppen, Aufgänge und sonstigen Rettungswege, die Lüftung und Rauchableitung, die barrierefreie Nutzbarkeit, die Anlage der Zu- und Abfahrten sowie die erforderlichen Stellplätze und Garagen, § 51 3 MBO. Auch hierbei handelt es sich aber jeweils nur um nicht abschließende Aufzählungen derjenigen bauordnungsrechtlichen Bestimmungen, die besonderen Anforderungen oder Erleichterungen zugänglich sind. Denn grundsätzlicher Maßstab für die Frage, ob besondere Anforderungen oder Erleichterungen zugelassen werden können, ist allein die bauordnungsrechtliche Generalklausel.[18] Damit die Bauaufsichtsbehörden bei „typischen" Sonderbauten nicht in jedem Einzelfall prüfen und entscheiden müssen, ob und welche besonderen Anforderungen oder Erleichterungen zugelassen werden können, sehen die Landesbauordnungen eine Ermächtigung zum Erlass sogenannter Sonderbauverordnungen vor, von der in unterschiedlicher Weise Gebrauch gemacht wird.[19]

## 3.2.4 Energierechtliche Anforderungen

Bei den hier in Rede stehenden Modernisierungs- oder Erweiterungsmaßnahmen kommt – wie bereits festgestellt – auch außerhalb der Landesbauordnungen normierten Vorschriften Bedeutung zu. Hierzu gehören neben den allgemein anerkannten Regeln der Baukunst und Technik (wie DIN-Vorschriften, technische Baubestimmungen) und

---

17 Regelmäßig setzt die Annahme eines Hochhauses eine Gebäudehöhe von 22 m voraus; § 2 IV Nr. 1 MBO.
18 Dazu oben unter Ziffer 3.2.
19 In den meisten Bundesländern existiert insoweit eine Versammlungsstätten-, eine Verkaufsstätten-, eine Garagen- und eine Geschäftshausverordnung. Nordrhein-Westfalen hat sich dagegen 2009 auf eine einzige Sonderbauverordnung beschränkt, die verschiedene Sonderbauten abdeckt.

den bautechnischen Nachweisen (wie der Standsicherheitsnachweis), auch energierechtliche Anforderungen. Maßgeblich ist hier vor allem die Energieeinsparverordnung (EnEV), die Vorgaben an den Wärmedämmstandard von Gebäudehüllen sowie die Anlagentechnik (Heizung, Warmwasser, Kühlung, Lüftung und elektrische Hilfsenergie) enthält und auf dem Energieeinsparungsgesetz (EnEG) beruht. Das Erneuerbare-Energien-Wärmegesetz (EEWärmeG), das zum Zwecke einer nachhaltigen Entwicklung der Energieversorgung das Ziel hat, den Anteil erneuerbarer Energien am Endenergieverbrauch für Wärme und Kälte bis zum Jahr 2020 auf 14 % zu erhöhen, findet gemäß § 3 I EEWärmeG grundsätzlich nur auf „neu zu errichtende Gebäude" Anwendung, so dass es für Investitionen in den Immobilienbestand grundsätzlich keine Rolle spielt. Eine Ausnahme gilt allerdings für Immobilien der öffentlichen Hand; für diese besteht gemäß § 3 II EEWärmeG eine Pflicht zum anteiligen Einsatz erneuerbarer Energien auch dann, wenn lediglich ein bestehendes Gebäude (grundlegend) renoviert wird.

Nach § 1 II Nr. 1 und 2 gelten die Vorschriften der EnEV für Gebäude, deren Räume unter Einsatz von Energie beheizt oder gekühlt werden und für Anlagen der Heizungs-, Kühl-, Raumluft- und Beleuchtungstechnik sowie der Warmwasserversorgung in den vorbezeichneten Gebäuden. Der solchermaßen weite Anwendungsbereich ist durch den Verordnungsgeber jedoch für verschiedene Arten von Gebäuden und Nutzungen – insbesondere aus Gründen der wirtschaftlichen Unzumutbarkeit – eingeschränkt worden. Im vorliegenden Zusammenhang ist vor allem die Ausnahmeregelung des § 1 III 1 Nr. 7 EnEV relevant, wonach die Anforderungen der EnEV – mit Ausnahme der §§ 12 und 13 EnEV – auf Gebäude, die dem Gottesdienst oder anderen religiösen Zwecken gewidmet sind, keine Anwendung finden. Dabei sind die Begriffe „Gottesdienst" und „andere religiöse Zwecke" umfassend zu verstehen und nicht unmittelbar auf die Seelsorge beschränkt.[20] Allerdings sind hiervon Nutzungen mit karitativen oder sonstigen allgemeinen Schwerpunkten zu unterscheiden, die nur mittelbar religiösen Zwecken dienen und nicht unter die Ausnahmeregelung fallen.[21] Soweit § 1 III 1 Nr. 7 EnEV auf die Zweckbestimmung des Gebäudes Bezug nimmt, ist ein förmlicher kirchenrechtlicher Widmungsakt grundsätzlich nicht erforderlich; die Zweckbestimmung des Gebäudes wird vielmehr durch den Bauherrn festgelegt. Von der Ausnahmeregelung werden etwa Kirchen, Kapellen, kirchliche Ausbildungsstätten, Klöster und Kantoreien erfasst; je nach Schwerpunkt der Nutzung können aber auch Gemeindehäuser dazu zählen.[22]

Sind die Ausnahmetatbestände des § 1 III 1 EnEV nicht einschlägig, ist des Weiteren festzustellen, ob die jeweils in Rede stehende bauliche Maßnahme unter den Anwendungsbereich der EnEV fällt. Gemäß § 9 EnEV findet die EnEV bei Bestandsgebäuden nur für folgende Baumaßnahmen Anwendung: Änderung der Gebäudehülle (energetische Veränderung von Außenbauteilen wie die Sanierung, Modernisierung, teilweise

---

20 Stock, in: Danner/Theobald, Energierecht, 84. Ergänzungslieferung April 2015, § 1 EnEV Rn. 66.
21 Wie etwa Beratungs- und Begegnungsstätten, Einrichtungen der Jugend- und Sozialarbeit, Wohltätigkeitszwecken dienende Anlagen, kirchliche Kindergärten und Kindertagesstätten, allgemeine Bildungseinrichtungen in kirchlicher Trägerschaft wie Gymnasien, Alten- und Pflegeheime, Wohnbautätigkeit kirchlicher Siedlungsunternehmen.
22 Stock, in: Danner/Theobald, Energierecht, 84. Ergänzungslieferung April 2015, § 1 EnEV Rn. 68.

*1. Baurechtliche (öffentlich-rechtliche) Grundlagen*

oder vollständige Erneuerung von Außenwand, Dach, Fenster, Fenstertüren oder Decken), Erweiterung eines Gebäudes (neue Räume oder Gebäudeteile im Bestand anbauen oder aufstocken) und Ausbau eines Gebäudes (Ausbau bisher unbeheizter oder ungekühlter Räume). Was die Änderung der Gebäudehülle anbelangt, differenziert § 9 I und III EnEV weitergehend danach, ob es sich um eine energetisch relevante Änderung des Außenbauteils handelt und welche Fläche das betroffene Außenbauteil aufweist. Nur wenn danach eine energetisch relevante Änderung vorliegt, müssen die geänderten Außenbauteile die detaillierten Wärmeschutzanforderungen der Verordnung erfüllen. Gleiches gilt nach § 9 IV und V EnEV bei der Erweiterung oder dem Ausbau von Gebäuden abhängig davon, ob die Räume des Anbaus oder Ausbaus durch eine neue Heizung versorgt werden oder die bestehende Heizung genutzt wird und wie groß die hinzukommende Nutzfläche ist. Daneben normiert die EnEV für Bestandsgebäude bestimmte Nachrüstpflichten, die im Wesentlichen in § 10 EnEV benannt werden (Erneuerung von Heizkesseln, Dämmung von Leitungen für Heizwärme und Warmwasser, Dämmung von Geschossdecken). Schließlich gilt gemäß § 11 EnEV das sogenannte Verschlechterungsverbot, wonach bei der Veränderung von Außenbauteilen die energetische Qualität eines Gebäudes nicht verschlechtert werden darf.

Grundsätzlich finden die Bestimmungen der EnEV auch bei denkmalrechtlich geschützten Gebäuden Anwendung. Allerdings kann bei der Sanierung von Denkmälern gemäß § 24 I EnEV von den Anforderungen der Verordnung abgewichen werden, wenn deren Erfüllung die Substanz oder das Erscheinungsbild des Denkmals beeinträchtigen würde oder nur mit unverhältnismäßig hohem Aufwand möglich wäre. Entscheidend ist daher, ob die Sanierungsmaßnahme nach dem jeweiligen Denkmalrecht genehmigungsfähig wäre[23] und – bejahendenfalls – ob die Anwendung der EnEV einen unverhältnismäßigen Aufwand darstellen würde. Bei der Beurteilung dieser Frage kann zum einen die Frage der Materialbeschaffung oder -bearbeitung sowie zum anderen berücksichtigt werden, ob die Kosten für die Sanierung überhaupt durch spätere Einsparungen amortisiert werden.

*3.3 Bauplanungsrechtliche Anforderungen*

Entsprechend den einleitenden Ausführungen zur Genehmigungsfähigkeit baulicher Maßnahmen erfordert die bauliche Änderung oder Nutzungsänderung von Bestandsgebäuden auch eine Übereinstimmung mit den bauplanungsrechtlichen Bestimmungen.

Das Bauplanungsrecht unterscheidet die Zulässigkeit von Bauvorhaben im Wesentlichen danach, ob das Vorhaben im Geltungsbereich eines Bebauungsplans verwirklicht werden soll oder ob es sich um sogenannten unbeplanten Innenbereich handelt.

3.3.1 Bebauungsplan

Liegt ein (rechtswirksamer) Bebauungsplan zugrunde, ist ein Vorhaben nach § 30 BauGB zulässig, wenn es dessen Festsetzungen entspricht und die Erschließung gesi-

---

23 Dazu noch unter Ziffer 3.4.

chert ist. Welche Festsetzungen ein Bebauungsplan enthalten kann, ergibt sich aus § 9 I BauGB. Soweit bei den hier in Rede stehenden Investitionen in den Immobilienbestand auch Nutzungsänderungen der Bestandsgebäude in Betracht kommen können, sind die Festsetzungen über die zulässige Art der baulichen Nutzung im Sinne des § 9 I Nr. 1 BauGB maßgeblich. Weist der Bebauungsplan ein bestimmtes Baugebiet aus, wird der Gebietszweck dieses Baugebietes sowie die dort allgemein oder ausnahmsweise[24] zulässigen Nutzungen und baulichen Anlagen durch § 1 II sowie die §§ 2 ff. BauNVO konkretisiert. Im vorliegenden Kontext sind neben der Wohnnutzung, die in reinen, allgemeinen und besonderen Wohngebieten sowie in Dorf- und Mischgebieten zulässig ist, vor allem die „Anlagen für kirchliche, kulturelle, soziale, gesundheitliche und sportliche Zwecke" relevant. Während diese Anlagen in den allgemeinen und besonderen Wohngebieten sowie in Dorf-, Misch- und Kerngebieten allgemein zulässig sind, kommt ihre Zulassung in Gewerbe-, Industrie- sowie in reinen Wohngebieten nur ausnahmsweise in Betracht, was voraussetzt, dass die Zweckbestimmung des Baugebietes gewahrt bleibt und das Vorhaben im Einzelfall gebietsverträglich ist.[25]

Besonderer Erwähnung bedarf hier zudem die Vorschrift des § 14 III BauNVO. Soweit nach § 14 I 1 BauNVO Nebenanlagen grundsätzlich dem Nutzungszweck der in dem Baugebiet gelegenen Grundstücke oder des Baugebiets selbst dienen und danach funktionell untergeordnet sein müssen, trifft § 14 III BauNVO eine Sonderregelung für Solaranlagen (und Kraft-Wärme-Kopplungsanlagen). Danach gelten untergeordnete Anlagen zur Nutzung solarer Strahlungsenergie in, an oder auf Dach- und Außenwandflächen auch dann als Nebenanlagen im Sinne des § 14 I 1 BauNVO, wenn die erzeugte Energie vollständig oder überwiegend in das öffentliche Netz eingespeist wird. Diese Neuregelung, die mit dem BauGB-Änderungsgesetz 2013 in die BauNVO eingefügt worden ist, sollte zulässigkeitsrechtliche Restriktionen für die genannten Arten von Anlagen in den Baugebieten nach der BauNVO beseitigen, da solche als gewerblich anzusehende Anlagen nicht in allen Baugebieten zulässig sind, insbesondere nicht in reinen und allgemeinen Wohngebieten sowie Kleinsiedlungsgebieten nach §§ 2 bis 4 BauNVO. Wird nämlich die erzeugte Energie gegen Entgelt überwiegend in das öffentliche Netz eingespeist, liegt eine gewerbliche Nutzung vor, die als Hauptanlage in den vorbezeichneten Baugebieten nicht oder nur ausnahmsweise zulässig ist. Da in den Fällen einer überwiegenden Einspeisung der Energie in das öffentliche Netz die Anlage auch nicht dem Nutzungszweck des Baugrundstücks oder des Baugebietes selbst dient, schied eine Zulässigkeit solcher Anlagen nach § 14 I 1 BauNVO ebenfalls aus. Mit der Neuregelung sind sie hingegen trotz fehlender funktioneller Unterordnung allgemein zulässig. Gemäß § 245a I 1 BauGB findet § 14 III BauNVO zudem auf bereits bestehende Bebauungspläne Anwendung, also auf solche Pläne, die vor dem Inkrafttreten des BauGB-Änderungsgesetzes 2013 nach den Bestimmungen früherer Fassungen der BauNVO erlassen worden sind.

Was das zulässige Maß der baulichen Nutzung (§ 9 I Nr. 1 BauGB) sowie die Bauweise und die überbaubare Grundstücksfläche (§ 9 I Nr. 2 BauGB) anbelangt, sind die

---

24 § 31 Abs. 1 BauGB.
25 BVerwG, Urt. v. 21.3.2002 – 4 C 1/02; NVwZ 2002, 1118.

entsprechenden Festsetzungsmöglichkeiten für Bebauungspläne in §§ 16 ff. sowie in §§ 22 und 23 BauNVO geregelt. Hat der Plangeber derartige Festsetzungen getroffen, sind diese grundsätzlich auch bei der nachträglichen Änderung baulicher Anlagen einzuhalten. Allerdings hat der Gesetzgeber auch hier der Notwendigkeit der Energieeinsparung Rechnung getragen und § 248 BauGB in das Gesetz eingefügt. Danach sind in beplanten Gebieten sowohl bei Maßnahmen an bestehenden Gebäuden zum Zwecke der Energieeinsparung als auch bei der Errichtung von Anlagen zur Nutzung solarer Strahlungsenergie in, an und auf Dach- und Außenwandflächen Abweichungen von dem festgesetzten Maß der baulichen Nutzung, der Bauweise und der überbaubaren Grundstücksfläche zulässig. Hintergrund des § 248 BauGB ist, dass Bestandsgebäude vielfach die bauplanungsrechtlichen Anforderungen nach den Festsetzungen des jeweils geltenden Bebauungsplans vollständig ausgeschöpft haben, so dass zusätzliche Maßnahmen, insbesondere zur Wärmedämmung oder die Anbringung von Solaranlagen, nicht mehr möglich sind, da sie zu einer Überschreitung der bauplanungsrechtlich bestehenden Grenzen führen würden. Bereits der Gesetzeswortlaut verdeutlicht, dass die Anwendbarkeit des § 248 BauGB ein bestehendes Gebäude voraussetzt. Nicht erfasst sind hingegen neu zu errichtende Vorhaben, aber auch die bauliche Erweiterung eines Bestandsgebäudes durch Anbau oder Aufstockung. Die Begünstigung ist vielmehr auf den unverändert bleibenden Teil des Bestandsgebäudes beschränkt.[26] Zudem sind Abweichungen von den Festsetzungen des Bebauungsplans nur dann zulässig, wenn sie dem Zweck der Energieeinsparung dienen. Allerdings muss es sich hierbei nicht um den alleinigen Zweck handeln, so dass Maßnahmen der Wärmedämmung etwa mit anderweitigen Modernisierungsmaßnahmen an einem Bestandsgebäude verbunden werden können. Auch schreibt § 248 BauGB nicht den erforderlichen Umfang der Energieeinsparung vor und knüpft nicht an die Erfüllungspflichten des Energiefachrechtes[27] an. Soweit § 248 BauGB nur „geringfügige" Abweichungen zulässt, ist dieser Begriff nicht gesetzlich definiert. Entsprechend den obigen Ausführungen bietet sich aber auch hier ein Rückgriff auf die bauordnungsrechtlichen Abstandsflächenbestimmungen an, wonach die jeweiligen Maßnahmen oder Anlagen eine Stärke von nicht mehr als 0,25 m aufweisen dürfen (§ 6 VII MBO).[28]

### 3.3.2 Unbeplanter Innenbereich

Der sogenannte unbeplante Innenbereich umfasst Flächen, die gemäß § 34 I S 1 BauGB innerhalb eines im Zusammenhang bebauten Ortsteils liegen.[29] Auf diesen Flächen sind Bauvorhaben grundsätzlich zulässig, wenn sie sich nach Art und Maß der baulichen Nutzung, der Bauweise und der überbaubaren Grundstücksfläche in die Umgebungsbebauung einfügen (und ihre Erschließung gesichert ist). Das Vorhaben muss mithin den durch die Umgebungsbebauung vorgegebenen Rahmen – jedenfalls hinsichtlich der vor-

---

26 Reidt, in: Battis/Krautzberger/Löhr, BauGB, 12. Auflage, § 248, Rn. 6.
27 Gemeint ist insbesondere die EnEV.
28 Reidt, in: Battis/Krautzberger/Löhr, BauGB, 12. Auflage, § 248, Rn. 11, unter Bezugnahme auf BT-Drs. 17/6253 und 17/6357.
29 Zu den Voraussetzungen grundlegend BVerwG, Urt. v. 6.11.1968 – IV C 2/66; BVerwGE 31,20.

genannten Kriterien – einhalten. Ausnahmen gelten allerdings sowohl für rahmeneinhaltende als auch für rahmenüberschreitende Vorhaben, wenn sie sich trotz Rahmeneinhaltung als rücksichtslos darstellen bzw. wenn sie trotz Rahmenüberschreitung im Verhältnis zur Umgebung keine bodenrechtlichen Spannungen begründen oder erhöhen.[30] Darüber hinaus gilt auch im unbeplanten Innenbereich eine Ausnahme für die in § 248 S 2 BauGB genannten Anlagen; für diese sind gemäß § 248 S 3 BauGB Abweichungen vom Erfordernis des Einfügens zulässig.

### 3.4 Denkmalschutzrechtliche Anforderungen

Schließlich können sich bei der Sanierung oder Erweiterung vorhandener Bausubstanz auch denkmalrechtliche Fragestellungen ergeben, sofern das betroffene Objekt unter Schutz gestellt ist. Das System der Unterschutzstellung ist in den Bundesländern unterschiedlich geregelt. Die weitaus meisten Bundesländer[31] folgen dem sogenannten ipsojure-System. Danach erfolgt die Unterschutzstellung eines Objektes unmittelbar durch das Gesetz. Soweit also die Tatbestandsvoraussetzungen des Denkmalbegriffs nach dem jeweiligen Denkmalschutzgesetz erfüllt sind, ist das Bauwerk als Denkmal geschützt. Seiner Eintragung in die Denkmalliste kommt lediglich nachrichtliche Bedeutung zu; sie stellt insbesondere keinen Verwaltungsakt dar, was allerdings nicht die Möglichkeit ausschließt, dass der Eigentümer im Streitfalle etwa über das Erfordernis einer denkmalrechtlichen Genehmigung die fehlende Denkmaleigenschaft seines Objektes darlegen und nachweisen kann.

Demgegenüber folgen die übrigen Bundesländer[32] dem sogenannten konstitutiven System. Danach kommt der Eintragung eines Bauwerks in die Denkmalliste rechtsbegründende, also konstitutive Bedeutung zu. Erst mit der Listeneintragung, die gegenüber dem Eigentümer einen belastenden Verwaltungsakt darstellt, erhält das Bauwerk seine Denkmaleigenschaft. Wird diese Listeneintragung nicht innerhalb der maßgeblichen Anfechtungsfrist angegriffen, wird die Eintragung und damit die Feststellung der Denkmaleigenschaft bestandskräftig.

Die denkmalrechtliche Unterschutzstellung begründet eine Reihe von Pflichten. Zum einen hat der Eigentümer das Denkmal instand zu halten und sachgemäß zu behandeln, soweit ihm dies zumutbar ist. Zum anderen bedarf jede Veränderung eines Denkmals der denkmalrechtlichen Erlaubnis bzw. Genehmigung, die nach den Denkmalschutzgesetzen der Länder regelmäßig dann zu erteilen ist, wenn Gründe des Denkmalschutzes nicht entgegenstehen. An dieser Voraussetzung fehlt es, wenn die bauliche Veränderung eine mehr als nur geringfügige Beeinträchtigung des Schutzobjektes erwarten lässt.[33] Demnach werden partielle Eingriffe in den Zeugniswert des Denkmals wegen der damit verbundenen langfristigen Erhaltung hingenommen, weil sie dem Denkmalschutz nicht entgegenstehen. Allerdings ist eine sinnvolle Nutzung nicht gleichzusetzen mit einer

---

30 BVerwG, Urt. v. 26.5.1978 – 4 C 9/77; BVerwGE 55, 369.
31 Baden-Württemberg, Bayern, Berlin, Brandenburg, Hessen, Mecklenburg-Vorpommern, Niedersachsen, Rheinland-Pfalz, Saarland, Sachsen, Sachsen-Anhalt, Schleswig-Holstein, Thüringen.
32 Bremen, Hamburg, Nordrhein-Westfalen.
33 OVG NRW, Urt. v. 2.11.1988 – 7 A 2826/86; NVwZ-RR 1989, 463.

## 1. Baurechtliche (öffentlich-rechtliche) Grundlagen

höchstrentablen Nutzung für den Eigentümer.[34] Daneben ist eine Erlaubnis- bzw. Genehmigungserteilung für den Fall vorgesehen, dass andere Interessen gewichtiger sind als die Interessen des Denkmalschutzes. Während es sich nach einigen Denkmalschutzgesetzen[35] bei diesen überwiegenden Interessen zwingend um öffentliche Interessen handeln muss,[36] haben andere Bundesländer klargestellt, dass auch private Belange im Rahmen der Interessenabwägung gegenüber denjenigen des Denkmalschutzes angemessen zu berücksichtigen sind.[37] Soweit zu den privaten Belangen vor allem wirtschaftliche Gesichtspunkte zählen, setzt die Annahme der wirtschaftlichen Unzumutbarkeit einer Genehmigungsversagung regelmäßig eine umfassende Wirtschaftlichkeitsberechnung voraus.[38]

---

34 OVG NRW, Urt. v. 1.6.1988 – 7 A 1195/86.
35 § 9 II DSchG NRW.
36 Hierunter fallen z.B. die Abwehr einer Gefahr für die öffentliche Sicherheit und Ordnung, die Sicherheit und Leichtigkeit des Verkehrs, eine ausreichende Krankenversorgung.
37 § 13 II DSchG RLP; § 8 V SDSchG.
38 § 2 II DSchG RLP; § 7 I ThürDSchG.

# 2. Der Bauvertrag

*Hans-Egon Pause / Anna Stretz*

Der Neubau, aber genauso die Erhaltung des Immobilienbestandes erfordert die Beauftragung von Bauunternehmen. Das gilt für kleine Instandsetzungen ebenso wie für Sanierungen oder Neubauten. Grundlage für die gemeinsame Abwicklung eines Bauvorhabens ist der Bauvertrag. Er soll die Interessen des Auftraggebers wahren, aber auch ausgewogen sein. Nach dem hier vertretenen Konzept bietet sich deshalb die VOB/B als Grundlage für einen Bauvertrag an. Sie ist in der Branche bekannt; auch bei der Beauftragung kleinerer Unternehmen können Kenntnisse ihrer Bestimmungen vorausgesetzt und eine professionelle Abwicklung der Baumaßnahme erwartet werden. Es geht deshalb im Folgenden um die Darstellung von Wesen, Abschluss und Abwicklung eines Bauvertrages unter besonderer Berücksichtigung der Bestimmungen der VOB/B.

## 1. Abgrenzung des Bauvertrages zu anderen Vertragstypen

Als Vertragstyp regelt der Bauvertrag die Rechtsbeziehung zwischen dem Bauherrn (Auftraggeber) und dem Bauunternehmer (Auftragnehmer). Er ist *Werkvertrag* im Sinne der §§ 631 ff. BGB. Gerichtet ist der Bauvertrag auf die Herstellung eines körperlichen Arbeitsergebnisses.[1] In einem gegenseitigen Vertrag verpflichtet sich der Bauunternehmer zur Herstellung des geschuldeten Werkes, der Bauherr zur Zahlung des vereinbarten Werklohns. Entscheidendes Wesensmerkmal der werkvertraglichen Verpflichtung des Auftragnehmers ist die Herbeiführung eines bestimmten Erfolges.[2] Es kann dabei um die Herstellung eines kompletten Neubaus, um den Abbruch einer Bestandsimmobilie oder um die Erbringung einzelner Gewerke, wie die Herstellung der Heizungs-, Lüftungs- oder Sanitärinstallation gehen. Auch Planungsleistungen eines Architekten oder Ingenieurs sind als Werkvertrag in diesem Sinne zu qualifizieren, ebenso wie Verträge über einzelne Reparaturleistungen am Bauwerk.

In Abgrenzung zum Werkvertrag zeichnet sich der *Kaufvertrag* (§§ 433 ff. BGB) durch die Verpflichtung des Verkäufers zur Übergabe und Übereignung der Kaufsache und des Käufers zur Zahlung des Kaufpreises aus. Ein Arbeitserfolg durch die Herstellung eines Werkes ist hier nicht geschuldet. Der Kaufvertrag erschöpft sich in der Verpflichtung des Verkäufers, das Eigentum an einer Sache oder einem Recht frei von Mängeln zu verschaffen.[3] Schwirig ist die Abgrenzung bei Kaufverträgen mit sog. Montageverpflichtung, beispielsweise im Fall eines Vertrages zur Lieferung und Montage einer Solaranlage. Nach der Rechtsprechung des BGH[4] ist die Abgrenzung im Rah-

---
1 Palandt/Sprau, BGB, 75. Aufl. (2016), Einf. v. § 631 Rn. 16.
2 Palandt/Sprau, BGB, 75. Aufl. (2016), Einf. v. § 631 Rn. 1.
3 Palandt/Weidenkaff, BGB, 75. Aufl. (2016), Einf. v. § 433 Rn. 1.
4 BGH, BauR 2004, 995.

men einer Gesamtbetrachtung nach dem Schwerpunkt der Leistung vorzunehmen und damit eine Einzelfallentscheidung anhand der Art des zu liefernden Gegenstandes, des Wertverhältnisses von Lieferung und Montage sowie der Besonderheiten des geschuldeten Erfolges. Danach handelt es sich bei der Lieferung und dem Einbau einer Solaranlage um einen Kaufvertrag (mit Montageverpflichtung)[5] und bei einem Auftrag über die Lieferung und die Verlegung eines Parketts um einen Werkvertrag.[6]

Für die sog. *Werklieferungsverträge* ist nach § 651 BGB ebenfalls Kaufrecht anwendbar. Werklieferungsverträge beinhalten die Verpflichtung zur Lieferung herzustellender oder zu erzeugender beweglicher Sachen. So findet beispielsweise allein auf die Lieferung und Herstellung von Baumaterialien, wie die Herstellung und Lieferung der für die Errichtung einer Siloanlage benötigten Bauteile, Kaufrecht Anwendung.[7]

## 2. Abgrenzung des BGB-Bauvertrags zum VOB/B-Bauvertrag

Der BGB-Bauvertrag richtet sich nach den besonderen Vorschriften des Werkvertragsrechts sowie nach den Grundsätzen des allgemeinen Schuldrechts der §§ 280 ff. BGB. Das Bauvertragsrecht weist im Verhältnis zum allgemeinen Werkvertragsrecht eine Vielzahl an Besonderheiten auf. Die §§ 631 ff. BGB, die nicht nur für Bauverträge, sondern für Werkverträge aller Art gelten, so eben auch für Verträge außerhalb des Bausektors, sind daher als Vertragsgrundlage für einen Bauvertrag nicht immer ausreichend. Praktische Bedürfnisse am Bau erfordern weitergehende Regelungen bzw. Modifizierungen der gesetzlichen Regelungen. Regelungen, die den Besonderheiten des Bauwesens Rechnung tragen, müssen jedoch ausdrücklich vereinbart werden.

### 2.1 VOB/B-Vertrag als gängiges Vertragsmodell

Die VOB (Vergabe- und Vertragsordnungen für Bauleistungen) versucht diesem praktischen Bedürfnis Genüge zu tun. Sie wurde vom Deutschen Vergabe- und Vertragsausschuss für Bauleistungen (DVA) entwickelt. In ihrem Teil B (VOB/B) stellt sie Regelungen auf, die den Bedürfnissen am Bau Rechnung tragen und einen ausgewogenen Ausgleich der Interessen der am Bau Beteiligten schaffen sollen. Die derzeit gültige Fassung ist seit 30.07.12 in Kraft.

Da der VOB/B-Vertrag ein gängiges und erprobtes Vertragsmodell darstellt, empfiehlt es sich, einem Bauvertrag die Bedingungen der VOB/B zugrunde zu legen, also den Bauvertrag als VOB/B-Vertrag abzuschließen. Das gilt für kleinere wie auch für große Bauvorhaben und sämtliche Unternehmereinsatzformen. Schon einleitend ist darauf hinzuweisen, dass die VOB/B ein in sich ausgewogenes Konzept enthält, in dessen Gleichgewicht durch zusätzliche abweichende Vertragsbestimmungen nicht eingegriffen werden sollte, da andernfalls die dem Auftraggeber günstigen Vorschriften einer Inhaltskontrolle nach dem AGB-Recht nicht standhalten würden (vgl. unten 2.4). Das ist insbesondere bei der Verwendung von Besonderen und Zusätzlichen Vertragsbedingun-

---
5 BGH, BauR 2004, 995.
6 BGH, IBR 2013, 593.
7 BGH, NJW 2009, 2877.

gen zu beachten; der Versuch, die VOB/B „zu verbessern", sollte deshalb unterlassen werden; insbesondere der Auftraggeber sollte sich allenfalls auf Ergänzungen beschränken.

2.2. *Wesen und Anwendungsbereich der VOB/B*

Die VOB/B hat keine Normqualität. Sie ist kein Gesetz und auch keine Rechtsverordnung. Bei der VOB/B handelt es sich um privatrechtliche Vertragsbedingungen. Da sie für eine Vielzahl von Verträgen vorformuliert sind, handelt es sich bei ihnen um Allgemeine Geschäftsbedingungen (AGB) im Sinne der §§ 305 ff. BGB. Sie regeln typischerweise die Rechtsbeziehungen zwischen dem Bauherrn (Auftraggeber) und dem Bauunternehmer (Auftragnehmer). Auch wenn die VOB/B z.B. in Lieferverträge oder Mietverträge (Gerüstgestellungsverträge) einbezogen werden kann,[8] dürften ihre Regelungen für den Verwendungsgegner, also bei Verwendung der VOB/B durch den Auftraggeber, häufig intransparent oder überraschend und damit nach § 307 I BGB bzw. § 305 c I BGB unwirksam sein. Das gilt in gleicher Weise für die Verträge mit Planern.

2.3 *Einbeziehung der VOB/B*

Da es sich bei der VOB/B um Vertragsrecht handelt, gelten die Regeln nicht automatisch mit Abschluss eines Bauvertrages. Die Vertragsparteien müssen die VOB/B nach den Regeln für Allgemeine Geschäftsbedingungen in den Vertrag einbeziehen. Bei Vertragsschluss mit einem Unternehmer im Sinne von § 14 BGB muss der Verwender der VOB/B diese seinem Vertragspartner weder aushändigen noch in sonstiger Form vor Vertragsschluss zur Kenntnis bringen (§ 310 I 1 BGB). Insbesondere bei einem Unternehmer, der gewerblich auf dem Bausektor tätig ist, kann davon ausgegangen werden, dass dieser die Regelungen der VOB/B kennt. In einem solchen Fall kann die VOB/B durch bloße Vereinbarung ihrer Geltung Vertragsbestandteil werden. Ist der Vertragspartner jedoch Verbraucher im Sinne von § 13 BGB, muss der Verwender der VOB/B seinem Vertragspartner nach § 305 II BGB zumindest die Möglichkeit verschaffen, in zumutbarer Art und Weise vom Inhalt der VOB/B Kenntnis zu nehmen. Im Zweifel muss der Verwender die VOB/B nachweislich ausgehändigt haben. Deshalb ist es bei einem Vertrag mit einem Verbraucher empfehlenswert, den Text der VOB/B vor Vertragsschluss auszuhändigen und als Anlage dem Bauvertrag beizufügen.

2.4 *Wirksamkeitskontrolle*

Als Allgemeine Geschäftsbedingungen unterliegen die Regelungen der VOB/B der Wirksamkeitskontrolle der §§ 305 ff. BGB. Grundsätzlich gilt, dass jede Klausel auf ihre Wirksamkeit zu prüfen ist. Die Wirksamkeit der Regelung misst sich am Vorrang der Individualabrede nach § 305 b BGB, am Verbot überraschender Klauseln nach § 305 c BGB und vor allem an der Inhaltskontrolle nach den §§ 307 ff. BGB:

---

8  BGH, NJW 2013, 1670.

## 2. Der Bauvertrag

Auch bei der Einbeziehung von AGB muss es den Parteien aus Gründen der Vertragsfreiheit unbenommen bleiben, individualvertraglich von den AGB abweichende Regelungen zu treffen. Nach § 305 b BGB haben diese im Einzelnen ausgehandelten Vertragsbedingungen Vorrang gegenüber den in den Vertrag einbezogenen AGB.

Unwirksam nach § 305 c I BGB sind auch all diejenigen Klauseln, die für den Vertragspartner des Verwenders überraschend sind (§ 305 c I BGB). Das Überraschungsmoment kann sich dabei aus einer erheblichen Abweichung vom gesetzlichen Leitbild oder aber auch aus dem Erscheinungsbild des Vertrages, wie beispielsweise aus der Position der Regelung in den Vertragsunterlagen ergeben. Als normative Voraussetzung muss hinzukommen, dass der Vertragspartner des Verwenders der AGB mit der jeweiligen Klausel nicht zu rechnen braucht.[9] Der BGH[10] hat beispielsweise entschieden, dass eine sog. Höchstpreisklausel mit dem Inhalt: "Auch bei einem Einheitspreisvertrag ist die Auftragssumme limitiert", bei einem Einheitspreisvertrag – weil seinem Wesen widersprechend – nach § 305 c I BGB als überraschende Klausel unwirksam ist.

Maßgebliches Kernstück der Wirksamkeitskontrolle von AGB ist § 307 BGB. Danach sind all diejenigen Klauseln unwirksam, die den Vertragspartner des Verwenders der AGB unangemessen benachteiligen, wobei sich die unangemessene Benachteiligung insbesondere daraus ergeben kann, dass die Klausel nicht klar und verständlich (Transparenzgebot), mit wesentlichen Grundgedanken des gesetzlichen Leitbildes nicht vereinbar oder die Erreichung des Vertragszwecks gefährdet ist. Hieran gemessen finden sich in der VOB/B zahlreiche Klauseln, deren Wirksamkeit sich als äußerst bedenklich darstellt. So enthält die fingierte Abnahme ohne Abnahmebegehren des § 12 V VOB/B eine unangemessene Benachteiligung des Auftragnehmers und ist isoliert betrachtet gemäß § 307 I BGB unwirksam.[11]

Unwirksame Klauseln führen jedoch nicht zur Unwirksamkeit des gesamten Vertrages (§ 306 I BGB). An Stelle der unwirksamen Klausel treten vielmehr die gesetzlichen Vorschriften (§ 306 II BGB).

### 2.5 Die Privilegierung der VOB/B

§ 310 I 3 BGB bestimmt, dass die Inhaltskontrolle nach § 307 BGB auf Verträge gegenüber einem Unternehmer, einer juristischen Person des öffentlichen Rechts oder gegenüber öffentlich-rechtlichem Sondervermögen dann keine Anwendung findet, wenn die VOB/B ohne inhaltliche Veränderung insgesamt einbezogen wurde. Man spricht von der sog. Privilegierung der VOB/B. Die einzelnen Klauseln werden immer dann nicht dahin geprüft, ob sie eine unangemessene Benachteiligung gegenüber dem Vertragspartner darstellen, wenn die VOB/B als Ganzes in den Vertrag einbezogen wurde und der Vertrag nicht mit einem Verbraucher geschlossen wurde. Dies trägt dem Umstand Rechnung, dass der DVA mit der VOB/B ein umfassendes Regelungswerk geschaffen hat, welches in seiner Gesamtheit einen angemessenen Ausgleich der am Bau beteiligten

---
9 Palandt/Grüneberg, BGB, 75. Aufl. (2016), § 305 c Rn. 4.
10 BGH, BauR 2005, 94.
11 Havers, in: Kapellmann/Messerschmidt, VOB Teile A und B, 5. Aufl. (2015), § 12 VOB/B Rn. 67.

Interessen schaffen kann, aber eben nur dann, wenn die VOB/B unverändert vereinbart ist.

## 3. Zustandekommen und Inhalt des VOB/B-Bauvertrages

Für das Verständnis des VOB/B-Bauvertrages kommt es natürlich auf den Inhalt ihrer Vorschriften an. Da die VOB/B lediglich den Besonderheiten des Bauvertrages Rechnung tragen will, ist, soweit die VOB/B keine Regelungen enthält, auf die Vorschriften des BGB zurückzugreifen. Das gilt z.B. für das Zustandekommen des Vertrages, aber auch für die Abnahme und ihre Wirkungen. Ferner müssen Inhalt, Umstände und Modalitäten der konkret beauftragten Bauleistungen vereinbart werden, z.B. die Preise für die Leistung, aber auch die Abrechnungsmodalitäten.

### 3.1 Vertragsschluss

Das Zustandekommen des VOB/B-Bauvertrages richtet sich nach den allgemeinen Vorschriften der §§ 145 ff. BGB.

#### 3.1.1 Das Angebot

Ein rechtsgeschäftliches Angebot dient nicht lediglich der Anbahnung des Vertrages, sondern löst für sich gesehen bereits Rechtsfolgen aus. Abzugrenzen ist das Angebot von der bloßen Aufforderung zur Abgabe eines Angebots. Das Angebot richtet sich bereits an einen bestimmten Vertragspartner. Es muss die wechselseitigen Leistungen festlegen oder zumindest bestimmbar bezeichnen. Wird bereits ein Ausführungszeitraum angegeben, kann daraus zusätzlich auf ein Angebot im Sinne von § 145 BGB geschlossen werden. Für einen objektiven Dritten aus Sicht des Empfängers muss erkennbar sein, dass der Erklärende ein verbindliches Angebot abgeben wollte. Folge ist, dass der Anbietende ab Zugang seines Angebots beim Empfänger an sein Angebot gebunden ist (§ 130 BGB). Er kann es ab diesem Zeitpunkt nicht mehr widerrufen und muss sich an seinem Angebot festhalten lassen. Bei Missachtung der Bindungswirkung des Angebots kommen Schadensersatzansprüche in Betracht.

Die Bindungswirkung hält so lange an, wie das Angebot nach den §§ 146 ff. BGB noch angenommen werden kann. Unter Anwesenden gilt, dass ein Angebot nur sofort angenommen werden kann (§ 147 I BGB), unter Abwesenden gilt eine angemessene Frist, deren Länge sich danach bestimmt, wann mit einer Annahme unter regelmäßigen Umständen gerechnet werden kann (§ 147 II BGB), was wiederum von den Umständen des Einzelfalles abhängt. Um Rechtsunsicherheit zu vermeiden, ist es in jedem Fall ratsam, bei Abgabe eines verbindlichen Angebots eine Annahmefrist zu bestimmen und zu erklären, dass sich der Anbietende lediglich für diesen Zeitraum an sein Angebot gebunden hält (§ 148 BGB).

### 3.1.2 Die Annahme

Der Vertrag kommt schließlich mit der Annahme des Angebots zustande. Auch dieses muss den Bindungswillen erkennen lassen und dem Anbietenden grundsätzlich zugehen. Erfolgt die Annahme zu spät oder enthält sie im Vergleich zum Angebot Änderungen oder Erweiterungen, kommt ein Vertrag nicht zustande. Vielmehr stellt eine solche Annahme eine Ablehnung des Angebots verbunden mit einem neuen Angebot dar (§ 150 BGB), welches wiederum vom vormals Anbietenden angenommen werden muss, damit ein Vertrag zustande kommt.

### 3.1.3 Ausschreibung nach VOB/A

Der DVA hat im Teil A der VOB (VOB/A) ein Regelwerk geschaffen, das die Vergabe von Aufträgen durch die öffentliche Hand behandelt. Die Vergabevorschriften bezwecken die Sicherstellung von Wettbewerb, Gleichbehandlung und Transparenz im Vergabeverfahren. Öffentliche Auftraggeber müssen die Vergabevorschriften der VOB/A zwingend einhalten (§§ 97 ff. GWB). Für den privaten Auftraggeber dient die VOB/A lediglich als Empfehlung. Fakultativ kann jedoch auch der private Auftraggeber seine Aufträge nach der VOB/A vergeben. Kirchen sind zwar öffentliche-rechtliche Körperschaften, jedoch keine Gebietskörperschaften im Sinne von § 98 Nr. 1 GWB und auch keine juristische Person im Sinne von § 98 Nr. 2 GWB. Man spricht insoweit von öffentlich-rechtlichen Körperschaften sui generis. Sie sind keine öffentlichen Auftraggeber im Sinne des Vergaberechts und müssen deshalb nach dessen Anforderungen nicht zwingend nach der VOB/A vergeben.[12]

In der Praxis hat sich ein an der VOB/A orientiertes Vergabeverfahren bewährt, bei dem verschiedene Unternehmer zur Abgabe von Angeboten auf der Grundlage der Ausschreibung des Architekten eingeladen werden. Nach Abgabe der Angebote finden mit den Bietern Vergabeverhandlungen statt, bei denen sich die Unternehmer an das in der Verhandlung besprochene Angebot befristet binden, um seitens des Bauherrn parallel mit den anderen Unternehmern verhandeln zu können und schließlich dem besten Bieter den „Zuschlag" durch Übersendung eines Auftragsschreibens (Annahme des in der Verhandlung abgegebenen Angebots) zu erteilen.

### 3.1.4 Form

Der VOB/B-Bauvertrag wie auch der BGB-Bauvertrag unterliegt grundsätzlich keinen Formvorschriften, insbesondere muss er nicht schriftlich geschlossen oder notariell beurkundet werden. Auch ein mündlich oder konkludent abgeschlossener Bauvertrag ist wirksam. Aufgrund des hohen wirtschaftlichen Risikos, das mit einem Bauvertrag verbunden sein kann, ist es jedoch in jedem Fall ratsam, den Vertrag schriftlich abzuschließen, um spätere Beweisschwierigkeiten zu vermeiden.

---

12 Weyand, Vergaberecht, 4. Aufl. (2013), § 98 GWB Rn. 18, 25 ff.

*3.2 Regelungsbestandteile des VOB/B-Bauvertrages*

Die einzelnen Vorschriften der VOB/B geben den wesentlichen Inhalt eines Bauvertrages wieder. Natürlich müssen die Besonderheiten des konkreten Bauvorhabens durch die Vereinbarung der zu erbringenden Bauleistung, der Vergütung, der Bauzeit usw. zusätzlich vereinbart werden. Die notwendigen Regelungen für einen Bauvertrag einschließlich dieser Besonderheiten lassen sich am besten entlang der Vorschriften der VOB/B darstellen.

3.2.1 Vertragsgegenstand, § 1 I 1, III, IV VOB/B

§ 1 I 1 VOB/B enthält lediglich in klarstellender Form den vertragsrechtlichen Grundsatz, dass Art und Umfang der auszuführenden Leistung durch den Vertrag bestimmt wird. Die Parteien bestimmen damit das „Bausoll". In der Art und Weise der Festlegung des Bausolls ist den Parteien weitgehend freie Hand gelassen. Es haben sich im Grunde zwei Formen der Vereinbarung herauskristallisiert: Die Parteien legen den Vertragsumfang in Form einer detaillierten Leistungsbeschreibung fest. In einem Leistungsverzeichnis werden die einzelnen Leistungen des Auftragnehmers in einzelnen Positionen detailliert nach Art, Umfang, Größe und technischen Eigenschaften dargestellt. Beispielsweise kann in einem Leistungsverzeichnis über das Gewerk „Dachdeckerarbeiten" unter der Position 16 die Herstellung eines Schneefanggitters wie folgt beschrieben werden: „kunststoffbeschichtete Winkel aus Stahl inklusive gekröpften Schneefangstützen, Gitterhöhe 20 cm, Farbe der Beschichtung: naturrot". Neben der Beschreibung der Ausführung wird die voraussichtliche Menge angegeben, z.B. 25 m. Der Auftragnehmer ist dadurch zur Ausführung genau dieser Leistung mit den festgelegten Eigenschaften verpflichtet. Der Vertragsgegenstand lässt sich aber auch pauschal anhand der beabsichtigten Verwendung oder der zu erfüllenden Funktion beschreiben. Beispielsweise können die Parteien auf eine nähere Beschreibung der auszuführenden Leistung verzichten und lediglich festlegen, dass ein Satteldach mit Betondachsteinen auszuführen ist. Ob ein Schneefang benötigt wird, kann sich aus der Funktion der unter dem Dach angrenzenden Grundstücksflächen und/oder den einschlägigen öffentlich-rechtlichen Vorschriften ergeben und dann ebenfalls im Vertragsumfang auszuführen sein. Dem Auftragnehmer wird dabei nicht detailliert vorgegeben, was er auszuführen hat, sondern welchen Erfolg er herbeiführen soll.

Auswirkungen hat die Vereinbarung über das Bausoll vor allem auf der Vergütungs- und Gewährleistungsebene. Das Bausoll definiert den Leistungsumfang wie er von der vertraglich vereinbarten Vergütung umfasst ist; es ist damit Maßstab für die Beurteilung von Mehrvergütungsansprüchen und dient auch der Beurteilung von Mängeln.

Eine der Besonderheiten bei der Abwicklung von Bauvorhaben besteht darin, dass sich die ursprünglich geplante und gegenüber dem Unternehmer beauftragte Ausführung nachträglich ändert, sei es, dass der Bauherr Änderungswünsche formuliert, sei es, dass technische oder wirtschaftliche Gründe zu Änderungen zwingen. Abweichend von den gesetzlichen Vorschriften des Werkvertragsrechts steht dem Auftraggeber beim VOB/B-Vertrag deshalb ein einseitiges Änderungs- und Anordnungsrecht zu. Nach § 1

## 2. Der Bauvertrag

III VOB/B hat der Auftraggeber die Möglichkeit, nachträglich die bereits ausreichend konkretisierte Leistung zu ändern.[13] § 1 IV VOB/B bestimmt, dass der Auftraggeber bei Erforderlichkeit auch nicht vereinbarte Leistungen anordnen kann. Zu den sich daraus ergebenden Konsequenzen für die Vergütung siehe unten Ziffer 3.2.8.

### 3.2.2 Vertragsgrundlagen, § 1 I 2, II VOB/B

Die vom Unternehmer geschuldete Bauleistung ist im Wege der Auslegung zu ermitteln.[14] Grundlage für die Bestimmung des Bausolls sind neben dem Vertrag die Leistungsbeschreibung und die Allgemeinen Technischen Vertragsbedingungen für Bauleistungen (VOB/C). Den Parteien steht es frei, weitere Unterlagen zum Vertragsgegenstand zu machen, wie zum Beispiel Pläne und Bodengutachten. Die wechselseitigen Rechte und Pflichten sind im Vertrag und in der VOB/B beschrieben. Daneben können sich zusätzliche Vertragsbedingungen aus Besonderen Vertragsbedingungen, Zusätzlichen Vertragsbedingungen und dem Verhandlungsprotokoll ergeben (vgl. § 1 II VOB/B).

Sofern zwischen diesen Unterlagen – unauflösbare – Widersprüche auftreten, gilt die in § 1 II VOB/B genannte Reihenfolge. Dabei ist aber zu beachten, dass es nach der Rechtsprechung auf diese Widerspruchsregelung nur dann ankommt, wenn sich etwaige Widersprüche nicht im Wege der Auslegung beseitigen lassen.[15] Außerdem werden die spezielleren den allgemeinen Regelungen vorgehen.[16]

### 3.2.3 Vertretung des Auftraggebers

Regelungen über die Vertretung des Auftraggebers sieht die VOB/B nicht vor. Allerdings besteht vor allem bei größeren Bauvorhaben ein praktisches Bedürfnis, hierzu Regelungen zu treffen. Oftmals verfügt der Auftraggeber selbst nicht über die notwendige Sachkenntnis, um ein größeres Bauvorhaben abzuwickeln. Er beauftragt deshalb in der Regel Architekten und Ingenieure oder andere Sonderfachleute mit der Planung und/ oder Bauleitung. Vor allem im Rahmen der Bauleitung können vor Ort auf der Baustelle Entscheidungen und damit verbundene Erklärungen gegenüber Baubeteiligten notwendig werden, die der beauftragte Bauleiter mangels entsprechender Vollmacht nicht treffen kann. Dies gilt beispielsweise für das oben erläuterte Änderungs- und Anordnungsrecht des Auftraggebers (§§ 1 III, IV VOB/B) sowie für jegliche Erklärungen mit vergütungsrechtlichen Auswirkungen. Solche Entscheidungen sind in der Regel von der sog. originären Architektenvollmacht nicht umfasst. Im Interesse der Rechtssicherheit ist es sinnvoll, im Vertrag zu regeln, ob der vom Auftraggeber beauftragte Architekt bzw. Ingenieur bevollmächtigt sein soll, den Bauvertrag zu ändern, vergütungspflichtige Änderungen oder Zusatzaufträge zu erteilen und sonstige rechtsgeschäftliche Erklärungen abzugeben.

---

13 von Rintelen, in: Kapellmann/Messerschmidt, VOB Teile A und B, 5. Aufl. (2015), § 1 VOB/B Rn. 49.
14 BGH, BauR 2002, 935.
15 BGH, NJW 1999, 2432.
16 BGH, NJW 2003, 743.

### 3.2.4 Ausführung

Die VOB/B sieht zahlreiche Rechte und Pflichten des Auftraggebers und des Auftragnehmers vor. Geregelt sind diese unter anderem in den §§ 3, 4 VOB/B. Hier können nur die wesentlichen Regeln im Überblick aufgezeigt werden.

#### 3.2.4.1 Rechte und Pflichten des Auftraggebers

§ 3 I VOB/B nennt eine ganz entscheidende Pflicht des Auftraggebers: Er ist verpflichtet, dem Auftragnehmer die für die Ausführung nötigen Unterlagen unentgeltlich und rechtzeitig in der erforderlichen Stückzahl zu übergeben. Durch diese Mitwirkungspflicht wird dem Auftraggeber die Pflicht zur Planung auferlegt, es ist den Parteien aber frei gestellt, für gewisse Unterlagen eine Erstellungs- und Beibringungspflicht des Auftragnehmers zur vereinbaren.[17] Von der Mitwirkungspflicht umfasst sind alle planerischen Hilfsmittel. Besonders zu erwähnen, sind dabei die Ausführungspläne des planenden Architekten.[18] Weiterhin treffen den Auftraggeber Koordinationspflichten. Er hat für die allgemeine Ordnung auf der Baustelle und für das Zusammenwirken der verschiedenen Unternehmer zu sorgen sowie die öffentlich-rechtlichen Genehmigungen, also insbesondere die Baugenehmigung einzuholen (§ 4 I Nr. 1 VOB/B). Ihn trifft außerdem eine Bereitstellungspflicht. Nach § 4 IV VOB/B hat der Auftraggeber dem Auftragnehmer Lager- und Arbeitsplätze sowie Zufahrtswege auf der Baustelle unentgeltlich zur Verfügung zu stellen.

Auf der anderen Seite stehen dem Auftraggeber Überwachungs- und Zutrittsrechte sowie Ansprüche auf Einsicht und Auskunft zu, wobei er dabei zur vertraulichen Behandlung verpflichtet ist (§ 4 I Nr. 2 VOB/B). Neben dem Recht, Schutzmaßnahmen betreffend der zur Ausführung übergebenen Gegenstände anzuordnen (§ 4 V VOB/B), ist der Auftraggeber außerdem berechtigt, Anordnungen zu treffen, die für die vertragsgemäße Leistung notwendig sind (§ 4 I Nr. 3 VOB/B). Abweichend von den gesetzlichen Regelungen hat der Auftraggeber das Recht, bereits vor Abnahme Mängelbeseitigung oder Schadensersatz zu fordern bzw. bei erfolglos abgelaufener Frist den Bauvertrag ganz oder teilweise zu kündigen (§ 4 VII VOB/B).

#### 3.2.4.2 Rechte und Pflichten des Auftragnehmers

Der Auftragnehmer ist nach § 4 I Nr. 4 VOB/B verpflichtet, seine Bedenken gegen eine Anordnung des Auftraggebers nach § 4 I Nr. 3 VOB/B zu äußern. Ebenfalls trifft ihn nach § 4 III VOB/B eine Bedenkenhinweispflicht hinsichtlich der vorgesehenen Art der Ausführung, die Güte der vom Auftraggeber gelieferten Stoffe oder die Leistungen anderer Unternehmer; wegen § 13 III VOB/B haben diese Hinweispflichten große praktische Bedeutung. Bis zur Abnahme seiner Leistung obliegt es dem Auftragnehmer, diese sowie die für die Ausführung vom Auftraggeber übergebenen Gegenstände zu schützen (§ 4 V VOB/B). Er hat seine Leistung in eigener Verantwortung auszuführen (§ 4 II

---

17 Döring, in: Ingenstau/Korbion, VOB Teile A und B, 19. Aufl. (2015), § 3 I VOB/B Rn. 2, 4.
18 Havers, in: Kapellmann/Messerschmidt, VOB Teile A und B, 5. Aufl. (2015), § 3 VOB/B Rn. 17.

## 2. Der Bauvertrag

Nr. 1 VOB/B) und ohne Zustimmung des Auftraggebers nicht an Nachunternehmer zu vergeben (§ 4 VIII Nr. 1 VOB/B).

Sofern der Auftraggeber nach § 4 I Nr. 3 VOB/B Anordnungen trifft und dadurch die Ausführung erschwert, hat er dem Auftragnehmer die dadurch entstandenen Mehrkosten zu ersetzen.

### 3.2.5 Ausführungsfristen, § 5 VOB/B

Die Ausführung hat innerhalb der vertraglich vereinbarten Fristen zu erfolgen (§ 5 I 1 VOB/B). In der Regel bestimmen die Parteien im Vertrag einen Beginn- und einen Fertigstellungstermin. Oftmals wird ein Bauzeitenplan erstellt. Darin enthaltene Zwischentermine gelten jedoch nur dann als vertraglich vereinbart, wenn dies im Vertrag ausdrücklich so geregelt ist (§ 5 I 2 VOB/B). Haben die Parteien keine Fristen vereinbart, so hat der Auftragnehmer 12 Werktage nach Aufforderung durch den Auftraggeber mit seiner Leistung zu beginnen (§ 5 II VOB/B).

### 3.2.6 Vertragsstrafe, § 11 VOB/B

Vertragsstrafen haben für den Auftraggeber den Vorteil, eine Kompensation für eine Vertragsverletzung, insbesondere für einen eingetretenen Verzug zu erhalten, ohne einen tatsächlich eingetretenen Schaden und dessen Höhe nachweisen zu müssen. Die VOB/B selbst regelt die Vertragsstrafe nicht. § 11 VOB/B dient lediglich als Öffnungsklausel und überlässt es den Parteien, eine Vertragsstrafenregelung im Bauvertrag zu vereinbaren. Haben die Parteien eine Vertragsstrafe vereinbart, richtet sich deren rechtliches Schicksal nach den §§ 339 bis 345 BGB (§ 11 I VOB/B). Anknüpfungspunkt für eine Vertragsstrafenregelung können diverse Pflichtverletzungen des Auftragnehmers sein. Beispielhaft erwähnt ist in § 11 II VOB/B der Fall, dass der Auftragnehmer seine Leistung nicht in der vorgesehenen Frist erfüllt. Regelmäßig wird der Fertigstellungstermin unter Vertragsstrafe gestellt.

Vom Auftraggeber in Allgemeinen Geschäftsbedingungen gestellte Vertragsstrafenregelungen unterliegen der Wirksamkeitskontrolle nach § 307 I BGB. Eine Vertragsstrafenregelung für die fristgerechte Ausführung kann auf Grund ihrer Höhe zu einer unangemessenen Benachteiligung des Auftragnehmers führen. Die Unangemessenheit kann sich sowohl aus einem unangemessen hohen Tagessatz als auch aus einer unangemessen hohen Gesamtstrafe ergeben.[19] Für den Tagessatz gibt es keine verbindliche Regel für sämtliche Vertragstypen. Es kann aber davon ausgegangen werden, dass ein Tagessatz von 0,2% der Abrechnungssumme je Kalendertag wirksam ist.[20] Eine Vertragsstrafenregelung, die 5% der Abrechnungssumme je Arbeitstag vorsieht, wurde bereits für unwirksam erklärt.[21] Auch eine Vertragsstrafenregelung, die eine Obergrenze von 10% bei Überschreiten des Fertigstellungstermins vorsieht, ist unwirksam;[22] zulässig ist eine

---

19 Langen, in: Kapellmann/Messerschmidt, VOB Teile A und B, 5. Aufl. (2015), § 11 VOB/B Rn. 66.
20 Kniffka, ibr-online-Kommentar, Stand: 28.7.2015, § 631 BGB Rn. 298 f.
21 BGH, BauR 2002, 790.
22 BGH, BauR 2002, 790.

Obergrenze von maximal 5% der Auftragssumme.[23] Auch kann es eine unangemessene Benachteiligung darstellen, wenn eine Vertragsstrafe für den Fall der Nichteinhaltung von Zwischenterminen vereinbart wird und durch die Kumulation von Einzelstrafen für verschiedene Termine eine Gesamtstrafe von über 5% verwirkt werden kann.[24]

### 3.2.7 Vergütung, § 2 VOB/B

Die Vergütung wird üblicherweise entweder auf der Grundlage von Einheitspreisen (§ 2 II VOB/B) berechnet oder als Pauschalpreis (§ 2 VII VOB/B) vereinbart. Außerdem haben die Parteien die Möglichkeit, Stundenlohnarbeiten zu regeln.

#### 3.2.7.1 Einheitspreisvertrag, § 2 II VOB/B

Beim Einheitspreisvertrag wird in einem Leistungsverzeichnis die Gesamtleistung in Teilleistungen aufgeteilt, jede Teilleistung technisch beschrieben und die Abrechnungseinheit nach Menge, Maß, Gewicht oder Stückzahl festgelegt. Für jede Einheit wird ein (Einheits-) Preis vereinbart. Die Gesamtvergütung ergibt sich dann nach Ermittlung der tatsächlich erbrachten Mengen und nicht nach den Mengenannahmen im Leistungsverzeichnis. Die tatsächlich erbrachten Mengen werden bei der Abrechnung anhand eines Aufmaßes ermittelt. Ein im Vertrag angegebener Gesamtpreis stellt also lediglich eine vorläufige Gesamtsumme dar und gilt nicht als vereinbart. Vereinbart sind lediglich die Preise für die jeweiligen Einheiten/Mengen ($m^3$, $m^2$, m, Stückzahlen usw.).

Da es zu größeren Abweichungen von der bei Vertragsschluss im Leistungsverzeichnis angenommenen Mengen kommen kann, regelt § 2 III VOB/B die Preisanpassung für solche Mengenabweichungen. Führt der Unternehmer größere Mengen aus, werden die Kosten geringer sein, während bei kleineren Mengen der für größere Mengen kalkulierte Preis nicht mehr auskömmlich sein wird. § 2 III Nr. 1 VOB/B bestimmt deshalb, dass es bei einer Mengenabweichung von weniger als 10% beim vertraglich vereinbarten Einheitspreis bleibt. Lediglich bei Mengenabweichungen von mehr als 10% kommen Preisanpassungen in Betracht. Überschreiten die tatsächlich erbrachten Mengen die dem Vertragsschluss zu Grunde liegenden Mengenannahmen um mehr als 10% haben die Parteien einen Preisanpassungsanspruch unter Berücksichtigung der Mehr- oder Minderkosten (§ 2 III Nr. 2 VOB/B). Eine automatische Preisanpassung gibt es nicht. Ausgangspunkt für die Berechnung des neuen Preises sind die Preisermittlungsgrundlagen der bisherigen Einheitspreise,[25] die sog. Urkalkulation. Der Auftragnehmer hat diese sowohl bei seinem Anspruch auf Preisanpassung als auch beim Anspruch des Auftraggebers auf Preisanpassung offen zu legen.[26] Auch bei einer Mengenunterschreitung um mehr als 10% sieht die VOB/B in § 2 II Nr. 3 VOB/B einen Preisanpassungsanspruch vor. Der Auftragnehmer erhält hier einen Anspruch auf Erhöhung des Einheitspreises soweit er nicht bereits durch Erhöhung von Mengen in anderen Positionen des

---

23 BGH, NJW 2003, 1805.
24 BGH, BauR 2001, 791.
25 Keldung, in: Ingenstau/Korbion, VOB Teile A und B, 19. Aufl. (2015), § 2 III VOB/B Rn. 17.
26 Keldung, in: Ingenstau/Korbion, VOB Teile A und B, 19. Aufl. (2015), § 2 III VOB/B Rn. 18.

Leistungsverzeichnisses einen Ausgleich erhält. Voraussetzung für Preisanpassungen nach § 2 V, VI VOB/B (vgl. Ziffer 3.2.8) ist, dass die Mengenabweichung nicht aus Anordnungen des Auftraggebers zur Änderung des Leistungsumfangs (§ 1 III, IV VOB/B) resultiert, sondern ohne Einwirkung von außen entstanden ist.

### 3.2.7.2 Pauschalpreisvertrag, § 2 VII VOB/B

In Abgrenzung zum Einheitspreisvertrag werden beim Pauschalpreisvertrag keine gesonderten Preise für einzelne, abzurechnende Einheiten vereinbart, sondern ein Gesamtpreis. Dieser Pauschalpreis gilt dann unabhängig von den tatsächlich erbrachten Mengen. Der Auftraggeber übernimmt das Risiko von Minderleistungen des Auftragnehmers, dieser das Risiko von Mehrleistungen.[27] Im Pauschalpreis sind sämtliche Eigenkosten des Auftragnehmers sowie sämtliche Fremdkosten enthalten, die für die Erfüllung des Bausolls entstehen. Eine Preisanpassung kann ausnahmsweise dann erfolgen, wenn es bei gleichbleibendem Vertragsinhalt zu Leistungsabweichungen, wie beispielsweise deutlichen Mengensteigerungen kommt und ein Festhalten an der vereinbarten Pauschalsumme nicht zumutbar ist. Im Unterschied zu den Preisanpassungsregelungen des Einheitspreisvertrages (§ 2 III VOB/B), die beim Pauschalpreisvertrag gerade nicht gelten, muss die Mengenabweichung deutlich über 10 % liegen. Das Festhalten am Pauschalpreis muss beim Unternehmer zu nicht zumutbaren Verlusten führen. Nach der Rechtsprechung BGH[28] kann hier eine starre nach Prozentsätzen anzugebende Beurteilung nicht erfolgen; abzustellen ist vielmehr auf die Umstände des Einzelfalles.

### 3.2.7.3 Stundenlohnarbeiten, §§ 2 X, 15 VOB/B

Stundenlohnarbeiten werden nur dann vergütet, wenn sie vor Beginn vertraglich vereinbart wurden (§ 2 X VOB/B). Diese Vereinbarung muss nicht zwangsläufig gleichzeitig mit dem Abschluss des Bauvertrages erfolgen, sie kann auch nachträglich im Laufe des Bauvorhabens getroffen werden. Hierfür ist es jedoch nicht ausreichend, wenn, was in der Praxis häufiger vorkommt, der Auftragnehmer Stundenlohnzettel vorlegt und der Auftraggeber diese unterzeichnet. Der BGH hat entschieden, dass allein die Abzeichnung von Stundenlohnzetteln keine nachträgliche Stundenlohnvereinbarung darstellt. Eine Stundenlohnvereinbarung kann auch nur vom Auftraggeber selbst oder durch einen hierfür besonders bevollmächtigten Vertreter abgeschlossen werden.[29]

### 3.2.8 Nachtragsvergütungen, § 2 V, VI VOB/B

Neben den Regelungen zur Preisanpassung bei unverändertem Leistungsumfang enthält die VOB/B außerdem Preisanpassungsregelungen, welche dem einseitigen Anordnungsrecht des Auftraggebers aus § 1 III, IV VOB/B entsprechen und einen gerechten Ausgleich für den Auftragnehmer darstellen.

---

27 LG Köln, BauR 1992, 123.
28 BGH, BauR 2011, 1646.
29 BGH, BauR 1994, 760.

### 3.2.8.1 Vergütung für geänderte Leistungen, §§ 1 III, 2 V VOB/B

Wie unter Ziffer 3.2.1 dargestellt, hat der Auftraggeber eines VOB/B-Bauvertrages nach § 1 III VOB/B das Recht, Änderungen des Bauentwurfs einseitig anzuordnen. § 2 V VOB/B schafft hierfür auf vergütungsrechtlicher Ebene einen Ausgleich.

Unter dem Begriff „Bauentwurf" versteht man die Gesamtheit aller vertraglich vereinbarten Vorgaben für die Leistung des Auftragnehmers. Es geht bei diesen Anordnungen in Abgrenzung zu § 2 VI VOB/B (Ziffer 3.2.8.2) also um die Veränderung von Leistungen, die ursprünglich Vertragsinhalt waren. Praktisch gesprochen, geht es um Eingriffe des Auftraggebers in Art, Umfang, Ort und Zeit der Ausführung. § 2 V VOB/B gibt den Parteien für diesen Fall einen Anspruch auf Vereinbarung eines neuen Preises unter Berücksichtigung der Mehr- oder Minderkosten. Der neue Preis errechnet sich anhand einer Gegenüberstellung der Kosten für den bisherigen Leistungsumfang und der Kosten bei geänderter Leistung. Maßstab ist auch hier die Auftragskalkulation (Urkalkulation), so dass die Gewinnerwartung des Auftragnehmers erhalten bleibt. Dies bedeutet, dass ein guter Preis ein guter Preis bleibt, ein schlechter bleibt jedoch auch ein schlechter.[30] Ordnet der Auftraggeber beispielsweise die Änderung der Raumaufteilung und damit die Ausführung zusätzlicher Trennwände an, kann der Auftragnehmer für die zusätzlich ausgeführten Wände eine Vergütung nach § 2 V VOB/B beanspruchen.

§ 2 V 2 VOB/B regelt, dass der neue Preis grundsätzlich vor Ausführung der geänderten Leistung zu vereinbaren ist. Allerdings bedeutet dies nicht, dass später ein Anspruch auf Preisanpassung ausgeschlossen ist. In der Praxis ist es jedoch ratsam, eine entsprechende Preisvereinbarung vor Ausführung der geänderten Leistung schriftlich mittels eines Nachtrages zu vereinbaren, um spätere Streitigkeiten über die Höhe der Vergütung zu vermeiden.

### 3.2.8.2 Vergütung für zusätzliche Leistungen, §§ 1 IV, 2 VI VOB/B

In Abgrenzung zu § 2 V VOB/B regelt § 2 VI VOB/B einen Preisanpassungsanspruch des Auftragnehmers für den Fall, dass der Auftraggeber zusätzliche Leistungen im Sinne von § 1 III VOB/B anordnet. Gemeint sind damit Leistungen, die vom bisherigen Leistungsumfang nicht erfasst waren. Es geht um neue, jedoch nicht um selbstständige Leistungen, für welche wiederum ein neuer Bauvertrag zu schließen wäre. Für den Zimmerer sind zum Beispiel Dachgauben für ein ursprünglich ohne Gauben geplantes Dach eine solche zusätzliche Leistung. Voraussetzung des Preisanpassungsanspruches des Auftragnehmers ist, dass der Auftragnehmer diesen dem Auftraggeber vor Beginn der Leistung ankündigt. Diese Ankündigungspflicht kann nach der Rechtsprechung des BGH[31] dann entfallen, wenn der Auftraggeber nicht schutzwürdig ist, was beispielsweise bei einem gewerblichen Auftraggeber der Fall ist, da dieser davon ausgehen muss, dass von ihm geforderte zusätzliche Leistungen nicht ohne Vergütung ausgeführt werden. Der Auftragnehmer erhält hier einen Anspruch auf eine besondere Vergütung, deren Berechnung nach § 2 VI Nr. 2 VOB/B wie bei § 2 V VOB/B anhand einer Gegen-

---

30 Werner, in Werner/Pastor, Der Bauprozess, 15. Aufl. (2015), Rn. 1464.
31 BGH, NJW 1996, 2158.

überstellung der Kosten berechnet wird. Auch hier gilt, dass die VOB/B eine Vereinbarung vor Ausführung vorsieht, was zwar nicht Anspruchsvoraussetzung, aber, wie bereits erläutert, unbedingt empfehlenswert ist.

### 3.2.9 Abnahme, § 12 VOB/B

Rechtsgrundlage für die Abnahme sind die gesetzlichen Vorschriften des § 640 BGB, ergänzt um die Regelungen des § 12 VOB/B.

#### 3.2.9.1 Rechtsnatur

Die Abnahme beinhaltet die körperliche Hinnahme des Werks verbunden mit der Billigung des Werkes als im Wesentlichen vertragsgemäße Leistung.[32] Bei der Abnahme handelt es sich um eine der Hauptpflichten des Auftraggebers aus dem Werkvertrag. Der Auftragnehmer hat aus § 640 I BGB nach Fertigstellung seines Werkes oder selbstständiger Teilleistungen (§ 2 II VOB/B) einen Anspruch gegen den Auftraggeber auf Abnahme des Werkes bzw. auf Teilabnahme. Die Abnahme kann nur verweigert werden, wenn das Werk nicht fertiggestellt ist oder Mängel aufweist. Allerdings kann der Auftraggeber die Abnahme wegen unwesentlicher Mängel nicht verweigern (§ 12 III VOB/B).

#### 3.2.9.2 Abnahmeformen

Die Abnahme kann nicht nur *ausdrücklich* (wörtlich) erklärt werden. Auch eine *stillschweigende Abnahme durch schlüssiges Verhalten* kommt in Betracht. Entscheidend ist der durch Auslegung im Einzelfall zu ermittelnde Abnahmewille. Dieser kann z.B. in einer bestimmungsgemäßen Ingebrauchnahme des Werkes[33] für einen gewissen Zeitraum oder in der Zahlung der Schlussrechnung[34] gesehen werden.

In Abgrenzung zum BGB-Bauvertrag regelt die VOB/B jedoch noch weitere Formen der Abnahme. Nach der in § 12 IV VOB/B beschriebenen *förmlichen Abnahme* findet ein gemeinsamer Termin der Parteien, ggf. unter Beiziehung eines Sachverständigen statt. Bei dieser Gelegenheit wird ein gemeinsames Protokoll erstellt, in dem Mangel- und Vertragsstrafenvorbehalte sowie sonstige Einwendungen zu erklären sind (§ 12 IV Nr. 1 VOB/B). Das Abnahmeprotokoll ist von den Vertragsparteien oder von den dazu bevollmächtigten Vertretern zu unterzeichnen; die alleinige Unterschrift des Auftraggebers genügt nicht.[35] Nach § 12 Abs. 4 Nr. 1 VOB/B kann jede Vertragspartei die förmliche Abnahme verlangen, auch wenn sie nicht gesondert vereinbart wurde. Es ist aber möglich, die förmliche Abnahme schon im Vertrag als Abnahmeform festzulegen, sie also schon hier wechselseitig zu verlangen.

Eine Besonderheit im VOB/B-Bauvertrag ist die *fiktive Abnahme* nach § 12 V VOB/B. Bei der fiktiven Abnahme handelt es sich streng genommen nicht um eine

---

32 BGH, BauR 1983, 573.
33 OLG Köln, NJW-RR 2013, 265.
34 OLG Köln, BauR 1992, 514.
35 BGH, WM 1974, 105; a.A. OLG Hamburg, IBR 2012, 79; streitig.

rechtsgeschäftliche Abnahme. Die Abnahme wird hier fingiert, ein Abnahmewille ist nicht vorhanden. Die Fiktion tritt entweder 12 Werktage nach schriftlicher Mitteilung des Auftragnehmers über die Fertigstellung ein (§ 12 V Nr. 1 VOB/B), wobei in der Schlussrechnung des Auftragnehmers eine solche Fertigstellungsmitteilung gesehen werden kann.[36] Oder sie tritt 6 Werktage nach Beginn der Nutzung des Leistungsgegenstandes durch den Auftraggeber ein, wenn nichts anderes vereinbart ist (§ 12 V Nr. 2 VOB/B). Zu beachten ist, dass Mängel- und Vertragsstrafenvorbehalte in ebengleicher Frist erklärt werden müssen (§ 12 V Nr. 3 VOB/B).

In der Praxis hat sich vor allem bei größeren Bauvorhaben die Vereinbarung einer förmlichen Abnahme bewährt. Meist verfügt der Auftraggeber nicht über die erforderliche Sachkenntnis, so dass hier entweder der ohnehin vom Bauherrn (mit der Leistungsphase 8 des § 34 HOAI) beauftragte Architekt oder ein eigens hinzugezogener Sachverständiger zur Feststellung von Mängeln tätig wird. Auch aus Gründen der Rechtssicherheit und der Beweissicherung ist die Vereinbarung einer förmlichen Abnahme empfehlenswert.

### 3.2.10 Mängelansprüche, § 13 VOB/B

Kaum ein Bauwerk wird ohne Mängel hergestellt. Für die Baupraxis ist deshalb der Umgang mit den vor und/oder nach der Abnahme festgestellten Mängeln von großer Bedeutung. Das Werkvertragsrecht ist von dem Gedanken geprägt, dass dem Unternehmer zunächst jedenfalls die Möglichkeit zur Mängelbeseitigung gegeben wird (Nacherfüllung); erst im Falle der Säumnis kann der Bauherr die Mängel im Wege der Selbstvornahme beseitigen und die Kosten hierfür beanspruchen und ggf. weitergehende Rechte geltend machen.

### 3.2.10.1 Der Mangelbegriff, § 13 I 2, 3 VOB/B

Nach § 13 I 2, 3 VOB/B ist die Leistung mangelfrei, wenn sie die vereinbarte Beschaffenheit hat und den anerkannten Regeln der Technik entspricht. Sofern keine Beschaffenheit vereinbart ist, ist die Leistung frei von Sachmängeln, wenn sie sich für die nach dem Vertrag vereinbarte oder für die gewöhnliche Verwendung eignet. Maßgeblicher Beurteilungszeitpunkt ist die Abnahme. Ein Mangel liegt also dann vor, wenn die Ist-Beschaffenheit von der vertraglich vereinbarten Soll-Beschaffenheit abweicht, zum Beispiel bei einer Abweichung vom Leistungsverzeichnis. Ein Mangel liegt aber auch vor, wenn das Werk nicht funktionstauglich ist.[37] Die VOB/B regelt außerdem im Gegensatz zum BGB-Bauvertrag ausdrücklich, dass ein Mangel vorliegt, wenn die Leistung nicht den anerkannten Regeln der Technik entspricht. Anerkannte Regeln der Technik stellen die Summe der im Bauwesen anerkannten wissenschaftlichen, technischen und handwerklichen Erfahrungen, die durchweg bekannt und als richtig anerkannt sind, dar.[38] Entscheidend ist die Anerkennung in Theorie und Praxis. Eine wichtige Rolle spielen

---

36 OLG Düsseldorf, BauR 1997, 842.
37 BGH, NJW 2008, 511; OLG Frankfurt, BauR 2010, 1639.
38 Pastor, in: Werner/Pastor, Der Bauprozess, 15. Aufl. (2015), Rn. 1966.

hierbei die DIN-Normen. Der DVA hat die DIN-Normen zu den wichtigsten Gewerken in der VOB/C zusammengefasst. Diese werden nach § 1 I 2 VOB/B bei einem VOB/B-Bauvertrag automatisch Vertragsgrundlage. DIN-Normen tragen die widerlegliche Vermutung in sich, allgemein anerkannte Regeln der Technik zu sein. Bei einer Abweichung der Leistung von den DIN-Normen wird ein Mangel also vermutet. Den Parteien bleibt es jedoch unbenommen, zu beweisen, dass eine DIN-Norm sich noch nicht in Theorie und Praxis durchgesetzt hat oder keine Anerkennung mehr genießt. Neben den DIN-Normen können auch die VDE-Bestimmungen oder Regeln anderer Fachverbände anerkannte Regeln der Technik enthalten. Auch ungeschriebene anerkannte Regeln der Technik, z.B. im Handwerk tradiertes Wissen können Maßstab für die Beurteilung eines Mangels sein und sind zu berücksichtigen.[39]

3.2.10.2 Mängelansprüche vor Abnahme, § 4 VII VOB/B

Das Gewährleistungsstadium beginnt grundsätzlich erst mit der Abnahme des Werkes. Die VOB/B kennt jedoch anders als das BGB, bereits vor Abnahme Gewährleistungsansprüche des Auftraggebers. Bei Mangelhaftigkeit vor Abnahme kann der Auftraggeber Ansprüche auf Mangelbeseitigung, Schadensersatz sowie ein Minderungsrecht nach § 8 III VOB/B geltend machen.

3.2.10.3 Mängelansprüche nach Abnahme, § 13 VOB/B

Die Mängelansprüche nach Abnahme, die die VOB/B in § 13 V, VI, VII aufführt, unterscheiden sich von ihrer Rechtsfolgenseite nicht von den Gewährleistungsrechten nach § 634 BGB. Ist das Werk mangelhaft, hat der Auftraggeber zunächst einen Anspruch auf Mangelbeseitigung (§ 13 V Nr. 1 VOB/B). Hierzu muss der Auftraggeber nach VOB/B jedoch schriftlich, bestenfalls unter Fristsetzung, zur Beseitigung des Mangels auffordern. Die Mangelbeseitigungsaufforderung muss hinreichend bestimmt sein, d.h. der Auftragnehmer muss erkennen können, was von ihm verlangt wird. Es ist jedoch nicht erforderlich, dass der Auftraggeber den Mangel in seinen technischen Details und in seinen technischen Ursachen beschreibt. Nach der Symptomtheorie des BGH ist es ausreichend, wenn der Auftraggeber die Mangelerscheinung, also das Symptom selbst, bezeichnet.[40] Erst wenn eine Mangelbeseitigung dann nicht erfolgt, stehen dem Auftraggeber Ansprüche auf Ersatzvornahme, Kostenvorschuss oder Schadensersatz zu (§ 13 V Nr. 2, VII VOB/B). Ist die Mangelbeseitigung für den Auftraggeber unzumutbar, ist sie unmöglich oder hat der Auftragnehmer diese wegen unverhältnismäßig hohem Aufwand verweigert, kann der Auftraggeber die Vergütung entsprechend mindern (§ 13 VI VOB/B).

---

39 BGH, BauR 2014, 547.
40 BGH, BauR 1997, 1029.

3.2.10.4 Ausschluss der Mängelhaftung, §§ 13 III, 4 III VOB/B

Wie bereits unter Ziffer 3.2.4.2 erwähnt, trifft den Auftragnehmer eine Prüfungs- und Anzeige-, die sog. Bedenkenhinweispflicht, die ihre Bedeutung vor allem im Zusammenhang mit den Gewährleistungsansprüchen des Auftraggebers hat. Der Auftragnehmer ist verpflichtet, die vom Auftraggeber vorgesehene Art der Ausführung, die Güte der vom Auftraggeber gelieferten Stoffe oder Bauteile sowie die Leistung von Vorunternehmern zu prüfen. Der Umfang der Prüfungspflicht hängt von den Umständen des Einzelfalles ab, wobei die Ausführung der Bauleistung durch Fachfirmen mit besonderen Spezialkenntnissen die Prüfungspflicht verstärkt[41] und eine Vertretung des Auftraggebers durch fachkundige Personen diese mindern kann.[42] Eine vollständige Befreiung von der Bedenkenhinweispflicht kann hierüber jedoch nicht erreicht werden.[43] Bei Bedenken hat der Auftragnehmer diese dem Auftraggeber oder dessen für den Empfang eines Bedenkenhinweises bevollmächtigten Vertreter unverzüglich schriftlich anzuzeigen. Das Schriftformerfordernis ist eine Besonderheit des VOB/B-Bauvertrages. Beim BGB-Bauvertrag kann auch ein mündlicher Hinweis ausreichen. Der Bedenkenhinweis muss dabei immer so konkret erfolgen, dass dem Auftraggeber die Tragweite einer Nichtbefolgung hinreichend klar wird.[44] Kommt der Auftragnehmer seiner Bedenkenhinweispflicht wirksam nach, so wird er von seiner Gewährleistungspflicht frei. Der Auftraggeber kann Mängelrechte aus § 13 VOB/B dann nicht geltend machen.

3.2.10.5 Verjährung, § 13 IV VOB/B

Im VOB/B-Bauvertrag unterliegen die Gewährleistungsansprüche anderen Verjährungsfristen als im BGB-Bauvertrag. Treffen die Parteien vertraglich keine Vereinbarung über die Dauer der Verjährungsfrist, gilt nach § 13 IV Nr. 1 VOB/B für Mängelansprüche bezogen auf Bauwerke, eine Verjährungsfrist von 4 Jahren, wobei der Begriff Bauwerk alle auf und unter der Erdoberfläche errichteten Werke umfasst.[45] Einer vertraglichen Regelung, die eine Verlängerung der Verjährungsfrist vorsieht, stehen keine Bedenken entgegen. Der BGH[46] hat bereits entschieden, dass in einem Vertrag über Flachdacharbeiten eine Verlängerung der Frist auf 10 Jahre wirksam ist. Eine Verkürzung der Frist auf unter 4 Jahre ist zumindest in AGB nicht wirksam. In der Praxis hat es sich bewährt, eine längere Verjährungsfrist zu vereinbaren, insbesondere bei größeren und schadensträchtigen Gewerken, bei welchen sich Mängel möglicherweise erst nach Ablauf der üblichen Frist zeigen können. In jedem Fall beginnt die Verjährung mit der Abnahme zu laufen (§ 13 IV Nr. 3 VOB/B). Vereinbarungen, die hiervon abweichen, sind unwirksam und bergen außerdem die Gefahr, dass die VOB/B nicht mehr als Ganzes vereinbart ist und ihre Privilegierung verliert (vgl. Ziffer 2.5).

---

41 OLG Köln, BauR 2007, 887.
42 Pastor, in: Werner/Pastor, Der Bauprozess, 15. Aufl. (2015), Rn. 2040.
43 BGH, BauR 2001, 622.
44 Pastor, in: Werner/Pastor, Der Bauprozess, 15. Aufl. (2015), Rn. 2038.
45 Weyer, in: Kapellmann/Messerschmidt, VOB Teile A und B, 5. Aufl. (2015), § 13 VOB/B Rn. 134.
46 BGH, NJW 1996, 2155.

Eine wichtige Besonderheit ist die Quasiunterbrechung der Verjährung durch schriftliche Mängelrüge nach § 13 V Nr. 1 VOB/B. Rügt der Auftraggeber gegenüber dem Auftragnehmer innerhalb der Verjährungsfrist schriftlich, nicht per Email, und hinreichend konkret einen Mangel, verjährt der Mangelanspruch wegen dieses Mangels ab Zugang der Mangelrüge in 2 Jahren, jedoch nicht vor Ablauf der Regelfrist von 4 Jahren oder der vertraglich vereinbarten Frist. Der Auftraggeber hat so die Möglichkeit, gegen Ende der Verjährungsfrist, diese durch eine wirksame Mangelbeseitigungsaufforderung um zwei Jahre zu verlängern. Er sollte unbedingt darauf achten, dass und wann die Mangelbeseitigungsaufforderung dem Auftragnehmer zugegangen ist.

### 3.2.11 Rechnung, Zahlungen, §§ 14, 16 VOB/B

Die Grundsätze zur Abrechnung sind von zwei Gedanken geprägt: Der Auftraggeber soll die Leistungen möglichst zeitnah und zügig vergüten; der Auftragnehmer ist gehalten, seine Leistungen nachvollziehbar, also prüfbar abzurechnen.

#### 3.2.11.1 Abschlagszahlungen, § 16 I VOB/B

Im VOB/B-Bauvertrag hat der Auftragnehmer nach § 16 I VOB/B die Möglichkeit, Abschlagszahlungen zu verlangen. Voraussetzung hierfür ist, dass eine der Abschlagszahlung entsprechende Bauleistung erbracht und eine prüfbare Aufstellung dieser Bauleistung vorgelegt ist. Die Höhe der Abschlagszahlung berechnet sich bei einem Einheitspreisvertrag anhand der erbrachten Mengen, bei einem Pauschalpreisvertrag ist die erbrachte Leistung ins Verhältnis zur vereinbarten Gesamtleistung zu setzten; sinnvollerweise wird dies in einem bei Vertragsschluss vereinbarten Zahlungsplan vereinbart. Die Abschlagsrechnung muss prüfbar im Sinne von § 14 I VOB/B sein (Ziffer 3.2.11.3).

#### 3.2.11.2 Vorauszahlungen, § 18 II VOB/B

Vorauszahlungen werden nicht für erbrachte Teilleistungen erbracht, sie dienen dem Auftragnehmer zur Durchführung anstehender Baumaßnahmen. Im Gegensatz zu den Abschlagszahlungen, kann der Auftragnehmer Vorauszahlungen nur bei besonderer vertraglicher Vereinbarung beanspruchen, wobei eine entsprechende Regelung nur individualvertraglich und nicht durch AGB getroffen werden kann.[47]

#### 3.2.11.3 Schlussrechnung, Schlusszahlung, § 18 III, 14 VOB/B

§ 14 VOB/B sieht vor, dass der Auftragnehmer nach abnahmereifer Fertigstellung seines Werkes innerhalb einer von der Ausführungsfrist abhängigen (§ 14 III VOB/B) oder vertraglichen Frist eine Schlussrechnung zu stellen hat. Die Schlussrechnung muss prüfbar im Sinne von § 14 I 1 VOB/B sein. Der Auftragnehmer hat seine Schlussrechnung übersichtlich zu erstellen und dabei die Reihenfolge der Positionen, wie sie in den Vertragsunterlagen, zum Beispiel im Leistungsverzeichnis vorgegeben sind, einzuhalten.

---

[47] Messerschmidt, in: Kapellmann/Messerschmidt, VOB Teile A und B, 5. Aufl. (2015), § 16 VOB/B Rn. 156.

Mittels eines Aufmaßes sind die abrechenbaren Mengen nach Art und Umfang beizufügen. Maßgeblich ist, dass der Auftraggeber die Schlussrechnung nachvollziehen kann. Dies hängt nicht nur vom jeweiligen Vertragstyp, sondern auch von der Person des Auftraggebers ab,[48] weshalb bei einem Fachmann auf Auftraggeberseite geringere Anforderungen an die Prüfbarkeit zu stellen sind als bei einem Laien.

Der Auftraggeber ist gehalten, die Schlussrechnung unverzüglich zu prüfen. Die VOB/B setzt dem Auftraggeber eine Prüffrist von 30, höchstens 60 Tagen. Danach ist er mit dem Einwand, die Schlussrechnung ist nicht prüfbar, ausgeschlossen. Bei der Prüfung der Schlussrechnung sollte der Auftraggeber, jedenfalls bei einem Einheitspreisvertrag, darauf achten, ob die angegebenen Mengen und Preise korrekt sind, wobei in einem während der Bauausführung angefertigten gemeinsamen Aufmaß ein deklaratorisches Schuldanerkenntnis nach § 781 BGB zu sehen ist. Gleiches gilt bei einem Stundenlohnvertrag für die unterzeichneten Stundenzettel (§ 14 II 1 VOB/B). Nicht abrechenbare Mengen oder Preise sind zu kürzen, vereinbarte Sicherheiten nach § 17 II VOB/B können einbehalten werden, ggf. kommt bei entsprechender vertraglicher Vereinbarung ein Skonto in Abzug.

Fällig wird die Schlusszahlung nach § 16 III Nr. 1 VOB/B in der bereits erwähnten Frist.

Nimmt der Auftragnehmer die Zahlung des Auftraggebers an, ohne hiergegen einen Vorbehalt zu erklären, so ist der Auftraggeber mit Nachforderungen ausgeschlossen, allerdings nur dann, wenn ihn der Auftraggeber bei Zahlung schriftlich auf diese Ausschlusswirkung hingewiesen hat. Für einen Vorbehalt hat der Auftragnehmer 28 Tage nach Zugang des Hinweises des Auftraggebers Zeit (§ 16 III Nr. 5 VOB/B). Innerhalb weiterer 28 Tage muss der Auftraggeber seinen Vorbehalt begründen, was anhand der Übermittlung einer prüfbaren Rechnung über die vorbehaltenen Forderungen möglich ist (§ 16 III Nr. 5 VOB/B).

3.2.12 Sicherheiten, § 17 VOB/B

Mit der Vereinbarung eines VOB/B-Bauvertrages ist nicht gleichzeitig die Vereinbarung von Sicherheiten verbunden. Es bleibt einer gesonderten vertraglichen Vereinbarung der Parteien vorbehalten, Sicherheiten zu regeln. § 17 II VOB/B sieht hierfür die Vereinbarung einer Vertragserfüllungssicherheit sowie die Vereinbarung einer Sicherheit für Gewährleistungsansprüche vor. Vereinbaren die Parteien eine entsprechende Sicherheit, finden die Regelungen aus den §§ 232 – 240 BGB hierauf Anwendung, soweit § 17 VOB/B nichts anderes bestimmt. Vorbehaltlich einer anderweitigen vertraglichen Vereinbarung können als Sicherungsinstrumente der Einbehalt von Geld, die Hinterlegung von Geld oder eine Bürgschaft eines in der Europäischen Gemeinschaft zugelassenen Kreditinstituts oder Kreditversicherers vereinbart werden. Üblicherweise entscheiden sich die Parteien für den Einbehalt von Geld oder das Stellen einer Bürgschaft. Der Vereinbarung über die Sicherheiten sind durch die AGB-rechtliche Inhaltskontrolle nach § 307 I BGB Grenzen gesetzt. So kann sich z.B. aus der Höhe der Sicherheitsleistung

---

48 OLG Karlsruhe, BauR 1989, 208.

## 2. Der Bauvertrag

eine unangemessene Benachteiligung des Auftragnehmers ergeben, wobei die zulässige Obergrenze für die Vertragserfüllungssicherheit höher liegt als für die Mängelsicherheit. Bislang hat die Rechtsprechung Vereinbarungen über eine Vertragserfüllungssicherheit in Höhe von 10% der Auftragssumme nicht beanstandet. Gewährleistungsbürgschaften in Höhe von 7% und 8% der Auftrags- bzw. Abrechnungssumme hat der BGH bereits für unwirksam erklärt.[49] In der Regel werden für die Gewährleistungssicherheit Vereinbarungen in Höhe von 5% getroffen, was von der Rechtsprechung ebenfalls bislang nicht beanstandet wurde. Auch die Art der Sicherheit kann unwirksam sein, so sind Bürgschaften auf erstes Anfordern bereits für unwirksam erklärt worden.[50]

### 3.2.13 Gefahrtragung, § 7 VOB/B

Gefahrtragungsregeln haben den Zweck, gewisse Risiken zwischen den Parteien angemessen zu verteilen und werden immer dann benötigt, wenn der Untergang oder die Verschlechterung der Leistung von keiner der beiden Parteien zu vertreten ist. In einem solchen Fall regeln die Bestimmungen über die Gefahrtragung, wer das Risiko trägt, die Leistung ein zweites Mal erbringen zu müssen (Leistungsgefahr) oder die Vergütung trotz Wegfall oder Verschlechterung der Sache zahlen zu müssen (Vergütungsgefahr). § 644 I BGB regelt als maßgeblichen Zeitpunkt für den Übergang sowohl der Leistungs- als auch der Vergütungsgefahr den Zeitpunkt der Abnahme. Danach trägt der Unternehmer die Gefahr des Untergangs des Werkes bis zur Abnahme. § 7 VOB/B weicht hiervon hinsichtlich der Vergütungsgefahr ab. Der Auftragnehmer kann bei Beschädigung oder Zerstörung des Werkes vor der Abnahme eine Teilvergütung nach § 6 V VOB/B beanspruchen, wenn die Beschädigung oder Zerstörung auf höhere Gewalt, Krieg, Aufruhr oder andere objektiv unabwendbare, vom Auftraggeber nicht zu vertretende Ereignisse zurückzuführen sind. Für die Leistungsgefahr bleibt es bei der Regelung aus § 644 I BGB, wonach diese erst mit Abnahme auf den Auftraggeber übergeht. Bei nicht zu vertretender Verschlechterung oder Zerstörung des Werkes vor Abnahme ist der Auftragnehmer also zur erneuten Leistungserbringung verpflichtet, es sei denn Ausnahmetatbestände wie Unmöglichkeit der Leistung (§ 275 BGB), Annahmeverzug des Auftraggebers (§§ 293 ff. BGB), Versendung im Auftrag des Auftraggebers (§ 644 II BGB) oder mangelhafte Leistung des Auftraggebers (§ 645 I 1 BGB) greifen ein.

### 3.2.14 Versicherungen

Regelungen zu Versicherungen sieht die VOB/B nicht vor. Vertraglich können die Parteien jedoch die Verpflichtung zum Abschluss von Versicherungen regeln, z.B. zum Abschluss einer Bauleistungsversicherung. Diese schützt den Auftragnehmer vor Schäden durch unvorhergesehene Ereignisse und mindert damit das Risiko, welches der Auftraggeber aufgrund der Gefahrtragungsregeln nach § 644 I BGB trägt. Weiterhin ist die

---
49 BGH, NJW 2014, 3642; BGH, NJW 2015, 856.
50 BGH, BauR 2004, 1143; BGH, BauR 2005, 1154.

Verpflichtung zum Abschluss einer Betriebshaftpflichtversicherung möglich, wenn, wie bei größeren Unternehmern unüblich, eine solche nicht bereits besteht.

### 3.2.15 Baunebenkosten

Der Auftraggeber kann durch vertragliche Vereinbarung Baunebenkosten auf den Auftragnehmer umlegen. In AGB ist eine solche Vereinbarung nur für Strom, Wasser, Gas und die Inanspruchnahme von sanitären Einrichtungen sowie für die Bauwesen- bzw. Bauleistungsversicherung[51] möglich. Die Umlage erfolgt meist durch einen Prozentsatz der Netto-Schlussrechnungssumme. Eine Klausel, welche die Kostenumlage für Bauschuttentsorgung pauschal vorsieht, hat die Rechtsprechung[52] jedoch wegen Verstoßes gegen das Verursacher- und Verschuldensprinzip für unwirksam erklärt.

### 3.2.16 Kündigung

Der Auftraggeber kann den Bauvertrag jederzeit ohne Angabe von Gründen künden, sog. *freies Kündigungsrecht*, § 8 I VOB/B. Er bleibt im Falle der freien Kündigung allerdings auch zur Zahlung der vereinbarten Vergütung verpflichtet. Der Auftragnehmer hat sich lediglich seine ersparten Kosten sowie einen etwaigen anderen Erwerb anrechnen zu lassen. Daneben sind mit der VOB/B weitere Kündigungsrechte sowohl für den Auftraggeber als auch für den Auftragnehmer vereinbart (vgl. § 8 II, III, IV und § 9 I VOB/B). Die Kündigung muss in allen Fällen schriftlich, vor Abnahme und nach erfolgloser Fristsetzung erfolgen.

---

51  BGH, NJW 2000, 3348.
52  OLG Rostock, BauR 2010, 1079.

# 3. Architektenrecht

*Mathias Preussner*

In der Regel kann ein Bauherr die Planungsleistungen nicht selbst erbringen. Er beauftragt daher Architekten und Ingenieure. Der Architektenvertrag ist die Grundlage der Leistungserbringung. Eine genaue Klärung des Auftrages ist erforderlich. Aus der Rechtsnatur des Architektenvertrages ergeben sich Pflichten und eventuelle Haftungsfolgen des Architekten. Sein Honorar unterliegt der HOAI, der Honorarordnung für Architekten und Ingenieure. Sie gibt den Rahmen der Vergütung und regelt, wie und was zu honorieren ist. Die Fälligkeitsvoraussetzungen müssen erfüllt sein, damit die Auszahlung des Honorars erfolgt. Der Architektenvertrag kann gekündigt werden und auch der Bauherr hat, damit der Architekt seine Leistung erbringen kann, Mitwirkungspflichten zu erfüllen.

## 1. Einführung

Das Architektenrecht setzt sich im Wesentlichen mit folgenden drei Fragestellungen auseinander:
- Welche Leistungen schuldet der Architekt seinem Auftraggeber?
- Welche Vergütung erhält der Architekt vom Auftraggeber für seine Leistungen?
- Welche Rechte hat der Auftraggeber, wenn die Leistungen des Architekten mangelhaft sind oder gar Schäden verursacht haben?

Antworten auf diese Fragen gibt vor allem der Architektenvertrag. Grundlegende Regelungen enthalten das Bürgerliche Gesetzbuch (BGB) und – für die Frage der Vergütung – die Honorarordnung für Architekten und Ingenieure (HOAI).

### 1.1 Die Rechtsnatur des Architektenvertrages

Rechtsprechung und Literatur sind sich zwischenzeitlich[1] darüber einig, dass der Architektenvertrag seiner Rechtsnatur nach ein Werkvertrag ist.[2] Deshalb finden auf das Rechtsverhältnis zwischen Architekt und Auftraggeber die Regelungen der §§ 631 bis 650 BGB Anwendung. Dies ist nicht unproblematisch, denn die Rechtsvorschriften des Werkvertrages sind eigentlich für andere Fallkonstellationen entwickelt worden: „Als die Väter des Bürgerlichen Gesetzbuches vor fast 100 Jahren das Werkvertrags-

---

1 So hatten das Reichsgericht und anfangs auch der BGH den Architektenvertrag noch als Dienstvertrag qualifiziert. In seinen Urteilen vom 14.6.1973 – VII ZR 202/72, BauR 1973, 332 und vom 7.3.1974 – VII ZR 217/72 – BauR 1974, 211 hat der Bundesgerichtshof dann klargestellt, dass auf den Planervertrag in aller Regel Werkvertragsrecht anzuwenden ist.
2 OLG Frankfurt, Urteil vom 14.4.2015 – 15 U 189/12, IBR 2015, 314; OLG Celle, Urteil vom 23.12.2014 – 14 U 78/14, NZBau 2014, 637KG, Urteil vom 15.4.2008 – 7 U 90/07, IBR 2008, 1165; *Peters* in Staudinger Kommentar zum BGB, Vorbem. zu §§ 631 ff. BGB, Rdn. 122.

*recht konzipierten, hatten sie das Leitbild des Handwerksbetriebes vor Augen, der im wesentlichen handgefertigte Gegenstände herstellte, von überschaubarem Umfang war und streng hierarchisch auf den Meister, den Betriebsinhaber, ausgerichtet, der im Prinzip als der „Hersteller" angesehen wurde".*[3]

Dagegen gleicht die Aufgabe eines Architekten der eines Schauspielers, der in dem aufzuführenden Stück nicht nur eine, sondern (fast) alle Rollen übernommen hat. Dieses vielfältige Leistungsspektrum lässt sich in einigen Bereichen nur schwer mit dem Grundprinzip des Werkvertrages in Deckung bringen. Beim Werkvertrag schuldet der Auftragnehmer einen „Erfolg". Demgegenüber hat eine ganze Reihe von Aufgaben des Architekten den Charakter von Dienstleistungen. Dennoch besteht in Rechtsprechung und Literatur weitestgehend Einigkeit darüber, dass sich der Vertrag zwischen Architekt und Auftraggeber nach den Regeln des Werkvertrages in den §§ 631-650 BGB zu richten hat.

### 1.2 Die „Rollen" des Architekten

Zu Beginn muss der Architekt die Aufgabenstellung ermitteln und den Auftraggeber zum gesamten Leistungsbedarf beraten. Dabei werden die Probleme, die sich aus der Bauaufgabe, den Planungsanforderungen und den Zielvorstellungen ergeben, untersucht, analysiert und geklärt werden. Dazu gehören das Abfragen und Besprechen der Wünsche, Vorstellungen und Forderungen des Auftraggebers.[4]

In der Planungsphase legt der Architekt dem Auftraggeber zunächst alternative Entwürfe vor, um die ganze Bandbreite möglicher Lösungen zur Entscheidung zu stellen. In der Entwurfsphase wird dann die Planung für den Bauantrag vorbereitet und nach Abstimmung mit dem Auftraggeber zur Genehmigung eingereicht. Die für die Ausführung des Vorhabens notwendige Konkretisierung der Pläne erfolgt in der Ausführungsplanung. Diese kann sich bis in die Realisierung des Bauvorhabens erstrecken.[5]

Die Vergabe der einzelnen Bauleistungen bereitet der Architekt durch die Fertigung eines entsprechenden Leistungsverzeichnisses vor, in dem die notwendigen Maßnahmen beschrieben und mit Mengenangaben versehen werden. Die eingehenden Angebote prüft der Architekt und berät den Auftraggeber bei der Auswahl der Unternehmer für die einzelnen Gewerke.

Während der gesamten Bauarbeiten hat der Architekt als Bauleiter darauf zu achten, dass die ausführenden Unternehmer die ihnen übertragenen Leistungen plangerecht und entsprechend den „allgemein anerkannten Regeln der Technik" erbringen. Neben dieser Kontrollfunktion muss der Architekt die anstehenden Arbeiten auch koordinieren, also ihren zeitlichen Ablauf bestimmen und für ein möglichst reibungsloses Ineinandergreifen der einzelnen Gewerke sorgen (Objektüberwachung).

Sind die Arbeiten beendet, prüft der Architekt, ob sie vom Bauherrn abgenommen werden können. Er stellt – vorzugsweise zusammen mit dem Unternehmer – den Um-

---

[3] Lang, Bauvertragsrecht im Wandel, MittBl.ARGE Baurecht 4/95, S. 78.
[4] So wörtlich BGH, Urteil vom 23.4.2015 – VII ZR 131/13.
[5] Anlage 10 zur HOAI, Leistungsphase 5, Grundleistung e): *„Fortschreiben der Ausführungsplanung aufgrund der gewerkeorientierten Bearbeitung während der Objektausführung."*.

fang der erbrachten Leistungen fest und fertigt das Aufmaß. Nach erfolgter Abnahme hat sich der Architekt um die Beseitigung von Mängeln zu kümmern, die innerhalb der Gewährleistungsfrist auftreten. Die eingehenden Unternehmerrechnungen überprüft er darauf, ob die abgerechneten Leistungen tatsächlich zum vereinbarten Preis und in der ausgeführten Menge abgerechnet worden sind.

Häufig beauftragt der Bauherr den Architekten nicht mit dem gesamten Leistungsprogramm. So kann es sein, dass der Architekt nur die Planung bis zur Baugenehmigung erstellen soll, während die weiteren Maßnahmen zur Realisierung des Bauwerks einem Generalunternehmer übertragen werden. Umgekehrt kann ein Architekt allein damit betraut werden, als Bauleiter die Arbeiten der ausführenden Unternehmer zu beaufsichtigen, um deren Qualität zu sichern.

## 2. Der Architektenvertrag

Im Architektenvertrag vereinbaren Bauherr und Architekt insbesondere den Umfang der zu erbringenden Leistungen und die Höhe der dafür zu zahlenden Vergütung.

### 2.1 Vertragsabschluss

Ein Vertrag kommt gemäß §§ 145 ff. BGB zustande, wenn ein unterbreitetes Angebot ohne Abänderung angenommen wird. Nach § 631 Abs. 1 BGB setzt der Abschuss eines Werkvertrages lediglich das von einem übereinstimmenden Rechtsbindungswillen getragene Versprechen des Unternehmers zur Herstellung des Werks voraus.

Die Abgrenzung, ob Bauherr und Planer tatsächlich den Willen haben, sich aneinander vertraglich zu binden, und sich über den Inhalt des Vertrages einig sind, fällt häufig schwer, solange kein schriftlicher Vertragstext unterzeichnet worden ist. Die Praxis zeigt, dass viele Bauherren zumindest am Anfang eine Unterschrift unter den Architektenvertrag scheuen.[6] Ob und wann die Vertragsparteien sich in diesem Stadium schon vertraglich gebunden haben, lässt sich zumeist nur aus Indizien herleiten, die als ein schlüssiges Verhalten ausgelegt werden können. Nach §§ 133, 157 BGB ist maßgeblich für die Auslegung der verschiedenen Erklärungen einer Vertragspartei, wie die andere Seite deren Verhalten nach Treu und Glauben und unter Berücksichtigung der Verkehrssitte verstehen musste.[7] Dabei ist die objektive Erklärungsbedeutung des Gesamtverhaltens maßgeblich zu berücksichtigen.[8]

Die Darlegungs- und Beweislast für das Zustandekommen eines Architektenvertrages liegt bei demjenigen, der aus dem Vertrag für sich günstige Rechtsfolgen ableitet. Macht der Architekt Honoraransprüche geltend, muss er den Nachweis für den Vertragsabschluss führen. Will der Auftraggeber Ansprüche auf Architektenleistungen oder Mangelansprüche durchsetzen, liegt die Beweislast bei ihm.

---

6 Konflikte treten immer wieder auf, wenn die eine Seite – meistens der Bauherr – meint, man befinde sich noch in der kostenfreien Akquisitionsphase, während die andere Seite – regelmäßig der Architekt – davon ausgeht, ein Architektenvertrag sei schon geschlossen, und er werde für seine Leistungen vergütet.
7 OLG Brandenburg, Urt. v. 23.6.2011 – 12 U 22/11, NZBau 2011, 627.
8 BGH, Urt. v. 5. 10. 2006 – III ZR 166/05, NJW 2006, 3777.

## 2.2 Form des Architektenvertrages

Eine besondere Form muss der Architektenvertrag nicht einhalten; er kann auch mündlich geschlossen werden. Es ist jedoch beiden Parteien zu empfehlen, einen Architektenvertrag schriftlich zu dokumentieren. So lässt sich von vornherein der Streit vermeiden, ob ein Vertrag zu Stande gekommen ist und zu welchen Bedingungen. Bei den meisten Auseinandersetzungen zwischen Architekt und Bauherr, die vor Gericht ausgetragen werden, streiten die Parteien darüber, ob und mit welchem Inhalt der behauptete Architektenvertrag abgeschlossen wurde. Die schriftliche Fixierung des Vertragsinhaltes beugt derartigen Konflikten vor.

Die Schriftform ist gemäß § 126 Abs. 1 BGB gewahrt, wenn die Vereinbarung von beiden Parteien auf einer Urkunde unterzeichnet ist. Es genügt also nicht, wenn eine Partei ein schriftliches Angebot unterbreitet, das die andere Partei mit separatem Schreiben angenommen hat. Die Schriftform ist auch nicht eingehalten, wenn der eine Vertragspartner unterhalb der Unterschriften nachträglich **handschriftliche Ergänzungen** anbringt, denen die Gegenseite nicht durch nochmalige Unterzeichnung zustimmt.[9]

Die HOAI verlangt für eine Reihe von Honorarabsprachen, dass diese „schriftlich bei Auftragserteilung" getroffen werden. Das gilt sowohl für eine Überschreitung der Mindestsätze (§ 7 Abs. 1 HOAI) als auch die Vereinbarung einer Pauschale für die Nebenkosten (§ 14 Abs. 3 Satz 2 HOAI). Der Schriftform bedarf auch die Vereinbarung eines Umbauzuschlags über oder unter 20 % (§ 35 Abs. 1 Satz 2 HOAI); im Unterschied zu den zuvor genannten Vereinbarungen können diese Vereinbarungen aber auch noch nach Vertragsabschluss fixiert werden.

## 2.3 Einzelne Vertragstypen

Um nicht den negativen Folgen einer Kündigung ausgeliefert zu sein – Zahlung des vollen restlichen Werklohns ohne Gegenleistung gemäß § 649 BGB -, tendieren professionelle oder staatliche Auftraggeber dazu, den Architekten nur abschnittsweise mit einzelnen Leistungen zu beauftragen oder mit ihm einen Stufenvertrag abzuschließen.

Bei der **abschnittsweisen Beauftragung** wird der Besteller zunächst nur die Grundlagenermittlung[10] und eine darauf basierende Vorplanung verlangen (Abschnitt 1). Wenn er die Vorplanung[11] gutheißt, überträgt er dem Architekten die Entwurfsplanung und die Genehmigungsplanung[12] (Abschnitt 2). Nach Erteilung der Baugenehmigung kann dann die Ausführungsplanung und darauf basierend die Ausschreibung[13] der erforderlichen Leistungen in Angriff genommen werden (Abschnitt 3). Der Startschuss zur Realisierung des Projektes sollte erst fallen, wenn der Besteller nach Eingang der Unternehmerangebote Klarheit über die zu erwartenden Kosten hat.

---

9 BGH, Urt. v. 3.11.2011 – IX ZR 47/11, IBR 2012, 301: der ergänzte Text stellt ein neues Angebot dar, das wiederum durch Unterzeichnung angenommen werden muss, § 150 II BGB.
10 Leistungsphase 1 in Anlage 10 zur HOAI.
11 Leistungsphase 2 in Anlage 10 zur HOAI.
12 Leistungsphasen 3 und 4 in Anlage 10 zur HOAI.
13 Leistungsphasen 5 und 6 in Anlage 10 zur HOAI.

*3. Architektenrecht*

In einem „**Stufenvertrag**" regeln die Parteien zwar die Grundlagen der Honorierung für einen Vollauftrag. Der Architekt erhält jedoch zunächst nur für die ersten Leistungsphasen 1 und 2 oder 1 bis 4 nach § 33 HOAI einen verbindlichen Auftrag. Die weiteren Leistungen werden nur dann abgerufen, wenn das Vorhaben tatsächlich realisiert werden soll. Dies erleichtert den Ausstieg aus einem Projekt, wenn beispielsweise die öffentliche Förderung versagt wird oder die Haushaltsmittel nicht ausreichen. Mit dem Abruf einer jeden Stufe kommt ein neuer Vertrag über die jeweilige Stufe nach den im „Stufenvertrag" getroffenen Honorarbedingungen zustande.[14] Die Honorarvereinbarung steht bei einer stufenweisen Beauftragung unter der aufschiebenden Bedingung, dass die in Aussicht genommenen Leistungen tatsächlich in Auftrag gegeben werden.[15] Die dazu vorab geschlossene Honorarvereinbarung wird mit Abruf der jeweiligen Stufe wirksam und ist deshalb „bei Auftragserteilung getroffen", § 7 Abs. 1 HOAI.[16]

*2.4 Beauftragung unter Bedingung*

Es kommt immer wieder vor, dass der Bauherr sich erst dann mit einem Architektenvertrag binden will, wenn geklärt ist, dass er das Bauvorhaben realisieren kann. Mit dem erzielten Erlös soll auch der Architekt bezahlt werden. In derartigen Fällen wird der Architektenvertrag unter der aufschiebenden Bedingung geschlossen, dass die Vergütungspflicht nur bei Eintritt einer Bedingung entstehen soll.[17] Ein derartiger aufschiebend bedingter Architektenvertrag kann mündlich vereinbart werden, ohne dass das Schriftformerfordernis des § 7 Abs. 4 HOAI eingreift.[18] Behauptet der Besteller eine solche Absprache, muss der Architekt, der eine Vergütung für seine Leistungen verlangt, beweisen, dass entweder keine Bedingung vereinbart war oder die in Frage stehende Bedingung tatsächlich eingetreten ist.[19]

## 3. Die Pflichten des Architekten

Der Architektenvertrag wird von einem grundlegenden Gegensatz geprägt: Einerseits hat der Gesetzgeber die Vergütung in einer Weise reglementiert, die kaum noch Raum für individuelle Absprachen lässt. Auf der anderen Seite bereitet es große Schwierigkeiten, die Leistungspflichten des Architekten verlässlich zu bestimmen. Jahrzehnte lang galt: Der Architekt schuldet nicht die Einzeltätigkeit, sondern die einwandfreie Gesamtleistung. In der Art seiner Aufgabenerfüllung ist er frei.[20] Im Jahr 2004 hat der BGH dann seine Rechtsprechung zu den Leistungspflichten des Architekten um 180° geändert und entschieden: Der vom Architekten geschuldete Gesamterfolg ist im Regelfall

---

14 BGH, Urteil vom 18.12.2014 – VII ZR 350/13, NJW 2015, 616..
15 BGH, Urt. v. 27.11.2008 – VII ZR 211/07, NZBau 2009, 257.
16 Dies ist von Bedeutung, wenn das vereinbarte Honorar von den Mindestsätzen abweichen soll, § 7 I und 6 HOAI.
17 BGH, Urt. v. 28.3.1985 – VII ZR 180/84, BauR 1985, 467; BGH, Urt. v. 19.2.1998 – VII ZR 236/96, BauR 1998, 579.
18 OLG Braunschweig, Beschl. v. 24.5.2012 – 8 U 188/11, IBR 2013, 217.
19 BGH, Urt. v. 10.6.2002 – II ZR 68/00, NJW 2002, 2862.
20 BGH, Urt. v. 11.3.1982 – VII ZR 128/81, BauR 1982, 290.

nicht darauf beschränkt, dass er nur die Aufgaben wahrnimmt, die für die mangelfreie Errichtung des Bauwerks erforderlich sind.[21]

### 3.1 Der Vertrag definiert die Leistungspflichten

Die Frage, was der Architekt oder Ingenieur aus seiner vertraglichen Verpflichtung heraus zu leisten hat, beantwortet sich allein aus dem jeweiligen Architektenvertrag. Maßgabe sind die zwischen dem Architekten und dem Bauherrn im Einzelnen getroffenen Vereinbarungen auf der Grundlage der einschlägigen Regelungen des BGB über den Werkvertrag, §§ 631 ff. BGB.

Wenn der Architektenvertrag nicht konkret beschreibt, welche Leistungen der Architekt zu erbringen hat, muss mit den **Methoden der Auslegung** nach dem übereinstimmenden Willen der Vertragspartner geforscht werden. In der Sprache des BGH klingt das so: *„Umfang und Inhalt der geschuldeten Leistung des Architekten sind, soweit einzelne Leistungen des Architekten, die für den geschuldeten Erfolg erforderlich sind, nicht als selbständige Teilerfolge vereinbart worden sind, durch Auslegung zu ermitteln."*[22] Dabei sind, nach dem Grundsatz einer interessengerechten Auslegung, die durch den konkreten Vertrag begründeten Interessen des Auftraggebers an den Arbeitsschritten in den Blick zu nehmen, die für den vom Architekten geschuldeten Werkerfolg erforderlich sind.[23]

### 3.2 Auslegungsgrundsätze

#### 3.2.1 Bezug auf Grundleistungskataloge der HOAI.

Weitgehend durch die Rechtsprechung geklärt ist die Frage, wie Verträge auszulegen sind, die hinsichtlich der Leistungspflicht des Architekten Bezug auf die Anlage 10 zur HOAI[24] nehmen. Der Bundesgerichtshof hat für diesen Fall Auslegungsregeln[25] und in seiner Entscheidung vom 24.6.2006[26] – weit über den konkreten Streitfall hinausgehend – Kriterien aufgestellt, nach denen sich ein *„Interesse des Auftraggebers an Arbeitsschritten, die für den vom Architekten geschuldeten Werkerfolg erforderlich sind"*, ermitteln lässt. So wird der Auftraggeber im Regelfall ein Interesse an folgenden Arbeitsschritten haben,
- die als Vorgaben aufgrund der Planung des Architekten für die Bauunternehmer erforderlich sind, damit diese die Planung vertragsgerecht umsetzen können,
- die es dem Auftraggeber ermöglichen zu überprüfen, ob der Architekt den geschuldeten Erfolg vertragsgemäß bewirkt hat,

---

21 BGH, Urt. v. 24.6.2004 – VII ZR 259/02, BauR 2004, 1640; BGH, Urt. v. 11.11.2004 – VII ZR 128/03, BauR 2005, 400.
22 So der BGH wörtlich im Urt. v. 24.6.2004 – VII ZR 259/02, BauR 2004, 1640.
23 BGH, Urt. v. 24.6.2004 – VII ZR 259/02, BauR 2004, 1640.
24 Bis 2009: § 15 II HOAI 1996; bis 2013: Anlage 11 zur HOAI 2009.
25 BGH, Urt. v. 24.6.2004 – VII ZR 259/02, BauR 2004, 1640; BGH, Urt. v. 11.11.2004 – VII ZR 128/03, BauR 2005, 400.
26 BGH, Urt. v. 24.10.1996 – VII ZR 283/95, NJW 1997, 586.

- die ihn in die Lage versetzen, etwaige Gewährleistungsansprüche gegen Bauunternehmer durchzusetzen,
- die erforderlich sind, um die Maßnahmen zur Unterhaltung des Bauwerkes und dessen Bewirtschaftung zu planen.

Für den Bereich des Kostenmanagements verlangt der BGH im Urteil vom 11.11.2006[27] für den Normalfall folgende Arbeitsschritte als geschuldete Teilerfolge:
- Bereits im Zuge der Grundlagenermittlung hat der Architekt den wirtschaftlichen Rahmen für ein Bauvorhaben abzustecken.[28]
- Der Architekt muss den Besteller zutreffend über die voraussichtlichen Baukosten beraten.
- Diese Verpflichtungen bestehen ungeachtet der Verpflichtung, verschiedene Kostenermittlungen vorzulegen.
- Der Architekt schuldet die einzelnen Kostenermittlungen
  - Kostenschätzung
  - Kostenberechnung
  - Kostenanschlag
  - Kostenfeststellung,
  
  die grundsätzlich jeweils in den Leistungsphasen erbracht werden müssen, denen sie in der HOAI zugeordnet sind.
- Hinzu kommt ab der Kostenberechnung jeweils die Kostenkontrolle durch Vergleich der vorhergehenden Kostenermittlung mit der aktuellen.

In seinem Urteil vom 28.7.2011[29] hat der BGH den Katalog konkretisiert und eine weitere Teilleistung benannt, die der Architekt regelmäßig schuldet, wenn die Parteien im Vertrag auf § 15 Abs. 2 HOAI 1996.[30] Bezug genommen haben: das Bautagebuch.

Obwohl der Bundesgerichtshof dies bisher noch nicht ausdrücklich so erklärt hat, lässt sich der aktuelle Stand der Rechtsprechung dahin gehend verstehen, dass der Planer, der in seinem Vertrag mit dem Besteller hinsichtlich seiner Leistungspflichten auf die Leistungsbilder der HOAI (bis 2009: § 15 Abs. 2 HOAI 1996; bis 2013: Anlage 11 zur HOAI 2009; jetzt: Anlage 10 zur HOAI 2013) Bezug genommen hat, die Ausführung der in den jeweiligen Leistungsbildern gelisteten Grundleistungen schuldet.[31] Es

---

27 BGH, Urt. v. 11.11.2004 – VII ZR 128/03, BauR 2005, 400.
28 Ebenso: OLG Hamm, Urteil vom 21.7.2011 – 24 U 151/04; nachfolgend: BGH, 28.6.2012 – VII ZR 183/11 (Nichtzulassungsbeschwerde zurückgewiesen), IBR 2011, 592.
29 BGH, Urt. v. 28.7.2011 – VII ZR 65/10, NZBau 2011, 622.
30 Seit 2009: Anlage 11 zur HOAI 2009; seit 2013: Anlage 10 zur HOAI 2013.
31 Anders lässt sich die Entscheidung des BGH Urt. v. 28.7.2011 – VII ZR 65/10, NZBau 2011, 622 = BauR 2011, 1677 nicht verstehen: *„Danach schuldete der Kl. das Führen eines Bautagebuchs. Denn dies gehört zum Leistungsbild der Objektüberwachung (Leistungsphase 8 des § 15 Absatz II HOAI). Die Parteien haben ausdrücklich vereinbart, dass für den Inhalt der Leistungspflichten das Leistungsbild des § 15 Absatz II HOAI entsprechend gilt";* OLG Oldenburg Urt. v. 6.9.2012 – 8 U 96/12, NJW-RR 2013, 463 = BauR 2013, 119: *„Für eine schlüssige Honorarklage eines Architekten genügt die Darlegung der Vereinbarung „Auftragsvolumen: Leistungsphasen 1 – 8 (97%)";* OLG Frankfurt a.M. Urt. v. 15.12.2011 – 12 U 71/10, NZBau 2012, 306 = BauR 2012, 995 L: *„Die zutreffende Kostenermittlung gehört zu den Grundleistungen des Architekten gem. § 15 HOAI a. F.";* OLG Düsseldorf Urt. v. 17.11.2011 – 5 U 8/11, NZBau 2012, 372 = BauR 2012, 1274.

versteht sich von selbst, dass Besonderheiten des konkreten Vertragsverhältnisses diese Annahme widerlegen können.

### 3.2.2 Verträge ohne konkrete Leistungsbeschreibung

Erheblich kontroverser wird dagegen die Frage diskutiert, wie Verträge auszulegen sind, die weder Bezug auf die Leistungskataloge der HOAI nehmen, noch die Leistungspflichten des Architekten in anderer Weise konkret beschreiben.

Es liegt nahe, das bestehende Vakuum auch hier durch den Regelungsinhalt der Anlage 10 zur HOAI[32] zu füllen. Dem direkten Weg zur Anlage 10 zur HOAI steht aber der immer wieder vom BGH betonte Grundsatz entgegen, dass die HOAI nun einmal eine Preisregelung ist und keine Vertragspflichten des Architekten beschreibt.[33] Allerdings relativiert der BGH in seiner Leitentscheidung vom 24.6.2004 dies, wenn er ausführt, dass *„der Inhalt und Umfang der Verpflichtung des Architekten sich nicht ohne weiteres aus der Bezugnahme im Vertrag auf die in §§ 15 Abs. 2 Nr. 1 HOAI (jetzt Anlage 10 zur HOAI) beschriebenen Leistungsbilder ergeben"*. Wenn die Anlage 10 zur HOAI nicht „ohne weiteres" Leistungspflichten beschreibt, bedeutet dies im Umkehrschluss, dass es durchaus denkbar ist, die dort aufgelisteten Grundleistungen zumindest als Auslegungsmerkmale heranzuziehen. Dieses Verständnis der Anlage 10 zur HOAI als Auslegungsregel bestätigt der BGH in seiner Entscheidung vom 26.7.2007,[34] wenn er den Leistungsbildern oder Leistungsphasen der HOAI den Wert *„einer Auslegungshilfe zur Bestimmung der vertraglich geschuldeten Leistung"* beimisst.

Die notwendige Brücke hin zu den allgemeinen Grundsätzen des bürgerlich-rechtlichen Vertragsrechts lässt sich über den Anforderungskatalog des § 633 Abs. 2 Satz 2 Nr. 2 BGB schlagen. Der Architekt hat nach § 633 Abs. 2 Satz 2 Nr. 2 BGB wie jeder andere Werkunternehmer sicherzustellen, dass sein Werk die „übliche" und vom Besteller „erwartete" Beschaffenheit aufweist. Seine Leistungen sind an dem Standard zu messen, der für einen Architekten gebräuchlich ist und vom Markt der Bauherren als solcher vorausgesetzt wird. Tatsächlich enthält die Auflistung von Leistungen in Anlage 10 zur HOAI nach der Amtlichen Begründung *„alle wesentlichen planerischen Grundleistungen der Auftragnehmer für die Objektplanung nach dem gegenwärtigen Stand der Technik"*.[35] Und nach § 3 Abs. 2 HOAI umfassen *„die Grundleistungen die Leistungen, die zur ordnungsgemäßen Erfüllung eines Auftrages im Allgemeinen erforderlich sind."* Dies lässt den Schluss zu, dass die in Anlage 10 zur HOAI aufgeführten Grundleistungen ein Abbild dessen sind, was ein Architekt *„üblicherweise"* zu tun hat, wenn er einen Architektenvertrag abgeschlossen hat, der die Leistungspflichten nicht konkret beschreibt. Deshalb kann der Besteller derartiger nicht näher präzisierter Architektenleistungen von seinem Architekten regelmäßig die Erfüllung der in Anlage 10

---

32 Bzw. § 15 II HOAI 1996 oder Anlage 11 zur HOAI 2009.
33 BGH, Urt. v. 24.10.1996 – VII ZR 283/95, NJW 1997, 586. .
34 BGH, Urt. v. 26.7.2007 – VII ZR 42/05, NZBau 2007, 653, dort zu der nahezu inhaltsgleichen Regelung der Grundleistungen in § 15 HOAI 1996.
35 BR-Drucks. 270/76.

## 3. Architektenrecht

zur HOAI aufgeführten Grundleistungen verlangen, weil sie i.S. d. § 633 Abs. 2 Satz 2 Nr. 2 BGB „*üblich*" sind und der Besteller sie „*erwartet*".[36]

Ebenso kann aber die Auslegung des Vertrages auch ergeben, dass es nicht im Interesse des Bestellers lag, dem Architekten Leistungen zu übertragen, die für den Besteller ohne oder von geringem Nutzen sind. In diesen Fällen kann nicht davon ausgegangen werden, dass der Architekt die Erbringung aller Grundleistungen einer Leistungsphase schuldet.[37] Zu beachten ist in diesem Zusammenhang die in § 8 Abs. 2 HOAI normierte preisrechtliche Konsequenz einer solchen Einschränkung der Leistungsverpflichtung des Architekten. § 8 Abs. 2 HOAI schreibt vor, dass in diesem Fall für die übertragenen Grundleistungen nur ein Honorar berechnet und vereinbart werden darf, das dem Anteil der übertragenen Grundleistungen an der gesamten Leistungsphase entspricht.

Damit ergibt sich der notwendige Wertungsgleichklang:
– eine geschuldete, aber nicht erbrachte Grundleistung berechtigt den Besteller zur Minderung nach § 638 BGB,[38]
– eine von vorne herein nicht vereinbarte Grundleistung führt zu einer anteiligen Kürzung des Voll-Honorars nach § 8 Abs. 2 HOAI.

### 3.3 Leistungspflichten von besonderer Bedeutung

#### 3.3.1 Bedarfsplanung nach DIN 18205

Die Bedarfsplanung nach DIN 18205 entwickelt durch den Einsatz von Prüflisten und anderen Planungsmethoden eine geordnete Aufstellung der Bedürfnisse, Ziele, Mittel und Rahmenbedingungen, die mit einem Bauprojekt in Zusammenhang stehen. Der erarbeitete und später fortgeschriebene Bedarfsplan ermöglicht es dem Bauherrn, sich darüber klar zu werden, ob er ein Bauwerk benötigt und welche Aufgaben er zu verteilen hat, um das Bauwerk zu realisieren. Bei der Auswahl der mit der Planung und Errichtung zu beauftragenden Personen liefert der Bedarfsplan die zur Entscheidungsfindung notwendigen Daten und Fakten. Anhand des Bedarfsplans kann der Bauherr die auf seine Bedürfnisse antwortende Planung kontrollieren und bewerten. Der Bedarfsplan stellt sich damit als ein Instrument dar, auf dessen Einsatz ein zielorientierter und kostenbewusster Bauherr nicht verzichten sollte.[39]

#### 3.3.2 Baugrund

Besonderes Augenmerk ist auf den Baugrund zu richten. Die Prüfung des Baugrunds ist eine Hauptleistungspflicht des Architekten im Rahmen der Grundlagenermittlung.[40] Der Architekt muss dafür sorgen, dass sein Bauherr einen entsprechenden Auftrag an den Baugrundsachverständigen erteilt. Kein Neubauvorhaben sollte geplant werden,

---

[36] So jetzt auch Kniffka, Vergütung für nicht erbrachte Grundleistungen?, BauR 2015, 883 f.
[37] So jetzt auch Kniffka, Vergütung für nicht erbrachte Grundleistungen?, BauR 2015, 883 f.
[38] Sofern eine Nacherfüllung nicht mehr in Betracht kommt.
[39] Einzelheiten bei Preussner, Bedarfsplanung nach DIN 18205: Der Schlüssel zur erfolgreichen Architektenplanung, BauR 2009, S. 417.
[40] OLG Rostock, Urt. v. 3.3.2010 – 2 U 68/07; nachfolgend: BGH, Beschl. v. 22.12.2011 – VII ZR 55/10 (Nichtzulassungsbeschwerde zurückgewiesen), IBR 2012, 273.

bevor nicht ein Baugrundgutachten vorliegt. Allgemeine Kenntnisse des Architekten über die Bodenverhältnisse in der betreffenden Region reichen nicht aus. Kommt es aufgrund einer fehlenden Baugrunduntersuchung zu Setzungsrissen, ist der Architekt dem Bauherrn zum Schadensersatz verpflichtet.[41] Auch die vertragsgerechte Planung einer Mauerwerksabdichtung erfordert in aller Regel eine vorherige Erforschung des Baugrundes und eine auf die konkreten Boden- und Wasserverhältnisse abgestimmte planerische Darstellung.[42]

Besondere Baugrundverhältnisse können sogar eine Bebauung von vornherein verhindern. Beispiele:
- Das fragliche Grundstück weist gefährliche, nicht zu beseitigende Altlasten auf (z.B. radioaktive Kontamination),
- das Grundstück liegt ohne Eindeichung in der Hochwasserzone eines Gewässers oder
- die Bebauung erfordert einen mit vernünftigem Aufwand nicht zu bewerkstelligenden Bodenaustausch (z.B. Torflinse, Seeton).

Der Bauherr spart am falschen Ende, wenn er auf die Einholung eines Baugrundgutachtens verzichtet. Das hierfür aufgewendete Geld ist gut angelegt, weil das Baugrundgutachten nicht nur Risiken minimiert, sondern auch unnötige Mehrkosten für die Absicherung gegen nicht bekannte Risiken des Baugrundes vermeidet.

### 3.3.3 Genehmigungsfähigkeit

Bei der Grundlagenermittlung im Rahmen der Grundleistung "Klären der Aufgabenstellung" muss der Architekt nicht nur die Wünsche und Vorstellungen des Auftraggebers abfragen, sondern auch klären, ob diese auf dem vorhandenen Grundstück realisiert werden können. Deshalb hat der mit der Bauplanung beauftragte Architekt bereits bei der Grundlagenermittlung zu prüfen, ob das Bauvorhaben grundsätzlich genehmigungsfähig ist. Eine Verletzung dieser Pflicht kann eine außerordentliche Kündigung des Architektenvertrages rechtfertigen und dazu führen, dass der Architekt auch für die schon erbrachten Leistungen keine Vergütung erhält.

### 3.3.4 Kostenmanagement

Der Architekt hat bereits im Zuge der Grundlagenermittlung den wirtschaftlichen Rahmen für ein Bauvorhaben abzustecken.[43] Er schuldet dem Besteller nämlich eine zutreffende Beratung über die voraussichtlichen Baukosten. Diese Verpflichtung besteht ungeachtet der Verpflichtung, verschiedene Kostenermittlungen vorzulegen. Der Architekt muss erfragen, welche finanziellen Mittel dem Bauherrn zur Verfügung stehen und danach seine weiteren Überlegungen ausrichten.[44] Diese Verpflichtung hat der BGH in

---

41 OLG Rostock, a.a.O.
42 OLG Düsseldorf, Urt. v. 22.6.2004 – 21 U 225/03, IBR 2004, 704.
43 Eingehend: BGH, Urt. v. 11.11.2004 – VII ZR 128/03, BauR 2005, 400.
44 BGH, Urt. v. 17.1.1991 – VII ZR 47/90 –, BauR 1991, 366 (367); OLG München, 23.9.1998 – 27 U 425/97; nachfolgend: BGH, Beschl. v. 27.7.2000 – VII ZR 429/98 – (Nichtzulassungsbeschwerde zurückgewiesen), IBR 2000, 512.

seiner Grundsatzentscheidung zum Kostenmanagement vom 11.11.2004[45] statuiert und im Urteil vom 21.3.2013[46] verdeutlicht. Der Architekt ist demnach verpflichtet, die Planungsvorgaben des Auftraggebers zu den Herstellungskosten des Bauwerks zu beachten und die ihm bekannten Kostenvorstellungen des Auftraggebers bei seiner Planung zu berücksichtigen.[47]

### 3.3.5 Brandschutz

Der Brandschutz rückt zunehmend in den Fokus der Architektenplanung. Wer ein Gebäude plant, muss in der konstruktiven Gebäudeplanung die Anforderungen an den Brandschutz berücksichtigen, damit hieraus eine genehmigungsfähige Vorlage für die Baugenehmigungsbehörde erarbeitet werden kann und seine Planung eine geeignete Grundlage für die mangelfreie Errichtung des Gebäudes ist.[48] Diese Planungsleistungen sind ohne weiteres von der in der Anlage 10 zur HOAI genannten Berücksichtigung bautechnischer und bauphysikalischer Anforderungen umfasst.[49]

### 3.3.6 Pflichten bei der Vergabe

Der Architekt bereitet die Vorbereitung der Vergabe durch die Aufstellung von entsprechenden Leistungsverzeichnissen vor. Das Leistungsverzeichnis muss die vom Unternehmer zu erbringenden Arbeiten konkret und widerspruchsfrei beschreiben. Die Erfahrung zeigt, dass jede im Leistungsverzeichnis nicht enthaltene, aber notwendige Leistung in einem Nachtrag vom Unternehmer zu Preisen angeboten wird, die häufig Gegenstand von Diskussionen werden. Dies lässt sich durch eine vollständige Leistungsbeschreibung vermeiden.

Es war schon bisher üblich, dass der Architekt zumindest bei größeren Bauvorhaben sein Leistungsverzeichnis selbst mit den von ihm erwarteten Einzelpreisen versah. Jetzt findet sich dies in der Anlage 10 zur HOAI 2013 als neue Grundleistung in der Leistungsphase 6 unter d): *„Ermitteln der Kosten auf der Grundlage vom Planer bepreister Leistungsverzeichnisse"*.

Ein solches „Prognose"-Leistungsverzeichnis kann einerseits dazu dienen, die vorliegende Kostenberechnung zu verifizieren. Zum anderen geben Abweichungen zwischen den vom Architekten geschätzten Einzelpreisen und den eingehenden Angeboten der Unternehmer wertvolle Hinweise auf mögliche Planungs- oder Ausschreibungsfehler, die in diesem Stadium noch korrigiert werden können.

### 3.3.7 Bauleitung

Die zentrale Aufgabe des Architekten in der Leistungsphase 8 besteht darin, auf die Übereinstimmung der Ausführung des Objekts mit den jeweiligen Ausführungsplänen,

---

45 BGH, Urt. v. 11.11.2004 – VII ZR 128/03, BauR 2005, 400.
46 BGH, Urt. v. 21.3.2013 – VII ZR 230/11, NJW 2013, 1593.
47 BGH, Urt. v. 24.6.1999 – VII ZR 196/98, NJW 1999, 3554.
48 BGH, Urt. v. 26.1.2012 – VII ZR 128/11, IBR 2012, 208.
49 Leistungsphase 2 lit. d), Leistungsphase 3 lit. a), Leistungsphase 5 lit. a).

Leistungsbeschreibungen und mit den anerkannten Regeln der Technik zu achten. Dazu bedarf es eines fortlaufenden Vergleichs der Unterlagen mit der praktischen Verwirklichung des Bauvorhabens.

Nach allgemeiner Ansicht ist jedoch die ständige Anwesenheit des Architekten auf der Baustelle nicht unbedingt nötig.[50] Der Architekt kann sich bei einfachen und gängigen Arbeiten regelmäßig auf die Zuverlässigkeit der Bauausführung verlassen, wenn er nicht Anlass zur besonderen Kontrolle hat.[51] Die Aufsicht durch den Architekten selbst oder einen zuverlässigen Mitarbeiter ist hingegen stets erforderlich, wenn es sich um wichtige Bauvorgänge handelt, welche für die Erreichung der Bauaufgabe von wesentlicher Bedeutung sind. Typische Gefahrenquellen und kritische Bauabschnitte muss der Architekt besonders beobachten und überprüfen, während er handwerkliche Selbstverständlichkeiten bei allgemein üblichen Routinearbeiten im Zweifel nicht zu überwachen braucht.[52]

## 4. Die Haftung des Architekten

### 4.1 Grundzüge der Haftung

Haften bedeutet: Einstehen zu müssen für die Verletzung fremder Rechtsgüter, die von der Rechtsordnung unter Schutz gestellt sind, seien die Betroffenen Vertragspartner oder sonstige Dritte. Der Architekt haftet in erster Linie seinem Vertragspartner für die Erfüllung der im Vertrag übernommenen Pflichten. Dabei stellt der Vertragstyp, dem der einzelne Architektenvertrag zuzuordnen ist, die Weiche für das anzuwendende gesetzliche Haftungssystem. Dies ist der Werkvertrag, geregelt in den §§ 631 f. BGB.

Die Kriterien, denen das Werk genügen muss, um mangelfrei zu sein, lauten gemäß § 633 Abs. 2 BGB: „vereinbarte Beschaffenheit" und „Eignung für die nach dem Vertrag vorausgesetzte Verwendung".

Fehlen vertragliche Regelungen zur Beschaffenheit oder zur Verwendung, kommt es nach § 633 Abs. 2 Satz 2 Nr. 2 BGB auf folgende Prüfsteine, an denen die Mangelfreiheit des Werkes zu messen ist: „Eignung für die gewöhnliche Verwendung", „übliche Beschaffenheit bei Werken der gleichen Art" und „nach der Art des Werkes zu erwartende Beschaffenheit".

Der Architekt schuldet nicht die Errichtung des Bauwerks.[53] Er ist geistiger Unternehmer. Ihm obliegt es, die Voraussetzungen zu schaffen, die eine mangelfreie Errichtung des Gebäudes sicherstellen. Vor diesem Hintergrund werden die Parteien sinnvollerweise die technischen Ziele (Quantitäten, Qualitäten und Zeitvorstellungen), die gestalterischen Ziele (Kunstwerk oder Gebrauchsarchitektur, sonstige gestalterische Vorstellungen des Bauherrn) und die wirtschaftlichen Ziele (Kostenrahmen, Kostenober-

---

50 OLG Stuttgart, Urt. v. 21.4.2008 – 5 U 22/ 08, IBR 2008, 398; OLG Brandenburg, Urt. v. 14.12.2005 – 4 U 167/99, IBR 2006,279.
51 BGH, Urt. v. 24.2.1969 – VII ZR 173/66, VersR 1969, 473.
52 OLG Brandenburg, Urt. v. 14.12.2005 – 4 U 167/99, IBR 2006, 279.
53 BGH, Beschl. v. 01. 02. 1965 – GSZ 1/64, NJW 1965, 1175; BGH, Urteil vom 26.11.1959 – VII ZR 120/58, NJW 1960, 431.

grenze, zur Verfügung stehende Fördermittel, steuerliche Vergünstigungen) vertraglich definieren. Weiter sollte der Bauherr im Vertrag sicherstellen, dass der Architekt die Arbeitsergebnisse liefert, die für eine mangelfreie Ausführung, die reibungslose Abwicklung, die kostengünstige Herstellung und eine nach Kosten/Nutzen optimierte Planung erforderlich sind.

Die Beschreibung der vom Architekten zu erbringenden Leistungen – sei sie nun allgemein gehalten oder bereits differenziert und ins Einzelne gehend – definiert die vertragliche Leistungspflicht des Architekten. Gleichzeitig liefert sie die Soll-Vorgabe im Sinne der „vereinbarten Beschaffenheit" nach § 633 Abs. 2 Satz 1 BGB. Weicht der Ist-Zustand hiervon ab, so liegt ohne weiteres ein Mangel vor. Fehlt eine konkrete Beschaffenheitsbeschreibung, muss untersucht werden, ob sich entsprechende Vereinbarungen durch Auslegung des Architektenvertrages ergeben.[54] Wenn die Parteien im Architektenvertrag auf die Anlage 10 zur HOAI Bezug genommen haben, so kann dies dahin gehend ausgelegt werden, dass der Architekt die vereinbarten Arbeitsschritte als Teilerfolg des vertraglich vorgesehenen Gesamterfolges schulden soll.[55] Zum gleichen Ergebnis führt eine Auslegung des Vertrages auch beim Fehlen eines ausdrücklichen Bezugs auf die Grundleistungen der HOAI, wenn davon auszugehen ist, dass der Auftraggeber ein Interesse an der Erbringung aller Grundleistungen hat.

Ohne konkrete Anhaltspunkte im Vertrag selbst sichert der Architekt weiter die Einhaltung der anerkannten Regeln der Technik zu.[56] Ein Werk ist allerdings auch dann mangelhaft, wenn es zwar die anerkannten Regeln der Technik einhält, gleichwohl aber nicht funktionstauglich und zweckentsprechend ist.[57]

*4.2 Gewährleistungsansprüche des Auftraggebers*

Ist das Architektenwerk mangelhaft, so kann der Besteller gemäß § 634 BGB die dort aufgeführten Gewährleistungsansprüche geltend machen: Nacherfüllung, Selbstvornahme, Rücktritt, Minderung, Schadensersatz und Aufwendungsersatz.

4.2.1 Nacherfüllung

Liegt ein Mangel vor, dann steht dem Auftraggeber zunächst nach § 635 Abs. 1 BGB das Recht auf „Nacherfüllung" zu. Er fordert den Auftragnehmer unter Fristsetzung auf, den Mangel aus der Welt zu schaffen. Die Nacherfüllung kann entweder durch Beseitigung des Mangels oder durch die Herstellung eines neuen Werkes erfolgen. Welche der beiden Varianten gewählt wird, entscheidet – anders als im Kaufrecht, § 439 Abs. 1 BGB – der Auftragnehmer, § 635 Abs. 1 BGB.

---

54 BGH, Urt. v. 24.6.2004 – VII ZR 259/02, BauR 2004, 1640.
55 Die Beschreibung der einzelnen Grundleistungen in der Anlage 10 zur HOAI stellt keinen für jeden Architektenvertrag gültigen Leistungskatalog bereit. Die HOAI hat keine „Leitbildfunktion" für die Bestimmung des vertraglich geschuldeten Leistungsumfanges. Sie verfügt nur über eine preisrechtliche Zielsetzung und enthält keine über den Vertrag hinausgehenden Regelungen der Pflichten des Architekten gegenüber seinem Auftraggeber. BGH, Urt. v. 22.10.1998 – VII ZR 91/97, NJW 1999, 427; BGH, Urt. v. 19.12.1996 – VII ZR 233/95, BauR 1997, 488 (490); Urt. v. 24.10.1996 – VII ZR 283/95, NJW 1997, 586.
56 BGH, Urt. v. 7.3.2013 – VII ZR 134/12, IBR 2013, 269.
57 BGH, Urt. v. 8.11.2007 – VII ZR 183/05, NJW 2008, 511 m.w.N.

Die zur Nacherfüllung gesetzte Frist muss den Mangel, dessen Beseitigung verlangt wird, so konkret beschreiben, dass der Auftragnehmer den Mangel nach Ort und Erscheinungsform (»Symptome«)[58] identifizieren kann. Es sollte vermieden werden, die Bezeichnung des gerügten Mangels auf eine bloße Bezugnahme (*„gemäß unserem Telefonat vom ..."*, *„wie schon vor Ort gezeigt"*, *„entsprechend dem beigefügten Sachverständigengutachten")*[59] zu beschränken. Hier besteht die Gefahr, dass der Auftragnehmer entgegnet, er könne den gerügten Mangel nicht mit der erforderlichen Genauigkeit ausmachen.

Der Auftraggeber muss auch klar und deutlich erklären, dass er die Beseitigung des Mangels verlangt. Es genügt deshalb nicht, wenn er den Auftragnehmer lediglich auffordert, sich innerhalb der Frist zu äußern, ob er den Mangel anerkennt und bereit ist, ihn zu beseitigen.[60] Ebenso wenig reicht es aus, wenn nur Frist zur Übermittlung eines Sanierungskonzeptes oder eines Zeitplans für die Mangelbeseitigung gesetzt wird.

Die bei der Nacherfüllung erforderlichen Aufwendungen, insbesondere die Transport-, Wege-, Arbeits- und Materialkosten, hat – wie schon nach §§ 633 Abs. 2 Satz 2, 476a Satz 1 BGB a.F.[61] – der Auftragnehmer zu tragen (§ 635 Abs. 2 BGB). Solange der Auftragnehmer seiner Pflicht, den Mangel zu beseitigen, nicht nachgekommen ist, darf der Besteller nach § 641 Abs. 3 BGB „in der Regel das Doppelte" des zur Behebung des Mangels erforderlichen Geldbetrages einbehalten. Man bezeichnet dies als „Druckzuschlag".[62]

In der Praxis kursiert die Meinung, ein Architekt hafte nur auf Schadensersatz; zur Nacherfüllung könne er weder verpflichtet, noch berechtigt sein.[63] Diese Auffassung ist unzutreffend. Auch der Architekt hat grundsätzlich nicht nur die Pflicht, sondern auch ein Recht, seine mangelhafte Leistung zu korrigieren.

Das Recht auf Nacherfüllung steht allerdings unter dem Vorbehalt, dass es dem Besteller „zumutbar" im Sinne des § 636 BGB[64] ist, die Mangelbeseitigung vorzunehmen. Gerade bei Mängeln am Architektenwerk ist es häufig nicht mehr möglich, den Mangel im Nachhinein zu beheben. Hat sich die Fehlleistung des Architekten durch ihre Umsetzung im Bauwerk bereits realisiert, bringt eine fehlerfreie Wiederholung der Leistung des Architekten keine Verbesserung. Der nunmehr fehlerfrei gezeichnete Plan ist für den Besteller wertlos. Ebenso wenig lässt sich die unterlassene oder ungenügende Über-

---

58 BGH, Urt. v. 21.12.2000 – VII ZR 192/98 –, NJW-RR 2001, 380; Urt. v. 28.10.1999 – VII ZR 115/97 –, NJW-RR 2000, 309: ausreichend ist der Hinweis, *„die Schallschutzwerte"* würden *„nicht eingehalten"*; Urt. v. 14.1.1999 – VII ZR 185/97 –, BauR 1999, 899.
59 Vor allem, wenn es zwei- oder gar dreistellige Seitenzahlen aufweist.
60 BGH, Urt. v. 23.2.2006 – VII ZR 84/05, NZBau 2006, 371; BGH, Urt. v. 21.12.2000 – VII ZR 488/99 –, NZBau, 2001, 211; Urt. v. 16.9.1999 – VII ZR 456/98 –, BauR 2000, 98.
61 Entfallen ist die Einschränkung des § 476a S 2 BGB a.F., dass solche Mehrkosten, die entstehen, weil die Sache an einen anderen Ort verbracht worden ist, nicht zu erstatten sind.
62 BGH, Urt. v. 4.4.2002 – VII ZR 252/01, NJW-RR 2002, 1025.
63 Die Rechtsprechung ist an dem Missverständnis nicht ganz schuldlos. Formulierungen wie *„Die übrigen bei Werkmängeln eingreifenden Vorschriften haben für den Werkvertrag des Architekten geringe Bedeutung; Nachbesserung (§ 633 II BGB) kommt im Allgemeinen nicht in Betracht."* lassen bei oberflächlicher Betrachtung diesen (falschen) Schluss zu. BGH, Urt. v. 18. 9. 1967 – VII ZR 88/65, NJW 1967, 2259. Ähnlich BGH, Urt. v. 2.5.1963 – VII ZR 171/61, NJW 1963, 1401.
64 Eine Selbstvornahme nach § 637 BGB kommt hier nicht in Betracht.

wachung der Bauarbeiten nachträglich korrigieren. Die mangelhafte Planung oder Bauüberwachung kann nicht mehr ungeschehen gemacht werden, denn sie ist schon im fraglichen Bauteil verkörpert.[65] In diesen Fällen ist eine Nacherfüllung für den Bauherrn „unzumutbar", weil sie sinnlos ist.[66]

4.2.2 Selbstvornahme.

Sobald eine vom Auftraggeber angemessen bestimmte und in verständlicher Form geäußerte Frist zur Nacherfüllung erfolglos abgelaufen ist, kann der Besteller gemäß § 637 BGB den Mangel selbst beseitigen lassen, sog. Selbstvornahme.

Nach § 637 Abs. 2 Satz 2 BGB ist die Fristsetzung entbehrlich, wenn die Nacherfüllung fehlschlägt, weil der Auftragnehmer den Mangel trotz wiederholter Nachbesserung nicht beseitigen konnte,[67] oder wenn der Auftragnehmer ernsthaft und endgültig erklärt, er verweigere die Mangelbeseitigung.

Ist dagegen die Nacherfüllung für den Auftragnehmer unzumutbar, schließt dies einen Anspruch auf Selbstvornahme regelmäßig aus. Gleiches gilt, wenn eine Nacherfüllung für den Auftraggeber „unzumutbar" wäre. Hier sind in erster Linie die Fälle angesprochen, in denen sich die mangelhafte Leistung des Architekten schon im Bauwerk verwirklicht hat.

Die Selbstvornahme kommt bei fehlerhaften Architektenleistungen in Betracht, solange das mangelhafte Architektenwerk grundsätzlich noch einer Nacherfüllung zugänglich ist. Hat sich die mangelhafte Leistung des Architekten dagegen schon im Bauwerk verwirklicht, scheidet die Selbstvornahme aus.[68] Die Selbstvornahme ist beschränkt auf die originären Leistungen des Architekten, also die Lieferung fehlerfreier Pläne, Verhandlungen zur Erzielung der Baugenehmigung oder eine Aufstellung bzw. Korrektur der Kostenermittlung, sofern sie für den Besteller noch von Nutzen sein kann.

---

[65] BGH, Urt. v. 7.3.2002 – VII ZR 1/00, BauR 2002, 571; BGH, Urt. v. 29.9.1988 – VII ZR 182/87, NJW-RR 1989, 86.
[66] Der BGH, Beschl. v. 1.2.1965 – GSZ 1/64, NJW 1965, 1175 drückt dies plastisch aus: *„Umgekehrt kann der Architekt in der Regel in Fällen wie hier nach § 633 BGB (a.F.) nicht nachbessern; denn das würde zu nichts führen. Durch die bloße Änderung eines fehlerhaften Planes würde der Mangel nicht behoben, und die versäumte Bauaufsicht kann nicht nachgeholt werden"*. Ebenso: BGH, Urt. v. 27.11.2008 – VII ZR 206/06, NJW 2009, 582.
[67] Die Zahl der „zumutbaren" Nacherfüllungsversuche hängt vom Einzelfall ab. Zwei Versuche wird der Besteller in entsprechender Anwendung des § 440 S 2 BGB zulassen müssen: *„Eine Nachbesserung gilt nach dem erfolglosen zweiten Versuch als fehlgeschlagen, wenn sich nicht insbesondere aus der Art der Sache oder des Mangels oder den sonstigen Umständen etwas anderes ergibt."* Auch: BGH, Urt. v. 29.6.2011 – VIII ZR 202/10, IBR 2011, 730.
[68] BGH, Urt. v. 7.3.2002 – VII ZR 1/00, BauR 2002, 571; BGH, Urt. v. 29.9.1988 – VII ZR 182/87, NJW-RR 1989, 86; BGH, Urt. v. 9.4.1981 – VII ZR 263/79, BauR 1981, 395; OLG Saarbrücken, Urt. v. 28.3.2001 – 1 U 437/00-01, NZBau 2002, 98.

### 4.2.3 Minderung

Nach § 638 Abs. 3 BGB gibt die Minderung das Recht, den Werklohn zu kürzen. Entscheidend für die Höhe der Herabsetzung der Vergütung ist das Wertverhältnis zwischen mangelfreiem und mangelbehaftetem Werk.

Bei der Ermittlung der Minderung wegen einer mangelhaften Architektenleistung muss unterschieden werden: Wenn es um die Kompensation für einen Baumangel geht, ist in erster Linie auf die Kosten der Nacherfüllung abzuheben. Besteht der Mangel jedoch darin, dass der Architekt eine geschuldete Grundleistung nicht erbracht hat, kann es nicht auf die Kosten für die tatsächliche Mangelbeseitigung ankommen, denn diese wird in aller Regel nicht nachgeholt. Hier bestimmt sich die Minderung nach der Höhe des Honorars, das für die fehlende Grundleistung zu entrichten wäre. Die Minderung liefert dem Bauherrn einen gerechten Ausgleich für die reduzierte Leistung des Architekten, während andere Mängelansprüche regelmäßig nicht greifen.[69] Nacherfüllung scheidet hier fast immer aus, wenn der Bau fertig gestellt ist oder der Baufortschritt es überflüssig macht, die fehlende Leistung nachzuholen. Hier ist es dem Bauherrn nicht mehr zuzumuten, dass er dem Architekten Frist zur Durchführung einer »pro forma«-Nacherfüllung setzt (§§ 638 Abs. 1 Satz 1, 636 BGB). Und die Forderung nach Schadensersatz scheitert daran, dass ein konkreter Schaden allein aus der fehlenden Leistung noch nicht abgeleitet werden kann.

Die Minderung wird als Gestaltungsrecht durch Erklärung gegenüber dem Auftragnehmer ausgeübt. Hat der Auftraggeber einmal gemindert, ist das Wahlrecht nach § 634 BGB erloschen. Er kann nicht später auf einen anderen Gewährleistungsanspruch umschwenken. Vor diesem Hintergrund sollte die Minderung nicht vorschnell erklärt, sondern zunächst einmal abgewartet werden, welches der zur Verfügung stehenden Gewährleistungsrechte die wirtschaftlich beste Lösung bringt.

### 4.2.4 Schadensersatz.

Der Architekt ist zum Schadensersatz verpflichtet, wenn er schuldhaft gegen eine vertragliche Verpflichtung verstößt und dem Auftraggeber dadurch einen Schaden zufügt. Der Begriff der **„Pflichtverletzung"** ist das zentrale Element des Schadensersatzrechts. Sie umfasst nicht nur alle Verstöße gegen vertragliche Pflichten einschließlich der nach § 241 Abs. 2 BGB gebotenen Rücksicht auf die Rechte, Rechtsgüter und Interessen des Vertragspartners, sondern auch Verstöße im Zuge von Vertragsverhandlungen (§§ 311 Abs. 2, 241 Abs. 2) und nach Beendigung des Vertrages.[70]

Wird ein Mangel des Bauwerks festgestellt, deutet dies nicht in jedem Fall darauf hin, dass der Architekt seine Pflichten im Rahmen der Bauüberwachung verletzt hat. Nicht alle Ausführungsfehler lassen sich ohne weiteres auf eine mangelhafte Kontrolle

---

69 BGH, Urt. v. 24.6.2004 – VII ZR 259/02, BauR 2004, 1640.
70 OLG Hamm, Urt. v. 11.10.1994 – 28 U 26/94, NJW-RR 1995, 400: „Um eine nachvertragliche Pflichtverletzung handelt es sich zum Beispiel, wenn der Architekt nach Abschluss seiner Vertragsleistung bereit ist, für den Auftraggeber Mängel am Deckenputz zu begutachten. „Durch dieses Tätigwerden hat er einen Vertrauenstatbestand des Inhaltes gesetzt, dass der Auftraggeber als Wohnungseigentümer davon ausgehen durfte, dass der damalige bauleitende Architekt ihm zumindest die erforderlichen Schritte anraten werde."".

### 3. Architektenrecht

durch den Architekten zurückführen.[71] Es ist zunächst zu prüfen, in welcher Intensität der Architekt die **Überwachung** der in Frage stehenden Bauleistung schuldete. Allerdings kann von einem Ausführungsfehler auf die Pflichtverletzung des Architekten geschlossen werden, wenn er zu einer lückenlosen Bauleitung verpflichtet war oder die entsprechende Baumaßnahme eine besonders intensive Aufsicht erforderte. In diesem Fall muss der Architekt den Gegenbeweis antreten, dass der Mangel auch bei vertragsgerechter Kontrolle entstanden wäre.

Schadensersatz ist dann zu leisten, wenn die vom Auftragnehmer **verschuldete** Pflichtverletzung einen Schaden verursacht hat. Nach § 280 Abs. 1 Satz 2 BGB wird vermutet, dass der Architekt die ihm nachgewiesene Pflichtverletzung zu vertreten hat. Um sich zu entlasten, muss er darlegen und den Beweis führen, dass er die Pflichtverletzung nicht verschuldet hat. Dies gelingt nur in den seltensten Fällen.

Den Kausalzusammenhang zwischen dem Verhalten des Auftragnehmers und dem behaupteten Schaden muss der Auftraggeber beweisen. Es genügt eine an Sicherheit grenzende Wahrscheinlichkeit, bei der vernünftige Zweifel schweigen.[72] Hier erleichtert regelmäßig der Beweis des ersten Anscheins die Beweisführung.[73] Steht ein Sachverhalt fest, der nach der Lebenserfahrung einen bestimmten Geschehensablauf erwarten lässt, wird vermutet, dass es sich auch im konkreten Fall so abgespielt hat.[74]

Der Anspruch auf Schadensersatz aus §§ 634 Nr. 4, 280 BGB ist grundsätzlich **auf Geld** gerichtet.[75] Es müssen alle Kosten erstattet werden, die zur Feststellung des Mangels aufzuwenden sind, sofern der Auftraggeber keinen unangemessenen Aufwand betreibt.[76] Die Schadensminderungspflicht nach § 254 BGB zwingt zu Sparsamkeit und Wirtschaftlichkeit. Nur in Ausnahmefällen kann der Architekt unter dem Gesichtspunkt der Schadensminderungspflicht (§ 254 Abs. 2 Satz 1 BGB) verlangen, dass der Bauherr ihm die Möglichkeit einräumt, den Schaden selbst bzw. durch von ihm beschäftige Dritte in Natur zu beheben.[77] Der Auftraggeber wird vor allem dann gehalten sein, dem Architekten die Mangelbeseitigung zu gestatten, wenn dies mit geringerem Kostenaufwand geschehen kann, als es dem Auftraggeber selbst möglich wäre.[78]

---

71 Deshalb ist die vom OLG Düsseldorf, Urt. v. 19.1.2001 – 22 U 121/00, NZBau 2002, 45 vertretene Auffassung, der Beweis des ersten Anscheins spreche dafür, dass ein Mangel am Bauwerk auf die objektiv fehlerhafte Erfüllung der dem Architekten obliegenden Aufgaben zurückzuführen sei, in dieser Allgemeinheit nicht haltbar.
72 BGH, Urt. v. 15.5.1975 – VII ZR 179/74, BauR 1975, 346.
73 BGH, Urt. v. 2.10.1997 – VII ZR 30/97, BauR 1998, 172.
74 BGH, Urt. v. 16.5.2002 – VII ZR 81/00, NJW 2002, 2708 (einsturzgefährdete Stützmauer ohne Drainage und mit zu geringer Gründungstiefe).
75 BGH, Urt. v. 6.11.1986 – VII ZR 97/85, BauR 1987, 89; Urt. v. 15.6.1978 – VII ZR 15/78, BauR 1978, 498; Urt. v. 8.11.1973 – VII ZR 86/73, BGHZ 61, 369 m.w.N.
76 Zum Schadensersatz bei Fehlern im Kostenmanagement siehe näher: *Preussner* in Seifert/Preussner, Baukostenplanung, 4. Auflage 2013.
77 BGH, Urt. v. 15.6.1978 – VII ZR 15/78, BauR 1978, 498 m.w.N. Zur Umdeutung einer auf „Vorschuss" statt auf Schadensersatz gerichteten Klage des Bauherrn wegen Planungsfehlern des Architekten BGH, Urt. v. 23.11.2000 – VII ZR 242/99, BauR 2001, 425. Hier wird deutlich, dass eine Nacherfüllung durch den Architekten regelmäßig nicht in Betracht kommt.
78 BGH, Urt. v. 12.7.1971 – VII ZR 239/69, BauR 1972, 62. Zum Recht des Architekten auf Nacherfüllung durch Planung und Überwachung der Mangelbeseitigung siehe unter: „Nacherfüllung durch Mitwirkung des Architekten bei der Beseitigung eines Baumangels?".

Bei der Schadensermittlung sind die „**Sowieso-Kosten**" abzuziehen, um die das Werk bei ordnungsgemäßer Herstellung von Anfang an teurer geworden wäre und die der Besteller ohnehin hätte aufwänden müssen.[79] Ebenfalls unter dem Gesichtspunkt des **Vorteilsausgleichs** ist der Schadensersatzanspruch dann zu mindern, wenn der Bauherr im Zuge der Mangelbeseitigung ein Werk mit längerer Nutzungsdauer erhält und damit besser gestellt wird, als er bei einer von Anfang an mangelfreien Leistung gestanden hätte.[80] Verzögert der Auftragnehmer allerdings die Regulierung des Schadens ohne triftigen Grund und muss sich der Auftraggeber deshalb jahrelang mit dem mangelhaften Werk begnügen, bleibt diese Zeitspanne außer Ansatz.[81]

Der Auftraggeber muss seinen Schadensersatzanspruch grundsätzlich nach den Netto-Kosten berechnen, die für eine ordnungsgemäße Mängelbeseitigung erforderlich sind. Die **Umsatzsteuer** darf bei der Schadensberechnung nur in Ansatz gebracht werden, wenn die Mängel tatsächlich beseitigt wurden und die Umsatzsteuer damit auch angefallen ist.[82]

### 4.2.5 Schadensersatz wegen Verzugs

Der Bauherr ist gut beraten, möglichst schon bei Vertragsabschluss klare Zeitvorgaben zumindest für die Planungsleistungen zu vereinbaren. Ohne vertragliche Absprachen ist es für den Bauherrn nicht leicht, seinen Architekten zeitlich unter Druck zu setzen. So lässt die bloße Nichteinhaltung eines Fertigstellungstermins noch nicht den Schluss auf einen Leistungsverzug des Architekten zu.[83] Es bedarf vielmehr einer ausdrücklichen Abrede, die wegen ihrer Bedeutung und den mit der Überschreitung verbundenen Konsequenzen üblicherweise schriftlich niedergelegt wird.[84] Zu empfehlen ist dabei nicht nur die Festlegung eines Termins für die Fertigstellung der Planung, sondern auch die Regelung von Zwischenterminen, um bei zögerlicher Arbeitsweise des Architekten frühzeitig eingreifen zu können.[85]

Verzögert sich die Leistung über Gebühr, haftet der Architekt gemäß § 280 Abs. 2 BGB auf Schadensersatz, wenn die Voraussetzungen des Verzuges nach § 286 BGB erfüllt sind: Die verspätete Leistung begründet die nach § 280 Abs. 1 BGB zum Schadensersatz führende Pflichtverletzung.[86]

---

79 BGH, Urt. v. 18.1.1990 – VII ZR 181/88, NJW-RR 1990, 728 f.; BGH, Urt. v. 22.3.1984 – VII ZR 50/82 –, NJW 1984, 1676; BGH, Urt. v. 17.5.1984 – VII ZR 169/82 –, BauR 1984, 510.
80 BGH, Urt. v. 30.6.1997 – II ZR 186/96, BauR 1997, 866; BGH, Urt. v. 17.5.1984 – VII ZR 169/82, BauR 1984, 510.
81 BGH, Urt. v. 17.5.1984 – VII ZR 169/82, BauR 1984, 510.
82 OLG Dresden, Urteil v. 12.1.2012 – 10 U 68/10, nachfolgend: BGH, 29.4.2013 – VII ZR 55/12 (Nichtzulassungsbeschwerde zurückgewiesen), IBR 2013, 419.
83 OLG Frankfurt, Urt. v. 28.3.1990 – 17 U 159/88, BauR 1991, 370: der Bauherr muss substantiiert und nachvollziehbar darlegen, wann der Architekt welche nach dem Bauablauf erforderliche Handlung nicht rechtzeitig vorgenommen hat.
84 OLG Frankfurt, Urt. v. 28.3.1990 – 17 U 159/88, BauR 1991, 370.
85 Ein plastisches Beispiel für die Nöte eines Bauherrn mit der schleppenden Arbeitsweise eines Architekten liefert das OLG Düsseldorf in seinem Urt. v. 29.11.1996 – 22 U 116/96, NJW-RR 1998, 1749.
86 Der Schadensersatzanspruch wegen Verzuges folgt jetzt unmittelbar aus § 280 I BGB. Über § 280 II BGB werden lediglich die weiteren Tatbestandsmerkmale des § 286 BGB hinzugezogen, Palandt-Heinrichs, § 286 BGB, Rn. 3. Schadensersatz statt der (ganzen) Leistung kann nur über § 281 BGB gefordert werden.

## 3. Architektenrecht

### 4.2.6 Gesamtschuld

Haben mehrere Baubeteiligte (Architekt, Fachplaner, Handwerker) einen Mangel gemeinschaftlich verursacht, haften die Baubeteiligten dem Besteller als Gesamtschuldner.[87] In diesem Fall ist der Gläubiger berechtigt, von jedem der Gesamtschuldner nach § 421 BGB **vollen Ausgleich** für den Mangel – natürlich nur einmal – zu verlangen. Er muss sich also nicht dem Streit aussetzen, in welchem Maß der einzelne Schädiger zu dem Mangel beigetragen hat, und dort jeweils die entsprechende Quote geltend machen.

Der in Anspruch genommene Schuldner kann seinerseits von den übrigen Gesamtschuldnern einen ihrem jeweiligen Verursachungsbeitrag entsprechenden Anteil fordern (§ 426 BGB, „Innenausgleich").

### 4.2.7 Mitverschulden

Wenn der Bauherr einen Schaden (mit-)verursacht, weil er die Aufmerksamkeit und Sorgfalt außer Acht gelassen hat, die nach Lage der Dinge in Wahrnehmung eigener Angelegenheiten jeder verständige Mensch ausübt, um sich selbst vor Schaden zu bewahren, trifft ihn ein „Mitverschulden" am Schaden. Ein Mitverschulden kann auch darin bestehen, dass der Geschädigte sich nicht ausreichend bemüht hat, den Schaden möglichst gering zu halten. In derartigen Fällen muss der Geschädigte nach § 254 BGB einen Teil des Schadensersatzes selbst tragen. Die zu übernehmende Quote hängt davon ab, in welchem Maß der Geschädigte die Entstehung des Schadens (mit-)verursacht hat.

## 5. Das Architektenhonorar

Die Rechtsbeziehung zwischen Architekt und Auftraggeber wird durch die Besonderheit geprägt, dass die Vergütung des Architekten nur in ganz engen Grenzen verhandelbar ist. Nicht die Verhandlungen der Parteien über dem Preis, sondern das Preisdiktat der „Honorarordnung für Architekten und Ingenieure", kurz HOAI,[88] bestimmt, welche Vergütung der Architekt erhält. Die HOAI eröffnet den Parteien nur in einem stark eingeschränkten Umfang die Möglichkeit, Preisabsprachen zu treffen.

### 5.1 Die Honorarordnung für Architekten und Ingenieure

#### 5.1.1 Zweck der Preisbindung

Die HOAI soll durch die von ihr verordnete strikte Preisbindung einen „ruinöser Preiskampf verhindern". Die Baukultur dürfe, so die Bundesregierung, nicht durch Preis-

---

Allerdings erfüllt die dort verlangte Bestimmung einer angemessenen Frist zur Leistung notwendigerweise auch die Voraussetzungen an eine den Verzug auslösende Mahnung nach § 286 I BGB, Palandt-Heinrichs, § 286 BGB, Rn. 3.

87 Einzelheiten bei Preussner, Steter Tropfen höhlt den Stein – Zum Gesamtschuldverhältnis zwischen Architekt und Unternehmer, BauR 2014, 751 ff.

88 Die aktuelle Fassung der HOAI ist seit dem 17.7.2013 in Kraft. Zwischen dem 17.8.2009 und dem 16.7.2013 galt die HOAI 2009. Ihr Vorgänger war die HOAI 1996/2002.

dumping und Kostenunterdeckung Schaden nehmen.[89] Zweifel an dieser These weckt die Tatsache, dass Deutschland mit seiner gesetzlich zwingenden Preisbindung für Architekten in Europa nahezu allein steht, ohne dass in den übrigen Ländern der Gemeinschaft ein Niedergang der Baukultur zu beobachten wäre.[90] Es überrascht daher nicht, dass die Europäische Kommission am 18.6.2015 gegen Deutschland ein Vertragsverletzungsverfahren nach Art. 258 AEUV mit dem Ziel in Gang gesetzt hat, die durch die HOAI verursachte Preisbindung zu beseitigen.[91]

### 5.1.2 Geltungs- und Anwendungsbereich

Seit Inkrafttreten der HOAI 2009 am 18.8.2009 ist der **Geltungsbereich** der HOAI auf „Inländer" begrenzt. Das sind *„Auftragnehmer mit Sitz im Inland"*, die ihre *„Leistungen vom Inland aus erbringen"*, so § 1 HOAI. Der Grund für diese Beschränkung, die man durchaus als Inländerdiskriminierung bezeichnen kann,[92] ist fragwürdig. Es soll ein Verstoß gegen höherrangiges EU-Recht, nämlich die Dienstleistungsrichtlinie vermieden werden, die eine Behinderung des grenzüberschreitenden freien Wettbewerbs verbietet. Ob dieser „Trick" funktioniert, wird das angesprochene Vertragsverletzungsverfahren weisen.

Der **Anwendungsbereich** der HOAI ist funktional bestimmt. Sie gilt für jeden Anbieter, der aufgrund der angebotenen Leistungen die typische Rolle eines Architekten wahrnimmt, also Planungsleistungen in der Weise eines selbständigen Architekten erbringt. Es spielt keine Rolle, ob tatsächlich ein Architekt oder ein Bauingenieur tätig wird, geschweige denn, ob der Handelnde ein eingetragenes Mitglied der Architektenkammer bzw. der Ingenieurkammer ist. Auch ein Architekt, der sich als Künstler versteht, ist an die Honorarsätze der HOAI gebunden.[93]

Andererseits gilt die HOAI nicht für Generalübernehmer, Bauträger oder andere Anbieter von kompletten Bauleistungen einschließlich deren Planung, weil diese nur einen nachrangigen Bestandteil der geschuldeten Gesamtleistung bildet.[94]

---

[89] BT-Drucksache 10/543, 4; BT-Drucksache 10/1562, S. 5; BR-Drucksache 395/09, abgedruckt bei Preussner, HOAI Leitfaden 2009, S. 235. So argumentiert auch das BVerfG, Beschl. v. 26.9.2005 – 1 BvR 82/03NJW 2006, 495: „*Die Sicherung und Verbesserung der Qualität der Tätigkeit der Architekten stellt ein legitimes Ziel dar. Zu seiner Herbeiführung sind verbindliche Mindesthonorarsätze geeignet, da sie den Architekten jenseits von Preiskonkurrenz den Freiraum schaffen, hochwertige Arbeit zu erbringen, die sich im Leistungswettbewerb der Architekten bewähren muss.*".
[90] Neben Deutschland kennen bezeichnenderweise nur Bulgarien und Griechenland verbindliche Preisvorgaben für Architekten.
[91] Nach Auffassung der Kommission behindern die Regelungen der HOAI eine Niederlassung neuer Anbieter von Architektenleistungen, da durch die festen Tarife die Möglichkeit beschränkt wird, dass diese mit anderen Anbietern konkurrieren und in diesem Rahmen gleichwertige Leistungen zu Preisen unter den Mindesttarifen beziehungsweise höherwertige Leistungen zu Preisen über den Höchsttarifen anbieten können.
[92] Hierzu: Preussner/Hecker, Inländerdiskriminierung in der HOAI 2009, FS Quack, 2009, S. 183 ff.
[93] OLG Stuttgart, Urt. v. 29.5.2012 – 10 U 142/11, NJW-RR 2012, 1043.
[94] BGH, Urt. v. 22.5.1997 – VII ZR 290/95, BauR 1997, 677; OLG Frankfurt, Urt. v. 13.3.2012 – 5 U 116/10, IBR 2013, 218.

### 5.1.3 Keine Anwendung der HOAI bei besonders niedrigen oder besonders hohen anrechenbaren Kosten

Die HOAI gilt nicht, wenn die anrechenbaren Kosten i.S.d. § 4 HOAI besonders niedrig oder außerordentlich hoch liegen. Die Grenzen sind für die einzelnen Leistungsbereiche unterschiedlich gezogen. Für Leistungen bei „Gebäuden und Innenräumen", bei „Ingenieurbauwerken" und bei „Verkehrsanlagen" kommt die HOAI bei anrechenbaren Kosten von 25.565.- € bis 25.564.594.- € zur Anwendung, §§ 34 Abs. 1, 43 Abs. 1, 47 Abs. 1 HOAI; für die Tragwerksplanung beträgt der Rahmen 10.226.- € bis 15.338.756.- €, § 50 Abs. 1 HOAI und für „Technische Ausrüstung" nach § 54 Abs. 1 HOAI bei 5.113.- € bis 3.834.689.- €.

Bewegen sich die anrechenbaren Kosten außerhalb des jeweiligen Rahmens, können die Parteien das Honorar frei vergüten. Dabei sind sie auch nicht an den höchsten Tafelwert gebunden, wenn die anrechenbaren Kosten den jeweiligen Rahmen überschreiten. Beispielsweise kann das Honorar für anrechenbare Kosten bei einem Hotelgebäude mit Baukosten von 30.000.000.- € deutlich unter dem höchsten Tafelwert von 687.391.- € für die niedrigste Honorarzone 1 vereinbart werden.[95]

### 5.2 Grundleistungen, Besondere Leistungen und Beratungsleistungen

#### 5.2.1 Grundleistungen

Die HOAI setzt verbindliche Honorare nur für die in den Anlagen 2 bis 8 und 10 bis 15 zur HOAI aufgeführten „Grundleistungen" fest. „Grundleistung" sind gemäß § 3 Abs. 2 Satz 1 HOAI die „zur ordnungsgemäßen Erfüllung eines Auftrags im Allgemeinen erforderlichen" Leistungen der Architekten und Fachingenieure. In den Anlagen 2 bis 8 und 10 bis 15 zur HOAI werden diese Grundleistungen in Listen aufgeführt, die den einzelnen Leistungsphasen zugeordnet sind.

#### 5.2.2 Besondere Leistungen

In den Anlagen 2 bis 8 und 10 bis 15 zur HOAI findet sich jeweils in der rechten Spalte neben den Auflistungen der einzelnen Grundleistungen eine Aufzählung korrespondierender „Besonderer Leistungen". Im Umkehrschluss zu § 3 Abs. 2 Satz 1 HOAI sind die Besonderen Leistungen „im Allgemeinen" nicht unbedingt „erforderlich", um eine „ordnungsgemäße" Auftragserfüllung sicher zu stellen. Es handelt sich hier vielmehr um solche Leistungen, die der Besteller von Fall zu Fall anfordert, damit sie die Grundleistungen ergänzen. Die Vergütung für die Besonderen Leistungen können die Parteien gemäß § 3 Abs. 3 Satz 3 **frei**, also außerhalb des verbindlichen Preisrechts der HOAI **vereinbart** werden.

---

[95] BGH, Urt. v. 8.3. 2012 – VII ZR 195/09, NJW-RR 2012, 653. Der BGH begründet seine Auffassung mit striktem Verweis auf den Geltungsbereich, den sich die HOAI selbst vorgegeben hat.

5.2.3 Beratungsleistungen

Mit der HOAI 2009 hat der Verordnungsgeber eine Reihe von Leistungen, die so genannten „Beratungsleistungen", aus dem verbindlichen Teil der HOAI herausgenommen. Als "Beratungsleistungen" beschreibt die Anlage 1 zur HOAI die Leistungsbilder „Umweltverträglichkeitsstudie", „Bauphysik" (unterteilt in Wärmeschutz und Energiebilanzierung, Bauakustik und Raumakustik), „Geotechnik" und „Ingenieurvermessung". Für diese Leistungsbilder macht die Anlage 1 zur HOAI Vorschläge, wie die Vergütung ermittelt werden kann. Im Gegensatz zu den in der HOAI geregelten Leistungsbildern liefert die Anlage 1 für die "Beratungsleistungen" also nur noch **Empfehlungen**, wie diese zu vergüten sind.

*5.3 Die Berechnung des Architektenhonorars für Grundleistungen*

5.3.1 Objekt

Ausgangspunkt jeder Honorarberechnung ist das „Objekt", das der Architekt oder der Fachingenieur bearbeiten soll.[96] Nach § 2 Abs. 1 HOAI sind „Objekte": Gebäude, Innenräume, Freianlagen, Ingenieurbauwerke und Verkehrsanlagen. Die Entscheidung, ob ein Objekt oder mehrere Objekte vorliegen, ist nicht immer einfach zu treffen. Besondere Probleme können bei der Abgrenzung von „Gebäuden" und „Innenräumen",[97] aber auch bei Gebäuden auftauchen, die aus mehreren Teilen bestehen.[98]

Grundsätzlich ist für jedes bearbeitete Objekt gemäß § 11 Abs. 1 Satz 1 HOAI eine gesonderte Honorarabrechnung vorzunehmen. Nach Maßgabe der Regelungen in § 11 Abs. 2 bis 4 HOAI reduziert sich das Honorar, wenn ein Auftrag mehrere gleiche, im Wesentlichen gleiche oder gleichartige Objekte beinhaltet.

5.3.2 Berechnungsmodus

§ 6 HOAI regelt im Einzelnen, wie der Architekt oder Ingenieur sein Honorar für die von der HOAI erfassten Leistungen zu berechnen hat. Das Honorar bestimmt sich nach **vier Parametern**: den anrechenbaren Kosten, dargestellt in § 4 HOAI, den erbrachten Leistungen, ausgedrückt in Prozentpunkten, die den jeweiligen Leistungsphasen mit ihren Leistungsbildern zu entnehmen sind, nach der passenden Honorarzone gemäß § 5 HOAI und nach der einschlägigen Honorartafel, beispielsweise für Architektenleistungen in § 35 Abs. 1 HOAI oder in § 44 Abs. 1 HOAI für Ingenieurbauwerke.

Bei Architektenleistungen „**im Bestand**", also bei Umbau- und Modernisierungsmaßnahmen erhöht sich das Honorar. Die Einzelheiten sind in den § 4 Abs. 3 (Berück-

---

[96] Fischer/Krüger, Was sind Objekte?, BauR 2013, 1176.
[97] Dazu: OLG Dresden, Urteil vom 16.2.2011 – 1 U 261/10; nachfolgend: BGH, Beschluss vom 22.11.2012 – VII ZR 51/11 (Nichtzulassungsbeschwerde zurückgewiesen), IBR 2013, 157.
[98] Abgrenzungskriterium ist in erster Linie, ob eine funktionale Abhängigkeit der einzelnen Bestandteile vorliegt. BGH, Urt. v. 30.9.2004 – VII ZR 192/03, NJW 2005, 63: *„Für eine Autobahn errichtete Regenrückhaltebecken und Lärmschutzwälle sind gesonderte Ingenieurbauwerke neben der Verkehrsanlage und sind dementsprechend getrennt von dieser abzurechnen."*.

sichtigung der mitzuverarbeitenden Bausubstanz bei der Ermittlung der anrechenbaren Kosten) sowie §§ 6 Abs. 2 und 36 HOAI (Umbauzuschlag) geregelt.

### 5.3.3 Anrechenbare Kosten

Die für die Honorarberechnung relevanten anrechenbaren Kosten sind Teile der Kosten, die zur Herstellung[99] des Objektes aufgewendet werden. Welche Kosten aus dem Gesamtpaket der Herstellungskosten bei der Ermittlung der anrechenbaren Kosten zu berücksichtigen sind, ist im besonderen Teil der HOAI bei den einzelnen Leistungsbildern jeweils in dem Paragraphen geregelt, der mit der Überschrift „Besondere Grundlagen des Honorars" bezeichnet ist. Die Ermittlung der anrechenbaren Kosten erfolgt in aller Regel nach der **DIN 276** in der Fassung von Dezember 2008, § 4 Abs. 1 Satz 3 HOAI. Umsatzsteuer, die auf die Kosten von Objekten entfällt, ist nicht Bestandteil der anrechenbaren Kosten, § 4 Abs. 1 Satz 3 HOAI.

Nach § 4 Abs. 3 HOAI ist der Umfang der **mitzuverarbeitenden Bausubstanz** bei den anrechenbaren Kosten „angemessen" zu berücksichtigen. § 2 Abs. 7 HOAI beschreibt die „mitzuverarbeitende Bausubstanz" als den Anteil des zu planenden Objekts, der bereits durch Bauleistungen hergestellt ist und durch Planungs- oder Überwachungsleistungen technisch oder gestalterisch mitverarbeitet wird.

### 5.3.4 Beauftragte Leistungen

Abrechnungstechnisch wird der Umfang der beauftragten Leistungen in den jeweiligen Leistungsbildern (z.B. „Gebäude und Innenräume" oder „Tragwerksplanung") nach den dort aufgeführten Leistungsphasen und innerhalb der Leistungsphasen nach den einzelnen Grundleistungen bestimmt, die korrespondierend in den Anlagen 2 bis 8 und 10 bis 15 zur HOAI aufgelistet sind.

### 5.3.5 Honorartabelle

Die Honorartabellen der einzelnen Leistungsbilder benennen jeweils das Honorar für 100 % Leistung. Die HOAI bewertet die Leistungsphasen in Prozent zur Gesamtleistung. Die Wertigkeit der einzelnen Grundleistungen gibt die HOAI nicht an; sie sollte im Architektenvertrag verbindlich geregelt werden, um späteren Streit zu vermeiden. Ergibt die Summe der übertragenen Leistungen einen geringeren Prozentsatz, so reduziert sich das Honorar gemäß Honorartafeln auf diesen Prozentsatz.

### 5.3.6 Honorarzonen

Die Honorarzone bildet die Schwierigkeit der zu lösenden Planungs- und Überwachungsaufgabe ab und macht sie zu einem Kriterium der Honorarbemessung. Im Bereich der Objekt- und Tragwerksplanung kennt die HOAI fünf Honorarzonen. Sie bewegen sich zwischen Honorarzone I, die für „sehr geringe Planungsanforderungen"

---

99 Es spielt bei der Regelung keine Rolle, ob diese Kosten im Zuge der Neuerrichtung oder beim Umbau, Modernisierung, Instandhaltung etc. angefallen sind, § 4 I S 1 HOAI.

gilt, und Honorarzone V für „sehr hohe Planungsanforderungen", § 5 Abs. 1 HOAI. Ergänzt werden diese Grobkriterien durch die „Bewertungsmerkmale" in den Honorarregelungen der jeweiligen Leistungsbilder und durch die „Objektlisten" in den jeweiligen Anlagen zur HOAI. Bei der Bestimmung der Honorarzone im Architektenvertrag steht den Parteien nach der Rechtsprechung ein gewisser Beurteilungsspielraum zu.[100]

5.3.7 Umbau- und Modernisierungszuschlag

Wird ein vorhandenes Objekt „umgestaltet" oder „in seinem Gebrauchswert nachhaltig erhöht", kann der Auftragnehmer einen Umbau- bzw. Modernisierungszuschlag verlangen. Der Umbau- und Modernisierungszuschlag soll dem besonderen Schwierigkeitsgrad der Anforderungen für Architekten und Ingenieure beim Umbau und der Modernisierung von Bestandsobjekten Rechnung tragen.[101]

Die Höhe des prozentualen Aufschlags auf das Honorar ist in den jeweiligen Honorarregelungen der Leistungsbilder der Teile 2 bis 4 geregelt. Sofern keine schriftliche Vereinbarung getroffen wurde, wird *„unwiderleglich vermutet"*, dass ein Zuschlag von 20 Prozent ab einem durchschnittlichen Schwierigkeitsgrad[102] vereinbart ist.

5.3.8 Nebenkosten.

Nebenkosten können pauschal oder nach Einzelnachweis abgerechnet werden. Sie sind gemäß § 14 Abs. 3 HOAI nach Einzelnachweis abzurechnen, sofern bei Auftragserteilung keine pauschale Abrechnung schriftlich vereinbart worden ist.

*5.4 Unterschreitung der Mindestsätze*

Die Vereinbarung eines Honorars, das die Mindestsätze der objektiv anzuwendenden Honorarzone unterschreitet, ist grundsätzlich unwirksam.[103] Ob eine solche Unterschreitung vorliegt, ist durch einen Vergleich des vereinbarten Honorars mit dem sich aus der Honorarordnung ergebenden Honorar zu ermitteln. Maßgebend ist allein das Ergebnis dieses Vergleichs. Bewegt sich das für einen Auftrag bei Auftragserteilung schriftlich vereinbarte Honorar in dem Rahmen, der sich unter Zugrundelegung der Mindest- und Höchstsätze aus der Honorarordnung ergibt, so ist die Vereinbarung auch dann wirksam, wenn von den Honorarbemessungsgrundlagen der HOAI abgewi-

---

100 BGH, Urt. v. 13.11.2003 – VII ZR 362/02, NJW-RR 2004, 233; OLG Hamm, Urt. v. 13.1.2015 – 24 U 136/12 mit ablehnender Anm. Fuchs, IBR 2015.
101 Amtliche Begründung, BR-Drucksache 334/13, zu § 6, S. 141.
102 Amtliche Begründung, BR-Drucksache 334/13, zu § 6, S. 141: Die Formulierung *„ab einem durchschnittlichen Schwierigkeitsgrad"* zielt darauf, dass auch für die Fälle hoher und sehr hoher Planungsanforderungen unwiderleglich vermutet wird, dass ein Zuschlag von 20 Prozent vereinbart ist, wenn eine schriftliche Vereinbarung der Vertragsparteien fehlt.
103 Nach § 7 III HOAI können die Mindestsätze in Ausnahmefällen durch schriftliche Vereinbarung unterschritten werden. Beispiele für Ausnahmefälle: Enge Bindungen rechtlicher, wirtschaftlicher, sozialer, persönlicher Art oder eine ständige Geschäftsbeziehung zwischen den Parteien besteht, BGH, Urt. v. 22.5.1997 – VII ZR 290/95, NJW 1997, 2329.

chen wird oder diese ganz außer Kraft gesetzt werden.[104] Die Ermittlung des Mindestsatzes hat durch eine fiktive, nach den Grundsätzen der HOAI aufgestellte Vergleichsberechnung zu erfolgen.[105]

Liegt kein Ausnahmefall vor, kann der Architekt den Mindestsatz selbst dann in Rechnung stellen, wenn die Parteien ein niedrigeres Honorar vereinbart haben. Allerdings ist es dem Architekten nach Treu und Glauben untersagt, nach Mindestsätzen abzurechnen, wenn er durch sein Verhalten ein besonderes Vertrauen des Auftraggebers dahin erweckt hat, er werde sich an die Pauschalvereinbarung halten.

## 6. Die Abnahme der Architektenleistung

„Abnehmen" bedeutet: Der Auftraggeber erklärt, dass er die vom Auftragnehmer erbrachte Werkleistung als im Wesentlichen vertragsgerecht ansieht. In welcher Form sich der Auftraggeber äußert (schriftlich, mündlich oder durch schlüssiges Verhalten), ist unerheblich. Eine Abnahme durch schlüssiges Verhalten (oder: konkludente Abnahme) findet statt, wenn das Verhalten des Auftraggebers nach den Umständen des Einzelfalles den Schluss rechtfertigt, er billige das Werk als im Wesentlichen vertragsgemäß.[106]

Der Abnahme steht es nach § 640 Abs. 1 Satz 3 BGB gleich, dass der Auftraggeber das Bauwerk nicht innerhalb einer vom Auftragnehmer bestimmten angemessenen Frist abgenommen hat, obwohl er dazu verpflichtet war.

Die Erklärung der Abnahme beendet das vertragliche Erfüllungsstadium und leitet dessen Abwicklungsstadium ein. Die Leistungspflicht des Auftragnehmers konzentriert sich jetzt auf das abgenommene Werk. Die Beseitigung später auftretender Mängel erfolgt nun im Wege der Nacherfüllung. Mit der Abnahme wechseln die Leistungsgefahr und die Vergütungsgefahr zum Auftraggeber.

Vor Abnahme trägt der Auftragnehmer die Beweislast dafür, dass seine Leistung mangelfrei ist. Nach Abnahme kehrt sich diese Beweislast um. Nach § 363 BGB hat nun der Auftraggeber zu beweisen, dass ein bestimmter Mangel bereits bei der Abnahme vorhanden war. Mit der Abnahme beginnt schließlich gemäß § 634a Abs. 2 BGB die Gewährleistungsfrist für alle Mängelansprüche zu laufen.

---

104 BGH, Urt. v. 9.2.2012 – VII ZR 31/11, NJW 2012, 1792 m. Anm. Preussner; BGH, Urteil v. 17.4.2009 – VII ZR 164/07, BGHZ 180, 235.
105 BGH, Urt. v. 16.12.2004, VII ZR 16/03, NZBau 2005, 295.
106 BGH, Urt. v. 10.6.1999 – VII ZR 170/98, NJW-RR 1999, 1246, 1247. Diese Billigung muss für den Auftragnehmer als solche deutlich erkennbar sein; rein interne Vorgänge des Auftraggebers genügen hingegen nicht (BGH, Urt. v. 15.11.1973 – VII ZR 110/71, NJW 1974, 95, 96).
Das OLG Düsseldorf fasst das Wesentliche einer konkludenten Abnahme zusammen: *„Nutzt der Besteller erkennbar das Werk, lässt er darauf aufbauend das Objekt fertig stellen, bezahlt er wesentliche Teile der Schlussrechnung vorbehaltlos und erhebt er innerhalb einer angemessenen Prüfungsfrist keine Mängelrüge, liegt darin eine konkludente Abnahme. Die konkludente Abnahmeerklärung ist zugegangen, wenn sie dem Auftragnehmer erkennbar – wenn auch nur indirekt – vermittelt worden oder in anderer Weise zur Kenntnis gelangt ist."* OLG Düsseldorf, Urt. v. 25.9.2007 – 21 U 163/06; BauR 2008, 1466; nachfolgend: BGH, Beschl. v. 10.4.2008 – VII ZR 183/07 (Nichtzulassungsbeschwerde zurückgewiesen), BauR 2008, 1466.

Das Werk des Architekten ist ebenso einer Abnahme zugänglich wie ein Bauwerk.[107] Daher gelten die Regelungen über die Abnahme und ihre Wirkung in §§ 640 f. BGB auch für den Architektenvertrag. Eine letzte Lücke schließt die Neuregelung in § 15 Abs. 1 HOAI 2013 in Bezug auf die Fälligkeit des Architektenhonorars. Abweichend von den früheren Regelungen in § 8 Abs. 1 HOAI 1996 und § 15 Abs. 1 HOAI 2009 hängt die Fälligkeit der Honorarforderung jetzt davon ab, dass der Besteller das Architektenwerk abgenommen hat.

### 7. Fälligkeit und Zahlung des Architektenhonorars

Das Honorar wird nach § 15 Abs. 1 HOAI fällig, wenn die Leistung **abgenommen**[108] und eine **prüffähige** Honorarschlussrechnung überreicht worden ist, es sei denn, es wurde etwas anderes schriftlich vereinbart. Ob die Honorarrechnung des Architekten prüfbar ist, bestimmt sich nach den Prüfungsmöglichkeiten des Empfängers der Rechnung. Abhängig von seiner Sachkunde können die Anforderungen niedriger oder höher sein.

Die Honorarforderung des Architekten **verjährt** gemäß §§ 195, 199 BGB binnen drei Jahren ab Fälligkeit, beginnend mit dem Ende des Jahres, in dem die Fälligkeit eingetreten ist. Fälligkeitsvoraussetzungen sind unter Geltung der HOAI 2013 die Abnahme der Leistung und die Übergabe einer prüffähigen Rechnung an den Besteller.

Der Architekt kann gemäß § 15 Abs. 2 HOAI **Abschlagszahlungen** zu den schriftlich[109] vereinbarten Zeitpunkten oder in angemessenen zeitlichen Abständen für nachgewiesene Grundleistungen fordern. Es ist üblich und nicht zu beanstanden, wenn der Architekt jeweils am Ende einer Leistungsphase eine Abschlagsrechnung stellt.

### 8. Die Kündigung des Architektenvertrages

Es kommt, verglichen mit Bauverträgen, relativ häufig vor, dass der Besteller den Architektenvertrag kündigt. Der Grund liegt darin, dass ein Auftraggeber nicht selten von der Realisierung seiner Planung absieht, wenn sich das Objekt nicht „rechnet", oder davon Abstand nehmen muss, weil er das Vorhaben letztendlich nicht finanzieren kann.

#### 8.1 Die ordentliche Kündigung nach § 649 BGB

Das Recht, einen Architektenvertrag zu kündigen, steht gemäß § 649 BGB grundsätzlich nur dem Besteller zu. Gründe für die Kündigung muss der Besteller nicht benennen. Der Architekt hat im Fall der Kündigung Anspruch auf den vollen Werklohn; er muss sich lediglich das abziehen lassen, was er durch die Kündigung erspart. Die „Ersparnis" ist beim Architekten eher gering. Nahezu alle Kosten sind Fixkosten, die von der Kündigung nicht beeinflusst werden: Büromiete, Lohn und Gehälter für Angestellte, Lea-

---

107 BGH, Urt. v. 30.9.1999 – VII ZR 162/97.
108 Siehe Einzelheiten unter Ziffer 6.
109 Das Schriftformerfordernis wurde neu in § 15 II HOAI 2013 aufgenommen.

singraten für Geräte und Versicherungen. Der Architekt kann also die Vergütung für die noch ausstehenden Leistungen nahezu in voller Höhe geltend machen.

### 8.2 Die Kündigung „aus wichtigem Grund"

#### 8.2.1 Kündigung durch den Besteller.

Den negativen Folgen des § 649 BGB (Zahlung der Vergütung für noch nicht erbrachte Leistungen) kann der Besteller nur entgehen, wenn er beweisen kann, dass er einen "wichtigen Grund" für die Kündigung hatte.[110] Die Rechtsprechung ist bei der Annahme von "wichtigen Gründen" sehr zurückhaltend. Tatsächlich liefern Fehlleistungen des Architekten nur in seltenen Ausnahmefällen eine Rechtfertigung dafür, dass sich der Besteller vom Vertrag lösen darf, ohne die vereinbarte Vergütung bezahlen zu müssen. Einen „wichtigen Grund" zur Kündigung des Architektenvertrages haben die Gerichte beispielsweise in folgenden Fällen angenommen: der Architekt nimmt Handwerkerprovisionen an;[111] der Architekt verrät Geschäftsgeheimnisse oder äußert sich geschäftsschädigend;[112] der Architekt kümmert sich längere Zeit nicht um unzureichenden Brandschutz[113] oder er hält eine vereinbarte Baukostenobergrenze nicht ein.[114]

#### 8.2.2 Kündigung durch den Architekten

Dem Architekten steht zwar kein ordentliches Kündigungsrecht zu. Er kann jedoch aus „wichtigem Grund" kündigen, wenn ihm das Festhalten am Vertrag nicht mehr zumutbar ist. Eine solche Situation hat die Rechtsprechung in folgenden Fällen bejaht: der Besteller zahlt trotz Mahnung fällige Abschlagszahlungen nicht;[115] der Besteller beleidigt den Architekten oder setzt ihn gegenüber Dritten herab;[116] der Besteller verweigert die Erfüllung des Vertrages[117] oder der Besteller verkauft das zu bebauende Grundstück.[118]

---

[110] BGH, Urt. v. 27.10.1998 – X ZR 116/97, NJW 1999, 418: „Dem Unternehmer bleibt bei einer Kündigung seitens des Bestellers der Vergütungsanspruch nach § 631 I, § 632 BGB für noch nicht erbrachte Leistungen **nicht** erhalten, soweit dem kündigenden Besteller ein Recht zur Kündigung des Vertrags aus wichtigem Grund zur Verfügung steht."
Das Recht auf Kündigung eines Architektenvertrages aus „wichtigem Grund" lässt sich zwanglos aus dem Rechtsgedanken des § 314 BGB hergeleitet, denn der Architektenvertrag steht angesichts der Dauer und der Intensität dieser Rechtsbeziehung einem „Dauerschuldverhältnis" im Sinn des § 314 BGB zumindest sehr nahe.
[111] BGH, Urt. v. 31.3.1977 – VII ZR 186/74, BauR 1977, 363.
[112] OLG Karlsruhe, Urt. v. 10.5.2005 – 8 U 238/04, IBR 2006, 102.
[113] OLG Düsseldorf, Urt. v. 12.2.2010 – 22 U 143/09; nachfolgend: BGH, Beschl. v. 22.11.2012 – VII ZR 35/10 (Nichtzulassungsbeschwerde zurückgewiesen), IBR 2013, 223.
[114] BGH, Urt. v. 13.2.2003 – VII ZR 395/01, NZBau 2003, 388.
[115] BGH, Urt. v. 16. 12. 1999 – VII ZR 392/96, NJW 2000, 1114; BGH, Urt. v. 29.6.1989 – VII ZR 330/8, NJW-RR 1989, 1248.
[116] Werner/ Pastor, Der Bauprozess, Rn. 1150 mit weiteren Beispielen für ein außerordentliches Kündigungsrecht des Architekten.
[117] KG, Urt. v. 14.4.2010 – 21 U 74/07; nachfolgend: BGH, Beschl. v. 13.10.2011 – VII ZR 228/10 (Nichtzulassungsbeschwerde zurückgewiesen), IBR 2012, 157; Kniffka/Koeble, Kompendium des Baurechts, 3. Aufl. 2008, 12. Teil Rn. 116.
[118] Locher/ Koeble/ Frik, HOAI Einleitung, Rn. 225.

## 9. Mitwirkungspflichten des Auftraggebers

Neben seiner Verpflichtung, die vereinbarte Vergütung zu entrichten, hat der Auftraggeber im Verhältnis zum Architekten auch Mitwirkungspflichten zu erfüllen. Dies folgt aus dem Grundsatz von Treu und Glauben, § 242 BGB, der die Parteien zur Zusammenarbeit anhält, um die Voraussetzungen für die Durchführung des Vertrags zu schaffen. Jeder Vertragspartner hat, soweit ihm das ohne Preisgabe eigener Interessen möglich und zumutbar ist, den ihm bekannten Interessen des anderen Rechnung zu tragen und mit ihm zwecks Verwirklichung des Vertragsziels zusammenzuwirken.[119]

Dabei geht es insbesondere darum, Erfüllungshindernisse zu beseitigen. Der Auftraggeber muss Entscheidungen treffen, um den Beginn und die Fortführung der Planung zu ermöglichen.[120] Schweigen oder Untätigkeit ist nicht statthaft. Im Zuge des Genehmigungsverfahrens hat er die ihm zugewiesene Mitwirkungshandlungen wie beispielsweise die Unterschrift unter den Bauantrag auszuführen.[121] Informationen, welche der Architekt zur Erfüllung seiner Aufgaben benötigt, darf der Auftraggeber nicht zurückhalten.[122] Das Kammergericht bestätigt eine Nebenpflicht des Bauherrn gegenüber seinem Architekten, sich für eine zügige Baudurchführung einzusetzen.[123] Verletzt der Auftraggeber diese Pflichten, kann er sich schadensersatzpflichtig machen. Zu den Verbindlichkeiten des Auftraggebers aus dem Architektenvertrag gehören schließlich die in § 642 BGB erwähnten Gläubigerobliegenheiten.[124] Ihre Verletzung gewährt dem Unternehmer alle die Rechtsbehelfe, die ihm bei Zuwiderhandlungen des Vertragspartners gegen sonstige Verbindlichkeiten zustehen; daneben stehen ihm noch die Rechte aus den §§ 642 ff. BGB zu.[125]

Die Leistungstreue- und Mitwirkungspflichten enden erst dort, wo es sich um den ausschließlichen Interessen- und Risikobereich der anderen Seite handelt.[126]

---

119 BGH, WM 1956, 1267; BGH, Urt. v. 13.3.1969 – VII ZR 174/66, NJW 1969, 1021.
120 OLG Celle, Urt. v. 1.4.2003 – 16 U 192/02, BauR 2003, 889.
121 BGH, Urt. v. 25.6.1976 – V ZR 121/73, NJW 1976, 1939.
122 BGH, Urt. v. 28.4.1982 – IVa ZR 8/81, NJW 1983, 998.
123 KG, Urt. v. 31.3.2009 – 21 U 165/06, IBR 2009, 1216.
124 BGH, Urt. v. 16.5.1968 – VII ZR 40/66, NJW 1968, 1873.
125 BGH, Urt. v. 16.5.1968 – VII ZR 40/66, NJW 1968, 1873.
126 BGH, Urt. v. 20.6.1989 – KZR 13/88, NJW-RR 1989, 1393.

# X.
Mietverträge und Nutzungsvereinbarungen

## 1. Immobilien: Mietvertrag – Nutzungsvereinbarung – Werkdienstwohnung – Werkmietwohnung (Dienstmietwohnung)

*Wolf-Rüdiger Bub / Nicola Bernhard*

## 1. Einleitung

Sozialunternehmen und kirchliche Rechtsträger sind Eigentümer einer Vielzahl von Immobilien, die vermietet werden und sie sind selbst auch häufig Mieter. Darüber hinaus besteht das Interesse und teilweise die Verpflichtung, Wohnraum eigenen Mitarbeitern zur Verfügung zu stellen. Die nachfolgenden Ausführungen sollen helfen, die richtigen Entscheidungen bei der Vermietung, der Anmietung und Leihe von Räumen zu treffen.

## 2. Abgrenzung Miete – Leihe

Zunächst ist abzugrenzen, ob das Gebäude oder die Räume *vermietet* oder *verliehen* werden sollen. Ob Miete oder Leihe vorliegt, richtet sich nicht nach der Bezeichnung, die die Parteien gewählt haben, sondern nach dem Inhalt des Vertrags. Danach liegt Miete gem. §§ 535ff. BGB vor, wenn Räume gegen Entgelt überlassen werden, Leihe hingegen, wenn für Überlassung des Gebrauchs der Räume kein Entgelt vereinbart wird, § 598 BGB. Auch wenn das Entgelt für die Räume weit unter der marktüblichen Miete liegt, ist ein Mietverhältnis gegeben.[1] Etwas anderes gilt nur dann, wenn derjenige, dem eine Sache zum Gebrauch überlassen wird, lediglich die Kosten, die von ihm tatsächlich verursacht werden, übernimmt, wie z.B. Heizung etc. (ohne Grundsteuer, Gebäudeversicherung, Schönheitsreparaturen und Instandhaltung); in diesem Fall kann von einer Entgeltlichkeit nicht die Rede sein.[2]

## 3. Miete

Der Mietvertrag bildet die Rechtsgrundlage für das Mietverhältnis. Durch den Mietvertrag wird der Vermieter verpflichtet, dem Mieter den Gebrauch der Mietsache während der Mietzeit zu gewähren, § 535 Abs. 1 BGB; der Mieter ist verpflichtet, an den Vermieter die vereinbarte Miete zu zahlen, § 535 Abs. 2 BGB.

Der Mietvertrag bedarf grundsätzlich keiner Form, d.h. der Mietvertrag kann auch mündlich geschlossen werden. Etwas anderes gilt nur bei Mietverhältnissen, die für längere Zeit als ein Jahr geschlossen werden. Für solche Verträge schreibt § 550 BGB die Schriftform vor, deren Nichteinhaltung nicht zur Unwirksamkeit des Mietvertrags, aber grundsätzlich zur Kündbarkeit mit gesetzlicher Frist führt – bei Wohnraummietverhält-

---

[1] BGH, Urteil vom 12.2.2003 – XII ZR 324/98, NZM 2003, 372 zum kostendeckenden Entgelt.
[2] OLG Dresden ZMR 2003, 250; Münchner Kommentar/Häublein, Komm. z. BGB, 6. Aufl. 2012, vor § 535 BGB Rn. 10; aA Schmidt-Futterer/Blank, Kommentar zum Mietrecht, 12. Aufl. 2015, Vorbemerkung zu § 535 BGB Rn. 12.

nissen gegenüber dem Mieter allerdings nur, wenn ein Kündigungsgrund vorliegt. Zu Beweiszwecken empfiehlt es sich jedoch, Mietverträge immer schriftlich abzuschließen.

*3.1 Vorüberlegungen*

Vorab ist zu überlegen, ob und an wen die Räume vermietet werden sollen und ob insoweit der Abschluss eines eigenen Mietvertrages erforderlich ist.

Häufig setzen kirchliche Eigentümer oder Sozialunternehmen bei der Vermietung von Wohnungen Prioritäten. Als Mieter einer Wohnung werden u. U. zuerst eigene Mitarbeiter, wie z.B. Angestellte und Arbeiter der Kirche, wie Hausmeister oder auch Pfarrer, Diakone usw. berücksichtigt. Soweit das Eigentum dem Finanzvermögen zuzuordnen ist oder kein Bedarf der genannten Personen besteht, erfolgt die Vermietung an Dritte.

Bei **Angestellten** wird häufig schon mit dem Abschluss des Arbeitsvertrages entschieden, ob auch eine Wohnung zur Verfügung gestellt wird. Ist dies der Fall, ist mit diesem Mitarbeiter neben dem Arbeitsvertrag ein Mietvertrag über eine sog. Werkmietwohnung abzuschließen, für den Besonderheiten im Rahmen der Kündigung bestehen.[3] Etwas anderes gilt für die Überlassung von Wohnungen an Pfarrer; diese werden häufig verpflichtet, am Dienstsitz – meistens im Pfarrhaus – zu wohnen.[4] Im Dienstvertrag ist dann vorgesehen, dass ihm auch eine Dienstwohnung zur Verfügung gestellt wird, so dass kein eigener Mietvertrag abzuschließen ist. Rechtsgrundlage für die Überlassung der Wohnung ist dann der geschlossene Dienstvertrag.[5] Die Wohnung wird dadurch zu einer sog. Werkdienstwohnung, für die ebenfalls Besonderheiten im Rahmen der Kündigung bestehen.

Werden Wohnungen oder Geschäftsräume an **Dritte** vermietet, stellt die vermietende Institution ggfs. besondere Anforderungen an die Eigenschaften des Mieters. Insoweit empfiehlt sich von dem Interessenten eine **Selbstauskunft** einzuholen, etwa in Form eines zu beantwortenden Fragebogens.

Im Rahmen einer Selbstauskunft muss der Mieter seine persönlichen Verhältnisse nicht offenbaren, wenn sie keinen Bezug zur Durchführung des Vertrages haben. Auf der anderen Seite wird aber das Interesse des Vermieters berücksichtigt, sich über die Leistungsfähigkeit des Mieters zu informieren und unter den Mitbewerbern denjenigen auszuwählen, der seinen Vorstellungen am nächsten kommt. Deshalb sind Fragen nach dem Familienstand, dem Bestehen eines Arbeitsverhältnisses, den Einkommens- und Vermögensverhältnissen sowie zu den Lebensgewohnheiten des Mieters, wie z.B. ob der Mieter starker Raucher ist,[6] zulässig.[7] Gehört die Versorgung von eigenen Mitarbeitern oder Kirchenmitgliedern zum Zweck des vermietenden Unternehmens, sind auch Fra-

---

[3] Siehe Ziffer 3.7.4.
[4] § 38 I Pfarrdienstgesetz der EKD (PfDG.EKD).
[5] Davon zu unterscheiden sind kirchenbeamtliche Bestimmungen, soweit ein Kirchenbeamtenverhältnis mit dem Nutzer der Wohnungen besteht.
[6] BGH, Urteil vom 18.3.2015 – VIII ZR 242/13, NZM 2015, 424 nur bei exzessivem Rauchen wird der vertragsgemäße Gebrauch überschritten.
[7] Bub, in: Bub/Treier, Handbuch der Geschäfts- und Wohnraummiete, 4. Aufl. (2014), II Rn. 2164.

gen nach der Religionszugehörigkeit zulässig.⁸ Unzulässig sind hingegen Fragen nach Schwangerschaft, politischen Präferenzen oder Parteizugehörigkeit, nach einer Mitgliedschaft in einer Gewerkschaft oder im Mieterverein, nach einer Aufenthaltsberechtigung, nach Vorstrafen, nach laufenden Ermittlungsverfahren oder nach einer Entmündigung.⁹

Die unrichtige Beantwortung einer im Fragebogen gestellten Frage kann eine Anfechtung des Mietvertrages wegen arglistiger Täuschung gem. §§ 123, 142 BGB und die Kündigung des Mietverhältnisses aus wichtigem Grund gem. § 543 BGB rechtfertigen, wenn die Frage zulässig war und die Falschauskunft wesentliche Bedeutung für den Fortbestand des Mietverhältnisses besitzt.

Je nach Institution ist bereits nach Eingang der Selbstauskunft die Bewerbung mit dem entsprechenden Genehmigungsorgan, wie z.B. dem Wohnungsvergabeausschuss abzustimmen.

*3.2 Abgrenzung Wohnraummiete – Geschäftsraummiete*

Ein **Wohnraummietverhältnis** liegt vor, wenn der Mieter die Räume zu eigenen Wohnzwecken anmietet, ein **Geschäftsraummietverhältnis** hingegen, wenn Grundstücke, Gebäude oder Räume zu anderen als Wohnzwecken überlassen werden.¹⁰ Maßgeblich für die Unterscheidung ist der vereinbarte Nutzungszweck und nicht die tatsächliche Nutzung. Die entgeltliche Gebrauchsüberlassung eines Gemeindesaals für Veranstaltungen, wie z.B. von Weight Watchers, eines Puppentheater, oder für eine Ausstellung ist deshalb typischerweise als Geschäftsraummietverhältnis zu qualifizieren.¹¹

*3.3 Zustandekommen des Mietvertrages*

Der Mietvertrag kommt durch Antrag und Annahme gem. §§ 145ff. BGB zustande.

3.3.1 Antrag

3.3.1.1 wesentliche Vertragsbestandteile

Der Antrag – auch Angebot genannt – auf Abschluss des Mietvertrages muss die wesentlichen Vertragsbestandteile enthalten (sog. essentialia negotii). Bei der Miete sind dies
– die Vertragsparteien (vgl. Abschn. 3.4.1),
– der Mietgegenstand (vgl. Abschn. 3.4.2),
– die Dauer der Überlassung (vgl. Abschn. 3.4.3) und
– das Entgelt für die Überlassung (vgl. Abschn. 3.4.4).
Im Übrigen sind die Parteien in Bezug auf die inhaltliche Gestaltung des Mietvertrages grundsätzlich frei. Ein Antrag auf Abschluss eines Mietvertrages liegt z.B. dann vor,

---
8 Schmidt-Futterer/Blank, Kommentar zum Mietrecht, 12. Aufl. (2015), § 543 BGB Rn. 204.
9 Hinz, in: Börstinghaus, MietPrax, Stand August 2014, Fach 1 Teil 1 C Rn. 239.
10 BGH, Versäumnisurteil vom 16.7.2008 – VIII ZR 282/07, NJW 2008, 3361.
11 Siehe oben Ziffer 2.

wenn ein unterschriebenes Mietvertragsformular übersandt oder übergeben wird, das bereits die wesentlichen Vertragsbestandteile enthält. Bei Mietverträgen, die für einen Zeitraum von mehr als einem Jahr geschlossen werden, ist der Antrag schriftlich zu unterbreiten, d.h. in der Regel durch Übersendung eines unterschriebenen Mietvertragsformulars.

### 3.3.1.2 Vertragsmuster

Formulare für Mietverträge[12] sind kostenpflichtig erhältlich. Darüber hinaus haben auch kirchliche Organisationen Vertragsmuster, die verwendet werden können. Aufgrund der fortwährenden Weiterentwicklung der Rechtsprechung im Mietrecht ist zu empfehlen, bei jeder neuen Vermietung ein aktuelles Vertragsmuster zu verwenden.

Bei den Vertragsmustern ist zwischen **Wohn- und Geschäftsraummietverhältnissen** zu unterscheiden, da das Gesetz insbesondere bei der Wohnraummiete Schranken zu Gunsten des als sozial schwächer vermuteten Mieters aufstellt, die in den entsprechenden Formularen berücksichtigt sind.

### 3.3.2 Annahme

Liegt ein verbindlicher Antrag vor, kann diesen die jeweils andere Vertragspartei ohne Änderungen annehmen. Die Annahme des Mietvertrages erfolgt in der Regel durch die Unterschrift der anderen Vertragspartei auf dem Mietvertragsformular.

Durch **Änderungen oder Ergänzungen** wird der Antrag abgelehnt, § 150 Abs. 2 BGB, und ein neuer Antrag unterbreitet, der nun von der Annahme durch den vormals Antragenden abhängig ist.

Der Antrag ist darüber hinaus rechtzeitig anzunehmen. Gem. § 146 2. Alt BGB erlischt ein Antrag, wenn er nicht rechtzeitig angenommen wird, d.h. innerhalb von 2-3 Wochen.[13] Liegt die Annahmeerklärung außerhalb dieser Frist, kommt zunächst kein Mietvertrag zustande. Die verspätete Annahme durch Unterschrift auf dem übermittelten Mietvertragsformular stellt dann vielmehr einen neuen (schriftlichen) Antrag auf Abschluss eines Mietvertrages dar. In diesem Fall muss der vormals Antragende den Vertrag nochmals unterschreiben und darüber hinaus dem Vertragspartner die Annahme des neuen Antrags durch die nochmalige Unterschrift auf dem Vertrag im Original zugehen lassen, in dem er ihm den Vertrag nochmals zur Kenntnis übermittelt, andernfalls kommt der (formbedürftige) Mietvertrag spätestens mit der Übergabe der Mietsache zustande.[14] Für die Wahrung der Schriftform ist es nicht erforderlich, dass der Vertrag durch die schriftlich abgegebenen Erklärungen zustande kommt; die Schriftform nach § 550 Satz 1 BGB ist vielmehr auch dann gewahrt, wenn der Vertragsschluss nicht den Anforderungen des § 126 Abs. 2 BGB, aber eine von beiden Parteien unterzeichnete

---

12 Z.B. Haus & Grund, http://www2.haus-und-grund.com/mietvertrag.html; oder GdW, http://shop.haufe.de/mietvertrag.
13 OLG Naumburg, Urteil vom 7.9.2004 – 9 U 3/04, NZM 2004, 825; OLG Dresden, Urteil vom 31.8.2004 – 5 U 946/04, NZM 2004, 827.
14 BGH, Urteil vom 24.2.2010 – XII ZR 120/06, NJW 2010, 1518.

Mietvertragsurkunde vorhanden ist, die inhaltlich vollständig die Bedingungen eines später mündlich oder konkludent abgeschlossenen Mietvertrags enthält.[15]

*3.4 Notwendiger Vertragsinhalt*

Notwendiger Inhalt eines Mietvertrages sind die Vertragsparteien, der Mietgegenstand, die Dauer der Überlassung und das Entgelt für die Überlassung.

3.4.1 Vertragsparteien

In das Formular sind zunächst die Vertragsparteien, d.h. Vermieter und Mieter, einzufügen.

3.4.1.1 Vermieter

Vermieter ist derjenige, der sich verpflichtet, die Immobilie einem anderen zu überlassen. Dies ist in der Regel der Eigentümer der Immobilie. Da die Immobilien meist im Eigentum des Sozialunternehmens, der jeweiligen **Kirchengemeinde** oder einer **kirchlichen Stiftung** stehen,[16] sind diese selbst Vermieter und damit Partei des Mietvertrages. Das Sozialunternehmen, die jeweilige Gemeinde oder Stiftung ist dann mit ihrem vollständigen Namen und Anschrift als Partei im Mietvertrag aufzunehmen.

Werden die Wohnungen oder Gewerbeeinheiten von einem Dritten verwaltet, kann aufgrund einer entsprechenden Regelung im Innenverhältnis grundsätzlich sowohl die Verwaltung als auch der Eigentümer Vermieter und damit Partei des Mietvertrages sein. Aufgrund zahlreicher sich anschließender Probleme bei einer Vermieterstellung des Verwalters (wie z.B. kein Übergang der Mietverhältnisse bei Verkauf des Grundstücks durch den Eigentümer, etc.) ist zu empfehlen, nicht die Verwaltung, sondern den Eigentümer der Immobilie als Vermieter aufzunehmen; die Verwaltung sollte dann mit Vollmacht für den jeweiligen Eigentümer handeln.

Darüber hinaus ist im Mietvertrag auch der gesetzliche Vertreter aufzunehmen, d.h. diejenige Person, die berechtigt ist, den Eigentümer zu vertreten. Dies ist bei **Kirchengemeinden** z.B. in Bayern regelmäßig der **Kirchenvorstand** gem. §§ 21, 63 Kirchengemeindeordnung (KGO), der gem. § 22 Abs. 2 Nr. 1 das Ortskirchenvermögen verwaltet. Der Vorsitzende, in der Regel der Pfarrer, ist gem. § 35 Abs. 1 S. 1 KGO mit der Geschäftsführung beauftragt.[17]

**Stiftungen** werden durch den **Vorstand** vertreten, Art. 10 BayStG, § 26 Abs. 2 BGB entsprechend, Vereine vom Vorstand, § 26 BGB und Gesellschaften mit beschränkter Haftung vom Geschäftsführer, §§ 6 I, 35 I GmbHG. Der Vertreter ist ebenfalls mit Namen und Anschrift (Geschäftsanschrift) im Mietvertrag aufzunehmen.

---

15 BGH, Urteil vom 17.6.2015 – XII ZR 98/13, BeckRS 2015, 11804.
16 Kirchengemeinden sind z.B. gem. Art. 8 der bayerischen Kirchenverfassung (KVerf) Körperschaften des öffentlichen Rechts. Sie besitzen eine eigene Rechtspersönlichkeit.
17 Die Vertretungsregelung kann von Landeskirche zu Landeskirche unterschiedlich sein. Eine katholische Kirchengemeinde als Vermögensvertreter wird vom Kirchenvorstand vertreten.

Es ist auf die richtige Bezeichnung des Vermieters und die korrekte Angabe des gesetzlichen Vertreters zu achten.

> Beispiel:
> *„Mietvertrag*
> *zwischen*
> **Kirchengemeinde St.....,** *(Anschrift),*
> *vertreten durch den Vorsitzenden des Kirchenvorstands, Herr Pfarrer...(Anschrift)"*
> *- Vermieter –*

### 3.4.1.2 Mieter

Der oder die Mieter sind mit vollständigen Namen, mit der bisherigen Adresse aufzunehmen; es sollte aber auch das Geburtsdatum aufgenommen werden, das, im Falle ggfs. erforderlicher Vollstreckungsmaßnahmen, benötigt werden könnte. Mieter sind häufig Mitarbeiter im Angestelltenverhältnis. Zieht der kirchliche Mitarbeiter mit seiner Familie in die Wohnung ein, kann auch der Ehepartner/Lebenspartner als Mitmieter aufgenommen werden, selbst wenn es sich um eine Dienstwohnung handelt.[18]

Insbesondere bei Gewerbeeinheiten kann Mieter auch eine juristische Person sein, z.B. eine GmbH oder eine AG. Die Gesellschaft kann als eigene Rechtspersönlichkeit Partei des Mietvertrages sein und ist mit ihrer richtigen Bezeichnung im Mietvertrag aufzunehmen. Dies gilt auch für das zuständige Organ, das für die juristische Person handelt. Nur Erklärungen dieser Organe oder von Bevollmächtigten, wie z.B. Prokuristen, verpflichten die Gesellschaft. Bei Abschluss eines (langfristigen) Mietvertrages mit einer Gesellschaft empfiehlt sich die Einholung eines Handelsregisterauszugs, aus dem sich zum einen die genaue Bezeichnung der Gesellschaft und zum anderen die Vertretungsverhältnisse ergeben. Dieser ist im Internet unter www.handelsregister.de kostenpflichtig abrufbar.

Es ist wiederum auf die richtige Bezeichnung zu achten und die bisherige Anschrift des Mieters anzugeben.

> **Beispiel:**
> *„und*
> *Herrn..., (Anschrift), geboren am....*
> *- Mieter -"*
> *oder*
> *„und der*
> **XY-GmbH,** *(Anschrift),*
> *vertreten durch den Geschäftsführer Herrn..., (Anschrift).*
> *- Mieter -"*

### 3.4.1.3 Erklärungen

Vor der Unterschrift auf dem Mietvertrag sind etwaige erforderliche interne Genehmigungen, z.B. eines Wohnungsvergabeausschusses, einzuholen. Zu beachten ist auch,

---

18 Palandt/Weidenkaff, Kommentar zum BGB, 74. Aufl. (2015), Vorb v § 576 Rn 8.

dass alle Erklärungen in Zusammenhang mit dem Mietvertrag von und gegenüber allen Vertragspartnern bzw. dessen vertretungsberechtigtem Organ abgegeben werden müssen. D.h. auch eine Einigung über den Mietvertrag muss zwischen den im Mietvertrag angegebenen Personen erfolgen, so dass auch alle im Vertrag genannten Personen diesen unterschreiben müssen; im Übrigen sind auch Schreiben, die das Mietverhältnis betreffen, an alle Mieter bzw. alle Vermieter zu adressieren. Solange nicht sämtliche Mieter den Vertrag unterschrieben haben, sollte eine Übergabe der Schlüssel nicht erfolgen.

### 3.4.2 Mietgegenstand

#### 3.4.2.1 Beschreibung

Der Mietgegenstand ist im Mietvertrag eindeutig zu bestimmen, um diesen im Konfliktfall identifizieren zu können. Bei der Beschreibung sollte z.B. Vorder- oder Rückgebäude, Seitenflügel, Quergebäude, die Etage, links, Mitte oder rechts angegeben werden, wobei die Lage links oder rechts von der Treppe aus zu beurteilen ist. Sollte die Lage der Räume nur schwer zu beschreiben sein, ist ggfs. ein Plan beizulegen, in dem die Lage der Räume eingezeichnet ist. In dem Mietvertrag ist dann ausdrücklich auf den beigefügten Plan zu verweisen.

Darüber hinaus ist die Anzahl der Zimmer anzugeben, die nicht Küche und Hygieneräume umfassen. Schließlich sind die vermieteten Nebenräume und deren genaue Lage anzugeben, die der Mieter darüber hinaus (alleine) nutzen darf, wie z.B. Keller, Speicher, Garage, Garten, Hobbyraum. Wird mit der Wohnung auch eine Garage vermietet, liegt grundsätzlich ein einheitliches Mietverhältnis vor, es sei denn, dass der Wille der Parteien, eine neue selbständige Vereinbarung zu schließen, deutlich zum Ausdruck kommt; dies ist z.B. dann der Fall, wenn die Parteien unterschiedliche Vertragsformulare für die Vermietung von Wohnung und Garage verwenden und andere Kündigungsfristen für die Garage vereinbaren oder wenn nicht alle Wohnungsmieter Vertragspartner des Garagenmietvertrages sind.[19]

Insbesondere bei Geschäftsraummietverhältnissen, die auf eine bestimmte Dauer (z.B. 2, 5 oder 10 Jahre) geschlossen werden, ist die Lage der Miträume im Mietvertrag genau zu beschreiben, da andernfalls das Mietverhältnis wegen eines Schriftformmangels gem. § 550 BGB kündbar ist.[20]

Die Größe der Wohnung sollte im Rahmen des Mietgegenstandes nicht angegeben werden, da ein Mangel der Mietsache vorliegt, wenn die tatsächliche Fläche von der im Mietvertrag vereinbarten Fläche um mehr als 10% abweicht.[21] Die Parteien sollten eine Regelung treffen, dass dem Mieter die Größe der Miträume in Natur bekannt ist.

Zubehör innerhalb der Räume, wie z.B. Küche, Haushaltsgeräte, Spiegel, Schränke und Teppiche, aber auch die Schlüssel zur Wohnung, sind entsprechend § 311 c BGB

---

[19] LG München I, Urteil vom 17.7.1991 – 14 S 10344/90, WuM 1992, 15; LG Wuppertal, Urteil vom 26.10.1995 – 9 S 356/94, NJWE-MietR1996, 122.
[20] BGH, Urteil vom 2.11.2005 – XII ZR 233/03, NJW 2006, 140; Urteil vom 30.4.2014 – XII ZR 146/12, NJW 2014, 2122.
[21] BGH, Urteil vom 22.2.2006 – VIII ZR 219/04, NJW-RR 2006, 801.

mitvermietet, ohne dass es einer besonderen Auflistung der Gegenstände im Mietvertrag bedarf; eine Liste der mitvermieteten Gegenstände und deren Beifügung zum Mietvertrag ist aber aus Beweisgründen empfehlenswert.

### 3.4.2.2 Werkmiet- oder Werkdienstwohnung

Bei Werkmietwohnungen ist im Mietvertrag aufzunehmen, dass das Mietverhältnis nur für die Zeit des aktiven Dienstes bei dem (z.B. kirchlichen) Rechtsträger eingegangen ist; dies ist teilweise auch gesetzlich geregelt.[22]

*1. Werkmietwohnung*

Bei der **Werkmietwohnung** handelt es sich um Wohnraum, der „mit Rücksicht auf das Bestehen eines Dienstverhältnisses" überlassen wird. Neben dem Dienstvertrag besteht hier ein selbstständiger Mietvertrag.[23]

Insoweit ist zwischen gewöhnlichen Werkmietwohnungen und funktionsgebundenen Werkmietwohnungen zu unterscheiden. Um eine gewöhnliche Werkmietwohnung handelt es sich, wenn sich deren Funktion darin erschöpft, dass der Dienstverpflichtete darin wohnt[24] wohingegen es sich um eine funktionsgebundene Werkmietwohnung handelt, wenn die Wohnung so gelegen ist, dass sie eine unmittelbare Beziehung zur Dienstleistung haben, wie z.B. die Wohnung für einen Hausmeister.

Auch Wohnungen, die an Diakone, Heimleiter usw. überlassen werden, sind Werkmietwohnungen, wenn ein selbstständiger Mietvertrag mit diesen geschlossen wird.

*2. Werkdienstwohnung*

Eine **Werkdienstwohnung** liegt hingegen vor, wenn Wohnraum im Rahmen eines Dienstverhältnisses vermietet wird. Entscheidend ist insoweit, dass hier nicht zwei unterschiedliche Verträge miteinander verbunden werden, sondern nur ein einheitlicher Vertrag vorliegt, der sowohl Regelungen für das Dienstverhältnis als auch für die Überlassung von Wohnraum trifft.[25] Die Überlassung der Wohnung stellt dann einen Teil der Vergütung des Dienstverpflichteten dar. Abgrenzungsmerkmal ist insoweit, dass mit dem Dienstverpflichteten typischerweise eine Benutzungspflicht vereinbart ist.[26] Auf die Bezeichnung der Parteien kommt es insoweit nicht an.

Bei den Wohnungen der **Pfarrer und Pfarrerinnen** handelt es sich, soweit eine Residenzpflicht besteht, um Werkdienstwohnungen, ansonsten um Werkmietwohnungen, insbesondere dann, wenn dem Pfarrer oder der Pfarrerin allgemeinkirchliche Aufgaben übertragen sind; insoweit sind Pfarrer dann wie sonstige Kirchenmitarbeiter zu behandeln.

---

22 Wie z.B. in Nr. 4 II MietPrBek der Evangelische-Lutherischen Kirche in Bayern.
23 Palandt/Weidenkaff, Komm. z. BGB, 74. Aufl. 2015, Vorb v § 576 Rn. 9.
24 Palandt/Weidenkaff, Kommentar zum BGB, 74. Aufl. (2015), § 576 Rn. 4,.
25 Buch NZM 2000, 167.
26 Palandt/Weidenkaff, Kommentar zum BGB, 74. Aufl. (2015), Vorb v § 576 Rn. 10.

Die Überlassung einer Wohnung an einen Diakon ist nur dann eine Werkdienstwohnung im Sinne des § 576 b BGB, wenn eine angemessene kircheneigene Wohnung fehlt und der Rechtsträger eine angemessene Wohnung anmieten muss; diese hat der Diakon dann zu beziehen, vgl. § 26 Abs. 1 Diakonengesetz (DiakG).

3.4.3 Mietdauer

Gem. § 542 Abs. 1 BGB kann ein Mietverhältnis auf unbestimmte oder bestimmte Zeit (d.h. z.B. 5 Jahre) eingegangen werden. Ein auf längere Zeit als ein Jahr geschlossener Mietvertrag, bedarf der schriftlichen Form, d.h. sämtliche Vereinbarungen der Parteien sind schriftlich zu treffen; Nachträge sind mit dem Mietvertrag zu verbinden oder müssen eine Verweisung auf den Mietvertrag enthalten.

**Beispiel:**
„*Nachtrag Nr......*
*zum Mietvertrag vom....*
*zwischen*
**Kirchengemeindeamt München....**, *vertreten durch.....*
*(Anschrift)*
*- im Folgenden: "Vermieterin" -*
*und*
**XY GmbH**, *vertreten durch ihren einzeln vertretungsberechtigten Geschäftsführer....*
*- im Folgenden: "Mieterin" –*
*I.*
*Vorbemerkung*
*Die Mieterin hat mit Vertrag vom...... im Anwesen (Anschrift) im... OG mit Wirkung ab dem.... Büroräume angemietet, jedoch keinen Keller- und Archivraum. Für Lager und Archiv benötigt die Mieterin einen zusätzlichen Raum/zusätzliche Räume.*
*Dies vorausgeschickt schließend die Parteien folgende*
*II.*
*Vereinbarung:*"

3.4.3.1 Befristungsgrund bei Wohnraummietverhältnissen

Ein **Mietverhältnis über Wohnraum** kann gem. § 575 Abs. 1 BGB nur dann auf bestimmte Zeit eingegangen werden, wenn ein gesetzlicher Befristungsgrund vorliegt. Ein Grund zur Befristung ist gegeben, wenn der Vermieter nach Ablauf der Mietzeit
- die Räume für sich, seine Familienangehörigen oder Angehörige seines Haushalts nutzen will (Nr. 1),
- in zulässiger Weise die Räume beseitigen oder so wesentlich verändern oder instand setzen will, dass die Maßnahmen durch eine Fortsetzung des Mietverhältnisses erheblich erschwert würden (Nr. 2), oder
- die Räume an einen zur Dienstleistung Verpflichteten vermieten will (Nr. 3).

Eine Befristung des Mietverhältnisses nach § 575 BGB ist auch nur dann zulässig, wenn der Vermieter bei Abschluss des Mietvertrags die ernsthafte Absicht hat, das Mietobjekt einer der in § 575 BGB bezeichneten Verwendungen zuzuführen.[27] Eine wirksame Befristung setzt weiter voraus, dass der Vermieter dem Mieter bei Vertragsschluss die spezielle Nutzungsabsicht mitgeteilt hat. Die Mitteilung muss schriftlich (§ 126 BGB) erfolgen, muss aber nicht im Mietvertrag enthalten sein[28] und darf nicht nur schlagwortartige Angaben enthalten. Die Mitteilung des Befristungsgrundes soll dem Mieter ermöglichen, die Berechtigung der Befristung zu überprüfen.[29]

In Betracht kommt insbesondere eine Befristung wegen Baumaßnahmen (Nr. 2) oder Betriebsbedarfs (Nr. 3). Bei einer Befristung des Mietverhältnisses wegen einer wesentlichen Veränderung oder Instandsetzung der Räume (Nr. 2) muss der Vermieter die geplanten Maßnahmen so genau angeben, dass der Mieter beurteilen kann, ob diese Maßnahmen durch eine Fortsetzung des Mietverhältnisses erheblich erschwert würden und damit eine Befristung nach § 575 I S 1 Nr. 2 Alt. 2 BGB rechtfertigen.

> **Beispiel:**
> „*Mietzeit*
> *1. Das Mietverhältnis beginnt am....... und endet am......*
> *2. Die Befristung beruht auf folgendem Grund:*
> *Nach Ablauf der Mietzeit beabsichtigt der Vermieter eine umfassende Sanierung des Anwesens. Hierbei werden insbesondere die Bäder erneuert, indem Badewanne/Dusche, Toilettenschüssel und Waschbecken ausgetauscht und die Wände neu verfliest, Versorgungsleitungen für Strom neu verlegt, die bisherigen einfach-verglasten Holzfenster durch isolierverglaste Kunststofffenster und der vorhandene Teppichboden durch Parkettboden ersetzt, die Wohnungs- und Zimmertüren ausgewechselt werden. Zusätzlich werden die nicht tragenden Zwischenwände versetzt, um die bisherige Aufteilung von 4 Zimmern auf 3 Räume mit offener Küche zu ändern. Im Treppenhaus wird...*"

Bei einem Abriss des Gebäudes, in dem sich die vermieteten Räume befinden, bedarf es demgegenüber keiner näheren Angaben, da eine Beseitigung der Räume – anders als eine bloße Veränderung oder Instandsetzung – zwangsläufig den Auszug des Mieters bedingt, ohne dass es auf Einzelheiten der Baumaßnahme ankommt; es reicht vielmehr die Angabe, dass das Gebäude abgerissen werden soll.[30]

Eine Befristung wegen eines künftigen Betriebsbedarfs (Nr. 3) ist zulässig, wenn der Vermieter die Räume nach Ablauf der Befristung z. B. einem Mitarbeiter als Werkdienst- oder Werkmietwohnung (siehe hierzu Abschn. 3.4.2.2 (1)) zur Verfügung stellen will. Bei einer Befristung wegen eines künftigen Betriebsbedarfs genügt es, wenn der Vermieter mitteilt, dass er die Räume nach Ablauf der Vertragszeit „einem Arbeitnehmer" überlassen möchte. Die Person des Arbeitnehmers muss nicht namentlich bezeichnet werden. Dies gilt schon deshalb, weil der betreffende Arbeitnehmer zum Zeitpunkt des Vertragsschlusses noch nicht feststehen muss und in der Regel auch nicht feststeht. Eine namentliche Bezeichnung ist aber auch dann nicht erforderlich, wenn der künftige Wohnungsnutzer bei Vertragsschluss bereits bekannt ist.[31]

---

27 BGH, Urteil vom 18.4.2007 – VIII ZR 182/06, NJW 2007, 2177, 2179.
28 Palandt/Weidenkaff, Kommentar zum BGB, 74. Aufl. (2015), § 575 Rn. 9.
29 BT-Dr 14/4553, S 70.
30 BGH, Urteil vom 18.4.2007 – VIII ZR 182/06, NJW 2007, 2177.
31 Schmidt-Futterer/Blank, Kommentar zum Mietrecht, 12. Aufl. (2015), § 575 Rn. 26.

Fehlt es an einem zulässigen Befristungsgrund oder an einer schriftlichen Mitteilung durch den Vermieter, gilt der Mietvertrag als auf unbestimmte Zeit geschlossen, § 575 I S 2 BGB.

#### 3.4.3.2 Geschäftsraummietverhältnisse

Geschäftsraummietverhältnisse können befristet werden. Ein Befristungsgrund ist nicht erforderlich.

#### 3.4.3.3 Dauer der Befristung

Ein Mietvertrag kann grundsätzlich auch für eine Dauer von mehr als 30 Jahren geschlossen werden. In diesem Fall kann allerdings jede Vertragspartei nach Ablauf von 30 Jahren (nach Überlassung der Mietsache) das Mietverhältnis außerordentlich mit der gesetzlichen Frist kündigen, § 544 Satz 1 BGB. Die Kündigung ist hingegen unzulässig, wenn der Vertrag für die Lebenszeit des Vermieters oder des Mieters geschlossen wurde, § 544 Satz 2 BGB.

### 3.4.4 Entgelt

Das Vermögen ist gewissenhaft, pfleglich und wirtschaftlich zu verwalten (vgl. z.B. Sorgfalt eines ordentlichen Kaufmanns, § 43 I GmbHG; Art. 81 Abs. 1 Satz 2 KVerf). Dazu gehört auch, dass angemessene Mieten und Nebenkosten erhoben werden.[32] Maßgebend ist grundsätzlich der örtliche Mietwert – gemeint ist die marktübliche Miete – einer Wohnung oder von Gewerbeflächen. Der örtliche Mietwert einer Wohnung ist durch einen Vergleich mit den Mieten zu ermitteln, die in derselben Gemeinde oder in vergleichbaren Gemeinden für nicht preisgebundenen Wohnraum vergleichbarer Art, Größe, Ausstattung, Beschaffenheit und Lage gezahlt werden. Die – hiervon zu unterscheidende – ortsübliche Miete ergibt sich auch aus dem Mietspiegel der Gemeinde, sofern die Gemeinde einen solchen aufgestellt hat. Dennoch können die Parteien die Miete grundsätzlich frei vereinbaren.[33]

### 3.4.5 Kaution

Die Parteien sollten im Mietvertrag für die Überlassung der Räume eine vom Mieter zu leistende Sicherheitsleistung vereinbaren. Etwas anderes gilt nur für Werkdienstwohnungen, bei denen in der Regel keine Kaution vereinbart wird.

Der Vermieter hat nur dann einen Anspruch auf eine Mietsicherheit, wenn dies im Mietvertrag vereinbart ist. Der Parteivereinbarung unterliegt auch die Art der Sicherheitsleistung. Gem. § 551 Abs. 3 BGB kann der Mieter die Sicherheitsleistung in Geld

---

32 Auch Nr. 1 der Bekanntmachung über die Mietpreisbildung bei kircheneigenem Wohnraum und kircheneigenen Garagen und auch Gewerbeflächen (MietPrBek) der Evang.-Luth. Kirche in Bayern.
33 Dabei sind jedoch von den einzelnen Landeskirchen Werte vorgegeben, die nicht unterschritten werden dürfen, wenn nicht der örtliche Mietwert nachweislich niedriger liegt, vgl. für Bayern die Tabellenansätze, die in Anlage 1 zur MietPrBek aufgeführt sind. Darüber hinaus stellen die jeweiligen Landeskirchen besondere Regeln zur Berechnung des örtlichen Mietwertes auf.

erbringen, sog. Barkaution; in der Praxis üblich sind aber auch die Verpfändung eines Sparkontos, die Sicherungsabtretung eines Sparguthabens sowie eine Bürgschaft.

Die **Barkaution** muss der Vermieter gem. § 551 Abs. 3 S. 3 BGB getrennt von seinem Vermögen bei einem Kreditinstitut zu dem für Spareinlagen mit dreimonatiger Kündigungsfrist üblichen Zinssatz anlegen, wenn nicht eine andere Anlageform vereinbart ist. Die Zinsen stehen dem Mieter zu.

In dem Mietvertragsformular ist der Umfang der Sicherheit zu regeln, die regelmäßig der Sicherung aller Ansprüche des Vermieters gegen den Mieter aus dem Mietverhältnis, insbesondere der Sicherung von Mietzahlungsansprüchen, Betriebskostennachforderungen, Nutzungsentschädigungen und Schadensersatz dient.

Gem. § 551 BGB darf die Mietsicherheit bei **Wohnraummietverhältnissen** nicht mehr als das Dreifache der auf einen Monat entfallenden Miete ohne die als Pauschale oder als Vorauszahlungen ausgewiesenen Betriebskosten betragen. Eine hiervon zulasten des Mieters abweichende Vereinbarung ist unwirksam. Der Mieter ist gem. § 551 II BGB berechtigt, bei einer Barkaution die Sicherheit in drei gleichen monatlichen Raten zu erbringen, wobei die erste Teilzahlung mit Beginn des Mietverhältnisses fällig wird und vom Mieter zu leisten ist. Die Folgeraten sind jeweils ein bzw. zwei Monate nach Beginn des Mietverhältnisses fällig.

Die Vereinbarung einer überhöhten Sicherheit hat nicht die Unwirksamkeit der Kautionsabrede insgesamt zur Folge. Der Mieter muss vielmehr einem, über die Grenze des § 551 BGB hinausgehenden Verlangen des Vermieters nicht nachkommen. Unwirksam ist deshalb auch die Leistung einer Barkaution neben der Stellung eines Bürgen, soweit der Vermieter dadurch eine Sicherheit von mehr als 3 Monatsmieten erlangt. Zu viel geleistete Sicherheiten kann der Mieter zurückfordern.[34]

Bei **Geschäftsraummietverhältnissen** gilt § 551 BGB nicht, so dass auch eine Kaution vereinbart werden kann, die das Dreifache der auf einen Monat entfallenden Miete übersteigen kann. Üblich ist, dass der Mieter eine Bürgschaft einer deutschen Bank stellt. Einer Barkaution hat auch der Vermieter von Geschäftsräumen zu verzinsen, wenn die Parteien keine abweichende vertragliche Vereinbarung getroffen haben.[35]

## 3.5 Übergabe

Gem. § 535 Abs. 1 S. 2 BGB hat der Vermieter die Mietsache dem Mieter in einem zum vertragsgemäßen Gebrauch geeigneten Zustand zu überlassen. Eine Überlassung an den Mieter liegt dann vor, wenn der Mieter in die Lage versetzt wird, die Mietsache vertragsgemäß zu gebrauchen.[36] Dies ist regelmäßig dann der Fall, wenn dem Mieter **sämtliche Schlüssel** übergeben werden, die notwendig sind, um in die vermieteten Räume zu gelangen. Der Vermieter darf keine Schlüssel zurückbehalten.[37]

---

34 BGH, Urteil vom 30.6.2004 – VIII ZR 243/03, WuM 2004, 473.
35 BGH, Urteil vom 21.9.1994 – XII ZR 77/93, NJW 1994, 3287.
36 BGH, Urteil vom 15.11.2006 – XII ZR 120/04, NJW 2007, 2394; Palandt/Weidenkaff, Kommentar zum BGB, 74. Aufl. (2015), § 535 Rn. 35.
37 LG Berlin, Urteil vom 20.6.1985 – 61 T 32/85, GE 1985, 1259.

Der Mieter ist verpflichtet, die Miträume zu übernehmen. Vor der Übergabe sollte ein **Protokoll** über den Zustand der Miträume gefertigt werden, um festzuhalten, ob der Vermieter wegen bestehender Mängel noch Arbeiten durchzuführen hat. Bescheinigt der Mieter in einem Wohnungsabnahmeprotokoll, dass die Wohnung mangelfrei ist, kann er sich später auf bestehende Mängel nicht berufen.[38] In dem Übergabeprotokoll sollten darüber hinaus auch die Zählerstände von Gas, Strom oder Öl und Wasser, Heizung und Warmwasser festgehalten werden; außerdem sollten alle Einrichtungsgegenstände aufgeführt werden, mit denen die Wohnung ausgestattet ist.

Ein Muster eines Übergabeprotokolls kann über Haus und Grund angefordert werden

### 3.6 Mieterhöhung

Die Miete von Wohn- und Geschäftsraummietverhältnissen kann während des Mietverhältnisses erhöht werden.

### 3.6.1 Wohnraummietverhältnisse

Für Wohnraummietverhältnisse bestehen folgende Erhöhungsmöglichkeiten:
- durch eine Vereinbarung der Parteien während des Mietverhältnisses, § 557 Abs. 1 BGB,
- durch Vereinbarung künftiger Mieterhöhungen durch Festlegung
    - einer Staffelmiete, § 557 a BGB oder
    - einer Indexmiete, § 557 b BGB
- Mieterhöhungen bis zur ortsüblichen Vergleichsmiete, §§ 558ff. BGB,
- Mieterhöhungen wegen baulicher Veränderungen, §§ 559ff. BGB,
- Erhöhungen der Betriebskostenpauschale, § 560 BGB.

### 3.6.1.1 Vereinbarung der Parteien, § 557 BGB

Die Parteien können während des Bestehens des Mietverhältnisses vereinbaren, die Miete für die Zukunft auf einen bestimmten Betrag zu erhöhen, § 557 Abs. 1 BGB. Der Abschluss der Vereinbarung ist formfrei wirksam. Die Schriftform ist zu empfehlen und bei Mietverträgen mit einer festen Dauer von mehr als einem Jahr erforderlich.

### 3.6.1.2 Staffelmiete, § 557 a BGB

Eine Staffelmiete liegt vor, wenn die Miete für bestimmte Zeiträume in unterschiedlicher Höhe schriftlich vereinbart ist, wobei die jeweilige Miete oder die jeweilige Erhöhung in einem Geldbetrag auszuweisen ist, vgl. § 557 a BGB.

> Beispiel:
> *„Die Miete beträgt monatlich ... EUR zuzüglich monatliche Vorauszahlungen auf die Betriebskosten ... EUR, insgesamt monatlich ... EUR.*

---

38 BGH, Urteil vom 10.11.1982 – VIII ZR 252/81, NJW 1983, 446.

*Die Parteien vereinbaren, dass sich die Miete, ausgenommen die Vorauszahlungen auf die Betriebskosten, wie folgt erhöht:*
*Die Miete beträgt ab*
*(Datum) ... EUR (Wohnraum) und ... EUR (Garage/Stellplatz)*
*(Datum) ... EUR (Wohnraum) und ... EUR (Garage/Stellplatz)*
*(Datum) ... EUR (Wohnraum) und ... EUR (Garage/Stellplatz)*
*(Datum) ... EUR (Wohnraum) und ... EUR (Garage/Stellplatz)."*

Zwischen den einzelnen Staffeln muss die Miete mindestens 1 Jahr unverändert bleiben, § 557 Abs. 2 S. 1 BGB. Während der Laufzeit einer Staffelmiete ist eine Mieterhöhung auf die ortsübliche Vergleichsmiete oder wegen baulicher Veränderungen ausgeschlossen, § 557 Abs. 2 S. 2 BGB. Es empfiehlt sich den Zeitraum der Staffelmietvereinbarung nicht allzu weit zu spannen, um sich nicht zu weit nach oben oder nach unten von der Marktmiete zu entfernen.

Bei Vereinbarung einer Staffelmiete kann der Vermieter vom Mieter ab dem jeweiligen Erhöhungszeitpunkt die erhöhte Miete fordern. Gegebenenfalls sollte der Vermieter den Mieter auffordern, den bestehenden Dauerauftrag zu ändern.

### 3.6.1.3 Indexmiete, § 557 b BGB

Bei der Vereinbarung einer Indexmiete wird die Miete an den vom Statistischen Bundesamt ermittelten Preisindex für die Lebenshaltung aller privaten Haushalte in Deutschland angepasst, § 557 b I BGB. Auch bei der Vereinbarung einer Indexmiete muss die Miete mindestens ein Jahr unverändert bleiben, § 557 b II BGB. Daneben sind Mieterhöhungen nur bei baulichen Maßnahmen, die der Vermieter nicht zu vertreten hat, oder zur Erhöhung der Betriebskostenpauschale zulässig. Die Anpassung erfolgt bei der Vereinbarung einer Indexmiete nicht automatisch. Die Erhöhung muss der Vermieter vielmehr durch eine schriftliche Erklärung gegenüber dem Mieter mit Wirkung für die Zukunft geltend machen. Der Verbraucherpreisindex wird vom Statistischen Bundesamt veröffentlicht und ist unter www.destatis.de erhältlich. Das Statistische Bundesamt hilft grundsätzlich auch bei (telefonischen) Anfragen weiter.

### 3.6.1.4 Ortsübliche Vergleichsmiete, §§ 558ff. BGB

Ist eine Staffel- oder Indexmiete nicht vereinbart, so kann der Vermieter eine Anhebung der Miete an die ortsübliche Vergleichsmiete verlangen, § 558 BGB. Die Miete darf jedoch innerhalb von 3 Jahren nicht um mehr als 20% erhöht werden, sog. **Kappungsgrenze,** § 558 Abs. 3 BGB; in Gemeinden, in denen die ausreichende Versorgung der Bevölkerung mit Mietwohnungen zu angemessenen Bedingungen besonders gefährdet ist und die als solche von den Landesregierungen durch Rechtsverordnung bestimmt sind, gilt eine Kappungsgrenze von 15%. Maßgebend ist insoweit der Zugang des Mieterhöhungsverlangens.[39] Von dieser Ermächtigung haben zur Zeit Gebrauch gemacht:

---

39 LG München I, Urteil vom 8.1.2014 – 14 S 25592/13, NJW 2014, 1190.

- Bayern (vgl. Wohnungsgebieteverordnung – WoGVO), Baden-Württemberg (Kappungsgrenzenverordnung)
- Baden-Württemberg – KappVO BW),
- Berlin (Mietenbegrenzungsverordnung – MietGrenzVO),
- Brandenburg (Verordnung zur Bestimmung der Gebietskulisse zur Senkung der Kappungsgrenze gemäß § 558 Absatz 3 des Bürgerlichen Gesetzbuches (BbgKappGrenzV),
- Bremen (Verordnung zur Senkung der Kappungsgrenze gemäß § 558 Absatz 3 des Bürgerlichen Gesetzbuchs – KappGrV BR),
- Hamburg (Verordnung über die Absenkung der Kappungsgrenze bei Mieterhöhungen bis zur ortsüblichen Vergleichsmiete nach § 558 Absatz 3 des Bürgerlichen Gesetzbuchs – KappVO),
- Hessen (Hessische Verordnung zur Bestimmung der Gebiete mit abgesenkter Kappungsgrenze nach § 558 Abs. 3 Satz 2 Bürgerliches Gesetzbuch – HESKappGrVO),
- Nordrhein-Westfalen (Verordnung zur Bestimmung der Gebiete mit Absenkung der Kappungsgrenze – KappGrenzVO NRW),
- Rheinland-Pfalz (Landesverordnung über die Bestimmung der Gebiete mit abgesenkter Kappungsgrenze nach § 558 Abs. 3 Satz 2 des Bürgerlichen Gesetzbuchs – RPKappGrVO) und
- Schleswig-Holstein (Landesverordnung zur Bestimmung der Gebiete mit abgesenkter Kappungsgrenze nach § 558 Absatz 3 Satz 2 Bürgerliches Gesetzbuch – KappVO-SH).

Die ortsübliche Vergleichsmiete ist aus den in den letzten 4 Jahren – gerechnet ab dem Zeitpunkt der Geltendmachung des Mieterhöhungsverlangens – für in Art, Größe und Ausstattung, Beschaffenheit und Lage vergleichbaren Wohnungen vereinbarten Mieten zu ermitteln.

Das Mieterhöhungsverlangen hat der Vermieter **schriftlich** zu stellen und zu **begründen**, § 558 a Abs. 1 BGB. Zur Begründung kann der Vermieter gem. § 558 Abs. 2 BGB Bezug nehmen auf
- den (qualifizierten) **Mietspiegel** der Gemeinde – sofern ein solcher existiert –,
- ein **Gutachten** eines öffentlich bestellten und vereidigten Sachverständigen,
- die Auskunft aus einer **Mietdatenbank**, die von der Gemeinde oder von Interessenvertretern der Vermieter und Mieter gemeinsam geführt oder anerkannt sein muss, § 558 e BGB (insoweit ist bei der jeweiligen Gemeinde nachzufragen, ob eine solche Mietdatenbank geführt wird, da eine solche Datenbank bislang nur in Hannover und Schaumburg existiert),
- die Mieten für mindestens drei **Vergleichswohnungen**, die genau bezeichnet werden müssen.

Dem Mieter steht nach Zugang des Mieterhöhungsverlangens eine Überlegungsfrist von 2 Monaten zu. Stimmt er der Mieterhöhung zu, schuldet er ab dem 3. Monat nach Zugang des Mieterhöhungsverlangens die erhöhte Miete, § 558 b I BGB; stimmt der Mieter hingegen nicht zu, kann der Vermieter auf Erteilung der Zustimmung klagen; die Klage muss er innerhalb weiterer 3 Monate erheben. Die Klagefrist schließt sich unmittelbar an den Ablauf der Überlegungsfrist an, § 558 b II BGB (Vgl. 3.6.1.7 zum Sonderkündigungsrecht des Mieters).

### 3.6.1.5 Bauliche Veränderungen, §§ 559ff. BGB

Des weiteren kann der Vermieter die Miete bei baulichen Maßnahmen im Sinne des § 555b Nr. 1, 3, 4, 5 oder 6 BGB, durch die in Bezug auf die Mietsache Endenergie eingespart wird (Nr. 1), durch die der Wasserverbrauch nachhaltig reduziert wird (Nr. 3), der Gebrauchswert der Mietsache nachhaltig erhöht wird (Nr. 4), die allgemeinen Wohnverhältnisse auf Dauer verbessert werden (Nr. 5) oder bei baulichen Veränderungen, die aufgrund von Maßnahmen durchgeführt werden, die er nicht zu vertreten hat (Nr. 6) – wie z.B. Maßnahmen zum Denkmalschutz oder Einbau von Rauchmeldern, die gesetzlich vorgeschrieben sind[40] -, um 11% der für die Wohnung aufgewendeten Kosten erhöhen. Wurden die Maßnahmen für mehrere Wohnungen durchgeführt, so sind die Kosten angemessen auf die einzelnen Wohnungen zu verteilen. Die Mieterhöhung muss im Mieterhöhungsverlangen des Vermieters berechnet und erläutert werden. Kosten, die der Vermieter aus öffentlichen Mitteln erhalten hat, dürfen nicht auf den Mieter umgelegt werden, § 559 a BGB. Der Mieter schuldet die erhöhte Miete 3 Monate nach Zugang des Mieterhöhungsverlangens. Die Frist verlängert sich um sechs Monate, wenn der Vermieter dem Mieter die Erhöhung nicht mitgeteilt hat oder diese 10% höher ist, als tatsächlich mitgeteilt, § 559 b II BGB (Vgl. 3.6.1.7 zum Sonderkündigungsrecht des Mieters).

### 3.6.1.6 Betriebskostenpauschale

Haben die Parteien eine Betriebskostenpauschale vereinbart[41] und haben sich die Betriebskosten insgesamt erhöht, kann der Vermieter die Pauschale erhöhen, wenn dies im Mietvertrag vereinbart ist, § 560 Abs. 1 BGB.

Die Erhöhung der Pauschale muss in Textform erfolgen, wobei der Grund für die Umlage zu bezeichnen und zu erläutern, insbesondere zu berechnen, ist.

Wichtigster Anwendungsfall ist die Erhöhung der Grundsteuer, weil die betreffenden Bescheide regelmäßig mit Rückwirkung erlassen werden.

### 3.6.1.7 Sonderkündigungsrecht des Mieters

Dem Mieter steht ein Sonderkündigungsrecht zu, wenn der Vermieter die Miete auf die ortsübliche Vergleichsmiete erhöht hat, § 558 BGB (Ziffer 3.6.1.4), oder eine Erhöhung auf Grund baulicher Veränderungen, § 559ff. BGB (Ziffer 3.6.1.5), vorgenommen hat. Der Mieter kann das Kündigungsrecht nur zwei Monate nach dem Zugang des Mieterhöhungsverlangens ausüben, und zwar zum Ablauf des übernächsten Monats. Kündigt der Mieter, tritt die Mieterhöhung nicht ein, § 561 BGB.

---

40 Palandt/Weidenkaff, Kommentar zum BGB, 74. Aufl. (2015), § 555b Rn. 9.
41 Kapitel VIII, Teil 3, S. 457ff., „Kosten des Betriebs von Immobilien, Ermittlung, Umlagefähigkeit, Benchmark".

### 3.6.2 Geschäftsraummietverhältnisse

Bei Geschäftsraummietverhältnissen gelten die §§ 557ff. BGB nicht. In Geschäftsraummietverträgen werden zur Mietanpassung häufig Indexklauseln (Ziffer 3.6.1.3) oder Staffelmietvereinbarungen (Ziffer 3.6.1.2) verwendet; welche Voraussetzungen der Vermieter einzuhalten hat, ist hierbei in der Klausel zu regeln.[42]

### 3.7 Beendigung

Das Mietverhältnis, das **auf bestimmte Zeit eingegangen** ist, endet mit Ablauf dieser Zeit, sofern es nicht außerordentlich gekündigt oder verlängert wird, § 542 Abs. 2 BGB. Bei Wohnraummietverhältnissen ist eine Befristung allerdings nur zulässig, wenn die Voraussetzungen für den Abschluss eines Zeitmietvertrages vorliegen (Ziffer 3.4.3.1).

Ist die **Mietzeit nicht bestimmt**, kann gem. § 542 I BGB jede Vertragspartei das Mietverhältnis nach den gesetzlichen Vorschriften kündigen. Vorab sollte jedoch ein Gespräch mit dem Mieter geführt werden. Besonderheiten bestehen bei der Kündigung von Werkdienst- und Werkmietwohnungen.

#### 3.7.1 Ordentliche Kündigung

##### 3.7.1.1 Geschäftsräume

Für **Geschäftsräume** ist die ordentliche Kündigung gem. § 580 a Abs. 2 BGB spätestens am dritten Werktag eines Kalendervierteljahres zum Ablauf des nächsten Kalendervierteljahres zulässig, was einer Kündigungsfrist von 6 Monaten entspricht. Die Angabe eines Kündigungsgrundes ist nicht erforderlich.

##### 3.7.1.2 Wohnraummietverhältnisse

*1. Kündigungsfrist*

Bei **Wohnraummietverhältnissen** beträgt die Kündigungsfrist für **ab dem 1.9.2001** geschlossene Mietverträge gem. § 573 c BGB grundsätzlich 3 Monate und verlängert sich nach fünf und acht Jahren seit der Überlassung des Wohnraums um jeweils drei Monate. Der Gesetzgeber räumt eine Karenzfrist von 3 Werktagen ein, so dass die Kündigung noch rechtzeitig erklärt ist, wenn sie am 3. Werktag des Monats zugeht. Bei der Berechnung der Karenzfrist von drei Werktagen, ist der Samstag als Werktag mitzuzählen, wenn nicht der letzte Tag der Karenzfrist auf diesen Tag fällt;[43] in diesem Fall läuft die Frist zum Zugang der Kündigung am darauf folgenden nächsten Werktag ab.

Bei Mietverträgen, die **vor dem 1.9.2001** geschlossen wurden und in denen die Parteien die Kündigungsfristen vereinbart haben, gelten die vereinbarten Kündigungsfristen fort, Art. 229 § 3 X EGBGB. Ist in einem Altmietvertrag hingegen bestimmt, dass

---

42 Zur Mieterhöhung bei Geschäftsraummietverhältnissen im Einzelnen: Fritz, Gewerberaummietrecht, 4. Aufl. 2005, III Rn. 107ff.
43 BGH, Urteil vom 27.4.2005 – VIII ZR 206/04, NJW 2005, 2154.

die gesetzlichen Kündigungsfristen gelten, tritt bei einer ab dem 1.9.2001 zugegangenen Kündigung an die Stelle der früheren längeren Kündigungsfrist des § 565 BGB die kürzere Kündigungsfrist des § 573 c BGB.

## 2. Berechtigtes Interesse

Für die Kündigung von Wohnraummietverhältnissen bestehen jedoch Besonderheiten: Die Kündigung bedarf gem. § 568 I BGB der Schriftform und der Vermieter kann gem. § 573 I S 1 BGB nur dann kündigen, wenn er ein berechtigtes Interesse an der Beendigung des Mietverhältnisses hat. § 573 BGB führt nicht abschließend auf, wann ein berechtigtes Interesse des Vermieters vorliegt; insbesondere ist danach aber eine ordentliche Kündigung dann möglich, wenn

- der Mieter seine vertraglichen Pflichten schuldhaft nicht unerheblich verletzt hat,
- der Vermieter die Räume für sich, seine Familienangehörigen oder Angehörige seines Haushalts benötigt (**Eigenbedarf**) oder
- der Vermieter durch die Fortsetzung des Mietverhältnisses an einer angemessenen wirtschaftlichen Verwertung des Grundstücks gehindert ist und dadurch erhebliche Nachteile erleiden würde.

Vertragswidriger Gebrauch gem. § 573 II S 1 Nr. 1 BGB liegt z.B. dann vor, wenn der Mieter

- unerlaubt und trotz Abmahnung Tiere in der Wohnung hält,[44]
- der Mieter eine Wand ohne Zustimmung des Vermieters entfernt,[45]
- die Wohnung nicht beheizt wird[46] oder
- der Mieter die zu Wohnzwecken überlassenen Räume ausschließlich gewerblich nutzt.[47]

Wirksamkeitsvoraussetzung einer Kündigung ist, dass die Gründe für ein berechtigtes Interesse gem. § 573 III BGB in dem Kündigungsschreiben angegeben sind; andere Gründe werden danach nur berücksichtigt, soweit sie nachträglich entstanden sind.

Eine vorherige **Abmahnung** ist nach dem Wortlaut des § 573 BGB nicht erforderlich. Allerdings gibt es Vertragsverletzungen, die ihr besonderes Gewicht dadurch erhalten, dass sie trotz Abmahnung wiederholt oder fortgesetzt werden. In diesen Fällen ist – soweit die Rechte des Vermieters in erheblichem Maße verletzt werden – eine fristlose Kündigung nach § 543 BGB möglich, bei der der Mieter vor Ausspruch der Kündigung abgemahnt werden muss. Für die ordentliche Kündigung nach § 573 Abs. 2 Nr. 1 BGB kann nichts anderes gelten, weil die Interessenlage dieselbe ist.[48]

---

[44] LG Hildesheim, Urteil vom 28.2.2006 – 7 S 4/06, WuM 2006, 525.
[45] LG Berlin, Urteil vom 3.9.2012 – 67 S 514/11, WuM 2012, 624.
[46] LG Hagen, Urteil vom 19.12.2007 – 10 S 163/07, DWW 2008, 180.
[47] LG München II, Urteil vom 25.7.2006 – 12 S 2128/06, ZMR 2007, 278.
[48] Schmidt-Futterer/Blank, Kommentar zum Mietrecht, 12. Aufl. (2015), § 573 Rn. 13.

*3. Widerspruch des Mieters*

Der Mieter von Wohnraum kann gem. § 574 BGB einer Kündigung des Vermieters widersprechen und die Fortsetzung des Mietverhältnisses verlangen, wenn die Beendigung des Mietverhältnisses für den Mieter, seine Familie oder einen anderen Angehörigen seines Haushalts eine Härte bedeuten würde, die auch unter Würdigung der berechtigten Interessen des Vermieters nicht zu rechtfertigen ist.

### 3.7.2 Außerordentliche Kündigung

Gem. § 543 BGB, der auch für Geschäftsraummietverhältnisse gilt, kann das Mietverhältnis außerordentlich fristlos gekündigt werden, wenn ein **wichtiger Grund** vorliegt. Ein wichtiger Grund liegt gem. § 543 Abs. 1 S. 2 BGB vor, wenn dem Kündigenden unter Berücksichtigung aller Umstände des Einzelfalls, insbesondere eines Verschuldens der Vertragsparteien, und unter Abwägung der beiderseitigen Interessen die Fortsetzung des Mietverhältnisses bis zum Ablauf der Kündigungsfrist oder bis zur sonstigen Beendigung des Mietverhältnisses nicht zugemutet werden kann. Ein wichtiger Grund liegt gem. § 543 Abs. 2 BGB ferner dann vor, wenn

- dem Mieter der vertragsgemäße Gebrauch der Mietsache ganz oder zum Teil nicht rechtzeitig gewährt oder wieder entzogen wird,
- der Mieter die Rechte des Vermieters dadurch in erheblichem Maße verletzt, dass er die Mietsache durch Vernachlässigung der ihm obliegenden Sorgfalt erheblich gefährdet oder sie unbefugt einem Dritten überlässt oder
- der Mieter entweder
    a) für zwei aufeinander folgende Termine mit der Entrichtung der Miete oder eines nicht unerheblichen Teils in Verzug ist – gem. § 569 Abs. 3 Nr. 1 BGB ist der rückständige Teil der Miete nur dann als nicht unerheblich anzusehen, wenn er die Miete für einen Monat übersteigt – oder
    b) in einem Zeitraum, der sich über mehr als zwei Termine erstreckt, mit der Entrichtung der Miete in Höhe eines Betrages in Verzug ist, der die Miete für zwei Monate erreicht.

Insbesondere bei einer Kündigung eines Wohnraummietverhältnisses wegen Zahlungsverzugs sollte auch eine Schuldnerberatung angeregt werden, wenn der Mieter die Miete nicht zahlen **kann**. Die Schuldnerberatung gibt Hilfestellung für Menschen mit Zahlungsproblemen in Form von Rat und Hilfe in psychosozialer, finanzieller und rechtlicher Hinsicht. Diese wird von Schuldnerberatungsstellen angeboten und durchgeführt. Solche Beratungsstellen gibt es in der Regel bei Trägern der Freien Wohlfahrtspflege und den Kommunen. Soweit der Mieter nicht aktiv bei der Beseitigung von Zahlungsrückständen mitwirkt, sollte das Mietverhältnis mit einem Mieter, der seine Miete nicht zahlt, möglichst bald beendet werden.

Für Wohn- und Geschäftsraummietverhältnisse gelten außerdem als wichtiger Grund gem. § 569 BGB, wenn

- der gemietete Wohnraum so beschaffen ist, dass seine Benutzung mit einer erheblichen Gefährdung der Gesundheit verbunden ist oder
- eine Vertragspartei den Hausfrieden nachhaltig stört.

Besteht der wichtige Grund in einer Verletzung einer Pflicht aus dem Mietvertrag, so ist gem. § 543 III S 1 BGB die Kündigung erst zulässig, wenn der Berechtigte eine Frist zur Abhilfe gesetzt hat oder erfolglos abgemahnt hat. Dies gilt nur dann nicht, wenn die Fristsetzung oder Abmahnung offensichtlich keinen Erfolg verspricht, die Kündigung aus besonderen Gründen gerechtfertigt ist – wie z.B. dann, wenn eine besonders schwere Pflichtverletzung vorliegt,[49] die das Schuldverhältnis tragende Vertrauensgrundlage zerstört[50] – oder wegen Zahlungsverzug gekündigt wird.

Auch die fristlose Kündigung muss bei Wohnraummietverhältnissen gem. § 568 BGB schriftlich erfolgen und die Kündigungsgründe müssen gem. § 569 IV BGB angegeben werden; dies gilt sowohl für den Mieter als auch den Vermieter.

Bei einer außerordentlichen Kündigung wegen Zahlungsverzugs gem. § 543 II BGB wird die Kündigung gem. § 569 III Nr. 1 BGB unwirksam, wenn der Mieter die rückständige Miete bis zum Ablauf von zwei Monaten nach Eintritt der Rechtshängigkeit der Räumungsklage (sog. Schonfrist) zahlt; dies gilt nur dann nicht, wenn der Mieter bereits eine frühere fristlose Kündigung, die nicht mehr als 2 Jahre zurückliegt, durch Zahlung während der Schonfrist zu Fall gebracht hat. Aufgrund dieser Regelung sollte der Vermieter im Falle des Zahlungsverzugs neben der außerordentlichen Kündigung hilfsweise die ordentliche Kündigung erklären; denn die ordentliche Kündigung kann nicht durch nachträgliche Zahlung unwirksam werden.

Ein Widerspruch des Mieters gegen die außerordentliche Kündigung ist gem. § 574 I S. 2 BGB nicht möglich.

### 3.7.3 Fortsetzung des Mietverhältnisses

Setzt der Mieter nach Ablauf der Mietzeit den Gebrauch der Mietsache fort, so verlängert sich gem. § 545 BGB das Mietverhältnis auf unbestimmte Zeit, sofern nicht eine Vertragspartei ihren entgegenstehenden Willen innerhalb von zwei Wochen dem anderen Teil erklärt. In der Regel ist die Anwendbarkeit des § 545 BGB bereits im Mietvertrag ausgeschlossen.

Im Übrigen sollte aber auch im Kündigungsschreiben nochmals darauf hingewiesen werden.

**Formulierungsbeispiel:**
*„Sollten Sie den Gebrauch der Räume über diesen Termin hinaus fortsetzen, widersprechen wir schon jetzt der Fortsetzung des Mietverhältnisses. Zahlungen für die Zeit nach Zugang der Kündigung werden wir als Nutzungsentschädigung entgegennehmen, deren Annahme bedeutet kein Einverständnis mit der Fortsetzung des Mietverhältnisses."*

---

49 OLG Düsseldorf, Urteil vom 7.10.2004 – 10 U 70/04, NJW-RR 2005, 13.
50 BGH, Urteil vom 15.9.2010 – XII ZR 188/08, NJW-RR 2011, 89.

### 3.7.4 Werkdienst- und Werkmietwohnungen

Besonderheiten bestehen bei der Kündigung von Werkdienst- oder Werkmietwohnungen.

#### 3.7.4.1 Werkdienstwohnung

Bei der Werkdienstwohnung ist die Rechtsgrundlage für die Überlassung der Wohnung der Dienstvertrag, so dass die Wohnung während der Dauer des Dienstverhältnisses nicht allein gekündigt werden kann. Eine Kündigung der Dienstwohnung unabhängig von dem Arbeitsverhältnis ist als unzulässige Teilkündigung unwirksam, vgl. § 573 b BGB.

Wird das Dienstverhältnis beendet oder wird ein Pfarrer unter Enthebung seiner Stelle beurlaubt, z.B. zum Dienst eines Religionslehrers, wird er auf eine andere (Pfarr-)Stelle versetzt oder tritt er in den Ruhestand, verliert er den Anspruch auf einen Dienstwohnung; sie ist freizumachen, vgl. § 38 Abs. 4 Pfarrdienstgesetz der EKD (PfDG.EKD). Mit der Beendigung des Dienstverhältnisses endet damit auch der Mietvertrag. Eine gesonderte Kündigung ist nicht erforderlich.

Stirbt ein Pfarrer oder eine Pfarrerin und war der Verstorbene im Genuss einer Dienstwohnung, so sind gem. Nr. 1 Abs. 2 Ausführungsbestimmungen zum Pfarrbesoldungsgesetz über die Dienstwohnungen (ABestPfBesG) sein Ehegatte und die ehelichen Kinder und als Kind angenommene Kinder, die unmittelbar vor dem Tod mit ihm in seinem Haushalt gelebt haben, berechtigt, die Wohnung während der auf den Sterbemonat folgenden drei Monate unentgeltlich weiterzubenutzen. Die für den dienstlichen Gebrauch bestimmten Räume sind jedoch alsbald freizumachen. Eine gesonderte Kündigung ist auf Grund der Befristung auf 3 Monate nicht erforderlich.

#### 3.7.4.2 Werkmietwohnung

Ein auf bestimmte Zeit geschlossenes Mietverhältnis über eine Werkmietwohnung kann nicht ordentlich gekündigt werden. Allerdings muss für die Befristung einer Werkmietwohnung ebenfalls ein Befristungsgrund – wie unter 3.4.3.1 ausgeführt – bestehen.

Ein auf unbestimmte Zeit geschlossenes Mietverhältnis über eine Werkmietwohnung kann grundsätzlich nur durch Kündigung beendet werden. § 576 BGB gibt dem Vermieter (nicht dem Mieter) das Recht, mit verkürzten Fristen zu kündigen, wenn das Dienstverhältnis beendet ist. Gem. § 576 I Nr. 1 BGB kann deshalb Wohnraum, der mit Rücksicht auf das Bestehen eines Dienstverhältnisses vermietet ist, abweichend von § 573 c I S 2 Nr. 1 BGB spätestens am dritten Werktag eines Kalendermonats zum Ablauf des übernächsten Monats gekündigt werden, wenn der Mieter weniger als 10 Jahre darin gewohnt hat und der Wohnraum für einen anderen zur Dienstleistung Verpflichteten benötigt wird. Ist die Wohnung länger überlassen, gelten die allgemeinen Vorschriften, mithin § 573 c BGB. § 576 BGB enthält keinen eigenständigen Kündigungsgrund. Deshalb kann der Vermieter das Mietverhältnis trotz der Beendigung des

Dienstverhältnisses nur kündigen, wenn der Tatbestand des § 573 BGB erfüllt ist.[51] Der Zweck der Vorschrift erschöpft sich also in der Verkürzung der Kündigungsfrist. Die Kündigung des Arbeitsverhältnisses beinhaltet – anders als beim Werkdienstverhältnis – nicht auch die Kündigung des Mietverhältnisses und umgekehrt. Die Kündigung des Mietverhältnisses muss nach Beendigung des Dienstverhältnisses zugehen, sie muss aber nicht alsbald nach Beendigung des Dienstverhältnisses ausgesprochen werden.[52] Während der Dauer des Dienstverhältnisses kann die Wohnung unter Beachtung der allgemeinen Kündigungsfristen gekündigt werden.

Handelt es sich hingegen um eine **funktionsgebundene Werkmietwohnung** gem. § 576 BGB, die in unmittelbarer Beziehung oder Nähe zum Arbeitsplatz steht, und wird der Wohnraum aus dem gleichen Grund für einen anderen zur Dienstleistung Verpflichteten benötigt, kann die Kündigung gem. § 576 I Nr. 2 BGB spätestens am dritten Werktag zum Ablauf dieses Monats erklärt werden; die Kündigungsfrist beträgt demnach lediglich 1 Monat.

Bei der Kündigung einer „normalen" Werkmietwohnung kann der Mieter der Kündigung widersprechen und die Fortsetzung des Mietverhältnisses gem. § 574 BGB verlangen; gem. § 576 a BGB sind dabei allerdings die Belange des Dienstberechtigten zu berücksichtigen. Das Widerspruchsrecht gem. § 574 BGB gilt hingegen nicht, wenn der Mieter das Mietverhältnis ohne Anlass des Dienstberechtigten gelöst hat oder der Vermieter das Mietverhältnis aufgrund des Verhaltens des Mieters gekündigt hat, § 576 II Nr. 2 BGB.

Bei funktionsgebundenen Werkmietwohnungen kann der Mieter hingegen der Kündigung nicht widersprechen, § 576 a I Nr. 1 BGB.

### 3.7.5 Allgemeines zur Kündigung

#### 3.7.5.1 Berechtigung zur Kündigung

Die Kündigung können grundsätzlich nur die Parteien des Mietvertrages erklären. Dritte, die nicht Vertragspartei sind – wie z.B. der Eigentümer, der nicht Vermieter ist – sind nicht zur Kündigung berechtigt. Personenmehrheiten können auch nur gemeinschaftlich kündigen bzw. gekündigt werden. Eine Kündigung ist von allen Vermietern an alle Mieter zu erklären und deshalb auch an alle Mieter zu adressieren.

Die Kündigung kann allerdings von einem Stellvertreter erklärt werden. Der rechtsgeschäftliche Vertreter kann deshalb für den Vertretenen kündigen, so z.B. der Verwalter als Vertreter des Eigentümers. In diesem Fall ist dem Kündigungsschreiben eine schriftliche **Originalvollmacht** beigefügt werden, aus der sich ergibt, dass der Stellvertreter zur Kündigung im Namen des Vermieters berechtigt ist. Gleiches gilt, wenn sich der Mieter bei der Kündigung vertreten lässt, z.B. durch einen Rechtsanwalt. Fehlt die Vollmacht, so kann der Empfänger die Kündigung gem. § 174 BGB unter Hinweis auf die fehlende Vollmacht zurückweisen. In diesem Fall ist die Kündigung unwirksam; der Fehler kann auch nicht geheilt werden.

---

51 Einzelheiten s. oben unter 3.4.2.2 (2).
52 Schmidt-Futterer/Blank, Kommentar zum Mietrecht, 12. Aufl. (2015), § 576 Rn. 6.

Etwas anderes gilt bei gesetzlicher Stellvertretung, d.h. wenn der im Gesetz vorgesehene Vertreter, z.B. der Kirchenvorstand, der Vorstand einer Stiftung oder der Geschäftsführer einer GmbH, kündigt. In diesem Fall ist § 174 BGB nicht anwendbar.[53]

3.7.5.2 Inhalt und Zugang der Kündigung

Aus der Kündigung muss sich eindeutig ergeben, dass das Mietverhältnis auch beendet werden soll. Eine Kündigung liegt deshalb nicht vor, wenn lediglich der Wunsch geäußert wird, das Mietverhältnis zu beenden.

Die Kündigung muss darüber hinaus dem Empfänger zugehen, andernfalls ist die Kündigung nicht wirksam. Bei der Versendung der Kündigung mit der **Post durch einfaches Schreiben** ist dies grundsätzlich ausreichend. Allerdings kann der Zugang der Kündigung im Falle des Bestreitens nicht nachgewiesen werden, da der Beweis des Absendens des Briefes nicht als Beweis für den Zugang ausreichend ist. Deshalb sollte die Kündigung per Einschreiben/Rückschein übermittelt werden, da der Zugang auf dem Rückschein vermerkt wird. Legt allerdings der Postbote, der den Empfänger nicht antrifft, das Schreiben bei der Post nieder, ist die Kündigung nicht zugegangen, da die in den Briefkasten eingeworfene Aufforderung, den Brief abzuholen, nicht den Zugang des Kündigungsschreibens ersetzt.

In kritischen Fällen sollte die Kündigung durch einen **Boten** übermittelt werden, der nicht gesetzlicher Vertreter des Vermieters sein darf. Der Nachweis des Zugangs bei Zustellung durch einen Boten kann allerdings auch nur dann geführt werden, wenn der Bote bestätigen kann, dass sich in dem Kuvert, das er übermittelt hat, das Original des Kündigungsschreibens befunden hat. Er muss also auch sehen, wie das Schreiben in das Kuvert gelangt. Bei der Übermittlung durch einen Boten erfolgt der Zugang des Schreibens dann, wenn damit zu rechnen ist, dass der Empfänger seinen Briefkasten leert. Wird die Post vormittags ausgetragen, geht deshalb ein am Nachmittag eingeworfener Brief erst am nächsten Tag zu. Der Bote sollte sich eine Notiz fertigen, wo und wann er das Kündigungsschreiben eingeworfen hat.

3.7.6 Aufhebungsvertrag

Alternativ zur Kündigung können die Parteien das Mietverhältnis auch einvernehmlich durch den Abschluss eines Vertrages, einen sog. Mietaufhebungsvertrag, beenden. Der Abschluss eines Mietaufhebungsvertrages empfiehlt sich insbesondere dann, wenn zwischen den Parteien ein langfristiger Mietvertrag besteht und eine Partei ein Interesse daran hat, den Vertrag vorzeitig zu beenden.

Der Mietaufhebungsvertrag kommt durch Antrag und Annahme zustande und ist von den Parteien des Mietvertrages zu schließen. Ein Mietaufhebungsvertrag bedarf grundsätzlich keiner Form, auch wenn es sich um einen Mietvertrag handelt, der die Schriftform vorsieht. Denn auch die Schriftform kann mündlich wieder aufgehoben

---

53 BGH, Urteil vom 8.11.2007 – 2 AZR 425/06, NZA 2008, 471.

werden.[54] Aus Beweisgründen sollte der Aufhebungsvertrag jedoch schriftlich geschlossen werden.

Vertragsinhalt ist, dass die Parteien das Mietverhältnis zu einem bestimmten Zeitpunkt beenden wollen; insoweit ist auch eine Regelung bezüglich etwaig mit angemieteter Nebenräume, wie z.B. einer Garage, zu regeln. Nehmen die Parteien keinen Beendigungszeitpunkt auf, ist der aus der Vertragsbeendigung folgende Räumungs- und Herausgabeanspruch sofort fällig, d.h. der Mieter hat die Räume sofort zurückzugeben.

Die Art und Weise der Rückgabe können die Parteien frei vereinbaren. Insoweit sollten die Parteien jedoch noch regeln,
– ob und welche Leistungen der Mieter noch zu erbringen hat, wie z.B. Schönheitsreparaturen oder Beseitigung von Schäden und
– ob und welche Zahlungen noch zu leisten sind,
– ob der Mieter von ihm eingebrachte Einrichtungen zu beseitigen hat oder ob der Vermieter diese übernimmt und
– ob und welche Zahlung der Vermieter insoweit zu leisten hat bzw. ob der Mieter berechtigt ist, diese an den Nachmieter zu verkaufen.

Darüber hinaus sollte eine Regelung getroffen werden, bis wann der Vermieter über die Kaution abrechnet, wobei der Vermieter zu einem Einbehalt der Kaution in angemessener Höhe für die Ansprüche aus der Betriebskostenabrechnung berechtigt ist. Schließlich kann eine Regelung aufgenommen werden, bis wann der Vermieter über die Betriebskosten abrechnet.

Das Muster eines Mietaufhebungsvertrages ist als Anlage 1 beigefügt.

*3.8 Abwicklung*

3.8.1 Rückgabe

Gem. § 546 BGB ist der Mieter verpflichtet, die Mietsache nach Beendigung des Mietverhältnisses zurückzugeben.

Der Mieter ist grundsätzlich nicht nur verpflichtet, sondern auch berechtigt, Einrichtungen, mit denen er die Mietsache versehen hat, wegzunehmen, § 539 BGB. Er hat insoweit den früheren Zustand wieder herzustellen. Etwas anderes gilt allerdings dann, wenn die Parteien im Mietvertrag eine hiervon abweichende Regelung getroffen haben.

Der Vermieter ist vor dem Ende des Mietverhältnisses nicht verpflichtet, die Mietsache zurückzunehmen.[55] Insbesondere wenn der Mieter die Räume erhebliche Zeit vor dem Vertragsende zurückgeben will, beabsichtigt der Mieter damit in der Regel nur, die Obhutspflichten auf den Vermieter zu überbürden.[56] In diesem Fall kann der Vermieter die Entgegennahme der Mietsache verweigern, ohne damit in Annahmeverzug zu geraten und gegebenenfalls den Anspruch auf Nutzungsentschädigung gemäß § 546 a BGB, der dem Vermieter dann zusteht, wenn der Mieter nach Beendigung des Mietverhältnis-

---

54 Schmidt-Futterer/Blank, Kommentar zum Mietrecht, 12. Aufl. (2015), Anh. zu § 542 Rn. 6.
55 KG, Urteil vom 6.5.1999 – 8 U 1700/98, NZM 2000, 92; OLG Dresden, Urteil vom 20.6.2000 – 23 U 403/00, NJW-RR 2001, 79.
56 OLG Dresden, Urteil vom 20.6.2000 – 23 U 403/00, NJW-RR 2001, 79.

ses die Mietsache nicht zurückgibt, zu verlieren.[57] In Annahmeverzug gerät der Vermieter in diesem Fall auch dann nicht, wenn der Mieter die Schlüssel nach dem gescheiterten Übergabeversuch in seinen eigenen Briefkasten einwirft.[58] Will aber der Mieter die Räume nur unerhebliche Zeit vor dem Vertragsende zurückgeben, kann eine solche Absicht, die Obhutspflichten auf den Vermieter zu überbürden, regelmäßig nicht angenommen werden. Der Vermieter gerät dann mit der Rücknahme der angebotenen Mietsache in Annahmeverzug, so dass der Mieter nach § 300 BGB nur noch Vorsatz und grobe Fahrlässigkeit zu vertreten hat, was seine Obhutspflicht reduziert.[59]

Die Rückgabe der Miträume setzt voraus, dass der Mieter dem Vermieter den unmittelbaren Besitz an dem Mietobjekt einräumt, ihm also die Mietsache zur freien Verfügung zurückgibt.[60] Zweckmäßigerweise vereinbaren die Parteien zur Rückgabe – ebenso wie bei der Übergabe der Räume an den Mieter – einen Termin im Mietobjekt. Bei diesem Termin sollte der Mieter dem Vermieter sämtliche Schlüssel zurückgeben, und zwar einschließlich der selbst angefertigten Nachschlüssel,[61] da andernfalls der Mieter wegen der jederzeitigen Zugriffsmöglichkeit zumindest Mitbesitzer des Objekts bleibt, was einer Rückgabe im Sinne des § 546 BGB entgegensteht.

Bei diesem Termin sollte eine Ablesung der Zählerstände (Gas, Heizung, Wasser, Strom etc.) erfolgen.

Schließlich sollten die Parteien die Mietsache nochmals gemeinsam besichtigen, um Beschädigungen, die über die normale Abnutzung hinausgehen, festzustellen. Über die festgestellten Mängel sollte ein Übergabeprotokoll erstellt werden, das von beiden Parteien unterschrieben werden sollte. Sinn eines Übergabeprotokolls ist nämlich in erster Linie, spätere Streitigkeiten über das Vorhandensein und die Art von Schäden an der Mietsache zu verhindern. Liegen erhebliche Schäden vor, sollte der Vermieter einen Gutachter mit der Aufnahme der Schäden beauftragen.

Der Termin sollte unmittelbar nach dem Auszug des Mieters bzw. nach Rückgabe der Schlüssel erfolgen, da Ersatzansprüche des Vermieters wegen einer Verschlechterung oder Veränderung der Mietsache gem. § 548 BGB innerhalb von 6 Monaten ab Rückgabe der Räume verjähren,[62] d.h. der Anspruch kann verjähren, bevor das Mietverhältnis beendet ist. Dies gilt insbesondere für nicht durchgeführte Schönheitsreparaturen, und zwar sowohl bei Wohn- als auch Geschäftsraummietverhältnissen.

Gibt der Mieter die Mietsache nicht rechtzeitig zurück, so kann der Vermieter gem. § 546 a I BGB die vereinbarte oder die ortsübliche Miete verlangen. Daneben schuldet der Mieter Schadensersatz wegen nicht rechtzeitiger Rückgabe der Mietsache, § 546 a II BGB, wenn die Rückgabe infolge eines schuldhaften Verhaltens des Mieters unterblieben ist.

---

57 OLG Düsseldorf Urteil vom 16.1.1997 – 10 U 6/96, NJWE-MietR 1997, 200; OLG Düsseldorf, Urteil vom 20.5.2003 – 24 U 49/03, ZMR 2004, 27.
58 BGH, Urteil vom 12.10.2011 – VIII ZR 8/11, NJW 2012, 144.
59 Wolf/Eckert/Ball, Handbuch des gewerblichen Miet-, Pacht- und Leasingrechts, 10. Aufl. (2009), Rn. 1064 und Rn. 1075.
60 BGH, Urteil vom 30.6.1971 – VIII ZR 147/69, NJW 1971, 2065.
61 OLG Düsseldorf, Urteil vom 14.3.1995 – 24 U 163/94, NJW-RR 1996, 209.
62 OLG Düsseldorf, Urteil vom 31.8.2006 – 10 U 46/06, NJW-RR 2007, 13.

### 3.8.2 Kautionsabrechnung

Nach Beendigung des Mietverhältnisses ist der Vermieter verpflichtet, dem Mieter eine Abrechnung über die Kaution zu erteilen. Diese muss gem. § 259 BGB eine geordnete Zusammenstellung der Einnahmen und Ausgaben und insbesondere die Höhe der Kaution einschließlich Zinsen enthalten. Entsprechende Gegenforderungen müssen nach Grund und Höhe ausgewiesen sein. Dem Vermieter steht eine angemessene Frist zur Abrechnung zu. Insbesondere darf der Vermieter die Kaution über den regulären Abrechnungszeitraum hinaus zurückbehalten, wenn ein Nachzahlungsanspruch für noch nicht fällige Betriebskosten zu erwarten ist,[63] wobei zu empfehlen ist, nicht die gesamte Kaution, sondern lediglich das 2-3fache des zu erwartenden Nachzahlungsbetrages einzubehalten. Das Zurückbehaltungsrecht an der Kaution endet jedoch mit Ablauf der Abrechnungsfrist des § 556 III S 2 BGB, wonach die Abrechnung bis zum Ablauf des zwölften Monats nach Ende des Abrechnungszeitraumes zu erteilen ist.

Ein Muster über eine Kautionsabrechnung ist als Anlage 2 beigefügt.

### 3.9 Erhaltungs- und Modernisierungsmaßnahmen

Der Mieter ist verpflichtet, gewisse Maßnahmen des Vermieters in Bezug auf die Mieträume zu dulden, insbesondere Maßnahmen zur Erhaltung, § 555 a BGB, in Grenzen auch zur Modernisierung der Mietsache, §§ 555 b – 555 f BGB.

### 3.9.1 Erhaltungsmaßnahmen, § 555a BGB[64]

Nach § 555 a BGB hat der Mieter Maßnahmen zu dulden, die zur Erhaltung der Mietsache erforderlich sind. Zweck der Vorschrift ist es, dem Vermieter die in seinem Interesse liegende Erhaltung des Gebäudes bzw. der Mieträume zu ermöglichen. Ohne Duldungsverpflichtung könnte der Mieter aufgrund seines Rechts zum ungestörten Gebrauch der Mietsache notwendige Bau- und Reparaturarbeiten verhindern und damit die Pflicht des Vermieters, den vertragsgemäßen Zustand der Mietsache zu erhalten, unmöglich machen. Bei der Beurteilung der Erforderlichkeit im Sinne des § 555 a BGB steht dem Vermieter ein breiter Beurteilungsspielraum zu[65]. Der Begriff der „Erhaltungsmaßnahmen" ist in § 555 a BGB legal definiert. Darunter fallen alle Maßnahmen, die zur Instandhaltung oder Instandsetzung der Mietsache erforderlich sind. In Anlehnung an die Legaldefinition des § 177 Abs. 3 BauGB meint dies alle Maßnahmen zur Behebung von Mängeln oder Schäden, insbesondere solcher, die durch Abnutzung, Alterung, Witterungseinflüsse oder Einwirkung Dritter entstanden sind, vgl. auch § 1 Abs. 2 Nr. 2 BetrKV; darüber hinaus aber auch vorbeugende Maßnahmen, wie die rechtzeitige Erneuerung von Bestandteilen oder Anlagen des Gebäudes zur Vermeidung drohender Defekte oder Schäden[66]. Sie müssen zur Erhaltung oder Instandsetzung des Mietobjekts in seinem ursprünglichen wirtschaftlichen Bestand objektiv erforderlich

---

63 BGH, Urteil vom 18.1.2006 – VIII ZR 71/05, NJW 2006, 1422.
64 Ausführlich Krämer/Schüller, in Bub/Treier, 4. Aufl. (2014), III.A., Rn. 2642ff.
65 BeckOK/Schlosser, Stand 01.11.2015, § 555a Rn. 5.
66 LG Hamburg, WuM 1995, 267

sein. Die Duldungspflicht des Mieters bedeutet zunächst, dass ihm gegen die genannten Einwirkungen kein Unterlassungsanspruch zusteht, er erforderlichenfalls den Zutritt zu seinen Räumen ermöglichen muss und die Arbeiten nicht ver- oder behindern darf. Die Duldungspflicht kann unter Umständen sogar die vorübergehende Räumung der Mieträume umfassen. Die Duldungspflicht des Mieters umfasst hingegen keine Mitwirkungspflicht über das bloße Öffnen seiner Tür hinaus.

3.9.2 Modernisierungsmaßnahmen, § 555 b BGB[67]

Die Verpflichtung des Mieters, unter bestimmten Voraussetzungen Modernisierungsmaßnahmen im und am Mietobjekt zu dulden, erstreckt sich auf sämtliche in § 555 b BGB genannten baulichen Veränderungen. § 555 b BGB enthält eine Legaldefinition der gesetzlich zulässigen Modernisierungsmaßnahmen; diese sind gem. § 555 b BGB bauliche Veränderungen
– durch die in Bezug auf die Mietsache Endenergie nachhaltig eingespart wird (energetische Modernisierung),
– durch die nicht erneuerbare Primärenergie nachhaltig eingespart oder das Klima nachhaltig geschützt wird, sofern nicht bereits eine energetische Modernisierung nach Nr. 1 vorliegt,
– durch die der Wasserverbrauch nachhaltig reduziert wird,
– durch die der Gebrauchswert der Mietsache nachhaltig erhöht wird,
– durch die die allgemeinen Wohnverhältnisse auf Dauer verbessert werden,
– die aufgrund von Umständen durchgeführt werden, die der Vermieter nicht zu vertreten hat und die keine Erhaltungsmaßnahmen nach § 555 a BGB sind oder
– durch die neuer Wohnraum geschaffen wird.

3.9.3 Ankündigung von Modernisierungsmaßnahmen, § 555 c BGB[68]

§ 555 c Abs. 1 BGB schließt an § 555 b BGB an und regelt in seinem S. 1 die Form und Frist der nun als Modernisierungsankündigung bezeichneten Mitteilung des Vermieters. § 555 c Abs. 1 S. 2 BGB regelt den Inhalt der Modernisierungsankündigung. Danach muss die Modernisierungsankündigung Angaben enthalten über:
– die Art und den voraussichtlichen Umfang der Modernisierungsmaßnahme in wesentlichen Zügen,
– den voraussichtlichen Beginn und die voraussichtliche Dauer der Modernisierungsmaßnahme,
– den Betrag der zu erwartenden Mieterhöhung, sofern eine Erhöhung nach § 559 BGB verlangt werden soll, sowie die voraussichtlichen künftigen Betriebskosten.

§ 555 c Abs. 2 BGB enthält eine Verpflichtung des Vermieters, den Mieter auf die form- und fristgerechte Mitteilung gem. § 555 d Abs. 3 S. 1 BGB eventueller Härtegründe i.S.v. § 555 d Abs. 2 BGB hinzuweisen. § 555 c Abs. 3 BGB enthält eine ergänzende Regelung zum Inhalt der Modernisierungsankündigung mit folgendem Hintergrund:

---
67 Ausführlich Krämer/Schüller, in Bub/Treier, 4. Aufl. (2014), III.A., Rn. 2654ff.
68 Ausführlich Krämer/Schüller, in Bub/Treier, 4. Aufl. (2014), III.A., Rn. 2674ff.

Nach § 555 c Abs. 1 Nr. 1 BGB ist über die Art der Modernisierungsmaßnahme zu informieren. Dies beinhaltet z.B. bei einer energetischen Modernisierung, § 555 b Nr. 1 BGB, auch die Darlegung, dass die geplante Maßnahme zu einer Energieeinsparung führt. Bei einer Maßnahme nach § 555 b Nr. 2 BGB sind ebenfalls Angaben dazu zu machen, dass nicht erneuerbare Primärenergie nachhaltig eingespart wird oder aber die geplante bauliche Veränderung nachhaltig zum Klimaschutz beiträgt. Obwohl eine genaue Bezifferung der Energieeinsparung, etwa in Form einer Wärmebedarfsberechnung, nicht erforderlich ist, ist damit nicht selten ein erheblicher Aufwand verbunden.

Nach § 555 c Abs. 1 BGB hat der Vermieter dem Mieter spätestens drei Monate vor dem Beginn der Maßnahme, deren Art sowie voraussichtlichem Umfang in wesentlichen Zügen, den Beginn, voraussichtliche Dauer und die zu erwartende Mieterhöhung inklusive der voraussichtlichen künftigen Betriebskosten in Textform mitzuteilen. Damit soll dem Mieter ermöglicht werden, etwaige Härtegründe gegenüber der geplanten Modernisierung vorzubringen und zu prüfen, ob er von seinem Kündigungsrecht nach § 555 e BGB Gebrauch machen will. Zugleich liegt es im Interesse des Vermieters, Aufschluss darüber zu gewinnen, ob die Modernisierung sich über eine erhöhte Miete nach § 559 BGB wird finanzieren lassen. Da der finanzielle Härteeinwand des Mieters den Duldungsanspruch des Vermieters gem. § 555 d Abs. 2 S. 2 BGB nicht hindert, sondern nur bei fristgerechtem Einwand des Mieters im Rahmen des § 559 BGB berücksichtigt wird, ordnet § 555 c Abs. 2 BGB an, dass der Vermieter den Mieter in der Modernisierungsankündigung auf Form und Frist des Härteeinwands nach § 555 d Abs. 3 S. 1 BGB hinweisen soll. Verletzt der Vermieter seine Hinweispflicht nach § 555 c Abs. 2 BGB, beginnt die kurze Frist nach § 555 d Abs. 3 S. 1 BGB zwar nicht zu laufen. Es ist aber zu beachten, dass der Mieter selbst bei einem Verstoß des Vermieters gegen die Hinweispflicht nach § 555 c Abs. 2 BGB mit seinem Härteeiwand ausgeschlossen ist, wenn er dem Vermieter Umstände, die eine Härte im Hinblick auf die Mieterhöhung begründen (sog. soziale Härte), nicht spätestens bis zum Beginn der Modernisierungsmaßnahme mitgeteilt hat.

### 3.9.4 Duldung von Modernisierungsmaßnahmen, § 555 d BGB[69]

§ 555 d BGB regelt die Duldung von Modernisierungsmaßnahmen und bestimmt eine Ausschlussfrist zur Geltendmachung von Härtegründen.

Liegen die Voraussetzungen der §§ 555 b, 555 d BGB, nicht aber die der Härteklausel nach § 555 d Abs. 2 BGB vor, so hat der Mieter die Maßnahme zu dulden. Von der grundsätzlichen Duldungspflicht des Mieters nach § 555 d Abs. 1 BGB macht dessen Abs. 2 eine Ausnahme für den Fall, dass die Modernisierungsmaßnahme für den Mieter, seine Familie oder einen anderen Haushaltsangehörigen eine Härte bedeuten würde, die auch unter Würdigung der berechtigten Interessen des Vermieters und anderer Mieter in dem Gebäude sowie von Belangen der Energieeinsparung und des Klimaschutzes nicht zu rechtfertigen ist.

---

69 Ausführlich Krämer/Schüller, in Bub/Treier, 4. Aufl. (2014), III.A., Rn. 2691ff.

### 3.9.5 Sonderkündigungsrecht des Mieters bei Modernisierungsmaßnahmen, § 555 e BGB[70]

Die Vorschrift des § 555 e BGB regelt das Sonderkündigungsrecht des Mieters nach Ankündigung einer Modernisierung. Nach Abs. 1 ist der Mieter zur außerordentlichen Kündigung wegen einer bevorstehende Modernisierungsmaßnahme berechtigt. § 555 e Abs. 1 S. 1 BGB legt fest, dass der Mieter mit Wirkung zum Ablauf des übernächsten Monats, der auf den Zugang der Modernisierungsankündigung folgt, kündigen kann. Die Kündigung muss nach § 555 e S. 2 BGB bis spätestens zum Ablauf des auf den Zugang folgenden Monats erfolgen. Ist die Kündigung insoweit rechtzeitig, endet das Mietverhältnis unabhängig vom konkreten Kündigungszeitpunkt immer mit Ablauf des übernächsten Monats nach Zugang der Modernisierungsankündigung. § 555 e Abs. 2 BGB sieht eine Ausnahme für Maßnahmen vor, die nur mit einer unerheblichen Einwirkung auf die Mietsache verbunden sind und nur zu einer unerheblichen Mieterhöhung führen. Ein Sonderkündigungsrecht des Mieters ist in diesen Fällen nicht gegeben. § 555 e Abs. 3 BGB enthält ein gesetzliches Verbot abweichender Vereinbarungen zum Nachteil des Wohnraummieters, also etwa einer Verkürzung oder Verlängerung der Kündigungsfristen. Das Kündigungsrecht besteht unabhängig davon, ob der Mieter an sich zur Duldung der Modernisierungsmaßnahme verpflichtet wäre.

### 3.9.6 Vereinbarungen über Erhaltungs- oder Modernisierungsmaßnahmen, § 555 f BGB[71]

Mit § 555 f BGB sollen Vereinbarungen über Erhaltungs- oder Modernisierungsmaßnahmen gefördert werden. Die Vorschrift soll nach den Motiven des Gesetzgebers insbesondere Vermieter mit wenig Erfahrung in Modernisierungsangelegenheiten darauf aufmerksam machen, dass es ihnen ohne das vom Gesetz vorgeschriebene formalisierte Verfahren unbenommen ist, nach Abschluss des Mietvertrages im Einzelfall anlassbezogen sowohl die Duldung der baulichen Maßnahmen durch den Mieter als auch die spätere Mieterhöhung einvernehmlich zu regeln. Nach § 555 f BGB können sich Vermieter und Mieter aus Anlass einer bestimmten Maßnahme beispielsweise über die durchzuführenden Arbeiten als solche, den Ablauf des Bauvorhabens und die anschließend zu zahlende Miete verständigen und damit etwaige Konflikte vermeiden.

### 3.10 *Schönheitsreparaturen*

Die regelmäßige Durchführung von Schönheitsreparaturen gehört an sich zur Erhaltungspflicht des Vermieters nach § 535 Abs. 1 S. 2 BGB, so dass der Mieter die Wohnung grundsätzlich besenrein zurückgeben, also nur grobe Verschmutzungen beseitigen muss[72]; die Wände müssen farblich neutral gestrichen sein, so dass sie jedem nachfolgenden Mieter zumutbar sind.

---

70 Ausführlich Krämer/Schüller, in Bub/Treier, 4. Aufl. (2014), III.A., Rn. 2709ff.
71 Siehe hierzu ausführlich Krämer/Schüller, in Bub/Treier, 4. Aufl. (2014), III.A., Rn. 2710.
72 BGH NJW 2006, 2915.

3.10.1 Übertragung der Schönheitsreparaturen auf den Mieter

Der Vermieter kann die Pflicht zur Durchführung von Schönheitsreparaturen auf den Mieter abwälzen; hierfür bedarf es einer Vereinbarung der Parteien.

Die Parteien können die Schönheitsreparaturen entweder durch eine individuelle Vereinbarung auf den Mieter übertragen. Bei Wohn- und Geschäftsraummietverhältnissen ist aber auch eine Überwälzung auf den Mieter in Formularmietverträgen – d.h. für eine Vielzahl von Verträgen vorformulierte Vertragsbedingungen, die eine Partei der anderen bei Vertragsschluss stellt, § 305 Abs. 1 S. 1 BGB – dem Grunde nach zulässig und wirksam. Dies rechtfertigt sich daraus, dass die vom Mieter übernommene Verpflichtung rechtlich und wirtschaftlich einen Teil des Entgelts für die Gebrauchsüberlassung darstellt, das der Vermieter andernfalls über eine entsprechend höher kalkulierte Miete hereinholen müsste. Für den Begriff der Schönheitsreparaturen ist (auch bei preisfreiem Wohnraum) die Definition in § 28 Abs. 4 S. 3 der Zweiten Berechnungsverordnung (II. BV) maßgeblich. Danach umfassen Schönheitsreparaturen nur das Tapezieren, Anstreichen oder Kalken der Wände und Decken, das Streichen der Fußböden, Heizkörper einschließlich Heizungsrohre, der Innentüren sowie der Fenster und Außentüren von innen[73]. Daraus folgend ist alles, was unter den Begriff des malermäßigen Zustands zusammengefasst werden kann, dem Bereich der Schönheitsreparaturen zuzuordnen.

3.10.2 Fälligkeit der Schönheitsreparaturen

Mangels näherer vertraglicher Bestimmungen sind Schönheitsreparaturen fällig, wenn die Dekoration verbraucht bzw. abgewohnt ist und deshalb ein Renovierungsbedarf besteht[74]. Regelmäßig wird für die Renovierungsfristen ein Fristenplan vertraglich vereinbart. Die formularmäßige Vereinbarung starrer Fristen führt gem. §§ 307 Abs. 1 S. 1, Abs. 2 Nr. 2 BGB bei Wohn- und Geschäftsraummietverhältnissen zur Unwirksamkeit der gesamten Schönheitsreparaturverpflichtung[75].

> Beispiel: *„Der Mieter ist insbesondere verpflichtet, auf seine Kosten die Schönheitsreparaturen (...) in den Miträumen, wenn erforderlich, mindestens aber in der nachstehenden Zeitfolge fachgerecht auszuführen. ... Die Zeitfolge beträgt: bei Küche, Bad und Toilette 5 Jahre, bei allen übrigen Räumen 7 Jahre."*

In Wohnraummietverträgen konnte bisher als Richtlinie ein Fristenplan, der in § 7 Fn. 1 des Mustermietvertrages enthalten ist, vereinbart werden, der die Schönheitsreparaturen im Allgemeinen nach Ablauf folgender Zeiträume vorschreibt:
– in Küchen, Bädern und Duschen alle 3 Jahre,
– in Wohn- und Schlafräumen, Fluren, Dielen, Toiletten alle 5 Jahre,
– in allen anderen Räumen alle 7 Jahre.

---

73 BGH NJW 2009, 1408.
74 BGH NJW 2005, 2006.
75 BGH NZM 2004, 653.

Auf Grund veränderter Wohnverhältnisse und verbesserter Dekorationsmaterialien sind beim Abschluss neuer Mietverträge über Wohnräume zur Vermeidung von Risiken Fristen von 5, 8 und 10 Jahren anzuwenden[76].

Bei Gewerberaum ist ein formularmäßiger Fristenplan mit kürzeren Fristen, die ebenfalls nicht starr sein dürfen (BGH NJW 2008, 3772), zulässig, wenn er sich an der Erfahrung mit dem Renovierungsbedarf bei vertragsgemäßem Gebrauch der Mietsache oder dem tatsächlichen Bedarf richtet (BGH NJW 2014, 1444).

### 3.10.3 Besonderheiten bei unrenovierter Wohnung

Die formularmäßige Überwälzung der Schönheitsreparaturen auf den Wohnraummieter ist jedoch unwirksam, wenn der Vermieter die Wohnung in unrenoviertem oder renovierungsbedürftigem Zustand übergeben und dem Mieter für vorgenommene Schönheitsreparaturen keinen angemessenen Ausgleich gewährt hat[77]. Es ist davon auszugehen, dass der BGH seine Rechtsprechung auch auf Gewerberaummietverhältnisse übertragen wird.

Eine formularvertragliche Bestimmung, die den Mieter zur vollständigen Renovierung der Wohnung bei Beendigung eines Wohnraummietverhältnisses verpflichtet, ist ebenfalls wegen unangemessener Benachteiligung gem. § 307 BGB unwirksam[78]; eine von den Parteien individualvertraglich getroffene Endrenovierungsklausel ist hingegen wirksam[79].

Im Falle der Kombination einer unzulässigen formularvertraglichen Endrenovierungsklausel mit einer für sich unbedenklichen formularvertraglichen Klausel, die die Übertragung der Schönheitsreparaturen auf den Mieter regelt, sind beide Regelungen wegen des sog. unzulässigen Summierungseffektes unwirksam[80].

Sind die Schönheitsreparaturen wirksam auf den Mieter überwälzt sind sie stets fachgerecht „in mittlerer Art und Güte" (§ 243 BGB) auszuführen, was Eigenleistungen des Mieters nicht ausschließt[81].

### 3.10.4 Kurzes Mietverhältnis

Zieht der Mieter nach nur relativ kurzer Mietdauer oder bei einem längeren Mietverhältnis vor erneutem Renovierungsbedarf aus, hat er keine Schönheitsreparaturen auszuführen, sofern das Mietobjekt nur vertragsgemäß abgenutzt ist (§ 538 BGB). Auf der anderen Seite erhält der Vermieter eine Mietsache mit Gebrauchsspuren zurück. Er ist daher daran interessiert, vom Mieter einen Ausgleich für die dekorative Abnutzung zu erhalten.

Die Parteien können sich im Wege einer individuellen Vereinbarung auf eine pauschale Abgeltung durch den Mieter verständigen. Grundsätzlich ist der Vermieter je-

---

76 Beyer NZM 2008, 465 f; vgl. BGH NJW 2007, 3632 Tz. 13.
77 BGH NJW 2015, 1594.
78 BGH NJW 2009, 3716.
79 BGH NZM 2009, 397.
80 BGH NJW 2005, 2006 f; NZM 2009, 397.
81 BGH NJW 2010, 2877.

doch daran interessiert, von vornherein mit sog. **Abgeltungs- oder Quotenklauseln** zu einem Ausgleich zu kommen. Der BGH erteilt mit seiner Entscheidung vom 18.03.2015[82] Quotenabgeltungsklauseln in Allgemeinen Geschäftsbedingungen eine Absage mit der Begründung, dass bei den bisherigen Quotenabgeltungsklauseln der bei Ende des Mietverhältnisses auf den Mieter entfallende Kostenanteil nicht ermittelt werden kann. Die Schwierigkeit besteht darin, dass eine angemessene Quotierung nicht im Voraus bestimmt werden kann, da für die Errechnung der Quote die Frist für die voraussichtlich erforderliche Vornahme der Renovierung bei Beendigung des Mietverhältnisses zur tatsächlichen Wohndauer ins Verhältnis zu setzen ist. Da der Zustand der Wohnung bei Beendigung des Mietverhältnisses nicht vorausgesehen werden kann, ist es nicht möglich, die voraussichtlichen anteiligen Kosten zuverlässig zu ermitteln und eine wirksame Abgeltungsklausel zu vereinbaren. Da davon auszugehen ist, dass der BGH seine Rechtsprechung auf Gewerberaummietverhältnisse übertragen wird, ist dem Vermieter zu empfehlen, die Schönheitsreparaturen selbst zu übernehmen und einen Aufschlag auf die Miete zu machen, z. B. wie es § 28 IV 2 II. BV vorsieht, nämlich mit 8,50 EUR pro qm pro Jahr.

## 4. Leihe

### 4.1 Voraussetzungen der Leihe

Werden Räume unentgeltlich an einen Dritten überlassen, liegt eine Leihe vor; das gleiche gilt, wenn die Räume lediglich gegen Ersatz der tatsächlich verursachten Kosten überlassen werden, wie z.B. Heizkosten etc.[83] Durch die Leihe wird der Verleiher gem. § 598 BGB verpflichtet, dem Entleiher den Gebrauch der Sache zu gestatten.

### 4.2 Abschluss Leihvertrag

Bei der Leihe von Räumen ist ebenso vorzugehen wie bei der Miete. Die Parteien sollten auch einen schriftlichen Vertrag über die Überlassung der Räume schließen, in dem die Räume bezeichnet und die vom Entleiher zu tragenden Kosten aufgenommen sind. Das Entgelt sollte sich an der Höhe der tatsächlichen Kosten orientieren. Staffelungen nach der kirchlichen Nähe der Nutzer sind häufig anzutreffen.

Darüber hinaus sollten die Parteien den Zeitpunkt der Rückgabe, Reinigungspflichten etc., die Haftung für etwaige Schäden und die Höhe der Kaution festlegen. Ist die Dauer der Leihe weder bestimmt noch aus dem Zweck zu entnehmen, so kann der Verleiher die Sache jederzeit zurückfordern, § 604 Abs. 3 BGB. Weiter ist zu überlegen, ob der Entleiher verpflichtet werden soll, die Kosten zur Beseitigung gewöhnlicher Verschleißschäden zu übernehmen oder solche Schäden zu beseitigen, da er zu deren Beseitigung gem. § 602 BGB nicht verpflichtet ist. Insoweit sind die Beseitigung von und die Kosten für Schönheitsreparaturen von Bedeutung.[84]

---

82 BGH NJW 2015, 1871.
83 Münchner Kommentar/Häublein, Komm. z. BGB, 6. Aufl. (2012), vor § 535 BGB Rn. 10.
84 Münchner Kommentar/Häublein, Komm. z. BGB, 6. Aufl. (2012), § 601 BGB Rn. 3.

Der Zustand der Räume bei Übergabe und Rückgabe sollte ebenfalls in einem Protokoll festgehalten werden, für das das oben aufgeführte Muster verwendet werden kann.

*4.3 Kündigung*

Anders als bei Mietverhältnissen kann der Verleiher bei einer für eine bestimmte Zeit abgeschlossene Leihe gem. § 605 BGB kündigen, wenn
- er infolge eines nicht vorhergesehenen Umstandes der verliehenen Sache bedarf oder
- der Entleiher einen vertragswidrigen Gebrauch von der Sache macht, insbesondere unbefugt den Gebrauch einem Dritten überlässt, oder die Sache durch Vernachlässigung erheblich gefährdet.

Die Kündigung kann formlos und ohne Angabe eines Grundes erfolgen, auch wenn sich die Angabe des Grundes empfiehlt. Die Kündigung ist im Zweifel fristlos.

*4.4 Abwicklung*

Der Entleiher ist nach § 604 BGB verpflichtet, die geliehene Sache nach dem Ablauf der für die Leihe bestimmten Zeit zurückzugeben. Die verursachten Schäden durch den Entleiher sind im Rückgabeprotokoll aufzunehmen, wenn diese über den vertragsgemäßen Gebrauch hinausgehen, Verschleißschäden aber nur dann, wenn der Entleiher verpflichtet ist, diese zu beseitigen oder die Kosten hierfür zu tragen.

Hierbei ist zu beachten, dass auch für die Leihe eine kurze Verjährungsfrist gem. § 606 BGB gilt. Danach verjähren Ersatzansprüche des Verleihers wegen Veränderung oder Verschlechterung der verliehenen Sache in sechs Monaten, ab dem Zeitpunkt der Rückgabe der Räume. Die obigen Ausführungen[85] gelten insoweit entsprechend.

---

85 Siehe Ziffer 3.8.

Anlage 1: Muster für Mietaufhebungs- und Räumungsvereinbahrung

## **Mietaufhebung / Räumungsvereinbarung**

**zwischen**

rrn/Frau XXX, Musterstraße 3, 80003 München

**- Mieter -**

**und**

meinde XXX, vertreten durch XXX, Kirchplatz 1, 80002 München

**- Vermieter -**

**I.
Präambel**

Herr/Frau XXX als Mieter und die Gemeinde XXX als Vermieter haben am XXX einen Mietvertrag über die Wohnung Nr. XXX im X. OG des Anwesens Musterstraße 3, 80003 München (nachfolgend „Mietsache" genannt) sowie den Tiefgaragenstellplatz oben links im Viererparker Nr. XXX im Untergeschoss des Anwesens (nachfolgend „Tiefgaragenstellplatz" genannt) geschlossen.

......

(Grund, warum der Mietvertrag aufgehoben werden soll)

Dies vorausgeschickt treffen die Parteien folgende

## II.
## Vereinbarung

### § 1
### Mietaufhebung

**1.**

Die Beteiligten heben den in der Präambel genannten Mietvertrag übereinstimmend mit Wirkung zum XXX auf.

**2.**

Der Mieter verzichtet - soweit gesetzlich zulässig - auf Räumungsschutz.

**3.**

Sollte der Mieter den Gebrauch der Räume über den in Ziff. 1. genannten Termin hinaus fortsetzen, widerspricht der Vermieter schon jetzt der Fortsetzung des Mietverhältnisses. Zahlungen für die Zeit nach Zugang der Kündigung werden als Nutzungsentschädigung entgegen genommen.

### § 2
### Räumung/Rückgabe

**1.**

Der Mieter verpflichtet sich, die Mietsache spätestens zum XXX zu räumen und an den Vermieter zurückzugeben.

**2.**

Der Mieter ist berechtigt, die Mietsache jederzeit vorher zurückzugeben, wenn er dies mit einer Frist von 2 Wochen angekündigt hat. Eine frühere Rückgabe der Mietsache durch den Mieter begründet keine weiteren Ansprüche des Mieters.

**3.**

Der Mieter ist verpflichtet, Einrichtungen, mit denen er die Mietsache versehen hat (z.B. Regale) oder die er vom Vormieter übernommen hat (z.B. Einbauküche), zu entfernen.

**4.**

Der Mieter hat die Mietsache vollständig geräumt und einschließlich sämtlicher Schlüssel zu oben genanntem Termin zurückzugeben.

**5.**

Der Mieter verpflichtet sich, die Wohnung in fachmännisch renoviertem Zustand zurückzugeben.

## § 3
### Kaution, Abrechnung

Der Vermieter verpflichtet sich, über die von dem Mieter geleistete Kaution in Höhe von ................ € nebst Zinsen abzüglich eines Einbehaltes in Höhe von € .... für eventuelle Nachforderungen für Betriebskosten für das Jahr xxx (Jahr, in dem der Mietvertrag aufgehoben wird) und abzüglich weiterer etwaiger Ansprüche des Vermieters innerhalb von xxx Wochen nach Räumung und Rückgabe der Mietsache zu überweisen. Der Vermieter verpflichtet sich, über die Betriebskosten für das Jahr xxx bis spätestens xxx (31.12. des Folgejahres) abzurechnen.

## § 4
### Schriftform

Änderungen und Ergänzungen dieser Vereinbarung bedürfen der Schriftform.

## § 5
### Salvatorische Klausel

Sollten einzelne Bestimmungen dieser Vereinbarung ganz oder teilweise unwirksam sein oder werden oder sollte der Vertrag eine Lücke aufweisen, so berührt dies die Gültigkeit der übrigen Bestimmungen nicht. Anstelle der unwirksamen Bestimmung gilt die gesetzliche Regelung. Eine Lücke wird - soweit möglich - im Wege der ergänzenden Vertragsauslegung geschlossen; ist dies nicht möglich, gilt auch insoweit die gesetzliche Regelung.

Ort, den _____        Ort, den _____


_____        _____
Vermieter                                                    Mieter

Anlage 2: Muster für eine Kautionsabrechnung

Mieter: *(Name)*
Mietverhältnis: *(Anschrift)*                  - Wohnung - Nr. 31 -
Mieterwechsel zum 19. Mai 2014

---

Kaution gem. beiliegender Abrechnung
*(Abrechnung der Bank beifügen)*                  1.583,35 €
Mietüberzahlung vom 20.05. - 31.05.2014          241,00 €

abzüglich:

Nachzahlungsbetrag aus Betriebs- und Heizkostenabrechnung vom 15.03.2013 - 31.12.2013     243,51 €

Einbehalt Betriebs- und Heizkosten-
abrechnung vom 01.01.2014 - 19.05.2014     300,00 €     543,51 €

verbleibt ein Saldo zu Ihren Gunsten in Höhe von     **1.280,84 €**

Ich bitte um Überweisung auf mein Konto-Nr.
bei der

                                                  ....................................................
                                                        - Unterschrift -

Bitte senden Sie eine Ausfertigung der um Ihre Kontendaten ergänzte Kautionsabrechnung unterschrieben an uns zurück.

## 2. Miet- und sonstige Nutzungsverhältnisse in Wohn- und Pflegeeinrichtungen

*Anne Schlosser*

*Welche mietrechtlichen Besonderheiten hat der Betreiber eines Heims zu beachten und welche Rechte haben die Heimbewohner gegenüber dem Vermieter? Was ist bei der Vermietung von Wohnraum durch die Kirche an einen Heimbetreiber oder sozialen Träger zwecks gewerblicher Weitervermietung an Dritte zu bedenken?*

### 1. Einleitung

Bei der Wohnraumüberlassung mit dem gleichzeitigen Angebot von Pflege- und Betreuungsleistungen bzw. der Vermietung von Räumlichkeiten an Heimbetreiber oder karitative Träger gilt es, einige – von den allgemeinen Regeln des Mietrechts gemäß §§ 535, 549 ff. BGB abweichende – Besonderheiten zu beachten. Der folgende Beitrag gibt einen Überblick über die spezialgesetzlichen Regelungen des Wohn- und Betreuungsvertragsgesetzes (WBVG) sowie die geltende Rechtsprechung zur gewerblichen Weitervermietung von Wohnraum durch die Kirche oder soziale Träger an hilfsbedürftige Menschen.

### 2. Anwendungsbereich des Wohn- und Betreuungsvertragsgesetzes

Durch die Föderalismusreform im Jahr 2006 wurde die Gesetzgebungskompetenz für das Heimwesen den Bundesländern zugewiesen. Das Heimgesetz des Bundes (HeimG) wurde ordnungsrechtlich sukzessive durch landesrechtliche Regelungen[1] ersetzt. Die zivilrechtliche Ausgestaltung der Mietverträge orientiert sich nunmehr an den bundesrechtlichen Bestimmungen des WBVG. Diese finden Anwendung auf alle Verträge, die zwischen einem Unternehmer und einem volljährigen Verbraucher geschlossen werden und in dem sich der Unternehmer zur Überlassung von Wohnraum und zur *gleichzeitigen* Erbringung von Pflege- und Betreuungsleistungen verpflichtet. Dabei ist unerheblich, ob die Pflege- oder Betreuungsleistung nach den vertraglichen Vereinbarungen vom Unternehmen selbst zur Verfügung gestellt oder von diesem nur organisiert wird.

Das WBVG findet hingegen keine Anwendung, wenn der Vertrag neben der Überlassung von Wohnraum ausschließlich die Erbringung von *allgemeinen Unterstützungsleistungen* wie die Vermittlung von Pflege- oder Betreuungsleistungen, Leistungen der hauswirtschaftlichen Versorgung oder Notrufdienste zum Gegenstand hat (z.B. betreu-

---

1 Z.B. Gesetz für unterstützende Wohnformen, Teilhabe und Pflege Baden-Württemberg (Wohn-, Teilhabe- und Pflegegesetz – WTPG), Gesetz zur Förderung der Pflege-, Betreuungs- u. Wohnqualität im Alter und bei Behinderung Bayern (PflegWoqG), Hamburgischer Gesetz zur Förderung der Wohn- u. Betreuungsqualität ältere, behinderter u. auf Betreuung angewiesener Menschen (hbg.WBG) etc.

tes Wohnen), vgl. § 1 I S 3 WBVG. Hinsichtlich der Überlassung der Mieträume gelten dann die Regelungen des allgemeinen Wohnraummietrechts gemäß §§ 535, 549 ff. BGB. Für die Erbringung von Dienstleitungen gilt das Dienstvertragsrecht im Sinne der §§ 611 ff. BGB.

*2.1 Vertragsschluss*

Der Wohn- und Betreuungsvertrag kommt wie jeder Vertrag durch Angebot und Annahme gemäß §§ 145 ff. BGB zustande.[2]

2.1.1 Informationspflichten vor Vertragsschluss

Der Heimbetreiber hat den zukünftigen Bewohner jedoch noch *vor Vertragsschluss* über sein allgemeines Leistungsangebot und über den wesentlichen Inhalt seiner Pflege- und Betreuungsleistungen zu informieren. Zu seiner Informationspflicht gehört gemäß § 3 II und III WBVG insbesondere die Darstellung
– des Wohnraums, der Ausstattung und Lage des Gebäudes, in dem sich der Wohnraum befindet, sowie der dem gemeinschaftlich Gebrauch dienenden Anlagen und Einrichtungen, zu denen der Bewohner Zugang hat sowie ggf. der Nutzungsbedingungen,
– der Leistungen nach Art, Inhalt und Umfang,
– der Ergebnisse der Qualitätsprüfungen, soweit diese nach § 115 Ia S 1 des Elften Sozialgesetzbuch oder nach landesrechtlichen Vorschriften zu veröffentlichen sind,
– der Pflege- und Betreuungsleistungen, ggf. der Verpflegung, nach Art, Inhalt und Umfang,
– das den Pflege- und Betreuungsleistungen zugrundeliegende Leistungskonzept,
– das für die Pflege- und Betreuungsleistungen zu zahlende Entgelt, der nach § 82 III und IV des Elften Buches Sozialgesetzbuch gesondert berechenbaren Investitionskosten sowie des Gesamtentgelts
– und der Voraussetzungen für mögliche Leistungs- und Entgeltveränderungen.
Die Information muss in Textform im Sinne von § 126b BGB und in leicht verständlicher Sprache, mithin ohne Fremdwörter und Fachbegriffe, erfolgen und aus sich heraus verständlich sein.[3]

Erfüllt der Vermieter seine Informationspflicht vor Vertragsschluss nicht, ist der Bewohner berechtigt, den abzuschließenden Vertrag jederzeit *ohne Einhaltung einer Frist* zu kündigen, §§ 3 IV i.V.m. 6 II S 2 WBVG.

2.1.2 Vertragsparteien

Der Wohn- und Betreuungsvertrag wird zwischen dem Betreiber des Heims als Vermieter und dem Bewohner als Mieter geschlossen. Ehepartner, Lebenspartner nach dem LPartG, Lebensgefährten oder Kinder, die mit dem zu pflegenden Bewohner gemeinsam

---

[2] Ausführlich Kapitel X, Teil 1, S. 543 ff.
[3] Drasdo, in: beck-online.Grosskommentar, Stand 15.5.2015, § 3 Rn. 6.

## 2. Miet- und sonstige Nutzungsverhältnisse in Wohn- und Pflegeeinrichtungen

in die Wohnung einziehen und einen gemeinsamen Haushalt führen, werden regelmäßig nicht als Vertragspartei mit in den Vertrag aufgenommen. Sie sind deswegen jedoch nicht schutzlos. Verstirbt der Heimbewohner, wird das Vertragsverhältnis über den Wohnraum mit dessen „Mitbewohnern" gemäß § 5 I S 1 WBVG gegen Zahlung der geschuldeten Miete *automatisch* bis zum Ablauf des dritten Kalendermonats nach dem Sterbetag des Mieters fortgesetzt. Erklären sie jedoch innerhalb von vier Wochen nach dem Sterbetag gegenüber dem Vermieter, dass sie das Vertragsverhältnis nicht fortsetzen möchten, findet kein automatischer Vertragsübergang statt. Das Vertragsverhältnis ist dann mit sofortiger Wirkung beendet.

Soweit mehrere Personen zur Verlängerung des Vertragsverhältnisses berechtigt sind, werden ihnen die Erklärungen der jeweils anderen gemäß § 5 I S. 3 WBVG nicht zugerechnet. Sie können sich vielmehr jeweils gesondert entscheiden. Das Vertragsverhältnis muss daher nicht mit allen Personen fortgeführt werden.[4]

### 2.1.3 Form des Mietvertrags

Im Gegensatz zum Wohnraummietvertrag i.S.v. §§ 549 ff. BGB ist der Wohn- und Betreuungsvertrag nach dem WBVG zwingend *schriftlich* abzuschließen. Dies erfordert gemäß § 126 I BGB eine eigenhändige Unterzeichnung durch die Vertragsparteien auf derselben Urkunde. Die Unterzeichnung mit einer Rechtstellung, den Anfangsbuchstaben oder einem anderen Kürzel ist keine zulässige Unterschrift.[5]

Die Rechtsfolge eines Schriftformverstoßes ist in § 6 II WBVG geregelt. Danach sind bei einem Verstoß sämtliche zum Nachteil des Bewohners abgeschlossene Vereinbarungen unwirksam. Es tritt demnach keine Gesamtnichtigkeit des Vertrags ein. Vielmehr bleiben die den Verbraucher begünstigenden Vereinbarungen bestehen.[6] Der Bewohner ist zudem berechtigt, den Vertrag jederzeit ohne Einhaltung einer Frist zu kündigen.

Ist der schriftliche Vertragsschluss im Interesse des Mieters unterblieben, insbesondere weil zum Zeitpunkt des Vertragsschlusses bei ihm Gründe vorlagen, die ihn an der schriftlichen Abgabe seiner Vertragserklärung hinderten, muss der schriftliche Vertragsschluss unverzüglich nachgeholt werden.

### 2.1.4 Notwendiger Inhalt des Mietvertrags

§ 6 III WBVG verpflichtet die Vertragsparteien, bestimmte Mindestangaben in den Vertrag aufzunehmen. Hierzu gehört neben der Beschreibung der *Leistungen des Vermieters nach Art, Inhalt und Umfang* auch das für diese Leistung jeweils zu zahlenden *Entgelt*, getrennt nach Überlassung des Wohnraums, Pflege- und Betreuungsleistungen, ggf. Verpflegung sowie den nach § 82 III und IV des Elften Buch Sozialgesetzbuch gesondert berechenbaren Investitionskosten und das Gesamtentgelt. Bei der Bemessung des Entgelts hat der Vermieter darauf zu achten, dass das Entgelt für alle Bewohner nach der

---

[4] BT-Drs. 16/12409, 19.
[5] Ellenberger, in: Palandt, 74. Aufl. (2015), § 126 Rn. 10 m.w.N.
[6] Drasdo, in: beck-online.Grosskommentar, Stand 15.5.2015, § 6 Rn. 34.

*gleichen Bemessungsgrundlage* zu bemessen ist. Ausnahmen hiervon sind nach § 7 III S 2 und 3 WBVG nur in Ausnahmefällen zulässig.

Der Wohn– und Betreuungsvertrag wird üblicherweise auf *unbestimmte Zeit* geschlossen. Eine Befristung ist gemäß § 4 II WBVG nur dann zulässig, wenn die Befristung den Interessen des Bewohners nicht zuwider läuft. Andernfalls gilt der Vertrag für unbestimmte Zeit geschlossen.[7]

2.1.5 Sicherheitsleistungen

Der Heimbetreiber sollte mit dem Bewohner entsprechend den Regelungen für das Wohnraummietrecht[8] gemäß § 14 WBVG eine *vertragliche Kautionsabrede* treffen. Die Sicherheit darf dabei das Doppelte des auf einen Monat entfallenden Entgelts nicht übersteigen. Sie kann in Form einer Barkaution, einer Garantie oder eines sonstigen Zahlungsversprechens eines Kreditinstituts oder Kreditversicherers geleistet werden. Wird die Sicherheit als Barsumme bereitgestellt, so kann diese in drei gleichen Teilleistungen erbracht werden. Die erste Teilleistung ist bereits zu Beginn des Vertragsverhältnisses fällig und ist vom Heimbetreiber getrennt von seinem Vermögen für *jeden Heimbewohner einzeln* bei einem Kreditinstitut zu dem für Spareinlagen mit dreimonatiger Kündigungsfrist marktüblichen Zinssatz anzulegen. Die Zinsen stehen dem Mieter zu.

2.2 *Gewährleistungsrechte*

Da weder die Gewährleistungsrechte aus dem Mietrecht (§§ 536 ff. BGB), noch aus dem Werk- oder Dienstvertragsrecht auf den Wohn- und Betreuungsvertrag zugeschnitten sind, hat der Gesetzgeber mit § 10 WBVG eine eigene Anspruchsgrundlage für den Mieter geschaffen. Erbringt der Heimbetreiber die vertraglich geschuldete Leistung danach ganz oder teilweise nicht bzw. weist die Leistung erhebliche Mängel auf, kann der Bewohner unbeschadet weitergehender zivilrechtlicher Ansprüche bis zu *sechs Monate rückwirkend* eine *angemessene Kürzung des vereinbarten Entgelts* verlangen. Die Rechtsfolge des § 814 BGB wird somit temporär außer Kraft gesetzt. Das Kürzungsrecht steht dem Bewohner jedoch nur dann zu, wenn er den Mangel dem Heimbetreiber *unverzüglich angezeigt* hat. Die Anzeige bedarf keiner Schriftform, muss dem Vermieter jedoch gemäß § 130 I BGB zugehen. Ausreichend ist dafür, wenn die Mangelanzeige gegenüber den mit der Verwaltung und Betreuung der Einrichtung beauftragten Personen erfolgt. Allerdings muss der Vermieter diese Personen auch für solche Aufgaben eingesetzt haben. Nicht jeder Angestellte ist also zur Entgegennahme von Mangelanzeigen befugt.[9]

---

7 Dazu auch Kapitel X, Teil 1, Ziffer 3.4.3, S. 551.
8 Dazu Kapitel X, Teil 1, Ziffer, 3.4.3, S. 551.
9 Drasdo, in: beck-online.Grosskommentar, Stand 15.5.2015, § 10 Rn 30.

## 2.3 Beendigung des Vertragsverhältnisses durch den Bewohner

Das WBVG räumt dem Bewohner *zahlreiche Möglichkeiten* zur ordentlichen und außerordentlichen Beendigung des Vertragsverhältnisses ein. So kann der Bewohner gemäß § 11 II WBVG den Vertrag innerhalb von zwei Wochen nach Beginn des Vertragsverhältnisses jederzeit ohne Einhaltung einer Frist wieder kündigen. Einer Begründung bedarf es nicht. Wird dem Bewohner erst nach Beginn des Vertragsverhältnisses eine Ausfertigung des Vertrags ausgehändigt, kann der Mieter auch noch bis zum Ablauf von zwei Wochen nach dessen Aushändigung kündigen. Nach diesen zwei Wochen ist die Kündigung jedoch nur noch jeweils zum dritten Werktag eines Kalendermonats zum Ablauf desselben Monats möglich, vgl. § 11 I S 1 WBVG.

Auch bei einer Erhöhung des Entgelts ist der Bewohner berechtigt, dass Vertragsverhältnis jederzeit zu dem Zeitpunkt zu beenden, zu dem der Vermieter die Erhöhung des Entgeltes verlangt.

Wie bei Dauerschuldverhältnissen üblich, kann der Bewohner das Vertragsverhältnis zudem nach § 11 III WBVG aus einem *wichtigen Grund* beenden, wenn ihm die Fortführung des Vertrags bis zum Ablauf der Kündigungsfrist nicht mehr zumutbar ist.

Die Kündigung muss *schriftlich* im Sinne von § 126 I und II BGB erfolgen und dem Vermieter zudem als empfangsbedürftige Willenserklärung gemäß § 130 I BGB zugehen. Besteht bei dem Bewohner Geschäftsunfähigkeit, ist ihm die Abgabe einer wirksamen Willenserklärungen nach § 105 I BGB verwehrt und eine Kündigung des Vertrages durch ihn daher nicht möglich. Es bedarf hierfür gemäß § 1902 BGB der Vertretung durch einen Betreuer.[10]

## 2.4 Beendigung des Vertragsverhältnisses durch den Heimbetreiber

Der Betreiber eines Heims kann das Vertragsverhältnis gemäß § 12 I WBVG nur aus *wichtigem Grund* kündigen. Die Kündigung bedarf ebenfalls der *Schriftform* gemäß § 126 I und II BGB und ist zusätzlich zu begründen.

Ein wichtiger Grund liegt insbesondere vor, wenn
- der Vermieter den Heimbetrieb einstellt,
- der Vermieter die fachgerechte Pflege- oder Betreuungsleistung nicht mehr erbringen kann,
- der Bewohner seine vertragliche Pflichten schuldhaft gröblich verletzt,
- der Bewohner für zwei aufeinander folgende Termine mit der Entrichtung des Entgelts oder eines Teil des Entgelt, der das Entgelt für einen Monat überseigt, in Verzug ist oder
- in einem Zeitraum, der sich über mehr als zwei Termine erstreckt, mit der Entrichtung des Entgelts in Höhe eine Betrags in Verzug gekommen ist, der das Entgelt für zwei Monate erreicht und dem Mieter erfolglos eine angemessenen Zahlungsfrist durch den Vermieter gesetzt wurde.

---

10 Drasdo, in: beck-online.Grosskommentar, Stand 15.5.2015, § 11 Rn 7.

Das Kündigungsschreiben muss dem Bewohner gemäß § 130 I BGB zugehen.[11] Mit Beendigung des Vertragsverhältnisses steht dem Heimbetreiber ein Räumungs- und Herausgabeanspruch gegen den Mieter zu.

## 3. Sonderfall: Gewerbliche Weitervermietung gemäß § 565 BGB

Eine besondere Situation ist gegeben, wenn der Grundstückseigentümer[12] den Wohnraum den Mietern nicht selbst als Vermieter zur Verfügung stellt, sondern diesen lediglich an einen Dritten zwecks gewerblicher Weitervermietung vermietet. Denn für diese Dreieckskonstellation regelt § 565 I BGB bei Beendigung des Mietverhältnisses zwischen Eigentümer und Zwischenmieter den *Eintritt des Eigentümers als Vermieter* in das zwischen dem Zwischenmieter und dem Mieter geschlossene Mietverhältnis.

### 3.1 Bestehen eines auf Weitervermietung von Wohnraum ausgerichteten Hauptmietvertrages

Der Anwendungsbereich der Vorschrift ist auf diejenigen Hauptmietverhältnisse beschränkt, deren vertraglicher Zweck eine *Weitervermietung von Wohnraum*[13] ist. Das Gesetz stellt dabei nicht auf die objektive Eignung der Räume, sondern explizit auf die vertragliche Vereinbarung ab.[14] Von § 565 BGB nicht erfasst wird danach die „klassische" Untervermietung, bei der Wohnraum zu *eigenen* Wohnzwecken angemietet und ganz oder teilweise einem Dritten überlassen wird.[15]

### 3.2 Gewerbliche Weitervermietung

Der Vertragseintritt setzt voraus, dass der Zwischenmieter die Weitervermietung des Wohnraums *gewerblich* im Sinne einer geschäftsmäßigen, auf Dauer gerichteten, mit der Absicht der Gewinnerzielung oder im eigenen wirtschaftlichen Interesse ausgeübten Vermietungstätigkeit betreibt.[16] Es ist dabei nicht erforderlich, dass der Zwischenmieter aus der Vermietung tatsächlich einen Gewinn erzielt. Sein Handeln muss jedoch auf Gewinnerzielung, mindestens auf Kostendeckung gerichtet sein.[17] Handelt es sich bei dem Zwischenmieter z.B. um einen karitativen, gemeinnützigen Verein, der allein ideelle Zwecke verfolgt, fehlt es am Merkmal der gewerblichen Weitervermietung.[18] Auch die Vermietungstätigkeit einer gGmbH, die es sich nach ihrem Unternehmensgegenstand zur Aufgabe gemacht hat, Projekte ins Leben zu rufen, die alten, kranken, pflegebedürftigen und behinderten Menschen bei der Gestaltung ihres täglichen Lebens hel-

---

11 Ausführlich dazu in Ziffer 7.1.
12 Es ist nicht zwingend erforderlich, dass der Eigentümer gleichzeitig der Vermieter der Wohnung ist. Denn auch mehrfach gestufte Untermietverhältnisses können den Tatbestand des § 565 BGB erfüllen. Zur vereinfachten Darstellung wird hier jedoch auf eine weitere Differenzierung verzichtet.
13 Zum Begriff vgl. Kapitel X, Teil 1, Ziffer 3.2, S. 545.
14 Häublein, in: Münchener Kommentar zum BGB, 6. Aufl. (2012), § 565 Rn. 5.
15 Häublein, in: Münchener Kommentar zum BGB, 6. Aufl. (2012), § 565 Rn. 4.
16 BGH, Urteil vom 11.6.1991 – 1 BvR 538/90, NJW 1991, 2272.
17 Blank, in: Schmidt-Futterer, 12. Aufl. (2015), § 565 Rn. 8.
18 BGH, Urteil vom 30.4.2003 – VIII ZR 163/02, BeckRS 2003, 06006.

fen, ist zwar geschäftsmäßig und auf Dauer gerichtet, erfolgt aber wie bei einem gemeinnützigen (karitativen) Verein nicht im eigenen wirtschaftlichen Interesse, sondern in Ausübung eines gemeinnützigen Zweckes.[19]

§ 565 BGB findet auch dann keine Anwendung, wenn der Wohnraummietvertrag trotz einer gewerblichen Tätigkeit des Zwischenmieters auf einer *besonderen Beziehung der Vertragsparteien* beruht. Besteht etwa zwischen dem Zwischenmieter und dem Mieter neben dem Mietverhältnis auch ein besonderes Betreuungsverhältnis im Sinne des WBVG, scheidet die Überleitung des Vertrages aus, da dem Eigentümer aufgrund der zusätzlichen Leistungen eine Vertragsfortführung nicht zuzumuten ist.

*3.3 Rechtsfolgen*

Die Beendigung des Mietvertrags zwischen dem Grundstückseigentümer und dem Zwischenmieter führt bei Vorliegen der Voraussetzungen des § 565 I BGB zu einem vollständigen Vertragsübergang. Der Grundstückseigentümer tritt in die sich aus dem Mietverhältnis mit dem Mieter ergebenden Rechte und Pflichten ein und haftet für alle nach Beendigung des Hauptmietverhältnisses entstanden und fälligen Verbindlichkeiten. Der Mietvertrag wird zwischen dem Grundstückseigentümer und dem Mieter mit dem bestehenden Inhalt fortgesetzt. Dies gilt insbesondere für den vereinbarten Mietzins, Kündigungsfristen und Schönheitsreparaturen.

Aufgrund der weitreichenden Folgen, die die Vermietung eines Grundstücks an einen Zwischenmieter zwecks gewerblicher Weitervermietung an Dritte haben kann, empfiehlt es sich, im Vorfeld umfassenden rechtlichen Rat einzuholen und so ggf. unliebsame Überraschungen bei Beendigung des Vertragsverhältnisses zu vermeiden.

---

19  BGH, Urteil vom 23.8.2012 - 8 U 22/12, GE 2012, 1559.

# 3. Überlassung von Flächen für Anlagen zur Gewinnung regenerativer Energien

*Julia Küster*

*2008 empfahl die EKD-Synode den evangelischen Landeskirchen, bis 2015 eine Reduktion ihrer $CO^2$-Emissionen um 25 % vorzunehmen. Zahlreiche Landeskirchen haben in diesem Zusammenhang eigene Klimaschutzkonzepte erarbeitet. Einige dieser Konzepte befassen sich intensiv mit den Potenzialen regenerativer Energien. Neben dem Eigenbetrieb einer Energiegewinnungsanlage durch die Kirche kommt die Überlassung der Fläche an einen Anlagenbetreiber in Betracht. In diesen Fällen stellen sich wichtige Abgrenzungsfragen. Erwirbt der Grundstückseigentümer Eigentum an der Anlage? Wer ist dafür verantwortlich, dass von der Anlage keine Gefahren für Dritte ausgehen und welche Schwierigkeiten entstehen, wenn der Anlagenbetreiber zur Finanzierung des Errichtungsaufwands ein Darlehen benötigt?*

## 1 Photovoltaik

### 1.1 Sachenrechtliche Grundlagen und Gestaltungsmöglichkeiten

Wird eine Photovoltaikanlage auf einem fremden Grundstück betrieben, besteht das Risiko, dass diese durch die Montage zu einem Grundstücksbestandteil wird und der vorherige Eigentümer der Anlage sein Eigentum an den Grundstückseigentümer verliert. Rechtsgrundlage für diesen gesetzlichen Eigentumserwerb ist § 946 BGB. Nach dieser Norm erstreckt sich das Eigentum an einem Grundstück auch auf solche bewegliche Sachen, die mit dem Grundstück so verbunden werden, dass sie wesentlicher Bestandteil des Grundstücks werden. Der Anlagenbetreiber, seine Finanzierungsgläubiger aber auch Lieferanten, die die Anlage unter Eigentumsvorbehalt geliefert haben, haben regelmäßig ein Interesse daran, den Eigentumsverlust an den Grundstückseigentümer zu verhindern. Da § 946 BGB nicht dispositiv ist, reicht eine Vereinbarung darüber, dass das Eigentum beim Anlagenbetreiber oder sonstigen Eigentümer verbleiben soll, nicht aus. Vielmehr kommt es darauf an, zu verhindern, dass die Anlage „wesentlicher Bestandteil" des Grundstücks wird.

#### 1.1.1 Wesentlicher Bestandteil?

Nach § 93 BGB sind Bestandteile einer Sache, die nicht voneinander getrennt werden können, ohne dass der eine oder der andere Bestandteil zerstört oder in seinem Wesen verändert wird, als wesentliche Bestandteile nicht sonderrechtsfähig.

Nach § 94 I S. 1 BGB gehören zu den wesentlichen Bestandteilen eines Grundstücks die mit dem Grund und Boden fest verbundenen Sachen, insbesondere Gebäude. Zu den wesentlichen Bestandteilen eines Gebäudes gehören wiederum nach § 94 II BGB die zu seiner Herstellung eingefügten Sachen.

Für die Beurteilung der Frage, ob eine Sache ein wesentlicher Bestandteil ist, sind also in erster Linie objektive tatsächliche Gegebenheiten maßgeblich.

Ob eine „feste Verbindung" im Sinne des § 94 I S. 1 BGB vorliegt, ist nach der Verkehrsanschauung zu beurteilen. Hiernach liegt eine feste Verbindung vor, wenn die Trennung der Sache vom Grundstück zu ihrer Beschädigung oder einer Änderung ihres Wesens führen würde. Für die Abgrenzung entscheidend sind somit in erster Linie die Möglichkeiten der beschädigungsfreien Demontage sowie die architektonische Einbindung in das Gebäude[1]. Weitere Kriterien sollen sein, ob und inwieweit die gewonnene Energie in das öffentliche Stromnetz eingespeist wird oder ausschließlich oder überwiegend der Versorgung des Gebäudes dient, an dem sie angebracht ist (Inselsystem)[2] und ob die Anlage architektonisch-gestalterisch in das Gebäude eingebunden ist[3].

Bei Photovoltaikanlagen ist zwischen drei verschiedenen Anlagetypen zu unterscheiden: der Freiflächenanlage, der Aufdachanlage sowie der dachintegrierten Photovoltaikanlage. Bei der Freiflächenanlage werden die einzelnen Module üblicherweise auf eine Ständervorrichtung mit den Solarmodulen angeschraubt, die einzelfallabhängig durch Fundament mit Grund- und Boden verbunden oder in den Boden gerammt wird[4].

Da das Fundament ohne Zerstörung nicht vom Grundstück entfernt werden kann, ist zumindest dieses eindeutig ein wesentlicher Grundstücksbestandteil. Die rechtliche Einordnung der Ständervorrichtung und der Module ist hingegen zweifelhaft und im Einzelfall insbesondere danach zu beurteilen, ob die Demontage ohne Zerstörung möglich wäre.

Bei der dachintegrierten Photovoltaikanlage ist die Abgrenzung wesentlich einfacher. Werden Solarmodule als unmittelbare Dachabdeckung benutzt, werden diese Teil des Daches, das das Gebäude vor Witterungseinflüssen schützt. Die Anlage erfüllt damit dieselbe Funktion wie die Dachziegel und ist wesentlicher Bestandteil des Gebäudes, welches seinerseits wesentlicher Bestandteil des Grundstücks ist[5].

Anders ist dies zu beurteilen, wenn Solaranlagen mittels Dachhaken, Trag- oder Profilschienen und Klemmen oder mittels einer gesonderten Metallkonstruktion auf ein bereits bestehendes Dach montiert werden. Kann man die Anlage relativ problemlos abbauen, den ursprünglichen Zustand des Daches wieder herstellen und die Anlage an einem anderen Standort wieder aufbauen, liegt in der Regel kein wesentlicher Bestandteil des Gebäudes und damit des Grundstücks vor[6]. Ist im Einzelfall hingegen erforderlich, dass zur Montage die bestehende Dachkonstruktion aufgebrochen werden muss, stellen die Solarmodule ein wesentliches architektonisches Gestaltungselement dar, oder dient die Anlage ausschließlich oder überwiegend der Versorgung des Gebäudes, so

---

1 Reymann, DNotZ 2010, 84 ff. (96 f.).
2 Reymann, DNotZ 2010, 84 ff. (96 f.).
3 Brück, Photovoltaikanlagen 2008, S. 43 f.; Reymann, DNotZ 2010, 84 ff. (97).
4 Fischer/Klindworth, in: Nobbe, Kommentar zum Kreditrecht, 2.Aufl. 2012, §§ 929-930 Rn. 156.
5 Böttcher, notar 2012, 383 ff (390); mit Einschränkungen; Reymann, DNotZ 2010, 84 ff. (96).
6 Böttcher, notar 2012, 383 ff (390); Reymann, DNotZ 2010, 84 ff. (96).

kann die Anlage im Einzelfall gleichwohl wesentlicher Bestandteil des Gebäudes und damit des Grundstücks sein.

1.1.2 Gestaltungsmöglichkeiten

Von dem Grundsatz, dass für die Beurteilung der Frage, ob eine Sache wesentlicher Grundstücksbestandteil ist, objektive tatsächliche Verhältnisse maßgebend sind, macht § 95 BGB eine Ausnahme. Nach dieser Norm gehören Sachen, die nur zu einem vorübergehenden Zweck mit dem Grund und Boden verbunden oder in ein Gebäude eingefügt sind, nicht zu den Bestandteilen des Gebäudes bzw. des Grundstücks. Das Gleiche gilt für Sachen, die in Ausübung eines dinglichen Rechts an einem fremden Grundstück von dem Berechtigten mit dem Grundstück verbunden werden. Diese Sachen gelten als sogenannte „Scheinbestandteile".

Eine Verbindung nur zu vorübergehenden Zwecken wird angenommen, wenn der Wegfall der Verbindung von vorneherein beabsichtigt oder nach der Natur des Zwecks sicher ist[7]. Dies ist in der Regel anzunehmen, wenn ein schuldrechtliches vorübergehendes Nutzungsrecht besteht und die Anlage in Ausübung dieses Rechts mit dem Grundstück verbunden wird[8]. Wenn bei Begründung des Nutzungsverhältnisses vereinbart wird, dass der Grundstückseigentümer die Anlage nach Ablauf der Vertragslaufzeit übernehmen soll[9] oder darf[10] oder wenn die Lebensdauer der Anlage mit der vereinbarten Nutzungsdauer identisch ist oder diese unterschreitet, ist hingegen anzunehmen, dass die Anlage dauerhaft auf dem Grundstück verbleiben soll[11]. Wenn keine dinglichen Rechte bestellt werden, kann die Abgrenzung also Schwierigkeiten bereiten. Insbesondere die Einschätzung der Lebensdauer der Anlage kann streitig sein.

Aus diesem Grund ist es jedenfalls bei größeren Solaranlagen üblich, dingliche Rechte zu bestellen, um sicherzustellen, dass die Anlage nicht wesentlicher Bestandteil des Grundstücks wird. Darüber hinaus hat die Bestellung solcher Rechte eine standortsichernde Funktion. Diese Absicherung ist insbesondere für den Fall der Zwangsvollstreckung in den Grundbesitz oder der Insolvenz des Grundstückseigentümers wichtig. In diesen Fällen bestehen Sonderkündigungsrechte des Erwerbers nach § 57 a ZVG bzw. nach § 111 InsO. Als dingliche Nutzungsrechte kommen insbesondere das Erbbaurecht, der Nießbrauch oder beschränkte persönliche Dienstbarkeiten in Betracht.

In der Regel erfolgt die dingliche Sicherung des Nutzungsrechts des Anlagenbetreibers durch die Bestellung von beschränkten persönlichen Dienstbarkeiten nach § 1090 BGB. In diesen wird der Betreiber berechtigt, auf einer bestimmten Grundstücks- oder Gebäudefläche eine Photovoltaikanlage inklusive der erforderlichen Nebenanlagen zu errichten, dort zu belassen, zu betreiben und zu nutzen sowie das Grundstück jederzeit zu diesem Zweck zu betreten.

---

7 Palandt/Ellenberger, BGB, 74. Aufl. (2015), § 95 Rn. 2.
8 Palandt/Ellenberger, BGB, 74. Aufl. (2015) § 95 Rn. 3.
9 BGHZ = NJW 1988, 2789, 2790; Palandt/Ellenberger BGB, 74. Aufl. (2015) § 95 Rn. 3.
10 BGH MDR 1958, 418; Kappler ZNotP 2007, 257, 258.
11 Witter, ZfIR 2006, 41, 42; Kappler ZNotP 2007, 257 ff. (258).

### 1.1.3 Übertragbarkeit von Nutzungs- und Sicherungsrechten

Gemäß § 1092 I S. 1 BGB sind beschränkte persönliche Dienstbarkeiten grundsätzlich nicht übertragbar. Dies bereitet bei einem Wechsel des Anlagebetreibers Schwierigkeiten. Nach § 1092 III BGB sind beschränkte persönliche Dienstbarkeiten, die zu Gunsten juristischer Personen oder rechtsfähiger Personengesellschaften bestellt worden sind und die diese dazu berechtigen, Elektrizität, Gas, Fernwärme, Wasser, Abwasser, Öl oder Rohstoffe fortzuleiten unter bestimmten Voraussetzungen übertragbar. Für Energiegewinnungsanlagen gilt dies jedoch nicht. Eine weitere Ausnahme macht § 1092 II i.V.m. § 1059 a für bestimmte Fälle der Gesamtrechtsnachfolge juristischer Personen oder Übertragung eines Unternehmensteils. Eine Möglichkeit die Einzelrechtsnachfolge zu sichern, besteht darin, dem Anlagenbetreiber oder seinem Finanzierungsgläubiger das Recht einzuräumen einen Dritten zu benennen, zu dessen Gunsten der Grundstückseigentümer eine weitere beschränkte persönliche Dienstbarkeit zu bestellen verpflichtet ist, und diesen Anspruch durch Eintragung einer Vormerkung zu sichern[12].

### 1.1.4 Lastenfreistellung

Um Komplikationen nach Beendigung des Nutzungsverhältnisses zu vermeiden, sollte im Interesse des Grundstückseigentümers bei der Bestellung der Dienstbarkeit zugleich eine Regelung zu deren Löschung getroffen werden. Entweder kann dies erfolgen, indem die Dienstbarkeit selbst auf eine bestimmte Geltungsdauer beschränkt wird und mit einer auflösenden Bedingung oder einer Befristung in das Grundbuch eingetragen wird oder durch schuldrechtliche Vereinbarung einer Löschungsverpflichtung bei Erledigung des Sicherungszwecks[13].

### 1.1 Schuldrechtlicher Nutzungsvertrag

Gegenstand des Nutzungsvertrages zwischen dem Grundstückseigentümer und dem Anlagenbetreiber ist die Überlassung einer Gebäude- oder Freilandfläche zur Installation und zum Betrieb der Photovoltaikanlage. Erfolgt die Überlassung unentgeltlich, ist der Vertrag als Leihe im Sinne des § 598 BGB zu qualifizieren. Bei Vereinbarung eines Entgelts liegt ein Mietverhältnis vor[14]. Da Vertragsgegenstand ein Grundstück bzw. bei Vermietung einer Dachfläche ein Grundstücksteil[15] ist, gelten für das Mietverhältnis die Vorschriften der §§ 578 I, 579 -580 a BGB.

---

12 Hierzu Böttcher in: Böttcher, Faßbender, Waldhoff: Erneuerbare Energien in der Notar- und Gestaltungspraxis, 2014, § 1 Rn. 118 ff.; zu den übrigen Gestaltungsmöglichkeiten zur Erleichterung der Übertragung( Zwischenschaltung einer Betreibergesellschaft, Grunddienstbarkeit zugunsten einer herausvermessenen Kleinstparzelle, Abtretung eines vormerkungsgesicherten Dienstbarkeitsbestellungsanspruchs s. auch Reymann, DNotZ 2010, 84 ff. (100 ff.).
13 Böttcher, notar 2012, 383 ff., (392)).
14 Zur Abgrenzung zur Pacht s. Böttcher in: Böttcher, Faßbender, Waldhoff: Erneuerbare Energien in der Notar- und Gestaltungspraxis, 2014, § 1 Rn. 16.
15 OLG München NJW 1972, 1995, 1996 zur Vermietung von Außenwandflächen; Blank in Schmidt-Futterer, Mietrecht, 12. Aufl. (2015), § 578 Rn. 3; Palandt/Weidenkaff, BGB, 74. Aufl. (2015) Einf. v. § 535 Rn. 97. Wird außer der Dachfläche ein Technikraum vermietet, handelt es sich um ein Mischmietverhältnis, dessen Schwerpunkt in der Regel die Vermietung der Dachfläche bildet.

Bei Abschluss des Nutzungsvertrags ist deshalb das mietrechtliche Schriftformgebot aus § 550 BGB zu beachten. Wird die Schriftform nicht eingehalten; gilt der Vertrag als für unbestimmte Zeit abgeschlossen und ist nach Ablauf eines Jahres nach Überlassung der Fläche kündbar, es sei denn, dass eine kürzere Vertragsdauer als ein Jahr vereinbart wurde. In der Regel möchten die Vertragsparteien jedoch wesentlich längere Vertragslaufzeiten vereinbaren und für die Dauer der Vertragslaufzeit die Möglichkeit der ordentlichen Kündigung ausschließen. Oft orientiert sich die Laufzeit des Nutzungsvertrages an der einundzwanzigjährigen Laufzeit des Vergütungsanspruchs des Anlagenbetreibers gegen den Netzbetreiber aus § 21 II EEG[16].

Der Mietzins für die Bereitstellung der Fläche ist zwischen den Vertragsparteien zu verhandeln. Neben einem festen Mietzins kommt ein einspeiseabhängiges Entgelt oder eine Kombination aus einspeiseabhängigem und festem Mietzins in Betracht. Hängt der Mietzins von der abgenommenen Strom ab, so sollten auch Kontrollrechte des Vermieters vereinbart werden. Insbesondere sollte geregelt werden, in welcher Form und in welchen Abständen der Vermieter vom Mieter Auskunft über die abgenommene Strommenge verlangen kann und bis zu welchem Zeitpunkt der Betreiber die Anlage spätestens in Betrieb zu nehmen hat[17].

Hat der Betreiber die Anlage seiner finanzierenden Bank zur Sicherung übereignet oder hat der Betreiber diese unter Eigentumsvorbehalt gekauft, so wird er evtl. verlangen, dass das Vermieterpfandrecht abbedungen wird. Für den Grundstückseigentümer ist es dann wichtig, dass seine Zahlungsansprüche gegen den Anlagenbetreiber auf andere Weise besichert werden. Hierfür kommen insbesondere selbstschuldnerische Bankbürgschaften oder die Sicherungsabtretung des Anspruchs auf Einspeisevergütung in Betracht.

Insbesondere bei der langfristigen Vermietung von Dachflächen, kann die Instandhaltung der Flächen problematisch sein. Nach § 535 I S. 2 BGB ist der Vermieter verpflichtet, dem Mieter den Vertragsgegenstand in einem zum vertragsgemäßen Gebrauch geeigneten Zustand zu überlassen und ihn während der Dauer des Mietverhältnisses in diesem Zustand zu erhalten. Nach § 555 a I (i.V.m. § 578 II) BGB trifft den Mieter von Wohn- oder Gewerberäumen diesbezüglich eine Duldungspflicht. Für den Grundstücksmietvertrag ist diese Vorschrift nicht direkt, sondern allenfalls im Wege der Analogie anzuwenden[18]. Da bei einer Reparatur des Daches die Photovoltaikanlage möglicherweise zunächst abgebaut werden muss und während der Reparatur nicht betrieben werden kann, ist es sinnvoll, diesen Fall vertraglich zu regeln.

Da Photovoltaikanlagen nur wirtschaftlich betrieben werden können, wenn sie möglichst häufig intensiver und direkter Sonneneinstrahlung ausgesetzt sind, sind Regelun-

---

16 Böttcher in: Böttcher, Faßbender, Waldhoff: Erneuerbare Energien in der Notar- und Gestaltungspraxis, 2014, § 1 Rn. 22; Reyman DNotZ 2010, 84 m.w.N. Zur Zulässigkeit der Vereinbarung derart langer Vertragslaufzeiten in Formularmietverträgen s. Aigner/Mohr ZfIR 2009, 8ff.; Lindner-Figura/Hartl NZM 2001, 401 ff.

17 Böttcher in: Böttcher, Faßbender, Waldhoff: Erneuerbare Energien in der Notar- und Gestaltungspraxis, 2014, § 1 Rn. 33, 36.

18 Hierzu Böttcher in: Böttcher, Faßbender, Waldhoff: Erneuerbare Energien in der Notar- und Gestaltungspraxis, 2014, § 1 Rn. 43, allerdings zu § 555 d BGB.

gen zur Vermeidung der Verschattung der Dachfläche oft Gegenstand des Nutzungsvertrags. Die Beeinträchtigung des Lichteinfalls durch Nachbarbebauung kann einen Mangel der Mietsache darstellen[19]. Es ist deshalb sinnvoll, eine Vereinbarung darüber zu treffen, in welchen Fällen und in welchem Umfang der Grundstückseigentümer für eine Verschattung der Dachfläche einzustehen hat. Bekannte Verschattungsrisiken (z.B. eine die Unterschreitung der bauordnungsrechtlichen Abstandsflächen betreffende Nachbarschaftliche Vereinbarung oder Abstandsflächenbaulast) sollte der Grundstückseigentümer vor Vertragsschluss offenlegen.

Durch die Errichtung einer Photovoltaikanlage auf einer Dachfläche erhöht sich die von dem Dach ausgehende Gefahr. Bei Schneefall besteht beispielsweise aufgrund der glatten Oberfläche der Solarzellen auch bei vergleichsweise geringer Dachneigung die Gefahr von Dachlawinen. Eine derartige besondere Gefahrneigung des Daches kann zu zusätzlichen Verkehrssicherungspflichten, zum Beispiel einer Pflicht zur Anbringung von Schneefanggittern oder zur Räumung des Daches führen[20]. Im Nutzungsvertrag kann die Verkehrssicherungspflicht jedenfalls dann auf den Mieter übertragen werden, wenn es sich um einen Individualvertrag und nicht um allgemeine Geschäftsbedingungen des Vermieters handelt[21]. Der Grundstückseigentümer bleibt jedoch zur Kontrolle des Mieters verpflichtet[22].

## 2 Onshore-Windkraftanlagen

Bei der Errichtung von Windkraftanlagen auf fremden Grundstücken stellen sich ähnliche Fragen, wie oben beim Betrieb von Photovoltaikanlagen auf fremden Grundstücken.

Hier kommt jedoch hinzu, dass die Errichtung von Windkraftanlagen oder gar ganzer Windparks mit einem sehr hohen Investitionsvolumen und Planungsaufwand verbunden ist. Aus diesem Grund spielt für den Betreiber und seine finanzierenden Banken die Sicherung der Rechte an der Anlage und ihrer Infrastruktur sowie das Recht zur Nutzung des Standortes eine noch wichtigere Rolle.

---

19 OLG Hamm ZMR 1983, 273; KG GE 2001, 620, LG Berlin ZMR 1986, 54; AG Hamburg WuM 1996, 30; Eisenschmid in: Schmidt-Futterer, Mietrecht 12. Aufl. (2015) § 536 BGB Rn. 154; (Die zitierte Rechtsprechung betrifft Mietverhältnisse über Wohn- oder Gewerberäume. Bei der Vermietung von Flächen zum Betrieb von Photovoltaikanlagen muss dies aber erst recht gelten, da die Tauglichkeit der Dachfläche zum Betrieb der Anlage durch die Verschattung massiv beeinträchtigt wird).
20 OLG Köln, VersR 2013, 1586 ff.
21 OLG Frankfurt, NJW 1989, 41; Palandt/Weidenkaff, BGB, 74. Aufl. (2015) § 535 Rn. 60;.zur Zulässigkeit in Formularverträgen im Gewerbemietrecht s. Strauch NZM 2011, 392.
22 BGH NJW 2008, 1440;OLG Hamm NJW 2013, 1375; Palandt/Weidenkaff, BGB, 74. Aufl. (2015) § 535 Rn 60.

*2.1 Sachenrechtliche Grundlagen und Gestaltungsmöglichkeiten*

2.1.1 Anlage als wesentlicher Bestandteil des Grundstücks?

Wird eine Windkraftanlage auf einem fremden Grundstück betrieben, wird die Anlage als Gebäude ohne anderweitige Regelung nach § 94 BGB Bestandteil des Grundstücks[23] und geht damit in das Eigentum des Grundstückseigentümers über. Da die Anlagen jedoch meist einem Darlehensgeber des Betreibers zur Sicherheit übereignet werden, ist es für diesen wichtig, den Eigentumsverlust nach § 94 BGB zu vermeiden und die Eigenschaft der Anlage als eigenständige (sonderrechtsfähige) bewegliche Sache zu erhalten.

2.1.2 Gestaltungsmöglichkeiten durch Dienstbarkeiten und andere dingliche Rechte

Die Anlage bleibt eine sonderrechtsfähige bewegliche Sache wenn sie nur ein sogenannter „Scheinbestandteil" des Grundstücks ist. Dies sind nach § 95 BGB Sachen, die nur zu einem vorübergehenden Zweck oder in Ausübung eines dinglichen Rechts an einem Grundstück mit diesem verbunden werden.

Zur Sicherung des Nutzungsrechts und zur Herbeiführung der Scheinbestandteileigenschaft nach § 95 I S. 2 BGB kommen insbesondere das Erbbaurecht, der Nießbrauch oder beschränkte persönliche Dienstbarkeiten in Betracht.

Das Erbbaurecht wird in § 1 I ErbbauRG definiert als „das vererbliche und veräußerliche Recht, auf oder unter der Oberfläche eines fremden Grundstücks ein Bauwerk zu errichten und zu haben". Dem Grundstückseigentümer ist in diesem Fall die Nutzung des Grundstücks umfassend entzogen. Auch der Nießbrauch räumt dem Berechtigten die umfassende Befugnis ein, sämtliche Nutzungen an dem belasteten Grundstück zu ziehen (§ 1030 I BGB). Da insbesondere eine landwirtschaftliche Nutzung neben dem Anlagenbetrieb noch möglich ist, sind die Bestellung von Erbbaurechten und die Belastung mit einem Nießbrauch in dieser Konstellation selten.

In der Regel erfolgt die dingliche Sicherung des Nutzungsrechts des Anlagenbetreibers deshalb durch die Bestellung von beschränkten persönlichen Dienstbarkeiten, in denen dem Betreiber das Recht eingeräumt wird, auf dem fremden Grundstück Windkraftanlagen zu errichten, zu betreiben und zu warten und alle hierzu und zur Einspeisung des Stroms in das Stromnetz erforderlichen Handlungen vorzunehmen. Ferner wird der Eigentümer des dienenden Grundstücks verpflichtet, keine baulichen Anlagen zu errichten oder sonstige Handlungen vorzunehmen, die den Bestand, Betrieb oder die Nutzung der Anlage beeinträchtigen oder gefährden könnten. Zur Sicherung der Übertragbarkeit der Nutzungs- und Sicherungsrechte wird in der Regel ebenfalls vereinbart, dass der Finanzierungsgläubiger des Betreibers einen Dritten benennen darf, zu dessen Gunsten der Grundstückseigentümer eine weitere beschränkte persönliche Dienstbar-

---

[23] OLGR Koblenz 2007, 78 f. = ZfIR 2007, 292 f.; Ganter WM 2002, 105; Witter ZfIR 2005, 441. Nach einer anderen Auffassung ist zwischen den einzelnen Bauteilen zu differenzieren. Die Windkraftanlage sei kein Gebäude sondern eine „aufgeständerte Maschine: Peters WM 2002, 110 (111 f.); WM 2007, 2003; ders. in: Böttcher/Faßbender/Waldhoff: Erneuerbare Energien in der Notar- und Gestaltungspraxis, 2014, § 2 Rn. 27.

keit bestellen muss und dieses Recht wird durch Eintragung einer Vormerkung gesichert.

## 2.2 Gestaltung des Nutzungsvertrages

Die entgeltliche Überlassung der Fläche zum Betrieb von Energiegewinnungsanlagen ist in der Regel als Mietvertrag zu qualifizieren, auch wenn dieser oft als „Nutzungsvertrag" bezeichnet wird[24]. Wegen des erheblichen Planungsaufwands und Investitionsvolumens des Betereibers weichen diese Vereinbarungen allerdings von „normalen" Mietverträgen stark ab.

### 2.2.1 Vertragsgegenstand, Vergütung und Laufzeit

Damit der Grundstückseigentümer die Beeinträchtigung der Nutzungsmöglichkeit richtig einschätzen kann, sollten Art, Größe und Anzahl der zu errichtenden Windkraftanlagen sowie deren Standorte möglichst genau im Nutzungsvertrag beschrieben werden. Ferner sollte klargestellt sein, welche Nebenanlagen an welchem Standort betrieben werden dürfen und ob Zusatznutzungen, z.B. die Installation von Mobilfunksendeanlagen an den Türmen der Anlagen zugelassen werden und ob der Betreiber weitere Flächen für die Umsetzung von Ausgleichs- und Ersatzmaßnahmen, z.B. Anpflanzungen, die ebenfalls einer landwirtschaftlichen Nutzung entzogen sind.

Viele dieser Punkte, insbesondere die Standorte, stehen allerdings erst mit Erteilung der Genehmigung nach dem Bundesimmissionsschutzgesetz bzw. nach Erteilung der Baugenehmigung endgültig fest. Um während der Planungs- und Genehmigungsphase flexibel zu sein, wird sich der Anlagenbetreiber also zunächst eine möglichst große Fläche sichern wollen. Die genaue Festlegung sollte aber zumindest innerhalb einer vorher bestimmten Frist erfolgen.

Bis zur Inbetriebnahme der Anlage wird oft eine jährliche Standortsicherungsgebühr vereinbart. Nach Inbetriebnahme wird in der Regel eine Vergütung vereinbart, die (auch) abhängig von der erzielten Einspeisevergütung ist[25]. Aus diesem Grund sollte der Betreiber auch verpflichtet werden, dem Grundstückseigentümer die Abrechnung über die Einspeiseerlöse vorzulegen.

Da die langfristige Sicherung des Standortes für den Anlagebetreiber erhebliche Bedeutung hat, werden die Mieterträge in der Regel über eine 20 bis 30-jährige Laufzeit abgeschlossen. Ein verbindlicher Ausschluss der ordentlichen Kündigung über einen Zeitraum von mehr als 30 Jahren hinaus ist gemäß § 544 BGB nicht möglich. Damit der Grundstückseigentümer durch den Vertrag nicht unnötig blockiert wird und der Anlagenbetreiber nicht dauerhaft gebunden ist, wenn er von dem Vorhaben z.B. aus wirtschaftlichen Gründen vorzeitig Abstand nehmen will, sollte der Vertrag für beide Vertragsteilen zumindest während der Planungsphase Kündigungsmöglichkeiten vorse-

---

24 Zur Abgrenzung zum Pachtvertrag s. Böttcher in: Böttcher, Faßbender, Waldhoff: Erneuerbare Energien in der Notar- und Gestaltungspraxis, 2014, § 1 Rn. 16. Im Ergebnis ergeben sich aus der Differenzierung allerdings kaum Unterschiede.
25 Jenn, ZfBR-Beil 2012, 14ff., 20.

hen (z.B. wenn bis zu einem bestimmten Datum der Genehmigungsantrag nicht gestellt, die Genehmigung nicht erteilt oder der Baubeginn nicht erfolgt ist)[26].

### 2.2.2 Sicherheiten

Dass die Windkraftanlage sonderrechtsfähig bleibt, ist insbesondere für die Finanzierung des Vorhabens wichtig, da die finanzierenden Banken zur Kreditsicherung oft die Sicherungsübereignung der Anlage an die finanzierende Bank erfolgt. Aus diesem Grund wird der Anlagenbetreiber bei Verhandlung des Mietvertrages oft verlangen, dass dieser auf sein Vermieterpfandrecht an der Anlage verzichtet. Der Grundstückseigentümer sollte in diesem Fall auf die Bestellung alternativer Sicherheiten bestehen.

Außerdem ist es im Interesse des Grundstückseigentümers wünschenswert, dass sich der Betreiber in einer notariellen Urkunde der sofortigen Zwangsvollstreckung in sein gesamtes Vermögen unterwirft, damit eine Zwangsvollstreckung wegen der Zahlungsansprüche des Grundstückseigentümers ohne vorherigen Rechtsstreit stattfinden kann. Die Beurkundung der Unterwerfungserklärung kann anlässlich der Beurkundung der Dienstbarkeiten erfolgen.

### 2.2.3 Rückbau

Der Vertrag sollte auch klarstellen, ob der Anlagenbetreiber verpflichtet ist, bei Beendigung des Nutzungsverhältnisses die Anlage vollständig einschließlich des Fundaments und der Leitungen zu beseitigen. Oft wird vereinbart, dass die Leitungen im Boden verbleiben, da der Entfernungsaufwand sehr hoch ist und die Leitungen die landwirtschaftliche Nutzung in der Regel nicht beeinträchtigen. Der Grundstückseigentümer sollte ferner darauf achten, ob nur ein Teilabbruch der Anlage (ohne vollständigen Abbruch des Fundaments) oder die vollständige Wiederherstellung des ursprünglichen Zustands vereinbart wird, da der vollständige Abbruch hohe Kosten verursachen kann. Soll nur ein Teilabbruch vereinbart werden, so sollte eine Entschädigung wegen Ertragseinbußen vereinbart werden.

Der Grundstückseigentümer sollte sich außerdem für den Fall absichern, dass der Anlagenbetreiber, z.B. wegen Insolvenz, nicht in der Lage ist oder nicht bereit ist, den Rückbau der Anlage selbst vorzunehmen. Er sollte sich daher das Recht einräumen lassen, den Abriss selbst auf Kosten des Betreibers zu veranlassen. Für die Kosten des Rückbaus sollte er den Betreiber bei Vertragsabschluss Sicherheit in angemessener Höhe leisten lassen, z.B. durch eine Rückbaubürgschaft eines Inländischen Kreditinstituts.

### 2.2.4 Besonderheiten bei zur landwirtschaftlichen Nutzung verpachteten Flächen

Ist die Fläche, auf der die Windkraftanlage errichtet werden soll bereits an einen landwirtschaftlichen Betreiber verpachtet, sollte der Grundstückseigentümer einen Nutzungsvertrag mit einem Anlagenbetreiber nur abschließen, wenn der Landwirt sich hiermit einverstanden erklärt und eine entsprechende Änderung des Pachtvertrages vor-

---

26 Jenn, ZfBR-Beil 2012, 14ff., 19.

genommen wird. Andernfalls macht sich der Grundstückseigentümer Schadenersatzpflichtig. Um die Zustimmung zu erlangen wird deshalb oft zwischen Landwirt und Anlagenbetreiber eine Entschädigungsvereinbarung wegen der Beeinträchtigung der landwirtschaftlichen Nutzung getroffen.

# XI.
## Rechtsverhältnisse unbebauter Grundstücke

# 1. Erbbaurecht

*Andreas Ott*

*Das Erbbaurecht ist nach § 1 Abs. 1 ErbbauRG das veräußerliche und vererbliche Recht auf oder unter der Oberfläche eines Grundstücks ein Bauwerk zu haben. Durch die Begründung von Erbbaurechten fallen mithin das Eigentum an dem Bauwerk und das Grundstückseigentum auseinander. Das Erbbaurecht ist ein grundstücksgleiches Recht. Dieses wird hinsichtlich der Entstehung, Inhaltsänderung und Aufhebung wie ein Grundstück behandelt. Die Besonderheiten des Erbbaurechts werden nachfolgend dargestellt.*

## 1. Belastung von Grundstücken und Erbbaurecht

Dingliche Rechte gewähren einer Person ein unmittelbares Herrschaftsrecht über eine Sache (= Ding). Dingliche Rechte sind absolute Rechte, die gegenüber jedermann wirken, d. h. der Berechtigte kann die Beeinträchtigungen Dritter ausschließen und etwa Herausgabe der Sache und Unterlassung von Störungen verlangen. Wesensmerkmal dinglicher Rechte ist ferner ein absoluter Verfügungs- und Sukzessionsschutz. Dies bedeutet, dass Dritte gegen den Willen des Berechtigten nicht wirksam über die Sache verfügen können. Ferner weisen dingliche Rechte Insolvenz- und Zwangsvollstreckungsbeständigkeit auf. Diese bleiben in der Insolvenz eines Dritten bestehen (§§ 47 ff. InsO). Zwangsvollstreckungsmaßnahmen gegen einen Dritten können das dingliche Recht nicht beeinträchtigen. Dem Berechtigten steht die Drittwiderspruchsklage nach § 771 ZPO zu. Das Eigentum ist das umfassende dingliche Herrschaftsrecht. Nach § 903 BGB kann der Eigentümer einer Sache, sobald das Gesetz oder Rechte Dritter entgegenstehen, mit der Sache nach Belieben verfahren und andere von jeden Einwirkungen ausschließen. Das Eigentum als umfassendes Herrschaftsrecht umfasst insbesondere das Nutzungsrecht, dass Verwertungsrecht und die Veräußerungsbefugnis. Einzelne dieser Befugnisse können mit dinglicher Wirkung auch an Dritte übertragen werden. Man spricht insoweit von beschränkten dinglichen Rechten. Beschränkte dingliche Rechte, die einzelne dingliche Befugnisse aus dem Eigentum gewähren, können Nutzungsrechte (z. B. Erbbaurecht, Grunddienstbarkeit, beschränkte persönliche Dienstbarkeit, Dauerwohnrecht, Dauernutzungsrecht), Verwertungsrecht (z. B. Reallast, Hypothek, Grundschuld) oder Erwerbsrechte (z. B. dingliches Vorkaufsrecht, Aneignungsrecht) sein. Dem Inhaber eines beschränkten dinglichen Rechtes steht das unmittelbare Herrschaftsrecht anders als dem Eigentümer nicht umfassend, sondern nur in einzelnen Beziehungen zu. Um dies für den Rechtsverkehr publik zu machen, werden dingliche Rechte an Grundstücken oder grundstücksgleichen Rechten im Grundbuch eingetragen.

Das Erbbaurecht ist nach § 1 Abs. 1 ErbbauRG das veräußerliche und vererbliche Recht auf oder unter der Oberfläche eines Grundstücks ein Bauwerk zu haben. Die

Vorschrift des § 1 Abs. 1 ErbbauRG stellt damit eine Ausnahme vom sog. Akzessionsprinzips des BGB dar, wonach insbesondere Gebäude zu den wesentlichen Bestandteilen eines Grundstücks gehören und nicht Gegenstand besonderer Rechte sein können (§§ 93, 94 BGB). Durch die Begründung von Erbbaurechten fallen mithin das Eigentum an dem Bauwerk und das Grundstückseigentum auseinander. Das Bauwerk wird wesentlicher Bestandteil des Erbbaurechtes und nicht zugleich Bestandteil des Grundstückes (§ 12 ErbbauRG). Dies gilt auch für Bauwerke, die im Zeitpunkt der Begründung eines Erbbaurechtes bereits vorhanden waren. Das Erbbaurecht hat eine Doppelnatur: Es ist mit einem Recht an einem Grundstück verbunden und mit dem Eigentum an einem Bauwerk. Das Erbbaurecht wird nach § 11 Abs. 1 ErbbauRG wie ein Grundstück im Rechtsverkehr behandelt. Es kann wie ein Grundstück übertragen und belastet werden. Dem Erbbauberechtigten stehen wie einem Grundstückseigentümer Ansprüche aus dem Eigentum zu (z. B. §§ 985, 1004 BGB). Das Erbbaurecht erhält ein eigenes Grundbuch (sog. Erbbaugrundbuch). Das Verpflichtungsgeschäft zur Begründung eines Erbbaurechtes unterliegt den Formvorschriften über dem Grundstückskaufvertrag (§ 311b BGB). Das Erbbaurecht ist damit ein grundstücksgleiches Recht. Dieses wird hinsichtlich der Entstehung, Inhaltsänderung und Aufhebung wie ein Grundstück behandelt (§§ 873, 875, 877 BGB). Das Erbbaurecht kann etwa mit Grunddienstbarkeiten, Reallasten oder Vorverkaufsrechten belastet werden.

## 2. Bedeutung des Erbbaurechts

Die Ausgabe eines Erbbaurechtes hat für den Grundstückseigentümer den Vorteil, dass dieser weiterhin Eigentümer des Grundstücks ist und dieses etwa veräußern oder mit beschränkten dinglichen Rechten belasten kann. Zudem verbleiben diesem etwaige Wertsteigerungen des Grundstücks. Für die Laufzeit des Erbbaurechts erhält der Grundstückseigentümer den Erbbauzins als Gegenleistung für die Überlassung des Grundstücks zum Zwecke der Bebauung. Nach Ablauf der Bestellungszeit des Erbbaurechts erlangt dieser das Eigentum an dem Bauwerk und ist wieder zur unbeschränkten Nutzung des Grundstücks befugt.

Für den Erbbauberechtigten hat der Erwerb eines Erbbaurechtes den Vorteil, dass dieser anders als im Falle des Erwerbs nicht den Kaufpreis für ein Grundstück entrichten muss. Dieser ist befugt, auf einem fremden Grundstück ein Bauwerk zu errichten und muss als Gegenleistung nur den Erbbauzins für die Nutzungsüberlassung zahlen. In wirtschaftlicher Hinsicht erspart sich der Erbbauberechtigte mithin den Kaufpreis für das Grundstück und erlangt für die Laufzeit des Erbbaurechtes eine verselbstständigte Eigentumsposition. Insbesondere kann das Erbbaurecht wie ein Grundstück mit beschränkten dinglichen Rechten belastet und übertragen werden.

Die Bestellung von Erbbaurechten hat vor allem Bedeutung für Eigentümer, die Grundstücke nicht veräußern wollen. Mitunter gibt es sonstige Gründe, aus denen eine Veräußerung von Grundstücken ausscheidet. So kann etwa die Übertragung von Grundstückseigentum, eine Grundstücksteilung oder die Begründung von Wohnungs- und Teileigentum von einer Genehmigung abhängig sein (z. B. Fremdenverkehrssatzungen nach § 22 Abs. 1 BauGB, Verfügungs- und Veränderungssperre nach § 51 BauGB, Genehmigungspflicht im Enteignungsverfahren nach § 109 BauGB). Wird die Genehmigung nicht erteilt, kommt eine Begründung von Erbbaurechten in Betracht. Gleiches gilt für kirchliche Einrichtungen, wenn nach Kirchenrecht eine Veräußerung von Grundstücken ausgeschlossen ist.[1]

Überdies kann die Bestellung von Erbbaurechten steuerrechtlich motiviert sein (z. B. Vermeidung eines gewerblichen Grundstückshandels, Vermeidung eines privaten Veräußerungsgeschäftes nach § 23 EStG).

## 3. Begründung von Erbbaurechten

Nach dem im deutschen Recht geltende Abstraktionsprinzip ist zwischen dem schuldrechtlichen Kausalgeschäft (Erbbaurechtsvertrag) und dem dinglichen Verfügungsgeschäft zu differenzieren. Durch den Erbbaurechtsvertrag werden grundsätzlich nur Rechte und Pflichten zwischen den Vertragsparteien begründet. Beim Erbbaurecht besteht jedoch die Besonderheit, dass nach § 2 ErbbauRG bestimmte Vereinbarungen zwischen Grundstückseigentümer und Erbbauberechtigtem zum Inhalt des Erbbaurechts gemacht werden können. Geschieht dies, wirken diese Vereinbarungen nicht nur im Verhältnis der Vereinbarungsbeteiligten, sondern auch gegenüber Sondernachfolgern des Grundstückeigentümers oder des Erbbauberechtigten im Falle der Veräußerung des Grundstücks oder des Erbbaurechtes. Diese sog. Verdinglichung bewirkt, dass im Falle der Veräußerung oder der Zwangsversteigerung ein Erwerber das belastete Grundstück bzw. das Erbbaurecht mit dem vereinbarten Inhalt erwirbt, wohingegen er an übrige Vereinbarungen nicht gebunden ist. Gerade wegen der langen Laufzeit von Erbbaurechten (in der Regel 40 Jahre bei Bestellung zu gewerblichen Zwecken oder 75 bzw. 99 Jahre bei der Bestellung zu Wohnzwecken) kommt einer vorausschauenden Verdinglichung von Vereinbarungen nach § 2 ErbbauRG eine besondere Bedeutung zu.

### 3.1 Erbbaurechtsvertrag

#### 3.1.1 Zustandekommen

Ein Erbbaurecht wird regelmäßig gegen Zahlung eines einmaligen oder wiederkehrenden Geldbetrages eingeräumt. Zugrunde liegt in diesem Fall ein Kaufvertrag. Insoweit handelt es sich um einen Rechtskauf nach § 453 BGB. Der Vertrag bedarf nach § 2 ErbbauRG der Form des § 311 b BGB (notarielle Beurkundung). Der Formzwang bezieht sich auf sämtliche Vereinbarungen, die nach dem Willen der Beteiligten bzw. dem erkennbaren Willen eines Beteiligten eine Einheit bilden sollen.[2] Bei etwaigen Rechtsmängeln finden nach § 453 Abs. 1 BGB die Vorschriften über Sachmängel (§§ 437 ff. BGB) Anwendung, etwa wenn die Errichtung des Bauwerkes gemäß vertraglicher Vereinbarung nach öffentlichem Recht so nicht möglich ist. Nach § 10 ErbbauRG kann

---

[1] Siehe dazu Heinrichsmeier, Das kanonische Veräußerungsverbot im Recht der Bundesrepublik Deutschland, 1970.
[2] OLG Hamm, RNotZ 2013, 605 ff.

das Erbbaurecht nur zur ausschließlich ersten Rangstelle bestellt werden, d. h. es dürfen keine anderen Rechte im Rang vorgehen. Sind zum Abschluss des Erbbaurechtsvertrages noch beschränkte dingliche Rechte im Grundbuch eingetragen, lässt dies die Wirksamkeit des Vertrages unberührt. Kann die erste Rangstelle mangels Löschung bzw. Rangrücktritts des eingetragenen Rechtes nicht verschafft werden, erlischt die Verpflichtung zur Einräumung des Erbbaurechtes. Der Grundstückseigentümer kann zum Schadensersatz verpflichtet sein (§§ 311 a Abs. 2, 280, 283 BGB). In der Praxis werden deshalb vertragliche Rücktrittsrechte für den Fall geregelt, dass das Erbbaurecht nicht verschafft werden kann.

3.1.2 Regelungsinhalt

Inhalt des schuldrechtlichen Kausalgeschäftes sind regelmäßig insbesondere folgende Bestimmungen:
– Erstreckung des Erbbaurechtes auf das gesamte Grundstück oder auf bestimmte Grundstücksteile: Ohne eine besondere Regelung ist der Inhaber des Erbbaurechtes nur zur Nutzung der bebauten Grundstücksflächen befugt und darüber hinaus im Wege der Auslegung solcher Grundstücksflächen, die für eine zweckentsprechende Nutzung des Bauwerkes zwingend erforderlich sind (z. B. Zuwegung). Soll der Inhaber des Erbbaurechtes zur weitergehenden Nutzung befugt sein, bedarf es insoweit einer vertraglichen Regelung.
– Gegenleistung für die Einräumung des Erbbaurechtes: Ohne eine besondere Vereinbarung besteht keine Verpflichtung zur Entrichtung der Gegenleistung (Schenkungsvertrag). Zugleich können die Modalitäten der Zahlung (Fälligkeit) bestimmt werden. Wegen der langen Laufzeit von Erbbaurechten werden überdies regelmäßig Wertsicherungsklauseln aufgenommen.
– Regelungen bei Leistungsstörungen
– Kontroll- und Besichtigungsrechte: Üblicherweise wird als dinglicher Inhalt des Erbbaurechtes die Pflicht des Erbbauberechtigten zur Instandsetzung und Instandhaltung vereinbart (siehe unten 3.3.1). Da das Bauwerk nach Erlöschen des Erbbaurechtes wesentlicher Bestandteil des Grundstückes wird (§ 12 Abs. 3 ErbbauRG) bzw. bei Durchsetzung eines Heimfallanspruches dem Grundstückseigentümer übertragen wird, hat dieser ein besonderes Interesse daran, dass Instandsetzungs- und Instandhaltungsarbeiten regelmäßig ausgeführt werden. Um dies überprüfen zu können, bedarf es der Regelung von Besichtigungs- und Kontrollrechten.
– Zwangsvollstreckungsunterwerfungserklärung: Es ist ferner üblich, wegen der Zahlungsverpflichtung des Erbbauberechtigten dessen Unterwerfung unter die sofortige Zwangsvollstreckung in sein gesamtes Vermögen nach § 794 Abs. 1 Nr. 5 ZPO zu regeln. Der Grundstückseigentümer hat so die Möglichkeit, nicht nur aus einer zu bestellenden Erbbauzinsreallast Zwangsvollstreckung in das Erbbaurecht zu betreiben, sondern darüber hinaus aus der notariellen Zwangsvollstreckungsunterwerfungserklärung als Vollstreckungstitel persönlich gegen den Inhaber des Erbbaurechtes.

- Rechtsnachfolgeklausel: Wie eingangs dargestellt, wirken nur diejenigen Vereinbarungen, die nach dem Erbbaurechtsgesetz zum Inhalt des Erbbaurechts gemacht werden können (siehe unten 3.3) und gemacht wurden gegenüber Sondernachfolgern. Alle übrigen Vereinbarungen entfalten Wirkung nur im Verhältnis der Vertragsparteien. In Erbbaurechtsverträgen werden deshalb Rechtsnachfolgeklauseln aufgenommen, wonach sowohl der Grundstückseigentümer als auch der Erbbauberechtigte verpflichtet sind, die vertraglichen Verpflichtungen auch ihrem jeweiligen Rechtsnachfolger aufzugeben und diese Bestimmungen mit Vertragsstrafenregelungen gesichert.
- Regelungen nach §§ 2-8, 27 Abs. 1 und 32 Abs. 1 ErbbauRG: Des weiteren werden – was dringend zu empfehlen ist – in der Praxis vertragliche Regelungen nach Maßgabe der vorstehenden Vorschriften getroffen und zur Wirkungen gegenüber Sondernachfolgern zum Inhalt des Erbbaurechtes gemacht (im Einzelnen: 3.3).

## 3.2 Dingliche Bestellung

Durch das schuldrechtliche Kausalgeschäft (z. B. Kaufvertrag, Schenkungsvertrag – vorstehend 3.1) wird lediglich u. a. die Verpflichtung zur Bestellung eines Erbbaurechtes geregelt. Das Erbbaurecht entsteht hierdurch noch nicht. Vielmehr bedarf es zusätzlich eines dinglichen Verfügungsgeschäftes (sog. Abstraktionsprinzip). Erforderlich sind hierfür nach § 11 Abs. 1 S. 1 ErbbauRG i. V. m. § 873 BGB eine Einigung zwischen Grundstückseigentümer und Erbbauberechtigtem über die Begründung des Rechtes und dessen Eintragung im Grundbuch. Die sachenrechtliche Einigung bedarf keiner besonderen Form, insbesondere nicht der Auflassung nach § 925 BGB (gleichzeitige Anwesenheit vor einem Notar oder einer sonstigen zuständigen Stelle). § 11 Abs. 1 S. 1 ErbbauRG nimmt die Vorschrift des § 925 BGB von dem allgemeinen Verweis auf die Grundstücksvorschriften aus. Formell rechtlich bedarf es zur Grundbucheintragung nach §§ 20, 29 GBO jedoch zumindest des Nachweises der Einigung in öffentlich-beglaubigter Form.

Regelmäßig ist die dingliche Einigung bereits Gegenstand des schuldrechtlichen Erbbaurechtsvertrages. Entspricht dieser nicht der Form des § 311 b Abs. 1 BGB, wird der Formmangel mit Eintragung des Erbbaurechts im Grundbuch nach § 311 b Abs. 2 BGB geheilt. Die Unwirksamkeit des Kausalgeschäftes soll im Übrigen nicht auf die dingliche Einigung durchschlagen.[3]

Formell rechtlich erforderlich ist ferner die Bewilligung des Grundstückseigentümers (§ 19 GBo) in der Form des § 29 GBO und ein Grundbuchantrag (§ 13 GBO). Des weiteren bedarf es der grunderwerbssteuerlichen Unbedenklichkeitsbescheinigung des Finanzamtes, ggf. erforderlicher öffentlich-rechtlicher Genehmigungen (z. B. in förmlich festgesetzten Sanierungsgebieten nach § 144 Abs. 2 Ziff. 1. und 3 BauGB, in Umlegungsgebieten nach § 51 Abs. 1 Ziff. 1, 200 Abs. 2 BauGB) und der Negativerklärung über die Nichtausübung gesetzlicher Vorkaufsrechte (§ 24 Abs. 2 BauGB).

---

[3] OLG Oldenburg, DNotZ 1985, 712; anderer Ansicht Wufka, DNotZ 1985, 651: Gesamtnichtigkeit nach § 139 BGB.

Gemäß § 10 Abs. 1 S. 1 ErbbauRG muss das Erbbaurecht an erster Rangstelle im Grundbuch des belasteten Grundstückes eingetragen werden. Etwaig eingetragene beschränkte dingliche Rechte müssen nach § 875 BGB gelöscht werden oder es bedarf eines Rangrücktrittes nach § 880 BGB. Hintergrund ist der Umstand, dass das Erbbaurecht nicht aufgrund der Zwangsversteigerung aus einem vorrangigen Recht erlöschen soll. Eine Ausnahme gilt nach h. M. für die vorrangige Eintragung eines subjektiv-dinglichen Vorkaufsrechtes nach § 1094 Abs. 2 BGB zugunsten des jeweiligen Erbbauberechtigten, da diese Belastung stets dem Erbbauberechtigten selbst zusteht, diese nicht abtretbar ist und daraus keine Zwangsvollstreckung droht.[4] Wird das Erbbaurecht gleichwohl unter Verstoß gegen § 10 ErbbauRG an nachrangiger Rangstelle im Grundbuch eingetragen, ist die Begründung des Erbbaurechtes nichtig. Ein gutgläubiger Erwerb ist ausgeschlossen.[5]

Gemäß § 1 Abs. 1 ErbbauRG kann ein Grundstück nur im Ganzen mit einem Erbbaurecht belastet werden. Grundsätzlich ist der Inhaber des Erbbaurechtes nur zur Nutzung der bebauten Fläche berechtigt.[6] Nach § 1 Abs. 2 ErbbauRG kann das Erbbaurecht jedoch auch auf Grundstücksflächen erstreckt werden. Zulässig ist insoweit die Beschränkung der Ausübungsbefugnis auf reale Teile des Grundstücks. Hinsichtlich eines noch zu errichtenden Bauwerkes ist der sachenrechtliche Bestimmtheitsgrundsatz zu beachten. Art und Umfang der zulässigen Bebauung müssen bestimmbar bezeichnet werden.[7] Nach Auffassung des BGH genügt auch die Vereinbarung der Errichtung eines Gebäudes nach Maßgabe eines zukünftigen Bebauungsplans, wonach Art und Umfang des zulässigen Bauwerks zumindest bestimmbar sind[8] Hinreichend bestimmt kann es nach Auffassung des BGH auch sein, wenn „der Erbbauberechtigte jede baurechtlich zulässige Zahl und Art von Gebäuden oder Bauwerken errichten darf".[9] In der Praxis ist es aus der Sicht des Grundstückseigentümers zu empfehlen, Anzahl und Beschaffenheit der zu errichtenden Gebäude klar zu regeln.

Nach § 1 Abs. 1 ErbbauRG ist ein Erbbaurecht stets veräußerlich und vererblich. Diese Befugnisse können nicht ausgeschlossen werden. Lediglich schuldrechtlich im Erbbaurechtsvertrag ist eine Beschränkung der Veräußerbarkeit zu sozialen Zwecken, an bestimmte Personengruppen etc. möglich. Gerade im kirchlichen Bereich spielt dies eine entscheidende Rolle. Ein schuldrechtliches Veräußerungsverbot kann nach § 137 Abs. 2 BGB mit einem durch Vormerkung gesicherten Rückübertragungsanspruch verknüpft werden.[10]

---

4 BGH, DNotZ 1954, 469.
5 OLG Frankfurt, Rpfleger 1975, 305.
6 KG, Rpfleger 1991, 496.
7 BGHZ 47, 190, 1993.
8 BGH, DNotZ 1988, 161.
9 BGH, MittBayNot 1994, 316; OLG München, RNotZ 2013, 226: Zulässig sei eine Bestimmung, wonach der Erbbauberechtigte das Recht habe, auf oder unter der Oberfläche des Grundstückes ein Bauwerk zu haben und sich das Erbbaurecht auf die für das Bauwerk nicht erforderlichen Teile des Grundstückes erstrecke.
10 BayObLG, DNotZ 1978, 159.

## 3.3 Inhaltsbestimmungen des Erbbaurechtes

Ebenso wie das Eigentum am Grundstück kann auch das Erbbaurecht veräußert und an einen Dritten übertragen werden (§ 1 Abs. 1 ErbbauRG). Vereinbarungen zwischen Grundstückseigentümer und Erbbauberechtigtem im Erbbaurechtsvertrag wirken nur zwischen den Vertragsparteien, nicht aber gegenüber Sondernachfolgern des Grundstückseigentümers oder des Erbbauberechtigten. Hieraus resultiert das Bedürfnis, bestimmte Regelungen vom Wechsel des Rechtsinhabers unabhängig zu machen und deren Wirkungen auch auf Sondernachfolger zu erstrecken. Dem tragen § 2 bis 8, 27 Abs. 1 und 32 Abs. 1 ErbbauRG Rechnung, wonach die dort enumerativ aufgeführten Regelungen zum Inhalt des Erbbaurechts gemacht werden können. Geschieht dies, ist hieran sowohl ein Sondernachfolger des Grundstückseigentümers als auch des Erbbauberechtigten gebunden. Die dort aufgeführten Vereinbarungen können als Inhalt des Erbbaurechts im Grundbuch eingetragen werden, nehmen aber nicht am dinglichen Inhalt des Erbbaurechts teil. Vielmehr handelt es sich um verdinglichte schuldrechtliche Rechtspositionen, deren Wirkungen über bloße schuldrechtliche Vereinbarungen hinaus gehen und als Inhalt des Erbbaurechts auch für und gegen Sondernachfolgern des Grundstückseigentümers oder des Erbbauberechtigten wirken. Dabei können nur die in §§ 2 – 8, 27 Abs. 1 und 32 Abs. 1 ErbbauRG genannten Vereinbarungen zum Inhalt des Erbbaurechts gemacht werden (sog. Typenzwang).

Insoweit gelten die Vorschriften des Sachenrechts über Inhaltsbestimmung und Inhaltsänderung eines Rechtes an einem Grundstück. Erforderlich ist nach § 877 i. V. m. § 873 BGB eine Einigung zwischen dem Grundstückseigentümer und dem Erbbauberechtigten, dass bestimmte Vereinbarungen Inhalt des Erbbaurechts werden sollen, und ferner eine entsprechende Eintragung im Erbbaurechtsgrundbuch. Folgende Vereinbarungen können zum Inhalt des Erbbaurechts gemacht werden, was in der Praxis anzuraten ist:

### 3.3.1 Bauwerksbezogene Regelungen nach § 2 Nr. 1 – 3 ErbbauRG

Da der Grundstückseigentümer nach Ablauf der Bestellungszeit des Erbbaurechtes das Bauwerk übernehmen muss, besteht aus Sicht des Grundstückseigentümers ein dringendes Bedürfnis Vereinbarungen über Art und Umfang des Bauwerkes, dessen Instandhaltung und Instandsetzung und Verwendung für die Dauer der Bestellungszeit zu treffen. Bedeutsam sind insbesondere Regelungen über die Art, Größe und Bauausführung des zu errichtenden Gebäudes, der zulässige Umfang späterer baulicher Veränderungen, die Verpflichtung des Erbbauberechtigten zur Instandhaltung und Instandsetzung auf eigene Kosten, ein Besichtigungsrecht des Grundstückseigentümers während der Bestellungszeit zu Überprüfung einer ordnungsgemäßen Instandhaltung und Instandsetzung, eine Wiederaufbaupflicht für den Fall der Zerstörung des Gebäudes, eine Vereinbarung über die Verpflichtung des Erbbauberechtigten zur Tragung öffentlicher und privater Lasten und Abgaben (z. B. Grundsteuer, Erschließungskosten, Gebühren für Müllabfuhr, Entwässerung, Zinsen für Grundpfandrechte etc.). Darüber hinaus haben gerade kirchliche Institutionen ein Interesse daran, Vereinbarungen über eine zulässige Nutzung und Verwendung zu treffen, die mit kirchlichen Zwecken im Einklang stehen (z. B. Nutzung des Gebäudes nur als Sozialstation, Altenheim, Kinderheim, für wohltätige oder mildtätige Zwecke). Im Sinne einer Negativabgrenzung ist es auch möglich, bestimmte unerwünschte Nutzungszwecke auszuschließen. Insoweit ist es zu empfehlen, sich vertiefte Gedanken über eine erwünschte bzw. nicht erwünschte Nutzung des Gebäudes zu machen und diese entsprechend als Inhalt des Erbbaurechtes zu regeln.

### 3.3.2 Heimfall nach § 2 Nr. 4 ErbbauRG

Da das Erbbaurecht regelmäßig für einen langen Zeitraum bestellt wird, bedarf es zum Schutz des Grundstückseigentümers bei Pflichtverletzungen des Erbbauberechtigten über die allgemeinen Bestimmungen zum Schadensersatz hinaus einer besonderen Sanktionsmöglichkeit, damit sich der Grundstückseigentümer vorzeitig vom Erbbauberechtigten lösen kann. Das Gesetz trägt dem Rechnung durch die Bestimmungen über den sogenannten Heimfall, d. h. das Recht des Grundstückseigentümers, unter bestimmten Voraussetzungen vorfristig eine Übertragung des Erbbaurechtes auf sich verlangen zu können. Die Heimfallgründe können (und sollten) als Inhalt des Erbbaurechts vereinbart werden (z. B. Zahlungsrückstand des Erbbauzinses in Höhe von mindestens 2-Jahres-Raten gemäß § 9 Abs. 3 ErbbauRG, Eröffnung des Insolvenzverfahrens über das Vermögen des Erbbauberechtigten oder dessen Ablehnung mangels Masse, Einleitung des Zwangsversteigerungsverfahrens und dessen Nichtaufhebung in einer Frist von drei Monaten oder Anordnung der Zwangsverwaltung über das Erbbaurecht, Verletzung der Pflicht zur Errichtung, Instandhaltung/Instandsetzung oder Verwendung des Bauwerkes, Verletzung der Pflicht zur Versicherung des Bauwerkes, zur Tragung öffentlicher und privater Lasten und Abgaben, Verletzung der Pflicht zum Wiederaufbau bei Zerstörung des Gebäudes). Wie ausgeführt, wirken sonstige Vereinbarungen des Erbbaurechtsvertrages, die nicht zum Inhalt des Erbbaurechts gemacht werden können, nur im Verhältnis der Vertragsparteien. Grundstückseigentümer und Erbbauberechtigter können etwa lediglich schuldrechtlich regeln, dass der Erbbauberechtigte verpflichtet ist, im Falle der Weiterveräußerung den Erwerber an derartige Vereinbarungen zu binden. Zur Absicherung des Grundstückseigentümers sollte die Verletzung der Pflicht zur Weitergabe dieser vertraglichen Vereinbarungen als Heimfallgrund geregelt werden.

Ferner empfiehlt es sich, nach §§ 27 Abs. 1 S. 2, 32 Abs. 1 S. 2 ErbbauRG Bestimmungen über die Höhe der Entschädigung für das Bauwerk und das vorzeitige Entfallen der Bodennutzung für den Heimfall zu treffen. Möglich ist auch eine Regelung über den Ausschluss einer Entschädigungspflicht, eine Ratenzahlungsvereinbarung etc.

### 3.3.3 Vertragsstrafen nach § 2 Nr. 5 ErbbauRG

Als Inhalt des Erbbaurechts kann ferner eine Vertragsstrafe für den Fall der schuldhaften Pflichtverletzung durch den Erbbauberechtigten vereinbart werden.

### 3.3.4 Erneuerungsvorrecht für den Erbbauberechtigten nach § 2 Nr. 6 ErbbauRG

Zugunsten des jeweiligen Erbbauberechtigten kann als Inhalt des Erbbaurechts vereinbart werden, dass diesem ein Vorrecht auf Erneuerung des Erbbaurechtes nach dessen Ablauf eingeräumt wird. Vergleichbar mit einem Vorkaufsrecht kann die Befugnis geregelt werden, dass der Berechtigte innerhalb einer bestimmten Frist nach Ablauf der Bestellungszeit des Erbbaurechtes in einen vom Grundstückseigentümer mit einem Dritten danach abgeschlossenen Erbbaurechtsbestellungsvertrag eintritt. Das Vorrecht hat insoweit die Wirkung einer Vormerkung zur Sicherung des Anspruchs auf Einräumung des Erbbaurechts (§ 31 Abs. 3 ErbbauRG).

Hiervon zu unterscheiden ist ein nur schuldrechtlicher Anspruch auf Verlängerung des Erbbaurechtes, der durch Eintragung einer Vormerkung im Grundbuch gesichert werden kann.

### 3.3.5 Verkaufsverpflichtung des Grundstückseigentümers nach § 2 Nr. 7 ErbbauRG

Ebenfalls zugunsten des Erbbauberechtigten kann als Inhalt des Erbbaurechts eine Verpflichtung des Grundstückseigentümers vereinbart werden, das Grundstück unter bestimmten Voraussetzungen zu erwerben. Zu regeln ist dabei auch die vom Erbbauberechtigten zu erbringende Gegenleistung, die zumindest objektiv bestimmbar sein muss.[11] Begründet wird hierdurch ein bindendes Angebot des Grundstückseigentümers auf Abschluss eines Grundstückskaufvertrages einschließlich eines korrespondierenden Ankaufrechtes.

Hiervon zu unterscheiden ist die Vereinbarung eines einseitigen oder beiderseitigen (dinglichen) Vorkaufsrechts (§§ 1094 ff., 463 ff. BGB). Für den Fall der Weiterveräußerung des Grundstücks an einen Dritten kann der Vorkaufsberechtigte verlangen, dass ein Vertrag zwischen ihm und dem Grundstückseigentümer zu den gleichen Konditionen zustande kommt. Das dingliche Vorkaufsrecht hat insoweit die Wirkung einer Vormerkung (§ 1098 Abs. 2 BGB) mit der Folge, dass bei Umgehung des Vorkaufsrechtes die Eigentumsübertragung an den Dritten für den Begünstigten relativ unwirksam ist.

### 3.3.6 Zustimmung des Grundstückseigentümers zu Verfügungen über das Erbbaurecht nach §§ 5-8, 15 ErbbauRG

Als Inhalt des Erbbaurechts kann weiter vereinbart, dass eine Veräußerung oder Belastung des Erbbaurechtes durch dessen Inhaber der Zustimmung des Grundstückseigentümers bedarf. Ohne die erforderliche Zustimmung sind sowohl das schuldrechtliche Geschäft als auch das Verfügungsgeschäft unwirksam. Bei kirchlichen Institutionen ist zu beachten, dass Zustimmungserklärungen regelmäßig einer Genehmigung bedürfen, etwa einer kirchenaufsichtlichen Genehmigungen bei kirchlichen Stiftungen.[12] Nach § 8 ErbbauRG gelten Zustimmungsvorbehalte auch für nicht rechtsgeschäftliche Verfügungen, insbesondere für Zwangsvollstreckungs- oder Zwangsversteigerungsmaßnahmen.

---

11  BGH, NJW 1989, 2129.
12  OLG Braunschweig, Rpfleger 1991, 452.

Nach § 7 ErbbauRG hat der Berechtigten einen Anspruch auf Zustimmung, wenn die Veräußerung oder Belastung den mit der Bestellung des Erbbaurechts verfolgten Zweck nicht wesentlich beeinträchtigt oder gefährdet, insbesondere im Falle der Veräußerung die Persönlichkeit des Erwerbers Gewähr für eine ordnungsgemäße Erfüllung der aus dem Inhalt des Erbbaurechts resultierenden Verpflichtungen bietet oder eine Belastung mit den Regeln einer ordnungsgemäßen Wirtschaft vereinbar ist. Die Zustimmung kann durch das zuständige Amtsgericht ersetzt werden.

### 4. Inhaltsänderung und Belastung des Erbbaurechtes

Nach §§ 877, 873 BGB bedarf eine Inhaltsänderung des Erbbaurechtes sachenrechtlich der Einigung zwischen Grundstückseigentümer und Erbbauberechtigtem und der Eintragung im Grundbuch. Formellrechtlich sind Eintragungsantrag und Eintragungsbewilligung zumindest in öffentlich beglaubigter Form erforderlich (§§ 13, 19, 20, 29 GBO).

Das Erbbaurecht kann als grundstücksgleiches Recht wie das Grundstück selbst mit beschränkten dinglichen Rechten belastet werden. Hierfür bedarf es einer Einigung zwischen dem Erbbauberechtigten und dem Inhaber des beschränkten dinglichen Rechtes und der Eintragung im Grundbuch (§§ 11 Abs. 1 ErbbauRG, 873 Abs. 1 BGB). Ferner bedarf es einer Zustimmung des Grundstückseigentümers zur Belastung mit Grundpfandrechten, sofern dies als Inhalt des Erbbaurechts vereinbart ist (§ 5 Abs. 2 ErbbauRG). Zulässig ist auch die Bestellung von Untererbbaurechten.[13]

### 5. Erlöschen des Erbbaurechtes).

Das Erbbaurecht erlischt regelmäßig durch Zeitablauf (§ 27 ErbbauRG). Der Anspruch des Erbbaurechtsberechtigten auf Entschädigung tritt an die Stelle des erloschenen Erbbaurechtes mit dessen Rang. Darüber hinaus kann das Erbbaurecht nach § 26 ErbbauRG aufgehoben werden. Erforderlich hierzu ist die Zustimmung des Grundstückseigentümers. Ein einseitiger Verzicht ist nicht möglich (§ 11 ErbbauRG: Ausschluss von § 928 BGB).

### 6. Zwangsvollstreckung und Insolvenz

Gerät der Erbbauberechtigte mit der Zahlung des Erbbauzinses in Rückstand, kann der Grundstückseigentümer gemäß §§ 9 Abs. 1 S. 2 ErbbauRG, 1147 BGB die Zwangsvollstreckung in das Erbbaurecht betreiben. Nach § 9 Abs. 3 ErbbauRG kann als Inhalt des Erbbauzinses vereinbart werden, dass die diesbezügliche Reallast abweichend von § 52 Abs. 1 ZVG bei Betreibung der Zwangsvollstreckung durch den Grundstückseigentümer aus der Reallast oder durch Gläubiger im Rang vorgehender oder gleichstehender dinglicher Rechte bestehen bleibt (§ 52 Abs. 2 a) ZVG). Damit ist die Möglichkeit geschaffen worden, einen versteigerungsfesten Erbbauzins zu regeln. Geschieht dies nicht, würde die Reallast als nachrangiges Recht erlöschen.

---

13  BGH, NJW 1974, 1137.

## 1. Erbbaurecht

Wird über das Vermögen des Erbbauberechtigten das Insolvenzverfahren eröffnet, gehört das Erbbaurecht zur Insolvenzmasse. Danach fällig werdende Erbbauzinsen sind jedoch keine Masseverbindlichkeiten und deshalb vom Insolvenzverwalter nicht zu zahlen.[14] Vielmehr steht dem Grundstückseigentümer ein Absonderungsrecht nach § 49 InsO zu, d.h. dieser ist zur abgesonderten Befriedigung im Wege der Zwangsvollstreckung nach § 9 ErbbauRG, 1105, 1107, 1147 BGB berechtigt. Diese erfolgt durch Zwangsversteigerung nach dem ZVG.

---

14  BGH, Urt. v. 20.10.2005 – IX ZR 145/04.

## 2. Land- und forstwirtschaftliche Pachtverträge

*Heinrich Karg / Frank Dittrich*

*Land- und forstwirtschaftliche Pachtverträge werden von drei wesentlichen Faktoren beeinflusst, dem (Pacht-)Markt, den wirtschaftlichen Notwendigkeiten und den rechtlichen Rahmenbedingen. Sowohl Eigentümer aus der Sozialwirtschaft – vor allem alte „Traditionsunternehmen" – als auch kirchliche Eigentümer verfügen über erhebliche land- und forstwirtschaftliche Flächen, die zur Verpachtung anstehen. Der Beitrag stellt daher wesentliche Grundzüge und Aspekte des Stücklandpachtrechtes dar und gibt erste Orientierung.*

### 1. Vorbemerkung

Landwirtschaftliche Pachtverhältnisse bedürfen zur sachgerechten Gestaltung des Wissens über den Pachtmarkt und über betriebswirtschaftliche Grundlagen der Landwirtschaft. Hinzu kommt die Kenntnis der zu beachtenden rechtlichen Rahmenbedingungen.

Für weiterführende Informationen wird auf langjährig praxiserprobte Pachtvertragsmuster des Hauptverbandes der landwirtschaftlichen Buchstellen und Sachverständigen – HLBS- hingewiesen, die zu Einzelfragen der Verpachtung ganzer Betriebe und von Stückländereien detailliert Auskunft geben.[1] Empfohlen wird auch die „Schätzungsordnung für das landwirtschaftliche Pachtwesen"[2] sowie die „Verfahrensordnung für Schiedsgutachten und Schiedsgerichte in der Landwirtschaft"[3] als Informationsquelle sowie zur Vermeidung bzw. Lösung von Konflikten zwischen Verpächter und Pächter.[4]

### 2. Zur Abgrenzung zwischen Miete und Pacht

Pachtverträge sind gegenseitige Verträge im Sinne des Schuldrechts. Der Verpächter verpflichtet sich, dem Pächter auf Zeit die volle Nutzung des Pachtgegenstandes, das heißt den Gebrauch und den Genuss der Früchte, soweit diese „nach den Regeln einer ordnungsmäßigen Wirtschaft als Ertrag anzusehen sind", zu gewähren. Der Pächter hat dafür den vereinbarten Pachtzins zu entrichten. Anders als bei der Miete[5] steht bei der Pacht nicht die Überlassung des Gebrauchs, sondern die Fruchtziehung durch den Päch-

---

[1] HLBS e.V.; Engeldamm 70; 10179 Berlin; www.hlbs.de.
[2] Schätzungsordnung für das landwirtschaftliche Pachtwesen i. d. F. vom 30.9.2011, herausgegeben v. HLBS e. V. in: HLBS-Kommentar Landpachtrecht; HLBS-Verlag; 2012.
[3] Verfahrensordnung für Schiedsgutachten und Schiedsgerichte in der Landwirtschaft v. 21.6.2011, beschl. v. Verband d. Landwirtschaftskammern e.V. (VLK) u. dem HLBS e.V. in: HLBS-Kommentar Landpachtrecht; HLBS-Verlag; 2012.
[4] Hier findet sich eine Auflistung der Kontaktdaten ausgewiesener Experten auf diesem Gebiet, die im Bedarfsfall beratend zur Verfügung stehen. www.hlbs.de.
[5] Dazu Kapitel X, Teil 1, Mietverträge und Nutzungsvereinbarungen, S. 543.

ter im Vordergrund. Die Früchte des Pachtgegenstandes können sowohl unmittelbarer als auch mittelbarer Natur sein. Unmittelbare Früchte einer Pachtsache sind nach § 99 I BGB ihre Erzeugnisse, die durch deren bestimmungsgemäßen Gebrauch gewonnen werden (z. B. Feldfrüchte). Mittelbare Früchte einer Sache sind z. B. Einnahmen, die aufgrund eines Rechtsverhältnisses (z. B. Unterverpachtung) erzielt werden. Wohl die wirtschaftlich wichtigsten und häufigsten Pachtverhältnisse betreffen die Verpachtung landwirtschaftlicher Grundstücke.

## 3. Gesamtwirtschaftliche Bedeutung der Landpacht

1991 wurden in der Bundesrepublik ca. 9,1 Mio. ha Landwirtschaftliche Fläche ver- bzw. gepachtet. Die Pachtfläche erhöhte sich bis 2013 auf ca. 10 Mio. ha. Im Jahr 1991 wurden dafür Pachtentgelte in Höhe von 1.281 Mio. € gezahlt. Der Betrag stieg 2013 auf 2.434 Mio. € an. Bereits diese wenigen Zahlen verdeutlichen die erhebliche volkswirtschaftliche Bedeutung landwirtschaftlicher Pachtverhältnisse.

In Relation zur von den Landwirtschaftsbetrieben insgesamt landwirtschaftlich genutzten Fläche (LF) hat sich im Mittel der Bundesrepublik der Anteil der gepachteten Flächen im Zeitraum von 2007 bis 2013 von 62 auf 60% vermindert. Diese Entwicklung ist Ausdruck des stürmischen Strukturwandels, der aber regional unterschiedlich verläuft. Während sich im früheren Bundesgebiet der Pachtanteil in diesem Zeitraum von 54 auf 55% erhöhte, ging er in den neuen Bundesländern von 79 auf 71% zurück.[6]

Stark vereinfacht kann die durch unterschiedliche historische Entwicklungen in den alten und den neuen Bundesländern eingetretenen Situation wie folgt charakterisiert werden:
– Im früheren Bundesgebiet wachsen die Betriebe überwiegend durch Zupachtung
– In den neuen Bundesländern setzt sich die seit 1990 zu beobachtende kontinuierlich wachsende Ausstattung mit Eigentumsflächen fort. Damit geht hier, allerdings ausgehend von einem deutlich überdurchschnittlichen Ausgangsniveau, der Pachtanteil zurück, liegt aber noch immer deutlich über den Zahlen für die alten Bundesländer.

## 4. Rechtsgrundlagen

Der Gesetzgeber hat am 08. November 1985 ein Gesetz zur Neuordnung des landwirtschaftlichen Pachtrechts erlassen.[7] Die Vorschriften über die Pacht finden sich nunmehr im Buch 2 des BGB; Recht der Schuldverhältnisse. Sie sind dort unter Titel 5, Untertitel 4 „Pachtvertrag" (§§ 581 bis 584b) und Untertitel 5 „Landpachtvertrag" (§§ 585 bis 597) zusammengefasst.

Von den Vorschriften des allgemeinen Pachtrechts (Untertitel 4) kommen noch diejenigen zur Anwendung, die in § 585 BGB II ausdrücklich benannt werden. Eine generelle Verweisung auf mietrechtliche Vorschriften gibt es seitdem nicht mehr.[8] Mit dieser

---

6 DBV e. V. Berlin u. a. (Hrsg.); Situationsbericht 2014/15 – Trends und Fakten zur Landwirtschaft, Dez. 2014; S. 55 ff.
7 BGBl. I 1985, S. 2065 ff.
8 BT Drucksache 10/509; S. 14.

Struktur sollte im Interesse der Landwirtschaft eine einheitliche und übersichtliche Kodifizierung des Pachtrechts geschaffen werden.

Flankierend wurde neben der Neuordnung des materiellen Pachtrechts die Kontrolle der Landpachtverträge (Landpachtverkehrsrecht) im Gesetz über die Anzeige und Beanstandung von Landpachtverträgen (Landpachtverkehrsgesetz) vom 8.11.1985[9] neu geregelt.

Das Landpachtrecht spielt, wegen der oftmals existenziellen Bedeutung für den Pächter und den zunehmend verbesserten Einnahmemöglichkeiten für den Verpächter, in der Rechtsprechung der Landwirtschaftsgerichte eine immer größere Rolle. Durch den Strukturwandel, das zunehmend komplexer werdende europäische Beihilferecht und die immer stärker werdende gesetzliche Reglementierung der Landwirtschaft ergibt sich zusätzliches Konfliktpotenzial.

Das Landpachtrecht hat grundsätzlich dispositiven Charakter, d. h. Verpächter und Pächter können innerhalb weiter Grenzen die rechtliche Gestaltung ihrer Vertragsverhältnisse an die Gegebenheiten des Einzelfalles anpassen. Nur wenige Regelungen sind zwingendes Recht (§ 593 BGB; Änderung der bei Abschluss des Pachtvertrags maßgeblichen wirtschaftlichen Verhältnisse und daraus resultierendes Verlangen auf Vertragsänderung).

Diese weitgehende Vertragsfreiheit „... birgt natürlich auch die Gefahr unzulänglicher, unvollständiger oder unausgeglichener Regelungen, bei denen eine spätere gerichtliche Auseinandersetzung vorprogrammiert ist."[10]

In der Folge ist in der jüngeren Vergangenheit eine rasante Entwicklung der Rechtsprechung zu verzeichnen.

## 5. Gegenstand landwirtschaftlicher Pachtverträge; Betriebspacht und Pacht von Stückländereien

Im landwirtschaftlichen Bereich kommt neben dem hier zu behandelnden Landpachtvertrag auch der Pacht von Rechten erhebliche Bedeutung zu (z. B. Pacht von Zahlungsansprüchen im Rahmen der Entkopplung der Agrarförderung der EU; Pacht von Lieferrechten). Hinzuweisen ist auch auf Pachtverhältnisse, die Sondernutzungen betreffen (z. B. hinsichtlich der Erzeugung alternativer Energien – Wind, Solar, Wasser – oder der Ausbeutung von Bodenschätzen – Kiese und Sande, Steine, Kalk, Lehm). Derartige Rechtsverhältnisse unterliegen dem allgemeinen Pachtrecht (§§ 581 bis 584b BGB) und u.U. Spezialvorschriften. Die Vorschriften zur Landpacht sind hier nicht einschlägig, es sei denn, es handelt sich um im Landpachtvertrag mitverpachtete Nebenrechte.

Durch den Landpachtvertrag wird ein Grundstück mit den seiner Bewirtschaftung dienenden Wohn- und Wirtschaftsgebäuden (Betrieb) oder ein Grundstück ohne solche Gebäude überwiegend zur Landwirtschaft verpachtet (§ 585 I S 1 BGB). Bestimmte Mindestgrößen sind nicht erforderlich. Mit dem ersten Halbsatz (§ 585 I S 1 Halbs.

---

9 BGBl I 1985, 2075 ff.
10 HLBS (Hrsg.), HLBS-Kommentar Landpachtrecht; HLBS-Verlag; 2012; S. 59.

1 BGB) werden Verhältnisse beschrieben, die im weitesten Sinne als Betriebspacht zu bezeichnen sind. Der Begriff des Betriebes weicht im Landpachtrecht damit deutlich vom allgemeinen Sprachgebrauch ab, wonach unter einem landwirtschaftlichen Betrieb eine Wirtschaftsstelle mit den zugehörigen Ländereien zu verstehen ist.[11] Im Rahmen des § 585 wird die Verpachtung nur eines Grundstücks mit zugehörigem Wohn- und/oder Wirtschaftsgebäude bereits als Betrieb bezeichnet. Der in Rede stehende Betrieb kann aber auch eine Vielzahl von Grundstücken und Gebäuden sowie lebendes und totes Inventar umfassen (§§ 582 bis 583a BGB). Bei dieser sehr komplexen Materie wird im Bedarfsfall die Zuziehung qualifizierter Sachverständiger empfohlen.

Der zweite Halbsatz (§ 585 I S 1 Halbs. 2 BGB) bezeichnet die Verpachtung unbebauter, überwiegend landwirtschaftlich genutzte Grundstücke (Verpachtung von Stückländereien), die im Folgenden näher betrachtet wird.

§ 585 I S 2 BGB enthält eine Legaldefinition der Landwirtschaft. Danach ist Landwirtschaft die Bodenbewirtschaftung und die mit der Bodennutzung verbundene Tierhaltung, um pflanzliche oder tierische Erzeugnisse zu gewinnen, sowie die gartenbauliche Erzeugung. Landwirtschaftliche Tierhaltung erfordert die Haltung von Tieren auf überwiegend eigener Futtergrundlage.[12] Sie ist ggf. von gewerblicher Tierhaltung abzugrenzen. Im Zweifelsfall können dazu steuerliche Kriterien herangezogen werden.

Ohne ausdrückliche Erwähnung im Gesetz ist mit Landwirtschaft eine auf nachhaltige Gewinnerzielung gerichtete Tätigkeit gemeint. Hobbymäßig betriebene Landwirtschaft, Freizeitnutzungen und Pachtverhältnisse über Kleingärten unterfallen nicht dem Landpachtrecht.

## 6. Pacht forstlich genutzter Grundstücke

Die Vorschriften über Landpachtverträge gelten auch für Pachtverhältnisse über forstwirtschaftliche Grundstücke, wenn die Grundstücke zur Nutzung in einem überwiegend landwirtschaftlichen Betrieb verpachtet werden (§ 585 III BGB).

Davon abzugrenzen sind zunächst die Jagdpacht, d. h. die Verpachtung forstlich genutzter Flächen ausschließlich zur Ausübung der Jagd sowie Verpachtungen zu sonstigen Zwecken, etwa für Hobby und Freizeit oder andere Belange (z. B. Fischereipacht; Naturschutz).[13]

Schon definitionsgemäß handelt es sich bei Verpachtung von Grundstücken zur ausschließlich forstlichen Nutzung gerade nicht um Landpacht. Typisch für die Bewirtschaftung von Forstflächen, die nicht vom Eigentümer selbst bewirtschaftet werden, ist die Übertragung der Bewirtschaftung an Dritte über entsprechende Verträge (bspw. Beförsterungsverträge, Walbetriebsgemeinschaften) bzw. auf gesetzlicher Grundlage. Die wirtschaftliche Chancen und Risiken bleiben beim Eigentümer. Er übt, anders als bei Pachtverträgen, nach wie vor das Recht der Fruchtziehung uneingeschränkt selbst aus.

---

11 Faßbender, H., Hötzel, H.-J., Lukanow, J.; Landpachtrecht, Landpachtneuordnungsgesetz und Landpachtverkehrsgesetz, 3. Aufl. 2005; § 585 RZ 18.
12 So zu § 146 BbauG: BVerwG in RdL 1981, S. 8. OVG Münster in AgrarR 1976, S. 322.
13 Dazu Kapitel XI, Teil 3, S. 622, Jagd- und Fischereipacht.

Die Verpachtung von Waldflächen, d. h. die Einräumung des Rechts der Fruchtziehung an einen Pächter, unter ausschließlich forstwirtschaftlich geprägten Zielstellungen erfolgt nach Kenntnis der Autoren nur sehr selten. Der Hauptgrund dafür ist in den langen Umtriebszeiten, d. h. den Zeiträumen zwischen Pflanzung und Holzernte, zu sehen, die je nach Standort und Baumart mit etwa 70 bis 100 Jahren, ggf. auch länger, anzusetzen sind.

Bis zu dem teilweise erst Jahrzehnte nach Pachtvertragsbeginn zu erwartenden Holzeinschlag übersteigt der Aufwand in aller Regel den z. B. aus Durchforstungen generierbaren Ertrag deutlich. Ein ggf. abzuschließender Waldpachtvertrag muss daher in die Waldentwicklung eingebunden werden. Der Umtriebszeit von beispielsweise 80 Jahren steht ein in aller Regel nur über ein Bruchteil dieser Zeitspanne abgeschlossener Pachtvertrag gegenüber. Dadurch ergeben sich zwangsläufig Interessenskonflikte zwischen dem Waldeigentümer (Verpächter) und dem Waldbewirtschafter (Pächter). Während letzterer an einer möglichst großen Wertschöpfung während der Pachtdauer interessiert ist, muss der Waldeigentümer nachhaltige, regelmäßig Generationen übergreifende Ziele im Auge haben.

Die Ausgestaltung entsprechender Pachtverträge ist Gegenstand der Arbeit wissenschaftlicher Einrichtungen, auf die hier nur verwiesen werden kann.[14] Sie haben, soweit den Autoren bekannt, bisher kaum praktische Bedeutung erlangt.

Wenn im Ausnahmefall der Abschluss eines derartigen Pachtvertrages erforderlich werden sollte, wird die Zuziehung eines qualifizierten Sachverständigen zur Beurteilung der wirtschaftlichen Folgen sowie eine rechtliche Prüfung des Vertrags nachdrücklich empfohlen.

## 7. Inhalt von Landpachtverträgen

### 7.1 Pflichten des Verpächters

Hauptverpflichtung des Verpächters ist nach § 586 I S 1 die Überlassung der Pachtsache in einem zu der vertragsmäßigen Nutzung geeigneten Zustand. Die Überlassung besteht darin, dass der Verpächter dem Pächter die Möglichkeit einräumt, den Gebrauch tatsächlich auszuüben.

Der Verpächter schuldet außerdem die Erhaltung der Pachtsache. Zur Erhaltung zählen alle Maßnahmen, die notwendig sind, um dem Pächter den vertragsgemäßen Gebrauch der Pachtgegenstände während der gesamten Dauer des Vertrages zu ermöglichen. Die Grenze der Erhaltungspflicht ist aber dann erreicht, wenn die Pachtsache vollständig zerstört wurde.

Eine Erhaltungspflicht des Verpächters besteht auch dann nicht, wenn der Pächter die Verschlechterung der Pachtsache zu vertreten hat.

Nach § 586a BGB hat der Verpächter die auf der Pachtsache ruhenden Lasten zu tragen. Abweichende vertragliche Regelungen sind möglich, soweit es nicht um Ver-

---

14 Beispielhaft: Hochschule für Forstwirtschaft in Rottenburg; http://www.info-holzmobilisierung.org/de/waldflaechen; Abruf 10.8.2015.

pflichtungen geht, die den Verpächter persönlich treffen. Öffentlich-rechtliche Lasten sind z. B. Steuern, Gebühren und Beiträge. Hier sei insbesondere auf die Grundsteuer verwiesen, die allerdings in den neuen Bundesländern in aller Regel vom Bewirtschafter getragen wird.

Kommt der Verpächter seiner Verpflichtung zur Erhaltung der Pachtsache nicht nach, kann der Pächter nach vorheriger Mahnung und Fristsetzung notwendige Erhaltungsmaßnahmen selbst ausführen und gemäß § 538 II BGB vom Verpächter Ersatz der Kosten verlangen (Ersatz notwendiger Verwendungen).

Darüber hinaus räumt § 590 b BGB einen Anspruch auf Ersatz notwendiger Erhaltungs- bzw. Instandsetzungsaufwendungen ein, die der Pächter ohne vorherige Mahnung des Verpächters vornehmen darf. Dies sind z. B. unaufschiebbare Maßnahmen nach Unwetterschäden oder sonstige Maßnahmen bei Gefahr in Verzug.

Vertragliche Sonderregelungen sind möglich.

*7.2 Pflichten und Rechte des Pächters*

Hauptpflicht des Pächters ist die Zahlung des vereinbarten Pachtzinses (§ 587 BGB; synonym Pacht; Pachtentgelt) sowie die Erbringung ggf. sonstiger vereinbarter Leistungen (z. B. bestimmte Unterhaltungsarbeiten; Zahlung der Grundsteuer – soweit vereinbart – u.ä.).

Die Verpflichtung zur Zahlung des Pachtzinses besteht auch dann, wenn der Pächter an der Nutzung des Pachtgegenstandes aus Gründen gehindert ist, die nicht vom Verpächter zu vertreten sind (z. B. witterungsbedingte Nutzungseinschränkungen, bestimmte allgemeine Bewirtschaftungsgebote oder –verbote).

Nach § 586 I S 2 BGB ist der Pächter verpflichtet, gewöhnliche Ausbesserungen der Pachtsache vorzunehmen. Dazu gehören alle Maßnahmen, die als Folge des üblichen bzw. vertragsmäßigen Gebrauchs der Pachtgegenstände nach dem gewöhnlichen Lauf der Dinge von Zeit zu Zeit zur Erhaltung bzw. Wiederherstellung ihrer Gebrauchstüchtigkeit erforderlich werden (z. B. laufende Unterhaltung von Wegen, Gräben, Drainagen usw.).

Der Pächter hat insbesondere die Pflicht, die Pachtsache ordnungsgemäß zu bewirtschaften. Hier handelt es sich um einen unbestimmten Rechtsbegriff. Allgemein wird darunter eine Bewirtschaftung im Sinne guter landwirtschaftsfachlicher Praxis zu verstehen sein.

Die Pflicht zur ordnungsgemäßen Bewirtschaftung dient dem Interesse des Verpächters an der Erhaltung der Pachtsache im bestimmungsgemäßen Zustand. Der Pächter ist z. B. nicht befugt, durch nachlässige Bewirtschaftung die Bodenqualität nachhaltig zu verschlechtern.

Der Pächter ist nach § 589 BGB ohne Erlaubnis des Verpächters nicht berechtigt, die Nutzung der Pachtsache einem Dritten zu überlassen, insbesondere die Sache weiter zu verpachten sowie die Pachtsache ganz oder teilweise einem landwirtschaftlichen Zusammenschluss zum Zwecke der gemeinsamen Nutzung zu überlassen. Vorwiegend in den neuen Bundesländern kommt in diesem Zusammenhang dem sog. „Pflugtausch", einer freiwilligen Flächenzusammenlegung, mit der die Schaffung größerer, effektiver zu bewirtschaftender Flächeneinheiten bezweckt wird, erhebliche Bedeutung zu. Auch hier ist stets die Zustimmung des Verpächters erforderlich.

Bei Zuwiderhandlung steht dem Verpächter u.a. das Recht zur außerordentlichen Kündigung des Vertrages zu.

Dem Pächter ist die Pachtsache zur landwirtschaftlichen Nutzung überlassen. Er darf damit nicht nach Belieben verfahren. Insbesondere darf er die landwirtschaftliche Bestimmung der Pachtsache nur mit vorheriger Erlaubnis des Verpächters ändern. Analog sind auch Änderungen innerhalb der landwirtschaftlichen Bestimmung der Pachtsache zu sehen, die über den Pachtvertrag hinauswirken. Auch diese bedürfen der Zustimmung des Verpächters (z. B. Umwandlung der Nutzungsart von Acker in Dauergrünland; Anlage von Dauerkulturen).

*7.3 Abschluss und Änderung des Pachtvertrags*

Ein Landpachtvertrag, der für länger als zwei Jahre geschlossen wird, bedarf der schriftlichen Form. Die Nichtbeachtung der Form hat aber nur zur Folge, dass der Vertrag kraft gesetzlicher Fiktion als auf unbestimmte Zeit geschlossen gilt.

Ist der Vertrag mit unbestimmter Laufzeit geschlossen, so kann jeder Vertragsteil fristgemäß spätestens am dritten Werktag eines Pachtjahres für den Schluss des nächsten Pachtjahres kündigen. Im Zweifel gilt immer das Kalenderjahr als Pachtjahr, es sei denn, der Vertrag sieht die Bestimmung eines anderen Pachtjahres vor. In der Praxis hatte sich eingebürgert, dass das Pachtjahr jeweils vom 1. Oktober oder 1. November bis zum 30. September/31. Oktober des darauffolgenden Jahres läuft. In jüngster Zeit wird als Pachtjahr jedoch zunehmend das Kalenderjahr vereinbart, weil die Inanspruchnahme von Beihilfen der Europäischen Union (sog. Gemeinsamen Europäische Agrarpolitik; GAP) an die landwirtschaftliche Zugriffs- und Verfügungsmöglichkeit des Bewirtschafters über das gesamte jeweilige Kalenderjahr gebunden ist.[15]

Der Verpächter und der Pächter sollen nach § 585b BGB bei Beginn des Pachtverhältnisses eine Beschreibung der Pachtsache vornehmen. Der Zweck dieser Vorschrift besteht darin, dass bei Beginn und Ende des Pachtverhältnisses Streitigkeiten über Umfang und Zustand der Pachtsache vermieden werden sollen. Empfehlenswert ist, die Beschreibung der Pachtsache einem qualifizierten landwirtschaftlichen Sachverständigen zu übertragen.

Während des Pachtverhältnisses können Umstände eintreten, die eine Anpassung des Vertrages erforderlich machen. Nach § 588 II BGB hat der Pächter Maßnahmen zur Verbesserung der Pachtsache zu dulden. Führen diese Maßnahmen zu höheren Erträgen des Pächters oder würden sie bei ordnungsmäßiger Bewirtschaftung dazu führen, so kann der Verpächter eine angemessene Erhöhung der Pacht verlangen. Allerdings kommt es hier immer auf die Verhältnisse des Einzelfalles an.

Haben sich nach Abschluss des Pachtvertrages die Verhältnisse, die bei Abschluss für die Bemessung des Pachtentgelts maßgeblichen Verhältnisse nachhaltig so geändert,

---

15 Grundzüge der Gemeinsamen Agrarpolitik (GAP) und ihrer Umsetzung in Deutschland unter: https://www.bmel.de/DE/Landwirtschaft/Agrarpolitik/_Texte/GAP-NationaleUmsetzung.html; Abruf 14.8.2015.

dass die gegenseitigen Verpflichtungen in ein grobes Missverhältnis zueinander geraten sind, so kann jeder Vertragsteil eine Änderung des Vertrages verlangen (§ 593 BGB). Im Streitfall kann auf Antrag einer Partei das Landwirtschaftsgericht den neuen Pachtzins festsetzen.

Wird bei Übergabe eines Betriebes im Wege der vorweggenommenen Erbfolge ein zugepachtetes Grundstück, das der Landwirtschaft dient, mit übergeben, tritt der Übernehmer anstelle des Pächters in den Pachtvertrag ein.

Nach allgemeinen Grundsätzen hat der Tod des Pächters eine Fortsetzung des Pachtverhältnisses mit den Erben als Rechtsnachfolgern des Erblassers zur Folge. Nach § 594d BGB können aber sowohl der Verpächter als auch die Erben des Pächters außerordentlich kündigen. Die Erben können dann eine Fortsetzung des Pachtverhältnisses verlangen, wenn die ordnungsmäßige Bewirtschaftung der Pachtsache gewährleistet erscheint.

### 7.4 Beendigung des Pachtvertrages

Ein Pachtverhältnis kann durch Zeitablauf oder Kündigung beendet werden.

### 7.4.1 Beendigung durch Zeitablauf

Nach § 594 S1 BGB endet ein Pachtverhältnis mit dem Ablauf der Zeit, für die es eingegangen ist.

Wenn die vereinbarte Pachtzeit jedoch drei Jahre oder mehr beträgt, hat jede Vertragspartei die Möglichkeit, innerhalb des drittletzten Pachtjahres die andere Partei schriftlich anzufragen, ob sie zur Fortsetzung des Pachtverhältnisses bereit ist. Lehnt der andere Teil eine Fortsetzung nicht binnen drei Monaten nach Zugang der Erklärungsaufforderung ab, verlängert sich das Pachtverhältnis auf unbestimmte Zeit. Will der Anfragende die Vertragsverlängerung erreichen, muss er darauf hinweisen, dass eine Vertragsverlängerung eintritt, wenn keine Ablehnungserklärung abgegeben wird.

Ein Pächter kann bei Stückländereien vom Verpächter die Verlängerung des Pachtvertrages verlangen, wenn er das Grundstück zur Aufrechterhaltung seines Betriebs, der seine wirtschaftliche Lebensgrundlage bildet, benötigt. Weitergehende Regelungen gelten für die Pachtung ganzer Betriebe.

### 7.4.2 Beendigung durch Kündigung

Außer durch Zeitablauf kann ein Pachtverhältnis auch durch Kündigung beendet werden. Die Kündigung ist eine einseitig empfangsbedürftige Willenserklärung, die mit Zugang bei dem Empfänger der Erklärung rechtsgestaltende Wirkung entfaltet. Bei der Beendigung von Pachtverträgen durch Kündigung ist zwischen ordentlicher und außerordentlicher Kündigung zu unterscheiden:

Pachtverträge, die auf unbestimmte Zeit geschlossen wurden, können spätestens am dritten Werktag eines Pachtjahres für den Schluss des nächsten Pachtjahres ordentlich gekündigt werden (§ 594a BGB). Die Kündigungsfrist beträgt folglich zwei Jahre. Die lange Frist ist darin begründet, dass das Pachtverhältnis für den Pächter häufig von existenzieller Bedeutung ist. Er soll sich während dieser Zeit auf die neue Situation einstellen können.

Kürzere Kündigungsfrist können vertraglich vereinbart werden. Dafür ist die Schriftform erforderlich.

Für Verträge mit Laufzeiten über 30 Jahre, bei Insolvenz, bei Berufsunfähigkeit sowie beim Tod des Pächters gelten Sonderregelungen.

Ohne Einhaltung einer Kündigungsfrist (außerordentlich fristlose Kündigung aus wichtigem Grund; § 594e BGB) ist die Kündigung eines Landpachtvertrags in analoger Anwendung der §§ 543 und 569 I BGB zulässig.

Üblicherweise werden mit Landpachtverträgen langfristig nachhaltige Beziehungen zwischen Verpächter und Pächter bezweckt. Dafür ist eine gewisse Vertrauensbasis unverzichtbar. Entsprechend groß kann daher das Bedürfnis nach Lösung solch langfristiger Vertragsbeziehungen werden, wenn sich die Interessenlagen der Parteien ändern oder Verlust des Vertrauensverhältnisses oder andere Vertragsstörungen eintreten. Dazu liegt eine umfangreiche Rechtsprechung mit einer Fülle unterschiedlichster Fallbeispiele vor. Als in der Praxis häufige Gründe für eine außerordentliche fristlose Kündigung wird auf den Zahlungsverzug des Pächters (§ 594e II BGB) und die unbefugte Überlassung der Pachtsache an Dritte (§ 589 I BGB) verwiesen.

Kraft ihrer Privatautonomie können die Parteien ein bestehendes Pachtverhältnis auch einvernehmlich beenden.

### 7.5 Rechte und Pflichten bei Beendigung des Pachtvertrags

Nach § 596 BGB ist der Pächter verpflichtet, die Pachtsache nach Beendigung des Pachtverhältnisses in dem Zustand zurückzugeben, der einer bis zur Rückgabe fortgesetzten ordnungsgemäßen Bewirtschaftung entspricht. Die Feststellung des Zustandes der Pachtsache bei Rückgabe kann ergeben, dass der Pächter die Pachtsache über seine Verpflichtungen hinaus verbessert hat, dass sich die Verbesserung bzw. Verschlechterung im Rahmen der Vorschriften (§§ 586 I S 3, 596 I BGB) bewegen oder dass ein Verschlechterung der Pachtsache eingetreten ist.

Verbesserungen der Pachtsache können Ansprüche des Pächters gegen den Verpächter auf Mehrwertausgleich auslösen. Hat sich die Pachtsache aufgrund nicht ordnungsmäßiger Bewirtschaftung verschlechtert, erfüllt der Pächter seine Rückgabepflicht aus § 596 I BGB nicht. Der Verpächter kann in diesem Fall vom Pächter Schadensersatz verlangen.

Nach § 596b BGB hat der Pächter von den bei Beendigung des Pachtverhältnisses vorhandenen landwirtschaftlichen Erzeugnissen so viel zurückzulassen, wie zur Fortführung der Wirtschaft bis zur nächsten Ernte nötig ist. Der Pächter hat aber dann einen Anspruch auf Wertersatz gegen den Verpächter, wenn er Erzeugnisse in größerer Menge oder besserer Beschaffenheit zurückzulassen verpflichtet ist, als er bei Antritt der Pacht übernommen hat.

Der Verpächter hat nach § 591 I BGB dem Pächter notwendige Verwendungen zu ersetzen, denen er zugestimmt hat, soweit diese Verwendungen den Wert der Pachtsache über die Pachtzeit erhöhen. Bei den hier ausschließlich zu betrachtenden Stückländereien könnten dies z. B. Verbesserungen bei Drainagen und Wegen sein.

In aller Regel wird zum Nachweis und zur monetären Quantifizierung der Verwendungen des Pächters bzw. von Verbesserungen oder Verschlechterungen der Pachtsache die Zuziehung von landwirtschaftlichen Sachverständigen unverzichtbar sein.

## 8. Anzeige von Landpachtverträgen

Landpachtverträge sind bei den zuständigen Landwirtschaftsbehörden durch den Verpächter anzuzeigen (§ 2 LPachtVG). Die Nichteinhaltung dieser Verpflichtung ist jedoch nicht sanktionsbewehrt. Die Wirksamkeit eines Landpachtvertrages hängt nicht von der Anzeige bzw. der Genehmigung durch die Behörde ab. Allerdings kann die Ableitung weitergehender Rechte von der Anzeige des Landpachtvertrages abhängen. So kann z. B. beim Landwirtschaftsgericht Antrag auf Änderung des Pachtvertrages nur dann gestellt werden, wenn der Vertrag angezeigt wurde.

Die zuständige Behörde kann einen anzuzeigenden Vertrag bzw. eine anzuzeigende Vertragsänderung beanstanden, wenn:
– Die Verpachtung eine ungesunde Verteilung der Bodennutzung bedeutet
– Grundstücke, die räumlich oder wirtschaftlich zusammenhängen, in der Nutzung unwirtschaftlich aufgeteilt werden
– Die Pacht in einem nicht angemessenen Verhältnis zu dem bei ordnungsgemäßer Bewirtschaftung erzielbaren Ertrag steht

Im Streitfall kann das zuständige Landwirtschaftsgericht auf Antrag eines Vertragsteiles feststellen, dass ein Landpachtvertrag nicht zu beanstanden ist. Es kann den Vertrag oder die Vertragsänderungen aber auch aufheben oder ändern. Der Inhalt von Anordnungen des Landwirtschaftsgerichtes gilt dann unter den Vertragsteilen als Vertragsinhalt.

# 3. Jagd- und Fischereipacht

*Horst Schulz*

*Jagd und Fischerei sind spezielle Formen der sogenannten Urproduktion, der Gewinnung von wirtschaftlichen Gütern aus der Nutzung der Natur (in Abgrenzung zur Bearbeitung oder Verarbeitung von Rohstoffen und Produkten im industriellen Bereich). Das Jagdwesen unterliegt dabei in Deutschland seit der Föderalismusreform der konkurrierenden Gesetzgebung gemäß Artikel 74 I Nr. 28 des Grundgesetzes (GG). Beim Fischereirecht wird unterschieden zwischen der Seefischerei, der Küstenfischerei und der Binnenfischerei. Nur Letztere ist für das Immobilienmanagement von Bedeutung und wird im nachfolgenden Beitrag erläutert.*

Gemäß Art. 72 I GG haben die Länder im Bereich der konkurrierenden Gesetzgebung die Befugnis zur Gesetzgebung, solange und soweit der Bund von seiner Gesetzgebungszuständigkeit nicht durch Gesetz Gebrauch gemacht hat. Hat der Bund von seiner Gesetzgebungszuständigkeit Gebrauch gemacht, können die Länder durch Gesetz hiervon abweichende Regelungen treffen u.a. für das Jagdwesen (ohne das Recht der Jagdscheine; das Recht der Jagdscheine ist abweichungsfest, hier gilt ausschließlich das Bundesjagdgesetz, Art. 72 III Ziff. 1 GG). In der Bundesrepublik Deutschland gelten zurzeit das Bundesjagdgesetz (BJagdG) in der Fassung der Bekanntmachung vom 29.9.1976 (BGBl. I S. 2849), zuletzt geändert durch Gesetz vom 29.5.2013 (BGBl. I S. 1386) sowie die Jagdgesetze der einzelnen Länder der Bundesrepublik Deutschland. Das Bundesjagdgesetz und die meisten Landesjagdgesetze sind entstanden, als im Jagdwesen noch die (durch die Föderalismusreform abgeschaffte) Rahmengesetzgebung galt. Nur wenige Länder haben von ihrer neuen Gesetzgebungskompetenz im Rahmen der konkurrierenden Gesetzgebung Gebrauch gemacht und vollständig neue Landesjagdgesetze erlassen, die in diesen Ländern praktisch das Bundesjagdgesetz ersetzen, z. B. in Hamburg, in NRW und im Saarland (mit Ausnahme im Bereich des Rechts der Jagdscheine, hier gilt ausschließlich Bundesrecht). In den übrigen Ländern gelten das Bundesjagdgesetz und das jeweilige Landesjagdgesetz nebeneinander, so dass zur Prüfung von Rechtsfragen jeweils beide Gesetze sowie die zu diesen Gesetzen ergangenen Rechtsverordnungen heranzuziehen sind.

Seefischereirecht ist teilweise internationales Recht, teils Bundesrecht und ist in Deutschland geregelt im Seefischereigesetz und den dazu ergangenen Rechtsverordnungen. Das Küstenfischereirecht ist geregelt in den Landesfischereigesetzen und den jeweils dazu ergangenen Rechtsverordnungen der Küstenländer (Niedersachsen, Schleswig-Holstein, Hamburg und Mecklenburg-Vorpommern), das Binnenfischereirecht in den Fischereigesetzen und Rechtsverordnungen der vorstehend genannten und der übrigen Bundesländer. Die Bereiche Seefischerei und Küstenfischerei sind für das Immobilienmanagement nicht relevant.

## 1. Jagdrecht und Jagdausübungsrecht

Jagdrecht und Jagdausübungsrecht sind voneinander zu trennen.

### 1.1 Jagdrecht

Das Jagdrecht ist gemäß § 1 I BJagdG die ausschließliche Befugnis, auf einem bestimmten Gebiet wild lebende Tiere, die dem Jagdrecht unterliegen (Wild), zu hegen, auf sie die Jagd auszuüben und sie sich anzueignen. Die rechtliche Einordnung von Tieren als Wild erfolgt durch Bundes- oder Landesjagdgesetz oder durch entsprechende Verordnung. Gemäß § 3 I BJagdG steht das Jagdrecht grundsätzlich dem Eigentümer auf seinem Grund und Boden zu. Das Jagdrecht ist untrennbar mit dem Eigentum am Grund und Boden verbunden und kann als selbständiges dingliches Recht nicht begründet werden. Das Jagdrecht kann also nicht – wie z.B. das Erbbaurecht – als selbstständiges, verkehrsfähiges dingliches Recht vom Eigentum abgespalten werden; es kann nur mit dem Eigentum übertragen oder nur im Rahmen eines das gesamte Grundstück umfassenden Rechts (durch Einräumung eines Nießbrauchs) Dritten überlassen werden.

### 1.2 Jagdausübungsrecht

Vom Jagdrecht zu unterscheiden ist das Jagdausübungsrecht. Das Jagdausübungsrecht ist praktisch die Befugnis, vom Jagdrecht Gebrauch zu machen in Form der tatsächlichen Jagdausübung, die sich gemäß § 1 IV, V BJagdG auf das Aufsuchen, Nachstellen, Erlegen, Fangen und Aneignen von Wild erstreckt.

Das Jagdausübungsrecht steht im Eigenjagdbezirk dem Eigentümer zu, § 7 IV BJagdG. Selbst ausüben darf der Eigentümer die Jagd aber nur, wenn er einen gültigen Jagdschein (§§ 15 ff. BJagdG) besitzt. Der Jagdschein ist die behördliche Erlaubnis, die Jagd ausüben zu dürfen (vergleichbar dem Führerschein für Kraftfahrzeuge). Seine erste Erteilung an eine Person mit Wohnsitz in Deutschland ist grundsätzlich davon abhängig, dass der Bewerber im Geltungsbereich des Bundesjagdgesetzes die Jägerprüfung bestanden hat; für ausländische Besucher gelten Sonderregelungen (Ausländerjagdschein, § 15 VI BJagdG). Der Jagdschein wird auf Antrag als Tagesjagdschein für bis zu vierzehn Tagen oder als Jahresjagdschein für bis zu drei Jahren erteilt; nach Ablauf der Zeit ist eine Verlängerung erforderlich.

In gemeinschaftlichen Jagdbezirken steht das Jagdausübungsrecht der Jagdgenossenschaft zu (§ 8 V BJagdG). Die Jagdgenossenschaft ist eine Körperschaft des öffentlichen Rechts, in der alle Eigentümer von nicht befriedeten Grundstücken Zwangsmitglieder (Jagdgenossen) sind, § 9 I BJagdG.

Das Jagdausübungsrecht kann – z.B. durch Verpachtung – Dritten gegen Entgelt überlassen werden.

### 1.3 Jagdbezirke

Die Jagdausübung darf nur stattfinden in Jagdbezirken. Jagdbezirke sind entweder Eigenjagdbezirke (§§ 4, 7 BJagdG) oder gemeinschaftliche Jagdbezirke (§§ 4, 8 BJagdG).

Jagdbezirke werden nicht durch Rechtsakt gebildet, sondern entstehen, bestehen oder gehen unter, wenn die gesetzlichen Voraussetzungen für die Existenz eines Jagdbezirks vorliegen bzw. nicht mehr vorliegen.

### 1.3.1 Eigenjagdbezirk

Ein Eigenjagdbezirk ist vorhanden, wenn folgende Voraussetzungen gegeben sind (vgl. § 7 BJagdG): Es müssen im Eigentum ein und derselben (natürlichen oder juristischen) Person oder einer Personengemeinschaft (z. B. einer Erbengemeinschaft) zusammenhängende Grundflächen in einer Größe von mindestens 75 ha vorhanden sein. Der Zusammenhang ist gegeben, wenn die Grundstücke sich in wenigstens einem Punkt berühren, wobei der Zusammenhang nicht dadurch aufgehoben wird, dass die Grundstücke von Straßen, Wegen und ähnlichen Gebilden, die im Eigentum eines Dritten stehen, durchzogen sind. Derartige schnürenförmige Fremdflächen heben den Zusammenhang zwischen den an ihren Längsseiten liegenden Grundstücken nicht auf; sie stellen aber mit ihren Schmalseiten auch nicht den Zusammenhang her zwischen Grundstücken, die ohne den hinweg gedachten Weg nicht aneinander grenzen würden (vgl. § 5 II BJagdG).

Weitere Voraussetzung ist, dass die Grundflächen land-, forst- oder fischereiwirtschaftlich nutzbar sind. Dabei kommt es nicht darauf an, ob die Flächen tatsächlich gerade so genutzt werden, es genügt die Möglichkeit der Nutzung. Berücksichtigt werden dabei nicht nur z.B. Ackerflächen oder bestockte Flächen, sondern auch sog. Funktionsflächen, die einem land- oder forstwirtschaftlichen Betrieb dienen, also z.B. die eigentliche Hoffläche oder der Forsthof, auch wenn dort die Jagd nicht ausgeübt werden darf, weil es sich um befriedete Bezirke (§ 6 BJagdG) handelt.

### 1.3.2 Gemeinschaftlicher Jagdbezirk

Alle übrigen, nicht zu einem Eigenjagdbezirk gehörenden Grundflächen einer politischen Gemeinde oder einer abgesonderten Gemarkung (das sind ehemals selbständige Gemeinden) bilden den gemeinschaftlichen Jagdbezirk, wenn diese Flächen im Zusammenhang wenigstens 150 ha groß sind, § 8 BJagdG. Die Länder können eine höhere Mindestgröße festsetzen, in Schleswig-Holstein sind es z. B. 250 ha, § 6 I des Landesjagdgesetzes Schleswig-Holstein (LJagdG S-H). Bei der Ermittlung dieser Mindestgröße werden alle Grundflächen der Gemeinde berücksichtigt, auch die befriedeten Bezirke, selbst die geschlossene Ortsbebauung. Bei gemeinschaftlichen Jagdbezirken kommt es also bei der Mindestgröße als Voraussetzung für die rechtliche Existenz des Jagdbezirkes nicht darauf an, wie die Grundflächen genutzt werden oder wie sie nutzbar sind. Das wird erst in einem zweiten Schritt berücksichtigt: Sinkt die bejagbare Fläche eines Eigenjagdbezirkes oder eines gemeinschaftlichen Jagdbezirkes um mehr als ein Drittel unter die gesetzliche Mindestgröße, so sind nach den entsprechenden Bestimmungen in den Landesjagdgesetzen (z.B. § 7 LJagdG S-H) die Restflächen von der Jagdbehörde von Amts wegen einem oder mehreren angrenzenden Jagdbezirken anzugliedern.

*1.4 Nutzung der Jagd*

Die Nutzung der Jagd und damit die wirtschaftliche Verwertung des Jagdrechts kann auf verschiedene Weise erfolgen. Möglich sind die Selbstnutzung der Jagd oder die Vergabe des Jagdausübungsrechts gegen Entgelt an Dritte in Form der Verpachtung oder der Erteilung von Jagderlaubnissen.

1.4.1 Selbstnutzung der Jagd

Eine Selbstnutzung kommt praktisch nur bei Eigenjagden vor, wenn der Eigentümer Inhaber eines gültigen Jagdscheines ist und die Jagd selbst ausüben möchte. Ist der Eigentümer keine natürliche Person, ist auch die Nutzung durch angestellte Jäger denkbar, die die Jagd nach Weisung und für Rechnung des Eigentümers ausüben. Dies kommt realistisch nur für größere Forstbetriebe in Betracht. Mit der Jagdausübung betraute angestellte Jäger in solchen Betrieben sollten Berufsjäger oder Förster sein. Rechtlich zulässig ist es auch, dass eine Jagdgenossenschaft einen Jäger anstellt, der im Auftrag und für Rechnung der Jagdgenossenschaft die Jagd ausübt; in der Praxis kommt dies jedoch nicht vor.

1.4.2 Verpachtung des Jagdausübungsrechtes

Die häufigste Form der Jagdnutzung ist die Verpachtung des Jagdausübungsrechts. Jagdpacht ist nicht Landpacht sondern Rechtspacht. Sprachlich genau wird also nicht ein Jagdbezirk/Jagdrevier verpachtet oder gepachtet, sondern das Recht, die Jagd in einem bestimmten Gebiet ausüben zu dürfen (Jagdausübungsrecht). Dadurch ist es möglich, auf derselben Fläche Einnahmen durch unterschiedliche Nutzung zu generieren: Zum einen können Grund und Boden zur landwirtschaftlichen oder (in der Praxis kaum vorkommend) forstwirtschaftlichen Nutzung und zum anderen auf derselben Fläche die Jagdnutzung, also das Jagdausübungsrecht verpachtet werden. Der Eigentümer einer Eigenjagd kann über das ihm zustehende Jagdausübungsrecht selbständig verfügen und verwertet das bei ihm verbleibende Jagdrecht durch Verpachtung des Jagdausübungsrechts unmittelbar. Erfüllen die dem Eigentümer gehörenden Flächen nicht die Voraussetzungen für die Existenz eines Eigenjagdbezirkes, verwertet er das mit seinem Grund und Boden untrennbar verbundene Jagdrecht mittelbar, indem er als Jagdgenosse flächenanteilig am Pachtzins beteiligt ist, den die Jagdgenossenschaft durch die Verpachtung des ihr zustehenden Jagdausübungsrechts erlöst.

Beim Abschluss von Jagdpachtverträgen sind zwingend gesetzliche Vorschriften zu beachten; ein Verstoß gegen diese Vorschriften führt zur Nichtigkeit des Jagdpachtvertrages (§ 134 BGB).

1.4.2.1 Gesamtheit des Jagdausübungsrechtes

Verpachtet werden kann das Jagdausübungsrecht nur in seiner Gesamtheit. Ein Teil des Jagdausübungsrechts kann nicht wirksam verpachtet werden. Es ist z.B. nicht möglich, die Jagd auf bestimmte Wildarten an den Pächter A, auf andere Wildarten an den Pächter B zu verpachten. Zulässig ist es nur, dass sich der Verpächter die Bejagung einer bestimmten Wildart vorbehält. In der Praxis kommt dies sehr selten und dann nur in Eigenjagdbezirken vor, in denen der Verpächter eine bestimmte Wildart weiterhin bejagen möchte. Zulässig ist es aber, Teile von Jagdbezirken, genauer: Das Jagdausübungsrecht in regional unterschiedlichen Teilen eines Jagdbezirkes zu verpachten, wenn sowohl der verpachtete als auch der verbleibende Teil bei Eigenjagdbezirken die gesetzliche Mindestgröße (75 ha), bei gemeinschaftlichen Jagdbezirken die Mindestgröße von 250 ha haben (§ 11 II BJagdG).

1.4.2.2 Schriftlichkeit des Jagdpachtvertrages

Jagdpachtverträge müssen schriftlich (§ 126 BGB) abgeschlossen werden, § 11 IV S 1 BJagdG. Zur Wahrung der Form muss der Vertrag von den Vertragspartnern eigenhändig unterschrieben werden. Besteht der Vertrag aus mehreren Seiten, was bei Jagdpachtverträgen regelmäßig der Fall ist, müssen die Seiten zu einem einheitlichen Vertragswerk zusammengefügt, d.h. die Zusammengehörigkeit erkennbar gemacht werden (z.B. durch Heften oder durch fortlaufende Seitenzahlen). Die Urkunde muss alle wesentlichen Vereinbarungen enthalten; schriftliche oder mündliche Ergänzungen oder abweichende Vereinbarungen führen zur Unwirksamkeit des gesamten Vertrages. Beispiel: schriftlich wird ein niedriger, mündlich ein höherer Pachtzins vereinbart. Sowohl der schriftliche Vertrag als auch die mündliche Vereinbarung sind nichtig, d.h. von Anfang an unwirksam. Die mündliche Vereinbarung ist unwirksam, weil die Schriftform nicht gewahrt ist. Die schriftliche Vereinbarung ist unwirksam, weil das Schriftliche nicht gewollt ist; es handelt sich um ein Scheingeschäft (§ 117 I BGB), das nichtig ist. Von derartigen Praktiken ist deshalb dringend abzuraten. Vorformulierte Jagdpachtverträge können bezogen werden von den Jagdverbänden der Länder, dem Deutschen Bauernverband oder von der Arbeitsgemeinschaft der Jagdgenossenschaften.

1.4.2.3 Pächteranforderungen

Pächter darf gemäß § 11 V S 1 BJagdG nur sein, wer einen Jahresjagdschein besitzt und schon vorher einen solchen während dreier Jahre in Deutschland besessen hat. Die Gesamtfläche, auf der einem Jagdpächter die Ausübung des Jagdrechts zusteht, darf nicht mehr als 1000 ha umfassen; Einzelheiten sind in § 11 III BJagdG geregelt.

1.4.2.4 Pachtdauer

Die Pachtdauer eines Jagdpachtvertrages soll gemäß § 11 IV S 2 BJagdG mindestens neun Jahre betragen. In vielen Ländern ist die Mindestpachtzeit durch Gesetz höher festgesetzt, wobei häufig zwischen Hochwildjagden (Mindestpachtzeit zwölf Jahre) und Niederwildjagden unterschieden wird. Die lange Pachtdauer soll gewährleisten, dass der Pächter die Jagd ordnungsgemäß ausübt, auch seiner Hegeverpflichtung nachkommt und nicht nur bestrebt ist, möglichst schnell möglichst viel Beute zu machen. Außerdem ist für eine erfolgreiche Bejagung gute Revierkenntnis erforderlich, die sich erst im Laufe der Jahre einstellt. Schließlich müssen für eine ordnungsgemäße, sichere

Bejagung jagdliche Einrichtungen (Hochsitze) im Jagdbezirk geschaffen werden, die eine teilweise erhebliche Investition bedeuten und sich amortisieren sollen. Für den Verpächter hat die langfristige Bindung Vor- und Nachteile: Sie sichert einerseits, wenn der Pächter leistungsfähig ist und ein guter Pachtzins vereinbart wurde, einen langfristigen, guten Ertrag. Andererseits kann die langfristige Bindung eine Belastung sein, wenn die Ausübung der Jagd nicht nach den Vorstellungen des Verpächters erfolgt, insbesondere wenn die festgesetzten Abschüsse nicht erfüllt werden und der Wildschaden (durch das Wild verursachter Fraß- und Wühlschaden) überhandnimmt. Deshalb wird nicht selten anstelle der Verpachtung die Vergabe einer entgeltlichen Jagderlaubnis vorgezogen.

### 1.4.3 Vergabe einer Jagderlaubnis

Der Jagdausübungsberechtigte (der Eigentümer einer Eigenjagd, die Jagdgenossenschaft im gemeinschaftlichen Jagdbezirk oder auch der Pächter eines Jagdbezirkes) können Dritte an der Jagdausübung beteiligen, indem sie ihnen eine Jagderlaubnis erteilen. Die Jagderlaubnis kann entgeltlich oder unentgeltlich sein. Wird von einer Jagdausübung auf eigene Rechnung oder durch Verpachtung abgesehen und sollen trotzdem Erlöse erzielt werden, können entgeltliche Jagderlaubnisse erteilt werden, bei denen eine Mindestlaufzeit nicht eingehalten werden muss. Im übrigen gelten nahezu dieselben Voraussetzungen wie beim Abschluss eines Jagdpachtvertrages: Eine entgeltliche Jagderlaubnis muss schriftlich erteilt werden. Der Erlaubnisinhaber muss jagdpachtfähig sein, also einen Jahresjagdschein besitzen und einen solchen zuvor während dreier Jahre in Deutschland besessen haben. Außerdem darf die Gesamtfläche, auf der dem Inhaber der Erlaubnis die Jagdausübung zusteht (einschließlich etwa von ihm gepachteter anderer Flächen) die Höchstgrenze von 1000 ha nicht überschreiten. Schließlich müssen entgeltliche Jagderlaubnisse wie Pachtverträge der zuständigen Jagdbehörde angezeigt werden, die die Verträge unter bestimmten Voraussetzungen beanstanden kann.

### 1.4.4 Entgeltliche Jagderlaubnis versus Verpachtung

In der Praxis ziehen Eigenjagdinhaber, insbesondere fiskalische Forstbetriebe, die Vergabe entgeltlicher Jagderlaubnisse einer Verpachtung des Jagdausübungsrechts vor. Dadurch will man die im Falle einer Verpachtung unvermeidbare langfristige Bindung vermeiden, wovon man sich insbesondere die Möglichkeit einer stärkeren Einflussnahme auf die Jagdausübung – sprich: Die Erfüllung von Abschussvorgaben – verspricht. Bei einer solchen Praxis ist jedoch Vorsicht geboten. Je mehr die Ausgestaltung einer entgeltlichen Jagderlaubnis an einen Pachtvertrag angenähert wird, desto größer ist die Gefahr, dass bei gerichtlicher Überprüfung im Streitfall das Gericht von einer verdeckten Verpachtung ausgeht. Das hätte zur Folge, dass der Vertrag nichtig, d.h. von Anfang an unwirksam ist. Bei der Ausgestaltung solcher Verträge sollte deshalb kompetente rechtliche Beratung hinzugezogen werden.

### 1.4.5 Veräußerung von Flächen und Auswirkungen auf das Jagdrecht

Rechtliche Beratung sollte hinzugezogen werden, wenn durch den Erwerb oder die Veräußerung von Flächen die Entstehung oder Veränderung eines Eigenjagdbezirkes möglich wird. Dieser kann bei einer Veräußerung von Flächen auch untergehen. Bei der Neuentstehung eines Eigenjagdbezirkes stellen sich darüber hinaus in den meisten Fällen Fragen zur Abrundung dieses und angrenzender Jagdbezirke, die regelmäßig erhebliche rechtliche und jagdfachliche Probleme aufweisen.

## 2. Fischereirecht und Fischereiausübungsrecht

Das hier ausschließlich erläuterter Binnenfischereirecht ist in Deutschland Ländersache und in den einzelnen Landesfischereigesetzen geregelt. Diese Gesetze sind zwar inhaltlich im wesentlichen gleich, weichen jedoch in der Paragraphenfolge teilweise erheblich und teilweise auch inhaltlich voneinander ab. Um den Text nicht mit Fundstellenhinweisen für alle Landesfischereigesetzes zu überfachten, werden beispielhaft die Vorschriften des Fischereigesetzes für das Land Schleswig-Holstein (LFischG S.-H.) vom 10.2.1996 (GVOBl. 1996, 211) in der Fassung der letzten Änderung durch Gesetz vom 26.10.2011 (GVOBl. Seite 295) aufgeführt.

### 2.1 Abgrenzung Eigentumsfischereirecht und selbstständiges Fischereirecht

Beim Fischereirecht wird zwischen dem Eigentumsfischereirecht und dem selbstständigen Fischereirecht unterschieden. Gemäß §§ 5, 6 LFischG S.-H. steht an Binnengewässern dem Eigentümer des Gewässergrundstücks das Fischereirecht zu. Dieses Eigentümerfischereirecht ist vergleichbar dem Jagdrecht (s. o. Ziff. 1.1); es ist untrennbar mit dem Eigentum am Gewässergrundstück verbunden und ist nicht selbstständig verkehrsfähig. Jagdrecht und Eigentümerfischereirecht bestehen nebeneinander. Vom Eigentümerfischereirecht zu unterscheiden sind überlieferte selbstständige Fischereirechte. Dabei handelt es sich um Fischereirechte an fremden Gewässergrundstücken. Sie sind belastende Rechte am Gewässergrundstück und können auf Antrag in das Grundbuch (in Abteilung II) eingetragen werden. Darüber hinaus werden diese selbstständigen Fischereirechte in das Fischereibuch eingetragen. Das Fischereibuch ist ein amtliches Verzeichnis, das von der oberen Fischereibehörde geführt wird. Neue selbstständige Fischereirechte können nicht mehr begründet werden. Selbstständige Fischereirechte sind selbstständige dingliche Rechte, die unabhängig vom Grundeigentum verkehrsfähig sind, also auch selbstständig veräußert werden können, ohne das Grundeigentum am Gewässergrundstück ebenfalls zu veräußern (im Unterschied zum Eigentümerfischereirecht und zum Jagdrecht, die untrennbar mit dem Grundeigentum verbunden sind).

Das Fischereirecht gibt dem Fischereiberechtigten die Befugnis, in einem Gewässer Fische zu hegen, zu fangen und sich anzueignen (§ 3 I S 1 LFischG S.-H.). Wenn der Fischereiberechtigte – sei es als Inhaber des Eigentumsfischereirechts oder als Inhaber eines selbstständigen Fischereirechts – die Fischerei nicht selbst betreibt, kann er sein

Fischereirecht wirtschaftlich dadurch verwerten, dass er das Fischereiausübungsrecht Dritten gegen Entgelt überlässt (verpachtet oder Fischereierlaubnisse erteilt).

## 2.2 Fischereiausübungsrecht

Das Fischereiausübungsrecht kann vom Inhaber des (Eigentums- oder selbstständigen) Fischereirechts in seiner Gesamtheit verpachtet werden (§ 11 I S 1 LFischG S.-H.). Dieser Pachtvertrag muss schriftlich und mit einer Laufzeit von mindestens zwölf Jahren abgeschlossen werden; kürzere Pachtzeiten kann die obere Fischereibehörde in begründeten Ausnahmefällen zulassen (§ 12 I LFischG S.-H.). Dadurch soll eine Überfischung der Gewässer vermieden werden.

Durch den Fischereipachtvertrag wird das Fischereirecht in vollem Umfang einer dritten Person zur Ausübung überlassen. Soll das Recht lediglich den Fischfang betreffen, kann auch eine Fischereierlaubnis erteilt werden. Anstelle des Pachtvertrages wird dann ein Fischereierlaubnisschein erteilt, der bei der Ausübung des Fischfangs mitgeführt werden muss (§§ 11 I S 1, 14 I LFischG S.-H.).

## 2.3 Verpachtung der Fischererlaubnis

Die Verpachtung und die Erteilung einer Fischereierlaubnis darf nur erfolgen an Personen, die einen gültigen Fischereischein besitzen oder von der Fischereischeinpflicht befreit sind (§§ 12 III, 14 II LFischG S.-H.). Der Fischereischein wird auf Lebenszeit erteilt; seine Erteilung ist vom Bestehen einer Fischereischeinprüfung abhängig (§§ 26 III, 27 I LFischG S.-H.). Von der Ablegung der Fischereischeinprüfung ist befreit, wer die Prüfung als Fischwirt oder eine gleichgestellte Prüfung abgelegt hat, ein Fischereipatent nach der Schiffsoffizier-Ausbildungsverordnung oder einen entsprechenden Befähigungsnachweis aufgrund anerkannter internationaler Abkommen besitzt, die Prüfung zum höheren oder mittleren Fischereiverwaltungsdienst abgelegt hat oder Aufgaben der Fischereiaufsicht bei einer Fischereibehörde wahrnimmt (§ 27 LFischG S.-H.). Ein Fischereischein ist ausnahmsweise nicht erforderlich in Teichwirtschaften, in besonderen Anlagen der Fischerzeugung, in privaten Kleingewässern sowie für Personen, die zur Unterstützung der Fischereiberechtigten oder Fischereiausübungsberechtigten oder ihrer Hilfspersonen, die einen Fischereischein besitzen, zusammen mit diesen den Fischfang ausüben (§ 26 II LFischG S.-H.).

# 4. Friedhöfe, Friedhofsrecht

*Torsten F. Barthel*

*Zum (kirchlichen) Immobilienvermögen gehören oftmals auch Friedhofsgrundstücke. Dabei handelt es sich im Wesentlichen um unbebaute Grundstücke, auf denen sich auch untergeordnete Friedhofsbauten finden. Friedhöfe sind (i.d.R. unselbstständige) öffentliche Anstalten. Das privatrechtliche Grundeigentum wird dabei aufgrund der Regelungen in den Landes-Friedhofs- und Bestattungsgesetzen, wegen der anstaltsrechtlichen Zweckbestimmung der Totenbestattung, öffentlich-rechtlich überlagert. Von daher sind in der Grundstücksverwaltung für Friedhöfe einige rechtliche Besonderheiten und Spezialregelungen zu beachten. Der Friedhofsträger gestaltet die Nutzungsverhältnisse durch Satzung (Friedhofsordnung) aus und ist gehalten, durch Gebührenerhebung Einnahmen zu erzielen, um möglichst eine Kostendeckung der Anstalt „Friedhof" zu erreichen.*

## 1. Rechtliche Rahmenbedingungen

Gemäß Art. 70 I GG besitzen die Bundesländer die Gesetzgebungskompetenz für die Bereiche Friedhofs-, Bestattungs- und Leichenrecht. Diese Gebiete gehören zum Kernbestand der föderalen Struktur der Bundesrepublik Deutschland. Sämtliche Länder haben – nachdem dieses Rechtsgebiet viele Jahrzehnte nur durch (z. T. Reichs-) Verordnungen und Gewohnheitsrecht geprägt war – bis zum Jahr 2005 moderne Friedhofs- und Bestattungsgesetze erlassen.[1] Diese werden bisweilen durch Ausführungsverordnungen ergänzt. Bundesrechtlich ist lediglich das Recht der Kriegsgräber geregelt.[2]

Unterhalb der Gesetzes- und Verordnungsebene ist das Friedhofsrecht durch (öffentlich-rechtliche) Satzungen der kommunalen oder kirchlichen Friedhofsträger geregelt.[3] Eine Satzung ist ein Rechtssatz, der im Gegensatz zum (formellen) Gesetz nicht von einem Parlament verabschiedet, sondern aufgrund einer besonderen ausdrücklichen – gesetzlichen – Ermächtigung von der Verwaltung einseitig erlassen worden ist. Wegen der Lückenhaftigkeit der Landesgesetze besteht insoweit ein „faktischer Zwang", die Benutzungsordnung in der Gestaltungsform einer Satzung zu erlassen.[4]

---

[1] Zu den meisten Landesgesetzen sind mittlerweile Kommentare erschienen, z.B. Barthel, Bestattungsgesetz Niedersachsen, 3. Aufl. (2014); Barthel, Bestattungsgesetz Sachsen-Anhalt, 2. Aufl. (2013); Spranger, Bestattungsgesetz Nordrhein-Westfalen, 3. Aufl. (2015).
[2] Gräbergesetz in der Fassung der Bekanntmachung vom 16.1.2012 (BGBl. I S. 98), geändert durch Art. 9 des Gesetzes vom 23.7.2013 (BGBl I S. 2586).
[3] In den Stadtstaaten erfolgt eine Regelung auf dem Weg der Rechtsverordnung (Bremen: Stadtgesetz).
[4] Einen umfassenden Gesamtüberblick über das Friedhofs- und Bestattungsrecht geben Barthel, in: Gaedke, Handbuch des Friedhofs- und Bestattungsrechts, 11. Aufl. (2016) sowie Böttcher, Das aktuelle Praxishandbuch des Friedhofs- und Bestattungswesens, Loseblattsammlung, Stand: Februar 2016.

## 2. Rechtsstellung des Friedhofs

### 2.1 Begriffsdefinition

Unter einem Friedhof versteht man ein räumlich abgegrenztes, i.d.R. eingefriedetes Grundstück unterschiedlicher Größe, das zur Bestattung der irdischen Reste von Menschen einer bestimmten – politischen (kommunalen) oder kirchlichen – Gemeinschaft als Körper-Erdbestattung und/oder als Aschebeisetzung dient oder gedient hat. Ein Friedhof umfasst also immer eine Vielzahl von Grabstellen, häufig verschiedener Art (Reihengräber, Wahlgräber, Sondergräber, Ehrengräber, Kriegsgräber), gleich inwieweit diese belegt sind oder ob der Friedhof nicht mehr zu Bestattungszwecken Verwendung findet.[5] Friedhöfe sind von ihrer Trägerschaft her entweder kommunale oder kirchliche Einrichtungen. Kommunale (gemeindliche) Friedhöfe werden von einer politischen Gemeinde angelegt, unterhalten und betrieben. Sie stehen allen Einwohnern der Gemeinde offen. Kirchliche Friedhöfe werden von den Religionsgemeinschaften für die Angehörigen ihres Bekenntnisses errichtet; sie stehen teilweise auch Andersgläubigen offen (sog. „Simultanfriedhöfe"). Mit der Entscheidung für die Errichtung eines kirchlichen Friedhofs macht die Kirche diesen zu einer kirchlichen Angelegenheit, die ihrem Selbstbestimmungsrecht unterliegt.[6] Es handelt sich nicht um eine kirchliche Pflichtaufgabe.[7] In Berlin und Nordrhein-Westfalen können auch Religionsgesellschaften Friedhofsträger sein, die nicht als Körperschaften des öffentlichen Rechts anerkannt sind.

### 2.2 Öffentliche Anstalt

Zusammen mit den für ihre Unterhaltung erforderlichen sachlichen und persönlichen Mitteln sind Friedhöfe ihrem rechtlichen Charakter und ihrer Widmung (kirchenrechtlicher Verwaltungsakt) nach öffentliche Anstalten. Sie verfügen jedoch meist nicht über eigene Rechtspersönlichkeit, sondern befinden sich in der Hand eines anderen Trägers öffentlicher Gewalt, bilden also sog. unselbstständige Anstalten.[8] Sie sind mithin „in Gestalt einer nicht rechtsfähigen öffentlichen Anstalt organisierte öffentliche Sachen".[9] Dabei ist unerheblich, ob Eigentümer des Friedhofgrundstücks eine politische Gemeinde oder eine Kirchengemeinde ist, entscheidend ist vielmehr allein die öffentliche, widmungsgemäße Zweckbestimmung „der Ermöglichung einer angemessenen und geordneten Leichenbestattung und (...) der dem pietätvollen Gedenken der Verstorbenen entsprechenden würdigen Ausgestaltung und Ausstattung des der Totenbestattung gewid-

---

5 Barthel, in: Gaedke, Handbuch des Friedhofs- und Bestattungsrechts, 11. Aufl. (2016), Kap. 1 Rn. 1.
6 Engelhardt, Bestattungswesen und Friedhofsrecht, in: Listl/Pirson, Handbuch des Staatskirchenrechts der Bundesrepublik Deutschland, 2. Aufl. (1995), § 46, S. 109.
7 Sperling, Zum Proprium der kirchlichen Friedhöfe, Deutsche Friedhofskultur 1986, 15.
8 Etwa Jung, Staat und Kirche im kirchlichen Friedhofswesen, Diss. (1966), S. 15, Böttcher, Das aktuelle Praxishandbuch des Friedhofs- und Bestattungswesens, Loseblattsammlung, Stand: Februar 2016, lfd. Nr. 5/5.
9 OVG Hamburg, MDR 1953, 252.

meten Grundstücks".[10] Daneben kommt dem Friedhof eine Erholungs- und Grünfunktion zu, bisweilen sind seine Nutzungen auch denkmalrechtlich geprägt.[11]

2.3 *Eigentum am Friedhofsgrundstück*

Friedhöfe sind wegen ihrer Zweckbestimmung zwar dem öffentlichen Recht unterstellt, stehen aber zugleich immer im privatrechtlichen Eigentum, welches in der Regel der politischen oder einer Kirchengemeinde (Kirchenstiftung) zusteht. Eigentümer können jedoch auch dritte natürliche oder juristische Personen (des öffentlichen oder privaten Rechts) sein, die das betreffende Grundstück dem Friedhofsträger zur Benutzung als Friedhof überlassen haben.

Für eigentliche Kirchhöfe, also Bestattungsplätze, die sich im unmittelbaren Umkreis des Kirchengebäudes befinden – sog. Nahfriedhöfe – gilt nach weltlichem (§ 183 II 11 ALR) wie nach kanonischem Recht die Rechtsvermutung zugunsten des Eigentums der Kirche. Diese Vermutung ist allerdings durch § 891 BGB, widerlegbar.[12] Sie ist auch heute noch von Bedeutung, da Grundbucheintragungen selten sind. Ist jedoch ausnahmsweise ein Friedhofseigentümer im Grundbuch eingetragen, so gilt er gemäß § 891 BGB auch als der wirkliche Eigentümer. Auf sog. Fernfriedhöfe findet dieser Grundsatz jedoch keine Anwendung, da sie kein Zubehör der Kirchengebäude sind. Hier muss der Beweis dafür erbracht werden, dass der Friedhof kirchliches Eigentum darstellt.

Friedhofsgrundstücke sind gemäß § 3 II GBO[13] nur auf besonderen Antrag grundbucheintragungspflichtig

2.4 *„Theorie des modifizierten Privateigentums"*

Friedhofsgrundstücke unterliegen im Allgemeinen den Regeln des bürgerlichen Rechts, insbesondere des Sachenrechts. Ihre öffentliche Zweckbestimmung verlangt eine Sonderstellung gegenüber anderen Grundstücken und Schutz vor profanierender Benutzung. Das privatrechtliche Eigentum am Friedhof erfährt durch die öffentlich-rechtliche Zweckbestimmung der ordnungsgemäßen Bestattung eine wesentliche Einschränkung, die sich namentlich in einer beschränkten Verfügungsgewalt des Eigentümers zeigt.[14] Ansatz dieser Erwägungen ist die sog. „Theorie des modifizierten Privateigentums"[15]

Der Eigentümer darf keine Verfügungen treffen, die den öffentlichen Zweck des Friedhofs behindern, gefährden oder gar aufheben. Über den Rahmen der Zweckbestimmung hinaus unterliegt er in der Betätigung seiner Eigentümerbefugnis aber keiner Beschränkung. So kann er das Friedhofsgrundstück veräußern, dinglich belasten oder an ihm eine Hypothek bestellen, jedoch ist ein Eigentümerwechsel nur unter der Vor-

---

10 Axer, Friedhöfe als öffentliche Sachen, DÖV 2013, 165 (168) sowie prägnant BGHZ 14, 294 (299-300).
11 Ulrich Stelkens, Gemeingebrauch, Sondernutzung und „Hausrecht" auf Friedhöfen, Wirtschaft und Verwaltung 2015/1, S. 45-54.
12 RGZ 27, 255.
13 Grundbuchordnung in der Fassung der Bekanntmachung v. 26.5.1994 (BGBl. I S. 1114), zuletzt geändert durch Art. 3 des Gesetzes v. 3.12.2015 (BGBl. I S. 2161).
14 BGHZ 14, 294 (299), auch RGZ 12, 280.
15 Etwa Papier, in: Erichsen/Ehlers (Hrsg.), Allgemeines Verwaltungsrecht, 14. Aufl. (2010), § 38 Rn. 18 ff.

aussetzung möglich, dass das Grundstück auch fernerhin der Öffentlichkeit zu Bestattungszwecken zur Verfügung steht.[16]

Ein Friedhofsgrundstück haftet für Schulden des Eigentümers wie jedes andere Grundstück. Der Zwangsversteigerung unterliegen Friedhöfe jedoch nicht.

Das Friedhofsgrundstück erlangt völlige Verkehrsfreiheit erst mit seiner Entwidmung. Dieser geht im Regelfall die Schließung (Außerdienststellung) des Friedhofs voraus. Während dieser Zeit laufen Ruhezeiten und Nutzungsrechte aus und werden keine Bestattungen mehr vorgenommen.

## 2.5 Erbbaurechte

Auf älteren Friedhöfen können vereinzelt Erbbaurechte im Sinne des § 1 ErbbauRG bestehen, soweit es sich um gemauerte Grüfte handelt.[17]

## 2.6 Nachbarrecht

Friedhöfe sind – wie auch andere Grundstücke öffentlich-rechtlicher Körperschaften – dem Nachbarrecht unterworfen, soweit dies ihrem Widmungszweck nicht widerstrebt. Dem Friedhofseigentümer stehen gegen Störungen des Eigentums durch Einwirkungen Dritter die Befugnisse aus den §§ 903 ff. BGB sowie die Eigentumsstörungsklage nach § 1004 BGB zu, jedoch kann er sich auf die ihm hierdurch eingeräumten Befugnisse nur soweit berufen, als dies mit dem Widmungszweck im Einklang steht.

Einem Friedhof ist jede Art von Ansiedlung und jeder Betrieb fern zu halten, die der Würde des Ortes nicht entsprechen, etwa eine gewerbliche Hundeschule.[18] Da der geltend gemachte Beseitigungs- und Unterlassungsanspruch nach § 1004 BGB privatrechtlicher Natur ist, ist nach § 13 GVG der Rechtsweg zu den ordentlichen Gerichten eröffnet.[19] Ergänzend gelten die Nachbarrechtsgesetze der Länder.[20]

Abstandvorschriften haben nachbarschützenden Charakter, jedoch besteht kein genereller Anspruch auf Einhaltung eines bestimmten Abstandes zwischen einem Grabfeld und einem benachbarten Wohngebiet.[21] Sofern nicht in den örtlichen Bebauungsplänen besondere Regelungen getroffen sind, finden die allgemeinen baurechtlichen Bestimmungen über den Grenzabstand Anwendung.[22]

## 2.7 Andere Nutzungen

Etwaige Nutzungen (z.B. die Gewinnung von Gras, Baumfrüchten oder Holz, landwirtschaftliche oder gärtnerische Nutzungen) stehen grundsätzlich dem Eigentümer des Friedhofs zu (§ 818 II 11 ALR), es sei denn, dass durch Gesetz oder Observanz (Ge-

---

16 RGZ 100, 213.
17 Erbbaurechtsgesetz, früher: Verordnung über das Erbbaurecht v. 15.1.1919 (RGBl. S. 72, ber. S. 122), zuletzt geändert durch Gesetz v. 1.10.2013 (BGBl. I S. 3719).
18 VG Gelsenkirchen, Urt. v. 7.6.2010 – 6 K 4652/08 –, juris.
19 VG München, Beschl. v. 26.10.2011 – M 17 K 11.2643 –, juris.
20 OLG Naumburg, Urt. v. 22.7.2014 – 12 U 192/13 –, juris.
21 Münster, NVwZ-RR 2004, 641-643.
22 VGH Kassel, DÖV 1958, 498-501; VGH Mannheim, UPR 1993, 229.

wohnheitsrecht) etwas anderes bestimmt ist. Die Ruhe und Würde des Friedhofs darf nicht beeinträchtigt werden; eine Verpachtung von Gärtnerei- und Treibhausanlagen ist zulässig. Unzulässig ist die Benutzung des Friedhofs zum Wäschetrocknen, als Viehweide oder zum Gemüseanbau. Im Rahmen eines sog. Mikrofreiflächenmanagements dürften im Einzelfall aber Nutzungen wie bspw. Spielmöglichkeiten für Kinder, ein Ensemble von Sitzbänken oder eine Bücherbox als zulässig anzusehen sein.[23]

### 3. (Bau-)Planungs- und Ordnungsrecht

Friedhöfe sind als öffentliche Einrichtungen Gegenstand der Planung, insbesondere der Bauleitplanung. Soweit erforderlich, sind Friedhöfe im Flächennutzungsplan darzustellen, aus dem sich für das gesamte Gemeindegebiet die – nach den voraussehbaren Bedürfnissen der Gemeinde beabsichtigte – Bodennutzung ergibt (§ 5 II Nr. 5 BauGB). Das Gleiche gilt für die verbindlichen Bebauungspläne (§ 9 I Nr. 15 BauGB). Kirchliche Bedarfsanmeldungen für Friedhöfe sind nach § 1 V 2 Nr. 6 BauGB bei der Planaufstellung zu berücksichtigen. Beim Friedhofsentwicklungsplan handelt es sich um eine „sonstige (informelle) städtebauliche Planung". Entscheidend ist insoweit lediglich, dass er als Ausdruck eines planvollen städtebaulichen Handelns von der Gemeinde beschlossen wurde und sie sich damit tendenziell i. S. einer Richtschnur konsequenten politischen Handels selbst gebunden hat.[24] Beabsichtigt eine Kirchengemeinde, einen eigenen Friedhof anzulegen, und weigert sich die politische Gemeinde, dies bei der Bauleitplanung zu berücksichtigen, so wären der Flächennutzungsplan und der entsprechende Bebauungsplan ebenfalls rechtswidrig. Die Kirchengemeinde könnte die Rechtswidrigkeit des Bebauungsplans im Wege der Normenkontrollklage nach § 47 I Nr. 1 VwGO geltend machen oder im Verwaltungsrechtsweg, wenn ihr Antrag auf Genehmigung der Anlegung des Friedhofs unter Berufung auf den Bebauungsplan abgelehnt wird.

Friedhöfe nehmen im Baurecht keine Sonderstellung ein. Sie zählen nach § 5 I Nr. 5 und § 9 I Nr. 15 BauGB zu den (öffentlichen und privaten) Grünflächen mit einer bestimmten konkreten Zwecksetzung und werden damit ihrer Funktion als Faktor des Klimas und Kleinklimas, des Immissionsschutzes und als Element im Gefüge des Ortsbilds angesprochen. Diese bauplanerische Einordnung steht der Errichtung baulicher Anlagen im Einzelfall nicht entgegen. Bauliche Anlagen und sonstige Einrichtungen sind zulässig, soweit sie sich im Rahmen der Zweckbestimmung halten und für die Nutzung notwendig bzw. nützlich sind (Krematorien, Leichenhallen, Feierräume, Wirtschafts-, Verwaltungs- und Betriebsgebäude, Sanitärgebäude). Dabei müssen die bauleitplanerischen Abwägungsgrundsätze beachtet werden, wenn im Bebauungsplan konkretisierende Festsetzungen getroffen werden sollen (§ 1 VI BauGB).

Friedhofsbauten unterliegen den allgemeinen bauordnungsrechtlichen Vorschriften. Daher bedarf auch der Friedhofseigentümer zur Errichtung derartiger baulicher Anla-

---

23 Spranger, Zur Nutzung von Mikrofreiflächen, Friedhofskultur 2014 (2) S. 34-35.
24 Gaentzsch, in: Schlichter/Stich/Driehaus/Paetow (Hrsg.), Berliner Kommentar zum BauGB, 3. Aufl., Stand: 32.. Erg.-Lfg. (Dezember 2015), § 1 Rdnr. 77.

gen der Genehmigung nach den jeweils geltenden landesbauordnungsrechtlichen Bestimmungen.

## 4. Erschließungsbeiträge

Für kommunale Friedhöfe werden keine Erschließungsbeiträge nach § 133 I S 2 BauGB erhoben.[25] Kirchliche Friedhöfe (res sacrae) können nach der Rechtsprechung des BVerwG[26] – grundsätzlich zu Erschließungsbeiträgen nach § 133 I BauGB herangezogen werden.[27] Der Friedhofseigentümer erlange durch die Anlegung einer Straße, von der aus der Friedhof zugänglich sei, einen Vorteil, nämlich den Friedhof entsprechend seinem Widmungszweck zu nutzen. Kirchliche Friedhöfe können aber ihrer Funktion wegen die Voraussetzungen für Billigkeitsmaßnahmen nach § 135 V BauGB erfüllen.[28] Dies ist regelmäßig der Fall, wenn es sich bei dem kirchlichen Friedhof um den Einzigen am Ort handelt, weil die politische Gemeinde dadurch von der Sorge für das Friedhofswesen freigestellt wird.

## 5. Kanalanschlussbeiträge

Unstatthaft ist eine Heranziehung lediglich als Grabfelder genutzter Friedhofsgrundstücke zu Kanalanschlussbeiträgen, da für diese mit der Anbindung an die öffentliche Abwasseranlage kein wirtschaftlicher Vorteil verbunden ist.[29] Bei der Abwasserbeseitigung versickert regelmäßig das Oberflächenwasser auf einem Friedhof.

## 6. Steuerrecht

Alle Bestattungsplätze, gleichgültig in wessen Eigentum sie stehen, sind von der Grundsteuer befreit.[30] Als Bestattungsplätze in diesem Sinne gelten auch Urnenfriedhöfe, Kolumbarien, Leichenhallen, Friedhofskapellen, Krematorien und alle anderen Gebäude, die der Bestattung oder der Pflege des Andenkens der Toten dienen, sowie die dazugehörigen Grün- und Schmuckanlagen. Auf dem Friedhofsgrundstück befindliche Dienstwohnungen des Friedhofspersonals sind jedoch gemäß § 5 GrStG grundsteuerpflichtig.

Friedhofsgebühren und Gebühren für hoheitliche Leistungen unterliegen nicht der Umsatzsteuer, jedoch Leistungen privatwirtschaftlichen Charakters. Die am 1.1.2016 neue eingefügte Norm § 2b UStG hat zur Folge, dass zahlreiche und wesentliche Besteuerungsprivilegien der öffentlichen Hand aufgehoben worden sind. Jede Tätigkeit

---

25 BVerwG, DÖV 1984, 590-591; weitergehend: Klingshirn/Drescher/Thimet, Bestattungsrecht in Bayern, Loseblattsammlung, Stand: 30. Erg.-Lfg. (Oktober 2015), Kap. B13 Rdnr. 11a.
26 BVerwG, DVBl 1979, 784-785.
27 BVerwG, Urt. v. 3.6.1971 – IV C 10.70 –, KStZ 1971, 222; Neumann, Friedhöfe erschließungsbeitragspflichtig?, Deutsche Friedhofskultur 1978, 240.
28 Kortmann, Beitragserlaß und Beitragsermäßigung für kirchliche Friedhöfe, KStZ 1982, 206.
29 VG Düsseldorf, Deutsche Friedhofskultur 1988, 90 mit Anmerkung von Sperling.
30 § 4 Nr. 2 des Grundsteuergesetzes (GrStG) i.d.F. v. 7.8.1973 (BGBl. I S. 965) zuletzt geändert durch Art. 38 des Gesetzes v. 19.12.2008 (BGBl. I S. 2794); die Voraussetzungen des § 3 GrStG müssen nicht erfüllt sein. Maßgebend für die Grunderwerbssteuer ist das Grunderwerbsteuergesetz i.d.F. v. 26.2.1997 (BGBl. I S. 418, 1804), zuletzt geändert durch Art. 8 des Gesetzes v. 2.11.2015 (BGBl. I S. 1534).

von juristischen Personen des öffentlichen Rechts auf privatrechtlicher Grundlage wird als unternehmerisch eingestuft. Nicht als Unternehmer i.S.d. UStG sind juristische Personen des öffentlichen Rechts nur dann anzusehen, wenn es sich um eine Tätigkeit handelt, die dieser im Rahmen der Ausübung öffentlicher Gewalt obliegt und die Nichtbesteuerung nicht zu größeren Wettbewerbsverzerrungen führt. Diese Regelung entspricht weitestgehend dem Wortlaut des Art. 13 MwStSystRL.[31] Der Gewerbe- und der Körperschaftssteuer unterliegen Friedhöfe nicht.[32]

## 7. Naturschutz

Friedhöfe können nach § 23 BNatSchG unter Naturschutz gestellt werden. Der Schutz kann sich auch darauf erstrecken, das Landschaftsbild vor verunstaltenden Eingriffen zu bewahren. Bei Neuanlegungen oder Erweiterungen von Friedhöfen hat die Genehmigungsbehörde vor der Genehmigung von Planungen oder Maßnahmen, die zu wesentlichen Veränderungen der Landschaft führen können, die untere Naturschutzbehörde zu beteiligen. Auch für den Gehölzschnitt ergeben sich Konsequenzen aus dem BNatSchG. Die maßgebliche Regelung für die Baumpflege im Jahreszeitverlauf findet sich in der relativ neuen Vorschrift des § 9 V BNatSchG, die einen allgemeinen Habitatschutz begründet und das Spannungsfeld zwischen Art-(Tier-) schutz und Pflanzenschutz zu lösen versucht. Ggf. sind Ausnahmegenehmigungen nach § 45 VII BNatSchG einzuholen oder behördliche Anordnungen zu beantragen (§ 39 V S 2 Nr. 2 BNatSchG).[33]

## 8. Denkmalschutz

Friedhöfe können im Rahmen des sog. Ensembleschutzes auch als Baudenkmal gewertet werden und damit dem Denkmalschutz unterliegen. Die Landes-Denkmalschutzgesetze regeln, was ein Kulturdenkmal (Bau- und Bodendenkmal) ist und wie es geschützt wird. Anzeigepflichten und Genehmigungsvorbehalte sichern das denkmalrechtliche Anliegen ab. Diese können gerade bei der Entwidmung eines Friedhofs Relevanz erlangen. Aus Gründen des Denkmalschutzes kann in Freiheit und Eigentum des Denkmaleigentümers eingegriffen werden.[34] Gegenstand des Schutzes ist die erhaltenswerte Gesamtanlage einschließlich der Gräber und Grabmale, des Baumbestandes, der Einfriedung und der Gebäude als Zeuge des Zeitgeistes, der Geschichte der Gemeinde und der handwerklichen Kunst. Die Bestimmung der Schutzobjekte erfolgt durch Einzelentscheidung.[35]

---

31 Vgl. Beine/Lezius, Die Umsatzsteuer steht vor der Kirchenpforte, KVVI im Dialog 2013, Heft 2, S. 24-27.
32 Engelhardt, Bestattungswesen und Friedhofsrecht, in: Listl/Pirson, Handbuch des Staatskirchenrechts der Bundesrepublik Deutschland, 2. Aufl. (1995), § 46, S. 119.
33 Überblick bei Dujesiefken/Rieche/Baumgarten, Gehölzschutz und Naturschutz: Konsequenzen aus dem BNatSchG, Friedhofskultur 2012 (7) S. 14-15; vertiefend: dieselben, Jahrbuch der Baumpflege (2011), S. 57-68; dieselben, Das CODIT-Prinzip – Von den Bäumen lernen für eine fachgerechte Baumpflege (2008).
34 Grundlegend: BVerfGE 100, 226-248, DÖV 1999, 870-873 mit Entscheidungsbesprechung von Roller, NJW 2001, 1003-1009.
35 Vertiefend Hönes, Kernfragen des Rechts des Bestattungs- und Friedhofswesens, LKV 2002, 49-57.

## 9. Jagdrecht

Friedhöfe gehören zu den befriedeten Bezirken im Sinne des Jagdrechts, in denen die Jagd gemäß § 6 BJagdG grundsätzlich ruht, in beschränktem Ausmaß jedoch dem Jagdberechtigten gestattet werden kann. Dieses Verbot beruht auf der Erwägung, dass die befriedeten Bezirke wegen der Art ihrer Benutzung durch Menschen oder wegen des besonderen Charakters, hier also der Würde des Friedhofs, einen besonderen Schutz verdienen und deshalb eine Jagdausübung nicht zulassen. Der Friedhofsträger ist berechtigt und durch den Friedhofszweck u.U. auch verpflichtet, den Friedhof zur Verhütung von Wildschäden dauerhaft und vollständig einzufrieden. Hat er es unterlassen, so wird er dies – insbesondere wenn wiederholt Wildschaden über ein zumutbares Maß hinaus verursacht worden ist – gegen sich gelten lassen müssen.[36]

## 10. Verkehrssicherungspflicht

Jeder, der auf einer seiner Verfügung unterstehenden Immobilie den öffentlichen Verkehr ermöglicht oder zulässt, ist verpflichtet, für die Sicherheit des sich auf dem Grundstück abspielenden Verkehrs zu sorgen und sein Grundstück jederzeit in einem Zustand zu halten, der für die Benutzer keine Gefahren entstehen lässt. Diese sog. Verkehrssicherungspflicht liegt nicht im Eigentum begründet, sondern in dem „Tatbestand, dass nach der konkreten Lage der Verhältnisse von einer Sache Gefahr für Dritte ausgeht".[37] Kommunen und Kirchen[38] sind im gleichen Maße wie Private für den verkehrssicheren Zustand ihrer (Friedhofs-)Grundstücke verantwortlich. Die Verkehrssicherungspflicht bezieht sich auf die Wege und Grabpfade, den Winterdienst,[39] die Sicherheit der Bauwerke und Einrichtungen, die Bäume[40] und insbesondere auf die Standsicherheit von Grabmalen.[41] Letztere sind einer jährlichen Standsicherheitsüberprüfung in Form einer Druckprobe zu unterziehen.[42] Inhaltlich dürfen an die Sorgfaltspflicht des Anstaltsträgers keine überspannten Anforderungen gestellt werden. Diese finden ihre Grenzen in der Leistungsfähigkeit des Verpflichteten und dort, wo der zur Erfüllung der Verkehrssicherungspflicht erforderliche Aufwand in keiner vernünftigen Beziehung zu dem zu

---

36 § 34 der Leitfassung des Deutschen Städtetages für eine Friedhofssatzung und der Musterfriedhofssatzung des Städte- und Gemeindebundes (Haftungsausschluss).
37 BGH, NJW 1953, 1865.
38 BGH, NJW 1977, 1392; KG Berlin, NJW 1974, 1560.
39 OLG München, Beschl. v. 22.2.2010 – U 4405/09 –, juris; LG Hechingen, BWGZ 2001, 697.
40 Forschungsgesellschaft für Landschaftsentwicklung Landschaftsbau e.V. (FLL) (Hrsg.), Richtlinien für Regelkontrollen zur Überprüfung der Verkehrssicherheit von Bäumen, www.baumkontrolle.de (Abrufdatum: 20.02.2016). Für Bestattungswälder beachte BGHZ 195, 30-42 = NJW 2013, 48-51.
41 Nähere Einzelheiten regelt die TA Grabmal, Ausgabe 2012, auf die die VSG 4.7 beispielhaft verweist, oder alternativ die Richtlinie für die Erstellung und Prüfung von Grabmalanlagen, herausgegeben vom Bundesinnungsverband des Deutschen Steinmetz-, Stein- und Holzbildhauerhandwerks (BIV); 5. Aufl. (2007).
42 Instruktiv: Braun, Friedhöfe, in: Bundesarbeitsgemeinschaft Deutscher Kommunalversicherer (Hrsg.), Sonderheft: Haftungsrechtliche Organisation im Interesse der Schadensverhütung, 4. Aufl., (2011), S. 92-98; Barthel, in: Gaedke, Handbuch des Friedhofs- und Bestattungsrechts, 11. Aufl. (2016), Kap. 3 Rn. 71-111 m.w.N.

erreichenden Erfolg steht.[43] Es können nur solche Maßnahmen von ihm verlangt werden, die den Umständen nach zumutbar sind.[44]

## 11. Friedhofsordnung

Die Beziehungen zwischen dem Friedhofsträger und den Friedhofsbenutzern werden durch die Friedhofsordnung (Friedhofssatzung) geregelt. Der Friedhofsträger tritt dem Nutzer nicht vertraglich – auf Gleichordnungsebene –, sondern hoheitlich gegenüber.[45] Der Zulassungsanspruch ist immer öffentlich-rechtlich auszugestalten,[46] während das sog. Abwicklungsverhältnis auch durch Nutzungs- und Entgeltvereinbarungen (AGB sowie Preisliste) regelbar ist, wenngleich sich dies nicht empfiehlt.[47]

Wie bei jeder öffentlichen Anstalt bedarf es auch beim Friedhof zur Klarstellung des Benutzungsverhältnisses, der rechtlichen Beziehungen zwischen dem Friedhofsträger und den Friedhofsbenutzern, der beiderseitigen Rechte und Pflichten einer Anstaltsordnung, dies umso mehr, als es sich beim Friedhof um eine Anstalt mit Benutzungszwang handelt. Der Friedhofsträger ist daher nicht nur befugt, sondern sogar gehalten, die Benutzung des Friedhofs durch Erlass entsprechender Vorschriften zu regeln. Der Erlass einer Friedhofsordnung ist daher zwingend erforderlich.[48]

Die Träger kirchlicher Friedhöfe, i.d.R. die Kirchengemeinden, setzen mit dem Erlass von Friedhofsordnungen öffentliches Recht. Die Rechtsmacht dazu folgt aus ihrem Status als Körperschaft des öffentlichen Rechts gem. Art. 140 GG i.V.m. Art. 137 V WRV i.V. mit den staatlichen Friedhofs- und Bestattungsgesetzen.

## 12. Finanzierung und Gebühren

Die Kosten für die Anlegung und Unterhaltung eines Friedhofs gehen grundsätzlich zulasten des Friedhofsträgers. Sie sind, da sich ein Friedhof finanziell selbst tragen soll, aus den Einnahmen, vor allem also aus dem Gebührenaufkommen, zu decken (gebührenrechtliches Kostendeckungsprinzip). Dabei sind die gebührenrechtlich ansatzfähigen Kosten in vollem Umfang auf die Nutzer der Einrichtungen umzulegen. Neben den verschiedenen Gebühren können bei einem Friedhof auch noch andere Einnahmen anfallen.

### 12.1 Grenzen der Gebührenvollfinanzierung

Das hergebrachte Modell der Gebührenvollfinanzierung stößt aufgrund des seit Jahren ungebremsten Trends zur Feuerbestattung und zu kleinen, günstigen Gräbern an seine Grenzen. Einnahmen brechen weg, während z.T. ungenutzte Friedhofsflächen weiter zu

---

43 Überblick bei Barthel, Bestattungsgesetz Niedersachsen, 3. Aufl. (2014), Einf., Erl. 9.
44 Dazu auch Kapitel XII, Teil 3, S. 783, Verkehrssicherungspflichten.
45 VGH München, BayVBl 1965, 315.
46 Thimet, in: Klingshirn/Drescher/Thimet, Bestattungsrecht in Bayern, Loseblattsammlung, Stand: 30. Erg.-Lfg. (Oktober 2015), Kap. B20 Rn. 5.
47 VGH München, BayVBl 1995, 310; Thimet, in: Klingshirn/Drescher/Thimet, Bestattungsrecht in Bayern, Loseblattsammlung, Stand: 30. Erg.-Lfg. (Oktober 2015), Kap. B20 Rn. 2-3.
48 Spranger, Bestattungsgesetz Nordrhein-Westfalen, Kommentar, 3. Aufl. (2015), § 4 Rn. 1 (S. 98).

unterhalten und zu finanzieren sind. In der Folge erhöhen Friedhofsträger die Gebühren, um annähernd die Kosten zu decken. Dies verschärft die Lage weiter, weil besonders günstige Gräber oder Bestattungsmöglichkeiten außerhalb klassischer Friedhöfe dadurch noch attraktiver werden. Auch die allgemeinen Kostensteigerungen der letzten Jahre haben zwangsläufig eine Ausweitung der Friedhofshaushalte bewirkt. Daher wird der Grundsatz des Kostendeckungsprinzips nicht durchgehalten werden können.[49] Ggf. muss zum Defizitausgleich auf das Gemeinde- bzw. Kirchenvermögen zurückgegriffen werden.[50]

Das Gebührenerhebungsrecht in Friedhofsangelegenheiten zählt zu dem mit dem Körperschaftsstatus verbundenen Privilegienbündel der Kirchen. Die entsprechenden Bestimmungen der landesrechtlichen Kommunalabgabengesetze sind zwar nicht unmittelbar anzuwenden, enthalten jedoch die für jedermann geltenden Grundsätze des Abgabenrechts.[51]

### 12.2 Besonderheiten der Gebührenfinanzierung kirchlicher Friedhöfe

Der Grundsatz, dass ein Friedhof sich selbst tragen soll, gilt auch für kirchliche Friedhöfe beider Konfessionen. Eine Verpflichtung der Kirchengemeinde, sich an der Aufbringung der für die Unterhaltung benötigten Mittel zu beteiligen, tritt jedoch erst ein, wenn einmalige besondere Aufwendungen erforderlich sind, deren Tilgung aus den Gebühreneinnahmen nicht möglich ist, wenn bei einmaligen, besonderen Ausfällen das Gebührenaufkommen zur Deckung der notwendigen Ausgaben nicht reicht und ein Ausgleich in den nächsten Jahren nicht möglich ist oder wenn alle Möglichkeiten der Gebührenerhöhung nach Art und Höhe ausgeschöpft sind und dennoch ein Ausgleich zwischen Einnahmen und Ausgaben nicht erzielt werden kann. Vielfach bedarf die Kirchengemeinde zur Gewährung von Zuschüssen aus Kirchensteuermitteln der Genehmigung der vorgesetzten Kirchenbehörde.[52]

In Gemeinden, in denen nur ein kirchlicher Friedhof vorhanden ist oder angelegt werden soll, ist die politische Gemeinde grundsätzlich zur Beteiligung an den Kosten der Unterhaltung, Erweiterung oder Neuanlage heranzuziehen. In diesen Fällen erfüllt die Kirchengemeinde mit der Unterhaltung ihres Friedhofs auch Aufgaben, zu denen primär die politische Gemeinde verpflichtet ist, ohne dass von einer unzulässigen Übertragung gemeindlicher Pflichtaufgaben auf einen anderen Rechtsträger gesprochen werden kann.[53]

---

49 Barthel, in: Gaedke, Handbuch des Friedhofs- und Bestattungsrechts, 11. Aufl. (2016), Kap. 3 Rn. 113; Driehaus, Kommunalabgabenrecht, Kommentar, Stand: 53. Erg.-Lieferung (September 2015), Bd. 3, § 6 (S. 62 ff., 148 ff.).
50 Gawel, Warum man Kostendeckung nicht erzwingen kann, Friedhofskultur 2013 (3) S. 30-34.
51 OVG Lüneburg., Urt. v. 27.10.1992 – 8 S 4451/91 –, DVBl 1993, 266; OVG Lüneburg, Urt. v. 30.11.1994 – 8 L 166/92 –, DÖV 1995, 518; OVG Lüneburg, Urt. v. 26.1.1984 – 3 C 7/83 –, NVwZ 1987, 708.
52 Barthel, in: Gaedke, Handbuch des Friedhofs- und Bestattungsrechts, 11. Aufl. (2016), Kap. 3 Rn. 118 f.
53 Barthel, in: Gaedke, Handbuch des Friedhofs- und Bestattungsrechts, 11. Aufl. (2016), Kap. 3 Rn. 120.

In einigen Bundesländern ist die Kostenbeteiligung gesetzlich festgelegt.[54] Ob ein Anspruch auf Förderung auch aus dem Gleichheitssatz des Art. 3 I GG hergeleitet werden kann,[55] ist strittig.

In der Regel werden insoweit öffentlich-rechtliche Verträge (§§ 52-61 VwVfG) zwischen dem kirchlichen Friedhofsträger und der Kommune geschlossen. Ansatzpunkt ist ein verlangter Defizitausgleich in Höhe der dem Gebührenzahler gegenüber nicht ansetzbaren[56] Kosten des öffentlichen Grüns.[57] Der „grünpolitische Wert" liegt im pflichtgemäßen Ermessen des Friedhofsträgers, der dabei an das Äquivalenzprinzip gebunden ist,[58] er kann nach der Rechtsprechung sicher mit knapp 20 % veranschlagt werden.[59] In Fällen kleinerer Landgemeinden ohne „klassischen" kommunalen Friedhof war bisweilen die Ankündigung hilfreich, den kirchlichen Friedhof aufzugeben bzw. sämtliche Kosten als Vollkosten kalkulatorisch in Ansatz zu bringen. Aufgrund der kommunalrechtlichen Gewährleistungspflicht der Kommunen, für örtliche Bestattungsmöglichkeiten zu sorgen, konnten unter Mediation des Verfassers für beide Seiten befriedigende Lösungen erreicht werden.

## 12.3 Haushaltsplan

Für jeden Friedhof ist für jedes Rechnungsjahr nach Maßgabe der geltenden Gesetze oder kirchlichen Bestimmungen ein Haushaltsplan aufzustellen, in den alle zu erwartenden Einnahmen und Ausgaben einzusetzen sind. Bei der Kalkulation der Grabgebühren werden die Kosten für ein Jahr zugrunde gelegt und diese Kosten auf die voraussichtlich in diesem Zeitraum zu vergebenden Nutzungsrechte verteilt. Neue Einnahmemöglichkeiten können die Einführung einer Friedhofsunterhaltungsgebühr und die Erhebung von Ausgleichs- und Erneuerungsgebühren bei Verlängerung bestehender älterer Grabnutzungsrechte, deren Fortdauer durch eine neue Friedhofsordnung begrenzt worden ist, bilden.

## 12.4 Gebührendifferenzierung bei kirchlichen Friedhöfen

Es ist zulässig, wenn kirchliche Friedhofsträger bei Bestattungen von nicht zur Kirchengemeinde gehörenden Personen – aus der Kirche Ausgetretene, Andersgläubige,

---

54 Bayern: Art. 110 I BayVerf; Sachsen: § 4 II SächsBestG; Mecklenburg-Vorpommern: § 14 III 3 BestG MV; Sachsen-Anhalt: Schlussprotokoll des Wittenberger Vertrags; Berlin: Ausführungsvorschriften zu § 12 VI FriedhofsG Bln (AV-Ehrengrabstätten); Hamburg: § 13 III FriedhofsG HH; Schleswig-Holstein: § 22 II 2 BestG SH. Weiterführend: Barthel, in: Gaedke, Handbuch des Friedhofs- und Bestattungsrechts, 11. Aufl. (2016), Kap. 3 Rn. 121.
55 So von Campenhausen/Thiele (Hrsg.), Göttinger Gutachten II, Kirchenrechtliche Gutachten in den Jahren 1990-2000, (2002), S. 150 ff.
56 VG Gelsenkirchen, Urt. v. 23.1.2003 – 13 K 4860/01 –, Friedhofskultur 2005 (3) S. 34.
57 Barthel, in: Gaedke, Handbuch des Friedhofs- und Bestattungsrechts, 11. Aufl. (2016), Kap. 2 Rn. 61 sowie Kap. 3 Rn. 114-117, 132; Venne/Güß, Erholungs- und Freizeitwert von Friedhöfen, Friedhofskultur 2015 (6) S. 20-23 (Teil 1); Friedhofskultur 2015 (7) S. 43-45 (Teil 2); GALK (Hrsg.), Gebührenrelevanz von öffentlichem Grün auf kommunalen Friedhöfen (2001), http://www.galk.de/arbeitskreise/ak_friedhof/down/akfriedhoefe_gebuehren040227.pdf (Abrufdatum: 20.02.2016).
58 VG Münster, Urt. v. 29.11.1989 – 6 K 973/88 –, n.v.
59 VG Frankfurt a.M., Gerichtsbescheid v. 11.11.2008 – 10 E 3692/07 (3) –, juris, VG Gelsenkirchen, Urt. v. 23.1.2003 – 13 K 4860/01 –, juris.

Nichtortsansässige – höhere Gebühren fordern als von ihren Gemeindemitgliedern (Andersgläubigen- bzw. Dissidentenzuschlag).[60] Die Kirchengemeinde hat den Friedhof auf ihre Kosten zu beschaffen, zu unterhalten und zu verwalten, wozu die Gemeindemitglieder laufend mittelbar, d.h. auf dem Wege über die von ihnen entrichtete Kirchensteuer, beigetragen haben und nun – unter dem Gesichtspunkt einer gerechten Lastenverteilung auf alle Friedhofsbenutzer – von den Nichtmitgliedern der Kirchengemeinde eine entsprechende Gebühr gefordert wird.[61] Derartige Aufschläge müssen durch die Gebührenordnung festgelegt sein und sollten 50 % der Gebühren für Gemeindemitglieder nicht übersteigen. Dies gilt jedoch nur für kirchliche Friedhöfe ohne Monopolstellung.

Wenn die Gebühren des kirchlichen Friedhofs erheblich unter denen des kommunalen liegen kann mit einem Gebührenzuschlag einem rein wirtschaftlich begründeten Nachfrageanreiz entgegengewirkt werden.[62]

## 12.5 Kostenfreie Bestattung

In letzter Zeit wird gelegentlich ein bedingungsloses Recht auf eine kostenfreie Bestattung für Jedermann als Grundversorgung des Staates für seine Bürger gefordert.[63] Dies kann heute nicht rechtmäßig angeboten werden, weil damit das Gebührenrecht verletzt würde.

---

60 OVG Bremen, NVwZ 1995, 804 (805); Spranger, Bestattungsgesetz Nordrhein-Westfalen, 3. Aufl. (2015), § 4 Rn. 137 (S. 162).
61 OVG Lüneburg, NVwZ 1995, 807-809, sowie OVG Bremen, NVwZ 1995, 804-807 m. Anm. von de Wall, NVwZ 1995, 769-770; Engelhardt, Bestattungswesen und Friedhofsrecht, in: Listl/Pirson, Handbuch des Staatskirchenrechts der Bundesrepublik Deutschland, 2. Aufl. (1995), § 46, S. 121; Sperling, Dissidentenzuschläge bei den Friedhofsgebühren kirchlicher Friedhöfe, DFK 1991, 300.
62 Spranger, Bestattungsgesetz Nordrhein-Westfalen, 3. Aufl. (2015), § 4 Rn. 139 (S. 163).
63 Albrecht, Das Kostenfreie Grab, Friedhofskultur 2014 (4) S. 14-16, Barthel, in: Gaedke, Handbuch des Friedhofs- und Bestattungsrechts, 11. Aufl. (2016), Kap. 3 Rn. 125.

# XII.
## Eigentümeraufgaben und Eigentümerpflichten

# 1. Energie- und Umweltmanagement

*Volker Teichert*

Umweltschutz ist zu teuer? Wer so denkt, denkt zu kurz. Denn die Erfahrungen belegen, dass sich in den Kirchengemeinden, kirchlichen Einrichtungen und Organisationen der Sozialwirtschaft, bei denen ein konsequentes Energie- und Umweltmanagement eingeführt wurde, nach wenigen Jahren die Kosten für Strom, Heizenergie, Wasser und Abfall verringern. Aber nicht nur wegen möglicher Kosteneinsparungen sollten Einrichtungen umweltbewusst agieren, sondern auch aus Verantwortung für die Schöpfung. Nach dem Energiedienstleistungsgesetz (EDL-G) dürften künftig vor allem Einrichtungen, die einer wirtschaftlichen Tätigkeit nachgehen, dazu verpflichtet sein, ein Energieaudit durchzuführen. Wer allerdings bereits über ein Energiemanagementsystem nach der DIN EN ISO 50001 oder über ein Umweltmanagementsystem nach EMAS verfügt oder bis Anfang Dezember 2015 erklärt hat, dieses eingeführt zu haben, ist von dessen Durchführung befreit.

## 1. Klimaschutz als Aufgabe von evangelischer und katholischer Kirche

Die Bundesregierung 2010 beschloss, die Treibhausgasemissionen in Deutschland bis zum Jahr 2020 um mindestens 40 Prozent und bis 2050 um 80-95 Prozent gegenüber dem Niveau von 1990 zu senken.[1] Ebenso wie die Bundesregierung hat auch die Evangelische Kirche in Deutschland (EKD) sich zum Ziel gesetzt, ihre Treibhausgasemissionen zu reduzieren und zugleich als Multiplikator in die Gesellschaft zu wirken.

In den vergangenen Jahren haben sich zahlreiche Landessynoden der evangelischen Kirche mit dem Thema Klimaschutz befasst und die Empfehlungen der EKD in eigene Beschlüsse einfließen lassen oder eigene Ziele formuliert.

Die Notwendigkeit, sich aus Gründen der eigenen Glaubwürdigkeit vermehrt mit Umwelt- und Klimaschutz in der eigenen Einrichtung zu befassen, wird zusätzlich gestützt durch im engen Sinne ökonomische Überlegungen: Steigende Preise für Strom und Heizenergie, wachsende Kosten für Wasser, Abwasser und Abfälle sowie zunehmende Kosten für den Betrieb der Dienstfahrzeuge, all das sind einzelne Anlässe, sich Gedanken darüber zu machen, wie Kirchengemeinden und kirchliche Verwaltungen, Schulen und Krankenhäuser sowie Einrichtungen der Sozialwirtschaft diese Kostenexplosion in den Griff bekommen können.

In seiner jüngst erschienenen Enzyklika „Laudato Si" sieht Papst Franziskus im Klimawandel ein globales Problem mit schwerwiegenden Umweltaspekten, der eine der wichtigsten aktuellen Herausforderungen an die Menschheit darstellt. Weiter heißt es:

---

1 Bundesministerium für Umwelt, Naturschutz, Bau und Reaktorsicherheit (2015): Die deutsche Klimaschutzpolitik. www.bmub.bund.de/themen/klima-energie/klimaschutz/nationale-klimapolitik/klimapolitik-der-bundesregierung.

„Viele von denen, die mehr Ressourcen und ökonomische oder politische Macht besitzen, scheinen sich vor allem darauf zu konzentrieren, die Probleme zu verschleiern oder ihre Symptome zu verbergen, und sie versuchen nur, einige negative Auswirkungen des Klimawandels zu reduzieren. Viele Symptome zeigen aber an, dass diese Wirkungen jedes Mal schlimmer sein können, wenn wir mit den gegenwärtigen Produktionsmodellen und Konsumgewohnheiten fortfahren".[2]

Daneben darf nicht vergessen werden, dass am 22. April 2015 die Änderungen des EDL-G in Kraft traten. Nach diesem Gesetz waren Organisationen, die mehr als 250 Mitarbeiter/innen beschäftigen oder mehr als 50 Mio. Euro Umsatz und mehr als 43 Mio. Euro Bilanzsumme aufweisen, dazu verpflichtet, bis zum 5. Dezember 2015 ein Energieaudit durchzuführen. Organisationen, die bereits über ein Energiemanagementsystem nach der DIN EN ISO 50001 oder ein Umweltmanagementsystem nach der „Verordnung (EG) Nr. 1221/2009 des Europäischen Parlaments und des Rates vom 25. November 2009 über die freiwillige Teilnahme von Organisationen an einem Gemeinschaftssystem für Umweltmanagement und Umweltbetriebsprüfung", kurz auch als EMAS[3] bezeichnet, verfügen, sind von der Pflicht ausgenommen. Ebenso hatten die Einrichtungen die Möglichkeit, bis zum 5. Dezember 2015 gegenüber dem Bundesamt für Wirtschaft und Ausfuhrkontrolle (BAFA) zu erklären, dass sie ein solches Managementsystem umgesetzt haben. In diesem Fall haben sie ein Jahr Zeit gewonnen, müssen aber in dieser Zeit ein Energie- oder Umweltmanagementsystem eingeführt haben. In der Sozialwirtschaft dürften vor allem wirtschaftlich tätige Einrichtungen wie etwa Krankenhäuser, Reha-Kliniken, Senioren- und Pflegeheime, Jugendhilfeeinrichtungen und Bäderbetriebe ihren Energieverbrauch zu überprüfen haben, indem sie entweder ein Energieaudit durchführen oder ein Umwelt- resp. Energiemanagement einführen. Ansonsten droht den Einrichtungen ein Bußgeld bis maximal zu einer Höhe von 50.000,- Euro. Der genaue Betrag bemisst sich an der Höhe des Umsatzes.

## 2. Durchführung eines Energieaudits

Mit einem Energieaudit sollen mindestens 90 Prozent des Energieverbrauches von Kirchengemeinden, kirchlichen Einrichtungen oder Organisationen der Sozialwirtschaft betrachtet werden. Dies umfasst neben den Energieverbräuchen in den Gebäuden auch den Bereich des Verkehrs. Dies ist bei etwaigen Dienstfahrzeugen – beispielsweise bei kirchlichen Einrichtungen oder Organisationen der Sozialwirtschaft – zu berücksichtigen.

Im Grunde ist das Energieaudit eine ausführliche Energieberatung für die jeweilige kirchliche Einrichtung oder Organisation der Sozialwirtschaft, um ihre Energieeffizienz zu verbessern und den Energieverbrauch zu verringern. Der Umfang eines solchen Energieaudits ist in DIN EN 16247-1 festgeschrieben. Das Audit sieht die systematische Prüfung und Analyse des Energieeinsatzes und des Energieverbrauchs einer Organisati-

---

2 Der Heilige Stuhl (2015): Enzyklika „Laudato Si" von Papst Franziskus über die Sorge für das Gemeinsame Haus. http://w2.vatican.va/content/dam/francesco/pdf/encyclicals/documents/papa-francesco_20150524_enciclica-laudato-si_ge.pdf.
3 EMAS steht für Eco Management and Audit Scheme.

*1. Energie- und Umweltmanagement* 647

on mit dem Ziel vor, Energieflüsse und das Potenzial für Energieeffizienzverbesserungen zu identifizieren und über diese zu berichten. Ein Energieaudit hat durch einen bei der BAFA registrierten und anerkannten Energieberater zu erfolgen und ist nach folgendem Muster alle vier Jahre zu wiederholen:

## 2.1 Auftaktbesprechung

In diesem Auftaktgespräch hat der Energieberater über die Ziele, den Anwendungsbereich, die Grenzen und die Tiefe des Energieaudits zu informieren.

## 2.2 Datenerfassung

Weiter muss der Energieauditor in Zusammenarbeit mit der jeweiligen Einrichtung folgendes erfassen:
a) Liste der Energie verbrauchenden Systeme, Prozesse und Gebäude,
b) ausführliche, charakteristische Merkmale der zu auditierenden Einrichtung einschließlich möglicher Anpassungen und Überlegungen, wie die Organisation den Verbrauch beeinflussen kann,
c) Erfassung von Energieverbrauchsdaten aus den zurückliegenden Jahren, Strom- und Heizenergieverbrauch sowie Erfassung der Mobilität, Anpassungsfaktoren, relevante, in Beziehung stehende Messungen.
d) Erörterung der Entwicklung und Ereignisse in der Vergangenheit, die den Energieverbrauch in der Periode, über die gesammelte Daten vorliegen, beeinflusst haben könnten,
e) Konstruktions-, Betriebs- und Wartungsdokumente,
f) Energieaudits oder vorherige Untersuchungen in Bezug auf Energie und Energieeffizienz,
g) derzeitiger und geplanter Tarif oder ein Referenztarif, der für den Schutz des wirtschaftlichen Vertrauens verwendet wird,
h) andere relevante Wirtschaftsdaten,
i) den Zustand des Energiemanagementsystems.

## 2.3 Besichtigung der kirchlichen oder diakonischen Organisation

Der Auditor hat unter anderem folgende Aufgaben wahrzunehmen:
a) Überprüfung des Nutzerverhaltens und dessen Einfluss auf den Energieverbrauch,
b) Erarbeitung von Vorschlägen zur Verbesserung der Energieeffizienz,
c) Durchführung von Messungen und Beobachtungen unter Normalbedingungen,
d) Gewährung eines Zugangs zu Konstruktionszeichnungen, Handbüchern und anderer technischer Dokumente.

## 2.4 Analyse

Während dieser Phase muss der Energieauditor die bestehende Situation hinsichtlich der energiebezogenen Leistung des auditierten Objekts feststellen. Die bestehende Situa-

tion hinsichtlich der energiebezogenen Leistung wird zum Bezugspunkt. Anhand dieses Bezugspunktes können Verbesserungen gemessen werden. Dies muss umfassen:
a) eine Aufschlüsselung des Energieverbrauchs auf der Verbrauchs- und Versorgungsseite,
b) Energieflüsse und Energiebilanz des auditierten Objekts,
c) das Muster der Energienachfrage im Zeitverlauf,
d) die Beziehungen zwischen Energieverbrauch und Anpassungsfaktoren,
e) eine oder mehrere Energieleistungskennzahlen, die zur Evaluierung der auditierten Einrichtung geeignet sind.

*2.5 Erstellung eines zusammenfassenden Berichts*

Der Energieauditor hat Messungen zusammenzufassen und die Validität und Qualität der Daten zu kommentieren. Des Weiteren hat er darzulegen, ob die Ergebnisse auf Berechnungen, Simulationen oder Schätzungen beruhen. Der Auditbericht muss eine Zusammenfassung, Hintergrundinformationen zur kirchlichen oder diakonischen Organisation, Informationen zur Datenerfassung, eine Analyse des Energieverbrauchs und Möglichkeiten zur Verbesserung der Energieeffizienz enthalten.

*2.6 Abschlussbesprechung*

Hier muss der Energieauditor die Ergebnisse präsentieren und erläutern.

Kirchliche Einrichtungen oder Organisationen der Sozialwirtschaft, die sich angesichts der knappen, zeitlichen Vorgaben, die sich durch das EDL-G ergeben, dazu entschließen, kein Energieaudit durchzuführen, sondern ein Energiemanagement nach der DIN EN ISO 50001 oder ein Umweltmanagement nach EMAS einzuführen, haben dadurch zwar rund ein Jahr an Zeit gewonnen, doch auch die DIN EN ISO-Norm bzw. die EMAS-Verordnung verlangen die Einhaltung von Vorgaben und die Zertifizierung des Managementsystems.

## 3. Einführung eines Umweltmanagements

*3.1 Grundlage EMAS-Verordnung*

Die Notwendigkeit, ja die Dringlichkeit, den Schutz unserer Umwelt und den verantwortungsvollen Umgang mit unseren Energie- und Rohstoffressourcen in unser alltägliches Handeln aktiv mit einzubeziehen, ist also unbestritten. In zahlreichen Kirchengemeinden, kirchlichen Einrichtungen und Organisationen der Sozialwirtschaft wird daher schon seit Jahren versucht, durch vielfältige umweltbezogene Aktivitäten auf diese Herausforderungen zu antworten. In den meisten Fällen existiert in diesen Einrichtungen jedoch kein Gesamtkonzept für umweltgerechtes Handeln, die entsprechenden Projekte stehen oft unverbunden nebeneinander. Zwar sind in den kirchlichen Einrichtungen und Organisationen der Sozialwirtschaft das entsprechende Bewusstsein und der gute Wille vorhanden, möglichst umfassend für die Bewahrung der Schöpfung zu arbeiten; jedoch wird dieses Leitbild meist nicht systematisch umgesetzt. Es fehlen oftmals bereits die entscheidenden Daten und Instrumente, um den Ressourcenverbrauch einzuschränken, und die Zuständigkeiten der Mitarbeiterinnen und Mitarbeiter sind ungeklärt. Genau an dieser Stelle hilft die Einführung eines Umweltmanagements nach EMAS. Das systematische Vorgehen nach EMAS zeigt Einsparpotenziale auf, die sich sowohl auf die Umweltressourcen als auch auf finanzielle Aspekte beziehen.

*3.2 Schritte eines kirchlichen Umweltmanagements*

Das Umweltmanagement versteht sich als umfassende Überprüfung des Umweltzustandes einer Kirchengemeinde, einer kirchlichen Einrichtung oder einer Organisation der Sozialwirtschaft. Entlang eines eindeutig festgelegten Kreislaufprozesses wird versucht, die Umweltbelastungen kontinuierlich zu verringern.

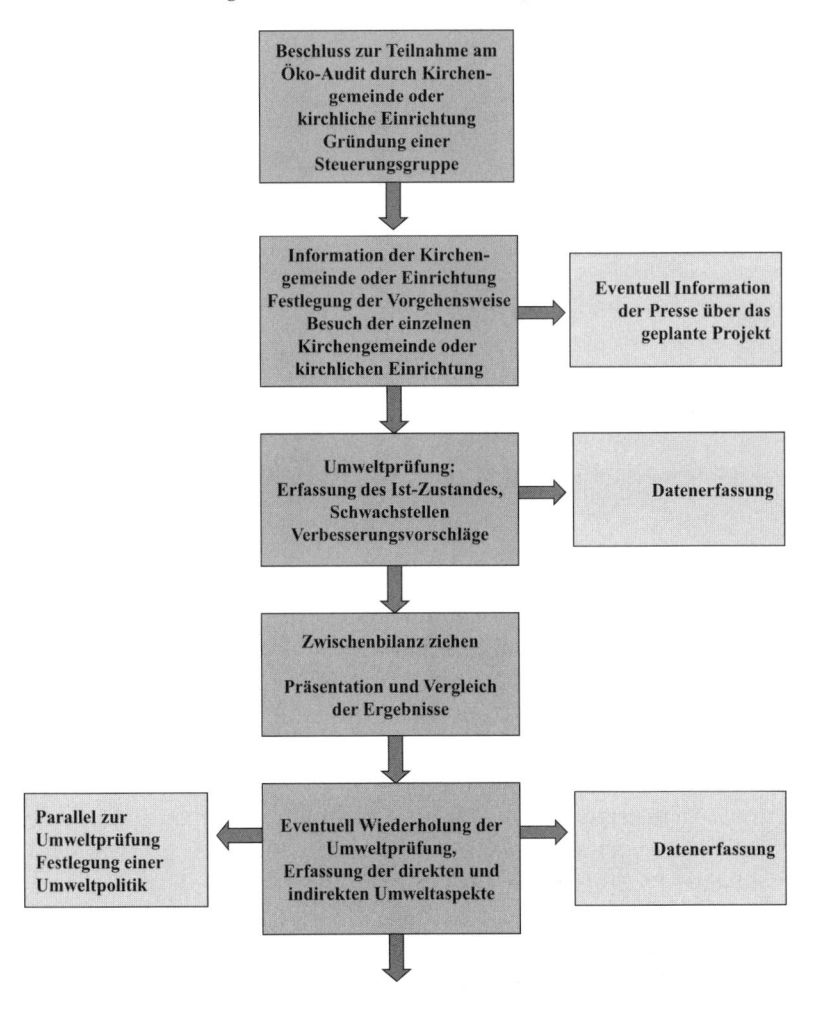

```
┌─────────────────────────┐
│ Beschluss zur Teilnahme │
│   am Öko-Audit durch    │
│   Kirchengemeinde oder  │
│  kirchliche Einrichtung │
│     Gründung einer      │
│     Steuerungsgruppe    │
└───────────┬─────────────┘
            ▼
┌─────────────────────────┐      ┌──────────────────────┐
│ Information der Kirchen-│      │                      │
│ gemeinde oder Einrichtung│─────▶│ Eventuell Information│
│ Festlegung der Vorgehens-│     │ der Presse über das  │
│ weise Besuch der einzelnen│    │   geplante Projekt   │
│ Kirchengemeinde oder    │      │                      │
│ kirchlichen Einrichtung │      └──────────────────────┘
└───────────┬─────────────┘
            ▼
┌─────────────────────────┐      ┌──────────────────────┐
│      Umweltprüfung:     │      │                      │
│ Erfassung des Ist-Zustandes,│──▶│   Datenerfassung     │
│      Schwachstellen     │      │                      │
│   Verbesserungsvorschläge│     └──────────────────────┘
└───────────┬─────────────┘
            ▼
┌─────────────────────────┐
│   Zwischenbilanz ziehen │
│                         │
│  Präsentation und Vergleich│
│      der Ergebnisse     │
└───────────┬─────────────┘
            ▼
┌──────────────┐  ┌─────────────────────────┐  ┌──────────────────┐
│ Parallel zur │  │ Eventuell Wiederholung  │  │                  │
│ Umweltprüfung│◀─│    der Umweltprüfung,   │─▶│ Datenerfassung   │
│ Festlegung   │  │ Erfassung der direkten  │  │                  │
│ einer        │  │ und indirekten          │  │                  │
│ Umweltpolitik│  │ Umweltaspekte           │  └──────────────────┘
└──────────────┘  └───────────┬─────────────┘
                              ▼
```

```
                    ↓
          ┌─────────────────────────┐
          │ Festlegung von Umweltzielen │
          │ und Erstellung eines    │
          │ Umweltprogramms         │
          └─────────────────────────┘
                    │
┌──────────────┐    │
│ Verabschiedung des │◄──┤
│ Umweltprogramms  │
│ durch Ältestenrat oder │
│ Vorstand     │
└──────────────┘    ↓
          ┌─────────────────────────┐      ┌─────────────────────┐
          │ Aufbau eines            │─────►│ Festlegung von      │
          │ Umweltmanagementsystems │      │ Verantwortlichkeiten│
          └─────────────────────────┘      │ Erstellung eines Umwelt-│
                    ▲                      │ management-Handbuches│
┌──────────────┐    │                      └─────────────────────┘
│ Konstituierung des │
│ Umweltmanagement-│───┤
│ systems      │    │
└──────────────┘    ↓
          ┌─────────────────────────┐      ┌─────────────────────┐
          │ Erstellung einer        │─────►│ Information der Presse│
          │ Umwelterklärung         │      └─────────────────────┘
          └─────────────────────────┘
                    ↓
          ┌─────────────────────────┐      ┌─────────────────────┐
          │ Validierung             │─────►│ Prüfung von         │
          │ durch einen Umweltgutachter│   │ Umweltpolitik       │
          └─────────────────────────┘      │ Umweltprogramm      │
                    ▲                      │ Umweltmanagement-   │
┌──────────────┐    │                      │ system              │
│ Teilnahmeerklärung │──┤                  └─────────────────────┘
└──────────────┘    ↓
          ┌─────────────────────────┐      ┌─────────────────────┐
          │ Standortregistrierung   │─────►│ Industrie- und      │
          └─────────────────────────┘      │ Handelskammer       │
                                           │ oder Handwerkskammer│
                                           └─────────────────────┘
```

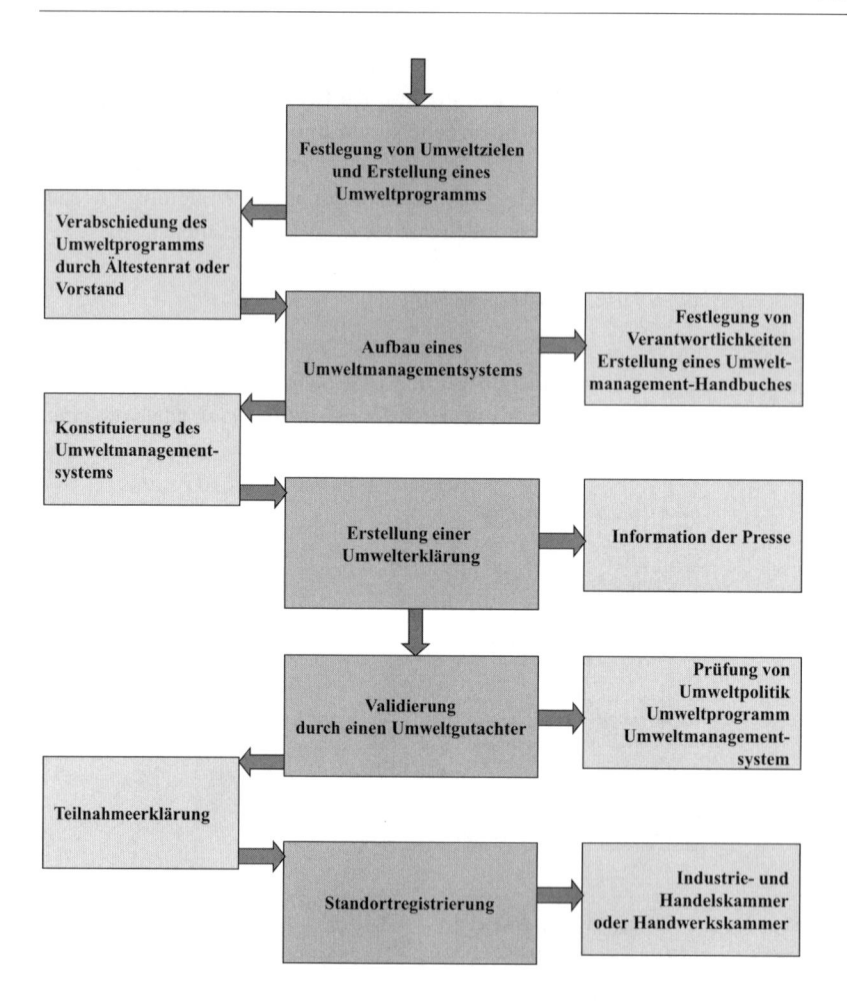

### 3.2.1 Projektstart

Da ein Umweltmanagement ohne die breite Zustimmung aller Mitglieder oder Mitarbeiter/innen einer Kirchengemeinde, kirchlichen Einrichtung oder Organisation der Sozialwirtschaft nicht erfolgreich durchgeführt werden kann, ist es dringend angeraten, im Vorfeld die *Zustimmung der entscheidenden Gremien* (z.B. Ältestenrat, Presbyterium, Mitarbeitendenversammlung) zur Durchführung eines Umweltprozesses einzuholen. Bereits im Vorfeld sollte zudem festgelegt werden, was mit den möglicherweise eingesparten Geldern bei Heizenergie, Strom, Wasser und Müll in der Kirchengemeinde, der kirchlichen Einrichtung oder der Organisation der Sozialwirtschaft gemacht wird. So könnte ein bestimmter Prozentsatz der eingesparten Gelder im Haushalt verbleiben, ein weiterer Prozentsatz könnte zur freien Verfügung für andere Projekte gestellt werden, und ein Rest könnte in energietechnische Innovationen (verbesserte Dämmung, Austausch von Fenstern, Bau einer Photovoltaik- oder Solaranlage) investiert werden. In dieser Phase sollte auch eine Steuerungsgruppe gegründet werden, in der in einer Kirchengemeinde etwa der Hausmeister (Küster), ein Vertreter des Ältestenrates, der Pfarrer und ein/e Mitarbeiter/in des Kindergartens vertreten sein könnte. In einer kirchlichen Einrichtung oder Organisation der Sozialwirtschaft könnten der Steuerungsgruppe ein Mitarbeiter aus der Verwaltung, der Hausmeister, ein Mitglied des Vorstandes und interessierte Mitarbeiter aus einzelnen Abteilungen angehören. Im Endeffekt sollte das Gremium nicht größer als fünf bis sechs Personen umfassen.

### 3.2.2 Durchführung der Umweltprüfung

Der Prozess beginnt mit der *Umweltprüfung*, einer detaillierten Bilanz der Umweltbelastungen. Mit Hilfe von Checklisten werden allgemeine Angaben zur Kirchengemeinde, kirchlichen Einrichtung oder Organisation der Sozialwirtschaft erhoben und die Gebäudestruktur, die Außenanlagen, der Energieverbrauch, der Wasserverbrauch, die Abfallsituation, die Nutzung von Büromaterialien, die Reinigung des Gebäudes, der Einsatz von Reinigungsmitteln, die Verkehrsanbindung und die Benutzung verschiedener Verkehrsmittel, die Lärmbelastung, und die Sicherheitssituation (Brand- und Unfallschutzmaßnahmen) untersucht. Die Daten werden zu einer Verbrauchsbilanz übersichtlich zusammengefasst. Dieser Einstieg ins Umweltmanagement ist zeitlich aufwändig und benötigt deswegen der Unterstützung durch die Steuerungsgruppe und die Bereitschaft zur Zusammenarbeit all der Stellen, die zur Informationsbeschaffung benötigt werden.

### 3.2.3 Verabschiedung einer Umweltpolitik

Parallel zur Umweltprüfung muss die Kirchengemeinde, kirchliche Einrichtung oder Organisation der Sozialwirtschaft eine so genannte *Umweltpolitik* erstellen, in der realistische Umweltleitlinien für die kommenden fünf bis zehn Jahre schriftlich fixiert werden. Sie ist quasi die umweltbezogene „Verfassung" der Kirchengemeinde oder Einrichtung. Die Umweltpolitik sollte in allen entscheidenden Gremien debattiert und verabschiedet werden.

### 3.2.4 Erstellung eines Umweltprogramms

Nach einer kritischen Durchsicht der bilanzierten Umweltsituation (Schwachstellen und Lücken aufdecken!) muss nun auf Basis der Umweltprüfung ein *Umweltprogramm* erstellt werden, in dem konkrete Ziele und Maßnahmen zur Verbesserung der Umweltsituation in den bilanzierten Bereichen mit Zeitvorgaben und Verantwortlichkeiten festgehalten werden. Die Integration des Umweltmanagements in die kirchliche Arbeit sollte als Programmteil eine wichtige Rolle einnehmen. Das Umweltprogramm sollte vom Ältestenrat oder von der Mitarbeitendenversammlung beraten und verabschiedet werden. Letztlich muss das Umweltprogramm durch Qualifikation in die „Köpfe der Menschen" gebracht werden. Dazu eignen sich viele Kleinigkeiten auf dem Weg zum Arbeitsplatz oder über den PC, indem dort beispielsweise wöchentlich ein kleiner Tipp, ein kleines Erfolgserlebnis dargestellt werden. Eine Information mit den aktuellen Ergebnissen und Erfolgen ermutigen jeden Tag neu.

### 3.2.5 Aufbau eines Umweltmanagements

Spätestens jetzt müssen *Verantwortlichkeiten* festgelegt werden, das heißt ein *Umweltmanagement* muss geschaffen werden. Auf allen Ebenen beziehungsweise aus allen Bereichen der Kirchengemeinde oder Einrichtung müssen Personen gefunden werden, die sich für die Umweltsituation verantwortlich fühlen. Diese bilden das Umwelt-Team und wählen aus ihrer Mitte den kirchlichen Umweltbeauftragten oder die kirchliche Umweltbeauftragte. Ein solches Umweltmanagement unterstreicht die Notwendigkeit eines Prozesses von unten nach oben (bottom up), der kreativ und vor allem partizipativ gestaltet wird.

### 3.2.6 Abfassen eines Umweltmanagement-Handbuches

Eine für die meisten Einrichtungen eher mühsame und bürokratisch anmutende Arbeit ist das Erstellen des *Umweltmanagement-Handbuches*, in dem das Umweltmanagementsystem in seinem Aufbau, in seinen Aufgaben und in seiner Arbeitsweise beschrieben und dokumentiert wird. Letztlich ist dieses Handbuch die Gesamtdokumentation des Umweltmanagements und dringt tiefer ins Detail als die nachfolgend beschriebene Umwelterklärung. Das Handbuch muss beständig aktualisiert und gepflegt werden und ist Grundlage für die gutachterliche Prüfung. Bei der Anlage des Handbuches liegt es nahe, die Bereiche Arbeitssicherheit, Qualität und Umwelt miteinander zu verbinden. Wer ein Managementsystem aufgebaut hat, kann es leicht in die eine oder andere Richtung erweitern. Die Überwachung der Arbeitssicherheit stellt auch eine Verpflichtung des Umweltmanagements dar, weil sich die einzelnen kirchlichen Einrichtungen zur Einhaltung und Überprüfung der rechtlichen Vorschriften bereit erklärt haben. So müssen beispielsweise für Gefahrstoffe die entsprechenden Sicherheitsdatenblätter im Bereich Arbeitssicherheit vorliegen, gleiches wird auch vom Umweltmanagement verlangt.

### 3.2.7 Erstellung der Umwelterklärung

Der letzte Baustein des ersten Durchgangs im Kreislaufprozess eines Umweltmanagements ist das Verfassen der *Umwelterklärung*, in der das geschaffene Umweltprofil der Kirchengemeinde oder Einrichtung dargestellt wird. Sie enthält neben einer Selbstdarstellung der Gemeinde oder Einrichtung im Wesentlichen die Umweltpolitik, das Umweltprogramm, eine Beschreibung des Umweltmanagements, die Ergebnisse der Umweltprüfung in komprimierter Form, eine Zusammenfassung der verfügbaren Daten über die Umweltleistung in Form von Umweltkennzahlen und eine Bewertung der direkten und indirekten Umweltaspekte hinsichtlich ihrer Umweltrelevanz und der Möglichkeit, sie kontinuierlich zu verbessern. Die Umwelterklärung ist die Veröffentlichung der geleisteten Umweltarbeit. Sie kann benutzt werden, um für die Einrichtung zu werben. In der Regel achten die Einrichtungen darauf, dass ihre Umwelterklärung aus dem Internet herunter geladen werden kann.

3.2.8 Registrierung

Wenn die Kirchengemeinde, kirchliche Einrichtung oder Organisation der Sozialwirtschaft ins entsprechende Register der zuständigen Industrie- und Handelskammer oder Handwerkskammer eingetragen werden will, muss eine *Validierung* nach EMAS durch einen unabhängigen Umweltgutachter durchgeführt werden, der die Umweltpolitik, das Umweltprogramm, das Umweltmanagement-Handbuch und die Umwelterklärung prüft und der sich etwa einen oder mehrere Tag(e) vor Ort, also in der Kirchengemeinde oder Einrichtung, aufhält, um sich einen Eindruck von der Praxis des Umweltmanagements zu machen. Die Kosten sind von der Größe der Gemeinde oder Einrichtung abhängig.

3.2.9 Revalidierung und Durchführung von internen Audits

Gut ein bis zwei Jahre dauert dieser erste Durchgang des Prozesses. Das Zertifikat selbst ist im Allgemeinen drei Jahre gültig; die Gültigkeit muss aber jedes Jahr durch einen Vor-Ort-Besuch des Umweltgutachters bestätigt werden. Kleinere Organisationen mit weniger als 250 Beschäftigten haben nach der revidierten EMAS-Verordnung auf Antrag die Möglichkeit, das bisherige Dreijahresintervall auf vier Jahre und das Jahresintervall auf zwei Jahre auszuweiten. Der Umweltgutachter hat dabei folgende Bedingungen zu bestätigen:
– Es liegen keine wesentlichen Umweltrisiken vor.
– Die Organisation plant keine wesentlichen Änderungen.
– Es liegen keine wesentlichen lokalen Umweltprobleme vor, für die die Organisation eventuell verantwortlich sein könnte.

In den Jahren, in denen der zuständigen Stelle keine validierte Umwelterklärung vorgelegt werden muss, hat die Organisation der zuständigen Stelle eine nicht validierte aktualisierte Umwelterklärung vorzulegen.

Drei respektive vier Jahre darf das EMAS-Logo verwendet werden. Um es zu erneuern, muss die Einrichtung nach dieser Zeit die Validierung (jetzt *Revalidierung* genannt) wiederholen. Zwischenzeitlich gilt es, das Umweltprogramm abzuarbeiten und die Aktualisierung der Umweltkennzahlen durchzuführen, mit Hilfe derer Erfolge und Misserfolge der Umweltarbeit belegt beziehungsweise aufgedeckt werden sollen. Jedes Jahr müssen *interne Audits* durchgeführt werden, die die Weiterentwicklung des Umweltmanagements dokumentieren und zur Revalidierung vorgelegt werden müssen.

3.2.10 Vorlage einer erneuten Umwelterklärung

Eine *erneute Umwelterklärung* schließt dann den zweiten Durchgang nach drei oder vier Jahren ab. Zwischenzeitlich ist je nach Größe der Kirchengemeinde oder Einrichtung, eine aktualisierte Umwelterklärung vorzulegen: In ihr werden die Verbrauchsdaten für Strom, Heizenergie und Wasser fortgeschrieben, die Ergebnisse der internen Audits zusammengefasst und die Abarbeitung des Umweltprogramms vorgestellt.

## 4. Einführung eines Energiemanagements

Sehen Kirchengemeinden, kirchliche Einrichtungen oder Organisationen der Sozialwirtschaft das Umweltmanagement nach EMAS bzw. dem Grünen Hahn als zu kompliziert und umfänglich an, haben sie die Möglichkeit, ein Energiemanagement nach der DIN EN ISO 50001 einzuführen. Ziel der DIN EN ISO 50001 ist es, „Organisationen beim Aufbau von Systemen und Prozessen zur Verbesserung ihrer Energieeffizienz zu unterstützen. Durch einen systematischen Ansatz zur Einführung, Verwirklichung, Aufrechterhaltung und Verbesserung eines Energiemanagementsystems soll die Organisation in die Lage versetzt werden, eine kontinuierliche Verbesserung der Leistung des Energiemanagements, der Energieeffizienz und der Energieeinsparung zu erzielen." (DIN EN ISO 50001, S. 4).

Der Aufbau des Energiemanagementsystems ist – wie auch andere vergleichbare Managementsysteme – orientiert am PDCA-Zyklus (Plan-Do-Check-Act), der sich wie folgt beschreiben lässt:

## 1. Energie- und Umweltmanagement

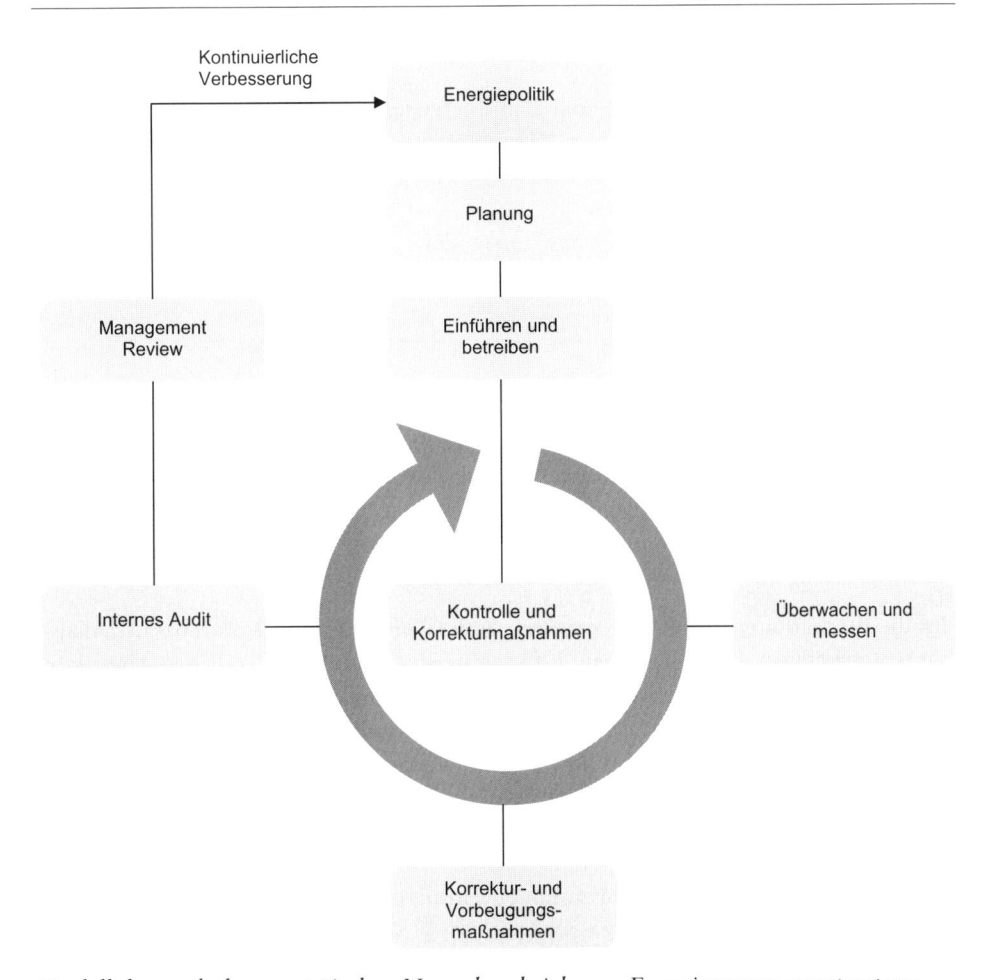

```
                    Kontinuierliche
                    Verbesserung  →  Energiepolitik
                                          |
                                       Planung
                                          |
        Management                    Einführen und
        Review                        betreiben
                                    
                                    
        Internes Audit  —  Kontrolle und  —  Überwachen und
                           Korrekturmaßnahmen    messen
                                    
                                    Korrektur- und
                                    Vorbeugungs-
                                    maßnahmen
```

*Modell des nach der europäischen Norm beschriebenen Energiemanagementsystems*

– Plan (Planung): Definition der erforderlichen Ziele und Prozesse, um so Ergebnisse in Übereinstimmung mit der Energiepolitik der Kirchengemeinde, kirchlichen Einrichtung oder Organisation der Sozialwirtschaft zu erreichen.
– Do (Einführung/Umsetzung): Einführung der Prozesse.
– Check (Überprüfung): Überwachung und Messung der Prozesse mit Blick auf energiepolitische Grundsätze, strategische und operative Ziele, gesetzliche Anforderungen und andere Verpflichtungen, die von der Kirchengemeinde oder Organisation eingegangen wurden, sowie die Dokumentation der Ergebnisse.
– Act (Verbesserung): Eingehen von Maßnahmen zur kontinuierlichen Verbesserung der Leistungen des Energiemanagementsystems.

Vergleichbar der EMAS-Verordnung sieht die Energiemanagement-Norm folgende Phasen – 15 Schritte – vor, die zu erfüllen sind:

## 4.1 Gründung eines Energieteams

In den jeweiligen Organisationen sollte ein Energieteam zusammengestellt werden, das über die einzelnen Schritte des Energiemanagements als zentrale Steuerungs- und Kommunikationseinheit fungiert. Das Energieteam sollte sich aus folgenden Mitarbeitern zusammensetzen:
- Vertreter der Geschäftsführung/des Vorstandes,
- Mitarbeiter/in der Haustechnik,
- Qualitätsbeauftragter,
- Mitarbeiter/in der Verwaltung
- Interessierte/r Mitarbeiter/in

Es sollte etwa alle drei bis vier Monate zusammenkommen und kontinuierlich mit Informationen versorgt werden. Daneben sollte möglichst in jedem Betriebs- oder Gebäudeteil ein Ansprechpartner benannt werden, mit dem die einzelnen Schritte des Energiemanagements abgestimmt werden können.

## 4.2 Einbindung von Beschäftigten in das Energiemanagementsystem

Um die Beschäftigten zu informieren und an der Fortentwicklung des Energiemanagements zu beteiligen, bietet es sich an, Informationsblätter zu veröffentlichen. Diese können im Intranet erscheinen oder an geeigneter Stelle (etwa bei der Zeiterfassung) ausgehängt werden. Die Informationsblätter könnten zu folgenden Themen veröffentlicht werden:
- Information über das Energiemanagement und Einladung zu einem Workshop mit interessierten Beschäftigten,
- Information über die Energiepolitik,
- Umfrage bei den Beschäftigten zu Energieeinsparungen und einem veränderten Mobilitätsverhalten,
- Information über die eingegangenen Vorschläge.

Die Personalversammlung könnte in den kirchlichen Organisationen als geeignetes Organ genutzt werden, um die Beschäftigten über die Fortentwicklung des Energiemanagementsystems zu informieren.

Im Intranet sollte eine Rubrik „Energiemanagement" eingerichtet werden, auf der fortlaufend über den Fortgang des Energiemanagements informiert wird. Dabei sollten nicht nur über die DIN EN ISO 50001, sondern auch über die jeweiligen Schritte ausführlich berichtet werden.

Interessierte Mitarbeiter/innen sollten zu Workshops eingeladen werden. Ziel eines Workshops wäre es, einzelne Beschäftigte frühzeitig mit dem Energiemanagement vertraut zu machen bzw. sie über die einzelnen Schritte zu informieren und sie zu ihren Vorstellungen und Interessen zur Energieeinsparung und Energieeffizienz zu befragen. Es geht bei diesem Workshop darum, den Mitarbeiter/innen zu vermitteln, in den Auditierungsprozess von Anfang an eingebunden zu sein. Ein weiterer Workshop könnte dann durchgeführt werden, wenn das Energieprogramm vorliegt. Den Beschäftigten

*1. Energie- und Umweltmanagement* 657

wird so deutlich gemacht, mit welchen energiepolitischen Veränderungen in nächster Zeit zu rechnen ist.

Damit die Mitarbeiter/innen die Informationen zur Energieauditierung stets wieder erkennen können, ist es empfehlenswert, dass ein Logo entwickelt wird, welches auf allen Informationen und Bekanntmachungen genutzt werden kann. Auf diese Weise kann sichergestellt werden, dass die Beschäftigten die verschiedenen internen Informationen auseinanderhalten und entsprechend zuordnen können.

### 4.3 Festlegung, Einführung und Verabschiedung einer Energiepolitik

Nach der DIN EN ISO 50001 hat die oberste Leitung eine Energiepolitik festzulegen, zu verabschieden und öffentlich zugänglich zu machen. Darin hat sie sich zu verpflichten, strategische Energiemanagement-Ziele zu erreichen und energiebezogene Emissionen zu reduzieren. Um eine breite Grundlage bei den Mitarbeitenden der kirchlichen Organisation zu erreichen, ist die Erarbeitung und Formulierung der Energiepolitik unter Beteiligung der Beschäftigten durchzuführen. Dieses aufwändige Verfahren ist dadurch zu rechtfertigen, dass die Energiepolitik von allen Beschäftigten gleichermaßen mitgetragen werden muss. Ein wesentlicher Vorteil dieses Verfahrens ist letztlich die hohe Akzeptanz durch die Mitarbeiter/innen der Einrichtung.

### 4.4 Ermittlung und Überprüfung von wesentlichen Energieaspekten

Zweck der Ermittlung von wesentlichen Energieaspekten ist es nach der DIN EN ISO 50001, die Bereiche mit hohen Energieverbräuchen herauszufinden, d.h. die Gebäude und Einrichtungen, die den größten Beitrag zur Energienutzung liefern oder die das bedeutendste Potenzial für Energieeinsparungen bieten. Den Kirchengemeinden, kirchlichen Einrichtungen oder Organisationen der Sozialwirtschaft stehen begrenzte Mittel (Zeit, Geld, andere Ressourcen) zur Verfügung. Diese müssen – wie im Finanzbereich – so eingesetzt werden, dass mit dem geringst möglichen Aufwand der größte energetische Nutzen für die Einrichtung erzielt wird. Was der jeweiligen Organisation am meisten nutzt, darf und muss diese selbst über ihre Bewertungskriterien definieren.

Um die Energieaspekte überprüfen zu können, ist eine gründliche Erfassung des Ist-Zustandes der Energieverbräuche vorzunehmen. Entscheidender Teil bei der Erhebung von Grundlagendaten ist die detaillierte Erfassung der Energieinputs und Energieverbräuche. Diese sollten möglichst auf Basis mehrerer Jahre erhoben werden. So können einmalige Abweichungen besser eingeordnet werden. Zur Energieanalyse gehört ferner der Vergleich der erfassten Inputdaten mit ausgewählten Outputdaten. Hier bieten sich eventuell die Zahl der Beschäftigten, die Quadratmeter der Gebäude oder die beheizte Fläche an.

4.4.1 Erhebung der Energiedaten und Erstellung von Energieleistungskennzahlen

Daten für den Energieverbrauch können durch eigene Erhebungen oder aus Rechnungen abgerufen werden. Dabei können die vorhandene Zählerstruktur und die vorhandenen Systeme zur Nutzerinformation im Rahmen der Einführung des Energiemanagementsystems überprüft und eventuell weiter entwickelt werden.

Da die Erzeugung bzw. der Verbrauch von Energie unterschiedliche Umweltbelastungen verursacht, sind ebenso die $CO_2$-Emissionen zu berechnen.

Auf Grundlage der GEMIS-Daten des Internationalen Instituts für Nachhaltigkeitsanalysen und -strategien (IINAS) können die Emissionsfaktoren berechnet werden.[4] Die Emissionsfaktoren berücksichtigen sowohl den direkten Emissionsausstoß aus dem Verbrauch (direkte Emissionen) als auch die Emissionen der *Vorkette*, d.h. Produktion und Bereitstellung des Stroms bzw. des Energieträgers (indirekte Emissionen).

Die Emissionsfaktoren für Mobilität würdigen sowohl den direkten Emissionsausstoß beim Betrieb des Fahrzeugs (direkte Emissionen) als auch die Emissionen der *Vorkette*, d.h. der Produktion des Treibstoffs (indirekte Emissionen). Nicht einbezogen werden Emissionen aus der Fahrzeugherstellung, da deren Erhebung einen erheblichen Zusatzaufwand bedeuten würde oder aber auf sehr grobe Schätzungen beschränkt werden müsste.

Um die $CO_2$-Emissionen durch die Mobilität der Mitarbeiterinnen und Mitarbeiter der Kirchengemeinde, kirchlichen Einrichtung oder Organisation der Sozialwirtschaft zu bestimmen, sollen zunächst die Verkehrsmittel und die damit verbundenen Verkehrsströme erfasst werden. Dazu können im Rahmen des Energiemanagementsystems folgende Daten erhoben werden:

- *Erstens* sollte das Verkehrsaufkommen von Mitarbeiterinnen und Mitarbeitern der jeweiligen Einrichtung erfasst werden. Dazu soll jede/r Mitarbeiter/in per Fragebogen über seinen/ihren Weg zum Arbeitsplatz befragt werden, inklusive der Angabe über gefahrene Kilometer, Verkehrsmittel und mögliche Fahrgemeinschaften.
- *Zweitens* sollten Dienstfahrten der jeweiligen Einrichtung ermittelt werden. Die von den Mitarbeiterinnen und Mitarbeitern durchgeführten Dienstfahrten können erfolgen mit
  - Dienstwagen,
  - dienstlich genutzten Privatautos (möglichst mit weiterer Untergliederung in Kleinwagen, Mittel- und Oberklassewagen, Kleinbus etc. und nach Kraftstoffart),
  - Bahn,
  - Öffentlichem Personennahverkehr,
  - Flugzeug.

Erfolgreiche Energieeinsparungen und das Erreichen der Ziele sind aufgrund von Organisationsänderungen oft schwer nachweisbar. Um Effektivitätsfortschritte dennoch verfolgen zu können, müssen Kennzahlen gebildet werden, die in den Folgejahren weiterentwickelt und ausgewertet werden.

---

4 GEMIS 4.94, vgl. Internationales Institut für Nachhaltigkeitsanalysen und -strategien (2015): Emissionsdaten für Strom-, Wärmebereitstellung und Mobilitätsprozesse in Deutschland. Darmstadt, Internet: www.iinas.org/gemis-download-de.html.

### 4.4.2 Erfassung der Organisations- und Kommunikationsstruktur

Neben der Datenerhebung gehört es zur Aufgabe eines Energiemanagements, die bestehende Organisations- und Kommunikationsstruktur innerhalb der Kirchengemeinde, kirchlichen Einrichtung oder Organisation der Sozialwirtschaft zu erfassen und zu analysieren.

In fast allen Organisationen gibt es bereits organisatorische Regelungen und Verantwortlichkeiten zum Energiemanagement, und sei es nur die Verpflichtung des Controllings, regelmäßig die Energierechnungen mit den eigenen Zählerablesungen zu vergleichen bzw. die Energiekosten zu überwachen. Dazu werden oft verantwortliche Stellen oder Personen benannt, die sich um den Energieverbrauch in einzelnen Bereichen zu kümmern haben.

Alle bestehenden organisatorischen Regelungen und Verfahren müssen erfasst werden, um sie für das spätere Energiemanagement nutzbar zu machen. Hierbei handelt es sich meistens um eingeführte und wirksame Verfahren, die seit Jahren gelebt werden und deshalb in Neuregelungen aufgenommen werden sollten.

### 4.5 Festlegung der geltenden gesetzlichen Anforderungen

Nach DIN EN ISO 50001 muss die Kirchengemeinde, kirchliche Einrichtung oder Organisation der Sozialwirtschaft die rechtlichen und anderen eingegangenen Verpflichtungen ermitteln und einen Zugang dazu nachweisen.

### 4.6 Festlegung von Prioritäten und strategischer sowie operativer Energieziele

Die Festlegung strategischer und operativer Ziele dient nach DIN EN ISO 50001 dazu, die Energiepolitik in konkrete Maßnahmen zur Reduzierung des Energieverbrauchs und der $CO_2$-Emissionen umzusetzen und damit die Energieeffizienz zu verbessern. Die strategischen und operativen Ziele sollten sich in Übereinstimmung mit der Energiepolitik sowie den wesentlichen Energieaspekten befinden. Außerdem sind die strategischen und operativen Ziele regelmäßig zu überprüfen und anzupassen, etwa im Rahmen des Management-Reviews oder durch die regelmäßige Überarbeitung der Energiemanagementprogramme.

### 4.7 Einführung von Energiemanagementprogrammen zur Verwirklichung der Energiepolitik

Die Einführung eines Energiemanagementprogramms dient dazu, dass die jeweilige Einrichtung ihre strategischen und operativen Ziele festlegt und konkretisiert. Im Energiemanagementprogramm sollte deshalb genau beschrieben werden, wie die Einrichtung plant, ihren Energieverbrauch zu reduzieren und ihre Energieeffizienz zu verbessern. Außerdem sollte es eine detaillierte Beschreibung enthalten, wie die notwendigen Aufgaben und Ressourcen verwirklicht werden können.

## 4.8 Sicherstellung von finanziellen Ressourcen für die Einführung, Verwirklichung, Aufrechterhaltung und Verbesserung eines geeigneten Energiemanagementsystems

Die oberste Leitung sollte sicherstellen, dass angemessene Ressourcen für die Verwirklichung und Aufrechterhaltung des Energiemanagements zur Verfügung stehen. Diese Ressourcen umfassen Personal, spezielle Fähigkeiten sowie finanzielle Mittel.

Als Teil dieser Verpflichtung sollte die oberste Leitung eine/n Energiemanagementbeauftragte/n mit festgelegten Verantwortlichkeiten und Befugnissen für die Einführung und Realisierung des Energiemanagements ernennen. Diese/r Beauftragte sollte auch die Verantwortung dafür übernehmen, Energieberichte über Leistung und Ergebnisse des Energiemanagementsystems an die oberste Leitung zu erstellen.

## 4.9 Beteiligung von Mitarbeiter/innen an der Energieauditierung durch Workshops

Wie bereits aufgezeigt,[5] kann ohne ein breites Engagement von Mitarbeiter/innen in der Organisation die konsequente Anwendung der festgelegten Verfahren eines Energiemanagementsystems nicht funktionieren. Täglich entscheiden alle Mitarbeiter/innen mehrfach, ob sie sich am Energiesparen beteiligen, indem sie das Licht oder den PC ausschalten, die Heizungen beim Stoßlüften herunter drehen oder sich für ein umweltverträglicheres Mobilitätsverhalten entscheiden und vieles andere mehr.

Es ist daher wichtig, das Bewusstsein der Mitarbeiter/innen zu beeinflussen und ihr Verhalten mittelfristig zu ändern. Mitarbeiter/innen können nicht „gezwungen" werden, Energie einzusparen. Innerliche Ablehnung ist nicht kontrollier- oder sanktionierbar, kann aber jedes Managementsystem negativ beeinflussen. Sind Mitarbeiter/innen motiviert, werden sie selbst darauf achten, den Energieverbrauch gering zu halten und Verbesserungen vorzuschlagen.

Denn die Mitarbeiter/innen kennen ihre Arbeitsumgebung genau, und es sind vor allem sie, von denen Hinweise kommen können (und in der Praxis kommen), wie Energie eingespart, sinnvoller verwendet oder etwa auf einem niedrigeren Temperaturniveau weiter genutzt werden kann.

## 4.10 Gewährleistung einer internen Kommunikation über die energetische Leistung und das Energiemanagementsystem[6]

Eine effektive Kommunikation ist wesentlich für die erfolgreiche Verwirklichung und die Aufrechterhaltung des Energiemanagementsystems. Sachdienliche und regelmäßige Informationen über das Energiemanagementsystem tragen dazu bei, die Mitarbeiter/innen zu motivieren und zu verpflichten, die Energiepolitik der jeweiligen Einrichtung einzuhalten und sich an der Erreichung der strategischen und operativen Ziele der Einrichtung aktiv zu beteiligen.

Die Organisation sollte sicherstellen, dass die Beschäftigten ermutigt werden, Verbesserungsvorschläge zum Energiemanagementsystem einzureichen. Die Vorschläge

---

5 Hierzu auch Schritt 2.
6 Hierzu auch Ziffer 4.2.

und Kommentare sollten geprüft und beantwortet werden. Sie könnten eine Struktur für die *interne Kommunikation* mit den Beschäftigten einführen, verwirklichen und aufrechterhalten.

*4.11 Lenkung und Dokumentation, Kontrolle von Aufzeichnungen und anderen Dokumenten*

Nach DIN EN ISO 50001 ist sicherzustellen, dass die Kirchengemeinde, kirchliche Einrichtung oder Organisation der Sozialwirtschaft Dokumente in einer für die Verwirklichung des Energiemanagementsystems hinreichenden Weise erstellt und pflegt (= Erstellung eines Management-Handbuches). Das Hauptaugenmerk der Einrichtung sollte auf einer verbesserten energetischen Leistung und der effektiven Verwirklichung des Energiemanagementsystems und nicht auf einem aufwändigen System zur Lenkung von Dokumenten liegen.

*4.12 Ablauflenkung: Ermittlung der Abläufe*

Die jeweilige Organisation sollte diejenigen Abläufe bewerten, die in Verbindung mit ihren festgestellten wesentlichen Energieaspekten stehen, und sicherstellen, dass sie in einer Weise erfolgen, welche den Energieverbrauch kontrollieren und reduzieren, um die Energiepolitik zu erfüllen sowie strategische und operative Ziele zu erreichen.

*4.13 Regelmäßige Messung, Planung, Steuerung und Überwachung von Vorbeugungs- und Korrekturmaßnahmen*

Durch den regelmäßigen Vergleich von tatsächlichem und erwartetem Verbrauch kann die Kirchengemeinde, kirchliche Einrichtung oder Organisation der Sozialwirtschaft ihren Energieverbrauch überwachen und messen.
  Die Überwachung und Messung sollte angemessen sein und die Analyse
– des Energieverbrauchs,
– der zeitlichen Veränderungen und
– der Erreichung operativer Ziele

erleichtern. Dies bedeutet, dass eine Einschätzung und Bewertung der wesentlichen Energieverbräuche in solchen Intervallen erfolgen sollte, die es erlauben, eine Verschlechterung der Energieeffizienz aufzudecken, zu untersuchen und abzustellen.

*4.14 Durchführung von internen Audits*

Der Zweck eines internen Audits ist es, das Energiemanagementsystem systematisch zu überprüfen und zu beurteilen. Im Mittelpunkt steht die Frage, ob das System im Einklang mit den eigenen Anforderungen der kirchlichen Organisation sowie den Anforderungen der DIN EN ISO 50001 betrieben wird. Das Verfahren zur Durchführung eines internen Audits sollte den Umfang der Audits, die Häufigkeit und zeitliche Planung von Audits sowie deren Durchführung festlegen. Die Prozesse sollten außerdem darlegen, wie Erkenntnisse aus den Audits aufgezeichnet und berichtet werden und wie Korrekturmaßnahmen gehandhabt werden.

*4.15 Überprüfung des Energiemanagementsystems durch die oberste Leitung in Form des Management-Reviews*

In regelmäßigen Abständen muss das Energiemanagementsystem durch die oberste Leitung überprüft und auf seine Wirksamkeit und Angemessenheit hin bewertet werden. Bereits zu Beginn hat sich die oberste Leitung in der Energiepolitik zur kontinuierlichen Verbesserung und damit zur systematischen Verfolgung des PDCA-Zyklus bekannt. Das Review bildet dabei immer den Abschluss des alten und gleichzeitig den Beginn des nächsten Zyklus. Es verbindet dabei nach erstmaligem Durchlaufen zukünftig immer die wichtigen Elemente „Act" und „Plan".

Zweck des Management-Reviews ist es, die kontinuierliche Verbesserung und Anpassung des Energiemanagementsystems sicherzustellen, sodass dieses im Einklang mit der Energiepolitik der jeweiligen kirchlichen Organisation betrieben wird. Die Überprüfung beinhaltet, die einzelnen Elemente, ebenso wie den generellen Betrieb des Energiemanagementsystems, bezüglich ihrer Fähigkeit zur Übereinstimmung mit der Energiepolitik sowie der Erreichung der Energieziele kritisch zu bewerten. Es sollte Aufgabe der obersten Leitung der Einrichtung sein, das System in regelmäßigen Abständen zu überprüfen.

## 5. Ausblick

Die bisherigen Erfahrungen mit der Einführung eines Energie- oder Umweltmanagements zeigen etwa drei bis vier Jahre nach Beginn des systematischen und sich kontinuierlich wiederholenden Prozesses eine stetige Verringerung bei den Kosten für Ressourcen. Damit verbunden ist in aller Regel auch eine Reduzierung der $CO_2$-Emissionen. Bislang hat sich aber weder auf evangelischer noch auf katholischer Seite der Gedanke des Energie- oder Umweltmanagements in der alltäglichen Praxis flächendeckend etabliert. Hier besteht in allen Landeskirchen und Diözesen ein erheblicher Handlungsbedarf, um von hervorragenden Pilotprojekten in die Breite der kirchlichen Einrichtungen und Organisationen der Sozialwirtschaft zu gelangen. Nach wie vor haben wir es mit einem Nord-Süd- und mit einem Ost-West-Gefälle zu tun. Aber nur durch ein gemeinsames Handeln vieler kirchlicher Institutionen kann eine öffentlichkeitswirksame „kritische Masse" erreicht werden, verbunden mit einer entsprechenden Innen- und Außenwirkung, die die Langfristigkeit der Umwelt- und Klimaschutzmaßnahmen sicherstellt. Durch Einführung eines konsequenten Energie- oder Umweltmanagements kann eine Steigerung der Energieeffizienz, eine Verbesserung des Nutzerverhaltens und ein vermehrter Einsatz erneuerbarer Energien erreicht werden. Diese führen über den Energie- und Klimaschutz hinaus zu weiteren Umweltentlastungen – auch im Klimaschutz.

## 2. Klimaschutz in kirchlichen Gebäuden

*Oliver Foltin / Volker Teichert*

*Die Bundesregierung beschloss 2010, die Treibhausgasemissionen in Deutschland bis zum Jahr 2020 um mindestens 40 Prozent und bis 2050 um 80-95 Prozent zu senken. Die Kirchen in Deutschland können zu diesen Zielen einen wichtigen Beitrag leisten, indem sie zum einen ihre eigenen Treibhausgasemissionen reduzieren und zum anderen als Vorbild in der und für die Gesellschaft dienen. In diesem Beitrag werden zunächst die im Rahmen von Gebäudebewertungen erhobenen Energiekennzahlen und die durchschnittlichen $CO_2$-Emissionen der verschiedenen Gebäudearten und -baujahre dargestellt, um anschließend Maßnahmen zur Energie- und $CO_2$-Einsparung aufzuzeigen. Denn die Glaubwürdigkeit von evangelischer und katholischer Kirche ist nicht nur von der aktiven Mitgestaltung der entsprechenden gesellschaftlichen Diskurse abhängig, sondern in entscheidenden Maße auch davon, wie der Klimaschutz im eigenen Haus durch entsprechende Maßnahmen umgesetzt wird.*

### 1. Klimaschutz in der Praxis des kirchlichen Handelns

Damit die Kirchen ihre im vorhergehenden Beitrag beschriebenen $CO_2$-Reduktionsziele erreichen können, sind eine Vielzahl unterschiedlichster Maßnahmen notwendig, die dazu beitragen insbesondere den kirchlichen Gebäudebestand flächendeckend energetisch zu sanieren. Genutzt werden konnte dabei von den Landeskirchen und Bistümern in den vergangenen Jahren oftmals das Programm „Förderung von Klimaschutzprojekten in sozialen, kulturellen und öffentlichen Einrichtungen" im Rahmen der Nationalen Klimaschutzinitiative des Bundesministeriums für Umwelt, Naturschutz, Bau und Reaktorsicherheit (BMUB).

Das Programm legt unter anderem einen Schwerpunkt auf die Erstellung von so genannten integrierten Klimaschutzkonzepten und Klimaschutz-Teilkonzepten für Liegenschaften. In Klimaschutz-Teilkonzepten werden für kircheneigene Gebäude – nach der Ermittlung und Bewertung des Ist-Zustandes – durch Energieberater nach zeitlichen Prioritäten unterteilte investive und nicht-investive Maßnahmen vorgeschlagen. Klimaschutzkonzepte hingegen beziehen sich auf die Gesamtheit einer Landeskirche bzw. eines Bistums und berücksichtigen alle relevanten Bereiche, die einen maßgeblichen Beitrag zu den entstehenden $CO_2$-Emissionen leisten. Hierzu zählen etwa sämtliche Liegenschaften einer Landeskirche oder eines Bistums, das Mobilitätsverhalten von Ehrenamtlichen und Mitarbeitenden sowie der Einkauf und die Beschaffung von Dienstleistungen und Produkten.

## 1.1 Klimaschutzkonzepte

Die Klimaschutzkonzepte haben für die jeweiligen Landeskirchen und Bistümer zwei Aspekte: Erstens dienen die Konzepte dazu, die $CO_2$-Emissionen für die Bereiche Liegenschaften, Mobilität und Beschaffung zu bestimmen. Auf dieser Grundlage kann dann festgelegt werden, wie viel $CO_2$-Emissionen reduziert werden müssen, damit die angestrebten Ziele einer Reduktion der $CO_2$-Emissionen realisiert werden kann. Zweitens wird im Rahmen der Klimaschutzkonzepte ein Maßnahmenbündel vorgelegt, mit dessen Hilfe die Reduktion der $CO_2$-Emissionen erreicht werden kann.

Die Maßnahmen können von der Umstellung auf Ökostrom über die stufenweise Sanierung des Gebäudebestandes und Carsharing von Dienstfahrten bis hin zur Einführung von Job-Tickets und der Erarbeitung von ökologischen, sozial gerechten und fairen Richtlinien für die Beschaffung reichen. Für neun Landeskirchen und fünf Bistümer liegen mittlerweile integrierte Klimaschutzkonzepte vor. In drei Landeskirchen und einem Bistum wird aktuell ein solches Konzept erstellt.

Die Umsetzung der Klimaschutzkonzepte wird durch eine dreijährige anteilige Finanzierung der Stelle eines Klimaschutzmanagers durch das BMUB gefördert, die bei Bedarf noch einmal um zwei Jahre verlängert werden kann. In sieben Landeskirchen (Ev. Landeskirche in Baden, Ev.-luth. Landeskirche Hannovers, Ev. Kirche in Hessen und Nassau, Ev. Kirche von Kurhessen-Waldeck, Ev.-Luth. Kirche in Oldenburg, Ev. Kirche der Pfalz und Ev. Kirche von Westfalen) und drei Bistümern (Bistum Eichstätt, Bistum Hildesheim und Erzbistum Köln) sind diese geförderten Stellen aktuell eingerichtet. Weitere Landeskirchen und Bistümer planen entsprechende Förderanträge zu stellen.

## 1.2 Klimaschutz-Teilkonzepte

Die in den geförderten Klimaschutz-Teilkonzepten für kircheneigene Gebäude zu erarbeitenden Maßnahmen sind wesentlich detaillierter als in Klimaschutzkonzepten. Sie beziehen sich neben der Erarbeitung von Konzepten für investive Maßnahmen insbesondere auch auf nicht-investive Maßnahmen, mit denen Energieverbräuche und Treibhausgasemissionen deutlich vermindert werden können.

Die Förderung umfasst zwei Bausteine, deren Beantragung einzeln oder auch kombiniert möglich ist. Die gültigen Förderbedingungen werden jährlich vom BMUB bekannt gegeben. In den vergangenen Jahren betrug die Förderquote der einzelnen Bausteine in aller Regel 50 Prozent der entstehenden Gesamtkosten, die zudem jeweils durch Höchstgrenzen der Förderbeträge limitiert sind.

Zuerst erfolgt im ersten Baustein „Energiemanagement" durch einen externen Energieberater oder Architekten eine Erfassung der einzelnen Gebäude sowie eine Ermittlung und Bewertung des Ist-Zustandes mit Hilfe von Energiekennzahlen. Mit der zusätzlichen Erarbeitung eines Controlling-Konzeptes soll eine dauerhafte Datenerfassung und -auswertung gewährleistet werden. Begleitet werden sollte die Arbeit durch eine interne Arbeitsgruppe „Klimaschutz und Energiemanagement". Die Ergebnisse der Auswertungen werden im Anschluss den relevanten Entscheidungsträgern vorgestellt und mit diesen diskutiert.

Daran anschließend wird im zweiten Baustein eine Gebäudebewertung mit Hilfe von Gebäudebegehungen, Zustandsbeschreibungen von baulichen Teilen (Fassaden, Fenster, Dach) und der Anlagentechnik (Heizung und Lüftung) erarbeitet. Zugleich werden die Kosten für mögliche Investitionsmaßnahmen zur Emissionsminderung sowie das Einsparpotenzial des Energieverbrauchs grob ermittelt. Den Abschluss bildet ein Bericht, in dem – unterteilt nach zeitlichen Prioritäten – die mögliche Umsetzung von investiven und nicht-investiven Maßnahmen und die entsprechenden Sanierungsoptionen mit den verbundenen Investitionskosten dargestellt wird. Dieser Bericht beinhaltet auch eine Kommunikationsstrategie, in der festgelegt wird, wie die Ergebnisse der Untersuchungen den relevanten Akteuren bekannt gemacht und diese bei einer möglichen Umsetzung der vorgeschlagenen Maßnahmen aktiv eingebunden werden können.

*1.3 Auswertung kirchlicher Klimaschutz-Teilkonzepte*

Seit Beginn der Förderung im Jahr 2008 sind 46 Klimaschutz-Teilkonzepte in 14 Landeskirchen und 7 Bistümern gefördert worden. Darin werden über 2.500 Gebäude aus dem kirchlichen Bereich – darunter Kirchen, Gemeindehäuser, Pfarrhäuser und Kindergärten/Kindertagesstätten – untersucht. Eine Auswertung von 27 der vorliegenden Klimaschutz-Teilkonzepte wurde 2013 in einem vom Bundesumweltministerium geförderten Projekt vorgenommen. Die wichtigsten Ergebnisse werden in den nachfolgenden Punkten erörtert.

1.3.1 Ermittlung der Verbrauchskennzahlen für Heizenergie und Strom

Die verschiedenen Gebäudetypen lassen sich nach ihren Verbräuchen für Heizenergie und Strom je nach Nutzung und Baujahr unterscheiden. Die Energiekennzahlen fallen bei den untersuchten Gebäudekategorien – Kindergärten/Kindertagesstätten, Kirchen, Pfarr- und Gemeindehäuser – und dem Alter der Gebäude – vor 1945, zwischen 1945 und 1970 sowie nach 1970 – zum Teil recht unterschiedlich aus. Im Rahmen der Auswertung wurden die Energiekennzahlen auf Basis der vorliegenden Klimaschutz-Teilkonzepte analysiert. Für die Auswertung der Energiekennzahlen lagen die Daten von insgesamt 183 Kindergärten/Kindertagesstätten, 320 Kirchen, 286 Pfarrhäusern und 432 Gemeindehäusern vor. Jedoch sind in den einzelnen Klimaschutz-Teilkonzepten nicht für alle Gebäude immer sowohl Heizenergie- als auch Stromverbräuche erfasst worden. Daher flossen in die Auswertung der Heizkennzahlen 170 Kindergärten/Kindertagesstätten, 306 Kirchen, 271 Pfarrhäuser und 407 Gemeindehäuser ein. Für 138 Kindergärten/Kindertagesstätten, 242 Kirchen, 179 Pfarrhäuser und 259 Gemeindehäuser lagen auswertbare Stromkennzahlen vor.

1.3.2 Heiz- und Stromkennzahlen auf Basis der Klimaschutz-Teilkonzepte

Die höchsten Heiz- und Stromkennzahlen weisen insbesondere Pfarrhäuser und Kindergärten/Kindertagesstätten auf, was auf die intensive Nutzung dieser Gebäude zurückzuführen ist. Bei Gemeindehäusern und insbesondere Kirchen sind diese Werte aufgrund der nur temporären Nutzung deutlich niedriger.

| Kindergärten/Kindertagesstätten (n=170/n=138)* | | |
|---|---|---|
| | Heizkennzahl (kWh/m$^2$) | Stromkennzahl (kWh/m$^2$) |
| alle Baujahre | 174 | 20 |
| Kirchen (n=306/n=242) | | |
| | Heizkennzahl (kWh/m$^2$) | Stromkennzahl (kWh/m$^2$) |
| alle Baujahre | 132 | 11 |
| Pfarrhäuser (n=271/n=179) | | |
| | Heizkennzahl (kWh/m$^2$) | Stromkennzahl (kWh/m$^2$) |
| alle Baujahre | 178 | 15 |
| Gemeindehäuser (n=407/n=259) | | |
| | Heizkennzahl (kWh/m$^2$) | Stromkennzahl (kWh/m$^2$) |
| alle Baujahre | 142 | 12 |

\* n gibt die Zahl der erhobenen Gebäudetypen wieder, gegliedert nach Heizkennzahl/Stromkennzahl.

*Abbildung 1: Übersicht Heiz- und Stromkennzahlen nach Gebäudetypen*

Bei einer differenzierteren Betrachtung der Heizkennzahlen fällt auf, dass der Heizenergieverbrauch pro m$^2$ bei allen Gebäudetypen der Bauperiode 1945-1970 immer über dem Durchschnittswert aller Baujahre liegt. Dies kann mehrere Ursachen haben: Zum einen sind Gebäude aus dieser Bauphase am zahlreichsten in den Teilkonzepten vertreten, sodass eine sehr breite Datenbasis unterschiedlicher Verbrauchswerte vorliegt, zum anderen hat sich in den Gebäuden, die nach 1970 errichtet wurden, der Baustandard kontinuierlich verbessert, etwa durch die Wärmeschutzverordnung von 1977 und deren Novellierungen von 1982 und 1995. Die im Jahr 2002 eingeführte Energieeinsparverordnung (EnEV 2002) spielt noch keine Rolle, da in den Teilkonzepten nur Gebäude untersucht werden dürfen, die älter als zehn Jahre sind. Auch ist es möglich, dass viele Gebäude aus der Bauzeit vor 1945 inzwischen energetisch saniert wurden, was die Heizkennzahlen verbessert hat.

## 2. Klimaschutz in kirchlichen Gebäuden

| Kindergärten/Kindertagesstätten (n=170/n=138)* | | |
|---|---|---|
| Jahr | Heizkennzahl (kWh/m²) | Stromkennzahl (kWh/m²) |
| <1945 | 171 | 20 |
| 1945-1970 | 181 | 19 |
| >1970 | 161 | 20 |
| alle Baujahre | 174 | 20 |
| Kirchen (n=306/n=242) | | |
| Jahr | Heizkennzahl (kWh/m²) | Stromkennzahl (kWh/m²) |
| <1945 | 115 | 11 |
| 1945-1970 | 156 | 11 |
| >1970 | 131 | 10 |
| alle Baujahre | 132 | 11 |
| Pfarrhäuser (n=271/n=179) | | |
| Jahr | Heizkennzahl (kWh/m²) | Stromkennzahl (kWh/m²) |
| <1945 | 162 | 11 |
| 1945-1970 | 189 | 18 |
| >1970 | 186 | 15 |
| alle Baujahre | 178 | 15 |
| Gemeindehäuser (n=407/n=259) | | |
| Jahr | Heizkennzahl (kWh/m²) | Stromkennzahl (kWh/m²) |
| <1945 | 132 | 11 |
| 1945-1970 | 174 | 13 |
| >1970 | 123 | 11 |
| alle Baujahre | 142 | 12 |

\* n gibt die Zahl der erhobenen Gebäudetypen wieder, gegliedert nach Heizkennzahl/Stromkennzahl.

*Abbildung 2: Heiz- und Stromkennzahlen nach Gebäudetypen und Baujahr*

Die Stromkennzahlen liegen indes bei den vier Gebäudetypen und den drei unterschiedenen Bauphasen meist recht nah beieinander. Einzige Ausnahme bilden die Pfarrhäuser, bei denen in der Bauphase 1945-1970 ein höherer Stromverbrauch pro m² festzustellen ist. In die Auswertung „alle Baujahre" fließen auch einige Gebäude mit ein, für die in den einzelnen Teilkonzepten kein Baujahr angegeben ist und die somit nicht in den Heiz- und Stromkennzahlen für einzelne Jahre berücksichtigt worden sind.

### 1.3.3 $CO_2$-Emissionen

Die $CO_2$-Emissionen des Stromverbrauchs (auf Basis der $CO_2$-Emissionen für den Strommix in Deutschland 2010) für die einzelnen Gebäudetypen verhalten sich analog zur Höhe der jeweiligen Stromkennzahlen. Den höchsten Stromverbrauch (kWh/m²) weist die Gebäudekategorie Kindergarten/Kindertagesstätte, gefolgt von Pfarrhäusern, Gemeindehäusern und Kirchen auf; damit verbunden sind die daraus abgeleiteten $CO_2$-

Emissionen. Sie betragen bei Kindergärten/Kindertagesstätten 12 kg pro m², bei Pfarrhäusern 9 kg pro m², bei Gemeindehäusern 7 kg pro m² und bei Kirchen lediglich 6 kg pro m².

Die Ermittlung der $CO_2$-Emissionen für den Heizenergieverbrauch erfolgt auf Basis der verschiedenen Energieträger (Gas, Strom, Öl, Holzpellets und Fernwärme). Deren verschiedene $CO_2$-Emissionen fließen in die Ermittlung des Gesamtwertes für den jeweiligen Gebäudetyp ein. Die höchsten $CO_2$-Emissionen entfallen auf Pfarrhäuser mit 47 kg pro m² und Kindergärten/Kindertagesstätten mit 46 kg pro m² – infolge deren zeitlich intensiverer Nutzung im Gegensatz zu Kirchen und Gemeindehäusern.

| Kindergärten/Kindertagesstätten (n=170/n=138)* | | |
|---|---|---|
| Jahr | $CO_2$-Emissionen Heizenergie (kg/m²) | $CO_2$-Emissionen Strom (kg/m²) |
| alle Baujahre | 46 | 12 |
| Kirchen (n=274/n=242) | | |
| Jahr | $CO_2$-Emissionen Heizenergie (kg/m²) | $CO_2$-Emissionen Strom (kg/m²) |
| alle Baujahre | 41 | 6 |
| Pfarrhäuser (n=241/n=179) | | |
| Jahr | $CO_2$-Emissionen Heizenergie (kg/m²) | $CO_2$-Emissionen Strom (kg/m²) |
| alle Baujahre | 47 | 9 |
| Gemeindehäuser (n=389/n=259) | | |
| Jahr | $CO_2$-Emissionen Heizenergie (kg/m²) | $CO_2$-Emissionen Strom (kg/m²) |
| alle Baujahre | 39 | 7 |

* n gibt die Zahl der erhobenen Gebäudetypen wieder, gegliedert nach $CO_2$-Emissionen für Heizenergie und Strom.

*Abbildung 3: $CO_2$-Emissionen in kg/m² für Kindergärten/Kindertagestätten, Kirchen, Pfarr- und Gemeindehäuser*

Will man die Ergebnisse der quadratmeterbezogenen $CO_2$-Emissionen für Heizenergie und Strom auf den jeweiligen Gebäudetyp beziehen, bietet es sich an, die durchschnittlichen Quadratmeter für die jeweiligen kirchlichen Gebäude zu ermitteln. Für die folgenden vier Gebäudetypen konnten aus den Klimaschutz-Teilkonzepten folgende Quadratmeterangaben errechnet werden:

## 2. Klimaschutz in kirchlichen Gebäuden

– Kindergärten/Kindertagesstätten: 685 qm
– Kirchen: 713 qm
– Pfarrhäuser: 357 qm
– Gemeindehäuser: 575 qm

Aus diesen Angaben lassen sich dann für die einzelne Gebäudeart die durchschnittlichen $CO_2$-Emissionen hochrechnen.

| Kindergärten/Kindertagesstätten | | |
|---|---|---|
| Jahr | $CO_2$-Emissionen Heizenergie (in t) | $CO_2$-Emissionen Strom (in t) |
| alle Baujahre | 31,5 | 8,2 |

| Kirchen | | |
|---|---|---|
| Jahr | $CO_2$-Emissionen Heizenergie (in t) | $CO_2$-Emissionen Strom (in t) |
| alle Baujahre | 29,2 | 4,3 |

| Pfarrhäuser | | |
|---|---|---|
| Jahr | $CO_2$-Emissionen Heizenergie (in t) | $CO_2$-Emissionen Strom (in t) |
| alle Baujahre | 16,8 | 3,2 |

| Gemeindehäuser | | |
|---|---|---|
| Jahr | $CO_2$-Emissionen Heizenergie (in t) | $CO_2$-Emissionen Strom (in t) |
| alle Baujahre | 22,4 | 4,0 |

*Abbildung 4: $CO_2$-Emissionen in t für Kindergärten/Kindertagesstätten, Kirchen, Pfarr- und Gemeindehäuser*

Die Auswertung der Gebäudekategorien nach den eingesetzten Energieträgern macht deutlich, dass in zwei Drittel aller in den Teilkonzepten untersuchten kirchlichen Gebäude mit Erdgas geheizt wird, daneben wird noch in rund einem Fünftel von Kindergärten/Kindertagesstätten, Kirchen, Pfarr- und Gemeindehäusern eine Ölheizung zur Erwärmung der Räumlichkeiten genutzt. Fernwärme kommt in etwa 10 Prozent der kirchlichen Gebäude zum Einsatz. Neue Energieträger wie Pellets, Holzschnitzel oder Erdwärme werden noch relativ selten verwendet, nur in ein Prozent der Gemeindehäuser wurde bislang die Heizung modernisiert. Auffällig ist, dass in 15 Prozent der Kirchen mit Strom geheizt wird.

## 2. Maßnahmen zu Energie- und CO2-Einsparpotenzialen

### 2.1 Maßnahmen aus den Klimaschutz-Teilkonzepten

Bei den Kirchengebäuden hat sich gezeigt, dass die Nutzungshäufigkeit entscheidend für den Heizenergiebedarf ist. Kirchen, die mehrmals in der Woche genutzt werden und daher während der Heizperiode auch auf einem höheren Temperaturniveau gehalten werden, weisen einen signifikant höheren Energiebedarf als die Kirchen auf, die nur einmal wöchentlich für den Sonntagsgottesdienst erwärmt werden.

Wegen des Denkmalschutzes, dem die Kirchengebäude häufig unterliegen und aufgrund wirtschaftlicher Überlegungen kommen, letztlich zur praktischen Umsetzung bisher nur sehr wenige Maßnahmen in Betracht. In der Regel sind es der Austausch von Leuchtmitteln, die Dämmung der Außenwände und Flachdächer, der Einbau einer neuen Heizungsanlage, die Innendämmung sowie die Erneuerung von Fenstern und Türen. Daher ist gerade bei Sakralbauten zu prüfen, wie Denkmal- und Klimaschutz einhergehen können. So ist etwa der Einbau einer modernen Solaranlage im Zuge von Dachsanierungen inzwischen oftmals mit den Vorgaben des Denkmalsschutzes vereinbar. Zweifellos ist eine ästhetisch gelungene energetische Sanierung nicht immer einfach zu erreichen. Hier sind kreative Fachplaner in den Bauabteilungen der einzelnen Landeskirchen und Bistümer gefragt, um energetisch sinnvolle Totalsanierungen – statt suboptimaler Teilsanierungen – vorzunehmen.

Die genannten Maßnahmen selbst amortisieren sich erst nach langer Zeit und zeigen – bis auf den Austausch von Leuchtmitteln – nur Einsparpotenziale im Bereich von 10 bis 25 Prozent. Geringe Investitionen erfordern dagegen eine gezielte Raumtemperaturüberwachung bzw. -steuerung und ggf. eine Temperaturabsenkung bei dauerbeheizten Kirchen. Die bei kleineren und in der Woche weniger häufig genutzten Kirchen weit verbreiteten Stromheizungen unter den Sitzbänken sind aus wirtschaftlicher Sicht in der Regel vorteilhaft, wenn auch $CO_2$-emissionsseitig von Nachteil (mehr als doppelt bis dreimal höhere $CO_2$-Emissionen als bei Heizöl oder Erdgas). Aber auch hier kann durch den Einsatz von Sitzpolsterheizungen der Stromverbrauch erheblich gemindert werden, da der Körper direkt gewärmt wird und die Lufttemperatur deutlich niedriger gehalten werden kann. Diese Maßnahmen können als Optimierung der Beheizung verstanden werden, da eine körpernahe Heizung mit weniger Raumwärmeverlusten behaftet ist und gleichzeitig mehr Wärmekomfort vermittelt.

Bei den Gemeindehäusern ist für Gebäudemaßnahmen das Alter der zentrale Punkt. Ältere Gebäude stehen häufig unter Denkmalschutz, sodass hier ähnliche Einschränkungen hinsichtlich Veränderungen an der Außenhülle gelten wie bei Kirchen. Dämmungen der Außenfassaden oder die Montage von Solarkollektoren oder Photovoltaikanlagen auf dem Dach müssen mit dem Denkmalschutz vereinbar sein und bedürfen einer entsprechenden Planung.

Somit beschränken sich die möglichen und wirtschaftlichen Minderungsmaßnahmen am Gebäude in der Praxis meist wiederum auf den Austausch von Leuchtmitteln, die Dämmung der Innenwände und den Einbau einer neuen Heizungsanlage. Der Austausch der Heizungspumpen lohnt sich in aller Regel bei Gemeindehäusern und bei Pfarrhäusern.

Durch die Nutzung von so genannten Hocheffizienzpumpen kann nicht nur Heizenergie, sondern auch Strom gespart werden. Eine Innendämmung der Wände dagegen ist sehr (kosten)aufwändig und materialbedingt mit Nutzungseinschränkungen verbunden, sodass diese Maßnahme in der Regel nicht attraktiv ist. Anders sieht es bei den Gebäuden aus, die nach 1945 errichtet wurden. Hier besteht in der Regel die Möglichkeit, die Gebäudehülle nachträglich zu dämmen, die Fenster auszutauschen und so eine wesentliche Reduzierung des Wärmebedarfs zu erreichen. In der Regel armortisiert sich diese Maßnahme nach weniger als 30 Jahren.

In Kindergärten bzw. Kindertagesstätten wird in den Klimaschutz-Teilkonzepten – wie bereits bei den anderen Gebäudearten – als zentrale Maßnahme vor allem der Austausch von Leuchtmitteln als energiesparend und $CO_2$-mindernd eingeschätzt, auch wenn der Einfluss auf den Gesamtenergieverbrauch eher gering ausfällt. Als weitere Maßnahmen werden die Dämmung der Außenwände und Flachdächer, der Einbau einer neuen Heizungsanlage, die Innendämmung von Kellerdecken, obersten Geschossdecken, Dachstühlen und Innenwänden sowie die Erneuerung von Fenstern und Türen genannt. Denn diese Maßnahmen dienen ebenfalls der Energieeinsparung und der Minderung der $CO_2$-Emissionen.

### 2.2 Geplante Maßnahmen zur Umsetzung in der Praxis

Zu den drei häufigsten kurzfristigen Maßnahmen, die im Zuge der Umsetzung von Klimaschutz-Teilkonzepten in den Kirchengemeinden zukünftig tatsächlich realisiert werden sollen oder bereits in Teilen realisiert wurden, gehört die Optimierung der Heizungsregelung (75 Prozent), der Wechsel von Thermostatventilen an Heizkörpern (70 Prozent) und die Umstellung des Stromanbieters auf Ökostrom (65 Prozent). Des Weiteren wird von den Kirchengemeinden noch der Austausch von Heizungspumpen auf Hocheffizienzpumpen, die Abdichtung von Fenstern sowie die Einführung eines Energie- und Umweltmanagements genannt.

Zu den mittel- und langfristigen Maßnahmen, für die eine Umsetzung vorgesehen ist bzw. die Maßnahmen bereits realisiert wurden, zählen die Erneuerung von Heizungsanlagen (80 Prozent), gefolgt von einer Erneuerung von Fenstern (70 Prozent) und der Dämmung von Geschossdecken (60 Prozent), der Dämmung von Außenwänden (55 Prozent) sowie der Dämmung von Kellerdecken (50 Prozent). Eine Nachrüstung von Lichtregelungen wurde hingegen von weniger als 50 Prozent aller Befragten als Antwort angegeben.

## 3. Energiecontrolling

Mit einem Energiecontrolling kann eine flächendeckende Erfassung der Energieverbräuche der Gebäude – etwa auf Basis von Software-Programmen – realisiert werden. Durch die Einführung eines solchen Energiecontrollings werden in der Regel folgende Aspekte gewährleistet:

- regelmäßige Erfassung des Heizenergie- und Stromverbrauchs und der daraus resultierenden Energiekosten,
- Früherkennung von technischen Fehlfunktionen, Schäden in der Anlagentechnik oder einem unsachgemäßen Gebrauch,
- bessere und einfachere Planung und Erfolgskontrolle von Baumaßnahmen auf Basis der ermittelten Daten,
- Erstellung eines Benchmarkings anhand von Kennzahlen, mit dem die Beurteilung der energetischen Qualität eines Gebäudes erleichtert wird und Vergleiche möglich gemacht werden können,
- einfachere Erstellung der teilweise gesetzlich vorgeschriebenen Energieausweise.

Für das Energiemanagement kommen in den verschiedenen Landeskirchen und Bistümern diverse Software-Lösungen zur Anwendung, und zwar kommerzielle[1] als auch nicht-kommerzielle Programme:[2]

Für Einrichtungen, die ein solches Programm nicht anschaffen können oder wollen, besteht auch die Möglichkeit, ein Energiecontrolling in vereinfachter Form auf Basis von herkömmlichen Tabellenkalkulationsprogrammen durchzuführen. Auch ist es möglich, wenn ein regelmäßiges Ablesen der Zählerstände nicht möglich sein sollte, zumindest die Verbrauchswerte und Kosten anhand der jährlichen Abrechnungen des Energieversorgers zu erfassen und in ein entsprechendes Programm einzutragen.

## 4. Schlussbemerkungen

Die Glaubwürdigkeit von evangelischer und katholischer Kirche in der öffentlichen Wahrnehmung ist nicht nur von der aktiven Mitgestaltung der entsprechenden gesellschaftlichen Diskurse abhängig, sondern in entscheidenden Maße auch davon, wie der Klimaschutz im eigenen Haus wahrgenommen wird und welche Handlungen dies zur Folge hat. Durch eine vertiefte Reflexion der Themen Schöpfungsverantwortung, Gerechtigkeit und Nachhaltigkeit kann es den Kirchen gelingen, Visionen einer dauerhaft ökologisch gerechten und tragfähigen Entwicklung zu realisieren sowie eine zukunftsfähige Gesellschaft in den ökologischen Grenzen mit zu gestalten.

---

1 Avanti GreenSoftware, www.avanti-greensoftware.com, E58 Energiemanagement, www.solar-data.de, EKOMM 4.6, www.ages-gmbh.de, IngSoft InterWatt, www.ingsoft.de.
2 Grünes Datenkonto, www.gruenes-datenkonto.de.

# 3. Wahrnehmung der Eigentümerpflichten – Schwerpunkt Verkehrssicherung

*Jörg Schielein*

*Die Konkretisierung von Verkehrssicherungspflichten des Eigentümers und Unternehmers ist dann wichtig, wenn der Eigentümer seine Immobilie nicht selbst nutzt, sondern Dritten überlässt. Die Verkehrssicherung dient generell der Vermeidung von Schäden an den Rechtsgütern Dritter. Fehler bei der Wahrnehmung der damit verbundenen Verkehrssicherungspflichten können zur Haftung für entstandene Schäden führen. Die Konkretisierung der Verkehrssicherungspflichten muss individuell erfolgen. Wesentliche Grundlage dafür ist eine Vielzahl sich regelmäßig ändernder Regelwerke sowie eine sehr umfangreiche Rechtsprechung. Die Verkehrssicherung ist somit komplex und nicht mathematisch exakt und allgemeingültig definierbar. Eine intensive Auseinandersetzung mit Inhalt und Umfang der Verkehrssicherungspflichten ist unerläßlich.*

## 1. Eigentum verpflichtet

Art. 14 Abs. 2 Grundgesetz besagt, dass Eigentum verpflichtet und sein Gebrauch zugleich dem Wohle der Allgemeinheit dienen soll. Diese als Sozialbindung des Eigentums bezeichnete Grundwertung unserer Rechtsordnung hat ihre Wurzeln bereits in der Antike und geht in ihrer aktuellen Ausgestaltung im Wesentlichen auf die Weimarer Verfassung zurück. Sie bildet das Korrektiv für die Verfügungsfreiheit über das individuelle Eigentum in einer am Gemeinwohl orientierten Gesellschaft und dient somit als Leitbild für Gesetzgebung und Rechtsprechung.

### 1.1 Instandhaltungspflicht des Eigentümers

Für Immobilieneigentümer ist eine Ausprägung dieses grundgesetzlichen Leitbildes die daraus abzuleitende Verpflichtung Gebäude sachgerecht instand zu halten. Aus Eigentümersicht ist so auch – die nicht ausschließlich für Eigentümer geltende – Verkehrssicherungspflicht zu interpretieren, weil der Eigentümer regelmäßig in diesem Sinne in seinen Immobilien den „Verkehr eröffnet".

Ist der Eigentümer einer Immobilie identisch mit dem Nutzer einer Immobilie, ist das Thema der Pflichten im Gebäudebetrieb regelmäßig einfacher zu lösen. Dann ist eine umfassende Betrachtung des Gebäudes und seiner Nutzung erforderlich und ein dazu passender Abgleich mit den gesetzlichen Anforderungen an diese konkrete Situation.[1] Fragen der Zuordnung identifizierter Pflichten sind dann organisationsintern oder

---

1 Dieser zunächst komplex erscheinende Vorgang kann sehr strukturiert und systematisch z.B. durch Anwendung des Masterplan Betreiberverantwortung in Anlehnung an den bewährten PDCA-Zyklus abgearbeitet werden; vgl. www.betreiberverantwortung.info.

bei der Übertragung auf externe Dienstleister zu beantworten, nicht aber in Hinblick auf weitere Akteure.

*1.2 Eigentümer und Nutzer*

Bei der Diskussion über die Pflichten, die im Zusammenhang mit dem Gebäudebetrieb zu erfüllen sind und vor allem bei der Frage, wer die jeweiligen Pflichten zu erfüllen hat, entstehen regelmäßig Probleme, sobald der Eigentümer nicht gleichzeitig der Nutzer einer Immobilie ist. In diesen Fällen muss zunächst zwischen dem Eigentümer und dem Nutzer unterschieden werden, bevor die Frage der Eigenwahrnehmung einer Aufgabe oder der Übertragung auf einen Dienstleister entschieden wird. Die Notwendigkeit dieser Unterscheidung wird dann transparent, wenn man sich die unterschiedlichen Schutzziele, die unsere Rechtsordnung im Zusammenhang mit dem Betrieb von Gebäuden verfolgt, vor Augen hält. Ausgehend von der bereits angesprochenen Sozialbindung des Eigentums soll mittels der Verkehrssicherungspflicht verhindert werden, dass von einem Gebäude – zunächst einmal weitgehend unabhängig von dessen konkreter Nutzung – Gefahren ausgehen.

Diese Verpflichtungen beziehen sich vor allem auf die Gebäudehülle, wesentliche Teile der Technischen Gebäudeausrüstung sowie die mitvermieteten bzw. mit genutzten Außenflächen einer Liegenschaft. Kennzeichnend für die Pflichten, die ihren Ursprung im Eigentum an einem Gebäude haben ist, dass
– sie sich auf das konkrete Objekt oder sogar ein konkret verbautes Bauteil oder ein spezifisches Gewerk beziehen,
– sie als Bestandteil der Bauordnungen zum Teil landesrechtlich, also nicht bundeseinheitlich ausgestaltet sind und
– ihre Verteilung zwischen dem Eigentümer und dem Mieter/Nutzer vertraglich regelmäßig sehr individuell verteilt werden.

Welche Eigentümerpflichten bestehen und von wem sie konkret zu erfüllen sind, ist damit pauschal nur schwer zu beschreiben und in weiten Bereichen von der individuellen – häufig vertraglich geregelten – Situation abhängig.

*1.3 Pflichten des Gebäudenutzers*

Daneben bestehen die Pflichten, die deshalb zu erfüllen sind, weil ein Gebäude genutzt wird. Diese Pflichten treffen in der Regel den Nutzer des Gebäudes in seiner Eigenschaft als Arbeitgeber – oder wie ihn der Gesetzgeber häufig bezeichnet, als Unternehmer. Diese Verpflichtungen resultieren als sog. Nebenpflichten aus einem bestehenden Arbeits- oder Dienstverhältnis und sind vertraglich unabdingbar (u.a. §§ 617-619 BGB oder § 78 Bundesbeamtengesetz). Solche Pflichten sind das Korrektiv für das arbeitgeberseitige Direktionsrecht, also die Möglichkeit Arbeitnehmern oder Beamten bei der Erfüllung ihrer arbeitsvertraglichen Pflichten die Arbeitsbedingungen nach ihren Vorstellungen vorzugeben. Damit sind sie das Äquivalent zur der Beschränkung der freien Verfügungsmacht über das Individualeigentum auf der Ebene der Arbeitswelt. Konkretisiert wird diese sog. Fürsorgepflicht und die sich daraus ergebenden Pflichten durch

*3. Wahrnehmung der Eigentümerpflichten – Schwerpunkt Verkehrssicherung*

zahlreiche Gesetze, wie etwa der Arbeitsstättenverordnung, dem Arbeitsschutzgesetz oder der Betriebssicherheitsverordnung.

*1.4 Abgrenzung Eigentümer- und Nutzerpflichten*

Die etwas unscharfe Diskussion über das Thema Pflichten beim Gebäudebetrieb entsteht somit durch eine Vermengung der dem Eigentum entspringenden Pflichten mit denen, die wegen der Gebäudenutzung, also aus der arbeitgeberseitigen Fürsorgepflicht bestehen.

Für die Praxis ergeben sich daraus folgende Prüfschritte zur Ermittlung der Pflichten im Gebäudebetrieb und deren Zuordnung zum jeweils Verpflichteten:

Im ersten Schritt muss die Frage beantwortet werden, ob der Eigentümer und der Nutzer einer Immobilie identisch sind.

Wenn ja, ist eine Unterscheidung zwischen Eigentümer- und Unternehmerpflichten nicht erforderlich. Neben dem gebäudebezogenen Aufgabenumfang ist dann lediglich zu entscheiden, welche Aufgaben innerhalb der eigenen Organisation zu erbringen sind und welche auf Fremdfirmen delegiert werden.

Wenn nein, muss zwischen Eigentümerpflichten und Unternehmerpflichten unterschieden werden und eine klare Zuordnung zwischen Eigentümer und Nutzer (Mieter) getroffen werden. Erst dann kann beim zweiten Schritt entschieden werden, welche der identifizierten Aufgaben als interne Aufgaben und welche als externe Aufgaben ausgestaltet werden sollen.

Dabei ist auf den ersten Blick ersichtlich, dass es nicht immer einfach ist, die beiden Regelungsbereiche der Eigentümerpflichten und der Unternehmerpflichten eindeutig voneinander zu trennen. Sind etwa die Pflichten zum Umgang mit einer Lüftungsanlage den Eigentümerpflichten oder den Unternehmerpflichten zuzuordnen? Tendenziell wird man insoweit die Aussage treffen können, dass der Umfang der Unternehmerpflichten erheblich weiter reicht, als der der Eigentümerpflichten, dennoch sollte diesem Themenkomplex auch aus wirtschaftlicher Sicht hohe Aufmerksamkeit geschenkt werden, um Doppelprüfungen oder substanzverzehrende Lücken bei der Instandhaltung von vorneherein weitgehend ausschließen zu können.

Sowohl für die Konkretisierung der Eigentümerpflichten als auch für die der Unternehmerpflichten spielt der Begriff der Verkehrssicherung eine bedeutende Rolle.

## 2. Verkehrssicherung – Was ist damit gemeint?

Wer in den einschlägigen Gesetzen nach einer Vorschrift sucht, die den Begriff der Verkehrssicherung definiert, wird nicht fündig.[2] Die Verkehrssicherung ist eine Notwendigkeit, die sich aus dem ganz grundsätzlichen Anspruch herleitet, mit seinem Verhalten

---

2 Zum Einstieg in die Vertiefung des Themas eignen sich folgende Veröffentlichungen und Kontakte, für die Beantwortung konkreter Einzelfragen sollte grundsätzlich qualifizierter Rechtsrat eingeholt werden:
Richtlinie GEFMA 190 Betreiberverantwortung im Facility Management, Stand: 12/2003.
Richtlinie GEFMA 300 Rechtsfragen im FM.
Richtlinie GEFMA 330-1 Zivilrechtliche Haftung und Versicherung im FM.
Richtlinie GEFMA 710 Systematische Verbesserung der Rechtskonformität im FM.

keine Nachteile für Dritte herbei zu führen. Die Verkehrssicherung als bedeutendes Thema des täglichen Zusammenlebens wurde über viele Jahre im Rahmen der Rechtsprechung entwickelt und konkretisiert. Zentrale Ausgangsnorm dieser Rechtsprechung ist § 823 BGB.[3] Demnach ist jedermann verpflichtet, Schäden, die sein Verhalten an den Rechtsgütern anderer auslöst zu ersetzen.

Unter dem Stichwort der Verkehrssicherungspflichten werden unter anderem die konkreten Pflichten, die zur Vermeidung solcher Schäden erfüllt werden müssen zusammengefasst. Verkehrssicherungspflichten werden dabei in der Rechtsprechung regelmäßig wie folgt definiert

> *Denjenigen, der innerhalb seines Verantwortungsbereichs eine Gefahrenlage schafft, etwa einen Verkehr eröffnet oder duldet, trifft die Pflicht, die erforderlichen, möglichen und zumutbaren Vorkehrungen zum Schutz Dritter zu treffen.*[4]

Für Mitarbeiter im Bereich des Immobilienmanagements spielt somit ein grundlegendes Verständnis des Themas Verkehrssicherung – der Erfüllung, der damit verbundenen Aufgaben und der Frage der Überwachung dafür eingesetzter Mitarbeiter oder Dienstleister – eine bedeutende Rolle. Und das gilt zunächst unabhängig von der Frage, ob es sich um Eigentümerpflichten oder Unternehmerpflichten handelt.

## 2.1 Vermeiden vorhersehbarer und vermeidbarer Schaden

Um diese Rolle in der Praxis der Immobilienbewirtschaftung ausfüllen zu können, ist es erforderlich, zunächst die konkreten Aufgaben („Vorkehrungen") zu identifizieren, die in den zu bewirtschaftenden Immobilien, deren Anlagen und Komponenten, den Außenanlagen und Zuwegungen, etc. zur Vermeidung von Schäden erfüllt werden müssen. Dies ist nicht immer einfach, da sich Schäden durch alle möglichen Ursachen, Zufälle oder unvorhersehbare Ereignisse ergeben können. Letztere werden nie vollständig vermeidbar sein. Verkehrssicherung kann deshalb „nur" zum Ziel haben, die vorhersehbaren und mit entsprechender Sorgfalt vermeidbaren Schäden zu verhindern.

Mehr kann eine angemessene und damit auch wirtschaftlich vertretbare („zumutbare") Verkehrssicherung nicht leisten und mehr erwartet auch der Gesetzgeber und die Rechtsprechung von den jeweiligen Akteuren nicht. Die Frage der Angemessenheit der zu ergreifenden Maßnahmen ist für eine realistische Bewältigung der in Immobilienbewirtschaftung anstehenden Aufgaben entscheidend. Eine hundertprozentige Schadensvermeidung in allen Fällen sollte dabei durchaus das Ziel jeder Organisation sein, eine juristische Verpflichtung, insbesondere im haftungsrechtlichen Sinn ist sie im Ergebnis

---

Als Forum für die Diskussion und den Erfahrungsaustausch zu Rechtsfragen im Bereich der Immobilienbewirtschaftung – insbesondere der Haftung und Überwachung – bietet sich der Arbeitskreis FM-Recht des Branchenverbandes GEFMA an: www.gefma.de/AK-FM Recht.
Für einen konkreten Einblick in die Vielzahl der für die Immobilienbewirtschaftung einschlägigen Regelwerke empfiehlt sich die Nutzung kommerzieller Datenbanken (z.B. Weka-Verlag oder www.reg-is.de).
3   § 823 Abs. 1 BGB lautet : „Wer vorsätzlich oder fahrlässig das Leben, den Körper, die Gesundheit, die Freiheit, das Eigentum oder ein sonstiges Recht eines anderen widerrechtlich verletzt, ist dem anderen zum Ersatz des daraus entstehenden Schadens verpflichtet".
4   Palandt-Sprau, Bürgerliches Gesetzbuch 73. Aufl. München (2014), § 823 RdNr. 46.

nicht.[5] Im Zusammenhang mit der Verkehrssicherung und damit verbunden mit Fragen der zivilrechtlichen oder gar strafrechtlichen Haftung sind Sensibilität und hohe Aufmerksamkeit angebracht, übertriebene Sorge oder gar Angst sicher nicht.

## 2.2 Praktische Umsetzung der Verkehrssicherungspflichten

Für die Einschätzung, wie Verkehrssicherung praktisch umgesetzt werden kann, steht im Mittelpunkt, wie Schäden Dritter mit vergleichsweise hoher Wahrscheinlichkeit vermieden werden können. Dabei sind Erfahrung, technischer Sachverstand und die detaillierte Kenntnis der konkreten Situation sowie deren Beurteilung erforderlich. Hierbei helfen grundsätzlich zahlreiche Gesetze, Verordnungen und untergesetzliche oder sonstige Normen (nachfolgend allgemein als „Regelwerke" bezeichnet), deren Einhaltung regelmäßig einer weitgehend vollständigen Aufgabenerfüllung auch im Bereich der Verkehrssicherung gleichgestellt wird. Bei Anlagen und Geräten werden diese Regelwerke durch Herstellerangaben mit Wartungs- und Instandhaltungsempfehlungen ergänzt. Werden diese Regelwerke eingehalten, wird bei der Beurteilung von Schadensfällen zunächst davon ausgegangen, dass der Aufgabenträger alles erforderlich getan hat, um seinen Verkehrssicherungspflichten nach zu kommen.

Im Einzelnen gehören neben dem technischen Regelwerk mit den zentralen DIN-Normen, und den Vorschriften des VDE, das Bau- und Sonderbaurecht, insbesondere die Vorgaben der Landesbauordnungen, zum baulichen Brandschutz und die Versammlungsstättenverordnung sowie im Hinblick auf die Arbeitsschutzbelange einer Gebäudenutzung, die Betriebssicherheitsverordnung zu den wichtigsten Regelwerken. Sie konkretisieren, wenn auch nie abschließend, gemeinsam mit den Auflagen in Genehmigungsbescheiden regelmäßig die Forderungen des § 823 BGB und der damit verbundenen Verkehrssicherungspflichten bezogen auf eine konkrete Immobilie.

## 2.3 Verkehrssicherung ist die Erfüllung aller notwendigen Aufgaben zur Vermeidung von Schäden

Die Zahl der Regelwerke, aus denen sich potenziell immobilienbezogene Aufgaben und Handlungsanweisungen im Hinblick auf die Verkehrssicherung ergeben, lässt sich nicht abschließend beziffern. Es ist aber davon auszugehen, dass bei gemeinsamer Betrachtung von Eigentümer- und Unternehmerpflichten mindestens 2.000 Regelwerke unterschiedlicher Regelsetzer (europäischer, nationaler Gesetzgeber, Verwaltungen, Verbände und Institutionen) in Frage kommen. Dazu kommt, dass jährlich erfahrungsgemäß zwischen 20 und 25% der bestehenden Regelwerke überarbeitet, ergänzt oder ersetzt werden. Die Bewältigung dieser umfangreichen Anforderungen sollte wegen der bestehenden Komplexität und Dynamik auf der Grundlage eines systematischen Verständnisses und damit verbundener wesentlicher Kriterien erfolgen.

---

5 Dies soll einleitend deutlich hervorgehoben werden, weil mit der Beschäftigung mit dem Thema Verkehrssicherung und Haftung häufig die Sorge der individuellen Verantwortung einhergeht. Der Satz „Wir stehen doch ohnehin mit einem Bein im Gefängnis" wird vermutlich ebenso häufig zitiert, wie er überzogen ist.

Viele der Anforderungen werden zudem in der sich ständig weiter entwickelnden Rechtsprechung konkretisiert. Dabei handelt es sich immer um Einzelfälle, die nur dann sinnvoll beurteilt werden können, wenn das Grundverständnis und die Erwartungshaltung der Rechtsordnung in diesem Zusammenhang bekannt ist. Typische Einzelfälle von Verkehrssicherungspflichten in der Immobilienbewirtschaftung werden in diesem Beitrag daher nicht dargestellt.[6] Die hier vermittelten allgemeinen Grundsätze sind jedoch auf Grundlage der Analyse, der bisher zu diesem Thema ergangenen Rechtsprechung, entwickelt und geben deren wesentliche Aspekte ohne Bezug auf den Einzelfall wider.

## 3. Vorgehensweise beim Thema Verkehrssicherung

Eine allgemeingültige Annäherung an die Verkehrssicherung und die damit verbundenen Pflichten ist für ein grundsätzliches Verständnis der Aufgaben des Immobilienmanagements im Bestand von wesentlicher Bedeutung, im beruflichen Alltag aber nur der erste Schritt auf dem Weg zu der individuellen Aufgabenerfüllung. Es ist deshalb notwendig eine „Übersetzung" in den täglichen Berufsalltag vorzunehmen. Dies gelingt nur, wenn der jeweilige Aufgabenzuschnitt ermittelt und in Abgrenzung zu anderen Organisationen, Bereichen der eigenen Organisation oder sonstigen Partnern, wie Fremdfirmen ausreichend klar definiert ist. Eine klare Vorstellung über die eigene „Verantwortung" entsteht häufig erst in Abgrenzung zu diesen Partnern innerhalb und außerhalb des eigenen Zuständigkeitsbereichs.

### 3.1 Im Zentrum der Aufmerksamkeit – Die Begriffe Verantwortung und Haftung

Verantwortung ist im täglichen Sprachgebrauch ein subjektiv geprägter Begriff. Man „fühlt" sich verantwortlich und deshalb ist die Definition von Verantwortung zum Teil sehr unterschiedlich und unter anderem von der jeweiligen Risikoneigung des Befragten geprägt. Für die juristische Beurteilung der Haftungsfrage sind solche subjektiven Kategorien als Maßstab nicht geeignet. Sie erschweren eine objektive und neutrale Bewertung und können deshalb für eine allgemeine Auslegung von Regelwerken, für Rechtsprechung und damit auch für die Konkretisierung von Verkehrssicherungspflichten nicht herangezogen werden. Verantwortung im juristischen Sinne ist deshalb ein Annex, der notwendig mit objektiven, beweisbaren, Kriterien verbunden sein muss. Verantwortung ist deshalb aus rechtlicher Sicht die notwendige Folge einer Kombination von Aufgaben und Kompetenzen. Haftung ist wiederum die Folge einer nicht ordnungsgemäßen Aufgabenerfüllung. Verantwortung kann man nicht ablehnen, Aufgaben schon.

---

6 Sehr instruktiv insoweit für die Wohnungswirtschaft: Hans-Thomas Damm „Verkehrssicherung in der Wohnungswirtschaft", Haufe-Verlag, 2. Aufl. (2012).

### 3.1.1 Abgrenzung der Aufgaben

Wer sich mit der Verkehrssicherung und der Überwachung der damit verbundenen Pflichterfüllung beschäftigt, muss sich zunächst mit seinen Aufgaben und der dazu gehörigen Organisation in Abgrenzung zu anderen (sogenannte „Schnittstellen") beschäftigen.

Dies ist in der Praxis, insbesondere in bereits seit längerem existierenden Organisationen, meist schwieriger als zunächst vermutet. Häufig sind bestimmte Abläufe seit Jahren eingespielt, externe Anforderungen sind teilweise nicht – oder nicht mehr – bekannt und mangels Schäden fallen etwaige Defizite nicht auf. Die bereits angesprochene Subjektivität bei der Interpretation von Verantwortung findet sich erfahrungsgemäß schließlich auch bei der Diskussion von Aufgaben wieder. Auch für die Erfüllung von Aufgaben „fühlen" sich teilweise mehrere Mitarbeiter oder Organisationseinheiten zuständig, teilweise findet sich aber auch kein Zuständiger.

Letzteres ist insbesondere dann der Fall, wenn gesellschaftsrechtliche oder organisatorische Veränderungen stattgefunden haben und der Grund für die Reorganisation nicht unmittelbar mit der direkten Aufgabenerfüllung zu tun hatte oder eine Delegation auf einen Dienstleister nicht mit der erforderlichen Sensibilität für die Fragen der Verkehrssicherung erfolgt ist.

Im Schadensfall verändert sich dieses „Verantwortungsgefühl" regelmäßig zu Gunsten einer nüchternen Betrachtung der dokumentierten Aufbau- und Ablauforganisation[7] beziehungsweise der konkreten Gestaltung vertraglicher Leistungen und Haftungsbeschränkungen. Im Haftungsfall kommt gerade wenn Aufgaben nicht wahrgenommen wurden der nachweisbaren Zuordnung dieser Aufgaben eine Schlüsselfunktion zu.

Es sollte also ein zentrales Anliegen der Leitung einer Organisation beziehungsweise des Eigentümers oder Eigentümervertreters einer Immobilie sein, die für die Wahrnehmung der Verkehrssicherung zu erfüllenden Aufgaben so konkret wie möglich zu definieren und – nachdem diese Funktionen die wenigsten Aufgaben der Verkehrssicherung selbst erfüllen werden – zu verteilen[8]

### 3.1.2 Kompetenz des Handeln Dürfens und Könnens

Verantwortung entsteht aber nicht durch die bloße Definition und Zuordnung von Aufgaben. Sie entsteht im juristischen Sinne nur dann, wenn der jeweilige Aufgabenzuschnitt auch mit der für die Aufgabenerfüllung notwendigen Kompetenz korrespondiert.

---

7  Zur Dokumentation Ziffer 3.3.
8  Zur Delegation Ziffer 3.2.

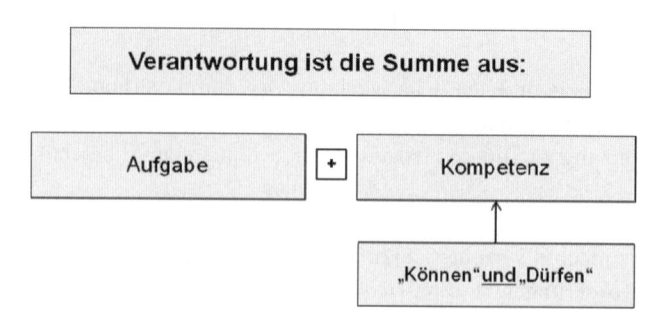

```
┌─────────────────────────────────────┐
│  Verantwortung ist die Summe aus:   │
└─────────────────────────────────────┘

┌──────────────┐   ┌───┐   ┌──────────────┐
│   Aufgabe    │   │ + │   │   Kompetenz   │
└──────────────┘   └───┘   └──────────────┘
                                   ▲
                                   │
                   ┌───────────────────────────┐
                   │  „Können" und „Dürfen"    │
                   └───────────────────────────┘
```

*Abb.: Juristische Interpretation des Begriffs „Verantwortung"*

Ein Mitarbeiter oder der Leiter einer Organisationseinheit wird in der Regel dann nicht für die Wahrnehmung bestimmter Aufgaben der Verkehrssicherung einstehen müssen, das heißt verantwortlich sein, wenn er nicht über das für diese Aufgaben notwendige „Können" (Qualifikation, Eignung) verfügt und dieser Umstand bekannt ist. Manche Aufgaben erfordern Qualifikationsnachweise (z.B. Führerscheine, gültige Lehrgangsbescheinigungen oder Zertifikate) oder eine besondere Einweisung, andere eine besondere Eignung (wie Zuverlässigkeit, körperliche Fitness oder Schwindelfreiheit). Ist das „Können" bei einem Mitarbeiter oder Dienstleister für eine bestimmte Aufgabe nicht vorhanden und war das erkennbar, fehlt es an der erforderlichen Kompetenz und es entsteht für diesen Mitarbeiter oder Dienstleister keine oder eine geringere rechtlich relevante Verantwortung. Auch eine zeitliche Überforderung kann zum Fehlen des Merkmals „Können" führen, wenn die zugeteilten Aufgaben nach objektiven Maßstäben aus Kapazitätsgründen nicht ordnungsgemäß leistbar sind und dies für denjenigen, der die Aufgabenverteilung organisiert offenkundig ist.

Das Gleiche gilt, wenn die Qualifikation zwar grundsätzlich vorhanden ist, die organisatorischen Rahmenbedingungen für die Aufgabenerfüllung aber dennoch nicht geschaffen wurden. Wenn ein Mitarbeiter für die Erfüllung einer Aufgabe bestimmte Entscheidungen treffen muss (z.B. den Einsatz von Budgets), dies aber auf Grund interner Organisationsvorgaben oder vertraglicher Festlegungen nicht darf, ist er im Sinne des Organisationsrechts ebenfalls nicht „kompetent" und eine Verantwortung für die Folgen einer mangelnden Aufgabenerfüllung scheidet regelmäßig aus.

In allen Fällen hat derjenige, der mit der Erfüllung einer Aufgabe betraut wird selbstverständlich die Pflicht, den Delegierenden über Hindernisse bei der Aufgabenerfüllung zu informieren. Unterlässt er dies, kann ihn ein Mitverschulden und damit eine Haftung im Sinne des § 823 BGB ebenfalls treffen.

### 3.2 Eigen- oder Fremdleistung bei der Aufgabenerfüllung – Unterschiedliche Anforderungen an die Organisation

Grundsätzlich hat zunächst der Eigentümer alle mit einer Immobilie verbundenen Aufgaben, auch die der Verkehrssicherung, zu erfüllen. Dies ändert sich regelmäßig dann, wenn der Eigentümer nicht selbst der Nutzer der Immobilie ist oder er einen externen

### 3. Wahrnehmung der Eigentümerpflichten – Schwerpunkt Verkehrssicherung

Dienstleister zur Wahrnehmung der mit der Gebäudebewirtschaftung, inklusive der Verkehrssicherung, verbundenen Aufgaben, beauftragt hat. Dies können eine oder mehrere, rechtlich selbständige oder unselbständige Organisationseinheiten des Eigentümers selbst sein oder fremde Dritte. Die Delegation der mit der Verkehrssicherung im Zusammenhang stehenden Aufgaben ist grundsätzlich ohne weiteres möglich. Dies gilt insbesondere für die Ausführung dieser Aufgaben. Im öffentlich-rechtlichen Pflichtenkreis (z.B. Abfallrecht) ist eine Delegation dem Grunde nach häufig nicht möglich, sodass auch bei der Übertragung von Aufgaben auf fremde Dritte eine entsprechend Mitverantwortung erhalten bleibt.

Für die Erfüllung von Aufgaben stehen dem Adressaten einer gesetzlichen Pflicht zwei Wahlmöglichkeiten zur Verfügung. Entweder nimmt er eine Aufgabe selbst beziehungsweise mit eigenen Mitarbeitern wahr oder er überträgt die zunächst ihm zugewiesene Aufgabe einem anderen, etwa einem internen oder externen Dienstleister. Davon abhängig ergeben sich unterschiedliche Aspekte in Bezug auf die Sicherstellung der Verkehrssicherung und der mit der Delegation immer notwendig verbundenen Überwachung.

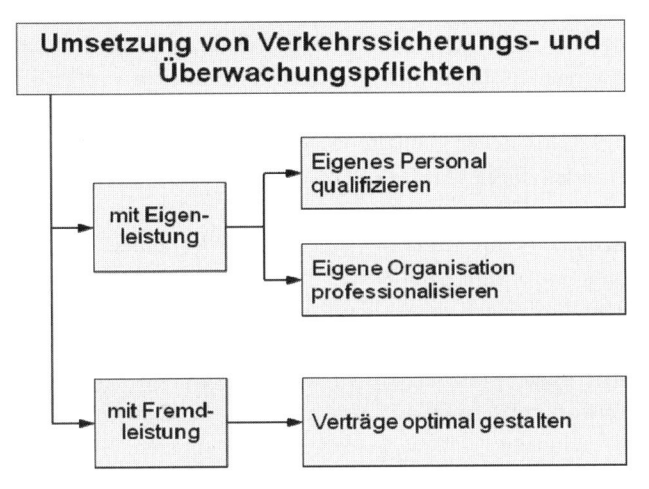

*Abb.: Unterschiedliche Anforderungen an die Umsetzung von Verkehrs- und Überwachungspflichten bei Eigen- und Fremdleistung*

#### 3.2.1 Wahrnehmung der Aufgaben in Eigenleistung

Für den Fall der Wahrnehmung von Aufgaben in Eigenleistung – in Bezug auf die Verkehrssicherung bei der Immobilienbewirtschaftung – hat die Unternehmensleitung/der Vorgesetzte sicherzustellen, dass er für die jeweilige Aufgabe qualifiziertes Personal einsetzt. Dabei handelt es sich um originäre Unternehmerpflichten, also solche die immer aus der Fürsorgepflicht für Arbeitnehmer oder Beamte entstehen. So muss sich der Vorgesetzte in regelmäßigen Abständen von dem dauerhaften Vorhandensein der formalen Qualifikationsvoraussetzungen überzeugen (z.B. durch regelmäßige Kontrolle der Führerscheine) und durch entsprechende Anweisungen, Einweisungen und regelmäßige Unterweisungen dafür Sorge tragen, dass die Voraussetzungen für eine ordnungsgemäße Aufgabenerfüllung gegeben sind. Im Hinblick auf die Arbeitssicherheit der eingesetzten Mitarbeiter müssen für alle Tätigkeiten und Arbeitsplätze Gefährdungsbeurteilungen erstellt werden, aus denen gegebenenfalls notwendige Schutzmaßnahmen abgeleitet werden können. Auch der Verstoß gegen Pflichten des Arbeitsschutzes ist als Verstoß gegen § 823 BGB zu werten (allerdings nicht zu verwechseln mit einem Verstoß gegen die ebenfalls aus § 823 BGB abgeleiteten Verkehrssicherungspflichten; diese sind gegenüber Dritten zu wahren, nicht gegenüber Arbeitnehmern).

Zudem müssen alle für die Erfüllung der Aufgaben notwendigen Rahmenbedingungen, z.B. Materialien und Geräte, Budgets oder externe Unterstützung, etwa durch Sachverständige, gewährleistet sein. Für die organisatorischen Voraussetzungen, dass diese Rahmenbedingungen dauerhaft erfüllt sind, muss die Unternehmensleitung/der Vorgesetzte im Detail sorgen beziehungsweise entsprechende Delegationen vornehmen.

Die Delegation kann mündlich, schriftlich, dauerhaft oder für den Einzelfall erfolgen. Sie muss, um wirksam werden zu können, lediglich ein ausgewogenes Verhältnis zwischen der übertragenen Aufgabe und der Kompetenz des Mitarbeiters im oben definierten Sinne berücksichtigen. Die Delegation muss verbindlich sein, eine höflich formulierte Bitte genügt dabei den Anforderungen nicht. Gerade bei schriftlichen Delegationen ist dabei immer darauf zu achten, dass der Imperativ verwendet wird („Bei der Ausführung der Arbeiten ist die jeweilige persönliche Schutzausrüstung zu tragen", nicht „Es wird begrüßt, wenn…"). Auch die Einhaltung der ausgegebenen Anweisungen muss in regelmäßigen Abständen durch den Delegierenden überwacht werden (*s.u. Überwachung*).

In der Praxis bewährt hat sich gerade im Zusammenhang mit der Verkehrssicherung die Einführung eines Systems von Anweisungen (= Delegation), bei dem die Anweisungen zeitlich befristet werden. Durch die nach dem Ablauf der Frist veranlasste Wiedervorlage beim Delegierenden wird sichergestellt, dass die Anweisungen jeweils den aktuellen Vorstellungen und Anforderungen entsprechen. Gleichzeitig kann so besser vermieden werden, dass neuere Anweisungen im Widerspruch zu bestehenden Anweisungen stehen, weil die einzelnen Regelungen bei allen Beteiligten präsenter sind.

Werden die Grundregeln der Delegation nicht eingehalten, „reißt" die Delegationskette. Die delegierte Aufgabe verbleibt im haftungsrechtlichen Sinn dann bei dem jeweils übergeordneten Mitarbeiter in einer Organisation. Fehlgeschlagene Delegationen sind in der Praxis ebenso häufig, wie unzureichende Aufgabenzuordnungen. Beides ist vermeidbar und für einen wirkungsvollen Umgang mit der Verkehrssicherung und ihrer Überwachung von entscheidender Bedeutung. Delegation ist rechtssicher möglich, bei Auswahl, Anweisung und Überwachung sind allerdings bestimmte Regeln zu befolgen.

### 3.2.2 Delegation der Verkehrssicherung auf Dritte

Eine besondere Form der Delegation, die gerade im Bereich des Facility Managements häufig gewählt wird und sich damit unmittelbar auf die Verkehrssicherung auswirkt, ist die Delegation auf einen fremden Dritten („Outsourcing").[9] Bei der Auswahl eines Dienstleisters gelten grundsätzlich die gleichen Regeln wie bei der Auswahl eigener Mitarbeiter. Auch diese müssen die für die übertragenen Aufgaben notwendigen Kompetenzen nachweisen und dauerhaft erhalten. Die Anforderungen an den entsprechenden Nachweis sind allerdings von der übertragenen Aufgabe und dem beauftragten Unternehmen sowie den damit bestehenden Erfahrungen abhängig. An ein langjährig vertrautes oder großes und renommiertes Unternehmen werden dabei geringere Anforderungen zu stellen sein, als beispielsweise an ein unbekanntes Unternehmen, das zudem möglicherweise noch in einem besonders gefahrgeneigten Bereich (etwa in der Wartung von Hochspannungsanlagen oder der Verbringung gefährlicher Abfälle) tätig ist.

Gerade aus haftungsrechtlicher Sicht kommt der Konkretisierung bei der Übertragung von Aufgaben auf einen Dritten mit eigener Rechtspersönlichkeit besondere Bedeutung zu. Eine pauschale Übertragung der Verkehrssicherungspflichten auf einen externen Dritten („Der Auftragnehmer übernimmt sämtliche Verkehrssicherungspflichten im vertragsgegenständlichen Objekt") ist vertragsrechtlich nicht ohne weiteres wirksam möglich. Es muss deshalb bei der Vertragsgestaltung darauf geachtet werden, die Aufgaben möglichst konkret zu benennen und die dabei zu erzielenden Ergebnisse hinreichend genau zu definieren. Gerade im Bereich des Facility Managements und der aktuellen Tendenz zur funktionalen Leistungsbeschreibung in Ausschreibungen bestehen insoweit einige Herausforderungen.

Um die Risiken der Verkehrssicherung abzudecken ist für den notwendigen Versicherungsschutz zu sorgen.[10] Hier besteht in der Praxis ein breites Spektrum von Optimierungsmöglichkeiten, von kostenintensiven Doppelversicherungen bis zu signifikanten Deckungslücken. Die Frage eines wirksamen Versicherungsschutzes bei der Fremdvergabe von Facility Management-Leistungen wird in der Branche nach wie vor nicht ausreichend thematisiert und führt im Schadensfall zu erheblichen wirtschaftlichen Nachteilen.[11]

Bei der Delegation von Verkehrssicherungspflichten ergeben sich zudem sehr häufig Unsicherheiten in Mietverhältnissen. Auch hier ist der Vertragsgestaltung der Zuordnung von Aufgaben im Bereich der Verkehrssicherung, ein hoher Stellenwert einzuräumen. So besteht insbesondere bei der Anwendbarkeit bestimmter Regelwerke – etwa im Bereich der Elektrotechnik – große Unsicherheit, ob die im Arbeitsumfeld allgemein gültigen Vorschriften auch auf Wohnraum und die dazugehörigen Mietverhältnisse anzuwenden sind. Für die Frage der regelmäßigen Überprüfung elektrischer Anlagen, wie Steckdosen, hat der BGH[12] eine Übertragung des Regelwerks abgelehnt. Ein Vermieter ist damit nicht verpflichtet in einer Mietwohnung einen regelmäßigen sogenannten E-Check durchführen zu lassen. Für die Anwendung anderer Vorschriften liegen ver-

---

9 Dazu ausführlich Kapitel XII, Teil 4, S. 687ff.
10 Ausführungen zu den Besonderheiten des Versicherungsrechts im Facility Management, vgl. GEFMA 330-1 „Zivilrechtliche Haftung und Versicherung im FM – Grundlagen".
11 Dazu auch Dettmer in Kapitel XII, Teil 5, S. 694.
12 BGH Urteil vom 15.10.2008, Az.: VIII ZR 321/07.

gleichbare Entscheidungen noch nicht vor, sie muss deshalb jeweils anhand konkreter Einzelfälle fachkundig geprüft werden.

## 3.3 Überwachung als Bestandteil der Verkehrssicherung[13]

Sind die Aufgaben für eine wirksame Verkehrssicherung identifiziert, zugeordnet und den Delegationsempfängern die notwendigen Kompetenzen erteilt, ist der nächste Schritte eines sicheren Umgangs mit der Verkehrssicherung die Überwachung. Hier besteht häufig das Missverständnis, man brauche sich bei wirksamer Delegation um eine Aufgabe nicht mehr zu kümmern. Eine delegierte Aufgabe wird dann regelmäßig aus dem eigenen Aufgabenbereich vollständig „gestrichen". Eine so verstandene vollständige Delegation einer einmal übernommenen Aufgabe ist allerdings rechtlich nicht möglich. Auch bei einer wirksamen Delegation bleibt eine angemessene Überwachung immer erforderlich. Wird diese Überwachungsfunktion nicht nachweisbar wahrgenommen, kann dennoch eine Haftung für den Delegierenden entstehen. Die vollständige Delegation ist somit nicht möglich, weil eine Pflicht zur Überwachung immer beim ursprünglich Verpflichteten verbleibt.

Die Überwachung eines internen oder externen Beauftragten ist keine originäre Eigentümer- oder Unternehmerpflicht. Sie entsteht aber automatisch immer dann, wenn eine Aufgabe nicht von demjenigen selbst wahrgenommen wird, der Adressat der Aufgabe in dem entsprechenden Gesetz oder Regelwerk ist. Sowohl bei interner, als auch bei externer Aufgabenerfüllung ist diese Überwachung notwendig, weil sie im Schadensfall entlastend und damit haftungsbegrenzend oder sogar haftungsausschließend wirken kann (sog. Exkulpation).

Art und Umfang der notwendigen Überwachung ist, wie vieles in dem Bereich der Verkehrssicherung, nicht eindeutig definiert und hängt deshalb vom Einzelfall ab. Grundsätzlich darf aber unterstellt werden, dass die Intensität der Überwachung mit der Qualifikation und der Erfahrung, die der Delegationsempfänger oder eine Fremdfirma hat, abnimmt. Daher ist bei einer erst kurzen Zusammenarbeit oder bei einer besonders gefährlichen Aufgabe (Kinder, Menschen mit Behinderung oder viele Menschen sind potenziell betroffen) eine erhöhte Überwachungsfrequenz empfehlenswert. Nicht erforderlich ist eine übermäßige Überwachung, da sonst der Sinn der Delegation stark eingeschränkt werden würde. Bei bewährten Dienstleistern oder Fachabteilungen sollte deshalb in der Regel eine halbjährliche oder jährliche Überwachung, die auch durch eine entsprechende Berichtspflicht als „Bringschuld" ausgestaltet werden kann, ausreichen. Es bietet sich an, die Überwachung delegierter Aufgaben ebenfalls zum Gegenstand von innerbetrieblichen Anweisungen oder der vertraglichen Gestaltung zu machen. Im Hinblick auf die Überwachung kann im Sinne einer effektiven Delegation insbesondere auch dann von einer höheren Intensität abgesehen werden, wenn bei der Auswahl des Delegationsempfängers mit entsprechender Sorgfalt vorgegangen wurde.

---

13 Gemeint ist hier die Überwachung, die sich aus der Delegation von Aufgaben ergibt. Daneben besteht gerade im Bereich der Verkehrssicherungspflichten eine originäre Pflicht zur Überwachung der Gefahrenentwicklung bzw. –vermeidung. Diese ist in den beschriebenen Fällen allerdings Bestandteil der übertragenen Aufgaben.

Die Überwachung der ordnungsgemäßen Leistungserbringung setzt allerdings – mehr aus praktischen und unternehmerischen Gründen als aus rechtlichen – auch ein Mindestmaß an Fachkunde für die übertragene Aufgabe in der Auftraggeberorganisation voraus. Bei vollständigem Outsourcing, also der vollständigen Auslagerung der Expertise im Gebäudebetrieb, wie es derzeit in vielen Unternehmen zu beobachten ist, ist dies nur schwer darzustellen. Aus organisationsrechtlicher Sicht werden dem Outsourcing hier, wesentlich bestimmt durch Fragen der Verkehrssicherung, Grenzen gesetzt. Die Erfahrung zeigt, dass das Ziel der Kostenreduzierung durch die vollständige Fremdvergabe des Gebäudebetriebs nicht erreicht wird, weil die Leistung des eingesetzten Unternehmers nicht mehr ausreichend bewertet werden kann. Ineffizienzen oder unterbliebene Leistungen des eingesetzten Dienstleisters bleiben so unentdeckt und belasten in der Regel das Budget des Auftraggebers – meist ohne, dass dieser sich dessen bewusst wird.

*3.4 So wenig wie möglich, soviel wie nötig – Dokumentation als Schlüssel im Ernstfall*

Die Dokumentation der Aufbau- und Ablauforganisation und damit verbunden der Erfüllung der mit der Verkehrssicherung zusammenhängenden Aufgaben wird teilweise als bürokratisch und nutzlos betrachtet (hier macht sich die häufig zitierte „Schreibhemmung des Technikers/Praktikers" bemerkbar). Diese Auffassung ist unschädlich, solange alles den Anforderungen entsprechend funktioniert und weder Störungen in der Leistungserbringung noch Schäden festzustellen sind.

Sobald allerdings ein Schaden eintritt, wird die Dokumentation – sowohl die Anweisungs- als auch die Nachweisdokumentation – zum Schlüssel der gegebenenfalls gerichtlichen Aufarbeitung eines Sachverhalts. Sie dient im Verfahren regelmäßig als Beweis und kann gerade bei länger zurück liegenden Ursachen oder Maßnahmen die einzige Möglichkeit einer sachgerechten Rekonstruktion des tatsächlichen Ablaufs darstellen. Eine angemessene Dokumentation ist zwingend zur Vermeidung der Durchsetzung von Ansprüchen.

Um den alltäglichen betrieblichen Erfordernissen angemessen Rechnung zu tragen und die Erfüllung der Verkehrssicherungspflichten nicht unangemessen aufwändig werden zu lassen, sollte daher in jeder FM-Organisation zusätzlich zu den organisatorischen Vorkehrungen ein sinnvolles Dokumentationssystems etabliert werden. Dabei können für die grundlegende Dokumentation Intranet-gestützte Systeme sehr hilfreich und anwenderfreundlich gestaltet sein. Für die tägliche Bearbeitung der Aufgaben der Verkehrssicherung und ihrer Überwachung sind mobile Systeme unter Einbeziehung von tragbaren Computern und eine mit den notwendigen wiederkehrenden Prüfungen programmierte Software inzwischen gut bewährt und etabliert. Dokumentation muss deshalb mit Unterstützung moderner IT-Lösungen nicht mehr gleichbedeutend mit lästiger Bürokratie sein.

## 4. Zusammenfassung und Schlussfolgerungen für die betriebliche Praxis

Die Abgrenzung von Eigentümerpflichten und Unternehmerpflichten beim Immobilienbetrieb ist insbesondere dann wichtig, wenn der Eigentümer seine Immobilie nicht selbst nutzt, sondern z.B. vermietet. Sobald auch in diesen Fällen geklärt ist, welche Aufgaben durch wen zu erbringen sind, liegt ein besonderer Schwerpunkt der Aufgabenerfüllung auf der Verkehrssicherungspflicht. Die Verkehrssicherung dient generell der Vermeidung von Schäden an den Rechtsgütern Dritter. Fehler bei der Wahrnehmung der damit verbundenen Verkehrssicherungspflichten können zur Haftung für entstandene Schäden führen. Die Konkretisierung der Verkehrssicherungspflichten muss individuell erfolgen. Wesentliche Grundlage dafür ist eine Vielzahl sich regelmäßig ändernder Regelwerke sowie eine sehr umfangreiche Rechtsprechung. Die Verkehrssicherung ist somit komplex und nicht mathematisch exakt und allgemeingültig definierbar.

Im Umgang mit der Verkehrssicherung, der dazu gehörigen Aufgabenverteilung und der damit verbundenen Notwendigkeit zur Überwachung sind Sensibilität und Gewissenhaftigkeit, aber kein übertriebene Sorge angezeigt. Angemessene organisatorische Vorkehrungen und die nötige Umsicht in der täglichen Praxis bieten ein hohes Maß an Schutz vor Schäden und damit an individueller Sicherheit. Unfälle werden damit dennoch nicht vermeidbar sein, individuelle Risiken der handelnden Personen und Organisationen, einschließlich der strafrechtlichen Verantwortlichkeit, können so allerdings auf ein Minimum reduziert werden.

- Dazu ist die eindeutige Zuordnung von Aufgaben und Kompetenzen erforderlich. Diese ist nachweisbar zu dokumentieren (Aufbauorganisation).
- Auf der Basis dieser Zuordnung sind die externen Anforderungen, die mit den wahrzunehmenden Aufgaben verbunden sind, in die betriebliche Praxis zu „übersetzen" (Gefährdungsbeurteilungen, Prüfintervalle, Maßnahmenpläne, etc.). Die notwendigen organisatorischen Vorkehrungen, die die Erfüllung dieser Anforderungen und ihre Überwachung dokumentieren sind ebenfalls zu treffen (Ablauforganisation).
- Bei der Festlegung der Dokumentationsanforderungen sollte übermäßiger Aufwand vermieden werden, um eine effiziente Aufgabenerfüllung nicht zu behindern und die Motivation der eingesetzten Mitarbeiter nicht unnötig zu belasten.
- Die Aufgaben, die an Dritte (Fremdfirmen, Mieter) delegiert werden, sind mit besonderer Sorgfalt zu übertragen. Bei der Formulierung von entsprechenden Verträgen ist der Verkehrssicherung und den damit verbundenen Anforderungen besondere Aufmerksamkeit zu schenken.
- Besonderes Augenmerk sollte bei der Zusammenarbeit mit Dritten auch auf die Frage des Versicherungsschutzes gelegt werden[14].

---

14 Hierzu GEFMA Richtlinie 330 Teil 1 und 2 – Haftung und Versicherung im FM.

# 4. Übertragung von Eigentümeraufgaben auf „Dienstleister"

*Jörg Schielein*

Aufgaben des Facility Managements werden regelmäßig ausgelagert. Umfang und Art können sehr unterschiedlich sein. Es können jeweils Werk- oder (echte) Dienstleistungsverträge abgeschlossen werden. Was sinnvoller ist, muss im Einzelfall geklärt werden. Um Vertragsklarheit zu schaffen, sind die Aufgaben, die ausgelagert werden, die Interessen des Auftragsgebers sowie die Organisationsform zu klären und vertraglich zu fixieren. Dabei kann auf Musterverträge zurückgegriffen werden, die jedoch auf den jeweiligen konkreten Fall hin anzupassen und zu prüfen sind. Grundsätzlich sollte der Vertrag von Rechtskundigen geprüft werden, insbesondere darauf ob der konkrete Vertrag die Ziele, die der Auftraggeber erreichen möchte, unterstützt.

## 1. Outsourcing des Facility Managements – Standard der Branche

In praktisch allen Organisationen werden Eigentümeraufgaben bzw. Unternehmeraufgaben,[1] die sich aus der Gebäudebewirtschaftung ergeben, auf externe Dritte übertragen. Art und Umfang des Outsourcings variieren allerdings, etwa von einer auftragsbezogenen Auslagerung von Leistungen des Räum- und Streudienstes über die Beauftragung von Wartungsarbeiten oder Sachverständigenprüfungen bis hin zur vollständigen Vergabe sämtlicher FM-Leistungen. Im praktischen Sprachgebrauch wird das beauftragte Unternehmen häufig als „Dienstleister" bezeichnet, auch wenn vielfach Werkunternehmer die rechtlich zutreffendere Bezeichnung wäre.[2] Die Auslagerung dieser Aufgaben folgt unterschiedlichen Motiven. Fehlende Kapazitäten oder fehlendes Knowhow in der eigenen Organisation sind dabei ebenso als Grund für eine Beauftragung zu finden, wie erwartete betriebswirtschaftliche Vorteile oder eine strategische Entscheidung, sich im Wesentlichen auf das Kerngeschäft zu konzentrieren und sämtliche Unterstützungsleistungen zu vergeben.

Die unternehmerische Entscheidung, welche Eigentümerpflichten ausgelagert werden sollen, ist somit geprägt von unterschiedlichen und häufig sehr situationsbezogenen Details. Bei diesen Entscheidungen sollten allerdings die nachfolgend beschriebenen Aspekte regelmäßig bedacht werden, um die Umsetzung der jeweiligen Zielsetzung wahrscheinlicher werden zu lassen. Facility Management ist eine komplexe Materie, die viel spezialisiertes Wissen erfordert und die häufig nur dann ins Bewusstsein rückt, wenn etwas nicht so läuft, wie gewünscht. Diese Komplexität sollte sich in der Sorgfalt, mit der die Auslagerung der Leistungen in einer Organisation vorbereitet und umgesetzt werden, zeigen.

---

1 Zur Unterscheidung siehe auch Ziffer 3.
2 Dazu nachfolgend Ziffer 2.

## 2. Vertragsgestaltung im FM verdient Aufmerksamkeit

Grundlage für jede Form der Auslagerung von FM-Leistungen sind Verträge. Ein Schriftformerfordernis gibt es für FM-Verträge grundsätzlich nicht, daher können auch mündlich Verträge geschlossen werden. Für den Vertragsschluss genügt schlicht der Wille beider Parteien zum Leistungsaustausch. Spätestens mit der Begleichung einer Rechnung für erbrachte Leistungen, kann in der Regel von einem übereinstimmenden Vertrag ausgegangen werden.Gegenstand dieser Verträge ist – bei Auslegung durch Gerichte – dann regelmäßig, was die Verkehrsauffassung nach den Umständen des Einzelfalls für erforderlich halten darf. Und das deckt sich nicht immer mit dem, was eigentlich von den Beteiligten bei (mündlichem) Vertragsabschluss beabsichtigt war. Aus Beweisgründen sollten daher alle Verträge grundsätzlich schriftlich geschlossen werden – auch wenn sie wirtschaftlich für den Auftraggeber noch so unbedeutend sein mögen.

### 2.1. Verträge sollten von der Auftraggeberseite vorgegeben werden

Gerade in kleineren Organisationen finden sich im Zusammenhang mit den bestehenden Eigentümerpflichten entweder keine oder nur sehr oberflächlich schriftlich fixierte Verträge, die häufig durch die beauftragten Unternehmen zu Beginn der Vertragsbeziehung mitgeliefert wurden. Das ist beispielsweise bei Service- und Wartungsverträgen insbesondere dann häufig zu beobachten, wenn eine Anlage beschafft wird und sich der Service – und Wartungsvertrag unmittelbar an den Einbau oder die Errichtung der Anlage anschließt. Der damit verbundene Vorteil ist meist eine Verlängerung der Gewährleistungszeit und somit für viele Auftraggeber in hohem Maße attraktiv.

Weniger im Bewusstsein der Auftraggeber ist in diesen Fällen, dass die Verträge, die von dem beauftragten Unternehmer stammen, in der Regel dessen Interessen widerspiegeln und ihren Schwerpunkt gerade nicht in der Wahrung der Auftraggeberinteressen haben. Insbesondere die Frage der mit Service- und Wartungsverträgen häufig einhergehenden Übertragung von Eigentümerpflichten wird in diesen Verträgen oft- und nachvollziehbar zugunsten des beauftragten Unternehmers geregelt. Mangels Bewusstsein und Kenntnis der Auftraggeberorganisationen wird das Angebot des Unternehmers, solche Verträge vorzulegen, dennoch in der Praxis gerne angenommen. Davor kann unter dem Gesichtspunkt einer rechtssicheren Delegation von Eigentümerpflichten allerdings nur gewarnt werden.

In jedem Fall sollte nach Ablauf der Gewährleistungsfrist geprüft werden, ob an einem mit dem Errichter einer Anlage geschlossenen Vertrag dauerhaft festgehalten werden soll und ob dieser die Interessen des Auftraggebers sachgerecht abbildet.

### 2.2 Musterverträge sind hilfreich, aber ohne individuelle Anpassung ungeeignet

Nicht jede Auftraggeberorganisation verfügt über eine Rechtsabteilung, die auf den Abschluss von FM-Verträgen spezialisiert ist. Deshalb ist auch im Zusammenhang mit der Delegation von Eigentümerpflichten im Immobilienbetrieb die Nachfrage nach Musterverträgen groß. Musterverträge gibt es für alle denkbaren Bereiche der Zusammenarbeit. Ihre Anwendung ist generell sinnvoll, allerdings nur, wenn bestimmte Regeln im Umgang damit beachtet werden.

Ein geeigneter Mustervertrag hat den großen Vorteil, dass sich fachkundige Spezialisten unterschiedlicher Berufsgruppen und unterschiedlicher beruflicher Schwerpunkte über sachgerechte Regelungen für die Zusammenarbeit im Bereich des Facility Managements ausgetauscht und diese dann in einem Vertrag zusammengefasst haben. Die Beschaffung eines Mustervertrags ist zudem kostengünstiger als die Erstellung eines Vertrags durch eine geeignete Anwaltskanzlei oder durch die eigene Rechtsabteilung. Und nicht zuletzt kann die Verwendung eines Mustervertrags bei einem Auslagerungsprojekt Zeit sparen helfen, weil wichtige Grundlagen nicht mehr erarbeitet werden müssen.

Der Nachteil von Musterverträgen ist allerdings, dass es sich um allgemeingültige Muster handelt, die selbstverständlich keine Rücksicht auf besondere Interessen eines Auftraggebers, die Besonderheiten einer Liegenschaft oder einer konkreten Zusammenarbeit in einem Objekt nehmen können. Das bedeutet, dass Musterverträge regelmäßig nur dann ihren Nutzen entfalten, wenn sie individuell angepasst werden. Diese Einschätzung teilen die Beteiligten in der Praxis und ändern den Mustervertrag nach bestem Wissen und Gewissen durch Anpassung an ihren – meist technischen – Bedarf. Dabei wird häufig Wichtiges übersehen oder im Mustervertrag bewusst gewählte, weil rechtlich durchsetzbare, Regelungen unbewusst zu Lasten einer Vertragspartei geändert. Was am Ende im Bereich der Haftung, der Vertragsstrafen, der Vergütungsanpassung oder besonders häufig im Bereich der Delegation von Eigentümerpflichten wirklich zwischen den Parteien vereinbart ist, klären in der Folge dann häufig erst die Gerichte. Das Risiko einer nicht sachgerechten Überarbeitung eines Mustervertrags muss daher ausgeschlossen werden. Dazu ist es erforderlich, dass vor Vertragsschluss eine konkrete rechtliche Prüfung und Beratung erfolgt, unabhängig davon, ob diese intern oder extern eingeholt wird.

Hat man sich für die Verwendung eines Mustervertrags als Grundlage für die Delegation von Eigentümerpflichten auf einen Externen entschieden, sollte nicht irgendein beliebiger Vertrag aus einem Vorprojekt eines FM-Beraters genutzt werden.[3] Erheblich besser ist es, eine solide ausgearbeitete und aktuelle Version eines geeigneten und neutral formulierten Vertragsvorschlags[4] zu nutzen.

Ausgehend von einer geeigneten Grundlage kann deren interessengeleitete Anpassung an die jeweilige Situation des Auftraggebers erfolgen. FM-Berater können und müssen praktische und technische Fragen zur Auslagerung von Eigentümerpflichten beantworten. Für rechtliche Fragen sind FM-Berater jedoch nicht die richtigen Ansprechpartner. Hier ist die Rechtsabteilung oder der fachkundige Rechtsberater gefordert. Nur so können rechtsichere Formulierungen gefunden werden. Damit wird vermieden, dass vermeintlich vereinbarte Leistungen – anders als gedacht – doch gesondert vergütet werden müssen, Kündigungs- oder Gewährleistungsrechte – anders als gedacht –

---

3 Dazu auch Schielein, „Liaison dangereuse" in Der Facility Manager 10/2015.
4 Geeignet erscheint derzeit insoweit vor allem GEFMA 510 – Mustervertrag Facility Management Version 2.0, nebst dem dazugehörenden GEFMA 520 Standardleistungsverzeichnis Facility Management Version 3.0.

doch nicht durchgesetzt werden können oder Vertragsstrafenregelungen ins Leere laufen, weil die gewählte Formulierungen seit Jahren von der Rechtsprechung für unwirksam erklärt sind. Der Abschluss eines FM-Vertrages erfordert ein interdisziplinäres Vorgehen.

*2.3 Anpassung von Musterverträgen*

Für die Anpassung eines Vertrags an die individuellen Interessen eines Auftraggebers bieten sich daher folgende Schritte an:

2.3.1 Klärung der zu übertragenden Aufgaben

Es muss geklärt werden, was an den externen Partner übertragen werden soll. Sind es die Eigentümerpflichten oder sind es auch ganz oder teilweise die Unternehmerpflichten? Gibt es Bereiche in denen die Entscheidungshoheit weiterhin beim Auftraggeber liegen soll oder soll dem Externen weitgehend freie Hand, d.h. möglichst weitgehende Handlungs- und Entscheidungsfreiheit eingeräumt werden. Dabei sollten sich alle Beteiligten über die tatsächlichen und rechtlichen Grenzen der jeweiligen Entscheidung im Klaren sein. Arbeitsrechtliche Fragestellungen nach einem Betriebsübergang oder einer Eingliederung von Fremdfirmenmitarbeitern schließen sich in diesem Zusammenhang regelmäßig an.

2.3.2 Klärung der Interessen des Auftraggebers

Es sollten die Aspekte, die dem Auftraggeber im Verhältnis zu dem eingesetzten Unternehmer besonders wichtig sind, strukturiert identifiziert und intern abgestimmt werden. In diesem Schritt ist die Kommunikation zwischen Fachabteilung, Einkauf und Rechtsabteilung/Rechtsberatung besonders wichtig. Das kann Regelungen u.a. aus folgenden Bereichen betreffen:
– Steuerung des Dienstleisters (SLA, Schadensersatzregelungen, Vertragsstrafen, Kündigungsmöglichkeiten bei Schlechtleistung, etc.) oder
– die betriebswirtschaftliche Optimierung (Laufzeiten, Erfahrungskurveneffekte bei der Vergütung, bonus-malus-Regelungen, etc.) oder
– die bestmögliche Sicherstellung ausreichender Qualifikationen der vom Dienstleister eingesetzten Mitarbeiter (z.B. beim Austausch von Objektleitern, beim Zusammenwirken mit eigenen Mitarbeitern oder im Bereich der Einhaltung von Sozialstandards) oder
– die Dokumentation der vom beauftragten Unternehmer erbrachten Leistungen

2.3.3 Klärung des Organisationsablaufs

Sind die besonderen Interessen eines Auftraggebers geklärt, sollte in einem dritten Schritt geklärt werden, wie die identifizierten Interessen bestmöglich umgesetzt werden können. Auch hier sollte sich die intensive Zusammenarbeit zwischen Fachabteilung, Einkauf und Rechtsabteilung unbedingt fortsetzen.

Das kann bereits beim Auswahlprozess beginnen (Referenzen, Bestimmung des Eigenleistungsanteils, Versicherungsschutz, etc.) oder in enger Abstimmung zwischen dem Beschrieb im Leistungsverzeichnis und dem Vertragswerk erfolgen. Bei letzterer ist wichtig, dass sich der Vertrag und die Festlegungen des Leistungsverzeichnisses ergänzen und nicht widersprechen. Erfahrungsgemäß ist es deshalb empfehlenswert, das Leistungsverzeichnis dahingehend zu prüfen, ob darin rechtlich relevante Anforderungen enthalten sind. Erst wenn das geklärt ist, kann entschieden werden, wo die Festlegung sinnvoller verortet werden soll, um auf diese Weise Widersprüche zu vermeiden.

Bei der konkreten Umsetzung der individuellen Anpassungsbedarfe sollte auch darauf geachtet werden, ob die Regelungen im Vertrag eher als Dienstleistung oder als Werkleistung beschrieben werden. Begrifflich wird häufig an einen „Dienstleister" ausgelagert Tatsächlich ist es für den Auftraggeberaber meist vorteilhafter einen FM-Vertrag so weitgehend wie möglich als Werkvertrag auszugestalten. Ob eine Leistung als Dienstleistung oder als Werkleistung ausgestaltet werden kann oder soll, sollte diskutiert und bewusst entschieden werden. Beide Vertragstypen können – und werden regelmäßig – in einem Vertrag gemischt zur Anwendung kommen, sie unterscheiden sich allerdings zum Teil entscheidend bei den Folgen einer Schlechtleistung, der Verjährung oder den Möglichkeiten den Vertrag zu beenden. Bei der Betrachtung welche Vertragsart im Zweifel gewählt werden soll, kann leistungsbezogen variieren und so für den Auftraggeber optimiert ausgestaltet werden.

## 2.4 Musterverträge und AGB-Recht

Bei der konkreten Ausgestaltung eines FM-Vertrags auf der Grundlage eines Mustervertrags muss berücksichtigt werden, dass es sich dabei um sog. Allgemeine Geschäftsbedingungen (AGB) handelt. AGB unterliegen einer besonderen rechtlichen Kontrolle. Während individuell ausgehandelte Verträge inhaltlich im Wesentlichen nur einer Sittenwidrigkeitskontrolle und deren Spezialfall des Wuchers (§ 138 BGB) unterliegen. Im Übrigen können im Sinne der grundsätzlich geltenden Privatautonomie die Parteien eines Vertrags vereinbaren, was Ihnen sinnvoll erscheint.

Anders ist die Situation, wenn das Recht der Allgemeinen Geschäftsbedingungen einschlägig ist (§ 305 ff. BGB). Dann darf von der grundsätzlichen gesetzgeberischen Wertung einer Norm nur abgewichen werden, wenn sie den Vertragspartner nicht unangemessen benachteiligt. Das nachzuweisen geht im Zweifel dann zulasten des besser gestellten Vertragspartners, also meist des Auftraggebers.

Ein Vertrag oder eine Vertragsklausel unterliegt immer dann dem Recht der Allgemeinen Geschäftsbedingungen, wenn der jeweilige Inhalt für eine mehrfache Verwendung gedacht ist. Das ist bei einem Mustervertrag der Fall. Unerheblich ist insoweit, ob der Verwender, also der Auftraggeber, eine Mehrfachverwendung plant. Ausreichend ist, dass der Text, der verwendet wird für eine Mehrfachverwendung erarbeitet wurde. Wer also Verträge auf der Grundlage eines Musters entwickelt, muss davon ausgehen, dass das Recht der Allgemeinen Geschäftsbedingungen für die Beurteilung der Frage, ob eine Regelung wirksam ist, zur Anwendung kommt. Diese Kontrolle führt dann in der Praxis, z.B. bei Haftungsklauseln oder Klauseln, die der Steuerung von Dienstleistern dienen sollen, wegen der strengeren Anforderungen in der Praxis regelmäßig zu deren Unwirksamkeit.[5]

## 3. Umgang mit Technikklauseln im FM

Für die Delegation von Eigentümerpflichten auf externe Unternehmer spielt die Beschreibung der einzuhaltenden Standards, sei es im FM-Vertrag oder in dem dazugehörenden Leistungsverzeichnis, eine große Rolle. Die wenigsten Auftraggeberorganisationen schreiben dazu z.B. exakt Art und Umfang einer Wartungs- oder Instandhaltungsleistung aus, sondern verweisen typischerweise auf unbestimmte Rechtsbegriffe wie die „(allgemein) anerkannten Regeln der Technik" oder den „Stand der Technik". In der Praxis ist immer wieder festzustellen, dass insoweit a) keine klare Vorstellung dahingehend besteht, was der jeweilige Begriff konkret bedeutet und b) in der Folge auch keine klare Abgrenzung der Begriffe stattfindet. Vielmehr werden diese Begriffe vielfach als austauschbar und im Ergebnis weitgehend identisch angesehen. Das ist unzutreffend. Aus rechtlicher Sicht besteht durchaus ein Unterschied zwischen den „(allgemein) anerkannten Regeln der Technik" und dem „Stand der Technik" und es ist auch zu differenzieren, wo man die jeweiligen Konkretisierungen dieser Begriffe nachlesen kann.

Grundsätzlich gilt, der „Stand der Technik" bildet das anspruchsvollere Leistungsniveau ab, die „(allgemein) anerkannten Regeln der Technik" sind länger als der „Stand der Technik" etabliert und damit möglicherweise nicht mehr das verfügbare Optimum.

Die Frage, was im Einzelfall geschuldet ist, kann deshalb tatsächlich von der im Vertrag gewählten Formulierung abhängig sein. Pauschal darf angenommen werden, dass die Regeln Staatlicher Ausschüsse (TRBS, etc.) den „Stand der Technik" (wie etwa in der Betriebssicherheitsverordnung gefordert) widergeben. Regeln privater Regelsetzer sind tendenziell eher als Beschreibung der „(allgemein) anerkannten Regeln der Technik" einzuordnen.

Bei der Vertragsgestaltung sollte daher zunächst unterschieden werden, welcher Begriff im jeweiligen Gesetz gefordert wird. Wo die Einhaltung des „Stand der Technik" gefordert wird, muss diese Forderung auch vertraglich an den beauftragten Unternehmen weitergegeben werden. Wo die Einhaltung der „(allgemein) anerkannten Regeln der Technik" gefordert ist, sollte dies als Mindeststandard vereinbart werden. Selbstverständlich kann in diesen Fälle auch die Einhaltung des „Stand der Technik" und damit üblicherweise ein höheres Leistungsniveau vereinbart werden.

Neben der Sensibilisierung für den Unterschied zwischen dem „Stand der Technik" und den „(allgemein) anerkannten Regeln der Technik", sollte bei der Vertragsgestaltung immer auch ein Augenmerk auf die Frage gelegt werden, welche Institutionen solche „(allgemein) anerkannten Regeln der Technik" veröffentlichen. Für Veröffentlichungen von DIN, VDE, DVGW und wohl auch VDI ist das in der Regel eher unstreitig. Aber sind auch Richtlinien der GEFMA oder VDMA-Regelwerke solche allgemein anerkannte Regeln der Technik? Eher nicht. Dennoch bietet es sich an, diese Frage in

---

5 Klauselverbote gem. §§ 308, 309 BGB betrifft u.a. Klauseln zu Änderungsvorbehalten bei der Leistung, pauschaliertem Schadensersatz oder zu Vertragsstrafen.

einem FM-Vertrag zu thematisieren, um hinsichtlich des vereinbarten Leistungsstandards nicht unterschiedliche Erwartungshaltungen bei den Vertragsparteien zu produzieren.

## 4. Steuerung von Dienstleistern

In der Praxis wird die Gestaltung von Verträgen zur Übertragung von Eigentümerpflichten wohl auch deshalb häufig (noch) nicht mit der gebotenen Intensität verfolgt, weil die weit verbreitete Auffassung herrscht, man könne die beauftragten Unternehmen ohnehin schlecht steuern. Manchmal scheint es, als würden die Fachabteilungen bei Auftraggebern, wegen der unausweichlichen Konsequenzen des anhaltenden Preiskampfes in der FM-Branche und den damit verbundenen Strategien der Anbieter, die „Vertragsoptimierung durch Weglassen" betreiben oder vor der Tatsache kapitulieren, dass beim Auftragnehmer Spezialisten für die Vorbereitung von Nachträgen arbeiten.

Beispiele von Auftraggebern zeigen jedoch in der Praxis auch immer wieder sehr deutlich, dass die Steuerung der Dienstleister möglich ist. Es ist bei größeren Auftraggeberorganisationen ein Trend erkennbar, dass die Steuerung von FM-Dienstleistern zunehmend systematisiert wird. Voraussetzung dafür ist eine leistungsfähige interne Organisationseinheit, die etwas von den im FM zu erbringenden Leistungen versteht und damit auch fachkompetent steuern kann. Diese interne FM-Organisation muss in die Lage versetzt sein, die zu erbringenden Leistungen – zur Not auch im Detail – zu kennen und vom Auftragnehmer vorgeschlagene Maßnahmen auch fachlich mindestens plausibilisieren zu können.

Außerdem muss vorausgesetzt werden, dass die Konditionen eines Vertrags so vereinbart sind, dass die vereinbarte Leistungserbringung durch den eingesetzten Unternehmer auch unter Wahrung seiner unternehmerischen Interessen möglich ist. Das wird in der Regel durch grundsätzlich auskömmliche Budgets, sachgerechte Anpassungsmechanismen und die Möglichkeit auf Leistungsänderungen entsprechend reagieren zu können dargestellt.

Wenn beide Voraussetzungen vorliegen, ist eine gute Grundlage für eine sachorientierte und vor allem beide Parteien nachhaltig sinnvolle Zusammenarbeit geschaffen.[6]

---

[6] Zum Einstieg in die Vertiefung des Themas eignen sich folgende Veröffentlichungen und Kontakte. Für die Beantwortung konkreter Einzelfragen sollte grundsätzlich qualifizierter Rechtsrat eingeholt werden:
Richtlinie GEFMA 190 Betreiberverantwortung im Facility Management, Stand: 12/2003
Richtlinie GEFMA 300 Rechtsfragen im FM
Richtlinie GEFMA 310 Umgang mit Vorschriften und Technikklauseln im FM
Richtlinie GEFMA 320 Mängelansprüche im FM
Richtlinie GEFMA 330-1 Zivilrechtliche Haftung und Versicherung im FM
GEFMA 510 Mustervertrag Facility Management
GEFMA 520 Standardleistungsverzeichnis Facility Management
Als Forum für Diskussion und Erfahrungsaustausch zu Rechtsfragen im Bereich der Immobilienbewirtschaftung – insbesondere der Haftung und Überwachung – bietet sich der Arbeitskreis FM-Recht des Branchenverbandes GEFMA an: www.gefma.de/AK-FM Recht.
Für einen konkreten Einblick in die Vielzahl der für die Immobilienbewirtschaftung einschlägigen Regelwerke empfiehlt sich die Nutzung kommerzieller Datenbanken (z.B. Weka-Verlag oder www.reg-is.de).

# 5. Versicherung des Grundstücks und des Eigentümers

*Lutz Dettmer / Detlev Hrycej*

Mit Immobilieneigentum und -besitz sind Risiken verbunden, die existenzbedrohend sein können, und zwar sowohl für die Organisationen, die Eigentümerinnen oder Besitzerinnen sind, als auch für die Vertreter dieser Organisationen, z.B. Geschäftsführer und Vorstände, unabhängig davon, ob diese haupt- oder ehrenamtlich tätig sind. Um dem Risiko von Haftungsansprüchen und hoher Schadensummen zu begegnen, ist der Abschluss von Versicherungen unerlässlich. Es lässt sich mehr absichern als hinlänglich bekannt.

## 1. Vorbemerkungen

### 1.1 Zielsetzung

Die Themen und Fragestellungen rund um den Versicherungsschutz für Immobilien in Sozialwirtschaft und Kirche sind komplex, so dass im Folgenden nur ein allgemeiner Überblick gegeben werden kann. Die Ausführungen geben Orientierung, bestehende Absicherungen einzuordnen und anzuwenden bzw. Lücken im Versicherungsschutz zu erkennen und zu bewerten.

### 1.2 Individuell abgeschlossene Versicherungsverträge in der Sozialwirtschaft

Jedem sachgerechten Versicherungsschutz geht eine Risikoanalyse voraus, die sich nicht nur mit den speziellen Gefahrenmomenten und räumlichen Gegebenheiten zu befassen hat, sondern auch mit Erwartungshaltungen – z. B. der Mitarbeitenden, der Auftraggeber (z. B. an Werkstätten für behinderte Menschen), der Verbände, der Eltern/Angehörigen, der Kostenträger etc. Insoweit ist das Spektrum der Versicherungssparten vielfältig und geht unter Berücksichtigung der Betriebsart regelmäßig über die wesentlichen Deckungsformen der Sach- und Haftpflicht-Versicherung hinaus, z. B. ergänzt um den Versicherungsschutz für Betriebsunterbrechungen.

### 1.3 Kirchliche Sammelversicherungsverträge – bestehender Versicherungsschutz

Zu den wichtigsten Versicherungssparten (Gebäude, Inventar, Haftpflicht etc.) haben Landeskirchen sowie auch (Erz-)Diözesen regelmäßig Sammelversicherungsverträge abgeschlossen, die eine obligatorische Absicherung der verfasst kirchlichen Strukturen vorsehen. Durch diese Absicherung wird erreicht, dass
- für jede Kirchengemeinde, kirchliche Aktivität und jedes kirchliche Objekt Versicherungsschutz besteht;

– Einkaufsmacht gebündelt wird, d. h. Absicherung zu bevorzugten Bedingungen und Preisen erfolgt;
– durch die Größe der Gefahrengemeinschaft auch Risiken Absicherung erlangen, für die eventuell keine separaten Versicherungslösungen am Markt erhältlich sind.

Detaillierte Informationen über die jeweilig abgeschlossenen Sammelversicherungsverträge können den Versicherungsmerkblättern ersehen werden, die die Landeskirchen bzw. Diözesen herausgeben.

*1.4 Refinanzierung von Versicherungsprämien*

1.4.1 Sozialwirtschaft

Über Leistungsentgelte sind Aufwendungen für außerordentliche Schadenereignisse, Sachwertverluste oder Aufwendungen für Forderungen Dritter nicht finanzierbar. Wenn der Träger keine Eigenmittel einsetzen will, ist die Versicherung einziges und wirksames Instrument der Risikoübertragung, zumal die Kosten für bedarfsgerechten Versicherungsschutz regelmäßig in die Betriebskosten eingehen. Üblicherweise gehören Versicherungsprämien zu den Kostenbestandteilen eines Pflegesatzes oder zu den förderfähigen Aufwendungen. Entsprechend ist dies in den Verhandlungen zu berücksichtigen.

1.4.2 Kirchlicher Bereich

Während die Möglichkeit der Refinanzierung von Versicherungsprämien bei der Abrechnung mit externen Kostenträgern in der Sozialwirtschaft regelmäßig wahrgenommen wird, wird diese Möglichkeit beim Erstellen von Nebenkostenabrechnungen für vermietete Wohn- und Gewerbeflächen teilweise immer noch nicht berücksichtigt.

Einzelverträge oder kirchliche Gebäude-Sammelversicherungsverträge, die Einzelwerte je Objekt führen, weisen auch separate Gebäudeprämien aus. Im Bedarfsfall können Einzelprämienrechnungen geschrieben werden.

Kirchliche Sammelversicherungsverträge, die pauschal – das heißt ohne Einzelwerte – konzipiert wurden, ermöglichen Rückrechnungen, so dass je qm vermietete Gewerbe- und Wohnraumfläche nach Art des Objektes (Einfamilienhaus, Zweifamilienhaus, Mehrfamilienhaus etc.) ein Prämienanteil ausweisbar ist.

Ungeklärt ist oftmals, wem refinanzierte Prämienanteile zufließen. Die Prämien der Sammelversicherungsverträge werden regelmäßig zentral vom Landeskirchenamt/Generalvikariat bezahlt, so dass kirchliche Gliederungen, die Versicherungsprämien auf ihre Mieter umlegen, die so refinanzierten Beträge eigentlich abführen müssten.

## 2. Sachversicherungen

Die Sachversicherung bezieht sich grundsätzlich auf das Interesse des Versicherungsnehmers an Sachwerten. Es kann sich dabei um eine Absicherung des Eigentums, des Besitzes oder fremder Werte handeln.

## 2.1 Wesen der Sachversicherung

Versichert sind die in den Policen genannten Sachen. Diese können ein Einzelgegenstand – z. B. Gebäude mit Zubehör – oder eine Gruppe von Sachen („Sachinbegriff") sein, wie beispielsweise das gesamte Inventar, das sich aus technischer und kaufmännischer Betriebseinrichtung, Waren und Vorräten, Besucherhabe etc. bildet.

Ursprünglicher Ersatzwert in der Sachversicherung ist der objektiv messbare und feststellbare Zeitwert. Die meisten Versicherungssparten sehen eine (gleitende) Neuwertversicherung vor.

Vertragspartner des Versicherers ist immer der Versicherungsnehmer. Ohne sein Einverständnis kann keine Entschädigung an Dritte ausgezahlt werden (Ausnahme: Ansprüche von Realrechtsgläubigern). Auch wenn fremdes Eigentum mitversichert/geschädigt ist (z. B. überlassene Gegenstände, Wohnungseinbauten, Mitarbeiter- oder Besucherhabe), können die Eigentümer die Entschädigungsleistung nur über den Versicherungsnehmer erhalten.

## 2.2 Gebäudeversicherung

### 2.2.1 Versicherungsort

Die Versicherungsverträge in der Sozialwirtschaft sind individuell gestaltet, d. h. es werden regelmäßig Objektlisten mit Einzelwerten etc. geführt oder aber Sammelversicherungsverträge mit der Möglichkeit von Pauschalvereinbarungen gestaltet. Kirchliche Sammelversicherungsverträge gewähren hingegen oftmals pauschale Deckung für alle kircheneigenen Gebäude bzw. für Gebäude, für die Kirche die Gefahr trägt.

### 2.2.2 Gleitende Neuwertversicherung

Die gleitende Neuwertversicherung ist die gängigste Vertragsvariante bei Gestaltung des Gebäudeversicherungsschutzes für Objekte in Sozialwirtschaft und Kirche. Als Berechnungsbasis/Ausgangsversicherungssumme dient die von Sachverständigen durch Rückrechnung ermittelte sog. Versicherungssumme 1914. Bei Neubauten, bei denen eine Kostenberechnung nach DIN 276 vorliegt, kann die Festsetzung der Versicherungssumme 1914 durch Rückrechnung auf Basis der in der Versicherungswirtschaft bekannten ortsüblichen Baukostenindizes vorgenommen werden.

### 2.2.3 Ermittlung der Gebäudeversicherungssumme

Der Neuwert von Gebäuden ist der ortsübliche Neubauwert einschließlich Architektengebühren und sonstiger Konstruktions-/Planungskosten. Er wird aus der Versicherungssumme 1914 mit Hilfe des sog. Neuwertfaktors ermittelt. Sofern keine Berechtigung zum Vorsteuerabzug besteht, ist die Mehrwertsteuer in die Versicherungssumme einzukalkulieren.

Bei Neubauten ist die Ermittlung der Versicherungssumme anhand der Baukostenendabrechnung relativ einfach. Bei der Wertermittlung für bestehende Gebäude ist regelmäßig die Einschaltung eines Sachverständigen (Gebäudesachverständiger, Architekt, Baubeauftragter des Versicherers oder des Versicherungsmaklers) notwendig. Es gibt umfangreiches statistisches Material, um anhand des cbm-umbauten Raumes (Kubatur) oder der Quadratmeter-Nutzfläche Bewertungen vorzunehmen.

Die Bewertung historischer Bauwerke (z. B. Kirchen) ist selbst für Experten eine besondere Herausforderung. Die enorme manuelle Arbeit insbesondere bei Bruch- oder Sandsteingebäuden lässt nur Annäherungswerte zu, und die einzusetzenden Versicherungssummen liegen deutlich über den Preisen, die bei der Fertigung nach konventioneller Bauweise notwendig sind.

2.2.4 Absicherungsstruktur – versicherbare Gefahren

Die üblichen Vertragsmodelle zeigt folgendes Schaubild:

| Konventionelle Gebäudeversicherung | Elementarschadenversicherung | Allgefahrenversicherung |
|---|---|---|
| Feuer | | Alle Sachschäden sind versichert (Ausnahme – Negativkatalog). Zum Beispiel auch<br>– Fahrzeuganprall<br>– Wind<br>– Nagetierschaden |
| Leitungswasser | | |
| Sturm/Hagel | Sturm/Hagel<br>Erdbeben<br>Erdfall<br>Erdrutsch<br>Lawinen<br>Schneedruck<br>Überschwemmung<br>Hochwasser | |
| | Sturmflut | |

Während die kirchlichen Sammelversicherungsverträge oftmals einen konventionellen Deckungsumfang vorsehen, ist der Versicherungsschutz für Immobilien in der Sozialwirtschaft häufig um Elementarschäden erweitert oder es bestehen Allgefahrendeckungen.

In Baden-Württemberg existieren traditionell ergänzende Elementarschadenversicherungen.

2.2.5 Kostenpositionen

Bei der Ausgestaltung der Policen ist darauf zu achten, dass u. a. folgende Kostenpositionen mit ausreichenden Absicherungssummen berücksichtigt sind:
– Feuerlöschkosten, Abbruchkosten, Aufräumungskosten;
– Sachverständigenkosten;
– Dekontaminationskosten;
– Mehrkosten durch behördliche Wiederherstellungsbeschränkungen;
– Überspannungsschäden durch Blitz;
– Mietausfall.

## 2.3 Inventarversicherung

### 2.3.1 Versicherungsort

Bewegliche Sachen (Inventarien) sind regelmäßig nur in den Gebäuden/Räumen, die in den Policen genannt sind, oder aber in Sammelversicherungsverträgen (möglicherweise mit Pauschalvereinbarungen) versichert. Kirchliche Sammelversicherungsverträge beinhalten oftmals pauschale Deckung für kircheneigenes Inventar ohne Nennung der einzelnen Risikoorte.

### 2.3.2 Neuwertversicherung

In der Neuwertversicherung ersetzt der Versicherer bei richtig gewählter Versicherungssumme die kostendeckende Wiederherstellung/Neubeschaffung des zu Schaden gekommenen Inventars. Anders als in der gleitenden Neuwertversicherung gibt es keinen Anpassungsmechanismus, so dass regelmäßig eine individuelle Fortschreibung bedingt durch Zu- und Abgänge, aber auch durch allgemeine Preissteigerungsraten vorzunehmen ist.

### 2.3.3 Ermittlung der Inventarversicherungssumme

Zum Inventar zählen u. a. die technische und kaufmännische Betriebseinrichtung, Waren und Vorräte. Bei der Festsetzung der Inventarversicherungssumme sind keine abgeschriebenen Werte zu berücksichtigen, sondern, wie bereits dargelegt, die Neuwerte. Es liegen Erfahrungswerte – je nach Art des Objektes – zur pauschalen Bildung der Inventarversicherungssumme vor. Im kirchlichen Bereich erfolgt oftmals ein Wertansatz, indem ein prozentualer Anteil aus dem Gebäudeneubauwert zur Bildung der Inventarversicherungssumme herangezogen wird.

### 2.3.4 Absicherungsstruktur – versicherbare Gefahren

Bezüglich der am Markt offerierten Vertragsmodelle der versicherbaren Gefahren wird auf 2.2.4 verwiesen. Ergänzend der Hinweis, dass im Rahmen konventioneller Inventarversicherungen auch Einbruchdiebstahl-/Vandalismusschäden mitversichert werden können. Die kirchlichen Sammelversicherungsverträge sehen oftmals nur die konventionelle Deckungsvariante (inkl. Einbruchdiebstahl) vor.

### 2.3.5 Kostenpositionen

Auch bei Inventar-Versicherungen ist darauf zu achten, dass der gestaltete Versicherungsschutz nicht nur ausreichende Versicherungssummen, sondern auch Entschädigungshöhen u. a. für folgende Kosten berücksichtigt:
– Aufräumungs-, Abbruch- und Feuerlöschkosten;
– Wiederherstellungskosten für Akten, Pläne, Geschäftsbücher, Karteien, Dateien;

- Gebäudebeschädigungskosten bei Einbruchdiebstahl oder Einbruchdiebstahlversuch;
- Verlust von Bargeld, auch durch Raub.

## 2.4 Glasversicherung

Ursachenunabhängig leistet diese Versicherung bei jeder Art von Glasbruch für alle erfassten Glasflächen. Dazu gehören sämtliche Außen- und Innenverglasungen, die fest mit dem Gebäude verbunden sind.

Neben den Standardleistungen
- Kostenersatz für zerbrochene Verglasung,
- Aufwendungen für den Ausbau der zerstörten Scheiben und
- Einbau der neuen Scheiben

ist auch darauf zu achten, dass die sonstigen Kostenpositionen ausreichend abgesichert sind. Zu nennen sind beispielsweise Gerüstkosten, die bei der Reparatur künstlerischer Verglasungen in Kirchengebäuden anfallen.

Die angebotenen Vertragsmodelle sind vielfältig und reichen von der Pauschaldeckung für sämtliche Außen- und Innenverglasungen bis zur Absicherung einzelner Scheiben.

Das Blindwerden von Isolierverglasungen ist nur über gesonderte Absprachen versicherbar. Oberflächenschäden durch Kratzer, Schrammen, Absplitterungen etc. sind nicht versicherbar. Die Glasversicherung gehört nach allgemeiner Auffassung nicht zum betriebsnotwendigen Versicherungsschutz. Empfehlenswert ist der Abschluss von Verträgen beispielsweise für künstlerisch wertvolle Verglasungen oder Objekte in sozialen Brennpunkten.

## 2.5 Photovoltaikversicherung

Die Ausstattung von Gebäuden mit Photovoltaik- und Solaranlagen nimmt zu, so dass eine erkennbare Nachfrage nach dieser Spezialdeckung besteht. Auf Gebäuden installierte Photovoltaik- oder Solaranlagen sind versicherungstechnisch als Gebäudebestandteil zu betrachten und im Rahmen bestehender Gebäudeversicherungen mitversichert. Die Wertsteigerung ist zum Gebäudevertrag anzumelden, da eine Erhöhung des Gebäudewertes erfolgt.

Schadenpotenzial liegt jedoch nicht nur in den klassischen Gefahren Feuer, Leitungswasser und Sturm. Spezialdeckungen für Photovoltaikanlagen sehen u. a. Versicherungsschutz vor für
- Vorsatz Dritter, Fahrlässigkeit, Ungeschicklichkeit;
- Diebstahl von Teilen oder der kompletten Anlage;
- Konstruktions-, Material- oder Ausführungsfehler;
- Kurzschluss, Überspannung, Überstrom;
- höhere Gewalt.

Fällt die Anlage durch einen ersatzpflichtigen Schaden aus und ist das Einspeisen von Strom ins Netz nicht möglich, ist auch dieser Nutzungsausfall im Rahmen dieser Spezialdeckung versicherbar. Auf die Absicherung ausreichender Kostenpositionen ist zu achten. Da die Anlagen regelmäßig auf Dächern installiert werden, sind Kosten für eventuell aufzubauende Gerüste ebenso abzusichern wie Eil- und Expresskosten bei der Beschaffung von Ersatzteilen.

*2.6 Schlüsselversicherung*

Die Ausstattung von Gebäudekomplexen mit Schließanlagen birgt das Risiko des Verlustes von General-, Haupt- oder Gruppenschlüsseln, so dass Teile der Anlage bzw. die gesamte Schließanlage ausgetauscht werden müssen.

Verlieren Mitarbeitende ihren Dienstschlüssel, so sind diese Schäden oftmals nur auf einfach fahrlässiges Verhalten zurückzuführen. In diesem Fall besteht keine Regressmöglichkeit durch den Dienstherrn. Beim Abschluss einer Schlüsselversicherung ist auch deshalb darauf zu achten, dass diese nicht auf Haftpflichtbasis – die ein nachweisbares Verschulden und die Möglichkeit zur Inanspruchnahme des Mitarbeitenden voraussetzt – gestaltet wird, sondern als Sachversicherung konzipiert ist. Versicherungsschutz wird dann für Aufwendungen durch das Abhandenkommen und den Diebstahl eines General-, Haupt- oder Gruppenschlüssels der Schließanlage gewährt. Der Wert der Schließanlage bildet die Versicherungssumme.

Bewachungskosten, Sofortaustauschkosten von Außentüren und Türen zu besonders schutzbedürftigen Bereichen sowie Austauschkosten für Teile oder der gesamten Schließanlage sind bis zur Höhe der Versicherungssumme absicherbar. Entsprechender Versicherungsschutz ist auch für Schließanlagen gestaltbar, die auf Transponderbasis arbeiten. Der Sinn derartiger Deckungen ist zu prüfen, da bei Verlust eines Transponders relativ schnell und preiswert eine Umprogrammierung möglich ist.

## 3. Haftpflichtversicherungen

*3.1 Wesen der Haftpflichtversicherung*

Im Gegensatz zur Sachversicherung deckt die Haftpflichtversicherung Ansprüche Dritter, die sich gegen den Versicherungsnehmer und/oder die mitversicherten Personen richten. Es geht um den Ausgleich und/oder die Abwehr zivilrechtlicher Schadenersatzansprüche, die sich direkt aus gesetzlichen Normen oder der dazu ergangenen Rechtsprechung ergeben. Vertragliche Schadenersatzansprüche sowie Erfüllungsansprüche aus Verträgen (Konventionalstrafe, Nachbesserung, Mangelbeseitigung) fallen nicht unter die Ersatzleistung.

3.1.1 Leistungen der Haftpflichtversicherung

Der Versicherer ist verpflichtet, den Versicherungsnehmer von Ansprüchen freizustellen, die von einem Dritten aufgrund der Verantwortlichkeit des Versicherungsnehmers für einen während der Vertragszeit eintretenden Schaden geltend gemacht werden und unbegründete Ansprüche abzuwehren.

Die Leistungen des Versicherers umfassen
- Prüfung der Haftpflichtfrage,
- Freistellung von berechtigten Schadenersatzverpflichtungen,
- Abwehr unberechtigter Schadenersatzansprüche.

### 3.1.2 Versicherungssummen

Versicherbar sind Personen- und Sachschäden sowie auf besonderen Antrag Vermögensdrittschäden. Die Versicherungssummen sind zukunftsorientiert zu wählen, da sie beispielsweise bei der Verrentung eines Personenschadens ausreichen müssen, mögliche Unterhalts- und Versorgungsansprüche auch in 10, 20 oder 30 Jahren zu decken.

Die Versicherungssummen sollten nicht unter 5 000 000 € pauschal für Personen- und/oder Sachschäden (ohne Begrenzung für die einzelne Person) und 50 000 € für Vermögensdrittschäden liegen. Die Höhe der Versicherungssummen ist primär vom Tätigkeitsprofil der abzusichernden Einrichtung/Aktivität der Mitarbeitenden abhängig. Für spezielle Aktivitäten, beispielsweise Angebote im medizinischen Bereich, sollten höhere Versicherungssummen vereinbart werden.

### 3.2 Betriebs-Haftpflichtversicherung (inkl. Haus- und Grundbesitzer-Haftpflicht-Versicherung)

In Sozialwirtschaft und Kirche ist es Trägersache, den Haftpflichtversicherungsschutz individuell abzuschließen. Dort ist sowohl das persönliche gesetzliche Haftpflichtrisiko aus der dienstlichen Tätigkeit aller Mitarbeitenden in den Versicherungsschutz integriert als auch das Haus- und Grundbesitzer-Haftpflichtrisiko.

### 3.2.1 Versicherte Risikobereiche

Den Separatverträgen in der Sozialwirtschaft und auch den kirchlichen Sammelverträgen liegen regelmäßig qualifizierte und individuell gestaltete Deckungskonzepte zugrunde, deren Inhalt über den Umfang der Allgemeinen Versicherungsbedingungen (AHB) weit hinausgeht.

Neben der Absicherung der Betriebsrisiken (Trägerrisiken, Gottesdienste, Freizeiten etc.) gilt beispielsweise auch mit Blick auf das Immobilienmanagement mitversichert:
- Das Risiko als Eigentümer, Mieter, Pächter, Nutznießer von Grundstücken, Friedhöfen, Gebäuden, Baulichkeiten, Sälen und Räumen (Haus- und Grundbesitzer-Haftpflichtrisiko);
- das Risiko als Bauherr, Planer oder Unternehmer von Bauarbeiten auf den versicherten Grundstücken (Bauherren-Haftpflichtrisiko).

### 3.2.2 Drittschäden – Eigenschäden

Grundsätzlich besteht Versicherungsschutz für Schäden, die Dritten zugefügt werden. Kein Versicherungsschutz besteht für sog. Eigenschäden, d. h. Schäden, die die Mitarbeitenden ihrem Dienstherrn zufügen.

## 3.3 Gewässerschaden-Haftpflicht-/Umweltschadensversicherung

Die Integration von Umweltaspekten in das deutsche Haftungsrecht ist nicht neu. Mit der zivilrechtlichen Umwelthaftung nach § 22 des Wasserhaushaltsgesetzes (WHG) und dem Umwelthaftungsgesetz (UHG) liegt eine langjährige Praxis vor. Hierin liegt auch begründet, dass die Gewässerschaden-Haftpflichtversicherung regelmäßig von Eigentümern und Betreibern von Anlagen zur Förderung oder Lagerung gewässerschädlicher Stoffe wie beispielsweise Heizöl abgeschlossen wird.

Zum 15.11.2007 ist das Umweltschadensgesetz (USchadG) in Kraft getreten. Neu ist der Schutz der Umwelt „an sich". Folgende Schadenarten sind denkbar/möglich:
– Bodenschäden – jede Verunreinigung im, auf oder unter dem Boden, die ein erhebliches Risiko für die menschliche Gesundheit darstellt;
– Gewässerschäden – jeder Schaden, der den ökologischen, chemischen und/oder quantitativen Zustand bzw. das ökologische Potenzial von Gewässern in erheblicher Weise negativ beeinflusst;
– die Schädigung geschützter Arten und natürlicher Lebensräume (Biodiversität) – gemeint sind erhebliche negative Einflüsse auf solche in der EU-Richtlinie über die Erhaltung wildlebender Vögel und der EU-Richtlinie zur Erhaltung natürlicher Lebensräume verzeichnet sind.

Die zivilrechtlichen Ansprüche sind über bestehende Betriebs-/Vereins-Haftpflichtdeckungen abgesichert – für den sich darüber hinaus ergebenden öffentlich-rechtlichen Anspruch ist unter Umständen eine Umweltschadensdeckung erforderlich. Zu dieser komplexen Thematik ist eine individuelle Beratung notwendig!

## 3.4 Vermögensschaden-Haftpflichtversicherung

Die Vermögensschaden-Haftpflichtversicherung ist eine Berufs-Haftpflichtversicherung für alle Personen und Firmen, bei denen ein Berufsversehen echte Vermögensschäden – also nicht Personen- oder Sachschäden – zur Folge hat.

Für Sozialwirtschaft und Kirche wurden spezielle Deckungskonzepte entwickelt. Die hiernach abgeschlossenen Verträge decken Schäden durch schuldhafte Pflichtverletzungen (Organe, von leitenden Mitarbeitenden bis hin zum Kassenwart – egal, ob diese haupt-, neben-, ehrenamtlich tätig werden) und bieten Versicherungsschutz bei Dritt- und Eigenschäden. Die angesprochenen Vertragskonzepte sehen die Möglichkeit vor, für Organe und leitend Mitarbeitende höhere Versicherungssummen zu vereinbaren und/oder die wissentliche Pflichtverletzung abzusichern.

Immobilienverwaltungen in der Sozialwirtschaft bzw. im verfasst kirchlichen Bereich sind regelmäßig über die bestehenden Policen (Individualverträge der Träger/kirchliche Sammelverträge) mitversichert – ansonsten sind Spezialpolicen zu gestalten.

## 4. Bauversicherungen

### 4.1 Bauleistungsversicherung

Die Bauleistungsversicherung schützt Bauunternehmer und Bauherren vor Schäden, die unvorhersehbar sind und während der Bauzeit auftreten. Sie stellt eine Art Kaskoversicherung für die erbrachten Bauleistungen dar. Versicherte Risiken sind z. B.:
- Elementarereignisse sowie Witterungseinflüsse (Regengüsse, Überflutung, Grundwasser, Sturm, Orkan, Sturmflut);
- Konstruktions- und Materialfehler, Fehler in der statischen Berechnung;
- Fehler in der Bauausführung;
- Handlungen unbefugter oder unbekannter Personen;
- Ungeschicklichkeit, Fahrlässigkeit oder Böswilligkeit.

Bauleistungsversicherungen sind so zu gestalten, dass sämtliche am Bau Beteiligten mitversichert sind, d. h., versichert sind die Risiken des Bauherrn (Auftraggeber) und der Bauunternehmer (Auftragnehmer). Bei Bauvorhaben an vorhandener Substanz – insbesondere mit Eingriff in die tragende Konstruktion des Altbaus – ist die Bauleistungsversicherung um spezielle Klauseln zu ergänzen, um beispielsweise den Ganz- oder Teileinsturz des Altbaus unter Versicherungsschutz zu stellen.

Zu dieser Sparte bestehen regelmäßig keine Sammelversicherungsverträge. Der Versicherungsschutz ist individuell für die einzelne Baumaßnahme zu beantragen. Bei Bauvorhaben mit einem kalkulierten Kostenvolumen von mehr als 150 000 € sollte die Bauleistungsversicherung obligatorisch abgeschlossen werden, zumal eine Prämienumlage auf die am Bau beteiligten Handwerker möglich ist.

### 4.2 Rohbau-Feuerversicherung

Über die unter 4.1 beschriebene Bauleistungsversicherung besteht in der Regel kein Feuerversicherungsschutz. Für Baumaßnahmen muss daher ergänzender Feuerversicherungsschutz vereinbart werden.

Gebäudeverträge in der Sozialwirtschaft bzw. kirchliche Sammelversicherungsverträge sehen den Rohbau-Feuerversicherungsschutz oftmals obligatorisch und prämienfrei für Bauvorhaben bis zu einem bestimmten Maximum (z. B. 10 Mio. € Baukostenvolumen für das Einzelvorhaben) vor, in der Regel wird auch darüber hinaus nach Anzeige prämienfreie Deckung gewährt.

### 4.3 Bauherren-Haftpflichtversicherung

Gesetzliche Haftpflichtansprüche gegen den Bauherrn werden speziell aus Verletzungen der Verkehrs- und Überwachungspflichten gestellt. Die Bauherren-Haftpflichtversicherung sollte grundsätzlich der Versicherungsgesellschaft angetragen werden, die auch die Betriebs-Haftpflichtversicherung zeichnet, um Abgrenzungsschwierigkeiten im Schadenfall zwischen allgemeinen Betriebsrisiken und speziellen Risiken im Zusammenhang mit der Baumaßnahme zu vermeiden. Haftpflichtpolicen in der Sozialwirtschaft wie auch kirchliche Sammelversicherungsverträge sehen vielfach eine obligatorische und prämienfreie Mitversicherung aller Bauvorhaben – unabhängig von der Höhe der Bausumme – vor. Die jeweilige Absicherungssituation ist zu prüfen!

*4.4 Bau-Betriebsunterbrechungsversicherung*

Bauschäden, die zu Betriebsunterbrechungen des laufenden Betriebes bzw. zur verspäteten Nutzungsmöglichkeit des Objektes führen, sind vielfältig. Gerade bei Um- und Erweiterungsbauten sowie Sanierungen ist sorgfältig zu prüfen, ob Schäden aus der Baumaßnahme heraus den laufenden Betrieb beeinflussen können und somit möglicherweise zu (Teil-)Schließungen oder Minderbelegungen und damit verbundenen Einnahmeausfällen führen. Aber auch für Neubauten entstehen Risiken, die es abzudecken gilt. So kann durch einen eingetretenen Schadenfall der vorab kalkulierte Bauzeitenplan deutlich nach hinten verschoben werden. Die fest eingeplanten Erlöse können sich somit erst später realisieren.

*4.5 Bau-Exzedenten-Haftpflichtversicherung (für Planer und Unternehmer)*

Dem Bauherrn ist es gerade bei Großbaumaßnahmen zumeist nicht möglich, festzustellen, ob alle Auftragnehmer ausreichend versichert sind. Er hat jedoch ein berechtigtes Interesse, die Bauunternehmer ausreichend versichert zu wissen. Zum einen kann er selbst Schäden erleiden, die ein Unternehmer zu verantworten hat, zum anderen können dritte Personen Ersatzansprüche gegen den Bauunternehmer stellen. Problematisch wird es, wenn Haftpflichtpolicen mit nicht ausreichenden Versicherungssummen bestehen oder diese durch Schäden bei einem anderen Bauvorhaben im laufenden Jahr bereits ausgeschöpft sind. Darüber hinaus kann der Bauherr nicht feststellen, ob der Versicherungsschutz der am Bau beteiligten Personen/Unternehmen durch Zahlungsverzug gefährdet ist.

Dieser Versicherungsschutz ist wegen der Vertragsgestaltung und Prämienverteilung schon vor Abschluss der Verträge mit den am Bau beteiligten Unternehmen in die konzeptionelle Gestaltung des Versicherungsschutzes einzubeziehen.

*4.6 Bau-Vermögensschaden-Haftpflichtversicherung*

Die Bau-Vermögensschaden-Haftpflichtversicherung bietet Versicherungsschutz für die rechtliche und finanzielle Abwicklung des Bauvorhabens. Exemplarische Schadenursachen sind:
– Abschluss fehlerhafter Verträge, insbesondere Kaufverträge, Verträge mit Behörden, Architekten, Ingenieuren, Statikern, Bauunternehmen usw.;
– Nichtbeachtung behördlicher Auflagen;
– Fehler bei der Ausschreibung, Einholung und Prüfung von Angeboten;
– Fehler bei der Vergabe von Bauarbeiten.

Bestehende Vermögensschaden-Haftpflicht-Sammelverträge sehen unter Umständen eine Mitversicherung des Bau-Vermögensschaden-Haftpflichtrisikos vor. Es ist eine detaillierte Prüfung vorzunehmen.

## Autorenverzeichnis

*Bahr, Prof. Dr.-Ing. Carolin*, seit 2012 Professorin für Immobilienmanagement und Baubetrieb an der Hochschule Karlsruhe – Technik und Wirtschaft und Leiterin des Steinbeis Transferzentrums Bau und Facility Management.

*Barthel, Torsten F., LL.M.*, Rechtsanwalt, Justiziar der Arbeitsgemeinschaft Friedhof und Denkmal (AFD e.V.).

*Bernhard, Nicola*, Rechtsanwältin bei Rechtsanwälte Bub, Gauweiler & Partner PartG, München.

*Bienert, Prof. Dr. Sven*, seit 2010 Professor und Leiter des Kompetenzzentrums für Nachhaltigkeit in der Immobilienwirtschaft an der International Real Estate Business School (IRE|BS) der Universität Regensburg sowie seit 2013 Geschäftsführer der IRE|BS, dem Immobilienwirtschaftlichen Institut.

*Bogenstätter, Prof. Dr.-Ing. Ulrich*, Studiengangleiter Bau- und Immobilienmanagement/Facilities Management, Technisches Gebäudemanagement, Hochschule Mainz.

*Brandhorst, Esther*, Rechtsanwältin und Fachanwältin für Verwaltungsrecht bei Kurz Rechtsanwälte & Steuerberater PartGmbB, Koblenz.

*Bub, Prof. Dr. Wolf-Rüdiger*, Rechtsanwalt und Honorarprofessor an der Universität Potsdam, Partner der Rechtsanwälte Bub, Gauweiler & Partner PartG, München.

*Dettmer, Lutz*, Versicherungsfachwirt, Prokurist, Ecclesia Versicherungsdienst GmbH.

*Dittrich, Dr. Frank*, seit 2000 öffentlich bestellter und vereidigter landwirtschaftlicher Sachverständiger, Leipzig.

*Foltin, Dr. Oliver*, seit 2008 wissenschaftlicher Mitarbeiter an der Forschungsstätte der Evangelischen Studiengemeinschaft e.V. (FEST), Leiter des Projektbüros Klimaschutz der EKD.

*Geiger, Dr. Peter*, Wissenschaftlicher Mitarbeiter am Kompetenzzentrum für Nachhaltigkeit in der Immobilienwirtschaft an der International Real Estate Business School der Universität Regensburg sowie beratend tätig im Bereich Spezialimmobilien.

*Hoog M.Sc, Philipp*, seit 2014 wissenschaftlicher Mitarbeiter und Doktorand am Lehrstuhl für Strategisches Marketing der EBS Universität für Wirtschaft und Recht, Wiesbaden.

*Hrycej, Detlev*, Versicherungsbetriebswirt (DVA), Prokurist, Ecclesia Versicherungsdienst GmbH.

*Karg, Dr. Heinrich, Dipl.-Ing. agr.*, öffentlich bestellter und vereidigter landwirtschaftlicher Sachverständiger, seit 1990 selbständig.

*Kämpf-Dern, Prof. Dr. Dipl.-Ing. Dipl.-Kffr. Annette,* Professorin für Projektentwicklung und Immobilienmanagement, HafenCity Universität Hamburg.

*Koenen M.Sc., Anna-Katharina,* seit 2015 wissenschaftliche Mitarbeiterin und Doktorandin am Lehrstuhl für Strategisches Marketing der EBS Universität für Wirtschaft und Recht, Wiesbaden.

*Küster, Julia,* Licenciée en droit und Rechtsanwältin in der Kanzlei Müller Radack, Berlin.

*Marianek, Silvia, Dipl. Kauffrau (FH),* Leitung der Arbeitsgruppen zur Koordinierung des neuen kirchlichen Finanzwesens in der EKD.

*Mattmüller, Prof. Dr. Dr. habil. Roland,* seit 1995 Professor für Strategisches Marketing an der EBS Universität für Wirtschaft und Recht, Wiesbaden.

*Müller, Detlef,* Rechtsanwalt und Notar in der Kanzlei Müller Radack, Berlin.

*Ott, Dr. Andreas,* Rechtsanwalt, Fachanwalt für Miet- und Wohnungseigentumsrecht und Fachanwalt für Bau- und Architektenrecht, Partner der Kanzlei Müller Radack, Berlin.

*Pause, Dr. Hans-Egon,* Rechtsanwalt und Fachanwalt für Bau- und Architektenrecht, Kanzlei Pause.

*Preussner, Prof. Dr. Mathias,* Honorarprofessor an der HTWG Konstanz, Fachanwalt für Bau- und Architektenrecht.

*Raethel, Prof. Dr. Jeannette,* Immobilienökonom (ebs), seit 2010 Professorin für Allgemeine Betriebswirtschaftslehre, insbesondere Immobilienmanagement, an der Hochschule für Wirtschaft und Recht Berlin sowie Fachleiterin der Fachrichtung Immobilienwirtschaft an der Hochschule für Wirtschaft und Recht Berlin, Fachbereich 2, Duales Studium.

*Raschper, Prof. Dr.-Ing. Norbert,* seit 1992 Geschäftsführer der iwb Entwicklungsgesellschaft mbH Braunschweig und seit 2009 Professor für technisches Immobilienmanagement an der EBZ Business School Bochum.

*Reiß-Fechter, Dagmar,* Rechtsanwältin, seit 2001 Geschäftsführender Vorstand des ES-WiD Evangelischer Bundesverband für Immobilienwesen in Wissenschaft und Praxis.

*Schielein, Jörg, LL.M.,* Rechtsanwalt und Partner in der Kanzlei Rödl & Partner.

*Schlosser, Anne,* Rechtsanwältin und Fachanwältin für Miet- und Wohnungseigentumsrecht in der Kanzlei Müller Radack, Berlin.

*Schmoll genannt Eisenwerth, Prof. Dr.-Ing. Fritz,* 1995-2005 Professor für Betriebswirtschaftslehre/Immobilien an der Hochschule für Wirtschaft und Recht, Berlin.

*Schneider, Dipl.-Ing. Falko,* seit 1992 Sachverständiger für die Wertermittlung von unbebauten und bebauten Grundstücken.

*Schulz, Dr. jur. Horst,* Rechtsanwalt und Notar, Lübeck.

*Stretz, Anna,* Maître en droit, Rechtsanwältin, Kanzlei Pause.

*Strugalla, Dipl. Ök. Ingo,* Geschäftsführender Vorstand der Evangelischen Stiftung Pflege Schönau, Heidelberg.

*Teichert, Dr. Volker,* seit 1996 wissenschaftlicher Referent für Ökonomie der Forschungsstätte der Evangelischen Studiengemeinschaft e.V. (FEST), Vorsitzender der Jury Umweltzeichen des Bundesministeriums für Umwelt, Naturschutz, Bau und Reaktorsicherheit.

*Teufelsdorfer, Dipl.-Ing. Herwig,* Vorstand der BUWOG AG.

*Vogelbusch, Prof. Dr. Friedrich,* Wirtschaftsprüfer, Steuerberater, seit 1992 bei der Warth & Klein Grant Thornton AG, Niederlassung Dresden (zudem seit 2005: Honorarprofessor an der Ev. Hochschule für Soziale Arbeit (ehs) in Dresden).

*Zeilinger, PD Dr. Thomas,* Privatdozent an der Friedrich-Alexander-Universität Erlangen-Nürnberg und Geschäftsführer im Institut persönlichkeit+ethik.

*Zimmermann, Univ.-Prof. Dr.-Ing. Josef,* seit 2004 Professor und Ordinarius des Lehrstuhls für Bauprozessmanagement und Immobilienentwicklung an der Technischen Universität München.

# Stichwortverzeichnis

**Abrechnung der Heiz- und Warmwasserkosten** 469ff., siehe auch **Kosten der zentralen Heizungsanlage**

**Abrechnung von Betriebskosten** 464ff.
- Abflussprinzip 465
- Abrechnungseinheit 464f.
- Abrechnungsfrist 465f.
- Abrechnungszeitraum 464f.
- Einsicht in Abrechnungsunterlagen 467
- Einwendungsfrist 466, 469
- Kostenerfassung 464f.
- Vereinbarung im Mietvertrag 464
- Verjährung 464, 466
- Verjährungsfrist(en) 467

**Adaptive Budgetierung** 423ff.
- Alterskorrektur 426
- Berechnungsverfahren 424
- Einflussparameter 426f.
- Gewichtungsfaktoren 426f.
- Korrekturfaktor 424, 427
- PABI (Praxisorientierte, adaptive Budgetierung von Instandhaltungsmaßnahmen) 423ff.
- Wiederbeschaffungswert 424ff.

**Anforderung an Betriebs- und Nebenkostenabrechnung** 467f.

**Architektenrecht – allgemein** 513ff.
- Abnahme der Architektenleistung 537f.
- Architektenhonorar 531ff., siehe **Architektenrecht – Architektenhonorar**
- Beauftragung unter Bedingungen 517
- Bedarfsplanung nach DIN 18205 521
- Brandschutz 523
- Haftung des Architekten, 524ff., siehe **Architektenrecht – Haftung**
- HOAI – Honorarordnung für Architekten und Ingenieure 513, 516ff., 531ff., siehe auch **Architektenrecht – Architektenhonorar**
- Kostenmanagement 522f.
- Leistungspflichten von besonderer Bedeutung 521ff.
- Kündigung des Architektenvertrages 538f.
- Kündigung aus wichtigem Grund 539
- Kündigung, ordentliche nach § 649 BGB 538f.
- Mitwirkungspflichten des Auftraggebers 540
- Pflichten des Architekten 517ff.
- Rechtsnatur 513f.
- Vertragsabschluss 515

**Architektenrecht – Architektenhonorar** 531ff.
- Beratungsleistungen 534
- Berechnungsmodus 534f.
- Besondere Leistungen 533
- Fälligkeit und Zahlung 538
- Grundleistungen 533
- Grundleistungen – Berechnung 534ff.
- HOAI – Geltungs- und Anwendungsbereich 532f.
- HOAI – Zweck der Preisbindung 531f.
- Honorartabelle 535
- Honorarzonen 535f.
- Nebenkosten 536
- Umbau- und Modernisierungszuschlag 536
- Unterschreitung der Mindestsätze 536f.

**Architektenrecht – Haftung** 524ff.
- Gesamtschuld 531
- Gewährleistungsansprüche des Auftraggebers 525ff.
- Grundzüge 524f.
- Mitverschulden 531

Stichwortverzeichnis

- Nacherfüllung 525ff.
- Schadensersatz 528ff.
- Selbstvornahme 527
- Sowieso-Kosten 530

**Ausgaben und Aufwendungen im kirchlichen Rechnungswesen** 210f.
- Erweiterte Kameralistik 210
- Etatrecht 210
- Kirchliche Doppik 210f.
- Staatliche Doppik 210

**Balanced Scorecard,** 126f., 175
- Festlegung eines Strategiekomitees 127
- Kernfelder 126
- Messgrößen 127
- Strategiekomitee 127
- Strategische Initiativen 126
- Voraussetzungen 126f.
- Ziele der Balanced Scorecard 126

**Bauprozessmanagement** 378ff.
- Bauinhaltssoll 387
- Baumarkt 397f.
- Baumarkt: Marktvollkommenheit und spezifischer Vollkommenheitsgrad 397f.
- Bausoll 380, 385, 387f., 391, 395, 398
- Geschäftsprozesse, 398ff., siehe auch **Geschäftsprozesse**
- Koordination 391ff.
- Leistungsprozesse 379f.
- Objektsoll 385ff.
- Phasen der Immobilienentwicklung 382ff., siehe auch **Phasen von Immobilienprojekten**
- Projektrealisierung 385ff.
- Prozessorientierte Planung und Bauausführung 378ff.
- Sachgüterproduktion 386, 389
- Standardisierung 382
- Steuerungsprozesse 380ff.

**Baurechtliche Grundlagen** 479ff.
- Barrierefreiheit 484
- Denkmalschutzrechtliche Anforderungen 490f.
- Energierechtliche Anforderungen 485ff.
- Bauordnungsrechtliche Anforderungen 483ff.
- Bebauungsplan 487ff.
- Bauplanungsrechtliche Anforderungen 487ff.
- Genehmigungsfähigkeit baurechtlicher Maßnahmen 481ff.
- Genehmigungspflichtigkeit baurechtlicher Maßnahmen 479ff.
- Genehmigungspflichtigkeit baurechtlicher Maßnahmen – Ausnahmen 480
- Tekturgenehmigung 481

**Bauversicherung** 511f., 703f.
- Bau-Betriebsunterbrechungsversicherung 704
- Bau-Exzedenten-Haftpflichtversicherung (für Planer und Unternehmer) 704
- Bau-Vermögensschaden-Haftpflichtversicherung 704
- Bauherren-Haftpflichtversicherung 703f.
- Bauleistungsversicherung 511f., 703
- Kaskoversicherung für erbrachte Bauleistungen 703
- Rohbau-Feuerversicherung 703

**Bauvertrag** 492ff.
- Abgrenzung BGB-Bauvertrag zum VOB/B Bauvertrag 493ff.
- Privilegierung der VOB/B 496f.
- Wesen und Anwendungsbereich der VOB/B 494
- Zustandekommen und Inhalt 496ff., siehe **VOB/B Bauvertrag – Zustandekommen und Inhalt**

**Benchmark/Benchmarking** 123ff., 132,

451, 457, 472ff., siehe auch **Betriebskosten – Objektbezogener Betriebskostenansatz im Benchmarking**; 558
- Benchmark-Ziele 124
- Datenbasis 124
- Flächenbenchmarks 451
- Kennwerte 123ff.
- Kennzahlen 125ff.
- lernende Organisation 125
- Systematische Aufbereitung 125
- Wiederkehrend durchgeführtes Benchmarking 125

**Benchmark-Größen** 451

**Benchmark-Systeme** 473

**Betriebskosten – Objektbezogener Betriebskostenansatz im Benchmarking** 472ff.
- Belastungsquote 474
- Best Practices 472
- Beurteilung von Betriebskosten 474
- Kontinuierlicher Prozess 472
- Maßstäbe zur Beurteilung 474

**Betriebskostenarten** 457ff.
- Kosten der Beleuchtung 462
- Kosten der Gartenpflege 462
- Kosten der Gebäudereinigung und Ungezieferbekämpfung 461
- Kosten der Sach- und Haftpflichtversicherung 462
- Kosten der Schornsteinreinigung 462
- Kosten der Straßenreinigung und Müllbeseitigung 461
- Kosten der Wasserversorgung und Entwässerung 463
- Kosten der zentralen Heizungsanlage 468f., siehe auch **Kosten der zentralen Heizungsanlage**
- Kosten des Betriebs der Entrichtung für Wäschepflege 463
- Kosten des Betriebs des Personen- und Lastenaufzugs 460
- Kosten für den Hauswart 462f.
- Kosten für Gemeinschaftsantennenanlagen bzw. Breibandkabel 463

**Bilanzierung – allgemein** 187ff.
- AfA-Tabelle 194, 203f.
- Aktienbewertungen 187
- Anschaffungskosten 192, 203, 205f.
- Anschaffungsnebenkosten 192, 200
- Abschreibung, außerplanmäßig 195, 208f.
- Abschreibung, planmäßig 194
- Erbbaurecht 198ff., siehe **Erbbaurecht**
- Erhaltungsaufwand 202f., 203f., 206, 209
- Fertigungseinzelkosten 192
- Gebäudeabschreibungsdauer 206
- Investitionszuschüsse 207f.
- Jahresabschluss 188f., 196
- Jahresabschlussdaten 196
- Komponentenansatz/Komponentenmethode 205ff., 213
- Konzernabschluss 188f.
- Lagebericht 188f.
- Kreditwürdigkeitsprüfung 187
- Materialeinzelkosten 192
- Mietereinbauten 198f.
- (Nachträgliche) Herstellungskosten 192f.
- Rückzahlungsverpflichtung 207f.
- Umlaufvermögen 190f., 195f.
- Unternehmensverkäufe 187

**Bilanzierung kirchlicher Immobilien** 210ff.
- Abschreibung 212ff.
- Anschaffungskosten 215
- Bewertungskonzept 251ff.
- Bilanzielle Überschuldung 214
- Deckung der Finanzerhaltungsrücklage
- Gebäudeversicherungswert 216
- Investitionszuschüsse 212ff.
- Kirchliches Rechnungswesen, siehe **Ausgaben und Aufwendungen im**

kirchlichen Rechnungswesen
- Komponentenansatz 213, siehe auch **Bilanzierung – allgemein**
- Langfristige Eigennutzung 214f.
- Ressourcenverbrauch 212ff.
- Ressourcenverbrauchskonzept 214
- Rückbaukosten 215
- Substanzerhaltungsrücklage, 212ff., 458f.
- Substanzwertermittlung 217
- Vermögensgrundbestand 212ff.
- Ziele des kirchlichen Finanzwesens 211
- Zu- und Abschläge 211

**Covenants** 236ff.
- Covenants, corporate 237f.
- Covenants, financial 237
- Covenants, non-financial 238
- Interest Cover Ratio 238
- Loan-to-Cost Ratio 237
- Loan-to-Value Ratio 237

**Dynamische Investitionsrechnung** 249, 252ff.
- Anlagehorizont 256
- Barwert 254ff.
- Eigenkapital 252ff.
- Eigenkapitalrentabilität 257, 263
- Interner Zinsfuß 257ff.
- Kalkulationszinssatz 255f.
- Mehrperiodenmodelle 253
- Methode des Vollständigen Finanzplans (VoFi-Methode) 260ff.
- Tilgungsleistungen 254
- Wertverlust (des Gebäudes) 254, 263
- Wiederanlagehypothese 260
- Zahlungsströme 253f., 261
- Zinseffekte 252f., 261

**Energieausweis** 299, 301f., 440f.
- EnEV – Energieeinsparverordnung 301
- Pflichtangaben nach § 16a EnEV in Immobilienanzeige 301
- Pflicht zur Vorlage und Übergabe des Energieausweises 301f.

**Energiemanagement** 170, 181, 645ff., siehe auch **Umweltmanagement**
- Energieauditierung 657, 660
- Energieeffizienz 646ff., 654f., 659, 661f.
- Energiemanagement-Norm 655
- Energiemanagementsystem(e) 654ff., 658, 660
- Energieteams 656
- Energieziele 659, 662

**Erbbaurecht** 199ff., 274ff., 601ff.
- Ablauf des Erbbaurechts 200
- Analogon zu Renten 276f.
- Ausscheiden einer Veräußerung von Grundstücken 602f.
- Bedeutung 602f.
- Bilanzpolitik 279, siehe **Renditeberechnung**
- Chrakteristika 275f.
- Dingliche Bestellung 605f.
- Diskontierung/Diskontierungszins, siehe **Renditeberechnung**
- Erbbaugrundbuch 602
- Erbbaurechtskaufvertrag 299
- Erbbaurechtsportfolio 275ff.
- Erbbaurechtsvertrag 275f., 603ff.
- Erbbauzins 200f., 275ff., 602, 608, 610f.
- Erbbauzinsreallast 604
- Erbpacht 201
- Erbpachtvertrag 199
- Erbpachtzinsen 201
- Erneuerungsvorrecht für den Erbbauberechtigten nach § 2 Nr. 6 ErbbauRG 609
- Erlöschen des Erbbaurechtes 604, 610
- Errichtung, Instandhaltung/Instandsetzung oder Verwendung des Bauwerks 608
- Heimfall nach § 2 Nr. 4 ErbbauRG 200, 608

- Indexierung 276f.
- Insolvenzmasse 211
- Insolvenzverfahren über das Vermögen des Erbbauberechtigten 608, 611
- Insolvenzverwaltung 211
- Kontroll- und Besichtigungsrechte 604
- Öffentliche und private Lasten und Abgaben 608
- Steuerrechtliche Motivation 603
- Typenzwang 607
- Verfahren der Renditeberechnung 277ff., siehe **Renditeberechnung**
- Verkaufsverpflichtung des Grundstückseigentümers nach § 2 Nr. 7 ErbbauRG 609
- Versicherung des Bauwerkes 608
- Vorausschauende Verdinglichung von Vereinbarungen 602
- Zustimmung des Grundstückseigentümers zu Verfugungen uber das Erbbaurecht
- nach §§ 5-8, 15 ErbbauRG 609f.
- Zwangsversteigerung 603, 606, 608f. 611
- Zwangsvollstreckung und Insolvenz 610f.
- Zwangsvollstreckungsmaßnahmen 601, 609
- Zwangsvollstreckungsunterwerfungserklärung 604

**EREM – Ecclesiastic Real Estate Management 54, 76ff., 90**
- Analyse der Immobilien des Kirchenfinanzierungsvermögens 77f.
- Analyse der Immobilien zur mittelbaren Auftragserfüllung 77ff.
- Analyse der Immobilien zur unmittelbaren Auftragserfüllung 77ff.
- Leitlinien und strategische Ausrichtung 78f.
- Organisation und Controlling 80f.
- Strategisch-konzeptionellen Kompetenzen und Ausrichtung
- in Bezug auf Immobilien 80

**Ertragswertverfahren 128ff., 137f., 153ff., siehe auch Wertermittlung – bei abgehendem Kirchenbedarf**
- Betreiberimmobilien 133, 136f., 157
- Eingleisiges Ertragswertverfahren 155f.
- Marktwert-/Verkehrswertermittlung 128ff.
- Mehrperiodisches Ertragswertverfahren 155
- Risiko-Rendite-Profil 133, 138
- Wirtschaftliche Restnutzungsdauer 154ff.
- Zweigleisiges Ertragswertverfahren 155f., 159

**Ethos und Haltung von Sozialwirtschaft und Kirche 24ff., 93f.**
- Ambiguitätstoleranz 33
- Gewohnheiten und Gebräuche 24f.
- Integrales Management 33f.
- Nachhaltiges Wirtschaften als Leitbild 29ff.
- Normatives Management 24
- Stakeholder-Analyse 29
- St. Gallener Managementmodell 24ff., 92f., siehe auch **Immobilienmanagementlehre – Change Management/Kommunikation und kirchliches Immobilienmanagement**
- Steuerung in komplexen Entscheidungsstrukturen 31ff.
- Unternehmenskultur 25
- Zweck und Selbstzweck/Zweckbestimmung der Immobilie in Sozialwirtschaft und Kirche 27f.

**Facility Management 31, 407ff.,** siehe auch **Verfahren zur Bestandspflege und Bestandserhaltung; 682f., 687ff.**
- Interne Facility-Management-Organisation 693

- Musterverträge 688ff.
- Outsourcing des Facility Managements 687
- Stand der Technik und Technikklauseln 692f.
- Steuerung von Dienstleistern 693
- Vertragsgestaltung 688ff.

**Friedhöfe/Friedhofsrecht** 630ff.
- Andersgläubigen-/Dissidentenzuschlag 640f.
- Denkmalschutz 636
- Eigentum am Friedhofsgrundstück 632
- Erschließungsbeiträge 635
- Finanzierung und Gebühren 638ff.
- Friedhofsordnung 638
- Gebührendifferenzierung bei kirchlichen Friedhöfen 640f.
- Gebührenfinanzierung 638ff.
- Kanalanschlussbeiträge 635
- Kostenfreie Bestattung 641
- Nachbarrecht 633
- Naturschutz 636
- Rechtliche Rahmenbedingungen 630
- Rechtsstellung des Friedhofs 631ff.
- Simultanfriedhöfe 631
- Steuerrecht 635f.
- Theorie des modifizierten Privateigentums 632
- Verkehrssicherungspflicht 637f.

**Gebäudeversicherung** 543, 696f.
- Allgefahrenversicherung 697
- Elementarschadensversicherung 697
- Ermittlung der Gebäudeversicherungssumme 696f.
- Gebäudeversicherungsschutz 696
- Gleitende Neuwertversicherung 696
- Konventionelle Gebäudeversicherung 697
- Versicherbare Gefahren 697

**Geschäftsprozesse** 171f., 398ff.
- Angebotsbearbeitung 400ff.
- Angebotskalkulation 400, 402

- EDV-Durchdringung 171
- Gemeinkosten, primäre 400
- Gemeinkosten, sekundäre 400ff.
- Geschäftsprozesse, primär 397 (Abb.), 398f.
- Guaranteed Maximum Price 403
- Vergabe 402
- Zuschlagskalkulation 400

**Gewässerschaden-Haftpflicht-/Umweltschadensversicherung**, siehe **Haftpflichtversicherung**

**Glasversicherung**, siehe **Versicherung**

**Grunddienstbarkeiten** 292f.
- Dienendes Grundstück 293
- Herrschendes Grundstück 292f.
- Herrschvermerk 293

**Haftpflichtversicherungen** 462, 700ff.
- Abwehr zivilrechtlicher Schadenersatzansprüche 700f.
- Bauherren-Haftpflichtrisiko 701
- Betriebs-Haftpflichtversicherung 701
- Drittschäden 701
- Eigenschäden 701
- Freistellung von Ansprüchen gegen den Versicherungsnehmer 700f.
- Gewässerschaden-Haftpflicht-/Umweltschadensversicherung 462, 702
- Haus- und Grundbesitzer-Haftpflicht-Versicherung 701
- Vermögensschaden-Haftpflichtversicherung 702
- Versicherte Risikobereiche 701
- Versicherungssummen 701

**Immobilienankauf/-verkauf – Grundstückskaufvertrag** 283ff., 296
- Bevollmächtigte 290
- Genossenschaften 286
- Gesetzliche Vertreter 284ff.
- Nicht wirtschaftliche eingetragene Vereine (e.V.) 284
- Kapitalgesellschaften 285f.

- Kirchenaufsichtsrechtliche Genehmigung 289f.
- Nachweis der Vertretungsmacht 289
- Personengesellschaften 286f.
- Stiftungen 284f.
- Vertretung kirchlicher Rechtsträger 287f.
- Vertreter ohne Vertretungsmacht 290
- Urkundsbeteiligte 283

**Immobilienankauf/-verkauf – Grundstück und Grundbuch** 291ff.
- Baulastenverzeichnis 291
- Grunddienstbarkeiten und beschränkte persönliche Dienstbarkeiten 292f., siehe auch **Grunddienstbarkeiten**
- Besitzübergabe 299f.
- Eigentumsverschaffung 293f.
- Eigentumsvormerkung 291, 293f., 296f.
- Eigentumsverschaffungsvormerkung 293f.
- Eintragung über Rechtsänderung 291ff.
- Erwerbsrechte 293ff.
- Gewährleistung – Sach-und Rechtsmängel 298ff.
- Grundstück und seine Beschreibung im Grundbuch 291ff.
- Grundbuchblatt 291f.
- Grundbuchberichtigung 295
- Grundbucheintragung 295
- Grundschuld 296
- Hypothek 295
- Kaufpreisfälligkeit 296ff., 302
- Kaufpreiszahlung 296ff.
- Lastenfreistellung 297
- Löschungsbewilligung 294
- Markentabelle 292
- Nießbrauch 293
- Nutzungsrechte 292f.
- Rücktritt vom Vertrag 294
- Vertretungsbescheinigung 284f.
- Verwertungsrechte 295ff.
- Zwangsvollstreckungsunterwerfung 297f.

**Immobiliendimensionen** 11ff.
- Dimensionen des Dritten Sektors 13f.
- Erfassung des Dritten Sektors 12f.
- Freie Wohlfahrtspflege 14ff.
- Immobilien der Kirche 17ff.
- Immobiliendimension der Sozialwirtschaft 16f.
- Immobilienmanagement in der Sozialwirtschaft 17
- Kategorien der Immobilien der Kirche 19
- Pfarrvermögen 18
- Transformationsprozesse 22
- Transzendenz 22
- Verständnis der Kirchengebäude 21
- Volkswirtschaftliche Einordnung 12
- ZiviZ-Survey 2012 13f.

**Immobilienfinanzierung – Betriebswirtschaftliche Grundlagen** 230ff.
- Außenfinanzierung 231
- Basel III 231, 237f.
- Eigenfinanzierung 232
- Eigenkapital 233f.
- Finanzierungskapazität 234
- Fremdfinanzierung 232f.
- Fremdkapital 233f.
- Innenfinanzierung 231f.
- Innovative Finanzierungsinstrumente/ Kreditsubstitute 238ff., siehe auch **Kreditsubstitute**
- Kreditentscheidungsprozess/Kreditvergabe 236ff., siehe auch **Covenants**
- Kreditfinanzierung 235f.
- Mezzanine-Finanzierung 238f.
- Securitization 239

**Immobilieninformationssysteme** 170ff.
- Aufsichtsfunktion 172f.
- Bauherrenvertretung 172f.
- Berichts- Planungs- und Kontrollsys-

teme 174, 176
- Datenerhaltung, dezentrale 177
- Datenerhaltung, zentral 177
- EDV-Anbietermarkt 180ff.
- Evaluierungsprozess 183
- Goldene Regeln zur erfolgreichen Einführung von EDV-Immobiliensystemen 184
- Immobilientransaktionen 173, 176
- Implementierung in kirchliche Verwaltungspraxis 182f.
- Informationsbedarf 170ff.
- Investment-Strategie 173, 176
- Kernprozesse 183f.
- Kostenleistungsrechnung, objektbezogen 176, 181
- Lastenheft 176, 183
- Pflichtenheft 176
- Portfolio-Servicefunktion 172
- Wirtschaftlichkeitskontrolle 175f.
- Zieldefinition 183

Immobilienmanagementlehre – Change Management/Kommunikation und kirchliches Immobilienmanagement 92ff.
- Aufgaben externer Kommunikation gegenüber der Öffentlichkeit 103f.
- Aufgaben und Phasen in der organisationsinternen Kommunikation, siehe **Phasen von Immobilienprojekten**
- Entwicklung des eigenen Immobilienbestands 102f.
- Information 94
- Kommunikation 94ff.
- Lebens- und Entwicklungsmöglichkeit der Unternehmung 92
- Logik der Gefühle 95f.
- Normatives Management 92f.
- St. Gallener Managementmodell 24ff., siehe auch **Ethos und Haltung von Sozialwirtschaft und Kirche**; 92f.
- Wissen und Erfahrung mit Veränderungsprozessen 95ff.

Immobilienmanagementlehre – Real Estate Management 39ff., 67ff.
- Bausteine 55f.
- Benchmarking 75, siehe auch **Benchmark/Benchmarking**
- Bewertung 49, 80, 83f.
- BIM – Building Information Management 62, 331
- Controlling und Controlling-Systeme 63ff., 75f.
- CREM – Corporate Real Estate Management 54, 66, 68f., 76, 78f.
- EREM – Ecclesiastic Real Estate Management, siehe **EREM – Ecclesiastic Real Estate Management**
- IIREM – Institutional Investment Real Estate Management 54, 66
- Immobilien-Lebenszyklus 51f.
- Implementierung 86ff.
- Lebenszyklusphasen 45ff., 61f.
- Leitlinien – allgemein 57f.
- Liegenschaftsverwaltung 55, 85
- Personal und Organisation 59ff.
- PREM – Public Real Estate Management 54, 69, 72, 76, 79
- PrM – Property Management 50f., 81f., 85
- REAM – Real Estate Asset Management 50f., 81, 84
- REFM – Real Estate Facility Management 81, 85
- REIM – Real Estate Investment Management 49ff., 81ff.
- REPM – Real Estate Portfolio Management 49ff., 81, 83ff.
- Verwertung 45, 58f.
- WeREM – Welfare Real Estate Management, siehe **WeRem – Welfare Real Estate Management**

Instandhaltungsmaßnahmen – Budget-

planung
- Analytische Berechnung des Instandhaltungsbudgets 420ff.
- Budgetierung durch individuelle Zustandsbeschreibung 420, 422
- Kennzahlen- bzw. Historienbasierte Budgetierung 420f.
- Wertorientierte Budgetierung 420f.

**Instandhaltungsstrategien** 419f.
- Inspektionsstrategie 419f.
- Korrektivstrategie (auch Ausfall- oder Feuerwehrstrategie) 419f.
- Portfolio Management 419
- Präventivstrategie 420

**Investitionen – Betriebswirtschaftliche Grundlagen** 221ff.
- Direkte und indirekte Immobilienanlagen 22f.
- Finanzierung und Investition 221f.
- G-REIT – German Real Estate Investment Trust 225
- Immobilien-Aktiengesellschaften 224f.
- Immobilienfonds, geschlossene 223f.
- Immobilienfonds, offene 224
- Investitionsentscheidungsprozesse 229f.
- Investorenziele 226ff.
- Liquidität 226f.
- Streben nach Sicherheit und Unabhängigkeit 226

**Investitionsbedarf** 432ff.
- Bausubstanzbewertung 439f.
- Bauzustandsstufe 438
- Bestandentwicklungsstrategie 450f.
- Energetische Gebäudequalität 440f.
- Energieausweis 440f., siehe auch **Energieausweis**
- Gliederung des Immobilienbestandes in Investitionseinheiten 435f.
- Instandsetzung 434, 438, 440, 444
- Instandsetzungsanteil 448
- Instandsetzungsstrategien 449f.
- Investitionswürdigkeit 455
- Lebensdauerkataloge 443, 445ff.
- Modernisierung en 434f.
- Verkehrssicherung 433, siehe auch **Verkehrssicherung**

**Investitionsrechnung** 229f., 241ff.
- Immobilien-Investition, direkte 243f.
- Immobilien-Investition, indirekte 243f.
- Kostengruppen nach DIN 276-1 245ff.
- Kostenvergleichsrechnung 248
- Machbarkeitsstudien 248
- Referenzinvestition 244, 250, 255
- Risikoprofil 270f.
- Sensitivitätsanalyse 265, 267ff.
- Simulationsrechnung 270f.
- Szenario-Technik 267f.
- Unterlassungsalternative 244, 250
- Verteilungsmodell 270ff.
- Vertriebskosten 243, 248

**Jagd- und Fischereipacht** 622ff.
- Eigenjagdbezirk 624, 628
- Eigentumsfischerei versus selbstständiges Fischereirecht 628f.
- Entgeltliche Jagderlaubnis 627
- Fischereierlaubnisschein 629
- Fischereirecht/Fischereiausübungsrecht 628ff.
- Gemeinschaftlicher Jagdbezirk 624
- Gesetzgebungszuständigkeit 622
- Nutzung der Jagd 625ff.
- Jagdbezirke 623f.
- Jagdpachtvertrag 625ff.
- Jagdrecht/Jagdausübungsrecht 623, 625ff.
- Vergabe einer Jagderlaubnis 627
- Verpachtung der Fischereierlaubnis 629

**Kaution** 553f., 566, 568
- Barkaution 554, 584, siehe auch **Miet- und sonstige Nutzungsverhältnisse in Wohn- Pflegeeinrich-**

tungen
- Bürgschaft 554
- Geschäftsraummietverhältnisse , siehe **Mietdauer**
- Kautionsabrechnung, siehe **Mietvertragsabwicklung**
- Sicherheitsleistung 553f.
- Sicherungsabtretung 554
- Überhöhte Sicherheit 554
- Verpfändung eines Sparkontos 554
- Zinsen 554

**Klimaschutz (in kirchlichen Gebäuden)** 645f., 662, 663ff.
- Energiecontrolling 671f.
- Erneuerung von Fenstern und Heizungsanlagen 671
- Heiz- und Stromkennzahlen 665ff.
- Klimaschutzinitiative des BMUB 663
- Klimaschutzkonzepte 664f.
- Klimaschutzteilkonzepte 664ff.
- Klimaschutz als Aufgabe von evangelischer und katholischer Kirche 645f.
- Klimawandel 645f.
- Maßnahmen zu Energie- und CO2-Einsparpotenialen 670f.
- Maßnahmen zu Energie- und CO2-Einsparpotenialen – kurzfristig 671
- Maßnahmen zu Energie- und CO2-Einsparpotenialen – mittel- und langfristig 671
- Optimierung der Heizungsregelung 671
- Papst Franziskus 645
- Wechsel von Thermostatventilen an Heizkörpern 671

**Kosten der zentralen Heizungsanlage** 468ff.
- Abrechnungsfähige Kosten 468f.
- Kosten der zentralen Warmwasserversorgung 470
- Kosten der verbundenen Heizungs- und Warmwasserversorgungsanlage 470
- Umlageschlüssel für Heizkosten 470f.

**Kreditsubstitute** 238ff.
- Asset Backed Securities 239
- Factoring 239
- Leasing 239f.

**Kündigung – allgemein** 564ff.
- Berechtigung der Kündigung 564f.
- Einfaches Schreiben 565
- Einschreiben/Rückschein 565
- Originalvollmacht 564
- Personenmehrheiten 564
- Postbote 565
- Stellvertreter/Stellvertretung 564f.
- Zugang der Kündigung 565

**Kündigung – außerordentliche** 561f.
- Frist zur Abhilfe 562
- Hilfsweise ordentliche Kündigung 562
- Schonfrist 562
- Widerspruch des Mieters 562
- Zahlungsverzug 561f.

**Kündigung – ordentliche** 538f., siehe **Architektenrecht – allgemein**; 559ff.
- Abmahnung 560
- Berechtigtes Interesse 560
- Eigenbedarf 560
- Karenzfrist 559
- Kündigungsfrist 559f.
- Kündigungsschreiben 560
- Tiere in der Wohnung 560
- Verletzung der Vertragspflichten 560
- Wirtschaftliche Verwertung des Grundstücks 560

**Land- und Forstwirtschaftliche Pachtverträge** 612ff.
- Abgrenzung Miete – Pacht 612f.
- Beendigung des Pachtvertrags 619ff.
- Landpachtvertrag 613f., 616ff.
- Pacht forstlich genutzter Grundstücke 615f.
- Rechtsgrundlagen 613f.

**Laufende Bewirtschaftungskosten** 457ff.
- Abschreibung 458
- Betriebskosten 457ff.
- Erhaltungsaufwand 458
- Finanzierungskosten 458
- Immobilienbereich als Profitcenter 459
- Innerbetriebliche Kostenverrechnung 459
- Instandhaltungskosten 458
- Kosten- und Leistungsrechnung 459
- Verwaltungskosten 458f.

**Leihe** 543, 574f.
- Abgrenzung zur Miete 543
- Abwicklung 575
- Kündigung 575
- Rückgabeprotokoll 575
- Schriftlicher Vertrag 574
- Tatsächlich verursachte Kosten 574
- Übergabeprotokoll 575
- Verjährungsfrist 575
- Verschleißschäden 575

**Liquidationswertverfahren** 129, 141, 153, 169
- Freilegungskosten 141, 153

**Marketing** 151, 281ff., 309ff. 359ff.,siehe auch **Projektentwicklung**; 371
- Direkte Vermarktung von Immobilien 313ff.
- Immobilienmarketing und Klassifizierung 281ff., 309ff.
- Leistungsangebot 309, 316ff.
- Marktforschung 316ff.
- Nutzungskonzepte 310, 313f., 318ff., 359
- Öffentlichkeitsarbeit 332f., 361, 371
- USP – Unique Selling Proposition 316, 319
- Preisbildung/Preispolitik 319
- Primärmarktforschung 317
- Produktpolitik 319
- Sekundärmarktforschung 317

- Social Media Marketing 321
- Vertragsparteien und Vertretung 284ff.
- Zielgruppenanalyse 310, 313ff., 318, 322, 374
- Zielgruppendefinition 314

**Mietaufhebungsvertrag** 565f.
- Beendigungszeitpunkt 566
- Räumungs- und Herausgabeanspruch 566

**Mietdauer** 551ff., 573f.
- Befristungsgrund 551ff.
- Bestimmte/Unbestimmte Zeit 551ff.
- Betriebsbedarf 552
- Dauer der Befristung 553
- Geschäftsraummietverhältnisse 553ff., 559ff.
- Instandsetzung der Räume 552
- Wesentliche Veränderung 552
- Wirksame Befristung 552

**Mieter** 548f.
- Bisherige Adresse 548
- Geburtsdatum 548
- Handelsregisterauszug 548
- Juristische Personen 548
- Mitmieter 548
- Schlüsselübergabe 549

**Mieterhöhung** 64, 266, 555ff.
- Bauliche Veränderung 558, 569f.
- Erhöhung der Betriebskostenpauschale 556
- Gutachten eines öffentlich bestellten und vereidigten Sachverständigen 557
- Indexmiete 555f.
- Kappungsgrenze 556f.
- Kappungsgrenzenverordnung 557
- Mietdatenbank 557
- Mietspiegel 557
- Modernisierungsmaßnahmen 568ff.
- Ortsübliche Vergleichsmiete 555ff.
- Sonderkündigungsrecht des Mieters

557f., 571
- Staffelmiete 555f.
- Überlegungsfrist 557f.
- Vereinbarung der Parteien 555, 572
- Vergleichswohnungen 557

**Mietgegenstand** 545, 547, 549f.
- Beschreibung 549f.
- Einheitliches Mietverhältnis 549
- Garagenmietvertrag 549
- Größe der Wohnung 549f.

**Mietvertrag – allgemein** 198, 238, 299ff., 461ff., 541ff.
- Abgrenzung Wohnraumverhältnis Geschäftsraummietverhältnis 543ff.
- Anfechtung des Mietvertrages 545
- Interne Genehmigung 548f.
- Reinigungspflichten 461
- Selbstauskunft 544f.
- Umlage und Abrechnung von Betriebskosten 464ff.
- Zustandekommen 545ff.

**Mietvertragsabwicklung** 566ff.
- Annahmeverzug 566f.
- Gutachter 567
- Kautionsabrechnung 568, 580
- Rückgabe 566f.
- Übergabeprotokoll 567
- Verjährung 567
- Wegnahme von Einrichtungen 566
- Zählerstände 567

**Mietvertragsbeendigung** 559ff.
- Außerordentliche Kündigung 561f., siehe auch **Kündigung – außerordentliche**
- Mietzeit auf unbestimmte Zeit 562
- Ordentliche Kündigung 559f., siehe auch **Kündigung – ordentliche**
- Zeitmietvertrag 559

**Miet- und sonstige Nutzungsverhältnisse in Wohn- Pflegeeinrichtungen** 581ff.
- Anwendungsbereich des Wohn- und Betreuungsvertragsgesetzes 581ff.

- Barkaution 584
- Beendigung des Vertragsverhältnisses durch den Bewohner 585
- Beendigung des Vertragsverhältnisses durch den Heimbetreiber 585f.
- Informationspflichten vor Vertragsschluss 582
- Gewerbliche Weitervermietung (Sonderfall) 586f.
- Vertragsschluss 582ff.
- Wohnraumüberlassung 581ff.

**Notarielle Beurkundung** 283ff., 289f., 603
- Bevollmächtige Personen 284, 289f.
- Gesetzliches Vorkaufsrecht 293ff.
- Unbedenklichkeitsbescheinigung 297f.

**Nutzungsdauer** 194ff., 198ff., 443f.
- Gesamtnutzungsdauer 158ff., 165ff.
- Restlebensdauer 444
- Restnutzungsdauer 154ff., siehe auch **Ertragswertverfahren**; 167ff., 195

**Onshore-Windkraftanlagen** 593ff.
- Gestaltungsmöglichkeiten 594f.
- Rückbau 596
- Sicherheiten 596

**Phasen von Immobilienprojekten** 97ff., 331ff., siehe **Projektentwicklung**; 382ff., siehe **Bauprozessmanagement**
- Abschluss und Perspektive 102ff.
- Erkundung 100ff.
- Handlungsalternativen 100f.
- Sinngebung 100f., 103
- Verbindlichkeit und Akzeptanz 98
- Vereinbarung 99, 102f.
- Vorklärung 97ff., 103
- Wechselseitiges Commitment 98

**Photovoltaik** 588ff., 670, 699f.
- Gestaltungsmöglichkeiten 590
- Lastenfreistellung 591
- Schuldrechtlicher Nutzungsvertrag 591ff.

- Photovoltaikversicherung 699f.
- Vermietung von Dachflächen 591f.
- Übertragbarkeit und von Nutzungs- und Sicherungsrechten 591

**Photovoltaikversicherung,** siehe **Versicherung** und **Photovoltaik**

**Portfolio-Management/Portfolioanalyse** 49, 84f., 111ff., 170ff., siehe **Immobilienformationssysteme** 272f., 419
- 4-Felder Matrix/BCG Matrix 112ff., 272
- 9-Felder Matrix/McKinsey Matrix 112, 114f.
- Begriff des Portfolio 111f.
- Bewegungsdaten 117
- Cashflow-Portfolio 120
- Clusterung 118ff.
- Entscheidungsvorlagen – Standard 123
- Finanztheoretische Ansätze 112
- Kosten-und Erlösdaten 117
- Henry M. Markowitz 116
- Immobilienstrategie 85, 118f.
- Kosten-Portfolio 120
- Management orientierte Ansätze 112
- Markt- und Standortdaten 117
- Marktwachstum 112f.
- Methoden- und Analysen 111f., 116f.
- Moderne Portfolio-Theorie 116
- Normstrategien 118, 120ff.
- Relativer Marktanteil 112f.
- Stammdaten 117
- Unternehmensdaten 117
- Wirtschaftseinheit 117

**Projektentwicklung** 329ff.
- Erfolgsfaktoren 330f.
- Finanzmittelbedarf und Finanzierbarkeitsbetrachtung – allgemein 345f.
- Finanzmittelbedarf und Finanzierbarkeitsbetrachtung – Projektinitiierung im Projektbeispiel 350ff.
- Grundstückssicherung 364f.
- Immobilienprojekte 329ff.
- Konkretisierung der finanzwirtschaftlichen Aspekte 365f.
- Konkretisierung der prozessualen Umsetzung 366ff.
- Machbarkeitsanalyse 369f., 372
- Marketing und Kommunikation 359ff., 371
- Marketingkonzept – 4 P des Projkts 361
- Markt- und Wettbewerbsanalyse – allgemein 344f.
- Markt- und Wettbewerbsanalyse – Projektinitiierung im Projektbeispiel 349
- Monte-Carlo-Simulation 368
- Nutzwertanalyse – allgemein 346f., 353f.
- Nutzwertanalyse/Scoring – Projektinitiierung im Projektbeispiel 353f.
- Organisationsmodell Projektentwicklung 356
- Phasen der Immobilien-Projektentwicklung 331ff., siehe auch Phasen von Immobilienprojekten
- Projektcontrolling 367, 374
- Projektinitiierung 332ff., 339ff.
- Projektkonkretisierung und -konzeption 332ff., 354ff., 359ff.
- Projektumsetzung 332ff., 373ff.
- Projektumsetzung und tatsächliche Projektrealisierung 374f.
- Risikoanalyse 367ff., 372
- Stakeholderanalyse – allgemein 340ff.
- Stakeholderanalyse – Projektinitiierung im Projektbeispiel 348f.
- Standortanalyse – allgemein 343f.
- Standortanalyse – Projektinitiierung im Projektbeispiel 349

**Renditeberechnung** 271, 277ff.
- Bilanzpolitik, konservative 279
- Bilanzpolitik, progressive 279
- Credit Spread 278
- Diskontierung 276ff.

- Diskontierungszins 277ff.
- Einbeziehung von Risikoaufschlägen 278
- Einfache Diskontierungsverfahren 277
- Europäische Pfandbriefindizes 277
- Zinsstrukturkurve 278f.

**Residualwertverfahren/Residualwertmethode** 128f., 136f., 140f.

**Sachwertverfahren** 128ff., 139ff., 161ff.
- Ablauf 162f.
- Bei Sakralbauten 139, 162
- Ertragserzielungsabsicht 139
- Immaterielle Werte 139

**Schlüsselversicherung** 700
- Verlust von General-, Haupt-, oder Gruppenschlüssel 700

**Solaranlagen** 383, 480, 488f., 588f., 699f.

**Spezial- und Sonderimmobilien** 44, 54, 131ff., 343, 373
- Besonderheiten von Spezial- und Sonderimmobilien 132ff.
- Bebauungsplanrechtlich zulässige Nutzung 140f.
- Kirchenautonomie 140
- Marktwertermittlung 140f.
- Res Sacra 132
- Traditionelle Bewertungsverfahren 137ff.

**Statische Investitionsrechnung** 241ff.
- Absolute Vorteilhaftigkeit 249f.
- Eigenkapitalverzinsung 247, 251ff.
- Einperiodenmodell 248f.
- Gebäudeabschreibung 248, 250, 252
- Gesamtkapitalrentabilität 249f., 257, 263
- Kalkulatorische Kostenpositionen 250f.
- Kostenmiete 250f.
- Nutzungskosten 251f.
- Opportunitätskosten 241, 243, 251

- Relative Vorteilhaftigkeit 249f.
- Rentabilitätsrechnung 249ff.
- Tilgung 248f.
- Wirtschaftlichkeitsberechnung 251ff.

**Strategien der Immobilienbewirtschaftung** 58ff., 85
- Autonomiestrategie 58f., 85
- Beauftragungsstrategie 58f., 85
- Kooperationsstrategie 58f., 85

**Übergabe der Mietsache** 554ff.
- Schlüssel 554, 567, 578
- Vertragsgemäßer Zustand 554f., 568
- Wohnungsabgabeprotokoll 555
- Zählerstände 555, 567

**Übertragung des Eigentums an einem Grundstück** 300ff.
- Auflassung 300f.
- Belastungsvollmacht 303ff.
- Eigentumsumschreibung 301
- Energieausweis 301f., siehe auch **Energieausweis**
- Kaufpreiszahlung 300f., 306
- Sicherungsabrede 304f.
- Zahlungsanweisung 305f.

**Umweltmanagement** 645ff., siehe auch **Energiemanagement**
- Aufbau eines Umweltmanagements 650, 652
- Detaillierte Bilanz 651
- Energieaudit 645ff.
- Energieeffizienzverbesserungen 646f.
- Maßnahmen zur Verbesserung der Umweltsituation 646ff.
- Projektstart 650f.
- Registrierung 653
- Revalidierung und Durchführung von internen Audits 653f.
- Umwelterklärung 650, 652ff.
- Umweltprogramm 650ff.
- Umweltprüfung 649, 651f.
- Verabschiedung einer Umweltpolitik 651

**Unterstützung und Vernetzung im kirchlichen Bereich** 105ff.
- Beitrag externer Begleitung 107
- Begleitung für die strategischen und operativen Aspekte 107
- Kultur „Bauch" 105ff.
- Landeskirchen als Unterstützungssystem 105f.
- Strategie „Kopf" 105ff.
- Struktur „Hand" 105ff.
- Zielorientierte Verwaltung 106

**Verfahren zur Bestandspflege und Bestandserhaltung** 407ff.
- Ausführungsvarianten von Immobilien 415f., 427
- Ausführungsvariante – FM-gerechte Variante 415f.
- Ausführungsvariante –Luxusvariante 415f.
- Ausführungsvariante – Sparvariante 415f.
- Bestandspflege und Erhaltung 417ff., siehe auch **Instandhaltungsstrategien**
- Facility Management 407ff.
- Gebäudenutzung 425f.
- Herstellungs- und Instandhaltungskosten (Zusammenhang von) 414ff.
- Herstellungs- und Nutzenkosten 409f.
- Instandhaltungsstrategien 419f., siehe auch **Instandhaltungsstrategien**
- Lebenszyklus-Ansatz im Facility Management 409ff.
- PABI (Praxisorientierte, adaptive Budgetierung von Instandhaltungsmaßnahmen) 423ff., siehe auch **Adaptive Budgetierung**
- Technisierung von Gebäuden 411ff.

**Vergleichswertverfahren** 138f., 149ff.
- Bei Sakralbauten 151ff.
- Bei Sonderimmobilien 138f.
- Größe und Grundstücksgestalt 152
- Lage, Alter, Bauzustand von Sakralbauten 152

**Verkehrssicherung** 433f., 673ff.
- Aufbau- und Ablaufdokumentation 679f.
- Aufgaben und Kompetenzen 686
- Definition der Verkehrssicherungspflicht 637f., 675ff.
- Organisatorische Rahmenbedingungen 680ff.
- Regelwerk 677ff.
- Verantwortung 677ff.
- Wartungs- und Instandhaltungsempfehlungen 677f.
- Zumutbare Verkehrssicherung 676f.

**Verkehrssicherungspflicht – Dokumentation** 685f.
- Aufbau- und Ablauforganisation 685f.
- Dokumentationssystem 685
- Unterstützung moderner IT-Lösungen 685

**Verkehrssicherungspflicht – Eigen- oder Fremdleistung** 680ff.
- Anweisung 680ff.
- Delegation der Verkehrssicherung auf Dritte 682ff.
- Delegationskette 682
- Einweisung 680f.
- Konkretisierung der Übertragung der Verkehrssicherungspflichten 683
- Mietverhältnisse 683f.
- Notwendige Rahmenbedingungen 682
- Outsourcing 682ff.
- Regelmäßige Unterweisung 681f.
- Versicherungsschutz 683, 686

**Verkehrssicherungspflicht – Überwachung** 683ff.
- Innerbetriebliche Anweisungen 684f.
- Nachweis der Dokumentation/Überwachung 685f.

- Vertragliche Gestaltung 684
**Vermieter** 547ff.
- Eigentümer als Vermieter 547, 586
- Gesetzlicher Vertreter 565
- Verwalter als Vermieter 547
- Vollständiger Name und Anschrift 547

**Versicherung** 694ff.
- Abrechnung und Refinanzierung von Versicherungsprämien 695
- Bauversicherung, siehe **Bauversicherung**
- Entschädigungshöhen 698
- Entschädigungsleistung 696
- Gebäudeversicherung 696f., siehe auch **Gebäudeversicherung**
- Glasversicherung 699
- Haftpflichtversicherung, siehe **Haftpflichtversicherung**
- Inventarversicherung 698f.
- Photovoltaikversicherung 699f.
- Sachversicherungen 695ff.
- Sammelversicherungsverträge 694ff.
- Schlüsselversicherung 700, siehe auch **Schlüsselversicherung**

**VOB/B-Bauvertrag – Zustandekommen und Inhalt** 496ff.
- Abnahme 505f.
- Angebot 496
- Annahme 497
- Ausführung 500f.
- Ausführungsfristen 501
- Einheitspreisvertrag 502
- Gefahrtragung § 7 VOB/B 511
- Kündigung 516
- Mängelansprüche 506ff.
- Mängelansprüche – vor und nach Abnahme 507
- Mängelbegriff 506f.
- Nachtragsvergütungen 503
- Pauschalpreisvertrag 503
- Regelungsbestandteile 498f.
- Sicherheiten § 17 VOB/B 501f.

- Stundenlohnarbeiten 503
- Vergütung 502ff.
- Verjährung 508f.
- Vertragsschluss 496
- Vertragsstrafe 501
- Vertretung 499

**WeRem – Welfare Real Estate Management** 54, 67ff.
- Auftraggeberstruktur und Mission/Auftrag 70f.
- Kultur von Miteinander, Partizipation und Transparenz 74f.
- Leitlinien 71f.
- Organisation 72ff.
- Strategische Ausrichtung und Zielformulierung 72

**Werkdienstwohnung** 543ff., 550ff., 559
- Benutzungspflicht 550f.
- Dienstverhältnis 563f.
- Einheitlicher Vertrag 550
- Kaution 553, siehe auch **Kaution**
- Kündigung 559, 563

**Werkmietwohnung** 543f., 550ff., 559, 563ff.
- Dienstvertrag 563
- Funktionsgebundene Werkmietwohnung 550, 564
- Kündigung 559, 563f.

**Wertbestimmung von Sozialimmobilien und Sakralbauten** 142ff.
- Analyse der lokalen Einkommens- und Vermögenssituation 143
- Bewertungsverfahren 149ff., siehe **Ertragswertverfahren**, **Sachwertverfahren** und **Vergleichswertverfahren**
- Eigenschaften von Sakralbauten, objektbezogene 146
- Eigenschaften von Sakralbauten, standortbezogene 147
- Erreichbarkeit des Objekts 143, 147
- Ertragskraft 143f.
- Identitätsmerkmale von Sakralbauten,

bauliche 148
- Identitätsmerkmale von Sakralbauten, religiöse 148
- Instandhaltungsaufwendungen 146
- Objektanforderungen 143
- Ursprüngliches Baujahr 145

**Wertermittlung** 128ff.

**Wertermittlung – bei abgehendem Kirchenbedarf**, 139ff., 153, 161ff., 167, 169
- Bodenwertanteil 150f., 156, 167
- Denkmal – Denkmalschutz 132, 134, 136, 145, 149, 167
- Denkmalschutzauflagen 134, 140
- Entwidmung von Kirchen 140
- Ertragswertverfahren 153ff.
- Gebäudewertanteil 156
- Liquidationswertverfahren 141, 153, 169
- Öffentlich-Kulturelle Nachnutzung 140
- Privatwirtschaftliche Nachfolgenutzung 140f.
- Sachwertorientiertes Residualwertverfahren 141

**Wertermittlung – bei bleibendem Kirchenbedarf** 139ff., 152f., 161ff., 165ff.
- Alterswertminderung 161ff., 167ff.
- Bodenwert 141f., 152f., 167, 169
- Denkmal – Denkmalschutz 132, 134, 136, 145, 149, 167
- Funktionale Überalterung 167
- Gewöhnliche Herstellungskosten 163f.
- Kirchen mit besonderem Rang 140 166f.
- Kirchenautonomie 152f.
- Marktwertermittlung 140f.
- Normalherstellungskosten 163, 165ff.
- Regelabschreibung 164f.
- Sachwertverfahren 165ff., siehe auch **Sachwertverfahren**
- Werterhöhung 163, 167
- **Wirtschaftlichkeitsgebot** 471f.
- Betriebskostenmanagement 472
- Contracting 471f.
- Kostenkontrollen 471
- Kostensenkungsmöglichkeiten 471